WOMEN IN A GLOBAL WORLD V:
FROM HEALTH TO ART, ECONOMY TO POLITICS

KÜRESELLEŞEN DÜNYADA KADIN V:
SAĞLIKTAN SANATA, EKONOMİDEN SİYASETE

I0121785

Published with the support of:

ISTANBUL
TOPKAPI
UNIVERSITY

Conference Series: 32

Women in A Global World V: From Health to Art, Economy to Politics

Küreselleşen Dünyada Kadın V: Sağlıktan Sanata, Ekonomiden Siyasete

Edited by Zeynep Banu Dalaman

First published in 2024 by Transnational Press London in the United Kingdom, 13 Stamford Place, Sale, M33 3BT, UK.
www.tplondon.com

Transnational Press London® and the logo and its affiliated brands are registered trademarks.

Requests for permission to reproduce material from this work should be sent to: sales@tplondon.com

ISBN: 978-1-80135-317-5 (Paperback)
ISBN: 978-1-80135-318-2 (Digital)

Cover Design: Nihal Yazgan
Cover Photo: Liam Andrew on unsplash.com (liam-andrew-W7CopGaHkEM)

Transnational Press London Ltd. is a company registered in England and Wales No. 8771684.

WOMEN IN A GLOBAL WORLD V: FROM HEALTH TO ART, ECONOMY TO POLITICS

KÜRESELLEŞEN DÜNYADA KADIN V: SAĞLIKTAN SANATA, EKONOMİDEN SİYASETE

Edited by
Zeynep Banu Dalaman

Yayın Hakem Kurulu

Aziz Tamer Güler
Ceren Avcil
Elif Gençkal Eroler
Emine Dilay Güney
Fatma İlknur Akgül
Feride Yiğit
Ferma Lekesizalın
Furkan Tozan
Gökhan Ak
Mine Demirtaş
Nuran H. Belet
Selime Büyükgöze
Suat Dönmez
Şenay Alsan
Tülay Ortabağ

TRANSNATIONAL PRESS LONDON
2024

CONTENTS

1

3

VI.
WOMEN, POLITICS, AND MEDIA: REPRESENTATION,
PARTICIPATION, AND SOCIAL PERCEPTION
KADIN, SİYASET VE MEDYA: TEMSİL, KATILIM VE TOPLUMSAL ALGI

FOREWORD

Dear Esteemed Academics, Researchers, and Readers,

It is with great pleasure that I present to you the fifth volume of our "Women in a Global World" series, titled "From Health to Art, Economy to Politics". This comprehensive work adopts a multidisciplinary approach to women's issues, aiming to make a significant contribution to the field by examining the challenges faced by women in today's world, their achievements, and their societal roles from a multifaceted perspective.

This academic study is organized into six main sections, each containing in-depth analyses and current research findings:

- I. Women and Social Issues: This section analyzes the social and cultural barriers faced by women, addressing gender inequality, violence, and international perspectives. It focuses particularly on critical issues such as the societal reflections of misogyny and gender apartheid.

- II. Women's Literary and Artistic Expression: This section examines women's contributions to literature and art in terms of resistance, representation, and creativity. It evaluates the works of female artists and writers within the framework of feminist theory and critical analysis.

- III. Disasters and Women: This part discusses women's vulnerabilities, resilience, and societal roles in the context of natural disasters and humanitarian crises. It combines disaster management and gender studies to emphasize women's role in post-disaster social reconstruction processes.

- IV. Women and Economy: Employment, inequality, and empowerment strategies form the focal point of this section. It delves deeply into topics such as women's labor in the agricultural sector, the status of women in academia, and economic violence.

- V. Women's Health: This section addresses reproductive health, midwifery, and evidence-based practices. It covers a wide range of topics from prenatal tests to family planning, and from the effects of migration on women's health to genital tract infections.

- VI. Women, Politics, and Media: This section examines women's political representation, participation, and media reflections. It focuses on topics such as quota implementations, the impact of social media, and women's changing roles in historical processes.

This work has the potential to be a groundbreaking resource in the field of women's studies. Our book provides a rich source of information for academics, researchers, policymakers, and women's rights advocates. Such a comprehensive and in-depth treatment of women's issues aims not only to provide readers with a broad perspective but also to establish a solid foundation for future research.

I extend my deepest gratitude to all the authors, reviewers, and our editorial team who contributed to the realization of this study. Each chapter is the product of meticulous work by expert academics in their respective fields and has been prepared using the most current research methodologies. I hope that this book will make a significant contribution to the academic literature on women's rights and gender equality and serve as a source of inspiration for future studies in this field.

It is my sincere hope that this work will pave the way for new discussions in the field of women's studies, guide policymakers, and increase social awareness. I believe that readers will benefit from this comprehensive study both intellectually and practically. I wish the esteemed members of the academic community an enjoyable and productive reading experience.

Sincerely,

Assoc. Prof. Dr. Zeynep Banu DALAMAN

SUNUŞ

Değerli Akademisyenler, Araştırmacılar ve Okuyucular,

"Küresel Dünyada Kadın" serimizin beşinci cildi olan "Sağlıktan Sanata, Ekonomiden Siyasete" başlıklı bu kapsamlı çalışma, kadın meselelerini multidisipliner bir yaklaşımla ele almaktadır. Bu eser, günümüz dünyasında kadınların karşılaştığı zorlukları, elde ettikleri başarıları ve üstlendikleri toplumsal rolleri çok boyutlu bir perspektiften inceleyerek, alana önemli bir katkı sunmayı hedeflemektedir.

Bu akademik çalışma, altı ana bölüm altında organize edilmiş olup, her biri kendi içinde derinlemesine analizler ve güncel araştırma bulgularını içermektedir:

- I. Kadın ve Toplumsal Sorunlar: Bu bölüm, cinsiyet eşitsizliği, şiddet ve uluslararası perspektifleri ele alarak, kadınların karşılaştığı sosyal ve kültürel engelleri analiz etmektedir. Özellikle, kadın düşmanlığının toplumsal yansımaları ve cinsiyet apartheid'i gibi kritik konular üzerine odaklanılmaktadır.

- II. Kadının Edebi ve Sanatsal İfadesi: Edebiyat ve sanat alanlarında kadınların direniş, temsil ve yaratıcılık konularındaki katkıları incelenmektedir. Bu bölüm, kadın sanatçıların ve yazarların eserlerini feminist teori ve eleştirel analiz çerçevesinde değerlendirmektedir.

- III. Afetler ve Kadın: Doğal afetler ve insani krizler bağlamında kadınların kırılganlıkları, dayanıklılıkları ve toplumsal rolleri ele alınmaktadır. Bu bölüm, afet yönetimi ve toplumsal cinsiyet çalışmalarını birleştirerek, kadınların afet sonrası toplumsal yeniden inşa süreçlerindeki rolünü vurgulamaktadır.

- IV. Kadın ve Ekonomi: İstihdam, eşitsizlik ve güçlendirme stratejileri bu bölümün odak noktasını oluşturmaktadır. Özellikle, tarım sektöründeki kadın emeği, akademide kadınların durumu ve ekonomik şiddet gibi konular derinlemesine incelenmektedir.

- V. Kadın Sağlığı: Üreme sağlığı, ebelik ve kanıta dayalı uygulamalar bu bölümde ele alınmaktadır. Prenatal testlerden aile planlamasına, göçün kadın sağlığı üzerindeki etkilerinden genital yol enfeksiyonlarına kadar geniş bir yelpazede konular işlenmektedir.

- VI. Kadın, Siyaset ve Medya: Bu bölüm, kadınların siyasi temsili, katılımı ve medyadaki yansımalarını ele almaktadır. Kota uygulamaları, sosyal medyanın etkisi ve tarihsel süreçte kadınların değişen rolleri gibi konular üzerine odaklanılmaktadır.

Bu eser, kadın çalışmaları alanında çığır açıcı bir kaynak olma potansiyeli taşımaktadır. Kitabımız, akademisyenler, araştırmacılar, politika yapıcılar ve kadın hakları savunucuları için zengin bir bilgi kaynağı sunmaktadır. Kadın meselelerinin bu denli kapsamlı ve derinlemesine ele alınması, okuyuculara geniş bir perspektif sunmanın yanı sıra, gelecekteki araştırmalar için de sağlam bir temel oluşturmayı amaçlamaktadır.

Bu çalışmanın ortaya çıkmasında emeği geçen tüm yazarlara, hakemlere ve editöryal ekibimize en içten teşekkürlerimizi sunarım. Her bir bölüm, alanında uzman akademisyenlerin titiz çalışmalarının ürünüdür ve en güncel araştırma metodolojileri kullanılarak hazırlanmıştır. Umarım ki bu kitap, kadın hakları ve toplumsal cinsiyet eşitliği konularındaki akademik literatüre önemli bir katkı sağlar ve bu alandaki gelecek çalışmalara ilham kaynağı olur.

Bu eserin, kadın çalışmaları alanında yeni tartışmalara zemin hazırlamasını, politika yapıcılara yol göstermesini ve toplumsal farkındalığı artırmasını umut ediyorum. Okuyucuların bu kapsamlı çalışmadan hem entelektüel hem de pratik anlamda faydalanacaklarına inanıyorum.

Akademik camianın değerli üyelerine keyifli ve verimli okumalar dilerim.

Saygılarımla,

Doç. Dr. Zeynep Banu Dalaman

I.

WOMEN AND SOCIAL ISSUES: GENDER INEQUALITY, VIOLENCE, AND INTERNATIONAL PERSPECTIVES

KADIN VE TOPLUMSAL SORUNLAR: CİNSİYET EŞİTSİZLİĞİ, ŞİDDET VE ULUSLARARASI PERSPEKTİFLE

INSTITUTIONS WHERE WOMEN VICTIMS OF GENDER INEQUALITY CAN SEEK HELP IN CASES OF VIOLENCE AND OTHER PROBLEMS

TOPLUMSAL CİNSİYET EŞİTŞİZLİK MAĞDURU KADINLARIN ŞİDDET VE DİĞER SORUNLARDA YARDIM ALABİLECEĞİ KURUMLAR

İclal Çağlar[1] ve Ayşegül Dönmez[2]

Öz

Kadına yönelik her türlü şiddetin uygulanması, kadının güçsüzleştirilmesi, cinsiyet eşitsizliği, toplumsal dayatmalar ve beklentiler sonucu mağdur edilen kadınlar; geçmişten günümüze kadar dünyanın birçok yerinde olduğu gibi ülkemizde de mağduriyetleri devam etmektedir. Kadınlar henüz doğmadan toplumsal cinsiyet eşitsizliği ile karşılaşmaktadırlar. Üreme çağında da bebeğinin cinsiyeti ile suçlanmakta, eğitim hakkı elinden alınmakta, çalışma hayatında mobbing uygulanmakta ve ev içinde de toplumsal rol ve sorumlulukları devam etmektedir. Cinsiyet tabanlı şiddetin önlenmesi, kadının güçlenmesi ve sağlığının iyileştirilmesi için destek sistemlerinin oluşturulması, koruyucu hizmetlerin planlanması ve ulaşılabilir olması gerekmektedir. Ebeler karşılaştıkları her kadın ve kız çocuğunu şiddet açısından değerlendirmelidir. Sağlık yöneticileri, koruyucu ve önleyici hizmetlerle psikososyal destek hizmetlerin de entegre edildiği sağlık hizmeti politikaları geliştirerek gereksinim halinde kolayca ulaşılmasını sağlamalıdır. Literatüre dayalı olarak hazırlanan bu derlemede toplumsal cinsiyet eşitsizlik mağduru kadınların şiddet ve diğer sorunlarda yardım alabileceği kurumlar ile ilgili bilgilerin paylaşılması hedeflenmiştir.

Anahtar kelimeler: Kadına şiddet; kadın örgütlenmesi; kadın sivil toplum kuruluşu; sosyal yardımlar; ebelik

[1] Öğrenci, İzmir Tınaztepe Üniversitesi, Ebelik Bölümü, iclalcaglar@outlook.com, ORCID: 0009-0004-6558-2483
[2] Dr. Öğr. Üyesi, İzmir Tınaztepe Üniversitesi, Ebelik Bölümü, aysegul.donmez@tinaztepe.edu.tr, ORCID: 0000-0003-4930-0760

Abstract

Women who are victimized as a result of all kinds of violence against women, women's disempowerment, gender inequality, social impositions and expectations, continue to be victimized in our country as in many parts of the world from past to present. Women face gender inequality even before they are born. In reproductive age, they are blamed for the sex of their babies, their right to education is denied, they are subjected to mobbing in working life, and their social roles and responsibilities continue at home. In order to prevent gender-based violence, empower women and improve their health, support systems need to be established, preventive services need to be planned and accessible. Midwives should evaluate every woman and girl they encounter in terms of violence. Health managers should develop health service policies that integrate preventive and protective services with psychosocial support services and ensure that they are easily accessible when needed. This review, which is based on the literature, aims to share information about the institutions where women who are victims of gender inequality can receive help in cases of violence and other problems.

Keywords: Violence against women; women's organization; women's NGO; social assistance; midwifery

1. Giriş

Şiddet bireyin fiziksel, cinsel, psikolojik ya da ekonomik olarak zarar görmesine sebep olan, aynı zamanda tehdit, baskı veya özgürlüğün engellenmesini içeren davranışları ifade eden bir olgudur (Adalet Bakanlığı, 2024a; Yetişer, 2021:60-97). Çoğunlukla kadın ve çocuklar üzerinde etkisini gösteren şiddet, insan hakları ihlaline girmesi sebebiyle kişisel bir sorundan daha çok toplumsal bir sorundur (Akkaş ve Uyanık, 2016:32-42; Erim ve Yücens, 2016:536-48). Literatürde, kadına yönelik uygulanan en yaygın şiddet türünün eş/sevgili tarafından fiziksel ya da cinsel şiddet olduğu, Dünya'da da 15-49 yaş arası cinsel aktif olan kadınların %27'sinin partnerleri tarafından fiziksel ya da cinsel şiddete maruz kaldığı belirtilmektedir (WHO, 2024a).

Şiddetin temelinde toplumsal eşitsizliğin getirdiği olumsuzluklar yer alırken eşlik eden diğer sorunlarla birlikte giderek arttığı görülmektedir. Literatürde, aile içi şiddet gören kadınların en çok ruh sağlığının etkilendiği ve ruh sağlığı hizmeti alan kadınların %27'sinin aile içi şiddet mağduru olduğu bildirilmiştir (WHO, 2024b).

Pandemide olduğu gibi afet durumlarında da yine öncelikli olarak kadınların olumsuz etkilendiği görülmektedir. Ülkemizdeki son büyük depremin ardından, sosyal vakıfların saha çalışma raporlarında, erkek şiddetinin arttığı, şiddetle baş etmeye çalışan bireylerin mücadele kaynaklarına ulaşmakta zorlandığı, evlilikleri kanunen sonlandırılmamış olan kadınların yardımlarının eşlerine verildiği ve deprem öncesi ayrı yaşayan çiftlerin aynı yerde kalmak zorunda kaldığı gibi olumsuz durumların yaşandığı belirtilmektedir (HASUDER, 2024; Mor Çatı Kadın Sığınağı Vakfı, 2024b).

Türkiye'de cinsiyet eşitsizliği ile ilgili çalışmalar 2000'li yıllarla beraber ivme kazanmıştır. Ancak veriler incelendiğinde çok fazla yol alınamadığı görülmektedir. Türkiye, Dünya Ekonomik Forumu 2023 Cinsiyet eşitsizliği Endeksine göre 156 ülke arasında 100. sırada yer almaktadır (WEFORUM, 2024). Türkiye Genel Seçim (2023) verilerine bakıldığında ise kadın milletvekili oranının %20 olduğu izlenmektedir (TBMM, 2024). Eşitsizlikler iş gücü piyasasında da devam etmekte olup çalışma sonuçlarında kadınların istihdam oranı %31,2 erkeklerin ise %66,9 olarak raporlanmıştır. Yine aynı rapor sonucuna göre işsizlik oranları kadınlarda %13,7 iken erkeklerde %7,7 olduğu göze çarpmaktadır (TÜİK, 2024).

Toplumun geniş kesimlerinin katılımını gerektiren kadına yönelik şiddetle mücadelenin, disiplinler arası bir yaklaşımla sürdürülmesi ve paydaşların tedbir, koruma, cezai yaptırım ve politika oluşturma süreçlerine aktif katılımı büyük önem taşımaktadır. Kadına yönelik şiddetle mücadele politik yaklaşımlarla sınırlı kalmayıp, ülkelerin kadına şiddetle doğrudan ilgisi olmayan yasa, yönetim ve bürokrasinin işleyişiyle de bağlantılıdır. Sosyal devlet yapısının güçlü olduğu ülkelerde devletin sağladığı ekonomik, sosyal ve mülkiyet destekleri, kadınların şiddetten uzaklaşma çabalarına önemli bir destek sağlamaktadır (Kadının Statüsü Genel Müdürlüğü, 2024a; Mor Çatı Kadın Sığınağı Vakfı, 2024c).

Literatüre dayalı olarak hazırlanan bu derlemede toplumsal cinsiyet eşitsizlik mağduru kadınların şiddet ve diğer sorunlarda yardım alabileceği kurumlar ile ilgili bilgilerin paylaşılması hedeflenmiştir.

2. Kadına Yönelik Şiddet Türleri

Kadına yönelik şiddetin nedenlerine baktığımızda aile ve toplumda kadına hak ettiği değerin gösterilmemesi, biyolojik ve bireysel faktörler, yakın ilişki sorunları, cinsiyet eşitsizliğine dayalı ilişkilerin baskı kurularak sürdürülme çabası, erkek otoritesi, ekonomik sıkıntılar gibi nedenler yer almaktadır (Akkaş ve Uyanık, 2016:32-42; HÜKSAM, 2010:1-94).

Literatürde erkeklerin şiddet uygulamasının tek bir nedeni olmadığı ve birbirine bağlı birçok nedenin olduğu açıklanmıştır. Erkeklerin şiddet uygulama nedenleri üzerine 15-49 yaş aralığındaki 1111 kadın üzerinde yapılan bir araştırmada; "eşinin anlık öfkesi" (%59,6), maddi sorunlar (%57,1) ailevi sorunlar (%46,6) ve kıskançlık (%39,6) olduğu bildirilmiştir. Ayrıca eşine göre kadınların ev işlerinde başarısız olduğu gerekçesi (%13,9), erkeğin kötü alışkanlıkları (%12,7) ve zorla evlendirme (%9,8) nedenlerin de olduğu raporlanmıştır (Çifçi ve Açık, 2022:1-7).

2.1. Fiziksel Şiddet

Fiziksel şiddet, en görünür şiddet çeşidi olup, kadına arzusu dışında bir şey yaptırmak veya yapmasına engel olmak suretiyle, fiziken zarar veren tüm eylemlerdir. Erkeğin kadından her anlamda üstün olduğu, kadının erkeğe karşı saygı duyması, hürmet ve hizmet etmesinin normal olarak dayatıldığı bir düşünce kirliliğidir. Bu algı kadın ve çocuklar üzerinde otorite kurmak amacıyla uygulanırken çoğunlukla şiddetle sonuçlanmaktadır (Akkaş ve Uyanık, 2016:32-42; Akkuş ve Yıldırım, 2018:1350–70). Türkiye'de 2014 yılında yapılan şiddet araştırmasına göre; bir kadının hayatının herhangi bir evresinde fiziksel şiddete uğrama oranı %36 olarak raporlanmıştır. Bu demektir ki yaklaşık olarak her 5 kadından 2'si eşi ya da partneri tarafından şiddet görmektedir. Aynı rapora göre son bir yıl içinde kadınların %8'i eş ya da partner şiddetine uğramakta, bunların fiziksel şiddet maruziyetlerinin %19'unda orta, %16'sında ise ağır dereceli olduğu raporlanmıştır (Hacettepe Üniversitesi, 2014).

2.2. Cinsel Şiddet

Cinsel şiddet; kadınla olan ilişkisi ve yakınlığına bakılmaksızın herhangi bir kişi ya da kişiler tarafından zor kullanılarak herhangi bir cinsel eylem ya da eylem girişimidir. Seks işçiliği yaptırmak, pornografik içerik izletmek, sanal ortamdan cinsel içerikli tacizlerde bulunmak da cinsel şiddet tanımı içerisinde yer almaktadır (Mor Çatı Kadın Sığınağı Vakfı, 2024d; WHO, 2024a). Türkiye'deki kadınların cinsel şiddete maruziyetleri hayatının herhangi bir evresinde %12, son bir yıl içinde ise %5 olarak raporlanmıştır (Hacettepe Üniversitesi, 2014).

2.3. Psikolojik (sözel) Şiddet

Kadını küçümsemek, kadının bir iş ya da herhangi bir konuda başarılı olamayacağını belirten ifadeler kullanmak, kişiliğine ve fikirlerine saygı duymamak, kadının sosyal ve iş hayatında önüne çıkan fırsatları kullanmasını engellemek gibi pek çok davranış şekli psikolojik şiddet sayılmaktadır. Toplumsal cinsiyet eşitsizliği sonucunda kadından çoğunlukla; ev işleri, çocuk bakımı ve aile büyükleriyle ilgilenme gibi pek çok konuda beklenen roller bulunmaktadır. Sosyal yaşamda varlığını kabul ettirmeye çalışan kadınlar aynı zamanda cinsiyet eşitsizliğinin getirdiği zorluklar ile iş hayatında yer edinmeye çalışmaktadırlar. Yaşamın farklı alanlarında görünür olmaya çalışmak ise kadın psikolojisini olumsuz yönde etkilemektedir (Akkaş ve Uyanık, 2016:32-42; Koç vd., 2017:284–97). Türkiye'de 2014 yılında yapılan şiddet araştırmasında bir kadının hayatının herhangi bir evresinde uğradığı psikolojik şiddet %44, son bir yıl içinde ise %26 olarak bildirilmiştir (Hacettepe Üniversitesi, 2014).

Yaş ortalaması 37 olan yakın partner şiddeti sonrasında psikolojik terapi alan 5517 kadınının dahil edildiği bir çalışmada şiddete maruz kalan kadınların psikolojik tedavi sonrasında ruhsal iyilik halinin yükseldiği gözlemlenmiştir. Ancak tedavinin ruh sağlığını ve travma sonrası stres bozukluğunu kesin ölçüde azaltmadığı raporlanmıştır. Çalışma sonucuna göre; şiddetin yarattığı travmalar tedavi edilse bile geri döndürülemeyen hasarlar bırakmaktadır (Hameed vd., 2020).

2.4. Ekonomik Şiddet

Kadının istemediği bir işte, düşük maaş ve statüyle çalışmaya zorlamak ya da çalışmasına izin vermemek ve maddi gelirini sömürmek, ziynet mallarına el koymak, miras hakkından yoksun bırakmak, ihtiyaçlarını karşılaması için maddi yardımda bulunmamak ekonomik şiddet olarak adlandırılmaktadır. Sadece maddi yönden şiddet uygulanmasının yanı sıra kadını ekonomik kontrol altına almak, bağımlı hale getirmek ve sosyal güvence haklarından mahrum bırakmak da ekonomik şiddet nedenleri arasında yer almaktadır (Hacettepe Üniversitesi, 2014; Hameed vd., 2020).

Ekonomik şiddet tanımı içerisinde yer alan davranışlardan en az birine kadının hayatının herhangi bir evresinde maruz kalma oranı %30, son bir yıl içinde ise %15 olarak raporlanmıştır (Hacettepe Üniversitesi, 2014).

3. Kadına Yönelik Şiddetin Kadın, Çocuk, Aile Ve Toplum Sağlığına Etkileri

Anayasada hiçbir ayrımcılığa müsaade edilmeden herkesin eşit olduğu ve herkesin sağlık hizmetlerine ulaşma hakkı olduğu belirtilmiştir (Anayasa Mahkemesi, 2024). Ancak kadınlar bu eşitlikten birçok kez yararlanamamakta ve yaşadıkları şiddet yüzünden sağlık problemleri ile karşılaşmaktadırlar (Öztürk vd., 2016:139–44).

Yapılan araştırmalar kadınların gebelik dönemlerinde de farklı şiddet türlerine maruz kaldığını göstermektedir. Gebelikte uygulanan şiddet hem kadına hem de fetüse uygulanan ciddi bir sorun olmakla beraber insan hakları ihlalidir (Taşpınar vd., 2021: 94–102). Gebelikte şiddet, kadın açısından gebeliğini devam ettirmede ciddi sorunlara sebep oluştururken; bebeklerde ise, kemik kırıkları, doku hasarları, fetal asfiksi ve büyüme geriliği gibi sorunlara yol açmaktadır (Taşpınar vd., 2021: 94–102).

Gebeliğinde eş şiddetine maruz kalan kadınların katıldığı 17 çalışmanın dahil edildiği bir meta analiz çalışmasında fetal ve neonatal ölüm risklerinin gebelikte eş şiddetine maruz kalan kadınlarda üç kat daha fazla olduğu raporlanmıştır (Pastor-Moreno vd., 2020:201–2). Yapılan bir çalışmada gebelik sürecinde şiddete maruz kalan kadınların doğum sonrasında üç yıl boyunca bebeklerine karşı fiziksel şiddet ve ihmal davranışlarında bulunduğu, gebeliğinde şiddete maruz kalan kadınların gebelik süresince ve doğum sonu süreçte depresyon bakımından riskli grubu oluşturduğu bildirilmiştir (El-Hosary vd., 2017: 35–42).

Aile içindeki şiddet genellikle çocukların gözleri önünde yaşanmakta ve şiddeti gören, yaşayan bu çocuklar tüm gelişim dönemlerinde çeşitli sorunlarla karşılaşmaktadırlar. Çocukluk çağından itibaren şiddeti içselleştiren ve normalleştiren bu çocuklar yetişkin bireyler olduklarında çeşitli düzeyde psikolojik sorunlarla karşı karşıya kalmaktadırlar. Ruh sağlığı bozulmuş bireyler sağlıklı aile oluşturamamakta ve şiddet döngüsünü devam ettirmektedirler (Kahraman ve Çokamay, 2016:321–36). Şiddet mağduru kadınlar iş hayatında da sorunlar yaşamakta olup iş verimi düşmekte ya da sık sık iş değişikliği yapmak durumunda kalmaktadırlar. Bu durumlar kadının toplumdan uzaklaşmasına ve dışlanmasına   sebep olmaktadır (Öztürk vd., 2016:139–44).

4. Ailenin Korunması ve Kadına Karşı Şiddetin Önlenmesine Dair 6284 Sayılı Kanun

Kadına yönelik şiddetin önlenmesi amacıyla hazırlanan 6284 sayılı kanun 8 Mart 2012 tarihinde kabul edilmiş ve Resmi Gazete'de yayımlanmıştır (Resmi Gazete, 2024). 6284 sayılı kanun kabul edilmeden önceki ailenin korunmasına ilişkin 4230 sayılı kanunda şiddet sadece aynı hane içerisinde yaşayan bireyler üzerinden değerlendirilirken, 6284 sayılı kanun ile bu tanım genişletilmiştir (Bilgin,2019). Fiziksel şiddet ile cinsel, ekonomik ve psikolojik şiddet türlerini de kapsayan bu yasa; evli olmayan bireylerin de korunmasını ve şiddet olarak tanımlanan davranışları uygulama tehlikesi olan ya da uygulayan şahısları şiddet uygulayıcı olarak tanımlamaktadır. Önleyici ve koruyucu tedbirleri içerir ve tedbir kararlarına uyulmaması halinde zorlama hapsi uygulanmasını içerir. Bu yasa ile delil bulmaya gerek kalmadan önlem almanın önü açılmıştır ve Şiddet Önleme ve İzleme Merkezlerinin (ŞÖNİM) kurulması amaçlanmıştır (Bilgin, 2019; Mevzuat Bilgi Sistemi, 2024).

Aile içerisinde şiddete uğrayan eş, çocuklar ve aynı hanedeki tüm aile bireyleri, yasal olarak ayrılmış yahut evlilik akdi devam etmesine rağmen ayrı yaşayanlar, tek taraflı ısrarlı takip mağdurları 6284 sayılı yasa kapsamında adli yardıma ücretsiz olarak başvurabilmektedir (Resmi Gazete, 2024). İstanbul Kadın Hakları Merkezi raporuna göre 6284 sayılı yasa kapsamında 2022 yılında sadece İstanbul barosuna 3000 başvuru gerçekleşmiştir. Tedbir kararı alınmış olan 1442 dosya incelendiğinde 784 dosya için aynı gün, 458 dosya için ikinci gün diğer dosyalara ise 7 gün içinde tedbir kararı verildiği görülmüştür (İstanbul Barosu, 2023).

5. Kadınların Başvurabileceği Kurumlar

5.1. Şiddette Başvurulacak Kurum ve Kuruluşlar

Kadınlar şiddet ile mücadelede; Valilikler, Kaymakamlıklar, Aile ve Sosyal Hizmetler İl Müdürlükleri, Jandarma Karakolları ve Polis Merkezleri, Adli Makamlar (Cumhuriyet Başsavcılığı ve Aile Mahkemeleri), Şiddeti Önleme ve İzleme Merkezleri (ŞÖNİM), Sağlık Kuruluşlarına (tedavi ve şiddetin belgelenmesi de sağlanmaktadır), Barolar ve Kadın Sivil Toplum Kuruluşlarına (STK) başvurabilirler (Kadının Statüsü Genel Müdürlüğü, 2024c; Adalet Bakanlığı, 2024b; Adalet Bakanlığı, 2024c). Bahsedilen bu kurumlarda çalışanların katıldığı bir araştırmada; kurumların üstlerine düşen görevleri yerine getirme konusunda kamu kurumlarının Barolar ve STK'lara göre kısmen daha az yeterli olduğu raporlanmıştır (TAPV, 2023).

5.1.1. Şiddet Önleme ve İzleme Merkezleri (ŞÖNİM)

Şiddeti Önleme ve İzleme Merkezleri (ŞÖNİM) 2012 yılında 6284 sayılı kanun kapsamında, şiddet mağduru kadınların daha fazla şiddet görmemek adına korunmak ve uzaklaşmak için geldikleri bir merkez olarak kurulmuştur (Bilgin, 2019; Mevzuat Bilgi Sistemi, 2024). Bu kurumlara ev içi şiddete uğramış veya uğrama olasılığı olan kadınlar, aile bireyleri, çocuklar ve aynı zamanda ısrarlı takip mağdurları da başvuru yapabilmekte ve hizmetlerinden yararlanabilmektedir (Kadının Statüsü Genel Müdürlüğü, 2024c). Aile ve Sosyal Hizmetler Bakanlığının verilerine göre ŞÖNİM'den hizmet alan kadın sayısı 2013 yılında 14 bin iken 2023 yılında bu sayı 273 bine yükselmiştir (Strateji Geliştirme Bakanlığı, 2024). ŞÖNİM için darp raporuna gerek yoktur (Kadının Statüsü Genel Müdürlüğü, 2024d). Talep ve beyan misafir edilmek için yeterlidir. Bu merkezde kadınlar için çeşitli desteklere erişme imkânı bulunmaktadır (Kadının Statüsü Genel Müdürlüğü, 2024c). ŞÖNİM, kadını bir süreliğine konuk etmektedir. Konuk edilen bu yerlerin adresleri ve isimleri gizli tutulmaktadır. Bu gizliliğin sebebi ise kadının hayatı ile ilgili yeniden bir endişe hissetmemesini sağlamaktır (Mevzuat Bilgi Sistemi, 2024). Psikolojik destek ile yönlendirme, danışmanlık ve rehberlik, kadın konukevi hizmeti, maddi yardım, hukuki destek (avukat danışmanlığı), sağlık hizmetlerinden öncelikli yararlanma, mesleki eğitimlerle desteklenerek gelir getiren bir işe yerleşmesi için destek sağlanmaktadır (Kadının Statüsü Genel Müdürlüğü, 2024c; Mevzuat Bilgi Sistemi, 2024).

5.2. Acil Telefon Hatları

Şiddetle karşılaşan kadınlar polis, jandarma ve acil gibi çağrı merkezlerine artık sadece 112'yi tuşlayarak ulaşabilmektedirler. Acil çağrı merkezlerinin aranması halinde arayan kişinin konumu otomatik olarak belirlenerek gerekli destek hizmetlerine ulaşılabilmektedir (İçişleri Bakanlığı, 2024a). Aile ve Sosyal Hizmetler Bakanlığına bağlı olarak sosyal destek hattına ve Aile İçi Şiddet Acil Yardım hattına günün her saatinde ulaşılabilmektedir (Aile ve Sosyal Hizmetler Bakanlığı, 2024). Ayrıca Emniyet Genel Müdürlüğü tarafından hazırlanmış olan Kadın Destek Uygulamasının (KADES) mobil uygulamasından da ulaşım sağlanabilmektedir (İçişleri Bakanlığı, 2024b). Sadece KADES uygulamasına 2018 yılından bu yana şiddete uğrayan yaklaşık 700 bin kadın başvurmuştur (İçişleri Bakanlığı, 2024c).

5.3. Danışma, Destek, Konukevi ve Maddi Yardım için Başvurulacak Kurumlar

Danışmanlık, destek, maddi yardım almak ve konukevi hizmetinden yararlanmak amacıyla başvuru yapılabilecek kurumlar arasında; Aile ve

Sosyal Hizmetler İl Müdürlüğü (destek, konaklama ve rehberlik), Sivil Toplum Örgütleri (destek, konaklama ve rehberlik, maddi yardım), ALO 183 Sosyal Destek Hattı (7-24 aktif), Şiddet Önleme ve İzleme Merkezleri, Barolara bağlı kadın masaları, Belediyeler (destek, konaklama ve rehberlik, maddi yardım), Aile Sağlığı Merkezleri ve Toplum Sağlığı Merkezleri, Valilikler, Kaymakamlıklar, Sosyal Yardım Hattı ve Kadın Sivil Toplum Kuruluşları bulunmaktadır (Adalet Bakanlığı, 2024b; Kadının Statüsü Genel Müdürlüğü, 2024c). Aile içi şiddet raporuna göre; 2007-2021 yıllarında "Ev içi şiddet acil yardım hattına" toplamda 28 bin çağrı gelmiş olup, en fazla çağrı 2020 pandemi yılında alınmıştır. Çağrıların %57'si bizzat şiddete uğrayanlar tarafından yapılmıştır. Şiddete uğrayanların %80'i kadın iken, şiddet uygulayanların %90'ı ise erkek olarak raporlanmıştır. Bilgi almak en fazla arama sebebi olmuş, sığınma evleri ise en çok bilgi talep konusu olmuştur. Aramalar sıklıkla kolluk kuvvetlerine, adli makamlara ve ŞÖNİM, sığınma evleri gibi kurumlara yönlendirilerek sonlandırılmıştır (UNFPA,2023).

5.4. Sivil Toplum Kuruluşları (STK)

Sivil toplum kuruluşları (STK) özerk bir yapıya sahip olup savundukları ideolojinin gerektirdikleri ile devleti etkilemeyi hedefleyen ve kâr amacı olmayan kurumlardır. Yerel ve uluslararası platformlarda girişimler ve iş birlikleri yaparlar (Denli, 2018). Kadın sivil toplum kuruluşları; genel olarak kadın haklarını savunmak ve kadınların birçok alanda varlığını göstermesi için kurulan gönüllü örgütlerdir (İLKE, 2024).

Uluslararası kadın hakları kanunu niteliğinde olan CEDAW (Kadına Karşı Her Türlü Ayrımcılığın Ortadan Kaldırılması Sözleşmesi), kadın haklarının ilerletilmesini ve teminat altına alınmasını amaçlayan, dokuz temel insan hakları sözleşmesi içerisinde toplumsal cinsiyet eşitliğini ve kadın haklarını önceleyen en önemli protokoldür. Sözleşmeye taraf devletleri yükümlülük altına alan CEDAW, kadınların toplumdaki yerini güçlendirmeyi, ayrımcılığın her çeşidini engellemeyi ve toplumsal cinsiyet ilişkilerinde gerçek eşitliği amaçlamaktadır. Türkiye'deki kadın STK'ları CEDAW komitesine, kendi bakış açılarından değerlendirdikleri kadın haklarının ilerleyişini oluşturdukları raporlarla iletmektedirler (İLKE, 2024; KİH, 2024a).

Toplumsal cinsiyet eşitsizliği sebebiyle kadınların yaşadığı şiddet ve her konuda ayrımcılık sorunlarını çözmek için 1990 yılında kurulmuş olan bir vakıf; feminist bir bakış açısıyla hareket etmekte ve yerel yönetimler, kadın örgütleri ve barolarla iş birliği içerisinde faaliyetlerini sürdürmektedirler. Kadınları güçlendirici sosyal çalışmalara önem vermekte, uluslararası kadın örgütleriyle ortak kampanyalar düzenlemektedirler (Yılmaz, 2020: 137-165; Mor Çatı Kadın Sığınağı Vakfı, 2024a). Vakıf bünyesinde şiddete maruz kalan kadınların 18 yaş altındaki kız ya da erkek çocuklarıyla birlikte sosyal destek alabilecekleri, yeni bir hayat kurmak için gerekli hukuki desteği alabilecekleri şiddetten uzak olabileceği sığınaklar oluşturulmuştur. Bu oluşum Türkiye'de bağımsız faaliyet gösteren tek kadın sığınakları olarak yer almaktadır (Mor Çatı Kadın Sığınağı Vakfı, 2024e). Kadına yönelik şiddeti feminist yöntemlerle önlemek üzerine atölyeler düzenlemektedirler. Bu atölyeler benzer amaçla kurulmuş kadın kuruluşları ve şiddetle mücadelenin devlete bağlı kollarında da düzenlenerek bilgi paylaşımı yapılmaktadır (Mor Çatı Kadın Sığınağı Vakfı, 2024f). Bu kuruma 2023 yılında geçmiş yıllardan 155 kadın, ilk kez başvurularda ise 1077 kadın ulaşmıştır ve bu kadınlarla toplam 3879 görüşme yapılmıştır. Bu başvuruların %70'i telefon, %26'sı e-posta, %4'ü ise diğer yöntemlerle yapılmıştır. Bu görüşmelerde kadınlar durumlarını, isteklerini ve gereksinimlerini paylaşmışlardır (Mor Çatı Kadın Sığınağı Vakfı, 2024g).

Kadın emeği ve kadının iş hayatındaki varlığının gündeme gelmesini sağlamak, Türkiye'de kadının iş yaşamına yönelik politikaları değiştirmeyi amaç edinerek kurulan başka bir vakıf; Marmara depremi sonrasında bölgeye gönüllü gelen kadınlar tarafından, afette en çok etkilenen grup olan kadın ve çocuklarla dayanışmak için toplanmışlar ve 2001 yılında vakıf haline gelmişlerdir (KADAV, 2024; Sığınaksız Bir Dünya, 2024). Lezbiyen, Gey, Biseksüel, Trans ve İnterseks (LGBTİ+)'lerin ve mülteci kadınların uğradığı ayrımcılık ve tüm şiddet türlerine karşı korunması ve kadın istihdamının arttırılması konusunu 2010 yılı programına ekleyerek vakfın çalışma alanı genişletilmiştir (KADAV, 2024). Ayrıca bu vakıf, savaş sebebiyle göç eden Suriyeliler başta olmak üzere, farklı uluslardan kadınlarla çeşitli etkinlik ve destek programları düzenlemektedirler. Bu vakfın yayınladığı kadına yönelik şiddet raporunda; 2021 yılının mayıs ve haziran aylarında başvuran kadınların %66'sının Suriye uyruklu, %27'sinin ise Türk olduğu raporlanmıştır. Raporda; başvuran kadınların talep ve ihtiyaçları doğrultusunda nakdi yardım, hukuki destek, korunma ve barınma desteği ve istihdam desteği sağlandığı görülmektedir (KADAV, 2021).

Türkiye'de kadınların üst düzey yönetimlerde, özellikle siyasette, kadın ve erkek arasındaki eşitlik için mücadele etmek amacıyla kurulan bir diğer kadın sivil toplum kuruluşu; atama ve seçim yoluyla gelinen bütün karar mevkilerindeki kadın erkek temsiliyet oranlarını arttırmayı demokrasinin bir gereği olarak kabul etmektedirler. Hiçbir siyasi partiye yakınlığı olmayan bu STK, kadın deneyimi ve çözüm üretme yeteneğinin toplumsal ve siyasal alanlarda daha etkin olmasını teşvik etmektedirler. Siyasal ve sosyal bütün sahalarda erkek hegemonyasına karşı kadın-erkek eşitliği algısının yerleştirilmesi ve kadınların siyasete katılması önündeki engellerin kaldırılmasını amaçlamaktadırlar (KA.DER, 2024; KEİG, 2024).

Yoksulluk ve eşitsizliklerden uzak güçlü bir toplum oluşturmak için kurulmuş olan başka bir kuruluş, kadınların hayatlarını daha iyi olmasını desteklemek ve yerel kalkınmadaki varlıklarını güçlendirmeyi amaçlamaktadırlar. Bu amaç üzerine kooperatifleşme, ekonomik anlamda güçlenme ve afet/göç alanlarında çalışmalar yaparak, kadınların güçlendirilmesiyle toplumlarının ve dünyanın değişeceğini savunmaktadırlar (KEDV, 2024a). Kadınlar için girişimcilik, finansal okuryazarlığı, toplumsal cinsiyet eğitimi, afete hazırlık ve erken çocuklukta eğitim konuları üzerine birçok yayını bulunmaktadır (KEDV, 2024b). Ulusal boyuttaki sivil toplum kuruluşları, belediyeler ve kooperatiflerle, uluslararası alanda da Birleşmiş Milletler ve Dünya Bankası gibi kuruluşlarla etkileşim halindedir. Kadın kooperatiflerinin kurulması ve işletilmesi adına çalışmalar yapan dernek, "NAHIL" isimli dijital bir dükkânda kadın ürünlerinin satışını sağlayarak kadınları desteklemeye devam etmektedirlerp (KEDV, 2024a; Nahıl, 2024).

Yine kadına yönelik şiddet ve aile hukukuna yönelik destek veren başka bir STK, kadın vatandaşların hukuki bilgi düzeylerini arttırmayı ve adalete ulaşmalarını kolaylaştırmayı amaçlamaktadır. Kadın yurttaşlar üye olmaksızın, kimliklerini beyan etmeden ve herhangi bir ödeme yapmadan gönüllü hukukçulara sorular sorabilir ve hiçbir ayrımcılık olmaksızın kısa ve net cevaplar alabilmektedirler. Çoğunluğu avukat olan üyelere medeni kanun ve kadın hukuku konusunda hizmet içi eğitimler düzenlenmektedir (KAHDEM, 2024). Kuruluş tarihi 8 Mart 2007 olan bu STK'nın oluşturduğu forumun birinci yılında toplam okunma sayısı 1 milyon iken 2023 yılında bu sayı 162 milyona ulaşmıştır. Bu sürede 9600 hukuki konu açılmış ve bu konular içerisinde başvuranlara 17.400 cevap verilmiştir (KAHDEM, 2023).

Eşit ve adaletli bir gelecekte kadının onuruyla var olacağı bir toplum inşa etmek amacında olan bir diğer vakıf, sorumlulukta adil varoluşta eşit olmak ilkesini benimsemiştir. Akademik alana kendine has söylemler ile dahil olmak, adil bir toplum için çabalamak, sivil hareketler, şiddetin her formuna karşı durmak ve kadın erkek eşitliğini sağlamak bu vakfın odak noktalarıdır. Kendi isimleriyle kurdukları bir dergide toplumsal cinsiyet ve kadın odaklı çalışma ve araştırmaları yayınlayarak çeşitli bilgi birikimlerini bir araya getirmektedir (KADEM, 2024).

Türkiye ve Dünya'da kadınların insan haklarını savunmak amacıyla kurulan başka bir kuruluş; ataerkil sisteme dayalı hayatın sona erdiği, kadınların insan haklarının değer gördüğü, barışçıl, mutlak eşitliğin hâkim olduğu bir dünya vizyonuna sahip olduklarını belirtmektedirler. Kuruluş, bölgesel ve beynelmilel birçok platformda feminist bilinci savunmakta, kadının güçlendirilmesi için ve toplumsal eşitsizliğe karşı kadınların güçlü, özgür olmasını desteklemektedir. Kadına yönelik şiddet, maddi ve hukuki sorunlar, analık hakları, eğitim, toplumsal cinsiyet ve kadın erkek eşitliği gibi geniş sorunlarla ilgili faaliyet göstermekte ve aynı zamanda tüm transfobik yaklaşımlardan uzak bir şekilde LGBTİ+ haklarıyla da ilgilenmektedir. Bu STK, yerel ve uluslararası platformlarda yapmış olduğu çalışmalarla çok fazla ödül almış olup herhangi bir dini grup, siyasi parti ya da kuruma bağlı olmadan özerk şekilde faaliyetlerine aktif olarak devam etmektedir (Feministbellek, 2024; KİH, 2024b).

6. Kadına Yönelik Şiddette Ebelerin Rol Ve Yaklaşımları

Kadın şiddeti, Dünya'da ve ülkemizde çözülememiş en önemli sorunlardan biri olarak devam etmektedir. Kadınlar uğradıkları şiddet sonucunda çeşitli sebeplerden dolayı sağlık kuruluşlarına başvurmaktadırlar. Akın ve arkadaşlarının (2022) çalışmasında ebelerin %46,9'unun kadına yönelik şiddet konusunda daha önce eğitim almış olduklarını, %56,8'inin kadına yönelik şiddet ile karşılaştığını belirtmişlerdir (Akın vd., 2022: 262-267). Başar ve Durmaz'ın (2015) çalışmasında hemşire ve ebelerin kadına yönelik şiddet belirtilerini tanımada genel anlamda bilgilerinin kısmen yeterli olduğunu belirlemişlerdir (Başar ve Durmaz, 2015: 6-15). Koştu ve Toraman'ın (2021) çalışmalarında ise ebe ve hemşirelerin %89,5'inin kadına yönelik şiddet vakasıyla karşılaştıklarında bildirim yapacaklarını belirtmişlerdir (Koştu ve Toraman, 2021: 11-20).

Toplumsal cinsiyet kaynaklı kadına yönelik şiddetin erken aşamalarda tespiti ve önlenmesi, sağlık profesyonellerinin müdahalesi ile mümkün kılınmalıdır (Demir,2023: 113-124). Bu kapsamda kadına yönelik şiddette ebelerin önemli rolü olduğu görülmektedir. Ebeler, şiddet mağduru kadınların sorunlarına çözüm odaklı yaklaşmalıdır. Bakım verici ebelik rolü ışığında eleştirel ve yargılayıcıyı bakış açısından uzak bir şekilde şiddetin belirtilerini tanımalı ve sorgulamalıdırlar (Usher vd., 2020: 549-552). Şiddeti önlemek adına ebelerin karşılaştıkları her kadına şiddet konusunda eğitimler vererek kadınların şiddeti tanımalarını sağlaması, şiddetin yaşandığı durumlarda şiddeti sonlandırma girişimlerinde bulunması, şiddet gören kadına danışmanlık vererek sürecin doğru şekilde ilerlemesini sağlamalıdır (Zandifar ve Badrfam, 2020: 51). Ebeler, kadına kendini güvende hissedeceği bir plan yapması konusunda destek olmalıdır. Kadının yaşadığı yerdeki kurum ve kuruluşlar hakkında kadına bilgi verilmeli ve nasıl ulaşacağı konusunda bilgilendirilmelidir (Abay ve Akın, 2021: 11-16).

7. Sonuç

Şiddetin türü fark etmeksizin her kime uygulanırsa uygulansın şiddet kabul edilemeyecek kötü bir davranış türüdür. Kadın ve çocukların şiddete daha çok maruz kaldığı görülmekte olup nedenleri çok boyutta incelenmesi gereken bir konudur. Cinsiyet eşitsizliği ataerkil toplumlarda hala güncel bir sorun olarak devam etmektedir. Kadınlara yönelik şiddetin birçok türü aynı anda uygulanmakta ve kadınlar kendilerini yalnız ve çaresiz hissetmektedirler.

Şiddet mağduru kadınlara yardım alabileceği kurumlar ve başvurabilecekleri yasal haklar hakkında bilgi verilmeli, özellikle 6284 sayılı Kanun'un sağladığı koruyucu ve önleyici tedbirler anlatılmalıdır. ŞÖNİM'ler, kadınların güvenliğini sağlamak ve onlara çeşitli destek hizmetleri sunmak amacıyla önemli bir rol oynamaktadır. Ayrıca, acil telefon hatları ve kadın sivil toplum kuruluşlarının sunduğu hizmetler, şiddet mağduru kadınların ihtiyaçlarına cevap vermek için önemli araçlar olarak öne çıkmaktadır.

Ebelik mesleği de kadına yönelik şiddetle mücadelede önemli bir role sahiptir. Ebeler, kadınlarla yakın temas içinde oldukları için şiddet vakalarını erken tespit etme ve gerekli müdahaleyi yapma konusunda kritik bir konumda bulunmaktadır. Ebeler, şiddet mağduru kadınlara yönelik duyarlılık eğitimi alarak, onlara destek sağlama, yönlendirme ve gerekli kurumlara başvurma süreçlerinde yardımcı olabilirler. Ayrıca, ebeler, kadınların sağlık durumunu izlerken şiddetin fiziksel ve psikolojik belirtilerini fark edebilir ve ilgili birimlere rapor edebilirler. Ebelik mesleğinin güçlendirilmesi ve bu alanda çalışanların şiddetle mücadele konusunda bilinçlendirilmesi, kadına yönelik şiddetin azaltılmasına katkıda bulunabilir.

Kadına yönelik şiddetle mücadelede, disiplinler arası bir yaklaşım benimsenmeli ve tüm paydaşların aktif katılımı sağlanmalıdır. Kadınların şiddetten korunması ve toplumsal cinsiyet eşitliğinin sağlanması, yalnızca hukuki ve politik tedbirlerle değil, aynı zamanda toplumsal bilinç ve eğitimle de desteklenmelidir. Şiddetin önlenmesi, kadınların güçlendirilmesi ve toplumsal cinsiyet eşitliğinin sağlanması, daha sağlıklı ve adil bir toplum için elzemdir.

Kaynakça

Abay, E., ve Akın, A. (2021). Covid-19 Salgınında; Dünyada ve Türkiye'de Kadınlara Yönelik Şiddet ve Toplumsal Cinsiyet. *Sağlık ve Toplum*, 31(3), 11-16.

Adalet Bakanlığı. (2024a). Şiddet Nedir?. Erişim Tarihi: 07.01.2024: https://evicisiddet.adalet.gov.tr/SIDDET_NEDIR.html

Adalet Bakanlığı. (2024b). Şiddete Karşı Başvurulacak Yerler. Erişim Tarihi: 11.02.2024: https://www.aile.gov.tr/ksgm/siddete-maruz-kalindiginda/

Adalet Bakanlığı. (2024c). Ne Yapabilirim?. Erişim Tarihi: 25.06.2024: https://evicisiddet.adalet.gov.tr/Ne_Yapabilirim.html

Aile ve Sosyal Hizmetler Bakanlığı. (2024). Alo 183. Retrieved February 11, 2024 from https://alo183.aile.gov.tr/alo183pages/hakkinda/

Akın, B., Aksoy, E.Y., ve Türkmen, H. (2022). Ebelerin Kadına Yönelik Şiddet Belirtilerini Tanıma Düzeylerinin Belirlenmesi. *Celal Bayar Üniversitesi Sağlık Bilimleri Enstitüsü Dergisi*, 9(2), 262-267.

Akkaş İ.,ve Uyanık Z. (2016). Kadına Yönelik Şiddet. *Nevşehir Hacı Bektaş Veli Üniversitesi SBE Dergisi*, 6(1), 32–42.

Akkuş S., ve Yıldırım Ş. (2018). Investigation of the Factors Affecting Man's Use to Physical Violence to Women. *Gaziantep Univ J Soc Sci*, 17(4), 1350–70.

Anayasa Mahkemesi. (2024). 1961 Anayasası. Erişim Tarihi: 15.02.2024: https://www.anayasa.gov.tr/tr/mevzuat/onceki-anayasalar/1961-anayasasi/

Başar, F., ve Durmaz, A. (2015). Kadına Yönelik Şiddet Konusunda Hemşirelerin ve Ebelerin Bilgi Durumları. *Tıbbi Sosyal Hizmet Dergisi*, (6), 6-15.

Bilgin, G. Ç. (2019). 6284 Sayılı Ailenin Korunması Ve Kadına Karşı Şiddetin Önlenmesine Dair Yasanın Kadını Şiddete Karşı Koruma Rejimi (Tez No. 597054) [Yüksek Lisans Tezi, Kocaeli Üniversitesi Sosyal Bilimler Enstitüsü]. Yükseköğretim Kurulu Ulusal Tez Merkezi.

Çifçi S., ve Açık Y. (2022). Kadına Yönelik Aile İçi Şiddet ve Nedenleri. *Artuklu Int J Heal Sci*, 2(2), 1–7.

Denli M. (2018). Sivil Toplum Kavramı Bağlamında Türkiye'de Sivil Toplum Kuruluşları: Tüsiad Örneği (Tez No. 502245) [Yüksek Lisans Tezi, Sakarya Üniversitesi Sosyal Bilimler Enstitüsü]. Yükseköğretim Kurulu Ulusal Tez Merkezi.

El-Hosary E.A., Abd-Elsalam A., ve Eldeeb D. (2017). Effect of Domestic Violence on Pregnancy Outcomes among Rural and Urban Women. *IOSR J Nurs Heal Sci*, 06(03), 35–42. https://doi.org/ 10.9790/1959-0603023542

Erim B. R., ve Yücens, B. (2016). Kadına Yönelik Şiddet ve Kadın Sığınma Evleri. *Arşiv Kaynak Tarama Dergisi*, 25(23783), 536–48.

Feministbellek.org. (2024). Kadının İnsan Hakları Yeni Çözümler Derneği. Erişim Tarihi: 04.02.2024: https://feministbellek.org/kadinin-insan-haklari-yeni-cozumler-dernegi/

Hacettepe Üniversitesi Kadın Sorunları Uygulama ve Araştırma Merkezi (HÜKSAM). (2010). Kadına Yönelik Şiddet: Nedenleri ve Sonuçları. Erişim Tarihi: 23.01.2024: http://www.huksam.hacettepe.edu.tr/Turkce/SayfaDosya/kadina_yon_siddet.pdf

Hacettepe Üniversitesi. (2014). Aile içi şiddet araştırmaları: 2014 ana rapor. Erişim Tarihi: 04.01.2024: https://fs.hacettepe.edu.tr/hips/dosyalar/Ara%C5%9Ft%C4%B1rma lar%20-%20raporlar/Aile%20i%C3%A7i%20%C5%9Eiddet%20Ara%C5%9Ft%C4 %B1rmalar%C4%B1/2014_AiSA_Anarapor.pdf

Hameed M., O'Doherty L., Gilchrist G., Tirado-Muñoz J., Taft A., ve Chondros P. (2020). Psychological Therapies for Women Who Experience Intimate Partner Violence. *Cochrane Database Syst Rev*, 7(7). https://doi.org/10.1002/14651858

HASUDER. (2023). Halk Sağlığı Uzmanları Derneği 6 Şubat Depremleri Hatay İli Saha Raporu. Erişim Tarihi: 19.01.2024: https://hasuder.org/Duyurular/EkIndir/38df2 904-d548-1df3-73df-3a098be7d1cf

İçişleri Bakanlığı. (2024a). Tüm Acil Numaralar 112'de Toplandı. Erişim Tarihi: 15.01.2024: https://www.icisleri.gov.tr/tum-acil-numaralar-112de-toplandi

İçişleri Bakanlığı. (2024b). Kadın Destek Uygulaması (KADES). Erişim Tarihi: 11.02.2024: https://www.icisleri.gov.tr/kadin-destek-uygulamasi kades#:~:text=KADES%2C kadınların ve çocukların maruz,aklınıza gelecek acil müdahale uygulamasıdır

İçişleri Bakanlığı. (2024c). Kadına Şiddet Uygulayan 670 Kişi Elektronik Kelepçeyle İzleniyor. Erişim Tarihi: 04.01.2024: https://www.icisleri.gov.tr/kadina-siddet-uygulayan-670-kisi-elektronik-kelepceyle-izleniyor

İlim Kültür Eğitim Vakfı (İLKE). (2024). Kadın Sivil Toplum Kuruluşları. Erişim Tarihi: 08.01. 2024: https://ilke.org.tr/kadin-sivil-toplum-kuruluslari

İstanbul Barosu Kadın Hakları Merkezi. (2023). 6284 Ailenin Korunması ve Kadına Karşı Şiddetin Önlenmesine Dair Kanun Uyarınca Alınan Tedbir Kararları Raporu. Erişim Tarihi: 25.11. 2023: https://www.istanbulbarosu.org.tr/files/docs/KHM-6284-Sayili KanunUyarincaAlinanTedbirKararlariRaporu.pdf

KADEM. (2024). Hakkımızda. . Erişim Tarihi: 09.01.2024: https://kadem.org.tr/ hakkimizda/

Kadın Adayları Destekleme Derneği (KA.DER). (2024). KA.DER'le Tanışın. . Erişim Tarihi: 09.012024: https://ka-der.org.tr/hakkimizda/

Kadın Emeği ve İstihdamı Girişimi (KEİG). (2024). Kadın Adayları Destekleme Derneği/ Ka.Der. . Erişim Tarihi:14.06.2024: https://www.keig.org/kadin-adaylari-destekleme-dernegi-ka-der-istanbul/

Kadın Emeğini Değerlendirme Vakfı (KEDV). (2024a). KEDV Hakkında. Erişim Tarihi: 09.01 2024 https://www.kedv.org.tr/kedv-hakkinda?utm_source=google&utm_ medium=cpc&utm_campaign=g-91270912744&utm_content=c-b--kadınemeğini değerlendirmevakfı-&gad_source=1&gclid=CjwKCAiA8sauBhB3EiwAruTRJnJ WocsnVGLG4ineNUaf671zO_uOJXm5TlHSQ-jHndG6j3vOBYFGdhoCPUcQAv

Kadın Emeğini Değerlendirme Vakfı (KEDV). (2024a). Yayınlar. Erişim Tarihi: 29.06.2024: https://www.kedv.org.tr/yayinlar

Kadının İnsan Hakları Derneği (KİH). (2024a). Kadına Karşı Her Türlü Ayrımcılığın Ortadan Kaldırılması Sözleşmesi- CEDAW. Erişim Tarihi: 08.01.2024: https://kadinininsanhaklari.org/savunuculuk/uluslararasi-sozlesmeler-ve-mekanizmalar/cedaw/?gclid=EAIaIQobChMIiai9_-zLgwMVjxEGAB2fegC-EAAYASABEgJsM_D_BwE

Kadının İnsan Hakları Derneği (KİH). (2024b). Biz Kimiz?. Erişim Tarihi: 15.01.2024: https://kadinininsanhaklari.org/kih-yc-hakkinda/

Kadının Statüsü Genel Müdürlüğü. (2024a). Kadına Yönelik Şiddetle Mücadele Ulusal Eylem Planı. Erişim Tarihi: 23.01.2024: https://www.ailevecalisma.gov.tr/uploads/

ksgm/uploads/pages/dagitimda-olan-yayinlar/kadina-yonelik-siddetle-mucadele-ulusal-eylem-plani-2016-2020-icin-tiklayiniz.pdf

Kadının Statüsü Genel Müdürlüğü. (2024c). Şiddete Maruz Kalındığında. Erişim Tarihi: 04.02.2024: https://www.aile.gov.tr/ksgm/siddete-maruz-kalindiginda/

Kadının Statüsü Genel Müdürlüğü. (2024d). Sıkça Sorulan Sorular. Erişim Tarihi: 04.02.2024: https://www.aile.gov.tr/sss/kadinin-statusu-genel-mudurlugu/

Kadınlara Hukuki Destek Merkezi Derneği (KAHDEM). (2023). KAHDEM 16 Yaşında. Erişim Tarihi: 09.03.2023: https://www.kahdem.org.tr/kahdem-16-yasinda/

Kadınlara Hukuki Destek Merkezi Derneği (KAHDEM). (2024). Kahdem Hakkında. Erişim Tarihi: 09.01.2024: https://www.kahdem.org.tr/dernek-hakkinda/

Kadınlarla Dayanışma Vakfı (KADAV). (2021). Kadına Şiddet Raporu. Erişim Tarihi: 29.06.2024: https://kadav.org.tr/wp-content/uploads/2022/03/3-kadavrapor_mayishaziran2021.pdf

Kadınlarla Dayanışma Vakfı (KADAV). (2024). Hakkımızda. Erişim Tarihi: 15.01.2024: https://kadav.org.tr/biz-kimiz/hakkimizda/

Kahraman M.S., ve Çokamay G. (2016). Aile İçi Şiddet ve Çocuklar Üzerindeki Etkileri: Temel Kavramlar, Güvenlik Planı Hazırlama ve Alternatif Tedavi Model Örnekleri. *Curr Approaches Psychiatry*, 8(4), 321–36.

Koç M., Avcı Ö.H., ve Bayar Ö., (2017). Kadın Toplumsal Cinsiyet Rolü Stresi Ölçeği'nin (KTCRSÖ) Geliştirilmesi: Geçerlik ve Güvenirlik Çalışması. *Mehmet Akif Ersoy Üniversitesi Eğitim Fakültesi Dergisi*, 1(41), 284–97.

Koştu, N. ve Toraman, U.A. (2021). Hemşire ve Ebelerin Kadına Yönelik Eş Şiddeti Olgularını Bildirme Durumları ve İlişkili Faktörler. *Gümüşhane Üniversitesi Sağlık Bilimleri Dergisi*, 10(1), 11-20.

Mevzuat Bilgi Sistemi. (2024). Şiddet Önleme ve İzleme Merkezleri Hakkında Yönetmelik. Erişim Tarihi: 04.02.2024: https://www.mevzuat.gov.tr/File/GeneratePdf? Mevzuat No=21457&mevzuatTur=KurumVeKurulusYonetmeligi&mevzuatTertip=5

Mor Çatı Kadın Sığınağı Vakfı. (2024a). Biz Kimiz. Erişim Tarihi: 07.01.2024: https://morcati.org.tr/neler-yapiyoruz/biz-kimiz/

Mor Çatı Kadın Sığınağı Vakfı. (2024b). Depremden Etkilenen Bölgede Kadına Yönelik Şiddetle Mücadele Mekanizmaları. Erişim Tarihi: 07.01.2024: https://morcati.org.tr/izleme-raporlari/depremden-etkilenen-bolgede-kadina-yonelik-siddetle-mucadele-mekanizmalari/

Mor Çatı Kadın Sığınağı Vakfı. (2024c). Kadına Yönelik Şiddetle Mücadelede Feminist Çalışma Pratikleri. Erişim Tarihi: 13.01.2024: https://morcati.org.tr/wp-content/uploads/2023/07/ulke-rapor.pdf

Mor Çatı Kadın Sığınağı Vakfı. (2024d). Şiddet Biçimleri. Erişim Tarihi: 07.012024: https://morcati.org.tr/siddet-bicimleri/#cinsel-siddet

Mor Çatı Kadın Sığınağı Vakfı. (2024e). Sığınak. Erişim Tarihi: 11.02.2024: https://morcati.org.tr/neler-yapiyoruz/siginak/

Mor Çatı Kadın Sığınağı Vakfı. (2024f). Atölyeler. Erişim Tarihi: 11.02.2024: https://morcati.org.tr/neler-yapiyoruz/atolyeler/

Mor Çatı Kadın Sığınağı Vakfı. (2024g). 2023 Yılı Faaliyet Raporu. Erişim Tarihi: 27.02.2024: https://morcati.org.tr/wp-content/uploads/2024/02/mor-cati-2023-yili-faaliyet-raporu.pdf

Moreno P.G., Pérez R.I., Montiel H.J., ve Petrova D. (2020). Intimate Partner Violence During Pregnancy and Risk of Fetal and Neonatal Death: A Meta-analysis With Socioeconomic Context Indicators. *Obstet Anesth Dig*, 40(4), 201–2. https://doi.org/10.1016/j.ajog.2019.07.045

Nahıl. (2024). Biz Kimiz. Erişim Tarihi: 04.02.2024: https://www.nahil.com.tr/biz-kimiz

Öztürk Ö., Öztürk Ö., ve Tapan B. (2016). Kadına Yönelik Şiddetin Kadın ve Toplum Üzerine Etkileri. *Heal Care Acad J*, 3(4), 139–44.

Resmi Gazete. (2024). Ailenin Korunması ve Kadına Karşı Şiddetin Önlenmesine Dair Kanun. Erişim Tarihi: 07.01.2024: https://www.resmigazete.gov.tr/eskiler/20 Retrieved 12/03/20120320-16.htm

Sığınaksız Bir Dünya. (2024). Kurultay Bileşenleri. Erişim Tarihi: 04.02.2024: https://siginaksizbirdunya.org/kurultay-bilesenleri/kadinlarla-dayanisma-vakfi-kadav/

Strateji Geliştirme Bakanlığı. (2024). Aylık İstatistik Bülteni. Erişim Tarihi: 29.06.2024: https://www.aile.gov.tr/sgbd/istatistik-sayfalari/aylik-istatistik-bulteni/

Taşpınar A., Karabudak S.S., Çoban A., ve Adana F. (2021). Gebelikte aile İçi Şiddete Maruz Kalmanın Postpartum depresyon ve Maternal bağlanmaya Etkisi. *Adıyaman Üniversitesi Sağlık Bilim Dergisi*, 7(1), 94–102.

Türkiye Aile Sağlığı ve Planlaması Vakfı (TAPV). (2023). Kadına Yönelik Şiddetin Sağlık Sistemi Boyutu: Araştırma Raporu. Erişim Tarihi: 29.06.2024: https://www.tapv. org. tr/wp-content/uploads/2024/04/TAPV-Kadina-Yonelik-Siddetin-Saglik-Sistemi-Boyutu-Arastirma-Raporu.pdf

Türkiye Büyük Millet Meclisi (TBMM). (2024). 28. Dönem Milletvekilleri Sandalye Dağılımı. Erişim Tarihi: 07.01.2024: https://www.tbmm.gov.tr/sandalyedagilimi

Türkiye İstatistik Kurumu (TÜİK). (2024). İşgücü İstatistikleri. Erişim Tarihi: 07.01.2024: https://data.tuik.gov.tr/Bulten/Index?p=İşgücü-İstatistikleri-Ocak-2023-49386&dil=1

UNFPA-Türkiye. (2023). TKDF Ev İçi Şiddet Acil Yardım Hattı 2007-2021 Yılları Arası Verilerinin İstatistiksel Analizi. Erişim Tarihi: 21.06.2024: https://turkiye.unfpa.org/sites/default/files/pub-pdf/tkdf_ev_ici_siddet_acil_yardim_hatti_2023_raporu_ 1.pdf

Usher K., Bhullar N., Durkin J., Gyamfi N., ve Jackson D. Family violence and COVID-19: Increased vulnerability and reduced options for support. *Int J Ment Health Nurs*. 2020 Aug;29(4):549-552. https://doi.org/10.1111/inm.12735

World Economic Forum (WEFORUM). (2024). Global Gender Gap Report 2023. Erişim Tarihi: 23.01.2024: https://www.weforum.org/publications/global-gender-gap-report-2023/in-full/

World Health Organization (WHO). (2024a). Violence Against Women. Erişim Tarihi: 11.05.2024: https://www.who.int/news-room/fact-sheets/detail/violence-against-women

World Health Organization (WHO). (2024b). Preventing Intimate Partner Violence Improves Mental Health. Erişim Tarihi: 19.01.2024: https://www.who.int/news/item/06-10-2022-preventing-intimate-partner-violence-improves-mental-health

Yetişer B. (2021). Türkiye'de Kadına Yönelik Şiddet Konusunu İçeren Medya Yayınlarının İçerik Analizi İle İncelenmesi. *OPUS Uluslararası Toplum Araştırmaları Dergisi*, 18(39), 60–97.

Yılmaz, S. (2020). Çağdaş Sivil Toplum Anlayışı Yaklaşımıyla Mor Çatı Kadın Sığınağı Vakfı. *Bilgi Sosyal Bilimler Dergisi*, 22(2), 137-165.

Zandifar, A., ve Badrfam, R. (2020). Iranian Mental Health During The COVID-19 Epidemic. *Asian Journal Of Psychiatry*, 51. https://doi.org/10.1016%2Fj.ajp.2020.1019 90.

SUBSTANCE ADDICTION AND THE CYCLE OF VIOLENCE: INVESTIGATION OF THE EXPERIENCE OF VIOLENCE IN ADDICTED WOMEN

MADDE BAĞIMLILIĞI VE ŞİDDET DÖNGÜSÜ: MADDE BAĞIMLISI KADINLARDA ŞİDDET DENEYİMİNİN İNCELENMESİ*

Aslıhan Ardıç Çobaner[1] ve Günseli Doğan Binol[2]

Öz

Tüm dünyada olduğu gibi ülkemizde de giderek artan madde bağımlılığı, biyolojik, sosyal ve psikolojik bir sorundur. Madde kullanımında bireyin kişilik yapısından aile içi ilişkilere, sosyo- ekonomik statü ve kişinin çevresinde madde kullananların varlığına kadar pek çok etken sayılırken, kadınların madde kullanmaya başlaması ve madde bağımlılığı sürecinde şiddet, önemli bir risk faktörü olarak ortaya çıkmaktadır. Bu çalışmanın amacı; madde kullanan kadınların madde kullanımına başlama, bağımlılık sürecinde karşılaştıkları şiddet türlerini ve bu şiddetin madde bağımlılığı sürecindeki (maddeye başlama ve tedavi) etkisini incelemektir. Bu çalışma ayrıca kadınların madde kullanımı ve madde bağımlılığı sürecinde tedaviye başlama ve tedaviyi sürdürme aşamalarında ne tür engellerle karşılaştığını; bu süreçte de şiddet faktörünün devam edip etmediğini ve yine bu engellerin toplumsal cinsiyet ile ilişkisini anlamayı amaçlamaktadır. Çalışma nitel araştırma yöntemlerinden olan fenomenolojik (yorumsamacı) yaklaşıma göre planlanmış ve veriler derinlemesine görüşme ile toplanmıştır. Görüşmeler Ankara ve Mersin'de ikamet eden madde bağımlılığı öyküsü bulunan 18 yaş üstü 13 kadın ile, bu illerde yer alan Alkol ve Madde Bağımlılığı Tedavi Merkezleri (AMATEM) ve Yeşilay Danışma Merkezlerinde (YEDAM)'larda yüz yüze ve online olarak gerçekleştirilmiştir. Araştırma

* Bu çalışma, Günseli DOĞAN tarafından Mersin Üniversitesi Sosyal Bilimler Enstitüsü Kadın Araştırmaları Anabilim Dalında Prof. Dr. Aslıhan ARIÇ ÇOBANER danışmanlığında "Madde Bağımlılığı Ve Şiddet Döngüsü: Madde Bağımlısı Kadınlarda Şiddet Deneyiminin İncelenmesi" başlığıyla 2024 yılında sunularak kabul edilen yüksek lisans tezinden üretilmiştir.
[1] Prof. Dr. Aslıhan Ardıç Çobaner, Mersin Üniversitesi İletişim Fakültesi, acobaner@gmail.com, ORCID: 0000-0002-8634-8336,
[2] Günseli Doğan Binol, doganseli1453@gmail.com, ORCID No:0002-0009-5749-9431

kapsamında 11 görüşme Ankara'da yüz yüze, 2 görüşme ise Mersin'de telefonla gerçekleştirilmiştir. Çalışma ulusal literatürde, kadınlar ve madde bağımlılığı alanında sayıca yetersiz olduğu görülen çalışmalara ve kadınların, madde bağımlılığından korunmasına ve yine kadın bağımlıların tedavi süreçlerindeki bariyerlerin belirlenip bu süreçlere katılımlarının arttırılmasına katkı sunmayı hedeflemektedir.

Anahtar kelimeler: Madde bağımlılığı; uyuşturucu; kadın; şiddet deneyimi; şiddet döngüsü

Abstract

Violence emerges as an important risk factor in the process of women starting to use substances and substance addiction. So much so that, while violence increases the risk of starting substance use as a cycle, it continues in the addiction process, taking different forms, and sometimes turns women into perpetrators of violence. The purpose of this study is to examine the types of violence that women who use substances encounter during the process of starting substance use and addiction, and the impact of this violence on the substance addiction process (starting substance use and treatment). Additionally, this study examines the obstacles women face in the process of substance use and substance addiction, in starting and continuing treatment; it aims to understand whether the violence factor continues in this process and the relationship between these obstacles and gender. The study was planned according to the phenomenological (interpretive) approach, one of the qualitative research methods, and the data was collected through in-depth interviews. Interviews were conducted face-to-face and online with women over the age of 18 with a history of substance addiction residing in Ankara and Mersin, at alcohol and substance addiction treatment centers (AMATEM) and Green Crescent Counseling Centers (YEDAM) in these provinces. The study aims to contribute to the studies that appear to be insufficient in the Turkish literature in the field of women and substance addiction, to protect women from substance addiction, to identify the barriers in treatment processes, and to increase their participation in these processes.

Keywords: Substance abuse; drugs, woman; experience of violence; cycle of ciolence

1. Giriş

Tüm dünyada ve Türkiye'de giderek halk sağlığı sorunu haline gelen madde kullanımına ilişkin araştırmalarda cinsiyet farklılıkları ihmal edilen bir konudur. Kadın ile erkekler arasındaki toplumsal cinsiyet rollerinden kaynaklı yapısal etkenlerin de madde kullanım biçimlerini ve oranlarını etkilediği görülmektedir (Poole ve ark. 2005'ten akt. Kutlu, 2011: 91). Bu faktörler hem maddeye başlama hem de tedavi süreçlerine etki etmektedir. Birleşmiş Milletler (BM) tarafından dünya çapında bağımlı kadınlara dair oluşturulan monografide, bağımlı kadınların karşılaştığı bazı sorunların ortak sonuçları olarak; utanç ve stigma, fiziksel ve cinsel istismar, duygusal ilişkiler ile ilgili olumsuz konular, çocuklarını ve eşini kaybetme korkusu, tedavi almada eşinin iznine ihtiyaç duyma ve benzeri durumlar olarak tanımlanmıştır (UNODC, 2004'ten akt. Ünübol vd., 2019).

Bu çalışmada da kadınlarda madde kullanımına dayalı bağımlılığın nedenleri ve sonuçlarına ilişkin ulusal ve uluslararası literatüre dayanarak kadınlarda madde kullanımı, bağımlılığı, aynı zamanda bu sürecin kadınlar üzerindeki etkisi ve şiddet faktörü, cinsiyetler arası farklılıklar üzerinde durulacaktır.

2. Kadınlarda Madde Bağımlılığı ve Madde Kullanımı Sürecini Etkileyen Faktörler

Avrupa Uyuşturucu ve Uyuşturucu Bağımlılığı İzleme Merkezi (EMCDDA) tarafından AB Üye Devletleri ile Türkiye ve Norveç tarafından sağlanan verilere dayanılarak 2021 yılının sonuna kadar Avrupa'da uyuşturucunun durumuna ilişkin genel bir bakış ve özet sağlamayı amaçlayan "Avrupa Uyuşturucu Raporu" Avrupa Birliği'ndeki (15-64 yaş arası) yetişkinlerin 83,4 milyonunun veya yüzde 29'unun daha önce yasa dışı uyuşturucu kullandığını ve bildirilen kullanım oranının erkeklerde (50,5 milyon) kadınlara kıyasla (33 milyon) daha fazla olduğunu göstermektedir. Rapora göre en çok kullanılan uyuşturucu maddelerin esrar, uyarıcılar, MDMA, amfetamin, eroin veya başka bir yasa dışı opioidler olduğu; opioid kullanımı diğer uyuşturuculara kıyasla daha az yaygın olsa da uyuşturucu kullanımına bağlı zararlarda hâlâ en büyük paya sahip olduğu ve uyuşturucu sorunu yaşayanların çoğunun çeşitli maddeler kullandığı görülmektedir (EMCDDA, 2022: 8). Türkiye Uyuşturucu ve Uyuşturucu Bağımlılığı İzleme Merkezi (TUBİM) "Türkiye Uyuşturucu Raporu"da ise Türkiye'de 2021 yılında yatarak tedavi görenlerin yüzde 92,8'inin erkek, yüzde 7,2'inin kadın olduğu görülmektedir (TUBİM, 2022: 80). Türkiye'de kadınlar ve erkekler arasında göze çarpan bu büyük farklılığın madde kullanım sorununun daha az oluşundan mı yoksa kadınlarda tedavi başvurularının daha az oluşundan mı kaynaklandığı tartışmalı bir konudur (Saçaklı ve Odabaş, 2023: 2). Bu nedenle henüz sınırlı sayıda araştırmanın mevcut olduğu bir alan olarak kadınlar arasında madde kullanımını etkileyen faktörler üzerine çalışılması gerekliliği daha çok önem kazanmaktadır.

Erkekler arasında madde kullanımı hem dünyada hem de Türkiye'de hala yüksek olmakla birlikte, kadınlarda madde kullanma ve bağımlılık sürecinin farklı ilerlediği; biyolojik ve toplumsal cinsiyet farklılıklarının kadınların madde kullanımına başlama ve tedavi sürecini etkileyen önemli bir faktör olduğu söylenebilir (Becker ve Hu, 2008; Kutlu, 2011; Ünübol ve ark., 2019; Nightingale, Uddin ve Currie, 2022). Çalışmalar, bağımlılığın genetik faktörlere dayalı olarak yüzde 40 ila 60 arasında kalıtsal olduğunu göstermekle birlikte; kadınlar ve erkekler arasında sigara, alkol ve madde kullanımına başlama sürecinin ve kullanma nedenlerinin hem biyolojik hem de sosyo-kültürel nedenlere bağlı olarak farklılaştığını göstermektedir (NIDA, 2021). Biyolojik *(sex)* ve toplumsal cinsiyeti *(gender)* anlamak, insan sağlığını ve hastalıklarını anlamak için kritik öneme sahiptir. Çoğu zaman "biyolojik cinsiyet"in yanlış bir şekilde "toplumsal cinsiyet" ile aynı anlama sahip olduğu düşünülse de birbirinden farklı, birbirinden bağımsız faktörler olarak sağlığı ve hastalığı şekillendirdiği; aynı zamanda birbirleriyle kesiştikleri ve birbirlerini etkileyen alanlar olduğu unutulmamalıdır. Kadınlarda madde kullanmanın sebeplerini anlayabilmek için bu iki faktörün ne olduğunu, arasındaki farkları ve etkileşimlerini; sağlığı ve hastalığı nasıl etkilediğini, tıbbi uygulamalarda ve sağlık araştırmalarında neden önemli olduklarını anlamak önemlidir.

Şekil 2.1'de de görüleceği gibi biyolojik cinsiyet anatomiye, fizyolojiye, genetiğe ve hormonlara dayanan çok boyutlu bir biyolojik yapı olarak ele alınmakta ve genellikle erkek veya kadın olarak sınıflandırılmaktadır. Kadın ve erkek sınıflandırmasının dışında aynı zamanda interseks olarak da bilinen farklılıklar da olabilir. Toplumsal cinsiyet (gender) ise genel olarak cinsiyet kimliği ve ifadesinin yanı sıra belirli cinsiyet özellikleriyle ilişkili olan statü, özellikler ve davranışlarla ilgili sosyal ve kültürel beklentileri de kapsayan çok boyutlu bir yapı olarak tanımlanabilir. Toplumsal cinsiyet kimliği (örneğin, kadın, erkek, trans erkek, cinsiyet çeşitliliği olan, ikili olmayan) kendi kendini tanımlar, yaşamı boyunca değişebilir ve biyolojik cinsiyet özelliklerine dayalı olarak toplumun kültürel beklentilerine karşılık gelebilir veya uymayabilir. Toplumsal cinsiyet anlayışları tarihsel ve kültürel bağlamlara göre de değişiklikler gösterir (NIH-ORWH, t.y.).

Şekil 2.1. Biyolojik ve Toplumsal Cinsiyetin Boyutları

Anatomi			Kimlik
Fizyoloji	Biyolojik Cinsiyet	Toplumsal Cinsiyet	Roller ve Kurallar
Genetik			İlişkiler
Hormonlar			Güç

Kaynak: (NIH ORWH, t.y.).

Yukarıda yer verilen farklılıklar, sağlık ve hastalıkla ilgili süreçlere çeşitli boyutlarda etki eder. Örneğin sigarayı bırakma sürecinde biyolojik ve toplumsal cinsiyetin etkileri ortaya çıkmaktadır. Kadınların sigarayı bırakmakta erkeklere göre daha zorlanmalarının nedeni biyolojik olarak tütünün aktif maddesi olan nikotini erkeklerden daha hızlı metabolize etmeleridir. Bant ve sakız gibi nikotin replasman tedavileri erkeklerde kadınlara göre daha etkili olurken; kadınlar sigara içmeyle ilişkili duygusal ve sosyal uyaranlara erkeklerden daha duyarlı olabilirler. Örneğin kadınlar kilo almayla ilgili daha fazla endişe yaşadıkları için sigarayı bırakırken zorluklar yaşayabilirler. Biyolojik cinsiyetin vücudun hastalıklarla nasıl savaştığı (bağışıklık sistemi), ağrıyı nasıl işlediği (sinir sistemi) ve kalp sağlığını (kardiyovasküler sistem) nasıl koruduğu gibi temel yollar ve süreçlerde önemli cinsiyet farklılıkları gözlemlenmiş olmakla birlikte; yine de klinik araştırmaların büyük çoğunluğunun ağırlıklı olarak erkek katılımcılarla yürütülmesi; araştırma sürecinin tüm aşamalarında kadın temsilinin eksikliği ve verilerin cinsiyete dayalı analizinin olmayışı, biyolojik farklılıkların etkilerini anlamayı zorlaştırmaktadır. Üstelik bu süreç kadınların hastalıklarında tanının gecikmesine, yanlış teşhis konulmasına, eksik ya da yanlış dozda ilaç kullanmalarına yol açmaktadır (NIH ORWH, t.y.).

Kadınlar ve erkeklerin madde kullanım süreçleri de hem biyolojik hem de toplumsal cinsiyetten etkilenmektedir. Araştırmalar, kadınların biyolojik olarak bağımlılık yapıcı maddelere erkeklerden farklı tepkiler verdiklerini, kadınlar üzerinde yeterince test edilmemiş ilaçlarla karşılaşabildiklerini, tedavi ve rehabilitasyon süreçlerinde ise gerekli sosyal destek vb. bulamadıkları için devam edemediklerini göstermektedir

(NIDA, 2021). Najavits, Weiss ve Shaw (1997) kadınlarda madde bağımlılığı ile travma sonrası stres bozukluğu arasındaki bağı araştırdıkları çalışmalarında madde bağımlısı kadınların çocukluk dönemlerinde sık rastlanılan cinsel ve/veya fiziksel şiddet geçmişlerine ve mağdurların çocukluk dönemlerinde yaşadıkları bu şiddetle başa çıkmak için yeterli gelişimsel ve çevresel kaynaklara sahip olmadıklarına dikkati çekmektedir. Kaya ve Şahin (2013: 4), kadınlarda madde kullanımı riskini arttıran faktörler arasında ruhsal sorunlar ya da bağımlılığı olan ebeveynin bulunduğu ailelerde yetişme, ebeveyn-çocuk arasında bağlanma ve ilgi eksikliğinin yaşanmış olması, sosyal becerilerin zayıf olması, sapkın davranışlar sergileyen arkadaşlara sahip olunması, iş, aile ortamlarında uyuşturucu kullanımının onaylanması ve sorun çözme yöntemlerinin yetersiz olması gibi nedenleri saymaktadır. Özelikle erkeklerde ve kadınlarda kalıtımın farklılık gösterdiği ifade edilmektedir. Erkeklerde alkol ve uyuşturucu maddelerin daha iyi tolere edilebildiği ve kadınlarda bu maddelerin daha kısa sürede ve daha fazla etki ettiği ayrıca bağımlılık riskini artırabileceğini belirtmektedir (Wang ve ark. 2012'den akt. Saçaklı ve Odabaş, 2023: 2).

Madde kullanımını, toplumsal cinsiyet açısından ele almaya devam ettiğimizde yapısal ve psiko-sosyal faktörlerin kadın ve erkek arasındaki madde kullanım oranlarını ve biçimini etkilediği söylenebilir (Poole ve Girls, 2005'ten akt. Kutlu, 2011: 91). Becker ve Hu (2008) uyuşturucu kullanımının tüm aşamalarında (başlangıç, kullanımın artması, bağımlılık ve yoksunluğu takiben nüksetme) cinsiyetten kaynaklı farklılıkların olduğunu, kadınlarda kullanımın hızlı bir şekilde bağımlılığa dönüştüğünü ve bir kez uyuşturucu bağımlısı olan kadınların, madde kullanımını bırakma durumlarının erkeklere göre daha zor olduğunu vurgulamaktadırlar. Yine kullanılan maddelerin yarattığı sorunlar ve yaklaşım biçimlerinin de kadınlarda erkeklere göre daha farklılık gösterdiği görülmektedir. Örneğin Avrupa Uyuşturucu Raporu (2022) kadınlar arasında reçeteli opioid kullanımına bağlı ölümlerdeki artışa dikkati çekmekte ve 2012-2020 yılları arasında 50-64 yaş grubunda doz aşımı nedeni ile gerçekleşen ölümlerinin sayısının yüzde 82 artmış olduğunu ortaya koymaktadır (EMCDDA, 2022: 16). Ayrıca madde Kullanıcıları Profil Analizi 2022 Yılı Narkolog Raporu (2023: 51) verilerine dayanan madde kullanan kadınların erkeklere göre çok daha ağır uyuşturucular ile başladıkları ve devam ettirdikleri bilgisi, dikkat çekmektedir. Örneğin kadınlarda, metamfetamin, sentetik ecza, eroin, kokain ve ecstasy gibi uyuşturucu maddelerle kullanıma başlama ve devam etme durumu erkeklere göre çok yaygındır. Kadınlara yönelik koruma ve tedavi çalışmalarının bu farklılıkları göz önünde bulundurması gerekmektedir.

Son dönemde madde kullanımı ve madde bağımlılığını önleme çalışmaları, tedavi etme ve zararlarını azaltma gibi konularda kadınlara özel yaklaşımlar olması gerektiğini savunan ve cinsiyete dayalı analizlerin henüz yeterli olmadığını vurgulayan görüşler bulunmaktadır (Najavits, Weiss ve Shaw, 1997; Kutlu, 2011: 90). Ancak ülkemizde kadınlar nezdinde bu konu ile ilgili bilimsel çalışmaların azlığı nedeni ile kadınların bağımlılık sürecine dair çıkarımlarda bulunmak zorlaşmaktadır.

3. Madde Bağımlılığının Kadınlar Üzerindeki Etkileri

Kullanılan maddenin etkisi; maddenin cinsine, alınma şekline, alınılan miktara göre değiştiği gibi kim tarafından alındığına göre de değişmektedir. Bu başlıkta, madde kullanımının kadınlar üzerinde etkilerine ve erkek ve kadınlar arasındaki farklılıklara değinilecektir.

Ashley, Marsden ve Brady (2003: 21-22) kadınların madde kullanımı ile birlikte erkeklere kıyasla daha düşük benlik kavramları, kendini suçlama, depresyon, anksiyete, bipolar duygu durum bozukluğu, intihar düşünceleri, psikoseksüel bozukluklar, yeme bozuklukları ve travma sonrası stres bozukluğu gibi ruhsal sağlık sorunlarını daha çok yaşadıklarını ortaya koymuştur. Ayrıca kadın madde kullanıcıları, partnerleri tarafından domine edilen bağımlı ilişkilere girmeye daha eğimli hale gelmekte ve bu durumun da onların para yönetme ve gelecek planlama gibi temel yaşam becerilerini etkilemektedir. Jansson ve ark. (1996: 322) ise, madde kullanımının kadınlar üzerinde birçok olumsuz etkisine dikkati çekmekte, madde bağımlısı kadınların bebeklerinin sağlık sorunlarına, madde bağımlısı kadınların eğitim hayatına olan olumsuz etkisine, kadınların yaşadıkları disiplin sorunları, akademik başarısızlık beraberinde kadının kariyer hayatını engelleyici unsurlara vurgu yapmaktadır. Bu durum, kadının ekonomik bağımsızlık, gelecek kaygısı gibi sorunlar yaşamasına sebep olmaktadır.

Madde bağımlılığındaki nedensel faktörler içerisinde sayılan psikolojik faktörler arasında bireyin ruh hali, duygusal durumu ve stresle başa çıkma yetenekleri bulunduğunu, depresyon, anksiyete ve diğer ruhsal bozuklukların kişinin madde kullanımına başlamasını ciddi manada tetiklediği (Khantzian, 1997: 933-936) literatürde karşımıza çıkan bir bulgudur. Ayrıca, katılımcılarda madde kullanımı, bireyin stresle başa çıkma mekanizması olarak görülebilir, bu da bağımlılığın derinleşmesine yol açabilir. Bu durumun biyolojik nedensel faktörü ise Becker ile Hu'nun (2008) teleskopik etki olarak adlandırdıkları "kadınların genellikle daha düşük dozlarda madde kullanmaya başladıklarını ancak daha hızlı bir şekilde bağımlılık geliştirdiklerini göstermeleri ile açıklanabilmektedir" Yine bunun yanında sosyal ve çevresel faktörlerin de madde kullanımı ile doğrudan ilişkili olduğunu araştırmaların bireyin ailesinin, arkadaş çevresi ve sosyal statüsü gibi etmenlerin bu durum ile etkili olduğunu ayrıca bu anlamda sosyal destek eksikliğinin, zorlu yaşam koşullarının, madde kullanımını ve bağımlılığını artırabileceğini gösterdiğini belirtilmektedir (Hawkins vd., 2002: 955).

4. Şiddet ve Şiddetin Kadınların Madde Bağımlılığı Sürecine Etkisi

Şiddet, Dünya Sağlık Örgütü (DSÖ/WHO) tarafından gücün ya da fiziksel kuvvetin, kişinin kendisine, başka bir kişiye, bir grup ya da topluluğa karşı, yaralanma, ölüm, psikolojik zarar, gelişme geriliği veya yoksunluğa neden olacak şekilde tehdit edici ya da fiili olarak kullanılması olarak tanımlanmaktadır (Krug vd., 2002). 1996 yılında Kırk Dokuzuncu Dünya Sağlık Asamblesi, şiddeti büyük ve büyüyen bir küresel halk sağlığı sorunu olarak ilan etmiş Dünya Şiddet ve Sağlık Raporu, (2002) (WRVH-*World Report on Violence and Health*) şiddeti halk sağlığı gündemine taşımayı amaçlamıştır. DSÖ'nün tanımı, bir eylemin şiddet olarak sınıflandırılabilmesi için, bir kişi veya grubun başka bir kişi veya gruba karşı güç veya güç kullanma niyetinde olması gerektiğini vurgulamaktadır. Dolayısıyla şiddet, kasıtsız eylem ve olaylardan kaynaklanan yaralanma veya zarardan ayrılır. Bu tanım aynı zamanda sadece fiziksel güç kullanımına değil aynı zamanda tehdit edici veya fiili güç kullanımına da dikkat çekmektedir. Şiddet burada yalnızca fiziksel yaralanmayla sonuçlanan bir durum olarak değil, aynı zamanda psikolojik zararın, gelişim bozukluğunun veya yoksunluğun meydana geldiği eylemleri de içermektedir (Rutherford vd., 2007: 676).

Dünya Şiddet ve Sağlık Raporu (2002) şiddeti kimin uyguladığına göre üç kategoriye ayırmaktadır. Bunlardan ilki kendi kendine yönelik, kişilerarası veya kolektif şiddettir. Ayrıca şiddetin doğasına "fiziksel, cinsel, psikolojik ve yoksunluk veya ihmali içeren şiddet" olarak dört kategoriye daha ayrılır (Krug vd., 2002). Bu kategoriler Şekil 4.1'de görülmektedir.

Şekil 4.1. Şiddet Türleri

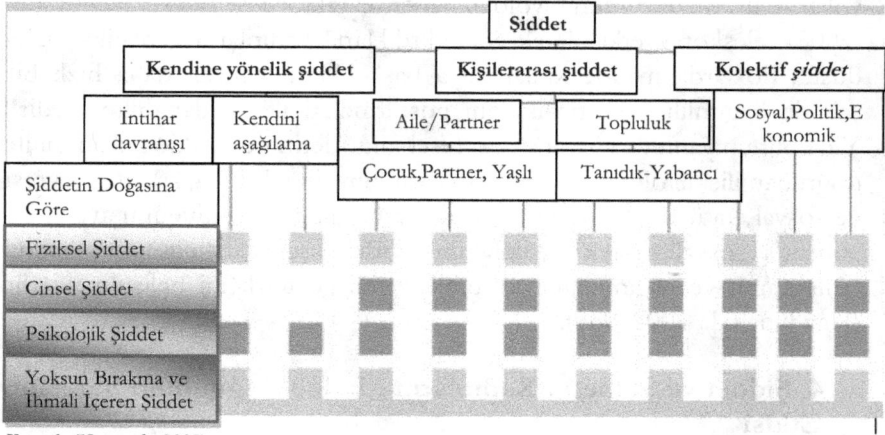

		Şiddet		
Kendine yönelik şiddet		**Kişilerarası şiddet**		**Kolektif *şiddet***
İntihar davranışı	Kendini aşağılama	Aile/Partner	Topluluk	Sosyal,Politik,E konomik
		Çocuk,Partner, Yaşlı	Tanıdık-Yabancı	

Şiddetin Doğasına Göre

Fiziksel Şiddet

Cinsel Şiddet

Psikolojik Şiddet

Yoksun Bırakma ve İhmali İçeren Şiddet

Kaynak: (Krug vd., 2002).

Kendine yönelik şiddet, intihar düşüncelerini veya eylemlerini ve kendine zarar verme biçimlerini içeren geniş bir terimdir. "Kendini yaralama" bilinçli intihar niyeti olmaksızın vücudun bazı bölümlerinin doğrudan ve kasıtlı olarak tahrip edilmesi veya değiştirilmesi anlamına gelir. *Kişilerarası şiddet,* aile üyeleri arasında, yakın partnerler arasında veya birbirlerini tanısalar da tanımasalar da bireyler arasında meydana gelen ve şiddetin özel olarak herhangi bir grubun veya davanın amaçlarını ilerletmeyi amaçlamadığı şiddet ve korkutma eylemlerini içerir. Bu kategori çocuklara, kadınlara, gençlere yönelik şiddeti, bazı cinsel şiddet türlerini ve yaşlılara yönelik istismarı içermektedir. *Kolektif şiddet,* "kendilerini bir grubun üyesi olarak tanımlayan kişilerin, siyasi, ekonomik veya sosyal hedeflere ulaşmak için başka bir gruba veya bireylere karşı araçsal şiddet kullanması" olarak tanımlanıyor. *Kolektif şiddet,* savaş, terörizm ve devletler arasında veya içinde şiddetli siyasi çatışmaları, devletler tarafından uygulanan şiddeti (soykırım, işkence, insan haklarının sistematik ihlalleri) ve çete savaşı gibi organize şiddet suçlarını içerir. Kolektif şiddet, fiziksel, cinsel, psikolojik ya da ihmal veya ayrımcılıkla karakterize edilen tüm şiddet kategorilerini içerebilir. Şekil 4.1'de yer alan şiddet türlerinin pek çok biçimi aynı anda ortaya çıkabilir. Örneğin yakın partner şiddeti psikolojik, fiziksel ve cinsel istismarı içerebilir ve kolektif şiddet sıklıkla tecavüzün bir savaş silahı olarak kullanılması olarak gerçekleşebilir (Rutherford vd., 2007: 677).

Kadına yönelik şiddet, nedenleri ve türleri noktasında ele alınması karmaşık ve güç bir olgu olarak ele alınabilir. Buradaki şiddetin amacı, kadına karşı korkuya dayalı bir kontrol durumu yaratmaktır. Kadına yönelik şiddetin erkek kadın arasında ve erkek lehine gelişen bir güç dengesizliği de söz konusudur. En güvenilir olunması gereken alan olan aile ortamında bile kadının eşitsizliğe dayanan konumu ve emeğinin değersizliği, ataerkil toplum yapısı içinde belirlenen güç ve iktidar ilişkileri çerçevesinde kendinden güçlü konumda olan kocasının onun üzerindeki gücünün bir belirtisi olarak sergilediği şiddeti yaşamasına yol açmaktadır. Kadına yönelik şiddet, kadının fiziksel, cinsel veya psikolojik veyahut ekonomik anlamda zarar görmesiyle veya acı çekmesiyle neticelenen bir durum olarak karşımıza çıkmaktadır (Akkaş ve Uyanık, 2016: 37).

Dr. Lenore Walker'ın, 1970'lerde aile içi şiddet mağduru 1500 kişiyle görüşerek oluşturduğu ve "İstismar Döngüsü" *(Cycle of Abuse)* her zaman bu döngüyü tam olarak takip etmese de şiddet süreci ile ilgili çok yaygın bir kalıba atıfta bulunmaktadır. Bu döngü içerisinde madde kullanımı döngünün belirli aşamalarında önemli rol oynamaktadır. Döngü, ilişki bitene kadar tekrarlanır, ancak bazen şiddet uygulayan kişi, duygusal sorunlarına çözüm bulmak için tedavi arayarak döngüyü kırabilir.

Şekil 4.2. Şiddet ve İstismar Döngüsü

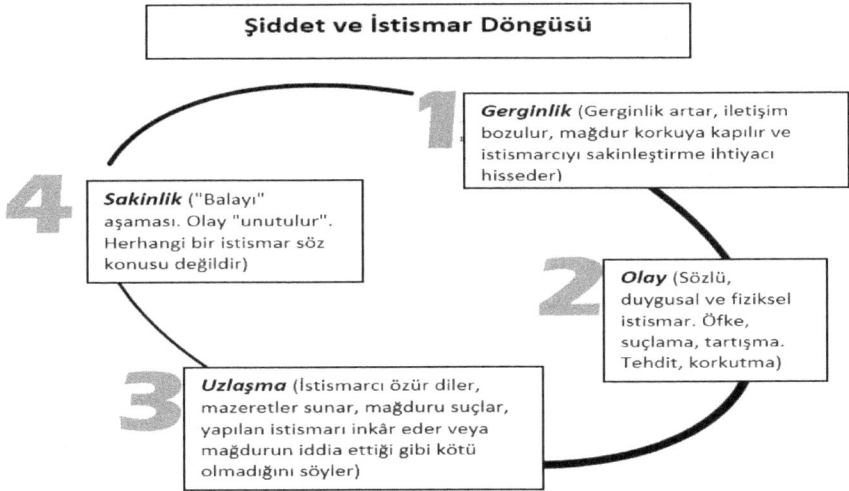

Şiddet ve İstismar Döngüsü

1 **Gerginlik** (Gerginlik artar, iletişim bozulur, mağdur korkuya kapılır ve istismarcıyı sakinleştirme ihtiyacı hisseder)

2 **Olay** (Sözlü, duygusal ve fiziksel istismar. Öfke, suçlama, tartışma. Tehdit, korkutma)

3 **Uzlaşma** (İstismarcı özür diler, mazeretler sunar, mağduru suçlar, yapılan istismarı inkâr eder veya mağdurun iddia ettiği gibi kötü olmadığını söyler)

4 **Sakinlik** ("Balayı" aşaması. Olay "unutulur". Herhangi bir istismar söz konusu değildir)

Kaynak: (Counsellingonline, t.y.).

Madde kullanımı Şekil 4.2'de yer alan şiddet ve istismar döngüsünün her aşamasında belirli aşamalara yanıt vererek veya tetikleyerek rol oynar. Döngü, ilişki bitene kadar tekrarlanır, ancak bazen şiddet uygulayan kişi, duygusal sorunlarına çözüm bulmak için tedavi arayarak döngüyü kırabilir. **Birinci aşama** yani gerginlik aşamasında şiddet uygulayan kişi yaşadığı gerginlikle baş edebilmek için madde kullanmaya başlayabilir veya madde kullanmaya devam edebilir. Hatta mağduru, madde kullanımının nedeni olarak suçlayabilir. Alternatif olarak, eğer zaten düzenli olarak madde kullanıyorsa, maddeye yeterince erişememesi durumu da birinci aşamayı tetikleyebilir. **İkinci aşama** yani olay aşamasında alkol veya uyuşturucu kullanımı öfke nöbetlerini arttırabilir ve tetikleyebilir. Şiddet uygulayan kişi kontrolden çıkmış gibi görünerek mağduru korkutabilir. Düzenli olarak kullandığı maddelere ulaşamayan bir kişide, yoksunluğun yarattığı etki ile şiddet tetiklenebilir. **Üçüncü aşamada** şiddet uygulayan kişi, madde kullanımını şiddete bahane olarak gösterebilir ve kullanmayı bırakma sözü verebilir. Alternatif olarak, geri çekilmeyi mazeret olarak kullanabilirler ve bağımlılık maddelerine tekrar erişebildikleri için her şeyin yoluna gireceğini iddia edebilir. **Dördüncü aşama** yani sakinleşme aşamasında şiddet uygulayan kişi madde kullanımından kaçınabilir veya ılımlı hale getirebilir. Öte yandan, bağımlılık yapıcı maddeye erişimleri engellendiği için birinci aşamayı tetiklenebilir (Counsellingonline, t.y.).

Kadına yönelik şiddet birçok kaynakta farklı şekillerde sınıflandırılmaktadır. Temel bir sınıflandırma yapacak olursak şiddet, fiziksel şiddet, psikolojik (duygusal) şiddet, cinsel şiddet ve ekonomik şiddet olarak sınıflandırılabilir.

5. Madde Bağımlılığı Sürecinde Şiddet Faktörü ve Toplumsal Cinsiyete Dayalı Şiddet

Toplumsal cinsiyet rolleri kadını her alanda etkileyip yaşamını şekillendirmektedir. Dökmen "toplumsal cinsiyeti "toplumsallaşma sürecinde erkek ve kız çocuklarının öğrendikleri kültürün cinsiyetlerine uygun bulduğu duygu, tutum, davranış ve roller" olarak tanımlamaktadır (2019: 24). Öyle ki bu durum kadınların erkeklerden daha az fırsatlarda olmasına sebep olduğu (Kandiyoti, 2019: 46) gibi kendileriyle ilgili düşük benlik algıları geliştirmelerine, engellenme ve şiddet nedeni ile olumsuz tutum ve davranışlara yönelmelerine yol açmaktadır.

Toplumsal cinsiyete dayalı şiddet, şiddetin kadın ve kız çocuğunun toplumdaki ikincil statüsü bağlamında gerçekleştiğini kabul eden ve bu eşitsiz güç dengesinin korunmasına hizmet eden bir kavramdır (Rutherford vd., 2007: 677). Cinsiyete dayalı şiddet bazen "kadına yönelik şiddet" ile birbirinin yerine kullanılmaktadır. Birleşmiş Milletler kadına yönelik şiddeti ister kamusal alanda ister özel hayatta meydana gelsin "kadınlara fiziksel, cinsel veya psikolojik zarar ve acı veren veya vermesi muhtemel olan, bu tür eylemlerle tehdit etme, zorlama veya özgürlükten keyfi olarak yoksun bırakma dahil, cinsiyete dayalı her türlü şiddet eylemi" olarak tanımlamaktadır. Gerçekte madde bağımlılığından kaynaklanan şiddetin büyük çoğunluğu kapalı kapılar ardında gerçekleşmektedir. Aile içi şiddet, ne yazık ki bağımlılığın yaygın bir sonucudur. Toplumsal cinsiyete dayalı şiddet, aile içinde meydana gelen kadına yönelik şiddeti, kadın sünneti, namus cinayetleri gibi coğrafi veya kültürel istismar biçimlerini ve ayrıca savaş sırasında tecavüz de dahil olmak üzere çeşitli cinsel şiddet biçimlerini içerir. Daha önce de belirtildiği gibi bu örnekler, yalnızca bireylere değil, gruplara yönelik kolektif şiddet biçimleri de olabilir (Rutherford vd., 2007: 677).

Şiddet ve travma geçmişi ile kadınların madde kullanımı arasında güçlü bir bağ olup (Macy vd., 2013), madde bağımlılığı ve şiddet döngüsünde toplumsal cinsiyet belirleyici rol oynamaktadır. Kadınların madde kullanımı sürecinde fiziksel olarak şiddete uğrama olasılığının iki katına çıkmasının yanında (Macy, 2013: 882), madde bağımlılığı ve şiddet döngüsünde de toplumsal cinsiyetin belirleyici rol oynadığını ve Henderson (2008: 580), Amerika Birleşik Devletleri'nde kadın suçlular ve madde bağımlılıkları üzerine yaptığı çalışmasında mahkûm kadınların genç, fakir, siyah ve bekar bir anne olmanın yanı sıra; akıl hastalığı, madde bağımlılığı, fiziksel ve cinsel istismar geçmişine sahip olma olasılığının genel nüfustaki kadınlara göre çok daha fazla olduğu tespitinde bulunarak belirtmiştir. Öyle ki mahkûm kadınların yüzde 30' undan fazlasının cinsel ve fiziksel şiddet öykülerinin olduğu; eş zamanlı bir psikiyatrik bozukluğa sahip olma, daha düşük benlik saygısına sahip olma, eroin ve kokain gibi uyuşturucu kullanma ve bunları hapsedilmeden önce daha sık kullanma durumlarının da daha yaygın olduğunu ortaya koymuştur. Kadınlar bağımlı olduktan sonra da erkeklere göre daha çekingen davranıp etiketlenme korkusu nedeni ile tedaviye başvurmayı geciktirdiğini belirtmektedir.

Madde bağımlısı kadınlar, sokakta veya seks işçiliği yaparken de şiddete maruz kalabilirler. Surratt ve arkadaşlarının (2004: 46) çalışması, madde bağımlısı kadın seks işçilerinin ciddi düzeyde fiziksel ve cinsel şiddet yaşadıklarını göstermiştir. Bu tür şiddet, kadınların madde kullanımını artırabilir ve tedavi arama süreçlerini zorlaştırabilir. Kadının toplumsal cinsiyet rolleri gereği madde bağımlılığı ile ilişkili yeterli istatistiğin tutulmaması cinsiyet odaklı tedavilerin yapılmaması ve kadının bu süreçte etiketlenip dışlanması, şiddet görmesi, tedavi için son derece önem taşıyan engelleyici bir unsurdur. Kadının madde kullanım sürecinde

41

şiddete daha açık olması toplumsal cinsiyet rolleri gereği toplum ve yakınları tarafından ayrımcılığa daha fazla maruz kalması ve bu durumun tedaviye başvurmasını ve tamamlamasını etkilemesi gibi durumların da toplumsal cinsiyet rollerinden kaynaklandığını söyleyebiliriz.

Madde bağımlısı kadınların büyük bir çoğunluğu madde kullanan eşleri ile yaşamaktadır ve işsiz olan madde bağımlısı erkeklerin önemli bir kısmı, eşlerine karşı fiziksel şiddet uygulamaktadır. Madde kullanmayan kadınlara oranla madde bağımlısı kadınların, çoğu zaman bizzat eşleri tarafından fiziksel ve psikolojik istismara maruz kaldıklarını gösterir sonuçlar araştırmalar tarafından da teyit edilmektedir. Ve maalesef kendilerinde karşı koyma gücü bulamayan bu kadınların önemli bir kısmı da kendilerini bu fiziksel ve psikolojik şiddetin döngüsünden çıkaramamaktadır (Arslan, 2019: 22). Kadınların travmatik yaşantıları ve bu yaşantılarındaki baskıları azaltmak için veya kilo kaybetmek gibi bilinçsiz nedenler onları madde kullanmaya sevk eden sebepler arasındadır. Dönemsel olarak ise sıklıkla liseden üniversiteye geçiş ve evlenme gibi dönemlerde madde kullanımının denendiği söylenebilir (Poole ve Girls, 2005'ten akt. İzci ve Bilici, 2015: 27).

5.1. Kadınlarda Madde Kullanımına İlişkin Damgalanma

Damgalama (stigma), insanların bir özelliğinden dolayı toplum içinde o kişinin itibarını sarsma, onu düşük konuma yerleştirme durumu olarak tanımlanabilir (Özmen ve Erdem, 2018: 185). Damgalama süreci bireyin farklılıklarının belirgin hale getirilerek işaretlenmesi, değersizleştirilmesi ve bireyin toplumdan ayrıştırılması sürecidir. Damgalama kavramı ilk olarak sosyoloji alanında çalışılmış olmakla birlikte, tıp, sağlık bilimleri ve psikoloji gibi alanlarda kısa sürede çok kullanılan bir kavram haline gelmiştir.

Kanadalı sosyolog Erving Goffman'a göre 'damga' terimi, 'bireyin tam toplumsal kabulden mahrum bırakıldığı durumu' tanımlamaktadır. Goffman üç ana damgalanma türü tanımlamıştır: (1) akıl hastalığıyla ilişkili damgalanma; (2) fiziksel deformasyonla ilişkili damgalama ve (3) belirli bir ırk, etnik köken, din, ideoloji vb. ile özdeşleşmenin getirdiği damgalama (2014). Goffman'ın bu kavramsallaştırması çağdaş sosyolojik araştırmalarda hâlâ popüler bir kavramsallaştırma olarak kullanılmakla birlikte, damgalamanın kavramsallaştırılmasında, sosyologlar Jo Phelan ve Bruce Link'in damgalamayı dört farklı faktörün birleşimi olarak yorumlamaktadır. Bu faktörler: (1) toplumun çeşitli kesimlerinin farklılaşması ve etiketlenmesi; (2) farklı sosyal demografik grupların etiketlenmesini bu bireyler hakkındaki önyargılara bağlamak; (3) biz-onlar etiketinin geliştirilmesi ve (4) etiketlenen ve "onlar" kategorisine yerleştirilen kişileri dezavantajlı hale getirmek (Libre Texts Project, 2024).

Damgalanma durumu bazen kişinin ruhsal rahatsızlığı, etnik kökeni veya madde kullanımına sahip olması gibi özellikleri nedeniyle kusurlu, güvenilmez veya yetersiz olarak değerlendirilmesidir. Psikolojik rahatsızlıklar gibi madde kullanımı da sağlık sorunları arasında her zaman en çok damgalanan alan olmuştur. Madde kullanım bozukluğu olan kişilere yönelik damgalama, tedaviye engel oluşturabilecek ve bu koşulları daha da kötüleştirebilecek bir dizi olumsuz tutum ve stereotiptir. Her ne kadar madde kullanımı ve madde bağımlılığı kronik, tedavi edilebilir tıbbi durumlar olarak tanımlansalar da araştırmalar, bu rahatsızlıklara sahip olan kişilerin çoğunlukla damgalanma ve ayrımcılıkla karşı karşıya kaldıklarını, çünkü diğerlerinin bu bozuklukları ya da bunların nasıl etkili bir şekilde tedavi edilebileceğini anlamadığını göstermektedir (NIDA, t.y.). Uyuşturucu kullanıcılarının genellikle kirli, kötü niyetli, zayıf iradeli, dürtüsel, suç faaliyetlerine karışmış ve toplum için pek değeri olmayan kişiler olduğunun düşünüldüğü ve bu olumsuz algılar nedeniyle hastaların yardım aramaktan korktuklarını ortaya koymuştur. Toplumun bağımlılığa yaklaşımında ve bağımlılık sürecinde cinsiyet faktörü de bu noktada önemli bir değişkendir. Kadınların toplumdaki potansiyel anne rolü damgalamayı etkilemekte ve erkeklere göre kadınların süreçleri daha zor seyretmektedir (Ünübol, Ünübol ve Bilici, 2019). Uyuşturucu bağımlılığı sorunu yaşayan kadınlar erkeklere göre daha fazla sosyal damgalanmaya maruz kalmakta (Covington, 2008); damgalanma sonucu bağımlı olan kadın "kötü anne, kötü eş" algısıyla karşı karşıya kalmakta, suçluluk ve utanç duyarak bu damgalamayı kanıksamasına, tedaviye başvurmamasına ve madde kullanımına devam etmesine neden olmaktadır (Covington, 2008; Ögel, 2004). Hatta kadınlar damgalama nedeniyle bağımlılıklarını gizleyip tedavi aramaktan vazgeçebilmektedir. Tuncel ve arkadaşlarının (2023: 435) Türkiye'ye yönelik çalışması da Türkiye'de de toplumun bağımlı erkek bireylere ilişkin tutumlarının, kadınlara göre daha olumlu olduğunu ortaya koymuştur.

Saçaklı ve Odabaş (2023: 3) damgalamanın gerçekleştiği yerlerden birisinin sağlık kurumları olduğunu, sağlık personeli tarafından sağlık kuruluşlarında gerçekleşen damgalamanın hastalıkların önlenmesinde ve tedavisinde ciddi engel teşkil ettiğini vurgulamaktadır. Sağlık profesyoneliyle olumsuz deneyim yaşayan bağımlı kadınların sağlık personeline ve sağlık kurumuna yönelik güvenlerinin azaldığı; gebe ya da çocuğu olan bağımlı kadınlarda oluşan damgalanma korkusunun tedaviye başvurmaya engel olduğu bilinmektedir (Ali, 2020'den akt. Saçaklı ve Odabaş, 2023: 3).

Bağımlılığın ve bağımlı kişilerin popüler medya içeriklerinde ve haber metinlerinde toplumsal bağlamından kopartılarak sansasyonel bir biçimde, dramatize edilerek, bireysel çerçevelerle sunulduğu ve marjinalleştirilerek konumlandırıldığı görülmektedir (Karasaç Gezen, 2018:483; Karasaç Gezen, 2023: 840). Bu tür bir temsilin de bağımlı kişilerin toplum içerisinde damgalamayı arttırdığı söylenebilir.

Sonuç olarak kadın bağımlılarda meydana gelen damgalanma durumu kadınların madde kullanımına başladıkları ilk günden itibaren bağımlılık süreçlerinin her aşamasını etkilemektedir. Üstelik son yıllarda damgalamaya yönelik yapılan tüm önleme çalışmalarına rağmen damgalanma sorunu devam etmektedir (Saçaklı ve Odabaş, 2023: 3).

5.2. Kadınların Madde Bağımlılığı Sürecine Feminist Bakış Açısı ve Fenomenolojik Araştırma

Bu çalışmada madde bağımlısı kadınların bağımlılık öncesi ve bağımlılık sürecinde karşılaştıkları şiddetin hayatlarına ve tedavi süreçlerine etkisi fenomenolojik araştırma tasarımı ve feminist metodoloji temelinde araştırılmıştır. Feminist bakış açısından bu çalışmada odak, bağımlı kadınların madde kullanmaya başlamaları ve sonrasında yaşadıkları deneyimlerdir. Bu bakış açısı bağımlı kadınların deneyimini, kadınlar ve toplumsal cinsiyet ilişkileri bağlamında ve yine bir kadın araştırmacı tarafından deneyimlenen bakış açıları ile harmanlayarak ortaya koymayı amaçlamıştır. Burada araştırmacının konumu feminist epistemolojinin pozitivist epistemolojiye getirmiş olduğu temel eleştirilerden birisi olan araştırmacının "nesnel" oluşunun da göstergesi olarak, "araştırmacının çıkarıyla araştırılanın çıkarının karşılaştırılması" (Wolf, 2009: 372)[3] gerektiği ikilemine de bir karşı duruş olarak nitelenebilir. Feminist bakış açısı kuramına göre araştırmacının kadın olarak konumlanışı, öteki kadınlardan bilgi edinmek ve onları anlamak için büyük önem taşır (Wolf, 2009: 390). Bu nedenle feminist araştırmanın da savunduğu şekilde araştırmacının sezgileri, duyguları ve bakış açılarını reddetmek yerine araştırmacının çalışmasını, bir kadın ve

---

[3] Pozitivizme yönelik feminist eleştiriler şunlardır: 1. Pozitivizmin ve değerden arınmış olmaya yönelik anlayışın felsefi eleştirisi, 2. Öznelerin nesneleştirilmesinin ve sömürülmesinin ahlaki eleştirisi ve 3. Pozitivizmin araştırmacının çıkarıyla araştırılanın çıkarlarını karşılaştırma biçiminin pratik eleştirisi (Gorelick, 1991'dn akt. Wolf, 2009: 377).

bilimci olarak kendi deneyimiyle karşılaştırmasına ve kadın özneleri ile paylaşmasına ve böylece onların da kendi görüşlerini katmalarına imkân veren diyalektik bir ilişkiye inanmaktadır. Böylece bu araştırmada araştırmacı ve araştırılan yani özne ve nesne bölünmesi yerine, araştırmacının kendisini araştırmaya kattığı ve deneyimin bir parçası olarak yürütülen bir araştırma süreci işletilmiştir.

Nejavits ve arkadaşları tarafından (1997) kadınların madde kullanımına başlama sebepleri arasında cinsiyete özgü faktörlerin önemli bir yer tuttuğu belirtilir ve şu şekilde örneklendirilir. Örneğin, kadınların madde kullanımına yatkınlığı, yaşadıkları cinsel istismar veya partner şiddeti gibi travmatik deneyimlerle ilişkili olabilir. Bu tür deneyimler, madde kullanımını bir başa çıkma mekanizması olarak görme eğilimini artırabilir. Kadınların madde kullanımını bir başa çıkma mekanizması olarak görmesine sebep veren yaşantılar, şiddet ve toplumdaki rollerine bakıldığında ise kadına yönelik şiddetin, cinsiyet eşitsizliğinin bir yansıması olarak ortaya çıktığı görülmektedir. Bu şiddet, kadının toplumsal normlara uymaması veya beklenen rollerden sapması durumunda ataerkil yapı tarafından teşvik edilir. Kadına yönelik şiddet, fiziksel ve psikolojik zararların yanı sıra kadınların sosyal gelişimini engeller ve birçok alanda dezavantajlı olmalarına neden olur (Bükecik ve Özkan, 2018: 36). Kadının madde kullanımına ilişkin gerek yaşadıkları şiddet ile ilişkili travmaları ve dezavantajlı olma durumlarının neden olduğu literatürdeki çeşitli çalışmalarla desteklenmiştir. Hatta bu konuyla ilgili cinsiyete dayalı araştırmaların kısıtlı oluşu bile yine madde kullanan kadınların tedavi süreçlerini olumsuz etkileyen önemli bir faktördür. Ünübol ve arkadaşlarının yaptıkları çalışma sonunda (2019: 124) bağımlı kadınların ülkemizde tedaviye başvurmakla ilgili çekincelerinin olduğu, çeşitli nedenlerden dolayı tedavi başvurularının geciktiklerini ve bu sebeplerin sorgulanması gerekliliği ortaya çıkmıştır. Bu noktada yapılmış geçmiş araştırmalarda damgalanmanın (stigma) önemine de değinilmiştir. Madde kullanıcılarının özellikle kadınların kendilerine yönelik olumsuz algılarının ve aşırı şekilde damgalanmış hissettiklerinin altı çizilmektedir. Kadınların bu damgayı kanıksaması ise kendilerinde suçluluk, utanç, korku ve ümitsizlik gibi duygulara neden olmaktadır. Bu durum, madde kullanımıyla ilgili olarak toplumsal damgalamanın bireyler üzerindeki psikolojik etkilerini göstermektedir (Covington, 2008). Bu damgalanma, kadın kullanıcılar söz konusu olduğunda kadının çeşitli şiddet türlerine açık hale getirebildiği gibi (fiziksel, cinsel) kadının toplumda kendisine biçilen rollerine uymadığından etkilerini daha sert göstermektedir. Bu etkileri Ünübol ve arkadaşları şu şekilde aktarmıştır (2019: 126). "Bağımlı kadınlarda yüzleşilen stigmanın, tedaviye başvuruyu, tedavi sürecini ve tedavi sonrasında toplumsal hayata dönüşü, iş arama ve bulma sürecini, ebeveynlik ve eş olma rollerine yeniden uyum sağlamayı olumsuz olarak etkilediği görülmüştür" (Morse ve ark., 2014, akt. Ünübol vd., 2019: 126).

Sonuç olarak kadınların madde bağımlılığı sürecine feminist bir bakış açısı ile bakıldığında çocukluk dönemi veya madde bağımlılığına yakalanmadan önceki dönemlerinde istismar, şiddet veya ihmal gören kadınların, sonradan madde bağımlısı olma ve şiddete daha fazla maruz kalma olasılıklarının daha yüksek olduğunu, yaşadıkları bu travmaların bağımlılık ve şiddet döngüsünü besleyebildiğini bunun yanında ekonomik bağımsızlıklarının olmayışı veya yetersizliği kadınların şiddet içeren ilişkilerden ayrılmalarını zorlaştırabildiği belirtilebilir. Ayrıca kadın madde bağımlılarının, madde bağımlılıklarının yanında daha çok kadın bağımlı oldukları için yaşadıkları damgalanma ve ayrımcılık, tedavi süreçlerini ve sonradan topluma ve hayatlarına entegrasyon süreçlerinde ciddi zorluklar oluşturduğu açıklanarak özetlenebilir.

6. Bulgular

Bu araştırma, kadınların madde kullanmaya başlama ve bağımlı olma süreçlerinde şiddet deneyimlerinin etkisini incelemek amacıyla fenomenolojik yaklaşıma göre tasarlanmıştır. Katılımcılar, Ankara ve Mersin illerinde ikamet eden ve madde bağımlılığı öyküsü bulunan 18 yaş üstü kadınlardan, kartopu örnekleme yöntemi kullanılarak belirlenmiştir. Araştırma kapsamında 11 görüşme Ankara'da yüz yüze, 2 görüşme ise Mersin'de telefonla gerçekleştirilmiştir. Görüşme yapılan 13 katılımcıya dair bilgiler tablodaki gibidir. (Tablo 6.1)

Tablo 6.1. Katılımcılara Dair Bilgiler

Katılımcı	Yaş	Yaşadığı Şehir	Eğitim Durumu	Mesleği	Medeni Durum
K 1	18	Ankara	Ortaokul	Dövmeci	Bekar
K 2	27	Ankara	Lisans	Markette yönetici	Evli
K 3	28	Ankara	Ortaokul	Fotoğrafçı	Bekar
K 4	25	Ankara	Lise	Gece kulübü	Bekar
K 5	29	Ankara	Ön lisans	Satış personel	Evli
K 6	26	Ankara	İlkokul	Yok	Bekar
K 7	37	Ankara	Lisans	Avukat	Evli
K 8	18	Ankara	Lise	Oyuncakçı	Bekar
K 9	29	Ankara	Ortaokul	Tıbbi Sekreter	Evli
K 10	40	Ankara	Okuma yazması yok	Yok	Bekar
K 11	28	Ankara	Lise	Yok	Bekar
K 12	38	Mersin	İlkokul	Kuaför	Bekar
K 13	33	Mersin	Ön lisans	Garson	Bekar

Araştırma kapsamında madde bağımlısı kadın katılımcıların ve görece genç oldukları yaş ortalamalarının 28 olduğu; 13 katılımcıdan 2 tanesinin sadece üniversite (lisans düzeyinde) mezunu olduğu; bir işte çalışan kadınların çoğunluğunun uzmanlık eğitimi gerektirmeyen belirli dönemlerde yapılacak mesleklere sahip olduğu görülmektedir. Bu sonuçlardan yola çıkarak görüşülen madde bağımlısı kadınların toplumda fırsat eşitliğinden yeterince faydalanamamış, yeterli eğitim alamamış ve ekonomik olarak bağımlı olan kadınlar olduğu görülmektedir.

Katılımcıların medeni durumlarına bakıldığında hayatlarının belli dönemlerinde eş ve partnerleri ile birlikte olduğu (kadınların 9'unun bekar ve 4'ünün evli olduğu; şu an bekar olanların 5'inin daha önce evlenip boşanmış olduğu) görülmektedir. Bu durum Madde Kullanıcıları Profil Analizi 2022 Yılı Narkolog Raporu verileri ile de uyumlu olup (2023: 51); raporda sözü edilen kadın kullanıcılarında yalnız yaşama, ev arkadaşı ile yaşama ve sevgili/partner ile yaşama oranının erkek kullanıcılarına göre daha fazla olduğuna; madde bağımlısı erkeklerin aile bireyleri ile birlikteyken yaşayanların daha fazla olduğuna yönelik tespitine benzerlik gösterdiği gözlemlenmiştir.

Katılımcılarla gerçekleştirilen yarı yapılandırılmış form ile yapılan görüşmelerden elde edilen veriler çalışmanın amaçları ve soruları göz önünde bulundurularak değerlendirilmiş ve dört tema altında kümelenmiştir. (Tablo 6.2.)

Tablo 6.2. Katılımcıların İfadelerinden Ulaşılan Temalar

Tema 1	•MADDE BAĞIMLISI KADINLARIN ŞİDDETE İLİŞKİN GÖRÜŞÜ VE ŞİDDET TANIMLARI
Tema 2	•MADDE BAĞIMLISI KADINLARIN MADDE BAĞIMLILIĞI ÖNCESİNDE AİLE İÇİ İLETİŞİMİ VE ŞİDDET DENEYİMİ
Tema 3	•MADDE BAĞIMLISI KADINLARIN MADDE KULLANMAYA BAŞLAMA VE BAĞIMLILIK SÜRECİNDE ŞİDDET DENEYİMİ
Tema 4	•MADDE BAĞIMLISI KADINLARIN TEDAVİ VE REHABİLİTASYON SÜRECİNDE KARŞILAŞTIKLARI ZORLUKLAR VE GELECEĞE YÖNELİK BEKLENTİLER

6.1. Madde Bağımlısı Kadınların Şiddeti Nasıl Tanımladıkları' na İlişkin Bulgular

Temalara göre analiz sonrası ortaya çıkan bu dört temadan yola çıkarak katılımcıların şiddete yönelik deneyimleri tartışılmıştır. İlk olarak madde bağımlısı kadınların şiddete ilişkin görüşü; şiddete nasıl tepki verdikleri ve şiddet tanımları anlaşılmak istenilmiştir. Kadınların verdikleri cevaplardan şiddetin her tür çeşidine çocukluk ve gençlik döneminden itibaren hem aile içinde hem de yakın çevrelerinde maruz kaldıkları ve bu durumu kanıksadıkları görülmektedir. Kadınlar şiddetin tüm türleri ile karşılaşmış olmakla birlikte yaşadıkları şiddeti ağırlıklı olarak psikolojik ve fiziksel şiddet olarak adlandırmıştır. Katılımcıların şiddete yönelik tepkilerine bakıldığında ise şiddeti sessizlikle kabullendikleri ve şiddete yönelik bir çözüm arayışına girmedikleri; bu sessizliklerinin nedenini ise korku ve kendilerini koruyacak kişi ya da kurumların olmaması olarak ifade etmişlerdir.

6.2. Madde Bağımlısı Kadınların Madde Bağımlılığı Öncesinde Aile İçi İletişimi ve Şiddet Deneyimi ne İlişkin Bulgular

Katılımcılar madde bağımlılığı süreci öncesinde aile içi iletişimlerinin iyi olmadığını, aile içerisinde çeşitli engellerle karşılaştıklarını ve çeşitli baskı ve şiddette maruz kaldıklarını ifade etmişlerdir. Çalışmanın en önemli bulgularından birisi katılımcıların genelinin baba ile ilgili iletişiminin zayıf olması ya da hiç olmamasıdır. Bu durum kadınların madde kullanmaya başlamasından önce olduğu gibi madde kullanımına başladıktan sonra da devam etmiştir. Katılımcıların genelinin anneleri ile iletişimi iyi olmasına rağmen, özellikle madde kullanmaya başlamadan önceki süreçte annenin eksikliğinin önemli bir sorun olarak göze çarpmaktadır. Çalışmanın bulguları katılımcıların madde kullanmaya başlamalarında aile içi iletişimsizliğin, şiddetin, yalnızlığın, engel ve baskıların önemli bir risk faktörü olduğunu göstermiştir.

6.3. Madde Bağımlısı Kadınların Madde Kullanmaya Başlama ve Bağımlılık Sürecinde Şiddet Deneyimi 'ne İlişkin Bulgular

Kadınların madde kullanmaya başlamaları ve bağımlılık sürecinde yaşadıkları şiddete ilişkin deneyimleri ayrı bir tema altında incelenmiştir. Görüşülen madde bağımlısı kadınlar madde bağımlılıkları sürecinde "kadın" olmanın yanında "madde bağımlısı kadın" olmaktan da kaynaklı olarak çeşitli baskı ve damgalamalara maruz kaldıklarını; hayatlarında madde bağımlılığından önce başlayan şiddetin madde bağımlılığı sürecinde de devam ettiğini ifade etmişlerdir. Üstelik bu şiddet zaman zaman kendine ya da çevresine yönelmiştir. Araştırmada katılımcıların madde kullanımı ve sonrasında bağımlılık geliştirdikleri süreçte yakın çevrelerinin verdiği tepkilere bakıldığında, katılımcıların madde kullanım durumlarının toplumun tepkisinden çekinildiği için saklanılması, katılımcıların yalnız bırakılarak evden kovulması, fiziksel, cinsel ve psikolojik şiddete uğramaları, katılımcı ifadelerinden yansıyan önemli noktalardır. Bu durum kadınların gerek tedavi süreçlerine geç başvurmaları veyahut hiç başvuramamaları, başvurabilenlerin ise gerekli destekten eksik kalmış olmalarına sebebiyet vermeleri açısından önem taşımaktadır. Oysaki katılımcıların bu süreçlerde yalnız bırakılmalarının onlara zarar verdiğini ve desteğe ihtiyaçlarının erkeklerden daha fazla olduğunu literatürdeki çeşitli araştırmalardan da anlaşılabilmektedir. Örneğin Greenfield ve arkadaşlarının 2007 yılında yapmış oldukları bir çalışmada cinsiyet rollerinin, madde kullanımı ile ilişkili sosyal destek sistemlerini de etkileyebildiğini kadınlar genellikle madde kullanımı konusunda daha fazla sosyal destek arayışında bulunduğunu ve bu destek sistemleri, kadınların madde kullanımından kurtulma sürecinde önemli bir rol oynadığını belirtmişlerdir.

6.4. Madde Bağımlısı Kadınların Tedavi ve Rehabilitasyon Sürecinde Karşılaştıkları Zorluklar ve Toplumsal Cinsiyetin Etkisi' ne ilişkin Bulgular

Bu tema altında ise madde bağımlısı kadınların tedavi ve rehabilitasyon süreçlerinde karşılaştıkları engeller, zorluklar ve bu süreçlere toplumsal cinsiyet rollerinin etkisine yer verilmiştir. Katılımcılar "madde bağımlısı kadın" olarak hem tedavi ve rehabilitasyona başlama hem de devam ettirme konusunda çeşitli sorunlar yaşadıklarını dile getirmiştir. Bunlar tedaviye başlama, tedaviye devam etme sürecinde madde bağımlılıklarının görünür olması, çevrelerinin haberdar olması gibi nedenlerle aile üyelerince engellenmesidir. Diğer önemli bir bulgu ise literatürde aile ve yakın arkadaşların arkadaş çevresinden dışlanma ve yalnızlığa itilme gibi kaygıların tedaviye başlama sürecini olumsuz etkilediğine yönelik vurguya rağmen, görüşülen katılımcılar tedavi olma ve bu amaçla AMATEM gibi kuruluşlara başvurmada akran ve arkadaşların olumlu etkisini ifade etmişlerdir. Araştırmanın bir diğer önemli bulgusu ise tedavi ulaşmada yardım hatları ve kurumsal desteğin önemidir. Bu desteğin sağlanması ve kolay ulaşılabilir olması kadınların tedaviye ulaşma süreçlerini olumlu etkilemektedir.

7. Sonuç

Katılımcılara ilişkin şiddetin sonuçları ele alındığında ise; şiddetle büyüyen veya hayatının belirli dönemlerinde şiddete maruz kalmış olmanın, bireyin hayatında aile bireyleriyle olan ilişkisinde duygusal açıdan sorunların yaşanabildiği ve çeşitli travmatik rahatsızlıklara sebebiyet verildiği görülmektedir. Bu araştırmada da şiddete uğradığını belirten katılımcıların aile üyeleriyle ilişkilerinin olumsuz veya kopuk olduğunun ve katılımcıların uğradıkları şiddetten etkilendiğini özellikle, bu etkilerden kurtulmak adına da çeşitli sağlıklı olmayan ortamlarda çeşitli madde kullanım davranışlarıyla sonuçlandığı anlaşılmaktadır.

Kadın katılımcıların toplum tarafından kendilerine ilişkin "kadın oldukları halde madde bağımlılıklarına yakalanmış olmalarının her türlü şiddete maruz bırakılmaya "açık" olduklarına dair bir algının olması sebebiyle kendilerini bu döngüden kurtarmalarının oldukça zor olduğunu düşünmeleri oldukça üzücü bir bulgu olarak görülmektedir. Bu durum onların tedavi süreçlerini olumsuz etkileyeceği gibi suç mağduru olmalarının yanında onları farklı suç faillerine dönüştürme noktasında da risk taşıyabileceği belirtilebilir. Yine sahip oldukları görev ve sorumluluklar da tedavi aşamasında engelleyici unsurlar arasında yer aldığı katılımcı ifadelerine yansımıştır. Örneğin, annelik rolü, kadınların tedavi arayışını engelleyebilir veya tedavi sürecini karmaşıklaştırabilir. Ayrıca yaşadığı durumu ayrı bir utanç kaynağı olarak görmesi de durumdan kurtulmaktan ziyade onu farklı bir stres kaynağı olarak yaşamasına sebebiyet verecektir.

Genel olarak araştırma bulgularında toplumsal cinsiyete dayalı kalıplardan, kadınlık ve erkekliğe ilişkin kültürel tanımlardan ve kadını ikincilleştirirken bakış açılarından beslenen sonuçlara rastlanılmıştır. Gerek biyolojik gerek sosyal ve çevresel faktörlerin yanında psikolojik nedensel faktörler açışından da ele alındığında risk grubunda yer alan kadınların madde kullanım durumlarının son aşamaya gelene değin tedavi düşüncelerinden kendilerini uzak tutma isteklerinin nedeni, toplumdaki rollerine ilişkin görev ve sorumluluklardır. Bu görev ve sorumluluklar kadının mağdur olduğu zamanlarda bile değişmemiş, bu süreçte yaşadığı damgalanma ve/veya şiddet ile daha çok mağdur edildiği sonucuna ulaşılmıştır. Bunun yanında araştırma bulguları madde bağımlısı kadınların şiddet ile harmanlanmış yaşamlarında yaşadıkları şiddete karşı direnme yöntemleri,ve güçlenmelerine yönelikte bir dönüşümü ortaya koymuştur.

Kaynakça

Akkaş, İ. ve Uyanık, Z. (2016). Kadına Yönelik Şiddet. *Nevşehir Hacı Bektaş Veli Üniversitesi SBE Dergisi*, 6 (1), 32-42.

Arslan, H. (2019). *Kadınlarda Madde Bağımlılığının Gelişmesinde İhmal ve İstismarın Etkisi.* [Yayımlanmamış yüksek lisans tezi]. Selçuk Üniversitesi.

Ashley O., S., Marsden, M. E. and Brady, M., T. (2003). Effectiveness of Substance Abuse Treatment Programming for Women. *The American Journal Of Drug And Alcohol Abuse.* 59(3), 655-669. https://doi.org/10.2307/353952.

Becker, J. ve Ming, H. (2008). Sex differences in drug abuse, Frontiers in Neuroendocrinology, 29 (1) 36-47.https://doi.org/10.1016/j.yfrne.2007.07.003. https://www.sciencedirect. com/science/article/pii/S0091302207000350 adresinden 11 Kasım 2023 tarihinde alınmıştır.

Bükecik, E. ve Özkan B. (2018). Kadına Yönelik Şiddet: Toplumsal Cinsiyet Eşitsizliğinin Kadın Sağlığına Etkisi. *İzmir Kâtip Çelebi Üniversitesi Sağlık Bilimleri Fakültesi Dergisi*, 3(2), 33-37.

Covington S., S. (2008). Women and Addiction, A Trauma-Informed Approach, Journal of Psychoactive Drugs, 40(5), 377-385. https://doi.org/10.1080/02791072. 2008. 10400665

Counsellingonline (t.y.). What's The Connection Between Substance Use And Family Violence? How To Get Help. https://www.counsellingonline. org.au/ blog/ connection-between-substance-useand-family-violence adresinden 11 Kasım 2023 tarihinde alınmıştır.

Dökmen, Z. (2019). *Toplumsal Cinsiyet.* Remzi Kitapevi.

EMCDDA (Avrupa Uyuşturucu ve Uyuşturucu Bağımlılığını İzleme Merkezi) (2022). *Avrupa Uyuşturucu Raporu 2022: Eğilimler ve Gelişmeler.* Avrupa Birliği Yayın Ofisi.

Greenfield, S. F., Trucco, E.M., Machugh, R., Lincoln, M., Gallop, R. J., (2007). *The Women's Recovery Group Study: A Stage I Trial Of Women-Focused Group Therapy For Substance Use Disorders Versus Mixed-Gender GroupDrug Counseling.* https://doi.org/10.1016/j.drugalcdep.2007.02.009

Hawkins, J. D., Catalano, R. F., Arthur, W. M., (2002). *Promoting Science-Based Prevention In Communities, Addictive Behaviors* 27 (2002), 951-976.

Henderson, D. J. (2008). Drug Abuse and Incarcerated Women. Journal of Substance Abuse Treatment, 15(6), 579–587.

İzci, F., Bilici, R., (2015). Gebelerde Madde Kullanımı: Görülme Sıklığı ve Etkileri. *Bağımlılık Dergisi.*

Jansson, L., Svıkıs, D., Lee, J., Paluzzı, P., Rutıglıano, P., And Hackerman, F., (1996). Pregnancy and Addiction A Comprehensive Care Model, *Journal of Substance Abuse Treatment*, 13 (4), 321-329. https://www.jsatjournal.com/article/S0740-5472(96)00070-0/pdf

Kandiyoti, D. (2019). *Cariyeler, Bacılar, Yurttaşlar*. Metis Yayınları.

Karasaç Gezen, A. (2018). Uyuşturucu Bağımlılığının Yazılı Basında Temsili. *İletişim Kuram ve Araştırma Dergisi*, 2022(47), 467-485.

Karasaç Gezen, A. (2023). Sinemada Alternatif Bir Bağımlı Örneği: Her Şeyim Satılık filmi. Rumeli de Dil ve Edebiyat Araştırmaları Dergisi, (Ö13), 832-841. DOI:10.29000/rumelide.1379231

Kaya, Y., Şahin, N., (2013). Kadınlarda Madde Kullanımı ve Hemşirenin Rolü. *Hemşirelikte Eğitim ve Araştırma Dergisi*, 10 (1), 3-7

Khantzian E. (1997). The Self-Medication Hypothesis of Substance Use Disorders: A Reconsideration and Recent Application, *Harvard Rev Psychiatry 4(5)*.

Krug E, Dahlberg L, Mercy J, et al. (2002). World Report On Violence And Health. Geneva: World Health Organization.

Kutlu,Y. (2011). Kadının Madde Kullanımı ve Bağımlılığı. *Psikiyatri Hemşireliği Dergisi*, 2(2), 90-93.

Libre Texts Project (2024). Deviance and Social Stigma Sociology https://socialsci.libretexts.org/Bookshelves/Sociology/Introduction_to_Sociology/Sociology_(Boundless)/07:Deviance_Social_Control_and_Crime/7.01:_Deviance/7.1C:_Deviance_and_Social_Stigma adresinden 26 Ocak 2024 tarihinde alınmıştır.

Macy R.J., Renz, C., Pelino, E. (2013). Partner Violence And Substance Abuse Are Intertwined: Women's Perceptions Of Violence-Substance Connections. Violence Against Women. 19(7), 881-902. doi: 10.1177/1077801213498208. PMID: 23955931.

İçişleri Bakanlığı, (2023). Madde Kullanıcıları Profil Analizi 2022 Yılı Narkolog Raporu. NDB Yayınları.

National Institute on Drug Abuse (NIDA). (2021). Substance Use in Women Research Report. https://nida.nih.gov/publications/research-reports/substance-use-in-women/summary adresinden 01 Aralık 2023 tarihinde alınmıştır.

NIDA (National Institute on Drug Abuse) (t.y.). Stigma and Discrimination https://nida.nih.gov/research-topics/stigma-discrimination#stigma.adresinden 26. Ocak 2024 tarihinde alınmıştır.

Nightingale, T.M., Uddin, A.Z. & Currie, C. J., Public, H., B. (2022). Factors influencing female engagement, retention and completion of substance abuse treatment: a systematic review. https://doi.org/10.1007/s10389-022-01818-9.

Najavits, L., Weiss, R., Shaw, (1997). The Link Between Substance Abuse and Posttraumatic Stress Disorder in Women, *The American Journal On Addictions*, 6(4).

National Institutes of Health Office of Research on Women's Health (NIH-ORWH) (t.y.). How Sex and Gender Influence Health and Disease. https://orwh.od.nih.gov/sex-gender#ref-3-foot adresinden 07 Aralık 2023 tarihinde alınmıştır.

Özmen, S., Erdem, R., (2018). Damgalamanın Kavramsal Çerçevesi. *Süleyman Demirel Üniversitesi İktisadi ve İdari Bilimler Fakültesi Dergisi*, 23(1), 185-208.

Rutherford A, Zwi AB, Grove NJ, Butchart A. (2007). Violence: a glossary. J Epidemiol Community Health. 61(8),676-80. doi: 10.1136/jech.2005.043711. PMID: 17630364;

PMCID: PMC2652990.

Saçaklı, G., Odabaş D., (2023). Kadınlarda Madde Bağımlılığı, Advances in Women's Studies. XX(X): 1-5 l doi: 10.5152/atakad.2023.22012

Surratt, H., Inciardi, J., Kurtz, S., Kiley, M., (2004). Sex Work and Drug Use in a Subculture of Violence, *43-59. Doı: 10.1177/0011128703258875*

Tuncel Y., G., Kaylı, D., Yararbaş, G., (2023). Toplumun Madde Kullanım Bozukluğu Olan Kadınlara Yönelik Tutum ve Davranışları. *Bağımlılık Dergisi*, 24(4), 428-437. Doi: 10.51982/bagimli.1219073

Türkiye Uyuşturucu ve Uyuşturucu Bağımlılığı İzleme Merkezi (TUBİM) (2022). *Türkiye Uyuşturucu Raporu Eğilimler ve Gelişmeler.* EGM Yayınları.

Ünübol, B. Çinka, E.,Bilici. R., Hıdıroğlu, S. (2019). Bağımlı Kadınların Ruhsal, Ailesel ve Çevresel Sorunlarının İncelenmesi, *Kadem Kadın Araştırmaları Dergisi*, 5(1) 99-131. DOI: 10.21798/kadem.2019153603.

Ünübol B, Ünübol H, Bilici R. (2019). Kadın Bağımlılarda İçselleştirilmiş Damgalanmanın Bağımlılık Özelliklerine ve Algılanan Sosyal Desteğe Olan Etkisinin İncelenmesi. *Anadolu Psikiyatri Dergisi*, 20(4), 377-384.

Wolf, D. L. (2009). Saha Çalışmasında Feminist İkilemler. Dilek Hattatoğlu ve Gökçen Ertuğrul (Ed). *Methodos: Kuram ve Yöntem Kenarından.* Anahtar Kitaplar.

GENDER APARTHEID IMPACT IN AFGHANISTAN AND THE POSSIBILITY TO BECOME AN INTERNATIONAL CRIME

AFGANİSTAN'DAKİ CİNSİYET AYRIMCILIĞI ETKİSİ VE ULUSLARARASI BİR SUÇ HALİNE GELME OLASILIĞI

Marla Karelly Alencar[1]

Abstract

This article analyses the situation of women in Afghanistan through a review of academic literature, legal documents, and reports from international organizations, examining the gender apartheid system in the country. The study aims to provide a comprehensive context for understanding the condition of Afghan women, emphasizing specific manifestations, underlying concepts, and impacts on their lives. The primary objective is to investigate the condition of women in Afghanistan, with a particular focus on the gender apartheid system, and to analyse its significance as an international crime. By doing so, the study seeks to contribute to the advancement of the rights of Afghan women and girls. Gender apartheid is a serious violation of human rights, and its characterization as an international crime can lead to the implementation of effective measures, protection of women, and accountability of perpetrators.

Keywords: Gender apartheid; taliban; human rights; women rights

Öz

Bu makale, Afganistan'daki kadınların durumunu, akademik literatür, yasal belgeler ve uluslararası kuruluşların raporları üzerinden inceleyerek, ülkedeki cinsiyet ayrımcılığı sistemini ele almaktadır. Çalışma, Afgan kadınlarının durumunu anlamak için kapsamlı bir bağlam sunmayı, belirli tezahürleri, temel kavramları ve yaşamları üzerindeki etkilerini vurgulamayı amaçlamaktadır. Temel amaç, Afganistan'daki kadınların durumunu incelemek, özellikle cinsiyet aparteid sistemi üzerinde

[1] Independent Researcher, adv.marlaalencar@gmail.com, ORCID: 0009-0007-6139-388X

odaklanarak, uluslararası bir suç olarak önemini analiz etmektir. Böylece, çalışma Afgan kadınlarının ve kızların haklarının ilerletilmesine katkıda bulunmayı hedefler. Cinsiyet ayrımcılığı, ciddi bir insan hakları ihlalidir ve bunun uluslararası bir suç olarak tanımlanması, etkili önlemlerin uygulanmasını, kadınların korunmasını ve suçluların hesap vermesini sağlayabilir.

Anahtar kelimeler: Cinsiyet ayrımcılığı; taliban; insan hakları; kadın hakları

1. Introduction

The study of women's rights has garnered extensive scrutiny and has long been a focal point of intense global debate, sparking discussions on discrimination, oppression, and gender equity. Among the countries at the forefront of this discourse, Afghanistan stands out, characterized by a complex narrative of challenges, progress, and setbacks in securing fundamental rights for women.

Following the fall of Kabul in 2021, Taliban spokesman Zabihullah Mujahid stated at a conference that regarding women's rights, "The Islamic Emirate is committed to ensuring women's rights under Sharia Law. We promise that it won't have any violence in anyhow, and we won't allow discrimination".[*]

Despite the spokesman's statement, in the same month of the same year, the Taliban imposed severe restrictions on the fundamental rights and liberties of women. Consequently, the hypothesis of this research is to examine the ongoing gender apartheid in Afghanistan, manifested through Taliban policies, which have resulted in profound discrimination and violations of fundamental rights for women and girls. This study aims to identify these manifestations, challenge potential justifications—such as cultural relativism regarding the gender apartheid system in Afghanistan—and explore the legal implications of categorizing it as an international crime.

Therefore, in our first topic, we will discuss the historical context to understand women's rights in Afghanistan, explaining the journey from periods of greater freedom to times of severe restrictions. This analysis will provide a broader understanding of the current dynamics. In the second topic, we will examine the gender apartheid and explore its manifestations

---

[*] Quote taken from the documentary 'Escape from Kabul (2022)', directed by Jamie Roberts, available on HBO MAX.

and specifications in Afghanistan. In addition, we will examine segregation's profound impacts on the lives of women and girls Afghan, discussing the system in all its forms and the types of consequences in the public and private spheres. In the end, we will examine the possibility and the necessity of recognizing gender apartheid as an international crime, taking into account the significance of the Rome Statue's role.

2. Historic Context: Women in Afghanistan

In the 20th century, Amanullah Khan's rule in Afghanistan witnessed significaant reforms aimed at modernizing the country and ensuring women's rights. During his reign, a new constituion was established that safeguarded fundamental rights for women. Some historians argue that this leadership marked the beginning of a new movement for women's rights in the region.

However, with the fall of Amanullah Khan, his progressive reforms were reversed by the new leader, Muhammad Nadir Shah. Following Nadir Shah's death, his son, Muhammad Zahir Shah, reinstated some of his predecessor's initiatives, such as opening schools for girls and granting women the right to vote.

These diverse religious, cultural, political, and social interpretations have significantly influenced the conditions and opportunities for Afghan women throughout the country's history. The complexity of these perspectives has shaped the trajectory of women's rights in Afghanistan in 1979, when the Soviet Union invaded Afghanistan, maintaining its occupation for ten years. After their withdrawal, a conflict erupted within the mujahideen groups, extending from 1989 until 1993. It was within this context that the Taliban emerged in 1994, supported by the Pakistani security service, Inter-Services Intelligence (ISI). The Taliban seized control of Kabul after a period of intense conflict, assuming control of the country in 1996.

When the Taliban rose to power, women's rights in Afghanistan were severely curtailed across various facets of their lives, including education, political participation, and personal freedoms. During this period of conflict, international actors prioritized objectives such as accepting unilateral prisoner releases and engaging in negotiations that excluded the democratically elected Afghan government. These actions facilitated the Taliban's swift territorial gains, ultimately leading to the fall of Kabul on August 15, 2021. With the Taliban's return to power, women's rights faced renewed threats.

The oscillation between progressive reforms and conservative setbacks in Afghanistan is evident in the fluctuating perspectives of religion and Afghan culture regarding gender equality. As noted by Mona Tajali (2021, n.d.), "There are reformist interpretations of religion that strongly support gender equality. Conversely, conservative interpretations argue against women's education, participation in the workforce, and presence in parliament".

3. Gender Apartheid in Afghanistan

3.1. Definitions and Key Features

Although not yet formally recognized as a crime under international law, the concept of gender apartheid has been acknowledged since the Taliban first seized power in Afghanistan in 1996. Gender apartheid can be defined as "the practice of inhumane acts with the intention of maintaining an institutionalized regime of systematic oppression and domination of one gender group over another" (Nia, 2023). This definition draws parallels with the crime of racial apartheid outlined in the Rome Statute, involving similar actions and intentions but focused on the domination of gender groups instead of racial groups.

According to the United Nations Economic and Social Commission for Western Asia, gender apartheid entails economic and social discrimination based on an individual's sex or gender. It is a system that, through physical and legal practices, reinforces the subordinate position of women to men in society, condemning women to live in segregated conditions, limiting their opportunities and fundamental rights, and often resulting in severe physical violence.

This hierarchical system is upheld by government-imposed public policies that confine women to the private sphere, resulting in violations of fundamental principles recognized by international law. These practices institutionalize sexual discrimination across political, juridical, and cultural spheres. As noted, "gender apartheid is an erasure of the humanity of women" (Bennoune, 2022: 24). Gender apartheid can be conceptualized as a system of social control that, through norms and political practices, establishes systematic segregation between genders, resulting in the exclusion of women from certain spaces and public spheres. According to Karima Bennoune (2022), this form of apartheid solidifies a power structure that perpetuates the subordination of women and promotes male supremacy, reinforcing gender separation and inequality.

In essence, gender apartheid constitutes an oppressive and discriminatory system that restricts women's access to basic rights, individual freedoms, and participation in the public sphere. It is crucial to emphasize that such discrimination against women represents one of the most egregious violations worldwide.

3.2. Specific Manifestations in Afghanistan

During the 1990s, the Taliban wielded power and enforced a systematic regime of gender apartheid in Afghanistan. Under this regime, women and girls were denied access to education, prohibited from working, and subjected to severe restrictions on their freedom of movement, health, and participation in public life. This discriminatory policy was so oppressive that many families opted to send their daughters to Pakistan or Iran in search of safety. The Taliban's totalitarian control over Afghan women not only stunted their personal and social development but also perpetuated outrageous human rights violations.

Upon their return to power in 2021, the Taliban reinstated their repression against women, imposing severe restrictions on their daily lives. Despite the presence of international military bases in the country, the regime managed to consolidate its control in various remote areas and, upon seizing Kabul, began implementing the same oppressive policies previously enforced in rural regions.

Immediately after regaining power, they disbanded the Ministry of Women's Affairs and replaced it with the Ministry for the Propagation of Virtue and the Prevention of Vice, issuing restrictive and abusive decrees against the rights of women and girls. Women who protest these policies face illegal detention and violent repression. Pursuant to the applicable regulations, it is mandated that women shall wear a hijab or chadari. Furthermore, women are prohibited from accessing public spaces such as parks, gyms, beauty salons, and public baths. Additionally, it is mandated that women be accompanied by a Mahram, defined as a male guardian, when in public spaces. Moreover, the Taliban seeks to prohibit women and girls from participating in sports, thereby exacerbating the constraints on their freedoms and opportunities.

The restrictions on employment for Afghan have intensified with the prohibition imposed on UN organizations, barring them from allowing women to participate in humanitarian aid, except within the health sector, where they are permitted to work in health centers serving the female community. Professor Manizha Ramizy (2021) underscored that, according to Amnesty International, immediately following the Taliban's return to power, female teachers were prohibited from attending universities. She also emphasizes that the Taliban's perspective on women is limited to their roles in childbirth and confinement within the home. The prohibition of women's economic rights, including the right to work, constitutes a grave violation of human rights and a clear act of gender discrimination. The Taliban regime has deprived approximately 1,254,473 Afghan girls from attending school, except for primary education, by expelling them from schools and universities, making Afghanistan the only country in the world to deny half of its population access to education. Some younger girls are kept at home due to safety concerns, effectively disrupting their education. However, Karime Bennoune (2022) noted that in Kabul and other cities, some secret home schools for girls operate, posing risks to the women who run them. The Taliban has revoked all women's rights, including the repeal of the 2004 Constitution, which guaranteed specific rights ensuring gender equality, and the 2009 Law on the Elimination of Violence Against Women, which provided rights and protections for Afghan women. These measures represent a significant setback for women's rights in Afghanistan, endangering not only their well-being but also their autonomy and dignity.

Violence against women in Afghanistan encompasses various abuses such as murders, honor crimes, forced and child marriages and beatings. These atrocities result in multiple violations of women's rights, denying and erasing their fundamental rights. According to Requena (2023, as cited in Callamard, 2023: 8), "Women are denied the right to move, to education, to work, to travel – everything except remaining at home under male guardianship. They suffer the most from the consequences of the Taliban regime". The regime faces a devastating humanitarian crisis, plunging millions of people into hunger, in addition to depriving women of their rights.

Human rights defenders, especially women, are fleeing the country due to threats to their safety and attacks on their colleagues. The restrictions on women's rights, coupled with millions of Afghans living below the poverty line, contribute to a severe humanitarian crisis in the country, described as one of the worst humanitarian crises and the most extensive violation of women's rights globally. According to The Washington Post, former teacher and activist Nayera Kohistani (2024, n.d.) states, "The Taliban has criminalized our existence".

Finally, it is important to emphasize that this apartheid perpetuates profound inequality and oppression faced by women solely because of their gender. This draconian approach subject's women to a life of restrictions, injustice, fear, and lack of dignity.

3.3. The Impact of Apartheid on the Lives of Afghan Women

As observed, the Taliban systematically deprives women of their rights through discriminatory policies, denying them opportunities for education, employment, participation in public life, and autonomy. Exclusion from the social sphere leads to serious and harmful consequences, resulting in poverty and increased vulnerability to violence and abuse.

The restriction on women working outside the home has devastated their livelihoods, particularly women who were the primary financial providers for their families. For instance, according to the Report of The Special Rapporteur on The Situation of Human Rights by the United Nations Human Rights Council (2022), the decision to ban beauty salons affected approximately 60,000 women who owned these establishments, causing a detrimental impact on the economy and the provision of essential humanitarian services.

Beyond physical health repercussions, mental health issues among girls and women have significantly worsened. Requena (2023) reports that many women face isolation and persecution, leading to feelings of hopelessness, anxiety, depression, and even suicidal thoughts. Activists have reported a surge in suicides among women since August 2021, with 188 attempted suicides in 2022 alone. Furthermore, Maryam Marof Arwin, director of the Organization for the Empowerment of Women and Children in Afghanistan, states that the organizations receive between 9 and 11 reports of women's suicides monthly. However, due to Taliban pressure, many cases go unreported.

The United Nations Human Rights (2022) report highlights a significant rise in child and forced marriages attributed to limited opportunities and deteriorating mental health among women and girls. Moreover, there are mounting concerns over increased gender-based violence, including murders, and inadequate access to justice, which perpetuating violence against women and ensure impunity for these crimes.

Afghan judiciary member Fawzia Amini, speaking to Amnesty International (2021), disclosed that she has received death threats and has lost state protection, allowing criminals she prosecuted to now hold positions within the system. Similarly, Requena (2022, as cited in Seraj, 2022: 8) questions, "The situation is deteriorating rapidly. Our rights are being erased one by one. It truly resembles apartheid. Yet, I see no reaction from the world. This worries me deeply. We are not sleeping; we are fighting. What is the world doing? They put us in this situation. And now, what are they doing? Nothing. Afghan women are dying daily, despite being the bravest and most resilient women I have ever seen".

The impacts on Afghan women's lives are pervasive, affecting every aspect from personal to professional and private spheres. Challenges in accessing education, employment, and participating in public life perpetuate structural inequality and injustice. These enduring obstacles profoundly impact Afghan women, preventing them from realizing their full potential and making substantial contributions to their communities and society as a whole.

3.4. Does Afghan Culture Jusify Gender Apartheid?

When addressing the Middle East, it is common to encounter a stereotyped and simplified view of the region. Often, when discussing this topic, some people tend to justify apartheid against women based on Afghan culture. News highlighting Afghan men in rural areas advocating for girls' and women's rights to return to school through motorcycle protests generally do not receive the same attention as stories reporting acts of oppression against women. This tendency reflects a bias in media coverage and underscores the importance of a more balanced and contextualized approach when discussing gender issues in the Middle East.

According to Bennoune (2022, as cited in Hassan, 2021: 72):

"Afghan culture is not homogenous. We have a lot of diversity. That diversity should be respected. Afghan culture is not defined by only one group of militants. (...) The definition of an Afghan seems to be a man with a gun and a woman with a burqa. If a woman speaks for herself, then she is not an Afghan".

Patriarchy is present worldwide, not limited to Middle Eastern countries, as it is an entrenched characteristic that permeates various societies globally. In this context, Bennoune (2022 cited in Royan, 2021: 73) states: "Who makes the culture? The people of a society. The culture of Afghanistan has always been patriarchal, but there has also been respect for women. I know there are various barriers culturally, but women were allowed to work". Bennoune (2022) mentions that others interpret these restrictions as a Taliban culture.

One way to perpetuate gender apartheid and sexual discrimination is through cultural relativism, which seeks to provide a milder justification by arguing that such practices are carried out due to the local culture. However, it is important to recognize that, just as these arguments were deemed unacceptable in the context of apartheid and racial discrimination, abusive practices against women should not be justified as intrinsic to culture, religion, or tradition. This approach ignores women's fundamental rights and perpetuates gender oppression under the guise of cultural relativism.

The UN Advisory Committee itself has declared that those who benefit most from this status are more likely to justify it as tradition and thus maintain their privilege. Aligned with this perspective, Karime Bennoune (2022) clarifies that women's equality, cultural rights, and cultural diversity are fundamental to women's human rights. Cultural rights cannot be used as a justification for violating human rights.

In this context, it is crucial to underscore that international legal principles firmly reject the use of cultural justifications to excuse human rights abuses, particularly those that marginalize women. The Human Rights Committee has explicitly stated that freedom of belief or religion cannot be invoked to legitimize such discrimination. Thus, limitations can be applied to religious practices that violate women's human rights and fundamental freedoms.

4. Gender Apartheid as an International Crime

4.1. The Principle of International Jurisdiction

International law plays a fundamental role in governing interactions among states and global entities. With the aim of ensuring international cooperation and preventing the repetition of historical errors, the principle of universal jurisdiction was born. For international law, certain offenses are considered so harmful that states have the right and duty to initiate proceedings against the perpetrators, regardless of their nationality or the location where the crime was committed. From this perspective, the principle of international jurisdiction seeks to consider such offenses as threats to humanity, thus allowing the punishment of those responsible. The principle is supported by international agreements ratified by states and resolutions from international organizations.

The Princeton Principles on Universal Jurisdiction (2001: 28) define it as:

"(...) criminal jurisdiction based solely on the nature of the crime, without regard to where the crime was committed, the nationality of the alleged or convicted perpetrator, the nationality of the victim, or any other connection to the state exercising such jurisdiction."

This principle holds significant implications for prosecuting crimes such as slavery, war crimes, aggression, crimes against humanity, genocide, and torture. According to Rangita Alwis (2023: 28):

"Universal jurisdiction may be exercised by a competent and ordinary judicial body of any state in order to try a person duly accused of committing serious crimes under international law as specified in Principle 2(1), provided the person is present before such judicial body. Principle 11 affirmed that a state should where necessary, 'enact national legislation to enable the exercise of universal jurisdiction and the enforcement of these Principles.' This Principle builds on Principle 3 which called upon 'national judicial organs may rely on universal jurisdiction even if their national legislation does not specifically provide for it.'"

Several countries have integrated universal jurisdiction into their legal frameworks, empowering their courts to investigate and prosecute international crimes committed abroad by foreign nationals. This legal principle underscores a commitment to enforce justice and accountability beyond national borders, while also reflecting a global effort to combat impunity and uphold human rights universally.

4.2. The Role of the Rome Statute and the International Criminal Court's Investigation in Afghanistan: A Case of Gender Apartheid

The Rome Statute is the first treaty aimed at defining transgressions of international law norms, highlighting practices that are inhumane and cruel. It is the founding treaty of the International Criminal Court (ICC), adopted on July 17, 1998, during a diplomatic conference in Rome. The document establishes the rules and procedures for the creation and operation of the ICC, a permanent international court responsible for prosecuting individuals for war crimes, crimes against humanity, genocide, and, more recently, the crime of aggression.

The preamble of the Rome Statute affirms:

"Recognizing that such grave crimes threaten the peace, security, and well-being of the world, affirming that the most serious crimes of concern to the international community as a whole must not go unpunished and that their effective prosecution must be ensured by taking measures at the national level and by enhancing international cooperation, determined to put an end to impunity for the perpetrators of these crimes and thus to contribute to the prevention of such crimes."

Article 7 of the Rome Statute enumerates crimes against humanity, including apartheid. These crimes encompass a broad spectrum of acts that violate fundamental rights and are considered peremptory norms of international law, known as jus cogens. As peremptory norms, they hold a higher hierarchical status in international law and take precedence in cases of conflict.

Article 7(g) addresses the crime of persecution, defined as the intentional and severe deprivation of fundamental rights in violation of international law, based on the identity of the group or collectively in question. This persecution can be perpetrated based on political, national, cultural, religious, gender, or other grounds, with the intent to cause humanitarian suffering.

The Rome Statute textually classifies gender-based persecution and rape as crimes against humanity within the ICC's jurisdiction. This evidence suggests that the Rome Statute allows for broader bases, including an intersectional reading of crimes against humanity. However, the statute confines apartheid to racial grounds, prompting scholarly debate about broader definitions of persecution based on political, racial, national, ethnic, cultural, religious, gender, or other identities.

Article 7(3) of the Rome State pertains to both sexes, male and female, within societal contexts. Therefore, gender-based persecution does not necessarily refer to biological attacks on men or women but rather to persecution motivated by socially constructed gender roles. Also, gender-persecution focuses on individual or systemic persecution based on gender. Meanwhile, gender apartheid describes a broader system of segregation and control based on specific gender norms.

Despite the ICC's efforts and the provisions of the Rome Statute regarding apartheid and gender-based persecution, UN human rights experts emphasize that laws, policies, and state practices relegating women to conditions of extreme inequality and oppression reflect the core of apartheid systems (United Nations Human Rights, 2024). They argue that existing forms of gender-specific crimes, including gender-based persecution, while relevant, do not fully capture the institutionalized and widespread nature of rights deprivation in gender apartheid systems. This highlights the urgent need to recognize gender apartheid as a specific crime to fully address all facets of this phenomenon and ensure comprehensive justice for victims.

Karime Bennoune (2022, as cited in Royan and Yaftali, 2022: 43) asserts, "Apartheid is an appropriate expression. They completely deny the existence of women." Zarqa Yaftali (2022: 43) adds, "The Taliban does not recognize women as human beings and disregards half of the population. This is extremely dangerous". Bennoune (2022, as cited in Palwasha, 2021) argues that gender apartheid, not segregation, is the correct term. She asserts that the Taliban view women as inferior to the other half of society, believing they have the right to dictate what is beneficial or harmful for women based on their distorted interpretation of Islam, using this as a governance tool.

According to Dawi (2024), UN experts advocate for the inclusion of gender apartheid as a crime against humanity in Article 2 of the draft articles on the prevention and punishment of crimes against humanity currently under consideration by the Sixth Committee of the UN General Assembly. Incorporating the concept of gender apartheid into the Preliminary Convention on Crimes against Humanity provides a framework for holding states accountable. This Convention obligates states to prevent such crimes and penalize those responsible.

United Nations Human Rights (2024) also asserts:

"The experts urged Member and Observer States of the General Assembly to ensure that the human rights principles of equality and non-discrimination, dignity, inclusive participation, accountability and humanity are upheld globally by recognising gender apartheid as a crime against humanity aimed at the systematic subjugation and oppression of women and girls."

Currently, apartheid is recognized under international law but is applied exclusively to racial groups. According to Gissou Nia (2023), international law confines apartheid refers solely to racial hierarchies, excluding gender-based hierarchies. Experts argue that gender apartheid is not merely a theoretical possibility or legal construct but a real threat and reality experienced by millions of women and girls worldwide - a reality not yet explicitly codified in international law.

In December 2023, Amnesty International reported documenting the Taliban's discriminatory restrictions on women's rights since 2021 (Amnesty International, 2023). These restrictions, combined with the Taliban's systematic violence and abuses, may constitute crimes against humanity and gender persecution. Furthermore, the organization states that the Assembly of State Parties is demanding that the Rome Statute member states ensure that the ICC receives the necessary resources to conduct effective investigations into crimes under international law, including war crimes and crimes against humanity, such as gender persecution. This includes crimes committed against women and girls, Shia Hazaras, and other religious minorities, as well as those perpetrated in the context of wars in Afghanistan before and after the Taliban's takeover in 2021. Due to significant difficulties in conducting investigations in Afghanistan, member states are urged to strengthen their cooperation with the ICC's investigation in the country. Smriti Singh, South Asia Regional Director for Amnesty International, stated in 2023:

> "A culture of impunity for crimes under international law committed in Afghanistan has been prevalent for almost half a century of conflict. While the ICC's decision to resume investigations last year provided genuine hope for thousands of victims of crimes under international law to gain long overdue access to justice, truth and reparations, the ICC Office of the Prosecutor needs to be consistent in following through on its commitment by providing progress in its investigations."

Therefore, the international community should classify gender apartheid as an international crime. Amnesty International, in collaboration with the International Commission of Jurists, investigated the situation of women and concluded that the Taliban is responsible for crimes against humanity based on gender persecution.[2] This designation underscores the severity of the situation and emphasizes the urgent need for international action and accountability.

4.3. The Need for Recognition as an International Crime

As previously discussed, the Taliban's governance system in Afghanistan constitutes gender apartheid, characterized by discrimination, oppression, and the systematic subjugation of women and girls to a subordinate status. Given its severe cruelty and the profound threat it poses to millions of Afghan women and girls, these practices must be unequivocally recognized as crimes against humanity.

One reason gender apartheid lacks formal international recognition is the perception that it is less significant than racial segregation. Karime Bennoune (2022) argues, using Löwstedt's perspective, that unlike racial apartheid linked to colonialism, gender apartheid is imposed by local actors without a historical legacy of power for Afghan women. Löwstedt contends that racial apartheid typically involves foreign invaders replacing indigenous populations, whereas Afghan women did not historically hold positions of power before Taliban rule. Consequently, some view gender apartheid as less of a historical injustice, often justifying it through cultural relativism. Bennoune counters this by asserting that Afghan women's suffering parallels other systematic discriminations, challenging the notion that gender apartheid should only be understood through the lens of South African apartheid.

Furthermore, experts warn against broadening the concept of apartheid, fearing it could dilute international norms. However, rectifying this disparity is crucial to safeguarding women's rights and addressing the violence Afghan women endure. Resistance to addressing gender apartheid within international law persists due to its absence from global treaties. Implementing this change—recognizing and addressing gender apartheid as a crime under international law—requires substantial resources and political support. Despite challenges, it represents a crucial step toward promoting gender equality and combating violations against

---

[2] This information is detailed in the report "Afghanistan: Taliban War on Women and Girls Should Be Investigated as a Crime Against Humanity" (2023). Amnesty International, along with other civil society organizations and UN authorities, asserts that there is sufficient evidence to believe that the Taliban have been violating the rights of women and girls in Afghanistan through arbitrary arrests, detention, torture, and other forms of ill-treatment. Consequently, Amnesty International argues that the Taliban should be held accountable for crimes against humanity based on gender, and this crime should prompt an urgent response from the international community.

Afghan women.

In this context, we know that the concept of apartheid is generally associated with the political, social, economic, and cultural subordination of a specific group, often based on racial criteria, without recognizing gender as a relevant category of identity. In other words, while there is recognition of inequalities and oppression based on race, ethnicity, or nationality, gender is not explicitly considered in the context of apartheid. According to Hillary Charlesworth (2002), the "hidden gender of international law" suggests that gender is an invisible issue in international law, hence it is not addressed with the same emphasis as other forms of discrimination or oppression. This implies that international norms and practices do not adequately address gender injustices and inequalities, leaving gender marginalized or neglected in legal discussions and measures.

Historically, marginalized groups like women and girls have faced difficulties in having their experiences formally recognized. For example, rape crimes in armed conflict situations were only recognized as violations of international law in 1998 when the International Criminal Tribunal for Rwanda defined them as such. Previously, rape and other forms of sexual violence were considered cases of torture. Only with the adoption of the Rome Statute were they formally classified as crimes against humanity.

The public policies adopted by the Taliban aim to highlight discrimination against women. The state, which should protect them from such practices, is the one committing them. This scenario compromises the effectiveness of human rights oversight. As observed by Karime Bonnoune (2022: 26), "Their enacted hatred of women is the heart of their governing platform." For this reason, domestic laws, human rights, and non-discrimination laws do not provide a satisfactory response to gender apartheid.

The regimes of the Islamic Republic of Iran and the Taliban in Afghanistan are engaged in a systematic and structural war against girls and women. As a consequence of a system designed to dehumanize them, Afghan and Iranian women fight against second-class treatment under the law. In this regard, a campaign was launched on March 8, 2023, by Afghan and Iranian activists to expand the set of moral, political, and legal tools available to mobilize international action against and eradicate gender apartheid systems. The activists used this campaign to seek international responses to eliminate the apartheid regime so that women can fully regain their fundamental rights. This claim relies on the collaboration of the international community, which, in turn, must duly recognize the injuries resulting from a system where women are not treated as citizens, manifesting such recognition through condemnation and effective measures.

In conclusion, the recognition of gender apartheid as an international crime is imperative to address the extensive harm inflicted on Afghan women and girls, as well as on populations in regimes like Iran. Utilizing available legal tools and frameworks, including reinterpreting existing conventions and norms, can contribute significantly to eradicating gender apartheid and restoring fundamental rights for all women affected. By taking decisive action, we can help ensure that women in these regions are afforded the dignity, equality, and freedoms they rightfully deserve.

5. Conclusion

The primary objective of this article is to analyse gender apartheid in Afghanistan, examining its impacts on both public and private spheres, and advocating for its recognition as an international crime to promote awareness of Afghan women's rights. The Taliban has committed grave violations of international law, including gender apartheid, which regrettably is not yet classified as an international crime. It is crucial to criminalize a system that denies women equal citizenship rights.

This study aims to significantly contribute to the plight of Afghan women by exploring historical, legal, and cultural perspectives. The effects on women's lives, in both public and private domains, are profound, ranging from societal invisibility to mental health issues resulting from segregation. Depression and suicide attempts are tragic consequences of the severe realities faced by millions of Afghan women. The profound invisibility they endure surpasses the crime of persecution outlined in the Rome Statute, underscoring the urgent need to criminalize gender apartheid.

In conclusion, the situation of Afghan women under the gender apartheid system demands immediate international attention and action. By criminalizing gender apartheid, the global community can uphold the fundamental rights of Afghan women, mitigate their suffering, and ensure accountability for perpetrators. This effort is not just about legal classification but also about affirming the humanity and dignity of every

Afghan woman. As we strive for a future where all individuals can live free from discrimination and oppression, it is imperative to stand in solidarity with Afghan women and support their journey towards equality and justice.

In closing, I reflect on a quote by Karima Bennoune (2022: 88): "I truly hope for a future Afghanistan where everyone can feel their humanity."

Resources

Abramian, J. (2023). *Holding the Taliban Accountable. The Progressive Magazine.* Progressive. https://progressive.org/latest/holding-the-taliban-accountable-abramian-20230815

Afeganistão: como era a vida das mulheres antes do Talebã. (2021, September 06). BBC News. https://www.bbc.com/ portuguese/internacional-58450823

Afghan Institute for Strategic Studies. (2023). Taliban's gender apartheid: moving beyond condemnation [Video]. Retrieved July 1, 2024 from https://www.youtube.com/ watch?v=AlAS7Q4dyyg

Afghanistan: Gender Apartheid Must be Stopped. (2023, December 15). Civicus Lens. https://lens.civicus.org/ afghanistan-gender-apartheid-must-be-stopped/

Alwis, S. R. (2023). Holding the Taliban accountable for gender persecution: the search for new accountability paradigms under international human rights law, international criminal law and women, peace, and security. German Law School 25(2): 289-334. https://doi.org/10.1017/glj.2023.113

Amnesty International. (2021). Afghanistan: "They are the revolution": Afghan women fighting for their future under the Taliban rule. Retrieved March 12, 2024 from https://www.amnesty.org/en/ documents/ asa11/4968/2021/en/

Amnesty International. (2021). Afghanistan: Women call on the international community to support women's rights amid ongoing Taliban suppression. Retrieved March 31, 2024 from https://www.amnesty.org/ en/latest/news/2021/11/afghanistan-women-call-on-the-international-community-to-support-womens-rights-amid-ongoing-taliban-suppression/

Amnesty International. (2022). Afghanistan. Retrieved March 31, 2024 from https://www.amnesty.org/en/location/asia-and-the-pacific/south-asia/afghanistan/ report afghanistan/

Amnesty International. (2023). Afghanistan: ICC justice should match victims' demands. Retrieved March 31, 2024 from https://www.amnesty.org/en/ latest/news/ 2023/ 12/afghanistan-icc-justice-should-match-victims-demands/

Amnesty International. (2023). General recommendations to states for a convention on prevention and punishment of crimes against humanity. Retrieved March 01, 2024 from https://www.amnesty.org/ en/wp-content/uploads/2023/03/IOR406 49720 23ENGLISH.pdf

As mental health worsens among Afghanistan's women, the UN is asked to declare 'gender apartheid.' (2023, September 27). Politico. https://www.politico.com/ news/2023/09/27/ women-mental-health-afghanistan-gender-appartheid-00118329

Ashraph, S., Nia, G., Radhakrishnan, A., Sarkarati, N., & Yamato, A. (2003). *Why the crimes against humanity treaty should codify gender apartheid.* Just security. https://www.justsecurity. org/89193/why-the-crimes-against-humanity-treaty-should-codify-gender-apartheid/

ASIL1906. (2023, March 8). *Confronting gender apartheid in Afghanistan through international law* [Video]. YouTube. https://www.youtube.com/watch?v=zWkwYkw1lIw

Baheer, O. (2003, October 11). *Gender apartheid and occupying us to freedom*. Law Fare. https://www.lawfaremedia.org/article/gender-apartheid-and-occupying-us-to-freedom

Bennoune, K. (2022). The international obligation to counter gender apartheid in Afghanistan. Columbia Human Rights Law Review, 54(1), 123-145. https://hrlr.law.columbia.edu/hrlr/the-international-obligation-to-counter-gender-apartheid-in-afghanistan/

Cerutti, D. (2019, April 10). *O Tribunal Penal Internacional e os crimes tipificados no Estatuto de Roma*. Jus Navegandi. https://jus.com.br/artigos/72929/o-tribunal-penal-internacional-e-os-crimes-tipificados-no-estatuto-de-roma

Charlesworth, H. (2002). The Hidden Gender of International Law. Temple International and Comparative Law Journal, 16(1), 93-102.

De Leede, S. (2014). Afghan Women and the Taliban: An Exploratory Assessment. International Centre for Counter-Terrorism. http://www.jstor.org/ stable/ resrep17470

Economic and Social Commission for Western Asia. (n.d.). Gender apartheid. https://archive.unescwa.org/ gender-apartheid

End Gender Apartheid. (n.d.). *Amending the Crime Against Humanity of Apartheid to Recognize and Encompass Gender Apartheid*. https://endgenderapartheid.today/ download/ brief/Gender%20 Apartheid%20Brief.pdf

Estatuto de Roma. (2002, July 1). From https://www.planalto.gov.br/ ccivil_ 03/ decreto/2002/D4388.htm

Farber. G. (2023, June 19). *Especialista da ONU aponta "apartheid de gênero" imposto às mulheres pelo Talibã*. CNN. https://www.cnnbrasil.com.br/internacional/especialista-da-onu-aponta-apartheid-de-genero-imposto-as-mulheres-pelo-taliba/

Georgetown Institute for Women, Peace and Security (2023, February 29). *Highlights Afghanistan at UN General Assembly*. https://giwps.georgetown.edu/giwps-highlights-afghanistan-at-un-general-assembly,

HBO Documentary Films. (Director: Roberts, J.). (2022). Escape from Kabul [Documentary].

Human Rights Watch. (2022, August 11). Afeganistão: o catastrófico ano de governo do Talibã. https://www.hrw.org/pt/news/2022/08/11/afghanistan-talibans-catastrophic-year-rule

International Criminal Court. (n.d.). *International Criminal Court. Information for victims*. https://www.icc-cpi.int/victims/situation-islamic-republic-afghanistan

International Service for Human Rights. (n.d.). *End gender apartheid*. https://ishr.ch/ campaign/end-gender-apartheid/

Jcookson. (2024, January 26). *Gender apartheid is a horror. Now the United Nations can make it a crime against humanity*. Atlantic Council. https://www.atlanticcouncil.org/ blogs/new-atlanticist/gender-apartheid-is-a-horror-now-the-united-nations-can-make-it-a-crime-against-humanity/

Lina, J., & Callie, H. (2004, March 1). *The rights of Afghan women must be the priority at the UN special envoys meeting*. https://giwps.georgetown.edu/the-rights-of-afghan-women-must-be-the-priority-at-the-un-special-envoys-meeting/

Linha do tempo: da insurgência ao poder, a história do Talibã no Afeganistão. (2021, August 16). CNN Brasil. https://www.cnnbrasil.com.br/internacional/linha-do-tempo-da-insurgencia-ao-poder-a-historia-do-taliba-no-afeganistao/

Malala Fund. (n.d.). *Afghanistan is the only country in the world that forbids girls to go school*. https://malala.org/countries/Afghanistan/

Melanne, V. (2024, April 1). *The Taliban's oppression of women is apartheid. Let's call it that. Opinion*. The Washington Post. https://www.washingtonpost.com/opinions/2024/04/01/ talibans-oppression-women-apartheid/

OHCHR. (n.d.). A/HRC/51/6: *Situation of human rights in Afghanistan - Report of the Special*

Rapporteur on the situation of human rights in Afghanistan. https://www.ohchr.org/en/documents/country-reports/ahrc516-situation-human-rights-afghanistan-report-special-rapporteur

OHCHR. (n.d.). *Afghanistan: UN expert calls on international community to prioritise human rights of Afghans in any 'normalisation'.* https://www.ohchr.org/en/press-releases/2024/02/afghanistan-un-expert-calls-international-community-prioritise-human-rights

OHCHR. (n.d.). *Gender apartheid must be recognised as a crime against humanity, UN experts say.* https://www.ohchr.org/en/press-releases/2024/02/gender-apartheid-must-be-recognised-crime-against-humanity-un-experts-say

Palma, A. (2023). *Situação das mulheres refugiadas no século XXI: O caso do Afeganistão.* Revista Perspectiva: Reflexões sobre a temática internacional, 15(28), 132-156.

Pazmiño, C. (2020). *Definición de género en el Estatuto de Roma: Persecución ante la Corte Penal Internacional.* Revista Internacional y Comparada de Derechos Humanos, 3(2), 13-48.

Requena, P. (2023, March 22). *Afghanistan, year two: Humanitarian crisis, human rights violations and gender apartheid.* https://policycommons.net/artifacts/ 8190312/ afghanistan-year-two/9100721/

Reverso. (2024, March 29). *APARTHEID. Tradução de palavras online.* https://context.reverso.net/translation/english-portuguese/apartheid

Rome Statute of the International Criminal Court. (n.d). https://legal.un.org/icc/statute/contents.htm

Roy, S. (2022). Afghanistan, war crisis, and gender apartheid: A comment on Afghan women as war victims and nullified 'objects' of human rights. Samyukta: A Journal of Gender and Culture, 7(2).

School of Law, Old College, The University of Edinburgh. (2023). *Recognition of gender apartheid in Afghanistan justified.* PeaceRep: The Peace and Conflict Resolution Evidence Platform. https://peacerep.org/wp-content/uploads/2023/06/PeaceRep-Afghanistan-Research-Network-Reflection_06.pdfShanthie, D. (2003, September 29). *Afghanistan under the Taliban.* The Diplomat. https://thediplomat.com/ 2003/09/afghanistan-under-the-taliban/

Siddiqui, R. (2023, April 11). *Afghanistan, Taliban and women: A tale of gender apartheid.* Modern Diplomacy. https://moderndiplomacy.eu/2023/04/11/afghanistan-taliban-and-women-a-tale-of-gender-apartheid/

Tan, N. F., & Ineli-Ciger, M. (2023). *Group-based protection of Afghan women and girls under the 1951 Refugee Convention.* International and Comparative Law Quarterly, 72, 793-817.

The Princeton Principles on Universal Jurisdiction. (n.d.). *Various authors.* Free Download, Borrow, and Streaming: Internet Archive. https://archive.org/details/princeton princip0000unse

UN Web TV. (2024, July 1). *Home.* https://webtv.un.org/en

UN Women. (2022, August 12). *In the words of Mahbouba Seraj: "We are the hope, we are the power keeping Afghanistan together.".* https://www.unwomen.org/en/news-stories/in-the-words-of/2022/08/in-the-words-of-mahbouba-seraj-we-are-the-hope-we-are-the-power-keeping-afghanistan-together

United Nations. (2024). *Report of the Secretary-General on the situation of human rights in Afghanistan.* https://digitallibrary.un.org/record/4029949?v=pdf#files

University of Michigan Law School. (2023, April 20). Bennoune argues in new paper that Afghanistan situation amounts to 'Gender apartheid' and demands action. https://michigan.law.umich.edu/news/bennoune-argues-new-paper-afghanistan-situation-amounts-gender-apartheid-and-demands-action

Veja. (2023, March 8). *Campanha pede que apartheid de gênero seja crime sob lei internacional.* VEJA. https://veja.abril.com.br/mundo/campanha-pede-que-apartheid-de-genero-seja-crime-sob-lei-internacional/

Vito, D., Gill, A., & Short, D. (2009). *A tipificação do estupro como genocídio*. Sur: Revista Internacional de Direitos Humanos, 6(10), 28-51.

MISOGYNY AND ITS REFLECTIONS'

KADIN DÜŞMANLIĞI VE YANSIDIĞI ALANLAR*

Gülşen Vural[1] and Tuğçe Akgül[2]

Öz

Günümüzde kadınla ilgili yapılan tartışmalar, toplumsal cinsiyet normları, zoraki evlilikler, cinsiyet eşitsizliği, kız çocuklarının eğitime devam edememesi ve kadının yaşadığı mağduriyet üzerinden şekillenmektedir. Tarih boyunca yapılan incelemeler, kadının toplum içindeki yeri, hakları ve ona atfedilen rollerin, bugün olduğu kadar geçmiş yıllarda da eleştirilere maruz kaldığını göstermektedir. Geleneksel normlar, erkek egemenliği altında, kadına karşı aşağılayıcı, dışlayıcı ve nefret dolu davranışları teşvik eder nitelikte olmuştur. Yıllar boyunca, kadın cinsiyetinin kötülendiği ve aşağılandığı durumu tanımlamak için "cinsiyetçilik" kavramı kullanılmıştır. Ancak günümüzde bundan daha komplike bir tanımlamaya ihtiyaç olduğu görülmektedir. Cinsiyetçilik temelde "cinsiyete dayalı olarak gerçekleştirilen, önyargı ya da ayrımcılık" şeklinde tanımlanmaktadır. Mizojini ise cinsiyetçilik ile örtüşmesine rağmen, daha kapsamlı ve şiddetli bir durumu tarif etmektedir. Mizojini, günümüzde kadınların ekonomik, siyasal ve toplumsal yaşamdan dışlanmasına, kimlik ve kişilik olarak kısıtlanmasına neden olmaktadır. Bu çalışmanın kadın düşmanlığının günlük hayatta tanımlanmasına ve farkındalık oluşturulmasına katkı sağlayacağı düşünülmektedir.

Anahtar kelimeler: Kadın düşmanlığı; ayrımcılık; şiddet; tutum

Abstract

Today, discussions about women are shaped by gender norms, forced marriages, gender inequality, girls' education and the victimization of women in society. Studies conducted throughout history show that

*Bu makalede yer alan bilgiler Tuğçe Akgül'ün Yakın Doğu Üniversitesi Sağlık Bilimleri Enstitüsü'nde gerçekleştirilen yüksek lisans tezinden ve konuyla ilgili diğer kaynaklarla desteklenerek yazılmıştır.

[1] Prof. Dr., Atılım Üniversitesi, Tıbbi Hizmetler ve Teknikler Bölümü, gulsen.vural@atilim.edu.tr, ORCID: 0000-0001- 7304-685X
[2] Uzm., Girne Amerikan Üniversitesi, Hemşirelik Bölümü, tugceakgul@gau.edu.tr, ORCID: 0000-0002-9559-6008

women's daily place in society, their rights and the roles attributed to them have been subject to criticism in the past. Traditional norms, under male rules, have encouraged degrading, exclusionary and hateful behavior towards women. Over the years, "sexism" methods have been used to spread the degrading and humiliating situation of the female gender. However, today it seems that a more complex definition is needed. Although sexism is compatible with sexism based on gender, it describes a more comprehensive and severe situation. Today, misogyny is the reason for women's economic, political and social exclusion and restriction in terms of identity and personality. It is thought that this study will contribute to defining misogyny in daily life and raising awareness.

Keywords: Misogyny; discrimination; violence; attitude

1. Giriş

Kadınlara yönelik öfke ve nefreti tanımlayan kadın düşmanlığı; Yunanca miso (nefret) ve gynia (kadın) kelimelerinin birleşiminden oluşmaktadır. Kadın düşmanlığı, radikal feminizmin temellerini atan Kate Millett (1978) tarafından literatüre kazandırılmıştır. Millett (1978) cinsel politika adlı kitabında kavramı tanımlamış ve ataerkil yapının kadınları kısıtladığını ifade etmiştir. Yayımlandığı dönemde büyük ses getiren bu kitapta kadın düşmanlığı, eril yapı, taciz, kadınların devalüe edilmesi, erkeklerin ilahlaştırılması ve şiddet benzeri konular ele alınmıştır. Millett'in (1978) kadın düşmanlığı ile ilgili dikkat çeken yayımlarının ardından konu ile ilgili çalışmalar hız kazanmıştır.

2. Kadın Düşmanlığının Tarihçesi

Tarih öncesi çağlardan bu yana kadının toplum içinde ikinci plana itilmesi sonucunda kadına duyulan nefret artmıştır. Bu yaklaşımın tarihsel kökenlerinin MÖ 8. yüzyıla dayandığı bilinmektedir. Kronolojik açıdan Antik Yunan ve Antik İsrail medeniyetleri dönemine rastlayan yıllarda toplumlar yaşadıkları acı ve sefaletin nedenlerini kadınlara yüklemiş, akan çatı, ölen bebek benzeri tüm olumsuzluklar cadı olarak isimlendirilen kadınlara yüklenmiştir. On beşinci ve 18. yüzyıllara rastlayan cadı avı olayları sonucunda, Avrupa'da birçok masum insanın yargılanmadan ve işkenceye maruz bırakılarak öldürüldüğü bilinmektedir. Söz konusu vakalarda toplumun en zayıf halkası olarak görülen, kırsal kesimde yaşayan kadınlar kurban olarak seçilmiş, kadınların şeytan ya da şeytanın yardımcısı olduğu düşünülmüştür. Cadılar; 50 yaş civarında, gece çalışan, genellikle kötülük yaptığına inanılan, dul, pis ve şehvet düşkünü kadınlar olarak tanımlanmıştır. Kadınların ve hatta bazı bölgelerde erkek ve çocukların da cadı olarak suçlanıp yakılması sonucunda olayların sınırları genişlemiş, masum kadın, erkek ve çocuklar korkunç işkencelere maruz kalıp yakılarak öldürülmüştür. Dini metinlerin temel alındığı bu dönemde, toplumun normlarına uymayan kadınlar hedef alınmıştır. Bu sapma veya uyumsuzluğun ölçütü vücuttaki belirgin yara veya doğum izlerinin kontrol edilmesine, doğum benzeri sembolleri olan kadınların da yakılarak öldürülmesine neden olmuştur. On sekizinci yüzyılda modernleşmenin başlamasıyla birlikte bazı kırsal alanlarda cadı avı faaliyetlerinin devam ettiği görülmektedir (Akın, 2001).

Orta Çağla birlikte kadın düşmanlığı Avrupa'da giderek yaygınlaşmış ve organize hale gelmiştir. Kız çocukları ötelenerek hor görülmüş ve istenmemiştir. Bu dönemde kız bebeklerin dünyaya geldiklerinde evin dışına bırakılarak açlıktan öldükleri de bilinmektedir. Kadınlar toplumsal cinsiyet rolleri doğrultusunda ev içine hapsedilmiş, sadece vaftiz edilme, evlenme veya ölüm durumlarında ev dışına çıkmalarına izin verilmiştir. Söz konusu dönemde kız çocuklarından beklenenler; evin rutin işlerini yürütme, hayvanlara bakma ve kışlık yiyecekleri hazırlamaktır. Eğitimli aileler ise, kız çocuklarından, el işi yapmalarını ve kibar bir kadından beklenen incelikleri edinmelerini istemekteydi. Gelir düzeyi yüksek olan ailelerin kız çocuklarının yalnızca piyano çalmasına (kadınların keman çalarken iki bacaklarını açarak pozisyon alması hoş karşılanmadığı için) izin verilmiştir. Kadınlar eşlerinin sosyoekonomik konumlarıyla üstünlük sağlamaya çalışmış ancak kraliçe olsalar bile, zayıf, güvenilmez, korunmaya muhtaç ve erkeklerden daha aşağı olarak algılanmıştır (Joachim, 1999; Mason ve Magnet, 2012).

Yirminci yüzyılla birlikte kadınlar aktif olarak savaşlara katılmış ve savaştan en olumsuz etkilenen grubu oluşturmuştur. Bir savaş suçu olarak kabul edilen tecavüz ise, yaygın olarak görülen kadın düşmanlığı eylemlerinden biri olarak kabul edilmektedir. Özellikle II. Dünya savaşıyla birlikte Nazi Almanya'sında kadınlar doğurganlık özellikleri nedeni ile hedef haline gelmiştir. 1960'larla birlikte başlayan ikinci dalga feminist hareketler, cinsiyet eşitliğini önceleyen bir tavır sergilemiştir. Bu hareket kamusal alanda kadın görünürlüğünün artması, eril düzenin kadınlar üzerindeki olumsuz etkilerinin anlaşılması ve toplumsal cinsiyet rollerinin ortadan kaldırılmasını amaçlamıştır. Günümüzde boyut değiştiren kadına yönelik düşmanca tutumlar "mizojini" olarak adlandırılmakta ve feminist hareketlerin temel argümanı olarak kabul edilmektedir (Holland, 2016).

3. Kadın Düşmanlığı'nın Yansıdığı Alanlar

Kadın düşmanlığı; kadınların eğitim, sağlık, üretim ve toplumsal yaşama katılım benzeri pek çok alanda var oluşlarını engellemektedir. UNESCO Uluslararası Okuryazarlık Verileri; 2017 yılında okuma yazma bilmeyen 750 milyon yetişkinin ve 102 milyon gencin 2/3'ünü kadınların oluşturduğunu bildirmektedir. Kuzey Kıbrıs Türk Cumhuriyeti'nde (KKTC) temel eğitim zorunlu olmasına rağmen, kadınların %4'ü okuma yazma bilmemektedir. KKTC'de okuma yazma bilmeyen erkeklerin yaklaşık iki katı kadar kadın bulunmaktadır. Bu oranlar KKTC'de eğitime ulaşma konusunda var olan eşitsizliğin önemli göstergesidir (DPÖ, 2017).

Kadın düşmanlığının bir başka sonucu da *Femicide* olarak tanımlanan kadın yaşamının değişik nedenlerle sonlandırılması eylemidir. Son yıllarda uluslararası literatürde genel olarak insan cinayetleri için kullanılan "homicide" kavramının yerine, kadın cinayetleri için "femicide" kullanılmaktadır. Bu kavram bebeklikten yaşlılığa kadar tüm kadınların sadece cinsiyetlerinden dolayı ya da toplumsal cinsiyet kimliği algısına aykırı eylemler bahane edilerek, bir erkek tarafından öldürülmesi ya da intihara zorlanmasıdır. Nefretle işlenen bu cinayetlerde, saldırıya uğrayan aslında kadın kimliğidir. Yirminci yüzyılla birlikte ivme kazanan kadın mücadelesi ve toplumsal hareketler, 1980'lere gelindiğinde kadın cinayetleri kavramının cinsiyet belirtmenin ötesinde başka bir niteliğe kavuşmasını sağlamıştır. Maruz kaldığı şiddetin etkisiyle hayatına son veren bir kadının ölüm nedeni aslında intihar değil, kadın cinayetidir. Bu konuyla ilgili bir başka önemli gerçek de; güvenli olmayan kürtajlara bağlı olarak gelişen "kadın ölümlerinin" kadın cinayetleri kategorisinde değerlendirilmemesidir (Türkiye'de Kadın Cinayetlerinin Nedenleri ve Öneriler, https://bilimveaydinlanma.org/turkiyede-kadin-cinayetlerinin-nedenleri-ve-oneriler/).

Yaşam boyunca kadınların fiziksel ve cinsel şiddete maruz kalma yaygınlığı Afrika'da %36,6, Amerika'da % 29,8, Orta Doğu'da %37, Avrupa'da 25,4, Güneydoğu Asya'da %37,7 ve Batı Pasifik'de 24,6 olduğu bildirilmiştir (WHO, 2013).

Kadının kötülenmesi davranışı kadının, iyi yaptığı veya yapamadığı eylemleri küçümseme olarak açıklanmaktadır. Kadının kötülenmesi bakış açısına göre; kadınlar pasif, boş, saygıdan uzak, dedikoducu, çok ve boş konuşan, kıskanç ve müsrif olarak tanımlanmaktadır. Kadının kötülenmesi davranışı; boyun eğici rolde olma, nesneleştirme ve kötüleme eylemlerinin bir sonucu olarak ortaya çıkmakta kadınların korunmaya muhtaç ve toplum tarafından itaatsiz olarak algılanmasına yol açmaktadır (Stalker, 2001).

Kadın düşmanlığının bir diğer önemli sonucu olan tecavüz, daha çok kadınlara karşı yakın çevrelerindeki erkekler tarafından gerçekleştirilen ve cezasız kalan davranışlardır. En az bildirilen şiddet suçu olarak bilinen tecavüz, farklı kültürel nedenlere ve sonuçlara sahiptir. Ortadoğu ve Arap coğrafyasında tecavüz sonrası mağdur olan kadınlar faille evlendirilerek olay kapatılırken, bazı bölgelerde de mağdur olan kadınların sosyal hayattan izole edildiği bilinmektedir. Türkiye'de mağdurun tecavüzcüsü ile evlenmesi durumunda cezai yaptırım uygulanmamasını öngören kanun maddesi, 2005 yılında Türk Ceza Kanunu'ndan çıkartılmıştır. 2005 yılında çıkarılan bu maddenin içeriğinde: *"Her kim 15 yaşını dolduran bir kızı alacağım diye kandırıp kızlığını bozarsa altı aydan iki seneye kadar hapis olunur. Evlenme vukuu halinde dava ve ceza tecil olunur. Şu kadarki beş sene içinde koca aleyhine boşanmaya hükmolunursa hukuku amme davası avdet eder ve evvelce ceza hükmolunmuşsa çektirilir."* Bahse konu maddenin kanundan çıkarılması ile yargı erklerinin yoğunluğu artmış ve cinsel istismar hükümlülerinin oranı yükselmiştir (Akt.,Sezgin ve ark., 2007; Harway ve O'Neil, 1999).

Tecavüze uğrayan kadınlar mağdur olarak algılanıp korunmak ve desteklenmek yerine, şuçlu ilan edilmekte, tecavüzcüsünden, ailesinden ve akrabalarından yansıyan şiddet davranışları ile karşılaşabilmektedir. Bazı toplumlarda tecavüz olayları namus sorunu olarak kabul edilmekte ve tecavüze uğrayan kadınlar öldürülerek cezalandırılmaktadır. 2016 yılında Lübnan'da bir tecavüzcünün kurbanıyla evlenerek hapishaneden çıkmasına izin veren yasa maddesinin kaldırılması için kampanya başlatılmıştır. Bu kampanyalar aracılığıyla tecavüz konusunda toplumun farkındalığı arttırılarak kadına yönelik şiddetin tecavüz boyutunun görünürlük kazanması amaçlanmıştır (Chrisler ve Ferguson, 2006; Harway ve O'Neil, 1999).

Namus cinayetleri, dünyanın pek çok ülkesinde görülen ve genellikle kadınlara yönelen şiddetin en ağır biçimidir. Mısır, Irak, Ürdün, Lübnan, Libya, Fas, Pakistan, Suudi Arabistan, Afganistan, Suriye, Türkiye Orta Doğu, Güney Asya ülkeleri ve Yemen'de yaygın olarak görülmektedir. Bu ülkelerin yanı sıra namus cinayetleri, göçler aracılığı ile Avrupa, Amerika Birleşik Devletleri ve Kanada'ya yayılmıştır (Akt., Hamzaoğlu ve Konuralp, 2019). Namus cinayetleri genellikle toplumun namus dışı davranış olarak algıladığı davranışları sergileyen kadınlara karşı "eş, baba, amca veya erkek kardeş" benzeri ailenin erkek üyeleri tarafından işlenmektedir. Geleneksel toplumlarda toplumun namus olarak algıladığı davranışların dışında davranan kadınların öldürülmesi sonucunda ailenin itibarını yeniden kazandığı düşünülmektedir (Faraç, 2006; Yirmibeşoğlu, 2007). Namus cinayetleri daha çok kadınların; görücü usulüyle evlenmeyi reddetmesi, akrabaları tarafından onaylanmayan bir duygusal ilişki içinde olması, evliliği bitirmeye teşebbüs etmesi, evlilik dışı cinsel ilişkiye girmesi, evli kadınların tecavüze uğraması, toplumun onaylamadığı şekilde giyinmesi (Mini etek, kısa kollu buluz ve şort), radyo'dan "tüm sevenlere" diyerek şarkı istemesi sonucunda görülmektedir (Faraç, 2006). Ülkemizde görülen namus cinayetlerinin nedenleri arasında; eril yapı, dini inançlar, gelenek ve görenekler, kalabalık aile yapılarının yaygınlığı yer almaktadır. Reis adı verilen aile büyüklerinin sözünden çıkmak da namus cinayetlerinin ana sebepleri arasında yer almaktadır. Eril yapının egemen olduğu toplumlarda evli bir kadın kocasına ait bir mal olarak düşünülmekte ve bu kadınla ilişki içinde olan her erkek başkasının malına göz dikmiş ve kötü niyetler barındırmış olarak kabul edilmektedir (Faraç, 2006; Yirmibeşoğlu, 2007).

Güney Asya'da özellikle Hindistan'da yaygın olarak görülen çeyiz geleneği, kadına yönelik şiddetin tetikleyicisidir. Gelin yakma; gelinin ailesinin verdiği çeyizden memnun olmayan eş veya ailesi tarafından öldürülmesidir. Çeyiz şiddeti Hindistan, Pakistan, Bangladeş ve Nepal'de yaygın olarak görülür. Hindistan'da, yalnızca 2011 yılında, 8.618 çeyiz ölümü rapor edilmiştir. Yakılan gelin sayısının resmi olmayan rakamların en az üç katı olduğu varsayılmaktadır (Akt., García-Moreno ve ark., 2015; Crowell ve Burgess, 1996).

Kız kaçırma genellikle Kırgızistan, Kazakistan, Özbekistan ve Kafkasya gibi bazı Orta Asya ülkelerinde veya Afrika'nın bazı bölgelerinde varlığını sürdürmektedir. Kadınlar genellikle damat adayları ve arkadaşlarının yardımıyla kaçırılır. Kadın istemese de damat adayı tarafından cinsel ilişki gerçekleştirilir. Evliliği meşrulaştırmak için köyün ileri gelenleriyle birlikte başlık parası belirlenir ve kaçırılan kadının ailesine ödenir. Böylece evlilik kadın açısından istenmeden ve zorla gerçekleştirilmiş olur (Akt., Kızı, 2021).

Dünya'nın bazı bölgelerinde zorla ve çocuk yaşta gerçekleşen evliliklere yaygın olarak rastlanmaktadır. Bu evlilikler kız çocukları ergenlik çağına gelir gelmez ve bazen ergenlik çağı öncesinde olgunlaşmamış kız çocuklarının yaşlı erkeklerle zorla evlendirilmesi şeklinde görülebilir. Yaşlı erkekler için çocuk yaştaki kadınlarla evlenmenin anlamı, toplum tarafından erkeklik başarısının sembolü olarak kabul edilmektedir. Erken yaşta zorla evlendirilen kız çocukları bazı önemli sorunlarla karşılaşmaktadır. Bunlar; cinsel ilişkiye zorlanma, cinsel ilişki ve doğum yapmak için yeterince gelişmemiş olan üreme organlarında travma, adolesan gebelik, zor doğum eylemi, eğitime devam edememe, toplumda zayıf ve güçsüz olma, ailede kararlara katılamama, öz güven eksikliği, aile planlaması ve sağlık hizmetlerine erişememe, duygusal sorunlar, eş ve ailesinden şiddet görmedir (Flood ve Pease, 2009).Evlilik ile ilgili konuları içinde barındıran Türk Medeni Kanunu'na göre; bireylerin evlilik akdini gerçekleştirebilmeleri için fiziksel ve bilişsel olarak belirli bir olgunluğa ulaşmaları gerekmektedir. Söz konusu kanunun 124. maddesinin 1. fıkrasında olağan evlilik yaşı için en düşük sınır 17 olarak ifade edilmiştir. *Cinsiyet ayırımı olmaksızın 17 yaşını doldurulup 18 yaştan gün almadıkça evlilik akdi gerçekleştirilemez.* Bunun yanında olağan dışı bir durumun varlığında, bireylerin 17 yaşını doldurmuş olma hükmü aranmaz. Bu şekilde gerçekleştirilmesi planlanan olağanüstü evlilik için aranan şartlar: *16 yaşını doldurmuş olmak, olağanüstü bir durumun varlığı ve çocuğun rızası ile ebeveynlerin onayıdır* (Hatemi, 2004; Sezen, 2005).

Erkek çocuk tercihi, birçok ülkede yaygın olarak görülen, cinsiyet eşitsizliğine dayanan bir durumdur. Son yıllarda üreme tıbbı alanında meydana gelen gelişmeler çiftlerin tüp bebek yöntemi ile istedikleri cinsiyette çocuk sahibi olmalarına olanak tanımaktadır. Genellikle ailelerin istediği cinsiyet erkektir. Erkek çocuk tercihi özellikle Güney ve Doğu Asya, Çin, Hindistan ve Kafkasya'nın bazı bölgelerinde görülmektedir. Çin'de bu durumun aşırı nüfus artışı sonucunda geliştirilen tek çocuk politikasına bağlı olduğu ve uzun yıllar devam ettiği görülmüştür. Aileler tek çocuk sahibi olma haklarını erkek çocuğa sahip olarak kullanmaktadırlar. Cinsiyet tercih edilerek tüp bebek yöntemi ile gerçekleştirilen gebeliklerin sonucunda Dünya'daki kadın ve erkek oranının erkekler lehine değişeceği ve etik açıdan önemli sorunlar yaşanacağı düşünülmektedir. Bazı ülkelerde temiz su ve sağlıklı beslenme konusunda önemli sorunlar yaşanmasına karşın, televizyonlarda her gün cinsiyet belirlemek için kullanılan ürünlerin reklamlarına rastlanmaktadır. Ülkelerin vatandaşlarının temiz su ve besin benzeri temel ihtiyaçlarını karşılamakta zorlandığı durumlarda yalnızca erkek cinsiyette çocuğa sahip olmak için maddi kaynakların harcanmasının etik olmadığı düşünülmektedir. Tüp bebek yöntemi ile dünyaya gelen ve tercih edilen cinsiyete sahip olan bireyler, kendilerinin daha değerli, kadınların ise istenmeyen cinsiyet olarak algılayabileceği düşünülmektedir. Bu nedenle cinsiyet seçiminin yalnızca tıbbi endikasyon (cinsiyet kromozomlarınca taşınan hastalıkların varlığı) durumunda yapılabileceği bildirilmektedir. Ayrıca tüp bebek uygulamasının çok pahalı olduğu, cinsiyetin bir hastalık olmadığı bu nedenle kaynakların cinsiyet seçimi için kullanılmasının etik olmadığı savunulmaktadır (Oram ve ark., 2017).

Üreme hakları söyleminde kürtaj konusu sıklıkla tartışılmaktadır. Kürtaj, uluslararası hukuk tarafından yasaklanmasına rağmen, yasal uygulamalar ülkelere göre değişmektedir. İstanbul Sözleşmesi zorla kürtaj ve kısırlaştırmayı yasaklamaktadır. Gebeliğin zorla devam ettirilmesi (bir kadının güvenli ve yasal yollarla kürtaj hizmetlerine ulaşma hakkının engellenmesi) konusunda bağlayıcı uluslararası yükümlülükler bulunmakla birlikte, bu durum bazı kuruluşlar tarafından kadın haklarının ihlali olarak görülmektedir. Kadınlara Karşı Ayrımcılığın Ortadan Kaldırılması Komitesi, kürtajın suç sayılmasını kadınların üreme sağlığı ve haklarının ihlali ve toplumsal cinsiyete dayalı şiddetin bir türü olarak kabul etmiştir (Ellsberg ve ark., 2015; Fried, 2003).

Bir diğer kadın düşmanlığı eylemi de Vitriolajdır. Vitriolaj bir bireyin vücudunu incitmek ya da şeklini bozmak amacıyla asit atmaktır. Asit saldırıları genellikle, çeyiz anlaşmazlıkları, evlilik veya cinsel ilişki teklifinin reddedilmesi sonucunda görülmektedir. Bu tür saldırılar Güney Asya'da, Bangladeşte, Pakistan, Hindistan ve Güneydoğu Asya ülkelerinden Kamboçya'da görülmektedir. Saldırılarda yaygın olarak kullanılan asit türleri; sülfürik, nitrik veya hidroklorik asittir. Asit atma eylemi genellikle erkeklerden kadınlara yönelen suçlar arasında yer almaktadır. (Akt., Kaur ve Kumar, 2020).

Kadını hamile olmaya zorlamak, üreme sağlığına veya üreme haklarına karşı şiddet içeren, manipülatif veya aldatıcı davranışlar bütünüdür. Zorla gerçekleştirilen hamilelik ile partner üzerinde güç, kontrol ve tahakküm sağlamak amaçlanır. Ciddi bir halk sağlığı sorunu olarak kabul edilen bu durum, istenmeyen gebeliklerle yüksek oranda ilişkilidir. Zorla hamilelik, bir kadının zorla evlendirilmesinin bir parçası da olabilir. Gelin kaçırma, tecavüz veya cinsel istismar gibi kadına yönelik şiddet eylemleri de kadının hamile kalmaya zorlanması olarak görülebilir (Goodman ve ark., 1993; Langan ve Innes, 1986).

Dünyanın birçok yerinde kadınların hareket özgürlükleri ciddi şekilde kısıtlanmıştır. Bununla birlikte, bazı ülkelerde kadınların yasal olarak bir erkek vasi olmadan evden dışarı çıkmasına izin verilmemektedir. Bu yaklaşım genellikle ev dışında kadınların yüzlerini siyah ince bir örtü ile kapatmalarını (purdah) isteyen güçlü sosyal normların olduğu ülkelerde bulunmaktadır. Birçok ülkede, kadınların ev dışında nasıl giyinmeleri gerektiğini belirleyen yasalar bulunmaktadır. Bazı kültürlerde kadınlar adet dönemlerinde sosyal izolasyona zorlanmakta ve dini ritüellerden uzaklaşmaları beklenmektedir. Örneğin; Nepal'in bazı bölgelerinde barakalarda yaşamaya zorlanan kadınların erkeklere dokunması ve hatta evlerinin avlusuna çıkması bile yasaklanmaktadır. Süt, yoğurt, tereyağı, et ve diğer yiyecekleri tüketmeleri yasaklanan kadınların, bu gıdaları kirleteceğine inanılmaktadır. Oysa adet döneminde kan kaybeden kadınların özellikle demir içeren ve vücut direncini yükselten besinleri tüketmesi önemlidir. Ayrıca kadınların halka açık yerlerde bulunmalarının yasalar veya geleneklerle kısıtlandığı kültürlerde, bu tür kısıtlamaları ihlal eden kadınlar genellikle şiddete maruz kalmaktadır (DeKeseredy ve Schwartz, 2011; Felson, 2002; Marshall, 1992; Symonds, 1979).

Afrika'nın bazı bölgelerinde yaygın olarak uygulanan kadın sünneti, Dünya Sağlık Örgütü tarafından "tıbbi olmayan nedenlerle kadın dış genital organlarının kısmen veya tamamen çıkarılmasını veya genital organlara zarar verilmesini içeren tüm işlemler" olarak tanımlanmaktadır. UNICEF'in 2013 yılında yayımladığı raporuna göre, Afrika ve Orta Doğu'da 125 milyon kadın ve kız çocuğuna kadın sünneti uygulanmıştır. Kadın sünneti, genellikle gelişmekte olan ülkelerle ilişkilendirilmekle birlikte, 1970'lere kadar Batı dünyasının bazı gelişmiş bölgelerinde de görülmekteydi. Amerika Birleşik Devletleri'nde 20. yüzyılın ikinci yarısına kadar devam etmiş ve 1977 yılında sigorta kapsamına alınmıştır (Bachman, 1994). Kadın sünneti kız çocuklarının yaklaşık 5 yaşından önce "daya" adı verilen bireyler tarafından keskin cam parçaları, bıçak ve keskin teneke kenarları ile hijyenik olmayan koşullarda sünnet edilmesi işlemidir. Vajinanın uyuşturulmadığı bu törenlerde, çocuğun kol ve bacakları tutularak sünnet sürecine destek olunmaktaydı. Tören esnasında kız çocuğunun bilincinin açık kalmasını sağlamak ve dilini ısırmasını önlemek için ağzına bez konulmaktaydı. Doku onarımı için ise sıklıkla kemik, çivi ve iğne kullanılmaktadır. Tören, kız çocuklarının dizinden kalçasına kadar sarılıp yatırılması ile sonlanmaktadır (Bachman, 1994; Renzetti, 2001; Soyer, 2014). DSÖ bu uygulamanın kadınlar için sağlık açısından hiçbir faydasının olmadığını ve idrar yapmada zorlanma, zor doğum eylemi, enfeksiyon, kısırlık ve yenidoğanlarda ölüm riskinin artmasına neden olduğunu belirtmektedir. Kadın sünneti uluslararası alanda kız çocuklarının ve kadınların insan haklarının ihlali olarak kabul edilmektedir. Sonuç olarak kadın sünnetinin cinsiyetler arasındaki köklü eşitsizliği yansıttığı ve kadınlara karşı aşırı ayrımcılığı artırdığı söylenebilir (Krahé, 2016; WHO, 2008).

Meme ütüleme veya göğüs düzleştirme olarak da bilinen bu kavram, kadınların memelerinin gelişimini durdurmak veya kaybolmasını sağlamak amacıyla sert ya da ısıtılmış nesneler kullanılarak memelere vurma ve masaj yapma işlemidir. Genel olarak anne tarafından kız çocuklarının erkekler için cinsel açıdan daha az çekici olmasını sağlamak için gerçekleştirilen bu uygulama aracılığı ile, bekaretin korunabileceği düşünülmektedir. Kadın cinselliğinin kontrol edilme aracı olarak kullanılan bu yöntem kadın açısından olumsuz sonuçlar içermektedir. Kamerun'da sıklıkla görülen bu uygulama daha sonra Batı ve Orta Afrika'nın diğer bölgelerine yayılmıştır. Göğüs ütüleme çok ağrı verici, olumsuz duygusal-fiziksel sonuçlar doğuran bir işlemdir (Fulu ve ark., 2013; Heise ve ark.,1999).

Siber zorbalık, elektronik iletişim araçlarının kullanıldığı bir zorbalık biçimidir. Yirmi birinci yüzyılda siber zorbalık, özellikle Batı ülkelerinde yaşayan gençler arasında görülmektedir. 24 Eylül 2015'te Birleşmiş Milletler Komisyonu, çevrimiçi olarak kadınların yaklaşık %75'inin taciz ve şiddet tehditleriyle karşılaştığını iddia eden bir rapor yayınlamıştır. Siber zorbalık olarak bilinen bu durum bir anlamda kadına yönelik siber şiddet olarak da bilinmektedir. Kadın düşmanlığı söylemi de siber zorbalık aracılığı ile kamuoyunda yaygın şekilde görülmektedir (Akt., Cirban Ekrem ve Er Güneri, 2021). Uluslararası Af Örgütü tarafından 2018 yılında 8 ülkede yürütülen bir ankete göre, kadınların %23'ü çevrimiçi tacize maruz kalmıştır. Bunlar genellikle doğası gereği cinsiyetçi veya kadın düşmanı davranışlar ve doğrudan fiziksel veya cinsel şiddete yönelik dolaylı tehditleri içermektedir. İnsan Hakları İzleme Örgütü'ne göre, 2019 yılında internette cinsel şiddete maruz kalanların %90'ını kadınlar ve kız çocukları oluşturmaktadır.

Son yıllarda Türkiye'de kadına yönelik şiddet ve şüpheli kadın ölümü vakaları sayıca artmıştır. Kadın Cinayetlerini Durduracağız Platformu verilerine göre 2008 yılında 80, 2009'da 109, 2010'da 180, 2011'de 121, 2012'de 210, 2013'te 237, 2014'te 294, 2015'te 303, 2016'da 328, 2017'de 409, 2018'de 440, 2019'da 474 olmak üzere 2008-2019 yılları arasında toplam 3.185 kadın öldürülmüştür. Kadın cinayetlerinin nedenlerine bakıldığında; kadının boşanmak veya eş ya da partnerinden ayrılmak istemesi, kadının boşandıktan sonra başka bir erkekle birlikte olması ya da eski eşinin yeniden birlikte olma isteğini ret etmesi, erkeğin psikolojik sorunları, ekonomik sorunlar, kadının pembe cep telefonu kullanması, kadınları koruyucu tedbirlerin alınmaması, kanunların yetersiz olması, kadının nafaka talebi, aldatma şüphesi, kıskançlık, eril yapı ve törelerdir.

Kadın cinayetlerini önlemede acil alınması gereken tedbirler aşağıda verilmiştir. Bunlar;

Kadınlara yönelik olumsuz algı ve davranışlarla mücadele etmek,

Toplumu cinsiyet eşitliği konusunda eğitmek,

Kız çocuklarının okula devam etmesi için her türlü önlemi almak ve kadınları güçlendirmek,

Kadınları koruyan yasaları çıkarmak ve uygulamak,

İstanbul sözleşmesini uygulamak,

Kadın sığınma evleri gibi şiddet gören kadınları koruyan mekanizmalar oluşturmak ve desteklemek.

4. Sonuç

Kadınların başlangıçta gebelik, doğum ve adet görme benzeri biyolojik özelliklerinden kaynaklanan daha sonra da toplumların kültürel yapısıyla desteklenerek ev içine hapsedilmesine yol açan eril yapı sonucunu içselleştirilmiş kadın düşmanlığı olarak yansıtmaktadır. Sosyolojik bir gerçek olarak güçlü olanın yanında bulunanı güçsüzleştirerek gücünü katlamaya çalışması gerçeği, kadın-erkek ilişkileri için de geçerlidir. Bu gerçekten yola çıkarak, kadın-erkek ilişkilerinde güçlü olan erkeğin yanındaki kadını/kadınları güçsüzleştirerek ve kadıların güçsüz yapısından faydalanarak gücünü artırdığı söylenebilir. Kadın düşmanlığı dünyanın pek çok ülkesinde geçerli olan, kadınların eğitim, sağlık ve iş olanaklarına ulaşmasını engelleyen önemli bir faktördür. Bu nedenle tüm toplumların kadınları güçlendiren ve cinsiyet eşitliğini destekleyen politikaları benimsemesi, kadınların üretim alanına sınırlı katkıda bulunan olarak algılanmasının, değersizleştirilmesini engellemesinin önemli olduğu söylenebilir.

Kaynakça

Akın, H. (2001). *Ortaçağ Avrupası'nda Cadılar ve Cadı Avı,* Ankara: Dost Kitapevi

Amnesty International. (2018). Amnesty reveals alarming impact of online abuse against women. Retrieved August 8, 2022 from https://www.amnesty.org/en/latest/press-release/2017/11/amnesty-reveals- alarming-impact-of-online-abuse-against-women/

Bachman, R. (1994). *Violence against women: A national crime victimization survey report* (Vol. 106). Washington, DC: US Department of Justice, Office of Justice Programs, Bureau of

Justice Statistics.

Beji, N. K., Kaya, G., & Savaşer, S. (2021). Ülkemizde kadın sağlığının öncelikli sorunları. *Ordu Üniversitesi Hemşirelik Çalışmaları Dergisi*, 4(1), 105-112. https://doi.org/10.38108/ouhcd.830833

Bilim ve Aydınlanma Akademisi (2021, Mart 21). "Türkiye'de Kadın Cinayetlerinin Nedenleri ve Öneriler". Erişim adresi: https://bilimveaydinlanma.org/ content/ images/pdf/ rapor/turkiyede-kadin-cinayetlerinin-nedenleri-ve-oneriler.pdf

Chrisler, J. C., & Ferguson, S. (2006). Violence against women as a public health issue. *Annals of the New York Academy of Sciences*, 1087(1), 235-249. https://doi.org/10.1196/annals.1385.009

Cirban Ekrem, E. & Er Güneri, S. (2021). Kadına Yönelik Şiddetin Dijital Dünyaya Yansıması. Uluslararası İnsan Çalışmaları Dergisi, 4(8), 362-370. https://doi.org/10.35235/uicd.974250

Crowell, N. A., & Burgess, A. W. (1996). *Understanding violence against women* (pp. 10204- 000). Washington, DC: National Academy Press.

DeKeseredy, W. S., & Schwartz, M. D. (2011). Theoretical and definitional issues in violence against women. *Sourcebook on violence against women, 2, 3-22.* https://doi.org/10.4135/9781452224916

Ellsberg, M., Arango, D. J., Morton, M., Gennari, F., Kiplesund, S., Contreras, M., & Watts, C. (2015). Prevention of violence against women and girls: what does the evidence say?. *The Lancet*, 385(9977), 1555-1566. https://doi.org/10.1016/S0140-6736(14)61703-7

Faraç, M. (2006). *Töre Kıskacında Kadın* (4. Baskı). Günizi Yayıncılık.

Felson, R. B. (2002). *Violence & gender reexamined* (Vol. 21). Washington, DC: American Psychological Association. https://doi.org/10.1037/10470-000

Flood, M., & Pease, B. (2009). Factors influencing attitudes to violence against women. *Trauma, violence, & abuse,* 10(2), 125-142. https://doi.org/10.1177/ 1524838009334131

Fried, S. T. (2003). Violence against women. *Health and Human Rights,* 88-111. https://doi.org/10.2307/4065431

Fulu, E., Jewkes, R., Roselli, T., & Garcia-Moreno, C. (2013). Prevalence of and factors associated with male perpetration of intimate partner violence: findings from the UN Multi-country Cross-sectional Study on Men and Violence in Asia and the Pacific. *The Lancet Global Health*, 1(4), e187-e207. https://doi.org/10.1016/S2214-109X(13)70074-3.

García-Moreno, C., Hegarty, K., d'Oliveira, A. F. L., Koziol-McLain, J., Colombini, M., & Feder, G. (2015). The health-systems response to violence against women. *The Lancet*, 385(9977), 1567-1579. https://doi.org/10.1016/S0140-6736(14)61837-7

Goodman, L. A., Koss, M. P., Fitzgerald, L. F., Russo, N. F., & Keita, G. P. (1993). Male violence against women: Current research and future directions. *American Psychologist*, 48(10), 1054. https://doi.org/10.1037//0003-066x.48.10.1054

Hamzaoğlu, M. & Konuralp, E. (2019). Geleneksel toplumlarda namus olgusu ve namus cinayeti: Türkiye örneği. *Kadın Araştırmaları Dergisi,* 1(18), 51-65

Harway, M., & O'Neil, J. M. (1999). *What causes men's violence against women?.* Sage Publications. https://doi.org/10.4135/9781452231921

Hatemi, H. (2004). *Medeni hukuk'a giriş* (3.Baskı). Vedat Kitapçılık.

Heise, L., Ellsberg, M., & Gottemoeller, M. (1999). Ending violence against women. Population reports. *Issues in World Health*, 11, 1-44.

Holland, J. (2016). Mizojini Dünyanın En Eski Önyargısı Kadından Nefretin Evrensel Tarihi (E. Okyay, Çev.). İmge Kitabevi.

Joachim, J. (1999). Shaping the human rights agenda: the case of violence against women. Gender politics in global governance, 4, 142-160.

Kadın Cinayetlerini Durduracağız Platformu (KCDP). (2019). Kadın Cinayetlerini Durduracağız Platformu 2019 Yıllık Veri Raporu. Erişim adresi:

https://kadincinayetlerinidurduracagiz.net/veriler/2889/kadin-cinayetlerini-durduracagiz-platformu-2019-raporu

Kaur, N., & Kumar, A. (2020). Vitriolage (vitriolism)-a medico-socio-legal review. *Forensic Science, Medicine and Pathology, 16*(3), 481-488. https://doi.org/10.1007/s12024-020-00230-7

Kızı, A. Ö., (2021). Kırgızistan Tarihinde Kız Kaçırma. *Sosyal Araştırmalar ve Davranış Bilimleri Dergisi.* 7, 424-434. https://doi.org/10.52096/jsrbs.7.14.20

KKTC Devlet Planlama Örgütü (DPÖ). (2017). Ekonomik ve Sosyal Göstergeler. Erişim adresi: http://www.devplan.org/Ecosos/BOOK/SEG-2017.pdf

Koyun, A., Taşkın, L., & Terzioğlu, F. (2011). Yaşam dönemlerine göre kadın sağlığı ve ruhsal işlevler: Hemşirelik yaklaşımlarının değerlendirilmesi. *Psikiyatride Güncel Yaklaşımlar, 3*(1), 67-99.

Krahé, B. (2016). Violence against women. *Aggression and Violence, 251-268.* https://doi.org/10.1016/j.copsyc.2017.03.017

Krantz, G., & Garcia-Moreno, C. (2005). Violence against women. *Journal of Epidemiology & Community Health,* 59(10), 818-821. https://doi.org/10.1136/jech.2004.022756

Langan, P. A., & Innes, C. A. (1986). *Preventing domestic violence against women.* US Department of Justice, Bureau of Justice Statistics.

Marshall, L. L. (1992). Development of the severity of violence against women scales. *Journal of family violence, 7(2), 103-121.* https://doi.org/10.1007/BF00978700

Mason, C. L., & Magnet, S. (2012). Surveillance studies and violence against women. *Surveillance & society,* 10(2), 105-118. https://doi.org/10.24908/ss.v10i2.4094

Millett, K. (1987). *Cinsel Politika* (S. Selvi, Çev.). Payel Yayınları (Orijinal eserin yayım tarihi 1970).

Oram, S., Khalifeh, H., & Howard, L. M. (2017). Violence against women and mental health. *The Lancet Psychiatry,* 4(2), 159-170. https://doi.org/10.1016/S2215-0366(16)30261-9

Renzetti, C. M., Edleson, J. L., & Bergen, R. K. (Eds.). (2001). *Sourcebook on violence against women.* Sage Publications. https://doi.org/10.4135/9781483399591

Sezen, L. (2005). Türkiye'de evlenme biçimleri. *Atatürk Üniversitesi Türkiyat Araştırmaları Enstitüsü Dergisi,* 11(27), 185-195.

Sezgin, A. U., Yavuz, F., Yüksel, Ş., (2007) Cinsel Taciz Olgularında Kurumlararası Bir Çalışma Modeli, Kriz Dergisi, 3(1-2), s. 25-26.

Soyer, S. (2014). Kadın sünneti: Kültürel dayanakları ve yol açtığı sorunlar. *EKEV Akademi Dergisi,* 18(60), 403-414.

Stalker, J. (2001). Misogyny, women, and obstacles to tertiary education: A vile situation. *Adult Education Quarterly;* 51(4):288-305. https://doi.org/10.1177/07417130122087304

Symonds, A. (1979). Violence against women—the myth of masochism. *American Journal of Psychotherapy,* 33(2), 161-173.

United Nations Children's Fund, & Gupta, G. R. (2013). Female genital mutilation/cutting: a statistical overview and exploration of the dynamics of change. *Reproductive Health Matters,* 184-190. https://doi.org/10.1016/S0968-8080(13)42747-7

United Nations International Children's Emergenc Fund Türkiye (2017). Tüm dünyada bebekler ve anneler emzirmeye yatırım yapılmamasının olumsuz sonuçlarına maruz kalıyor. Erişim adresi: https://www.unicef.org/turkiye/bas%C4%B1n- b%C3% BCltenleri/t%C3%BCm-d%C3%BCnyada-bebekler-ve-anneler-emzirmeye-yat%C4%B1r%C4%B1m-yap%C4%B1lmamas%C4%B1n%C4%B1n-olumsuz

United Nations International Children's Emergenc Fund Türkiye (2019). BM Raporu: Günümüzde öncesine göre daha fazla kadın ve çocuk hayatta kalıyor. Erişim adresi: https://www.unicef.org/turkiye/bas%C4%B1n-b%C3%BCltenleri/bm-raporu-g%C3%BCn%C3%BCm%C3%BCzde-%C3%B6ncesine-g%C3%B6re-daha-fazlakad%C4%B1n-ve-%C3%A7ocuk-hayatta-kal%C4%B1yor

United Nations Educational, Scientific and Cultural Organization (UNESCO). (2018). Enstitute for Statistics. Literacy Rates Continue to Rise from One Generation to the Next. Erişim adresi: https://uis.unesco.org/sites/default/files/documents/fs45-literacy-rates-continue-rise- generation-to-next-en-2017_0.pdf

World Health Organization (WHO). (2008). Library cataloguing-in-publication data. eliminating female genital mutilation: an interagency statement UNAIDS, UNDP, UNECA, UNESCO, UNFPA, UNHCHR, UNHCR, UNICEF, UNIFEM, WHO. Geneva: World Health Organization. Erişim adresi: https://iris.who.int/ bitstream/ handle/10665/43839/9789241596442_eng.pdf?sequence= 1

World Health Organization (WHO). (2013). Global and regional estimates of violence against women: prevalance and health effects of intimate partner violence and non-partner sexual violence. Geneva: World Health Organization. Erişim adresi: https://iris.who.int/ bitstream/handle/10665/85239/9789241564625_eng.pdf?sequence=1

World Health Organization (WHO). (2023). Infant and young child feeding. Erişim adresi: https://www.who.int/news-room/factsheets/detail/infant-and-young-child-feeding

World Health Organization (WHO). (2024). Breastfeeding. Erişim adresi: https://www.who.int/health- topics/breastfeeding#tab=tab_1

Yirmibeşoğlu, V. (2007). Töre ve namus gerekçesiyle işlenen cinayetler- toprağa düşen sevdalar (1. Baskı). Mega Basım.

WOMEN IN THE SECOND WORLD WAR: DISCOURSES AND POLICIES TOWARDS WOMEN IN THE CONTEXT OF REPRODUCTION AND SOCIAL CONSENT

İKİNCİ DÜNYA SAVAŞI'NDA KADINLAR: YENİDEN ÜRETİM VE TOPLUMSAL RIZA BAĞLAMINDA KADINLARA YÖNELİK SÖYLEM VE POLİTİKALAR

Ayla Ezgi Akyol Giagtzoglou[1]

Öz

Savaşlar, devletin meşruiyet kaygısının, toplumsal rızaya olan ihtiyacının görece arttığı dönemlerdir. Böyle bir konjonktürde bir toplumsal özne olarak kadınlar, siyasal elitlerin gündeminde daha fazla yer bulurlar. Bunun temel nedenlerinden biri, cephedeki erkek nüfusun seferberlik politikasına verdikleri siyasal desteğin ailelerinin geçimine ve eşlerinin hane içindeki rolünün garanti altına alınmasına sıkıca bağlı olmasıdır. Bir başka nedeni, cephe gerisindeki sivil nüfusun çoğunluğunu oluşturan kadınların ücrete daha fazla bağımlı hale gelirken, aynı zamanda kara borsa, enflasyon, fiyat spekülasyonu, temel ihtiyaç mallarına erişememe gibi savaşın iktisadi sonuçlarından daha fazla etkilenmeleridir. Bu ise siyasetin çözmesi gereken bir toplumsal çelişkiyi ortaya çıkarır. Üçüncü bir neden ise kadınların "insan kaynağı"nın yeniden üretilmesindeki toplumsal rolü nedeniyle kadın doğurganlığının kontrol ve disiplininin siyasetin temel konularından biri haline gelmesidir. Tüm bunlar, savaş döneminde toplumsal rızanın yeniden üretiminden, yoksulluğun yönetimine; savaşın meşruiyetinden üretim ve toplumsal yeniden üretiminin sürekliliğine kadar kadınları siyasal elitin temel gündemlerinden biri haline getirmektedir.

İkinci Dünya Savaşı sırasında, Türkiye Cumhuriyeti resmi olarak savaşa katılan devletler arasında yer almamış olsa da bu süreçte seferberlik politikasına başvurulmuş, aşırı vergilendirmeye dayalı devletçi bir savaş ekonomisi izlenmiş ve yüksek enflasyon, fiyat spekülasyonu, kara borsa, nedeniyle temel ihtiyaç maddelerine erişim zorlaşmıştır. Bu metin, İkinci

---

[1] Arş. Gör. Dr., İstanbul Üniversitesi, Siyaset Bilimi ve Kamu Yönetimi, ezgi.akyol@istanbul.edu.tr, ORCID: 0000-0002-5448-7016

Dünya Savaşı boyunca kadınların siyasal elitin gündeminde nasıl yer aldığını sorgulamaktadır. Türkiye Büyük Millet Meclisi raporları, Başbakanlık Cumhuriyet Arşivi ve dönemin öne çıkan gazete ve dergileri üzerine yapılan arşiv araştırması çerçevesinde siyasal aktörlerin savaşın meşruiyetini sağlamak adına kadınlara yönelik geliştirdikleri söylemler, siyasal elitlerin savaş boyunca artan kadın yoksulluğunu ve kadınların savaş boyunca üretim ve geçim sürecinde deneyimledikleri çelişkileri yönetmek için izledikleri politikalar, kadının hane içi toplumsal rolünün yeniden üretimi, aile ve doğum kontrolüne yönelik sosyal politikalar ele alınmaktadır.

Anahtar kelimeler: İkinci Dünya Savaşı, kadınlar, savaş ekonomisi, yeniden üretim, toplumsal rıza

Abstract

Wars were periods when, the state's concern for legitimacy, its need for the social consent relatively increased. In such a conjuncture, women as a social subject find more space on the agenda of political elites. One of the main reasons for this is that the political support of the male population at the front for the mobilization policy is closely tied to ensuring the livelihood of their families and guaranteeing the role of their wives in the household. Another reason is that women at the home front become more dependent on wages, they are also more affected by the economic consequences of the war such as the black market, inflation, price speculation and lack of access to necessities; this creates a social contradiction that needs to be resolved by political elites. A third reason is that the control and discipline of female fertility has become one of the main issues of politics due to the social role of women in the reproduction of "human resources". Thus, from the reproduction of social consent during wartime to the management of poverty, from the legitimization of war to the continuity of production and social reproduction, women become one of the main agendas of political elites.

During the Second World War, although the Republic of Turkey did not officially participate in the war, a policy of mobilization was adopted, a statist war economy based on excessive taxation was pursued and access to necessities became difficult due to the high rate of inflation, price speculation and black market. This article scrutinizes the involvement of women in the political agenda during the Second World War. Drawing upon the reports of the Parliament and state archives and newspapers and magazines of the era, it investigates the discourse crafted by political actors to reinforce the war's legitimacy vis-à-vis women. It also examines the policies pursued by political elites to address the increasing poverty among women during the war, along with the contradictions experienced by women in production and reproduction processes. Furthermore, the article addresses the formulation of social policies concerning reproduction of women's domestic societal roles, family and birth control.

Key words: Second World War, women, war economy, reproduction, social consent

1. Giriş

İkinci Dünya Savaşı, iktisadi, siyasi ve insani boyutlarının yanı sıra toplumsal cinsiyet rolleri bakımından da önemli bir dönüm noktası oldu. Savaş, gerek kadınların fiziki keyfi şiddet karşısında savunmasız kalmaları gerekse hanenin geçiminden sorumlu olarak tanımlanan erkeğin yokluğunda iktisadi güvencelerinden yoksunlaşmaları bakımından toplumsal cinsiyet olgusunu belirgin şekilde ortaya koydu. Öte yandan savaş, kadınları siyasetin, toplumun ve iktisadın asli özneleri haline getirerek geleneksel toplumsal cinsiyet rollerinin sorgulanmasına ve müzakere edilmesine de kapı araladı. İkinci Dünya Savaşı'nda seferberlik politikasına başvuran tüm ülkelerde, erkeklerin kitlesel olarak askere alınmasına bağlı olarak, toplumsal olarak gerekli emek gücü kadın istihdamı yoluyla sağlandı. Kadınlar, sadece emek piyasasına daha kalabalık olarak katılmakla kalmadılar, aynı zamanda kendilerine kapalı ve geleneksel olarak erkeklerle özdeşleştirilen sektörlere de etkin biçimde dahil oldular. Örneğin, Amerika Birleşik Devletleri'nde 1941-1944 yılları arasında yaklaşık 8.000.000 kadın, emek gücüne dahil oldu (Trey, 1972) İngiltere'de 1943 yılında kadın çalışanların sayısı 1931 yılına nazaran bir milyondan fazla gözlendi. Bununla birlikte, savaştan önce kadınların sınırlı olarak dahil olabildiği mühendislik, metal ve kimya endüstrileri, araç, gemi yapımı, ulaşım, su ve elektrik gibi vasıflı iş statüsündeki sektörlerde kadın çalışanların oranı 1939-1943 yılları arasında %14'ten %33'e çıkmıştı (Summerfield, 1984: 29) Kadınların üretim alanına daha aktif katılmaları karşısında devletler, kadın istihdamı önündeki yasal engelleri gevşetmek, kadın refahına yönelik politikalar izlemek, çocuk bakımı için kreşler açmak gibi uygulamalara yöneldiler. Tüm bunlar, savaşın ideolojik, politik, iktisadi ve toplumsal yeniden üretimi için kadınlara duyulan ihtiyaçla ilgiliydi ve savaş, kadın emeğinin ve bedeninin sömürü ve şiddete daha açık hale getirirken, paradoksal biçimde kadın emeğini de daha görünür hale getirdi.

Her ne kadar bu süreç savaş sonrasında kadınların geleneksel cinsiyet rollerini ve hane içi iş bölümünü reddeden kalıcı bir toplumsal hareketin doğuşuna zemin hazırlasa da (Federici, 2012), savaş sırasında kadınların elde ettiği kazanımlar, savaş sonrasında hızlıca ellerinden alındı (Anderson, 1982: 173). Bu durum, bir yanıyla savaşa giden erkeklerin toplumsal rızasını kaybetmeme çabasıyla ilgiliydi ve bu bağlamda devletler, iş güvencesi ve kadınlar üzerindeki haklarını garanti altına almakla ilgili erkeklerle zımni bir sözleşme ilişkisi içindeydi. Diğer yanıyla ise cinsiyet eşitliğinin sermayedarlar için karşılamak istemedikleri bir maliyete sebep olmasıyla ilgiliydi. Kadınların sunduğu ücretsiz ev içi emeği, toplumsal yeniden üretimin sürekliliği için kadın doğurganlığının garanti altına alınması, sermaye birikimi bakımından kadınların bir emek gücü olarak yarattığı artı değerden daha karlıydı (Fortunati, 1995: 107). Bu nedenle devletler, savaş boyunca kadınların geleneksel hane içi toplumsal cinsiyet rollerini değiştirmeksizin işgücüne katılımını teşvik etmek için itinalı bir çaba gösterdiler ve kadınların üretim içindeki ikincil rollerine (asli rol, savaşa giden erkeklere aitti), kadınların asli rolünün ev içinin yeniden üretimi olduğuna yönelik bir söylem ve propagandayı organize ettiler (Yeşil, 2004: 103-104).

Türkiye, İkinci Dünya Savaşı'na resmi olarak girmemiş olsa da geniş çaplı bir seferberlik politikasına başvurmuştu. Ordudaki asker sayısı 120.000'den 1 milyona yükselmiş; savaş boyunca milli savunma giderleri dört kattan fazla artmıştı (Metinsoy, 2016: 50-52). Üstelik askere gönderilen nüfusun 750.000 kadarı tarımsal emek gücünü oluşturan köylülerden oluşmaktaydı (Metinsoy, 2016: 52). Tarımsal emek gücünün ciddi oranda azalması ve dış ticaret olanaklarının daralması tarım ürünlerindeki niceliksel düşüşe, temel ihtiyaç maddelerinin pahalılaşmasına, karaborsa, spekülasyon ve vurgunculuğa dayalı savaş kazançlarının ortaya çıkmasına neden oldu. Emek gücü eksikliği ve artan savaş harcamaları karşısında bir yandan toprak mahsulleri vergisi, varlık vergisi gibi ek vergiler getirildi; öte yandan Milli Korunma Kanunu doğrultusunda tarım ve sınai müesseselerde çalışma mükellefiyeti, zorunlu fazla mesai ve tatil sürelerinin kısaltılmasına yönelik uygulamalar, çocuk ve kadınların çalışmaları önündeki sınırlamaları kaldırmak gibi politikalara başvuruldu (Tekeli & İlkin, 2016).

Seferberlik politikasının sürekliliği ve savaş ekonomisinin işletilmesi, hem toplumsal rızanın hem de işgücünün yeniden üretilmesine bağlıydı ve kadınlar her iki konunun da merkezinde yer alıyordu. Nitekim, i) cephedeki askerlerin toplumsal rızasının geride bıraktıkları kadın ve çocukların geçim ve namuslarının garanti altına alınmasına bağlı oluşu; ii) kadınların savaş ekonomisinin aşırı vergilendirme, kara borsa, hayat pahalılığı gibi sonuçlarından etkilenen sivil nüfusun asli unsuru olmaları, dolayısıyla kadınların birer vatandaş olarak toplumsal rızalarının önem kazanması; iii) cephe ve cephe gerisinin geçiminin kadın işgücüne dayanıyor oluşu ve iv) "insan kaynağı"nın yeniden üretilmesindeki toplumsal rolleri nedeniyle kadınlar, savaş döneminde siyasal elitin gündeminde belirgin bir yer tuttu. Diğer seferberlik politikası uygulayan devletlere benzer şekilde Türkiye'de de bir yandan kadınların haklarının ve yaşam koşullarının iyileştirilmesini öngören, öte yandan kadınların fiziksel hareketliliğini ve bedenini tahakküm altına almayı içeren birtakım söylem ve politikalar geliştirildi.

Bu metinde İkinci Dünya Savaşı boyunca kadınların siyasal elitin gündeminde nasıl yer aldığı, kadınlara yönelik ne tür politika ve söylemler geliştirildiği Türkiye Büyük Millet Meclisi raporları, arşiv belgeleri ve dönemin öne çıkan gazete ve dergileri çerçevesinde ele alınmaktadır.

2. Toplumsal Rıza, Yeniden Üretim ve Kadın

Bir toplumsal düzenin inşası ve yeniden üretimi, toplum içindeki birbirine karşıt çıkarların uzlaştırılması, mevcut çelişkilerin etkisizleştirilerek geniş toplumsal kesimlerinin güven ve onayının sağlanmasına bağlıdır. Bununla ilişkili olarak İtalyan Marksist düşünür Antonio Gramsci, kapitalist toplumsal ilişkilerin salt fiziki şiddet araçlarıyla değil; aynı zamanda ve daha temel olarak toplumsal rızayı (aktif veya pasif) örgütleyebilecek bir hegemonik mücadele yoluyla oluştuğunu dile getirir. Hegemonya, hakim sınıfların bir yandan toplumdaki farklı çıkarları kendi sınıf söyleminde eklemleyebilen ideolojik mücadelesini, öte yandan kendisine rıza göstermeyen toplumsal kesimleri fiili ve yasal zor yoluyla disipline etme sürecini içerir (Forgacs, 2000). Böylelikle hegemonya, ulusal kolektif iradeyi mümkün kılabilecek kolektif bir siyasal bilincin oluşması yoluyla tesis edilir. Ulusal düzeyde tutarlı, tekil, homojen bir kolektif siyasal bilincin oluşması ise çelişkili ve çoğul bir nitelik gösteren bilinç, dil, kültür ve inanç sistemlerinin; dışarıdan ve geçmişten empoze edilen bilgilerin, doğal, değiştirilemez ve eleştirilemez gerçeklikler olarak algılanması anlamında popüler "ortak duyu"nun örgütlenmesini gerektirir.

Fransız sosyolog Pierre Bourdieu, benzeri şekilde tahakküm, gönüllü itaat, boyun eğme, sorgulanmaksızın kabul edilen inançlar, değerler, alışkanlıklar üzerine düşünür ve tahakkümün inşasını ve yeniden üretimini, fiziki şiddetle eş zamanlı olarak ve fiziki şiddeti de mümkün kılacak şekilde işleyen sembolik iktidar, sembolik sermaye ve sembolik şiddet kavramlarıyla açıklar (Bourdieu, 2015). Bourdieu'ya göre sembolik iktidar ve sermaye, fiziki güçten farklı olarak anlam ve iletişim ilişkileri içerisinde ortaya çıkar ve toplumsal ilişkilerin meşru zeminini kurar (Bourdieu, 2015: 201, 223). Ekonomik ve politik sermayeler her zaman meşrulaştırıcı söylemi inşa eden ve bir toplumsal imtiyazın doğallaşmasını mümkün kılan sembolik sermaye aracılığı ile sağlanır. Ancak bu yolla tahakküm, tarihsel olarak kurulmuş bir toplumsal ilişki olmanın ötesine geçerek ebedi bir doğa yasası haline gelir ve içselleştirilir.

Sembolik iktidar, sembolik sermaye ve sembolik şiddet, toplumsal cinsiyeti anlamlandırma bağlamında da oldukça önemli kavramlardır. Erkek ve kadının birbirine zıt anlamlarla ve işlevlerle özdeşleştirilmesi, kadınlara erkeklerden farklı belirli toplumsal rol ve davranış kalıpları atfedilerek bunların sembolik bir şiddet yoluyla öğretilmesi, onaylatılması ve bir doğa yasası gibi içselleştirilmesi eril tahakkümün kökeninde yer alır. Bu sembolik anlamların üretimi ve yeniden üretimi, eğitim kurumları, dini kurumlar, aile ve devlet kurumları aracılığı ile sağlanır ve ebedileştirilir (Bourdieu, 2014).

Dünya savaşları, gerek hegemonyanın inşa edildiği sivil toplum alanının cephe (erkek) ve cephe gerisi (kadın) olarak ayrışması, gerekse toplumsal eşitsizliğin belirgin hale gelmesi (bir yandan toplumun alt sınıflarının savaş ekonomisi altında ezilirken öte yandan sermaye çıkarlarının daha açık hale gelmesi) nedenleriyle kolektif siyasal bilincin çelişkiye düştüğü, dolayısıyla ulusal kolektif iradenin kırılgan hale geldiği dönemlerdir. Bununla birlikte uzun süren bu savaş dönemleri, yönetenlerin savaş koşullarının yeniden üretilmesi için meşruiyet kaygılarının, toplumsal rızaya ve ulusal birliğe olan ihtiyaçlarının hiç olmadığı kadar arttığı dönemlerdir. Bu bağlamda yönetenler, dağılan ulusal kolektif iradenin bir araya getirilmesi ve ulusal çıkar etrafında bir kolektif siyasal bilincin oluşturulması adına hegemonya siyasetine daha şiddetli olarak başvurur.

İkinci Dünya Savaşı dönemi gözetildiğinde bu hegemonik siyasetin asli hedefi kadınlardır. Kadınlara yönelik söylem ve politikalar, yönetenler açısından her şeyden önce cephedeki erkeklerin popüler ortak duyusuna seslenerek onları savaşan askerler olarak yeniden üretebilmek için gereklidir. Erkeği hane içindeki kadının namus ve geçiminden sorumlu kabul eden sembolik sistem veya popüler ortak duyuya uygun olarak devlet, hane içindeki erkeği ikame edecek birtakım işlevler edinir. İkinci olarak, savaş boyunca kadınların cephe gerisindeki sivil toplumun asli özneleri olmaları, daha önce kendilerine kapalı olan sektörler de dahil olmak üzere üretim sürecine aktif olarak katılmaları; bir yandan kadınların rızasını yönetenler nezdinde daha önemli hale getirirken; öte yandan eril tahakkümün sembolik sistemini zedeler. Bu bağlamda devlet, hem kadınları birer vatandaş olarak "tanıma" hem de eril tahakkümün sembolik sistemini korumak için kadınların kanıksanmış toplumsal rollerini yeniden üretme gibi bir zorunlulukla karşılaşır. Bu da devleti kadınların değişen toplumsal koşullarını, popüler ortak duyu ve eril tahakküm içerisine yerleştirmeye ve yeniden anlamlandırmaya iter.

İlerleyen bölümlerde İkinci Dünya Savaşı boyunca Türkiye'de siyasal elitin kadınlara dair söylem ve politikaları incelenerek; bu söylem ve politikaların eril tahakkümün sembolik sisteminin yeniden üretilmesi ve kadınların aktif vatandaşlar olarak tanınarak toplumsal rızalarının kazanılması bağlamında analiz edilecektir.

3. Askeri Toplumun Öznesi Olarak Kadın ve Fedakarlıkta Eşitlik Politikası

Cephedeki askerin rızasını sağlamaya yönelik söylemi en açık olarak İstanbul mebusu General Kâzım Karabekir'in, 26 Nisan 1940 tarihli askere gidenlerin yerine aile efradından birinin istihdam edilmesi hakkında kanun teklifinde görmek mümkündü. Bir önceki Büyük Savaş deneyimine atıfla Karabekir, cephedeki başarının tümüyle cephe gerisinin geçiminin düzenli sağlanmasına bağlı olduğunu vurguluyordu. Bir önceki Dünya Savaşı'nda hükümetin asker ailelerinin geçimini sağlayamaması, savaşın meşruiyetine zarar vermiş ve askerlerin kitlesel olarak firar etmesine neden olmuştu (Akyol, 2022: 245). Karabekir bu durumu hatırlatarak: «*asker; cemiyetin kendi ailesini nasıl siyanet (himaye) ettiğini ve onun iffetçe ve maişetçe ne halde bulunduğunu bir düzüye bilmek ister. Ailesinden gelecek maişet sıkıntısı haberleri kendisini türlü ihtimaller üzerinde üzeceği için askerin maneviyatını fena hırpalar, ve onu zararlı kararlara sevk edebilir*» diyecekti (TBMM, 1940c: 156-157)

Ne var ki Karabekir'e göre asker ailelerinin geçim sorunu ne merkezi hükümetin yardımlarıyla ne de mahalli yardımlarla çözülebilirdi. Çözüm, askere alınan erkeğin yerine mümkün olduğu kadar aile üyelerinden birinin istihdam edilmesi, başka bir deyişle kadınların ücret ilişkisine dahil edilmesindeydi. Böylelikle hem askere alınanlar iş güvencesinden yoksun kalmayacak hem de ailelerinin geçim sorunu çözülmüş olacaktı. Kazım Karabekir'in bu önerisi mecliste kabul görmüş, kanun teklifi onaylanmıştı.

Hükümet, asker ailelerine yardım hususunu mümkün olduğunca merkezi bütçeye yük olmayacak şekilde ele aldı. Asker Ailelerine Yardım Hakkında Kanun, geçimleri askere giden tarafından sağlanan, ihtiyaçlarını temin edecek vasıta ve imkanı bulunmayan ailelere asgari geçim raddesinde yardım yapmayı öngörüyordu (TBMM, 1941d: 104). Bununla birlikte, yapılacak yardımların tespiti, icrası ve denetimi mahalli idarelere verilmiş, merkezi hükümet ise işlevini yardımların düzenli ve adil suretle işleyişini takip etmekle sınırlamıştı. Üstelik asgari geçim ücreti, çoğu şehir ve kasabalarda kişi başı aylık 5 lira olarak belirlendiği halde hükümet, 200.000 asker ailesi vatandaş için toplam 200.000 lira bütçe ayırmıştı (TBMM, 1941d: 105). Dolayısıyla gerçekte asker ailelerinin asgari geçiminin beşte birini sağlayacak kadar nakdi yardım yapılması öngörülmüştü. Geri kalanı ise ya köy halkının yerel dayanışma yoluyla sağlayacağı ayni yardımlara bırakılmış, ya da yardımın yükü şehirli nüfusa veya zenginlere değil *"şimdiye kadar daima kahramanlıkla can borcunu, kan borcunu ödemiş olan kan borcunu ödemiş olan"* köylülerin sırtına yüklenmişti (TBMM, 1941d: 98). Her ne kadar bu sorunlar mecliste zaman zaman dile getirilmiş olsa da asker ailelerine yardım konusunda merkezi hükümetin izlediği politikada savaş boyunca belirgin bir değişiklik olmadı.

Toplumsal rıza, devletin cepheye aldığı askerler adına ailelerinin geçim sorumluluğunu üstlenmesinden çok, kadın ve erkeğin fedakarlıktaki eşitliğine vurgu yapan ve kadınları askeri toplumum bir parçası olarak kodlayarak seferberliğe dahil eden bir söylemle üretilmeye çalışıldı. Bu bağlamda Cumhuriyet Halk Partisi programının *"parti bütün yurttaşlara hak ve vazife vermekte kadın, erkek ayırmaz"* diyen 4.maddesine referansla askerlik eğitiminden, zorunlu çalışma mükellefiyetine kadar tüm politikalarda kadın ve erkek arasındaki formel eşitliğin altı çizildi (TBMM, 1942f: 208). Beden Terbiyesi Genel Müdürlüğü nizamnamesiyle 12-45 yaşında tüm erkeklerin yanı sıra 12-30 yaş aralığındaki tüm kadınlar beden terbiyesi ile mükellef tutulurken, Konya Milletvekili Osman Şevki Uludağ, nizamnameyi *"Türk erkeği asker, kadınları da asker anası olacaktır. Türk hayatı bunu icap ettiriyor"* diyerek savunmuştu (TBMM, 1941c: 360). Kazım Karabekir ise kadınların beden terbiyesine tabi tutulmalarına dair «*harbin bütün safahatında ve kadınlı erkekli cephedeki arkadaşına yardım etmek mümkün kılınmalıdır*» sözlerini sarf edecek ve kadınların "şefkat bacısı" sistemiyle seferberliğe dahil edilmelerini önerecekti (TBMM, 1940f: 10). 2 Ağustos

1944 tarihindeki kanunla ise fevkalade hallerde ve seferde hava, deniz ve kara saldırılarına karşı her mahalde 20-45 yaş arası kadınlar ihtiyaca göre silahla mukavemet etmekle mükellef tutulabilecekleri öngörülmüş; böylelikle ilk defa kadınlar doğrudan askeri mükellefiyete tabi tutulmuştu (TBMM, 1944c: 28-29).

Benzeri bir formel eşitlik söylemi zorunlu çalışma politikalarında da ortaya çıkmıştı. 1940 yılında kabul edilen Milli Korunma Kanunu'nun zirai ve sınai çalışma mükellefiyetine ilişkin hükümleri gereğince kadınlar da erkekler gibi zorunlu çalışmaya tabi tutulacaklardı. Bu kanuna göre hükümet, ziraatta çalışabilir her vatandaşı, kendi ziraat işi yüzüstü kalmamak şartıyla gerek devlete ve gerek şahıslara ait ziraat işletmelerinde ihtiyaca göre, bir buçuk ayı geçmemek ve mahallî örf ve rayice göre ücret verilmek üzere zirai iş mükellefiyetine tâbi tutabilecekti (TBMM, 1940a: 150). Aynı şekilde 1942 yılında çıkarılan Köy Okullarını ve Enstitülerini Teşkilatlandırma Kanunu'na göre köy ve bölge okullarının yapılması, onarılması ve bunlara su getirilmesi veya kuyu açılması, yol yapılması, okul bahçesinin kurulması işlerinde 18-60 yaş arası tüm kadınların erkekler gibi yılda yirmi günü geçmeyecek şekilde çalışmaya mecbur tutulacağı ön görülmüştü (TBMM, 1942d: 23).

Bu formel eşitlik söyleminin, kadın emeğini seferber etmek, böylece hem hükümetin milli savunma harcamalarını finanse etmek hem de merkezi hükümetin üstlenmesi gereken asker ailelerinin geçim sorumluluğunu kadınların üzerine yüklemek, toplumu askeri bir iş bölümü etrafında bir arada tutmak ve milliyetçi söyleminin konsolidasyonu yoluyla savaşın cephe gerisinde meşruiyetini sağmak gibi işlevleri vardı. Bununla birlikte bu formel eşitlik söylemi, meclis tartışmalarında sıkça toplumsal cinsiyet duvarına çarptı ve cinsiyete dayalı toplumsal hiyerarşinin yeniden üretilmesiyle sonuçlandı. Örneğin, kadınların ev içi işlerine zaman ayırabilmesi için Milli Korunma Kanunu'nun fazla mesaiye dayalı hükümlerinden kadınların muaf tutulabileceği belirtildi (TBMM, 1940a: 144). Öte yandan kanunun zorunlu zirai çalışma hakkındaki hükmü, her vatandaş için kendi ikametgahının 15 kilometre mesafesindeki araziler için tanımlanmış olmasına rağmen kadınların ancak ve ancak kendi köy, kasaba ve şehir sınırları içinde çalıştırılabileceğini belirtiyordu (TBMM, 1940a: 150). Benzeri şekilde zorunlu askerlik eğitimine ilişkin hüküm, erkeklerin yaşadıkları mahallere 15 kilometrelik mesafelerde savaş talimi yapmalarını öngörürken kadınların kendi köy ve mahalinde talim ettirilmelerini öngörüyordu (TBMM, 1944c). Kadınlara yönelik bu yasal istisnalar, temelde kadınların hane ile ilişkisini sıkılaştırmak, toplumsal cinsiyet hiyerarşisini korumak amacını taşıyor; kadınların asli rollerinin hane içindeki rolleri olduğuna işaret ediyordu. Nitekim 1943 Adapazarı Depremi, tüm bu formel eşitlik söylemlerine karşın kadınların gerçekte ne ölçüde haneye bağımlı olduklarını bir kez daha gözler önüne serdi. Depremde 86'sı erkek, 142'si kadın ve 57'si çocuk 285 kişi hayatını kaybederken, kadın kaybının fazlalığı sarsıntının daha ziyade kadınların evde bulunduğu gündüz vakti gerçekleşmiş olmasıyla açıklandı (TBMM, 1943b: 97; 1943c: 116). Erkek nüfus arasındaki kaybın büyük kısmı ise çökmüş olan kahvehanelerde meydana gelmişti.

Meclisteki kadın vekiller, bu formel eşitlik söylemini büyük oranda sahiplenmişti. Bu bağlamda kadın vekillerin eşit yükümlülük politikasının siyasal ve sosyal haklar alanında kadın-erkek eşitliğini sağlayabileceği ve cinsiyete dayalı ayrımcılığı azaltabileceği yönünde bir varsayıma sahip oldukları anlaşılıyordu. Bu husus, köy ve bölge okulları inşaatı için zorunlu çalışma mükellefiyeti hakkındaki kanun tartışmaları sırasında ortaya çıktı. Meclisteki kimi erkek vekiller, kadınların çalışma yükümlülüğü altına girmesine şiddetle karşı çıkıyordu. Bu karşı çıkışlar her şeyden önce eşit çalışma yükümlülüğü kadınların asli rollerini tartışmaya açması olasılığına ilişkindi. Örneğin Bilecik Milletvekili Kasım Gülek, kadınların zorunlu çalışma yükümlülüğüne dair «*ilave mükellefiyet koyarken Türk kadınının evindeki vazifeleri, analık vazifelerini karılık vazifelerini ihmal etmesine meydan vermemeliyiz*» demekteydi (TBMM, 1942e:110). Bir başka açıdan bu karşı çıkışlar kadınların doğası itibariyle erkekler gibi çalışmaya uygun olmadığı söylemini içeriyordu. Buna ilişkin olarak Çanakkale Milletvekili Ziya Gevher Etili: "*bir işi yaparken diğer işlerimizi bozmamağa dikkat edelim. Niçin yapıyoruz arkadaşlar? Irkımızı, milletimizi yükseltmek için, mektep ihtiyacını temin etmek için bunu yapıyoruz. Bunu yaparken kadınlık müessesesini yıkmak katiyen doğru değildir. Bu en nihayet fizikî kudrete dayanan bir iştir. Rica ederim, kadınları pehlivanlığa mı sevkedeceğiz? Bunları erkeklerin yaptıkları birçok ağır işlere mi sevkedeceğiz? İmkânı yoktur. Bunları yapamaz. Fikrî bünyesi, tabii bünyesi buna muhaliftir*" ifadelerinde bulunmuş (TBMM, 1942e:109); Seyhan milletvekili Sinan Tekelioğlu, bu görüşü destekleyecek şekilde: "*kadınların kendilerine mahsus birtakım hastalıkları vardır. Bu hastalıklara her ay maruz bulunurlar. Köy eğitmenleri lâzım olan günleri tâyin ve tesbit ettikten ve kaymakamlar veya valiler de bunları tasdik ettikten sonra mecburi olan bu hizmete gideceği günde o hastalığa maruz olmaları dolayısiyle gidemezlerse doktor olmıyan bu köyde hastalıklarını ne suretle ispat edeceklerdir....diğer köylerden meselâ nahiye merkezine yaptırılacak bir mektep için yirmi saatlik bir yerden buraya gelecek olan kimsesiz, genç bir kız veya genç bir kadın kabul ediniz, bu nahiye merkezinde veya köyde çalıştırılacak, nerede kalacak? Binaenaleyh, bu kanunun bu maddesi memleketimizin bünyesine uygun değildir"* demişti (TBMM, 1942e: 106).

Kadın-erkek arasındaki doğal bir eşitsizlik varsayan ve bunun toplumsal cinsiyet hiyerarşisinin meşru zemini olarak tarif eden bu söylemler karşısında kadın vekillerin tutumu, formel eşitliğe atıfta bulunarak kadın emeğini askeri toplumun organik bir parçası olarak değerli kılmaya yönelmek ve militarist söylemi kadınların toplumsal eşitlik mücadelesinin bir yolu olarak benimsemek olmuştu. Örneğin Erzurum Milletvekili Nakiye Elgün, kadınların eşit çalışma yükümlülüğü önerisine karşı çıkan söyleme karşı cevabı şöyleydi:

> Türk kadını, Sinan Tekelioğlu'nun dediği gibi cılız değildir, Türk kadını zayıf değildir ve Türk kadını, Sinan arkadaşımızın dediği gibi şundan bundan kaçan nazik ve başlarda kalan bir kadın değildir. Bunu asırları işhad ederek söyliyeceğim. Türk kadını bu sene değil, bu asır değil, bu asır ve daha evvelki asır, kocasiyle beraber tarlada, ağıllarda ve ahırlarda beraber çalışmış, süt ve yoğurt yapmış ve kasabaya, köyünden harice pazarlara götürüp satmış ve köyünde de satmıştır. Türk kadını aynı zamanda aile yuvasını da, köyün hizmetinden addederek, kocasiyle beraber kurmuştur. Türk kadını bunları yapamıyacak derecede âciz değildir ve âciz olmadığını da tarihten misal alarak söyliyebilirim. Bugünkü mevzuat arasında Türk kadını vatani vazife yapmak için askerî dersler de almaktadırlar. İcabederse vatan müdafaasına da gidecektir. Kendisine bu kanunla köyde de bir vazife verilirse onu da kocasının yanında yapmak kudretini haizdir. (TBMM, 1942e: 107)

4. Yeniden Üretimin Öznesi Olarak Kadın

İkinci Dünya Savaşı boyunca kadınlara yönelik geliştirilen söylem ve politikaların yoğunlaştığı temel konulardan biri de kadın doğurganlığı idi. Dönemin siyasal eliti nüfus politikasına o denli önem atfediyordu ki mecliste "nüfusçuluk"un partinin yedinci ilkesi olarak belirlenmesini önerenler dahi olmuştu (TBMM, 1941b: 195). Bu bağlamda kadınlar, nüfusu artırma politikalarının bir parçası olarak da siyasal elitin gündemine oturdu. Ülke nüfusunu artırmanın önündeki engeller, üç temel konu etrafında tartışılıyordu. Bunlar: i) şehirli nüfus arasında gözlenen evlilik dışı ilişkiler ve çocuk düşürmeler, ii) köy kadınlarının sıhhi doğum olanaklarına sahip olmaması nedeniyle artan çocuk ölümleri,

iii) kadınların annelik vasfına uygun olarak eğitilmemesi idi.

Şehirli nüfus içerisinde evlenme eğiliminin düşüklüğü, siyasal elitin gündemini en sık meşgul eden konulardan biriydi. Büyük şehirlere çalışmaya veya eğitim görmeye giden kadın ve erkeklerin evlenmeyi tercih etmemeleri, toplumsal yeniden üretimi tehdit etmesi bakımından ele alınıyor; evliliğin reddinin temel insan hakları içerisinde değerlendirilemeyeceği, yaptırıma tabi tutulması gerektiği dile getiriliyordu. Bu eğilimin güçlü bir temsilcisi olan Ziya Gevher Etili, nahiye memurlarının atanma koşulları arasında evli olma şartının yer almasına ilişkin tartışmada:

> Bu bekârlık meselesi acaba hürriyeti beşeriyeye dokunan bir şey midir? Böyle düşünmeyelim arkadaşlar; bu, içtimai bünyemizi tehdit eden bir şeydir. Nüfusumuzun bugün, haydi diyelim ki büyük harplerden çıktık, fakat on seneden beri büyük miktarda artması lâzımdı, halbuki artan yalnız bekârlardır. Hayatın lezzetleri o kadar çoğalmıştır ki bütün memleket, kadını ile, erkeği ile bekârlığa doğru gitmektedir. Herkes cemiyeti beşeriyeye karşı olan vazife yükünü üzerine almamak kolaylığı tarafına gitmektedir. Bunu asla kabul etmiyoruz arkadaşlar. Bir an evvel çoğalmamız lâzımdır. (TBMM, 1942b: 19)

demiş, nahiye memurlarının yanı sıra tüm devlet memurları ve milletvekillerine de evli olma mecburiyeti getirilmesini önermişti. Meclis raporlarında belirtilen istatistiklere göre, 1944 yılında hali hazırda çalışmakta olan 15.000 memurdan 3.000'i bekar, 3000'i evli fakat az çocuklu, geri kalanı ise evli ve çok çocuklu, yani dörtten fazla çocuğa sahip idi (TBMM, 1944a: 93). 1940 yılı verilerine göre de ülke nüfusu bir yılda 550.000 kişi artmış; Türkiye, dünyanın en hızlı çoğalan memleketleri arasına girmişti (TBMM, 1940e: 312). Ne var ki bu artış, savaş ve hastalık nedeniyle kaybedilen nüfusu telafi etmiyordu.

Şehirli nüfusun evlenmeme eğilimine dair mecliste tartışılan bir başka yaptırım da Bekarlar Vergisi Kanunu idi. Yozgat Milletvekili Süleyman Sırrı İçöz'ün 1940 ve 1944 yıllarında sunmuş olduğu kanun teklifi, İkinci Dünya Savaşı öncesinde 1929 ve 1931 yıllarında da meclis gündemine gelmiş ve kamuoyunda tartışmalara neden olmuştu. Kanunun ilk teklif edildiği biçiminde 25-45 yaş arası tüm bekar ve dul erkekler ile 20-35 yaş aralığındaki tüm maaşlı bekar ve dul kadınlar gelir, arazi, müsakkafat ve yol vergilerinin bir mislini bekârlık vergisi olarak verecekler; elde edilen gelirin %20'si beşten fazla çocuk sahibi olan ailelere ikramiye olarak dağıtılacaktı (Özer, 2013: 178). Bununla birlikte kanun teklifi, evliliği teşvik edebilecek bir uygulama olarak değerlendirilmeyip maliye encümeni tarafından reddedilmişti. İçöz'e göre nüfusun yeterince artmaması, tümüyle şehirli nüfusun bireysel tercihlerinden kaynaklanıyordu. 1940 yılı teklifinde sorunu:

> Çocuk yapmak ve Türk milletinin çoğalmasına hizmet etmek vatanın ağırlığını ve külfetini omuzlarında taşıyan Türk köylüsüne münhasır gibi kalıyor. Şehirlerde bu husus nazara alınmadığı gibi kadın erkek bekâr yaşamakta adeta moda haline gelmiştir. Beş on kuruş maaş ve ücret sahibi olan her iki zümre evlenmeyi aile yuvası kurmayı bir külfet ve ağırlık addederek mücerret yaşamayı ve sırf şahsi huzurlarını düşünmekle iktifa ediyorlar. Bu gibi mülâhaza ile yaşamak vatan severlikle kabili telif değildir. (BCA, 1940)

diyerek ifade ediyor, askerliğini bitirmiş tüm erkeklerle 17 yaşını bitirmiş tüm bekar kadınların evlenmedikleri müddetçe 45 yaşına kadar aldıkları maaş, tahsisat ücret ve yevmiyenin %10 kadarını bekarlık vergisi olarak ödemelerini; vergiden elde edilen gelirin de çok çocuklu ailelere tahsis edilmesini öneriyordu.

Mecliste dile getirilen bir başka sorun da büyük şehirlerde kadınların erkeklerle eşit koşullarda eğitim görmesinin kadınların çocuk sahibi olma eğilimini düşürmesiydi. Ülkedeki nüfusun azlığı, şehirli kadınların eğitim seviyesinin yükselmesi, çalışma hayatına atılması, kamusal hayatın bir parçası haline gelmeyi annelik vasfından daha çok önemsemesiyle ilişkilendiriliyordu. Bu nedenle de kadınların birey ya da emek gücü olarak değil, hane içi iş bölümüne uygun olarak birer anne olarak yetiştirilmesi gerekliliği vurgulanıyordu. Örneğin, Bingöl Milletvekili Feridun Fikri, bu düşüncesini şöyle ifade etmişti:

> Kızlarımızı, aile teşkili noktai nazarından en esaslı telkinler altında bulundurmak ve cemiyette ana olmak vasfının, her türlü fikrî ve içtimaî mevki ve vaziyete mütekaddem olduğu noktasına katî bir kanaatle inandırarak yetiştirmek, memleketin istikbali noktasından en mühim ve esaslı bir meseledir. Mektebe giden kız, cemiyette ana olmak vasfına hiçbir vasfın ve hiçbir hizmetin takaddüm etmeyeceği hususunu, beyninin içine yerleştirmiş bir şekilde bulunmalıdır...Üniversitede ve umumi hayatta kızlarla erkeğin beraber çalışması nazariyesine ben ta üniversiteden beri taraftarım, doğrudur. Ancak hayatın realitesini; hakikatini ve müsbet tarafını görmek lâzım gelir. Bu kızların orta mektepte behemehal yaşadıkları hayatın kendilerinden analık vazifesini beklediğini, cemiyetin esas şekilde kendilerine bu vazifeyi verdiğini öğrenmeleri lâzım gelir. Kız

evlâtlarımızın esas vazifesi, evlenmektir, millete çocuk yetiştirmektir. Çocuğa nasıl bakılır, bunlara öğretmek lâzımdır. (TBMM, 1941b: 211,224)

Muğla Milletvekili İzzeddin Çalışlar da benzeri bir fikri dile getirerek şu sözleri sarf etmişti:

Kızlarımız evlenmiyor. Evlenmelidirler, Onların bütün gayesi, bütün mefkuresi hakikaten ana olmak olmalıdır. Bol çocuk yetiştirmek, geniş, zengin ve refah verici bir aile ocağının anası olmak olmalıdır. Bunları görmüyoruz. Niçin görmeyelim? Bunun sebeplerini aramak lâzımdır. Kızlar evleniyor, fakat çocuk yapmıyor veyahut bazıları biraz akıllıdır, aile rabıtasını biraz kuvvetlendirmek için tek bir çocukla iktifa ediyor. Bir milletin yaşaması için her ailenin en az dört çocuğu olması lâzımdır. Bundan aşağısı nüfusça milletlerin istikbalini temin etmiş sayılmaz. (TBMM, 1941b: 216)

Kadınların hane içi iş bölümüne uygun olarak eğitilmesi amacına ilişkin olarak 1943 yılında çıkarılan Ziraat ve Teknik Bahçe Okulları Kanunu'nda okullarda kızların ve erkeklerin yetiştirilmesinde hane içi iş bölümünün göz önünde bulundurulması kararı alındı. Buna göre, erkek öğrenciler, köylü işletmesinin kurucusu ve işleticisi olarak yetiştirilecek; kız öğrenciler ise her biri köylü evinin müdürü olacağı öngörülerek bahçe, kümes, ahır bakımları ve idaresi, ziraat sanatları, mutfak idaresi, çocuk bakimi ve ev tanzimi konularında eğitime tabi tutulacaklardı (TBMM, 1943e: 127).

Tüm bu ifadeler ve izlenen politikalar, halkın geniş kesimlerinin eğitilmesi yoluyla Türkiye'nin modernleştirilmesi ve Batılı devletler seviyesine taşınması ideali etrafında şekillenen Cumhuriyet projesinin toplumsal cinsiyete dayalı bir seçicilikle işlediğini gösteriyordu. Gerçekte, kadınların çok az bir kısmı eğitim yoluyla kamusal alanın bir parçası olma olanağına sahipti. 1935 yılı istatistiklerine göre Türkiye'de kadınların yalnız %8,2'si okuma yazma bilmekte (TBMM, 1940b: 98); köy enstitülerinde eğitim gören 9000 öğrencinin yalnız 872'si kız öğrencilerden oluşmaktaydı (TBMM,1942c: 168). Dolayısıyla kadınların eğitim yoluyla çalışma hayatına atılıp kamusal yaşamın bir parçası olmayı hane içindeki rollerine tercih etmesinin 1940'lar Türkiye'si için oldukça istisnai bir durum olduğu görülüyordu. Hal böyle iken dönemin siyasal elitinin şehirli kadınları disipline etmeye yönelik söylem ve politikalarının işlevi neydi?

Bu disipline edici söylem, her şeyden önce modernleşme ve

kapitalistleşmenin yeniden üretim alanında yarattığı krizi yönetmekle ilgiliydi. Modernleşme ve kapitalistleşme süreci, kadınları hane dışına çıkarak ücretli emeğin bir parçası haline getirmiş, böylece geleneksel eril tahakkümün sorgulanmasını mümkün kılmıştı. Bu, şüphesiz her şeyden önce evliliği kadının hayatta kalması için tek seçenek olmaktan çıkarıyor; şehirdeki toplumsal bağların gevşekliği de evliliğin bir sosyal zorunluluk haline gelmesini engelliyordu. Fakat, modernleşme ve kapitalistleşme aynı zamanda, sistematik bir mülksüzleşme, proleterleşme ve kırdan kente gittikçe daha fazla emek transferi anlamına geliyordu. Şehir nüfusunun gittikçe yoksullaşması ve işçileşmesi, evlilik gibi geleneksel olarak maliyeti yüksek bir yükü taşımayı zorlaştırıyordu. Bu bağlamda evlenme oranlarının düşüklüğü sadece bireysel tercihlerle ilişkili değildi. Ücretli çalışanların evlenmenin ve bir aile geçindirmenin maliyetini karşılayacak bir ekonomik güce sahip olmamaları daha önemli bir sebepti. Nitekim 1927-1935 yılları arasında evlenme oranlarının %81,5'den %76.6'ya inmesi, temel olarak 1929 krizine bağlı olarak ortaya çıkan iktisadi sorunlardan kaynaklanıyordu (Özer, 2013: 181).

Benzeri şekilde İkinci Dünya Savaşı boyunca artan pahalılık, kara borsa ve temel ihtiyaç maddelerine erişimin zorlaşması, açlığa varan bir yoksulluğu ortaya çıkarmış, savaşın neden olduğu seferberlik politikası ve ekonomik sıkıntılar, aile yapısını sarsıntıya uğratmıştı. Çalışan sınıflar arasında alım gücünün düşmesi, evlenmemiş olanları evlenmekten caydırmakla kalmamış; aynı zamanda boşanmaların, Cumhuriyet tarihinde daha önce görülmemiş oranda artmasına yol açmıştı (Metinsoy, 2016: 465). Açlık ve yoksulluk, kadınlar arasında çocuk düşürme veya doğumdan sonra çocuğu sokağa terk etme veya hayatına son verme eğilimini de artırmıştı. Üstelik devlet de çocuk sahibi olmayı teşvik edecek maddi olanakları sunmuyordu. Mecliste çok çocuklu ailelere yardım için her yıl bütçeden belli bir meblağ ayrılması öngörülmüş olsa da bu yeterli bir meblağ olmadığı gibi, 1935-1941 yılları arasında bu yardımdan faydalanamamış kadın sayısı 46.766'a çıkmıştı. Bu bağlamda kadınları disiplin altına almaya çalışan söylem ve politikalar, evliliğin ve çocuk sahibi olmanın reddinin gerisindeki bu maddi gerçekliğin üstünü örterek kapitalistleşme sürecinin geleneksel aile yapısı üzerindeki tahribatını tadil etmeyi amaçlıyordu.

Boşanma oranlarının ve çocuk düşürme vakalarının artması, dönemin gazetelerine de yansıyan bir tartışmayı da başlattı. Bu tartışmalarda kadınlara yönelik suçlulaştırıcı bir söylem dikkat çekiyordu. Örneğin Burhan Felek, artan boşanmaların gerisinde kadın-erkek eşitliğinin artması ve boşanmanın kadının da hakkı olmasını görüyor; *"eskiden kadınlarımız daha fazla evin hanımı idi. Şimdi daha fazla cemiyet hayatının icablarına hasretmektedir"* diyordu (Felek, 1942). Benzeri şekilde Cumhuriyet Gazetesi'nin aile birliğini bozan sebeplere dair avukatlarla yaptığı bir mülakatta kadınların kabahatlerinin fazla olduğu ileri sürülerek, *"kadın, medeni kanunun hakta müsavat (eşitlik) hükümlerini yanlış anlıyor ve erkeğin aile üzerindeki murakabesini (denetimini) bir hak diye kabule yanaşmıyor"* denmekteydi (Aile Birliği, 1942). Bununla birlikte boşanmaların kanun zoruyla önüne geçilmesi hiçbir surette savunulmuyordu. Zira yasal zor, boşanmaları azaltmayacak; aksine fiili ayrılıkları artıracak, aile facia ve cinayetlerini artıracak ve gençlerin evlenmesi üzerinde caydırıcı bir etkide bulunacaktı (Veldet, 1942, 1944; Tesal, 1942). Bu nedenle aksine boşanmaların kolaylaştırılması önerildi. Adliye Vekaleti'nin boşanmaların artması karşısında önerdiği tedbirler de bu görüşle paraleldi. 1942 yılı raporunda, boşanmaların kolaylaştırılması ve iki taraf boşanmada söz birliği ettiği takdirde boşanma kararı verilmesi tavsiye edildi. Bununla birlikte reşit olan kadın ve erkeğin birlikte yaşamalarının suç sayılması, muhtar ve mahalle mümessillerinin evlilik dışı birlikte yaşayan kadın ve erkekleri hükümete haber vermesi, evlenme prosedürlerinin kolaylaştırılması, köylerdeki evlenmelerin gezici evlendirme memurları aracılığı ile kayıt altına alınması öngörüldü (Boşanma Davaları, 1942). Çocuk düşürme ile mücadele etmek için de Mevhibe İnönü başta olmak üzere bakan ve milletvekillerinin eşlerinden oluşan bir grup kadın öncülüğünde Ankara Yardımseverler Cemiyeti aracılığı ile halka telkinlerde bulunmak ve kızların ahlaki durumlarıyla alakadar olmak gibi politikalar geliştirildi (Hayırlı Bir Karar, 1941).

Suçlulaştırıcı söylem, meclis tartışmalarında da görülüyordu. Bunun bir örneği, evlenmeyi ve çocuk sahibi olmayı amaçlamayan veya yukarıda bahsettiğimiz gibi buna ekonomik gücü olmayan kadınların iffetsizlikle suçlanmasıydı. Bu suçlulaştırıcı söylem temel olarak şehirdeki işçi kadınlar üzerinde yoğunlaşıyordu. Bu kadınların, köyden tarlasını bırakıp kente çalışmaya gelen, kayıkçılık, hamallık gibi hizmet sektörlerinde çalışan erkeklerle evlilik dışı ilişki yaşadıkları; bunlardan gayrimeşru çocuk sahibi olup onları sokağa terk ettikleri, cezaevlerinin büyük ölçüde bu "tehlikeli" kadınlarla dolu olduğu dile getiriliyordu (TBMM, 1943a :167). Şehirli kadınlara yönelik suçlulaştırıcı söylem, temelde "tehlikeli sınıf" olarak işaret edilen işçi kadınlar üzerine yoğunlaşmış olmakla birlikte eğitimli, orta-üst sınıf kadınlar da bu söylemden tümüyle azade değildi. Bu kadınlar, savaş boyunca yükselen enflasyon ve hayat pahalılığının asli sorumluları olarak gösteriliyordu. Böylelikle gayrimeşru ve olağanüstü kazançları mümkün kılan vurgunculuk ve fiyat spekülasyonuna dayalı ticaret, izlenen savaş ekonomisinin doğrudan bir sonucu değil de kadınların keyfi, israfa varan tüketim alışkanlıklarının bir sonucuymuş gibi ifade ediliyordu. Örneğin, Bursa Milletvekili Naci Tınaz, 1942 yılında Milli Korunma Kanunu'nun kimi maddelerinin tadiline dair tartışma sırasında şöyle söylemişti:

> Efendim, israfın menbaı, bizde kadın israfıdır. (Bravo sesleri). Rica ederim, aramızda hanımlar vardır, onlara söylemiyorum. Çünkü kıyafetleri meydandadır. Hepsi, dikkat ediyorum, ayni üniforma ve ayni iskarpinle buraya geliyorlar. Benim söylediklerim, muayyen ve mahdut bir tabakadır. Vurgunculuğun membaı budur, kadın israfı. Çünkü kadın kocaya hâkim, şunu isterim, bunu isterim diyor. (Gülüşmeler, alkışlar). Efendim, suiistimalin başlıca sebebi budur. Şöyle oluyor, böyle oluyor, sebebi de gayet basit. Efendim, kadın ruhu zayıftır, hassastır, onlar modaya tâbidir. Bir mecmua bir yere gittikleri zamanda o kadının ahlâkı, fazileti, vatanperverliği ev kadınlığı ile, çoluk çocuğunu iyi yetiştirmekliğiyle ölçülmüyor, kadın üzerindekiyle, kıyafetiyle ölçülüyor. Hastalığın ruhu budur. Biz kadınlarımızın bu israfını bir itidal dairesine sokarsak emin olunuz ki yüzde elli işler doğru gidecektir. İstanbul'dan gelenler hikâye ediyorlar, tiyatroya gidiyoruz kapıya kadar dolu, sinemaya gidiyoruz kapıya kadar dolu, eğlence yerlerine gidiyoruz kapıya kadar dolu. Ben dedim ki: bunlar nereden kazanıyor da hepsi gidiyorlar? Hayır, bunlar muayyen 3-4 bin kişiye münhasırdır. İşte biz mallarımızın yükselmesine, öbür taraftan da münakaşalarda müteahhitlerin oyun oynamalarına bu 3-4 bin kişinin israfı âmil oluyor. (TBMM, 1942a: 173)

Manisa Milletvekili Refik İnce de benzeri bir görüşü şu şekilde ifade etmişti:

> Kadınlarımıza hitap ediyorum; zaman eski zaman değildir. Kurulmuş evlerimizin muhafazası onların elindedir, israf ve sefahatin çoğu bilhassa münevver tabakaya mensup kadınlardadır. Onları, bir Türk köylüsünün tasarrufkâr hareketi, Türk köylüsünün evine bağlılığı ve yine o Türk köylüsünün sefahate isyanı derecesinde güzel ve yeni bir yol tutmağa davet ediyorum. İpek çorapların, rujların, mantoların artık zamanı değildir. (TBMM, 1942a: 170)

Bu söylemler, bir yandan savaş ekonomisinin alım gücü üzerinde yarattığı yapısal tahribatın üzerini kadınların belli bir kesimini hedef göstererek örtüyor ve bu ekonomiden asıl kazançlı çıkan sermayedar gruplarını gizemli hale getiriyor; öte yandan kadınların kamusal alandaki hareketliliğini kısıtlayarak onları hane içi yeniden üretimdeki rollerine bağlama işlevini yerini getiriyordu.

Kadınların disiplin altına alınmasına yönelik söylem ve politikalar, aynı zamanda idealize edilmiş bir köylü kadın imgesinden de besleniyordu. Şehirli kadınların iffetsiz, tehlikeli, savurgan, beceriksiz, gösterişçi gibi kavramlarla tarif edilmesine karşılık köylü kadınlar doğurganlık, çalışkanlık, vatanseverlik ve fedakarlıkla özdeşleştiriliyor ve örnek Türk kadını olarak gösteriliyordu. Örneğin, Ankara Milletvekili Belkıs Baykan, *"Köylerimizde gezenler hemen her tarlanın ortasında bir beşik görülür. Yedi, sekiz çocuk anası olmuş köylü kadını pek çoktur. Türk kadınının en mühim vasfı anne, hem de velûd (doğurgan) bir anne olmasıdır"* diyerek köylü kadınların doğurganlıklarına (TBMM, 1940e: 312); Trabzon milletvekili Salise Abanozoğlu, da *"köy kadınlarının gerek ev ve gerek ziraat ve pazar işlerinde ne derece mühim ve faal bir vazife ifa ettiklerini göğsümüz kabara kabara görmekteyiz"* (TBMM, 1940e: 340) diyerek köylü kadınlarının çalışkanlıklarına vurgu yapmıştı.

Köylü kadınların doğurganlıkları dönemin siyasal elitinin algısında o kadar güçlü bir veriydi ki 1945 yılında Çiftçiyi Topraklandırma Kanunu mecliste önerildiğinde topraksız köylülere toprak dağıtılmasının köylü aile sayısını artırmaya hizmet edeceği bunun da doğrudan nüfusun artmasına neden olacağı ileri sürülmüştü. Dönemin Tarım Bakanı Şevket Raşit Hatipoğlu, kanun gerekçesini açıklarken şu ifadelerde bulunmuştu:

Nihayet arkadaşlar, memleket nüfusunun çabuk üremesi, takdir edersiniz ki, köylü aileleri sayısının artmasına bağlıdır. Umumî surette milletlerin hayatında müşahede edilen vakıa şudur ki; ne kadar köylü ailesi fazla olursa o memleketlerde üreyiş kabiliyeti o nispette hızlı ve coşkundur. Bizim memleketimizde nüfusun kalabalıklaşması bakımından mümkün olduğu kadâr köylü ailelerinin çoğalması bizim istikbalimiz zaviyesinden hedef alınacak ve ulaşılacak ve üzerinde durulacak mevzulardan birisidir. (TBMM, 1945b: 62)

Bu bakımdan köy, kadın doğurganlığının belirsizliğe yer bırakmaksızın garanti altına alındığı bir alandı. Bununla birlikte, kırdaki nüfus artışını sağlamada siyasal elitin karşı karşıya kaldığı temel sorun, köydeki sağlıksız doğum koşulları ve çocuk ölümlerinin fazlalığı idi. Bu sorunu çözmek adına İkinci Dünya Savaşı boyunca başlıca iki politika üzerinde yoğunlaşıldı. Birincisi, taşradaki doğum evleri sayısını artırmak; ikincisi, çocuk ve doğum sağlığı bilgilerinin köylü kadınlara götürülmesi idi. İlkine dair her vilayette hatta her kazada bir doğum evi açılması hedefleniyordu. Ne var ki 1940 yılında 60 vilayette toplam doğum evi sayısı 11'i geçmiyordu (TBMM, 1940e: 313). Bu nedenle savaş boyunca doğum ve çocuk bakım evlerine ayrılan bütçe yıldan yıla artırıldı. 1940-1944 yılları arasında bu hususta ayrılan bütçe, yaklaşık beş kat artmış; Antep, Maraş ve Eskişehir'de yeni doğumevlerinin açılması planlanmıştı.

Tablo1. Yıllara göre doğum ve çocuk bakımevlerine ayrılan bütçe

Yıllar	Doğum ve çocuk bakımevlerine ayrılan bütçe
1940	97.000
1941	127.000
1942	212.000
1943	375.705
1944	471.523

Kaynak: TBMM (1940d: 114; 1941a: 164; 1943a: 66; 1944b: 51-52)

İkinci hususa dair ise köy enstitüleri kız talebeleri arasından eğitimli ebeler yetiştirilmesi ve köydeki geleneksel doğum yöntemleri izleyen mevcut ebelerin yerine modern bilimsel doğum yöntemleri izleyen ebelerin atanması yoluna gidilmişti. Bununla birlikte, 1943 yılında ele alınan Köy Ebeleri ve Köy Sağlık Memurları Teşkilatı Kanunu'nda tartışılan sadece ebelerin sıhhi doğum kontrol yöntemlerini uygulayacak bilimsel donanıma sahip olması değildi. Aynı zamanda bu ebelere yeni birtakım görevler de tanımlanıyordu. Bunlar, gebelerin sağlık durumunun düzenli takip edilmesi, çocuk bakımı işleri ile uğraşılması, kadın doğurganlığının kayıt altına alınması; *"bir köyün içinde bir kadın güç mü doğurur âdeti, tabiatı nedir, evvelki doğum nasıl olmuştur"* gibi bilgilerin depolanması gibi işlevleri de vardı (TBMM, 1943d: 54). Bunun yanı sıra ebelerin ceza ve ödül mekanizması yoluyla daha sıkı gözetim altında tutulması da öngörülüyordu. Buna göre, görevlerinde başarılı olan ebeler, i) üstün başarılı sayılmak; ii) köye hizmet, edenler anıtına adı yazılmak; iii) köydeki bir tesise adı verilmek; iv) ülkü eri sayılmak (ay yıldızlı nişan) biçiminde ödüllendirilecek; i) görevi aksatmak, ii) görevi aksatmaya denen olmak; iii) içki ve kumar alışkanlığı olmak veya iffetsizlik ve ahlaka aykırı harekette bulunmak, iv) meslekî vazife dolayısıyla öğrendiği şahsi ve ailevi sırları kanuni mecburiyet olmaksızın ifşa etmek gibi suçları işleyenler ise meslekten çıkarılma cezasına çarptırılacaktı (TBMM, 1943d: 58). Böylelikle yeniden üretimi denetim altına almaya yönelik olarak çıkarılmış olan bu kanun, bir yandan köydeki kadınları disiplin ve gözetim altında tutmayı; öte yandan devletin diplomalı ebeler yoluyla kırsal alandaki varlık ve nüfuzunu artırmayı mümkün kılıyordu.

5. Emek Gücü Olarak Kadın

İkinci Dünya Savaşı boyunca kadınlara yönelik söylem ve politikalar bir yandan onları yeniden üretim içerisindeki rollerine sabitleyerek modernleştirmeyi hedeflerken öte yandan kadınları birer emek gücü olarak örgütlemeyi öngörüyordu. 1937-1943 yılları arasında kadın işçi oranı %18,89'dan %20,70'e yükselmiş; Sümerbank Fabrikaları'nda 1939 yılında kadın işçi sayısı 1.820 iken, 1944 yılında bu sayı 5.911'e çıkmıştı (Tekeli & İlkin, 2016: 193). Savaş nedeniyle izlenen seferberlik politikası nedeniyle, kadınların sanayi ve devlet memurluğu gibi daha çok erkeklerce domine edilen sektörlerde çalışma oranı yükselmişti. Bununla birlikte, kadınların emek piyasasının asli bir unsuru olarak kabul edilmesi o kadar kolay olmamıştı. Kadınların çalışma hayatına aktif katılımı, meclis tartışmalarında gönüllü bir politika olmaktan ziyade konjonktürel bir mecburiyet olarak yer alıyordu. Örneğin, Diyarbakır Milletvekili Kemal Şedele: *"ailede kadını çalıştırmak ancak bir zaruriyetin ifadesidir. Refah içinde olan hiçbir erkek karısını çalıştırmaya razı olmaz. Çünkü onun intizamı, hayatı bozulur"* demekteydi (TBMM, 1945a: 28). Bunun yanı sıra kadın ve erkek arasında ücret eşitliğinden de bahsetmek mümkün değildi. 1945 yılında "Genel bütçeden ve genel bütçeye giren dairelere bağlı müessese ve kurullardan aylık ve ödenek alanlara birer aylık hak edişlerinin tutarı nispetinde yapılacak yardım hakkında kanun tasarısı", karı ve kocanın her ikisi de aylığa müstahak olduğu koşulda yardımın yalnız aylığı fazla olana yapılacağı öngörülmüş; bu da mecliste fiilen kadınların bu yardımdan faydalanamayacağı biçimde yorumlanmıştı. Buna ilişkin olarak Kocaeli Milletvekili Sedat Pek:

> Karı-kocada aslolan kocanın dışarıda çalışması ve karının evde iş görmesidir... Amma bazan kadın da çalışmak ıstırarında kalmaktadır...biz kadının çalışmasına muhtacız. Biliyorsunuz ki, bizim doktor ve yargıç kadınlarımız vardır. Bunun haricinde kalemlerde çalışan kadınlarımız vardır. Bunların da nazarı dikkate alınması lâzımdır. Biz silâh altına aldığımız memur erkeklerin yerlerini kadınlarla dolduruyoruz. Binaenaleyh, çalışmaya muhtaç olmuş ve bizim de çalışmasına muhtaç bulunduğumuz kadınları ve kendisini ehliyetli farz ettiğimiz kadınları cezalandırmaya lüzum yoktur. (TBMM, 1945a: 27)

diyerek bir yandan savaş ekonomisinin kadın emeğine duyduğu ihtiyaca işaret ederken; öte yandan, kadın-erkek arasındaki ücret ayrımcılığın açık ediyordu.

Tüm bu tartışmalar, kadının erkekten asli görevi, vasıfları ve ücreti bağlamında farklılaştığı ön kabullerinin yanı sıra kadın emeğinin değerli olduğu, kadının savaş boyunca emek sürecinde edindikleri rollerin savaş sonrasında da kalıcı olarak devam edeceği ve bunun toplumsal cinsiyet eşitliğine de katkıda bulunacağı bir söyleme de işaret ediyordu. Kars Milletvekili Esat Oktay, bu eğilimi şöyle savunmuştu:

> Bu harpte her fert erkek, kadın, çocuk her biri birer vazife alarak birçok fedakârlıklar yaptılar. Tabii normal hayatta da bunların mükâfatını görmek isteyeceklerdir. Bunun için refahı arttırmak yolunda her meslekte çalışmalar ve incelemeler olmaktadır. Bunun için harpten sonra bütün dünyada asgari bir hayat seviyesi herkesin hakkı olacaktır. (TBMM, 1945e:.260).

Bu eğilimin bir başka emaresi savaş boyunca kadınların çalışmasını kolaylaştırmak üzere fabrikalarda kreş ve çocuk yuvalarının açılmasıydı. Gümrük ve Tekel Bakanı Suat Hayri Ürgüplü: *"Çalıştığımız konularda işçi vatandaşların büyük ekseriyeti kadınlardan oluşmaktadır. Bakılmağa çok muhtaçtırlar. Çocukları, en büyük ıstırap mevzularını teşkil eder. 1942 yılında yalnız Cibali fabrikamızdaki yuvamızda 12 çocuk varken 1945 yılında, tüm müesseselerimizde çocuk yuvası kurulmuş ve kadrosu 524 olarak teessüs etmiştir"* demekteydi (TBMM, 1945d: 564). Kreşlerin artırılması, aynı zamanda çocukları kadınlar üzerinde bir yük olmaktan çıkarmak, annelik eğitimini yaygınlaştırmak, çocuk bakımı hususunda eğitimli öğretmenler yetiştirmek, çocuk ölümlerinin önüne geçmek bakımlarından da öneriliyor; izlenen nüfus politikası bağlamındaki işlevlerine de değiniliyordu (İsmet Paşa Kız Enstitüsü, 1940).

Kadınların çalışma hayatına katılımı, onların bir anne olmanın yanı sıra bireyler ve vatandaşlar olarak da dikkate alınmasını mümkün kıldı. 1945 yılında meclis gündemine gelen Analık Sigortası Kanunu, belli bir hizmet müddetini doldurmuş kadın işçiler ve erkek işçilerin eşleri için doğumdan evvel veya sonra sıhhi halin icabına göre üçer haftadan altışar haftaya kadar müddetle alınan ücretin %70'i kadar bir ücretle ücretli izin yapma hakkı tanıyordu. Bu kanunla ilk defa kadının anne olmanın ötesindeki yaşam hakkı ve çalışma koşullarındaki iyileştirme dile getirilmişti. Örneğin, İstanbul Milletvekili Vehbi Sarıdal, kanunun amacını *"Analık sigortası geçimini kolaylaştırmak maksadıyla yapılmış olmaktan daha ziyade, şüphesiz bu da bir dâvadır, fakat ana olan kadını korumak içindir"* (TBMM, 1945f: 285) diyerek açıklamış, Rize milletvekili Kemalettin Kamu ise benzeri bir görüşü *"Bizim bu kanunla, analık sigortası hükümleri ile hedef tuttuğumuz, yalnız memlekette doğumu çoğaltmak değildir, işçinin yaşama ve çalışma şartlarını iyileştirmektir"* (TBMM, 1945f: 284) diyerek savunmuştu. Analık Sigortası, o dönem İstanbul Üniversitesi İktisat Fakültesi öğretim üyeliğinde bulunan Gerhard Kessler'in ifade ettiği gibi, analarının büyük bir ekseriyetini teşkil eden zirai sahada çalışan kadınları, ev işlerinde, küçük sanayi ve ev sanaayiinde çalışan kadınları kapsamıyor; yalnız sanayi, ticaret nakliyat ve ticari müesseselerde çalışan kadın işçi ve müstahdemler ile bu alanda çalışan erkek işçilerin eşlerini kapsıyordu (Kessler, 1946: 68). Bununla birlikte, her ne kadar sınırlı bir alanda da olsa da kadın emeğinin ve varlığının değerli hale gelmesine yönelik bir gelişmeydi.

6. Sonuç

İkinci Dünya Savaşı boyunca eril tahakkümün sembolik düzeninin yeniden üretimi ve kadınların "tanınma" ve toplumsal rızalarının kazanılması amacıyla geliştirilen söylem ve politikaların üç temel alanda yoğunlaştığı görülüyordu. Birincisi, cephedeki askerin seferberlik politikasına rızasını sağlamak ve asker ailelerinin merkezi hükümet yardımlarına bağlı kalmaksızın ihtiyaçlarını sağlayabilmeleri için kadın ve erkek arasında formel eşitlik politikası benimsenmiş; kadın da erkekler gibi askerlik ve çalışma mükellefiyetine tabi tutulmuştu. İkincisi, nüfusu artırma politikası çerçevesinde sosyal politikanın yeniden ele alınması ve kadınların yeniden üretimdeki rollerini garanti altına alacak söylem ve politikalara başvurulması idi. Bu çerçevede çok çocuklu ailelere yardım ve doğum ve çocuk bakım evlerinin artırılmasına yönelik bütçe desteği uygulandı. Bu politikalar, bir yanıyla şehirli kadınların telkin ve suçlulaştırıcı söylemler yoluyla disiplin altına alınmasını öngörüyor; böylelikle savaşın neden olduğu ekonomik güvencesizlik ve geçim sorunları nedeniyle azalan evlilikler ve artan boşanmaların önüne geçilmesi hedefleniyordu. Öte yandan ise köylü kadınların şehirli kadınlar karşısında idealleştirilmesini; sıhhi doğum yöntemleri, diplomalı ebelerin artırılması, geleneksel doğum yöntemlerinin terk edilmesi kadın doğurganlıklarının kayıt altına alınması gibi politikalarla bedenlerinin kontrol ve gözetim altına alınmasını içeriyordu. Bu politikalar devlete yeniden üretimi garanti altına almanın yanı sıra, toplumsal ilişkiler içerisindeki varlık ve nüfuzunu pekiştirerek savaş politikalarına yönelik toplumsal rızayı sağlama araçlarını da sağlıyordu. Savaş boyunca ortaya çıkan üçüncü bir husus, kadın emeğinin daha fazla görünür hale gelmesi ve siyasal elitlerin kadınların çalışma hayatına aktif katılımını kolaylaştırabilecek kalıcı önlemler almasıydı. Böylelikle savaş, kadınları ücrete bağımlı hale getirerek paradoksal biçimde haneden özgürleşebilmelerini mümkün kıldı ve kamusal alandaki varlıklarını güçlendirdi. Tüm bu veçheleriyle İkinci Dünya Savaşı, tüm savaşan ülkelerde olduğuna benzer şekilde Türkiye'de kadınların tahakküm altına alınması ve özgürleşmesinin çelişkili birliğinin bir dönüm noktası oldu.

Kaynakça

Aile Birliği (1942, Haziran 8). *Cumhuriyet Gazetesi.* 6397, s.1.

Akyol, A. E. (2022). *Birinci Dünya Savaşı'nda Osmanlı İmparatorluğu'nda ilksel birikim ve kapitalist devlet* (Tez No. 761177) [Doktora Tezi, İstanbul Üniversitesi]. Yükseköğretim Kurulu Ulusal Tez Merkezi.

Anderson, K. (1981). Wartime women: Sex roles, family relations, and the status of women during World War II. Greenwood Press.

BCA (Başbakanlık Cumhuriyet Arşivi). (1940). Muamelat Genel Müdürlüğü, 30-10-0-0 /4-22-14/11.04.1940.

Boşanma Davaları. (1942, Haziran 7). *Akşam Gazetesi.* 8487, s.2.

Bourdieu, P. (2014). *Eril tahakküm* (B. Yılmaz, Çev.). Bağlam Yayıncılık. (Orijinal eserin yayım tarihi 1998)

Bourdieu, P. (2015). *Devlet üzerine: College de France dersleri (1989-1992)* (A. Sümer, Çev.). İletişim Yayınları. (Orijinal eserin yayım tarihi 2012)

Federici, S. (2012). *Revolution at point zero: housework, reproduction, and feminist struggle.* PM Press.

Felek, B. (1942, Haziran 10). Boşanmalar. *Cumhuriyet,* 6399, s.3.

Forgacs, D. (2000). *The Gramsci reader: selected writings, 1916-1935.* New York University Press.

Fortunati, L. (1995). The arcane of reproduction: housework, prostitution, labor and capital. Autonomedia.

Hayırlı Bir Karar. (1941, Haziran 12). *Cumhuriyet Gazetesi.* 6050, s.1.

İsmet Paşa Kız Enstitüsü. (1940, Ekim 30). *Vatan Gazetesi.* 73, s.7.

Kessler, G. (1946). Türkiye'de içtimaı sigorta. *İktisat Fakültesi Mezunları Cemiyeti Yayını,* 2, s.68.

Metinsoy, M. (2016). İkinci Dünya Savaşı'nda Türkiye, gündelik yaşamda devlet ve sivil toplum, Türkiye İş Bankası Kültür Yayınları.

Özer, S. (2013). Cumhuriyet'in ilk yıllarında Bekârlık Vergisi'ne ilişkin tartışmalar. *Gazi Akademik Bakış,* 6(12), 173-191. https://doi.org/10.19060/gav.86458

Summerfield, P. (1984). Women workers in the Second War: production and patriarchy in conflict. Croom Helm.

TBMM. (1940a). Devre VI, Cilt: 8, İçtima: 1, İnikat: 27, 18 Ocak.

TBMM. (1940b). Devre VI, Cilt: 10, İçtima: 1, İnikat: 41, 17 Nisan.

TBMM. (1940c). Devre VI, Cilt: 10, İçtima: 1, İnikat: 44, 26 Nisan.

TBMM. (1940d). Devre VI, Cilt: 11, İçtima: 1, İnikat: 56, 27 Mayıs.

TBMM. (1940e). Devre VI, Cilt: 11, İçtima: 1, İnikat: 57, 28 Mayıs.

TBMM. (1940f). Devre VI, Cilt: 12, İçtima: 1, İnikat: 61, 1 Haziran.

TBMM. (1941a). Devre VI, Cilt: 18, İçtima: 2, İnikat: 56, 26 Mayıs.

TBMM. (1941b). Devre VI, Cilt: 18, İçtima: 2, İnikat: 57, 27 Mayıs.

TBMM. (1941c). Devre VI, Cilt: 18, İçtima: 2, İnikat: 60, 30 Mayıs.

TBMM. (1941d). Devre VI, Cilt: 20, İçtima: 2, İnikat: 77, 11 Ağustos.

TBMM. (1942a). Devre VI, Cilt: 23, İçtima: 3, İnikat: 33, 30 Ocak.

TBMM. (1942b). Devre VI, Cilt: 25, İçtima: 3, İnikat: 53, 4 Mayıs.

TBMM. (1942c). Devre VI, Cilt: 25, İçtima: 3, İnikat: 62, 25 Mayıs.

TBMM. (1942d). Devre VI, Cilt: 26, İçtima: 3, İnikat: 68, 3 Haziran.

TBMM. (1942e). Devre VI, Cilt: 26, İçtima: 3, İnikat: 70, 8 Haziran.

TBMM. (1942f). Devre VI, Cilt: 26, İçtima: 3, İnikat: 74, 17 Haziran.

TBMM. (1943a). Devre VII, Cilt: 2, İçtima: F, İnikat: 26, 24 Mayıs.

TBMM. (1943b). Devre VII, Cilt: 3, İçtima: F, İnikat: 38, 21 Haziran.

TBMM. (1943c). Devre VII, Cilt: 3, İçtima: F, İnikat: 40, 25 Haziran.

TBMM. (1943d). Devre VII, Cilt: 4, İçtima: F, İnikat: 45, 7 Temmuz.

TBMM. (1943e). Devre VII, Cilt: 4, İçtima: F, İnikat: 50, 19 Temmuz.

TBMM. (1944a). Devre VII, Cilt: 10, İçtima: 1, İnikat: 57, 17 Mayıs.

TBMM. (1944b). Devre VII, Cilt: 10, İçtima: 1, İnikat: 58, 22 Mayıs.

TBMM. (1944c). Devre VII, Cilt: 13, İçtima: 1, İnikat: 87, 2 Ağustos.

TBMM. (1945a). Devre VII, Cilt: 16, İçtima: 2, İnikat: 40, 9 Nisan.

TBMM. (1945b). Devre VII, Cilt: 17, İçtima: 2, İnikat: 54, 14 Mayıs.

TBMM. (1945c). Devre VII, Cilt: 17, İçtima: 2, İnikat: 63, 26 Mayıs.

TBMM. (1945d). Devre VII, Cilt: 17, İçtima: 3, İnikat: 66, 30 Mayıs.

TBMM. (1945e). Devre VII, Cilt: 18, İçtima: 2, İnikat: 73, 13 Haziran.

TBMM. (1945f). Devre VII, Cilt: 12, İçtima: 2, İnikat: 74, 15 Haziran.

Tekeli, İ & İlkin, S. (2016). İktisadi politikaları ve uygulamalarıyla İkinci Dünya Savaşı Türkiyesi: İkinci cilt (2.Baskı). İletişim Yayınları.

Tesal, D.Ö. (1942, Ağustos 27). Boşanmaların zorla önüne geçilmemelidir. *Cumhuriyet*, 6477, s.4.

Trey, J. E. (1972). Women in the war Economy. *Review of Radical Political Economics*, *4*(3), 40-57. https://doi.org/10.1177/048661347200400304

Veldet, H. (1942, Haziran 28). Boşanmada güçlük ve kolaylık meselesi. *Cumhuriyet*, 6417, s. 2.

Veldet, H. (1944, Temmuz 12). Boşanma güçlüğü ve bundan doğan neticeler. *Cumhuriyet*, 7152, s. 2.

Yeşil, B. (2004). 'Who Said this is a Man's War?': propaganda, advertising discourse and the representation of war worker women during the Second World War. *Media History*, *10*(2),103-117. https://doi.org/10.1080/1368880042000254838

II.

WOMEN'S LITERARY AND ARTISTIC EXPRESSION:
RESISTANCE, REPRESENTATION, AND CREATIVITY

KADININ EDEBİ VE SANATSAL İFADESİ: DİRENİŞ,
TEMSİL VE YARATICILIK

RESISTANCE AND EMPOWERED BLACK FEMALE BODY IN GRACE NİCHOLS' *THE FAT BLACK WOMAN'S POEMS*

GRACE NICHOLS'IN ŞİŞMAN SİYAH KADIN ŞİİRLERİNDE DİRENİŞ VE YETKİN SİYAH KADIN BEDENİ

Atakan Salcan[1]

Abstract

The literature from regions like the Caribbean, heavily colonised by Europe, inevitably reflects the colonial experiences endured. Living under such pressure shapes the literature of the region. Today, even subtle details bear the imprint of colonial oppressions, particularly in how Europe marginalises 'White' content. The standout poem addresses body image and self-acceptance, showcasing Nichols's vibrant language and Caribbean roots. Postcolonial individuals face triple marginalisation due to intersectional oppression. Some strive to resist these pressures by illustrating examples of resistance in their works. *The Fat Black Woman's Poems* stands as a significant work addressing themes of race, feminism, and cultural identity. Grace Nichols' distinct voice and thematic depth make it a notable contribution to poetry. Through her poems, Nichols confronts othering and marginalisation based on gender, race, and body, and resists them. She connects past and future in "The Fat Black Woman Remembers," explores the relationship between fashion and identity in "The Fat Black Woman Goes Shopping," and critiques Eurocentric beauty standards in "Looking at Miss World." In this direction, this paper aims to explore how the lyrical I in three poems from The Fat Black Woman's Poems experiences marginalisation based on race, gender, and beauty standards in the black female body framework, employing an intersectional lens. The main argument is to illustrate how Grace Nichols portrays the othering and marginalisation of the fat black female in her poems, while also demonstrating the poet's efforts to resist them and to reveal its difference from the other Caribbean poems that deal with these subjects.

Keywords: Intersectionality; race; gender; beauty standards; marginalisation

---

[1] Master's Student, Çanakkale Onsekiz Mart University, Department of English and Literature, salcan336@gmail.com, ORCID: 0009-0005-4015-4308

Öz

Avrupa tarafından yoğun bir şekilde sömürgeleştirilmiş Karayip Adaları edebiyatı, kaçınılmaz olarak sömürge deneyimlerini yansıtır. Sömürge baskısı altında yaşamak, bölgenin edebiyatını şekillendirir. Bugün, özellikle Avrupa'nın 'Beyaz' içeriği nasıl marjinalleştirdiği konusunda, en ince ayrıntılar bile sömürgeci baskıların izlerini taşır. Öne çıkan şiir, beden imajını ve kendini kabul etmeyi ele alarak Nichols'un canlı dilini ve Karayip kökenlerini sergiler. Sömürge sonrası bireyler, kesişimsel baskı nedeniyle üçlü marjinalleşmeyle karşı karşıyadır. Bazıları eserlerinde direniş örnekleri göstererek bu baskılara direnmeye çalışır. *The Fat Black Woman's Poems*, ırk, feminizm ve kültürel kimlik temalarını ele alan önemli bir eser olarak öne çıkar. Grace Nichols'un belirgin sesi ve tematik derinliği onu şiire önemli bir katkı yapar. Nichols şiirleri aracılığıyla cinsiyet, ırk ve bedene dayalı marjinalleşmelerle yüzleşir ve onlara direnmeye çalışır. "The Fat Black Woman Remembers"da geçmişi ve geleceği birbirine bağlar, "The Fat Black Woman Goes Shopping"de moda ve kimlik arasındaki ilişkiyi inceler ve "Looking at Miss World"de Avrupamerkezci güzellik standartlarını eleştirir. Bu doğrultuda, bu makale *The Fat Black Woman's Poems*'daki üç şiirdeki lirik "I"in siyah kadın bedeni çerçevesinde ırk, cinsiyet ve güzellik standartlarına dayalı marjinalleşmeyi nasıl deneyimlediğini kesişimsel bir mercek kullanarak incelemeyi amaçlamaktadır. Yazının ana argümanı, Grace Nichols'un bu şiirlerde siyah şişman kadınların ötekileştirilmesini nasıl tasvir ettiğini göstermek, aynı zamanda şairin bunlara direnme çabalarını ortaya koymak ve bu konuları işleyen diğer Karayip şiirlerinden farkını ortaya koymaktır.

Anahtar Kelimeler: Kesişimsellik; ırk; cinsiyet; güzellik standartları; marjinalleştirme

1. Introduction

The Fat Black Woman's Poems (1984) is a poetry collection written by Grace Nichols, a Guyanese poet and writer. The book has received praise for its powerful exploration of race, identity, gender, and cultural heritage, addressing these subjects with vivid and impactful language. The collection is well-known for celebrating the strength, resilience, and beauty of black women. Grace Nichols uses her poetry to challenge stereotypes and confront societal expectations, offering a unique and empowering perspective on the experiences of black women. The standout poem in the collection, *The Fat Black Woman's Poems*, is notable for its exploration of body image, self-acceptance, and the reclaiming of identity. Grace Nichols' poetry is distinguished by its vibrant language, rhythmic qualities, and inclusion of Caribbean dialect, reflecting her cultural roots. Within contemporary Caribbean literature, *The Fat Black Woman's Poems* is a significant work that actively addresses themes of race, feminism, and cultural identity. Grace Nichols' distinctive voice and the thematic richness of this collection make it a noteworthy and influential contribution to the realm of poetry. Nichols, who expresses marginalisation through gender, race and body in her poems and strives to develop resistance against these, establishes a connection between the past and the future in "The Fat Black Woman Remembers", the complex relationship between fashion and lyrical I in "The Fat Black Woman Goes Shopping", and in "Looking at Miss World", also understands the relationship between the universal beauty pageant and Eurocentric expectations on lyrical I. It is indicated that this poem collection by saying that Grace Nichols disrupts societal stereotypes linked to fatness, blackness, and womanhood in her poetry compilation *The Fat Black Woman's Poems*, purposefully challenging the established definitions imposed by white males and striving to redefine black female identities in innovative and surprising manners (Escudero, 2020: 12). For this reason, Nichols tries to create resistance by exemplifying the intersectionality of these three themes. This paper seeks to examine the marginalised experiences related to the stereotypes of race, gender, and beauty that the speaker defies in three specific poems from *The Fat Black Woman's Poems*, with a contextual exploration through the lens of intersectionality. In this context, the main argument of this paper is to investigate the marginalisation and othering of the fat black female in three specific poems by Grace Nichols, while also showing how the poet creates resistance to them and how her poetry stands out in Caribbean literature that addresses similar themes.

2. The Theory of Intersectionality

With the changing and developing world conditions, individuals' attitudes in the past have also altered and evolved. Just as the prejudice that individuals feel towards people who are different from themselves has disappeared and changed, the dimensions of prejudice have also increased and developed. Examining the interconnected concepts of race, gender, and class through definite designations, as commonly done in conventional, legal, and social systems, would be insufficient in addressing the multifaceted commercial, communal, and cultural

116

challenges faced by excluded entities. In light of this information, the theory of 'intersectionality' was put forward by Kimberlé Crenshaw for societies that have been subjected to alienation not for a single reason but for many reasons. Considering that arguments of race, gender or class alone are not sufficient for the arguments of alienated people, It is further proposed that concentrating on privileged group members distorts the analysis of racism and sexism, as the prevailing notions of race and sex are shaped by experiences that only represent a subset of a more sophisticated phenomenon (Crenshaw, 1989: 140).

Presenting her findings from a women's perspective, Crenshaw's arguments touch on the processes of marginalisation of Black women. Before making her arguments specific, Crenshaw focuses on race and examines that the laws differ between Whites and Blacks, and then that Black women are more subjugated and marginalised. Furthermore, It emphasises the pressures on Black women by arguing the experiences of Black women extend beyond the broad categories presented in discriminatory discourse, and the persistent demand to analyse their demands and needs through categorical frameworks that obscure their unique experiences ensures that their requirements are rarely attended to (Crenshaw, 1989: 149-150). It can be inferred that race and gender discourses alone are not sufficient, as they include both gender and race discourses on Black women. It is mentioned that she contends that Black women are occasionally left out of feminist theory and discussions on antiracist policies because both are built on a specific set of experiences that frequently fail to capture the nuanced interplay between race and gender (Crenshaw, 1989: 140).

For this reason, it is understood that Black women have to turn to the rights of groups that they are not part of in their search for their rights. Black women gravitate towards White women's rights because they are women, and Black men's rights because they are Black. Aware of this continuing situation, it puts forward the example of the limits of sex and race discrimination doctrines established by the experiences of White women and Black men, implying that protection for Black women is contingent upon their experiences aligning with either of these two groups (Crenshaw, 1989: 143). Consequently, Black women encounter difficulties in establishing a sensitivity of affinity not just within a paternal and politically privileged White formation but also within communions formed on either Black or female identity. It is expressed the problem between the law and Black women as follows:

Because the scope of antidiscrimination law is so limited, sex and race discrimination have come to be defined in terms of the experiences of those who are privileged but for their racial or sexual characteristics. Put differently, the paradigm of sex discrimination tends to be based on the experiences of white women; the model of race discrimination tends to be based on the experiences of the most privileged Blacks. Notions of what constitutes race and sex discrimination are, as a result, narrowly tailored to embrace only a small set of circumstances, none of which include discrimination against Black women. (Crenshaw, 1989:151)

It can be inferred that the law, which has a decision-making mechanism, does not offer Black women a proposal that includes both their gender and race. In this context, the finding that Black women are not fully covered by the law also manifests itself in all other factors. It is confirmed gender and race simultaneously on Black women arguing that when gender oppression and racial oppression are juxtaposed, the perception is that one experiences oppression 'as a woman' to the degree that they are not oppressed 'as a person of colour'; in essence, racial privilege influences unified interpretations of gender oppression (Carastathis, 2014: 305). In this respect, it can be concluded that even Feminism, which defends the rights of oppressed women, looks at it from a single perspective and therefore somehow neglects Black women. Concluding that feminist theory ignores the race of Black women, she thinks about Feminist theory, in focusing on aspects like patriarchy and separate spheres ideology, frequently neglects the intersectionality of race, overlooking how racial privilege can mitigate sexism for some women while contributing to the domination of others, resulting in a predominantly 'White' feminist discourse that fails to fully address the experiences of non-privileged women (Crenshaw, 1989:154).

It is understood that the theory of Feminism is a formation that does not include Black women and only defends the rights of White women. It is supported by this argument and Crenshaw by saying Crenshaw, like other women of colour in feminism, noted that mainstream feminism focused on the experiences of White women, while civil rights groups prioritised Black or other men of colour, leaving women of colour marginalised (Runyan, 2018: 12). It is argued that the theoretical statements derived from many feminist insights are often inaccurately overgeneralised because they are grounded in a White experiential base (Crenshaw, 1989: 155). As a result, Black women struggle to fit into women's unification, as their fundamental needs go unaddressed and their Black integrities are overlooked. It is understood that the theory of 'intersectionality' is presented as a solution for non-White people who start by keeping race and gender arguments together through Black women and thus experience multiple alienations.

On the other hand, with the developments of the recent era, the meanings within the theory of 'intersectionality' have begun to increase. Although race, gender and class arguments are not enough, issues where people are marginalised have increased. It is indicated that intersectionality leans towards process terms like racism, sexism, and capitalism instead of categorical formulations like race, gender, and class; however, they illustrate these concepts by incorporating other forms of inequality such as nationalism, securitisation, ageism, and heteronormativity, emphasising their interdependence for existence and proliferation (Ferree, 2018: 130). It is inferred that although intersectionality theory plays a successful role in the intersection of race, gender and class issues, the arguments made should now be made with the intersection of more phenomena, not just these three arguments and this theory is capable of handling this progress. It is argued that the theory of intersectionality "race and gender intersectionality merely provided a jumping off point to illustrate the larger point of how identity categories constitute and require political coalitions" (Carbado et al., 2013: 306). It is understood that this theory can be adapted to today and can explain all issues in an intersectional way, including alienation issues in this period.

In this context, the point where intersectionality theory intersects in today's conditions is body image. Beauty standards are increasingly getting closer to the beauty standards of White people, and individuals are alienated due to this issue, and this includes the theory of intersectionality. It is argued that the body image by saying that the term refers to a body situated at various intersections of structural forces, offering a flexible tool for contemplating intersectionality and its interconnected systems of oppression (Schoppelrei, 2018: 76). It turns out that the body image is an element that can simply convey the pressure of intersectionality. In continuation, a complete body intersection encompasses both the material and physical aspects of the body, entwined with visibility, external perceptions, and broader systems of categorical scrutiny and it captures how specific intersections may manifest visibly on the skin, while others go unnoticed or are deliberately overlooked (Schoppelrei, 2018: 78). It can be inferred that body image plays an intersectional role as a concrete example of the alienation that individuals experience physically and psychologically. This theory, which focuses on gender, race and class, shows that all three phenomena can be explained by beauty standards. It is indicated that understanding the affective representation, signification, and mediation of identity within the sexed and raced body is crucial to comprehending the embodiment of power and disempowerment as a lived reality, shaping women's subjectivity and self-perception (Mirza, 2013: 13). It shows that understanding the intersectionality of gender and race aspects requires looking at the body image that has been exposed to this intersection throughout the process. In the upcoming part of this paper, the analysis will delve into the intersectionality theory concerning race, gender, and body image, to accentuate the description of marginalisation encountered by the poetic voice in Grace Nichols' poem collection *The Fat Black Woman's Poems* (1984).

3. The Theory of Intersectionality in *The Fat Black Woman's Poems*

The Fat Black Woman's Poems (1984) is a collection that deals with topics such as race, gender and identity, with lyrical I being a Black woman trying to find a place within society's standards of taste. Addressing race, gender and body issues, Grace Nichols also attempts to create resilience within the Black female body by opposing stereotypes. Influenced by colonial factors due to her Caribbean origin, Nichols seeks to raise awareness by addressing these issues in her poems. They indicate that in her role as a British poet with Caribbean roots, Nichols reimagines the history of African women by portraying them not as passive individuals, but as proactive agents who defiantly resist the limiting symbolic labels imposed upon them (Günday and Birlik, 2020: 555). It is understood that Nichols' colonial past contributed to her depiction of these issues and the creation of resistance in her works. Combining past colonial influences with today's conditions, Nichols wrote her poems with the intersections of past and present marginalisation. The lyrical I in the poem, which takes race and gender roles from the colonial influences of Black and female examples, and beauty standards from fatness, experiences the intersection of these three elements. It is argued that the evolving female body, instead of being defined by unchanging cultural markers, emerges as a dynamic entity constantly shaping itself through diverse actions and varied interpretations, engaging in a semiotic battle between patriarchal control and feminine resistance, capitalism and subordination, desired objects, and desiring subjects (Escudero, 2020: 12). It can be inferred that while Nichols describes the intersection of these three factors in her poems, she also tries to create resistance among individuals.

The first poem to illustrate will be "The Black Woman Remembers". This poem reflects the impact of societal expectations and stereotypes on the identity of a Black woman, exploring the experiences of womanhood and memory. The poem describes the narrator recalling her life experiences, where she challenges stereotypes and underscores the resilience of Black women in the face of oppression. In the first stanza, "[t]he fat black woman/ remembers her Mama/ and them days of playing/ the Jovial Jemima" (Nichols, 1984: 9) it is understood that Nicholas tries to establish a connection between the past and the present through a mother stereotype, 'Jemima'. This relationship between the past and the present includes Lyrical I's acceptance of himself in the present based on race, gender and body, while his mother is overthrown by her masters due to the same situations. It is argued that in "The Fat Black Woman Remembers", the lyrical I reflects on her past, recalling the days of playacting the stereotypical 'Jovial Jemima,' using demotic language to break free from the constraints of Standard English and the associated stereotypes imposed on Black women (Scanlon, 1998: 61). It becomes clear that while Nichols shows intersectionality in the past, she is also trying to create resistance by acknowledging it in the present. While social expectations convey intersectionality in the past through memory, they will also convey resistance against intersectionality in the present. While Caribbean poetry often expresses nostalgia for the homeland or the pre-colonial past, Nichols's nostalgia is rooted in a diasporic, post-colonial reality, where the past is remembered not just with longing but with a critical eye toward the stereotypes and roles imposed by a racist society.

In the second stanza, "tossing pancakes/ to heaven/ in smokes of happy hearty/ murderous blue laughter" (Nichols, 1984: 9). By using the contrasts 'happy hearty' and 'murderous', the poet gives an example of the alienation experienced by the fat Black woman and at the same time tries to explain that she is exploited as a maid. While Caribbean poetry often addresses the dualities of life, such as joy and suffering, Nichols's particular blending of emotions within a single, vivid image is striking. Her ability to compress such a wide range of feelings into a few lines is distinctive and differs from the more narrative or straightforward emotional expressions found in other Caribbean poems. It is argued that lyrical I embraces her identity as a fat, Black woman, countering potential misinterpretations of her physical appearance by others (Patterson-Faye, 2016: 932). It is understood that despite being alienated by the intersectionality imposed on it, lyrical I has created a new identity by accepting this intersectionality. In the last part of the poem:

Starching and cleaning

O yes scolding and wheedling

pressing little white heads

against her big-aproned breasts

seeing down to the smallest fed

feeding her own children on Satanic bread

But this fat black woman ain't no Jemima

Sure thing Honey/Yeah. (Nichols, 1984: 9)

Lyrical I, who takes the 'Jemima' type of Caribbean culture as an example, makes pleasant meals for the children of White people, but this is not the case for her children (Satanic bread). The contrast here stems from the intersectionality of the fat, white, Black woman. Caribbean poetry frequently addresses issues of race and colonialism, but Nichols's specific focus on the intersection of race, gender, and class, particularly through the lens of domestic labour, provides a distinctive angle. The reference to 'Satanic bread' implies the moral and spiritual toll of this labour, suggesting a deep critique of the economic and social systems that exploit Black women. While the 'Jemima' type reveals race and gender, 'big-apronated breasts' represent the fatness of the body. The specific way these images are given shows the intersectionality from which the concepts of 'scolding and wheedling' originate. The phrase 'ain't no Jemima' in the last part of the poem is said to be a product of being aware of the intersectionality in the past and resisting it. It is argued that Nichols challenges traditional White views of Black women as exotic and threatening, redefining women's roles and beauty standards, asserting that the dehumanisation of the Black female body stems from constructed White-male-racist beliefs and emphasising the importance of rejecting rigid ideas about race and gender (Escudero, 2020: 18-19). Thus, in this context, it is understood that the poem "The Fat Black Woman

Remembers" tries to exemplify the intersectionality of race, gender and body by using past and present memories, while also trying to create a new identity of resistance by opposing these impositions today.

Secondly, Grace Nichols' poem "The Fat Black Woman Goes Shopping" should be considered. In "The Fat Black Woman Goes Shopping", while primarily addressing body image, this poem also touches on the racial aspect of beauty standards. It explores the challenges faced by a Black woman navigating societal expectations. In the poem, "the lyrical I" reveals the intersectionality of race, gender, and especially the body that she experienced while wandering around shops in England on a cold winter day. In the first fifth stanza of the poem, "[s]hopping in London winter/ is a real drag for the fat Black woman/ going from store to store/ in search of accommodating clothes/ and de weather so cold" (Nichols, 1984:11) lyric I prepares the reader for what is expected in terms of functionality by specifying the place and its physical characteristics, which are race, gender, and body. The high rating of the description of the weather can also be inferred that it was specifically stated for a non-native person. Caribbean poetry traditionally centres on the Caribbean landscape and climate, celebrating the region's natural beauty, warmth, and vitality. In contrast, Nichols's poem highlights the dislocation and discomfort experienced in a cold, urban, metropolitan setting, which is less commonly depicted in Caribbean poetry.

In the following stanzas, "[l]ook at the frozen thin mannequins/ fixing her with grin/ and de pretty face salesgals/ exchanging slimming glances/ thinking she don't[sic] notice/ Lord is aggravating/ [n]othing soft and bright and billowing/ to flow like breezy sunlight/ when she walking" (Nichols, 1984: 11) lyrical I exemplifies the intersection of race, gender and body through models and White sales representatives. While weather descriptions aim to show the White-Black dichotomy, they also appear to be a resistance against sectionalism. While Caribbean poetry often explores themes of race and gender, Nichols's focus on body image and the specific challenges faced by fat Black women is distinctive. Her work delves into the complexities of how these intersecting identities are experienced in a Western context, offering a more nuanced and specific critique than what is typically found in Caribbean poetry. For example, it is supported by this idea by saying Lyrical I's distinctive identity and diasporic background are conveyed through the fat black woman's accent and a fragmented sense of self situated between the warmth of the

Caribbean's 'brightness and billowing sunlight' and the cold weather of England (Escudero, 2020: 18). It is understood that although the poem focuses directly on Lyrical I's body image, the intersections of Black women are also added to this poem through the descriptions made. It is said that "[...] this poem can be a reflection of real life coloured by discrimination of black skin people in the country of which the majority of people are white skin (American and London)" (Ratna Pramita et al., 2016: 259). This confirms that it is inevitable that a non-native and intersectional individual will be alienated in a white-dominated city. In the last lines of the poem:

The fat black woman curses in Swahili/Yoruba

and nation language under her breathing

all this journeying and journeying

The fat black woman could only conclude

that when it come[sic] to fashion

the choice is lean

Nothing much beyond size 14. (Nichols, 1984: 11)

By creating a contrast between the mother tongue and the 'nation' language through lyrical I, an attempt is made to refer to the intersectionality of non-native individuals. Later, the lyrical I accepts the weakness in fashion according to white standards. It can be inferred that lyrical I, which does not give up on the fatness of the body and only comments on fashion, can create resistance regarding intersectionality. Nichols's direct engagement with the fashion industry and the specific exclusion faced by fat Black women in a Western context is a modern and distinct approach that brings attention to contemporary issues of body politics and consumer culture, which are less commonly addressed in traditional Caribbean literature. They indicate that the poem portrays an enduring conflict as the defiant poetic persona resists societal norms by embracing her fatness, facing a persistent struggle as the established system neglects to provide clothing that fits her size, thereby pressuring her to conform to conventional standards (Günday and Birlik, 2020: 557). It is understood that the resistance to intersectionality in this poem is tried to be made by the body image, and the size of this resistance is tried to be increased with the descriptions in the poem. It is argued that the whole poem by saying that Nichols's poem serves as a versatile portrayal of an immigrant woman's daily challenges, addressing themes of contempt, cultural differences in clothing preferences, and the struggle of navigating between two languages, highlighting how seemingly mundane aspects of everyday life can pose significant challenges for individuals in diasporic communities (Naakka, 2010: 7). It shows that while the poem "The Fat Black Woman Goes Shopping" exemplifies the intersectionality in daily life by discussing and describing the problems in fashion and clothing through the non-native fat woman, it tries to create resistance, at least on the subject of the body.

Lastly, in "Looking at Miss World", critically examines the narrow and often Eurocentric criteria for beauty perpetuated by beauty pageants, particularly the Miss World competition. In this poem, "the lyrical I" participates in a beauty contest, but the judges and people's perceptions of beauty see an intention of intersectionality for the fat Black woman. In the first two stanzas of the poem:

Tonight the fat black woman

is all agaze

will some Miss (plump at least

if not fat and black) uphold her name

The fat black woman awaits in vain

slim after slim aspirant appears

baring her treasures in hopeful despair

this the fat black woman can hardly bear. (Nichols, 1984: 20)

Caribbean poetry often celebrates natural beauty and cultural identity, but Nichols's critique of contemporary beauty ideals within a Westernised framework brings attention to the pressures faced by women of colour in conforming to these standards. "The lyrical I" shows great courage and participates in the beauty contest, and everyone's surprise at this event is the first step to exemplifying marginalisation. In continuation, "the lyrical I" realises that for individuals to win the beauty pageant, they must be chubby (not fat) and not be Black. This is an example of a woman experiencing intersectionality through both her body and her race. "The lyrical" I realises that even being chubby is too much and that only thin white women can win the competition, which ends the fat Black woman's hopes. It can be inferred that in these competitions that try to find universal beauty, fatness and blackness in women are not perceived as universal beauty. Women who are not seen as worthy of universal beauty based on their gender, race and body live under sectionalism. It is indicated that this poem by Nichols can be considered a broadly feminist piece as it explores the experience of the overweight female body without explicitly addressing its skin colour, yet its implicit connection to the Black experience is evident, given the double objectification of the Black female body by both men and white society (Naakka, 2010: 41). It is understood that this poem provides an example of the marginalisation of fat Black women by focusing on the body.

Later in the poem, "[…]the fat black woman wonders/ when will the beauties/ ever really burn" (Nichols, 1984: 20). The use of the word 'burn' introduces a metaphorical aspect, hinting at a potential desire for change or expressing criticism toward society's strong focus on outward beauty. It can be inferred that lyrical I is trying to challenge social standards and norms in a way, as it is subject to marginalisation even through the perception of beauty. The radical nature of the critique, calling for the complete destruction of these norms, is a more extreme stance than what is typically found in traditional Caribbean poetry, which may focus more on cultural reclamation and resistance rather than outright dismantling of societal standards. It is argued that this poem's content by saying that Nichols draws focus to the societal biases against Black, overweight women, shedding light on their unique physical characteristics in terms of gender, race, age, or size, to critically highlight and raise awareness about the injustices and mistreatment they experience (Escudero, 2020: 17). It is understood that in this poem, while Nichols is trying to exemplify the intersectionality of fat Black women through a beauty organisation, she is also challenging social expectations.

In the last lines of the poem, "[o] the night wears on/ the night wears on/ judges mingling with chiffons/ [t]he fat black woman gets up/ and pours some gin/ toasting herself as a likely win" (Nichols, 1984: 20) a dichotomy is used between the words 'night' and 'chiffon'. While the jury members are interested in the chiffon dresses specific to European and White women, the progress of the night is a metaphor for women outside this category being dragged out of this competition. It is understood that the social and Eurocentric perspective creates an intersectionality for Black women in this competition. When it comes to the end of the poem, the change of theme in the poem aims to lead the reader to a different meaning. The fat Black woman who participates in the beauty contest, disregarding social, patriarchal and Eurocentric expectations, celebrates herself by creating resistance. Caribbean poetry often explores grand themes of resistance, cultural survival, and historical memory. Nichols's focus on everyday actions as sites of empowerment provides a more intimate, accessible form of resistance, emphasising how empowerment can be found in the small, personal moments that are often overlooked in larger narratives. The fact that Lyrical I surprised everyone by participating in the competition and congratulated herself even though it did not achieve a result is at least an indication that it has embraced intersectionality in itself and has developed resistance towards people. They support this argument by saying that her willingness to engage in the competition despite being both fat and black demonstrates her refusal to passively conform to universal standards, instead expressing her resistance against the rules dictated by colonial and patriarchal discourse (Günday and Birlik, 2020: 563). It is understood that the poem "Looking at Miss World" is an indication that Nichols both exemplifies intersectionality and creates resistance against this intersectionality. In this context, it is understood that Grace Nichols' poems "The Fat Black Woman Remembers", "The Fat Black Woman Goes Shopping", and "Looking at Miss World" in her poetry collection *The Fat Black Woman's Poems* convey the intersectionality of lyrical I's margins on race, gender, and body politics, while at the same time challenging this system. Following the theory of intersectionality, Nichols' poems touch on the adventure of an individual whose gender is female, whose race is black and whose body is fat, who experiences the world and social expectations firsthand.

4. Conclusion

It is inevitable that Caribbean literature deals with colonialism. Individuals who spend almost all of their lives under such colonial oppression have their share of racist stereotyping. These colonial oppressions, which used to have more intense effects on race and gender, today show their effects even in the least complex details, as Europe reduces 'White' content to all kinds of content. Today's post-colonial people are also exposed to new pressures brought by age and Europe, including pressures on race and gender. Beauty standards can be shown as an example of the 'White' content brought by this new age. Postcolonial people are marginalised at least three times because of the intersectionality of such oppressions themselves. In addition, to get rid of these ongoing pressures, certain individuals are trying to create resistance against these marginalisations by giving examples in their works. For example, the three poems in Grace Nichols' *The Fat Black Woman's Poems* poem collection present examples of marginalisation based on race, gender, and body, while also creating resistance to social expectations. While "The Fat Black Woman Remembers" establishes the connection between the past and the present through the marginalisation of race, gender and the body, the present-day lyrical I offers an example of resistance. Furthermore, "The Fat Black Woman Goes Shopping" exemplifies the marginalisation between the 'White' fashion sense and the fat, Black woman, while the lyrical I going shopping is a sign of resistance. Lastly, "Looking at Miss World" gives an example of the marginalisation experienced by lyrical I against Eurocentric flattery, her courage to participate in the contest is an example of resistance. In this context, the primary objective of this paper is to provide instances of the marginalisation experienced by a postcolonial lyrical persona concerning race, gender, and body in three poems from Grace Nichols' collection *The Fat Black Woman's Poems*, within the framework of intersectionality theory. The central thesis of this paper revolves around Nichols' emphasis on these three poems, aiming to illustrate how the lyrical persona counters 'White' racial stereotyping and marginalisation of blackness, femininity, and fatness in the poems, showcasing acts of resistance against such critiques and in doing this analysis, it is to reveal how Nichols' poems make a difference in Caribbean poetry through their disruptive effects and resistance.

Resources

Carastathis, A. (2014). The Concept of Intersectionality in Feminist Theory. *Philosophy Compass*, 9(5), 304–14, https://doi.org/10.1111/phc3.12129.

Carbado, Devon, et al. (2013). Mapping the Movements of a Theory 1. *DU BOIS REVIEW: SOCIAL SCIENCE RESEARCH on RACE*, 10(2), 303-312, https://doi.org/10.1017/S1742058X13000349.

Crenshaw, K. (1989) Demarginalizing the Intersection of Race and Sex: A Black Feminist Critique of Antidiscrimination Doctrine, Feminist Theory and Antiracist Politics. *University of Chicago Legal Forum*, 1989(1), 139-167, http://chicagounbound.uchicago.edu/uclf/vol1989/iss1/8.

Escudero, M. (2020). Race, Gender and Performance in Grace Nichols's The Fat Black Woman's Poems. *Journal of International Women's Studies*, 1(2),12–26.

Ferree, M. M. (2018). Intersectionality as Theory and Practice. *Contemporary Sociology: A Journal of Reviews*, 47(2), 127–132, https://doi.org/10.1177/0094306118755390.

Günday, M. and Birlik, H. (2020). Against the aphanisis of the subject: Rewriting the myth of black woman in Grace Nichols's the fat black woman's poems. *Forum for World Literature Studies*, 12(4), 553-567.

Mirza, H. S. (2013). A Second Skin': Embodied Intersectionality, Transnationalism and Narratives of Identity and Belonging among Muslim Women in Britain. *Women's Studies International Forum*, vol. 36, 5–15, https://doi.org/10.1016/j.wsif.2012.10.012.

Naakka, M. (2010). *Otherness and the Body in Grace Nichols's I Is a Long Memoried Woman and the Fat Black Woman's Poems* (Master's Thesis, University of Tampere, Finland).

Nichols, G. (1984). *The Fat Black Woman's Poems*. Chelsea: Virago Press,

Patterson-Faye, C. J. (2016). I like the Way You Move': Theorizing Fat, Black and Sexy. *Sexualities*, 19(8), 926–44, https://doi.org/10.1177/1363460716640731.

Pramita, S. R., Sadia, I. G., & Resen, I. W. (2016). The Intrinsic Elements Of The Poem "The Fat Black Woman Goes Shopping" By Grace Nichols. *Jurnal Humanis*, 17(2), 254–260, ISSN: 2302-920X.

Runyan, A. (2018). What Is Intersectionality and Why Is It Important? *American Association of University Professors*, 104(6), 10–14, https://doi.org/10.2307/26606288.

Scanlon, M. (1998). The Divine Body in Grace Nichols's "The Fat Black Woman's Poems". *World Literature Today*, 72(1), 59-66, http://www.jstor.org/stable/40153535.

Schoppelrei, E. (2018). Full Body Intersection": Fat-Positive Activism, Poetry Slam, and Rachel Wiley. *Fat Studies*, 8(1), 75–86, https://doi.org/10.1080/21604851.2019.1531342.

VASIF ÖNGÖREN'S 'ASİYE NASIL KURTULUR?', ADAPTED FROM THEATER TO CINEMA GENERAL CONTENT ANALYSIS OF THE PLAY TEXT

VASIF ÖNGÖREN'İN TİYATRODAN SİNEMAYA UYARLANMIŞ OLAN 'ASİYE NASIL KURTULUR?' OYUN METNİNİN GENEL İÇERİK ANALİZİ*

Burak Akyüz[1]

Özet

Vasıf Öngören'in yazmış olduğu *Asiye Nasıl Kurtulur?* adlı eser, toplumsal yozlaşma ve ekonomik hayatın çöküntüye uğraması durumlarını bir kadın üzerinden anlatmaktadır. 1986 tarihinde Atıf Yılmaz tarafından sinema filmine uyarlanan eser, bu anlamda başka bir sanat formuna dönüşebildiği için de zengin bir eser olarak değerlendirilmektedir. Asiye karakteri kendi isteği dışında bir yaşama sürüklenmiş ve bir kadın olarak kendini var edememiştir. Bu eserde toplumun kadına karşı olan yanlış bakış açısı da sorgulanmıştır. Kadın sorunsalı merkezli olan oyunun genel içerik analizi yapılmıştır. 'Tiyatrodan Sinemaya Uyarlamalar Ve Bir Model Yazar: Vasıf Öngören' adlı doktora tezimden üretilmiştir. Kadın ve Sanat başlığı altında değerlendirildiğinde kadın sorunları yüzyıllarca dünya tiyatrosu metinlerinde dile getirilmiştir. Bir erkek yazar tarafından tamamen objektif bir şekilde ele alınan bu konuda sadece bir kadının kendini gerçekleştirememesi durumu değil; aynı zamanda yaşam karşısında seçme şansının da olmadığının eleştirisi yapılmıştır. Oyunun genel olay örgüsünde Asiye, annesi gibi hayat kadını olmamaya dirense de başaramamıştır. Eğitim alma hakkı da elinden alınmıştır. Bir kadının eğitim hakkının elinden alınmasıyla birlikte, sosyal yaşamdaki çalışma hayatında zorlukları anlatılmıştır. Hayat kadını olmadan önce çalıştığı işlerdeki taciz, ayrımcılık gibi maruz kaldığı konular açık bir dille okuyucuya aktarılmıştır. Kadın bedeninin sömürülüp pazarlanması ekseninde eleştirel tavra sahip olan oyunda endüstriyel ve kapitalist

---

* 'Tiyatrodan Sinemaya Uyarlamalar ve Bir Model Yazar: Vasıf Öngören' adlı doktora tezimden üretilmiştir.
[1] Dr., burakakyuz1@gmail.com, ORCID: 0000-0003-3538-6372.

dünyanın acımasızlığı dile getirilmiştir. Bu oyun bu eleştirel tavrını şarkılı kısımlarla da desteklemiştir.

Anahtar Kelimeler: Asiye nasıl kurtulur?; vasıf öngören; tiyatrodan sinemaya uyarlama

Abstract

How to Asiye Nasıl Kurtulur?, written by Vasıf Öngören, the work tells about the social corruption and collapse of economic life through a woman. The work, which was adapted into a movie by Atıf Yılmaz in 1986, is considered a rich work because it can turn into another art form in this sense. The character of Asiye was dragged into a life other than what she wanted and could not establish herself as a woman. In this work, society's wrong perspective towards women is also questioned. A general content analysis of the play, which is centered on the women's issue, was made. It was produced from my doctoral thesis titled 'Adaptations from Theater to Cinema and a Model Writer: Vasıf Öngören'. When evaluated under the title of Women and Art, women's problems have been expressed in world theater texts for centuries. In this subject, which is handled in a completely objective manner by a male writer, not only a woman's inability to realize herself, but also the criticism that she has no choice in the face of life is made. In the general plot of the play, Asiye resisted not to become a prostitute like her mother, but she failed. Her right to education was also taken away. With the deprivation of a woman's right to education, her difficulties in working life in social life are described. The issues such as harassment and discrimination that she was unfairly exposed to in the jobs she worked before becoming a prostitute are conveyed to the reader in a clear language. In the play, which has a critical attitude on the axis of exploitation and marketing of the female body, the cruelty of the industrial and capitalist world is expressed. This play supported this critical attitude with songs.

Key Words: Asiye nasıl kurtulur?; Vasıf Öngören; adaptation from theater to cinema

1.Giriş

Vasıf Öngören'in yazmış olduğu *Asiye Nasıl Kurtulur?* eseri, girişinde detaylı bir sahne betimlemesiyle başlar. Tek çerçeve içine –tiyatroda İtalyan sahne olarak adlandırılan- yerleştirilen dekor betimlemesini yapar yazar. Öngören, eserinin başlangıcında 'Ön Oyun' olarak belirttiği bir kısım kullanmıştır. Burada okuyucuyu, asal oyunun öncesinde bir hazırlık aşamasına dahil etmiştir. Okuyucuyu bu anlamda oyuna hazırlamıştır.

Zehra ve Adam'ın karşılıklı diyaloglarından, Adam'ın Zehra'dan memnuniyetini anlarız. Adam, tam olarak argo bir tarzda konuşmaktadır. Bu anlamda kendi sosyal sınıfına özgü olan konuşma biçimini kullanmaktadır. Zehra da hayat kadını olarak aynı kaba tonda karşılık verir. Brecht bunu 'gestus' terimiyle açıklar. Her karakterin kendi sosyal sınıfına özgü konuşma tarzıyla konuşup, kendi sınıfını belirtmesine 'gestus' adını verir. Zehra, yakın zamanda yeni bir eve taşınacaktır ve Adam da bundan duyduğu memnuniyeti dile getirir. Sahne açıldığında cinsel birliktelik -öncesinde- gerçekleşmiştir ancak biz bunu görmeyiz. Sonrasındaki konuşmalardan anlarız. Bunun 'ahlaki' bir tercih olduğunu söyleyebiliriz. Bunun dışında Öngören, böyle bir sahnenin oyunun genel dramaturgisine hizmet etmediğini de düşünmüş olabilir. Buradan bakıldığında sonrası için Zehra ve müşterisi arasında bir 'sözlü anlaşma'nın olduğunu söyleyebiliriz. (Öngören, 2017: 75).

Yeni taşınılacak olan evi Adam tutmuştur ve Zehra o eve yerleşecektir. Ancak Zehra'nın Asiye adlı bir kızı vardır ve onu düşünmektedir. Onunla ilgili endişelendiğini Adam'a açık olarak bildirir. Adam da bunun üzerine çok sinirlenir. Daha önce bu konu konuşulmuştur ve Zehra, o eve tek taşınacaktır. Burada oyunun ilk dramatik çatışması yaşanır. Zehra 'meslek- annelik' çatışması yaşamaktadır. Hayat kadını olarak özel olarak tutulacak evde, kızıyla beraber yaşaması tercih edilen bir durum değildir. Adam, aslında 'konuşmaya' geldiğini belirtir. Ancak, tersine cinsel birliktelik gerçekleşmiştir. Zehra'nın dişiliğine dayanamadığını belirtir. Yani yazar, oyunun girişinde zaten zor ve acımasız bir dünyada yaşadığımızı bize net olarak aktarmaktadır. Zehra, kızı konusunda direnemez ve tek başına taşınmayı kabul eder. Kızıyla ilgili sorunu nasıl çözeceğini o an için öteler. Okuyucu olarak bunun nasıl çözüleceğini biz de o an için bilmemekteyiz. (Öngören, 2017, s.76).

Adam, dükkanına dönmesi gerektiğinden söz eder. Çırağa bırakmıştır dükkanı. Ancak, çırağına güvenmez. 'Evdekilere belli eder' diyerek çırağı küçümser. Hatta çırağıyla ilgili 'aptalın teki' ifadesini kullanır. Burada işveren-işçi ilişkisinin sömüren-sömürülen kısmı devreye girer. Dükkanını emanet ettiği yardımcısı hakkında rahatlıkla hakaret ifadeleri kullanabilmektedir. Dükkan sahibi olarak, paranın gücünü kullanmaktadır. Zehra, yine uyumlu görünmeye devam eder. O gece evden ayrılacaktır Zehra. Adam'ın tuttuğu kamyonla, yine Adam'ın tuttuğu yeni eve taşınacaklardır. Adam'ın bir ailesi vardır ve Zehra'yla bir metres hayatı yaşayacaktır. Kapı çalınır. Adam, sert tepki gösterir. Zehra'nın artık müşteri almamasını söyler. Ancak, gelen Zehra'nın kızı Asiye'dir. Oyunun ana karakteri ilk defa sahnede görünmektedir. Adam, Asiye'nin adını bilmemektedir. Zehra'yla birlikte olmasına rağmen Asiye'yi hiç görmemiştir. İlk defa gördüğünde de umursamaz. Asiye' yle ilgili hiçbir soru sormaz. Asiye, bir ortaokul öğrencisidir ve üniformasıyla birlikte sahnededir. Okuldan dönmüştür. Adam , daha fazla vakti kalmadığını belirterek sahneden çıkmaya hazırlanır. Bu sırada Zehra'yla şakalaşmaktadırlar. Ardından Zehra'yla birlikte sahneden çıkar. (Öngören, 2017: 77).

Zehra, Adam'la olan sırnaşmasından sonra geri döner. Asiye'yle konuşması gerektiğini söyler. Burada kendi içine düştüğü durumu kızına özetler. Köyden gelmişlerdir. Asiye'nin babası inşaatta düşüp ölmüştür. Zehra, yedi yıldır randevu evinde çalışmaktadır. Ancak 'geneleve düşmediğini' açık net olarak vurgular. Hiç olmazsa bu bir başarıdır ona göre. Zehra'ya göre kadının tek kalması çok zordur ve tek kaldığı süre zarfında ondan faydalanmak isteyen çok olmuştur. Yeniden evlenmiştir. Hatta Asiye'yi okula yazdıran o evlendiği kişidir. Ancak, o da onları terk etmiştir. Yedi yıldır bu işi yapmaktadır Zehra bu işi yedi yıl yapmıştır ama yedi yıl onu yirmi yıl gibi yormuştur. Burada fahişelik mesleğini zorunlu olarak yaptığını ve kimsenin de bu işi yapmak istemeyeceğini tekrar vurgular. Asiye'ye para verir ve dışarıda bir şeyler yemesini söyler. Kendisinin evde ona yemek yapacak bir zamanı ve enerjisi yoktur. Zehra artık taşınacaklarını ve yeni bir düzene geçeceklerini belirtir. Zehra, güzelliğinin artık geçmeye başladığını ve ilerleyen yıllarda ona kimsenin para vermeyeceğini söyler. (Öngören, 2017:78).

Zehra, bu meslekte en fazla üç ya dört yıl 'para edeceğini' söyler. Asiye'yle bir yol ayrımına gelmiştir. Kızıyla konuşurken gayet sert olan tarzını devam ettirir. Hatta kızına küfür bile eder. Önceki sahnedeki Adam'ın bakkal olduğunu öğreniriz. Karısıyla mutsuzdur. Zehra'ya yeni bir ev açıyor ve Zehra onun metresi olacaktır. Bugün, evdeki son günleridir. Ancak, Asiye bunu yeni öğrenmektedir ve Adam'ın Asiye'yi istememesi Asiye'de şaşkınlık yaratmıştır. Asiye'ye isterse bu mesleği yapabileceğini söyler. İstemezse de başının çaresine bakması gerektiğini belirtir. Bu anlamda bu zor zamanda kızını yalnız bırakır. İstersen okulda öğretmenlerine başvurabileceğini söyler. Onların belki bir çözüm üretebileceğini belirtir. Adam, Zehra'nın tek kurtuluş yoludur. Kızı için ise bir çıkış yoktur. Oyunun adının 'sorduğu soru' ilk defa burada devreye girer. 'Asiye nasıl kurtulur'? ' Brecht'in de sözünü ettiği gibi seyirci burada 'jüri' haline getirilir. Seyircide bir 'karar verme gücü' oluşturulmak istenir Brechtyen estetiğe göre. Bu anlamda mesaj nettir. Zehra ve kocası, zamanında köyden birlikte kaçarak şehre gelmişlerdir ve şehir yaşamı ikisi için de iyi bitmemiştir. Özellikle altmışlı yıllardan itibaren başlayan köyden kente göç olgusu da burada vurgulanmış olur. İnsanlar taşrada işsiz ve mutsuzdur. Bu da onları zorunlu olarak şehre göçe zorlamaktadır.

Asiye, başka bir çözümün olup olmadığını sorar. Annesi de şimdilik bir çözüm olmadığını tekrar eder. Bu anlamda Asiye yalnız kalır. Ardından oyunun şarkılı kısmı devreye girer. Yazar bunu 'sermayenin türküsü' olarak adlandırır.

Oyunun şarkılı kısmında iletinin daha 'net' aktarıldığını görmekteyiz. İleti, dolaylı değil doğrudan sözcüklerle yansıtılmıştır. Bu çözüm Antik Yunan tragedyalarında görülen 'koro' mantığını anlatır. Oyunda aksiyon devam ederken, koro devreye girer ve olay örgüsüyle ilgili bilgilendirmeler yapar. Koro, bazen karakteri uyarır ve yanlış eylemlere yönelmemesini ister. Koro, genelde toplumun sağ duyusunu temsil eder. Burada etkiyi artırmak amacıyla kullanılan şarkılı kısımda aynı zamanda oyunun önermesi de özetlenmiş olur.

Yazar, sonraki kısmı 'birinci konuşma' olarak adlandırır. Oyunun genelde kullandığı ifade 'Tartışmalı Oyun' dur. Bundan dolayı buradaki 'konuşma' kavramını tartışma, sorgulama, doğruyu bulma v.b. bir anlamla karşılar. Oyunda 'Anlatıcı ' devreye girer. Anlatıcı oyunu seyircilere doğru oynar. Oyunu seyircilere anlattığı için oyun epik tiyatronun ilk örneklerini gösterir. Anlatıcıyla ilgili herhangi bir yaş, cinsiyet, meslek tanımlaması yoktur. Seyircilere doğru oynadığı oyunda Anlatıcı, bir programı sunuyormuş gibi oyunu oynamaktadır. Anlatıcı 'tiyatromuza davet ettik' ifadesini kullanarak bir konuk çağırır. Özellikle 'açık biçim' özellikleri kullanarak orasının bir 'tiyatro' olduğunu vurgular. Gelen konuk, Fuhuşla Mücadele Dernekleri Genel Başkanı Seniye Gümüşçü'dür. Anlatıcı'nın sorusuyla neden böyle bir konuyla ilgilendiğini anlatır. Genelevdeki kadınlara, pek çok kadının telefonla ulaşmaya çalıştığını anlatır. Genelevde çalışan kadınlar zaten diğer kadınlar için bir ilgi konusudur ona göre. Burada mesaj, canlandırma yoluyla değil, birebir karakterin ağzından aktarılır. Seniye Gümüşçü, on dört yıldır bu görevdedir. Kocasıyla Paris'te yaşadığı bir anısını anlatır. Bir dostları onları ziyarete gelmiştir ve o kişi, gece Paris sokaklarında bir fahişeye denk gelmiştir. Fahişe, olayı kocasıyla beraber uzaktan izleyen Seniye'yi kastederek 'Yanınızda yüz franklık kadın var Mösyö' ifadesini kullanıyor. Aktarıldığına göre bu söz, kocayı sinirlendirirken, Seniye'yi mutlu ediyor. Bunu bir kompliman olarak değerlendiriyor ve bu konuya eğilmeyi seçiyor. Anlatıcı, Seniye'nin neden bu mesleği seçtiğini öğrendikten sonra Asiye'nin durumunu soruyor. Anlatıcı 'önceki sahneyi izledik, Asiye' nin durumunu gördünüz. Ne yapmalı?' anlamına gelecek bir soruyu kadına soruyor. Yine orasının bir 'tiyatro'; bunun da bir 'oyun' olduğunu epik tiyatro formuna göre belirttikten sonra Seniye'yi tartışmanın içine alıyor. 'Asiye hangi yolu seçmeli?' sorusu soruluyor. Asiye'yi isteyen bir marangoz olduğunu öğreniyoruz ve bir sonraki sahnede onunla nişan yapılacaktır. Seniye de günümüzde kadın için en kestirme çözümün bu olduğunu belirtir. Asiye, ekonomik olarak bağımsız olamayacaktır ve yine erkeğe muhtaç yaşayacaktır ancak yine de annesinin önerdiği hayat kadını seçeneğine gitmek zorunda kalmayacaktır. Ayrıca okuldaki müdiresinin de mezun olana kadar okulda kalabileceğini söylediğini öğreniyoruz. Burada net olarak 'olumlu' bir karakterin görüldüğünü fark ediyoruz. Marksist sanatın da sıkça savunduğu bir çözümdür bu. Marksist estetiğe göre mutlaka olumlu bir karakter olmalıdır. Burada olumlu karakter bir 'çözüm' de sunmaktadır. Frankfurt Okulu'nun da temel aldığı Marksist düşünce, toplumsal sorunlara çözüm önerisi de getirmelidir. Sadece sorunu 'iletmek' değil, aynı zamanda çözüm de üretmek temel amaçtır. Buradaki repliklerde 'bizler de bir şeyler yapmalıyız' iletisi oluşmaktadır. (Öngören, 2017:81).

Yazar sonraki sahneyi 'Birinci Oyun' olarak adlandırır. Oyun 'parçalı' ve 'sahne sahne' bir yapıda ilerlemektedir. Sahnenin açıklamasında yazar, söyle bir açıklama yazar:

'Asiye'nin nişanlandığı gün. Küçük bir oda. Açık kapıdan, nişanın yapıldığı büyük odanın bir parçası görülmektedir. Zaman zaman, utanarak dans eden gençler, fısıltı ile konuşan yaşlılar, dağıtılan limonatalar ve iki gencin sırayla el öpmeleri, bu kapı aralığından görülür... Ön odada, Asiye'nin kayınpederi, ahbabı ile konuşmaktadır.' (Öngören, 2017, s.82).

Bu sahne açıklamasından sonra Ahbap, Kayınpeder ve Kaynana diyalogları başlar. Yazar yine 'tip' kişileştirmesi yapmadan sadece özellikleriyle kişileri verir. Bu yüzden kişilere bir ad vermez. Ahbap, Asiye'yi bir yerden tanıdığını söyler. Kayınpeder de bunun mümkün olmadığını; Asiye'nin anasız ve babasız büyüdüğünü ve okuldan dışarı çıkmadığını söyler. Kayınpeder sonrasında Ahbap'ın ne kadar çapkın bir adam olduğunu vurgular. (Öngören, 2017, s.82).

Asiye, nişanlısıyla beraber sahneye gelir. Bu sefer Asiye'ye dikkatli bakan Ahbap, Asiye'yi tanır. Kayınpedere yirmi yıllık arkadaşı olduğunu hatırlatarak Asiye konusunda onu uyarır. Annesinin iyi bir kadın olmadığını söyler. Bunun üzerine Kayınpeder sinirlenir. Ahbap, Asiye'nin annesinin adının Zehra olduğunu ve hayat kadını olarak çalıştığını söyler. Hatta onu tanıyan dostları bile vardır. Kayınpeder, durumu sorgulamak için Müdire'yi çağırır. Müdire'ye öncelikle Asiye'nin bir annesi olup olmadığını sorar. Çünkü annesinin olmadığı kendisine söylenmiştir. (Öngören, 2017: 85.)

Müdire hanım, Asiye'nin annesi olduğunu ve hayat kadını olarak çalıştığını doğrular. Peşinden 'kız, üç yıldır okulda benim himayemde. Bir terbiyesizliğini görmedim. Annesinin suçunu neden kızı çeksin?' der. Kayınpeder, egemen ahlak anlayışının etkisiyle kızı reddeder ve nişanı bozacağını söyler. Ayrıca Müdire'ye Asiye'yi kendi oğluna bu durumda alıp almayacağını sorar. Müdire yanıt veremez. Ahbap, araya girerek, Kayınpeder'in kendisini misafirler önünde rezil etmemesi gerektiğini söyler. Kayınpeder hak verir. Sonrasında nişanın bozulacağı söylenerek sahne kapatılır. Kayınpeder, fakir ama namuslu insanlar olduklarını belirtir. (Öngören, 2017:86).

Yazar, sonraki sahne için 'İkinci Konuşma' ifadesini kullanır. Seniye ve Anlatıcı sahneyi izlemişlerdir. Seniye, Asiye için en iyi çözümün yine de evlenmek olduğunu tekrar eder. Annesinin durumundan dolayı çoğu erkek onunla evlenmek istemeyecektir ama onu seven ve bu şekilde de kabul eden bir erkek mutlaka çıkacaktır. (Öngören, 2017: 87).

Sonraki sahne 'İkinci Oyun' olarak adlandırılır. Asiye, yaş olarak büyümüştür. Oyunun başlangıcındaki ortaokul çağındaki kız, artık evlenme çağındadır ve oyun episodik yapıda olduğu için aradaki zamanı göstermenin gerekliliği yoktur. Amaç, mesajın bir an önce aktarılmasıdır. Müdire'nin evine gelen Asiye'ye kapıyı Yeğen karakteri açar. Müdire'nin yeğeni, Müdire'nin altı aylığına kent dışına gittiğini söyler. Asiye'nin acil Müdire'ye ihtiyacı vardır. Yeğen, Asiye'nin durumuna acıyarak onu içeri davet eder. Asiye'nin peşine takılan biri vardır. (Öngören, 2017: 88).

Yeğen karakteri Asiye'nin müdürünün yeğenidir ve müdürün kendisinin halası olduğunu belirtir. Yemeğe davet eder. Asiye, aç olduğu halde utancından reddeder. Ancak, elini masaya yapıştırıp, avuç içine yapışan kırıntıları yalarken Yeğen'e yakalanır. Burada 'söz' değil, 'eylem' iletiyi oluşturur. Böylece Yeğen aç olduğuna tamamen ikna olur. Yemeğe davet eder ve Asiye teklifi çaresizce kabul eder. Yeğen, sürekli olarak kendisine doğruları söylemesini ister. (Öngören, 2017: 90).

Yeğen, halasını neden aradığını Asiye'ye sorar. Asiye de okulda kaldığını; ancak yeni gelen müdürün kendisini istemediğini; kendisine yeni yer bulması için de bir ay süre tanıdığını anlatır. Ona yardım eden Müdire Ankara'ya tayin olmuştur. (Öngören, 2017: 91).

Asiye, olay örgüsünden anladığımız kadarıyla egemen ahlak anlayışına göre 'namuslu' yolu seçmiştir, yaşlı bir kadının yanında çalışmaya başlamıştır. Bir oda kiralamıştır, ancak, parasını ödeyememiştir. Ev sahibinin de tek geliri bu kira olduğu için Asiye sokaklara düşmüştür. Yeni yapılan bir inşaatta peşine takılan biri olmuştur ve ondan kaçarken buraya sığınmıştır. Bunların hepsi karakterin anlatımıyla bize aktarılır. Asiye ve Yeğen arasında sözlü bir anlaşma yapılmıştır ve Yeğen, Asiye'ye iş ve kalacak yer bulacağını söyler. (Öngören, 2017:92).

Yeğen, Asiye'ye kendi odasını verir ve kendisi başka odada yatar. Hatta, anahtar verip kapıyı kilitlemesini ister. Sonuçta yeni tanıştığı birisidir ve Asiye için tehlikeli olabilir. Burada oyunun ikinci 'olumlu' karakteri olur Yeğen ve 'iyi biri' olduğu sözel olarak da Asiye tarafından vurgulanır. Burası aynı zamanda oyunun 'nefes alma' yeridir. Buraya kadar çok sert bir aksiyon hali egemendi. Bu anlamda bir 'sakinleşme alanı' olduğunu söyleyebiliriz. (Öngören, 2017:92).

Yazar, sonraki sahneyi 'Üçüncü Konuşma' olarak adlandırır ve seyircinin 'jüri' haline getirildiği Seniye-Anlatıcı sahnesi gelir. Anlatıcı aradan geçen zamanı 'anlatır', yani ileti 'canlandırma' yoluyla aktarılmaz. Yeğen ve Asiye sevgili olmuşlardır ve birlikte yaşamaktadırlar. Asiye'ye ev tutulmuştur. Seniye, evlilik dışı yaşama karşı çıkarak Asiye'nin evlenmesi gerektiğini söylemektedir. Aralarında bununla ilgili tartışmalar devam etmektedir. Aslında iki gencin arasında evlilik kararı çıkmıştır ama sevgilisi (Yeğen) birkaç gündür ortalıkta görünmemektedir. Bu kısmı da Anlatıcı'nın aktarmasıyla öğreniriz. (Öngören, 2017:93).

Yazar sonraki sahneyi 'Üçüncü Oyun ' olarak tanımlar. Episodik biçimde ilerleyen bir oyun olduğu için sıralı bir sistemle gider oyun. Asiye ve Yeğen'in yoğun bir sevgililik durumu yaşadığı bir ana tanık oluruz. Asiye'nin evinde geçer sahne. Asiye, sevgilisine birkaç gündür nerelerde olduğunu sorar. (Öngören, 2017:94).

Yeğen, bir sorun olduğundan söz eder ama bunu açıklamaz. Bu anlamda karakterin bir 'açmaz'ı vardır. Asiye de ısrarla o gün kendisinde kalmasını ister. Yeğen, Asiye'ye 'güvercin' diye hitap eder. Burada yazar,

Asiye karakterini 'güvercin' metaforuyla karşılayarak, onun ürkekliğine ve savunmazsızlığına gönderme yapmıştır. Bu anlamda iletinin farklı bir yolla aktarımı söz konusu olmuştur. Yeğen, Asiye'ye olan tutkusundan söz eder. Ancak, gitmek zorundadır. Gitme nedenini hala açıklamaz. (Öngören, 2017:95).

Asiye, Yeğen'e 'gidersen, öldürürüm' der ancak bu 'ironik' bir cümledir. Burada bu sözü gerçek anlamında kullanmaz. Asiye, ona hayatta güvendiği tek insan olduğunu söyler. Buna rağmen, bir gün onu bırakacağı korkusunu sürekli taşır. Yeğen de eğer ilişkileri olacaksa kendisine güvenmesi gerektiğini söyler. Bu sahneyle birlikte Asiye'nin tüm hayatını artık Yeğen'e endekslediğini anlıyoruz. Annesiyle artık görüşmüyordur ve o sırada çalışıp çalışmadığı bilgisi bize sahneden aktarılmamaktadır. (Öngören, 2017:96).

Yeğen, bir süreliğine dışarı çıktığında Müdire ve Yeğen'in karısı sahneye gelir. Yeğenin karısı 'Y.Karısı' oyun ismiyle sahnededir. Yazar burada karakter isminde yine 'stilize' bir anlayışı tercih etmiştir. Müdire, Asiye'yi azarlar. Hatta 'Annesi de kötü kadındı. Kendisi de öyleymiş' diyerek, sahnenin çatışmasını güçlendirir. Y. Karısı, ağlamaya başlar. Asiye de bu durumdan haberi olmadığını ve aldatıldığını söyler. Yeğen, tekrar sahneye gelir. (Öngören, 2017:96). Bu kriz sahnesinde Yeğen, karısını sevmediğini ve boşanmak istediğini söyler. Halası Müdire ise bu durumun aile terbiyelerine hiç uymadığını ve duyulursa büyük rezillik olacağını söyler. Asiye, içeri girip, bavulunu toplar ve gitmek üzere hazırlanır. Müdire'den özür diler. Evli olduğunu bilmediğini tekrarlar. Yeğen ise karısıyla mutlu olmadığını; ev diye cehenneme geldiğini ve boşanmak istediğini tekrarlar. Hala daha Asiye'yle beraber olmanın mücadelesini verir. Müdire engel olur. Asiye, elinde bavuluyla sahneden çıkar. Yeğen de peşinden gitmek ister. Müdire engel olur. Ana karakter Asiye, tekrar 'yalnız'laşır. Ondan yana olan Müdire de artık onun yanında değildir. (Öngören, 2017: 97). Yeğen'in peşinden 'Güvercin! Dur gitme, boşanacağım' diye bağırması fayda etmez.

Yazar sonraki sahneyi 'Dördüncü Konuşma' olarak tanımlar. Sinema versiyonlarında hiç bir sahnenin başında böyle bir açıklama yoktur. Seniye ve Anlatıcı'nın karşılıklı konuşmasına ve geçen sahneyi analiz etmelerine tanık oluruz. Bu anlamda kurulan 'iç oyun' ya da 'oyun içinde oyun' devam eder. Seniye, Asiye'yi cahillikle suçlar. Yeğen'in onun için çok büyük şans olduğunu söyler ve bu konuda 'romantik' davrandığını savunur. Daha akılcı davranmalıydı ona göre. Anlatıcı, Asiye'nin nasıl bir işte çalışması gerektiğini sorar. Asiye, sonuçta toplumun belli bir kesimine ait olan kadın grubunu temsil ettiği için aynı zamanda bir 'simge' dir. Seniye, fabrikada çalışabileceğini söyler. Avrupa'dan örnek verir. Orada küçük yaştaki kızları hep fabrikalara gönderdiklerini söyler. Böylece ailelerinden ayrılıp, bağımsız bir hayat kurabilmektedirler. Diğer işlerde Asiye, sürekli tacizle karşılaşmaktadır. Hizmetçilik v.s. tarzı işlerde çalıştığında evinin beyi, oğlu ya da başka bir erkek tarafından eylemsel tacize uğramaktadır. Tüm bunları Seniye'nin aktarımından öğrenmekteyiz. Bunlar, sahnede canlandırılmaz. Asiye tarzı kadınlara, erkekler sürekli faydalanmak için yaklaşmaktadır. Burada Asiye'nin neden her evde aynı sorunu yaşadığı vurgulanmaz. Böyle olunca, her evde yaşayan erkek karakterin tacize meyilli olacağı okuması ortaya çıkmaktadır ki, bu sağlıklı bir mesaj değildir. Ayrıca fabrika ortamında ona bu güvenli ortamı sağlayan şeyin ne olduğu da açıklanmamaktadır. Bu anlamda Seniye'nin fabrika önerisi rastlantısal durmaktadır. (Öngören, 2017:98).

Anlatıcı, Asiye'nin iki yıldır iş aradığından söz eder. İşlere girip çıkmıştır ve sözü edilen taciz girişimlerinden dolayı, hepsinden ayrılmak zorunda kalmıştır. Yazar, sonraki sahneyi 'Dördüncü Oyun' başlığıyla tanımlar. Anlatıcı'nın ağzından Asiye'nin bir fabrikada iş bulduğunu öğreniriz. Dördüncü Oyun olarak adlandırılan sahnede, fabrikada; fabrikanın esas sahibi olan Amca karakteri, Müdür'le konuşmaktadır ve Müdür, fabrikanın işleyişinden memnun değildir. Müdür'e yüzde yirmi kar yaptıkları söylense de Müdür'e yeterli gelmez. Müdür, egemen kapitalist sistemin kar peşinde olan patron, rekabetçi ve bu anlamda 'doymak bilmez' sembolüdür ve bu şekilde mesajda 'sömürü' yü temsil eder. (Öngören, 2017:99).

Müdür, sendikayla toplu sözleşme yapıldığını ve bu sendikanın da bizzat kendileri tarafından kurulduğunu söyler. Burada kurulan 'simülasyon' vardır ve bu yalanın içinde işçiler yaşamaktadır. Kendi oluşturdukları düzenin içinde işçilere hakları varmış gibi davranılmaktadır. Özgürlük, egemen güçler tarafından oluşturulur. Medya da bu egemen güçlerin emrindedir. Onların 'izin verdiği' ölçüde bağımsızdır. Burada da bir yöneten-yönetilen ilişkisi görmekteyiz bu anlamda. Amca, Müdür'ün bu şirket için iyi bir tercih olmadığını sözel şekilde aktarır. Gerçek anlamda 'kapitalizm acımasızlığı' söylemiyle konuşmaktadır. Bu sırada içeriden bağrışmalar gelir ve yazar tarafından 'Asiye'nin Sesi' olarak metne aktarılır. Asiye'nin Sesi ve peşinden duyulan 'Erkek Sesi', bir tartışma sahnesini hissettirir. Asiye, namusunu kimin koruyacağından şikayet eder. Bir şikayetini bildirmek için ısrarla müdürle görüşmek istemektedir. Müdür, Asiye'yi içeri kabul eder. (Öngören, 2017: 100). Besim Usta adlı bir fabrika işçisi Asiye'ye tecavüze yeltenmiştir. Asiye, bunları ağlayarak anlatır. Müdür ve Amca dinlemektedir. İki aydır fabrikada çalışan Asiye, zaten iki aydır tacize maruz kalmaktadır. Yalnız yaşayan bir kadın olduğunu yineler. Besim usta, karşı gelirse kendisini fabrikadan attırmakla tehdit etmiştir. Bu sahneler canlandırılmaz ve anlatım olarak aktarılır. Müdür, Personel Şefi'ni çağırır ve Besim Usta'nın hemen işine son verilmesini ister. P.Şefi, onaylayarak sahneden ayrılır. Asiye de teşekkür ederek sahneden ayrılır. Amca, yeğeni Müdür'e duygularıyla hareket etmemesi gerektiğini söyler. Hatta bir fabrikanın değil, ancak düşkünler yurdunun müdürü olabileceğini söyler. Egemen kapitalist sistemin acımasız söylemini burada en üst noktada derinleştirir. Amca'ye göre yeğeni çok yufka yüreklidir ve yönetici olmak için yufka yürekli olmamak gereklidir. (Öngören, 2017: 101).

Amca, Besim Usta'nın on beş yıllık personel şefi olduğunu söyler. Asiye ise iki aylık sıradan bir işçidir ona göre. Asiye'nin yeri kolay dolar ama Besim Usta'nın yaptığı işi yapacak birini bulmak kolay değildir. Amca, açık ve net olarak kararını Besim Usta'dan yana kullanır ve bu sefer Personel Şefi'nin kendi çağırır. 'En üstte' olduğunu hissettirerek duruma el koyar. Müdür, taciz olayının diğer işçilere kötü örnek olacağını söylese de Amca, 'yöneticilik zaten budur' diyerek, bunun zaten her fabrikada yaşanan sıradan bir olay olduğunu söyler. Besim Usta kovulursa fabrikanın verimliliği azalacaktır. Fabrikanın ihtiyacı olan tecavüz mağduru bir kadına acımak değil, niteliği olan bir işçiyi kaybetmemektir. Bunun yerine Asiye'nin işine son verilir. Amca, ticarette en önemli değerin kar olduğunu söyleyerek sahneyi kapatır. Sömürü düzeninin önemli bir örneği görülür bu sahnede ve Amca karakteriyle keskinleşir. Yazar, Amca-Yeğen ikiliğiyle akraba ilişkilerinin bile kapitalist düzen karşısında bir işe yaramadığını belirtir. Bu anlamda iletilen mesaj açık ve net olduğu kadar 'sert' tir de. (Öngören, 2017: 102).

'Beşinci Konuşma ' olarak adlandırılan sonraki kısımda Anlatıcı ve Seniye az önceki sahnenin analizini yaparlar. Seniye, Asiye'nin bıkmadan denemeye devam etmesini söyler. Anlatıcı, Asiye'nin altı aydır iş aradığını belirtir. Altı aylık bir zaman atlaması daha olmuştur. Anlatıcı'nın anlatımıyla Asiye'nin üç günden beri bir şey yemediğini öğreniriz. 'Beşinci Oyun' olarak adlandırılan bölümde Asiye, bir mezeci dükkanının önündedir. Parantez içinde yazılan mizansenlere göre, biraz sonra mezeciden yiyecek bir şey çalacaktır. Açlığın ve çaresizliğin getirdiği son noktanın gayet toplumcu-gerçekçi aktarımıyla karşı karşıya kalırız burada.

(Öngören, 2017: 103).

'Beşinci Oyun' olarak adlandırılan kısımda mezeci dükkanı tasviri yapılır ve Asiye'nin mizansenleri belirtilir. Sadece diyalog olarak değil, burada mesaj hareket anlatımıyla da aktarılır. 'Mezeci' adıyla temsil edilen karakter, Asiye'yi hırsızlık yaparken yakalar, hakaret eder ve polise götüreceğini söyler. Asiye, ağlayarak yalvarır. Üç gündür bir şey yemediğini söyler. Hırsız sıfatını kabul etmez. Asiye'nin yalvarmaları işe yaramaz. Mezeci, telefona uzanarak polisi aramaya çalışır. Asiye, yalvarmaya devam eder. Bu arada yazar, önemli bir ifadeyi parantez içinde belirtir. Mezeci 'nin, Asiye'nin güzelliğiyle ilgilenmeye başladığını sözsüz oyunla anlatır ve ileti bu şekilde aktarılır. (Öngören, 2017: 104.) Mezeci, Asiye'nin mezelerden yemesine razı olur ama kendisine kadının arkasına geçip, onu okşamaya başlar. Asiye çok açtır ve taciz edilmesine rağmen, ağlayarak bu duruma razı olur. Yemeye devam eder. Açlık dürtüsünün, kadınlık gururunun üstüne çıktığı mesajı net olarak iletilmiş olur. Mezeci, arkasından kadını taciz ederken, zaten bu yolun yolcusu olduğunu söyler. Bu okşamalarının karşılığında Asiye'yi, polise ihbar etmeyecektir. Asiye, hem tacize razı olup, hem de ağlayarak yemeye devam eder. Hatta Mezeci, üstüne para vereceğini bile söyler. Her sözünde daha çok Asiye'ye sarılmaktadır. (Öngören, 2017: 105).

'Altıncı Konuşma' bölümüne geçilir. Seniye- Anlatıcı tartışma sahnesinde Asiye için artık çözüm yolunun hayat kadını olmak olduğu çaresizce kabul edilir. Normal şartlarda artık hayatta kalması mümkün değildir ve o da annesinin yolundan gidecektir. Seniye, bir kadının tanımadığı adamlarla para karşılığı yatmanın ölmekten daha acı olduğunu tekrar eder. Anlatıcı da sözü Asiye'ye bıraktığını söyleyerek sahneyi kapatır. (Öngören, 2017:106.)

'Birinci Final' adı verilen kısımda Asiye sahneye gelir. Epik tiyatronun teknik unsurlarından biri devreye girer ve Asiye 'seyirci varmış gibi' seyircilere şarkı söyler. Burada aynı zamanda ana karakterin süreci özetlemesi de istenmiştir. Oldukça 'hüzünlü' tonda ilerleyen süreci Asiye, daha eğlenceli bir şekilde aktarmaktadır.

2. Oyunun ikinci perdesinin içerik analizi

Burada asal karakter Asiye'nin oyunun başından beri kullandığı dil özelliğinin değiştiğini görüyoruz. 'Moruk, itin biri' gibi ifadeler, karakterin kullandığı bir dil jargonu değildi. Artık hayat kadını olmuş olan Asiye'nin ilk replikleridir bunlar aynı zamanda. Şarkıda sözü edilen 'Bayan'

Seniye'dir ve bu sözler ona bir 'yanıt' niteliğinde verilmiştir. Seniye, oyunun başından beri Asiye'yle ilgili çözüm arayışındadır ve ne olursa olsun annesi gibi fahişe olmasını istememiştir. Bu anlamda Asiye, Seniye'ye 'yanıt' verir ve şarkısında bu dünyadan vazgeçmenin çok kolay olmadığını belirtir. Burada Bertolt Brecht'in 'önce ekmek, sonra ahlak' önermesi de desteklenmiş olur. Asiye, kendi isteğiyle bu yolu seçmemiştir. Bu yol dışındaki tüm yollar ona yaşama şansı vermemiştir. Seniye'nin dediği gibi ölümü çözüm olarak da görmemiştir. Burası oyunun en uzun şarkılı kısmıdır. Artık karakter başka bir dönüşüme geçmiştir. (Öngören, 2017: 110).

Sonraki kısım 'Yedinci Konuşma' olarak adlandırılır. Seniye ve Anlatıcı konuşmaktadır. Asiye'nin 'yeni durumu' değerlendirilir. Seniye, Asiye'nin çok güzel bir kız olduğunu ve bu güzelliği sayesinde hayat kadını olarak daha çok para edeceğini söyler. Böylece çok para kazanarak bu hayattan kurtulabilecektir. Seniye burada 'uyum sağlayan' bir çözüm önerisi getirmiştir. Ancak ne olursa olsun Asiye için çözüm aramaktadır.

'Yedinci Oyun' olarak adlandırılan bölümde Asiye, annesi Zehra'yla beraber bir randevuevi patronuyla görüşmektedir ve uzun bir zaman sonra tekrar annesiyle sahnededir. Artık annesiyle aynı mesleği yapmaktadır ve annesi onun pazarlamasını gerçekleştirmektedir. Annesinin ağzından Asiye'nin on sekiz yaşına bastığını öğreniriz. Genelev patronu kadın 'Patron' adıyla karşılanır. Patron, Asiye'nin kalçalarını ve göğüslerini kontrol eder. Hayat kadını olarak ne kadar değerli olduğunu kendi ölçütleriyle belirlemeye çalışır. Bu mizansenler yazar tarafından parantez içinde belirtilmiştir. (Öngören, 2017:111).

Patron'un Asiye'ye sorduğu sorulardan Asiye'nin o ana kadarki geldiği yolu da anlamış oluruz. Yedi, sekiz ay kadar bir zamandır hayat kadınlığı yapmaktadır Asiye. Okuma-yazma bilip bilmediği sorulduğunda Ortaokulu bitirdiğini söyler. Bu durumu o dünya için 'yüksek tahsilli' kabul edilir. Patron, Zehra'yı aradan çıkartıp, Asiye'yle kendi anlaşmak ister. Onu kendi genelevine alacaktır. Kızı beğenir. Ancak Zehra, baskın çıkar. Yıllar süren tecrübesini kullanarak Asiye'yi dışarı çıkartıp, pazarlığı kendi yapar. Patronun 'iki bin lira' teklifini kabul etmez. Bu paranın iki ayda biteceğini söyler. (Öngören, 2017: 112). Patron, üç bin'e çıkarır teklifini ancak Zehra yine kabul etmez. Asiye'den ayrılamayacağını belirtir. Bu sırada kapı çalınır ve içeri Adam girer. Zengin bir müşteridir. Suzi adlı bir kadınla birlikte olmak istediğini belirtir. Bu arada gelirken kapıda gördüğü Asiye dikkatini çekmiştir. Onun kim olduğunu sorar.

(Öngören, 2017: 113).

Patron'la Zehra arasındaki pazarlık kızışır. Zehra, kızıyla kendisine ev açmasını ve müşterileri oraya yollamasını ister. Patron, sert tepki gösterir. Kızına daha çok para vermeyi teklif eder. Böylece aldığı iyi ücretle evinin kirasını ödeyebilecektir. Zehra bunu da kabul etmez. Zehra, Asiye genelevde kalırsa başına gelebilecekleri sıralar. Kürk, kolye v.s. alarak onu sürekli borçlandıracağını söyler. Patron da tutacağı evde, yollayacağı müşterilerle anlaşabileceğini ve kendisini devreden çıkarabileceğini söyler. Zehra, anlaşmanın yolunu bulamayacağını anlayınca gitmeye niyetlenir, Patron durdurur. Patron, son teklifini yapar. Ayda iki yüz lira da Zehra'ya vermeyi teklif eder. Zehra da ayrı ev açmadığı sürece anlaşmanın mümkün olmayacağını söyler ve çıkarlar. Sonraki sahne 'Sekizinci Konuşma' olarak adlandırılır. Seniye ve Anlatıcı durumun analizini yapmaktadır. Seniye sahnede tartışılan konunun tüm hayat kadınlarının sorunu olduğunu söyler. Hediye verilerek borçlandırılan hayat kadınları, borçları ödeyemediği için normal hayata dönememektedir. Seniye, 'bu şartlar' için en olası önerilerini sıralamaya devam eder. Asiye ve Zehra, kendileri ev tutmalı ve hayat kadınlığını o evde sürdürmelidir. Yani 'hiç olmazsa' genelev atmosferinde olmayacaklardır onlara göre. (Öngören, 2017: 115).

Sonraki sahne 'Sekizinci Oyun' olarak tanımlanır. Yeni bir eve gelmişlerdir ve Zehra, 'Aracı' olarak adlandırılan bir adamla konuşmaktadır. Önceki sahnenin konusu konuşulur. Patron'a Asiye'yi nasıl satmadığını anlatır Zehra. Aracı da Patron da şikayetçidir. Kendisine getirdiği iki Amerikalı müşteri için çok az para vermiştir. O sırada 'Altıncı Filo'nun geldiğinden söz eder Aracı. Oradaki askerlere kadın bulmaktadır ve anlattığına göre askerlerin güvenini kazanmayı başarmıştır. Burada mesaj çok boyutlu şekilde anlatılmaktadır. Altıncı Filo ABD ordusuna aittir ve bunu kullanarak yazar, emperyalizm eleştirisini dile getirmektedir. Burada ülkeyi genelev eğretilemesiyle eleştirmiştir ve cinsel güç yorumlamasıyla Altıncı Filo'yu değerlendirmiştir. Bir nevi 'işgal ' gücüdür yazara göre. (Öngören, 2017: 116).

Aracı karakter tüm Amerikalıları 'Coni' sözcüğüyle tanımlar. Aslında onların enayi olduğunu ve genelevde beğendiği kadınlarla evlenmeye kalktığını söyler. Zehra da kızını Amerikalılara daha fazla paraya pazarlamaya çalışır. Yerli ve yabacı tarifesini aracıya söyler. Pazarlık oldukça kaba bir şekilde yapılır. Zehra yine 'pazarlamacı' ağzıyla Asiye'nin on sekiz yaşında olduğunu, ortaokulu bitirdiğini ve Fransızca bildiğini söyler. Aracı da Fransızca bilmesinin Amerikalılar için bir şey ifade etmediğini söyler. Zehra tüm dilleri 'Gavurca' olarak tanımlar. Aracı da Amerikalı müşterileri çok iyi tanıdığını ve Asiye'yi kolay satacağını söyler. Burada 'insan' tamamen 'meta'laşmış durumdadır. Asiye'den sanki cansız bir objeymiş gibi söz edilir. Zehra'ya temel birkaç İngilizce sözcük öğretir ve Asiye'nin bu sözcükleri kullanmasını ister. (Öngören, 2017:117).

Aracı da karakteri de kişi başına komisyon alacaktır. Asiye girer. Aracı'nın Asiye'yi ilk görüşüdür. Asiye de artık hayat kadını jargonuyla konuşmaya başlamıştır. Bir müşterisi eksik para vermiştir. Annesinin kendisine 'Eksik para verirlerse alma' sözünü kendisine hatırlatır. Aracı kendini tanıtır. Artık beraber çalışacaklarını söyler. Asiye'nin birlikte olduğu Müşteri karakteri kapıdan çıkar. Zehra'ya eski fiyattan ödeme yapar. Zehra da eski fiyatı artık kullanmadıklarını açıkça belirtir. Bunun üzerine Müşteri'yle tartışma yaşarlar. Müşteri, isterse polis çağırabileceğini söyler. Zehra da bir daha gelmemesini söyler. Müşteri tokat atar. Zehra da tokatla karşılık verir. Karşılıklı sözlü dalaşma fiziksel eyleme dönüşür. Oyunun çok da tercih etmediği çözümlerden biri sahnede yaşanır: Küfür ve fiziksel kavga. Müşteri giderken meydan okur. Bir daha geleceğini söyler. Zehra' ya göre Müşteri bunu kasıtlı yapmaktadır. Müşteri, yeni fiyatı bildiği halde güç gösterisi yapmak için bilerek eski fiyatı ödemektedir. (Öngören, 2017: 119).

Zehra ve Müşteri'nin küfürlü kavgası, Müşteri sahneden çıkana kadar devam eder. Müşteri, yine geleceğini; hatta para bile vermeyeceğini söyler. 'Dokuzuncu Konuşma' kısmına geçilir. Seniye ve Anlatıcı durumu değerlendirirken, Seniye, Asiye'nin genelevde çalışsaydı bunların başına gelmeyeceğini belirtir. Genelevler devlet koruması altındadır ve polis tarafından korunur. Hiçbir müşterinin böyle davranmasına izin verilmez. Bu bilgileri duyduğuna Anlatıcı şaşırır. Asiye, bu tarz genelevlerin birinde mi çalışmalıydı? Seniye, buna da itiraz eder. Asiye'nin bu hayattan kurtulmak için paraya ihtiyacı vardır ve bu paranın genelevde biriktirilmesi mümkün değildir. Genelevlerde ücretler düşüktür. Ancak kendi evinde yeter miktarda para biriktirilebilir. (Öngören, 2017: 120). Seniye bu tarz kadınların 'Belalı, dost' diye adlandırılan insanlara ihtiyaç duyduğunu söyler.

'Dokuzuncu Oyun' olarak adlandırılan bölümde yine aynı evde olunduğu parantez içi açıklamada belirtilir. Müşteri karakteri yine gelmiştir. Müşteri, gelmesinden memnun olmayan Zehra'ya çıkışır. Zehra da 'müşteri, müşteridir' açıklamasını yapar. Ancak Müşteri'nin birlikte olmak istediği Asiye, o anda doludur. Bu arada parantez içinde sahne için önemli olan bir bilgi geçilir. Zehra, pencerenin kolunda asılı olan bir kasketi fark ettirmeden indirir. Anlamsal olarak karşılığını henüz okuyucu bilmez. Asiye, odadan çıkar. Birlikte olduğu müşterisi üzerini giyinmektedir. Asiye, önce önceki sahnede olay çıkartan Müşteri'yi gördüğüne sinirlenir. Sonra pencereden indirilmiş kasketi fark eder ve gülümser. O anda tavrı değişir ve Müşteri'ye 'Hoş geldin aslanım.' der. Hayat kadını jargonu tamamen Asiye'ye yerleşmiştir artık. (Öngören, 2017: 121).

Müşteri, yine polise ihbar edeceğini söyleyerek gözdağı vermeye çalışır. Bunun sonrasında da polisle ilişkileri olduğunu söyler. Böylece tartışmayı daha farklı bir tarafa çeker. Müşteri, Asiye'yi zorla dışarı çıkartmaya çalışırken kapının eşiğinde bir adam belirir. Yazarın 'Dost' adıyla kodladığı karakterle Müşteri arasında kavga başlar. Müşteri'nin Asiye'ye borcu da vardır. Karşılıklı kavga ederler. Sonunda Dost, elindeki bıçağı Müşteri'nin boğazına dayar. (Öngören, 2017: 123).

Dost, Müşteri'yi dışarı çıkartmayı başarır. Adının 'Kara Mustafa' olduğunu söyler. Kendi adının metinde ortaya çıkmasına rağmen 'Dost' adıyla temsil edilen tek karakterdir oyunda. Dost, Müşteri'nin cebinden parasını alarak Asiye'ye verir ve Asiye'nin de borcunu kapatmış olur. Zehra ve Asiye arasında Dost hakkında konuşmalar olur. İllegal bir adam olduğu tekrarlanır. Ancak, Asiye'yi koruyabilecek güçtedir. (Öngören, 2017: 124).

Dost karakteri Zehra ve Asiye için 'koruyucu' unsurdur. Şapkanın pencereye neden asıldığı konusu da açıklığa kavuşmuş olur okuyucu için. Evdekilerin yardım isteme şekli olduğunu anlarız. Şapkanın orada olmadığını gören Dost, Zehra ve Asiye'nin evine yardıma koşmuştur. Asiye, yaşanan sahnenin 'sinema filmi' gibi olduğunu aktarır. Şartlar normale döndüğünde Dost, Asiye'yi akşam sinemaya devam eder. Yılmaz Güney'in filmi olduğunu özellikle vurgular. Akşam izlenecek filmin yönetmeninin yine toplumcu gerçekçi bir yönetmenin filmi olarak belirlenmesi yazarın öznel tercihi gibi görünmektedir. Dost, alınan parayı üçe böler ve dağıtır. İçinden kendi payını da alır. Yani yaptığı iyiliğin karşılıksız olmadığını anlarız. Zehra ise bu paylaşımdan hoşnut değildir. 'Onuncu Konuşma' olarak adlandırılan kısımda Seniye-Anlatıcı konuşmaya devam eder. Seniye Asiye ve Zehra, artık bir şeyler yapılabilecek bir para olduğunu söyler. Bu tarz hayat yaşayan kadınların başına böyle şeylerin gelmiş olmasını normal karşılar. (Öngören, 2017:

125).

Seniye, beş-altı yıl içinde ellerinde yeterli para birikeceğini söyler. Bunun üzerine Anlatıcı, altı yıl sonrasında ne olacağını söyleyerek sahneyi başlatır. Burada bir zaman atlaması söz konusudur ve 'Onuncu Oyun' olarak adlandırılan bölümde altı yıl sonrasına gideriz. Eşyaların eskidiği bilgisi verilir. Dost, Asiye ve Zehra sahnededir ve işler eskisi gibi iyi gitmemektedir. Dost, bir iş için Zehra'dan para ister. Zehra da altı aydır hep cepten yediğini söyler. Asiye de bu süreçte çok yıpranmıştır. Tüm bunlardan hayat kadını olarak Asiye'nin eskisi kadar talep gören bir kadın olmadığını anlarız. Dost'un çok karlı olacağı iddia ettiği iş için istediği parayı Zehra yine reddeder. (Öngören, 2017: 126).

Dost, artık fiyatı indirmek gerektiğini söyler. Böylece daha çok müşteri sağlanacaktır. Zehra ise Asiye'nin bu kadar fazla erkeğe sağlık açısından dayanamayacağını söyler. İkisi arasında tartışma başlar. Eskisi gibi aralarının iyi olmadığını anlarız. Dost, en sonunda bir kişinin orada fazla olduğunu ve yakında Zehra'yı evden göndereceğini söyler. Hatta Zehra'ya kalacak bir yer bulmasını söyler. Ardından çıkar. Devamında Zehra 'Sermayenin Türküsü' olarak adlandırılan şarkıyı söyler.

Şarkının bitiminde Asiye sahneye gelir ve Dost üzerine konuşma başlar. (Öngören, 2017: 127). Sonra konu Asiye'nin az önce birlikte olduğu 'Zengin Müşteri' karakterine gelir. Asiye Z.Müşteri'ye hor davranmaktadır, Zehra ise tersi davranması konusunda telkinde bulunur. Z.Müşteri saf ve duygusal bir imaj çizmektedir. Güzel sözler duymak istediğini neredeyse çocuksu bir üslupla söylemektedir. Zehra, yakınlaşmalarını arttırmak için dışarı çıkar. Burada karakter tamamen sosyal sınıfıyla adlandırılmıştır : Zengin. (Öngören, 2017: 128).

Asiye, Z.Müşteri'ye yalandan sevgi gösterisinde bulunur. Z.Müşteri buna inanır. İçeri giren Zehra, hatta Asiye'nin o gittikten sonra müşteri bile kabul etmediğini söyler. (Öngören, 2017: 129). Zehra, Z.Müşteri'den Asiye'ye özel ev açmasını ister. Sadece onunla birlikte olacaktır Asiye. Z.Müşteri evlidir ve bunu Asiye bilmektedir. Asiye'nin dönüşümlerinde oldukça belirgin değişimler vardır. Artık insanlara alaycı yaklaşabilmektedir. Z.Müşteri, teklifi çekinerek kabul eder. Hatta Asiye'nin kabul edip etmeyeceğinden dahi emin olamaz. Zehra, bu zor günlerden Asiye'yi kurtarmak istemektedir. Hayalinde kurduğu evi ayrıntılı olarak Z.Müşteri'ye anlatır. (Öngören, 2017: 130).

Asiye geldiğinde teklif Asiye'ye bildirilir ve Asiye çok sevinir. Ancak, kendisinin buna inandırılmasını ister. Bugüne kadar çok kandırıldığı için temkinli davranır. Temkinli davranmasını annesi Zehra, kızına gizlice el-kol işaretleriyle anlatır. Onun direktifleriyle Z.Müşteri'yle konuşur. (Öngören, 2017: 131). Z.Müşteri ve Asiye anlaşırlar. Asiye, yeni bir eve taşınacaktır. Z.Müşteri'den yeni evinde bir kedi olmasını ister. Adam, kabul eder. Burada kedi isteme düşüncesi, Asiye'nin hayatındaki 'Sevgi, acıma' boşluğunun bir karşılığıdır. Cinsel anlamda çok istismar edildiği için 'kedi' aynı zamanda 'anne' dürtülerini de harekete geçirecek ve çocuğu olmadığı için onun yerini bir nebze doldurabilecek bir canlıdır. Sonraki sahne 'On birinci Konuşma' olarak adlandırılır ve Seniye ve Anlatıcı Asiye'nin durumunu konuşmaya devam eder. Asiye'nin yıprandığı ve yaşlandığı vurgulanır. Zehra, başaramamıştır ama Asiye için Z.Müşteri seçeneğiyle beraber bir çıkış yolu vardır. Belki de son çıkış şansıdır. (Öngören, 2017: 132).

'On Birinci Oyun' olarak adlandırılan sahnede Z.Müşteri, Asiye ve Zehra, eşyaları toplamış gitme hazırlığındadırlar. Gergin bir şekilde taksi beklemektedirler. Çünkü Zehra'nın Dost'a yakalanma korkusu vardır. Ona haber vermemişlerdir. Dost da Zehra'yı evden atmak istemektedir. Sahnenin tamamına gerginlik hakimdir. En çok korku duyan Zehra'dır. Z.Müşteri, yeni bir taksi bulmaya gittiğinde Asiye ve Zehra arasında konuşmalar başlar. Zehra, yeni katı kendi üzerine yaptırtmaya çalışmasını salık verir Asiye' ye. Sonrasında sokakta kalmaması için. Bunun için de dişiliğini kullanmasını ister. Asiye de aynı korkuyu yaşamaya başlar. Doğru bir şey yapıp yapmadığını sorgular. Z.Müşteri ise artık yanında kendisinin olduğunu söyler. (Öngören, 2017: 134).

Sonraki sahnede Dost gelir ve gitme hazırlıklarını fark eder. Gitmelerine izin vermez. Engel olmaya çalışan Z.Müşteri'ye de iki tokat atar. Dost, kendisinin kandırıldığını düşünür. Dost'la Zehra, Z. Müşteri arasında sert bir fiziksel kavga yaşanır. Dost, elindeki bıçakla Z.Müşteri'yi bıçaklar. Asiye araya girmek ister ama Dost, ona da vurur. Zehra da fiziksel şiddete maruz kalır. Bağırarak kaçmaya başlar. Sözleri dışarıdan verilir. 'Ses' olarak yazılan diyaloglarda Zehra, Dost'un adam öldürdüğünü olanca gücüyle bağırır. Ona küfür eder. Dost, elinde bıçakla hemen oradan kaçar. Ardından sahneye giren Zehra yine bağırmaktadır. Dost'un işlediği cinayeti ilan etmeye çalışır. Bu sefer tekrar içeri giren Dost, elindeki silahla Zehra'yı vurur. Zehra, küfür ederek can verir. Polis düdüklerinin yaklaştığı bilgisi verilir. Asiye, perdenin önüne gelir. Epik tiyatroya uygun olarak şarkılı kısmı Asiye söyleyecektir. Burada 'açık biçim' unsurlarını kullanarak rolü seyirciye açar.

Yazar, sonraki sahneyi 'On İkinci Konuşma ve Bir Sözsüz Oyun' olarak adlandırmıştır. 'Sözsüz Oyun' ifadesini ilk defa kullanmıştır. Seniye, mutlaka bir çözüm yolunun olması gerektiğini tekrarlar. Asiye'nin durumuna isyan eder. (Öngören, 2017: 136).

Anlatıcı ve Seniye konuşurken, Asiye sözsüz oyun olarak bunu sahnede oynamaktadır. Annesinin öldürülmesinden sonra Z. Müşteri'nin para dolu çantası sahnededir. Anlatıcı ve Seniye de bu çantayı çalmasını salık verirler. Asiye onları duymaz ama senkronize şekilde dediklerini yapar. Hırsızlık eylemi aslında olumsuz bir eylemdir ancak burada 'son çare' olarak görülüp, desteklenir. Asiye, çantayı çalar. (Öngören, 2017: 138).

Anlatıcı ve Seniye'nin karşılıklı diyaloglarından oyunun sonrasında ne olduğunu öğreniriz. Burası canlandırma değil anlatım yoluyla işlenir. Mahkeme kurulmuştur sonrasında. Dost'a haber veren şoförün tanıklığına başvurarak Asiye'nin suçsuzluğu anlaşılmıştır. Para, Asiye'ye kalmıştır. Bu süreci repliklerden öğreniriz. Kalan parayı da kendisine sermaye yapması ve bir işe yatırması gerektiği konuşulur. Anlatıcı' ya göre Asiye'ye en uygun çözüm budur. (Öngören, 2017: 139).

Son sahne 'On İkinci Oyun' olarak adlandırılır. Son derece lüks bir genelevde Asiye patron konumundadır. Daha önce annesiyle pazarlık yapmış olan Aracı, ona yeni kadınlar pazarlamaya çalışmaktadır. Sahneye dört kadın gelir. Birinin üzerinde Asiye'nin o yıllarda giydiği bir elbise vardır. Tüm kızlar mümkün olduğunca Asiye'ye benzetilmeye çalışılmıştır. Yazar, burada hayatın bir kısır döngü olduğunun mesajını vermiştir. (Öngören, 2017: 140).

Asiye, Aracı'ya para verip kızların bakımının yapılmasını ister. Patron jargonuyla konuşur. Aracı da geçmişle ilgili herhangi bir yorum yapmaz. Aracı, kızların kimi kimsesi olmadığını belirtir. Asiye de aynı kendisine yapılanı başkalarına yapmaktadır. O da düşmüş olan insanları kullanmaktadır. Toplum düzeni değişmedikçe, aktörlerin yine aynı şeyleri yapacağı önermesiyle sahne kapanır. (Öngören, 2017: 141).

'İkinci Final' olarak adlandırılan bölümde Asiye şarkı söylemek için sahneye gelir. Parantez içi bilgilerinden, şarkı söylenirken fonda şarkıyla ilgili fotoğraflar düşürüleceğini öğreniriz. Böyle bir 'görsel' in oyunda ilk kullanıldığı yerdir.

Yazar oyunu 'Sondeyiş' adını verdiği şarkıyla bitirir. Bunu oyunda oynayan tüm oyuncular söylemektedir. Epik tiyatro mantığına göre burada kendi rollerinden çıkıp, oyuncu rolleriyle oynamaktadırlar.

Sonuç

Yazar, son şarkıyla oyunu sonlandırır. Asiye'nin şarkısı da 'Final Şarkısı' nda içeriğinde sert sistem eleştirisi barındırır. Şarkılı kısımda sık tekrarlar göze çarpmaktadır. Yazar, burada özellikle vurguyu ve mesajı daha etkili aktarma yolunu seçmiştir. Bazı sözcükler de büyük harfle yazılarak belirgin hale getirilmiştir. Bu da okuyucu için daha önemli görülmesi hedefidir.

Şarkı sözlerinin de içinde de yer alan 'Eğlendirme' ifadesi, mesajı eğlendirerek aktarma amacını taşımaktadır. Bu da Bertolt Brecht'in sanat anlayışıyla örtüşmektedir. Mesaj, eğlendirerek verildiğinde didaktik olma riski azalır. Seyircinin sıkılarak izlediği bir eserde mesajın aktarımı daha zor olacaktır. Bu anlamda yazarın mesajı net olarak okuyucuya aktarılmış olmaktadır. Bu eser, yazarının söylemimi direkt olarak temsil etmektedir. Herhangi bir soyut ya da örtük anlatıma başvurmadan mesaj aktarılır. Yaşam karşısında var olma savaşı içinde olan bir kadın, mücadele ettiği düzene benzeyerek ancak bundan kurtulabilir. Burada Asiye de acımasızlaşır. Mevcut kapitalist sistemin bireyler üzerindeki kaçınılmaz sonunun eğretilemesidir. Bu anlam eser bir kısır döngü içerir. Mevcut sistem devam ettiği sürece yazarın sözünü ettiği 'Asiye olmak' eleştirisi devam edecektir.

Kaynakça

Başgüney, H. (2015). Yazarlar Çağı Türkiye'de 1960 ile 1980 arasında Edebi Üretim ve Politika, Yazılama Yayınları, İstanbul.

Belkıs, Ö. (2003). Kalemden Sahneye 1946'dan Günümüze Türk Oyun Yazarlığında Eğilimler, YGS Yayınları, İstanbul.

Çalışlar, A. (1995). *Tiyatro Ansiklopedisi*, Türk Tarih Kurumu Basımevi, Ankara.

Göktaş, E. (2004). *Vasıf Öngören'in Tiyatro Dünyası*, Mitosboyut Yayınları, İstanbul.

Öngören, V. (1991). *Vasıf Öngören Bütün Oyunları*, Mitosboyut Yayınları, İstanbul.

A SEARCH FOR SUBJECTIVITY: A STORY OF EXISTENCE BETWEEN TWO ABSENCES

BİR ÖZNELLİK ARAYIŞI: İKİ YOKLUK ARASINDA BİR VAROLUŞ HİKÂYESİ

Derya Güllük[1]

Öz

Siyasi, sosyal ve kültürel bir zeminde inşa edilen kadın kimliği edebiyat dünyasında da oldukça geniş bir spektrumda ele alınmıştır. 21. yüzyılla birlikte gittikçe "politikleşen" bir zeminde tartışmaya açılan kadın kimliğinin feminist teori ve postmodern yaklaşımlarla beraber ön plana çıktığı görülür. Kadınların; bedenleriyle, cinsellikleriyle, annelik rolleriyle, evlilikleriyle beraber ev içi ve kamusal yaşamdaki görünürlükleriyle de sorgulamaya açıldıkları müşahede edilirken kültürel kodlar çerçevesinde örülen kadınlık imgesiyle bunları aşmaya çalışan ve "kendilik" bilincini kurmak isteyen kadınların arasına koyulan mesafeye de dikkat çekilir. Bu noktada, 2000'li yıllarda yazmaya başlayan, toplumsal yaşam içerisinde kadınların konumlandırılışını ve kadınlık durumlarını anlatılarında işleyen Seray Şahiner, 2018 Orhan Kemal Roman Ödülü'nü kazandığı *Kul (2007)* romanında kahramanını, bir gecekondu mahallesinden seçmiş ve merdiven temizliğine giderek hayatını idame ettiren bir kadının, toplumsal normlarla işaretlenen "anne" ve "eş" rollerini karşılayamadığında artık kendi benliğini de inşa edemeyerek "görünmez" bir kadına evrilişini işlemiştir. Kadınlık yine toplumun öngördüğü normlar çerçevesinde kuruluyordur ve bu normları karşılayamayan kadın, kendi benliğini de inşa edemeyerek toplumun bakışı altında nesneleşiyordur. *Kul*'da Mercan'ı aktif bir direniş içerisinde göremediğimiz gibi adeta kendi yaşamının merkezinden de tasfiye edilmiştir. Mercan'ın aile kuramamasından mütevellit evi de bir yuvaya dönüşememiş, romanda özellikle görünür olan kentsel dönüşümle eşgüdümlü olarak evin maddi olarak yıkımı manevî olarak çöküşünü de beraberinde getirmiştir. Şahiner, geçmişini, çocukluğunu, özlemlerini, hayallerini bilmediğimiz bir kadının;

---

[1] Dr. Öğretim Üyesi, Bandırma Onyedi Eylül Üniversitesi, Türk Dili ve Edebiyatı Bölümü, dgulluk@bandirma.edu.tr, ORCID: 0000- 0002-3704-0984

bugününü, iki yokluk üzerinden inşa eder. Mercan'ın hayatında iki önemli yokluk, onu derinden yaralayan iki büyük boşluk vardır; kendisini neden terk ettiğini bilmediğimiz kocasının ve olmayan fakat varlığını hayal ettiği bir erkek çocuğunun yokluğu. Bu iki yokluk, Mercan'ın zihnini meşgul ederken diğer bir taraftan da bir eş ve anne ol(a)mamanın onun benliği üzerindeki yaralayıcı etkisini ve kadınlığını sorgulayışını okuruz. Bu sorgulayışta, hep kendisinde eksiklik arayacak, sebepler sıralayacak ve gerçeği bulanıklaştıracaktır. Ataerkil düşünce sisteminin dışına çıkamayan, fail olabilecekken sınırları aşamayan Mercan, şehrin kargaşası içinde savrulup durur. Eş ve annelik rolleri üzerinden inşa edilen kadınlık, üzerine yükseldiği bu iki temel yıkıldığında, kadının benliğini ve kimliğini de o enkaz yığını altına gömmüş gibidir. Bu çalışmada, kadının varoluşunun ataerkil sistem çerisinde ne denli flulaştırıldığını feminist eleştirinin olanaklarından yola çıkarak okumayı hedefliyoruz.

Anahtar kelimeler: Kadınlık; ataerki; kimlik; taşra

Abstract

Constructed on a political, social and cultural ground, women's identity has been addressed in a wide spectrum in the world of literature. With the 21st century, women's identity, which has been discussed on an increasingly "politicized" ground, has come to the forefront with feminist theory and postmodern approaches. It is observed that women are questioned about their bodies, sexuality, motherhood roles, marriages and their visibility in domestic and public life, while the distance between the image of womanhood woven within the framework of cultural codes and the women who try to overcome them and want to establish a consciousness of "self" is also emphasized. At this point, Seray Şahiner, who started writing in the 2000s and who deals with the positioning of women in social life and the status of womanhood in her narratives, chose her protagonist from a slum neighborhood in her novel Kul (2007), for which she won the 2018 Orhan Kemal Novel Award, and in her novel Kul (2007), she dealt with the evolution of a woman who makes a living by cleaning stairs into an "invisible" woman by no longer being able to construct her own self when she cannot meet the roles of "mother" and "wife" marked by social norms. Womanhood is again constructed within the framework of the norms prescribed by society, and the woman who fails to meet these norms is unable to construct her own self and becomes objectified under the gaze of society. In Kul, we do not see Mercan in active resistance and she is almost purged from the center of her own life.

Due to Mercan's inability to establish a family, her house could not turn into a home, and the material destruction of the house in coordination with the urban transformation, which is particularly visible in the novel, brought along its spiritual collapse. Şahiner constructs the present of a woman whose past, childhood, longings and dreams we do not know through two absences. There are two important absences in Mercan's life, two great emptinesses that hurt her deeply; the absence of her husband, whom we do not know why he left her, and the absence of a son who does not exist but whose existence she imagines. While these two absences occupy Mercan's mind, we also read the wounding effect of not being able to be a wife and mother on her self and her questioning her femininity. In this questioning, he will always look for shortcomings in himself, list reasons and blur reality. Unable to get out of the patriarchal system of thought, unable to transcend the boundaries when she could have been a perpetrator, Mercan is tossed about in the chaos of the city. Constructed through the roles of wife and motherhood, womanhood seems to bury the woman's self and identity under a pile of rubble when these two foundations on which it was built collapse. Ultimately, in this study, we aim to read the extent to which women's existence has been blurred within the patriarchal system through the possibilities of feminist criticism.

Keywords: Femininity; patriarchy; identity; province

1. Giriş

Özne, İngilizce "subjcet" yani, aynı zamanda "tabi olan" anlamına gelir. Bu noktada, öznellik verili bir şey değildir; yasayla karşılaşmayı ve iktidarla ilişki kurmayı elzem kılar. Özneyi "özne" yapan, onu kuran öncelikle iktidardır ve özne olabilmenin koşulu iktidar tarafından tanınmak ve ona tabi olmaktır ki bu da beraberinde ona boyun eğmiş olmayı gerektirir. Öznenin "konuşan" olabilmesi, egemenliğini yitirmiş olmasına ve öncelikle tabi olmasını gerekli kılar (Direk, 2014: 77). O hâlde, "ontolojik ve epistemolojik başlangıç noktası öznenin egemenliği ve özerkliği değildir –öznelliğe ilişkin bu yanılsamalar önceden/çoktan beri tabi olmuş olma gerçeğini gizleyen mekanizmalardır" (Direk, 2014: 77). Bu noktada öznellik konumuna erişemeyenler ise, iktidarın dışladıkları, söz alamayanlar, işitilmeyenlerdir. Özne ve iktidar olabilmek mutlaka başkalarını dışarıda bırakarak ve dışlayarak kurulan bir kimliktir. Feminist kuram, özdeş bir kadın kimliği kurarak, kadınlar adına konuşmayı politik temsilin bir gerekliliği olarak sunar. Halbuki Butler'e göre bu temsilin kendisi sorunludur ve feminizmin bu temsili sahiplenişinin temel sebebi de kadınları politikanın özneleri olarak ele almak; kamusal alandaki görünürlüklerinin ve meşruiyetlerinin kabulünü sağlamaktır (Direk, 2014: 77-78). Butler'e göre özne olmak, hem iktidarın hem de öznenin psişik yapısının bir neticesidir. İktidarı, her zaman özneye dışarıdan baskı kuran, özneyi madun eden ve onu aşağıya çeken bir yapı olarak düşündüğümüzü söyleyen Butler, Foucault'un iktidar tanımından yola çıkarak, iktidarı, özneyi kuran ve onun varoluşsal koşulunun bir gerekliliği olarak görür. Şu durumda, iktidar sadece baskıcı yanıyla değil, özneyi inşa eden tarafıyla da ele almamız gereken bir yapıdır (Butler, 2005: 9-10). "Tabiyet, sadece iktidar tarafından madun bırakılma sürecini değil, aynı zamanda özne olma sürecini ifade eder" (Butler, 2005: 10). Judith Butler, *Cinsiyet Belası* başlıklı çalışmasında "feminist eleştiri 'kadınlar' kategorisinin, feminizmin öznesinin, onu kurtuluşa götüreceği varsayılan iktidar yapılarının ta kendileri tarafından nasıl üretilip kısıtlandığını kavramak zorundadır" (2014: 45) derken, özneyi kuran ve onu şekillendiren iktidar mekanizmalarına dikkatleri çeker.

Zeynep Direk, "Hakların Öznesi Olmak Paul Ricouer'de Kırılganlık ve Özerklik" başlıklı yazısında, Ricouer'ün özerklik kavramını "kırılganlık" ve "yaralanabilirlik" etrafında ele alışından yola çıkarak yaptığı "özne" çözümlemesi kendini özne olarak kurmak isteyen bir kadının serüvenini göstermesi açısından dikkate değerdir. Özerklik tartışmasını, kırılganlığı kişisel bir tavır ve hal olmaktan çıkarıp ele aldığı için Ricouer'ün kuramını önemli bulduğunu belirten Direk, buradan yola çıkarak kırılganlığı, özneleşmenin sistemli bir biçimde engellenmesinin bir sonucu olarak ele aldığını ifade eder (2018: 256). Kadınların vatandaş ve insan olarak sahip oldukları hakları kullanabilmeleri için özne oluş sürecine girmeleri gerektiğini ifade eden Direk, özerkliğin insan olduğumuz için sahip olduğumuz saf bir ontolojik imkândan ziyade, toplumsal ve tarihsel iktidar ilişkileri içerisinde gerçekleştirilebilecek bir imkân olduğunun altını çizer. Ricouer'ün öznelik çözümlemesinin yapılabilirlik kuramına dayandığını söyleyen Direk, öznenin yapabilirliğinin çeşitli aşamaları olduğunu ifade ederken "yapılabilirlik kabiliyettir, olabilirliktir, söz konusu etkinlik ne ise onu yapabilme gücü olmaktır" (Direk, 2018: 259) der. İlk yapabilirliğimizin konuşmak olduğunu söyleyen Direk, insanların konuşma kabiliyetine sahip olmalarının ve konuşan birer özne olabildiklerinin altını çizerken aynı zamanda konuşan birer özne olarak dünyaya gelmeyişimizin de altını çizer. Ortada henüz konuşan bir "ben" özne yoktur, konuşabilmek demek bir sembolik sisteme girmektir. Bu sembolik sistemin anlamı ise, çeşitli yapılar, konumlar, kurallar ve normların varlığını aşikâr kılıyordur. Birisi konuştuğu zaman, konuşmasının, çeşitli söylemler, iktidar rejimleri ve normatif yapılar tarafından şekillendiğini görürüz. Fakat bunların varlığı, bir öznenin hiç olmadığı veya olmayacağı anlamına da gelmez. Konuşan özneyi çeşitli güç ilişkileri içerisinde oluşan, değişen ve farklı belirlenimler içerisinde yolunu arayan olarak da düşünebiliriz. Özneleşme sürecinde diğer bir adım da, kişinin kendi edimlerinin öznesi olma yapılabilirliğidir. Özne kendisini kendi eylemlerinin faili olarak gösteremediğinde, onu hakların öznesi olarak ele almak güçtür. Ricoeur'e göre "kendi"den bahsedebilmemiz için "anlatısal bir kimlik" gerekir. Bu kimlik değişmeyen bir aynılık değildir aksine zamansaldır ve değişimi kabul eder. "Konuşabilen özne ve eylemin öznesi yoksa anlatısal kimlik de olamaz, çünkü kendi hikâyesini ancak konuşan bir özne anlatabilir" (Direk, 2018: 263). Bu minvalde, kendini eylemlerimin sahibi olarak görebilen; "ben şöyle yaptım", "ben böyle yaptım" diyebilen hikâyesini yazabilecek ve özne olabilecektir. "Çok azımız kendi hikâyesini anlatabiliyor" diyen Direk, ezilenlerin hikâyelerini anlatamadıklarını söyler ve kişinin kendi hikâyesini anlatabilmesi için bir mücadele vermesi gerektiğinin elzem olduğunu ifade eder; "Konuşan özne olabilmek, söz alabilmek, 'bence', 'bana göre' diyerek sözünü söyleyebilmek bir hikâyeyi anlatmanın gereğidir elbette, fakat kendi de sadece bir hikâye içerisinde kurulur. Dahası, kendiliğe değişim imkânı sağlayan da hikâyelerin dönüştürülmesi, değiştirilmesi, dekonstrüsyona uğratılmasıdır" (Direk, 2018: 263). Özne olabilmek için yapılabilirlikleri "öteki"yle ilişkiye geçerek bilfiil hâle getirilebilmesi gereklidir. Ötekiler, kişinin; "konuşan özne", "fail", "kendi hikâyesini yazan ve anlatan" kendi olmasına izin vermeyebilirler. Bundan mülhem, ötekilerle ilişki hep bir mücadeleyle doludur. Kamusaldaki ilişkilerde de, dil içerisinde kendini ifade edebilmek, bir argümanı savunabilmek, bir eylemi faili olarak üstelenebilmek ve görünür olabilmek hak öznesi veya siyasi özne olabilmenin olmazsa olmazıdır (Direk, 2018: 267). Bu noktada bir örneklik getiren Direk, devletin yurttaşı olan kadının kamusal alana çıkabilir olduğu fakat konuşan özne, fail, kendilikler, ahlaki anlamda özneler ve hak öznesi olamadığı sürece gerçekten bir yurttaş olmanın getirilerine hiçbir zaman erişemeyeceğini ifade eder. Direk, sorar; "Kadınlar insan olarak yapılabilirliklere sahiplerse, neden bunlar çoğu zaman virtüel olarak kalıyor[dur]?" (2018: 268) bu soruya cevabı şu şekildedir;

"Bunun sebebi kişisel ilişkilerdeki ötekilerle, kurumsal ötekilerle, ve üçüncülerle ilişkilerde kadınların bu yapabilirliklerini bilfiil hale getirememeleridir. Burada kadınların kamusal alandaki varlığının engellenmesi, açıkça yasaklama biçiminde olmasa da kamusal alanda varolmalarının teşvik edilmemesi, ya da açık veya örtük kamu tasarrufuyla varoluşun zorlaştırılması çok önemli bir rol oynar. Kamusal üçüncü ile dolayımın engellenmesi sonucunda kadınlar özel alana mahkûm olmuş, ev işi, çocuk, hasta ve yaşlı bakımı gibi işlerle sınırlanmışlardır" (Direk, 2018: 68-69).

Özerkliğin aynı zamanda kendi yapabilirliğine güven duymasıyla ilişkili olduğunu söyleyen Direk, bu güvenin aktüel hale gelebilmesi için de başkaları tarafından onaylanması gerekliliğini vurgular. Bu minvalde, kamusal alanda işleyen normların, kadınları "konuşan özne" ve fail olarak güçlendirmiyor aksine kadınların konuşabilirliğini, eyleyebilirliğini ve kendi hikâyelerini anlatabilmelerini engelliyordur. Bu normların ataerkil gelenek ve alışkanlıkları yeniden ürettiğini belirten Direk, feminizmin bu imkân ve yapabilirliğin ketlenişini 'özgül bir iktidar biçimi" olarak tanımladığını ifade eder. Bu minvalde, kadınların özerk olamamasının altında onlara dayatılan "sen yapamazsın"ların, "yapılmaz"ların dayatılması vardır (Direk, 2018: 269-70). "Özerkleşmeyi engelleyen şey sistematik ezilme ise, özerkleşmeyi sağlayacak şey de direnme hem de örtülü direniştir" (Direk, 2018:272) diyen Direk, bu direnişle birlikte toplumsal bağlar ve ilişkiler kurulabileceğini, kişilerin hak öznesi olarak yeniden üretilebileceğini ve özneleşme mecralarının kurulabileceğini tahkik eder (Direk, 2018:276).

2. İki Yokluk Arasında Bir Varlık Arayışı

Seray Şahiner'in 2017 yılında yayımlanan romanı *Kul*, geçmişini, çocukluğunu, özlemlerini, hayallerini bilmediğimiz genç bir kadının; bugünü, iki yokluk üzerinden inşa eden bir anlatı olarak karşımıza çıkar. Mercan'ın hayatında iki önemli yokluk, onu derinden yaralayan iki büyük boşluk vardır; kendisini neden terk ettiğini bilmediğimiz kocasının ve olmayan fakat varlığını hayal ettiği bir erkek çocuğunun yokluğu. Bu iki yokluk, Mercan'ın zihnini meşgul ederken diğer bir taraftan da iyi bir eş ve anne olamamanın onun benliği üzerindeki yaralayıcı etkisini ve kadınlığını sorgulayışını okuruz. Bu sorgulayışta, hep kendisinde eksiklik arayacak, sebepler sıralayacak ve gerçeği bulanıklaştıracaktır. Nihayetinde o ne fedakâr bir eş ne de şefkatli bir annedir; ona, ikisinin de yolu kapanmış gibidir. Aktif bir direniş gösteremez Mercan; camiler, kiliseler, cem evleri, türbeler, falcılar arasında mekik dokurken aklında sadece, kocasının eve dönüp dönmeme düşüncesi vardır. Ataerkil düşünce sisteminin dışına çıkamayan, fail olabilecekken sınırları aşamayan Mercan, şehrin kargaşası içinde savrulup durur. Mercan, toplumda fark edilmeyen, yok sayılan, dışlanmış bir kadındır ve bu fark edilmeyişin de farkındadır. Eş ve annelik rolleri üzerinden inşa edilen kadınlık, üzerine yükseldiği bu iki temel yıkıldığında, kadının benliğini ve kimliğini de o enkaz yığını altına gömmüş, kocası kendisini terk eden ve dönmeyeceğini bilen, çocuğu olmayan ve çocuk sahibi olamayacağının da farkında olan Mercan, o enkaz altından çıkamamış, çocuk doğurma hülyalarından vazgeçip "kocam dönüyor" hayallerine sığınırken içerisinde hep bir umutla yaşamaya devam etmiş fakat "hurafelerin emrine" girdiği andan itibaren bir eylem de gösterememiştir. Mercan'ın olmayan ve olamayacak çocuğuyla (tıbbi olarak mümkün değildir) dönmeyeceğini bildiği kocasını bekleyişi -ki bu bekleyiş romanın sonunda Mercan'ın evinin kentsel dönüşüm projesi kapsamında yıkılışıyla eş güdümlü olarak ortandan kalkacaktır- akla sığar rasyonel bir bekleyiş değildir. Mercan'ın yalnızlığı, bu kayıplar içerisinde görünür olur; bu yalnızlığı ve eylemsizliği de kendiyle barışma hâli olarak tezahür etmez, daha çok —başkalarının da ne düşüneceğini umursamadan- benliğini parçalayarak onu var etme, görünür kılma ve "kendini arama"yla gerekçelendiriliyor gibidir. Anlatı boyunca, Mercan'ın kendisiyle "öteki" kadınlar —televizyonda gördüğü ve temizliğe gittiği apartmandaki kadınlardır bunlar- arasında bir karşılaştırma yaptığında, onlarla arsındaki sınıfsal farkı ve mesafeyi sezişindeki anlık hezeyanlarda kendi benliğini inşa edecekken ani bir savruluşla hurafelere sarılışına şahitlik ederiz.

Roman, Mercan'la "diğer" kadınlar arasına konulan "sınıfsal" bir mesafeyle başlar. Mercan, apartman merdivenlerini silerek geçimini sağlayan bir kadındır ve "Mercan Hanım, kendisine Mercan Hanım denmesinden hiç hazzetmez. Bilir çünkü, bu hanımlık, onu bir basamak yukarı taşımaz. Daha ziyade, merdivenden aşağı seslenilirken kullanılan bir 'Mercan Hanıım'lıktır onunkisi" (Kul, 2019: 7). Merdivenleri silerken diğer kadınların nazarında birden bire "hanım" olan Mercan, bu hanımlığın araya konulan bir mesafe, senli benli olmamak için bir çaba olduğunu bilir. Kendisi yoktur bu hanımlıkta, "ötekisi" vardır, ve bilir ki bu çağrılış onun hanımlığından ziyade ötekinin hanımlığına işaret ediyordur. Mercan Hanım merdivenlerini silip gittiği an arkasından konuşacaklar ve o yine Mercan olacaktır. Birçok farklılık gibi kadınlar arası farklılığın da özünde eşitsizlik ve iktidar ilişkilerini barındırdığı aşikârdır. İktidar dolayımdan geçmeyen herhangi bir farklılık var olmayacağı gibi; öznelliğin de kendi kendisi içinde değil muhakkak bir başkası üzerinden kurulduğunu görmemiz mümkündür. Toplumsal cinsiyetin kuruluşunda, bu başkası, kadınlar için erkekler olduğu kadar hatta daha fazla hemcinsleri olagelmiştir. 1980'lere dek feminizm içinde "kadın" denildiğinde ilk akla gelen "orta sınıf kadınlığı" ve kendisini erkek karşısında olduğu kadar hemcinsi karşısında da öteki olarak konumlandıran bir tarifle karşılaşırız (Bora, 2018: 22-23). Bu kimliği "cahil/eğitimli, pis/temiz, yaşlı/genç, çirkin/güzel, yoksul/zengin gibi ikilikler içinde kavrar" (Bora, 2018: 22-23). Mercan'ın "hanım"lığı da, bu minvalde "öteki" kadınla arasına konulan bir sınıra denk düşer. "Hanım" kategorisi üzerinde Davidoff'un söylediklerine baktığımızda bu sınır daha da görünür olur. İngiltere'de kapitalizmle tezahür eden 'orta sınıf-işçi sınıfı", 'kadınlık-erkeklik' gibi kavramların doğa ve kültür analojisiyle açıklamaya başladığını söyleyen Davidoff, bu analojide orta sınıf ve erkeklerin kültüre ait olarak görüldükleri, işçi sınıfıyla kadınların ise doğaya yakın, ham varlıklar olarak tanımlandığına dikkat çeker. Erkeklerin gözünde bu analoji kadının ikili görüntüsüne de yansımıştır. "Kadınlar basitçe 'hanım' ve 'kadın' olarak iki kategoride gruplandırılmıştır. Kültürlü orta sınıf kadını "hanım", doğaya daha yakın olan ötekiler ise sadece 'kadın'dır" (Davidoff, 2016: 14-15). İkinci gruba giren kadınlarsa bilhassa kendilerini cinsel olarak denetleyemeyerek cinsel birer nesne haline gelebilirler. Nihayetinde "öteki" kadın, "hem cinsel haz aracı –cinsel nesne- olarak kullanılan, hem de emeği sömürülen kadındır" (Davidoff, 2016: 15). Bir anlık "hanım" payesi kazanan Mercan ise bu hanımlığın araya konulan sınıfsal bir mesafeden öte olmadığının bilincindedir. Mercan çalışan bir kadındır fakat işi uzmanlık gerektiren ve onu görünür kılan bir meslek değildir; "Kalifiye eleman olmadığından kolaylıkla diskalifiye edilir" (Kul, 2019: 7) biri olarak, onu sıklıkla merdivenlerini sileceği apartmandaki daire sayısını ve karşılığında kazanacağı parayı hesaplarken buluruz, nihayetinde bütün geçim kaynağı sildiği merdivenlerdir. İşi ve evi arasında bir yaşamı olan Mercan'ın temel uğrak mekânlarından birisi Sümbül Efendi Camii'dir. Bu camide Hz. Ali'nin torunları yatmaktadır. Sık sık onların türbesine gelir ve kızlar diye yakarmaya başlar; "Beni bir siz anlarsınız. Ne başka türbelerde yatan ulular ne paşalar ne beyler. Beni bir siz anlarsınız. Neden derseniz, siz de kadınsınız ben de kadınım" (Kul, 2019: 9) diyerek dualar eden Mercan, ortak kadınlık kaderini paylaştığı hemcinslerinden medet umuyordur; "ya beni de aranıza alın ya kocam geri dönsün" nidalarıyla, ölümünü ya da kocasını dilemektedir. Mercan'ın dualarında yalnızca eve dönmesini dilediği kocası yoktur, diğer taraftan da bir evlat hasreti içerisindedir. Hatta bazı sabahlar uyandığında "kocasını mı daha çok özlüyordu çocuğunu mu" bilinmez. Oysa tıp çocuğu olmayacağını söylüyordur Mercan'a dahası gittiği "onca türbe-hazret-ulu da tıbbı yalanlayacak bir alamet göndermemişti[r]" (Kul, 2019: 10). Mercan, olmayan ve olmayacak çocuğu için bir hasret içerisindedir; "doğurmamış çocuklar için de evlat acısı diye bir şey vardı. Anne olmayanlar için de evlat hasreti diye bir şey, vardı. Çocuğuna dair anılarını değil hayallerini hatırlamaktan acı çekiyordu Mercan" (Kul, 2019: 10). Çocuğu olmaması ve ona duyduğu özlem bir yerde Mercan'a "anneliği" de sorgulamaya götürür. Parklarda oynayan çocukları izlerken annelerin onları umursamaksızın çekirdek çitlemeleri, çocuklarına dikkat kesilmek yerine kadınlarla konuşuyor olmaları Mercan'a "Allahım, gücüne gitmesin ama sen kimlere çocuk veriyordun böyle" söylemlerine götürür. Nihayetinde, "kadının toplumsal konumunu belirleyen başat unsur olarak ele alınan analık, biyolojik anlamının ötesinde ideolojik bir misyonu simgeler" (Özman, 2020: 345). Bu simgesel güce hiçbir zaman erişemeyecek olan Mercan, kendi içerisinde annelik mefhumunu sorgulamaya açar. Toplumsal alanda "kadınlık" adeta analığın omuzları üzerinde yükselirken ve değer bulurken, bu payeye erişemeyen kadın, özünde hep bir eksiklik, "tam" olamamışlık barındırır. Mercan'ın yalnızlığını besleyen başat unsurlardan biri de "analık" mertebesine erişemeyecek oluşundan kaynaklıdır.

Mercan'ın Allah'tan iki dileği vardır; kocasının eve dönmesi ve bir evladının olması. Duası sabittir, "Allah'ım şu Mercan'a bir evlat ver, kocası da geri dönsün…" (Kul, 2019: 49) Bir taraftan kocası yanında olsa neler yapacağını hayal eden Mercan, diğer taraftan hayalindeki "koca" figürüyle uyuşmayan eşinin iyi taraflarını görmeye çalışır. Evde bir kocanın varlığı demek; "saçını okşayacak" birinin olması, "evde ampul patladığında değiştirecek biri… bir şeye sinirlendiğinde birlikte verip veriştirecekleri bir can yoldaşı[dır]" (Kul, 2019: 11). Oysa "kocası ne durduk yere saç okşardı ne tamir tadil…" fakat yine de bir gün olsun çocuğu olmadığını Mercan'ın yüzüne vurmayan koca, değerlidir. Halbuki Mercan'ın kocasıyla duygusal bir bağı yoktur fakat her evde olduğu gibi onun evinin de bir nefese ihtiyacı vardır ve bu koca evde yiyip içip yatan, eve herhangi bir katkısı olmadığı gibi "ot" içen, içtikten sonra da tatlısını isteyen bir figür olarak vardır. Merdivenleri silip eve döndüğünde, yemek yapmak ve ardından bu tatlı işine girişmek her ne kadar Mercan'ı yorsa da sesi de çıkmaz; o kendisini avutmayı öğrenmiş gibidir. Neticede kocası baklava istiyor değildir, hem ucuz hem de kolay olan un helvasıdır tek istediği. Mercan bir umut içerisindedir her daim ve söylenir; "yanında olsaydı da kocası… Mercan yine bir ölü ritüelini evde hayat var diye sürdürüverseydi" (Kul, 2019: 12). Akşama kadar yiyip içip yatan ve ot içen kocası için "giderse gitsindi" demişti ama olmuyordu işte, evde bir nefes bir ses eksiktir ve bunun yerini dolduramıyordur. Oysa bir kere gözden çıkarabilmiştir kocasını, gözden çıkarılan koca aslında en çok göze batandır. "Ona koca mı yoktu? Yoktu. Aman giderse gitsindi, hiç değil, Mercan'ın sırtından bir kambur eksilirdi" (Kul, 2019: 11). Dönmesi için dualar edilen, adaklar adanarak beklenen koca, Mercan'ın sırtında bir "kambur" iken, onsuz bir yaşam da tahayyül edilmez. Mercan'ın zihni kocasının yokluğunda, ziyadesiyle onun dönüşüyle meşguldür. Nihayetinde toplum Mercan'a fedakâr bir eş olmayı öğretmiştir, bildiği "kadınlık" bunu öngörüyordur ve bu normu karşılayamadığında kendisini "eksik" bir kadın imgesiyle alakalandırır ve her şey onun için gittikçe çetrefilleşir.

Evde eşin ve çocuğun yokluğunu dolduracak nesne ise televizyon olarak karşımıza çıkar. Televizyon evde nefesi hissedilmeyen kocanın ve sesi duyulmayan çocuğun yokluğunu dolduran bir eşyadan ziyade, evin bir ferdi gibidir. Mercan evde olduğu sürece televizyon açıktır, o kadar ki gece onun sesi olmadan uyuyamaz hâle gelir. İronik bir üslupla, televizyonun "koca"nın rolünü üstelenmesiyle birlikte bir yerde toplumsal normlar çerçevesinde bir "koca" figüründen beklenen roller de açık edilir. Kadının bir kocaya sahip olması demek bir yerde onun yalnızlığını örten, üstünü kapatan ve yaşlılığında onu yalnız bırakmayacak bir figür olmasının ötesine geçemez. "Ola ki Allah'ın yüzüne güleceği tutsa da şu kızcağız yazık çok çekti, ben buna evlat vereyim dese, çocuğu yapacak kocası yoktu. Sabah haberleri vardı. Şimdi televizyon… *Kalk iki ekmek beş yumurta al desem gitmez*" (Kul, 2019: 16). Çocuk yapacak bir kocanın yokluğunda kadının elinden iki büyük paye alınıyordur; ona "eş" ve "anne" olabilme imkânı sunan erkek bu bağlamda oldukça değerlenir. Kadını, "tanımlayan ve "tamamlayan" bu toplumsal normlar, kadının kamusal alanda görünürlüğünü de var eden temel özelliklerdir.

Kadınlık çalışmaları günümüzde artık, yeknesak bir kadın kimliğinden ziyade tıpkı erkeklikte olduğu gibi birbirinden farklı birçok sosyo-kültürel etkileşim ağı etrafında oluşan kadın kimliklerine dair bir kabulü beraberinde getirmiştir. Seyla Benhabib, "Feminizm ve Postmodernizm: Huzursuz Bir İttifak" başlıklı yazısında, Platon'dan Descartes'e, Kant'tan Hegel'e uzanan Batı felsefesinin, erkeğin ve onun aklının hikâyesini anlattığını ve Batı aklının kendisini, kendiyle özdeş bir özne söylemini konumlandırarak bizleri farklılık ve ötekilik karşında körleştirip, onların meşru alanlarını da ellerinden aldığını ifade eder. Batı'nın öznesi; mülkün sahibi beyaz bir Hristiyan olarak erkektir ve o erkek de evin reisi olarak görülür. Şu durumda bizlere tek doğru olarak sunulan tarih "erkeğin hikâyesi"dir. Bu hikâye, Aydınlanma'dan bugüne tarihsel anlatıları birlik, homojenlik ve çizgisellik içinde olmaya zorlamış; kırılganlık, heterojenlik ve farklılıklar ile bu farklılıkların yaşadığı değişkenliği yitirmiş olur. Dil, anlatı ve kültürde bulunan simgesel anlatı yapıları tarafından yapılandırılan öznellik, kültürümüzce belirlenen kimlik kodları tarafından biçimlendirilip yapılandırılır. Konumlandırılmış ve toplumsal cinsiyet verilmiş özne, aynı zamanda kendi öznelliğini kurma peşindedir (Benhabib, 2006: 25-43). Mercan'ın zihnindeki "öteki" kadın imgesi televizyonda gördüğü kadınlar üzerinden inşa olurken, kendi kadınlığını sorgulayışı ve öznellik kurgusu hep bu kadınlar üzerinden ilerler. "Televizyonda görüyordu da; kadınlar kendilerine vakit ayırmasını biliyordu canım… Mercan da artık yalnız, karışanı görüşeni olmayan, kendinden sorumlu bir kadın olduğuna göre pekâlâ kendine vakit ayırabilirdi" (Kul, 2019: 18). Kocası gittiğinde Mercan artık sadece yalnız değil "karışanı görüşeni" olmayan, bir koca baskısını ve sorumluluğunu üstünden atmış ve artık kendine vakit ayırabilecek bir "kadın" olarak kodlanır. Fakat şöyle bir düşünür de "ne yapacaktı kendine zaman ayırıp?" ve "televizyonda gördüğü kadarıyla da, hep paraya bakıyordu kendine vakit ayırmak" (Kul, 2019: 18) O zaman daha ucuza mal edebileceği örgü işi aklına gelse de bu defa da kendi kendine sorar. Mercan ne yapacaktı ki; "Bebeği yok ki patik örsün, kocası yok ki kazak örsün; kendi kendine ördüğü en büyük çorabın kocasını göndermek olduğuna kanaat getirerek örgüyü kenara at[ar]" (Kul, 2019: 18). Zihninde giden kocası ve olmayan çocuğunun hayaliyle yaşarken gözleri tekrar televizyondaki kadınlara kayar. Arnavutköy sahillerinde, ellerinde su şişeleri, yanlarında yaşam koçları, üzerlerinde taytlarıyla yürüyüş yapan kadınlar, o da öyle olabilir miydi? "İlle Arnavutköy sahili de şart değildi" (Kul, 2019: 19). Mercan için, "Samatya sahili evine beş dakikalık yol, ama… Yaşam koçu ve eşofmanı yoktu Mercan'ın" dahası "bütün gün merdiven sildikten sonra bir de tempolu yürüyüş yapmaya, mecali yoktu Mercan'ın" (Kul, 2019: 20). Coward, "kadınlık arzularının" durmaksızın; sokakta, edebiyatta, moda dünyasında, kitaplarda, dergilerde, filmlerde ve televizyonda yaratıldığını; bu arzuların tanımlanarak kadınların uyarıldığını ve kusursuzluk vaadiyle idealleştirildiğini söyler. Bu kadınlık arzularını kışkırtmanın bir yolu da güzel bir vücuda sahip olabilmek için zayıf ve forma girmiş bir beden idealinin yaratılmasıdır. Fakat bu beden ideali aynı zamanda sınıfsal farklılıkları da görünür kılarak kendisi için para ve zaman ayırabilen kadınlarla diğer kadınlar arasına bir mesafe koyar; kadınlar arası bu farklılığı öne çıkarır (Coward, 1989). Mercan'ın televizyonda gördüğü; "elma yeniği atletli", "taytlı", "yaşam koçlu" kadınlarla arasındaki mesafe de oldukça açıktır. Dahası; "Televizyonda spor yapan kadınlar gibi sırtı elma yeniği model atletle hele ki taytla, insan içine çıkamazdı" (Kul, 2019: 19). Nihayetinde, televizyondaki kadınlarda hoş görülen bu hâl, o kadınlarla arasında sınıfsal bir fark bulunan Mercan için "garip" karşılanacak bir durumdur. Sporla da bitmiyordur, Mercan televizyonda görüyordur; "kadınlar günlerce araştırıyor, genetik haritalarını çıkarttırıyor, yağ ölçümü yaptırıyor, uzman diyetisyen eşliğinde vücut tipleri ve metabolizmalarına en uygun rejimi buluyorlardı" (Kul, 2019: 20). Bu noktada Mercan, "diyetisyene gidemese de televizyondan öğrendiği diyetlerden birini seçip uygulayabilirdi" (Kul, 2019: 20). Diyet listelerini gözden geçiren Mercan, kendine uygun bir program bulamaz gibidir. "Diyet, çeşitlilikten kaçınmayın diyordu. Bir gün tavuk yiyorsanız ertesi gün pirzola, ertesi gün balık yiyebilirsiniz. Bu diyetisyenler de, insan kilo vermek isteyince para da vermek istiyor sanıyordu herhal!" (Kul, 2019: 20) diyerek, bu düşünceden de vazgeçen Mercan, kilosunu öğrenmek için soluğu eczanede alır. Kırk sekiz kilo çıkan Mercan'a ilk uyarı orada bulunan bir başka kadından gelir; "Kadidin çıkmış be kızım. Ele gelmeyen kadının kocası ele gider" dediği an Mercan düşünür:

"Kemikleri sayılıyordu. Eh, sabah ağzına iki lokma tıkıştırıp işe git, akşama kadar merdivenleri in çık. Et tutamıyordu ki Mercan… Şöyle daha ele gelen bir kadın olsa? Kocası… Giderdi yine de. Kocası koca olaydı da, karısı evde oturtup bir sefa sürdürseydi. Mercan da kilo alır ele gelirdi. Misal Mercan'ın evde oturup hamur işi yapacak zamanı olsa, böreği poğaçayı yedikçe semirip oklavayla hamuru açarken bilezikleri etine gömüldüğünden şıkırdamaz hâle gelmez miydi? Demek işe girince bilezik de alacaktı kocası ona… sonra canı isterse rejim bile yapabilirdi" (Kul, 2019: 20).

"Kapıcılar, Gündelikçiler ve Ev Sahipleri Türkiye'de Kent Yaşamında Sorunlu Karşılaşmalar" başlıklı çalışmasında Gül Özyeğin, kadınların tüketim odaklarının artık "sınıf" ile sınırlı olmadığını, kozmetik ve güzellik ürünleri üzerinden yapılan reklamların çoğalmasıyla beraber kadına dair oluşturulan kültürel kimlik kurgusunun günden güne dönüştüğüne dikkatleri çeker. Bilhassa ev hanımlarına yönelik açılan jimnastik ve diyet merkezlerinin çoğalmasıyla kadın bedenine dair nosyonunun merkeze alınması mevzu bahistir. Bu durum da gittikçe bireyselleşen bir kadın kimliğinin varlığını ortaya koyar. Orta sınıfa mensup kadınlarının bu tür aktivitelere vakit ayırabilmeleri ise ancak ev hizmetlerinde çalışan kadınların varlığıyla gerçekleşebilir. Bu yapılanma içerinde kendilerine yer edinen kadınlar ise "geleneksel kadınlar (ev hizmetlileri)" ile "modern" kadınların arasındaki mesafeyi göstermesi açısından önemli bir yer edinir. Bu yeni "bireyselleştirilmiş" ve beden merkezli kadının sahip olduğu şartlardan mahrum olan ev hizmetlileri ise bu durumdan etkileniyordur (Özyeğin, 2017: 71). "Kadınlığın yeni biçimlerinin ve cinsiyet ile sınıfın ev hizmeti aracılığı ile ortaya konduğu yeni şekillerin meydana çıkışına bu gibi bağlamları da göz önünde bulundurarak yaklaşmalıyız" (Özyeğin, 2017: 71). Ücretli ev hizmetinin özellikle sınıf temelli kadınlıkların kuruluşundaki öneminin altını çizen Özyeğin, geleneksel kadınlarla "öteki" kadınlar arasındaki hiyerarşiye dikkatleri çeker. Bu bağlamda Mercan, televizyonda izlediği "öteki" kadınının dünyasına giremeyeceğini şu sözlerle dile getirir; "Zaten bu insanlar âleminde, organiği değer görmeyen tek şey insandı. Misal şu zenginler, Mercan'a köylü diye yüz vermezdi de işte böyle köy tavuğu buldu muydu, aman bu ne organik tavuk diye baş tacı ederdi. Mercan'ın kendi bokunu yiyen bir hayvan kadar kıymeti yoktu demek…" (Kul, 2019: 21). Aradaki hiyerarşik farkın bilincinde olan Mercan yine de umutludur, nihayetinde o da çalışan bir kadındır ve onun da sosyalleşmek hakkıdır. Kararını verir ve hafif bir makyaj yaparak Samatya Meydan'a çıkar fakat Mercan kamusal alanda yapamayacaktır, yalnız bir mekânda oturmak ona göre değildir koşar adımlarla evine gelir ve televizyonunu açar. Mercan öteki kadınlar gibi değildir; "Mercan kendine vakit ayıramazdı. Mercan kendini adamak için yaratılmıştı. Bir kocaya, bir evlada… Bakacak kimsesi olmayınca, Mercan'ın vakit ayıracak bir kendisi de kalmıyordu. Evet. Düşe kalka da olsa kendi ayakları üzerinde duran bir kadındı Mercan" (Kul, 2019: 48). Hayatını eşine ve çocuğuna adamayı öğrenmiş, bu minvalde kodlanmış bir "kadınlığı" içselleştirmiş ve bu sâiklerce hareket eden Mercan'ın bu iki varlığın elinden alınmasıyla birlikte bir "kendi" de kalmamıştır, dahası bu iki varlığın yokluğunda kendi varlığının bir kıymeti de kalmıyordur; onların yokluğuyla birlikte kendi öznelliği de silinip gitmiş gibidir. Beauvoir *İkinci Cinsiyet*'te kadının da kendi benliğini oluşturacak şartlardan mahrum bırakıldığında başka biri —erkek öznenin- ötarafından bir nesneleştirme olasılığının arttığına dikkatleri çeker. Beauvoir, sorar, ataerkil düzen kadının varlığını nasıl engelliyordur? cevabı ise nettir; içinde yaşanılan ataerkil düzen kadını, kendi varlığını kocasına ve çocuklarına adamaya zorlar. Bu sistem kadını doğduğu andan itibaren hem zihin hem de beden olarak öyle bir eğitir ve şekillendirir ki, kadın artık bu durumu, "yani ondan beklenen içkinlikte ikamet etme ve kendi varlığını erkeğe ve çocuklarına adama durumunu bir zorlama olarak yaşamayabilir" (Beauvoir, 2020: 16). Bu toplumsal şartlarda kadın artık içinde bulunduğu ezilme koşullarını ve eşitsizlikleri "doğal" olarak görür ve sorgulamaz. Nihayetinde kadın olabilmenin yolu, bir koca ve çocuk sahibi olabilmekten geçiyordu. Bunlara sahip olmayan bir kadın(lık)tan da bahsedemeyiz. Erkeğe ve çocuğuna adanmamış bir kadınlık, kendini de inşa edemiyordur ve varlığı görünmezdir. O kadar ki merdiven silmeye gittiği apartmandaki kadınlar, Mercan'ın bir çocuğu olup olmadığını bilmedikleri hâlde ona anneliği münasip görmüş, onu evli ve çocuklu bir kadın olarak tahayyül etmişler ve çocuklarına olmayan kıyafetleri onun eline tutuşturmuşlardır:

"Hâlbuki hiçbiri Mercan'ın yanında bir çocuk görmemişti. Ne elinde bir biberon ne beslenme çantası ne bugün Haydar'ın veli toplantısı var diye izin istediği bir gün… Ama Mercan konumunda bir kadının çocuğu, elbet olmalıydı. Hatta iki-üç tane olmalı, Mercan apartman silmeye geldiğinde büyük kız evde küçüklere bakmalı, çocuklar evde düşe kalka, yarı naçar büyümeli, yazları Mercan çocuklarını köye, annesinin yanına göndermeliydi. Onu statüsünde birine bu yakışırdı" (Kul, 2019: 49).

Geçimini merdiven silerek kazanan Mercan'ı tanımlayan, anlamlandıran şey yaptığı iştir. Merdiven temizlemesiyle tanımlanan, sıfatlandırılan bir kadının içinde bulunduğu "sınıfsal" kategori, onun yalnız yaşayan bir kadın olarak tanımlanmasına olanak vermez. Bu işi yapan kadın "öteki" kadınların nazarında evli ve çocuklu bir kadın olmalıdır. Onun kimliği, toplumsal yaşam içerisinde "anneliği" üzerinden tanımlanır. Mercan artık kararını vermiştir; "medet aramayacak, azıcık aş, bir başına ve kaygılı bir başa razı olacaktı" (Kul, 2019: 51) Bu noktada onun imdadına yetişecek olan şey televizyon olur. Televizyonun varlığında hayatındaki tüm yoklukları unutacak gibidir. Onunla bir hayat tahayyülü kurar ve onun yokluğunu katlanılamaz bulur. Romanın başında, "Mercan Hanım sık sık Sümbül Efendi Camii'ne gider. Neden derseniz; Mercan Hanım yalnız yatmaktadır" (Kul, 2019: 10) söylemi "Mercan Hanım sık sık Sümbül Efendi Camii'ne gider. Neden derseniz; Mercan Hanım televizyonsuz yatamamaktadır[a]" (Kul, 2019: 58) evrilir. Mercan'ın zihninde ideal bir aile olarak kurguladığı eşli ve çocuklu dünyayla televizyondaki idealize edilen dünya arasında büyük farklar vardır ama yine de o bu karşılaşmada kendine dair bir çıkarım yapma olanağı buluyordur. Kocasının ve olmayan çocuğunun yokluğunda, Mercan'ın evde nefesi de sesi de televizyon olmuştur. Televizyonu bozulduğunda servise götürür fakat servis televizyonun geri gelmesinin bir ay süreceğini söyleyince, televizyonsuz bir ayı katlanılmaz bulur ve tamirciye gider. Tamircinin hesabı da kendisine uymayınca soluğu yine Sümbül Efendi Camii'de alır:

"Allah'ım kurban olayım sen yardım et. Mercan senden ne istemişti de…Kocası dönmemiş, çocuğu olmamıştı. Allahım sen Mercan'dan ne istiyorsun? Şu hayatta bir televizyonu vardı Mercan'ın. Biraz seyredip uyuyacaktı sadece. Evde bir ses. Allahım Mercan'ın televizyondan başka kimsesi yoktu. O, bu kadarına razı olmuş, sana isyan etmemişti de… Allahım Mercan ağlıyordu. N'olur tamir olsundu televizyonu kendi kendine. Mercan dua için açtığı ellerini yüzüne sürerken parmaklarına bakıp bir durakladı. Yarım saat sonra kuyumcudaydı Mercan. Alyansını bozdurdu. Allah kimseyi televizyonuyla sınamasındı" (Kul, 2019: 60-61).

Kadın(lık) tarihi bir yerde kadını; "eş" ve "anne" rollerine sıkıştırmış, Mercan da bu toplumsal norm içerisinde adeta kendi varlığını kurmaktan öte, elinden yitip gitmiş bu iki norm çevresinde debelenip durmuştur. Her an kocasının gidişini sorgulayan, sebepler arayan, bu gidişi kendi eksikliğine bağlayan ve kocasının döneceğine dair içinde diri tuttuğu bir umutla Mercan'ı kimi zaman Aya Yorgi Kilisesi'nde adaklar adayıp mumlar yakarken, kimi zaman Erikli Baba Türbesi'nde dualar ederken buluruz;

"Sümbül Efendi Camii'nde horoz adamakla alçaktan açtığı çıta, Yuşa Baba Hazretleri'nde bir horoz daha, kocası yine dönmeyince Eyüp Sultan Hazretleri'nde koç, Telli Baba Hazretleri'nde danaya kadar yükselmişti. Ayrıca kocası döndükten sonra hamile kalırsa Erikli Baba'ya gidip, aşeren hamilelere erik dağıtacaktı. Harici günlerde de, Allahım n'olur kocam geri dönsün, aç sefil doyurma, yetimlere ellişer, öksüzlere yüzer lira verme-babasız da büyünürdü de anasız zordu zira, kimsesiz yaşlılara dağıtmak üzere erzak paketi adamaya kadar gitmişti" (Kul, 2019: 128).

Ululardan bir medet bulamayan Mercan'ı nihayetinde bir falcıda görürüz. Düşünüyordur; "Kahveyi? Acaba çok şekerli içse mi telve yoğunlaşıp fincana daha iyi tutunur da şekiller çıkar, yoksa sade olsa, telve daha çabuk akıp kocasının evine çıkan yollarını müjdeler miydi" (Kul, 2019: 107) Falcı, Mercan'a istediği müjdeli haberi vermiştir, kocası dört gün sonra evine dönecektir. Mercan, kocasının döneceği gün için hazırlıklara başlar, saçlarını boyar, makyajını yapar ve kocasını beklemeye koyulur. Ne gelen vardır ne giden… Sonrasında Mercan'ı beş katlı bir apartmanın beşinci katından başlayarak kapı önüne kadar gelen merdiven silme serüvenini ayrı başlıklar altında okuruz. Bu bölümlerde Mercan'ın zihninde ne kocası ne de olmayan çocuğu vardır, kendini tamamıyla işine vermiş görünüyordur. Her katta tekrarlanan seremoni ise sensörün sönmesi Mercan'ın eğildiği merdivenden doğrularak ayağa kalkması ve elini sallayarak sensörün yanmasını beklemesidir. "Sensör merdiven çıkanı görüyormuş. Ama yer sileni görmüyordu" (Kul, 2019: 139). Mercan'ın aşağıya doğru arka arka inerek eğilip sildiği merdivenlerde her katta durmaksızın tekrarlanır; "Işık tekrar söndü. Elini kaldırdı. Işık yanmadı. Kendini sensöre göstermek için ayağa kalktı. Işık yandı. Tekrar merdivene çöktü Mercan" (Kul, 2019: 143). Mercan tıpkı sensörün kendisini görmediği gibi toplum tarafından da görünmez bir kadındır. O apartman merdivenlerini silerek hayatını idame ettiren bir kadındır ve tıpkı üzerindeki kıyafetlerin kolektifliği gibi kadınlığı da öyledir. Bu kolektif kıyafet anlatılırken, kocasız ve çocuksuz bir kadının da ne derece görünmez olduğu imleniyor gibidir;

"Apartman silen bir kadının öyle vücudu belli edecek tayt mayt giyip dikkat çekmemesi gerekirdi. Olur da haftaya; Mercan Allah vermeye hastalansa, ah keşke arada onun yükünü alacak bir de arkadaşı olsa, Mercan'ın yerine o gelse yer silmeye, apartman sakinlerinin yeni kadına aa geçen hafta başkası vardı, sen de kimsin demeyeceği kadar fark edilmez olmalıydı Mercan. Başına bağladığı tülbenti, basma bol eteği, hatlarını belli etmeyen tişörtü ve kırmızı eldivenleri var mıydı? Vardı. Tamam, apartman silen kadındı o. Mercan fark edilmeden merdivenleri silip çıkmalıydı" (Kul, 2019: 136).

Apartman silen bir kadın olarak, işini bitirdikten sonra nasıl fark edilmeden apartmandan çıkıp gidiyorsa Mercan, fedakâr bir eş ve cefakâr bir anne kimliğini inşa edemediğinde de toplumsal alandan/kamusaldan bir "birey" ya da bir "kadın" olarak fark edilmeyecek ve kendi benliğini de inşa edemeyecektir. Kamusal alandan kovulan Mercan, evin özel alanında ise televizyonun iktidar alanına girecek, ekrandaki idealize edilmiş kadınların dünyasına hapsolurken kendi kadınlığını sorunsallaştırsa da bu ses cılız kalacaktır ve benliğini inşa edecek bir eylemi de gerçekleştiremeyecektir. Roman sona geldiğinde Mercan'ı tüm katları silmiş ve nihayetinde "kapı önü"ne geldiğini görürüz; Mercan, işini bitirmiş köpükle dolu kovayı sokağa dökmüş düşünüyordur; "Evi yıkılınca… Kocası geri dönse de Mercan'ı bulamayacaktı" (Kul, 2019: 154). Kentsel dönüşümle birlikte evin "yıkımı" bir "aile" kuramayan Mercan'ın çöküşünü imliyor gibidir. Nihayetinde evin yitimiyle gelen benliğin kaybı Mercan'ın bir fail olarak kendi benliğini inşa edemeyerek kamusal alanda da görünmez bir kadına evrildiğinin bir göstergesidir.

3. Sonuç

Roman boyunca Mercan'ın serüveni gözler önüne serilirken onun bir sanrıya dönüşen arayışının da ne denli travmatik olduğu gözlemlenir. Mercan'ın öğrendiği kadınlık eş ve anne rolleriyle tamamlanan bir mefhumdur ve kadın denildiğinde onun zihninde canlanan bir çatı altında kocası ve çocuğuyla varlık bulmuş bir kadınlıktır. Zira toplum, Mercan'ın omuzlarına iki büyük yük yüklemiştir; eş ve anne olabilmek, bunları karşılayamayan Mercan, yaşamdan da kopmuş, kendi varlığını inşa noktasında bir bocalamaya düşmüştür. Kadın kimliğinin en belirgin rolleri olarak karşımıza çıkan eş ve annelik dolayımıyla kadın üzerinde kurulan bu baskı mekanizması onun yalnızlaşmasına ve zihninde yalnızca bu iki yokluk üzerinden kurduğu bir alana hapsolmasına sebep olmuştur. Mercan durmaksızın kendiyle bir diyalog içerisindedir. Nihayetinde; insanın "kendine" temas edebilmesi için kendi kendine konuşması gerekir, fakat Mercan'daki bu iç konuşma çözüm üretmekten ya da sorunu bulmaktan ziyade bir ironiye dönüşür. Sesinde ne bir isyan ne de bir öfke vardır daha ziyade bu konuşmalar bir "sanrı" hâlini alır. Kapı kapı dolaşıp ettiği dualar, adadığı adaklar bir yerde onun kendisiyle de nasıl bir ilişki kurduğunu gösterir. Mercan'ın sesi kendisiyle diyalog kuran bir sestir fakat kendisiyle konuşan bu seste, varlık bulmuş bir "kendilik" de yoktur. Yitip giden bu seste, arayan, varlık bulmaya çalışan ve kendisini "dile getirmeye" çabalayan bir kadının serancamı vardır. Adeta özne kendini yitirmiş, bir boşlukta ve umutsuzca debeleniyor gibidir. Mercan, kendi yaşamını inşa eden bir karar merci değildir. Hayatının merkezinde kendisi yok gibidir; dahası Mercan adeta o merkezden tasfiye edilmiştir. Bu tasfiye evin yitimiyle de özellikle vurgulanır. Mercan'ın kendi benliğini inşa etmeye çalıştığı evi, kentsel dönüşümle yıkılırken zihninde yine eve dönmeyen kocası vardır ve kocası dönse de artık onu bulamayacaktır. Nihayetinde bu düşünce Mercan'ı ziyadesiyle rahatsız ederken toplumsal normlar onun kendi benliğini de inşa etmesine izin vermez. Eşi ve çocuğu olmadığı için kendini hep eksik ve yarım hisseden Mercan, kendi üzerine ve kendi hakkında konuşamayarak varlığını inşa edemez.

Kaynakça

Beauvoir, S. (2020). *İkinci Cinsiyet I.* (Çev.) Gülnur Acar Savran, İstanbul: Koç Üniversitesi Yayınları.

Benhabib, S. (2006). "Feminizm ve Postmodernizm: Huzursuz Bir ittifak", Seyla Benhabib, v.d., *Çatışan Feminizmler Felsefî Fikir Alışverişi.* (Çev.) Feride Evren Sezer. İstanbul: Metis Yayınları.

Bora, A. (2018). *Kadınların Sınıfı Ücretli Ev Emeği ve Kadın Öznelliğinin İnşası.* İstanbul: İletişim Yayınları.

Butler, J. (2005). *İktidarın Psişik Yaşamı,* (Çev). Fatma Tütüncü. İstanbul: Ayrıntı Yayınları.

Butler, J. (2014). *Cinsiyet Belası,* (Çev). Başak Ertür. İstanbul: Metis Yayınları.

Coward, R. *Kadınlık Arzuları.* (Çev.) Alev Türker. İstanbul: Ayrıntı Yayınları.

Davidoff, L. (2016). *Feminist Tarihyazımında Sınıf ve Cinsiyet,* (Çev.) Zerrin Ateşer, Selda Somuncuoğlu. (Haz.) Ayşe Durakbaşa. İstanbul: İletişim Yayınları.

Direk, Z. (2028). "Hakların Öznesi Olmak Paul Ricouer'de Kırılganlık ve Özerklik", *Cinsel Farkın İnşası Felsefî Bir Problem Olarak Cinsiyet,* İstanbul: Metis Yayınları.

Özman, A. (2020). "Muhafazakâr Kadınların Tahayyülüde "Kadın(lık): Analık, Aile ve Eşit(siz)lik Üzerine". *Modern Türkiye'de Siyasî Düşünce Feminizm.* İstanbul: İletişim Yayınları.

Özyeğin G. (2017). "Kapıcılar, Gündelikçiler ve Ev Sahipleri Türkiye'de Kent Yaşamında Sorunlu Karşılaşmalar". *Kültür Fragmanları Türkiye'de Gündelik Hayat.* (Haz.) Deniz Kandiyoti, Ayşe Saktanber. İstanbul: Metis Yayınları.

Şahiner, S. (2019). *Kul.* İstanbul: Everest Yayınları.

A FEMINE PERSPECTIVE IN GRAPHIC DESIGN REFLECTED IN TYPOGRAPHY: PAULA SCHER

GRAFİK TASARIMDA TİPOGRAFİYE YANSIYAN KADINSAL BİR BAKIŞ AÇISI: PAULA SCHER*

Rumeysa Zeynep Araçlı Dursun[1] ve Uğur Bakan[2]

Öz

Grafik tasarımın bel kemiği olan ve Gutenberg'in temellendirdiği tipografi, 20. yüzyıldaki modernist eğilimlerle farklı bir bakış açısı kazanmıştır. 19. yüzyılda gerçekleşen sanayi devriminin etkilerinin bir sonucu olarak sanata ve tasarıma sorgulayıcı bir tutumla birlikte yaklaşan sanatçılar, daha estetik, deneysel ve yenilikçi tasarım arayışına girmişlerdir. Bu dönem grafik tasarım açısından da oldukça önemli gelişmeleri beraberinde getirmiştir. Tasarım yönünü geleneksellikten uzaklaştırmıştır. Grafik tasarımdaki gelişim sürecinin seyrini değiştirerek biçimsel ve içeriksel anlamda değişiklikler yaşamasına neden olmuştur. Sanatçılarda daha estetik bir düşünce biçimiyle hareket ederek eserlerini oluşturmuşlardır. Bu sanatçılardan biri olan ve 90'lı yıllarda kendini gösteren Paula Scher, Ellen Lupton tarafından "gezegendeki en etkili kadın grafik tasarımcı" olarak anılmaktadır. Paula Scher, tasarımlarında yer alan etkileyici tipografik kullanımları sayesinde yeni bir tasarım algısı oluşturmuştur. Scher, renkli, sınır tanımayan ve mimari alanları dahil ettiği çalışmaları ile ön plana çıkmaktadır. Scher, mimari ile grafik tasarımı birleştirerek devrim niteliğinde bir tasarım algısı oluşturarak gözleri üzerine çekmeyi başarmıştır. Paula Scher'ın bu özgün bakış açısı, tasarım algısını yenilikçi bir biçimde yeniden ele alarak değerlendirmektedir.

Bu araştırmanın spesifik amacı; grafik tasarımın bir parçası haline gelen tipografi tasarımının modern dönemdeki değişimi ele alınmasıdır. Tipografi, deneysel olarak ve estetik açıdan yenilikçi bir biçimde değerlendirilmiştir. Bu alanın öncül isimlerinden biri haline gelmiş olan Paula Scher'ın tipografi tasarımına olan yenilikçi yaklaşımlarına

---
* Grafik Tasarımda Tipografiye Yansıyan Kadınsal Bir Bakış Açısı: Paula Scher*
[1] Arş. Gör., İzmir Katip Çelebi Üniversitesi, Görsel İletişim Tasarımı Bölümü, rumeysazeynep.aracli.dursun@ikc.edu.tr, ORCID: 0000-0003-0656-415X
[2] Doç. Dr., İzmir Katip Çelebi Üniversitesi, Görsel İletişim Tasarımı Bölümü, ugur.bakan@ikcu.edu.tr, ORCID: 0000-0001-7302-9398

odaklanarak detaylı bir inceleme gerçekleştirmek ve alana olan katkılarını ele alarak irdelemektir.

Anahtar kelimeler: Paula Scher; tipografi; grafik tasarım; kadın; kadın grafik tasarımcı; modern grafik tasarım

Abstract

Typography, the backbone of graphic design and founded by Gutenberg, gained a different perspective from the modernist trends in the 20th century. As a result of the effects of the Industrial Revolution that took place in the 19th century, artists who approached art and design with a questioning attitude began to seek more aesthetic, experimental, and innovative designs—this period also brought about very important developments in terms of graphic design. It distanced the design aspect from traditionalism. It changed the course of the development process in graphic design and caused it to experience changes in terms of form and content. Artists also created their works by acting with a more aesthetic way of thinking. Paula Scher, one of these artists who showed herself in the 90s, is referred to as "the most influential female graphic designer on the planet" by Ellen Lupton. Paula Scher created a new design perception thanks to the impressive typographic uses in her designs. Scher stands out with her colorful, limitless, and architectural works. Scher attracted attention by creating a revolutionary design perception by combining architecture and graphic design. This unique perspective of Paula Scher evaluates the perception of design by reconsidering it innovatively.

This research aims to examine the change in typography design, which has become a part of graphic design, in the modern period. Typography has been evaluated experimentally and innovatively in terms of aesthetics. It will conduct a detailed examination by focusing on the innovative approaches of Paula Scher, who has become one of the pioneers of this field, to typography design and examine her contributions to the field.

Keywords: Paula Scher; typography; graphic design; woman; female graphic designer; modern graphic design

1. Giriş

Yazı, İlk Çağlarda mağara duvarlarındaki resimlerken zaman içerisinde iletişimin temelini oluşturan harflere, rakamlara ve sembollere dönüşmüş ve bilgiyi kayıpsız şekilde nesillere aktarılabilinmesini sağlamıştır. İletişim için oldukça önemli olan bu işaretler yazıya ses veren ve onun görsel özelliklerini bulunduran tipografiyi oluşturmaktadır (Mazlum, 2017:226). Tipografi, grafik tasarımda temel bir unsuru olarak mesajların iletilmesinde ve izleyicide duyguların uyandırılmasında önemli bir araç olarak hizmet etmektedir. Yazılı dili okunaklı, okunabilir ve görüntülendiğinde çekici kılmak için yazı düzenleme sanatı ve tekniğini içermektedir. Yazı karakterleri bir dizi karakterin farklı tasarımlarıdır, yazı tipleri ise bir yazı tipi ailesi içindeki belirli stilleri ve ağırlıkları ifade etmektedir. Tipografi, harfleri ve kelimeleri en iyi şekilde düzenleme veya uygulama sanatıdır (Harkins, 2010:8). Tipografi, yazı karakterlerinin, yazı tiplerinin ve düzenlerin seçiminin yanı sıra boşluk, hizalama ve vurgu gibi tipografik unsurların kullanımı da dahil olmak üzere çeşitli yönleri kapsamaktadır. Hizalama, kontrast ve tekrarlama gibi tipografi ilkeleri, tasarımcılara görsel olarak ilgi çekici kompozisyonlar oluşturmada rehberlik etmektedir. Tipografi, editoryal tasarım, reklamcılık, markalaşma ve ambalajlama gibi çeşitli tasarım bağlamlarında kullanılır ve grafik tasarım pratiğindeki çok yönlülüğünü ve önemini göstermektedir.

Tipografi sadece doğru yazı tipini seçmekle ilgili değildir; harf biçimlerinin, boşlukların ve hizalamanın nüanslarını anlamakla ilgili tasarımın önemli bir alanı olarak kabul edilmektedir. Bu unsurlar, bir mesajı etkili bir şekilde iletmek için gerekli olan okunaklı ve görsel olarak çekici bir metin oluşturmak için birlikte çalışmaktadır. Geçmişi yüzyıllar öncesine dayanır ve el yazmalarından dijital yazı tiplerine kadar evrim geçirmiştir. Tasarımcılar genellikle tipografi ile deneyler yapar ve geleneksel tasarımın sınırlarını zorlamak için tipografik illüstrasyon, kinetik tipografi ve deneysel yazı karakterleri gibi yenilikçi teknikleri keşfetmektedir. Bu yenilik, dijital tasarımda dinamik ve ilgi çekici tipografi için yeni olanaklar yaratmıştır. Bir diğer trend ise daha sürükleyici deneyimler yaratmak için tipografinin görseller ve videolar gibi diğer tasarım unsurlarıyla entegre edilmesi. Tasarımcılar ayrıca, duyguları ve mesajları daha etkili bir şekilde iletmek için tipografiyi daha etkili bir biçimde kullanmaktadır. Görünümünü ve etkileyiciliğini artırmak için yenilikçi davranmaktadırlar. Artık tipografi sadece harflerin yalnız sözcüklerde, satırlarda ve sayfalarda düzenlenmesi değil aynı zamanda bir mesaj verebilmek için birçok estetik çözüme sahip bir sanat haline gelmiştir (Becer 2010:233-235). Dijital çağda tipografi, web tasarımı, mobil uygulamalar ve interaktif medya da dahil olmak üzere dijital medyada yeni bir önem kazanmıştır. Gelişen yeni araçlar ve teknolojiler tipografiyi daha erişilebilir ve özelleştirilebilir hale getirerek tasarımcıların yazı ile yeni yollar denemesine ve yenilikler yapmasına olanak tanıyacaktır. Genel olarak, grafik tasarımda içerisindeki tipografi yaratıcılık gösterme, aktarma ve ifade etme anlamında sonsuz olanaklar sunmaktadır. Grafik tasarımın temelinde yer alma durumunu daha da güçlendimektedir.

Paula Scher, tipografiyi grafik unsurlarla kusursuz bir şekilde harmanlayan devrim niteliğindeki tasarım yaklaşımıyla tanınan, tipografi dünyasının önde gelen isimlerinden biri olarak kabul edilmektedir. Paula Scher'in tipografisi cesurluğu, yaratıcılığı ve yenilikçi yaklaşımıyla öne çıkmaktadır. Scher, kariyeri boyunca geleneksel tipografinin sınırlarını zorlamış, tasarımda yazıyı nasıl algıladığımızı ve kullandığımızı yeniden tanımlamıştır. Çalışmaları, tipografinin salt iletişimin ötesine geçme ve kendi başına bir görsel ifade biçimi haline gelme gücünü özetlemektedir. Scher'in tarzı, genellikle elle boyanmış harfler, etkileyici tipografi ve dinamik kompozisyonlar içeren cesurluğu ve canlılığıyla karakterize edilmektedir. Scher, tipografi ve illüstrasyon arasındaki çizgileri bulanıklaştırarak tasarımlarına sıklıkla elle çizilmiş unsurları dahil etmektedir. Bu çalışmalar, tipografinin yalnızca bir iletişim aracı değil, aynı zamanda duygu uyandırabilen, anlam aktarabilen ve dünyayı görme biçimimizi dönüştürebilen başlı başına bir sanat formu olduğunu hatırlatmaktadır. Çalışmaları, markalaşma ve reklamcılıktan çevresel grafiklere ve tipografi tabanlı sanat eserlerine kadar birçok projeyi kapsamaktadır. Scher'in tipografiye getirdiği benzersiz bakış açısı onu bu alanda bir öncü haline getirmiş ve sayısız tasarımcıya yazıya yaklaşımlarını ve görsel iletişimdeki rolünü yeniden düşünmeleri için ilham vermiştir. Scher'in tipografiyi deneme konusundaki istekliliği, dünya çapında tasarımcıların çalışmalarını etkileyerek yeni stil ve yaklaşımların geliştirilmesine yol açmıştır. Bu çalışma, literatür taraması sonucunda elde edilen veriler ışığında hazırlanmıştır. Elde edilen bilgiler incelenmiş ve bir dizi örnek çalışma aracılığıyla Paula Scher'in tipografi tarzının özellikleri ele alınmıştır. Scher'in tipografik çalışmalarını daha geniş bir pencereden inceleyen bu çalışma, tipografinin grafik tasarımdaki rolünü, sınırlarını, yeniliklerini ve güncel tasarım algılarını tanımlayarak anlaşılmasına katkı sağlamaktadır.

2. Grafik Tasarım Öğesi Olarak Tipografinin Varoluşu ve Gerekliliği

Görsel iletişimin temel bir unsuru olan tipografi, teknolojik gelişmeler, kültürel etkiler ve sanatsal yeniliklerle şekillenerek yüzyıllar boyunca dikkate değer bir evrim geçirmiştir. Kökenleri, yazılı iletişimin ilk biçimlerinin piktogramlar ve ideogramlar şeklinde ortaya çıktığı eski uygarlıklara kadar uzanmaktadır. Yazılı iletişimden ayrılamaz bir sanat formu olan tipografi, başlangıcından bu yana derin bir evrim geçirmiştir. Kökleri, sembolik yazıtların daha yapılandırılmış yazı sistemlerine dönüştüğü Mezopotamya ve Mısır gibi eski uygarlıklara kadar uzanmaktadır (Bringhurst, 2004: 10). Ancak, tipografide devrim yaratan ve kitle iletişiminin önünü açan esas gelişme 15. yüzyılda Johannes Gutenberg'in hareketli tip matbaayı icat etmesi olmuştur (Eisenstein, 2012: 178). Gutenberg'in matbaası, metnin verimli bir şekilde çoğaltılmasını sağlayarak bilgiye erişimi demokratikleştirmiş ve Rönesans ve sonrasında fikirlerin yayılmasını hızlandırmıştır. Gutenberg'in icadı, kitap ve broşürlerden gazete ve posterlere kadar basılı materyallerin seri üretimini mümkün kılmıştır. Gutenberg'in matbaası sayesinde basılı materyallerin çoğalması sadece okuryazarlık oranlarını hızlandırmakla kalmadı, aynı zamanda tipografik tasarımın ayrı bir disiplin olarak gelişmesini de teşvik etmiştir. Tarih boyunca tipografi, ortaçağ el yazmalarının kaligrafik yazılarından 20. yüzyıl avangardının modernist deneylerine kadar çeşitli kültürel, teknolojik ve sanatsal etkilere uyum sağlamıştır. Tasarımcılar ve matbaacılar okunabilirliği artırmak, duyguları aktarmak ve görsel ilgi yaratmak için farklı yazı karakterleri, düzenler ve tipografik teknikler denemişlerdir (Bringhurst, 2004: 50). Yüzyıllar boyunca tipografi, tezhipli el yazmalarının zarif kaligrafisinden modern çağın şık dijital yazı tiplerine kadar baskı teknolojisindeki ilerlemelerle birlikte gelişmeye devam etmiştir. Her tarihsel dönem, kültürel tercihler, estetik duyarlılıklar ve teknolojik yeteneklerdeki değişimleri yansıtarak tipografiye damgasını vurmuştur. Grafik tasarımın 19. yüzyılın sonlarında ve 20. yüzyılın başlarında bir meslek olarak ortaya çıkması, font psikolojisinin tasarım pratiğindeki önemini daha da pekiştirmiştir (Heller & Chwast, 2012: 94). Bauhaus ve İsviçre Stili gibi tasarım hareketleri tipografide netlik, sadelik ve işlevselliği vurgulayarak modern tasarım ilkelerinin temelini atmıştır (Hollis, 2002: 143). Günümüzde tipografi, grafik tasarımın hayati bir bileşeni olmaya devam etmekte ve çeşitli medya formatlarında anlam iletmek, algıları şekillendirmek ve görsel iletişimi geliştirmek için güçlü bir araç olarak hizmet vermektedir. Günümüzde dijital tipografi, yazı karakteri yaratma, düzen ve etkileşim için sınırsız olanaklarla tasarımın sınırlarını zorlamaya devam etmektedir.

Tipografi yalnızca bilgi aktarmak için kullanılan faydacı bir araç değildir; anlam ileten ve duygular uyandıran görsel bir dili ifade etmektedir. Tipografi iletişimde çok önemli bir rol oynar ve yazılı dil ile görsel ifade arasında bir köprü görevi görmektedir. Yazı karakteri seçiminden mizanpaj tasarımına kadar her tipografik unsur, bir parçanın genel mesajına ve tonuna katkıda bulunmaktadır (Bringhurst, 2004: 17). Yazı karakteri seçimi, yazı tipi boyutu, boşluk ve düzen, bir metnin genel okunabilirliğine, okunaklılığına ve estetik çekiciliğine katkıda bulunarak izleyici tarafından nasıl algılandığını ve anlaşıldığını etkilemektedir (McLeod, 2010: 115). Serif yazı tipleri, dekoratif vuruşlarıyla genellikle bir gelenek ve zarafet duygusu taşken, bu özelliği onları resmî belgeler veya edebi eserler için uygun hale getirmiştir. Buna karşılık, temiz çizgileri ve modern estetiğiyle sans-serif yazı tipleri basitlik ve netlik hissi vererek çağdaş tasarım bağlamlarında popüler hale gelmiştir (Spiekermann & Ginger, 2003: 42; Smith, 2006: 55). Ayrıca, yazı tipi boyutu, ağırlığı ve rengindeki varyasyonlarla elde edilen tipografik hiyerarşi, okuyucunun gözünü yönlendirerek önemli bilgileri vurgulamaktadır (Lupton & Phillips, 2014: 78; McCloud, 2018: 34). Tipografik hiyerarşi, anahtar kelimeleri veya ifadeleri stratejik olarak vurgulayarak anlamaya yardımcı olarak genel bilgi akışını geliştirmektedir. İster basılı ister dijital medyada olsun, tipografi algıları şekillendirmek, duygusal tepkiler ortaya çıkarmak ve gönderici ile alıcı arasında anlamlı iletişimi teşvik etmek için güçlü bir araç olarak hizmet etmektedir. Bu tipografik hususlar, iletişim sürecini şekillendirmede, etkili bilgi aktarımını kolaylaştırmada ve izleyicinin katılımını ve kavrayışını artırmada hayati önem taşımaktadır.

Tipografinin bilişsel süreçler ve algılar üzerindeki psikolojik etkisi, psikoloji ve tasarım alanlarında kapsamlı araştırmalara konu olmuştur. Yazı tipi psikolojisi çalışmasının tipografi ve grafik tasarım tarihinde derin kökleri bulunmaktadır. Yüzyıllar boyunca tasarımcılar ve tipograflar algıları şekillendirmede, anlam aktarmada ve davranışları etkilemede yazı tiplerinin öneminin farkına varmışlardır. Yazı tipi stili seçimi, algıların şekillendirilmesinde ve tasarımda anlamın aktarılmasında önemli bir rol oynamaktadır. Farklı yazı tipi stilleri izleyicilerde farklı psikolojik tepkiler uyandırmaktadır. Tipografi okuduğunu anlamayı, dikkati ve hafızada tutmayı etkileyebilmektedir (Bernard, Lida ve Riley, 2008: 920). Örneğin, çalışmalar okuyucuların okunaklı bir yazı tipinde sunulan bilgileri daha az okunaklı yazı tiplerine kıyasla daha inandırıcı ve güvenilir olarak algılama eğiliminde olduklarını göstermiştir (Bernard vd., 2008: 923). Dahası, tipografi duygusal tepkiler uyandırabilir ve marka çağrışımlarını şekillendirebilmektedir. Kalın, büyük harf kullanımı aciliyet veya önem hissi uyandırabilirken, daha yumuşak, yuvarlak yazı tipleri sıcaklık ve ulaşılabilirlik duyguları uyandırmaktadır (Lidwell, Holden ve Butler, 2010:

111). Daha sıkı karakter aralığı daha yoğun, daha kompakt bir görünüm yaratırken, daha gevşek karakter aralığı okunabilirliği ve görsel netliği artırır (Ballew & Springer, 2019: 31). Bir yazı tipinin dokusu ve ağırlığı dokunsal hisler ve duygusal tepkiler uyandırabilir; daha ağır ağırlıklar sağlamlık ve güç, daha hafif ağırlıklar ise incelik ve ferahlık ifade etmektedir (Kirkpatrick, 2012: 43).

Yazı tipi stili ve tipografik vurgunun yanı sıra renk de yazı tipi psikolojisi ve görsel iletişimde önemli bir rol oynamaktadır. Farklı renkler belirli duygusal tepkiler ve çağrışımlar uyandırarak metnin izleyiciler tarafından nasıl algılandığını ve yorumlandığını etkilemektedir (Chaparro & Bengochea, 2018: 90). Örneğin, kırmızı ve turuncu gibi sıcak renkler enerji, tutku ve aciliyet ifade ederken, mavi ve yeşil gibi soğuk renkler sakinlik, güven ve profesyonellik çağrıştırmaktadır (Stone & English, 1998: 82). Tasarımcılar, renk paletlerini stratejik olarak seçerek ve renk psikolojisi ilkelerini tipografiye dahil ederek görsel olarak ilgi çekici ve duygusal olarak yankı uyandıran tasarımlar oluşturabilmektedir. Başlıca yazı tipi stilleri ve tipografik vurgu tekniklerine ek olarak, tasarımda benzersizlik ve görsel etki yaratmak için birkaç ek yazı tipi özelliğinden daha yararlanılabilmektedir.

Yazı tipleri markanın kişiliği, değerleri ve ses tonu hakkında güçlü mesajlar iletmektedir. Markalar, tipografik seçimlerini hedef kitleleriyle ve marka kimlikleriyle uyumlu hale getirerek güçlü bir izlenim yaratabilir ve hatırlanabilirliği artırabilmektedir. Örneğin, lüks markalar genellikle zarif, sofistike bir imajı iletmek için ince serif yazı tiplerini tercih ederken, teknoloji markaları yeniliği ve modernliği ifade eden temiz, modern sans-serif yazı tiplerine yönelebilmektedir (Brumberger, 2003: 213). Yazı tipi psikolojisi, sadece estetik açıdan hoş olan tasarımlar yaratmanın ötesine geçmektedir; tasarımcıların insan psikolojisi ve algıların nüanslarını anlamasını gerektirmektedir. İnsanların nasıl düşündüğünü, hissettiğini ve davrandığını anlayarak, bilinçli yazı tipi seçimleri, görsel deneyimi geliştirmek, izleyicilerde istenen duygusal tepkileri uyandırmak ve etkili bir şekilde iletişim kurmak için kullanılabilir. Yazı tipi psikolojisi, bir tasarımın izleyiciyle nasıl etkileşime geçtiğini etkileyerek tasarım kararlarını bilgilendirebilmektedir. Bir tasarımda kullanılan yazı tipi izleyiciye bir mesaj iletebilmekte, bir duygu uyandırabilmekte ve bir çağrışım yaratabilmektedir. Yazı tipleri bir markanın ses tonunu ve kişiliğini iletmeye yardımcı olurken, yazı tipi psikolojisi, bir tasarımın temel amacına ulaşmasını sağlamaktadır (Brumberger, 2003: 215).

3. Teknolojik Gelişmeler ve Tipografi: Dijital Platformlara Uyum Sağlamak

Dijital devrim, tipografiyi önemli ölçüde etkilemiş ve tasarımcılar için yeni olanaklar, kolaylıklar ve zorluklar ortaya çıkarmıştır. Web siteleri, mobil uygulamalar ve e-kitaplar gibi dijital platformların yükselişiyle birlikte tipografi, ekran tabanlı iletişimin taleplerini karşılayacak şekilde adapte olmuştur. Dijital tipografide yeni bir yenilik olan değişken fontlar, tasarımcılara font özelleştirme konusunda benzeri görülmemiş bir esneklik ve kontrol sunarak ağırlık, genişlik ve stilde dinamik ayarlamalar yapılmasına olanak tanımaktadır (McNeil, 2017: 64; Krug, 2014: 101). Yazı tipleri farklı cihazlarda ve ekran boyutlarında okunabilir ve erişilebilir olmalı, böylece tüm kullanıcılar için tutarlı ve kullanıcı dostu bir deneyim sağlanması gerekmektedir (Krug, 2014: 113; Horton, 2013: 92). Ayrıca, tasarımcılar çeşitli tarayıcılar ve platformlar arasında uyumluluk ve tutarlılık sağlamak için web güvenli yazı tiplerine öncelik vermeli veya web yazı tipi hizmetlerini kullanmalıdır (Horton, 2013: 96; Van Gaalen, 2015: 78). Bununla birlikte, dijital platformların yaygınlaşması tipografik tutarlılık, erişilebilirlik ve telif hakkı ihlali ile ilgili endişeleri de beraberinde getirmiştir (Lam, 2018: 84). Tasarımcılar, kullanıcı deneyimlerini geliştirmek ve giderek dijitalleşen dünyada etkili bir şekilde iletişim kurmak için dijital tipografinin sağladığı yaratıcı olanaklardan yararlanırken bu zorlukların üstesinden gelmelidir.

Kullanıcı deneyimi (UX) tasarımında tipografi, sezgisel ve ilgi çekici dijital arayüzler oluşturmada çok önemli bir rol oynamaktadır. Net ve okunabilir tipografi, erişilebilirliği ve kullanılabilirliği artırarak kullanıcıların içerikte zahmetsizce gezinmesine olanak tanımaktadır (Krug, 2014: 117). Tasarımcılar, kullanıcıların dikkatini yönlendirmek ve önemli bilgileri vurgulamak için tipografik hiyerarşi, renk kontrastı ve boşluklardan yararlanmaktadır (Saffer, 2016: 112). Dahası, tipografi görsel hiyerarşi oluşturarak içerik öğelerinin göreceli önemini aktarır ve bilgi erişimini kolaylaştırır (Donnelly, 2019: 44). Araştırmalar, iyi tasarlanmış tipografinin kullanıcı memnuniyetini ve görev performansını artırarak daha yüksek katılım ve elde tutma oranlarına yol açtığını göstermiştir (Nielsen, 2012: 88). Ayrıca, yazı tipi boyutu, satır uzunluğu ve boşluk gibi hususlar, görme bozukluğu veya okuma engeli olan kullanıcılar için okunabilirliğe ve okunaklılığa katkıda bulunmaktadır (Billette, 2017: 22). Dolayısıyla tipografi, UX tasarımının temel bir bileşeni olarak hizmet vermekte, genel kullanıcı deneyimini ve dijital ürün ve hizmetlerle etkileşimi şekillendirmektedir. Dijital tipografide yeni bir gelişme olan değişken fontlar, tasarımcılara yazı karakteri özelleştirme ve yanıt verme üzerinde benzeri görülmemiş bir kontrol sunmaktadır (McNeil, 2017: 68). Ayrıca, yapay zeka (AI) ve makine öğrenimindeki gelişmeler, otomatik yazı tipi oluşturma ve metin düzeni optimizasyonunu mümkün kılarak tasarım sürecini kolaylaştırmakta ve yaratıcı olasılıkları genişletmektedir (Huang vd., 2018: 143). Ancak bu gelişmeler, algoritmik tasarımda önyargı ve fikri mülkiyet hakları gibi etik hususlarla ilgili zorlukları da beraberinde getirmektedir (Bullough & Kleinsmith, 2015: 71). Dahası, tasarımcılar yenilik ve gelenek arasındaki gerilimle boğuşmalı, deneyselliği okunabilirlik, okunaklılık ve estetik çekicilik gibi zamansız ilkelerle dengelemelidir (Bierut, 2015: 52).

4. Modernizm Sürecinde Tipografinin Yöneldiği Yenilikçi Yaklaşım

Tipografi, 20. yüzyılda gerçekleşen sanat ve tasarım alanındaki yeniliklerin bir sonucu olarak farklı anlayışa sahip olarak ilerlemeye devam etmiştir ve tüm estetik değerlerinden ve işlevselliğinden ödün vermeden geleneksellikten biraz daha ayrışarak özgürleşme yoluna geçmiştir. Teknolojinin olağanüstü değişim hızını ve toplumsal etkilerini yansıtmaya çalışan birbirleriyle bağlantılı pek çok sanat akımı ortaya çıkmıştır (Sunay, 2017:10). Eski tipografi biçiminin içerik ve biçim bakımından ele alınarak tasarlandığı, tırnaklı karakterlerin ve süslemelerin kullanıldığı ve işlevselliğin geri planda kaldığı düşüncesiyle hareket edilmiş ve tipografinin gelişimi üzerine çabalar gerçekleştirilmiştir. Tipografinin daha özerk, deneysel ve kavramsal olduğu bu dönemde modern ya da çağdaş olarak adlandırabileceğimiz bu yenilikçi tipografi anlayışı, akımlar ve farklı anlayışlarla iç içe geçerek etkilenmiştir. Bunların başlarında Fütürizm, Konstrüktivizm, Bauhaus, Dadaizm, De Stijl gibi akımlar gelmektedir. Fütüristler, Dadacılar ve Konsrüktivistlerin başını çektiği erken modernist sanatçılar tipografinin rotasını yaratıcılığa ve deneyselliğe çevirmiş; böylelikle tipografi giderek görsel ifadesini kendi başına oluşturabilen etkili iletişim araçlarından birisi haline dönüştürmüştür (Becer, 2010:10). Bu akımlar sayesinde modern tipografi belli kavramlara yer vererek tasarımlarda farklılıklar oluşturmaya başlamıştır. 20. yüzyıl başlarında yazılı sözcüklere dışavurumcu özellikler eklenmeye başlamış; Fütürizm De Stij, Dadaizm, Süprematizm ve Konstrüktivizm gibi akımlar tipografiyi anlam-biçim ilişkilerine dayalı bir sanat dalı haline getirmiştir (Becer, 2010:6). Fütürist etkilerin tipografi üzerindeki etkinliğinin yoğun olması nedeniyle tipografi durağan, tek düze ve geleneksel anlayışından sıyrılarak deneysel ve kavramsal bir anlayışa bürünmeye başlamıştır. Deneysel tipografi de tipografik elemanların kullanımı sonsuz bir ifade yeteneğine sahip olmaktadır. Tekdüzeliğe karşı gelinen bu deneysellikte, harflerin formlarında farklılıkla gözlemlenebilmekte ve soyut bir anlayış gözlenebilmektedir. Deneysel tipografi geleneksel tipografinin sınırlarını yıkarak farklı yazılı anlatım formlarını kullanmakta ve tipografiye yeni bir boyut kazandırmaktadır (Okur, 2003:36). Deneysel tipografide çalışmalar genellikle yapıbozumcu bir anlayışla oluşturulmaktadır ve biçimlerinde farklılıklar gözlemlenmektedir. Bu sayede okunurluktan ziyade harfler ve sözcükler daha çok bir tasarım öğesi olarak ele alınarak görevlendirilmiştir. Deneysel tipografi de metnin bu okunurluk ve bilgi aktarım durumunun göz önüne gelmemesi, metnin görsel açıdan temsil edilmesi ve yorumlanması için oldukça önemli olmaktadır. Bu sayede harfler özgürleştirilerek ortaya konmaktadır. Etkileyici deneysel tipografik çalışmalarda harflerin formu ve fiziksel özellikleri çok önemlidir (Namoo, 2015:204). Kavramsal tipografinin ise 20. yüzyıl'dan önce tohumları atılmış olsa da gerçek anlamda ilk uygulamaları Fütürizm ile olmuştur (Sarıkavak, 2013:27; Meggs, 1993:278). Fütürist sanatçılar genellikle, tipografi anlayışının gelenekselliğinden öte daha yenilikçi olmayı amaçlamışlardır. Fütüristler, tipografide biçimin içerik üzerinde yoğunlaşması gerektiğini savunuyordu (Spencer, 1990:15). Geleneksel anlayışta okunurluğun ön planda olması sağlanırken bu yenilikçi dönemde sözcükler ya da yazılar artık sadece birer tasarım öğesi niteliği taşıyarak içeriği daha iyi yansıtmaktadır. Fütürizmle birlikte 'serbest tipografi' ve 'özgürlüğüne kavuşan sözcükler' adları altında basılı sayfada yeni ve resimsel nitelikli tipografik bir tasarım doğmuştu (Bektaş, 1992: 43-44). Sanatçılar bu bakımdan tipogafinin biçimsel olarak yeniden değerlendirilmesi ve içerik ile birlikte tekrardan yorumlanmasını sağlayarak görsel birer imge olarak kullanmaktaydılar. Fütüristlerin eserlerinde hız ve ses gibi kavramların ortaya çıkması ile tasarımlarda boyutsal anlamda değişimler meydana gelmektedir. Farklı perspektifler ve hareketsel ifadeleri kullanarak zamansal anlamda bir çağrışımda bulunmuşlardır. Hatta tasarımlarda kullanılan tekrar da bunu sağlamaktadır. Bunun yanı sıra büyük ve küçük kullanımı bazen de kelimeleri bulanıklaştırma durumu tasarımları oluştururken dinamik bir yaklaşım sağlamaktadır. Modern dönemde gelişen tipografi artık işlev ve estetikten çok daha fazlasına ihtiyaç duymaktadır. Ayrıca içerik ve ifade üzerinde de gerçekleşen bu gelişmelerle bir tasarımda yer alan harfler, kelimeler ve cümleler artık yalnızca yazı olarak adlandırılmadan içeriğin bir ifadesi görevine gelmiş ve alışılan dizgi mantığından uzaklaşarak biçimlendirilmiştir. Bunun eserlerde görselleştirme olarak yansıması devrim niteliğinde bir girişim olmaktadır. Metin ve imgeyi görsel olarak zorlu tipografik kompozisyonlara kaynaştırma girişimi, fütürizm, Dadaizm ve hatta yapılandırmacılığın dahil olduğu her tipografik sanatın ilham kaynağı oldu" (Hillner, 2009: 12). Fütürizm ile tipografi aslında sözel bir ifade biçimi olmanın dışında görsel bir anlatım tarzı oluşturmaktadır.

Görsel 1. Ardengo Soffici, Tipografi, 1915.

Fütürizmden sonra Dada akımı da kavramsal anlamda tipografiyi ele almıştır. Dada akımının sanatçıları da tipografiyi görsel bir eleman olarak nitelendirerek kullanmaktadırlar. Dada akımı sanatçıları, tipografik elemanları görsel anlamda estetik bir biçimde kullanmışlardır. Yazıyı yazı özelliğinden ayrıştırarak bir imge bir öge gibi niteleyerek kullanmışlardır. Harflerle görsel anlamda fomlar oluşturmuşlardır. Dada tipografi de farklı karakter biçimleri ve çizgi boyutları kullanmaktadır. Yüzeyler ve dekoratif noktalamalar ile beraber dada gravür gibi teknikleri kullanmaktadır. Bu bir karşı duruş oluşturmanın yanı sıra aynı zamanda da sözcüklerle iletilmek istenen anlamı güçlendirmektedir. Tipografi de asimetrinin, yazı bloklarında kesintilerin oluşturulması, grid oluşumunun bozulması Dadacıların kullandığı geleneksellikten uzak bir tipografi anlayışıdır. Ayrıca malzeme ve süreç arasında kurdukları bağlantıları kolaj tekniği ile aktaran Dadacılar tipografiye yeni yaklaşımlar kazandırmışlardır (Mazlum, 2017:233).

Görsel 2. Theo van Doesburg, Hollanda Dada Turnesi Tipografi Afişi, 1923.

Konstrüktivizm ve Süprematizm akımlarında ise harfler ve şekillerin yoğunluğu, sözcüklerin parçalanarak kullanılması, asimetrik yerşelim ve kompozisyon oluşumu, büyüklük ve küçüklük dengesi, kontrast renklerin kullanımı, derinlik algısı, perspektif yaklaşım yeni ve çağdaş tipografinin oluşumunda görülmektedir. Konstrüktivist tipografi ise tasarımsal bir yapı inşaa etmeyi amaçlamışlardır (Sunay, 2017:30). Aynı zamanda Konstrüktivizm ile ses ve ritm gibi kavramlar tipografik biçimde yansıtılmaktadır. Tipografik öğelerle deneysel çalışmalar kendini göstermiştir. Tipografinin bu yeni haliyle güçlü bir anlatım oluşturulabilmektedir.

Görsel 3. Vladimir and Georgii Stenberg, Poster for the Moscow Chamber Theatre,1923.

De Stijl akımı ile birlikte tipografi deneysel anlamda bir arayışa girmektedir. Harflerin formlarında gerçekleşen değişikliklerle farklı bir imaj oluşturulmuştur. Genellikle tırnaksız yazı karakterlerinin kullanımı görülmektedir. Kullanılan harflerde harf yapıları geometrik şekilde ilerlemiştir ve genellikle kalın biçimlerde sunulmuşlardır. Bu akımda sunulan yazı biçiminin bir ifade sunması ve aktarım sağlaması önemli olmaktadır. De Stijl sanatçıları, görsel formu en temel unsurları dışında her türlü detaydan arındırarak ayrıca tasarımı, tasarımcının bireysel algılarından ve belirli bir zamana bağlı olmaktan kurtararak, evrensel ve rasyonel bir anlayış kazandırmışlardır (Davis, 2012: 151).

Görsel 4. Van der Leck, Poster of Delf Salad Oil Factories, 1919.

Bauhaus tipografisi, tasarımın mesajı net olarak iletmesine önem vermiştir. Dengeli sayfa düzeni, uyumlu geometrik şekiller, canlı renkler, serifsiz harfler, büyük veya küçük harfli fontlar her zaman sade ama güçlü bir anlayışla ele alınmıştır. Bauhaus düzeni sadece yatay ve dikey olarak değil, aynı zamanda açılı kullanım şekilleri ile de dikkat çekmektedir (Sönmez, 2021:12). Bauhaus akımı ile tipografinin karmaşık yapılardan uzaklaştığı görülmektedir. Temel olarak süslemelerden uzak olan, sade ve geometrik formların yaygın olduğu bir görsel dil oluşturarak kısıtlı renklerin kullanımının olduğu görebilmektedir. Tipografik öğelerin iletişim işlevi görmesine özen gösteren bu akımda ayrıca tırnaksız harflerin kullanımının ön plana çıktığı da görülebilmektedir.

Görsel 5. Moholy-Nagy, Title Page of: "Staatliches Bauhaus Weimar 1919-1923", 1923

20. yüzyılda ortaya çıkan Amerikan tarzı modern tasarım yaklaşımı sayesinde yeni dönem modern tipografi daha da fazla kavramsal anlamda ön plana çıkmayı başarmıştır. Bu yaklaşımla birlikte sanatçılar iletişim

kurma ve sorunları direkt aktarma isteğinde bulunmaktadırlar. Tasarımlarında da bunu çeşitli şekillerde ve anlama dayalı imajlarda göstermektedirler. Genellikle bunu aktarırken de tasarımlarında ya bir görsel anlamda bir kelime oyunu ya bir hareket kavramını yansıtan boyut ya da harflerin tekrarına dayalı olarak bir anlatım yer almaktadır. Kimi zaman tipografik öğelerle bir illüstratif öğe oluşturularak bu gösterilmektedir.

20. yüzyılın sonlarına doğru 1970'lerde tüm bu modernist düşünceleri sorgulayarak ortaya çıkan postmodernist düşünce, modernleşme sürecinin bir parçası olarak kabul edilmiştir. Birçok düşünür postmodern olarak adlandırılan bu yeni yapıyı da modernleşme sürecinin bir parçası olarak değerlendirmekte, bu dönemin stilini ve ruhunu yansıtan çalışmaları da postmodernist olarak adlandırmaktadır (Becer, 2010:13-274). Postmodern sanatçılar aslında modern sanatçıların kalıplaşmış yenilikçi düşüncelerini sorgulayarak yeniden yorumlamak ve bu fikirleri tekrardan yapılandırmak isterler. Postmodernist tipografinin gelişmesindeki en önemli etken de bu sanatçıların, sınırlı olduğunu düşündükleri kuralları yeniden yapılandırmak ve özgürleştirmek istemesidir. Fakat postmodern dönem aslında tamamiyle modern dönemi sona erdirmek istememekte, kuralları yıkmak istemenin temelinde özgürleştirme duygusu yatmaktadır. Bu duyguyu da en iyi şekilde Fütürizm ve Dada akımlarıyla hareket ederek vermektedir. Bu durumda aslında postmodernizm yapı söküm teorisini benimsediği görülmektedir. Modernizmle beraber hareket ederek etkileşim içinde kalmakta ama aynı zamanda da modern tasarımcıların fikirlerini sorgulayarak yeniden yorumlamaktadır ve yapı söküme giderek aslında yeniden yapılandırmaktadır. Postmodernizm bu değişken yapısıyla birlikte pek çok farklı değerde yazı karakteri, karmaşık sayfa düzenleri ve görsel unsurları bir arada kullanmaktadır. Dinamik, kinetik ve deneysel bir yaklaşımla birlikte oluşturdukları tasarımlarında, etkileyici formlar, yeni biçimsel ve işlevsel değerlendirmeler bulunmaktadır. Oluşturulan bu tipografik formlarla görsel anlamda bir imge oluşturmaktadır. Bu tipografik yaklaşımda görsel bir iletişim amaçlanmaktadır. Oluşturulan biçimlerle ve görünümlerle aslında bir aktarım sağlayarak etkileşim kurulması amaçlanmaktadır. Harf karakterleri artık yalnızca görsel iletişim aracı olarak kullanılmamakta; biçimleri ve görünümleri izleyicide belirli bir ruh hali veya duygu yaratmak için manipüle edilebilmektedir (Ho, 2013:5573).

Görsel 6. Neville Brody, Face Spread, 1981.

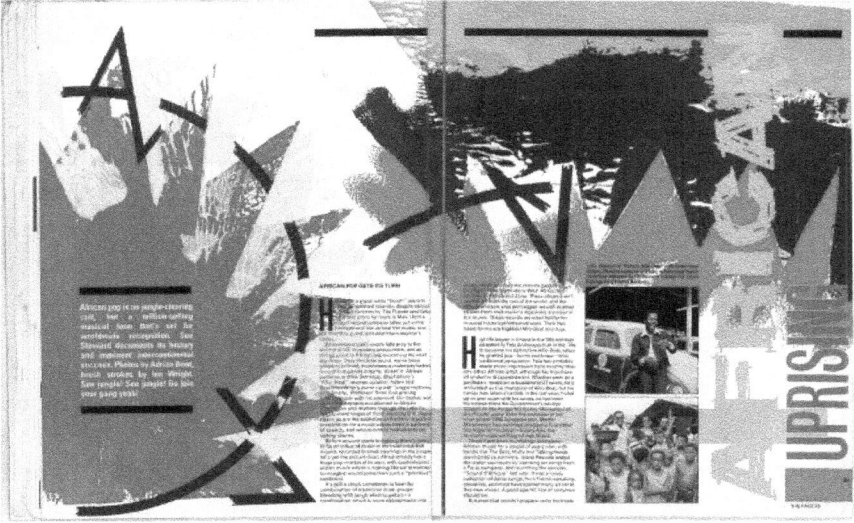

Postmodernizmin bu değişken ruh hali aslında içerisinde yer alan ve ona yön veren pek çok sanat akımının etkilerinin bir sonucudur. Çünkü postmodernizm tek bir üsluba ya da tek bir akıma bağlı olarak gelişmemiştir. Modernizmin kurallarını reddederek kendi kurallarını ortaya koymuştur. Deneyselliğe, kavramsallığa ve bunları yaparken de bireye ve topluma odaklanmıştır. Özetlenecek olursa; postmodernizm, modernizmin ilerleme düşüncesinin biçimine karşı çıkarak; geçmişi bugün ile yeniden anlamlandıran 'tek', 'evrensel değerler yerine, bilginin ve kültürün göreceliğini ve çeşitliliğini savunarak; modern idealleri savunan siyasi, toplumsal tüm kurumların karşısında duran bir yaklaşım olmaktadır (Güzeloğlu & Akşit, 2010:11). Postmodernizm tipografide modern tipografinin öncelediği işlevsellik ve okunabilirlik göz ardı edilmiştir. Postmodernizm ise sadece anlama bakılmasından ziyade tipografik formlarla anlaşılabilirliği sağlamak istemektedirler. Bu nedenle modern yapıdan uzaklaşarak, düzensiz, tutarsız, karmaşık formlarda, sıradanlıktan uzakta bir anlayışla tasarımlarını gerçekleştirmişlerdir.

Tasarımcıların endüstriyel sanayinin ve teknolojinin sağladığı kolaylıkları, modern süreçten postmodern sürece geçişte etkin şekilde kullanıyor olmaları tipografinin gelişimi açısından oldukça önemlidir. Tasarımcının bu kolaylıklarla birlikte özgürleşmesi tipografi tasarımına da yansımaktadır. Tipografi bu sayede sınırları olmayan, kuralsız ve özgür bir hale bürünmektedir. Bu anlamda bakıldığında grafik tasarımın içerisindeki bu yeni tipografinin temel anlayışını destekleyen ve bu alanda gelişim sağlamasına destek veren birçok tasarımcı bulunmaktadır.

5. Paula Scher'ın Grafik Tasarımdaki Yeri ve Tasarım Üslubu

Paula Scher Washington da 6 Ekim 1948 yılında doğmuş Amerikalı bir grafik tasarımcıdır. Postmodern tipografi de öncül olan kadın tasarımcılardan biri olan Paula Scher, sınır tanımaz ve yenilikçi kişiliği ile bilinmektedir. Scher, postmodern tipografinin sağlamış olduğu bu özgürlük alanını başarılı şekilde kullanarak tipografik tasarımlarını oluşturmuştur. Tipografik düzenlemelerinde daha çok Retro tarzını benimseyen Scher, Ellen Lupton tarafından "gezegendeki en etkili kadın tasarımcı" olarak nitelendirilmiştir (Walters, 2014:142). Scher, 1970 yılında Güzel Sanatlar Lisesinden almış olduğu eğitim sonunda New York'ta Random House'ta çocuk kitapları alanında tasarımcı pozisyonunda olarak yer almıştır. 1972 yılında CBS Records'ta reklam ve tanıtım departmanında göreve başlamış ve daha sonra da Atlantic Records'ta sanat yönetmeni olarak iş hayatına devam etmiştir. Bir yıl sonra Scher, kapak departmanında sanat yönetmeni olarak CBS'ye geri döndü (Gomez-Palacio & Vit, 2009:182). Bu süreç içerisinde Scher, Eric Gale ve Boston, Leonard Bernstein gibi isimlerin ikonikleşen tasarımlarını ve pek çok diğer tasarımı dizgi ve mizanpaj ile grafik öğelerini düzenleyerek dikkat çekici tasarımlar oluşturmuştur. Burada 1982 yılına kadar tam 8 yıl çalıştıktan sonra Scher, ayrılarak kendi tasarım tarzını oluşturmaya başlamıştır.

Görsel 7. Paula Scher.

Scher'ın oluşturduğu bu tarz modernizmin etkisinden kopmak isteyen bir postmodernite anlayışıydı. Scher'ın bu postmodern tipografi anlayışı, tipografik tasarımda ve onun kariyer yaşamında oldukça fark oluşturmaktadır. Scher postmodernist düşüncenin getirmiş olduğu bu deneysel tavrı benimseyerek modernist tasarımın düşünce sisteminden uzaklaşmıştır. Geçmişin imgelerini modern ve eleştirel bir şekilde kullanarak geçmişi yeniden sorgulamayı ve daha çağdaş bir anlamda sunmayı tercih etmiştir. Scher, Art Deco ve Rus yapılandırmacılığına dayalı, modası geçmiş yazı tiplerini çalışmalarına dahil eden bir tipografik çözüm geliştirdi. Rus yapılandırmacılığı Scher'e tipografisi için ilham kaynağı olmuştu; erken dönem yapılandırmacı tarzı kopyalamadı, ancak onun biçim kelime dağarcığını eserlerinde kullandı (Meggs & Alston, 2006:506). Scher aynı zamanda Retro estetiğini de grafik tasarıma postmodernist anlamda taşıyan tasarımcılardan biri olmaktadır. Retro stile göre, geçmiş döneme ait olan tasarım öğelerini daha modern bir anlayışla harmanlayarak daha özgün ve etkileyici tasarımlar oluşurmak amaçlanmaktadır. Scher ise, bu anlayışı çalışmalarında daha çağdaş bir biçimde ele alarak geçmişe ait olan öğeleri ve akımları deneysel ve yaratıcı bir biçimde aktarmaktadır. Bu tarz ile birlikte Scher aslında hem yeni bir oluşum elde etmekte hem de bu harmanlamanın bir sonucu olarak toplum ve kültür algısı üzerinde bir etki oluşturmaktadır. Bu şekilde geçmişle ve günümüz arasında bir etkileşim kurmak ve geçmişe ait olan ama bugünü yaşayan bir benlik duygusu oluşturmak istenmektedir. Scher'ın farklı sanat akımlarından etkilenmiş olduğunu gösteren çok yönlü tasarımsal yaklaşım tarzını da çalışmalarında görebilmekteyiz. Aynı zamanda Retro üslubuna ilişkin olarak Scher'ın tasarımların da durağan öğelerin hareketli şekildeymiş gibi görünmesini sağlayan bir tasarım biçimini de görebilmekteyiz.

Paula Scher, grafik tasarım dünyası için oldukça önemli bir kişiliktir ve uzun dönemler boyunca tasarım kariyerinde etkileyici ve eşsiz çalışmalarıyla kendini göstermiştir. Scher, 1984 yılında arkadaşı Koppel ile birlikte Koppel Scher'ı kurmuş ve bu uzun süren ortaklık boyunca da pek çok poster, kitap kapağı, ambalaj tasarlamıştır. Scher "Büyük Başlangıçlar" kitapçığını tipografik bir tarzda ele alarak yorumlamıştır. Çalışmada ünlü romanların sayfalarının ilk iki paragraflarını kendi tarzıyla yorumlamaktadır. Koppel & Scher stüdyosu, 1983 yılında Swatch markası ile anlaşarak yeni bir reklam kampanyası posteri tasarlanmıştır. Bu posterde daha önceki reklam kampanyalarındaki sert algıyı yumuşatarak izleyiciye sunmak istemişlerdir.

Görsel 8. Paula Scher, Swatch Poster, 1984.

1985 yılında ise Scher, arkadaşı Steven Heller ile birlikte Print dergisine katkıda bulunmuştur. Birlikte 1985'te grafik tasarımın şecere tablosu olan bir parodi sayısı oluşturdular (Walker, 2010:18–19). 1986 yılında Scher'ın birçok yazı karakterini bir araya getirerek tasarladığı "Beautiful Faces" çalışması, Champion Papers'ın Carnival kağıt serisi için bir promosyon olarak grafik tasarımcılara dağıtılmak için yayınlanmıştır. Bu tasarım dönemine göre Champion'un en talep edilen ürünü olmuştur ve dönemin tasarım stiline büyük bir katkı sağlamıştır.

Görsel 9. Paula Scher, Beautiful Faces from Champion, 1986.

Scher'ın 1990 yılında New York Halk Tiyatrosu için tasarlamış olduğu grafik tasarım işlerinin dönemin tipografik çalışmalarına yeni bir vizyon getirdiği görülmektedir. Alışılmışın dışında bir şekilde metin ağırlıklı olarak tasarlanan bu çalışmalarda sunulmak istenen bilgi izleyiciye etkileyici, dinamik ve yaratıcı bir şekilde aktarılmaktadır.

1991 yılına gelindiğinde ise Scher, ekonomik sorunlar nedeniyle danışmanlığa başlamıştır. Bu danışmanlık sonucunda New York'taki ofisinde Pentagram'a katılmıştır (McLaughlin, 2018). Pentagramda ortaklık kurarak ve müdür pozisyonunda göreve geçerek, geniş bir müşteri yelpazesinde çalışmıştır. Scher'ın burada Art Deco'dan, Konstrüktüvizm'den etkilenerek oluşturduğu tipografik tasarımları, tipografinin grafik tasarım içerisinde yeniden dinamik ve etkileyici bir biçimde yorumlanmasını sağlamıştır. Buradaki ortaklığı boyunca müşterilerin talepleri doğrultusunda markalar için kurumsal kimlik tasarımları, ambalaj tasarımları, yayın tasarımları, editoryal tasarımlar ve çevresel grafik tasarımları yapmaktadır. Bu müşterilerin arasında CNN, Windows 8, Tiffany & Co., Citibank gibi markalar bulunmaktadır. Bu markalar için oluşturduğu çalışmalar Amerikan sektöründeki çağdaş tasarım oluşumları için oldukça önemli olmaktadır. Çünkü Scher bu tasarımları oluştururken alışılmışın dışında biçimler elde etmektedir. Her bir çalışmayı kendi içerisinde özgün bir şekilde ele almakta ve kullanacağı

189

öğeleri ve tipografik biçimleri de o tasarımın ruhuna göre değerlendirmektedir.

Görsel 10. Paula Scher'ın Tasarımları.

1992 yılına gelindiğinde ise Scher, New York Görsel Sanatlar Okulunda tasarım eğitimcisi olarak ders vermeye başlamıştır.

Paula Scher'ın tasarım dili genellikle cesur bir tipografiyi barındırmaktadır. Art Deco, Konstrüktivizm akımlarının yazı biçimlerini keşfederek onları yeniden yapılandırıp özgünlük kazandırmış ve eserlerine bunları da aktarmıştır. Kendine has tasarım dili ile büyük boyutlarda metinler, harfler tasarlamak ve bunları da bazen metnin sınırlarına taşımak görsel anlamda güçlü bir etki oluşturmaktadır ve Scher'da bu etkiyi oldukça iyi biçimde kullanmaktadır. Scher, görsel iletişimin gücünü anlayarak bunu mesajları iletmek ve duyguları etkili bir şekilde uyandırmak için kullanmıştır (Lu & Huang, 2022:1-10). Scher'ın pek çok farklı endüstri, marka ve organizasyon için uygulamış olduğu görsel iletişim tasarımlar, grafik tasarımlar ve tipografik tasarımlar yer almaktadır. Scher'ın tasarımlarında tipografinin de ötesine uzanan postmodern grafik tasarım anlayışını da ortaya koyan oluşumlar yer almaktadır. Scher'in çalışmaları genellikle farklı görsel unsurları bir araya getirerek bir enerji ve hareket duygusu yaratır ve izleyicinin dikkatini çeker (Tian, 2020:8). Tipografinin temelinde olduğu bu çalışmalarda diğer tasarım unsurlarını da ustaca kullanan Paula Scher, etkileyici, hareketli, deneyselliği içeren postmodern ifadeler ve aynı zamanda da estetik bir oluşum sağlamaktadır. Scher, tasarımlarını oluştururken onların sunulacağı alanı ve sunma biçimini de göz önünde bulundurarak hareket etmektedir. Bazı tasarımlarında bu düşünüş biçimiyle bir yaklaşım sağlayarak tasarımı mekana uygulamaktadır. Yüzeylere yansıttığı bu eserleriyle de güçlü bir tasarım oluşturmaktadır. 2000 yılında Paula Scher, New Jersey Gösteri Sanatları Merkezi için bir iç tasarım gerçekleştirdi. Tasarımda, duvarlar, tüpler ve balkonlar boyunca uzanan ve büyük harflerle yansıyan, gösterinin binadaki performansını temsil eden neşeli bir etki veren kelimeler yer alıyordu (Simeone, 2011:466-467). Scher'ın New Jersey'de yer alan Gösteri Sanatları Merkezi Binasını bir tuval ya da bir tasarım sayfası gibi değerlendirerek giydirmekte ve çevresel bir tipografi tasarımı oluşturmaktadır. Bu çalışmayla birlikte Scher'ın tasarım algısının ne kadar yaratıcı, esnek, sınır tanımaz ve eğlenceli olabildiği gözler önüne serilmiştir. Tasarımlarını oluştururken herhangi bir kısıtlama yapmadan doğrudan istediği kombinasyonlarla bunu gerçekleştirmiş ve yenilikçi postmodern tipografi oluşumlarını sağlamıştır. Scher özgün tasarım dilini bu şekilde de göstermiştir.

Görsel 11. Paula Scher, New Jersey Gösteri Sanatları Merkezi Tasarımı, 2000.

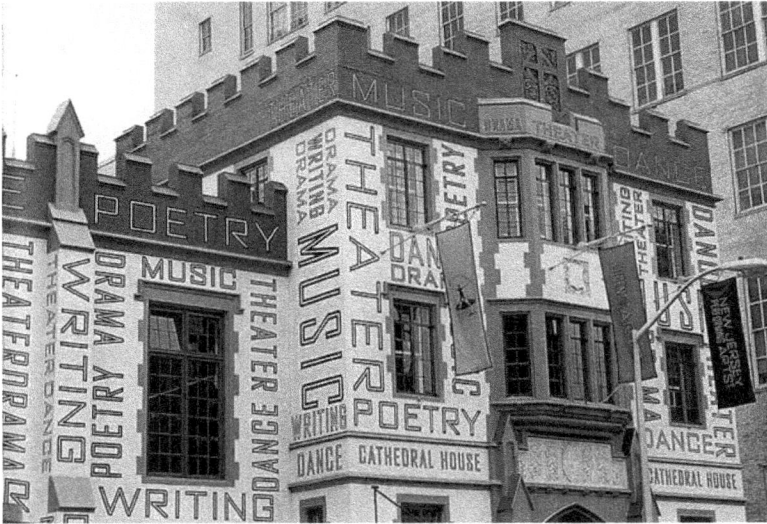

Scher'ın oluşturduğu bu tasarım dilinde aynı zamanda özgünlük ve dikkat çekicilikte yer almaktadır. Metni ve görsel öğeleri bir araya getirerek bir görsel iletişim dili oluşturmaktadır. Scher'ın benimsemiş olduğu Retro tarzına özgü olarakta Scher, renk, şekil, tipografi, sembol, imge ve görsel öğeleri de nostaljik ve etkili bir biçimde birleştirerek tasarımlarını özgün şekilde oluşturmaktadır. Bu nostaljik etkiyi de tasarımlarında postmodern düşüncesine uygun bir biçimde yeniden ele alarak gerçekleştirmektedir.

Scher'ın yolunun 2004 yılında Carter'la keşişmesi ve Matthew Carter'ın MoMA Gotik isimli özel bir yazı tipini tekrar tasarlamak istemesinin sonucunda, müzenin kendi ruhunu taşımasını ve daha güçlü bir duruş sergilemesi için Carter Pentagram'ı yani Scher'ı işe aldı. Scher ise müze kurumunun imajını daha modern bir biçimde tasarlamak için her yönden düşünerek eksiksiz bir metodoloji tasarlamıştır. Bu tasarımla birlikte Scher, güçlü ızgara sistemi ve metin bloğu kullanmıştır.

Görsel 12. Paula Scher, MoMA Gotik Tasarımları, 2004.

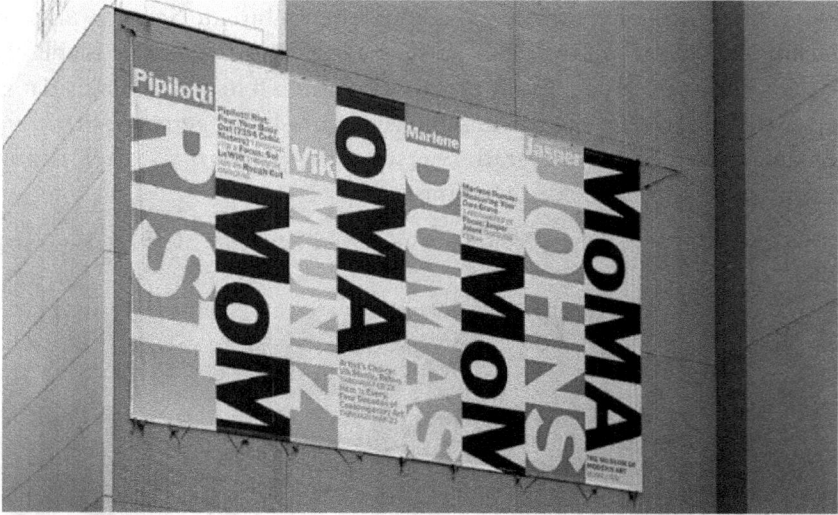

Paula Scher'ın çalışmaları tipografi ve postmodernizm bağlamında ele alındığında oldukça önemli olmaktadır. Scher'ın grafik tasarıma olan yaklaşımı görsel bir etki oluşturması bakımından da oldukça etkili olmaktadır. Scher'ın tasarımlarında kullanmış olduğu görsel öğeler, motifler, renk seçimleri de aslında görsel anlamda bir iletişim ve görsel okumayı sağlamaktadır. Scher, tasarımlarının genel görsel etkisine katkıda bulunan canlı renkler, cesur şekiller ve dinamik düzenler kullanmasıyla bilinmektedir (Jobling, 2008:296-298). 2006 yılında Scher, New York City'deki Maya Stendhal galerisindeki bir sergi için uzaktan bakıldığından yamalı yorganı andıran ve yakından çok ayrıntılı metinsel bir yapıda olan 9*12 metrelik iki harita çizmiştir. Bu sergi Scher'ın ilk kişisel sergisi olma niteliğindedir. Ve bu çalışmada da görsel tasarım etkisini görebilmekteyiz. Grafik tasarım dilinde yer alan net duruşu, özgünlüğü ve iletişim etkisini de ortaya koymaktadır.

Görsel 13. Paula Scher, South America Map Design, 2006.

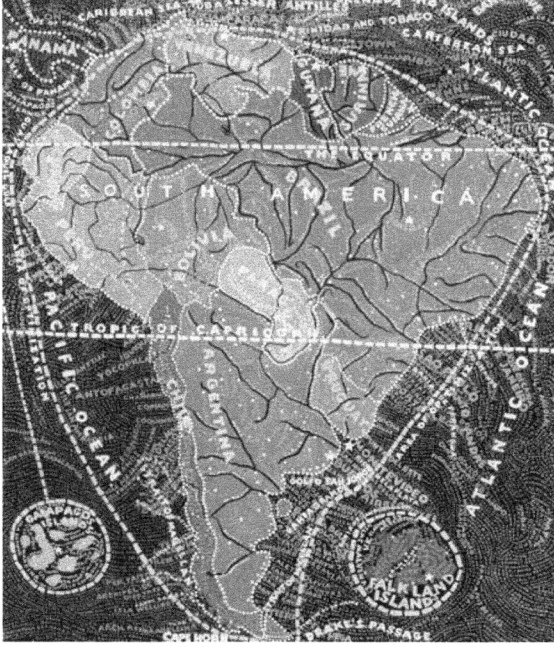

Yine Scher'ın 2010 yılında Queens ve New York metropol alanı için tipografik biçimlerle oluşturduğu devasa çevresel grafik tasarım çalışması da oldukça etkileyici olmaktadır. Bu çalışmada da duvarlara bir giydirme sağlanarak mekanda bir yönlendirme sağlanmaktadır. Scher'ın buradaki tasarım üslubu da oldukça renkli, farklı ve kendine özgü olmaktadır.

Görsel 14. Paula Scher, Queens Metropolitan Campus, 2010.

2012 yılında ise Windows 8 için bir logo oluşturan Scher, logoyu eski dört renkli sembolüne göre daha geometrik şekillerde ve boyutsal olarak hareketi algılatan bir biçimde tasvir etmiştir. Scher son olarak 2017 yılında Netflix'te yayınlanan ve tasarım alanındaki sanatçıları ön plana çıkaran orijinal bir belgesel dizisinin ilk sezonunda yer almıştır. Burada Scher, tasarımlarının oluşturuş mantığını doğrudan izleyici ile paylaşarak etkili bir anlatım gerçekleştiriyor ve güçlü bir iletişim kurmuştur. Scher bu belgeselde, "Tipografi kelimelerle resim yapmaktır" ifadesini kullanarak aslında görsel bir tasarım algısı oluşturduğunu ortaya koymaktadır.

Görsel 15. Paula Scher, Abstract: The Art of Designer, Netflix Series, 2017.

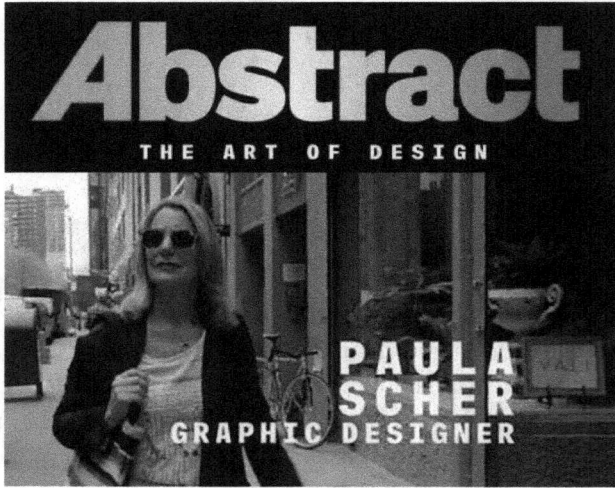

Paula Scher'ın genel grafik tasarım algısı ve tipografiye yaklaşım biçimi aslında modern ve postmodern oluşumların etkilerini barındırarak kendi özgün süzgecinden geçirdiği bakış açısını sunmaktadır. Gelenekselliten, sıkıcılıktan, sıradanlıktan, tanıdık oluşumlardan uzak deneysel, kavramsal, düşünsel, yaratıcı etkileyici ve farklı formlar kullanmaktadır. Bunları oluştururken de biçimleri en iyi şekilde ele almaktadır. Tasarımlarında yer alan tipografik ve görsel unsurları bir sanat nesnesi haline dönüştürmektedir. Genel olarak bir kolaj algısı oluşturan sanatçı bu tasarımlarında modernist düşünceden uzak bir algı oluşturmak istemektedir. Mekanlara uyguladığı çalışmalarında ise seyirci açısından duygusal ve görsel açıdan etkileyici bir enstalasyon sağlamaktadır. Postmodernist düşüncenin temel alındığı, deneysel biçimlerin ve oluşumların kullanıldığı aynı zamanda da geçmişe bir duygusal yakınlığın bulunduğu Retro tarzının uygulandığı tasarımlarında Scher, tipografiyi kinetik bir forma dönüştürerek bu zaman kadar görülen tasarım dillerinden çok daha farklı, benzersiz ve fütürist bir dil ve stil oluşturmuştur.

6. Metodoloji

6.1. Araştırma Modeli

Bu çalışma Paula Scher'in yenilikçi tipografi tasarımlarını ve bunların grafik tasarımda tasarım algısı üzerindeki etkisini incelemeyi amaçlamaktadır. 1990'larda önemli bir figür olarak ortaya çıkan Scher, Ellen Lupton tarafından "gezegendeki en etkili kadın grafik tasarımcı" olarak tanımlanmıştır. Scher'in yaklaşımının merkezinde, grafik tasarımda tasarımın yeniden değerlendirilmesine katkıda bulunan etkileyici tipografi kullanımı yer almaktadır. Scher, çalışmalarında mimari unsurlara yer vererek ve kadınsı bakış açısını vurgulayarak geleneksel normlara meydan okuyan devrimci bir tasarım algısı yaratmıştır. Bu çalışma, Scher'in tipografik çalışmalarını inceleyerek, onu bu alanda öncü yapan temel ilkeleri ortaya çıkarmak için temaları, desenleri ve teknikleri analiz etmeyi amaçlamaktadır. Bu çalışmada Paula Scher'in grafik tasarımını tipografi merceğinden incelemek için nitel bir yaklaşım kullanılmıştır. Nitel araştırma, Scher'in çalışmalarının yenilikçi yaklaşımları ve benzersiz bakış açısına dair zengin ve ayrıntılı içgörüler sağlama becerisi nedeniyle seçilmiştir. Bu çalışmaya rehberlik eden araştırma soruları şunlardır:

AS1: Paula Scher'in tipografi kullanımı grafik tasarımda tasarımın yeniden değerlendirilmesine nasıl katkıda bulunmuştur?

AS2: Scher'in tipografik çalışmalarını karakterize eden temalar, kalıplar ve teknikler nelerdir ve bunlar onun tasarıma yönelik benzersiz bakış açısını nasıl yansıtmaktadır?

6.2. Sınırlılık ve Verilerin Toplanması

Analiz için Scher'in 1990'lardan itibaren tipografik tasarımlarından temsili bir örneklem seçilerek, önemli, yenilikçi ve tematik olarak ilgili parçalara odaklanılmıştır. Bu seçki, Scher'in ikonik tipografik haritalarını, çevresel grafiklerini ve kurumsal kimlik tasarımlarını içermektedir. Seçilen eserler hakkında görsel analiz, sanatçıyla daha önce yapılan görüşmeler, kapsamlı bir literatür taraması da dahil olmak üzere çeşitli yöntemlerle veri toplanmasını içermektedir.

6.3. Analiz ve Değerlendirme

Araştırmanın analiz bölümünde, Scher'in çalışmalarındaki temel ilkeleri ve yenilikleri ortaya çıkarmayı ve geleneksel tasarım normlarına meydan okuma biçimlerini vurgulamayı amaçlamaktadır. Bu analizin bulguları, Paula Scher'in çalışmalarına yeni bir bakış açısı sunarak, araştırma sorularıyla ilgili yeni içgörüler ve yorumlar sağlamaktadır. Bu çalışma, Scher'in tipografisindeki bu temaları, kalıpları ve teknikleri analiz ederek, çalışmalarının grafik tasarımda tasarım algısını yeniden tanımladığı, yeni yaklaşımlara ilham verdiği ve alanı ileriye taşıdığı yolları vurgulamaktadır. Bu analiz sayesinde çalışma, Scher'in tipografik tasarımlarının ve bunların grafik tasarım teorisi ve pratiğindeki öneminin derinlemesine ve incelikli bir şekilde anlaşılmasını sağlamayı amaçlamaktadır. Görsel analizde, Scher'in tipografisinde yinelenen temaları, kalıpları ve tekniklerin belirlenmesi sağlanmıştır. Ayrıca, bu analiz, eserlerin tarihsel ve kültürel bağlamını araştırarak sanatçının eserlerinin bütüncül bir şekilde anlaşılmasını sağlamaktadır. Scher'in tipografik çalışmalarını daha geniş tasarım felsefesi bağlamında inceleyen bu çalışma, tipografinin grafik tasarımdaki rolünün ve tasarım algılarını yeniden tanımlama potansiyelinin daha derinlemesine anlaşılmasına katkıda bulunmaktadır.

7. Sonuç ve Değerlendirme

Sonuç olarak bakıldığında, tasarımcıların endüstriyel sanayinin ve teknolojinin sağladığı kolaylıkları, modern süreçten postmodern sürece geçişte etkin şekilde kullanıyor olmaları tipografinin gelişimi açısından oldukça önemlidir. Tasarımcının bu kolaylıklarla birlikte özgürleşmesi tipografi tasarımına da yansımaktadır. Tipografi bu sayede sınırları olmayan, kuralsız ve özgür bir hale bürünmektedir. Bu anlamda bakıldığında grafik tasarımın içerisindeki bu yeni tipografinin temel anlayışını destekleyen ve bu alanda gelişim sağlamasına destek veren birçok tasarımcı bulunmaktadır.

Paula Scher'in genel grafik tasarım algısı ve tipografiye yaklaşım biçimi aslında modern ve postmodern oluşumların etkilerini barındırarak kendi özgün süzgecinden geçirdiği bakış açısını sunmaktadır. Gelenekselliten, sıkıcılıktan, sıradanlıktan, tanıdık oluşumlardan uzak deneysel, kavramsal, düşünsel, yaratıcı etkileyici ve farklı formlar kullanmaktadır. Bunları oluştururken de biçimleri en iyi şekilde ele almaktadır. Tasarımlarında yer alan tipografik ve görsel unsurları bir sanat nesnesi haline dönüştürmektedir. Genel olarak bir kolaj algısı oluşturan sanatçı bu tasarımlarında modernist düşünceden uzak bir algı oluşturmak istemektedir. Mekanlara uyguladığı çalışmalarında ise seyirci açısından duygusal ve görsel açıdan etkileyici bir enstalasyon sağlamaktadır. Postmodernist düşüncenin temel alındığı, deneysel biçimlerin ve oluşumların kullanıldığı aynı zamanda da geçmişe bir duygusal yakınlığın bulunduğu Retro tarzının uygulandığı tasarımlarında Scher, tipografiyi kinetik bir forma dönüştürerek bu zaman kadar görülen tasarım dillerinden çok daha farklı, benzersiz ve fütürist bir dil ve stil oluşturmuştur. Bu anlamda da tipografinin düşünüş ve işleyiş yapısına dair önemli katkılar sağlamıştır. Tipografinin gelişmesinde etkisi oldukça büyük olduğu yadsınamaz bir gerçektir. Sonuç olarak ise; Scher'ın eşsiz tipografi tasarımlarının alan kapsamında incelenmesiyle birlikte, araştırmada edinilen bilgiler kapsamında ve ayrıca tasarımcıya ait yaklaşımlar ve izlenimler ışığında görüşler dile getirilmektedir.

Kaynakça

Ballew, T. M., & Springer, C. M. (2019). *Best practices in typography for web design.* CRC Press.

Becer, E. (2010). *Modern Sanat ve Yeni Tipografi.* Ankara: Dost Yayınevi. 2. Basım.

Bektaş, D. (1992). *Çağdaş Grafik Tasarımın Gelişimi.* İstanbul: Yapı Kredi Yayınları.

Bernard, M. L., Lida, B., & Riley, S. (2008). *Typeface legibility and the reading performance of older adults.* Journal of Aging and Health, *20*(6), 917–933.

Bierut, M. (2015). How to use graphic design to sell things, explain things, make things look better, make people laugh, make people cry, and (every once in a while) change the world. Harper Design.

Billette, J. (2017). Accessibility in user-centered design: Easy to read, easy to understand. CRC Press.

Bringhurst, R. (2004). *The elements of typographic style.* Hartley & Marks.

Bullough, A. M., & Kleinsmith, A. (2015). *Ethical considerations of font generation through artificial intelligence.* In Proceedings of the 1st International Workshop on Ethics in Computer Vision (pp. 31-35).

Chaparro, B. S., & Bengochea, A. (2018). *Typography in design: Theory, principles, and practice.* Bloomsbury Publishing.

Chappell, W. (1991). *A short history of the printed word.* Alfred A. Knopf.

Davis, M. (2012). *Graphic Design Theory.* New York: Thames & Hudson.

Eisenstein, E. L. (2012). *The printing revolution in early modern Europe.* Cambridge University Press.

Gomez-Palacio, Bryony; Vit, Armin (2009). *Grafik Tasarım, Başvurulan: Grafik Tasarımın Dili, Uygulamaları ve Tarihine İlişkin Görsel Bir Kılavuz.* Rockport Yayıncıları.ISBN 978-1-59253-447-0.

Güzeloğlu, C., & Akşit, O. (2010). *Grafik Tasarım ve Postmodernizm Etkileşimi.* Ege Üniversitesi İletişim Fakültesi Yeni Düşünceler Hakemli E-Dergisi, 9-24.

Harkins, M. (2010). *Basics Typography 02: Using Type.* Singapore: AVA Publishing.

Harvey, P. D. A. (1993). *Writing and literacy in early societies.* Cambridge University Press.

Heller, S., & Chwast, S. (2012). Graphic style: From Victorian to post-modern. Abrams.

Hillner, M. (2009). *Virtual Typography.* Switzerland: AVA Publishing SA.

Ho, G. (2013). *Typography Today: Emotion Recognition in Typography.* International Association of Societies of Design Research: 5573-5582

Hollis, R. (2002). *Graphic design: A concise history.* Thames & Hudson.

Horton, S. (2013). Web typography: A handbook for designing beautiful and effective typography in responsive websites. O'Reilly Media, Inc.

Huang, M., Li, X., & Zhang, Y. (2018). Advancements in AI-driven typography: Automated font creation and layout optimization. AI & Design Journal, 6(2), 135-150.

Jobling, P. (2008). *Graphic Design, A New History.* Journal of Design History, 21(3), 296-298. https://doi.org/10.1093/jdh/epn019

Kirkpatrick, M. (2012). *Typographic design: Form and communication.* John Wiley & Sons.

Krug, S. (2014). Don't make me think, revisited: A common sense approach to web usability. New Riders.

Lam, A. (2018). Typographic consistency and copyright concerns in digital media. Digital Media Studies, 7(4), 80-90.

Lidwell, W., Holden, K., & Butler, J. (2010). *Universal principles of design.* Rockport Publishers.

Lu, L. ve Huang, L. (2022). *Exploration and Application of Graphic Design Language Based On Artificial İntelligence Visual Communication.* Wireless Communications and Mobile Computing, 2022, 1-10. https://doi.org/10.1155/2022/9907303

Lupton, E., & Phillips, J. C. (2014). *Graphic design: The new basics.* Princeton Architectural Press.

Mazlum, H. (2017). *Modernizm Sürecinde Yeni Tipografi'nin Doğuşu ve Jan Tschichold.* Kastamonu Üniversitesi İktisadi Ve İdari Bilimler Fakültesi Dergisi226-247.

McCloud, S. (2018). Making comics: Storytelling secrets of comics, manga and graphic novels. HarperCollins.

McNeil, L. (2017). *Variable fonts: New opportunities in digital typography.* Type Design Quarterly, 15(1), 62-70.

McLeod, J. (2010). Typography basics: Design principles for working with type. John Wiley & Sons.

Meggs, P. B. ve Alston W. P. (2006). *Meggs'in Grafik Tasarım Tarihi.* 4. Baskı. Hoboken, NJ: J. Wiley & Sons.

Meggs, P. B., & Purvis, A. W. (2011). *Meggs' history of graphic design.* John Wiley & Sons.

Namoo Kim. (2015). "Creating Expressive and Experimental Typography and Typeface by Utilizing Scriptographer: Focused on Rush Type and Celestial Type". Kore İçerik Derneği Dergisi, 15 (6), 203-214.

Okur, Çağlar. (2003). *Deneysel tipografinin görsel iletişime etkisi.* (Yüksek Lisans Tezi), Anadolu Üniversitesi, Eskişehir.

Sarıkavak, N. K. (2013). *"Sözsüz İletişim Aracı Olarak Tasarım".* İletişimde Tasarım-Tasarımda İletişim Konulu Uluslararası Sempozyum ve Sergi, Kütahya: Dumlupınar Üniversitesi.

Simeone, L. (2011). *"Geçiş Reklam Tipografisinden Öğrenmek".* Leonardo . 44 (5): 466–467. doi: 10.1162/LEON_a_00264 . S2CID 57561805 . MUSE Projesi 449982.

Smith, A. (2006). *Font psychology: Designing with the subconscious in mind.* AIGA Journal of Graphic Design, 24(2), 1-14.

Sönmez, G. (2021). Bauhaus Tipografisinin Dünya ve Türkiye Ekseninde Grafik Tasarıma Etkisi. Akademik Sanat(12), 1-11.

Spencer, H; (1990). *Pioneers of Modern Typography.* London, Lund Humpries Publishers Ltd.

Spiekermann, E., & Ginger, E. M. (2003). *Stop stealing sheep & find out how type works.* Adobe Press.

Stone, E. F., & English, H. B. (1998). *Toward a general model of individual and organizational psychology.* In General and industrial management (pp. 179-242). Routledge.

Sunay, M., Meryem. (2017). *Tipografide Modernizmden Deneyselliğe Giden Süreç.* Yüksek Lisans Tezi. Ankara: Beykent Üniversitesi.

Tian, Z. (2020). *Dynamic Visual Communication Image Framing of Graphic Design In A Virtual Reality Environment.* Ieee Access, 8, 211091-211103. https://doi.org/10.1109/access. 2020. 3022644

Van Gaalen, E. (2015). Pretty ugly: Visual rebellion in graphic design. Gestalten.

Walker, Alissa (2010). *"Tasarım Vahiy"*. Yazdır. 64 (1): 18–19.

Walters, J. (2014). *Şöhretler: Paula Scher*. 7, (142).

İnternet Kaynakçası

McLaughlin, A. (2018). *"Geçen yüzyılın en etkili kadın tasarımcıları"*. Tasarım Haftası. https://www.designweek.co.uk/issues/5-11-february-2018/the-most-influential-female-designers-of-the-last-century/, Erişim Tarihi: 16.05.2024

Görsel Kaynakçası

Görsel 1. Ardengo Soffici, Tipografi, 1915.
https://www.e-skop.com/skopbulten/kaleydoskop-ozgur-sozcukler/3433, Erişim Tarihi: 16.05.2024

Görsel 2. Theo van Doesburg, Hollanda Dada Turnesi Tipografi Afişi, 1923.
https://www.e-skop.com/skopbulten/dadanin-100-yili-konstruktivistler-ve-dadaistler-kongresi/3210, Erişim Tarihi: 16.05.2024

Görsel 3. Vladimir and Georgii Stenberg, Poster for the Moscow Chamber Theatre,1923.
https://creativepro.com/russian-constructivism-and-graphic-design/, Erişim Tarihi: 16.05.2024

Görsel 4. Van der Leck, Poster of Delf Salad Oil Factories, 1919.
https://zaidadi.wordpress.com/2011/03/09/de-stijl-in-general/, Erişim Tarihi: 16.05.2024

Görsel 5. Moholy-Nagy, Title Page of: "Staatliches Bauhaus Weimar 1919-1923", 1923
http://www.designhistory.org/Avant_Garde_pages/BauhausType.html, Erişim Tarihi: 16.05.2024

Görsel 6. Neville Brody, Face Spread, 1981.
https://inkbotdesign.com/neville-brody/, Erişim Tarihi: 16.05.2024

Görsel 7. Paula Scher.
https://noticiassalamanca.com/cultura/paula-scher-una-carrera-marcada-por-el-exito/, Erişim Tarihi: 17.05.2024

Görsel 8. Paula Scher, Swatch Poster, 1984.
https://ru.pinterest.com/pin/502503270912829330/, Erişim Tarihi: 17.05.2024

Görsel 9. Paula Scher, Beautiful Faces from Champion, 1986.
https://modernism101.com/products-page/graphic-design/scher-paula-beautiful-faces-from-champion-beautiful-faces-ii-stamford-ct-champion-international-corporation-1987-1988/, Erişim Tarihi: 17.05.2024

Görsel 10. Paula Scher'ın Tasarımları.
https://medium.com/@mallyadisha/paula-scher-graphic-designer-281cd722639d, Erişim Tarihi: 19.05.2024

Görsel 11. Paula Scher, New Jersey Gösteri Sanatları Merkezi Tasarımı, 2000.
https://studio2d.com/spotlight-on-paula-scher/, Erişim Tarihi: 19.05.2024

Görsel 12. Paula Scher, MoMA Gotik Tasarımları, 2004.
https://www.pentagram.com/work/moma/story, Erişim Tarihi: 19.05.2024

Görsel 13. Paula Scher, South America Map Design, 2006.
https://itsartlaw.org/2014/05/19/case-review-scher-v-stendhal-gallery-inc-et-al/, Erişim Tarihi: 19.05.2024

Görsel 14. Paula Scher, Queens Metropolitan Campus , 2010.
https://www.pentagram.com/work/queens-metropolitan-campus/story, Erişim Tarihi: 19.05.2024

Görsel 15. Paula Scher, Abstract: The Art of Designer, Netflix Series, 2017.

https://www.tumblr.com/brycewolkowitz/157330245513/abstract-the-art-of-design-featuring-paula-scher, Erişim Tarihi: 20.05.2024

BAUHAUS THAT LEFT ITS MARK ON THE 20TH CENTURY PIONEERING FEMALE GRAPHIC DESIGNER SÖRE POPİTZ

20. YÜZYILA DAMGASINI VURAN BAUHAUS'UN ÖNCÜ KADIN GRAFİK TASARIMCISI SÖRE POPİTZ

Zehra Atabey[1] ve Ufuk Bakan [2]

Öz

Mimari, endüstriyel tasarım, grafik tasarım, mobilya tasarımı, şehir planlama gibi birçok alanda dünyanın pek çok önemli tasarımcısını ve sanatçıyı bir araya getiren Bauhaus sanat ve tasarım okulu, sanat ve zanaat kavramını bir araya getirerek disiplinler arası bir yaklaşımı geliştirmeyi amaçlamıştır. Birçok disiplinin bir araya geldiği bu okulun eğitim ve öğretim sisteminin esasını, teorik bilgiyle ve uygulama yöntemlerini bir araya getirerek endüstrinin gereksinimi olan atölye sistemi üzerine kurulmuştur. Bauhaus Sanat ve Tasarım Okulu'nda işlevsellik, inovasyon, yalınlık ve geometrik dengeyi temel alan tasarımların geliştirilmesi hedeflenmiştir. Bu okulda Johannes Itten, Josef Albers, Wassily Kandinsky ve László Moholy-Nagy gibi seçkin isimler de yer almıştır. Farklı alanlardan kişilerin bulunduğu Bauhaus sanat ve tasarım okulunun grafik tasarım alanında bilinen tek ve öncü kadın ismi Söre Popitz olmuştur. Josef Albers, Wassily Kandinsky ve László Moholy-Nagy'in öğrencisi olan Söre Popitz tipografi, reklam ve kitap tasarımları gibi grafik tasarım alanında çalışmalar gerçekleştirmiştir. Almanya'daki bir sanat okulunda grafik tasarım, çizim ve reklam üzerine eğitim alan Popitz, dönemin önemli isimlerinden eğitim almış ve kendini alanında geliştirme fırsatı bulmuştur. 1993 yılında 97 yaşında vefat eden tasarımcı, çoğunlukla konstrüktivizm yaklaşımını benimsediği çalışmalarında geometriye ağırlık vermiş ve parlak ve pigmentli renkler kullanmıştır. Bununla birlikte tasarımlarında; figüratif, tipografik ve soyut etkiler öne çıkmaktadır.

Bu çalışmanın amacı, Bauhaus'un öncü kadın grafik tasarımcısı olan

[1] Dr. Öğr.Üyesi, İzmir Katip Çelebi Üniversitesi, Görsel İletişim Tasarımı Bölümü, zehra.atabey@ikc.edu.tr, ORCID: 0000-0003-2308-0819
[2] Doç Dr.,İzmir Katip Çelebi Üniversitesi, Görsel İletişim Tasarımı Bölümü, *ufuk.bakan@ikc.edu.tr*, ORCID: 0000-0001-7302-9398

Söre Popitz'in sanat ve tasarım alanındaki çalışmalarını incelemektir. Çalışma kapsamında Popitz'in biyografisi ve tasarım alanındaki üslubu ele alınmaktadır ve Popitz'in grafik tasarım çalışmaları görsel tasarım unsurları ve konstrüktivizm akımı çerçevesinde incelenmektedir. Çalışmada, Popitz'in bir kadın tasarımcı olarak grafik tasarım alanındaki çalışmaları ve çalışma prensipleri değerlendirilmektedir. Çalışmanın sonuç kısmında Söre Popitz'in çalışmalarına ilişkin detaylı bir bilgi edinilmesi öngörülmektedir.

Anahtar kelimeler: Bauhaus; grafik tasarım; reklam; tipografi; konstrüktivizm

Abstract

Bauhaus Art and Design School, which brings together many important designers and artists in many fields such as architecture, industrial design, graphic design, furniture design, and urban planning, aims to develop an interdisciplinary approach by bringing together the concept of art and craft. The basis of the education and training system of this school, where many disciplines come together, is based on the workshop system, which is the cells of the industry, bringing together theoretical knowledge and application methods. The Bauhaus School of Art and Design aims to develop designs based on functionality, innovation, simplicity, and geometric balance. Distinguished names such as Johannes Itten, Josef Albers, Wassily Kandinsky, and László Moholy-Nagy also attended this school. Söre Popitz is the only known and pioneering female name in graphic design at the Bauhaus Art and Design School, which includes people from different fields. Söre Popitz, a student of Josef Albers, Wassily Kandinsky, and László Moholy-Nagy, worked in graphic design, such as typography, advertising, and book designs. Popitz, who studied graphic design, drawing, and advertising at an art school in Germany, received training from important names of the period and had the opportunity to improve himself in his field. The designer, who died in 1993 at 97, mostly adopted a constructivist approach, focused on geometry, and used bright and pigmented colors in his works. However, in their designs, Figurative, typographic, and abstract effects stand out.

This study aims to examine the works of Söre Popitz, the pioneer female graphic designer of the Bauhaus, in the field of art and design. Within the scope of the study, Popitz's biography and style in the design field are discussed, and Popitz's graphic design works are examined within the framework of visual design elements and the constructivism movement. The study evaluates Popitz's work and working principles in graphic design as a female designer. In the study's conclusion, it is envisaged to obtain detailed information about Söre Popitz's works.

Keywords: Bauhaus; graphic design; advertising; typography; constructivism

1. Giriş

1919 yılında Almanya'da kurulan Bauhaus Tasarım Okulu, modern sanat, mimari ve tasarımın temellerini atarak, 20. yüzyılın en etkili yaratıcı hareketlerinden birine öncülük etmiştir. Johannes Itten, Josef Albers, Wassily Kandinsky ve László Moholy-Nagy gibi önemli isimler bu okulda eğitim vermişlerdir. Birçok farklı alandan ve alanında başarılı olan eğitimcinin bulunduğu Bauhaus sanat ve tasarım okulunun grafik tasarım alanında bilinen tek ve öncü kadın ismi Söre Popitz olmuştur. Söre Popitz reklam, tipografi ve kitap tasarımı gibi grafik tasarım alanında önemli çalışmalar ortaya koymuştur. Popitz, Bauhaus sanat ve tasarım okulunda eğitim aldığı eğitimcilerden önemli kazanımlar elde etmiştir. Sanat ve tasarım çalışmalarında, tasarım unsurlarını etkili bir biçimde kullanılmıştır. Poptiz tasarımlarında genellikle dikkat çekici geometrik konstrüksiyonlar, serifsiz yazılar ve düz renkler kullanmıştır.

Aynı yıllarda Rusya'da ortaya çıkan Konstrüktivizm akımı ve Almanya'da Bauhaus sanat akımı birbirleri ile ortak özelliklere sahip olmuşlardır. Her iki akımında sanatçı ve tasarımcıları ortak bir dil oluşturma gerekliliği görmüşler ve bunun sonucunda da tasarım unsurlarında benzer özelliklerin rastlanmıştır. Tasarımlarda geometrik formlar, tipografi ve renk unsurlarında benzerlikler görülmüştür. Sanat ve tasarım çalışmalarında, yoğun olarak serifsiz tipografi, düz renkler ve güçlü geometrik yapılar ön plana çıkmıştır.

2. Bauhaus Sanat ve Tasarım Okulunda Grafik Tasarım Alanında Bir Kadın Öncü: Söre Popitz

2.1. Bauhaus Tasarım Okulu

Birinci Dünya Savaşı'nın yarattığı yıkım, Almanya'nın siyasi, ekonomik ve kültürel açıdan dönüşümüne yol açarken, bu değişim tüm eğitim kurumlarında olduğu gibi sanat eğitimi veren kurumların da yeniden yapılanmasını gerekli kılmıştır. Bu dönemde sanat ve zanaat ilişkisi ile teknolojinin sanatla olan ilişkisi sorgulanmıştır. 19. yüzyılın sonunda gelişen sanayi devrimi, kas gücüne dayalı üretim yaklaşımını geride bırakarak makinelere ve seri imalat yöntemlerine dayalı üretim anlayışı getirmiş, bu da birbirinin benzeri olan tek tip ürünlerin üretilmesine yol açmıştır. Sanayi devrimi ile birlikte gelişen üretim yaklaşımı, endüstrinin taleplerine cevap verirken estetik kaygılar ve el emeği ilişkisini sorgulamayı beraberinde getirmiştir. Bauhaus Tasarım Okulu'nun kurulmasını sağlayan gelişmeler arasında, seri imalat karşısında el emeği ve estetik değer arasındaki ilişkinin sorgulandığı "Arts and Crafts" hareketinin izlerini görmek mümkündür. Bu hareketin öncü isimleri arasında Henry Cole, William Morris ve John Ruskin yer almıştır. Morris, sanayi devrimi ile birlikte yapılan ürünlerin tek tip ve ruhsuz olduğunu söylerken, el emeğiyle yapılan ürünlerin sanatçının duygularını yansıttığını dile getirmiştir. Bu noktada Ortaçağ sanatındaki zanaatkârlığa dayalı iş bölümünün, insanın çalışma zevkini ve yeteneklerini arttırdığını ve yaratıcılığını geliştirdiğini söyleyen Ruskin'in bu düşünceleri, Bauhaus kurucusu Walter Gropius'u etkilemiştir (Tuğal, 2018: 18). Hareket ilk olarak İngiltere'de ortaya çıkmış, kısa sürede başta Avrupa olmak üzere Kuzey Amerika'ya kadar yayılmıştır.

Bauhaus Tasarım Okulu'nun kurulmasını sağlayan diğer bir gelişme ise Alman sanayi ürünlerinin kalitesini ve rekabet gücünü artırmak amacıyla "Deutscher Werkbund" (Alman Zanaatçılar Birliği) kurulması olmuştur. Hermann Muthesius öncülüğünde sanatçılar, tasarımcılar ve mimarlar bir araya gelerek artan sanayileşme ve seri üretime tepki olarak geleneksel zanaatkârlığı modern tasarım ilkeleriyle birleştirmeyi istemişlerdir. Muthesius'a göre Werkbund Kurumu, Almanya'nın ekonomik refah düzeyini yükseltip, uluslararası alandaki gücünü artırmakla kalmayacak, küresel ticaret sahasında bütünleşmiş, kendi bilincinde olan ve niteliksel olarak üstün bir "Alman stili" yaratmayı hedeflemiştir (Gürcüm & Kartal, 2017: 1773). Alman Zanaatçılar Birliği, sanat ve zanaatı endüstriyle birleştirerek, seri üretimin ve özellikle ucuz tüketim ürünlerinin işlevsel ve estetik niteliğini yükseltmek için tasarımı desteklemeyi amaçlamıştır (Bektaş, 1991: 69). Birinci Dünya Savaşı'nın başlaması birliğin planlarını ertelemeye neden olurken, Werkbund daha sonra yerini Bauhaus'a bırakmıştır (Bunulday, 2021: 493). Bauhaus Tasarım Okulu, Sanatlar ve El Sanatları Okulu'nun Weimar Sanat Akademisi'ne dönüşmesi sonrası şekillenmiştir. Gropius, kısa süre önce birleşen iki sanat okulunun yöneticisi olarak atandığında, "hausbau" (ev inşaatı) kelimesi üzerinde oynayarak bu yeni yapılanmaya Bauhaus adını vermiştir (Ertan & Sansarcı, 2021: 43). Bauhaus düşüncesi, bir stilin ve bir eğitim hareketinin ötesinde, 1850'lerden beri Avrupa'da yürürlükte olan kültürel, ekonomik ve toplumsal bir modernleşme programını ifade etmiştir (Bektaş, 1991: 69). Gropius tarafından özetlenen Bauhaus Manifestosu'nda, hareketin ilkeleri tasarımda biçim ve işlevi birleştirmenin önemini vurgulamıştır. Bauhaus sanat ve tasarım okulunda işlevselliğe yapılan bu vurgu, genellikle süslemeye işlevsellikten daha fazla önem veren dönemin önde gelen tasarım trendlerinden farklılaşmayı temsil etmiştir. İnovasyon, yalınlık ve geometrik dengeyi temel alan tasarımların geliştirilmesi hedeflenmiştir.

Bauhaus'ta ilk defa endüstrinin gereksinimlerini karşılama amacıyla tasarımlar hazırlanarak, tekstil, cam, metal, baskı ve seramik atölyelerinde prototipler yapılmış, fabrikalarda üretimler gerçekleştirilmiştir (Buçukoğlu, 2020: 70). Sanatçı ve zanaatçı arasında herhangi bir fark olmadığını, mimarların, ressamların, heykeltıraşların bir arada çalışması gerektiğini vurgulayan Bauhaus'un birleştirici özelliği ön plana çıkmıştır. Aynı manifestoda, oluşturulan ürünlerin sınırlı bir kesimin ihtiyaçlarını karşılamak yerine geniş kitlelere hitap etmesi gerektiği fikri okulun düşünce yapısının temellerini oluşturmuştur.

Walter Gropius, Johannes Itten, Josef Albers ve László Moholy-Nagy gibi Bauhaus Tasarım Okulu'nun öncü isimleri tarafından çağın gereksinimlerine göre güncellenen müfredat, geleneksel sınırları ortadan kaldırarak öğrencilere yaratıcılık, yenilikçilik ve pratik beceriler kazandırmayı amaçlamıştır. Öğretim programının temellerinde öğrenciler pratik uygulamaların yanı sıra sanat, modern sanat, yapı, modelaj, çizim, tasarım ve mimarinin tarihsel, kültürel ve teorik temellerini araştıran teorik çalışmalar da yapmışlardır. Birçok disiplinin bir araya geldiği bu okulun eğitim ve öğretim sistemi, teorik bilgi ile uygulama yöntemlerini bir araya getirmesi üzerine şekillenmiştir. Okulun açılmasından kısa bir süre sonra, tek bir sanatçının ya da tasarımcının eğitmen olarak başında durduğu atölyeler oluşturulmuş ve bu eğitmenler Bauhaus mezunları arasından, özgün sanatçı-zanaatçı-tasarımcı idealini özümsemiş kişilerden seçilmiştir (Buçukoğlu, 2020: 70). Endüstrinin gereksinimi olan atölye sisteminde ayrıca öğrencilerin kişisel gelişimini artırmak için bireysel yetenekleri de dikkate alınmıştır. Eğitimin bireysel anlayışla gerçekleşmesi, sanat eğitimindeki en temel gerekliliklerden biri olan yaratıcılığın gelişmesine ve yaratılan işleri standart uygulamaların dışına çıkararak, öğrencilerin kendi sanatçı üsluplarının gelişimine katkı sağlamıştır (Ertan & Sansarcı, 2021: 43).

Bauhaus müfredatı, eğitimde bütüncül bir yaklaşımı vurgulayarak öğrencileri resim, heykel, mimari ve tipografi gibi çok çeşitli disiplinleri keşfetmeye yönlendirmiştir. Bu disiplinler arası yaklaşımın amacı, sanat ve zanaat arasındaki engelleri yıkarak öğrencileri çalışmaları hakkında yaratıcı ve yenilikçi düşünmeye yönlendirmektir. Bauhaus sanat okulunda yaş veya cinsiyet ayrımı yapılmadan sadece belli kriterleri taşıyan öğrenciler kabul edilmiştir. Eğitim sisteminde tüm öğrenciler, altı aylık temel sanat eğitimini aldıktan sonra üç yıl süren eğitim sürecinde iki usta ve bir zanaatkar ile birlikte çalışmışlardır. Modern sanat, mimari ve tasarım üzerinde önemli bir etki bırakan Bauhaus Tasarım Okulu, farklı zamanlarda sırasıyla Weimar, Dessau ve Berlin'de faaliyetlerini sürdürmüştür. Berlin'de iktidara gelen yeni milliyetçi hükümet, ülke genelinde olduğu gibi Weimar'ı da etkilemiş, milliyetçilerin 1924 yılı başlarında Thuringia Eyaleti'nde çoğunluğu almalarıyla birlikte Bauhaus'un Weimar'da barınma olanağı zayıflamış ve okul Dessau'ya taşınmak zorunda kalmıştır (Bunulday, 2021: 499). Bauhaus tasarım okulunun bir sanayi kenti olan Dessau'ya taşınması, modern tasarımların endüstriyle bütünleşmesini sağlama hedefini gerçekleştirmesine yardımcı olmuştur. Dessau dönemi, Bauhaus'un disiplinlerarası eğitim yaklaşımının gelişimine tanıklık ettiği bir dönemi ifade etmektedir.

2.2. Bauhaus Tasarım Okulu'nda Grafik Tasarım Eğitimi

Bauhaus Tasarım Okulu'nun grafik tasarım alanında yaptığı yenilikler arasında, baskı resim, fotoğrafçılık ve kolaj tekniklerinin öğretilmesi yer alır. Bu tekniklerin yanı sıra, tipografi de grafik tasarım eğitiminin ana odak noktalarından biri olmuştur. Okulda öğrenciler, hem yazı karakteri tasarımı hakkında bilgi sahibi olmuş hem de harf formu oluşturma ve mizanpaj kompozisyonu konularında yetkinlik kazanmışlardır. Bauhaus Tasarım Okulu'nda grafik tasarım eğitimi, Werkbund Hareketi ve Arts and Crafts akımının bir sonucu olarak şekillenmiş ve özellikle tipografi alanında büyük etki yaratmıştır (Buçukoğlu, 2020: 72). Tipografinin kullanımı sırasında, sözcüklerin birbirlerine olan önem derecesine göre harf boyutu ve harf kalınlığında farklılıklar yaratmış, ayrıca, önemli elemanlara dikkat çekmek için çizgi, şerit, nokta ve kare gibi görsel unsurlar kullanılmıştır (Bektaş, 1991: 75). Harf boyutu ve harf kalınlığında yapılan bu tür değişimler, verilmek istenen mesajın önem derecesine göre etkin bir şekilde vurgulanmasını sağlamıştır.

Bu okulda Johannes Itten, Josef Albers, Wassily Kandinsky, László Moholy-Nagy ve Lionel Feininger gibi seçkin isimler de yer almıştır. Bu sanatçılar, tasarımlarında işlevsel, yalın ve estetik değeri yüksek nesneler yaratmak için çelik, cam ve beton gibi malzemeleri bir arada kullanmışlardır. Temel sanat eğitim kursunu üstlenen Johannes Itten, öğrencilerin tasarımda kullanılacak malzemeler hakkında bilgi edinmelerini ve temel tasarım ilkeleri hakkında farkındalık kazanmalarını karşıtlıkları kullanmalarını amaçlamıştır. Öğrencilerin "büyük/küçük, uzun/kısa, geniş/dar, kalın/ince, çok/az, düz/eğri, sivri/ kör, düzlem/hacim, pütürlü/kaygan, sert/yumuşak, hareketsiz/hareketli, hafif/ağrı, verevine/ dairesel ve katı/sıvı gibi bileşenlerin tasarımlarda kullanmaları istenmiştir (Forgacs, 2017: 75). 1923'te Itten'in okuldan ayrılmasından sonra, yerine Moholy-Nagy getirilmiş ve bu durum, kursun müfredatında önemli değişiklikler yapılmasına yol açmıştır. Tipografi ve baskıya ilgi artmış, fotoğrafın sadece temsil aracı olmasından öte, yaratıcı potansiyeli de keşfedilmeye başlanmıştır. Soyut kompozisyonlar yaratmak için fotogram (kamerasız fotoğraf) gibi yeni teknikler çalışmalarında kullanılmıştır. Dadaizm, De Stijl ve Rus Konstrüktivizmi'nden etkilenen Moholy-Nagy, uzay, zaman, hareket ve ışık ile ilgili ortaya attığı fikirlerle modern tasarımın form, mekân ve renk kullanımlarına yeni bir bakış açısı getirmiştir (Tunçel, 2022: 703).

Moholy-Nagy, çalışmalarında görsel anlatım dilinin gelişmesinde yazıyı, görselle birlikte modern iletişim ve tasarım için temel bir araç olarak kullanma yaklaşımını benimsemiştir. Bauhaus öğretiminin ve felsefesinin gelişimine katkı sağlayan Moholy-Nagy, tipografi ve fotoğrafı birleştirerek ortaya koyduğu önemli çalışmalarla Bauhaus'ta görsel iletişim konularına ilgi duyulmasını sağlamıştır (Bektaş, 1991: 73). Tipografi kursları, yazı karakterlerinin seçiminde açıklık, basitlik ve işlevselliğin önemini vurgulamıştır. Moholy-Nagy, öğrencileri anlam ve duyguları etkili bir şekilde aktarmak için farklı harf biçimleri, düzenler ve kompozisyonlar denemeye teşvik etmiştir. 1919 yılında Bauhaus öğretmenlerinden Lionel Feininger, De Stijl ile tanışmış ve grafik çalışmalarında genellikle basitleştirilmiş, geometrik şekiller ve dinamik kompozisyonlar kullanmıştır. Feininger, çizgi ve biçimi ustalıkla kullandığı çalışmalarında çarpıcı gravürler, linol baskılar ve taş baskılar yaratmıştır.

2.3. Irmgard Sörensen-Popitz (Söre Popitz) (1896-1993)

Irmgard Sörensen-Popitz, genellikle Sörensen Popitz olarak bilinen kadın sanatçı, Bauhaus tasarım okulunda eğitim aldıktan sonra reklam tasarımı uzmanı olarak kariyerine devam eden ilk kadın tasarımcılardan biri olarak grafik tasarım tarihinde yerini almıştır. 1896 yılında Kiel'de doğan sanatçının yeteneği çocukluk yıllarında fark edilmiş ve bu nedenle resim yapmaya ve çizmeye yönlendirilmesi hayat yolculuğunun şekillenmesinde etkili olmuştur. 1917 yılında Akademie für Graphische Künste ve Buchgewerbe Leipzig'e kayıt olan Popitz, ilerici ve reform odaklı akademide kitap tasarımı ve tipografi derslerine katılmış ve reklam grafiği konusunda uzmanlaşmış az sayıda kadın arasında yerini almıştır (Buçukoğlu, 2020: 73). Popitz, geleneksel tasarım ilkelerini çağdaş yöntemlerle birleştirerek görsel açıdan göz alıcı ürünler ortaya çıkarma becerisiyle dikkat çekmiştir. Bauhaus tasarım okulunda Moholy-Nagy, Paul Klee ve Wassily Kandinsky gibi ünlü hocalardan çizgi ve renk kompozisyonu dersleri almıştır. Bu dönemde ürettiği çalışmalarda eğitmenlerinin izlerini taşırken, özellikle Popitz'in Weimar'da ve sonraki yaşamında ürettiği soyut resimleri, Klee'nin sanatsal hassasiyetinin belirgin etkisini taşımıştır (Buçukoğlu, 2020: 73). Ayrıca, Popitz'in ilk dönem çalışmalarının çoğunda işlevsel ve sosyal açıdan uygun sanat eserleri yaratmak için geometrik şekiller ve endüstriyel malzemelerin kullanımını vurgulayan konstrüktivizm akımının etkileri görülmüştür. Bauhaus tasarım okulunun endüstri şehri Dessau'ya taşınması kararı üzerine Popitz okuldan ayrılmış ve 1925 yılında serbest grafik tasarımcı olarak Leipzig'de çalışmalarına devam etmiştir. Her ne kadar ticari tasarımlarında erkek modernist akıl hocalarının belirgin etkileri görülse de Popitz, çalışmalarını çeşitli kadın vücut tiplerini temsil eden geometrik karakterlerle süsleyerek tasarımlarına belirgin bir şekilde kadınsı bir bakış kazandırmıştır (Morley, 2019: https://eyeondesign.aiga.org, e.t. 28.07.2024). 1935 yılında tasarladığı kapak tasarımında ise Dessau'daki Bauhaus Okulu'nun ön cephesinde bulunan çelik raylardan oluşan yapının soyutlanarak tasarımına aktarıldığı görülmüştür. Nazi rejiminin başlangıç yıllarında Popitz, Bauhaus çalışmalarını gizlemiş olsa da 2. Dünya Savaşı'nın sonlarında müttefiklerin Leipzig'i bombalaması sonrası çalışmalarının çoğu yok olmuştur. Schröter, tüm bu kayıplardan ötürü Popitz'in ticari üretiminin gerçek ölçeğinin tam olarak bilinemeyeceğini belirtmiştir (Morley, 2019: https://eyeondesign.aiga.org, e.t. 28.07.2024). Savaş sonrası Frankfurt'a taşındıktan sonra çocukluğunda yeteneklerini sergilediği resim çalışmalarına geri dönmüş ve Insel-Bücherei için kitap kapak tasarımları yapmaya başlamıştır. Sörensen Popitz, 1993 yılında 97 yaşında hayata veda ettikten sonra çalışmalarının çoğu Wuppertal'da bir galeri sahibi olan Wilma Stöhr'e miras kalmıştır (Gilmore, 202: 12).

3. Popitz'in Konstrüktivizm Işığında Figüratif, Tipografik ve Soyut Etkilerdeki Grafik Tasarımları:

Bauhaus, De Stijl ve Konstrüktivizm akımlarının etkisinde kalmış, aynı zamanda bu üslupları kopya etmiş ve bu akımların biçimsel özelliklerini kavrayarak, tasarım sorunlarını çözebilecek bir sisteme dönüştürmüştür (Bektaş, 1992: 73). Bauhaus ve Konstrüktivizm sanat akımlarının teorik açıdan birbirleri ile benzerlikleri bulunmaktadır. Her iki akımda da sanat ve yaşam arasında bir uyum aranmaktadır. Bauhaus akımının savunucularına göre endüstri ve zanaat gibi alanlarda sanat yaşam ile bir bağ oluşturmalıdır. Bu bağlamda hem estetik çekiciliği olan hem de seri olarak üretilen uygun fiyatlı ürünler üretilmelidir. Başka bir açıdan da Konstrüktivistler yeni bir toplum oluşturmak için sanatı bir araç olarak düşünmüşlerdir. Her iki akımda da zaman ve tarihsel olayların etkileri ilkelerin değişimine neden olmuştur (Aktan, 2020: 175).

1920'li yıllarda Rusya'da Konstrüktivizm, Almanya'da ise Bauhaus akımına göre üretilen sanat yapıtları farklı koşullarda olmasında rağmen, üretim süreçleri, malzemeleri ve geometrik özellikleri bakımından ortak noktalara sahip olmuştur. Bu iki akımın arasındaki temel yakınlık hem Rus Konstrüktivizmini hem de Bauhaus akımını oluşturan sanatçıların kendi aralarında bir araya gelerek yeni bir sanatsal dil oluşturma çabasında olmalarıdır. Yeni bir dünyaya sahip olunmasını bir gereklilik olarak gören bu sanatçılar, daha çok tasarıma yöneldikleri süreç içerisinde toplumsal açıdan sanatı anlam ifade etmesi gereken bir olgu olarak görmüşlerdir. İşlevselliğin ön planda tutulduğu bu yeni yaklaşımla, sanat olgusunun temelinde bir değişim ön görülmüştür. Bu değişimi oluşturan temel sözcük hem Rus Konstrüktivistleri hem de Bauhaus sanatçıları için sanatsal yerine zihinsel dışavurumu ifade eden konstrüksiyon olmuştur (Antmen, 2013: 103). Tasarımlarda güçlü geometrik konstrüksiyonlar, saf renklerden oluşan geniş alanlar ve özlü, okunaklı yazılar, ağır, serifsiz yazılar kullanılmaktadır (Bektaş, 1992: 63).

Bauhaus'un öncü grafik tasarımcısı Söre Popitz'in çalışmalarına da bakıldığında, bahsi geçen tasarım unsurlarının yer aldığı görülmektedir. Bu doğrultuda, tasarımlarda geometrik formlar, tipografinin ve rengin kullanımı dikkat çekmektedir. Bu çalışma kapsamında Söre Popitz'in tasarım çalışmaları görsel tasarım unsurları çerçevesinde ele alınmaktadır.

4. Söre Popitz'in Çalışmalarında Görsel Tasarım ve Konstrüktivizm Etkilerinin Çözümlenmesi:

4.1. Yöntem:

Çalışmanın amacı, Bauhaus'un öncü kadın grafik tasarımcısı olan Söre Popitz'in sanat ve tasarım alanındaki çalışmalarını incelemektir. Çalışma kapsamında Popitz'in tasarım alanındaki üslubu ele alınmaktadır ve Popitz'in grafik tasarım çalışmaları *görsel tasarım unsurları ve konstrüktivizm akımı özellikleri* çerçevesinde ele alınmaktadır. Çalışmada, Popitz'in bir kadın tasarımcı olarak grafik tasarım alanındaki eserleri ve üslubu değerlendirilmektedir. Araştırmanın sonuç kısmında Söre Popitz'in çalışmalarına ilişkin detaylı bir bilgi edinilmesi öngörülmektedir. Araştırma soruları şu şekildedir:

Söre Popitz'in sanat ve tasarım çalışmalarında renk kullanımı nasıldır?

Söre Popitz'in sanat ve tasarım çalışmalarında tipografi kullanımı nasıldır?

Söre Popitz'in sanat ve tasarım çalışmalarında imge kullanımı nasıldır?

Söre Popitz'in sanat ve tasarım çalışmalarında biçim kullanımı nasıldır?

Söre Popitz'in sanat ve tasarım çalışmalarında konstrüktivizm akımı kapsamında geometrik bir yapı var mıdır?

Söre Popitz'in sanat ve tasarım çalışmalarında konstrüktivizm akımı kapsamında saf/düz renkler kullanılmış mıdır?

Söre Popitz'in sanat ve tasarım çalışmalarında konstrüktivizm akımı kapsamında okunaklı yazılar kullanılmış mıdır?

Araştıma kapsamını Söre Popitz'in çalışmaları oluşturmaktadır. Araştırmanın örneklemi olarak Söre Popitz'in 4 sanat ve tasarım çalışması seçilmiştir. Araştırma kapsamında Söre Popitz'in sanat ve tasarım çalışmaları görsel tasarım unsurları ve konstrüktivizm akımının özellikleri çerçevesinde ele alınmıştır. Çalışmada benzer olan iki çalışma aynı özellikleri gösterdiğinden tek bir çalışma olarak ele alınmıştır.

4.2. Kategorilerin Oluşturulması ve Verilerin Kodlanması

Kodlama tablosunu oluşturan kategoriler, araştırmacı tarafından tasarımı oluşturan görsel tasarım unsurları (renk, tipografi, imge ve biçim) ve konstrüktivizm akımı özellikleri (geometrik yapı, saf/düz renkler ve okunaklı yazılar) doğrultusunda hazırlanmıştır. Görsel tasarım unsurları *renk* kategorisi Atabey'den (2018: 112) alınmıştır. *Tipografi* kategorisi Ketenci&Bilgili'den (2006: 243) alınmıştır. *İmge* kategorisi Moriarty'den (1987: 550) alınmıştır. *Biçim* kategorisi Moriarty'den (1987: 550) alınmıştır. Son olarak tasarımı oluşturan *konstrüktivizm akımı özellikleri* (Bektaş'tan, 1992: 63)' den alınmıştır.

Tablo 1. Kodlama Tablosu

Görsel Tasarım Unsurları	Renk[1]	Sıcak Renk Ağırlıklı Soğuk Renk Ağırlıklı Siyah Beyaz Ağırlıklı Siyah Beyaz	[1]Kategoriler Atabey'den (2018:112) alınmıştır.
	Tipografi[2]	Serifsiz (Tırnaksız) Serifli (Tırnaklı) El Yazısı Dekoratif	[2]Kategoriler Ketenci&Bilgili'den (2006:243) alınmıştır.
	İmge[3]	Fotoğraf İllüstrasyon İmge yok	[3]Kategoriler Moriarty'den (1987:550) alınmıştır.
	Biçim (Taslak Türleri)[4]	Modrian İmge-Pencere Metin Çerçeve Sirk Çok Panolu Büyük Harf Harf Biçimli Silüet Resfebe	[4]Kategoriler Moriarty'denz(1987:550)' den alınmıştır.
Konstrüktivizm[5]	Geometrik Yapı Saf/Düz Renkler Okunaklı Yazılar		[5]Kategoriler (Bektaş'tan, 1992: 63)' den alınmıştır.

Araştırmacı tarafından ilk olarak örnekleme dahil edilecek Söre Popitz'in sanat ve tasarım çalışması belirlenmiştir. Ardından araştırma verileri araştırmacı tarafından kodlama tablosuna göre değerlendirilmiştir. Kodlama tablosu (Tablo 1) araştırmacı tarafından literatürdeki çalışmaların incelemesiyle oluşturulmuştur. Araştırmada kullanılan çalışmalar içerik analizi yönteminin temelleri doğrultusunda gerçekleştirilmiştir.

4.3. Bulgular

Bu araştırma kapsamında, Söre Popitz'in sanat ve tasarım çalışmaları görsel tasarım unsurları ve konstrüktivizm akımı açısından kategorize edilerek incelenmektedir. Bu iki kategori düzenlenerek, alt kategorilere ayrılmıştır. Alt kategoriler şu şekildedir:

Görsel Tasarım Unsurları: Renk (Sıcak Renk Ağırlıklı, Soğuk Renk Ağırlıklı, Siyah Beyaz Ağırlıklı, Siyah Beyaz), Tipografi (Serifsiz (Tırnaksız), Serifli (Tırnaklı), El Yazısı, Dekoratif), İmge (Fotoğraf, İllüstrasyon, İmge Yok), Biçim (Mondrian, İmge-Pencere, Metin, Çerçeve, Sirk, Çok Panolu, Büyük Harf, Harf Biçimli, Silüet, Resfebe)

Konstrüktivizm: Geometrik Yapı, Saf/Düz Renkler, Okunaklı Yazılar

Tablo 2. Kodlama Tablosu

Görsel Tasarım Unsurları	Renk	Sıcak Renk Ağırlıklı	
		Soğuk Renk Ağırlıklı	+
		Siyah Beyaz Ağırlıklı	
		Siyah Beyaz	
	Tipografi	Serifsiz (Tırnaksız)	+
		Serifli (Tırnaklı)	
		El Yazısı	
		Dekoratif	
	İmge	Fotoğraf	
		İllüstrasyon	+
		İmge Yok	
	Biçim	Mondrian	+
		İmge-Pencere	
		Metin	
		Çerçeve	
		Sirk	
		Çok Panolu	
		Büyük Harf	
		Harf Biçimli	
		Silüet	
		Resfebe	
Konstrüktivizm	Geometrik Yapı		+
	Saf/Düz Renkler		+
	Okunaklı Yazılar		+

Gerçekleştirilen veri analizi sonucunda, Söre Popitz'in dergi kapak tasarımı (Şekil 1) görsel tasarım ve konstrüktivizm açısından kategorize edilmiştir.

Çalışma kapsamında tasarımda (Tablo 2) ağırlıklı olarak soğuk renge yer verildiği görülmektedir. Tipografi kullanımının serifsiz (tırnaksız) olduğu tespit edilmektedir. Dünyada en yaygın kullanılan yazı türü serifsiz yazılardır. Yirminci yüzyıl başında başlayan süreç, günümüzde de etkisini devam ettirmektedir (Brugger, 2017: 2). İmge olarak illüstrasyonun kullanıldığı çalışmada, Mondrian taslak türü kullanılmaktadır. Konstrüktivizm açısından geometrik yapıların bulunduğu, saf ve düz renklerin kullanıldığı ve yazıların okunaklı olduğu görülmektedir.

Şekil 1. Söre Popitz'in "Die Neue Linie" Dergisi Kapak Tasarımı

Tablo 3. Kodlama Tablosu

Görsel Tasarım Unsurları	Renk	Sıcak Renk Ağırlıklı	
		Soğuk Renk Ağırlıklı	
		Siyah Beyaz Ağırlıklı	
		Siyah Beyaz	+
	Tipografi	Serifsiz (Tırnaksız)	+
		Serifli (Tırnaklı)	
		El Yazısı	
		Dekoratif	
	İmge	Fotoğraf	
		İllüstrasyon	+
		İmge Yok	
	Biçim	Mondrian	+
		İmge-Pencere	
		Metin	
		Çerçeve	
		Sirk	
		Çok Panolu	
		Büyük Harf	
		Harf Biçimli	
		Silüet	
		Resfebe	
Konstrüktivizm	Geometrik Yapı		+
	Saf/Düz Renkler		+
	Okunaklı Yazılar		+

Yapılan veri analizi sonucunda, Söre Popitz'in tasarımları görsel tasarım ve konstrüktivizm açısından kategorize edilmiştir. Bu kısımda (Şekil 2) görsel tasarım olarak iki benzer tasarım tek bir tasarım olarak ele alınmaktadır.

Çalışma kapsamında tasarımda (Tablo 3) siyah ve beyaz renge yer verdiği görülmektedir. Tipografi kullanımının serifsiz (tırnaksız) olduğu tespit edilmektedir. İmge olarak illüstrasyonun kullanıldığı çalışmada, Mondrian taslak türü kullanılmaktadır. Bununla birlikte tasarımda kullanılan illüstrasyonların da geometrik formlara sahip oldukları görülmektedir. Konstrüktivizm açısından geometrik yapıların bulunduğu, saf ve düz renklerin kullanıldığı ve yazıların okunaklı olduğu görülmektedir.

Şekil 2. Söre Popitz'in Thüngina'nın Mutfak Aletleri için Tasarladığı Reklam Afişleri

Tablo 4. Kodlama Tablosu

Görsel Tasarım Unsurları	Renk	Sıcak Renk Ağırlıklı	
		Soğuk Renk Ağırlıklı	
		Siyah Beyaz Ağırlıklı	+
		Siyah Beyaz	
	Tipografi	Serifsiz (Tırnaksız)	+
		Serifli (Tırnaklı)	
		El Yazısı	
		Dekoratif	
	İmge	Fotoğraf	
		İllüstrasyon	
		İmge Yok	+
	Biçim	Mondrian	+
		İmge-Pencere	
		Metin	
		Çerçeve	
		Sirk	
		Çok Panolu	
		Büyük Harf	
		Harf Biçimli	
		Silüet	
		Resfebe	
Konstrüktivizm	Geometrik Yapı		+
	Saf/Düz Renkler		+
	Okunaklı Yazılar		+

Çalışmadan elde edilen verilere göre (Şekil 3), Söre Popitz'in tasarımları görsel tasarım ve konstrüktivizm açısından kategorize edilmiştir.

Çalışmada (Tablo 4), ağırlıklı olarak siyah ve beyaz rengin kullanıldığı görülmektedir. Tipografi açısından serfisiz (tırnaksız) yazı kullanılmıştır. Çalışmada imge kullanılmazken, taslak türü olarak mondrian kullanılmıştır. Çalışmaya konstrüktivizm açısından bakıldığında geometrik yapı, saf ve düz renkler ve okunaklı yazılara yer verildiği tespit edilmektedir.

Şekil 3. Söre Popitz'in Jimnastik Stüdyosu için Tasarladığı Reklam Posteri

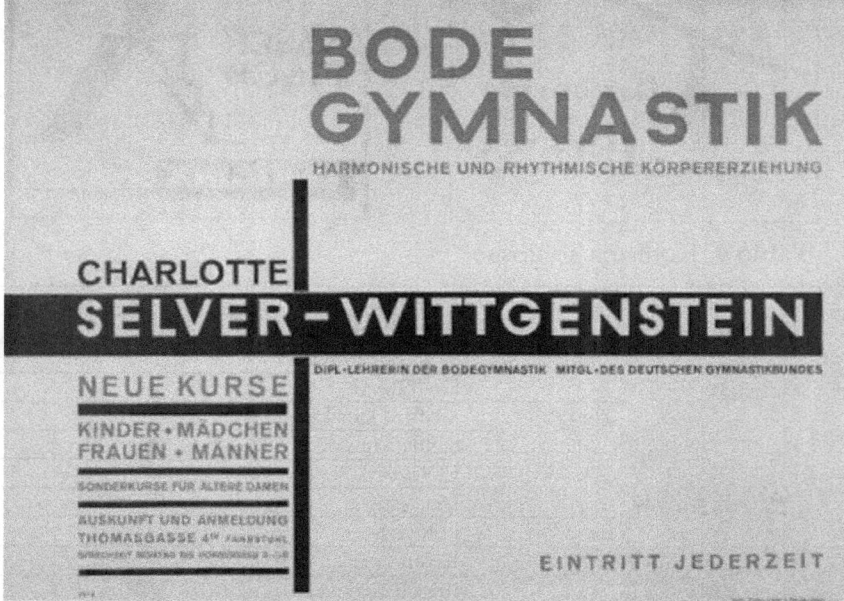

Tablo 5. Kodlama Tablosu

Görsel Tasarım Unsurları	Renk	Sıcak Renk Ağırlıklı	
		Soğuk Renk Ağırlıklı	
		Siyah Beyaz Ağırlıklı	+
		Siyah Beyaz	
	Tipografi	Serifsiz (Tırnaksız)	+
		Serifli (Tırnaklı)	
		El Yazısı	
		Dekoratif	
	İmge	Fotoğraf	+
		İllüstrasyon	
		İmge Yok	
	Biçim	Mondrian	+
		İmge-Pencere	
		Metin	
		Çerçeve	
		Sirk	
		Çok Panolu	
		Büyük Harf	
		Harf Biçimli	
		Silüet	
		Resfebe	
Konstrüktivizm	Geometrik Yapı		+
	Saf/Düz Renkler		+
	Okunaklı Yazılar		+

Gerçekleştirilen veri analizi sonucunda (Şekil 4), Söre Popitz'in tasarımı görsel tasarım ve konstrüktivizm açısından kategorize edilmiştir.

Çalışmada (Tablo 5) ağırlıklı olarak siyah ve beyaz rengin kullanıldığı görülmektedir. Tipografi açısından serifsiz (tırnaksız) yazı kullanılmıştır. Çalışmada imge olarak fotoğraf kullanılmıştır ve taslak türü olarak mondrian kullanılmıştır. Çalışmaya konstrüktivizm açısından bakıldığında geometrik yapı, saf ve düz renkler ve okunaklı yazılara yer verildiği tespit edilmektedir.

Şekil 4: Söre Popitz'in Tasarladığı Reklam Broşürü

5. Sonuç

Bu araştırmada yapılan analizler sonucunda, Söre Popitz'in sanat ve tasarım çalışmaları ile ilgili bulgular elde edilmiştir. Çalışmanın bulguları, kategorilerin oluşturulduğu Söre Popitz'in tasarımlarında renk, tipografi, imge ve biçim (taslak türleri) ve konstrüktivizm akımının özelliklerinin kullanımına ilişkindir. Bu kategoriler doğrultusunda bulgulardan elde edilen verilere göre Söre Popitz'in sanat ve tasarım çalışmalarına ilişkin bir sonuca varılabilmektedir.

Çalışma kapsamında Söre Popitz'in 4 sanat ve tasarım çalışması incelenmiştir. Çalışmalarda renk kullanımı açısından daha çok siyah beyaz ağırlıklı renklerin kullanımına ağırlık verildiği görülmüştür. Bununla birlikte tüm çalışmalarda tipografiye yer verilmekle birlikte, serifsiz (tırnaksız) yazılar tercih edilmiştir. İmge olarak ağırlıklı olarak illüstrasyon kullanıldığı görülmüştür. Ayrıca bir tasarımda fotoğraf kullanılmış ve bir tasarımda da hiçbir imgeye yer verilmemiştir. Biçim olarak tüm çalışmalarda mondrian taslak türü kullanılmıştır. Konstrüktivizm akımı özellikleri çerçevesinde tüm çalışmalarda geometrik yapının, saf/düz renklerin ve okunaklı yazıların kullanımı görülmektedir.

Sonuç olarak bulgulardan elde edilen verilere göre, çalışmalarda daha çok siyah beyaz renkler ön plana çıkmıştır. Tüm çalışmalarda serifsiz yazı tipi kullanıldığı görülmektedir. Çalışmalarda yoğun olarak illüstrasyon kullanılmaktadır. Çalışmalar görsel tasarım unsurları bağlamında ele alındıklarında, çalışmaların bir bütünlük oluşturduğu görülmektedir. En yaygın olarak kullanılan taslak türlerinden biri Mondrian taslaklardır. Bu taslak türünün ismi, Hollandalı ressam Piet Mondrian'dan gelmektedir. Mondrian'ın eserleri yatay ve dikey olarak dikdörtgen ve karelere ayrılmış ve siyah sütun ve çizgilerle ana renklerden oluşmaktadır. Bu taslak türüne göre tasarımlarda da; tipografi ve görseller görünür ya da görülmez çizgi ve sütunlar şeklinde yatay veya dikey olarak yer almaktadır (Nelson, 1989: 89-90). Bektaş'a göre (1992: 73) Bauhaus, De Stijl ve Konstrüktivizmin biçimsel özelliklerini kavrayarak, tasarımlarda uygulanabilir hale getirmiştir. Bu doğrultuda Söre Popitz'in sanat ve tasarım çalışmalarının tümünde ismini De Stijl sanat akımının en önemli sanatçısı Mondrian'dan alan mondrian taslak türünün kullanılmış olması, Bauhaus'un öncü kadın ismi olan Söre Popitz'in çalışmalarında De Stijl etkisinin görüldüğünü ortaya çıkarmaktadır. Çalışmalara konstrüktivizm akımının özellikleri doğrultusunda bakıldığında geometrik bir yapıya sahip oldukları, çalışmalarda saf/düz renklerin kullanıldığı ve çalışmalarda yer alan yazıların okunaklı oldukları tespit edilebilmektedir. Bu bağlamda, Bauhaus'un öncü kadın sanatçısı olan Söre Popitz'in sanat ve tasarım çalışmalarında konstrüktivizm etkilerinin yoğun olarak görüldüğü söylenebilmektedir.

Kaynakça

Aktan, G. (2020) Konstrüktivizm ve Bauhaus Arasındaki Benzerlikler, Sosyal Bilimlerde Yeni Araştırmalar III, (Editörler: Osman Köse&Yasemin Ulutürk Sakarya), Ankara: Berikan Yayınevi.

Antmen, A. (2013) Sanatçıların Yazılar ve Açıklamalarla 20. Yüzyıl Batı Sanatında Akımlar, 5. Baskı, Sel Yayıncılık, İstanbul.

Atabey, Z. (2018), Görsel Tasarım ve Kültür: Bireyci ve Toplulukçu Kültürel Özelliklerin Dergi Reklamlarındaki Görsel Tasarım Öğelerine Yansımaları, Ege Üniversitesi, Sosyal Bilimler Enstitüsü, (Doktora Tezi), İzmir.

Bektaş, D. (1992). *Çağdaş Grafik Tasarımın Gelişim.* İstanbul: YKY Yayınları.

Buçukoğlu, S. M. (2020). Bauhaus Tasarım Okulu ve İki Kadın Grafik Tasarımcı: Irmgard Sörensen-Popitz ve Ivana Tomljenovic-Meller. *Sanat Tasarım Dergisi, 11,* 69–78. https://doi.org/10.35333/sanat.2020.264

Bunulday, S. (2021). Bauhaus'ta Eğitim: El Sanatlarından Endüstriyel Üretime, Bireyselden Kolektif Yaratıma. *MSGSÜ Sosyal Bilimler, 1*(23), 492-505.

Brugger, P. (2017) Peter Brugger ile Tipografi ve Tasarım Üzerine, (F. Meşhur, Röportör), Grafik Sanatlar Üzerine Yazılar: Grafik Tasarımcılar Meslek Kuruluşu, Sayı. 179, ss.1-2.

Ertan, e. S.-g. (2021). Bauhaus ekolü ve grafik tasarım alanına yansımaları. Uluslararası *Sanat ve Sanat Eğitimi Dergisi,* 6(6), 41–52. https://doi.org/10.29228/jiajournal.51254

Forgacs, E. (2017). *Bauhaus 1919-1933.* (A. Tümertekin, Çev.). İstanbul: Janus

Gilmore, "Irmgard Sorenson-Popitz" (2021). Communication Design: Design Pioneers. 24. https://research.library.kutztown.edu/designpioneers/24

Gurcum, B. H., & Kartal, S. (2017). Crafts Transforming Into Design With Bauhaus. Idil *Journal of Art and Language,* 6(34). https://doi.org/10.7816/idil-06-34-06

Ketenci, H. F. & Bilgili, C. (2006). Yongaların 10000 Yıllık Gizemli Dansı Görsel İletişim ve Grafik Tasarım, İstanbul: Beta Basım.

Moriarty, S. E., A (1987). Content Analysis of Visuals Used in Print Media Advertising, Journalism Quarterly, Vol. 64, No.1, ss.550-554.

Morley, M. (2019, December 3). Celebrating Söre Popitz, the Bauhaus' Only Known Woman Graphic Designer. Eye on Design. https://eyeondesign.aiga.org/sore-popitz-meet-the-bauhauss-only-known-woman-graphic-designer/

Nelson, R. P. (1989). The Design of Advertising, 6. Baskı. Dubuque, USA: Brown Publishers.

Tuğral, S. A. (2018). *Oluşum Sürecinde Dijital Sanat.* İstanbul: Hayalpereset Yayınevi.

Görsel Kaynakça

Şekil 1: https://www.arkitera.com/haber/bauhausun-bilinen-tek-kadin-grafik-tasarimcisi-sore-popitz/

Şekil 2: https://www.arkitera.com/haber/bauhausun-bilinen-tek-kadin-grafik-tasarimcisi-sore-popitz/

Şekil 3: https://www.arkitera.com/haber/bauhausun-bilinen-tek-kadin-grafik-tasarimcisi-sore-popitz/

Şekil 4: https://www.arkitera.com/haber/bauhausun-bilinen-tek-kadin-grafik-tasarimcisi-sore-popitz/

III.

DISASTERS AND WOMEN: VULNERABILITIES,
RESILIENCE, AND SOCIETAL ROLES

AFETLER VE KADIN: KIRILGANLIKLAR, DAYANIKLILIK
VE TOPLUMSAL ROLLER

THE INVISIBLE LABOUR OF WOMEN IN FOSTER CARE WHICH BECAME POPULAR AFTER THE FEBRUARY 6 KAHRAMANMARAŞ EARTHQUAKE

6 ŞUBAT KAHRAMANMARAŞ DEPREMİ SONRASİNDA POPÜLER OLAN KORUYUCU AİLELİKTE KADİNİN GÖRÜNMEYEN EMEĞİ

Ayşe Betül Tanrıverdi[1]

Öz

6 Şubat Kahramanmaraş depreminden sonra koruyucu aileliğe ilgi ve başvuru artmıştır. Bu ilgi artışıyla beraber duygusal hareket edilmiş ve kamuoyunun şefkat tavrı ön plana çıkmıştır. Depremzede çocuklara koruyucu aile olmak için başvuran pek çok kişinin neden başvuru yaptığı, koruyucu aileliğe ilişkin ne kadar bilgiye sahip olduğu belirsizliğini hala korumaktadır. Koruyucu ailelikte kadın çocuğun bakımını üstlenen taraf olmaktadır. Çocuk ise medya sebebiyle metalaştırılmakta ve tüm süreçler bittikten sonra bakım çoğunlukla kadın tarafından yürütülmektedir. Denetim mekanizmasının yarattığı baskıyla çocuk kadın hayatının merkezine çekilmektedir. Böyle bir sorumluluk kadının özel hayatını büyük ölçüde etkilemekte; kariyer planı neredeyse tüm detaylarını yitirerek çocuğun geleceğini biçimlendirmeye odaklanmaktadır. Çocuk yetiştirmek kutsal bir uğraş olmakla beraber bunun kadının görevi sayılması beraberinde birtakım sorunlar getirmektedir. Koruyucu ailelikte kadın ön plana çıkmakta; bu durum kadın açısından duygusal emeği eylemselliğin merkezi yapmaktadır. Bu çalışmada 6 Şubat depreminden sonra depremzede çocuklara koruyucu aile olmak isteyen birçok ebeveynin neden başvuru yaptığı, neyi amaçladıkları soruları ve koruyucu ailelikte kadının görünmeyen emeği internetteki gazete haberlerinden, sosyal medya hesaplarına yapılan yorumlardan anlaşılmaya çalışılmıştır. Araştırmanın örneklemi Şubat-Aralık 2023 arasındaki internet gazetelerinde yayımlanan koruyucu aile anahtar kelimeli haberlerdir. Araştırmanın örnekleminin 2023 yılı ile sınırlı kalması, çalışmanın konusunun 6 Şubat Kahramanmaraş depreminden sonra artan

---
[1] Dr. Öğr. Üyesi Sivas Cumhuriyet Üniversitesi İletişim Fakültesi Gazetecilik Bölümü, abetultanriverdi@cumhuriyet.edu.tr, ORCID: 0000- 0002- 5046-4618

popülerliğin araştırılmasındandır. Yapılan çalışmada nitel araştırma yöntemi kullanılmış içerik analizi tekniği uygulanmıştır. Kodlama yoluyla yapılan içerik analizinde ise önemli kısımlar betimlenerek yorumlanmıştır.

Anahtar kelimeler: Koruyucu ailelik; çocuk; kadın emeği; medya

Abstract

After the 6 February Kahramanmaraş earthquake, interest and applications for foster care increased. With this increase in interest, the public acted emotionally and the compassion vein came to the fore. After the earthquake, foster family was misunderstood by the public and therefore there was a great increase in applications. It remains a mystery as to why many people who applied to become foster parents for earthquake victims applied and to what extent they have knowledge about the nature of foster care. In foster care, the woman becomes the object who takes care of the child. The child is commodified by the media and after all the processes are completed, the child is mostly taken care of by the woman and the responsibility is assumed by the woman. The woman takes care of the physical and emotional care of the child; she also makes the child the centre of her life with the anxiety caused by the control mechanism. Such a responsibility negatively affects the woman's private life; her career plan is only the future of the child. Although raising children is a sacred endeavour, the fact that it is socially seen as a woman's duty brings along a number of problems. In foster care, women come to the forefront; this situation brings emotional labour exploitation for women. In this study, it is tried to understand why many families who want to become a foster family for earthquake victims after the earthquake on 6 February applied, what they aim for, and the invisible labour of women in foster care are tried to be understood from internet newspaper news and comments made on social media accounts. The sample of the research is the news with the keyword "foster family" published in online newspapers between February-December 2023 and the posts on the official page of the Ministry of Family and Social Services. The sample of the study is limited to the year 2023 because the subject of the study is to investigate the increasing popularity after the 6 February Kahramanmaraş earthquake. In the study, content analysis technique is used by using qualitative research method. In content analysis through coding, important parts are described and interpreted.

Keywords: Foster care; children; women's labour; media

1. Giriş

Koruyucu ailelik sistemi yeni medyada son zamanlarda sıklıkla yer almaktadır. 6 Şubat depreminden sonra sisteme olan ilgi artmış; pek çok ebeveyn depremzede çocuklara koruyucu aile olmak istemiştir. Bu ilgi artışıyla beraber kamuoyunun duygusal hassasiyeti artmış ve şefkat hisleri ön plana çıkmıştır. Sistemin bir anda popüler olması kontrolünü, denetimini güçleştirmektedir. Bu bakımı yapabilecek ailelerin belirlenmesi, takip edilmesi ve çocuğun koruyucu aile yanına yerleştirilmesi uzun zaman dilimi yayılmaktadır. Aileler seçildikten sonra ise ailenin çocuklarla uyumu kritik bir aşama olarak süreç içinde belirleyici rol oynamaktadır. Depremzede çocuklara koruyucu aile olmak için başvuran pek çok kişinin koruyucu aileliğin amacına yönelik bilgisinin olup olmaması belirsizliğini korumakla beraber ebeveynlerin başvuru nedeni bu araştırmada anlaşılmaya çalışılmaktadır. Koruyucu ailelikte duygular ön plana çıkmasına rağmen profesyonel davranılması gerekmektedir. Aksi taktirde sistem çocuğun metalaşmasına neden olarak çocuğu merkeze alan yararlılık ilkelerini zayıflatmakta, yanlış biçimlendirmekte yahut geçersiz kılmaktadır. Türkiye'de koruyucu ailelik sistemine evlat edinme gibi bakılmakta ve çocuğun biyolojik aileye geri verilme ihtimaline karşı endişe duyulmaktadır. 6 Şubat depreminden sonra oluşan manevi atmosferin tesiriyle birçok ebeveyn mantıklı düşünmek ve muhakeme etmekten önce acıma duygularıyla hareket ederek koruyucu bir tavır sergilemiştir. Bu çalışmada koruyucu aile sisteminin ciddiyeti, toplum tarafından algılanan duygusal yönü, sosyal medya paylaşımlarına yapılan yorumlardan ve internet gazeteleri üzerinden tartışılmaktadır.

2. Koruyucu Aileliğin Önemi

Biyolojik ailesi tarafından bakımı yapılamayan çocuklar ailesinden alınarak kuruluş himayesine verilmektedir. Aileler psiko-sosyal, tıbbi, ekonomik vb. nedenle ilişkili çocukların bakımını sağlayamaz. Bu durumda devletin yetkili mercileri yoluyla çocuklar devlet korumasına alınmakta ve Aile ve Sosyal Hizmetler Bakanlığı bünyesindeki birimlere teslim edilmektedir. Korunmaya muhtaç çocuklar 5395 sayılı çocuk koruma kanununa göre devlet koruması altındadır. Koruyucu ailelik, 0-18 yaş aralığında devlet koruması altında yaşayan çocukların aile yanında bakımının sağlanmasıdır (Koruyucu Aile ve Evlat Edinme Derneği, 2024). Her ne kadar devletin sunduğu imkanlar temel ihtiyaçların temini noktasında eksiklik göstermese de aile sıcaklığının ve anne baba sevgisinin yerini hiçbir resmi veya gayri resmi kurum tutamaz.

Çocuklardaki *korunmaya muhtaçlık*, sosyo-ekonomik nedenlerle ortaya çıkmaktadır. Bunlar ihmale uğrama veya istismara maruz kalma, parçalanmış ailede yaşama, suç mağduru olma, suça sürüklenme kaynaklıdır. Bunların yanı sıra kavram, son zamanlarda dış göç nedeniyle ülkemize giriş yaparken veya ülkemizde iken ebeveyninin yanında kaybolan refakatsiz çocukları da işaret etmektedir. Biyolojik ailelin durumu iyileşinceye kadar çocuklar kuruluşta kalmakta, çoğunlukla evlat edindirilme yerine koruyucu ailenin yanında bakımı sağlanmaktadır. Koruyucu ailelik risk altındaki çevrede yaşayan çocuklar için bulunduğu evin dışında yaşamayı tedarik etmek amacıyla dizayn edilen bir koruyucu sistemdir (Lawrence, Carlson & Egeland, 2006). Koruyucu ailelik, devlet korumasındaki çocukların bir denetim mekanizmasının takibi altında aile ortamında büyüdüğü bir sistemdir. Çocukların biyolojik ailesiyle bağı devam etmekte ve ebeveynler bunun farkında olarak koruyucu aile olmaktadırlar.

Aileler bireysel ve toplumsal nedenlerle koruyucu aile olmaktadır. Bireysel nedenlerde aileler çocuğu olmadığı için veya hayatına renk gelmesi için; toplumsal nedenlerde ise kimsesiz çocuğa yuva vermek amacıyla koruyucu aile olunmaktadırlar (Gökkaya, 2014; Tezel, Demirel & Kaya, 2018). Toplumsal nedenler özgeci duyguları ön plana çıkarırken; bireysel motivasyonlar şahsi değerleri gözetmektedir.

Koruyucu aileliğin çocuk ve aile için olumlu yanları bulunmaktadır. Koruyucu ailelik, çocuğun sağlıklı sosyalleşmesini ve gelişim sürecini tamamlamasını sağlamaktadır. Buna göre bir çocuğun aile ortamında büyümesi zekâsı üzerinde etkilidir (Erdal, 2014). Koruyucu aile ücretinin ise aileler için tartışmalı olsa da olumlu bir etkisi olduğu belirtilebilir. Ailelere 2024 yılı itibariyle sigorta pirimi ödenmekte; bakım yaptığı çocuk başına koruyucu aile ücreti verilmektedir. Koruyucu ailelere 4.292 TL sigorta parası verilmekte ve çocuğun yaş grubuna göre aylık ödeme yapılmaktadır. En düşük ücret (0-3 yaş) 2.617 TL; ilköğretim grubu (6-14 yaş) 4.596 TL; 15-18 yaş 5.367 TL; 19 yaş üstü 5.986 TL'dir (Aile ve Sosyal Hizmetler Bakanlığı, 2024).

Koruyucu aileliğin zayıf yönleri bulunmaktadır. Bunlar kurumsal, sosyo-ekonomik ve psikolojik noktalardır. Sisteme ilişkin güçlüklerin giderilmesi kurumlara bağlı olduğu kadar bireylere de bağlıdır. Koruyucu aile sisteminin en temel süreci aile çocuk eşleşmesidir. Sistem aileler tarafından doğru anlaşılmadığı takdirde koruyucu ailelik süreci olumsuz etkilenmektedir (Akbulut, 2011). Koruyucu aile sisteminde hassas çocukların ihtiyaçlarını karşılamada birtakım zorluklarla karşılaşmaktadır. Koruyucu aile sistemini yenileme çabaları kurumlara ve profesyonellere görevler yüklemiştir. Koruyucu ailelik çocuk ve ailenin uyumunun stratejik öneme sahip olduğu, denetlenen bir mekanizmadır. Burada çocuğun durumunda iyileşme uyum süreci için önemlidir. Sürece ilişkin titiz değerlendirme yapma, hesap verilebilir bir durum olması ayrıca sistemin dinamik bir yapıya sahip olması süreci kritik hale getirmektedir (Font & Gershoff, 2020).

2.1. Koruyucu Aileliğin Haberlerdeki Yeri ve Çocuğun Nesneleştirilmesi

Çocuklar son zamanlarda sosyal medyada meta haline dönüştürülmektedir. Buna en fazla neden olan kişiler ise ebeveynlerdir. Instagramda ebeveynler tarafından hesaplar açılmakta; reşit olmayan çocukların fotoğrafları ve videoları paylaşılmaktadır. Bu paylaşımlarda mahrem görüntüler yer almakta ve beğeni kaygısı taşınmaktadır. Dışarıya açık olan bu hesaplarda çocukların görüntülerinin tanınmayan ve güvenli olmayan birçok insana açılması tehdit unsuru taşımaktadır. Bunların ifşa edilmesi hatta reklam malzemesi haline getirilerek etik ihlallerinin yapılması pek çok sosyal medya mercilerinde görülmektedir.

Benzer şekilde Aile ve Sosyal Hizmetler Bakanlığı'nın kendi hesaplarından ve Bakanın hesabından devlet koruması altındaki çocuğun fotoğrafının paylaşıldığı görülmektedir. Bu durum çocuğun yüksek yararına aykırı olarak yetişkinler tarafından sosyal medya yoluyla çocukluk olgusunun tüketim unsuru haline gelmesine sebep olmaktadır. Ebeveynlerin bu paylaşımlara neden ihtiyaç duyduğu veya bu paylaşımlara özgürlük olarak bakıp bakmadığı yeni bir araştırma konusu olmakla beraber dijital çağın çocuklara vaad ettikleri ve riskleri tartışılmalıdır.

Sosyal medya alışkanlıklarının artmasıyla Facebook, Instagram gibi platformlarının kadınlar tarafından aktif olarak kullanıldığı görülmektedir. Özellikle yeme-içme tarifleri, diyet, moda, güzellik ve makyaj; seyahat, dekorasyon; annelikle ilgili konular sosyal medyada dikkat çekmektedir. Annelik özelinde ise yapılan paylaşımlarda kadınlar annelik deneyimlerini paylaşarak mutluluk ve ekonomik tatmin için araç olarak kullanılmaktadır (Aktaş, 2019). Sosyal medyadaki bu değişmeler ebeveynlerin çocuğun kişilik hakkını ihlal etmesine neden olmaktadır. Bu paylaşımların biyolojik aileler tarafından kasıtlı, kasıtsız yapılması paylaşımlara engel olunmasını güçleştirmektedir (Gültekin, 2018). Kadınların annelik tecrübelerini sanal ortamda paylaşması kadın açısından kolaylıklar sağlarken birtakım sorunları da kamusal alana taşımıştır. Örneğin birkaç aylık bir bebeğin anlarının fotoğraflanarak paylaşılması toplumsal sorun olarak görülebilir (Aktaş, 2019: 260). Sosyal medya mercileri mahremiyetin sınırlarının ortadan kaldırılmasına, reşit olmamış bireyin söz hakkının olmadığı paylaşımların ve yorumların yapılması çocukluk olgusu için riskler barındırmakta ve ebeveynlere büyük görev düşmektedir.

Koruyucu aileler sosyal medyayı aktif olarak kullanmakta, kadınlar özelinde bu durum ön plana çıkarak konuyla ilgili merak ve endişelerini gidermeye çalışmaktadırlar. Kadınların yakın arkadaşının veya komşusunun koruyucu aile olması konuya merak duymasını sağlayarak koruyucu aile olma yolundaki serüvenini başlatabilmektedir. Özellikle, sosyal medyadaki paylaşımlar bu konuda kadınlar üzerinde önemli etkiye sahiptir. Aile ve Sosyal Hizmetler Bakanlığının paylaşımlarına bakıldığında beğenenlerin ve yorum yazanların çoğunlukla kadın olduğu görülmektedir. Sosyal medya yaşanan gündeme bağlı olarak koruyucu ailelik başvurularının ve hizmetin duyurulmasında büyük rol üstlenmektedir. İnternet haberleri, yazılı ve görsel basın yoluyla toplumun koruyucu aileliğe yönelik bakış açısı belirlenebilmekte, çocuğun biyolojik ailesinden yabancı unsurlara kadar korunmaya muhtaç çocukluk olgusuna yönelik yaklaşımlar değişkenlik göstermektedir.

Depremden sonra koruyucu aileliğe olan talep artışı toplumun çocuk hassasiyetini, merhametini ve duygusallığını ön plana çıkarmıştır. Fakat bu durum bünyesinde birtakım güçsüz durumları barındırmaktadır. Öncelikli olarak koruyucu aileliğin aniden talep edilmesi çocukların yararına olan sistemin kötüye kullanılma ihtimalini ortaya çıkarmaktadır. Duygusal olarak hareket eden bir topluluğun korunmaya muhtaç çocuğun bakımını profesyonel olarak sağlayıp sağlayamayacağı soru işaretidir. Sistem uzun zamandır işlevseldir fakat aileler şimdiye kadar daha temkinli iken afet sonrasında acıma duygusuyla hareket etmesi çocuğa zarar verecektir. Herhangi bir hazır bulunuşluk düzeyi olmayan, sistem hakkında detaylı bilgi sahibi olmadan koruyucu aile olmak isteyen bir kalabalık hızlı bir şekilde koruyucu ailelikten vazgeçebilir veya yetkililer tarafından tekrardan kuruluş bakımına alınabilir. Çocuğun sık sık yer değiştirmesi güvenli bağlanmasına engel teşkil ederek ayrılık endişesine sebep olabilmektedir.

Koruyucu ailelik, korunmaya muhtaç çocuğun başka bir aile tarafından denetim yoluyla bakımının sağlanmasıdır. Çocuk ve çocukluk geçmişten günümüze kadar sosyal çevresini değiştirip dönüştüren bir birey olmakta, tarihsel döneme, yaşanan toplumsal sorunlara bağlı çocukluğa yönelik algı farklılaşmaktadır. Yaşanan toplumsal olaylardan çocuğun etkilenmemesini sağlamak biyolojik ailelerin olduğu kadar devletin de yükümlülüğündedir. Son zamanlarda koruyucu aileliğin gündeme bağlı popüler olması denetimini güçleştirmekte, sistemin temkinli ve tedbirli hareket etmesine yol açmaktadır.

3. Koruyucu Aile Sisteminde Kadının Görünmeyen Emeği

Yapılan araştırmalara göre duygusal gelişimin önemine inanan anneler küçük çocuklarının duyguları hakkında daha çok konuşmakta ve bunları tanımlamaktadır. Duyguların öneminin farkında olan ebeveynler kendi duygularına ve çocuklarının hislerine daha çok dikkat çekmektedir. Tersine duyguları önemsemeyen ebeveynler ise duyguları görmezden gelerek duyguları küçük görür veya önemsemez. Çocuklarının da hislerine yapıcı bir şekilde katılmaz ve kendi rollerini negatif duyguları değiştirme veya olumsuzluklara yardımcı olma olarak değerlendirir (Meyer vd., 2014).

Marksist feminizm bakım işinin kadın işi olarak değerlendirilmesine karşı çıkmaktadır. Kadının ev içi işlerde cinsiyete dayalı iş bölümü kapsamında ücretsiz işçi olarak konumlandırılmasının sosyal eşitsizliğe neden olduğunu ifade edilmektedir. Feministlere göre bu durum toplumsal cinsiyetin değersizleştirilmesine ve yanlış değerlendirilmesine neden olmaktadır. Kadın emeğine dayalı olan temel duyguların üretim malzemesi haline gelmesi ise duygusal emek olarak adlandırılabilir. Kadının tarihsel süreç içinde duygusal ve bakım işi gerektiren görevlerde yer alması maddi olmayan emeğin göz ardı edilmesine neden olmaktadır (Arcy, 2016). Annelerin özellikle ilkokul çağındaki çocuğun problemleriyle doğrudan ilgilenmesi görünmez bir duygusal emek verdiğini göstermektedir.

Aile içindeki rollerin değişimi önemlidir ve babanın rolü yok olan değerdir. Erkek tüm zamanını ücretli bir emeğe ayırırken kadın tüm zamanını ücretsiz emeğe ayırmaktadır. Bu durum, mevcut maddi ve manevi maliyetleri düşündüğünde çalışan kadının tüm yükü taşıması gerekiyorsa çocuk doğurmaktan vazgeçmesine neden olabilmektedir (Cooke, 2004). Cinsiyet rolleri kuşaktan kuşağa aktarılmakla birlikte annenin bir çocuğa olan tutumu çocukları için önemli bir role sahiptir. Bir annenin iş piyasasındaki ve ailesindeki rolüne yönelik bakış açısı, kız veya erkek çocuğuyla yakından ilişkilidir (Farre´ & Vella, 2007). Aileden gelen eğitim nesiller boyu aktarılmaktadır. Kız çocukları ile ilgili yapılan araştırmada, kız çocuklarının eğitim kazanımı ebeveynlerin eğitiminden etkilenmektedir. Burada annelere büyük rol düşerek kızlarına akademik başarı aktarmayı sağlayabilmektedir. (Papapetrou & Tsalaporta, 2010).

Koruyucu ailelikte kadın çocuğun bakımını üstlenen taraf olmaktadır. Çocuk ise medya tarafından nesneleştirilmekte ve tüm süreçler bittikten sonra çocuğun bakımı çoğunlukla kadın tarafından yapılmakta; sorumluluğu kadın üstlenmektedir. Çocuğun fiziksel ve duygusal bakımıyla kadın ilgilenmekte; ayrıca denetim mekanizmasının verdiği tedirginlikle çocuğu hayatının merkezi konumuna getirmektedir. Böylesine bir sorumluluk kadının özel hayatını büyük ölçüde etkilemekte; kariyer planı sadece çocuğun geleceği olmaktadır. Çocuk yetiştirmek kutsal bir uğraş olmakla beraber toplumsal olarak kadının görevi olarak görülmesi beraberinde birtakım sorunları getirmektedir. Koruyucu ailelikte kadın ön plana çıkmakta; bu durum kadının görünmeyen emeğini beraberinde getirmektedir.

4. Yöntem

Çalışmada nitel araştırma yöntemi kullanılmıştır. Bulgular içerik analizi yoluyla çözümlenmiş ve yorumlanmıştır. Örneklemi 2023 yılında Google haberler arama yüzünde yer alan koruyucu aile ve depremzede çocuklar konulu haberlerdir. Çalışmanın temel amacı koruyucu ailelikte kadının görünmeyen emeğini anlamaya çalışmaktır. Bu amaç doğrultusunda belirlenen araştırma sorusu depremzede çocuğa koruyucu aile olmak isteyen birçok ailenin neden başvuru yaptığı, neyi amaçladıkları ve koruyucu ailelikte kadının görünmeyen emeğinin ne olduğudur. Alt araştırma soruları ise şöyledir:

- 6 Şubat depreminden sonra koruyucu aileliği popüler olmuştur?

- Depremden sonra koruyucu aileliğe yönelik bakış açısı nasıldır?

- Kadının çocuk bakımındaki rolünü nedir?

Koruyucu aile başlıklı gazete haberleri incelenmiş, ardından koruyucu aile ve depremzede başlıklarının bulunduğu gazete haberleri süzülmüştür. Elde edilen gazete başlıkları kategorilere ayrılmıştır. Kategorilerin homojen olmasına, benzer içeriklerin aynı kategoride olmasına dikkat edilmiştir. Böylece alt kategoriler araştırmanın amacına uygun şekilde kodlanmıştır. Ardından araştırma amacına uygun olarak dikkat çeken içerikler betimleyici bir şekilde yorumlanmıştır. Veri analizi, nitel analiz yöntemiyle içerik analizine göre araştırmacı tarafından yapılmıştır. İlk olarak, aylara göre yapılan haberlerin sıklığı incelenmiş ve tablo haline getirilmiştir. Ardından içerik kodları oluşturulmuş, betimlenmiştir.

5. Bulgular

Tablo 1: Aylara Göre Yapılan Haber Sıklığı

Tablo 1'e göre Şubat 2023'te toplamda 47 tane depremzede çocuk ve

AY ve YIL	GÜN	SAYI
Şubat 2023	8-10.günü	18
Şubat 2023	11-17. günü	26
Şubat 2023	18-20. günü	3
Şubat 2023	21-23.günü	-
Şubat 2023	24.-26. Günü	3
Mart 2023	1.9. ve 26.günü	3
Nisan 2023	16.günü	1
Temmuz 2023	17. günü	1
Ocak 2024	10.ve 11.günü	2

koruyucu aile başlıklı habere rastlanmıştır. Depremin yaşandığı ay toplum tarafından koruyucu aileliğe olan ilgi ve başvurunun arttığı dönemdir. Konuyla ilgili sosyal medyada sıklıkla dezenformasyon bilgiler olmuş ardından Aile ve Sosyal Hizmetler Bakanlığı sıklıkla duyuru yapmak zorunda kalmıştır. Mart ayında ilgi azalarak toplam 3 habere denk gelinmiştir. Nisan ayında ise yalnızca 1 haberin olduğu görülmüştür. 26 Mart 2023 tarihinde tekrardan koruyucu aileliğe ilgiyi artırmak için olduğu tahmin edilen "sıcak yuva her çocuğun hakkı" başlıklı bir haber dikkat çekmektedir. Ardından 3 Ekim 2023 tarihinde Emine Erdoğan'ın benzer şekilde koruyucu aileliği teşvik etmek için "25 depremzede bebeğimiz koruyucu ailelerini bekliyor" başlıklı bir haberin bulunduğu görülmektedir. Ocak 2024'e gelindiğinde ise "depremzede 1874 çocuğun ailelerine teslim edildiğine" yönelik kamuoyunu bilgilendirme haberi yapılmıştır. Buna göre 2023 yılında deprem sonrasındaki koruyucu aile başvuru sayıları ise şöyledir:

1. Depremzede çocuklar için 283.000 koruyucu aile başvurusu (Sözcü, 2023, 15 Şubat)

2. Koruyucu aile olmak için 290.000 kişi başvurdu haber tarihi (NTV, 2023, 16 Şubat)

3. 190.000 koruyucu ile başvurusu oldu refakatsiz depremzede

çocukların durumu sistem nasıl işliyor (Hürriyet, 2023, 13 Şubat).

4. Ardından Bakanlıktan gelen açıklamalarda ise Aile ve Sosyal hizmetler Bakanlığı'ndan kayıp depremzede Çocuk açıklaması. Maraş depremi sonrasında depremzede pek çok çocuğun kaybolduğu iddia edilmiştir bunun sonrasında depremzede 1912 çocuktan bir tanesi bile kayıp değil açıklamasında bulunulmuştur (Hürriyet, 2023, 13 Şubat).

5. Depremzede 1874 çocuk ailesine teslim edildi (TGRT, 2023, 18 Şubat).

Tablo 2. İçerik Kodları

İçerik konusu	Sayısı
Türü	
Nasıl başvuru yapılacağı	23
Şart	7
Depremzede	32
Kurum	
Devlet	4
Bakanlık	7
Yurt dışı	3
İşleyiş	
Evlat edinme	10
Koruyucu aile	28
Refakatsiz çocuk	3
Yapısal	
Aile	56
Yuva	1
Çocuk	37

Tablo 2'ye göre yapılan içerik analiz kodlarında çoğunlukla nasıl başvuru yapılacağı konusu ön plana çıkmaktadır. Ardından kamuoyunda koruyucu ailelik ve evlat edinme arasında bilgi kirliliği olduğu görülmüştür. Ünlülerin depremden sonra depremzede çocuklara koruyucu aile olma talebini arttığı görülmektedir. Buna göre; Gamze Erçel ile Caner Yıldırım, Murat Kekilli, Suavi, Çağla Şikel, Petek Dinçöz koruyucu aile olmak için başvuru yaptıklarını açıklamışlardır. Başvurular normal döneme göre oldukça artmıştır. Böyle bir artış bilgi kirliliğine neden olmuş ve devlet yetkililerinin açıklama yapmasına neden olmuştur. Buna göre ismine rastlanan yetkililer şunlardır: Bolu Aile ve Sosyal Hizmetler İl Müdürü, Erzurum Aile ve Sosyal Hizmetler İl Müdürü, İstanbul Aile ve Sosyal Hizmetler İl Müdürlüğü Şube Başkanıdır. Bunların yanı sıra koruyucu aile dernekleri depremzede çocuklar için çalışmalar yapmıştır. Koruyucu aile derneklerinden Kütahya Koruyucu Aile Derneği dikkat çekmektedir.

6. Sonuç

Yapılan çalışmada Şubat 2023 ve Ocak 2024 tarihleri arasında internet gazetelerinde koruyucu aile ve depremzede anahtar kelimeleriyle yer alan haberlerin içerik analizi yapılarak kadının görünmeyen emeği anlaşılmaya çalışılmıştır. Koruyucu ailelik 6 Şubat depreminden sonra popülerleşerek kamuoyunda büyük oranda dikkat çekmiştir. Yaşanan bu olay medya tarafından evlat edinme ile koruyucu ailelik sistemi arasındaki farkın karıştırılmasına neden olmuştur. Halihazırda normal bir çocuğu yetiştirmek çok önemli iken koruyucu ailelik de ekstradan hassaslık ve titizlik gerektirmektedir. Şubat ayında sıklıkla nasıl başvuru yapılacağına yönelik haberlerin yapılmış olması başvuruların daha fazla artmasına neden olmuştur.

Koruyucu aile sayısındaki artış toplumda kadının görünmeyen emeğinin de artışı anlamına gelmektedir. Koruyucu aileliğe başvuran ünlü isimlerden kadınlar ön plana çıkarak koruyu aile dernek kurucularının da kadınlardan oluşması koruyucu ailelikteki sorumluluğun ve görünmeyen emekçisinin kadınlar olduğunu göstermektedir. Gerek koruyucu ailelikte gerek geleneksel Türk aile yapısında çocuğun bakımında kadın tek başına sorumluluk üstlenmemeli, erkek de aile içi rollerde görev paylaşımı yaparak çocuğun bakımında ve yetiştirilmesinde aktif rol üstlenmelidir. Ayrıca kriz dönemlerinde duygusal hareket edilmemeli verilecek kararların arkasında duracak duygusal olgunlukta olunmalıdır. Koruyucu ailelik duygusal karar verilerek sorumluluk üstlenilecek bir sistem olmayıp hassas ve dikkatli olunmayı gerektirmektedir. Yapılan çalışmada Türk toplumunda depremden sonra konunun popülerliğine bağlı koruyucu aile olmaya ani karar verildiği tespit edilmiş olup başvuru taleplerinin ve ilgilerinin kısa sürmüş olması koruyucu aile sistemi, çocuklar ve aileler adına problemin farklı bir yönünü oluşturmaktadır. 6 Şubat depreminde koruyucu aile başvuru sayısındaki artışa rağmen çocukların devlet koruması altında bakımının sağlanması uygun görülmüştür. Koruyucu ailelik profesyonel bir iştir duygusal olarak hareket edildiği takdirde çocuğa zarar verecek bir sistem haline dönüşebilmektedir. Bu nedenle koruyucu ailenin seçiminde dikkatli olunmakta, uzun bir süreç sonunda karar verilmekte; tüm süreçler bittikten sonra dahi ailenin yanındaki çocuğun durumu sık sık kontrol edilmektedir.

Kaynakça

Aile ve Sosyal Hizmetler Bakanlığı. (2024, 7 Temmuz). Koruyucu Aile Aylık Ödeme Miktarları, Erişim Adresi: https://aile.gov.tr/koruyucuaile/koruyucu-aile

Akbulut, S.K. (2011). *Sosyal Hizmetler ve Çocuk Esirgeme Kurumu aracılığıyla Evlat Edinme ve Koruyucu Aile Kurumu*, Gazi Üniversitesi Sosyal Bilimler Fakültesi, Yüksek Lisans Tezi, Ankara

Cooke, L. (2004). The gendered division of Labor and family outcomes in Germany. *Journal of Marriage and Family*, 66: 1246-1259.

Erdal, L. (2014). Türkiye'de Sosyal Politika ve Koruyucu Aile Hizmet Modeli. *Sosyoekonomi*, 22(22). Doi: 10.17233/se.27202

Font, S. A., & Gershoff, E. T. (2020). Foster care: How we can, and should, do more for maltreated children. *Social policy report*, *33*(3), 1-40.

Gökkaya, V. B. (2019). Koruyucu Ailelerin, Yanlarına Yerleştirilen Çocuk ya da Çocuklarla Aile içinde Yaşadıkları Sorunlar ve Başa Çıkma Yolları. *The Journal of Academic Social Science Studies*, *8*(25-I), 249-267.

Gültekin, E. (2018). Çocuğun kişilik hakkının ana-baba tarafından sosyal medya aracılığıyla ihlalinin hukuki görünümü. *Çocuk ve Medeniyet*, *3*(5), 103-143.

Hürriyet. (2023, 13 Şubat). 190 Bin Koruyucu Aile Başvurusu Oldu! Refakatsiz Depremzede Çocukların durumu: Sistem Nasıl İşliyor? Erişim Adresi: https://www.hurriyet.com.tr/gundem/190-bin-korucuyu-aile-basvurusu-oldu-refakatsiz-depremzede-cocuklarin-durumu-sistem-nasil-isliyor-

Hürriyet. (2023, 13 Şubat). 6 Şubat'ta Kayıp Çocuklar İddiası... Bakan Göktaş: 1912 Çocuğumuzdan Bir Tanesi Bile Kayıp Değil, Erişim Adresi: https://www.hurriyet.com.tr/gundem/6-subatta-kayip-cocuklar-iddiasi-bakan-goktas-1912-cocugumuzdan-bir-tanesi-bile-kayip-degil-42389288

Arcy, J. (2016). Emotion work: Considering gender in digital labor. *Feminist Media Studies*, *16*(2), 365-368. Doi: 10.1080/14680777.2016.1138609

Koruyucu Aile ve Evlat Edinme Derneği. (2024, 7 Temmuz). Koruyucu Aile Hizmeti, Erişim Adresi: https://www.korev.org.tr/p/7/koruyucu-ailelik-nedir

Lawrence, C. R., Carlson, E. A., & Egeland, B. (2006). The impact of foster care on development. *Development and psychopathology*, *18*(1), 57-76. Doi: 10.1017/S0954579406060044. PMID: 16478552.

Meyer, S., Raikes, H. A., Virmani, E. A., Waters, S., & Thompson, R. A. (2014). Parent emotion representations and the socialization of emotion regulation in the family. *International Journal of Behavioral Development*, *38*(2), 164–173. Doi: 10.1177/0165025413519014

NTV. (2023, 16 Şubat). Koruyucu Aile Başvurularında Artış 10 Günde 290 Bin Kişi Başvuru Yaptı, Erişim Adresi: https://www.ntv.com.tr/turkiye/koruyucu-aile-basvurularinda-artis-10-gunde-290-bin-kisi-basvuru-yapti,la_mqqjGrE2Ii30n8jp5uw

Papapetrou, E., & Tsalaporta, P. (2018). Is there a case for intergenerational transmission of female labour force participation and educational attainment? Evidence from Greece during the crisis. *Labour*, *32*(4), 237-258.

Sözcü. (2023, 15 Şubat). Depremzede Çocuklar İçin 283 Bin Koruyucu Aile Başvurusu, Erişim Adresi: https://www.sozcu.com.tr/depremzede-cocuklar-icin-283-bin-koruyucu-aile-basvurusu-wp7592457

Tezel, Z., Demirel, B., & Kaya, Z. Ş. (2018). Ailelerin koruyucu aile olmaya karar vermelerinde etkili olan etmenler ile koruyucu aile olmanın anlam ve önemi. *Sosyal ve Beşeri Bilimler Araştırmaları Dergisi*, *19*(43 SITKI KOÇMAN'ın Anısına Armağan), 15-36.

TGRT. (2023, 18 Şubat). Depremzede 1874 çocuk ailesine teslim edildi, Erişim Adresi: https://www.tgrthaber.com/haber/gundem/bakan-goktas-deprem-bolgesinde-1874-

cocuk-ailesine-ve-aile-yakinlarina-teslim-edilmistir

Vella, F., & Farré, L. (2007). The Intergenerational Transmission of Gender Role Attitudes and Its Implications For Female Labor Force Participation (No. 2007-23). Instituto Valenciano de Investigaciones Económicas, SA (Ivie).

STRATEGIES TO STRENGTHEN WOMEN'S VULNERABILITY DURING DISASTER

AFETLERDE KADINLARIN KIRILGANLIKLARININ GÜÇLENDİRİLMESİ STRATEJİLERİ

Ayşe Handan Dökmeci[1]

Öz

Doğa veya insan kaynaklı afetler, toplumların tüm kesimlerini etkileyebilir, ancak bu etkiler bireyler arasında farklılık gösterir. Toplumda savunmasız ve kırılgan olarak nitelendirilen bireylerin, özellikle kadınlar, çocuklar, yaşlılar ve engellilerin, afetlerden daha yüksek oranlarda etkilendiği bilinmektedir. Bu bireylerin afetlere karşı savunmasızlığı, yaşanan afet sonucu çevreye uyum sağlama ve hayatta kalma kapasitelerinin düşük olmasına neden olur. Bu grupların afetlerden önce, afet sırasında veya sonrasında kendilerini koruma kapasiteleri daha sınırlıdır ve felaket sonrası kötü fiziksel ve psikolojik sağlık sonuçları için daha büyük risk altındadırlar. Cinsiyet faktörü dikkate alındığında, kadınların erkeklere göre afetlerden daha fazla etkilendiği gözlemlenmiştir. Kadınların fiziksel, ruhsal ve sosyal kırılganlıkları, afetlerde daha savunmasız olmalarına yol açmaktadır. Afet riski azaltma çalışmalarında, toplumsal cinsiyet eşitsizliğinin riskin sistemik bir parçası olduğu uzun süredir kabul görmektedir. Her ne kadar yerel yönetimlerde dayanıklılığı artırmak ve kadınların liderliğini güçlendirmek için bazı adımlar atılmış olsa da, yapılması gereken daha çok iş vardır. İklim değişikliği, COVID-19 pandemisi ve küresel krizler göz önünde bulundurulduğunda, toplumsal cinsiyet eşitsizliğinin her zaman küresel ilerlemeyi engellediği ve ele alınmadığı takdirde daha büyük bir tehdit oluşturabileceği unutulmamalıdır. Sonuç olarak, doğa kaynaklı afetlerle mücadelede ve sürdürülebilir kalkınmanın sağlanmasında hiçbir bireyin geride bırakılmaması önemlidir. Savunmasız ve kırılgan gruplarda yer alan, toplumsal cinsiyet ayrımcılığına maruz kalan kadınların güçlendirilmesi afet yönetimi açısından oldukça önemlidir.

---

[1] Prof. Dr., Tekirdağ Namık Kemal Üniversitesi, Acil Yadım ve Afet Yönetimi Bölümü, hdokmeci@nku.edu .tr, ORCID: 0000-0002-4439-4422

Anahtar kelimeler: Kadın; afet; kırılganlık; dirençlilik; afet yönetimi

Abstract

Natural or man-made disasters can affect all segments of societies, but these effects differ among individuals. It is known that individuals characterized as vulnerable and fragile in the society, especially women, children, elderly and disabled people, are affected by disasters at higher rates. The vulnerability of these individuals to disasters leads to their low capacity to adapt to the environment and survive after the disaster. Their capacity to protect themselves before, during or after disasters is more limited and they are at greater risk for poor physical and psychological health outcomes after disasters. Considering the gender factor, it has been observed that women are more affected by disasters than men. Women's physical, mental and social vulnerability makes them more vulnerable in disasters. In disaster risk reduction studies, it has long been recognized that gender inequality is a systemic part of risk. While some steps have been taken to increase resilience and strengthen women's leadership in local governments, much more work remains to be done. Considering climate change, the COVID-19 pandemic, and global crises, it is important to remember that gender inequality has always hindered global progress and could pose a greater threat if not addressed. In conclusion, it is important that no individual is left behind in combating natural disasters and ensuring sustainable development. Empowerment of women who are in vulnerable and fragile groups and who are exposed to gender discrimination is very important in terms of disaster management.

Keywords: Women; disaster; vulnerability; resilience; disaster management

1. Giriş

Toplumda savunmasız ve kırılgan grup olarak nitelendirilen bireyler, afetlerden daha yüksek oranlarda etkilenirler. Özellikle kadınlar, çocuklar, yaşlılar ve engelliler, afetlere karşı daha savunmasızdır ve bu durum, çevreye uyum ve hayatta kalma kapasitelerini azaltır. Kadınların afetlere karşı kırılganlıklarının birçok nedeni vardır. Toplumsal cinsiyet eşitsizliği, kadınların afetlerden daha fazla etkilenmelerine yol açan temel bir faktördür. Kadınlar, genellikle düşük ücretli işlerde çalışmakta ve afet sonrası ekonomik zorluklarla karşılaşmaktadır (Hemachandra vd., 2020). Ayrıca, toplumsal cinsiyet rollerinin getirdiği kısıtlamalar ve kültürel normlar, kadınların afet anında hareket kabiliyetlerini sınırlamakta ve güvenli yerlere ulaşmalarını zorlaştırmaktadır (Demirci & Avcu, 2021). Afetler sırasında ve sonrasında kadınların yaşadığı duygusal, ekonomik, sosyal, ekolojik, politik ve fiziksel kırılganlıklar, onların toparlanma kapasitelerini olumsuz etkilemektedir. Kadınların afetlerde karşılaştıkları zorluklar, sadece fiziksel güçsüzlükten değil, aynı zamanda toplumsal ve kültürel cinsiyet normlarından kaynaklanmaktadır. Dube ve Mhembwe'nin (2019) araştırmasına göre, kadın ve çocukların afetlerde ölme olasılığı erkeklere göre 14 kat daha fazladır. Bu durum, kadınların afetlere karşı daha dirençli hale getirilmesi gerektiğini göstermektedir. Kadınların afetlere karşı güçlendirilmesi, toplumun genel dirençliliğini artıracak ve afet sonrası toparlanma süreçlerini hızlandıracaktır. Eğitim, ekonomik destek, sağlık hizmetleri, politik katılım, toplumsal destek mekanizmaları, teknoloji kullanımı, yerel ve uluslararası iş birlikleri, araştırma ve kültürel duyarlılık gibi stratejilerle kadınların afetlere karşı daha dirençli hale getirilmesi mümkündür (Mercan, 2022). Kadınların afetlere karşı güçlendirilmesi, sadece kadınların değil, toplumun genel direncini artıracaktır. Bu nedenle, afet yönetimi politikalarının toplumsal cinsiyet eşitliğini gözeten bir perspektifle geliştirilmesi ve uygulanması büyük önem taşımaktadır.

2. Afet ve Kırılganlık Kavramları

Afetler, insan topluluklarını beklenmedik ve çoğu zaman yıkıcı bir şekilde etkileyen doğa veya insan kaynaklı olaylardır. Bu olaylar, toplumların sosyal, ekonomik ve çevresel yapısını bozarak ciddi zararlar yaratır. Afetler, yalnızca fiziksel yıkımlara neden olmakla kalmaz, aynı zamanda toplumsal kırılganlıkları da ortaya çıkarır ve derinleştirir. Kırılganlık, bir toplumun afetlere karşı duyarlılığı ve bu afetlere maruz kaldığında yaşadığı kayıp ve zarar düzeyidir. Kırılganlık, fiziksel, ekonomik, sosyal ve çevresel faktörlerin bir kombinasyonu olarak ele alınmalıdır (Wisner vd., 2004). Kırılganlık düzeyini belirleyen faktörler arasında yoksulluk, eğitim seviyeleri, altyapı eksiklikleri ve sağlık hizmetlerine erişim gibi unsurlar yer alır. Örneğin, Haiti'de 2010 yılında meydana gelen deprem, ülkenin yüksek kırılganlık düzeyi nedeniyle büyük kayıplara neden olmuştur (Dankelman, 2010). Aynı büyüklükte bir deprem, daha az kırılgan bir toplumda bu kadar yıkıcı sonuçlar doğurmayabilir. Kırılganlık ayrıca cinsiyet, yaş, engellilik durumu gibi sosyal faktörlerle de ilişkilidir. Kadınlar, çocuklar ve yaşlılar, afetler sırasında ve sonrasında daha fazla risk altındadır (Enarson & Morrow,

1998). Kadınların afetlere karşı kırılganlığı, toplumsal cinsiyet eşitsizliklerinden kaynaklanmakta ve afet sonrası toparlanma sürecinde de dezavantajlı durumda olmalarına yol açmaktadır. Afetler, bu grupların daha fazla etkilenmesine neden olarak onları daha kırılgan hale getirmektedir. Örneğin, afet sırasında kadınların bakım yükümlülükleri, onların hızlı hareket etme ve güvenli yerlere ulaşma kapasitelerini sınırlayabilir. Bu bağlamda, afet risk yönetimi ve sürdürülebilir kalkınma hedeflerine uygun politikalar geliştirilmesi, toplumların kırılganlığını azaltmanın önemli bir yoludur. Sonuç olarak, afet yönetimi ve risk azaltma stratejileri, kırılganlık faktörlerini dikkate alarak geliştirilmelidir. Toplumların kırılganlığını azaltmak için eğitim, sağlık hizmetlerine erişim, altyapı yatırımları ve sosyal eşitlik gibi alanlarda iyileştirmeler yapılmalıdır. Bu stratejiler, afetlerin yıkıcı etkilerini en aza indirerek toplumların genel direncini artıracaktır.

2.1. Toplumda Kırılgan ve Savunmasız Gruplar

Toplumda kırılgan ve savunmasız gruplar, çeşitli sosyal, ekonomik ve fiziksel faktörler nedeniyle afetler karşısında risk altındadır. Bu gruplar, doğal afetler, ekonomik krizler, sağlık sorunları gibi olumsuz olaylar karşısında orantısız şekilde etkilenirler. Bu nedenle, kırılgan ve savunmasız grupların tespiti ve desteklenmesi, toplumsal adalet ve sürdürülebilir kalkınma açısından oldukça önemlidir. Kırılgan gruplar genellikle çocuklar, yaşlılar, kadınlar, engelliler, düşük gelirli bireyler, göçmenler ve etnik azınlıklar gibi kesimlerden oluşur (WHO, 2024a). Bu grupların kırılganlığı, genellikle sosyal koruma ağlarından yeterince yararlanamamaları ve ekonomik kaynaklara erişimde zorluk yaşamaları nedeniyle artar. Örneğin, COVID-19 pandemisi sırasında, düşük gelirli aileler ve göçmenler sağlık hizmetlerine erişimde ciddi engellerle karşılaşmış, bu da sağlık durumlarını olumsuz etkilemiştir (UNICEF, 2024a). Bu bağlamda, kırılgan grupların maruz kaldığı risklerin ve bu risklere neden olan mekanizmaların anlaşılması, afet yönetimi politikalarının daha etkin ve kapsayıcı hale getirilmesi açısından önemlidir. Çocuklar, özellikle sağlık, eğitim ve beslenme alanlarında savunmasızdır. Dünyanın pek çok yerinde, yetersiz beslenme ve eğitim olanaklarının eksikliği, çocukların gelişimini olumsuz yönde etkilemektedir. UNICEF'e göre, dünya genelinde 149 milyon çocuk, yetersiz beslenme nedeniyle gelişim bozuklukları yaşamaktadır (UNICEF, 2024b). Yaşlılar, fiziksel ve zihinsel sağlık sorunları, sosyal izolasyon ve ekonomik güvencesizlik gibi nedenlerle kırılgan bir grup olarak kabul edilir. Yaşlı bireylerin sosyal hizmetlere ve sağlık hizmetlerine erişimi sınırlı olabilir, bu da onların yaşam kalitesini düşürür (WHO, 2024b). Özellikle pandemi döneminde, yaşlılar arasında ölüm oranlarının yüksek olması, bu grubun savunmasızlığını açıkça ortaya koymuştur. Kadınlar, toplumsal cinsiyet eşitsizlikleri nedeniyle afetler karşısında daha savunmasızdır. Afetler, toplumsal cinsiyet eşitsizliklerini derinleştirerek kadınları ekonomik, sosyal, fiziksel ve psikolojik açıdan daha kırılgan hale getirir (Mercan, 2022). Kadınların afet sonrası toparlanma süreçlerinde daha fazla zorluk yaşaması, toplumsal cinsiyet normları ve rollerinin etkisiyle ilişkilidir. Engelli bireyler, fiziksel, sosyal ve ekonomik engeller nedeniyle toplumda kırılgan bir grup olarak kabul edilir. Engellilik, bireylerin iş bulma, eğitim alma ve sağlık hizmetlerine erişim gibi temel haklarına erişimlerini kısıtlar (ILO, 2020). Engelli bireylerin topluma tam anlamıyla entegre olabilmesi için erişilebilirlik standartlarının ve sosyal destek programlarının iyileştirilmesi gerekmektedir. Göçmenler ve etnik azınlıklar, kültürel uyum sorunları, ayrımcılık ve dil engelleri nedeniyle toplumda kırılgan gruplar arasında yer alır. Göçmenler, özellikle belgesiz göçmenler, sağlık hizmetlerine ve sosyal koruma programlarına erişimde zorluk yaşarlar (UNHCR, 2024). Bu durum, göçmenlerin sağlık ve refah durumunu olumsuz yönde etkiler. Göçmenlerin bu tür risklere maruz kalma nedenlerinin anlaşılması, politika yapıcıların daha etkili müdahaleler geliştirmesine yardımcı olabilir.

2.2. Toplumsal Cinsiyet ve Afet

Afetler, toplumsal cinsiyet eşitsizliklerini derinleştirerek kadınları ve kız çocuklarını daha fazla etkiler. Bu durum, afetlere hazırlık, müdahale ve iyileşme süreçlerinde toplumsal cinsiyet perspektifinin göz önünde bulundurulmasını zorunlu kılar. Afetlerin etkileri, cinsiyet rolleri, sosyal yapılar ve ekonomik durumlarla şekillenir. Kadınlar, afetlerden orantısız şekilde etkilenen gruplar arasında yer alır. Kadınların afetlere karşı kırılganlığı, sosyal ve ekonomik eşitsizliklerden kaynaklanır. Örneğin, düşük gelirli kadınlar, afetlerden sonra ekonomik toparlanma sürecinde daha fazla zorluk yaşar (Neumayer & Plümper, 2007). Ayrıca, toplumsal cinsiyet rolleri, kadınların afet sonrası bakım yükünü artırır ve bu da fiziksel ve zihinsel sağlıklarını olumsuz etkiler. Afetler sırasında ve sonrasında cinsiyete dayalı şiddet vakalarında artış görülür. Örneğin, 6 Şubat 2023 Türkiye depremi sonrası kadınlara yönelik şiddet vakalarında belirgin bir artış gözlemlenmiştir. Geçici barınma alanlarındaki güvenlik önlemlerinin yetersizliği, kadınları ve kız çocuklarını cinsel şiddet ve istismara karşı savunmasız bırakmıştır. Bu durum, afet yönetimi ve insani yardım çalışmalarında toplumsal cinsiyetin dikkate alınmasının önemini vurgular. Kadınların afet yönetiminde ve karar alma süreçlerinde yeterince temsil edilmemesi, afet sonrası ihtiyaçlarının ve önceliklerinin göz ardı edilmesine yol açar. Kadınların bilgi ve deneyimleri, afet risk azaltma stratejilerinin geliştirilmesinde önemli rol oynar (Dankelman, 2010). Kadınların liderlik pozisyonlarında yer alması, afet sonrası toparlanma süreçlerini daha kapsayıcı ve etkili hale getirebilir. Eğitim ve farkındalık programları, kadınların afetlere hazırlıklı olma ve dirençli olma kapasitesini artırabilir. Örneğin, Bangladeş'te yapılan bir çalışmada, kadınların afet eğitimi almasının, afetler karşısında daha bilinçli ve hazırlıklı olmalarını sağladığı bulunmuştur (Islam vd., 2017). Eğitim ve kapasite geliştirme programları, kadınların afet yönetimindeki rolünü güçlendirebilir ve toplumsal cinsiyet eşitliğini teşvik edebilir.

3. Kadınların Afetler Karşısındaki Çeşitli Kırılganlıkları: Duygusal, Ekonomik, Sosyal, Ekolojik, Politik ve Fiziksel Boyutlar

Kadınlar, afetler karşısında birçok farklı boyutta kırılganlık yaşayabilir. Bu kırılganlıklar, toplumsal cinsiyet rolleri, ekonomik eşitsizlikler ve sosyal yapıların bir sonucu olarak ortaya çıkar. Bu kırılganlıkların her biri, kadınların afetlere karşı daha savunmasız hale gelmesine neden olur ve bu nedenle, afet risk azaltma stratejilerinde toplumsal cinsiyet perspektifinin dikkate alınması dirençlilik açısından önemlidir.

3.1. Duygusal Kırılganlıklar

Duygusal kırılganlıklar, afetlerin bireyler üzerinde yarattığı psikolojik etkilerden kaynaklanan zorluklar olarak tanımlanabilir. Afetler, yaşamları tehdit eden ani ve genellikle beklenmedik olaylar olduğundan, bu tür olaylar karşısında duygusal tepki vermek doğaldır. Ancak kadınlar, toplumsal cinsiyet rollerinin, ekonomik ve sosyal eşitsizliklerin bir sonucu olarak, afetlerden sonra duygusal olarak daha kırılgan hale gelebilirler. Bu kırılganlık, kadınların afet sonrasında psikolojik iyileşme süreçlerini olumsuz etkileyebilir (Demirci & Avcu, 2021). Bu duygusal sorunlar, kadınların travmatik olaylarla başa çıkmalarını zorlaştırır ve afet sonrası uzun süreli psikolojik destek gereksinimini artırır. Ayrıca, afet sonrası sosyal destek eksikliği, kadınların bu duygusal sorunlarla başa çıkma yeteneklerini daha da zayıflatır (Enarson & Chakrabarti, 2009). Bu nedenle afet yönetimi ve iyileşme stratejilerinde özel bir önem taşımalıdır.

Kadınlar, afetler sonrasında çeşitli duygusal tepkiler gösterirler. Bu tepkiler arasında travma, anksiyete, depresyon, stres, suçluluk duygusu ve travma sonrası stres bozukluğu (TSSB) gibi durumlar yer alabilir. Araştırmalar, afet sonrası kadınların erkeklere kıyasla daha yüksek oranda TSSB yaşadığını göstermektedir. Örneğin, 2010 Haiti depremi sonrası yapılan bir çalışma, kadınların yüksek seviyede anksiyete ve depresyon belirtileri gösterdiğini ortaya koymuştur (Cénat vd., 2020). Bu duygusal tepkiler, kadınların günlük yaşam aktivitelerini yerine getirme yeteneklerini sınırlayabilir ve uzun vadede psikososyal iyileşme süreçlerini zorlaştırabilir. Duygusal kırılganlıkların nedenleri, biyolojik, sosyal ve kültürel faktörlerle ilişkilidir. Kadınların, özellikle afet sonrasında, toplumsal cinsiyet rollerinin gerektirdiği bakım yükümlülükleri, çocukların ve yaşlıların bakımı gibi sorumlulukları üstlenmeleri, onların duygusal yükünü artırır. Bu durum, kadınların kendilerine ayıracakları zamanı kısıtlar ve psikolojik iyileşme sürecini olumsuz etkiler (Enarson & Chakrabarti, 2009). Ayrıca, sosyal destek eksikliği, ekonomik kayıplar ve güvenlik endişeleri de kadınların duygusal kırılganlıklarını artıran diğer önemli faktörlerdir. Kadınların afetler sonrasında psikososyal desteğe olan ihtiyacı büyüktür. Araştırmalar, afet sonrası psikososyal destek programlarına erişim sağlamanın, kadınların duygusal kırılganlıklarını azaltmada etkili olduğunu göstermektedir (Norris vd., 2002). Bu tür destekler, bireysel terapi, grup terapisi, topluluk destek programları ve psikoeğitim gibi çeşitli biçimlerde olabilir. Örneğin, 2004 Hint Okyanusu depremi ve tsunamisinden sonra, etkilenen bölgelerde uygulanan grup terapi programlarının, kadınların travma sonrası iyileşme süreçlerine olumlu katkı sağladığı bildirilmiştir (Weissbecker vd., 2008). Kültürel faktörler de kadınların duygusal kırılganlıklarını etkileyebilir. Bazı kültürlerde, kadınların duygularını ifade etmeleri sosyal olarak kısıtlanabilir, bu da onların afet sonrası psikolojik destek arayışını engelleyebilir. Ayrıca, toplumsal cinsiyet normları, kadınların yaşadıkları duygusal sıkıntıları paylaşmalarını zorlaştırabilir, bu da içsel bir duygusal izolasyona yol açabilir (Tolin & Foa, 2006). Bu tür kültürel engellerin farkında olmak ve psikososyal destek programlarını bu engelleri aşacak şekilde tasarlamak önemlidir. Güncel yaklaşımlar, kadınların afetler sonrasındaki duygusal kırılganlıklarını ele alırken, toplumsal cinsiyet eşitliğini ve kadınların özel ihtiyaçlarını göz önünde bulunduran kapsamlı stratejiler geliştirmeyi önermektedir. Bu stratejiler arasında, kadınlara yönelik özel psikososyal destek programlarının yaygınlaştırılması, toplumsal cinsiyet duyarlılığına sahip afet yönetimi politikalarının benimsenmesi ve yerel topluluklar içinde kadın liderliğinin teşvik edilmesi yer alır (UN Women, 2024). Ayrıca, kadınların afet sonrası psikososyal desteğe erişimini kolaylaştırmak için yerel sağlık ve sosyal hizmet altyapılarının güçlendirilmesi de önemlidir (WHO, 2021). Duygusal kırılganlıklar, kadınların afetler sonrasında karşılaştıkları en önemli zorluklardan biridir. Bu kırılganlıkların üstesinden gelmek için, afet yönetimi ve iyileşme süreçlerinde kadınlara yönelik özel psikososyal destek hizmetlerinin sağlanması önemlidir. Ayrıca, toplumsal cinsiyet eşitliğini ve kadınların topluluklardaki rolünü güçlendiren politikaların geliştirilmesi, kadınların duygusal iyileşme süreçlerini destekleyecek ve toplulukların genel dirençliliğini artıracaktır.

3.2. Ekonomik Kırılganlıklar

Ekonomik kırılganlıklar, kadınların ekonomik durumlarının afetler karşısındaki savunmasızlıklarını artıran ve afet sonrası toparlanmalarını zorlaştıran faktörlerdir. Kadınlar, genellikle düşük ücretli ve güvencesiz işlerde çalıştıkları için afetler sonrasında işsizlik ve ekonomik kaynaklara erişim sorunları ile karşılaşırlar (Hemachandra vd., 2020). Bu durum, kadınların ekonomik olarak daha kırılgan hale gelmesine neden olur. Kadınlar, özellikle tek başına çocuk büyüten anneler, afetler sonrası ekonomik sıkıntılarla başa çıkmakta daha fazla zorlanırlar. Ayrıca, afet sonrası yeniden yapılanma süreçlerinde kadınların ekonomik faaliyetlere katılımı sınırlı kalabilir, bu da uzun vadede ekonomik toparlanmayı olumsuz etkiler (Bradshaw & Fordham, 2013). Bu kırılganlıklar, kadınların afetlere hazırlık, müdahale ve iyileşme süreçlerindeki rollerini de sınırlamaktadır. Bu nedenle, afet risk azaltma ve dirençlilik stratejilerinin başarısı kadınların ekonomik olarak güçlendirilmesi gerekmektedir. Kadınlar, genellikle düşük ücretli ve güvencesiz işlerde çalışmaktadır. Dünya genelinde kadınlar, erkeklere kıyasla daha düşük gelir elde etmekte ve iş güvencesinden yoksun olma olasılıkları daha yüksektir (ILO, 2020). Bu durum, kadınların afetler sonrasında işsizlikle karşı karşıya kalma olasılıklarını artırır ve ekonomik toparlanmalarını zorlaştırır. Örneğin, 2004 Hint Okyanusu depremi ve tsunamisi sonrasında yapılan bir çalışma, kadınların işlerini kaybetme olasılıklarının erkeklere göre daha yüksek olduğunu ve yeniden iş bulma süreçlerinde daha fazla engelle karşılaştıklarını göstermiştir (Oxfam, 2024). Kadınların iş güvencesizliği, onları ekonomik olarak daha kırılgan hale getirir ve afetlerden sonra uzun vadeli ekonomik sorunlar yaşamalarına neden olabilir. Afetler sonrasında, kadınlar ekonomik kaynaklara erişimde daha fazla zorluk çeker ve geçimlerini sürdürebilmek için yeterli kaynağa sahip olamayabilirler. Türkiye'de 2023 Kahramanmaraş depremleri sonrasında, özellikle yoksul ve düşük gelirli kadınların afet sonrası ekonomik toparlanma süreçlerinde ciddi zorluklar yaşadıkları gözlemlenmiştir (UNFPA, 2024). Kadınlar, ekonomik kaynaklara ve finansal hizmetlere erişimde cinsiyet temelli ayrımcılıkla karşılaşabilirler. Mikrofinans programları ve kredi hizmetlerine erişimde karşılaşılan engeller, kadınların ekonomik kırılganlıklarını artırır. Kadınlar, genellikle mülkiyet haklarına erişimde de dezavantajlı konumdadır, bu da afet sonrasında yeniden yapılanma süreçlerinde ekonomik olarak dezavantajlı duruma düşmelerine neden olur. Hindistan'da yapılan araştırmalar, afet sonrasında kadınların mülkiyet haklarına erişimlerinin sınırlı olmasının, onların ekonomik toparlanmalarını engellediğini göstermiştir (Agarwal, 2020). Toplumsal cinsiyet rollerinin bir sonucu olarak, kadınlar genellikle bakım yükümlülüklerini üstlenirler. Çocuk bakımı, yaşlı bakımı ve ev işleri gibi sorumluluklar, kadınların ekonomik faaliyetlere katılımını sınırlayabilir. Bu durum, kadınların ekonomik bağımsızlık kazanmalarını zorlaştırır ve afetler sonrası ekonomik toparlanmalarını engeller. Pandemi döneminde yapılan araştırmalar, kadınların bakım yükümlülüklerinin artmasının, iş gücüne katılımlarını ve ekonomik bağımsızlıklarını olumsuz etkilediğini göstermiştir (UN Women, 2024). Kadınların ekonomik kırılganlıkları, sadece bireysel düzeyde değil, toplumsal düzeyde de önemli sonuçlar doğurur. Kadınların ekonomik olarak zayıf olmaları, toplulukların genel dirençliliğini azaltır ve afetlere karşı toplumsal dayanıklılığı olumsuz etkiler. Kadınların ekonomik olarak güçlendirilmesi, sadece onların yaşam kalitesini artırmakla kalmaz, aynı zamanda toplumun genel ekonomik istikrarını ve dirençliliğini artırır. Sendai Çerçevesi, ekonomik dayanıklılığın artırılmasının, özellikle kırılgan gruplar arasında riskin azaltılmasında kilit bir rol oynadığını vurgulamaktadır (UNDRR, 2024a). Kadınların ekonomik kırılganlıklarını azaltmak için çeşitli stratejiler uygulanabilir. Mikrofinans programları, kadın kooperatifleri ve girişimcilik eğitimleri gibi ekonomik destek mekanizmaları, kadınların ekonomik bağımsızlık kazanmalarına ve afetler sonrasında daha hızlı toparlanmalarına yardımcı olabilir. Ayrıca, toplumsal cinsiyet eşitliğini teşvik eden politikaların geliştirilmesi, kadınların ekonomik kaynaklara ve finansal hizmetlere erişimini kolaylaştırabilir (Kabeer, 2015). Kadınların mülkiyet haklarının korunması ve bakım yükümlülüklerinin toplumsal olarak paylaşılması da ekonomik kırılganlıklarının azaltılmasına katkı sağlayacaktır (Agarwal, 2020). Ekonomik kırılganlıklar, kadınların afetler karşısında en savunmasız oldukları alanlardan biridir. Kadınların düşük ücretli, güvencesiz işlerde çalışmaları, gelir eşitsizlikleri, ekonomik kaynaklara erişimde karşılaştıkları engeller ve toplumsal cinsiyet rolleri, bu kırılganlıkların başlıca nedenleri arasındadır. Bu nedenle, kadınların ekonomik kırılganlıklarını azaltmaya yönelik kapsamlı stratejiler geliştirilmelidir.

3.3. Sosyal Kırılganlıklar

Sosyal kırılganlıklar, kadınların toplumsal cinsiyet rolleri, eğitim seviyeleri, kültürel normlar ve toplumsal yapılar nedeniyle afetlere karşı savunmasız hale gelmesini ifade eder. Kadınlar, toplumsal cinsiyet eşitsizlikleri ve sosyal engeller nedeniyle afetler sırasında ve sonrasında orantısız bir şekilde etkilenirler. Kadınların yoksulluk, düşük eğitim düzeyi ve toplumsal cinsiyet rollerinin getirdiği kısıtlamalar gibi sosyal faktörler, afet anında ve sonrasında sosyal kırılganlıklarını artırır (Demirci & Avcu, 2021). Örneğin, toplumsal normlar gereği kadınların giydiği kültürel kıyafetler, afet anında hızlı hareket etmelerini kısıtlayabilir, bu da onların güvenli yerlere ulaşmasını zorlaştırır. Ayrıca, afet sonrası toplumsal cinsiyet rolleri gereği bakım yükünün artması, kadınların fiziksel ve zihinsel sağlıklarını olumsuz etkiler (Enarson & Morrow, 1998). Bu sosyal kırılganlıklar, kadınların afetlerden sonra topluma yeniden entegre olma süreçlerini de zorlaştırır (Fordham, 2003). Bu kırılganlıklar, kadınların afet risk yönetimi süreçlerine katılımını ve afetlerden sonra toparlanma kapasitelerini sınırlayabilir. Sosyal kırılganlıkların üstesinden gelmek için, kadınların toplumsal yapılar içindeki rollerini güçlendiren ve onları afetlere karşı daha dirençli hale getiren stratejiler geliştirilmelidir. Toplumsal cinsiyet rolleri, kadınların afetler karşısındaki sosyal kırılganlıklarının temel nedenlerinden biridir. Pek çok toplumda kadınlar, ev içi roller ve bakım yükümlülükleri nedeniyle toplumsal yaşamın merkezinde yer almazlar. Bu durum, onların afetlere hazırlık ve müdahale süreçlerine katılımını sınırlar. Afetler sırasında, kadınların hareket kabiliyeti toplumsal cinsiyet normları tarafından kısıtlanabilir; örneğin, bazı toplumlarda kadınlar, geleneksel kıyafetler veya ev içi sorumluluklar nedeniyle afet anında hızlıca güvenli yerlere ulaşamayabilir (Dankelman, 2010). Bu durum, kadınların afetler sırasında ve sonrasında hayatta kalma ve toparlanma kapasitelerini olumsuz etkiler. Eğitim, kadınların afetler karşısındaki sosyal kırılganlıklarını doğrudan etkileyen önemli bir faktördür. Düşük eğitim seviyesine sahip kadınlar, afet riskleri hakkında yeterli bilgiye sahip olamayabilir ve bu durum, onların afetlere hazırlık ve müdahale kapasitelerini sınırlar. Ayrıca, düşük eğitim seviyesi, kadınların afet yönetimi süreçlerine katılımını da zorlaştırır. Eğitim eksikliği, kadınların afet sonrası toparlanma süreçlerinde bilgi ve beceri yetersizliği nedeniyle dezavantajlı duruma düşmelerine neden olabilir (UNESCO, 2024). Kültürel normlar, kadınların sosyal kırılganlıklarını artıran bir diğer önemli faktördür. Birçok toplumda kadınların toplumsal rolleri, onların afetler karşısındaki hareket kabiliyetlerini ve karar alma süreçlerine katılımını kısıtlar. Örneğin, Bangladeş'te sel felaketleri sırasında, toplumsal normlar nedeniyle kadınlar evlerini terk etmekte zorlanmış ve bu durum, ciddi can kayıplarına yol açmıştır (Nasreen, 2012). Kültürel normlar, kadınların afetler sırasında ve sonrasında ihtiyaç duydukları desteği aramalarını ve sosyal ağlardan yararlanmalarını da engelleyebilir. Bu tür engellerin üstesinden gelmek için, kültürel duyarlılığı göz önünde bulunduran afet yönetimi stratejileri geliştirilmelidir. Kadınlar, afetler sonrasında toplumsal cinsiyet rollerinin getirdiği sorumluluklar nedeniyle sosyal destek ağlarına daha fazla ihtiyaç duyarlar. Ancak, sosyal kırılganlıklar nedeniyle kadınlar, bu destek ağlarına erişimde zorluk çekebilirler. Özellikle yoksul ve kırsal bölgelerde yaşayan kadınlar, sosyal izolasyon ve toplumsal cinsiyet eşitsizlikleri nedeniyle afetler sonrası gerekli desteği alamayabilirler (Fordham, 2012). Bu durum, kadınların afet sonrası iyileşme süreçlerini olumsuz etkiler. Sosyal destek ağlarının güçlendirilmesi ve kadınların bu ağlara erişiminin kolaylaştırılması, sosyal kırılganlıkların azaltılmasında önemli bir rol oynar. Ancak, kadınlar genellikle afet yönetimi ve karar alma mekanizmalarında yeterince temsil edilmezler. Bu durum, kadınların ihtiyaçlarının ve önceliklerinin afet yönetimi süreçlerinde göz ardı edilmesine yol açar. Nepal'de yapılan bir araştırma, kadınların afet risk yönetimi süreçlerine dahil edilmesinin, toplulukların afetlere karşı daha dirençli hale gelmesine katkı sağladığını ortaya koymuştur (Parajuli vd., 2017). Kadınların afet yönetiminde daha fazla temsil edilmesi, toplumsal cinsiyet eşitliğini teşvik eder ve afet yönetimi süreçlerinin daha kapsayıcı ve etkili olmasını sağlar. Sosyal kırılganlıklar, yalnızca kadınlar üzerinde değil, topluluklar üzerinde de önemli etkiler yaratır. Kadınların sosyal olarak kırılgan olmaları, toplulukların genel dirençliliğini zayıflatır ve afetlerden sonra toparlanma süreçlerini zorlaştırır. Kadınların toplumsal cinsiyet eşitliğine dayalı olarak güçlendirilmesi, toplulukların afetlere karşı daha dirençli hale gelmesini sağlar. Sendai Çerçevesi, toplumsal cinsiyet eşitliğini ve kadınların afet yönetimindeki rollerini güçlendirmeyi, toplumların genel dayanıklılığını artırmak için kilit bir strateji olarak tanımlar (UNDRR, 2015). Kadınların sosyal kırılganlıklarını azaltmak için çeşitli stratejiler geliştirilebilir. Bunlar arasında, kadınların afet yönetimi süreçlerine aktif katılımının teşvik edilmesi, toplumsal cinsiyet eşitliğini gözeten eğitim ve farkındalık programlarının yaygınlaştırılması ve sosyal destek ağlarının güçlendirilmesi yer alır. Ayrıca, kültürel normların etkisini azaltmak için yerel topluluklarla iş birliği yapılarak kültürel duyarlılığa sahip stratejiler geliştirilmelidir. Bu stratejiler, kadınların afetler karşısındaki sosyal kırılganlıklarını azaltacak ve toplulukların genel dirençliliğini artıracaktır (Dankelman, 2010). Sosyal kırılganlıklar, kadınların afetler karşısında karşılaştıkları en önemli zorluklardan biridir. Toplumsal cinsiyet rolleri, eğitim seviyeleri, kültürel normlar ve toplumsal yapılar, bu kırılganlıkların temel nedenleridir. Kadınların sosyal kırılganlıklarını azaltmak için, toplumsal cinsiyet eşitliğini teşvik eden ve kadınların toplumsal yapılar içindeki rollerini güçlendiren kapsamlı stratejiler geliştirilmelidir. Bu stratejiler, yalnızca kadınların afetler karşısındaki kırılganlıklarını azaltmakla kalmayacak, aynı zamanda toplumların genel dirençliliğini de artıracaktır.

3.4. Ekolojik Kırılganlıklar

İklim değişikliği, ormansızlaşma, su kaynaklarının azalması ve tarımsal verimliliğin düşmesi gibi çevresel faktörler, kadınların yaşamlarını ve geçim kaynaklarını tehdit eder. Bu ekolojik kırılganlıklar, kadınların afetlere karşı hazırlıklı olma ve bu afetlerden sonra toparlanma kapasitelerini sınırlar. Kadınlar, özellikle kırsal bölgelerde, geçimlerini doğrudan doğal kaynaklardan sağladıkları için ekolojik değişikliklerden orantısız bir şekilde etkilenirler. Özellikle kırsal bölgelerde yaşayan kadınlar, tarıma dayalı geçim kaynaklarını kaybettiklerinde ekonomik ve sosyal olarak daha kırılgan hale gelirler (Mercan, 2022). Bu durum, kadınların geçimlerini sürdürebilmek için alternatif kaynaklar bulma zorunluluğunu artırır, ancak bu kaynaklara erişim de sınırlı olabilir. Ayrıca, ekolojik bozulmaların yarattığı sağlık riskleri, kadınların fiziksel sağlıklarını da olumsuz etkiler (Dankelman, 2010; Aguilar, 2009). İklim değişikliği, kadınların ekolojik kırılganlıklarını artıran en önemli faktörlerden biridir. İklim değişikliğinin neden olduğu hava olayları (örneğin, aşırı sıcaklıklar, kuraklıklar ve seller), tarım ve su kaynaklarına bağımlı olan kırsal kadınları ciddi şekilde etkiler. Örneğin, Afrika'daki birçok kırsal bölgede, kadınlar su toplama, tarım yapma ve yakacak odun bulma gibi temel görevleri üstlenirler. İklim değişikliğine bağlı olarak su ve yakacak odun kaynaklarının azalması, bu kadınların günlük yaşamlarını daha zor hale getirir ve onları ekolojik olarak daha kırılgan hale getirir

(Nelson vd., 2016). Kadınlar, doğal kaynaklara erişimde toplumsal cinsiyet temelli engellerle karşılaşabilirler. Özellikle kırsal bölgelerde, kadınların arazi mülkiyeti ve su kaynaklarına erişimi sınırlıdır. Bu durum, kadınların tarımsal üretim yapma, geçimlerini sağlama ve afetlerden sonra toparlanma kapasitelerini olumsuz etkiler. Hindistan'da yapılan araştırmalar, kadınların arazi mülkiyetine sahip olmamalarının, onları ekonomik olarak daha kırılgan hale getirdiğini ve afetlerden sonra geçimlerini sağlamakta büyük zorluklar yaşadıklarını ortaya koymuştur (Agarwal, 2020). Kadınlar, dünya genelinde tarım iş gücünün önemli bir kısmını oluşturur, ancak tarımsal üretim süreçlerinde karşılaştıkları toplumsal cinsiyet temelli engeller, onları ekolojik olarak daha kırılgan hale getirir. İklim değişikliğine bağlı olarak tarımsal üretkenliğin azalması, kadınların gıda güvenliğini tehdit eder. Bu durum, özellikle tarım arazilerine erişim kısıtlılığı yaşayan kadın çiftçileri ciddi şekilde etkiler. Latin Amerika'da yapılan bir araştırma, kadın çiftçilerin iklim değişikliğine uyum sağlama konusunda erkek çiftçilere göre daha fazla zorluk yaşadığını ve bu durumun toplulukların genel gıda güvenliğini tehdit ettiğini göstermiştir (Perez vd., 2015). Ekosistemlerin bozulması, kadınların ekolojik kırılganlıklarını artıran bir diğer önemli faktördür. Ormansızlaşma, su kirliliği ve biyolojik çeşitliliğin azalması gibi ekosistem bozulmaları, kırsal bölgelerde yaşayan kadınların geçim kaynaklarını doğrudan etkiler. Bu bozulmalar, kadınların doğal kaynaklara bağımlı geçim kaynaklarını kaybetmelerine ve yeni gelir kaynakları bulmada zorluk yaşamalarına neden olabilir. Asya-Pasifik bölgesinde yapılan bir araştırma, ormansızlaşmanın, kadınların odun ve diğer orman ürünlerine erişimini sınırlayarak, onların ekonomik kırılganlıklarını artırdığını ortaya koymuştur (Bradshaw & Fordham, 2013). Kadınlar, su kaynaklarına erişim konusunda da ciddi engellerle karşılaşırlar. İklim değişikliği ve çevresel bozulmalar, su kaynaklarının azalmasına ve suya erişimin zorlaşmasına yol açar. Su toplama görevi genellikle kadınlara verildiği için, su kaynaklarının azalması, kadınların günlük yaşamlarını daha zor hale getirir ve onları ekolojik olarak daha kırılgan hale getirir. Örneğin, Sahra Altı Afrika'da yapılan bir çalışma, su kaynaklarının azalmasının, kadınların günlük su toplama süresini artırdığını ve bu durumun kadınların sağlıklarını, eğitimlerini ve ekonomik fırsatlarını olumsuz etkilediğini göstermiştir (Sorenson vd., 2011). Kadınların ekolojik kırılganlıkları, toplulukların genel dayanıklılığını olumsuz etkiler. Kadınların geçim kaynaklarını kaybetmeleri, toplulukların ekonomik istikrarını ve gıda güvenliğini tehlikeye atar. Ayrıca, ekosistemlerin bozulması, toplulukların afetlere karşı hazırlıklı olma kapasitelerini sınırlar ve uzun vadede toplumsal dayanıklılığı azaltır. Kadınların ekolojik kırılganlıklarının azaltılması, toplulukların genel dayanıklılığını artıracak ve afetlere karşı daha dirençli bir toplum oluşturacaktır (UN Women, 2016). Kadınların ekolojik kırılganlıklarını azaltmak için çeşitli stratejiler geliştirilebilir. Bu stratejiler arasında, kadınların doğal kaynaklara erişiminin artırılması, arazi mülkiyeti haklarının korunması ve iklim değişikliğine uyum sağlama kapasitelerinin geliştirilmesi yer alır. Ayrıca, kadınların ekosistem yönetimine aktif katılımının teşvik edilmesi ve çevresel karar alma süreçlerinde liderlik rolü üstlenmelerinin desteklenmesi önemlidir. Bu tür stratejiler, kadınların ekolojik kırılganlıklarını azaltacak ve onların afetlere karşı daha dirençli hale gelmelerini sağlayacaktır (UNDRR, 2024b). Ekolojik kırılganlıklar, kadınların afetler karşısında en savunmasız oldukları alanlardan biridir. İklim değişikliği, doğal kaynaklara erişimde karşılaşılan engeller, tarımsal üretimdeki eşitsizlikler ve ekosistem bozulmaları, kadınların geçim kaynaklarını ve yaşam kalitelerini ciddi şekilde tehdit eder. Kadınların ekolojik kırılganlıklarını azaltmak için, doğal kaynaklara erişimlerinin artırılması, ekosistem yönetimine katılımlarının desteklenmesi ve iklim değişikliğine uyum kapasitelerinin geliştirilmesi gereklidir. Bu stratejiler, yalnızca kadınların yaşamlarını iyileştirmekle kalmayacak, aynı zamanda toplulukların genel dayanıklılığını da artıracaktır.

3.5. Politik Kırılganlıklar

Kadınların karar alma mekanizmalarında yeterince temsil edilmemesi, afet yönetimi süreçlerinde bilgiye erişimlerini kısıtlar ve görüşlerinin dikkate alınmaması, politik kırılganlıklarını artırır (Demirci & Avcu, 2021). Bu durum, kadınların ihtiyaçlarının ve önceliklerinin göz ardı edilmesine neden olur. Afet sonrası yeniden yapılanma süreçlerinde kadınların liderlik rollerinin eksikliği, afet sonrası toparlanmayı olumsuz etkileyebilir. Kadınların politik kırılganlıkları, onların afetlere hazırlıklı olma, afetlerden sonra toparlanma ve risk azaltma süreçlerine katkı sağlama kapasitelerini sınırlayan önemli faktörlerden biridir. Bu kırılganlıklar, toplumsal cinsiyet eşitsizliklerinin bir yansıması olarak, kadınların siyasal ve toplumsal yapılar içinde yeterince temsil edilmemesinden kaynaklanır. Kadınların afet yönetimi politikalarına aktif katılımı, toplumsal cinsiyet eşitliğini teşvik eder ve daha kapsayıcı afet yönetimi stratejilerinin geliştirilmesine katkıda bulunur (Hyndman, 2008). Kadınlar, dünya genelinde siyasal karar alma mekanizmalarında yeterince temsil edilmemektedir. Bu temsil eksikliği, kadınların politik kırılganlıklarının başlıca nedenlerinden biridir. Parlamentolarda, yerel yönetimlerde ve afet yönetimi ile ilgili karar alma organlarında kadınların düşük temsil oranları, onların afet risk azaltma ve yönetim süreçlerinde etkin bir şekilde yer almasını zorlaştırır. Örneğin, IPU'nun (Inter-Parliamentary Union) 2020 raporuna göre, dünya genelinde parlamentolarda kadınların temsil oranı %25'in altındadır, bu da kadınların politika yapım sürecinde yeterince etkili olamadığını göstermektedir (IPU, 2024). Kadınların afet yönetiminde aktif rol oynaması, toplulukların genel dayanıklılığını artırmada önemli olsa da kadınların karar alma süreçlerine katılımı genellikle sınırlıdır. Bu durum, afet yönetimi politikalarının kadınların özel ihtiyaçlarını ve önceliklerini yeterince dikkate almamasına yol açar. Nepal'de yapılan bir araştırma, afet yönetiminde kadınların aktif katılımının, toplulukların afetlere karşı daha dirençli hale gelmesine katkıda bulunduğunu ortaya koymuştur (Parajuli vd., 2017). Kadınların liderlik pozisyonlarında yer alması, afet yönetimi politikalarının daha kapsayıcı ve etkili olmasını sağlar. Toplumsal cinsiyet eşitsizlikleri, kadınların politik kırılganlıklarının temel nedenlerinden biridir. Kadınlar, toplumsal cinsiyet rollerinin bir sonucu olarak, siyasal ve toplumsal yapılar içinde yeterince desteklenmezler ve genellikle karar alma süreçlerinden dışlanırlar. Bu eşitsizlikler, kadınların siyasal karar alma süreçlerinde aktif rol almalarını engeller ve onların toplumsal konumlarını zayıflatır. Örneğin, Sahra Altı Afrika'da yapılan bir araştırma, kadınların yerel yönetimlerde ve toplumsal karar alma organlarında yeterince temsil edilmediğini ve bu durumun onların politik kırılganlıklarını artırdığını göstermiştir (Beaman vd., 2009). Kadınların mülkiyet haklarına erişimde karşılaştıkları engeller, onların politik kırılganlıklarını artıran önemli bir faktördür. Mülkiyet hakları, siyasal ve toplumsal gücü artıran temel unsurlardan biridir. Ancak, birçok toplumda kadınlar, arazi ve mülk edinme konusunda ciddi engellerle karşılaşır. Bu durum, kadınların siyasal katılımını ve karar alma süreçlerinde etkili olma kapasitelerini sınırlar. Hindistan'da yapılan bir çalışma, kadınların mülkiyet haklarına sahip olmamalarının, onların siyasal süreçlere katılımını zorlaştırdığını ve politik kırılganlıklarını artırdığını ortaya koymuştur (Agarwal, 2020Kadınların liderlik pozisyonlarında yer alması, afet yönetimi politikalarının daha kapsayıcı ve toplumsal cinsiyet duyarlılığına sahip olmasını sağlar. Ruanda gibi ülkelerde, kadınların parlamentodaki yüksek temsil oranı (%61) sayesinde, kadınların liderlik rolleri üstlenerek afet yönetimi ve toplumsal dayanıklılık süreçlerine katkıda bulunmaları sağlanmıştır (IPU, 2024). Bu tür örnekler, kadınların politik kırılganlıklarının azaltılmasında liderlik rollerinin ne kadar önemli olduğunu gösterir. Kadınların politik kırılganlıklarını azaltmak ve siyasal karar alma süreçlerine katılımlarını artırmak için çeşitli stratejiler geliştirilebilir. Bunlar arasında, kota uygulamaları, kadın liderlik programları, siyasal eğitim ve farkındalık kampanyaları yer alır. Ayrıca, kadınların siyasal temsillerini artırmak için mülkiyet haklarının korunması ve toplumsal cinsiyet eşitliğini teşvik eden yasal düzenlemelerin hayata geçirilmesi gereklidir. Bu tür stratejiler, kadınların siyasal kırılganlıklarını azaltacak ve onların afet yönetimi süreçlerine daha etkin bir şekilde katılmalarını sağlayacaktır (Kabeer, 2015). Politik kırılganlıklar, kadınların afet risk yönetimi süreçlerine katılımını ve siyasal karar alma süreçlerinde etkili olma kapasitelerini sınırlayan önemli bir faktördür. Kadınların siyasal temsil eksiklikleri, toplumsal cinsiyet eşitsizlikleri ve mülkiyet haklarına erişimde karşılaştıkları engeller, onların politik kırılganlıklarını artırır. Kadınların politik kırılganlıklarının azaltılması, yalnızca toplumsal cinsiyet eşitliğini sağlamakla kalmaz, aynı zamanda afetlere karşı daha dirençli ve sürdürülebilir toplumlar oluşturulmasına da katkı sağlar. Bu nedenle, kadınların siyasal süreçlere katılımını artırmaya yönelik kapsamlı stratejiler geliştirilmelidir.

3.6. Fiziksel Kırılganlıklar

Fiziksel kırılganlıklar, kadınların biyolojik ve fiziksel özelliklerinden, toplumsal cinsiyet normlarından ve fiziksel çevre koşullarından kaynaklanan, afetler karşısında savunmasızlıklarını artıran zayıflıklar olarak tanımlanabilir. Kadınlar, fiziksel olarak afetlerden daha fazla etkilenebilirler; bu etkiler, kadınların yaşamlarını ve sağlıklarını doğrudan tehdit edebilir. Bu kırılganlıklar, kadınların afetlere karşı hazırlıklı olma, afetlerden kaçma ve afet sonrası iyileşme kapasitelerini sınırlar, bu da onları daha dezavantajlı hale getirir (Hemachandra vd., 2020). Ayrıca, kadınların hamilelik, emzirme ve menstrüasyon gibi biyolojik faktörler nedeniyle fiziksel olarak daha savunmasız olmaları, afetler sırasında ve sonrasında sağlıklarını olumsuz etkiler. Bu fiziksel kırılganlıklar, afet sonrası sağlık hizmetlerine erişim zorlukları ile birleştiğinde kadınların uzun vadeli sağlık sorunları yaşamasına neden olabilir (Bradshaw, 2013; Morrow & Phillips, 1999). Fiziksel kırılganlıklar, kadınların afetlerden orantısız şekilde etkilenmesine yol açan ve toplumsal cinsiyet eşitsizliklerini derinleştiren önemli bir faktördür. Kadınların biyolojik ve fiziksel özellikleri, afetler sırasında ve sonrasında onları fiziksel olarak daha kırılgan hale getirebilir. Hamilelik, emzirme ve menopoz gibi biyolojik süreçler, kadınların afetler sırasında daha fazla sağlık riskiyle karşı karşıya kalmalarına neden olabilir. Örneğin, hamile kadınlar, afetler sırasında tahliye edilmek zorunda kaldıklarında, sağlık hizmetlerine erişim zorluklarıyla karşılaşabilir ve bu durum, hem anne hem de bebek için ciddi sağlık riskleri yaratabilir (WHO, 2024a). Ayrıca, afetler sırasında kadınların fiziksel çevrede hareket edebilme kapasiteleri, fiziksel güç ve çevresel engeller nedeniyle sınırlı olabilir. Toplumsal cinsiyet normları, kadınların afetler karşısındaki fiziksel kırılganlıklarını artıran önemli bir faktördür. Bazı toplumlarda kadınların geleneksel kıyafetler giymeleri, afet anında hareket kabiliyetlerini sınırlayabilir ve bu durum, kadınların güvenli alanlara ulaşmasını zorlaştırabilir. Ayrıca, toplumsal normlar gereği kadınların fiziksel aktivitelerde yer alma kapasitelerinin sınırlandırılması, onların afetlerden kaçma ve hayatta kalma becerilerini olumsuz etkileyebilir. Örneğin, Bangladeş'te sel felaketleri sırasında kadınların geleneksel kıyafetleri, suya karşı direnişlerini azaltmış ve bu durum, birçok kadının hayatını kaybetmesine neden olmuştur (Nasreen, 2012). Kadınların afetler sırasında yaşadıkları fiziksel çevre ve barınma koşulları, onların fiziksel kırılganlıklarını artırabilir. Düşük gelirli kadınlar, genellikle yetersiz altyapıya sahip, riskli bölgelerde yaşamaktadır. Bu tür alanlarda, yapıların dayanıklılığı düşük olduğu için kadınlar afetlerden daha fazla etkilenir. Ayrıca, geçici barınma alanları ve afet sonrası yerleştirme merkezleri, kadınlar için güvenli olmayabilir ve bu durum, onların fiziksel güvenliklerini tehdit eder (Dankelman, 2010). Fiziksel çevre koşulları, kadınların sağlıklarını ve hayatta kalma kapasitelerini doğrudan etkiler. Kadınların fiziksel güç kapasiteleri, afetlerden kaçma ve hayatta kalma becerilerini etkileyebilir. Afetler sırasında, hızlı hareket etme, tırmanma veya yüzme gibi beceriler, hayatta kalma şansını artırabilir. Ancak, kadınların bu tür fiziksel becerilerde erkeklere kıyasla dezavantajlı olması, onların fiziksel kırılganlıklarını artırabilir. Özellikle fiziksel engelli kadınlar, afetler sırasında daha fazla risk altındadır ve bu durum, onların afetlere karşı savunmasızlıklarını artırır. Fiziksel gücün yanı sıra, afet sırasında çocuklara, yaşlılara veya engelli aile üyelerine bakma sorumluluğu üstlenen kadınlar, kendilerini tehlikeye atarak fiziksel olarak daha kırılgan hale gelebilirler (Fordham, 2012). Kadınların sağlık hizmetlerine erişimindeki sınırlamalar, fiziksel kırılganlıklarını artıran bir diğer önemli faktördür. Afetler sırasında sağlık hizmetlerine erişimde yaşanan zorluklar, özellikle hamile kadınlar, yaşlılar ve kronik hastalıkları olan kadınlar için ciddi riskler oluşturur. Örneğin, 2005 Pakistan depremi sonrasında, hamile kadınların sağlık hizmetlerine erişimde yaşadıkları zorluklar, maternal mortalite oranlarının artmasına neden olmuştur (Zia & Baqai, 2010). Sağlık hizmetlerine erişimin sınırlı olması, kadınların afetlerden sonra fiziksel iyileşme süreçlerini de olumsuz etkiler. Kadınların fiziksel kırılganlıkları, sadece bireysel düzeyde değil, toplumsal düzeyde de önemli etkiler yaratır. Kadınların afetlerden fiziksel olarak daha fazla etkilenmesi, toplulukların genel dayanıklılığını zayıflatır ve afet sonrası toparlanma süreçlerini zorlaştırır. Kadınların fiziksel olarak savunmasız olmaları, aynı zamanda toplumsal cinsiyet eşitsizliklerini derinleştirir ve kadınların toplumsal rollerini zayıflatır. Bu nedenle, kadınların fiziksel kırılganlıklarının azaltılması, sadece kadınların sağlığını ve güvenliğini korumak için değil, aynı zamanda toplumsal dayanıklılığı artırmak için de gereklidir (UNDRR, 2024b). Kadınların fiziksel kırılganlıklarını azaltmak için çeşitli stratejiler geliştirilebilir. Bu stratejiler arasında, afet yönetimi süreçlerinde toplumsal cinsiyet duyarlılığının artırılması, kadınlara yönelik özel sağlık hizmetlerinin sağlanması ve afet sonrası yerleştirme merkezlerinin kadın dostu hale getirilmesi yer alır. Ayrıca, kadınların fiziksel çevrelerini iyileştirmek, güvenli barınma koşulları sağlamak ve kadınların afetlerden kaçma becerilerini geliştirmek için eğitim programları uygulanabilir. Bu tür stratejiler, kadınların fiziksel kırılganlıklarını azaltacak ve onları afetlere karşı daha dirençli hale getirecektir (UN Women, 2016). Fiziksel kırılganlıklar, kadınların afetler karşısında en savunmasız oldukları alanlardan biridir. Biyolojik ve fiziksel özellikler, toplumsal cinsiyet normları, fiziksel çevre koşulları ve sağlık hizmetlerine erişimde yaşanan zorluklar, kadınların fiziksel kırılganlıklarını artıran başlıca faktörlerdir. Kadınların fiziksel kırılganlıklarını azaltmak için, toplumsal cinsiyet eşitliğini teşvik eden ve kadınların sağlıklarını ve güvenliklerini koruyan kapsamlı stratejiler geliştirilmelidir. Bu stratejiler, sadece kadınların yaşamlarını iyileştirmekle kalmayacak, aynı zamanda toplulukların genel dayanıklılığını da artıracaktır.

4. Kadınların Afet Kırılganlığı ve Savunmasızlığı

Kadınların afet kırılganlığı ve savunmasızlığı, toplumsal cinsiyet eşitsizliklerinin, sosyoekonomik durumların, kültürel normların ve biyolojik faktörlerin bir araya gelmesiyle oluşan karmaşık bir durumdur. Afetler, doğal ya da insan kaynaklı olsun, toplumun tüm üyelerini etkiler, ancak kadınlar genellikle bu olaylardan orantısız bir şekilde zarar görürler. Kadınların afet kırılganlığı, sadece fiziksel hasar ve can kayıpları ile sınırlı değildir; aynı zamanda sosyal, ekonomik, psikolojik ve politik alanlarda da derin etkiler bırakır. Bu kırılganlıklar, kadınların afetlere karşı hazırlıklı olma, afetlerden kurtulma ve yeniden yapılanma süreçlerinde dezavantajlı konuma düşmelerine yol açar.

4.1. Ekonomik Kırılganlık

Kadınların ekonomik durumları, afetler karşısındaki kırılganlıklarını artıran önemli bir faktördür. Dünya genelinde kadınlar, erkeklere oranla daha düşük gelir elde ederler ve daha az iş güvenliğine sahiptirler (ILO, 2024). Bu durum, afetlerden sonra ekonomik toparlanma süreçlerinde kadınların daha fazla zorluk yaşamasına neden olur. Örneğin, 2004 Hint Okyanusu depremi ve tsunamisi sonrasında yapılan araştırmalar, kadınların işlerini kaybetme olasılıklarının erkeklere göre daha yüksek olduğunu ve yeniden iş bulma süreçlerinde daha fazla engelle karşılaştıklarını göstermiştir (Oxfam, 2024). Türkiye'de 2023 Kahramanmaraş depremleri sonrası, deprem bölgesinde yaşayan kadınların işlerini kaybetmesi, ekonomik kırılganlıklarının artmasına yol açmıştır (UNFPA, 2024).

4.2. Cinsiyete Dayalı Şiddet

Afetler, cinsiyete dayalı şiddet vakalarının artmasına yol açar. Afetler sonrasında, geçici barınma alanlarında ve toplu yaşam alanlarında güvenlik önlemlerinin yetersizliği, kadınları ve kız çocuklarını cinsel şiddet ve istismara karşı daha savunmasız hale getirir (UN Women, 2024). 2010 Haiti depremi sonrası kadınlara yönelik cinsel şiddet vakalarının artması, bu durumun çarpıcı bir örneğidir (Schuller, 2012). Benzer şekilde, 2023 Türkiye depremleri sonrası geçici barınma alanlarında yaşanan güvenlik eksiklikleri, kadınların ve kız çocuklarının cinsel şiddet ve istismara karşı savunmasız kaldığını göstermiştir (UNFPA, 2024).

4.3. Sosyal ve Kültürel Faktörler

Toplumsal cinsiyet rolleri ve kültürel normlar, kadınların afetlere karşı kırılganlığını artıran diğer önemli faktörlerdir. Birçok toplumda kadınlar, ev içi roller ve bakım yükümlülükleri nedeniyle afetlere hazırlık ve müdahale süreçlerinde yeterince yer alamazlar (Dankelman, 2010). Bu durum, afetler sırasında ve sonrasında kadınların ihtiyaçlarının ve önceliklerinin göz ardı edilmesine neden olur. Örneğin, Bangladeş'te sel felaketleri sırasında kadınların, toplumsal normlar nedeniyle evlerini terk edememesi ve güvenli bölgelere ulaşamaması, ciddi can kayıplarına yol açmıştır (Nasreen, 2012). Türkiye'de 2023 depremleri sırasında, toplumsal cinsiyet rolleri nedeniyle kadınların güvenli alanlara ulaşamaması, benzer sonuçlar doğurmuştur (UNFPA, 2023).

4.4. Sağlık ve Güvenlik

Kadınların sağlık hizmetlerine erişimi, afetler sırasında ciddi şekilde kısıtlanabilir. Afetler sonrasında sağlık altyapısının zarar görmesi, hamile ve emziren kadınlar için büyük bir risk oluşturur. Sağlık hizmetlerine erişimdeki bu kısıtlamalar, kadınların ve bebeklerin sağlık durumunu olumsuz etkiler (WHO, 2024a). Örneğin, 2005 Pakistan depremi sonrası hamile kadınların sağlık hizmetlerine erişiminde yaşanan zorluklar, maternal ve neonatal mortalite oranlarının artmasına neden olmuştur (Zia & Baqai, 2010). Türkiye'de 2023 depremleri sırasında da benzer bir durum yaşanmış, hamile ve emziren kadınların sağlık hizmetlerine erişimde büyük zorluklar yaşadığı rapor edilmiştir (UNFPA, 2024).

4.5. Kadınların Afet Yönetimine Katılımı

Kadınların afet yönetimi ve karar alma süreçlerine katılımı, onların kırılganlıklarını azaltmada önemli bir rol oynar. Ancak, kadınlar genellikle afet yönetimi ve karar alma mekanizmalarında yeterince temsil edilmezler (UNISDR, 2024). Kadınların liderlik pozisyonlarında yer alması, afet sonrası toparlanma süreçlerini daha kapsayıcı ve etkili hale getirebilir. Nepal'de yapılan bir araştırma, kadınların afet risk yönetimi süreçlerine dahil edilmesinin, toplulukların afetlere karşı daha dirençli hale gelmesine katkı sağladığını göstermiştir (Parajuli vd., 2017). Türkiye'de 2023 depremleri sonrası yapılan gözlemler, kadınların afet yönetiminde yeterince temsil edilmediğini, ancak yerel düzeyde liderlik üstlenen kadınların topluluklarını daha hızlı toparladığını ortaya koymuştur (UNFPA, 2024).

4.6. Eğitim ve Farkındalık

Eğitim ve farkındalık programları, kadınların afetlere hazırlıklı olma ve dirençli olma kapasitesini artırabilir. Bu programlar, kadınların afet risklerini ve korunma yollarını öğrenmelerini sağlar. Bangladeş'te yapılan bir çalışmada, kadınların afet eğitimi almasının, afetler karşısında daha bilinçli ve hazırlıklı olmalarını sağladığı bulunmuştur (Islam vd., 2017). Türkiye'de 2023 depremleri sonrası, kadınların afet farkındalığına yönelik eğitim programlarının yetersiz olduğu, ancak bu tür programların kadınların afetlere karşı daha dirençli olmasını sağlayabileceği tespit edilmiştir (UNFPA, 2024).

4.7. Politika Önerileri

Kadınların afet kırılganlığını ve savunmasızlığını azaltmak için çeşitli politika önerileri geliştirilmelidir. Öncelikle, afet risk azaltma stratejileri, toplumsal cinsiyet perspektifini içermelidir (UNDRR, 2024). Kadınların afet yönetimi ve karar alma süreçlerine katılımı teşvik edilmelidir. Ayrıca, afet sonrası geçici barınma alanlarında kadınların güvenliğini sağlamak için özel önlemlebr alınmalıdır. Sağlık hizmetlerine erişimin artırılması ve ekonomik destek programlarının geliştirilmesi de kadınların afetlere karşı dirençli olmalarına katkı sağlayacaktır (UN Women, 2024). Türkiye'de 2023 depremleri sonrasında, bu tür politikaların uygulanmasının, kadınların afet sonrası toparlanma süreçlerini hızlandıracağı öngörülmektedir (UNFPA, 2023).

5. Dirençli Kadınlar, Dayanıklı Toplumlar

Kadınların dirençli hale gelmesi, sadece onların bireysel yaşamlarını iyileştirmekle kalmaz, aynı zamanda toplumların genel dayanıklılığını da artırır. Kadınların afetlere karşı dirençli hale gelmesinde eğitim ve farkındalık programları büyük bir rol oynamaktadır. UNESCO'nun 2020 yılı Küresel Eğitim İzleme Raporu'na göre, kız çocuklarının eğitimi, onların toplumsal ve ekonomik katılımını artırarak, afetlere karşı daha hazırlıklı ve dirençli olmalarını sağlamaktadır (UNESCO, 2024). Eğitim programları, kadınların afet risklerini anlamalarını ve bu risklere karşı alabilecekleri önlemleri öğrenmelerini sağlar. Örneğin, Bangladeş'te kadınlara yönelik afet eğitimi programları, kadınların sel felaketleri sırasında daha etkin önlemler almasını ve topluluklarını korumasını sağlamıştır (Islam vd., 2017). Ekonomik güçlendirme stratejileri, kadınların afetlere karşı dayanıklılığını artırmada önemli bir diğer faktördür. Kadınların ekonomik bağımsızlık kazanmaları, onların afetler sonrasında daha hızlı toparlanmalarını sağlar. Mikrofinans programları ve kadın kooperatifleri gibi ekonomik destek mekanizmaları, kadınların kendi işlerini kurmalarına ve gelir elde etmelerine yardımcı olur (Kabeer, 2015). Örneğin, Hindistan'da kadınlara yönelik mikrofinans programları, kadınların ekonomik olarak güçlenmelerini ve afetler sonrasında ekonomik açıdan daha dirençli olmalarını sağlamıştır. Kadınların politik ve toplumsal katılımı, toplumların genel dayanıklılığını artırır. Kadınların karar alma mekanizmalarına katılımı, afet yönetimi süreçlerinde daha kapsayıcı ve etkili politikaların geliştirilmesine katkıda bulunur (UN Women, 2024). Ruanda, kadınların parlamentodaki temsil oranının %61'e ulaştığı bir ülke olarak, kadınların politik katılımının toplumun genel dayanıklılığını nasıl artırabileceğine dair başarılı bir örnek sunmaktadır (IPU, 2024). Kadınların liderlik pozisyonlarında yer alması, afet yönetimi ve risk azaltma stratejilerinin daha etkin bir şekilde uygulanmasını sağlar. Sağlık hizmetlerine erişimin artırılması, kadınların fiziksel ve zihinsel sağlıklarını koruyarak, onların afetlere karşı daha dirençli olmalarına katkıda bulunur. Dünya Sağlık Örgütü'ne göre, kadınların sağlık hizmetlerine erişimi, onların genel sağlık durumlarını iyileştirir ve afetler sonrasında daha hızlı toparlanmalarını sağlar (WHO, 2024c). Özellikle maternal ve üreme sağlığı hizmetlerine erişimin artırılması, kadınların afetler karşısında daha güçlü ve dirençli olmasını destekler. Kadınların dirençli hale gelmesi, yalnızca onların bireysel yaşamlarını iyileştirmekle kalmaz, aynı zamanda toplumların genel dayanıklılığını da artırır. Sendai Çerçevesi, toplumsal cinsiyet eşitliğini ve kadınların afet yönetimindeki rolünü vurgulayan önemli bir uluslararası belgedir. Sendai Çerçevesi, sürdürülebilir kalkınma hedeflerine ulaşmak için afet risklerinin azaltılması gerektiğini ve bu süreçte kadınların liderlik rolünü üstlenmesinin toplulukların genel dayanıklılığını artıracağını belirtmektedir (UNDRR, 2024b). Bu kapsamda, kadınların afetlere karşı dirençli hale getirilmesi, sadece toplumsal cinsiyet eşitliği açısından değil, aynı zamanda küresel sürdürülebilir kalkınma hedeflerinin gerçekleştirilmesi için de gereklidir (UNDRR, 2023).

5.1. Kadınların Afet Risklerini Azaltmadaki Önemi

Kadınlar, toplumsal cinsiyet eşitsizlikleri, sosyoekonomik zorluklar ve kültürel normlar nedeniyle afetler karşısında daha kırılgan bir konumda bulunsalar da, sahip oldukları bilgi, deneyim ve liderlik yetenekleriyle afet risk azaltma süreçlerinde önemli rolleri vardır. Toplumsal cinsiyet perspektifinden ele alındığında, kadınların ihtiyaçlarını ve haklarını dikkate alan afet yönetimi stratejileri, daha etkili ve kapsayıcı çözümler geliştirilmesini sağlar. Kadınların bilgi ve deneyimleri, yerel toplulukların ekosistemlerinin korunmasından su kaynaklarının yönetimine kadar geniş bir yelpazede derin bir anlayış sunar ve bu bilgi, afet risklerini azaltmada önemli bir kaynak olabilir. Kadınların liderlik rolleri, toplulukların afetlere karşı dirençliliğini artırmada hayati öneme sahiptir; afet öncesi hazırlık, afet sırası müdahale ve afet sonrası iyileşme süreçlerinde kadınların liderliği, toplumun genel direncini güçlendirebilir. Kadınların afet risk azaltma süreçlerine katılımının sağlanması, toplumsal cinsiyet eşitliğini desteklerken, aynı zamanda daha dirençli ve sürdürülebilir topluluklar inşa edilmesine de katkıda bulunur. Afetler, kadınlar ve erkekler üzerinde farklı etkiler yaratır. Kadınlar, genellikle ekonomik kaynaklara, eğitime ve sağlık hizmetlerine erişimde dezavantajlı oldukları için afetlere karşı daha kırılgan hale gelirler. Bu nedenle, afet risk azaltma süreçlerinde toplumsal cinsiyet perspektifinin dikkate alınması gerekmektedir. Toplumsal cinsiyet perspektifi, afet yönetimi stratejilerinin, kadınların ihtiyaçlarını ve haklarını göz önünde bulundurarak şekillendirilmesini sağlar. Birleşmiş Milletler'in Sendai Çerçevesi, afet risk azaltma süreçlerinde toplumsal cinsiyet eşitliğini sağlamanın önemini vurgulamaktadır (UNDRR, 2024a). Kadınlar, afet öncesi hazırlık, afet sırası müdahale ve afet sonrası iyileşme süreçlerinde liderlik yaparak, toplumların afetlere karşı daha dayanıklı hale gelmesine katkıda bulunurlar. Kadın liderler, topluluklar içinde güven inşa eder, toplumsal dayanışmayı güçlendirir ve afet sonrası iyileşme süreçlerinin hızlanmasına yardımcı olurlar. Örneğin, Hindistan'da Gujarat eyaletinde 2001 yılında meydana gelen depremin ardından, kadınların yer aldığı yerel liderlik yapıları, toplulukların toparlanma süreçlerinde önemli bir rol oynamıştır (Oxfam, 2024). Kadınların ekonomik olarak güçlendirilmesi, afetlere karşı dirençli toplumlar inşa etmede önemli bir faktördür. Kadınların gelir elde etme kapasitelerinin artırılması, onların ve ailelerinin afetlere karşı daha dayanıklı hale gelmesini sağlar. Ekonomik olarak güçlendirilmiş kadınlar, afet sonrası toparlanma süreçlerine daha etkin bir şekilde katılabilir ve topluluklarının ekonomik direncini artırabilir. Örneğin, Bangladeş'te uygulanan mikrofinans programları, kadınların ekonomik bağımsızlığını artırarak, onların afetlere karşı daha hazırlıklı hale gelmelerini sağlamıştır (Kabeer, 2015). Kadınların afet riskleri hakkında bilinçlendirilmesi ve afetlere karşı nasıl hazırlıklı olunacağı konusunda eğitilmesi, onların ve topluluklarının afetlere karşı daha dayanıklı hale gelmesini sağlar. Eğitim programları, kadınların afet yönetimi süreçlerine katılımını artırarak, onların liderlik rollerini güçlendirebilir. Filipinler'de uygulanan bir proje kapsamında, kadınlara afet hazırlığı ve müdahale konularında eğitim verilmiş ve bu sayede kadınlar, afet sonrası topluluklarını daha etkin bir şekilde yönetebilmiştir (Lambino, 2017). Afetler, kadınların sağlık ve refahını olumsuz yönde etkileyebilir. Kadınlar, afetlerden sonra sağlık hizmetlerine erişimde güçlükler yaşayabilir ve bu durum, onların iyileşme süreçlerini zorlaştırabilir. Bu nedenle, afet yönetimi stratejilerinin, kadınların sağlık ve refahını göz önünde bulundurarak geliştirilmesi önemlidir. Örneğin, Haiti'deki 2010 depremi sonrasında, kadınların sağlık hizmetlerine erişimi konusunda yaşanan zorluklar, afet yönetimi süreçlerinde kadınların sağlık ve refahına daha fazla önem verilmesi gerektiğini göstermiştir (Schuller, 2012).

6. Kadınların Katılımını Artırmaya Yönelik Politikalar ve Uygulamalar

Kadınların katılımını artırmaya yönelik politikalar ve uygulamalar, toplumsal cinsiyet eşitliğini teşvik etmek ve kadınların işgücüne, siyasete, eğitime ve diğer sosyal alanlara daha fazla katılımını sağlamak amacıyla geliştirilir. Bu politikalar arasında cinsiyete duyarlı politika geliştirme ve kadınların afet yönetimine entegrasyonu gibi çeşitli düzenlemeler bulunur. Amaç, kadınların toplumun her alanında daha etkin ve eşit bir şekilde yer almasını sağlamaktır.

6.1. Cinsiyete Duyarlı Politika Geliştirme

Afet yönetimi politikalarının cinsiyete duyarlı olarak geliştirilmesi, kadınların afet risk azaltma ve dirençlilik süreçlerine katılımını artırabilir. Bu tür politikalar, kadınların ihtiyaçlarını ve haklarını göz önünde bulundurarak, onların afet yönetimindeki rollerini güçlendirebilir. Birleşmiş Milletler, afet yönetimi politikalarının cinsiyet eşitliği perspektifinden ele alınması gerektiğini vurgulamaktadır. Bu bağlamda, kadınların afet yönetimi süreçlerine katılımını teşvik eden politikaların geliştirilmesi, toplulukların genel direncini artırabilir (UNISDR, 2009).

6.2. Kadınların Afet Yönetimine Entegrasyonu

Kadınların afet yönetimi süreçlerine entegrasyonu, toplulukların dirençliliğini artırmanın yanı sıra, toplumsal cinsiyet eşitliğini de teşvik eder. Kadınların afet yönetimindeki rollerinin artırılması, onların bilgi, beceri ve deneyimlerinin daha etkin bir şekilde kullanılmasını sağlar. Örneğin, Nepal'de uygulanan bir proje kapsamında, kadınlar afet yönetimi süreçlerine entegre edilmiştir ve bu sayede, topluluklar afetlere karşı daha dayanıklı hale gelmiştir (Parajuli vd., 2017). Kadınlar, afet risk azaltma ve dirençlilik süreçlerinde önemli rol oynar. Kadınların bilgi, beceri ve deneyimleri, afetlere karşı daha dirençli toplumlar inşa etmek için hayati önemlidir. Bu nedenle, afet yönetimi stratejilerinin toplumsal cinsiyet perspektifinden ele alınması ve kadınların bu süreçlere etkin bir şekilde katılımının sağlanması gerekmektedir. Kadınların liderlik rollerinin güçlendirilmesi, ekonomik olarak desteklenmesi ve eğitim imkanlarının artırılması, toplulukların genel direncini artırmada önemli adımlar olacaktır. Bu bağlamda, ulusal ve uluslararası düzeyde geliştirilecek politikalar ve projeler, kadınların afet yönetimi süreçlerindeki rollerini güçlendirmeyi hedeflemelidir

7. Kadınların Güçlendirilme Stratejileri

Kadınların ekonomik, sosyal ve politik alanlarda güçlendirilmesi, sadece kadınların yaşam kalitesini artırmakla kalmaz, aynı zamanda toplumların genel refahını da artırır. Birleşmiş Milletler Afet Risk Azaltma Ofisi (UNDRR), afet riskini azaltma ve toplumların dirençli hale getirilmesi konusunu Sürdürülebilir Kalkınma Hedefleri (SDGs) ile uyumlu bir şekilde ele almaktadır. Sendai Çerçevesi, özellikle cinsiyet eşitliğini teşvik eden ve kadınların afet riskini azaltma süreçlerine aktif katılımını destekleyen stratejiler geliştirilmesini önermektedir. Bu çerçeve, kadınların güçlendirilmesinin, yalnızca cinsiyet eşitliği açısından değil, aynı zamanda genel toplumsal direncin artırılması açısından da önemli olduğunu vurgulamaktadır (UNDRR, 2024b). Kadınların afet risk azaltma ve dirençlilik süreçlerine katılımı, sürdürülebilir kalkınmanın temel taşlarından biridir. UNISDR'nin "2030 Gündemi'nde Afet Risk Azaltma ve Dirençlilik" raporunda belirtildiği üzere, kadınlar, afet sonrası toplulukların toparlanma süreçlerinde kilit bir rol oynar. Kadınların bilgi, deneyim ve kaynaklara erişimi, afet yönetimi stratejilerinin etkinliğini artırabilir (UNISDR, 2024) . UNISDR ve UNDP tarafından hazırlanan "Afet Risk Azaltma ve Cinsiyete Duyarlı Politika ve Pratik Kılavuzlar" raporu, afet yönetimi politikalarının cinsiyet perspektifinden ele alınmasının önemini vurgulamaktadır. Bu kılavuz, afet yönetiminde kadınların rollerini tanımlayan ve onların katılımını teşvik eden politikaların geliştirilmesi gerektiğini belirtmektedir. Ayrıca, bu tür politikaların, kadınların bilgiye erişimini artırarak, afetlere karşı daha iyi hazırlanmalarını sağladığı ifade edilmektedir (UNISDR, 2024; UNDP, 2024). Birleşmiş Milletler Nüfus Fonu'nun (UNFPA) Türkiye'deki cinsiyet eşitliği durumu raporunda, kadınların toplumsal yaşamdaki yerinin güçlendirilmesinin, Türkiye'nin sürdürülebilir kalkınma hedeflerine ulaşmasında önemli bir rol oynayacağı vurgulanmaktadır. Bu raporda, afet yönetimi ve cinsiyet eşitliği arasında güçlü bir ilişki olduğu belirtilmiş ve kadınların afet yönetimi süreçlerine aktif katılımının, toplumsal cinsiyet eşitliğini sağlamada oldukça önemli olduğu ifade edilmiştir (UNFPA, 2024) . Afetler, kadınlar için birçok zorluğu beraberinde getirir, ancak bu zorluklar aynı zamanda onların güçlendirilmesi için bir fırsat da sunar. Kadınların afet yönetimine aktif katılımının sağlanması, hem toplumsal cinsiyet eşitliğinin teşvik edilmesi hem de toplumların genel direncinin artırılması açısından önemlidir. Bu bağlamda, uluslararası çerçeveler ve politikalar, cinsiyete duyarlı afet yönetimi stratejilerinin geliştirilmesini ve uygulanmasını teşvik etmektedir. Türkiye gibi ülkelerde, bu stratejilerin hayata geçirilmesi, sürdürülebilir kalkınma hedeflerine ulaşmada önemli bir adım

7.1. Ekonomik Güçlendirme

Kadınların ekonomik olarak güçlendirilmesi, onların iş gücüne katılımını artırarak ekonomik bağımsızlık kazanmalarını sağlar. Dünya Ekonomik Forumu'nun 2021 Küresel Cinsiyet Eşitsizliği Raporu'na göre, kadınların iş gücüne katılım oranı erkeklere kıyasla daha düşüktür ve bu farkın kapanması, ekonomik büyüme ve gelişim için önemlidir (World Economic Forum, 2021). Kadınların ekonomik olarak güçlendirilmesi için mikrofinans programları, girişimcilik eğitimleri ve kadın kooperatifleri gibi stratejiler uygulanmaktadır. Örneğin, Hindistan'da kadınlara yönelik mikrofinans programları, kadınların kendi işlerini kurmalarını ve ekonomik bağımsızlık kazanmalarını sağlamıştır (Kabeer, 2015).

7.2. Eğitim ve Farkındalık

Eğitim, kadınların güçlendirilmesinde en etkili araçlardan biridir. Eğitim seviyesinin artırılması, kadınların ekonomik fırsatlara erişimini kolaylaştırır ve toplumsal cinsiyet eşitliğini teşvik eder. UNESCO'nun verilerine göre, dünya genelinde kız çocuklarının okullaşma oranı artmış, ancak hala bazı bölgelerde erkek çocuklarına kıyasla daha düşük kalmaktadır (UNESCO, 2024). Kadınların eğitimine yatırım yapmak, onların karar alma süreçlerine katılımını artırır ve toplumsal değişimi hızlandırır. Ayrıca, farkındalık kampanyaları ve eğitim programları, kadınların hakları konusunda bilinçlenmesini sağlar ve toplumsal cinsiyet normlarının değişmesine katkıda bulunur.

7.3. Politik Güçlendirme

Kadınların politik alanda güçlendirilmesi, toplumsal cinsiyet eşitliğinin sağlanması ve kadınların karar alma süreçlerine katılımının artırılması açısından önemlidir. Kadınların politik temsilinin artırılması, politikaların daha kapsayıcı olmasını sağlar ve toplumsal cinsiyet eşitliğini teşvik eder. 2020 yılında yapılan araştırmalar, kadınların parlamentolarda temsil oranının dünya genelinde artmasına rağmen, hala erkeklere kıyasla düşük olduğunu göstermektedir (IPU, 2024). Kadınların politik alanda güçlendirilmesi için kota uygulamaları, liderlik eğitimleri ve kadın adayları destekleyen programlar gibi stratejiler kullanılmaktadır. Ruanda, kadınların parlamentodaki temsil oranının % 61'e ulaştığı bir ülke olarak, bu alanda başarılı bir örnek teşkil etmektedir (IPU, 2024).

7.4. Sağlık Hizmetlerine Erişim

Sağlık hizmetlerine erişimin sağlanması, kadınların hem fiziksel hem de zihinsel sağlıklarını korumalarına yardımcı olur. Dünya Sağlık Örgütü'ne göre, kadınların sağlık hizmetlerine erişimi, maternal sağlık, üreme sağlığı ve genel sağlık durumlarını iyileştirmede önemli bir rol oynamaktadır (WHO, 2024). Özellikle düşük gelirli ve kırsal bölgelerde yaşayan kadınlar için sağlık hizmetlerine erişimi artırmak, kadınların yaşam kalitesini ve toplumsal katılımını artırır. Sağlık hizmetlerinin yanı sıra, sağlık eğitimi programları ve bilinçlendirme kampanyaları da kadınların sağlık konusundaki bilgi düzeyini artırarak güçlenmelerine katkıda bulunur.a

8. Sonuç

Doğa kaynaklı afetlerle mücadelede ve sürdürülebilir kalkınmanın sağlanmasında hiçbir birey geride bırakılmadan planlara ve programlara dahil edilmelidir. Kadınların toplumsal cinsiyet eşitsizliğine maruz kalmaları ve afetlerden olumsuz etkilenmeleri göz önünde bulundurularak, güçlendirilme stratejileri geliştirilmelidir. Bu bağlamda, kadınların afetlere karşı daha dirençli hale gelmelerini sağlayacak bir dizi önlem ve strateji hayata geçirilmelidir. Kadınların afetlere hazırlıklı olmaları için eğitim programları düzenlenmelidir. Bu programlar, afet riskleri, korunma yolları ve afet sonrası yapılacaklar hakkında bilgi sağlamalıdır. Okullarda, iş yerlerinde ve topluluk merkezlerinde verilen eğitimlerle kadınların afet bilinci artırılabilir. Ayrıca, kadınların bilgi ve becerilerini geliştirmelerine yönelik atölye çalışmaları ve seminerler düzenlenmelidir. Kadınların ekonomik bağımsızlıklarını artırmak, afet sonrası toparlanma süreçlerinde daha güçlü olmalarını sağlayacaktır. Kadınların istihdam olanaklarının artırılması, mikro kredi ve girişimcilik programlarının desteklenmesi bu yönde önemli adımlardır. Afet sonrası kadınların işsizlikle başa çıkabilmeleri ve kaynaklara erişimlerinin sağlanması için özel projeler geliştirilmelidir. Bu projeler, kadınların kendi işlerini kurmalarına ve ekonomik olarak bağımsız hale gelmelerine yardımcı olabilir. Afetlerin fiziksel ve psikolojik etkileri kadınlar üzerinde derin izler bırakabilir. Kadınların sağlık hizmetlerine erişimlerinin kolaylaştırılması ve afet sonrası travma ve stresle başa çıkabilmeleri için psikososyal destek programlarının geliştirilmesi gereklidir. Rehberlik ve danışmanlık hizmetleri, kadınların afet sonrası yaşadıkları duygusal sorunlarla başa çıkmalarına yardımcı olabilir. Ayrıca, sağlık hizmetlerinin yanı sıra, afet sonrasında kadınların barınma, gıda ve temel ihtiyaçlarının karşılanması için gerekli önlemler alınmalıdır. Kadınların afet yönetimi ve karar alma süreçlerine etkin katılımı sağlanmalıdır. Toplumsal cinsiyet eşitliği politikaları geliştirilmeli ve uygulanmalıdır. Kadınların liderlik rolü üstlenmeleri teşvik edilmelidir. Bu, yalnızca afet yönetiminde değil, aynı zamanda afet öncesi hazırlık çalışmalarında ve afet sonrası iyileşme süreçlerinde de geçerlidir. Kadınların yerel ve ulusal düzeyde temsil edilmeleri, afet yönetiminde daha kapsayıcı ve etkili çözümler üretilmesini sağlayacaktır. Kadınların afetlere karşı direncini artırmak için toplumsal destek mekanizmaları güçlendirilmelidir. Aile ve topluluk düzeyinde dayanışmayı artırarak, kadınların afet sonrası toparlanma süreçlerine katkı sağlanabilir. Bu mekanizmalar, kadınların sosyal ağlarını güçlendirecek ve afet sonrası yalnızlık ve izolasyon hissini azaltacaktır. Toplum içinde dayanışmayı artıran programlar ve projeler geliştirilmelidir. Kadınların afetlere karşı direncini artırmak için teknoloji ve inovasyonun kullanımı teşvik edilmelidir. Mobil uygulamalar, erken uyarı sistemleri ve dijital platformlar aracılığıyla kadınlara afet bilgileri ve kaynaklar sağlanabilir. Bu teknolojik araçlar, kadınların afetlere hazırlıklı olmalarını ve afet sırasında hızlı ve doğru bilgilere erişimlerini sağlayacaktır. Ayrıca, teknoloji kullanımı, kadınların afet sonrası yeniden yapılanma süreçlerinde aktif rol almalarına olanak tanıyacaktır. Yerel yönetimlerle iş birliği yaparak kadınların afet yönetimi süreçlerine aktif katılımı sağlanmalıdır. Yerel yönetimler, kadınların ihtiyaçlarını belirleyerek uygun çözümler geliştirmede önemli bir rol oynayabilir. Bu iş birliği, yerel düzeyde daha etkili ve sürdürülebilir afet yönetimi stratejilerinin geliştirilmesine katkı sağlayacaktır. Ayrıca, yerel yönetimlerin kadınları afet yönetimi eğitim programlarına dahil etmeleri teşvik edilmelidir . Kadınların güçlendirilmesi için uluslararası iş birlikleri ve fonlar kullanılmalıdır. Birleşmiş Milletler, Dünya Bankası gibi uluslararası kuruluşlar ve sivil toplum örgütleri, kadınların afetlere karşı direncini artıracak projelere destek verebilir. Bu tür iş birlikleri, yerel ve ulusal düzeydeki çabaları tamamlayarak kadınların güçlendirilmesine yönelik küresel bir dayanışma oluşturacaktır. Uluslararası fonlar, kadınların afet sonrası yeniden yapılanma süreçlerinde ekonomik ve sosyal olarak desteklenmelerine yardımcı olabilir. Kadınların afetlere karşı kırılganlıklarını ve direncini anlamak için daha fazla araştırma yapılmalı ve veri toplanmalıdır. Bu veriler, politika yapıcıların ve uygulayıcıların daha etkili stratejiler geliştirmelerine yardımcı olacaktır. Kadınların yaşadıkları deneyimleri ve karşılaştıkları zorlukları anlamak için kapsamlı saha çalışmaları ve anketler yapılmalıdır. Toplanan veriler, kadınların ihtiyaçlarına yönelik özel çözümler geliştirilmesine olanak tanıyacaktır. Kadınların afet yönetimi süreçlerine katılımını artırmak için kültürel duyarlılık gösterilmelidir. Kültürel normlar ve gelenekler dikkate alınarak kadınların güçlendirilmesi stratejileri geliştirilmeli ve uygulanmalıdır. Bu, özellikle geleneksel ve patriarkal toplumlarda yaşayan kadınlar için önemlidir. Kültürel duyarlılık, kadınların afet yönetimi süreçlerine katılımını kolaylaştıracak ve toplumsal kabulü artıracaktır. Sonuç olarak, kadınların afetlere karşı güçlendirilmesi, sadece kadınların değil, toplumun genel direncini artıracaktır. Eğitim, ekonomik destek, sağlık hizmetleri, politik katılım, toplumsal destek mekanizmaları, teknoloji kullanımı, yerel ve uluslararası iş birlikleri, araştırma ve kültürel duyarlılık gibi stratejilerle kadınların afetlere karşı daha dirençli hale getirilmesi mümkündür. Bu stratejilerin uygulanması, afet sonrası toparlanma süreçlerinde daha hızlı ve etkili sonuçlar elde edilmesini sağlayacaktır. Kadınların güçlendirilmesi, toplumun her kesiminin afetlere karşı daha dayanıklı hale gelmesine katkı sağlayacaktır.

Kaynakça

Agarwal, B. (2020). *Gender and Green Governance: The Political Economy of Women's Presence Within and Beyond Community Forestry.* Oxford University Press.

Beaman, L., Duflo, E., Pande, R., & Topalova, P. (2009). Powerful women: Does exposure reduce bias?. *The Quarterly Journal of Economics, 124*(4), 1497-1540.

Bradshaw, S., & Fordham, M. (2013). *Women, girls, and disasters: A review for DFID.* Department for International Development (DFID).

Cénat, J. M., Derivois, D., Hébert, M., Amédée, L. M., Karray, A., Guerrier, M., & Sym, D. (2020). *Long-term outcomes among child and youth survivors of the 2010 Haitian earthquake: Mental health and academic achievement.* Child & Youth Care Forum, 49, 59-75.

Dankelman, I. (2010). *Gender and climate change: An introduction.* Earthscan. https://www.routledge.com/Gender-and-Climate-Change-An-Introduction/Dankelman/p/book/9781844078653

Demirci, A., & Avcu, M. (2021). *Afet Yönetiminde Toplumsal Cinsiyet Eşitsizliklerinin Etkisi.* International Journal of Disaster Risk Science, 12(1), 23-33.

Dube, E., & Mhembwe, S. (2019). Women and children first: Gendered vulnerabilities and capacities in disaster risk reduction. *International Journal of Disaster Risk Reduction, 34,* 20-28.

Enarson, E., & Chakrabarti, P. G. D. (Eds.). (2009). *Women, gender and disaster: Global issues and initiatives.* Sage Publications India.

Enarson, E., & Morrow, B. H. (1998). *The gendered terrain of disaster: Through women's eyes.* Praeger Publishers.

Fordham, M. (2003). Gender, disaster and development: The necessity for integration. In P. Sahni, A. Ariyabandu, & M. Narayan (Eds.), *Disaster risk reduction in South Asia* (pp. 107-118). Prentice-Hall.

Hemachandra, K., Amaratunga, D., & Haigh, R. (2020). *Role of women in disaster risk reduction: A case study from Sri Lanka.* Procedia Engineering, 212, 1137-1144.

Hyndman, J. (2008). Feminist geopolitics revisited: Body counts in Iraq. *The Professional*

Geographer, 60(1), 35-46.

ILO (International Labour Organization)(2024, August 2). The gender gap in employment: What's holding women back? https://webapps.ilo.org/infostories/en-GB/ Stories/ Employment/barriers-women#intro

IPU (Inter-Parliamentary Union) (2024, August 2). Women in national parliaments. https://www.ipu.org/wmn-e/classif.htm

Islam, R., Walkerden, G., & Amati, M. (2017). Households' experience of local government disaster management in Bangladesh: Narratives and observations. *International Journal of Disaster Risk Reduction,* 22, 314-324.

Kabeer, N. (2015). Gender equality and women's empowerment: A critical analysis of the third millennium development goal 1. *Gender & Development,* 13(1), 13-24.

Lambino, J. (2017). Engaging women in disaster risk management: Key lessons from the Philippines. *Asian Development Blog.* https://blogs.adb.org/blog/engaging-women-disaster-risk-management-key-lessons-philippines

Mercan, B. (2022). Toplumsal cinsiyet eşitsizliklerinin afetlere etkisi: Türkiye örneği. *Journal of Gender and Disaster Risk Reduction,* 5(2), 45-56.

Morrow, B. H., & Phillips, B. D. (1999). What's gender "got to do with it"?. *International Journal of Mass Emergencies and Disasters,* 17(1), 5-12.

Nasreen, M. (2012). Women and girls: Vulnerabilities and capacities in disaster. *ActionAid Bangladesh.*

Nelson, V., Meadows, K., Cannon, T., Morton, J., & Martin, A. (2016). Uncertain predictions, invisible impacts, and the need to mainstream gender in climate change adaptations. *Gender & Development,* 10(2), 51-59.

Norris, F. H., Friedman, M. J., Watson, P. J., Byrne, C. M., Diaz, E., & Kaniasty, K. (2002). 60,000 disaster victims speak: Part I. An empirical review of the empirical literature, 1981–2001. *Psychiatry: Interpersonal and Biological Processes,* 65(3), 207-239.

Oxfam. (2024, August 14). The tsunami's impact on women. [Oxfam Briefing Note. Oxfam]. http://www.oxfam.org.uk/what_we_do/issues/conflict_disasters/downloads/bn_tsunami_women.pdf.

Parajuli, R., Thapa, L., & Maharjan, K. L. (2017). *Role of women in disaster risk management in Nepal.* Journal of Disaster Research, 12(1), 105-115.

Perez, C., Jones, E. M., Kristjanson, P., Cramer, L., Thornton, P. K., Förch, W., & Barahona, C. (2015). How resilient are farming households, communities, men and women to a changing climate in Africa?. *Climate and Development,* 7(2), 123-139.

Schuller, M. (2012). Haiti's disaster after the disaster: The IDP camps and cholera. *NACLA Report on the Americas,* 45(2), 61-65.

Sorenson, S. B., Morssink, C., & Campos, P. A. (2011). Safe access to safe water in low-income countries: Water fetching in current times. *Social Science & Medicine,* 72(9), 1522-1526.

Tolin, D. F., & Foa, E. B. (2006). Sex differences in trauma and posttraumatic stress disorder: A quantitative review of 25 years of research. *Psychological Bulletin,* 132(6), 959-992.

UN Women. (2024, August 2). Gender equality and women's empowerment in disaster risk reduction. https://www.unwomen.org/en/news/in-focus/women-and-the-sdgs

UNDRR (United Nations Office for Disaster Risk Reduction). (2024, August 2a). *Sendai framework for disaster risk reduction 2015-2030.* Erişim: https://www.undrr.org/publication/sendai-framework-disaster-risk-reduction-2015-2030

UNDRRb. (2024, August 2). The Sendai Framework and the SDGs. https://www.undrr.org/implementing-sendai-framework/sf-and-sdgs

UNESCO. (2024, August 2). Global education monitoring report 2020: Inclusion and education. https://en.unesco.org/gem-report/report/2020/inclusion

UNFPA. (2024, August 2). Gender Equality: Situation in Türkiye. https://turkiye.unfpa.org/

en/gender-equality

UNHCR. (2024, August 2). Global trends: Forced displacement in 2020. https://www.unhcr.org/global-trends-2020

UNICEFa. (2024, August 2). The state of the world's children 2020: In children's minds. Retrieved from https://www.unicef.org/reports/state-worlds-children-2020

UNICEFb. (2024, August 2). COVID-19 and children. https://www.unicef.org/reports/covid-19-and-children

UNISDR (United Nations Office for Disaster Risk Reduction). (2024, August 8). Making disaster risk reduction gender-sensitive policy and practical guidelines. https://www.undrr.org/publication/making-disaster-risk-reduction-gender-sensitive-policy-and-practical-guidelines

Weissbecker, I., Sephton, S.E, Martin, M.B & Simpson, D., (2008). Psychological and Physiological Correlates of Stress in Children Exposed to Disaster: Current Research and Recommendations for Intervention. *Children, Youth and Environments,* 18(1), 30–70. http://www.jstor.org/stable/10.7721/chilyoutenvi.18.1.0030

WHOa. (2024, August 2). World report on disability. *World Health Organization.*

WHOb. (2024, August 12). *Ageing and health.* World Health Organization. Erişim: https://www.who.int/news-room/fact-sheets/detail/ageing-and-health

WHOc. (2024, August 2). Women's health. *World Health Organization.* Erişim: https://www.who.int/health-topics/women's-health

Wisner, B., Blaikie, P., Cannon, T., & Davis, I. (2004). *At risk: Natural hazards, people's vulnerability and disasters.* Routledge.

Zia, A., & Baqai, H. (2010). Earthquake response in Pakistan and India: The case for women-centered policy. In E. Enarson & P. G. D. Chakrabarti (Eds.), *Women, gender and disaster: Global issues and initiatives* (pp. 177-188). Sage Publications India.

THE PHOENIX OF GENDER ON THE ROAD FROM CONFLICT AND DISASTER TO PEACEBUILDING

ÇATIŞMA VE AFETLERDEN BARIŞ İNŞASINA GİDEN YOLDA TOPLUMSAL CİNSİYETİN ZÜMRÜDÜANKA KUŞLARI

Füsun Özerdem[1]

Öz

Ayrımcı cinsiyet normları ve sosyal yapılar, cinsiyet eşitsizliğinin temeli olup kadınların hayatın birçok alanında neden erkeklere göre daha savunmasız hale getirildiğini açıklamaktadır. Aile ve toplum yapılarının ve kurumlarının bozulduğu veya yok edildiği kriz zamanlarında cinsiyet normları etkilenebilmekte ve cinsiyet eşitsizliği artmaktadır. Toplumsal cinsiyet eşitliği mücadelesi hem gelişmiş hem de gelişmekte olan ülkelerde kendine daha çok yer bulmaktadır ancak çeşitli kurumların yayımladıkları raporlar, ülkelerin krizlerle mücadelesi anında kadınlar ve kız çocuklarının erkeklerden daha kötü etkilendiğini belirtmektedir. Çatışmaların ve doğal afetlerin etkilerine eklenen iklim değişikliği ve Covid-19 salgınının sosyoekonomik etkileri, özellikle kadınlara ve kız çocuklarına karşı cinsiyet eşitsizliklerini daha da derinleştirmektedir. Cinsel şiddet de Birleşmiş Milletler (BM) raporlarında belirtilen bir başka rahatsız edici eğilimdir. BM Çatışmaya Bağlı Cinsel Şiddet 2023 Raporu, cinsel şiddetin hem ülke içinde hem de sınır ötesi yerinden edilmeye yol açmaya devam ettiğini, yerinden edilmiş ve mülteci kadın ve kız çocuklarının daha yüksek riskle karşı karşıya kaldıklarını belirtmektedir. Beş kadın mülteciden en az biri cinsel şiddete maruz kalmış ve bunun travma, damgalanma, yoksulluk, kötü sağlık ve istenmeyen gebelik gibi etkilerini yaşamıştır. Verilerin izlenmesinin zor olması ve olayların eksik raporlanması nedeniyle gerçek rakamların "muhtemelen çok daha yüksek" olduğu belirtilmekle birlikte raporda "cinsel şiddetin bir savaş taktiği olarak kullanıldığı" da öne çıkmaktadır.

Cinsiyet eşitliğinin daha çok sağlanarak kadınların liderlik

---

[1] Prof. Dr., Muğla Sıtkı Koçman Üniversitesi, İİBF, Siyaset Bilimi ve Uluslararası İlişkiler Bölümü, fusunozerdem@mu.edu.tr, ORCID No: 0000-0002-8204-8635

pozisyonlarında daha çok yer almalarının, şiddet içeren çatışmaların ortaya çıkma olasılığının azaltılmasına ve yanı sıra mevcut çatışmaların barışçıl çözümlenmesi olasılığını da büyük ölçüde artıracağına dair öngörüler oldukça fazladır. Araştırmalar, cinsiyet eşitliğinin daha fazla olduğu ülkelerin çatışmaları şiddet olmadan çözme olasılığının daha yüksek olduğunu ve uluslararası anlaşmazlıkları çözmek için askeri güç kullanma olasılığının daha düşük olduğunu göstermektedir. Çatışma önleme, arabuluculuk ve çözüm çabalarında kadınların sayısını artırmaya yönelik ortak çabalar arasında, Ekim 2000'de kabul edilen BM Güvenlik Konseyi'nin 1325 sayılı Kararı da yer almakta olup kadınlar, çatışma önleme ve barış inşası aşamalarında sonuçları iyileştirebilmektedirler.

Bu çalışma, çatışma ve afetlerden etkilenen kadınların durumlarını veri kısıtlılığına rağmen uluslararası düzlemde kabul görmüş raporlara dayanarak ortaya koyarken aynı zamanda tüm zorluklara rağmen çatışmayı önlemek veya durdurmak ve sonrasında uzun soluklu barışı inşa etmek için yeniden küllerinden doğan kadınların ve kız çocuklarının etkinliğini açıklamaya çalışacaktır.

Anahtar Sözcükler: Çatışmalarda kadınlar; barış inşasında kadınların rolü; uluslararası insancıl hukuk

Abstract

Discriminatory gender norms and social structures are the basis of gender inequality and explain why women are made more vulnerable than men in many areas of life. In times of crisis, when family and social structures and institutions are disrupted or destroyed, gender norms may be affected and gender inequality increases. The struggle for gender equality is more prevalent in both developed and developing countries, but reports published by various institutions indicate that women and girls are affected worse than men when countries struggle with crises. Climate change and the socioeconomic effects of the Covid-19 pandemic, added to the effects of conflicts and natural disasters, further deepen gender inequalities, especially against women and girls. Sexual violence is another disturbing trend noted in United Nations (UN) reports. The UN Conflict-Related Sexual Violence 2023 Report notes that sexual violence continues to lead to both internal and cross-border displacement, with displaced and refugee women and girls facing higher risks. At least one in five female refugees has experienced sexual violence and its effects, including trauma, stigma, poverty, poor health and unwanted pregnancy. Although it is stated that the actual figures are "probably much higher" due to the difficulty of monitoring data and under-reporting of incidents, the report also highlights that "sexual violence is used as a war tactic."

There are many predictions that ensuring greater gender equality and including more women in leadership positions will reduce the likelihood of violent conflicts and will also greatly increase the possibility of peaceful resolution of existing conflicts. Research shows that countries with greater gender equality are more likely to resolve conflicts without violence and less likely to use military force to resolve international disputes. Concerted efforts to increase the number of women in conflict prevention, mediation and resolution efforts include UN Security Council Resolution 1325, adopted in October 2000, ensuring that women can improve outcomes in conflict prevention and peacebuilding.

While this study reveals the situation of women affected by conflicts and disasters based on internationally accepted reports despite data limitations, it will also try to explain the effectiveness of women and girls rising from the ashes to prevent or stop conflict and subsequently build long-lasting peace, despite all difficulties.

Keywords: Women in conflicts; women's role in peacebuilding; international humanitarian law

1. Giriş

Toplumsal cinsiyet, kadın ve erkek olmakla ilişkili ekonomik, sosyal, politik ve kültürel özellikleri ve fırsatları ifade etmektedir ve kadın veya erkek olmanın ne anlama geldiğine dair bulunan sosyal tanımlar, kültürler arasında farklılık göstermekte ve zamanla değişmektedir. Cinsiyet eşitliği yalnızca temel bir insan hakkı değil aynı zamanda barışçıl, müreffeh ve sürdürülebilir bir dünya için gerekli bir temeldir. Kadınlar ve kız çocukları dünya nüfusunun yarısını, dolayısıyla potansiyelinin de yarısını temsil etse de cinsiyet eşitsizliğinin her yerde devam etmesi toplumsal ilerlemeyi de durdurmaktadır. Birleşmiş Milletler'e (BM) göre mevcut gidişatla, çocuk evliliklerinin sona erdirilmesi tahminen 300 yıl, yasal korumadaki boşlukların kapatılması ve ayrımcı yasaların kaldırılması 286 yıl, kadınların işyerinde güç ve liderlik konumlarında eşit şekilde temsil edilmesi 140 yıl ve ulusal parlamentolarda eşit temsilin sağlanması için 47 yıl geçmesi gerekmektedir (UN, 2024).

Cinsiyet eşitliği bir ülkenin güvenliği ve istikrarı için önemli bir faktördür. Kadınların topluma aktif katılımının engellenmesi istikrarsızlık riskini artırabilmektedir. Toplumsal cinsiyet eşitliği yalnızca doğru olanı yapmak ya da sosyal adaletle ilgili değildir; aynı zamanda ekonomik kalkınmada önemli bir unsurdur ve istikrar ve güvenliğin kritik bir öngörücüsü olup, çatışma önleme çalışmalarını geliştirebilmektedir (World Bank, 2018). Toplumsal cinsiyet, çatışma ve çatışma içindeki kadınlara ilişkin literatür istikrarlı bir şekilde büyümüş olup savaşın kadınları ve kız çocuklarını erkeklerden ve oğlan çocuklarından farklı şekilde nasıl etkilediğini, kadınların çatışmalar sırasında geliştirdiği belirli zayıflıkları ve kapasiteleri ve yardım ve diğer yardım biçimlerinin ve düşmanlıkların sona erdirilmesinin erkekleri ve kadınları etkileyebileceği farklı yolları ele alan çalışmalar yayımlanmıştır (Afshar, 2003; Cockburn, 2004; El-Bushra and Piza Lo´pez, 1984; Enloe, 2000; Kampwirth, 2002; Manchanda, 2001; Salehin, 2024). Kadınlar, barış ve güvenlik üzerine yapılan araştırmalar da, kadınların güçlendirilmesinin ve toplumsal cinsiyet eşitliğinin daha barışçıl ve istikrarlı sonuçlarla ilişkili olduğuna dair güçlü kanıtlar sağlamaktadır (Crespo-Sancho, 2017).

Soğuk Savaş'ın sona ermesinden bu yana savaşın gidişatı ve özellikleri değişmiştir. Günümüz savaşların çoğu ülke içinde yapılmakta, etnik bölünmeler ön plana çıkmakta, siviller geniş çapta hedef alınmakta olup silahlı insani müdahalelerin artan kullanımı da ulusal egemenliğe meydan okuma olarak algılanmaktadır (Thompson, 2006:343). Özellikle Soğuk Savaş'ın sona ermesiyle birlikte Uluslararası İlişkiler, çatışma çözümü, uzlaşma ve barışın inşası konularına daha yakından bakmaya başladıkça, giderek daha fazla Uluslararası İlişkiler uzmanı toplumsal cinsiyet konularının öneminin farkına varmaya başlamıştır.

2. Kadınların Korunmasında Uluslararası İnsancıl Hukuk

Uluslararası insancıl hukuk, düşmanlıklara katılmayanları veya daha önce yer almış olmasına rağmen artık katılmayanları (siviller, yaralılar, hastalar, kazazedeler ve esir alınan savaşçılar) koruyan ve savaş araçlarını ve yöntemlerini düzenleyen hukuk bütünüdür. Uluslararası ve uluslararası olmayan silahlı çatışmalarda geçerli olup hem devletler hem de silahlı muhalif gruplar için bağlayıcıdır.[2] Uluslararası insancıl hukuk, çok taraflı barışı koruma ve barış uygulama operasyonlarına katılan birlikler için,

---

[2] 1949 tarihli dört Cenevre Sözleşmesinin ortak olan 3. maddesi, uluslararası nitelikte olmayan çatışmalara, yani bir hükümet ile silahlı bir muhalefet grubu arasındaki silahlı çatışmalara veya iki veya daha fazla silahlı muhalefet grubu arasındaki silahlı çatışmalara uygulanır. 1977'de, 3. Maddeyi geliştirmek ve tamamlamak için bir Ek Protokol kabul edilmiştir. Ancak bu Protokol yalnızca bir hükümet ile sorumlu komuta altında olan ve bazı bölgeleri kontrol eden silahlı muhalefet grubu arasındaki çatışmalar için geçerlidir.

eğer düşmanlıklarda yer alırlarsa, bağlayıcıdır.[3]

Savaşın yürütülmesinin belirli yönlerini ele alan çok taraflı sözleşmeler, on dokuzuncu yüzyılın sonundan beri mevcuttur. Bugün, uluslararası insancıl hukukun temel araçları, 1949 tarihli dört Cenevre Sözleşmesi,[4] bunların 1977 tarihli iki Ek Protokolü[5] ve 2005 tarihli bir Ek Protokolü, 1980 Belirli Konvansiyonel Silahlar Sözleşmesi ve dört Protokolü ile 1997 Anti-Personel Mayınlar Sözleşmesi gibi belirli silahların kullanımının yasaklanması, Silahlı Çatışma Durumunda Kültürel Varlıkların Korunmasına İlişkin 1954 Sözleşmesi ve iki Protokolü gibi çok sayıda sözleşmedir. Uluslararası insancıl hukuk içerisinde önemli bir örf ve adet kuralları bütününün de mevcut olduğu unutulmamalıdır. Bu geleneksel kuralların çoğu mevcut anlaşma normlarına karşılık gelse de çoğunlukla daha geniş bir uygulama alanına sahiptirler. Aslında, anlaşma kurallarının çoğu yalnızca uluslararası silahlı çatışmalara uygulanabilirken, uluslararası geleneksel hukukun birçok kuralı her iki çatışma türüne de uygulanabilmektedir.

İnsancıl hukuk, silahlı çatışma mağdurlarını korumayı ve savaş araç ve yöntemlerini kısıtlamayı amaçlayan kurallara saygı gösterilmesini sağlayacak mekanizmalar kurmuştur. İnsancıl hukuk, bireyleri işledikleri veya işlenmesi emrini verdikleri insancıl hukuk ihlallerinden sorumlu tutmakta olup ciddi ihlallerden sorumlu olanların yargılanıp cezalandırılmasını gerektirmektedir. 1949 tarihli dört Cenevre Sözleşmesi ve 1977 tarihli Ek Protokol I uyarınca Devletler, bu belgelerin tüm ihlallerini ortadan kaldırmakla yükümlüdür. "Ciddi ihlaller" olarak adlandırılan bazı ihlallerle ilgili özel yükümlülükleri bulunmaktadır.

Uluslararası insancıl hukuk, ister savaşçı, ister sivil ya da savaş dışı kişiler olsun, kadınların erkeklerle aynı korumaya sahip olmaları gerçeğini taşımaktadır. Ayrıca, uluslararası insancıl hukuk, kadınların özel

---

[3] Ağustos 1999'da BM Genel Sekreteri, "Birleşmiş Milletler güçlerinin uluslararası insancıl hukuka uyması" hakkında bir Bülten yayımlamıştır. Bu Bülten, BM komuta ve kontrolü altında operasyonlar yürüten BM kuvvetleri için geçerli olan uluslararası insancıl hukukun temel ilkelerini ve kurallarını belirlemiştir. Bu ilkelere ek olarak, söz konusu askeri personel konuyla ilgili ulusal kanunlara bağlı kalmıştır. (UN Secretary-General's Bulletin, 1999).

[4] Harp Halindeki Silahlı Kuvvetlerin Hasta ve Yaralılarının Vaziyetlerinin Islahı Hakkında Birinci Cenevre Sözleşmesi, 1949 (GC I); Silahlı Kuvvetlerin Denizdeki Hasta, Yaralı ve Kazazedelerinin Vaziyetlerinin Islahı Hakkında İkinci Cenevre Sözleşmesi, 1949 (GC II); Harp Esirlerine Uygulanacak Muamele ile ilgili Üçüncü Cenevre Sözleşmesi, 1949 (GC III) ve Harp Zamanında Sivillerin Korunmasına İlişkin Dördüncü Cenevre Sözleşmesi, 1949 (GC IV).

[5] 12 Ağustos 1949 tarihinde imzalanıp 21 Ekim 1950'de yürürlüğe giren Cenevre Sözleşmelerine ek 1977 tarihli 1. Protokol, "Uluslararası Silahlı Çatışmaların Mağdurlarının Korunması", 2. Protokol, "Uluslararası Nitelik Taşımayan Çatışmaların Mağdurlarının Korunması", 2005 tarihli 3. Protokol "İlave Bir Ayırt Edici Ambleme İlişkin Protokol"dür.

ihtiyaçlarını dikkate alarak kadınlara ek koruma ve haklar sağlamaktadır. Uluslararası insancıl hukukun temel ilkelerinden biri, sağladığı koruma ve garantilerin ayrımcılık yapılmaksızın herkese verilmesi gerektiğidir. Dolayısıyla, dört Cenevre Sözleşmesinin tamamı ve 1977 tarihli iki Ek Protokol, korudukları belirli kategorilerdeki kişilere "cinsiyete dayalı olumsuz ayrım olmaksızın insanca (…) muamele edilmesi…" gerektiğini öngörmektedir.[6] Aslında, erkeklere ve kadınlara farklı muamele edilmesi ve kadınların ek, özel ihtiyaçları olabileceğinin kabul edilmesi, kadınlara özel haklar ve koruma tanıyan uluslararası insancıl hukuk hükümlerine yansımaktadır.

Sivillerin korunması açısından önemli olan bir diğer kural kategorisi, savaşan tarafların "insani muamele" sağlamasını gerektiren hükümlerdir. Bu normlar - insan hakları hükümlerine benzer şekilde - çatışma taraflarının sivillere sağlaması gereken asgari muamele standartlarını ve temel garantileri belirlemektedir. Bu temel garantiler hem uluslararası hem de uluslararası olmayan çatışmalarda geçerlidir ve aslında, Ek Protokol II'nin kabulüne kadar uluslararası olmayan çatışmaları düzenleyen tek hüküm olan Cenevre Sözleşmelerinin ortak 3. Maddesinin temelini oluşturmaktadır.

Uluslararası insancıl hukukun en temel kurallarından biri, silahlı çatışmanın taraflarının her zaman siviller ve savaşçılar arasında ayrım yapmasını ve sivillere ve sivil nüfusa yönelik doğrudan saldırılar yapmamasını gerektiren ayrım ilkesidir.

Prensip olarak insan hakları hukuku, hem barış zamanında hem de silahlı çatışma durumlarında geçerlidir. Ancak bazı insan hakları belgeleri, devletlerin acil durumlarda belirli haklardan taviz vermelerine izin vermektedir. Bununla birlikte, yaşam hakkından veya işkence veya zalimane, insanlık dışı veya aşağılayıcı muamele, kölelik ve kulluk yasağı ile geriye dönük ceza kanunlarından hiçbir zaman sapma mümkün değildir. Uluslararası insancıl hukuk ile insan hakları hukuku arasındaki önemli fark, kimin hukuka tabi olacağıdır. Uluslararası insancıl hukuk, silahlı çatışmanın tüm taraflarını (hem hükümet hem de silahlı muhalefet grupları) bağlarken, insan hakları hukuku, hükümetleri bireylerle olan ilişkilerinde bağlayan kuralları belirlemektedir. Geleneksel görüş, devlet dışı aktörlerin insan hakları normlarına bağlı olmadığı yönündedir

---

[6] Cenevre Sözleşmesi I ve II, Madde 12, "kadınlara erkeklerle eşit koruma sağlanması gerektiği", Cenevre Sözleşmesi III, Madde 14, "kadınlar (…) her durumda, kadınlara sağlanan ayrıcalıklı muameleden yararlanacaktır.

(Clapham, 2006:499).

Günümüzde insan hakları hukuku, medeni ve siyasi haklar gibi geniş kapsamlı konuları kapsayan veya belirli haklara odaklanan bir dizi evrensel ve bölgesel belgede yer almaktadır.[7] Uluslararası insancıl hukukta olduğu gibi, bu antlaşmaların yanı sıra önemli bir örf ve adet hukuku bütünü de bulunmaktadır.

Mültecilerle ilgili olarak, uluslararası mülteci hukuku, tanımlar, geri göndermeme ilkesi ve mültecilere verilecek temel haklar da dahil olmak üzere, mültecilerin kimliklerinin belirlenmesi ve korunmasına ilişkin genel ve temel ilkeleri belirlemektedir.[8] Mülteci hukuku, insancıl hukukun sağladığı korumaya önemli bir ek koruma sağlamaktadır ancak ek kuralların yanı sıra bu ilkelerin yorumlanması ve pratikte uygulanması ulusal hukuka bırakılmıştır.

3. Silahlı Çatışmaların ve Afetlerin Kadınlar Üzerindeki Etkisi

Kadınlar dünya çapında birçok silahlı çatışmada aktif olarak yer almış ve tarih boyunca savaşlarda rol oynamıştır. İkinci Dünya Savaşı'nda Alman ve İngiliz kuvvetlerinin yedek veya destek birimlerinde (mühimmat fabrikalarında çalışmak dahil) ve Sovyetler Birliği örneğinde, "toplam silahlı kuvvetlerin %8'ini oluşturan" tüm servisler ve birimlerde yer alarak (Krill, 1985) savaşa doğrudan katılmışlardır. O zamandan bu yana kadınlar çok daha büyük bir rol üstlenmiş olup silahlı kuvvetlere daha sık, gönüllü ve gönülsüz olarak katılarak, hem destek hem de savaşçı rollerini yerine getirmişlerdir. Örneğin, 2021 yılı verisine göre Amerika Birleşik Devletleri (ABD) ordusunda "genel olarak ABD'deki aktif görevli personelin %17.3'ü kadındır" (US Department of Defense, 2021) ve 1990-1991 Körfez savaşında ABD kuvvetlerinde 37.000 kadın görev yapmıştır (Lafferty vd., 2023:3191). Pek çok kurtuluş savaşında veya gerilla tipi savaşta kadınlar silahlı kuvvetlerde veya destek rollerinde hayati bir rol oynamıştır; "Nikaragua'da kadınlar Sandinista ordusunun tahminen %30'unu oluşturuyordu ve hatta komutan pozisyonlarında bulunmuşlardır" (Byrne, 1996:18) ve "El Salvador'da Farabundo Marti

---

[7] Bu araçlar arasında 1966 tarihli Kişisel ve Siyasi Haklar Uluslararası Sözleşmesi, 1966 tarihli Ekonomik, Sosyal ve Kültürel Haklara İlişkin Uluslararası Sözleşmesi, 1981 tarihli Afrika İnsan ve Halkların Hakları Sözleşmesi, Kadınlara Karşı Her Türlü Ayrımcılığın Ortadan Kaldırılmasına İlişkin Sözleşme (CEDAW), İşkenceye ve Diğer Zalimane, İnsanlık Dışı ve Aşağılayıcı Muamele veya Cezaya Karşı 1984 Sözleşmesi ve 1989 Çocuk Hakları Sözleşmesi yer almaktadır.

[8] Mültecilerin korunmasına yönelik başlıca uluslararası belgeler, Mültecilerin Statüsüne ilişkin 1951 Sözleşmesi, Mültecilerin Statüsüne ilişkin 1967 Protokolü ve Afrika'daki Mülteci Sorunlarının Özel Yönlerini Düzenleyen 1969 ABÖ Sözleşmesidir. Ayrıca 1984 tarihli Mültecilere ilişkin Cartagena Bildirgesi de bulunmaktadır ancak bağlayıcı değildir.

Ulusal Kurtuluş Cephesi askerlerinin %25'i kadındı" (NUPI, 1999).

Kadınların silahlı gruplarda yer alan rollerinin dışında "intihar bombacısı" rolü de, kadınların çatışmalarda harekete geçmeye ne kadar hazır olduklarının altını çizmektedir. Hedefleri vurmada 'başarıları' söz konusu olduğunda bu başarının altında yatan nedenin, muhtemelen bu tür saldırıları gerçekleştirme olasılıklarının daha düşük olduğu algısı öne çıkmaktadır. "Birincisi, kadınlar daha az şüphecidir. İkincisi, muhafazakar toplumlarda (...) kadının üstünü arama konusunda tereddüt vardır. Üçüncüsü, kadınlar kıyafetlerinin altına intihar cihazı takarak hamile gibi görünebilirler" (Gunaratna, 2000: 53).

Kadınların her zaman sivil nüfusun bir parçası olduğu, bakım ve yetiştirme rolleri oynadığı varsayılmamalıdır. Ruanda'da yaygın olarak bildirilen vakalar, kadınların soykırımda işlenen korkunç eylemlere suç ortağı ve tarafı olduklarını da göstermiştir. Kadınlar aynı zamanda her zaman silaha sarılarak değil, erkeklere savaşı sürdürmeleri için gereken manevi ve fiziksel desteği sağlayarak ve bazı durumlarda onları şiddete teşvik ederek çatışmayı aktif olarak desteklemişlerdir. Uluslararası Kızılhaç Komitesi'nin (ICRC) Savaştaki İnsanlar projesi sırasında (ICRC, 1999), Güney Kafkasya'da yaşayan bir genç "Birisi hafif makineli tüfek tutabilir, bir başkası ise sadece kepçeyi tutabilir. Ancak bu, bir aşçının bir askerden daha az sorumlu olduğu anlamına gelmez" ifadesini kullanarak sivil nüfusun farklı boyutta da olsa çatışmaya katkı sunabildiğini ifade etmiştir. El Salvadorlu köylü bir kadının kullandığı, "Korkunçtu, çünkü gerillalara tortilla satmazsanız kızarlardı, askerlere satmazsanız da sinirlenirlerdi, bu yüzden her iki tarafla da işbirliği yapmak zorunda kalırdınız" (ICRC, 1999:19) ifadesi, istenmese dahi hayatta kalabilmek adına çatışma taraflarının desteklendiğini göstermektedir. Ayrıca aile içi şiddet barış zamanlarında yaygın olsa da çatışma sırasında veya sonrasında artmaktadır. Aile içi şiddetin artmasına silahların bulunması, erkek aile üyelerinin yaşadığı veya karşılaştığı şiddet, iş, barınma ve temel hizmetlerin eksikliği (Lindsey, 2002) katkı sağlamaktadır.

Çatışma sırasında kadına yönelik şiddet salgın boyutlarına ulaşmakta olup bu şiddet tarihin en büyük sessizliklerinden biridir. 1991 yılında başlayan ve 2002 yılına kadar süren Sierra Leone'deki iç savaş sonrası ankete katılan yerinden edilmiş hanelerin %94'ü, tecavüz, işkence ve cinsel kölelik de dahil olmak üzere cinsel saldırılara maruz kaldıklarını ifade etmişlerdir (Physicians for Human Rights, 2002). 1994 yılında Ruanda'da yaşanan soykırım sırasında en az 250.000, belki de 500.000

kadar kadının tecavüze uğradığı (Murray, 2001) bilinmekte olup, Cezayir, Myanmar, Güney Sudan ve Uganda'da devam eden çatışmalarda cinsel şiddetin yaygın olarak kullanıldığı; savaş bölgelerinde aile içi şiddetin çarpıcı biçimde arttığı ve savaş bölgelerinde zorla seks işçisi olarak çalıştırılan kadınların sayısının arttığı (Economic and Social Council, 1999) raporlanmıştır.

Terörü savaş taktiği olarak kullanan grupların öncelikli hedefi siviller olmaktadır. Kadınlar ve kız çocuklarının yanı sıra erkekler ve oğlan çocukları da bu hedeflemenin kurbanı durumundadırlar ancak kadınlar, cinsiyete dayalı şiddete erkeklerden çok daha fazla maruz kalmaktadırlar. Bedenleri, karşıt güçlerin mücadele ettiği bir savaş alanı haline gelmekte (Coomaraswamy, 2002), akraba oldukları erkekleri aşağılamanın bir yolu olarak tecavüze uğramaktalar ve daha da kötüsü erkekler de sıklıkla saldırıları izlemeye zorlanmaktadırlar. Etnik kökenin erkek yoluyla miras alındığı toplumlarda 'düşman' kadınlara tecavüz edilmekte ve çocuk doğurmaya; hali hazırda hamile olan kadınlar şiddetli saldırılarla düşük yapmaya zorlanmaktadırlar. Yavaş ve acı verici bir cinayet olan HIV/AIDS virüsü kasıtlı olarak da kadınlara bulaştırılmaktadır. Örneğin 1999 yılında Doğu Timor'da kadınlara yönelik toplu tecavüz olayı, bağımsızlık oylaması sırasında, Endonezya yanlısı milislerin Batı Timor'a kaçmadan önce öfkelerini açığa vurmaları sırasında meydana gelmiştir (Mydans'dan aktaran Woan, 2008: 11). Zorunlu hamilelik de dahil olmak üzere her türlü cinsel istismar, nesiller boyunca, özellikle de bu tür sömürüden doğan çocuklarda etkisini göstermektedir. Zorla hamile bırakma, Bosna-Hersek ve Ruanda'da bir tür etnik temizlik olarak kullanılmış ve Bangladeş, Liberya ve Uganda'da da yaşanmıştır. Bosna'da pek çok kadın hamileliğin sonlandırılmaması için çocukları doğana kadar hapsedilmiş, Liberya ve Sierra Leone'de kaçırılan ve savaşçıların yaşadığı ormanlık bölgelere doğru götürülmeye zorlanan kadın ve kızlardan binlerce bebek doğmuş ve birçoğu tıbbi yardım almadan doğum yapmıştır. Kosova'daki çatışmalar sırasında 20.000 kadar kadının tecavüze uğradığına ve bunların çoğunun çocuk doğurduğuna inanılmaktadır. Uluslararası Kızılhaç, yalnızca Ocak 2000'de bir ay içinde Kosova'da tecavüz sonucu 100 bebeğin doğduğunu ancak Hükümetin bu çocukları, bu şekilde tanımlamamaya karar verdiğini tahmin etmektedir (Smith, 2000).

İnsan ticareti ve cinsel kölelik, çatışmalarla ayrılmaz biçimde bağlantılıdır. Kadınlar, çoğu zaman zorla fuhuşu da içeren zorunlu çalıştırma programlarında kullanılmak üzere bir ülkeden diğerine

275

kaçırılmakta; kaçırılma yoluyla ya da ailelerini korumak amacıyla karşıt grupların üyeleriyle evliliğe zorlanmaktadırlar. Pek çok seks kölesi aynı zamanda ihtilaflı bölgeleri mayınlardan arındırmak gibi tehlikeli işlerde de kullanılmakta, bir tarlayı veya bir yamacı, askerler için güvenli hale getirmek için hayatlarını riske atmaya zorlanmaktadırlar. Örneğin Afganistan'da kadınlar ve kızlar Taliban güçleri tarafından satılmakta veya evliliğe zorlanmakta; Myanmar'da kaçakçılığa ve sömürüye açık olan Rohingyalara yönelik cinsel kölelik eylemleri bulunmakta; Libya ve Yemen'de silahlı gruplar ve ulusötesi insan tacirleri, derinleşen insani kriz ortamında cezasız bir şekilde tecavüz ve cinsel kölelik gerçekleştirmeye devam etmektedirler (Scevi, 2023).

2016 tarihli İnsan Ticareti Küresel Raporu'na göre 2006-2016 arası dönemde tespit edilen insan ticareti mağdurlarının profili değişmiştir. Tespit edilen mağdurların çoğu hala kadınlar olmasına rağmen, çocuklar ve erkekler artık toplam mağdur sayısı içinde on yıl öncesine göre daha büyük paya sahip olmuşlardır. 2014 yılında tespit edilen mağdurların %51'ini kadınlar, %28'ini çocuklar, %21'ini ise erkekler oluşturmuştur (UNODC, 2016:6-7). 2022 tarihli İnsan Ticareti Küresel Raporu'na göre 2004-2020 arası sayılara baktığımızda 2004'de %3 olan erkek çocuk oranı 2020'de %17'ye, %13 olan erkek oranı %23'e, %10 olan kız çocuk oranı %18'e yükselirken, %74 olan kadın oranı %42'ye düşmüş olup bu da yeni sömürü biçimlerinde ortaya çıkan mağdurların daha çok erkek ve oğlan çocukları ile kız çocukları olduğunu göstermektedir (UNODC, 2022: xi).

Barış koruma personelinin gelişi, yerel nüfusa artan bir güvenlik duygusu sağlamak gibi bariz bir avantaja sahip olsa da, bazı olumsuz yansımaları da olabilmektedir. Kadınlara yönelik cinsel şiddet ve fuhuş, özellikle de çocuk fuhuşu, yerel ekonomilerin harap olduğu ve kadınların istihdam seçeneklerinin olmadığı durumlarda nispeten varlıklı personelin gelişiyle artabilmektedir (Coomaraswamy, 2002). Barış koruma görevlileri ile yardımdan yararlananlar arasındaki cinsel ilişkiler BM'nin sıfır tolerans politikası tarafından yasaklanmış (UN Secretariat, 2003) olmasına rağmen bu tür vakalar gerçekleşmiştir. BM'nin en uzun barış operasyonu olan BM Haiti İstikrar Misyonu'nun (MINUSTAH) görevi sırasında, babaları barış koruma görevlileri olan çocuklar 'barış bebekleri' olarak etiketlenmiş (Vahedi, Bartels and Lee, 2019:692) olup kamuoyuna bildirilen ve kabul edilen ilk barış bebekleri, 1999'da faaliyete geçen Doğu Timor'daki BM Misyonu sırasında ortaya çıkmıştır (Simić and O'Brien, 2014). BM Kadına Yönelik Şiddet Özel Raportörü Radhika Coomaraswamy, barış koruma görevlilerinin kadına yönelik şiddete karıştığına ilişkin raporlardan duyduğu kaygıyı dile getirerek, BM'yi bu şiddeti önlemek için önlemler almaya ve ortaya çıktığında cezalandırmaya çağırmıştır (Economic and Social Council, 1999). Liberya'da, 1990 ile 1998 yılları arasında Batı Afrika Devletleri Ekonomik Topluluğu İzleme Grubu'na (ECOMOG) bağlı barış güçlerinin babası olduğu 6.000'den fazla çocuk kaydedilmiş olup bunların çoğu hem babaları hem de anneleri tarafından sokaklarda yaşamaya terk edilmiştir (Rehn and Sirleaf, 2002; Simić and O'Brien, 2014). Liberya anayasası bu çocukları tanısa da çocuklar, vatandaşlık haklarına sahip değildirler (Paye-Layleh and Petesch, 2018).

BM Mülteciler Yüksek Komiserliği (UNHCR), kadınların çatışma durumlarında daha küçük gıda tayınları almaktan velayet, miras ve mülkiyet konularındaki yasal tartışmalara kadar çeşitli ayrımcı uygulamalara maruz kalma olasılığının yüksek olduğunu belirtmektedir (2012). Kadınlar sadece zor koşullar altında tüm ailenin bakımının duygusal ve fiziksel yükünü taşımakla kalmamakta, aynı zamanda bu süreçte şiddete daha fazla maruz kalmaktadırlar ve sıklıkla yetersiz beslenme ve bulaşıcı hastalıkların kurbanı olmaktadırlar. Yiyecek veya su almak için sıraya giren bir kadın, tıbbi yardım alma şansını kaybedebilmektedir. Kadınların ve kızların, ailenin varsa yaşlılarının, hastalarının ve gençlerinin bakıcıları olarak öngörülen geleneksel rolü, tehlikeli durumlardan kaçmalarını daha zor hale getirebilmekte ve bundan dolayı bazen karşıt güçler arasındaki bir savaşın ortasında kalmalarına veya mayın bulunan bölgelere kaçmak zorunda kalmalarına sebebiyet vermektedir (Gardam ve Jarvis, 2001: 22-24).

Yanı sıra kadınlar ihtiyaç duydukları insani yardımı alamamaktadırlar. Uyruğu, etnik kökeni, yaşı, medeni durumu, aile durumu ve hatta ikamet ettiği yer çok daha muhtemel belirleyicilerdir. Çatışmalarda kadınlara sağlanan genel yardım düzeyleri ve özellikle de insani yardım, medyanın ülkeye duyduğu ilgi, çatışmanın süresi, doğal ve mineral kaynak düzeyi ve jeopolitik önemi ile güçlü bir şekilde ilişkilidir. Örneğin dünyanın dört bir yanındaki krizleri haber yapma konusunda uzmanlaşmış dünyanın önde gelen haber kuruluşu olan The New Humanitarian, kimin çektiği acıların önemli olduğu konusunda günlük olarak keskin farklılıklar görüldüğünü; Sudan'dan Myanmar'a, Etiyopya'dan Haiti'ye kadar yaşamların rutin olarak göz ardı edildiğini bildirmektedir (The New Humanitarian, 2023).

Şiddet mağduru kadınlara yönelik koruma ve destek ne yazık ki yetersiz olup korumaya, hizmetlere ve hukuki çözüm yollarına erişimleri birçok açıdan sınırlıdır. Savaşın artması, kadınların devlet kurumlarından tazminat talep etmesini neredeyse imkansız hale getirmektedir. Ancak kadının toplumdaki statüsünün yanı sıra kültürel ve sosyal damgalar da onun kendini koruma veya korunma arama yeteneğini etkilemektedir. Örneğin bir kadının erdemi bekaretiyle bağlantılı olduğunda, tecavüzden ve diğer cinsel şiddet türlerinden hayatta kalanlar evlenemez hale gelmekte veya kocaları tarafından reddedilmekte ve aileleri için mali bir yük ve kalıcı bir utanç kaynağı haline dönüşmektedirler.

Yoksulluk, kişinin felaketlerle başa çıkma kapasitesinin belirlenmesinde kritik bir rol oynamaktadır (UNDRR, 2023). Kötü konutlar, güvenli olmayan ve uzak konumlardaki çiftlikler ve yerleşim yerleri, sınırlı kaynaklar ve bilgiye yetersiz erişim gibi faktörler, yoksulluk içinde yaşayan hem kadınların hem de erkeklerin doğal afetlerin etkilerinden orantısız bir şekilde etkilenmesi ve daha yavaş iyileşme yaşaması anlamına gelmektedir. Ancak afetlerin kadınları ve kız çocuklarını, erkek ve erkek çocuklarından daha fazla etkilediği de bilinmektedir. OECD'nin Sosyal Kurumlar ve Cinsiyet Endeksi (SIGI) Kriz Zamanlarında Cinsiyet Eşitliği isimli 2023 Küresel Raporu'na göre afetler meydana geldiğinde, kadınların ve çocukların ölme olasılığı erkeklere göre 14 kat daha fazladır. Ayrıca afetler sonrasında cinsel ve toplumsal cinsiyete dayalı şiddet, erken ve zorla evlilik, geçim kaynaklarının kaybı ve eğitime erişim gibi birçok dolaylı teh ditle de karşı karşıya kalmaktadırlar (OECD, 2023: 134-140).

Kadının statüsü ne kadar yüksekse, doğal afetlerin kadınlar üzerindeki olumsuz etkisi, erkeklerin yaşam beklentisine göre o kadar küçüktür. Bunun anlamı, kadınların sosyoekonomik statüsünün yüksek olduğu yerlerde, doğal afetler sırasında ve sonrasında kadın ve erkeklerin kabaca eşit sayıda öleceği, oysa kadınların sosyoekonomik statüsünün düşük olduğu durumlarda erkeklerden daha fazla kadının öldüğü (veya kadınların daha genç yaşta öldüğü) anlamına gelmektedir (Neumayer ve Plümper, 2007:552). O'Keefe, Westgate veWisner, 1976 yılında yaptıkları çalışmada aslında ihtiyaç duyulan şeyin "doğal afetlerden doğallığın çıkarması" olduğunu ifade etmişlerdir. Bu çıkarım doğrudur zira doğal afetler, sanki doğanın keyfi bir darbesiymiş gibi insanları eşit derecede etkilememektedir. Bunun yerine afetin etkisi, etkilenen insanların savunmasızlığına bağlıdır ve bu durum ekonomik sınıf, etnik köken, cinsiyet ve diğer faktörlere göre sistematik olarak farklılık göstermektedir. Özellikle küresel güneyde, kadınlar daha düşük bir sosyoekonomik grupta olduklarından savunmasızlıkları artmaktadır. Bunun nedenleri, genellikle kadınların toplumda üstlendiği rollere ve yaşadıkları yerdeki mevcut cinsiyet ve kültürel normlara kadar uzanabilmektedir.

Bazı afetlerde kadın ve erkek ölümleri arasında belirgin bir eşitsizlik bulunmaktadır. 2008'deki Nargis Kasırgası'ndan sonra Myanmar'daki ölümlerin %61'inin, Endonezya Benderaçe'deki 2004 Hint Okyanusu tsunamisinden sonra %70'inin ve 1991'de Bangladeş'teki Gorki Kasırgası'ndan sonra %91'inin kadın olduğu tespit edilmiştir (The World Bank, 2012). Ancak ekonomik ve sosyal haklar kadın ve erkek arasında daha eşit dağıtıldığında, ölüm oranlarının da daha eşit olduğu keşfedilmiştir çünkü bir dizi araştırma, gelir eşitsizliğinin yüksek olduğu bölgelerde daha yüksek ölüm oranının olduğunu göstermiştir (Backlund vd., 2007; Beckfield, 2004; Kondo vd., 2009; Wilkinson, 1992).

BM Kadın birimi içerisinde, toplumsal cinsiyet eşitliği ve kadınların güçlenmesi ve liderliği, afet ve iklim riskinin azaltılması ve dayanıklılık oluşturma konularında kadınların sesini ve eylemliliğini yükseltmek amacıyla, Kadınların Afetlere Karşı Dirençliliği Programı (WRD) oluşturulmuştur. WRD programı, kadınların iklim değişikliği ve Covid-19 da dahil olmak üzere afetlere ve tehditlere karşı direncini güçlendirmek ve sürdürülebilir, güvenli ve gelişen topluluklara katkıda bulunmaya çalışmaktadır (UN Women, 2024).

Oxfam'ın "günümüz dünyasındaki en acımasız eşitsizliklerden biri" olarak tanımladığı çatışma durumlarında harekete geçirilen kaynaklardaki eşitsizliği kapatmaya ilişkin de çalışmaları bulunmaktadır. 2009'un sonlarında Oxfam, Nikaragua, Guatemala ve El Salvador merkezli dört Orta Amerika kadın hakları örgütüyle birlikte çalışan bir girişim başlatmıştır. Program, insani sistemin afetlerden ve çatışmalarla ilgili acil durumlardan etkilenen kadınlarla ilgilenme yöntemlerini büyük ölçüde iyileştirmeyi amaçlamıştır. Yalnızca kadınların temel ihtiyaçlarını karşılamakla kalmayıp, aynı zamanda kadınların lider ve değişimin aracıları olarak ele alınmasını ve sonuçta toplumsal cinsiyet eşitliğini ve kadın haklarını geliştirmeyi amaçlayan acil müdahaleleri öngörmüştür (Oxfam, 2013:6). BM İnsani İşler Koordinasyon Ofisi (UN OCHA) tarafından 115 ülkede 1000'den fazla kadın insani yardım görevlisiyle gerçekleştirilen bir araştırma, kadınların insani yardım faaliyetlerine kattığı üç benzersiz özelliği ortaya çıkarmıştır: birincisi, etkilenen topluluklardan kadınlarla konuşabilme yeteneği; ikincisi, benzersiz bakış açıları; ve son olarak benzersiz bir liderlik tarzı (Patel vd., 2020:5).

4. Barış Koruma ve Barış İnşasında Kadınların Rolü

Farklı çalışma alanları barışı farklı şekilde tanımlamaktadır. Barış farklı şekillerde yorumlansa da temel içeriği aynıdır. Aslında barış, şefkat ve şiddetsizlik gibi niteliklerle bağlantılı dini bir fikir olup zamanla siyaset bilimi, tarih, sosyoloji, eğitim, uluslararası ilişkiler, siyaset psikolojisi, klinik psikoloji, medya psikolojisi, sosyal psikoloji ve barış çalışmaları alanlarındaki araştırmalarda kendine yer bulmuştur. İncil'in Eski Ahit'inde "barış"ı tanımlamak için kullanılan İbranice kelime Şalom'dur ve Şalom, insanların bütünsel refahını, bütünlüğünü ve güvenliğini ifade etmektedir. Yeni Ahit'te barış anlamına gelen Yunanca sözcük eiren'dir ve anlam bakımından İbranice Şalom'a benzemektedir (Brian vd., 2000: 682-683). Dinin öğretilerine göre İslam barış dinidir. İslam ismi barışı ifade etmektedir ve İslam'ın gerçek anlamı barıştır. Kuran'da Allah barışı teşvik etmekte olup, "onunla kendi rızasının peşinde koşanları selamet yollarına iletir ve onları izniyle karanlıklardan aydınlığa çıkarır ve onları doğru yola iletir" (Maide Suresi 5: 16).

John Paul Lederach, barışı belirli faaliyetleri tamamladıktan sonra elde edilecek bir şeyden ziyade bir süreç olarak tanımlamaktadır (2003). İnsanların birbirleriyle iletişim kurdukça ilişki içinde büyüyen barışın evrensel bir etkisi bulunmaktadır.

Barış inşası nispeten yeni bir terimdir. Ancak barışın inşasına ilişkin birçok farklı fikir ve uygulama birçok kültürde mevcuttur. Barış kaybolduğunda tüm kültürlerin ve toplulukların barışı yeniden tesis etme yolları bulunmaktadır. Barış inşası, belirli bir kültürde hali hazırda var olan potansiyeli, uygulamaları ve becerileri kullanarak kalıcı bir barış yaratma sürecidir. Barış inşasının amacı barışı yeniden tesis etmektir. Barış inşası uzmanı Johan Galtung, iki farklı barış kavramının varlığına dikkat çekerek bunları negatif barış ve pozitif barış olarak isimlendirmiştir. Negatif barışı şiddetin yokluğu, savaşın yokluğu ve pozitif barışı ise insan toplumunun bütünleşmesi olarak tasarlamıştır (Galtung, 1964: 2). Negatif barış, insanlar arasında bariz bir şiddet içeren çatışmanın veya doğrudan savaşın olmadığı bir durumu ifade etmekte olup negatif barışta gizli çatışmalar olabilmektedir. Bir başka deyişle negatif barış tam barışı garanti edememektedir. Genel olarak negatif barışta toplumda doğrudan fiziksel veya gözlemlenebilir şiddet görülemeyebilir ancak insanlar arasında ideolojik savaş olabilmektedir.

Pozitif barış ise çatışma ve savaşların tırmanmadığı, istikrarlı bir toplumsal yaşamı ifade etmektedir. Pozitif barış gerçek barıştır ve ekonomik adalete, dini eşitliğe, cinsiyet eşitliğine, insan haklarına ve demokratik haklara saygı duyulan bir bağlamdır. Pozitif barış aynı zamanda bir topluluğun çatışmalardan korunduğu bir sistemin inşa edilmesi anlamına da gelmektedir. Galtung'un barış sınıflandırmasını özetleyen Grewal, negatif barışın karamsar ancak iyileştirici olduğunu belirterek barışın her zaman barışçıl yollarla gerçekleşmeyeceğini; pozitif barışın ise yapısal entegrasyon boyutunun bulunduğunu, iyimser, önleyici olduğunu belirterek barışçıl yollarla hayata geçtiğini (2003: 4) ifade etmektedir. Doğrudan, kültürel ve yapısal şiddeti ortadan kaldırmak için uygun önlemler alındığında pozitif barışa ulaşılmaktadır ve barış inşası, toplumda olumlu barışı sağlamak için çalışmaktadır.

Barış inşası, çatışmanın 'temel nedenlerini' çözmeye odaklanmaktadır. Barış inşasının temel işlevi olumlu barış yaratmaktır. Barış inşası, toplumda istikrarın sürdürülmesi, çatışmaların tırmanmasını önleyecek yeni bir sistemin oluşturulması, fiziksel ve yapısal şiddetin ve ayrımcı uygulamaların ortadan kaldırılması ve insanlar arasında güven inşa edilmesiyle ilgilidir (Lambourne, 2009; Rubenstein, 2017; Newman, 2013). Barış inşası kapsayıcı ve katılımcı bir süreç olup hükümetleri, dini kuruluşları, sivil toplumu, geleneksel liderleri ve yapıları, medyayı ve iş dünyasını içeren çok paydaşlı bir süreçtir. Barış inşası toplumun her düzeyinde, eğitim kurumlarında, hükümette ve iş dünyasında ve her köy ve kasabadaki toplum merkezlerinde gerçekleşmektedir.

BM Güvenlik Konseyi'nin 31 Ekim 2000 tarihinde 4213. toplantıda kabul ettiği Kadınlar, Barış ve Güvenlik hakkındaki 1325 sayılı Kararı (UN Security Council Resolution, 2000), özellikle çatışma ve güvensizlik durumlarında kadınların ihtiyaçları, rolleri ve deneyimleriyle ilgilenen ilk BMGK kararıdır. Bir diğer önemli gelişme ise 1995 yılında 4. Dünya Kadın Konferansı sırasında kabul edilen, kadın haklarını ve cinsiyet eşitliğini dünya çapında ilerletmeye yönelik dönüm noktası niteliğinde bir belge olan Pekin Deklarasyonu ve Eylem Platformudur. Bu süreçlerin her ikisi de, dünya çapında kadınların ve kızların hem çatışma hem de çatışma dışı durumlarda karşı karşıya kaldıkları eşitsizlikler ve güvensizlik konusundaki farkındalığın artmasına önemli ölçüde katkıda bulunmuştur. Her ikisi de politika yapıcıları kadınların sosyal, politik ve ekonomik koşullarını iyileştirmek için harekete geçme ve kaynak ayırma konusunda teşvik etmeyi ve barış ve güvenliğe katkıda bulunmaları için kadınlara daha fazla alan sağlamayı amaçlamaktadır. Çatışmalarda kadınların ve kız çocuklarının acılarını azaltmak için çatışmanın önlenmesi bir öncelik olarak kalmalıdır. 1325 sayılı Karar, "çatışmaların önlenmesi ve çözümünde kadınların önemli rolünü" teyit ederken, kadın, barış ve güvenlik gündeminin 'önleme' ayağı, uygulamada genellikle cinsel ve toplumsal cinsiyete dayalı şiddetin önlenmesine atıfta bulunacak dar bir şekilde yorumlanmaktadır. Ancak Liberya iç savaşları sırasındaki kadınların katkısı, kadınların karar alma sürecine dahil edilmesinin ne kadar önemli olduğunu göstermiştir (Andersson ve Simonsson, 2024: 5).

25 Ekim 2023'de BM, çatışmalar sırasında kadınların ve kız çocuklarının korunmasını geliştirmek ve onların barış süreçlerindeki liderliklerini ve benzersiz rollerini tanımak için Kadınlar, Barış ve Güvenlik başlıklı Karar'ın kabul edilmesinin 23. yılını kutladığı esnada çatışmalardan etkilenen ülkelerde 600 milyondan fazla kadın ve kız çocuğu yaşadığı (UN Women Press Release, 2023), 2022'de çatışma bölgelerinde çoğunluğu kadınlara yönelik yaklaşık 2.500 cinsel şiddet vakasının doğrulandığı; aynı yıl bu bölgelerde 30'un üzerinde kadın insan hakları savunucusunun öldürüldüğü (African Renewal, 2023); kadınlara ve kız çocuklarına yönelik bu türden daha birçok suçun rapor edilmediği ve cezasız kalmaya devam ettiği (UN City, 2023) gerçeği bulunmakta idi. Bu endişe verici eğilimlere rağmen, pek çok barış süreci ve müzakere, kadın arabulucular ve/veya imzacılar olmadan gerçekleşmektedir. BM Kadın Birimi'ne göre, geçen yıl dünya genelinde 18 barış anlaşmasından yalnızca altısı toplumsal cinsiyete duyarlı hükümler içermekte idi ve yalnızca bir tanesi bir kadın örgütünün temsilcisi tarafından imzalanmıştır (UN Women, 2023).

BM kurumları ve personeli, savaşın kadınlar üzerindeki etkisini ve barışın inşasında kadınların rollerini ele alma fırsatına ama aynı zamanda zorluğuna sahiptir. Dünyanın dört bir yanından hükümetler tarafından oybirliğiyle kabul edilen çok sayıda BM kararına rağmen, BM sisteminin hâlâ personel kapasitesini, örgütsel uygulamalarını ve savaşın toplumsal cinsiyet boyutlarını daha etkili bir şekilde ele almak için üst düzey kararlılığını iyileştirmesi gerektiği tartışılmaz bir gerçektir.

Toplumsal cinsiyet eşitliğinin sağlanması ve kadınların güçlendirilmesi için 1976 yılında kurulan BM Kadınlar Kalkınma Fonu olan UNIFEM, 1995'de, savaş sonrasında kadınların psikososyal ve travma ihtiyaçlarına dikkat çeken ve Afrikalı kadın liderleri aktivist barış ağları kurma konusunda destekleyen Krizdeki Afrikalı Kadınlar (AFWIC) programını geliştirmiştir (UN General Assembly Resolution, 1999). O zamandan bu yana bu program dünyanın hemen her bölgesine genişletilmiş olup kadınların Kolombiya, Güney Afrika ve Güney Asya'da barışı savunma çabalarını ve ayrıca Afganistan'dan Sierra Leone'ye kadar savaşın yıktığı ülkelerin yeniden inşasında kadınların liderliğini desteklemektedir. Ancak, tüm çabalarına rağmen, UNIFEM'in daha etkili bir savunuculuk rolü oynayabilmesi ve kadınların korunması ve yardım konularını ele almanın yenilikçi yollarına pilotluk yapabilmesi için ilave güçlenmeye ihtiyacı bulunmaktadır.

UNIFEM, yılda 30 milyon doların biraz üzerinde bir bütçeye sahip, yenilikçi ve katalizör bir fon olduğundan, kadınlar adına çabaları zorunlu olarak sınırlı olmuştur. Daha büyük BM kuruluşlarının da devreye girmesi gerekmektedir. BM Nüfus Fonu (UNFPA), bazı bölgelerde kadınlara üreme sağlığı hizmetleri, psikososyal destek, HIV/AIDS farkındalığı ve diğer önemli yardım türleri gibi temel hizmetleri sağlayarak bu boşluğu doldurmaya çalışmaktadır. UNHCR, Dünya Gıda Programı (WFP) ve çok çeşitli sivil toplum örgütleri ve inanç temelli kuruluşlar, kadınların ihtiyaçlarına yanıt vermede çalışmaktadır ancak bu ihtiyaçlar insani yardım topluluğu tarafından anlaşılsa bile ideoloji ile uygulama arasındaki uçurum genellikle çok büyüktür. Kadınlara yönelik tam ölçekli hizmet, uygun program ve politika rehberliği, uzmanlık ve kaynakların yokluğunda kesinlikle mümkün değildir.

Kadınlar polisiye, askeri ve sivil alanlar olmak üzere her alanda görevlendirilmekte olup barışın inşasında ve kadın haklarının korunmasında kadınların rolünün desteklenmesi de dahil olmak üzere barış koruma ortamları üzerinde olumlu etkiler bırakmaktadırlar.

1993'te kadınlar, görevlendirilen üniformalı personelin %1'ini oluşturuyorken 2020 yılında, yaklaşık 95.000 barışı koruma görevlisinden, askeri birliklerin %4,8'ini, oluşturulan polis birimlerinin %10,9'unu ve BM Barışı Koruma misyonlarında hükümet tarafından sağlanan adalet ve infaz koruma personelinin %34'ünü kadınlar oluşturmaktadır (United Nations Peacekeeping, 2024). BM, kadınların üniformalı görevlerde görevlendirilmesini teşvik edip savunurken, kadınların polis ve orduda görevlendirilmesinin sorumluluğu Üye Devletlere aittir. BM Polis Birimi, ulusal polis hizmetlerine ve dünya çapındaki BM polis operasyonlarına daha fazla kadın polis memurunun alınması için 'Küresel Çaba'yı başlatmış olup 2028 hedefi askeri birliklerde görev yapan kadınlar için %15, askeri gözlemciler ve kurmay subaylar için ise %25'tir. Oluşturulan polis birimlerinde görev yapan kadınlar için 2028 hedefi %20, bireysel polis memurları için ise %30'dur (United Nations Peacekeeping, 2024).

Barışı korumada daha fazla kadın, daha etkili barış koruma anlamına gelmektedir. Kadın barış koruma görevlileri genel barışı koruma performansını artırmakta olup topluluklara daha fazla erişime sahiptirler. Kadınların BM Barış Koruma Misyonlarına katılımı, özellikle insan hakları, cinsiyet sorunları ve cinsel taciz alanlarında BM Barış Gücü görevlileri için güncel davranış kuralları ihtiyacına dikkat çekmektedir (Gierycz, 2001: 27). Kadın barış koruma görevlileri, örneğin cinsiyete dayalı şiddet ve çocuklara yönelik şiddet mağdurlarıyla röportaj yaparak ve onları destekleyerek, kadınlar ve çocuklar da dahil olmak üzere nüfusa daha iyi erişebilmekte, böylece aksi takdirde ulaşılması zor olacak kritik bilgiler elde edebilmektedir. Aynı şekilde kadın barış koruma görevlileri, yerel topluluklarda güven ve itimat oluşturmak ve örneğin kadınların erkeklerle konuşmasının yasak olduğu toplumlarda kadınlarla etkileşimde bulunarak yerel kadınlara erişim ve desteğin geliştirilmesine yardımcı olmak için temel kolaylaştırıcılardır.

Barış korumadaki çeşitlilik, çatışmanın kadınların geçimi üzerindeki orantısız olumsuz etkisinin ele alınmasına yardımcı olmakta ve çatışma ve çatışma sonrası ortamlardaki kadınların ihtiyaçlarını etkili bir şekilde ele alarak masaya yeni bakış açıları ve çözümler getirmektedir. Buna terhis edilmiş ve sivil hayata yeniden entegrasyon sürecindeki eski kadın savaşçılar ve çocuk askerler de dahildir. Ayrıca, kadın barış koruma görevlileri, ev sahibi toplumdaki çatışma sonrası ortamlardaki kadınlar ve kızlar için güçlü akıl hocaları ve rol modelleri olarak hizmet ederek onlara kendi haklarını savunmaları ve geleneksel olmayan kariyerleri sürdürmeleri için örnekler oluşturmaktadırlar.

2018 Mart ayında tanıtılan ve BM'nin yeni barış koruma inisiyatifi olan Barışı Koruma Eylemi (A4P) girişimi, Kadın, Barış ve Güvenlik gündemini, kadınların barış süreçlerine tam katılımını destekleyerek ve sivil ve üniformalı kadınların sayısını artırmak da dahil olmak üzere barış korumayı toplumsal cinsiyete daha duyarlı hale getirerek barış koruma operasyonlarının performansını artırma açısından kritik öneme sahip olarak görülmektedir.

Barış korumada kadınların zümrüdüanka kuşları misali artan temsili, barış koruma ortamları üzerinde somut bir etki yaratmaya devam etmekte olup, kadın haklarının korunmasına yardımcı olmakta ve kadınların barışı inşa etmedeki rolünü desteklemektedir.

5. Sonuç

Afetlerde ve çatışma durumlarında kadınlar, insan yapımı ve doğal afetlerin farklı doğasına dayanan çeşitli etkilerden dolayı genellikle en savunmasız gruptur. Kadınların afet öncesi kırılganlıkları afetlerin etkilerinin belirlenmesinde önemli bir rol oynamaktadır. Uluslararası İnsancıl Hukuk, cinsiyete dayalı ayrımcılık olmaksızın savaşta insanların çektiği acıları önlemeyi ve hafifletmeyi amaçlamaktadır. Ancak kadınların silahlı çatışmalarda cinsel şiddet ve sağlıklarına yönelik riskler gibi belirli sorunlarla karşı karşıya kaldıklarının da farkındadır. BM 1325 sayılı Kararın uygulanmasının odak noktası, savaş sırasında kadınların ve kızların korunmasını kısmen artırmak, böylece BM barış koruma operasyonlarına ve bölgesel, ulusal ve uluslararası düzeyde karar alma süreçlerine katılımlarını artırmaktır.

Kadınlar ve kız çocukları yalnızca çatışma ve istikrarsızlığın kurbanları olarak görülmemelidir. Tarihsel olarak savaşçılar, örgütlü sivil toplumun bir parçası, insan hakları savunucuları, direniş hareketlerinin üyeleri ve hem resmi hem de gayri resmi barış inşası ve toparlanma süreçlerinde aktif aktörler olarak rol oynamışlar ve hala da öyle olmaya devam etmektedirler. Çatışma sonrası durumlar ve reformlar, kadınların insan haklarından daha fazla yararlanmasını sağlamak amacıyla çatışmadan önce mevcut olan toplumsal yapıların ve normların dönüştürülmesi için bir fırsat olarak görülebilir. Silahlı çatışmaların ardından kadınlar genellikle toplulukların yeniden inşasında kilit bir rol oynamaktadırlar. Kırsal alanlarda, bir çatışmanın ardından ekonomik güvenliği artırmak için tohum, alet ve canlı hayvan tedarikinden çoğunlukla onlar yararlanmakta olup bu da aslında kadınların yeniden küllerinden doğup hayatı yeniden canlandırması için sahip oldukları gücün hayat geçmesidir. Ancak hala bazı yerlerde ve bazı durumlarda kadınların çatışma önleme çabalarından, çatışma sonrası geçiş ve yeniden yapılanma süreçlerinden dışlanması uluslararası toplumu endişelendiren konular arasında yer almaya devam etmektedir.

Özellikle kadınlara ve kız çocuklarına yönelik programlar için finansman sağlamanın, cinsiyete özel ihtiyaçlarını karşılayan ve kültürel açıdan yetkin olan programların varlığının önemi bir kez daha hatırlatılmaktadır. Programların yalnızca kadınlara ve kız çocuklarına yönelik olması gerekmese de cinsiyet temelli ihtiyaçlara çok net bir şekilde odaklanmaları gerekmektedir. Gerekli önlemler alınmadığı taktirde afetler ve çatışmalar daha fazla yaşamı ve geçim kaynağını tehdit etmeye devam edecektir ve eğer kadınlar afet planlaması ve müdahalelerinde, çatışma sonrası barış inşası uygulamalarında yeteri kadar yer alamazlarsa, BM Binyıl Kalkınma Hedefleri veya Sürdürülebilir Kalkınma Hedefleri'ne ulaşmak da uzak bir ihtimal olarak kalacaktır.

Kaynakça

African Renewal. (2023). Explainer: Why women's role in sustaining peace is more critical than ever. Erişim Tarihi: 13.05.2024: https://www.un.org/africarenewal/ magazine/ october-2023/explainer-why-women%E2%80%99s-role-sustaining-peace-more-critical-ever

Afshar, H. (2003). Women and Wars: Some Trajectories Towards a Feminist Peace. *Development in Practice, 13*(2-3), 178–188, https://doi.org/10.1080/09614520302949

Andersson, M. & Simonsson, L. (2024). The Role of Women in Conflict Resolution and Peacebuilding: Examining how Women have actively contributed to Peace Building and Conflict Resolution in Liberia [Bachelor Thesis, Linnaeus University]. Sweden.

Backlund, E., Rowe, G., Lynch, J., Wolfson, M. C., Kaplan G. A., Sorlie P. D. (2007). Income inequality and mortality: A multilevel prospective study of 521,248 individuals in 50 US states. *International Journal of Epidemiology, 36*(3), 590-596.

Beckfield, J. (2004). Does income inequality harm health? New cross-national evidence. *Journal of Health and Social Behavior, 45*(3), 231-248.

Brian S. R., Alexander, T. D., Goldsworthy, G. & Carson, D.A. (Eds). (2000). New Dictionary of Biblical Theology. USA: Intervarsity Press.

Byrne, B. (1996). Gender, Conflict and Development, BRIDGE briefings on Development and Gender, Ministry of Foreign Affairs, Netherlands.

Clapham, A. (2006). Human rights obligations of non-state actors in conflict situations. *International Review of the Red Cross, 88*(863), 491-523.

Cockburn, C. (2004). 'The continuum of violence: a gender perspective on war and peace'. In W. Giles and J. Hyndman (eds.) Sites of Violence Gender and Conflict Zones, (pp. 24-44). Oakland: University of California Press.

Coomaraswamy, R. (2002, September 3). *Sexual violence during wartime*, Daily News. https://archives.dailynews.lk/2002/09/03/fea02.html

Crespo-Sancho, C. (2017). The Role of Gender in the Prevention of Violent Conflict. Background paper for the United Nations-World Bank Flagship Study, Pathways for Peace: Inclusive Approaches to Preventing Violent Conflict. Washington, DC: World Bank.

Economic and Social Council. (1999). Report of The Sub-Commission on The Promotion and Protection of Human Rights on Its Fifty-First Session Geneva, 2-27 August 1999 Rapporteur: Mr. Paulo S. Pinheiro, E/CN.4/2000/2 E/CN.2/1999/54, UN Sub-Commission on the Promotion and Protection of Human Rights, 10 November 1999

El-Bushra, J., & Piza-Lo´pez, E. (1984). Development in Conflict: The Gender Dimension. Oxford: Oxfam UK and Ireland.

Enloe, C. (2000). Maneuvers: The International Politics of Militarizing Women's Lives. Berkeley, CA: University of California Press

Galtung, J. (1964). An Editorial. *Journal of Peace Research. 1*(1), 1-4.

Gardam, J. G. & Jarvis, M. J. (Ed.) (2001). *Women, armed conflict and international law.* The Hague, The Netherlands: Kluwer Law International.

Gierycz, D. (2001). Women, Peace and the United Nations: Beyond Beijing. In: I. Skjelsback and D. Smith (eds.) *Gender, Peace & Conflict* (pp. 14-31). London: Sage Publications

Grewal, B. (2003, August 30). Johan Galtung: Positive and Negative Peace. https://www.buildingpeaceforum.com/no/fred/Positive_Negative_peace.pdf

Gunaratna, R. (2000). Suicide terrorism: A global threat. Jane's Intelligence Review.

ICRC. (1999). The People on War Report: ICRC Worldwide Consultation on the Rules of War, ICRC, Geneva.

Kampwirth, K. (2002). *Women and Guerrilla Movements: Nicaragua, El Salvador, Chiapas and Cuba.* Pennsylvania: Pennsylvania State University Press

Kondo, N., Sembajwe, G., Kawachi, I., van Dam, R. M., Subramanian, S. V., Yamagata, Z. (2009). Income inequality, mortality, and self-rated health: Meta-analysis of multilevel studies. *British Medical Journal*, 1-9.

Krill, F. (1985). The protection of women in international humanitarian law. *International Review of the Red Cross, 249.*

Lafferty, M., Winchell, K., Cottrell, E., Knight, S., Nugent, S. M. (2023). Women of the Gulf War: Understanding Their Military and Health Experiences Over 30 Years. *Military Medicine, 188*(9-10), 3191-3198.

Lambourne, W. (2009). Transitional Justice and Peacebuilding after Mass Violence. International *Journal of Transitional Justice, 3*(1), 28-48.

Lederach, J. P. (2003). *The Little Book of Conflict Transformation.* New York: Good Books.

Lindsey, C. (2002). *Women Facing War*, Geneva: International Committee on the Red Cross.

Manchanda, R. (Ed.) (2001). Women, War and Peace in South Asia: Beyond Victimhood to Agency. New Delhi: Sage Publications

Murray, R. (2001). The Report of the OAU's International Panel of Eminent Personalities to Investigate the 1994 Genocide in Rwanda and the Surrounding Events. *Journal of African Law, 45*(1), 123-133.

Neumayer, E. & Plümper, T. (2007). The Gendered Nature of Natural Disasters: The Impact of Catastrophic Events on the Gender Gap in Life Expectancy, 1981–2002. *Annals of the Association of American Geographers, 97*(3), 551–566.

Newman, E. (2013). The violence of statebuilding in historical perspective: implications for peacebuilding. *Peacebuilding, 1*(1), 141-157.

NUPI. (1999). Women and armed conflicts, Study for the Norwegian Ministry of Foreign Affairs, Norwegian Institute of International Affairs.

O'Keefe, P., K. Westgate, and B. Wisner. (1976). Taking the naturalness out of natural disasters. *Nature, 260*, 566-567.

OECD. (2023). SIGI 2023 Global Report: Gender Equality in Times of Crisis, Social Institutions and Gender Index, OECD Publishing, Paris, https://doi.org/10.1787/4607b7c7-en

Oxfam. (2013). Gender Issues in Conflict and Humanitarian Action, Oxfam Humanitarian Policy Note, Erişim Tarihi: 18.06.2024: https://oxfamilibrary.openrepository.com/bitstream/handle/10546/305870/hpn-gender-conflict-humanitarian-action-291113-en.pdf?sequence=1

Patel, P., Meagher, K., El Achi, N., Ekzayez, A., Sullivan, R. ve Bowsher, G. (2020). "Having more women humanitarian leaders will help transform the humanitarian system": challenges and opportunities for women leaders in conflict and humanitarian health. *Conflict and Health, 14*(84), 1-15.

Paye-Layleh, J., & Petesch, C. (2018, November 21). *Peacekeepers left more than 6,000 children in Liberia*, AP News. https://apnews.com/article/ccbbddfcab8f45d48d0d3b40a81dbf3d

Physicians for Human Rights, (2002). *War-Related Sexual Violence in Sierra Leone.* USA: Physicians for Human Rights.

Rehn, E., & Sirleaf, E. (2002). Women, war and peace: The independent experts' assessment on the impact of armedconflict on women and women's role in peace-building. New York: United Nations Development Fund for Women.

Rubenstein, R. E. (2017). Responsibility for Peacemaking in the Context of Structural Violence. *International Journal on Responsibility, 1*(2), 6-26.

Salehin, M. M. (2024). Gender, Violence, and Vulnerabilities in Forced Migration: A Multi-dimensional Approach. Cham: Palgrave Macmillan

Scevi, P. (2023, September 19). *Trafficking in Human Beings in Conflict or Post-Conflict Situations. A*

Reflection on Strategies. ICMC. https://www.icmc.net/2023/09/19/trafficking-in-human-beings-in-conflict-or-post-conflict-situations-a-reflection-on-strategies/

Simić, O., & O'Brien, M. (2014). 'Peacekeeper babies': An unintended legacy of United Nations peace support operations. *International Peacekeeping, 21*(3), 345-363.

Smith, H. (2000, April 16). *Rape Victims' Babies Pay the Price of War*. The Guardian. https://www.theguardian.com/world/2000/apr/16/balkans

The New Humanitarian. (2023, October 23). *Media coverage of Israel and Gaza is rife with deadly double standards*. The New Humanitarian. https://www.thenewhumanitarian.org/editorial/2023/10/23/media-coverage-israel-and-gaza-double-standards

The World Bank. (2012). Making Women's Voices Count, Gender and Disaster Risk Management - Guidance Notes. Erişim Tarihi: 07.06.2024: https://documents1.worldbank.org/curated/en/723731468234284901/pdf/658410REVISED00view0Final0for0email.pdf

Thompson, M. (2006). Women, Gender, and Conflict: Making The Connections. *Development in Practice, 16*(3-4), 342–353, https://doi.org/10.1080/09614520600694976

UN. (2024). Goal 5: Achieve gender equality and empower all women and girls. Erişim Tarihi: 09.09. 2024: https://www.un.org/sustainabledevelopment/gender-equality/

UN City. (2023). Explainer: Why women's role in sustaining peace is more critical than ever. Erişim Tarihi: 06.06.2024: https://un.dk/explainer-why-womens-role-in-sustaining-peace-is-more-critical-than-ever/

UN General Assembly Resolution. (1999). 54/136, United Nations Development Fund for Women. Erişim Tarihi: 12.05.2024: https://documents.un.org/doc/undoc/gen /n00/271/39/pdf/n0027139.pdf?token=mRJnVcadHRnFRS14du&fe=true

UN Secretariat. (2003). Secretary-General's Bulletin: Special Measures for Protection from Sexual Exploitation and Sexual Abuse. UN Doc, ST/SGB/2003/13. Erişim Tarihi:12.05.2024:
https://www.unhcr.org/protection/operations/405ac6614/secretary-generals-bulletin-special-measures-protection-sexual-exploitation.html

UN Secretary-General's Bulletin. (1999). ST/SGB/1999/13, Observance by United Nations forces of international humanitarian law. Erişim Tarihi: 18.05.2024: https://documents.un.org/doc/undoc/gen/n99/230/42/pdf/n9923042.pdf?token=lXkQQE6iwew0SY6dBl&fe=true

UN Security Council Resolution. (2000). S/RES/1325 (2000), Security Council resolution on women, peace and security. Erişim Tarihi: 12.05.2024: https://peacemaker.un.org/sites/peacemaker.un.org/files/SC_ResolutionWomenPeaceSecurity_SRES1325%282000%29%28english_0.pdf

UN Women. (2024). Women's Resilience to Disasters (WRD) Programme. Erişim Tarihi: 12.06.2024: https://wrd.unwomen.org/about/programme

UN Women. (2023). Women are increasingly at-risk in conflict, underrepresented in peace processes, according to UN Secretary-General report. Erişim Tarihi: 22.05.2024: https://www.unwomen.org/en/news-stories/feature-story/2023/10/women-are-increasingly-at-risk-in-conflict-underrepresented-in-peace-processes-according-to-un-secretary-general-report#:~:text=Women%2FPedro%20Pio.-,Women's%20participation%20in%20peace%20processes%20has%20plateaued,20%20to%2035%20per%20cent

UN Women Press Release. (2023). Press release: The world is failing girls and women, according to new UN report. Erişim Tarihi: 18.06.2024: https://www.unwomen.org/en/news-stories/press-release/2023/09/press-release-the-world-is-failing-girls-and-women-according-to-new-un-report

UNDRR. (2023). Risk drivers: Poverty and inequality. Erişim Tarihi: 12.06.2024: https://www.preventionweb.net/understanding-disaster-risk/risk-drivers/povertyinequality

UNHCR. (2012). Women and Girls Fleeing Conflict: Gender and the Interpretation and Application of the 1951 Refugee Convention, Geneva, Switzerland.

UNODC. (2022). Global Report on Trafficking in Persons 2022, United Nations publication, Sales No. E.23.IV.1.

UNODC. (2016). Global Report on Trafficking in Persons 2016, United Nations publication, Sales No. E.16.IV.6.

US Department of Defense. (2021). Department of Defense Releases Annual Demographics Report-Upward Trend in Number of Women Serving Continues. Erişim Tarihi: 12.05.2024: https://www.defense.gov/News/Releases/Release/ Article/3246268/ department-of-defense-releases-annual-demographics-report-upward-trend-in-numbe/

United Nations Peacekeeping. (2024). Women In Peacekeeping. Erişim Tarihi: 27.06.2024: https://peacekeeping.un.org/en/women-peacekeeping

Vahedi, L., Bartels, S. A., & Lee, S. (2019). 'Even peacekeepers expect something in return': A qualitative analysis of sexual interactions between UN peacekeepers and female Haitians. *Global Public Health, 16*(5), 692-705.

Wilkinson, R. G. (1992). Income distribution and life expectancy. *British Medical Journal, 304*(6820), 165-168.

Woan, S. (2008). White Sexual Imperialism: A Theory of Asian Feminist Jurisprudence. *Washington and Lee Journal of Civil Rights and Social Justice, 14*(2), 275-301.

World Bank. (2018). Can gender equality prevent violent conflict? Erişim Tarihi: 10.09.2024: https://blogs.worldbank.org/en/dev4peace/can-gender-equality-prevent-violent-conflict

THE EFFECT OF DISASTERS ON WOMEN'S HEALTH AND NURSING APPROACH

AFETLERİN KADIN SAĞLIĞINA ETKİSİ VE HEMŞİRELİK YAKLAŞIMI

Esra Gökdağ Balcı[1] ve Melike Dişsiz[2]

Öz

Afetler, insanlar için can ve mal kayıplarına neden olan, toplumu fiziksel, psikolojik, ekonomik yönleriyle olumsuz etkileyen, insan ve teknolojik kaynaklı olabilen, genellikle öngörülemeyen; depremler, seller, fırtınalar, biyolojik ve kimyasal kazalar olarak tanımlanmaktadır. Uluslararası Afet ve Acil Durumlar Veri Tabanı (EM-DAT), Dünya'da 1900'den günümüze kadar olan süreçte 26.000'den fazla afetin gerçekleştiğini belirtmektedir.Afetlerin neden olduğu etkiler tüm bireyleri olumsuz etkilese de cinsiyete dayalı eşitsizlikler, sosyal beklentiler, toplumsal statüdeki yerleri ve biyolojik özelliklere bağlı olarak kadınları ve çocukları daha fazla etkilemektedir. Afet yönetiminde, kadın sağlığının her koşulda sürdürülmesi ve korunmasında hemşirelerin önemli rol ve sorumlulukları vardır. Bunlar; afet öncesi risk değerlendirme, afet sonrasında durum değerlendirme, afet anında acil müdahaleler, enfeksiyon kontrol mekanizmalarının uygulanması alanlarında yönetici, araştırıcı, eğitici ve bakım verici rolleridir. Bu derlemenin amacı; afetlerin kadın sağlığı üzerindeki etkisini incelemek ve sağlık profesyonellerinin konu ile ilgili farkındalığını arttırmaktır.Yapılan çalışmalar doğrultusunda; kadınların, cinsel şiddet ve yoksulluk nedeniyle istenmeyen veya planlanmamış gebelikler ile üreme ve cinsel yolla bulaşan hastalıklara maruz kaldığı belirlenmiştir. Afet sonrasında kadınların alt genital sistem enfeksiyonlarında, pelvik inflamatuar hastalığında ve menstrüasyon bozukluklarında ciddi artışlar saptanmıştır. Bu süreçte modern doğum kontrol yöntemi kullanımının azaldığı ve karşılanamayan aile planlaması hizmetlerinin arttığı bildirilmiştir. Kadınların, üreme sağlığı ile ilgili

[1] Uzm. Hem., Sağlık Bilimleri Üniversitesi, Doğum ve Kadın Hastalıkları Hemşireliği ABD, esra.gokdag13@gmail.com, ORCID: 0000-0002-2646-5979
[2] Doç. Dr., Sağlık Bilimleri Üniversitesi, Doğum ve Kadın Hastalıkları Hemşireliği ABD, melike.dissiz@sbu.edu.tr, ORCID: 0000-0002-2947-3915

hizmetlere ve malzemelere yeterince ulaşamaması nedeniyle gebelik, doğum ve doğum sonrası dönemde çeşitli sağlık ve emzirme sorunları ile karşı karşıya kaldığı belirlenmiştir. Gebelerde erken doğum, hipertansiyon, ruhsal sorunlar ve solunum yolu hastalıkları gibi gebelik komplikasyonlarının daha sık görüldüğü saptanmıştır. Gelişmekte olan veya gelişmemiş ülkelerde afetler sırasında kadın ölüm oranlarının erkeklere oranla daha fazla olduğu bildirilmiştir. Bu oran farklılığın ise; gebelik ve emzirme dönemlerinde yaşanan sorunlardan kaynaklandığı belirlenmiştir. Dünya Afetler Raporu'nda ise afet durumlarında kadınların ihtiyaçlarını karşılamak için cinsel ilişkiye mecbur kaldıkları bildirilmiştir. Afet dönemlerinde kadınların cinsel sağlık ve üreme sağlığı sorunları, erken yaşta ve zorla evlilik, cinsel şiddet, aile içi şiddet, cinsel istismar, psikososyal sorunlar gibi durumlara bağlı olarak daha fazla risk altında olduğu belirlenmiştir. Kadınların afet dönemlerinde daha fazla riske sahip olmaları nedeniyle alana özgü kadın sağlığı hemşirelerinin rol ve sorumluluklarının afet yönetim basamakları kapsamında entegre edilmesi önem arz etmektedir.

Anahtar kelimeler: Afet; hemşire; kadın sağlığı

Abstract

Disasters are defined as earthquakes, floods, storms, and biological and chemical accidents that cause loss of life and property for people, adversely affect society in physical, psychological, and economic aspects, can be of human and technological origin and are generally unpredictable. The International Disasters and Emergencies Database (EM-DAT) states that more than 26,000 disasters have occurred in the world since 1900.

Although the effects caused by disasters negatively affect all individuals, gender-based inequalities affect women and children more, depending on social expectations, places of social status, and biological characteristics. In disaster management, nurses have important roles and responsibilities in maintaining and protecting women's health under all conditions. These are; pre-disaster risk assessment, post-disaster situation assessment, emergency interventions at the time of disaster, manager, researcher, educator, and caregiver roles in the fields of implementation of infection control mechanisms. The purpose of this review; To examine the impact of disasters on women's health and to raise the awareness of health professionals on the subject. In line with the studies conducted, it has been determined that women are exposed to unwanted or unplanned pregnancies and reproductive and sexually transmitted diseases due to sexual violence and poverty. After the disaster, serious increases were found in lower genital tract infections, pelvic inflammatory disease, and menstrual disorders. In this process, it has been reported that the use of modern birth control methods has decreased and that unaffordable family planning services have increased. It has been determined that women face various health and breastfeeding problems during pregnancy, childbirth, and postpartum periods due to inadequate access to reproductive health services and materials. It has been found that pregnancy complications such as premature birth, hypertension, mental problems, and respiratory diseases are more common in pregnant women. It has been reported that the mortality rates of women are higher than men during disasters in developing and undeveloped countries. It has been determined that this rate difference is due to the problems experienced during pregnancy and breastfeeding periods. In the World Disasters Report, it was reported that women were forced to have sexual intercourse to meet their needs in disaster situations. It has been determined that women are at greater risk of sexual and reproductive health problems during disaster periods due to situations such as forced marriage, sexual violence, domestic violence, sexual abuse, and psychosocial problems at an early age. Since women have more risk in disaster periods, it is important to integrate the roles and responsibilities of women's health nurses specific to the field within the scope of disaster management steps.

Keywords: Disaster; nurse; women's health

1. Giriş

Afetler, insanlar için can ve mal kayıplarına neden olan, toplumu fiziksel, psikolojik, ekonomik yönleriyle olumsuz etkileyen, insan ve teknolojik kaynaklı olabilen, genellikle öngörülemeyen; depremler, seller, fırtınalar, biyolojik ve kimyasal kazalardır (EM-DAT, 2023). Dünya Sağlık Örgütü (WHO), afeti; dış yardım gerektirecek kadar büyük ve ani bir ekolojik olay olarak tanımlarken (Hendrickson ve Horowitz, 2020), Afet ve Acil Durum Başkanlığı (AFAD) ise; "Toplumun tamamı veya belli kesimleri için fiziksel, ekonomik ve sosyal kayıplar doğuran, normal hayatı ve insan faaliyetlerini durduran veya kesintiye uğratan, etkilenen toplumun baş etme kapasitesinin yeterli olmadığı doğa, teknoloji veya insan kaynaklı olay" şeklinde tanımlanmaktadır (AFAD, 2023). Uluslararası Afet ve Acil Durumlar Veri Tabanı (EM-DAT) Dünya'da 1900'den günümüze kadar olan süreçte 26.000'den fazla afetin gerçekleştiğini bildirmektedir (EM-DAT, 2023). Afetler, genel olarak doğal afetler ve insan veya teknoloji kaynaklı afetler olarak sınıflandırılmaktadır. Doğal afetlere; deprem, sel, heyelan ve fırtına gibi olaylar örnek olarak verilebilir. İnsan veya teknoloji kaynaklı afetlere ise maden kazaları, siber tehlikeler, yangınlar, terör saldırıları, savaşlar, göç gibi olaylar örnek olarak verilebilir (Erdoğan, 2018; Altun, 2018). Türkiye, dünya genelinde görülen diğer tüm doğal afetlerin yaşandığı ülkelerden biridir ve afetlerin yol açtığı can kaybı ve ekonomik kayıplar açısından OECD (İktisadi İşbirliği ve Gelişme Teşkilatı) ülkeleri arasında ilk sıralarda yer almaktadır (EM-DAT, 2020; Dölek, 2019).

Olası kayıpları ve zararları en aza indirmek için sistematik bir yaklaşım benimsenerek afet yönetimi yapılmalıdır. Afet yönetimi; afet öncesi, sırası ve sonrası dönemleri kapsayan dört ana döngüyü içermelidir. Bunlar; afet öncesinde "risk ve zarar azaltma", afet anında "müdahale", afet sonrası "iyileştirme ve yeniden yapılanma"dır (Kahraman, vd., 2021; Oktay, 2023). Sağlık hizmetlerinin önemli güçleri arasında sayılan hemşirelerin, afet yönetiminin her aşamasında tanılama, planlama, uygulama ve değerlendirme rolleri bulunmaktadır (Akpınar ve Ceran, 2020). Uluslararası Hemşireler Konseyi, (ICN) her hemşirenin alan fark etmeksizin afete ilişkin tüm basamaklarda, planlama ve uygulama için en uygun becerilere sahip olması gerektiğini vurgulanmaktadır (Taskiran ve Bayka, 2019; Stewart vd., 2022). Alana özgü hizmet sağlayan kadın sağlığı hemşirelerinin, afetlerden en fazla etkilenen dezavantajlı gruplar içerisinde yer alan kadınların ve kız çocuklarına özgü geliştirilecek ve uygulanacak tüm afet yönetim basamakları kapsamına dahil edilmesi önem taşımaktadır.

2. Afetlerin Kadın Üreme ve Cinsel Sağlığına Etkisi

Afetlerde kadınlar ve kız çocukları, toplumsal cinsiyete olan bakış açısı nedeniyle, kriz anının meydana getirdiği sıkıntılardan ve sağlık sorunlarından daha fazla etkilenmektedir. Bunun yanı sıra kadınların düşük sosyoekonomik ve eğitim durumları nedeniyle, afetlerin onlar üzerindeki olumsuz etkileri daha da artırmakta ve yaşam kalitelerini olumsuz yönde etkilenmektedir. Afet sırası ve sonrası zamanlarda, kadınların cinsel sağlık ve üreme sağlığı tehdit altındayken, sağlık hizmetlerine erişimde de zorluklar yaşanabilmektedir. Ayrıca acil obstetrik durumlar, cinsel yolla bulaşan enfeksiyonlar (CYBE), cinsel istismar, cinsel şiddet ve aile içi şiddet gibi durumların afet sırası ve sonrası dönemlerde artmasıyla birlikte, kadınlar üzerindeki morbidite ve mortalite etkisi de artış göstermektedir.

2.1. Doğurganlığın Düzenlenmesi

Aile planlaması yöntemleri, anne ve bebek sağlığını olumsuz etkileyen aşırı doğurganlığı önleyerek, kadın ve çocuk sağlığının korunmasının yanı sıra toplum sağlığının korunması ve geliştirilmesine önemli katkılar sağlamaktadır (Çayan, 2009; Gözükara vd.,2015). Yapılan bir çalışmada, afetlerin genel olarak kontraseptif yöntemlerin kullanımını değiştirmediği ancak hizmete erişimde azalma olduğunu bildirilmiştir (Strid vd., 2022). Ancak Haiti depremi ve Azerbaycan depremi sonrası yapılan çalışmalarda ise, modern doğum kontrol yöntemi kullanımının azaldığı, istenmeyen gebeliklerin ve karşılanmayan aile planlaması hizmetlerinin arttığı bildirilmiştir (Behrman ve Weitzman, 2016; Bahmanjanbeh vd., 2016). Kadınların düzenli olarak kontraseptif yöntem kullanıyor olmaları kriz dönemlerinde de yöntemlerin kullanıma devam etmelerinde önemli faktör olarak ele alınmaktadır. Bu nedenle afetten sonraki dönemde kadınlara sadece kontraseptif yöntem temin etmenin yeterli olmadığı aynı zamanda fertilite bilinci ile planlı gebelikler konusunda bilgilendirme yapılması gerekmektedir (Rajabi vd., 2022).

2.2. Hijyen ve Menstrüasyon Döngüsü

Genital bölge dış, ortamla ilişkisi olan, ısısı yüksek, nemli bir bölge olduğundan hastalık yapan mikroorganizmaların kolaylıkla yerleşebileceği ve üreyebileceği bir ortamdır. Kadınlar, biyolojik olarak erkeklere oranla genital, üriner sistem enfeksiyonlarına daha yatkındır (Özdemir vd., 2012; Şirin ve Kavlak,2008). Afet sonrası dönemlerde adölesan kızların ve kadınların menstrual hijyen gereksinimlerinin olduğu ve bunun karşılanmasında yetersizlikler yaşandığı araştırmalarda gösterilmektedir. Nepal depremi sonrasında yapılan bir araştırmada, kadınların ve adölesan kızların en yüksek genel ihtiyaç olarak (%18,8) menstrual hijyeni bildirmiş olup, katılımcıların tamamı depremden sonraki ilk ayda menstrual hijyen araçlarına ulaşamadıklarını bildirilmiştir (Budhathoki vd., 2018). Haiti depreminden sonra ise kadınların %68,0'ının karşılanmamış menstrual hijyen ihtiyaçlarının olduğu, %77,0'ının menstrual hijyen malzemesinin bir kısmını yeniden kullanmak zorunda kaldıklarını bildirilmiştir (Rupe vd., 2022). İran'da yaşanan depremden sonra yapılan bir araştırmada ise kadınların en temel ihtiyaçları olan menstrual hijyenik ped malzemelerinin temin edilmediği rapor edilmiştir (Yoosefi Lebni vd., 2020).

YoosefiLebni vdadaşlarının (2020) İran'da ile yaptıkları çalışmada ise kadınların, hijyenik pedlere ulaşamadıklarını, gönderilen kıyafetlerin kültür yapılarına uygun olmadığı kullanamadıklarını, iki ay boyunca banyo yapamadıklarını ifade ettikleri belirlenmiştir. Bhattacharjee'nin Hindistan'da meydana gelen selde etkilenen 84 kadınla yaptığı çalışmada, kadınların %66'sının sel felaketi sırasında kumaş bez kullandığını ve kıyafetleri değiştirmek için özel alanlarının olmadığını ifade etmişlerdir. Yine aynı çalışmada ped kullananların kirli pedleri yaktığını ve kamplarının tenha bölümlerine gömdüğü belirlenmiştir (Bhattacharjee, 2019). Kadınların ve adölesan kızların, menstrual kanamayı uygun şekilde yönetebilmek için yeterli ve temiz su, sabun, ücretsiz ped vb. malzemelerin temin edilmesi gerekmektedir. Bunların yanı sıra kadınların güvenle duş alabileceği, hijyenik ve yeterli sayıda alan sağlanmalıdır (Ünür, 2021; Budhathoki vd., 2018).

2.3. Gebelik, Doğum ve Doğum Sonu Dönem

Gebelik, doğum ve doğum sonrası dönem, bir kadının yaşamında en önemli dönemlerden olup, hem annenin hem de bebeğinin sağlığına öncelik ve önem vermeyi gerektirmektedir. Çünkü doğum sonuçları, kadın sağlığının önemli göstergelerindendir. Doğuma ve bu sürece etki eden tüm faktörler, kadın sağlığının korunması, geliştirilmesi ve optimal sağlığa erişmesinde uygulanacak müdehaleler önem arz etmektedir. Ancak afetler, kadınların temel sağlık hizmetlerine erişimini zorlaştırmakta, antenatal takiplerini yaptırmak ve sağlık merkezine ulaşmak konusunda sorun yaşamasına neden olmaktadır. Gebe kadınlar, en yakın sağlık tesisine ulaşmak için uzun mesafeler kat etmek zorunda kalmaktadır. Bu durum özellikle gebeliğin son trimesterında olanlar için daha tehlikeli hal almaktadır (Ahmed vd., 2023). Afetler sonrasında kadınların karşılaştığı bir diğer önemli zorluk ise doğum sırasında yaşanabilecek komplikasyonlardır. Güvenli olmayan ve sağlıksız koşullarda gerçekleştirilen doğumlar, hem annenin hem de bebeğin hayatını tehlikeye sokabilecek enfeksiyon ve diğer komplikasyonların gelişmesi riskini artırmaktadır. Kadınlar, eğitimli sağlık personelinin yardımı olmadan evde doğum yapmak zorunda kalmaları nedeniyle anne ve bebek için hayati sonuçlara neden olmaktadır (Amarpoor Mesrkanlou vd., 2023; Ahmed vd., 2023). Doğal afetlere maruz kalan gebelerde erken doğum tehdidi, düşük doğum ağırlıklı bebek, düşük apgar puanı ve normalden küçük baş çevresi gibi perinatal komplikasyonlar olabilmektedir. Gebelikte yetersiz kilo alımına ve hemoglobin düzeylerinin düşmesine neden olarak olumsuz doğum sonuçlarına yol açabilmektedir.

Yapılan bir araştırma, deprem maruziyetinin gebelerde, yetersiz gestasyonel kilo alımına, düşük hemoglobin seviyesine, yenidoğan doğum kilosunda, baş çevresinde ve boy uzunluğunda azalmaya, erken doğum, düşük ve ölü doğum oranlarında artışa neden olduğunu bildirilmiştir (Amarpoor Mesrkanlou vd., 2022; Suzuki vd., 2016). Varzaghan depremi sonrası yapılan bir çalışmada, depremden hemen sonra erken doğumların, ölü doğumların anlamlı şekilde arttığı gösterilmiştir (Amarpoor Mesrkanlou vd., 2023). İran depremi öncesi ve sonrası dönemde gebelerle yapılan bir çalışmada, deprem sonrasında gebelerde yetersiz kilo artışı, hemoglobin düzeyinde düşme, abortus, erken doğum ve ölü doğum oranlarında artış olduğu bildirilmiştir. Aynı çalışmada bebekler karşılaştırıldığında ise deprem sonrası doğan bebeklerin doğum ağırlığında, boy uzunluğu ve baş çevresinde anlamlı azalma olduğu bildirilmiştir (Amarpoor Mesrkanlou vd., 2023). Perinatal sonuçları değerlendiren araştırmalarda, depremden etkilenen bölgelerde yaşayan gebelerin preterm eylem yaşama olasılıklarının yüksek olduğu (Ishikuro vd., 2023), gestasyonel hipertansiyon ve plasental anomali gibi ciddi obstetrik komplikasyonların en sık sosyoekonomik düzeyi düşük genç kadınlar arasında görüldüğü (Kyozuka vd., 2018), depremi ilk trimesterinde yaşayanlarda doğum kusurları oranlarının anlamlı olarak arttığı, düşük doğum ağırlığının ve düşük APGAR skorlarının daha fazla gözlendiği belirlenmiştir (Tan vd., 2009). Deprem sonrası sezaryen oranlarının da arttığını rapor edilmiştir (Lian vd., 2020). Deprem yaşamanın kadınların isteyerek gebe kalma oranlarını azalttığını ve evinde hasar olan kadınların gebeliğini isteme oranlarının daha düşük olduğu da rapor edilmiştir (Giusti vd., 2022).

2.4. Emzirme

Anne sütü, postpartum ilk altı ay süresince bebeğin tüm ihtiyaçlarını tek başına karşılayabilen en doğal ve mucizevi bir besindir. Her bebeğin sağlıklı bir şekilde büyümesi ve gelişmesi için postpartum ilk altı ay sadece anne sütü, altı ay sonrasında en az iki yıl ek gıda ile birlikte anne sütü ile beslenmesi önerilmektedir (WHO, 2020). Acil bir durum veya afet durumunda emzirmek hayat kurtarıcıdır ve bebeklerin beslenmesini sağlamanın en temiz ve güvenli yolu olarak önem kazanmaktadır (American Academy of Pediatrics,22). Emziren bir anne, afet sırasında ek besleme malzemelerine, soğutmaya veya temiz suya ihtiyaç duymadan bebeğini en optimal şekilde besleyebilir. Afetlerden sonra bebekler için hastalık riskleri daha yüksek olabilmektedir, bu da emzirmenin sağladığı hastalıktan korunma mekanizmasını daha da önemli hale getirmektedir (EAPRO, UNICEF, 2006). Afetler sırasında emzirmeyi kolaylaştıran dört temel unsura dikkat çekilmektedir. Bunlar; mahremiyet (Örneğin. bebek çadırları, perdeler, şallar ve özel alanlar), topluluk ve aile ilişkilerinin desteklenmesi (Örneğin. teşvik, mali yardım, çocuk bakımında yardım), 3. profesyonel emzirme desteğinin benimsenmesi (örneğin, sağlık personeli, sivil toplum kuruşlarından, doğum görevlilerinden tavsiye almak) ve 4. önceden var olan emzirme uygulamalarıdır (Ratnayake Mudiyanselage vd., 2022). Bu unsurlar afet sürecinde dikkate alınarak emzirmenin sağlanması ve sürdürülmesi daha mümkün hale getirilebilir.

Gebelerin doğum öncesi, sırası ve sonrasında kaliteli bakıma erişebilmelerine olanak sağlanmalıdır (UNFPA, 2023). Afet sonrası çalışmalar kapsamında yeni doğum yapmış anneler ve bebeklerin sağlık kayıtları tutulmalı, sosyal yardımlardan yararlanmaları sağlanmalı, beslenme, ısınma, hijyen ve mahremiyet açısından uygun, güvenli yerlerin temini, önemlidir (USBC, 2018; American Academy of Pediatrics, 2020).

2.5. Menopozal Dönem

Kadınlarda yaşlanma sürecinin doğal bir parçası olan menopoz dönemi, over fonksiyonlarındaki işlevin gerilemesine bağlı olarak üreme yetisinin kaybı şeklinde tanımlanmaktadır.Yaşam süresindeki artış beklentisi ile birlikte kadınların postmenopozal dönemde geçireceği sürenin artması olasıdır. Buna bağlı olarakta menopoz fizyolojisi ve olası semptomların yönetimi kadın sağlığı ve yaşam kalitesinin artırılması açısından büyük öneme sahiptir (Schneider ve Birkhäuser, 2017; Lobo, 2019; Rijanto ve Jeniawaty, 2018).

Kadın sağlığının her yaşta korunması, geliştirilmesi ve sürdürülmesi önemlidir. Afetler menopozal dönemdeki kadınların da yaşamını olumsuz etkilemektedir. Dolayısıyla menopozal dönemdeki kadınların bakım önceliklerinin belirlenerek ivedikle sağlanması gerekmektedir. Her ne kadar afetlerin menopoz dönemindeki kadınlar üzerindeki etkileri ile ilgili araştırmalar sınırlı olsa da, mevcut veriler menopozal dönemdeki kadınların afetler nedeniyle stres düzeylerinin arttığını, artan yaşla yaşam kalitelerini etkileyen olumsuz sağlık sonuçlarının geliştiğini ve menopozal dönemdeki kadınların deprem sonrası bakım ihtiyaçlarının belirlenmesinin kadın sağlığının güçlendirilmesinin önemli bir unsuru olduğunu vurgulamaktadır (Saito vd., 2013). Afet sonrası deprem bölgesinde yaşayan postmenopozal dönemdeki 55 yaş ve üzeri kadınların genital hijyen, yaşam kalitesi ve üriner inkontinans farkındalığı durumunun incelenmesi amacıyla yapılan bir çalışmada, üriner inkontinans nedeniyle katılımcıların hafif düzeyde zorluk yaşadıkları ancak orta düzeyde idrar kaçırma korkusu yaşadıkları bulunmuştur. Ayrıca çalışmadaki katılımcıların %10'u depremden sonra yaşadıkları inkontinans sıklığında artış olduğunu ifade etmişlerdir (Güneş Gencer vd., 2024).

2.6. Ürogenital Enfeksiyonlar ve Cinsel Yolla Bulaşan Hastalıklar

Kadınların en sık yaşadığı üreme sağlığı sorunlarının başında genital yol enfeksiyonları gelmektedir. Bu durumun nedenleri arasında ise biyolojik olarak kadınlarda üretral meatus, vajina ve anüsün yakın anatomik konuma sahip olması, kadınların genç yaşta evlenip cinsel ilişkiye erken başlaması ve erkeklerin genital bölgesindeki enfeksiyonlarda belirti vermemesi gibi durumlar gelmektedir (Akça, 2021; Topuz ve Büyükkayacı Duman, 2015).

Kadınlar, depremin yaşam sürecine olumsuz etkileri nedeniyle çeşitli cinsel sağlık/üreme sağlığı sorunları yaşamaktadır. Kadınların acil servise başvurdukları yaygın nedenler arasında vajinal enfeksiyonlar ve gebelikle ilgili endişeler veya komplikasyonlar olduğu bildirilmektedir (Bloem ve Miller, 2013). Yapılan bir araştırmada ise, kadınların adet düzensizlikleri ve pelvik inflamatuvar hastalık oranlarının arttığı (Sohrabizadeh vd., 2016), başka bir çalışmada ise alt genital sistem enfeksiyonları ve pelvik inflamatuvar hastalık oranlarının arttığı rapor edilmiştir (Sohrabizadeh vd., 2018). Depremden etkilenen kadınların %8'inin kendisinin HIV/AIDS ve diğer cinsel yolla bulaşan enfeksiyonlar (CYBE) açısından risk altında olduğunu başka bir çalışmada ise kadınların sadece %2'sinin kendilerini CYBE ile ilgili risk altında hissettikleri bildirilmiştir (Harville vd., 2015; Rajabi vd., 2022). HIV'i tedavi etmek ve önlemek için gerekli kaynakların yetersizliği nedeniyle, yaşlı kadınlarda HIV prevalansının arttığı bildirilmektedir (Austin vd.,2020; Lorente vd., 2021). Haiti depremi sonrası yapılan bir araştırmada ise kadınların erkeklere göre HIV seropozitif oranlarının daha yüksek olduğu bildirilmiştir (Fu vd., 2021). Doğal afetler sonrasında kadınların ürogenital enfeksiyonların ve cinsel yolla bulaşan enfeksiyonların (CYBE) riskleri, belirtileri, erken dönemde tedavisi ve mevcut koşullarda enfeksiyonlardan korunma konularında bilgilendirilmeleri önemlidir (Rajabi vd., 2022).

3. Afetlerin Kadınlara Karşı Şiddete Etkisi

Tüm dünyada farklı biçimlerde görülen kadına yönelik şiddet, bir halk sağlığı sorunu olarak nitelendirilmektedir. Literatürde kadına yönelik şiddet; fiziksel, cinsel, duygusal, sözel, ve ekonomik olmak üzere farklı alt boyutlarda ele alınmaktadır (WHO, 2020; Kıvrak vd., 2015). En yaygın şiddet türlerinden biri olan fiziksel şiddet, kaba kuvvetin bir korkutma, sindirme ve yaptırım aracı olarak, duygusal şiddet ise duyguların ve duygusal gereksinimlerin zorlama, aşağılama, cezalandırma amacıyla karşı tarafa baskı uygulayabilmek için tehdit aracı olarak kullanılmasıdır. Cinsel şiddet, cinselliği bir sindirme ve kontrol etme aracı olarak tanımlanırken, ekonomik şiddet ise, ekonomik kaynakların ve paranın kadın üzerinde bir yaptırım, tehdit ve kontrol aracı olarak kullanılması şeklinde tanımlanmaktadır (Oktay, 2015; Breiding vd., 2015).

Afetler ve afetler sonrasında görülen önemli bir diğer sorun ise kadına yönelik uygulanan şiddettir. Kadınlar, çadır alanlarında güvenliğin sağlanamaması, şiddet ile karşılaştıklarında başvurabilecekleri merkezlerin olmaması, sosyal destekten yoksun olmaları gibi nedenlerden dolayı sıklıkla şiddete maruz kalmaktadırlar (European Union, 2011). Afet sırasında veya sonrasında kadına yönelik şiddeti arttıran risk faktörlerinin başında stres faktörlerinin artması, yaşam standardının düşük olması, toplumsal cinsiyet eşitsizlikleri, eşit olmayan sosyal normlar, yoksulluk ve ekonomik stres, madde bağımlılığı ve yetersiz sosyal destek sıralanabilir (Murphy vd., 2022; Gearhart vd., 2018; Thurston vd., 2021). Doğal afetlerin etkileri, özellikle kadınlar ve kız çocukları üzerindeki olumsuz sonuçlarını artırarak, toplumsal cinsiyet eşitsizliğini oldukça belirgin hale getirmektedir. Bu nedenle, afet yönetiminde cinsiyet duyarlılığına ve kadınların korunmasına yönelik stratejilerin güçlendirilmesi önemlidir. Afete maruz kalmayla ilgili olarak kadınlar başta fiziksel, psikolojik ve cinsel şiddet olmak üzere birçok şiddet türüne maruz kalmaktadır (Thurston vd., 2021). Pandemi ve Katrina Kasırgası sonrasında ise psikolojik şiddet türünde önemli oranda artış yaşandığı bildirilmektedir (Harville vd., 2011; Usher vd., 2021). COVID-19 pandemi sürecinde ve sonrasında kadınların yaşadıkları iş kaybı, maaş kesintileri gibi zorluklarla birlikte kadınlara yönelik artan psikolojik şiddet ve duygusal sıkıntılara neden olma durumu kadın sağlığını önemli oranda olumsuz etkilemektedir (Tripathi vd., 2023). COVID-19 pandemi sürecinde, Belçika, Fransa, Çin, Avusturya gibi ülkelerde aile içi şiddette önemli bir artış yaşanmıştır. Güvenli alanlar olarak kabul edilen evlerde kadınlar cinsel, sözlü, mali ve psikolojik boyutlarda aile içi şiddete maruz kalmışlardır (Demirci ve Avcu, 2021). Afet sonrasında gelişen zorlu yaşam koşullarında kadınlara, seks işçiliği, fuhuş yaptırılmakta ve kadınlar zorla evlendirilmektedir. Genç kadınlar, borç karşılığı çalıştırma, fuhuş, zorla evlendirme ve hatta taşıyıcı annelik için satılmakta veya çeşitli ülkelere götürülmektedir (Fu vd., 2021; Çelebi Boz ve Şengün, 2017). Etiyopya'daki bir mülteci kampındaki 126 kadın ile yapılan bir çalışmada, mülteci kamplarında kızların evliliğe zorlandıkları, erken yaşta gebelik yaşadıkları, eğitimlerine devam edemedikleri, fiziksel ve cinsel şiddete maruz kaldıkları bildirilmiştir (Ortiz-Echevarria vd., 2017). Başka bir araştırmada ise istismara uğrayan kadınların uğramayanlara göre intihar düşüncelerinin 2,2 kat, intihar girişimlerinin 1,9 kat daha fazla olduğu bildirilmiştir (Gary vd., 2021). Deprem sonrası kadınlarla yapılan bir araştırmaya göre, kadına yönelik şiddet ve taciz oranının (%71,2) depremden sonra artarak sürdüğü (%75,0) bildirilmektedir. Yine bu araştırmaya göre istismara uğramış kadınlarda daha fazla zihinsel ve fiziksel sağlık sorunu bildirilmiştir (Campbell vd., 2016).

4. Afetlerin Kadınların Psikolojik Sağlığına Etkisi

Dünya Sağlık Örgütü (DSÖ), "sağlığı yalnızca hastalık ve sakatlığın olmayışı değil, bedenen, ruhen ve sosyal yönden tam bir iyilik hâli" olarak tanımlamıştır. Dünyada kadınlar yoksulluk, şiddet, aşırı iş yükü gibi olumsuz yaşantılar ve stresle daha fazla karşılaşmakta ve psikolojik sorunlar daha yaygın görülmektedir (WHO,2018). Kadınların erkeklere göre depresif belirtiler açısından daha yüksek risk altında olduğu bildirilmektedir (Fu vd., 2021).

Afetler kadınların psikolojik sağlığını olumsuz yönde etkilenmektedir. Konu ile ilgili yapılan birçok araştırmada, birbirini destekleyen veriler gösterilmektedir. Afet sonrası dönemde sıklıkla görülen ruhsal bozukluklar Akut Stres Bozukluğu (ASB) ve Travma Sonrası Stres Bozukluğu (TSSB)'dur. Afet sonrası dönemde TSSB görülme oranının %2-40 arasında değiştiği bildirilmiştir (Yıldırım, 2023). Japonya depremi sonrası yapılan bir araştırmada ise, her on kadından yaklaşık olarak üçünün psikolojik sıkıntı yaşadığı bildirilmiştir. Depreminin travmatik etkilerini ve doğum sonrası depresif belirtileri araştıran bir çalışmada ise, gebelerin yaklaşık olarak beşte ikisinin depremle ilgili en az 1 travmatik deneyim yaşadığı rapor edilmiştir. Postpartum depresif belirti prevalansının %13,3 olduğu bildirmiştir. Ayrıca, kadınlarda postpartum depresif belirtiyi artırdığı gösterilmiştir. Yine bu çalışmada, gebelik öncesindeki travmatik deneyimlerin, doğum sonrası depresif belirtilerin artmasıyla ilişkili bulunmuştur (Murakami vd., 2015).

5. Afet Hemşireliği, Rol ve Sorumlulukları

Afet hemşireliği, doğal ve/veya insan yapımı afetlerden etkilenen popülasyonlar ve topluluklar için sistematik ve profesyonel hemşirelik bakımı olarak tanımlanmaktadır (Langan vd., 2017). Hemşirelerin, vaka yöneticisi, eğitici, ekip üyesi, bakım verici, araştırmacı, yönetici gibi rollere sahip olması nedeniyle, afetlerin bütün evrelerinde, belirtilen rol ve yetkinliklere uygun hareket etmesi beklenilmektedir. Bu nedenle hemşirelerin afetlerde sorumluluklarını en iyi şekilde yerine getirebilmeleri için afet durumlarına hazırlık ve afet yönetimi konusunda bilgi, beceri ve eleştirel düşünme yeteneklerine sahip olması beklenmektedir (Akpınar ve Ceran, 2020; Kalanlar ve Kubilay 2015). Kırım Savaşı'nda Florence Nightingale'den itibaren hemşireler tüm acil durum ve afetler sırasında acil sağlık hizmetlerinde aktif rol almışlardır (Kalanlar ve Kubilay, 2015). Türkiye'de hemşireler afet durumunda çalıştıkları kuruluşlarda sağlık hizmeti vermekte ve istekleri doğrultusunda çeşitli arama kurtarma örgütlerine katılabilmektedir (Şimşek ve Gün, 2021). Bunlara örnek olarak; Kızılay, Afet ve Acil Durum Yönetimi Başkanlığı (AFAD), Arama Kurtarma Derneği (AKUT) ve Ulusal Medikal Kurtarma Ekipleri (UMKE) verilebilir (Günaydın vd., 2017). Ancak ülkemizde halen hemşirelerin afetlerdeki rollerine ilişkin net yasal düzenlemeler yapılmamıştır. Hemşirelik Uygulama Yönetmeliğinde (2010), 'hemşireler olağanüstü durumlarda afet planı doğrultusunda ilgili birimlerle iş birliği içinde acil planlamaları yapar, protokol geliştirir ve gerekli durumlarda uygulamaya koymak için ekip hazırlar' ifadesi ile tanımlanmıştır (Hemşirelik yönetmeliği, 2010). Aile hekimliği uygulama yönetmenliğinde ise 'aile sağlığı elemanları, olağanüstü durumlarda afet planları doğrultusunda, ilgili birimlerle iş birliği içinde acil planlamaları yapar, protokol geliştirir ve gerekli durumlarda uygulamaya koymak için ekip hazırlar' şeklinde belirtilmiştir.

Ülkemizde afet hemşireliği eğitimi için standart bir müfredat olmadığı gibi lisans programında bu alanda ders bulunmadığı sadece içerik olarak yer aldığı görülmektedir (Erdoğan 2018, Özpulat ve Kabasakal, 2018). Lisans eğitimi sonrasında ise Sağlık Bakanlığı veya vakıfların verdiği eğitimler çoğunlukla temel düzeyde olmakta ve genellikle müdahale konularını içermektedir (Vatan ve Salur, 2010). Lisansüstü düzeyde bir afet hemşireliği programı da bulunmamaktadır. Bu çerçevede değerlendirdiğimizde, afet hemşireliği halen gelişme aşamasında olup, henüz bir uzmanlık dalı haline gelememiştir (Şimşek ve Gün, 2021). Eğitim, uygulama ve araştırma alanlarındaki yetersizlikler nedeniyle henüz ülkemizde afet hemşireliği çok iyi bilinmemekte ve yeterince gelişmemektedir (Kalanlar, 2019). Oysaki dünyada afet hemşireliğine yönelik farklı uygulamalar görülmektedir. Örneğin; Asya'da lisans müfredatında yer alırken, Amerika ve İrlanda gibi hemşirelik okullarında afetlerle ilgili eğitimler, sertifika programları ve yüksek lisans program da mevcuttur (Ohara,2009; Kalanlar ve Kubilay 2015). Avustralya hemşirelik okulunun müfredatlarında afet hemşireliğine yer verilmesine ragmen çoğunlukla teorik içerikten oluşmaktdır (Usher ve Mayner 2011).

Gelişmekte olan ülkelerde hemşirelerin afete hazırlık konusundaki genel bilgi düzeylerinin değerlendirildiği bir çalışmada; özellikle Asya-Pasifik Bölgesi'ndeki hemşirelerin afetlerle ilgili bilgi ve becerileri yetersiz bulunmuştur (Songwathana ve Timalsina 2021). Aynı çalışmada, Ürdünlü hemşirelerin, afet yönetimine hazırlık konusunda orta düzeyde olduğu ve Pakistanlı hemşirelerin ise afetler ve yönetimi ile ilgili iyi düzeyde olduğu bulunmuştur. Nepalli hemşirelerin depremlerin neden olduğu afetler konusunda orta düzeyde bilgi sahibi oldukları bulunmuştur (Songwathana ve Timalsina, 2021). Yapılan başka bir meta-analiz çalışması ise İranlı hemşirelerin afete hazırlık konusunda bilgilerinin yetersiz olduğu bildirilmiştir (Yousefi vd., 2019). Afet hemşireliğine ve afete hazırlığa ilişkin bir sistematik derlemede, hemşirelerin afetlere müdahalelere hazır olmadıklarını düşündükleri belirtilmiştir (Labrague vd., 2018).

Dünya Sağlık Örgütü ve ICN, devam eden sağlık tehditleri ve felaketlerinin ortasında, üye devletleri ve hemşireleri desteklemek, popülasyonları korumak, yaralanmaları ve ölümleri azaltmak ve sağlık sisteminin işleyişini sağlamak, toplum refahını sürdürmek için, her düzeydeki hemşirenin yeterli kapasiteye ulaşması çabasının hızlandırılmasına yönelik acil ihtiyacı kabul etmektedir (ICN,2019). Ancak buna karşılık afet alanlarında hizmet deneyimi olan hemşireler çalışma alanlarında barınma, güvenlik, beslenme, kişisel hijyenin sağlanması gibi olanakların bulunmaması ve afet bölgesinde yaşayan sağlık profesyonelleri de olumsuz yönde etkilendiklerinden, aile ve yakınlarının durumu hakkında endişelenmektedirler (Hugelius ve Adolfsson, 2019). Deprem bölgesinde çalışan hemşirelerle yapılan çalışmalarda, hemşirelerin deprem bölgesindeki aktif görev aldıklarını ancak bu süreçte kendilerine ve ailelerine maddi ve duygusal desteğin sağlanmadığını bildirmişlerdir (Geisz-Everson vd., 2012; Pouraghaei vd., 2017).

Afetlerin yönetimi, afet öncesi, sırası ve sonrası dönemleri kapsayan sistematik ve etkili bir yaklaşım planı içermelidir. Afetlerle ilgili sağlık hizmeti sunumu afet hazırlığı, zarar azaltma, müdahale ve iyileştirme aşamalarını kapsamaktadır. Afet yönetimini kapsayan tüm aşamalarda hemşirelere önemli rol ve sorumluluklar düşmektedir. Bunlar; Afet hazırlığı aşamasında hemşirelerin, müdahale kanaklarını planlama, örgütleme, yönlendirme, koordinasyon ve kontrol, eğitim etkinlikleri ve tatbikaları planlama ve yönetme görevleri bulunmaktadır. Zarar azaltma aşamasında hemşireler, risklerin belirlenmesi, yanıt kapasitesinin değerlendirilmesi ve afet uyarısı olduğunda tehlike altındakilerin uyarılmasını gibi görevleri yerine getirmektedirler. Müdahale aşaması kapsamında ise sağlık ekibininin koordinasyonu, triyaj, ilk yardım gibi hayat kurtarıcı ve hastalık/yaralanmayı önleyici müdahalelerin başlatılması, etkilenen toplumun bilgilendirilmesi ve psikolojik desteği içermektedir. İyileşme aşamasıda ise, sürveyans çalışmaları, aşılama programlarına katılım ve sağlık bakım hizmetlerini kapsamaktadır (Grochtdreis vd., 2016; Al Thobaity vd., 2017). Hemşireler afetler sırasında yada sonrasında, psikolojik ilkyardımda uygulayabilmektedir. Dünya sağlık örgütü, psikolojik ilk yardımı "olaydan hemen sonra kişilerin temel fiziksel ya da psikolojik ihtiyaçlarını tespit etmek ve bu ihtiyaçların karşılanmasına yardımcı olmak, olay yerinde psikolojik triyaj yaparak psikiyatrik aciller için gereken yönlendirmeleri gerçekleştirmek, akut travmatik stres tepkileri konusunda rehberlik etmek, bireysel ve toplumsal düzlemde normal yaşam akışına dönmeyi kolaylaştırmak ve bireyleri uzun dönemli olası etkilerinden korumak" olarak tanımlamaktadır (WHO, 2011). Buna ek olarak psikolojik ilk yardım, bireylerin önceden sahip oldukları sağlıklı baş etme mekanizmalarının harekete geçirilmelerini desteklemeyi amaçlamaktadır. Bazı durumlarda da, bireylerin daha uzun süreli destek alabilmelerini sağlamak amacıyla, gerekli ön tespitlerin yapılmasına olanak sağlamaktadır (Demircioğlu vd., 2019).

Kadın sağlığı hemşireliği, kadın sağlığı ve dolayısıyla toplum sağlığının korunması ve sürdürülmesinde önemli disiplinler arasında yer almaktadır. Kadın sağlığı hemşireleri afetlerde de, tehlike, zarar görebilirlik ve maruz kalabilirlik açısından yüksek risk grupları arasında yer alan kadın ve kız çocuklarının sağlığını korumalı ve sürdürmelidir. Bunun için afet yönetim basamakları kapsamında kadın sağlığı hemşirelerinin rol ve sorumluluklarının bilinmesi önem arz etmektedir. Kadın sağlığı hemşireleri, afet öncesi risk ve zarar azaltma ile hazırlık aşamasında;

- Kadınların afet riskini azaltmaya yönelik bilgi ve gereksinimlerinin belirlenerek afet yönetimi aşamalarının her birinde karar alma süreçlerine, programların oluşturulma, uygulama, izlemeye değerlendirme süreçlerine katılımının sağlanması,

- Kadınların her türlü iletişim kaynaklarına, afet yönetim eğitimlerine, bilim ve teknolojilere erişiminin sağlanması yer almaktadır (Zaidi ve Fordham, 2021; Demirci ve Avcu, 2021; Topçu, 2023; Septanaya ve Fortuna, 2023; Hine vd., 2023; Tsuda vd., 2023). Afet sırasında müdahale basamağında ise;

- Kadınların farklı ihtiyaçların ve önceliklerin göz önünde bulundurulması,

- Kadınların barınma ve güvenliğe, cinsel sağlık ve üreme sağlığı hizmetlerine acil ruh sağlığı hizmetlerine, kadın dostu alanlara erişiminin sağlanması rol ve sorumluluklarına sahiptir (Zaidi ve Fordham, 2021; Demirci ve Avcu, 2021; Topçu, 2023; Septanaya ve Fortuna, 2023; Hine vd., 2023). Afet sonrasında iyileştirme ve yapılandırma basamağında ise;

- Kadınların dahil edildiği tüm planlama ve programlara aktif katılım sağlama,

- İyileşme ve yeniden yapılandırma faaliyetlerinin kapsayıcılığını artırmak için iş birliği içinde çalışma,

- Kadınların yoksullaşmasının önüne geçmek ve gelir kazanmasını desteklemek için teknoloji, malzeme, tesis ve eğitim olanaklarının sağlanmasına katkıda bulunma,

- Kadınların sosyal koruma ve ekonomik destek programlarına erişimini sağlamaktır (Zaidi ve Fordham, 2021; Demirci ve Avcu, 2021; Topçu, 2023; Septanaya ve Fortuna, 2023; Hine vd., 2023).

7. Sonuç

Son zamanlarda dünyada yaşanan afetlerin sıklığı ve çeşitliliği, afet politikalarında değişikliğe yol açarak hemşirelik hizmetlerinin geliştirilmesi ihtiyacını ortaya koymuştur. Afetlerin ülkemizde de sıklıkla meydana gelmesi nedeniyle yürütülen sağlık hizmetlerinin etkili bir şekilde yönetilmesi önem arz etmektedir. Bu bağlamda hemşireler, afet durumlarında toplumun genel sağlık ve güvenlik durumunu iyileştirmek adına önemli rol oynamaktadır. Afet hemşireliği, sistematik ve profesyonel hemşirelik bakımı olarak, acil durum ve afet yönetimi süreçlerinde önemli bir alan olarak kabul edilmektedir. Afetlerin yönetiminde yer alan hemşireler, afet öncesi hazırlık, afet sırasında müdahale ve afet sonrası iyileştirme süreçlerinde aktif rol almaktadırlar. Bu nedenle afet hemşiresinin alanda uzmanlaşması ve afet yönetiminin her basamağında yer alması gereklidir. Ancak ülkemizde afet hemşireliği, hem eğitim hem de yasal düzenlemeler alanında yeterince geliştirilmemiştir. Afetlerle başa çıkabilmek ve toplumun iyileşme sürecini hızlandırmak amacıyla afet hemşireliği uygulamalarının güçlendirilmesi ve geliştirilmesi için başta Hemşirelik Yönetmeliği ile diğer ilgili yönetmelikler ve kanunlarda gerekli düzenlemelerin yapılması önem arz etmektedir.

Afetler tüm bireylerin yaşam önceliklerini değiştirmekle birlikte, kadınların ve kız çocuklarının fizyolojik gereksinimleri sebebiyle onların ihtiyaçlarını daha da ön sıraya taşımaktadır. Kadınlar, afetler sırasında ve sonrasındaki kriz durumlarından daha fazla etkilenmekte olup, bu süreçte yaşamı tehdit eden sorunlar nedeniyle sağlık riskleri daha da artmaktadır. Dolayısıyla, bu risklerin en aza indirilmesi ve en kısa sürede nitelikli sağlık bakımının sunulması ile olası sorunların önüne geçilmesi mümkün olabilmektedir. Afet yönetimine göre, kadınların temel ihtiyaçlarının karşılanmasından başlanarak diğer optimal hemşirelik bakım hizmetlerinin verilmesi önemlidir. Bu nedenle, sağlığın iyileştirilmesi, sağlığı tehdit eden tehlikelerin ortadan kaldırılması ve sağlığın korunması süreçlerinde etkin rol alan kadın sağlığı hemşirelerinin, kadınların yaşam dönemlerine özel bireyselleştirilmiş hemşirelik bakımını geliştirip uygulaması önem arz etmektedir.

Kaynakça

Afet ve Acil Durum Başkanlığı (AFAD). (2023, Kasım). *Açıklamalı afet yönetimi terimleri sözlüğü.* https://www.afad.gov.tr/aciklamali-afetyonetimi-terimleri-sozlugu.

Ahmed SK, Khdhir, R M. (2023). Protecting the health of pregnant women in Turkey and Syria earthquake-affected areas: Challenges and opportunities. *Women's health (London, England),* 19, 17455057231166281, https://doi.org/10.1177/17455057231166281.

Akça, D., & Türk, R. (2021). Kadınların genital hijyene ilişkin davranışlarının belirlenmesi. *Kafkas Journal of Medical Sciences, 11*(1), 1-9.

Al Thobaity, A., Plummer, V., & Williams, B. (2017). What are the most common domains of the core competencies of disaster nursing? A scoping review. *International emergency nursing, 31*, 64-71.

Altun, F. (2018). Afetlerin Ekonomik ve Sosyal Etkileri: Türkiye Örneği Üzerinden Bir Değerlendirme. *Sosyal Çalışma Dergisi*, 2(1), 1-15.

American Academy of Pediatrics 2020. Infant Feeding in Disasters and Emergencies: Breast feeding and OtherOptions. https://downloads.aap.org/AAP/PDF/ Disaster Fact Sheet 6-2020.pdf.

American Academy of Pediatrics. Breastfeeding Benefits Your Baby's Immune System [Internet]. 2024. Erişim: https://www. healthychildren.org/English/ages-stages/baby/breastfeeding/Pages/Breastfeeding-Benefits-Your-Babys-Immune-System.aspx.

Arora, S. (2022). Intersectional vulnerability in post-disaster contexts: lived experiences of Dalit women after the Nepal earthquake, 2015. *Disasters, 46*(2), 329-347. doi: 10.1111/disa.12471.

Austin, K. F., Noble, M. D., & McKinney, L. (2020). Climate disasters contaminate women: Investigating cross-national linkages between disasters, food insecurity, and women's HIV in less developed nation. *Glob. Health Gov, 10*, 85-103.

Bahmanjanbeh, F., Kohan, S., Yarmohammadian, M. H., & Haghshenas, A. (2016). Evaluation of reproductive health indicators in women affected by East Azarbaijan earthquake on August 2012. *Iranian journal of nursing and midwifery research, 21*(5), 504-509. Doi: 10.4103/1735-9066.193414.

Bloem, C. M., & Miller, A. C. (2013). Disasters and women's health: reflections from the 2010 earthquake in Haiti. *Prehospital and disaster medicine, 28*(2), 150-154. Doi: 10.1017/ S1049023X12001677.

Breiding, M., Basile, K. C., Smith, S. G., Black, M. C., & Mahendra, R. R. (2015). Intimate partner violence surveillance: Uniform definitions and recommended data elements. Version 2.0.

Bromet, E. J., Atwoli, L., Kawakami, N., Navarro-Mateu, F., Piotrowski, P., King, A. J., ... & Kessler, R. C. (2017). Post-traumatic stress disorder associated with natural and human-made disasters in the World Mental Health Surveys. *Psychological medicine, 47*(2), 227-241.

Budhathoki, S. S., Bhattachan, M., Pokharel, P. K., Bhadra, M., & Van Teijlingen, E. (2017). Reusable sanitary towels: promoting menstrual hygiene in post-earthquake Nepal. *Journal of Family Planning and Reproductive Health Care, 43*(2), 157-159.

Campbell, D. W., Campbell, J. C., Yarandi, H. N., O'Connor, A. L., Dollar, E., Killion, C., ... & Gary, F. (2016). Violence and abuse of internally displaced women survivors of the 2010 Haiti earthquake. *International journal of public health, 61*, 981-992. Doi: 10.1007/s00038-016-0895-8.

Carta, G., D'Alfonso, A., Colagrande, I., Catana, P., Casacchia, M., & Patacchiola, F. (2012). Post-earthquake birth-rate evaluation using the brief cope. *The Journal of Maternal-Fetal & Neonatal Medicine, 25*(11), 2411-2414. Doi: 10.3109/14767058.2012.697945.

Çayan A. (2009). 15-49 *Yaş Evli Kadınların aile planlaması yöntemlerine ilişkin tutumlarının kullandıkları kontraseptif yöntemler ile ilişkisi*. Adnan Menderes Üniversitesi Sağlık Bilimleri Enstitüsü Doğum Kadın Sağlığı ve Hastalıkları Hemşireliği Anabilim Dalı Yüksek Lisans Tezi, Aydın.

Çelebi, F., & Şengün, H. (2019). Afet ve Kalkınma İlişkisinde Kadın. *The Journal of Academic Social Science Studies, 6*(59), 359-374. Doi: 10.9761/JASSS7224.

Demirci, K. ve Avcu, T. (2021). Afet süreçlerinde kadın bireylerin yaşadığı sorunlar ve çözüm önerileri: İzmir ili örneği. *Batman Üniversitesi Yaşam Bilimleri Dergisi*, 11(1), 86-105.

Demircioğlu, M., Şeker, Z., & Aker, A. T. (2019). Psikolojik İlk Yardım: Amaçları, Uygulanışı, Hassas Gruplar ve Uyulması Gereken Etik Kurallar. *Psikiyatride Güncel Yaklaşımlar*, 11(3), 351-362. Doi:10.18863/pgy.456301.

Djafri, D., Chongsuvivatwong, V., & Geater, A. (2015). Effect of the September 2009 Sumatra Earthquake on Reproductive Health Services and MDG 5 in the City of Padang, Indonesia. *Asia Pacific Journal of Public Health*, 27(2), NP1444-56. Doi: 10.1177/1010539513496841.

Dölek, İ. (2019). Türkiye'nin Fiziki Coğrafyası. İçinde *Türkiye'de Doğal Afetler* (Eds: H. Akengin, İ. Dölek), Pegem Akademi 2. Baskı, Ankara, ss.311-365. Doi: 10.14527/9786053180647.12

Dücan, E., & Özsoylu, A. F. (2016). Türkiye'de terörün sosyo-ekonomik nedenlerinin bölgesel analizi: Panel veri analizi. *Çukurova Üniversitesi İktisadi ve İdari Bilimler Fakültesi Dergisi*, 20(2), 111-132.

EAPRO, UNICEF. Supporting families to optimally feed infants and young children in emergencies: An important guide for health and relief workers [Internet]. 2006. Erişim adresi: https://www.ennonline.net/unicefguidelines.

EM-DAT. (2023). Emergency Event Database. Erişim Tarihi: 15.11.2020: https://public.emdat.be/data

Erdoğan, Ö. (2018). Afet hemşireliği eğitimi. *Türkiye Klinikleri Afet Eğitimi*, *115*, 120.

European Union (EU). (2011). Strategy for equality between women and men 2010-2015. pp. 3–39.

Fu, M., Hall, B. J., Xi, J., & Guo, J. (2021). Gender differences in trajectories of mental health symptoms among Chinese earthquake survivors. *Journal of Psychiatric Research*, *142*, 117-124. doi: 10.1016/j.jpsychires.2021.07.034.

Gary, F. A., Yarandi, H., Hopps, J. C., Hassan, M., Sloand, E. D., & Campbell, J. C. (2021). Tragedy in Haiti: Suicidality, PTSD, and Depression Associated with Intimate Partner Violence Among Haitian Women After the 2010 Earthquake. *Journal of National Black Nurses' Association: JNBNA*, *32*(1), 10-17.

Geisz-Everson, M. A., Dodd-McCue, D., & Bennett, M. (2012). Shared experiences of CRNAs who were on duty in New Orleans during Hurricane Katrina. *AANA J*, *80*(3), 205-12.

Giusti, A., Marchetti, F., Zambri, F., Pro, E., Brillo, E., & Colaceci, S. (2022). Breastfeeding and humanitarian emergencies: the experiences of pregnant and lactating women during the earthquake in Abruzzo, Italy. *International Breastfeeding Journal*, *17*(1), 45. doi: 10.1186/s13006-022-00483-8.

Gözükara, F., Kabalcıoğlu, F., & Ersin, F. (2015). Şanlıurfa ilinde kadınların aile planlamasına ilişkin tutumlarının belirlenmesi. *Harran Üniversitesi Tıp Fakültesi Dergisi*, *12*(1), 9-15.

Grochtdreis, T., de Jong, N., Harenberg, N., Görres, S., & Schröder-Bäck, P. (2017). Nurses' roles, knowledge and experience in national disaster pre-paredness and emergency response: A literature review. *South Eastern European Journal of Public Health (SEEJPH)*.

Harville, E. W., & Do, M. (2016). Reproductive and birth outcomes in Haiti before and after the 2010 earthquake. *Disaster Medicine and Public Health Preparedness*, *10*(1), 59-66. Doi: 10.1017/dmp.2015.69.

Harville, E. W., Giarratano, G., Savage, J., Barcelona de Mendoza, V., & Zotkiewicz, T. (2015). Birth outcomes in a disaster recovery environment: New Orleans women after Katrina. *Maternal and child health journal*, *19*, 2512-2522. Doi: 10.1007/s10995-015-1772-4.

Hawkins, G., Gullam, J., & Belluscio, L. (2019). The effect of a major earthquake experienced during the first trimester of pregnancy on the risk of preterm birth. *Australian and New Zealand journal of obstetrics and gynaecology*, *59*(1), 82-88. Doi: 10.1111/ajo.12797.

Hendrickson R.G., & Horowitz, B. (2020). Disaster Preparedness. In *Tintinalli's Emergency Medicine: A Comprehensive Study Guide*, Tintinalli, Judith E., J. Stephan Stapczynski, O. J. Ma, D. M. Yealy, G. D. Meckler, and D. M. Clin (Eds.), 9e. Mcgrawhill.

Hosseinnejad, M., Yazdi-Feyzabadi, V., Hajebi, A., Bahramnejad, A., Baneshi, R., Sarabi, R. E., ... & Zolala, F. (2022). Prevalence of posttraumatic stress disorder following the earthquake in Iran and Pakistan: a systematic review and meta-analysis. *Disaster medicine and public health preparedness, 16*(2), 801-808. Doi: 10.1017/dmp.2020.411.

Hugelius, K., & Adolfsson, A. (2019). The HOPE model for disaster nursing–A systematic literature review. *International emergency nursing, 45*, 1-9. Doi: 10.1016/j.ienj.2019.03.007.

Ishiguro, A., Inoue, M., Fisher, J., Inoue, M., Matsumoto, S., & Yamaoka, K. (2019). Gender-based risk and protective factors for psychological distress in the midterm recovery period following the great East Japan earthquake. *Disaster medicine and public health preparedness, 13*(3), 487-496. Doi: 10.1017/dmp.2018.80.

Ishikuro, M., Obara, T., Murakami, K., Ueno, F., Noda, A., Kikuya, M., ... & Kuriyama, S. (2023). Relation of Disaster Exposure With Maternal Characteristics and Obstetric Outcomes: the Tohoku Medical Megabank Project Birth and Three-Generation Cohort Study. *Journal of epidemiology, 33*(3), 127-135. Doi: 10.2188/jea.JE20210052.

Joseph, N. T., Curtis, B. H., & Goodman, A. (2022). Disaster settings: Care of pregnant patients. *UpToDate*.

Joshi, R., Andersen, P. T., Thapa, S., & Aro, A. R. (2020). Sex trafficking, prostitution, and increased HIV risk among women during and after the 2015 Nepal earthquake. *SAGE open medicine, 8*, 2050312120938287. Doi: 10.1177/2050312120938287.

Kahraman, S., Polat, E. ve Korkmazyürek, B. (2021). Afet yönetim döngüsündeki ana terimler. *Avrasya Terim Dergisi, 9*(3), 7-14.

Kalanlar, B., & Kubilay, G. (2015). An important concept of protecting public health in disaster situations: disaster nursing. *Florence Nightingale Journal of Nursing, 23*(1), 57-65.

Kara, P., & Korkut, R. (2010). Türkiye'de göç, iltica ve mülteciler. *Türk İdare Dergisi, 467*(1), 153-162.

Kivrak, Y., Gey, N., Kivrak, H. A., Kokaçya, M. H., Çöpoğlu, Ü. S., & Ari, M. (2015). Kadına yönelik eş şiddeti, çocukluk travmaları, depresyon ve yaşam kalitesi: Toplum temelli çalışma. *Anatolian Journal of Psychiatry/Anadolu Psikiyatri Dergisi, 16*(5).

Kubota, C., Okada, T., Morikawa, M., Nakamura, Y., Yamauchi, A., Ando, M., ... & Ozaki, N. (2018). Postpartum depression among women in Nagoya indirectly exposed to the great East Japan earthquake. *Scientific reports, 8*(1), 11624.

Kyozuka, H., Fujimori, K., Hosoya, M., Yasumura, S., Yokoyama, T., Sato, A., & Hashimoto, K. (2018). The Japan environment and Children's study (JECS) in Fukushima prefecture: pregnancy outcome after the great East Japan earthquake. *The Tohoku Journal of Experimental Medicine, 246*(1), 27-33. Doi: 10.1620/tjem.246.27.doi: 10.1620/tjem.246.27.

Labrague, L. J., Hammad, K., Gloe, D. S., McEnroe-Petitte, D. M., Fronda, D. C., Obeidat, A. A., ... & Mirafuentes, E. C. (2018). Disaster preparedness among nurses: a systematic review of literature. *International nursing review, 65*(1), 41-53. Doi: 10.1111/inr.12369.

Le Cozannet, G., Kervyn, M., Russo, S., Ifejika Speranza, C., Ferrier, P., Foumelis, M., ... & Modaressi, H. (2020). Space-based earth observations for disaster risk management. *Surveys in geophysics, 41*, 1209-1235.

Lian, Q., Ni, J., Zhang, J., Little, J., Luo, S., & Zhang, L. (2020). Maternal exposure to Wenchuan earthquake and prolonged risk of offspring birth outcomes: a natural experiment study. *BMC Pregnancy and Childbirth, 20*, 1-9. Doi: 10.1186/s12884-020-03206-1.

Llorente-Marrón, M., Fontanil-Gómez, Y., Díaz-Fernández, M., & Solís García, P. (2021). Disasters, Gender, and HIV infection: the impact of the 2010 Haiti Earthquake. *International Journal of Environmental Research and Public Health, 18*(13), 7198.

Doi: 10.3390/ijerph18137198.

Lobo, R. A. (2019). Menopause and aging. In *Yen and Jaffe's reproductive endocrinology* (pp. 322-356). Elsevier.

Mesrkanlou, H. A., Hezaveh, S. J. G., Tahmasebi, S., Nikniaz, Z., & Nikniaz, L. (2023). The effect of an earthquake experienced during pregnancy on maternal health and birth outcomes. *Disaster medicine and public health preparedness, 17*, e157.

Mesrkanlou, H. A., Hezaveh, S. J. G., Tahmasebi, S., Nikniaz, Z., & Nikniaz, L. (2023). The effect of an earthquake experienced during pregnancy on maternal health and birth outcomes. *Disaster medicine and public health preparedness, 17*, e157. Doi: 10.1017/dmp.2022.132

Mudiyanselage, S. R., Davis, D., Kurz, E., & Atchan, M. (2022). Infant and young child feeding during natural disasters: A systematic integrative literature review. *Women and Birth, 35*(6), 524-531.

Murakami, K., Ishikuro, M., Obara, T., Ueno, F., Noda, A., Onuma, T., ... & Kuriyama, S. (2023). Traumatic experiences of the great east Japan earthquake and postpartum depressive symptoms: the Tohoku medical megabank project birth and three-generation cohort study. *Journal of affective disorders, 320*, 461-467. Doi: 10.1016/j.jad.2022.09.139.

Oktay, E. Y. (2015). Türkiye'nin ve Dünyanin Ortak Sorunu: Kadina Şiddet. *Akademik Araştırmalar Dergisi,(64)*, 57-118.

Oktay, F. (2023). *Afet Yönetimi.* Tübitak Bilim ve Toplum Başkanlığı Popüler Bilim Yayınları,. Erişim adresi:https://ansiklopedi.tubitak.gov.tr/ansiklopedi/afet_yonetimi.

Ortiz-Echevarria, L., Greeley, M., Bawoke, T., Zimmerman, L., Robinson, C., & Schlecht, J. (2017). Understanding the unique experiences, perspectives and sexual and reproductive health needs of very young adolescents: Somali refugees in Ethiopia. *Conflict and Health, 11*, 35-42.

Özdemir, Serpil, Tülay Ortabağ, Betül Tosun, Özlem Özdemir, and Hatice Bebiş. "Hemşirelik yüksek okulu öğrencilerinin genital hijyen hakkındaki bilgi düzeylerinin ve davranışlarının değerlendirilmesi." *Gülhane Tıp Dergisi* 54, no. 2 (2012): 120-8.

Palmeiro-Silva, Y. K., Orellana, P., Venegas, P., Monteiro, L., Varas-Godoy, M., Norwitz, E., ... & Illanes, S. E. (2018). Effects of earthquake on perinatal outcomes: A Chilean register-based study. *PLoS One, 13*(2), e0191340. Doi: 10.1371/journal.pone.0191340.

Pouraghaei, M., Jannati, A., Moharamzadeh, P., Ghaffarzad, A., Far, M. H., & Babaie, J. (2017). Challenges of hospital response to the twin earthquakes of August 21, 2012, in East Azerbaijan, Iran. *Disaster medicine and public health preparedness, 11*(4), 422-430. Doi: 10.1017/dmp.2016.153.

Rajabi, E., Khankeh, H., Ranjbar, M., Mousavi, M., Norouzi, M., & Farokhi, M. (2022). Evaluation of women's reproductive health status after the 2017 earthquake in Kermanshah, Iran. *Health in Emergencies and Disasters Quarterly.* 7(4), 183-192. Doi: dx.doi.org/10.32598/hdq.7.4.271.2.

Rijanto, R., & Jeniawaty, S. (2018). Factors Affecting Menopause. *Health Notions, 2*(2), 236-239.

Rupe, E. R., Rodean, J., Hurley, E. A., Miller, M. K., Boncoeur, M. D., & Masonbrink, A. R. (2022). Menstrual health among adolescents and young adults in rural Haiti. *Reproductive Health, 19*(1), 227. Doi: 10.1186/s12978-022-01533-4.

Saito, K., Aoki, H., Fujiwara, N., Goto, M., Tomiyama, C., & Iwasa, Y. (2013). Association of urinary 8-OHdG with lifestyle and body composition in elderly natural disaster victims living in emergency temporary housing. *Environmental health and preventive medicine, 18*, 72-77. Doi: 10.1007/s12199-012-0284-8.

Schneider, H. P. G., & Birkhäuser, M. (2017). Quality of life in climacteric women. *Climacteric, 20*(3), 187-194.

Sohrabizadeh, S., Jahangiri, K., & Khani Jazani, R. (2018). Reproductive health in the recent disasters of Iran: a management perspective. *BMC public health, 18,* 1-8. Doi: 10.1186/s12889-018-5311-2.

Sohrabizadeh, S., Tourani, PhD, S., & Khankeh, H. R. (2016). Women and health consequences of natural disasters: challenge or opportunity?. *Women & health, 56*(8), 977-993.

Strid, P., Snead, M. C., Galang, R. R., Bish, C. L., & Ellington, S. R. (2022). Fertility and contraception among women of reproductive age following a disaster: a scoping review. *Reproductive Health, 19*(1), 147. Doi:10.1186/s12978-022-01436-4.

Suzuki, K., Yamagata, Z., Kawado, M., & Hashimoto, S. (2016). Effects of the great East Japan earthquake on secondary sex ratio and perinatal outcomes. *Journal of epidemiology, 26*(2), 76-83. Doi: 10.2188/jea.JE20150055.

Tan, Cong E., Hong Jun Li, Xian Geng Zhang, Hui Zhang, Pei Yu Han, Qu An, Wei Jun Ding, and Mi Qu Wang. "The impact of the Wenchuan earthquake on birth outcomes." *PLoS One* 4, no. 12 (2009): e8200. Doi: 10.1371

Tanoue, K., Nishigori, H., Watanabe, Z., Tanaka, K., Sakurai, K., Mizuno, S., ... & Metoki, H. (2021). Interannual changes in the prevalence of intimate partner violence against pregnant women in Miyagi prefecture after the Great East Japan earthquake: the Japan environment and children's study. *Journal of interpersonal violence, 36*(21-22), 10013-10028. Doi: 10.1177/0886260519881517.

Topuz, Ş., Duman, N. B., & Güneş, A. (2015). Genital hygiene practices of female students at first class in the Faculty of Health Sciences. *Turkish Journal of Clinics and Laboratory, 6*(3), 85-90. Doi:10.18663/TJCL.80899.

Torche, F., & Kleinhaus, K. (2012). Prenatal stress, gestational age and secondary sex ratio: the sex-specific effects of exposure to a natural disaster in early pregnancy. *Human reproduction, 27*(2), 558-567. Doi: 10.1093/humrep/der390.

UNFPA. (2023). Earthquakes in Syria and Turkey. https://www.usaforunfpa.org/unfpa-scaling-up-emergency-response-to-reach-women-and-girls-in-turkiye-and-syria-in-aftermath-of-powerful-earthquakes.

United States Breastfeeding Committee (USBC). (2018). Position Statement on Infant/Young Child Feeding in Emergencies. Breastfeeding in emergencies (d/do/416). https://www.usbreastfeeding.org/breastfeeding-in-emergencies.html.

Ünür E. (2021). Afet yönetiminde toplumsal cinsiyet eşitsizliği: doğal afetlerde cinsiyete dayalı zarar görebilirlik farkı. *İstanbul Aydın Üniversitesi Sosyal Bilimler Dergisi,* 13(2), 351-381.

WHO. (2011). Psychological First Aid: Guide for Field Workers. Geneva, W*orld Health Organization.*

WHO. (2020). Violence against women inti- mate partner and sexual violence against women, Evidence brief. *World Health Organisation.* July 07, 2020, Erişim Adresi: https://apps.who.int/ iris/bitstream/handle/10665/329889/WHO-RHR-19.16-eng.pdf?ua=1.

Yamashita, T., Murakami, K., Obara, T., Yonezawa, Y., Ishikuro, M., Noda, A., ... & Kuriyama, S. (2021). Living environments long-term after the Great East Japan Earthquake and nutritional intake among recent mothers. *Asia Pacific Journal of Clinical Nutrition, 30*(4). Doi: 10.6133/apjcn.202112_30(4).0012.

Yıldırım, S. (2023) Afetlerde İkincil Travmatik Stres ve Psikiyatri Hemşireliği Yaklaşımları. İçinde *Afetlerde Ruhsal Sorunlar ve Psikiyatri Hemşireliği Yaklaşımları.* (Ed. G. Keskin), 1. Baskı. Ankara: Türkiye Klinikleri; ss. 22-7.

Yoosefi Lebni, J., Khorami, F., Ebadi Fard Azar, F., Khosravi, B., Safari, H., & Ziapour, A. (2020). Experiences of rural women with damages resulting from an earthquake in Iran: a qualitative study. *BMC public health, 20,* 1-13. Doi: 10.1186/s12889-020-08752-z.

Zhou, Y., Liang, Y., Tong, H., & Liu, Z. (2020). Patterns of posttraumatic stress disorder and posttraumatic growth among women after an earthquake: a latent profile analysis. *Asian journal of psychiatry, 51,* 101834. Doi: 10.1016/j.ajp.2019.10.014. Epub 2019 Oct 15. PMID: 31648926.

IV.

WOMEN AND ECONOMY: EMPLOYMENT, INEQUALITY, AND EMPOWERMENT STRATEGIES

KADIN VE EKONOMİ: İSTİHDAM, EŞİTSİZLİK VE GÜÇLENDİRME STRATEJİLERİ

CONTRIBUTION OF PUBLIC EDUCATION CENTRE TO WOMEN'S EMPLOYMENT: THE CASE OF MARDIN PUBLIC EDUCATION CENTRE

HALK EĞİTİM MERKEZİNİN KADIN İSTİHDAMINA KATKISI: MARDİN HALK EĞİTİM MERKEZİ ÖRNEĞİ

Havva Yağcı[1] ve Esra Özbay[2]

Öz

Bu çalışmanın amacı, halk eğitim merkezlerinin kadın istihdamına olan etkisini incelemektir. Halk eğitim merkezlerinde verilen eğitimlerin, özellikle istihdam odaklı programların kadınların iş hayatına katılmasını teşvik edecek yeterli beceri ve yetenekleri kazandırması beklenmektedir. Bununla birlikte bu merkezlerde verilen eğitimlerin çok azının piyasanın ihtiyacını karşılamaya yönelik olduğu görülmektedir. Literatürde Halk Eğitim Merkezlerinin kadın istihdamına yönelik etkileri konusunda çeşitli çalışmalar bulunmaktadır. Bununla birlikte, Mardin ilinde bulunan Halk Eğitim Merkezlerinin kadın istihdamına katkısına yönelik bir araştırmaya rastlanmamıştır. Bu araştırmanın çalışma grubunu, 2023-2024 yılında Mardin il merkezinde bulunan Artuklu Halk Eğitim Merkezi bünyesindeki 60 kursiyer arasından, 6 farklı kurs (aşçılık, kuaförlük, el sanatları, giyim, çocuk gelişimi, mefruşat) üzerinden basit tesadüfi yöntem ile seçilen 16 kadın kursiyer oluşturmaktadır.Araştırmada, nitel araştırma yöntemlerinden görüşme tekniği kullanılmıştır. Görüşmelerde açık uçlu sorular kullanılmıştır. Elde edilen veriler betimsel analiz yöntemiyle analiz edilmiştir. Araştırma sonucunda kursiyerler; Mardin Artuklu HEM bünyesindeki eğiticilerin yeterli bilgi ve donanıma sahip olduğunu belirtmişlerdir. Kursiyerlerin önemli bir kısmının da bu kurslara meslek edinmeden ziyade sosyalleşme amacıyla geldikleri dikkati çekmektedir. Kurslarda elde ettikleri becerileri daha çok hane içi ihtiyacın karşılamasına yönelik düşünmektedirler. Kursiyerlerin çok az bir kısmı, bu kurslarda elde ettikleri beceriler ile ürettikleri ürünleri eş, dost, komşularına satmayı

---
[1] Prof. Dr., Mardin Artuklu Üniversitesi, İktisat Bölümü, havvayagci2023@gmail.com ORCID: 0000-0002-3422-8594
[2] Tezli Yüksek Lisans Öğrencisi, Mardin Artuklu Üniversitesi, İktisat Bölümü, esra.ozbayys@gmail.com, ORCID: 0009-0007-1899-8189

düşünmektedir. Kurs sonrası bir işte çalışmayı düşünen kursiyerlerin daha çok aşçılık eğitimi aldıkları dikkati çekmektedir. Halk eğitim merkezlerinde verilen eğitimlerin piyasa ihtiyacına göre düzenlenmesi gerektiği tespit edilmiştir.

Anahtar kelimeler: Halk eğitim merkezi; kurs; kursiyer; istihdam; mesleki eğitim

Abstract

The purpose of this study is to examine the impact of public education centers on women's employment. The trainings provided in public education centers, especially employment-oriented programs, are expected to provide women with sufficient skills and abilities to encourage them to participate in business life. However, it is seen that very few of the trainings provided in these centers are aimed at meeting the needs of the market. There are various studies in the literature on the effects of Public Education Centers on women's employment. However, there is no research on the contribution of Public Education Centers in Mardin province to women's employment. The study group of this research consists of 16 female trainees selected by simple random method from among 60 trainees in Artuklu Public Education Center in Mardin province center in 2023-2024 through 6 different courses (cookery, hairdressing, handicrafts, clothing, child development, furnishing). Interview technique, one of the qualitative research methods, was used in the study. Open-ended questions were used in the interviews. The data obtained were analyzed by descriptive analysis method. As a result of the research, the trainees stated that the trainers at Mardin Artuklu HEM have sufficient knowledge and equipment. It is noteworthy that a significant portion of the trainees came to these courses for socializing rather than acquiring a profession. They think that the skills they acquired in the courses are mostly intended to meet the needs of the household. Very few of the trainees think of selling the products they produce with the skills they have acquired in these courses to their spouses, friends and neighbors. It is noteworthy that the trainees who think of working in a job after the course are mostly trained in cookery. It has been determined that the trainings given in public education centers should be organized according to market needs.

Keywords: Course; trainee; public education; employment; vocational training

1. Giriş

Gelişen teknoloji ve eğitim koşullarının değişmesi insanları sürekli eğitim almaya, rekabetçi ortam gereği de ortaya girişimci bireyleri çıkartmaktadır. Eğitimin öneminin her geçen gün artmakta olduğu gerçeği, ülkeler ve insanlar için yok sayılamaz ölçüdedir. Eğitim, gerek toplumsal refah, istihdam gerekse bireyin kendini toplum içinde ispatına ve çalışma yaşantısına kadar geniş yelpazeye dağılan süreç olarak ortaya çıkmaktadır. Eğitim, bireylerin hayat boyu devam eden tüm öğrenme süreçlerini kapsamaktadır. Bireyin toplumda yer edinebilmek için becerilerini geliştirmesi, sosyal ortamını, standartlarını değiştirmesi için etkili olan süreçtir. "Kişinin davranış örüntülerini değiştirme sürecidir" (Durkheim, 2016:301). Toplumdaki bireylerin bilgi ve becerilerinin geliştirilmesi için yetişkin eğitim oldukça önemlidir. Yetişkin bireylere öğretilen yeni bilgi, beceri, değer ve tutumlar ancak gerçek yaşama uygun hale getirilirse yetişkin öğrenmesi gerçekleşir (Knowles, 1996: 288). Yetişkin eğitiminin önemli parçası olan halk eğitimi kavramı; bireylerin isteklerini karşılamak için belirli program dahilinde açılıp verilen eğitimlerdir. Halk eğitimi merkezleri; Bireylerin eğitim ile edinemediği veya teknolojik gelişmelerle ortaya çıkan yeni bilgi becerileri kazanmalarını, kendilerine kazanç elde etmelerini sağlayan faaliyetler düzenlemektedir (Ayanoğlu, 2023: 111). Ülkemizde halk eğitim merkezleri; bireylerin hayatlarında ihtiyaç duyduğu bilgi, beceri ve yeterliklerini geliştirmek için kurs vb. etkinliklerle yaşam boyu öğrenmeyi destekleyen en önemli kurumlar olarak faaliyet göstermektedir. Halk eğitim merkezlerinin, nitelikli insan yetiştirmesi, uluslararası arenada rekabet gücümüzü arttırabilmesi, ekonomi alanında gelişme ve istihdamı arttıracak çalışmalar yapması beklenmektedir. Önemi azımsanmayacak kadar değerli olan bu toplumsal görevlerinin yanı sıra halkı bireysel olarak geliştirip, kuruldukları il ve ilçelerde gereken kültürel beklentileri de karşılamak zorundadır. Dünya nüfusunun yaklaşık yarısını kadınlar oluşturmaktadır; ancak kadınların iş gücü oranı üçte birdir. Aynı zamanda kadınların dünya genelinde eğitim durumlarına bakıldığında her 3 kişiden 2 sinin okuma yazma bilmeyen kadın olduğu bilinmektedir. Asya ve Afrika'da kadınların %80'den fazlası okuma yazma bilmemektedir (Taşpınar, 2013: 2). Türkiye'de kadınların ekonomik ve sosyal alana katılım oranı var olan nüfusla orantılı değildir. Çalışan kadınların da genellikle belli alanlara yönelerek, çalıştığı görülmektedir. Dünya genelinde yaşanan ve kadınların işgücü piyasasında yer alamaması problemi, Türkiye'de yaşayan kadınların da en büyük problemlerinden biridir. Bu durum TÜİK verilerine de yansımış olup, 2022 TÜİK istihdam verilerine göre kadınların istihdam oranı %30,4 erkeklerde ise %65 dir. 2023 kadın işgücüne katılım oranı ise %35,1 olup istenilen düzeyin oldukça altındadır. Türkiye'de ve Dünya genelinde de kadınların yeterince eğitim imkanlarından faydalandırılmadığı eğitime erişimlerinin sınırlı olduğu için iş yerlerinde yeterli ekonomik geliri elde edememekte, eşit işe eşit ücret uygulanmamaktadır. Eğitim düzeyi yüksek olan kadınların iş bulma olanağı daha yüksektir. 2023 yılı TÜİK verileri göre mesleki veya teknik lise mezunu kadınların işgücüne katılma oranı yüzde 43,0 iken, yükseköğretim mezunu kadınların işgücüne katılma oranı yüzde 68,8'dir. Okuma yazma bilmeyen kadınların istihdamdaki oranı ise sadece %13,9 dur.

Yeni istihdam alanları açılırken, gelişen teknoloji ve değişen şartlar çerçevesinde yeni gereklilikler ve beceriler önem kazanmaktadır. Devlet, istihdam sağlamaya yönelik olan kuruluşlardan bu gereklilikleri yerine getirmelerini talep etmektedir. Bu nedenle halk eğitim ve halk eğitim merkezleri aracılığıyla açılan mesleki kurslar, bu gereklilik ve becerilerin kazandırılmasına hizmet etmektedir (Şen, 2016). Bu araştırma, günümüzde genel olarak halk eğitim merkezlerinde kursları tercih eden kadın kursiyerlere yönelik yapılması, kursiyer görüşleriyle değerlendirilmesi açısından önem taşımaktadır. Bunun yanı sıra; bundan sonrası için bu alanda yapılacak olan araştırmalara da kaynak teşkil etmesi düşünülmektedir. Bununla birlikte çalışmanın amacı, hayat boyu eğitimin önemli unsuru olan halk eğitim merkezlerindeki kursların kadın istihdamına etkisinin ölçülmesidir. Çalışmada kursiyerlere medeni durum, eğitim durumu, yaş, kurslara katılım sebebi, kursların ekonomik olarak katkı sağlayıp sağlamadığı, kurs sonrası bir işe yerleşebilme durumuna yönelik sorular sorularak, inceleme yapılmıştır.

Çalışma konusuyla ilgili literatür incelendiğinde; halk eğitimi merkezleri üzerine yapılan çalışmaların genelinin, mesleki eğitim kurslarının değerlendirilmesi veya kursların eğitim düzeyine yönelik kursiyer görüşlerinin alınmasına yönelik yapılan çalışmalar olduğu görülmektedir. Bu çalışmalardan bazılarını şu şekilde ifade edilmektedir:

Özengi ve Şahan (2017) tarafından yapılan çalışmanın amacı halk eğitim merkezi kursiyerlerinin yaşam boyu öğrenme eğilimlerinin çeşitli değişkenler (cinsiyet, yaş, eğitim ve mesleki durumu vb.) ile olan ilişkisinin belirlenmesidir. Tarama yöntemi kullanılarak, 150 kursiyer ile yapılan anket çalışması neticesinde eğitim, meslek ve gelir durumu ve halk eğitim merkezinin fiziksel durumu yaşam boyu öğrenme üzerinde farklılık oluştururken, yaş ve medeni durumun anlamlı bir farklılık yaratmadığı görülmüştür.

Akyol, Başaran ve Yeşilbaş (2018) tarafından yapılan çalışmanın amacı halk eğitim merkezine devam eden kursiyerlerin yaşam doyumu ile yaşam boyu öğrenme ilişkisinin araştırılmasıdır. Araştırmada ilişkisel tarama modeli kullanılarak, 435 kursiyere anket uygulanmıştır. Sonuç olarak, kursiyerlerin hayatlarıyla ilgili algılarının cinsiyet, medeni durumu gibi değişkenler arasında ilişkisel bir farklılık bulunmuştur.

Yapar ve Şentürk (2022) tarafından yapılan çalışmanın amacı halk eğitim merkezleri tarafından kadın kursiyerlere yönelik yaygın eğitim faaliyetleri ve kadınların bu faaliyetlere katılımlarının araştırılmasıdır. Araştırma, betimsel tarama yöntemi ile hazırlanmış olup sonucunda Halk eğitim Merkezinde genel kurslara genç kursiyerin katılım sağlayıp hizmet aldığı, mesleki kurslardan ise yaş olarak daha büyük olan kursiyerlerin katılım gösterdiği görülmüştür.

Öztürk ve Ağalday (2024) tarafından yapılan çalışmanın amacı halk eğitim merkezindeki kurslarda, kursiyerlerce hazırlanan, üretilen ürünlerin dijital pazarda satılmasıyla ilgili kursiyer görüşlerinin alınarak değerlendirilmesidir. Çalışmada nitel araştırma yönetimi kullanılmış olup, çalışma sonucunda pazarlamanın geleneksel pazarlama yöntemleri olduğu görülmüş ve kursiyerlere dijital pazarlama ile ilgili halk eğitim merkezinde eğitimler verildiği öğrenilmiştir.

Sağlam ve Korkmaz (2019) tarafından yapılan çalışmanın amacı yaygın eğitim kapsamında açılan meslek edindirme kurslarının kadın istihdamına etkisini ortaya koymaktır. Çalışmada 250 kadın kursiyer ile anket çalışması yapılmış olup, kursiyerlerin tamamı kursların kadın istihdamına katkısı olduğunu bildirmiştir.

Binek (2019) tarafından yapılan çalışmanın amacı Zonguldak İşkur bünyesinde açılan meslek kurslarının kadın istihdamına katkısını incelemektir. Mülakat tekniği kullanılarak, 25 kadın kursiyer ile mülakat yapılmıştır. Sonuç olarak, Zonguldak İŞKUR'dan mezun olan kadın kursiyerlerin, uygun işlere yönlendiremediği belirlenmiştir.

Gökalp (2016) tarafından yapılan çalışmanın amacı mesleki eğitim kurslarının kadın istihdamına katkısını ve etkisini Mersin uygulaması çerçevesinde ortaya koymaktır. Araştırmada maksimum çeşitlilik örneklemesi kullanılmıştır. Örneklemini mezun olan 40 kadın kursiyer oluşturmuştur. Sonuç olarak kurumun kursları bitiren kadınların istihdam edilebilirlikleri üzerinde doğrudan etkisinin olmadığı ve 40 kursiyerden sadece dördünün kendi buldukları işlerde çalıştıkları belirlenmiştir.

Türkoğlu ve Uça (2011) tarafından yapılan çalışmanın amacı Türkiye'de halk eğitiminin tarihsel gelişimi, halk eğitiminde karşılaşılan sorunları ortaya koymaktır. Araştırma sonucunda halk eğitimi kapsamında yapılan veya yapılacak olan çalışmalar halkın ilgisini çekecek, onların kültürel, toplumsal, ekonomik açıdan gelişmelerini sağlayacak şekilde düzenlenmeli ve bu doğrultuda halk eğitimi desteklenerek, işletmeler için nitelikli elemanların yetiştirilmesine olanak sağlayan kursların açılması düşünülmüştür.

Çelik (2019) tarafından yapılan çalışma ise; Türkiye'deki halk eğitim merkezlerinin bölgesel kalkınma üzerindeki etkilerini analiz etmektedir. Bu araştırma neticesinde, Halk eğitim merkezlerinin, bölgesel kalkınmada olumlu bir etki yarattığı ve yerel halkın mesleki becerilerini artırarak iş gücü piyasasında rekabet güçlerini yükseltmektedir. Ancak bazı bölgelerde altyapı ve kaynak eksiklikleri nedeniyle istenen etkiyi tam olarak sağlayamamaktadır.

Aydın (2022) tarafından yapılan çalışma; Halk Eğitim Merkezlerinde çalışan eğitimcilerin, yetişkinler için düzenlenen kurslarda uyguladıkları yöntem ve teknikler hakkındaki görüşlerinin değerlendirilmesini hedeflemiştir. Araştırma ile elde edilen bilgiye bakıldığında, halk eğitim merkezlerindeki eğitmenlerin, yetişkin eğitimine dair olumlu görüşlere sahip oldukları ve kullandıkları yöntem ve tekniklerin genel olarak başarılı bulunduğu ortaya çıkmıştır.

Tamer (2023) tarafından hazırlanan çalışmanın amacı ise; Trabzon'un Ortahisar ilçesindeki Halk Eğitim'de açılmış olan kurslara, kursa katılanlar ile usta öğreticilerin nasıl değerlendirdiğini incelemektir. Sonuç olarak Trabzon ili Ortahisar ilçesindeki Halk Eğitim Merkezi kurslarının genel olarak başarılı olduğunu, ancak bazı alanlarda iyileştirme (ders malzemeleri, fiziki koşullar ve kurs zamanlarının esnekliği) yapılması gerektiğini ortaya koymaktadır.

2. Kadın İşgücünün Önemi

Türkiye'de toplam nüfusun% 49,9 nu kadınlar oluşturmaktadır. (TÜİK, 2023). Nüfusumuzun yarısını oluşturan kadınların istihdama dahil edilmesi ülkemizin kalkınmışlık ve refah seviyesi için önem arz etmektedir. Günümüzde iş ilanlarının çoğunda eğitimli çalışan aranmakta olup, en az lise eğitimli ve yüksek öğrenim mezunu şartı aranmaktadır. Kadının iş gücüne katılımı için eğitim oldukça önemli olup toplumsal yaşamdaki rolü için de belirleyici etkiye sahiptir. Özellikle kentlerde işgücüne katılım, eğitim seviyesiyle yakından ilişkilidir. Bir kadının eğitim seviyesinin düşük olması, ücreti görece düşük işlerde çalışmasını zorunlu kılmaktadır. Kadın iş gücünün önündeki engeller önem taşımakta olup kadının çalıştığı işin dışında tek taraflı sorumluluk yüklenen ev işleri, güvencesiz işler, düşük ücret gibi nedenler de kadını iş alanının dışına itmektedir. "Bakım maliyetlerini karşılayabilen aileler, profesyonel bakım hizmetlerinden faydalanırken, maddi imkanı olmayan kadınlar bu olanaklara erişememektedir ve bu sebeple çalışmamaktadırlar" (Rittersberger ve Kalaycıoğlu, 2012: 304). Kadın istihdamında toplumsal yapı da oldukça önemlidir. Kadınların sorumlulukları, genel itibarıyla ev işleri ve çocuk bakımıyla ilgilenmek zorunda olduğu toplumsal kalıp yargılara göre şekillenmektedir. Erkek ve kadın işgücünde ücret eşitliğinin sağlanması ve toplumsal cinsiyet algısı kadının işgücüne katılımından, yaptığı işin niteliğine ve işgücünde kalma süresine kadar belirleyici etkilere sahiptir. Sağlıklı ve sürdürülebilir kalkınma, ülke refahı için kadın istihdamının önemi büyük olup son yıllarda özellikle dezavantajlı grup olarak kadınların istihdamını sağlamaya yönelik politikalara yer verilmektedir. Ülke olarak topyekûn kalkınmanın şartı üretimde ve ekonomide kadınların daha fazla yer almasıdır.

Tablo 1. Cinsiyete ve Ekonomik Faaliyetlere Göre İstihdamın Yüzde Dağılımı

Ekonomik Faaliyetler									
	Tarım			Sanayi			Hizmet		
Yıl	Toplam	Erkek	Kadın	Toplam	Erkek	Kadın	Toplam	Erkek	Kadın
2014	**21,1**	16,1	32,9	**27,9**	32,4	17,1	**51,0**	51,5	50,0
2015	**20,6**	15,9	31,4	**27,2**	32,0	16,2	**52,2**	52,1	52,5
2016	**19,5**	15,5	28,7	**26,8**	31,6	15,9	**53,7**	53,0	55,4
2017	**19,4**	15,4	28,3	**26,5**	31,4	15,6	**54,1**	53,2	56,1
2018	**18,4**	14,9	26,1	**26,7**	31,6	16,0	**54,9**	53,5	57,9
2019	**18,2**	14,9	25,1	**25,3**	29,7	15,9	**56,5**	55,4	59,0
2020	**17,6**	15,3	22,8	**26,2**	30,5	16,8	**56,2**	54,3	60,4
2021	**17,2**	14,7	22,7	**27,5**	32,0	17,6	**55,3**	53,3	59,7
2022	**15,8**	13,6	20,6	**27,7**	32,3	18,0	**56,5**	54,1	61,5

Kaynak: TÜİK 2023, Cinsiyete ve Ekonomik Faaliyetlere Göre İstihdamın Yüzde Dağılımı

Tablo 1 incelendiğinde; 2014-2022 yılları arasında tarımdaki kadın istihdam oranının yıllara göre düşüş gösterdiği görünmektedir. Kırdan kente olan göçlerin artmasıyla tarımda çalışan kadın sayısının hizmet sektörüne katıldığı ve yıllara göre hizmet sektöründeki kadın istihdamının artış göstermesinin en önemli sebebidir. Sanayi sektöründe ise henüz cinsiyete dayalı ayrımcılığın aşılamadığı görülmektedir. Hizmet sektöründeki kadın istihdam oranının yüksek olmasının sebeplerinden biri de kentlere göçle gelen kadınların, aldıkları eğitimler neticesinde hizmet sektörüne atılmasıdır.

Tablo 2. Kadın İstihdamının Yıllar ve Eğitim Düzeyine Göre Dağılımı (%)

İSTİHDAM ORANI (%) [15+ yaş] *Bin Kişi					
Yıllar	Okur-Yazar Olmayanlar	Lise Altı Eğitimliler	Lise	Mesleki veya Teknik Lise	Yüksek Öğretim
2019	14,5	27,1	26,3	31,3	58,3
2020	11,7	21,3	23,9	28,5	54,5
2021	12,1	22,5	26,0	30,1	56,2
2022	13,4	24,4	29,2	34,8	58,3

Kaynak : TÜİK, İş Gücü İstatistikleri

2019-2022 yılları arasında kadın istihdam oranlarında eğitim seviyelerine göre belirgin farklılıklar gözlemlenmektedir. Eğitim düzeyi arttıkça, kadınların iş gücündeki temsil oranları da artmaktadır. Yükseköğretim mezunu kadınlar, her yıl en yüksek istihdam oranına sahip olup, pandemi döneminde bile bu seviye, diğer eğitim düzeyleriyle karşılaştırıldığında daha az etkilenmiştir. Pandemi dönemi olan 2020 yılında istihdam oranlarında genel bir düşüş yaşanmış, ancak sonraki yıllarda toparlanma sürecine girilmiştir. Özellikle 2022 yılında tüm eğitim seviyelerinde kadın istihdam oranlarının artması, iş gücü piyasasının pandemi sonrası toparlandığını ve kadınların iş gücüne katılımının yeniden arttığını göstermektedir. Zamanla değişiklikler gözlemlenmiş olsa da, çalışan kadınların çoğunluğunu lise ve üniversite mezunu olduğu görülmektedir. Sonuç olarak, iş gücünde yer alan kadınların büyük kısmı yüksek eğitim seviyesine sahiptir. Eğitim düzeyi ile kadınlar gelişen teknolojiye uyum sağlayacak, bilgi ve iletişim becerilerini geliştirerek ülke kalkınmasına katkıda bulunacaktır.

Şekil 1. İşgücüne Dâhil Olmama Sebeplerine Göre Kadınlar (bin kişi)

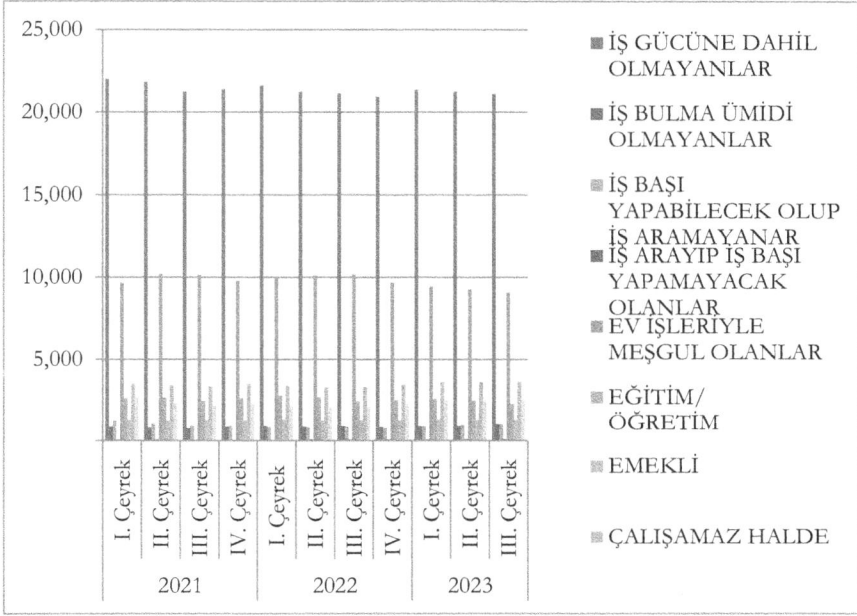

Kaynak: TÜİK, İşgücüne dahil olmama nedenleri 2023

Şekil 1'de kadınların işgücüne katılmama sebepleri yer almaktadır. İş bulma umudunu kaybedenler ve çalışabilir durumda olmalarına rağmen iş aramayan kadınlar ile eğitim ve öğretim sebebiyle işgücünde olmayanların sayısı birbirine yakındır. Ev sorumlukları sebebiyle çalışamayan kadınların sayısı oldukça yüksektir. Burada ev işlerinin kadın istihdamının önündeki başlıca engellerden biri olarak öne çıkmaktadır. Kadınlara yüklenen ev işleri, çocuk bakımı, belirli işlerde çalışmaya zorlanması gibi nedenlerle kadın istihdamı düşük düzeydedir.

3. Yöntem

3.1. Çalışmanın Evreni ve Örneklemi

Bu çalışma, 2023-2024 akademik yılında Mardin il merkezinde yer alan Artuklu Halk Eğitim Merkezi'nde eğitim gören kadın kursiyerler arasından seçilmiştir. Çalışma evrenini, merkez bünyesinde sunulan altı farklı kurs programı (aşçılık, kuaförlük, el sanatları, giyim, çocuk gelişimi, mefruşat) kapsamında öğrenim gören toplam 60 kursiyer oluşturmaktadır. Araştırmanın örneklemi, basit tesadüfi örnekleme yöntemi kullanılarak seçilen bu kurslardan 16 kadın kursiyeri içermektedir. Seçilen kursiyerler, araştırmanın derinlemesine incelenmesi gereken yönlerini temsil etmektedir ve bu kurslar arasındaki çeşitlilik, araştırma bulgularının genel izlenebilirliği açısından önem taşımaktadır.

3.2. Veri Toplama Araçları

Veri toplama aracı olarak, araştırmacı tarafından hazırlanan ve on iki açık uçlu sorudan oluşan yarı yapılandırılmış görüşme formu kullanılmıştır. Görüşmeler, araştırmacı tarafından birebir yapılmış ve kursiyerlerin görüşlerini detaylı bir şekilde anlamak için yeterli zaman ayrılmıştır. Toplanan veriler, betimsel analiz yöntemi kullanılarak analiz edilmiş ve araştırma bulguları bu analizlere dayanarak sunulmuştur. Görüşme formunda; kursiyerlerin demografik bilgilerinin dışında aşağıda belirtilen temalar üzerinde durulmuştur;

- Mardin Artuklu Halk Eğitim Merkezi'nin kadın kursiyerlerin mesleki gelişimine katkısı,

- Kursların kadınların girişimci olma, ekonomik katkı sağlama ve işe yerleşme durumlarına etkisi,

- Kadın kursiyerlerin yaş, eğitim, meslek ve gelir durumuna göre kursların farklılık gösterip göstermediği dair ipuçları,

- Kursiyerlerin halk eğitim merkezlerinin genel işlevselliği ve etkinliği hakkındaki görüşleri

3.3. Verilerin Toplanması

Araştırma, nitel bir yaklaşım benimsenerek tasarlanmıştır. Nitel araştırma gözlem, doküman, görüşme gibi teknikler kullanılarak olay ve olguları yorumlanmasını sağlar. Olay ve olguların gerçekleşme anına ilişkin derin analizler ve araştırmacının özel betimlemelerini sıklıkla içerirler (Golafshani, 2003). Veri toplama süreci, literatür taraması ve yarı yapılandırılmış görüşme formu yoluyla gerçekleştirilmiştir. Yarı yapılandırılmış görüşme formu, yapılan araştırma konusuna göre önceden araştırılarak hazırlanan, soruların belirli öncelik sırasına konulması zorunluğu olmayan formlardır. Asıl amacın katılımcıların hikayelerini dinleyerek deneyimlerinin nasıl gerçekleştiğini ve onların bu deneyimlere atfettikleri anlamları keşfetmeye çalışmak olduğunu unutmamalıdır (Roberts, 2020: 3189). Literatür taraması, araştırmanın konusu ve kapsamıyla ilgili önemli teorik çerçeveleri ve önceki çalışmaları belirlemek için yapılmıştır.

4. 4. Bulgular

4.1. Demografik Özelliklere İlişkin Bulgular

Bu bölümde, araştırmanın örneklem grubunu oluşturan kadın kursiyerlerin demografik özelliklerine ilişkin bulgular sunulmuştur. Kursiyerlerin yaş, eğitim seviyesi, mesleki durumu ve kursa katılım nedenleri gibi temel demografik bilgileri kapsamlı bir şekilde incelenmiştir. Bu demografik verilerin analizi, kursiyerlerin sosyo-ekonomik profillerini ve eğitim ihtiyaçlarını daha iyi anlamaya yardımcı olacak ve Halk Eğitim Merkezi'nin sunduğu kursların kadın istihdamına katkısını değerlendirirken önemli bir temel oluşturacaktır. Veriler, sistematik bir şekilde sunularak, kursiyerlerin demografik dağılımının detaylı bir görünümünü sağlamakta ve araştırma bulgularının daha net bir şekilde yorumlanmasına olanak tanımaktadır. Bu analiz, aynı zamanda, kurs programlarının çeşitli demografik gruplardaki bireylerin ihtiyaçlarına ne derece hizmet ettiğini ortaya koyarak, programların etkinliği ve kapsayıcılığı hakkında önemli içgörüler sunmaktadır. Söz konusu bulgulara göre; kursiyerlerin büyük bir kısmının 29-34 yaş aralığında olduğu görülmektedir ve bu grup toplam katılımcıların yaklaşık %37.5'ini oluşturmaktadır. Bunun yanı sıra; 18-23 ve 41 ve üstü yaş grupları da sırasıyla %18.75 ve %25.00 ile önemli bir katılım oranına sahiptir. 24-28 yaş grubu ve 35-40 yaş grubunun katılımı daha düşüktür, sırasıyla %12.50 ve %6.25 oranında gerçekleşmiştir. Söz konusu bu dağılım, kursların farklı yaş gruplarındaki bireyler üzerindeki etkisini ve ilgisini anlamak açısından önemli bir göstergedir.

4.2. Katılımcıların Medeni Durumlarına İlişkin Bulgular

Mardin Artuklu Halk Eğitim Merkezi'nde düzenlenen kurslara katılan kadın kursiyerlerin medeni durumlarına göre dağılımını ve bu dağılımların yüzdelik oranlarını gösteren bulgulara göre; toplam katılımcıların % 68.75'i evli, % 31.25'i ise bekar durumdadır. Bu oranlar, evli bireylerin kurslara katılımının bekarlara göre daha yüksek olduğunu göstermektedir. Bekar katılımcıların daha düşük oranı ise, kurslara olan genel ilginin medeni duruma göre değişiklik gösterebileceğini düşündürmektedir. Bu durum, kursların çeşitli demografik gruplar arasında nasıl algılandığı ve tercih edildiği hakkında önemli bilgiler sunmaktadır.

4.3. Kursiyerlerin Öğrenim Durumuna İlişkin Bulgular

Mardin Artuklu Halk Eğitim Merkezi'nde düzenlenen kurslara katılan kadın kursiyerlerin öğrenim durumlarına göre dağılımını ve bu dağılımların yüzdelik oranlarını içeren bulgulara göre en büyük grup %56.25 ile lise mezunlarından oluşmaktadır. Bu oran kursiyerlerin büyük bir kısmının bu eğitim seviyesinden olduğunu göstermektedir. Ortaöğretim mezunlarının oranı %18.75, ön lisans mezunlarının oranı %12.50'dir. Bu veriler de bu eğitim seviyelerinden gelen katılımcıların da kurslara ilgi gösterdiğini ancak lise mezunları kadar yoğun olmadığını belirtmektedir. İlköğretim ve yüksek lisans mezunu olan kursiyerlerin her biri için oranlar %6.25'tir ve bu durum da bu eğitim düzeylerinden kursiyerlerin nispeten düşük bir temsil oranına sahip olduğunu göstermektedir. Bu öğrenim durumu dağılımı, kursların özellikle lise mezunu bireyler arasında popüler olduğunu ve çeşitli eğitim seviyelerinden gelen katılımcıların farklı oranlarda temsil edildiğini ortaya koymaktadır.

4.4. Kursiyerlerin Kursa Katılma Nedenlerine İlişkin Bulgular

Söz konusu bulgular, kursiyerlerin kursa katılma nedenlerine ilişkin verileri sunmaktadır. Buna göre, kursiyerlerin yarısı (%50) meslek edinme veya sertifika alarak iş bulma amacıyla kurslara katılmaktadır. Bu veriler, kursiyerlerin büyük bir kısmının kariyer hedeflerine ulaşmak için bu tür eğitimlere önem verdiğini ve kursların mesleki yeterlilikler kazanma konusunda önemli bir kaynak olduğunu göstermektedir. Boş zamanlarını değerlendirme amacıyla kurslara katılanların oranı %18.75 olarak belirlenmiştir. Bu veriler, bireylerin boş zamanlarını verimli bir şekilde kullanma ve belki de yeni hobiler edinme veya kişisel ilgi alanlarını geliştirme arzusunu yansıtmaktadır. Sosyal çevre edinme ve stresten uzaklaşma motivasyonuyla katılanların oranı %12.5'tir. Bu veriler, kursların bireyler için sadece beceri kazanma mekanizması olmadığını, aynı zamanda sosyal etkileşim ve psikolojik rahatlama fırsatları sunduğunu göstermektedir. Mesleki gelişim ve yeni bilgiler öğrenme amacı güden katılımcıların oranı da %18.75'tir. Bu oran ise bireylerin kendilerini geliştirmeye ve sürekli öğrenmeye açık olduğunu, kursların da bu sürekli öğrenme ihtiyacını karşılamada etkili bir rol oynadığını göstermektedir. Bu bulguların edinildiği kursiyer ifadelerine göre; (K1), *"Kursa gelme sebebim alacağım sertifika ile işe girebilmek"* şeklinde ifade ederken (K2) ise *"Kursa katılma nedenim evime yakın ve ücretsiz olması. Kursa gelince stresimi atıyorum, kafam dağılıyor, çevre ediniyorum"* şeklinde ifade etmiştir. (K7) de *"El Sanatları, sertifika alma, yeni bilgi beceriler öğrenme, sertifika alarak usta öğretici olabilmek"* olarak tanımlamıştır. Genel olarak, bu veriler, kursların katılımcılar için çeşitli ve kapsamlı motivasyonlarla değerli eğitim fırsatları sunduğunu ortaya koymaktadır. Kurslar, meslek edinme ve iş bulmadan sosyal ve kişisel gelişime kadar geniş bir yelpazede ihtiyaçları karşılamakta ve kursiyerlerin bu ihtiyaçlarına cevap vermekte önemli bir rol oynamaktadır.

4.5. Kursiyerlerin Memnuniyet Durumuna İlişkin Bulgular

Bu bulgular, kursiyerlerin kursa olan genel memnuniyetini üç ana kategori altında sınıflandırmaktadır. Kursiyerlerin büyük bir kısmı, yüzde 62,5 oranıyla tamamen memnun olduklarını belirtmiştir. Bu yüksek memnuniyet oranı, kursların karşıladığı ihtiyaçlar ve sağladığı faydaların, kursiyerlerin beklentilerini genel olarak tatmin ettiğini göstermektedir. Yüzde 25 oranında bir grup ise, memnuniyetlerini belirtirken kurslarla ilgili iyileştirilmesi gereken bazı alanlara da işaret etmiştir. Bu durum, kursların genel yapısının olumlu bulunmasına rağmen, özellikle sınıfın fiziksel koşulları, eğitim materyallerinin yeterliliği ve kurs süresi gibi konularda bazı eksikliklerin farkında olduklarını ve bunların iyileştirilmesini umduklarını ortaya koymaktadır. Yüzde 12,5 oranında küçük bir grup kursiyer ise memnun olmadıklarını ifade etmiştir. Bu düşük memnuniyet oranı, kursların herkesin ihtiyaçlarını karşılayamayabileceğine ve bazı katılımcıların beklentilerini tam anlamıyla yerine getiremediğine ilişkin bir göstergedir. Bu grup, daha spesifik şikayetlerle, örneğin araç-gereç eksikliği veya dersliklerin fiziksel durumu gibi konularda memnuniyetsizliklerini dile getirmişlerdir.

Bu bulguların edinildiği kursiyer ifadelerine göre; (K1), *"Memnunum, kendimizi geliştirip meslek sahibi olacağız"* ifadesinde bulunurken, (K9) *"Memnunum ancak kurs için ayrılan süre yeterli değil daha uzun olmalı"* şeklinde görüş beyan etmiştir. (K8) ise *"Kurstan memnun değilim çünkü yeterli araç gereç yok, dersliklerin fiziksel yapısı uygun değil"* şeklinde ifade de bulunmuştur.

Genel olarak bu bulgular, kursların pek çok katılımcının beklentilerini karşıladığını, ancak kurs organizasyonu ve altyapısında iyileştirmeler yapılması gerektiğini göstermektedir. Bu tür geri bildirimler, kursların geliştirilmesi ve daha iyi bir kursiyer deneyimi sunulması için önemli veriler sağlamaktadır.

4.6. Kursların Kursiyerlere Ekonomik Katkı Sağlama / Sağlamama Durumuna İlişkin Bulgular

Bulgular, kursiyerlerin büyük bir çoğunluğunun (%81.25) kursun ekonomik açıdan katkı sağladığına inandığını göstermektedir. Bu oran, kursların iş bulma, mesleki gelişim veya ek gelir elde etme konularında önemli bir araç olduğu yönünde güçlü bir görüş birliğini yansıtmaktadır. Kursiyerler, edindikleri becerilerin ve bilgilerin ekonomik faydalar sağlayabileceği, özellikle el sanatları gibi alanlarda girişimcilik fırsatları yaratabileceği veya mevcut işlerinde ilerlemelerine yardımcı olabileceği konusunda iyimserdirler. Diğer taraftan, %18.75'lik bir grup kararsızdır veya kursun ekonomik katkı sağlamayacağını düşünmektedir. Bu durum, kurs materyallerinin yeterli olmaması, eğitimin pratik uygulamalarla desteklenmemesi veya kurs süresinin yeterince uzun olmaması gibi sebeplerden kaynaklanıyor olabilmektedir. Bu görüşler, kurs içeriğinin ve yapısının, kursiyerlerin ekonomik hedeflerine ulaşmalarına yardımcı olacak şekilde iyileştirilmesi gerektiğini göstermektedir. Bu bulguların edinildiği kursiyer ifadelerine göre; (K1), *"Ekonomik açıdan katkı sağlayacağını düşünüyorum"* diye ifade ederken (K7), *"Katkı sağlar çünkü el sanatları bu işi öğrendikten sonra kişi isterse satış yapar dışarıda katkı sağlar tabi kendini geliştirmesi lazım"* (K8), *"Ekonomik açıdan katkı sağlar, konfeksiyon ya da dikim atölyelerinde işe girebilirler, eğitim alıp atölyelerde işe başlayan arkadaşlarım oldu"* şeklinde ifade etmiştir. (K12), *"Ekonomik açıdan katkı sağlaması konusunda kararsızım, işe yerleşen kursiyere hiç şahit olmadım ama bazen öğrendiklerini mahallesinde yapıp satan kişiler de var tabi. Ama ne kadar katkı sağlar kararsızım"* derken, (K10), *"Ekonomik açıdan katkı sağlamaz, sertifika aldıktan sonra iş garantisi yok"* demiştir. Genel olarak, kursiyerlerin çoğunluğu kursların ekonomik açıdan katkı sağlayacağı konusunda pozitif bir görüşe sahipken, bir kısmı bu konuda kararsızdır veya olumsuz düşünmektedir. Bu farklılık, kurs sağlayıcılarının, kursiyerlerin ekonomik beklentilerini daha iyi anlamaları ve bu beklentilere uygun programlar sunmaları gerektiğini gösterebilmektedir.

4.7. Kurslar Bittikten Sonra Kursiyerlerin İşe Girme Durumlarına İlişkin Bulgular

Kursiyerlerin kurs sonrası işe yerleşme beklentilerine ilişkin cevaplarından yola çıkarak ortaya çıkan bulgulara göre; bir grup kursiyer, öğrendikleri becerilerle iş bulacakları konusunda iyimserdir. Bu grup, mesleki eğitimin piyasada talep gören alanlarda olduğunu ve aldıkları eğitimin iş bulmalarına doğrudan katkı sağlayacağını düşünmektedir. Bazı kursiyerler ise kararsızdır veya kursun iş bulmada bir fark yaratmayacağını düşünmektedir. Bu durum, belirli kursiyerlerin iş bulmanın zor olduğu bir pazarda yaşadıklarını veya kursun yeterince kapsamlı olmadığını hissettiklerini gösteriyor olabilmektedir. Diğer bir grup ise kursa meslek edinme veya iş bulma amacıyla katılmadıklarını, daha çok kişisel gelişim veya hobilerini geliştirmek amacıyla katıldıklarını ifade etmiştir. Bu bulguların edinildiği kursiyer ifadelerine göre; (K9), *"Düşünmüyorum daha genç olanları alıyorlar işe atölye olsa da almıyorlar. İşsizlik Mardin de çok fazla"* diye ifade ederken, (K7), *İşe yerleşeceğimi düşünmüyorum alım yok ilimizde"* (K12), *"İşe yerleşip yerleşemeyeceğimden emin değilim"* şeklinde ifade etmiştir. (K1), ise *"Aşçılık son zamanlarda aranılan meslek işe girebileceğimi düşünüyorum"* demiştir. Kursiyerlerin iş bulma konusundaki bu farklı beklenti ve görüşleri, kurs programlarının iş bulma ve kariyer gelişimi üzerindeki etkisinin kişiden kişiye nasıl değişebileceğini göstermektedir. Bu çeşitlilik, eğitim sağlayıcıları için kurs içeriklerini ve rehberlik hizmetlerini, kursiyerlerin ihtiyaçlarına daha iyi uyum sağlayacak şekilde düzenlemenin önemini vurgulamaktadır.

4.8. Kurslarda Yer Alan Eğitmenlerin Yeterlilikleri ve Öğrenilen Bilgilerin Nerelerde Kullanılabileceğine İlişkin Bulgular

Söz konusu bulgulara göre kursiyerlerin büyük çoğunluğu eğitmenlerinin yeterli bilgi ve donanıma sahip olduğunu düşünmektedir. Çoğu kursiyer, eğitimlerinin kalitesinden ve aldıkları bilgilerden memnun olduğunu ifade etmiştir. Bu durum; kursun, katılımcılara istedikleri veya ihtiyaç duydukları becerileri kazandırma konusunda başarılı olduğunu göstermektedir; ancak birkaç kursiyer eğitmenin bilgi ve donanımının yeterli olduğunu fakat öğrendikleri bilgileri nerelerde ve nasıl uygulayacakları konusunda yeterli rehberlik almadıklarını belirtmiştir. Bu durum, bazı kursiyerlerin, kurs sonrası edindikleri bilgileri pratik bir şekilde nasıl kullanacaklarını anlamada ek destek veya rehberliğe ihtiyaç duyduklarını işaret etmektedir. Bu bulguların edinildiği kursiyer ifadelerine göre ise (K15), *"Çok yetenekli bilgili hocamız"* şeklinde görüşünü ifade ederken (K7), *"yeterli donanıma sahip, gerekli bilgileri veriyor"* (K2), *"Evet yeterli bilgi ve donanıma sahip hocamız"* demiştir. Bunun yanı sıra (K11), *"Yeterli donanıma sahip, ancak öğrendiğimiz bilgileri nerelerde kullanacağımız konusunda yeterli açıklama yapmıyor"* şeklinde beyanda bulunmuştur.

Genel olarak, eğitmenlerin bilgi ve donanımı konusunda olumlu bir görüş birliği bulunsa da, kurs sonrası elde edilen bilgilerin uygulanması ve iş hayatına entegrasyonu konusunda daha fazla rehberlik ve destek sağlanması gerektiği anlaşılmaktadır. Bu geri bildirimler, kurs programlarının geliştirilmesi ve kursiyerlerin ihtiyaçlarına daha iyi yanıt verilmesi açısından değerlidir.

4.9. Kursiyerlerin Öğrendikleri Bilgilerin Beklenti ve İhtiyaçları Karşılayıp Karşılamadığına İlişkin Bulgular

Mülakatlardan edinilen bulgulara göre; kursiyerlerin büyük çoğunluğu, kurslarda aldıkları eğitimin beklentilerini ve ihtiyaçlarını karşıladığını belirtmiştir. Bu durum, kurs içeriklerinin ve sunulan bilgilerin çoğu katılımcının amaçlarına hizmet ettiğini göstermektedir; ancak (K9), *"eğitimin süresinin yetersiz olduğunu, makine ve araç-gereç sayısının da yeterli olmadığını"* dile getirmiş ve bu nedenle kursun beklentilerini karşılamadığını ifade etmiştir. Bu geri bildirim, kurs programlarının ve donanımlarının daha etkili bir öğrenim deneyimi için gözden geçirilmesi gerektiğini ortaya koymaktadır. Bunun yanı sıra; K6, *"benim karşılıyor eksiklerimi de burada tamamladım, zaten bilgim de vardı"* şeklinde ifadede bulunmuştur. (K10) ise *"Beklentimi karşılıyor"* ifadesinde bulunmuştur. Genel olarak; kursiyerlerin ifadeleri, sağlanan eğitimin genel olarak beklentilerini karşıladığı yönünde bir mutabakata işaret etmektedir. Öğretim programının içeriği, çoğu katılımcının amaçlarına ve kursa yönelik beklentilerine uygun düşmektedir. Bu durum, kurs programlarının tasarımının ve içerik seçiminin, kursiyerlerin mesleki ve kişisel gelişim ihtiyaçlarını dikkate alan bir yaklaşımla hazırlandığını göstermektedir. Kursiyerlerin pozitif geri bildirimleri, eğitim sağlayıcılarının, öğretim metodolojilerinde ve içeriklerinde bireylerin ihtiyaçlarına yönelik stratejiler geliştirdiğine işaret etmektedir; ancak kurs süresinin yeterliliği ve eğitim materyallerinin yeterli sayıda olup olmadığı gibi konularda ortaya çıkan eleştiriler, kursların bazı operasyonel yönlerinin daha da iyileştirilmesi gerektiğini vurgulamaktadır. Özellikle, bir kursiyerin eğitim süresinin ve sağlanan kaynakların yetersizliği konusundaki eleştirisi, bu alanlarda dikkate alınması gereken mevcut zorlukları yansıtmaktadır. Kurs süresinin uzatılması, pratik uygulamalar için daha fazla zaman ayırmak ve öğrenilen becerilerin pekiştirilmesi açısından faydalı olabilecektir. Buna ek olarak, kurs materyallerinin ve araç-gereçlerin sayısının artırılması, daha kapsamlı ve etkileşimli bir öğrenme ortamı yaratabilmektedir. Bu tespitler, kurs programlarının sürekli olarak değerlendirilmesi ve iyileştirilmesi gerekliliğini ortaya koymaktadır. Kurs sağlayıcıları için, kursiyerlerden gelen geri bildirimleri dikkate almak, eğitim kalitesini artırmak ve kursiyer memnuniyetini maksimize etmek önem taşımaktadır. Kursların uygulama aşamalarında karşılaşılan bu tür sorunları çözerek, eğitimin etkililiğini artırmak ve kursiyerlerin öğrenme deneyimlerini daha da zenginleştirmek mümkündür.

4.10. Kursun Mesleki Gelişime Fayda Sağlama Durumuna İlişkin Bulgular

Söz konusu bulgulara göre; kursiyerlerin büyük bir kısmı, devam etmekte oldukları kursun mesleki gelişimlerine fayda sağladığını belirtmiştir. Bu durum; kursların, bireylerin mevcut becerilerini geliştirmelerine ve yeni yetenekler kazanmalarına olanak tanıdığını göstermektedir. Bazı kursiyerler, önceden sahip oldukları bilgilerin üstüne yeni ve daha kapsamlı bilgiler eklediklerini ifade etmiştir. Özellikle, kuaförlük alanında eğitim alan bir kursiyer, daha önceki çalışmalarında kazandığı tecrübelerden daha fazla bilgi edindiğini belirtmiştir. Bu da kursların, iş dünyasındaki pratik tecrübelerle birlikte teorik ve teknik bilgilerin de sunulduğu bir ortam yarattığı anlamına gelmektedir. Kursiyerlerden biri, daha önceki bilgilerine dayanarak kursun kendisine daha fazla katkı sağladığını belirtmiştir. Bu durum da öğrenimin bireysel geçmiş bilgi seviyesine göre özelleştirilebileceğini göstermektedir. Mesleki gelişim konusunda proaktif olan bireyler, kursların sunduğu bilgi ve becerileri daha verimli bir şekilde uygulayabilmektedir. Bunun yanı sıra;

meslek edinme amacıyla kursa katılan kursiyerler de eğitimin kendi mesleki gelişimlerine önemli katkılar sağladığını ifade etmişlerdir. Bu durum, kursların, mesleki yeterlilik ve kariyer hedefleri konusunda katılımcıların beklentilerini karşılayabilecek potansiyele sahip olduğunu göstermektedir. Bu bulguların edinildiği kursiyer ifadelerine göre ise (K9), *"Mesleki olarak geliştirir, eliniz bu işlere yatkınsa daha çabuk öğrenirsiniz, öncesinde biraz bilginiz varsa kurs daha çok katkı sağlar"* şeklinde görüşünü ifade ederken (K8), *"Meslek edinmek için geldim buraya bana çok katkı sağladı"* şeklinde beyanda bulunmuştur. Genel olarak, kursiyerlerin geri bildirimleri, kurs programlarının mesleki beceri ve bilgi edinme konusunda etkili olduğunu ve bireylerin kariyer hedeflerine ulaşmada önemli bir rol oynadığını ortaya koymaktadır. Bu olumlu sonuçlar, eğitim kurumlarının mesleki kursları ve eğitim programlarını tasarlarken bireylerin ihtiyaç ve beklentilerini dikkate aldığının bir göstergesi olarak değerlendirilebilmektedir. Bu durum; aynı zamanda, mesleki eğitimin, bireylerin kariyerlerinde ilerlemelerine sağladığı katkıların önemini ve değerini vurgulamaktadır.

4.11. Kursiyerlerin Farklı Bir Kursa Katılma İsteğine İlişkin Bulgular

Araştırmanın dokuzuncu sorusunda kursiyerlerin Mardin Halk Eğitim Merkezi'nde farklı bir kursa katılma düşünceleri ve gerekçeleri sorgulanmıştır. Kursiyerlerin cevapları incelendiğinde, çoğunluğunun farklı kurslara katılmayı olumlu bulduğu gözlemlenmektedir. Buna göre bir grup kursiyer, hobi amaçlı resim ve aşçılık kurslarına katılmayı düşünmektedir. Diğer yandan, mesleki becerilerini geliştirme ve sertifika edinme motivasyonu ile bilgisayar kursuna gitmeyi planlayanlar bulunmaktadır. El sanatları ve giyim kurslarına olan ilgi de, bu alanlardaki kişisel yetenek ve merakla ilişkilendirilmektedir. Bazı kursiyerler ise şimdilik katılmayı düşünmemekte, ancak ileride ihtiyaç duyulduğunda kurslara katılabileceklerini belirtmektedirler. Dil öğrenme ihtiyacını vurgulayanlar da dikkate alındığında, kursların bireysel gelişim ve mesleki ilerleme amacıyla tercih edildiği anlaşılmaktadır. Bu bulguların edinildiği kursiyer ifadelerine göre ise (K15), *"Düşünürüm, giyim kursuna gidebilirim ilgim yeteneğim var"* şeklinde ifadede bulunurken (K14), *"Düşünüyorum, bilgisayar sertifikası olması lazım artık her yerde isteniyor"* şeklinde ifadede bulunmuştur. (K16), *"düşünürüm, aklımda bir kurs şimdilik yok ama giderim"*, (K9) ise *"Şuan düşünmüyorum, bu kursu bitirdikten sonra işe girebilirsem çalışmak istiyorum"* şeklinde görüşünü iletmiştir. Bu veriler ışığında, kursiyerlerin geniş bir yelpazede ve değişik nedenlerle eğitim hizmetlerine erişimde bulundukları ve bu eğitimlerin, kişisel beklentileri ve mesleki gelişim hedefleri ile uyumlu olduğu sonucuna varılmıştır.

4.12. Kurs Bilgilerinin Maddi Kazanç Sağlama Durumuna İlişkin Bulgular

Kursiyerlerin kurs sonunda edindikleri bilgi ve becerileri maddi kazanca dönüştürme potansiyelleri sorgulandığında, cevaplar farklılık göstermektedir. Kursiyerlerden bir kısmı, kursun sağladığı eğitimlerin maddi kazanç elde etme imkanı sunduğunu ifade etmektedir. Bu doğrultuda; (K7), *"alacağım sertifika ile el sanatları alanında usta öğreticilik yaparak maddi kazanç sağlarım"* derken, (K8), benim *küçük bir giyim mağazam var, giyim kursunda öğrendiklerim çok kıymetli, bu bilgilerle müşterilerime daha çok yardımcı olacağım bu sayede kazancım da artar müşterimde"* diyerek belirtmiştir. Çocuk gelişimi kursuna devam eden (K11) ise *"Mardin merkezde artık özel kreş sayısı fazla ben de sertifika alıp kreşlere başvurmak için kursa katıldım. Yardımcı olarak başlayıp maddi kazanç sağlayabilirim"* demiştir. Yine dikim kursunda olan (K16) *"maddi kazanç sağlanır, sağlanıyor da. Bu kurslara gelip en basitinden pantolon paçası yaparak gelir sağlayan arkadaşlarımız var. Ben de elbise tamiri, dikimi yine paça kesme, daraltma işlemleri yaparak kazanç sağlarım"* Buna karşın, bazı kursiyerler maddi kazanç elde etmeyi amaçlamadıklarını, kursa daha çok bilgi ve becerilerini geliştirmek için katıldıklarını ifade etmektedirler; ancak bu kursiyerler de diğer kişilerin kurs sonunda öğrendikleri becerilerle maddi kazanç sağlayabileceklerini kabul etmektedirler. Yine giyim kursunda olan (K9), *"tekstil alanında iş bulunabilmesi durumunda maddi kazanç sağlanabilir"* diyerek düşüncesini belirtmiştir. Maddi kazanç sağlanamayacağını düşünen kursiyerlerin varlığı da göz ardı edilmemelidir. Bu kursiyerler, öğrenilen bilgi ve becerilerin piyasa koşullarında yeterli maddi getiriye dönüşemeyeceğini düşünmektedirler. Örneğin; (K10), *"devam ettiğim resim kursu maddi kazanç sağlamaz, aldığım eğitim, şartlar buna uygun değil"* şeklinde durumu ifade etmiştir. Bu, durum kursların ekonomik katkı sağlama potansiyelinin her kursiyer tarafından aynı şekilde algılanmadığını göstermektedir.

Genel olarak, kursiyerlerin bir kısmı kursların kendilerine maddi kazanç sağlama konusunda faydalı olacağını düşünürken, bazıları bu konuda kararsızdır veya olumsuz bir görüşe sahiptir. Kurs içeriklerinin ve kazandırılan becerilerin ekonomik fayda sağlama potansiyeli, kursiyerlerin kişisel amaçlarına ve piyasa koşullarına göre değişiklik göstermektedir. Bu durum, kurs programlarının ve eğitim içeriklerinin, kursiyerlerin maddi kazanç sağlama beklentilerine cevap verebilme kapasitesinin kişisel ve piyasa faktörlerine göre farklılık gösterebileceğini ortaya koymaktadır.

5. 5. Sonuç, Tartışma ve Öneriler

Bilgi çağının en önemli sürdürücülerden olan hayat boyu öğrenmenin karşılığını, halk eğitim merkezlerinde bulmaktayız. Günümüzde sürekli eğitim, özellikle mesleki eğitimin üzerinde duran bu merkezler, kadınların meslek edinmek için güvenerek başvurdukları kurumlar olması açısından önemlidir. Çalışmanın temelini oluşturan kadın istihdamına bu kurumların etkisinin araştırılmasıdır. Gerçekleştirilen mülakat görüşmeleri incelendiğinde; demografik özelliklere göre kursiyerlerin büyük kısmını 29-34 yaş arası kadınların oluşturduğu, kursiyerlerin %68,75 inin evli olduğu, lise mezunlarının katılımcıların çoğunluğunu oluşturduğu (%56,25) ve kursa katılım nedenlerinin (%50) meslek edinip sertifika almak ve işe yerleşebilmek olduğu ortaya çıkmıştır Bu veri kursiyerlerin yeni bir meslek edinmek ve işe yerleşebilmek için halk eğitim merkezlerini tercih ettiklerini göstermektedir Kursiyerlerin kurslardan sağladığı fayda genel olarak memnun olduklarını göstermekle birlikte, büyük çoğunluk da dersliklerin yetersiz olduğunu, araç-gereçlerin ve teknik donanımın eksik olduğunu belirtmiştir Kursların, kursiyerlere ekonomik olarak katkı sağlayıp sağlamadığına ilişkin durum incelendiğinde ise, bir kısmı ekonomik olarak katkı sağlayacağına inanırken yine bir kısmı kararsız ve olumsuz durum bildirmiştir Kursiyerlerin kurs bittikten sonra işe girme durumları incelediğinde; bir kısmı öğrendikleri bilgilerle işe girme konusunda umutluyken, bir kısmının olumsuz düşündüğü görülmüştür Kurs eğitmenlerinin yeterliliği ve öğrendikleri bilgileri nerelerde kullanacaklarına ilişkin sorularda çoğunluğu olumlu cevap vermiştir Kursların mesleki gelişmelere katkı sağlayacağı ve farklı kurslara katılım sağlama konusunda da kursiyerler olumlu görüş bildirmiştir Kurs bilgilerinin maddi kazanç sağlama sorusuna ise olumlu görüş bildirenler kadar, olumsuz ve kararsız kalan kursiyerlerin sayısı da fazladır Elde edilen sonuçlara göre öneriler aşağıdaki şekilde sıralanabilmektedir:

i. Kursların çeşitliliği artırılmalı ve kurslar piyasa koşullarına göre yeniden şekillendirilmelidir, (Bilişim, Muhasebe ve Finansman, Pazarlama ve Perakende, Tarım, Tekstil,)

ii. Meslek edindirme kurslarının sayısı arttırılmalı ve kurs sonunda maddi gelir elde etmeleri sağlanmalıdır,

iii. Halk eğitim merkezi dersliklerinin arttırılması, araç gereçlerin temini konusunda ilgili kurumlarla gerekli girişimlerde bulunulmalıdır,

iv. Mardin bölgesinin ihtiyacı belirlenip, gözden geçirilerek yapılacak analiz sonuçlarına göre kurslar yeniden belirlenmelidir,

v. Üniversite mezunları için de ihtiyaçlar belirlenip, saatler ayarlanarak katılım sağlayabilecekleri kurslar açılmalıdır,

vi. Bölgede İŞKUR, Kalkınma Ajansları, belediyeler, özel kurumlarla iş birliği yapılarak halk eğitim merkezlerinde mesleki eğitim almış kadınlar için iş imkanı yaratılmalı, buradan sertifika alarak mezun olan kadınlar için kota ayrılmalıdır,

vii.   Halk eğitim bünyesinde üretilen ürünlerin satışı için dijital pazar platformu üzerinde durulmalı ve geliştirilmelidir Yine ürünlerin halk eğitim merkezi bünyesinde satış ofisi kanalıyla ve kalkınma ajanslarıyla koordineli, satışı gerçekleştirilip bu alan yeni piyasa şartlarına göre dizayn edilmelidir.

viii.   Çalışma ve Sosyal Güvenlik Bakanlığı ile koordineli şekilde çalışılarak, kadın girişimciliğini arttıracak programlar düzenlenip, kadın kursiyerler, kurs sonunda öğrendikleri bilgilerle girişimciliğe teşvik edilmelidir.

Kaynakça

Ayanoğlu, Ç. (2023) *Yaşam Boyu Öğrenme ve Girişimcilik.* Erzurum: Fenomen Yayıncılık

Durkheim, E. (2016). *Eğitim ve Sosyoloji* (P. Ergenekon, Çev.). İstanbul: Pinhan Yayınları.

Golafshani, N. (2003). Understanding reliability and validity in qualitative research. *The Qualitative Report,* 8(4), 597-606.

Knowles, M. (1996). Yetişkin Öğrenenler, Göz Ardı Edilen Bir Kesim, (Çev.) Ayhan, S., Ankara Üniversitesi Basımevi, Ankara.

Rıttersberger, H. T., & Kalaycıoğlu, S. (2012). Çocuk ve Yaşlı Bakıcıları. In S. Dedeoğlu & A. Elveren (Eds.), *Türkiye'de Refah Devleti ve Kadın* (pp. 301-327). İletişim Yayınları.

Roberts, R. E. (2020). Qualitative ınterview questions: Guidance for novice researchers. *Qualitative Report,* 25(9).

Şen, M. (2016). Aktif İşgücü Piyasası Politikaları Kapsamında Türkiye'de Mesleki Eğitim Kurslarının Analizi. *Uluslararası Ekonomi ve Yenilik Dergisi,* 2(1), 67-89

Taşpınar, M. (2013). Kadın İşgücünün Mesleki Eğitimi, Milli Eğitim Bakanlığı, Uluslararası. Milli Eğitim Bakanlığı, Uluslararası Konferans Makaleleri.

TÜİK, İşgücü İstatistikleri, 2014-2022. https://data.tuik.gov.tr/Kategori/GetKategori?p=Nufus-ve-Demografi-109

TÜİK, İşgücü İstatistikleri, 2019-2022. https://data.tuik.gov.tr/Kategori/Get Kategori? P = Nufus-ve-Demografi-109

TÜİK (2023). "Cinsiyete ve Ekonomik Faaliyetlere Göre İstihdamın Yüzde Dağılımı", https://data.tuik.gov.tr/Kategori/GetKategori?p=Nufus-ve-Demografi-109

TÜİK, İşgücüne Dahil Olmama Nedenleri 2023 https://data.tuik.gov.tr/ Kategori/ Get Kategori?p=Istihdam,-Issizlik-ve-Ucret-108

TÜİK 2023 Cinsiyete ve Ekonomik Faaliyetlere Göre İstihdamın Yüzde Dağılımı https://data.tuik.gov.tr/Kategori/GetKategori?p=Nufus-ve-Demografi-109

THE ISSUE OF THE DAILY WORKING WOMAN IN THE AGRICULTURAL SECTOR: A CASE STUDY OF KAHRAMANMARAŞ

TARIM SEKTÖRÜNDE GÜNÜBİRLİK ÇALIŞAN KADINLAR SORUNU: KAHRAMANMARAŞ ÖRNEĞİ

Havva Yağcı[1] ve Vildan Kekil[2]

Öz

Tarım sektöründe çalışan kadınların çeşitli sorunları bulunmaktadır. Bu kadınların büyük bir kısmı ücretsiz aile işçisi olarak kendi işlerinde çalışmaktadır. Kırsalda yaşayan kadınlarda yoksulluk riski daha fazladır. Ailesine ait arazisi olmayan kadınlar, aile bütçesine katkı sağlamak için tarla ve bahçelerde günübirlik işlere gitmektedir. Geçici olarak bu işlerde kayıtsız ve herhangi bir sosyal güvencesi olmadan çalışan kadınlar çeşitli tehlikelere maruz kalmaktadır. Bu çalışmada; Kahramanmaraş iline bağlı Çağlayancerit ilçesinde günübirlik işlere giden kadın tarım işçilerinin çalışma koşulları ve yaşam şartları incelenmiştir. Araştırma kapsamında tarla ve bahçelerde çalışan 20 kadın ile yüz yüze mülakat gerçekleştirilerek verilere ulaşılmıştır. Anket sayısı 100 kişilik planlanmıştır, ancak 80 kadına anket uygulanarak veriler elde edilmiştir. Araştırmada elde edilen verilere göre, geçici tarım işçisi kadınların kayıt dışı, sosyal güvencesiz işlerde çalıştıkları görülmektedir. Günübirlik mevsimlik tarım işçisi bu kadınların, Malatya, Adıyaman Gaziantep ve Kahramanmaraş gibi çevredeki il ve ilçelere çalışmaya gittikleri tespit edilmiştir. Günübirlik işlerde çalışan kadınların büyük bir kısmı düşük eğitim düzeyine sahip olmakla birlikte az da olsa lise mezunu ve üniversite mezunu kadına da rastlanılmıştır. Lise ve üniversite eğitimine sahip kadınların da bu işlerde çalışması, ailelerde kız çocuklarının okula gönderilmesini engeller bir nitelik taşımaktadır. Tarım işçisi kadınlar yakın illerdeki işlere gitmek için gece yarısı yollara düşmekte ve uygun olmayan servis araçları ile seyahat etmektedir. Tarla ve bahçelerde hijyen ve iş güvenliği açısından yetersiz koşullarda uzun

---

[1]Prof. Dr., Mardin Artuklu. Üniversitesi, İktisat Bölümü, havvayagci2023@gmail.com, ORCID: 0000-0002-3422-8594

[2] MSc, Mardin Artuklu Üniversitesi, İktisat Bölümü, vildankekil@outlook.com, ORCID: 0000-0002-6795-4883

saatler çalışmaktadırlar. Araştırma kapsamında günübirlik tarım işlerinde çalışan kadınların, işveren yerine aracılar ile muhatap oldukları tespit edilmiştir. Kadınların iş bulmasına aracı olan bu kişiler, ücretlerin önemli bir kısmını pay olarak almaktadır. Kadınların iş kazası geçirme riski bulunmaktadır. Günübirlik tarım sektöründe çalışan kişiler ile ilgili gerekli denetim ve düzenlemelerin olmadığı tespit edilmiştir. Günübirlik işlere giden kadınların çok büyük bir kısmının temel ihtiyaçlarını karşılamaktan uzak oldukları tespit edilmiştir. Tarla ve bahçelerde çalışan bu kadınların, iş güvenliği başta olmak üzere sigorta ve diğer konularda bilgisiz oldukları da görülmektedir. Derin bir yoksulluk ile karşı karşıya kalan bu kadınların çalışma koşullarının iyileştirilmesi ve kayıt altına alınmasına yönelik adımların atılması gereklidir.

Anahtar Kelimeler: Mevsimlik Kadın Tarım İşçisi; Ücret; Kayıt Dışı İstihdam; İş Güvenliği, Yoksulluk

Abstract

Women working in the agricultural sector have various problems. Most of these women work in their own jobs as unpaid family workers. In rural women, the risk of poverty is greater. Women who do not have a family's land go to daily work in fields and gardens to contribute to the family budget. Women who are temporarily indifferent and work without any social security in these jobs are exposed to various dangers. In this study; The working conditions and living conditions of women agricultural workers who went to daily work in Çağlayancerit district of Kahramanmaraş province were examined. Within the scope of the research, face-to-face interviews were conducted with 20 women working in fields and gardens and the data were reached. The number of surveys was planned for 100 people, but data were obtained by applying a survey to 80 women. According to the data obtained in the research, it is seen that temporary agricultural worker women work in unregistered, socially unsecured jobs. It has been determined that these women, seasonal agricultural workers, gwho are daily, went to work in surrounding provinces and districts such as Malatya, Adıyaman, Gaziantep and Kahramanmaraş. Although most of the women working in daily jobs have a low level of education, a little high school graduates and university graduate women were also found. The work of women with high school and university education in these jobs prevents girls from being sent to school in families. Agricultural worker women go on the road at midnight to go to jobs nearby provinces and travel with inappropriate service vehicles. They work long hours in insufficient conditions in terms of hygiene and occupational safety in fields and gardens. Within the scope of the research, it was determined that women working in daily agricultural work dealt with intermediaries instead of employers. These people, who are instrumental for women to find a job, receive a significant part of the wages as a share. Women are at risk of occupational accidents. It has been determined that there are no necessary inspections and regulations regarding people working in the daily agricultural sector. It has been determined that a very large part of the women who go to Daily work are far from meeting their basic needs. It is also seen that these women working in fields and gardens are ignorant of insurance and other issues, especialy in occupational safety. Face with deep poverty, it is necessary to take steps to improve and record the working conditions of these women.

Keywords: Seasonal Female Agricultural Worker; Unpaid Wage; Unregistered Employment, Job Security, Poverty

1. Giriş

İnsanların avcı göçebelikten yerleşik hayata geçmelerine neden olan en önemli faktör tarımsal üretimin başlamasıdır. Tarım sektörü, çeşitli besin maddelerini üretip, bu ham maddeleri işleyerek besin maddeleri türlerini oluşturan, bireylerinde bu besin maddelerine olan ihtiyaçlarını karşılamasının yanında toplumun sağlığı ve ekonomik kalkınmasında önemli bir yere sahiptir. Ekonomik kalkınma sürecinde, tarım sektörüyle birlikte sanayi sektörü arasında sıkı bir bağ bulunur. Dolayısıyla geçmişte tarıma dayalı ekonomileri olan gelişmiş ülkeler, ilk olarak tarım sektörüne ağırlık vererek bu sektörün gelişmesini sağlamış ve tarım sektöründen sağlanan kaynak birikimleri ile hızla sanayileşmeye yön vermiştir (Doğan vd., 2015).

Tarım sektörü, artan nüfusun gıda ve besin kaynağını sağlaması nedeni ile ülkelerin önem verdiği bir sektördür. Sanayileşme sonrası tarımda makinenin ağırlığı gittikçe artmasına rağmen, tarım hala emek yoğun bir sektördür. Tarım sektörünün gelişmiş ülkelerde gerek ekonomi gerekse istihdam içindeki oranı düşüktür. Gelişmekte olan ülkelerde tarım sektörünün ekonomi ve istihdam içindeki payı zaman içinde düşme eğilimi göstermekle birlikte hala oldukça önemli oranlardadır. Bunula birlikte bütün ülkeler gelişmişlik düzeyi dikkate alınmadan gıda güvenliği konusunda aktif politikalar yürütmektedir.

Tarım; Toplumun temel besin ve hammadde ihtiyaçlarını karşılamak için bitkisel ve hayvansal üretimin, biyolojik bakımdan üretimini planlı ve yönlendirilmiş biçimde kullanmaktır (Gürler, 2008:1). Ekonomilerde sürdürülebilir kalkınmanın gerçekleştirilebilmesi için insan ağırlıklı işgücü kapsamında kadınların ve erkeklerin emek piyasasına eşit şekilde katılması gerekmektedir. Fakat iş gücü istatistik verilerine bakıldığında ciddi dengesizliklerin yaşandığı görülmektedir. Üretimin her kesiminde aktif şekilde yer alan kadınlar, dünya üzerinde yoksulluktan en fazla etkilenenler arasındadır. Kadınların iş gücü piyasalarındaki konumu geçmişten bugüne kadar "ikincil işgücü" statüsünde yer almaktadır (Peker ve Kubar, 2012). Geçmişten günümüze ailenin beslenmesinde ve geçim kaynağında önemli bir role sahip olan kadınlar tarım sektöründe tohumun saklanmasından ürünlerin yetiştirilmesi ve sofraya gelmesine kadar hayati role sahiptirler. Bununla birlikte özellikle aile içi emeğin dikkate alınmaması nedeniyle kadın emeği görünmezdir (Candan ve Özalp Günal, 2013).

Kadınlar, tarımsal üretimin temel unsurlarından olup genellikle ücretsiz aile işçiliği, gündelikçi ve mevsimlik tarım işçiliğinde ağır şartlar altında çalışmaktadırlar. Ücretli çalışmaları durumunda ise genellikle elde edilen geliri evdeki aile reisi konumundaki erkeğe verdikleri görülmektedir (Aydoğdu, 2019). Tarımsal üretim sezonunda emek yoğun işlerde çalışan mevsimlik tarım işçileri, tarım emekçileri arasında en kötü koşullarda çalışan kişilerdir. Tarım sezonun açılması ile birlikte aileleri ile yollara düşen işçiler sezon bitiminde tekrar evlerine dönmekte ve yasal haklardan yoksun bir şekilde çalıştırılmaktadırlar (Görücü ve Akbıyık, 2010). Mevsimlik iş; çeşitli güvenceden yoksun ve belirli dönemlerde olması sebebiyle geçici nitelikte işleri belirtmektedir. Bu işlerin düşük maliyetli istihdam, örgütsüz ve pazarlık gücünden mahrum bırakılan işçi grupları kapsamında tamamıyla işverenin lehine olan bir çalışma bağı oluşmaktadır. Geçim kaynaklarının sadece çalıştıkları dönem içerisinde elde edilen gelir olduğundan daha fazla gelir elde etmek için tüm aile fertleri yaşlı, çocuk demeden çalışmak zorundadırlar. Bu durum çocukların hem eğitimlerini tamamlamaya engel olmakta hem de başka meslek edinimlerini zorlaştırmaktadır. Sosyal haklar bakımından dezavantajlı olan mevsimlik tarım işçileri ekonomik bakımdan da toplumun gerisinde bulunmaktadır (Yiğit, 2018).

Yapılan bir araştırmada mevsimlik işçi olarak çalışanların yasal sınırı 15 yaşın altında olan 9-14 yaş aralığındaki çocuk işçilerin oranı %27,8'dir. Çocuk mevsimlik tarım işçilerinin kötü şartlarda, hafta tatilleri olmadan günde 12 saat çalıştıkları görülmektedir (Bulut, 2013). Örneğin, Niğde ilinde gerçekleştirilen bir çalışmada tarımda çalışan kadın işçilerin, büyük bir kısmının bireysel sigortalılıktan haberinin olmadığı görülmüştür. Ayrıca bu kadınların, evli çiftlerin ikisinin de sigortalı olması halinde emekli maaş alabileceklerini bilmedikleri tespit edilmiştir. Buna ek olarak iş kazası ve meslek hastalıkları konusunda kadınların erkeklere göre daha az bilgi sahibi olduğu dikkati çekmektedir (İlhan vd., 2014).

2. Literatür Taraması

Tarımsal etkinlikler geçmiş dönemden bu zamana kadar önemli geçim kaynağı ve istihdam alanı olmuştur. 18. ve 19. Yüzyılda yapılan sanayi devrimiyle ortaya çıkan makineleşme insan gücüne dayalı olan tarımsal üretimin büyük ölçüde değişmesine yol açmıştır. Tarımda kullanılan makineleşme, birçok insan gücüyle uzun sürede yapılan işlerin kısa süreli ve daha az emek gücü ile yapılmasını sağlamıştır. Ancak bu durum az gelişmiş ülkelerde tarım dışı sektörlerin olmaması işsizliği ve gelir elde edememeleri şehirlere göçler olmuştur. Ekonomileri gelişmiş olan ülkelerde tarım sektöründe istihdam oldukça düşük iken, gelişmekte ve az gelişmiş ülkelerde ise bu oran oldukça yüksek olmaktadır (Bakırcı, 2010: 40).

Türkiye Büyük Millet Meclisi (TBMM) Mevsimlik Tarım İşçilerinin Sorunlarını Araştırılarak Alınması Gereken Önlemlerin Belirlenmesi Amacı ile Kurulan Meclis Araştırma Komisyon Raporu'na göre, mevsimlik tarım işçisi " *kendisinin ya da başkasının tarım alanında ekim, yetiştirme, ilaçlama, hasat gibi tarımsal üretimin herhangi bir aşamasında çalışan, ücretli/yevmiyeli veya ayni ödeme karşılığı, sözleşmeyle veya sözleşme olmaksızın, o ülkenin vatandaşı ya da göçmen olup sürekli ya da gezici mevsimlik çalışan kişi*" olarak tanımlamaktadır (TBMM, 2015).

Tarım işçiliğini gezici ve mahalli olarak iki şekilde ele alınmaktadır. Mevsimlik gezici tarım işçiliği, ikamet ettiği yerleşim yerinden (il, ilçe, köy, mahalle) ayrılarak bir başka yerleşim yerine giden işçileri tanımlamaktadır. Aileler bulundukları yerden belli süreli ayrılırken, gittikleri yerde de belli süreli ikamet etmektedirler. Mevsimlik mahalli tarım işçiliği ise, çoğunlukla kendi yaşadığı bölge (il, ilçe, köy ve mahalle) içerisinde bitkisel üretim, hayvancılık, arıcılık, orman ve balıkçılık üretiminde bir günlük dahi olsa gelir elde etmek için çalışan, ancak sürekli olarak bu işi yapmayan kişilere denilmektedir. Gündüzleri tarla ya da bahçede çalışmakta, akşamları ise sürekli yaşadıkları yere dönmektedirler (Kalkınma Atölyesi, 2020: 124).

Yapılan tanımlar sonucunda mevsimlik tarım işinin temel özellikleri şu şekilde gösterilebilmektedir:

Mevsimlik tarım işçiliği genellikle sigortasız bir iştir: Kamu ve özel işletmelerde çalışan daimî tarım işçileri 506 sayılı Sosyal Sigortalar Kanunu'na göre zorunlu sigortalıyken, 2925 sayılı Tarım İşçileri Sosyal Sigortalar Kanunu'nda mevsimlik tarım işçilerini kapsayan geçici tarım işçileri kategorisinin sosyal güvenliği, isteğe bağlı ve işçilerin kendi prim ödemeleri esasına dayalı olarak düzenlenmiştir. Buda tarım işçilerinin, büyük çoğunluğunun sigortasız çalışmalarına neden olmaktadır.

Mevsimlik tarım işçiliği genellikle mevsimlik bir iştir: Tarımsal faaliyetlerin en temel iktisadi özelliği mevsimlere bağlı bir değişime sahip olmasıdır. Tarımsal üretimde istihdam alanındaki işgücü bu nedenle mevsimlere bağımlı bir şekilde yer almaktadır.

Mevsimlik tarım işçiliği genellikle göç edilen bir iştir: "Mevsimlik göç" etme olgusu tarımda mevsimlik işgücü ihtiyacından kaynaklanmaktadır. Birçok işçiye kısa süreli (mevsimsel) ihtiyaç duyulmasının nedeni Türkiye'de tarımın makineleşmesi ile açıklanmaktadır. Tarımsal üretimde bazı belirli kısımların makineleşmediği için bu kısımlarda işgücüne ihtiyaç duyulmaktadır. Türkiye'de tarımdaki emek bolluğu bazı işlerin makineleşmesini ekonomik olmaktan çıkarmaktadır. Ancak tarımda bu tür mevsimlik çalışmaların devam etmesi makineleşmenin ve ürün özelliğinin yanında bu sektörde çalışmak isteyen emek yoğunluğuna bağlı bulunmaktadır (The World Bank, 2014: 17-18).

Kırsal kesimde mevsimlik tarım işçisi kadınlar, çalışma hayatına çok küçük yaşlarda ücretsiz aile işçisi olarak başlamaktadır. Kırsal kesimdeki kadın işçilerin kentsel kesimde çalışan kadın işçilere göre niteliksiz, eğitimden yoksun, sigortasız ve düşük ücretle mevsimlik tarım işçiliği yapmaktadırlar. Bunlara ilaveten çalışmadan gelen kadın işçiler, ev işleri, aile bakımı, kendilerine ait hayvan, tarla ve bahçe işlerini de üstlenmektedirler. Bu nedenle mevsimlik tarım işçisi kadınların emeği görünmez kılınmaktadır (Kekil, 2022: 66).

Kırsal alanda genç nüfus, ülke nüfus oranına göre daha şanslı bulunmaktadır. Kırsalda istatistiksel olarak işgücü oranı, işsizlik oranından daha yüksektir. Bu durum kırsal kesimde gizli işsizliği ortaya çıkarmaktadır. Kırsal kesimde yaşayan nüfusun eğitim durumu sınıflandırıldığında işsizlik oranı, en düşük okuma-yazma bilmeyenler olduğu görülmektedir. Eğitim durumuna göre İKO oranı değerlendirildiğinde eğitim düzeyi arttıkça İKO'nın istatistiksel verileri arttığı görülür. Kırsal sektörde kadın işsizlik oranın en yüksek olduğu kesim üniversite mezunlarıdır. Bunun sebebi kırsalda eğitim düzeyi arttıkça vasıflı olan bireylerin iş olanakları kısıtlı veya mesleklerini yapabilecekleri alan olmadığı için tarım sektöründe kayıt dışı olarak çalışmaktadırlar (Olhan, 2011: 10).

Türkiye İstatistik Kurumu (TÜİK)'nun Hane Halkı İşgücü Araştırmasının 2021 yılı Ekim ayı verilerine göre, istihdam edilenlerin sayısı 29 milyon 581 bin kişi olup istihdam oranı ise %46.02 olmuştur. Mevsim etkisinden arındırılmış 2021 yılı ekim ayı işgücü 33 milyon 297 bin kişi ve işgücüne katılma oranı %52,0 oranında gerçekleşmiştir. Ekim ayında sektörlere göre istihdam oranları %17,0'ı tarım, %21,5'i sanayi, %6,1'i inşaat ve %55,4'ü ise hizmet sektöründe gerçekleşmiştir. Herhangi bir sosyal güvenlik kurumuna kayıtlı olmadan kayıt dışı çalışanların oranı %29,5 olarak gerçekleşirken, tarım dışı sektörde kayıt dışı çalışanların oranı ise %18,1 olmuştur (TÜİK, 2021).

Türkiye'de tarım sektöründe önemli sorunlardan biri kayıt dışı istihdamdır. Tarım sektörünün temelini güvencesiz bir şekilde kendi hesabına resmi kaydı olmadan çalışan işçiler oluşturmaktadır. Tarım sektöründe kayıt dışı istihdam dört faklı şekilde oluşmaktadır. Bunlar (Candan, 2007: 56);

✓ İstihdamda bulunulan tarım işçilerin hiçbir şekilde kayıtta gösterilmemesi,

✓ İstihdamda bulunulan tarım işçilerin çalıştıkları süre içerisinde belli bir kısmının kayıtlarda gösterilmesi,

✓ İstihdam edilen tarım işçilerin prim esaslı kazançların eksik gösterilmesi,

✓ İstihdamda bulunulan tarım işçilerin hem çalışma sürelerinin hem de prim esaslı ücretlerin eksik gösterilmesi şeklindedir.

Türkiye'de tarımda sosyal güvenlik kavramı 1980 yıllarda gündeme gelmiştir. Yapılan çalışmalar neticesinde 1983 yılında çiftçilerin sosyal güvenliğini sağlamak üzere 2926 sayılı Tarımda Kendi Adına ve Hesabına Çalışanlar Sosyal Sigorta Kanunu ile tarımda süreksiz çalışanların sosyal güvenliğini sağlamak üzere 2925 sayılı Tarım İşçileri Sosyal Kanunu çıkarılmıştır. Yukarıda bahsedilen iki kanunun çıkarılma sebebi ülkemizin tarımsal yoğunluğunun çok fazla olmasıdır. Bu kanunlarla tarımda çalışanların maddi yönden çekmiş olduğu sıkıntıları göz önünde bulundurarak sosyal güvenliğe kaydolabilme şartlarında daha esnek davranmaktır. Nitekim anayasamızda da sosyal güvenlik hakkı, kişinin en temel hakları içerisinden yaşama hakkını tamamlayan bir hak olmasından dolayı ekonomik ve sosyal haklar olarak düzenlenmiştir.

Türkiye'de tarım işçilerinin sosyal güvenliği hakkında bireysel iş hukuku bakımından yapılan düzenlemelerde ilk olarak 4857 sayılı "İş Kanunu" kararları yer almaktadır. İş Kanunun 1 inci maddesinde, alınan kanun kararlarının 4'üncü maddede yer alan istisnalar haricinde bütün iş yerlerine ve bu iş yerlerinin işverenleriyle işveren vekillerine ve işçilerine faaliyet konularına bakılmaksızın uygulanacağı düzenlenmiştir. İş Kanunu 4'üncü maddesi *"istisnalar başlığı altında bu kanunun 50'den az işçi çalıştırılan (50 dahil) tarım ve orman işlerinin yapıldığı iş yerlerinde veya işletmelerinde, aile ekonomisi sınırları içinde kalan tarımla ilgili her çeşit yapı işlerinde uygulanacağı hükme bağlanmıştır."* Ve bu 4'üncü maddede, tarım sanatları-aletleri, makine ve parçalarının üretildiği fabrikalarda yapılan işler, tarım işletmeleri içerisinde görülen yapı işleri ve halkın faydalanabileceği açık ya da işyerinin ekletişi içinde olan park ve bahçe işlerini de kapsayan bu kanunun kararlarının uygulanacağı tanzim edilmiştir (4857 sayılı Kanun Yönetmeliği, 2003).

Yasal zemin içerisinde mevsimlik gezici tarım işçileri *İş Kanunu*'nun kapsamı dışında yer almaktadır. Çünkü sadece 51 ve üstü tarım işçisi çalıştıran iş yerleri *İş Kanunu* kapsamındaki haklardan yararlanabilir durumdadır. 51'den daha az işçi bulunduran tarımsal iş yerlerinde işçilerin hakları *Borçlar Kanunu* tarafından düzenlenmektedir. Tarım iş koluna ilişkin özel bir yasa bulunmadığından ve bu yüzden çalışma şekliyle ilgili kayıt ve istatistik tutulmadığı için, bu kesimdeki işgücü ve istihdama yönelik gerçek ve net verilere, tarım işçilerinin çalışma koşulları ile alakalı güvenilir bilgilere de ulaşılamamaktadır (KEİG, 2015).

Türkiye'de mevsimlik tarım işçisi olarak çalışan işçi sayılarına yönelik düzenli, net ve güvenilir bir veriye ulaşılamamaktadır. Bu alanda çalışan kişilerin çoğu zaman devamlı çalışan olmaması, geçici iş olması nedeniyle her yıl çalışma hayatına giren ve çıkan kişilerin net bir şekilde bilinmemesi kayıt dışı istihdamdan dolayı istatistiksel oranlara ulaşılamamaktadır. Bu sebeple mevsimlik gezici tarım işçiliği hakkında yapılan birçok araştırmalar ve Türkiye'de emek yoğun tarımsal üretime ekonomik çözümlemeler işçi sayılarını farklı verilere dayalı olarak tahmin yürütmektedirler (ILO, 2020: 27-28).

Toplumsal cinsiyet ilişikleri, hayatın her kısmında erkekler daha baskın, kadınların ise çoğunlukla ikinci plana atıldığı eşit olmayan bir güç bağlantısı içerisinde yer almaktadır. Erkekler ve bunlara yöneltilen işlevler-görevlerin değerleri, kadınlara ve kadınlara yöneltilen işlevler-görevlere verilen değerlerden daha üstün tutulmaktadır. Toplumsal Cinsiyet Eşitliği Eylem Plan'ı, toplumsal cinsiyet eşitliğini şu şekilde tanımlamıştır; *"'Cinsiyet' ve 'Toplumsal Cinsiyet' arasındaki farktan yararlanılmıştır. 'Cinsiyet' kavramı, kadınlar ile erkeler arasındaki biyolojik farklılıklara atıfta bulunurken 'Toplumsal Cinsiyet' kavramı, kadınlarla erkekler arasındaki toplumsal ilişkileri belirli bir bağlama göre tanımlamakta, erkeklerle kadınlar ve erkek çocuklarıyla kız çocukları arasındaki ilişkiye ve bu ilişkinin sosyal olarak nasıl kurulduğuna değinmektedir. Bu nedenle toplum cinsiyetin getirdiği roller dinamiktir ve içeriği zamana ve yere göre değişmektedir."* (KSGM, 2008: 15).

Dünya Ekonomik Forumu (WEF) 2020 Küresel Cinsiyet Eşitsizliği endeksine göre Türkiye, 153 ülke içinde 130. sırada bulunmaktadır. Bu endekste Türkiye; 136. sırada kadınların ekonomiye katılımı ve fırsat eşitliği, 135. sırada işgücüne katılım, 109. sırada siyasi yaşam, 10. sırada aynı işe eşit ücret, 13. sırada eğitim olanakları ve 64. sırada sağlık kategorisinde yer almaktadır. Cinsiyet eşitsizliği endeksi, kadınların ekonomiye katılımı, eğitim olanakları, fırsat eşitliği, sağlık ve siyasal bakımdan kadınların güçlendirilmesi gibi ölçütlere göre düzenleniyor (WEF, 2020).

Ülkelerin kırsal kesimlerinde toplumsal cinsiyet rollerinde görülen farklılıklar, ev işlerinin kadın ve erkek arasında bölünmesi net bir şekilde görülmektedir. Genellikle kadınlar, yemek yapmak ve kirli çamaşırları yıkamak ile sorumlu iken, erkekler ödenecek faturalar ve yiyecek-içecekleri satın alma işleri gibi finansal kararların olduğu görevlerden sorumlu olmaktadır. Ayrıca Türkiye'de hane içerisinde genellikle ortak karar alma bir normdan oluşmaktadır. Fakat kırsal kesimde yaşayan aileler katı bir toplumsal cinsiyet rollerine bağımlı olmaya eğilimlidirler. Bu durum, kırsal kesimdeki erkeklerin sorumlu oldukları düşünülen alanlarda bağımsız bir şekilde karar alma meyilli olduğunu göstermektedir. Kırsal kesimde yaşayan kadınlar, kentsel kesimdeki kadınlara göre ev işleri ve çocuk bakımı konularında bile aynı düzeyde bağımsız karar alamamaktadırlar. (FAO, 2016: 44).

3. Araştırma Yöntemi

Araştırma kapsamını Kahramanmaraş ilinin Çağlayancerit ilçesinde mevsimlik tarım işçiliğinde günübirlik çalışan kadınlar oluşturmaktadır. Araştırmanın amacı, Kahramanmaraş'ın çevresindeki il ve ilçelerde yer alan tarım arazilerine günübirlik çalışmaya giden kadınların, aldıkları ücret, sosyal güvenliği, aile ve toplum içerisindeki rolleri, çalışma koşulları ve karşılaşılan sorunları ortaya koymaktır.

Araştırma kapsamında günübirlik mevsimlik tarım işçiliğinde çalışan 100 kadın içerisinden rastgele 20 mülakat ve 80 anket yapılmıştır. Araştırma çerçevesinde 25 kadın ile derinlemesine mülakat planlanmış olup 20 kadın ile mülakat yapılabilmiştir. Anket ve mülakat çalışması yaş sınırı 18 ve üstü olup evli-bekar kadın işçiler üzerinden yapılmıştır. Mevsimlik tarım işçisi kadınlar arasında eğitim durumu hiç okula gitmemiş ve okur-yazarlığı olmayan, ilkokul, ortaokul, lise ve üniversite mezunu olanlar yer alırken öğrenci olanlarda yer almaktadır. Araştırma kapsamında kadın işçilerin çocuk sayısı 2-5 aralığındadır. Mevsimlik tarım işçisi kadınların içerisinde çocuğu olmayanlarda bulunmaktadır. Mevsimlik tarım işinde çalışan kadınların kısa süreli molaları olup zaruri olmadıkça boş vakitleri bulunmamaktadır. Analizler SPSS 21.0 programı ile yapılmıştır ve %95 güven düzeyinde çalışılmıştır. Araştırma için Etik Kurulunca yapılan değerlendirme sonucunda; 15.12.2021 tarihli ve 2021/11-9 sayılı kararı ile izin belgesi alınmıştır.

4. Araştırmanın Bulguları

2021 yılı Mart-Kasım ayları aralığında Kahramanmaraş ili Çağlayancerit ilçesinde mevsimlik tarım işçisi olarak çalışan kadınların kayıt dışı istihdam, aile ve çalışma hayatı ele alınarak incelenmiştir.

4.1. Mevsimlik Tarım İşinde Çalışan Kadınların Sosyal Güvenlik ve Kayıt Dışı İstihdam

Araştırma kapsamına göre mevsimlik tarım işinde yaşanılan iş kazaları durumunda işveren ya da çavuş iş kazası olarak göstermemektedirler. Mevsimlik tarım işçileri ile işveren arasında bir iş sözleşmesi yapılmamaktadır. Genellikle mevsimlik tarım işçileri iş kazası hakları konusunda yeterli bilgileri bulunmamaktadır. Tarlada yaşanılan iş kazası durumunda işçileri hastaneye götürüldüklerinde iş kazası olarak gösterilmemektedir. Mevsimlik tarım işçileri hastanede tedavi masraflarını kendisi karşılamaktadır. Tarlada yaşanılan iş kazaları küçük olduğu durumlarda tedavi için ilk yardım malzemesi bulunmadığından dolayı, çalışan mevsimlik tarım işçisi kadınlar kendi imkanları ile yaralarını tedavi etmektedirler. Görüşülen mevsimlik tarım işçileri şu şekilde aktarmıştır: *"İş gazası çok büyükse götürüyorlar. Çoğunluğu sigortası olmadığı için yaralandı olarak gösteriyorlar. İş gazası diye göstermiyorlar. İş gazasında tedavi masraflarını da*

Yağcı ve Kekil

biz garşılıyoruk. Küçük yaralanma olduysa kendimiz sarıyoruk. Orda bez parçasıynan" (Fatma, 34).

"İş sözleşmesi yok yapılmıyo gızım. Tarla sahıbini bilmiyoz. Elçiyle bağlantılıyık. Erkek elçi, bazen iyi bazen de kötü oluyo" (Zeynep, 38).

"Yaralanma olduğunda tarlada hastaneye götürülmüyor. Kendi imkanımızla gidiyoz. Yok gülüm kaza oldumu ne öyle göstermesi. Yeşil karttan sağlıyok masrafımızı. Çaputla oracıkta sarıyok yaramızına. Evden gendimiz götürüyo kıyafetlerimizi. Şapkamızıda biz götürüyok. İş eğitimi verilmedi" (Demet, 52).

"İşçilerle iş veren arası sözleşme yok keşke yapsalar. Hakkımızdır. İşveren orta halli davranıyo adamı tanımıyok sonuçta. Çavuşumuz erkek. Valla nasıl davransın herkes gendi halinde işi yaparsan iyiler, iyisin.. İş kazası oldumu hastaneye götürülmüyor. İş kazası olarak gösteriliyor mu? bilmiyoz ki. İlk yardım malzemesi yok. Gıyafet verilmiyo biz gendimiz sağlıyok. Şapkada verilmiyo. Güvenlik eğitimi nedir gülüm oda verilmiyor" (Menekşe, 50).

Araştırma bulgularına göre mevsimlik tarım işçiliği yapan kadın katılımcılardan yeşil kartı olanların oranı %74,3, Sosyal Güvenlik Kurumu'na (SGK) bağlı olanların oranı %20,0'dır. Araştırma kapsamında kadınların %20'sinin eşleri aracılığı ile SGK'ya bağlı oldukları görülmektedir. Türkiye'de son yıllarda çiftçilerin Bağ-Kur üzerinden emekli olması yönünde çok ciddi çalışmalar yürütülmektedir. Bununla birlikte örneklemimizde yer alan kadınların %5,7'si eşleri üzerinden BAĞ-KUR' dan yararlanmaktadır.

Araştırma sorunlarından birisi de mevsimlik tarım işçisi kadınların kayıtlı oldukları sosyal güvenlik bilgisi olmuştur. Bu durumda sigorta primlerinin yüksek olması düzenli gelirlerinin olmaması ve düşük ücretle geçici mevsimlik tarım işinde çalışmaları sebeplerinden biridir. Ayrıca tarım işçisi kadınların, Tarım Sigortası'na sahip olmadığı görülmektedir. Araştırma kapsamında kadınların çoğunluğu Yeşil Kart ve geri kalanlarında SGK' ya kayıtlı eşleri üzerinden güvence altında oldukları görülmektedir. Kadınların bilinçli bir şekilde kendileri üzerine sigortalı olmayı tercih etmedikleri, devletten ya da eşi üzerinden sosyal güvenceye sahip olmak istedikleri dikkati çekmektedir.

Araştırma kapsamında mevsimlik tarım işçisi kadın katılımcılardan, hanesinden sosyal güvenlik kurumuna kayıtlı olmayanların oranı %41,3; hanesinde kayıtlı olan tek kişi oranı %26,3; kayıtlı olan iki kişi oranı %10,0; kayıtlı olan üç kişi oranı %8,8; 4 ve üzeri olanların oranı %13,9'dur. Özellikle mevsimlik tarım işçisi ailelerinin, sağlık güvenlik sisteminde kayıtlı oldukları bir güvenceleri bulunmamaktadır. Analiz sonucu bu oran %41,3'tür. Buna ilaveten mevsimlik tarım işçileri vasıfsız niteliktedir olup kayıt dışı olarak çalıştırılmaktadır. Ailede sosyal sigortalı olanların çoğunluğu %26,3 oranında olup, bu kişiler aile ferdi, meslek sahibi olan çocukları ve kendi adına çalışanlardan oluşmaktadır.

Araştırma alanında mevsimlik tarım işçisi kadınlara, "sigortalı olmamanızın ya da olmayı istememenizin nedeni nedir?" sorusu yöneltilmiştir. Değerlendirme sonucunda, mevsimlik tarım işçisi kadın katılımcılardan bireysel olarak sigortalı olmayı istememe sebebi primleri yüksek bulanların oranı %45,0; Yeşil Kartı olduğu için olanların oranı %20,0; eşi/babası sigortalı olduğu için olanların oranı %8,8; konu hakkında yeterli bilgisi olmadığı ya da sosyal yardımlardan (kömür, yiyecek vb.) faydalanabilmek için olanların oranı %7,5; diğer sebeplerden dolayı istemeyenlerin oranı ise %6,3 olarak veri elde edilmektedir. Mevsimlik tarım işçilerinin çoğunluğu %45 oranında sigorta primlerinin yüksek olmasından dolayı bireysel sigortalı olmayı istememektedirler. Çünkü elde edilen gelir aile geçimi ve ihtiyaçlarını zor karşılamaktadır. Diğer sebepler ise Yeşil-kart sahibi olması, sigortalı olma konusu hakkında yeterli bilginin olmaması, eşlerinin üzerinden sigortalı olmaları ve devletten sosyal yardım almalarından kaynaklanmaktadır.

Görüşülen mevsimlik tarım işçisi kadınların sosyal güvenlik durumuna bakıldığında işveren ve elçilerle herhangi bir iş sözleşmesi yapılmamaktadır. Bu sebeple çalışanlar kayıtsız çalışmaktalar ve sosyal güvenceleri bulunmamaktadır. Ancak isteğe bağlı sigorta kapsamında Ek-5 Tarım Sigortası üzerinden sigorta primlerini kendileri ödeyebilmektedirler. Kadın işçilerin genellikle sigorta primlerini ödeme gücü olmadığı için sigortasız çalışmaktadırlar. Sağlık ile ilgili problemlerini evliler eşleri üzerinden, bekarlar ise aileleri veya yeşil-kart ile karşılamaktadır. Sigortasız çalışan kadınların en büyük istekleri sigortalı çalışıp ve emekli olup emeklilik maaşı almaktır. Bu durumu kadın işçiler şu şekilde yakınmıştır:

"Tarımda çalışmak golay mı? Sigortan yok. Aldığın ücretin az belli ayda çalışıyon. Tabi, düzenli bir işin olsa daha iyi kolay. Düzenli iş olsun ne iş olsa yaparım. Sigortalı olsun, emekli olayım" (Menekşe, 50).

"Mevsimlik tarım işçiliğinden başka bir işim olsun isterdim. Düzenli sigortalı bir iş olurdu" (Gül, 38).

"Okumuş, eyi bir imkana sahip olmuş olaydım. Ne bu işi yapardım, ne de baba evine dönerdim. Ayaklarımın üzerinde dimdik dururdum. İşveren kimdir, necidir, nasıl bir adamdır bilmeyiz. Bize işi çavuşumuz verir. Onu tanır, bilir, çalışırız. Tarım işçisiynen sözleşme yapılmaz, bu zamana gadar görmedim" (Seher, 40).

"Gendi mesleğimin olmasını, sigortalı bir memur olmayı çok isterdim. Okutmadılar bizi, bizim zamanımızda okul çok uzaktı, gız gısmı okula mı gidermiş dediler. Ben olamadım, inşallah çocuklarım olur" (Hatice, 55).

"İsterim tabi. Okusam memur olsaydım ne güzel hayatımı gururdum. Çalışıp gendi gendime gazancım olurdu. Öğretmen olmak, gaymakam olmak isterdim" (Bahar, 57).

"Tabi düzenli bir işim olsa iyi kolay, düzenli iş olsun ne iş olursa olsun emekli olayım yaparım. Tarımda çalışmak kolay mı? Sigortan yok. Aldığın ücret az. Belli ayda çalışıyon" (Menekşe, 50).

"Günlük gidip gelindiğinden tarlaya garışmıyolar. Okuyup hemşire olmak isterdim. Bu tarlaya verdiğim ömrü düzenli işime verirdim. Anamgil izin vermedi okumama olamadım. Boş zamanında notucun? Goz içi düzüyom, bastık, üzüm, şire işiğnen uğraşıyom" (Demet, 52).

4.2. Mevsimlik Tarım İşçisi Kadınların Aile ve Çalışma Hayatı

Mevsimlik tarım işinde kadınların çalışma hayatı ve ekonomik yapısı üzerinde veriler elde edilmiştir. Araştırma örneklemine göre mevsimlik tarım işçisi kadınların aile boyu bu işi yaptıkları görülmektedir. Tarlada beraber işe giden bireylerin aile sayısına baktığımızda aynı aileden 4 ve 5 kişinin %39 oranında, 6 ve 7 kişi çalışanların oranı %29,2 iken, 8 ve üstü çalışanların oranı %21,5'tir. Bu veriler bize bütün aile bireylerinin çocuk, yaşlı demeden hep birlikte çalıştığını göstermektedir. Elde edilen verilere göre 78 yaşındaki kadınların dahi tarlada çalıştığı görülmektedir. Araştırma yapılırken örnekleme 18 ve üzeri yaş kadınlar dahil edilmiştir. Ancak tarlada çok sayıda çocuğunda çalıştığı görülmüştür. Bir başka ifadeyle ailede çalışabilecek durumda olan bütün bireylerin bir fiil çalıştığı söylenebilir.

Kırsal kesimde yaşayan kadın işçilerin ve eşlerinin çoğunlukla kendine ait bir meslekleri bulunmamaktadır. Bu durum kırsal kesimde eğitim düzeylerinin düşüklüğü, iş tecrübelerinin bulunmaması ve iş olanaklarının yetersizliğinden kaynaklanmaktadır. Dolayısıyla kırsal kesimde yaşayan kadın işçilerin eşlerinin meslekleri çoğunlukla serbest meslek olup, ara işlerde parça başı çalışılmaktadırlar. Görüşülen mevsimlik tarım işçisi kadınlar bu durumu şu şekilde belirtmiştir:

"Eşim fabrikaya gidiyo. Pamuk fabrikasına kışın hamballık yapıyolar aylık 4000 TL gazanıyo" (Zeynep,38).

"İnşaatta çalışıyo sıvacılık yapıyo, 2-3 ayda 15.000 kazanıyo" (Demet, 52).

"Herifim çalışıyo. Oda gışın fabrikaya hamballığa gider. Herifin ne gadar aldığını ben bilmem, bizede söylemez. Sorsan "sen mi gazandın parayı, ne soruyon" diye birde azarlar. Evin böyük, toplu ihtiyaçları varsa onu alır. Geri kalan ufak tefağde biz alırık" (Songül, 53).

"Gocam arıcılıkla uğraşır. Onunda gazancı bal olupta ne gadar satarsa o olur. Yanı belli bir aylımız yok öyle" (Elif, 62).

"Eşim serbest meslek sahibi ne iş olursa onu yapar" (Reyhan, 42).

"Ben tarım işçiliği yapıyom. Eşimde ara işleri yapıyo. Serbest çalışıyo. Onun günlük yövmiyeci olarak 100-150 alıyo" (Fatma, 34).

"Babam hayvancılıkla uğraşıyor. Aylık kazancı 3000 TL. hayvandan ne kadar kazanıp satıyo bunları ben bilemem" (İpek, 30).

Mevsimlik tarım işinde çalışan kadınlara göre ideal çocuk sayısı çoğunluğu 2-3aralığındadır. Kırsal kesimde yaşayan kadın işçilerin çocuk sayıları çoğunlukla 2 ve üstüdür. Mevsimlik tarım işçisi kadınların içerisinde çocuğu olmayanlar da bulunmaktadır. Çalıştığı zamanlarda tarladaki işe çocukları ile birlikte giden işçilerde bulunmaktadır. Elde edilen veriye göre 3 ve üstü toplam %26,2 oranında çocuk sayısı olduğu görülür. Mevsimlik tarım işinde çalışan kadınlar küçük yaştaki çocukları ile birlikte tarlaya gittiği görülmektedir. Ayrıca bu çocukların bir kısmı okula gidememektedir. Özellikle daha yaşlı olan kadınların daha fazla çocuk sahibi olduğu görülürken genç evli kadınların daha az sayıda çocuk yaptığı görülmektedir. Görüşülen mevsimlik kadın işçiler çocuk sahibi olmakla ilgili görüşlerini şu şekilde belirtmektedir:

"Altı tene çocuğum var. İdealini sorarsan üç yeterli. Aklı olanda çok çocuk yapmaz" (Songül, 53).

"Bana göre ideal çocuk sayısı şu an ki çocuk sayım 7, son iki tenesini ellimden sonra doğurdum, süpriz oldular. Geneki de doğurmuşum galabalık aile eyi oluyor" (Elif, 62).

"Tedaviler gördüm 1 tene çocuğum olsun diye ama olmadı. Rabbim vermedi. Tüp bebeklerde tutmadı düşük yaptım" (Seher, 40).

"2 gız bir oğlan yeterli. Ama işte zamanında doğurdukça doğurmuşuz.

İki çocuğum hastalandı öldü. Beş çocuğum var" (Hatice, 55).

"5 gızım var. 2 tenede oğlum var. Benim bu aptallığıma, fakirliğime veriyom. 3 tene yeter. Günlük çalışma, gelir olmazsa, tarlan takımın olmazsa neydicin çok çocuğu" (Bahar, 57).

Araştırma örnekleminde yer alan kadınların çocuklarının %93,3 oranında tarım işinde çalışmak istemediğini belirtmektedir. Çocuklarının tarım işçisi olarak devam etmesini isteyenlerin oranı ise %6,7'dir. Bu durum kadınlarının çocuklarının başka bir iş yapamayacağını ve başka iş tecrübeleri bulunmaması nedeniyle tarım işçisi olmalarını istemektedirler.

Araştırmada yer alan kadınlar, en fazla %35 oranında 5 ve 6 ay mevsimlik tarım işçiliği yapmakta ve %33,8 oranında ise 1-2 ay mevsimlik tarım işçisi olarak çalışanlarda görülmektedir. Bir yıl içerisinde 9 ay mevsimlik tarım işçiliği yapılmaktadır. Mevsimlik tarım işçiliğinde tarlada çalışan işçiler arasında ailesinden ya da akrabası olanlarda bulunurken, yabancı çalışanlarda bulunmaktadır. Mevsimlik tarım işi Mart-Ekim ayları aralığında yapılmaktadır. Bu aylar içerisinde soğan, sarımsak, kayısı, kiraz, pamuk, üzüm, ceviz ve elma (toplama, sulama, çapa) işleri yapılmaktadır. Görüşülen mevsimlik tarım işçileri görüşlerini şu şekilde belirtmiştir:

"5. ayda başlıyor. 10. ayda bitiyor tarla işleri. İşe gidilen yerde olanda var akrabamız olmayan yerde var" (Menekşe, 50).

"Nisan'da başlanıyor, ekimler oluyo. 10'uncu aya, 11'inci aya gadar sürüyo. Meyve toplamaya gediyorum. Her işe getmiyom" (Fatma, 34).

"Mardın sonunda başlar bizde tarla işleri, ekimin sonuna gadar çalışmaya gideriz. Soğan, sarımsak dikip söküyok, garık yapıp sulaması, çapası, toplama, kayısı, kiraz, üzüm toplaması ne iş varsa onu yapar çalışın" (Songül, 53)

"Mardın 10'u – 15'i gibi çıkıyok. Bu iş bitti mi gidilen iş yok" (Zeynep, 38).

"Mart ayı, ilkbahar geldi mi işler başlar. Daimî gedersen gasıma gadar işler sürer" (Reyhan, 42) diyerek ifade etmişlerdir.

Mevsimlik tarım işinde çalışan kadın işçiler ilçe ve köylerde yaşamaktadırlar. Kırsal kesimde bulunan ilçe ve köylerde evler müstakil olmakta ve evlerinin en alt ambar kısmı genellikle ahır olarak kullanılmaktadır. Burada küçük baş ya da büyük baş hayvanlar beslenmektedir. Bu yerleşkede evler bahçelidir. Kendi bahçe ve az toprak sahibi olan kadınlar meyve-sebzelerini, cevizlerini, üzümlerini yetiştirmektedirler. Bu sebeple kendi evlerinin hayvan ve bahçe işleri bakımı sorumluluğu da kadının üzerindedir. Geleneksel yapının hâkim olduğu kır kesiminde çapalama yapmak, sulama, toplama ve ekme gibi toprak işleri kadınların doğal görevi olarak görülmektedir. Bu sebeple kadın işçiler çoğunlukla bu işlerden sorumlu olduğu için boş vakitlerinin bulunmadığını belirtmektedirler.

"Bir günüm mü? Hemen hemen bir gününü ayırma ne olacak ki. Ağşam eve geldiğinde üzerini çıkartıp asbapları makinaya atıyon, evin işini tutuyon. İşte belli bir vaktin yok. Kendi bağına bahçene evdeki hayvanlara bakıyon" (Çiçek,42).

Tarım işçisi kadınların iş dönüşü evde de çok yoğun bir tempoda çalışmaya devam ettikleri, evdeki erkeklerin ise sorumluluklarının eve geldiklerinde bittiği görülmektedir. Mevsimlik tarım işçisi kadın bu durumu şu şekilde belirtmiştir:

"Yok yavrum nerde dinenmeye vakit bulucun, tarladan geldikten sonra gücüğün yettiği gadar evin işine goyuluyon mallara bakıyon etrafı topluyon. Evde gızın varsa eyisin heç yoktan evde bir yemek yapanın oluyo. Gaç saat ayırıcın yavrum işin saati mi olur heç. Gadınsan her iş sana bakar. Erkekler notucu ancak yer bulursa iş çalışır yer içer yatar. Biz öylemiyik köle gibi çalış anca" (Leyla, 60).

Tarım işçiliğinde zor şartlar altında çalışan kadınlar, günübirlik gidip gelinen tarladaki çalışma alanlarına gidebilmek için gece 03.00'te yola çıkılmaktadır. Sabah 05.00-06.00 saatleri aralığında iş başı yapılmakta, iş bitimi 15.30-16.30 saatleri aralığında olmaktadır. Evlerine geldikleri vakit akşam 19.00'ı bulmaktadır. Çalışma molaları 30-45 dakika aralığında olmaktadır. Dinlenme ve yemek için yeterli bir süre olmadığını belirtmektedirler. Dinlenme için gölgelik alan bulunmamaktadır. Ertesi günün yemeğini ve tarlada çalışmaya giderken yanlarında götürdükleri yemek ve su ihtiyaçlarını da hazırlamaktadırlar. İş verenler ve elçiler işçilerin yemek ve su ihtiyaçlarını karşılamamaktadır. Mevsimlik tarım işçilerin en büyük sorunlarından biri tuvalet-lavabonun olmamasıdır. Görüşülen mevsimlik tarım işçilerinin çalışma koşullarını şu şekilde dile getirmişlerdir:

"Gece 02.30-03.00'da yola çıkıyok. Sabah 05.00-06.00'da işbaşındayık. Çalıştığımız saate göre mesai değişiyor. 8 saat çalıştığımız için erken başlarsan erken bitiyo. 30 dakika sabah 1 saat de öğle yemeği molası veriliyo. Dinlenmeden işe başlıyok" (Cemre, 27).

"Sabah namazından önce gece 3 gibi yola çıkıyoz. Öğleden sonra 3-4 gibi bitiyo iş. 5-6 gibi tarlada olup işe başlıyoz. Ağşam namazında evdeyiz. Her gün çalışıyoz. 8-9 saat kadar tarlada çalıyom. 2 kere ara veriyok. Toplamda 1 saat felan mola oluyo. Yemeği, suyu evden götürüyoruz. Tarlada tuvalete gidince birbirimizi gözlüyoz" (Derya, 52).

"Mevsimlik tarım işçisi olarak çalıştığım süre boyunca gece 02.30'da yola çıkıyoruz. Tarlaya ulaştığımızda sabah 05.00'ı buluyor. 05.30 gibi iş başı yapıyorduk. Dinlenme sürelerimiz sabah yarım saat öğlen 1 saat veriliyordu. Ancak bu süreler ihtiyaçlarımızı karşılamaya yetmiyor. Sıcağın altında hızlı hızlı ne yersen, milletten uzak boş bir alanda tuvaletini yapmaya gidiyorsun. Yiyeceklerimizi kendi evimizden akşamdan kalan yemeklerden erzak hazırlayıp getiriyoz. İşveren su deposundan su verirse veriyor. Kanasıya temiz buz gibi su içmek için akşamdan buzluğa attığımız buzlarla termosa koyduğumuz sularımızı kendimiz götürüyoruz" (İpek, 30).

"Evimizden ne bulduysak onu götürüyok. Yemağ onlar verse eyi olurdu emme elin adamına bir şey diyemiyon, gendi ihtiyacını gendin karşılıyon" (Hatice, 55).

"Heç dinlenemiyon işte. Eve gelince işe yapışıyon. Malın varsa mala, evimizin işine, sabah yemamizze, ağşam yemağmize hazırlayıp yeyinceye gadar vaktimiz gediyor. Gözünü yumup uyumadan zile basıyolar. İşe gediyok diyolar" (Bahar, 57).

"Yok yağnim ne dinlenmesi. Harıl harıl anca çalış. Mala bak, evin işini dut, gendi bahçamıza giderik. Üzüm kestik çocuklar sucuk, bastık istedi. Aha onlara hapsa çaldım onları batırıp, sericim. Nerde dinenicin bu gadar işin arasında" (Elif, 62).

Tablo 1'de görüldüğü üzere mevsimlik tarım işçisi kadın katılımcılardan ilkokul mezunu olanların oranı %21,3; lise mezunu olanların oranı %15,0; hiç okula gitmemiş ve okuma yazması olmayanların oranı %13,8; ailesi izin vermediği için eğitim görmemiş ya da eğitimi yarıda bırakmış mevsimlik tarım işçisi kadınların oranı %60,9; istemediği için bırakanların oranı %21,9; evlendiği için bırakanların oranı %14,1'dir. Araştırma sonucunda elde edilen veriye göre mevsimlik tarım işçisi kadınlar arasında üniversite ve lise mezunu, öğrenci kadın işçiler yer almaktadır.

Tablo 1. Mevsimlik Tarım İşçisi Kadınların Eğitim Durumu

Eğitim Durumu	n	%
Hiç Okula Gitmemiş ve Okuma Yazma Bilmiyor	11	13,8
Hiç Okula Gitmemiş Ama Okuma Yazma Biliyor	6	7,5
İlkokul	17	21,3
İlkokul Terk	3	3,8
Ortaokul Mezunu	9	11,3
Ortaokul Terk	2	2,5
Lise Mezunu	12	15,0
Lise Terk	3	3,8
Lise Öğrencisi	6	7,5
Yüksekokul Mezunu	6	7,5
Yüksekokul Öğrencisi	5	6,3
Eğitimi Bırakma Nedeni	n	%
Ailem İzin Vermedi	39	60,9
Evlendim	9	14,1
İstemedim	14	21,9
Gelir Getirecek Bir İşte Çalışmam Gerekiyordu	1	1,6
Diğer	1	1,6

Mevsimlik tarım işinde çalışan kadınların eğitim durumlarına bakıldığında içlerinde ilkokul, lise, üniversite mezunu olup ya da hiç okula gitmemiş olanlar bulunmaktadır. Bu durum mevsimlik tarım işçisi olarak çalışan kadınların eğitim düzeylerinin düşük olduğunu göstermektedir. Mevsimlik tarım işinde çalışan kadınların anne-babalarının çoğunlukla okur-yazarlıkları bulunmamaktadır. Kadın işçilerin eğitim düzeylerinin düşüklüğü geleneksel yapıdan dolayı kaynaklandığından bahsedilebilir. Görüşülen mevsimlik tarım işçilerinden hiç okula gitmemiş veya eğitimine devam edemeyenler şu şekilde dile getirmişlerdir:

"O zamanlar okula gönderilmek şöyle dursun malın başından gelemiyorduk. Okuma yazmayı otuzumdan sonra gece okuluna gidip öğrendim" (Reyhan, 42).

"Okutmadılar ki yağnim bizi" (Ayşe, 62).

"Evvelde okul yokmuşkine. Aslında varmışda aptallarmış neynen okutak diye düşünüp durmuşlar. Beni heç okutmayıklarkine. Ben 50 yaşımdan sonra belledim" (Bahar, 57).

Mevsimlik tarım işinde çalışan kadınların çocukluk dönemlerinden itibaren çalışmaya başladıkları görülmektedir. Görüşülen kadınların tamamı çocuklukta ücretsiz aile işçiliğine tarla ve bahçe işleri yaparak başlamışlar, ücretli mevsimlik tarım işçiliği yaparak tarım sektöründe çalışmaya devam etmişlerdir:

"Güçüklükten başlıyon tarlada çalışmaya yavrum. 6-7 yaşında

başladım. O zamanlar okul nerdee. Yaylada yaşıyon, ilçeye inecek araç bile yoktu. Anamgil tarımla, davarla uğraşıyorlardı geçimimizi böyle sağlıyorduk." (Leyla, 60).

Bununla birlikte araştırma örnekleminde yer alan kadınların %68'inin bir mesleği olmadığı görülmektedir. Sadece %13,9 oranındaki bir kısmının mesleği bulunmaktadır.

Araştırma örneklemine göre mevsimlik tarım işçisi olarak çalışmanın en önemli nedeni, ailesinin geçimini sağlamak için çalışanların oranı %53,8; kendisine/ailesine ek gelir sağlamak için çalışanların oranı %35,0; hiçbir geliri olamadığı için çalışanların oranı ise %10,0'dur.

"Mevsimlik tarım işçiliğini neden yapıyorsunuz?" sorusu yöneltildiğinde geçim sıkıntısı, yoksulluk, düzenli gelir kaynaklarının olamaması, çocuklarının okul ihtiyaçlarını karşılamak, kentte iş bulamamak, genç tarım işçilerinin ise okul harçlığı biriktirmek ve üniversite mezunu olup kendi mesleklerini yapamadıklarından dolayı çalışmakta olduklarını belirtmektedirler. Görüşülen mevsimlik tarım işinde çalışan kadın işçiler şu şekilde yanıtlamaktadırlar:

"Bir markete gediyok öteberi alıyon 100 milyondan aşağı çıkamıyok. Her şey paraynan. Eskiden yokluk vardı alamıyoduk. Şimdi her şey bahalı, bir bişeyene güç yetmiyor. Çoluğumuz çocuğumuz bizim gibi olmasın bir meslek sahibi olsun diye okula gönderdik, ona da para yetiremiyok. Gazandığımız paraynan çocuk mu okutak, ev mi geçindirek,.. Allah sonumuzu hayır etsin notacağımızı bilemedik" (Pınar, 37).

Türkiye'deki işsizlik oranları ve işe girme sürelerinin uzaması üniversite mezunlarının dahi mevsimlik tarım işçisi olarak çalışmasına yol açmaktadır. Örneğin:

"Kendi mesleğimi, harita ve kadastro mühendisliği. Atama yok, iş bulamıyoruz. Mecbur kendime ve aileme katkı sağlamak için yapıyoz bu işi" (Cemre, 27).

Mevsimlik tarım işçileri ücretlerini günlük, haftalık, aylık ve dönemlik olarak almaktadırlar. Mevsimlik tarım işçilerinin günlük çalışma ücretleri 75 TL'dir. Dönemlik ücretleri 2.500- 7.000 aralığında değişmektedir. Ücretleri işin tamamı bittikten sonra toplu bir şekilde çavuş/elçiden almaktadırlar. Günlük çalışma ücretleri işveren ve çavuş arasında belirlenmektedir. Artan enflasyon nedeni ile paranın değersizleştiği ve piyasada fiyatların artışı, aldıkları ücretin geçim kaynaklarını yetersiz kıldığını göstermektedir. Görüşülen mevsimlik tarım işçisi kadınlar şu şekilde belirmiştir:

"Tarla sahibini bilmiyoz. Elçiyle bağlantılıyız. Erkek elçi bazı eyi, bazı kötü davranıyor. Çavuşla işveren gendi arasında belirliyo. Yaptığın işe göre dağşıyo. Sarımsağa gidersen günlük 65 Tl bir ücret alıyoz. Yıllık toplamda 9 ayda 8 bin felan galıyo elimize. Geçen yıl yöğmiye 60 Tl idi" (Zeynep, 38).

"Bu sene daha almadık parayı. Gettiğin işe, güne göre dağşıyo aldığın para. Heralde 6 bin alırık. Geçen yıl çok gedemedim işe 3 bin gadar bişey aldım" (Leyla, 60).

"Yövmiyeler değişiyo. Mesala dikim olursa 65 veriyolar. Toplama olursa 80 felan veriyolar. Çavuşlar gendi aralarında topluca belirliyo. Yukardan yüksek fiyat kestiklerinde, kendilerde ona göre şunu verelim diyeni belirliyolar" (Fatma, 34).

"Günlüğün 70'e geliyor. Toplamda ortalama yıllık iş bittikten sonra anca 5 milyon alırım. Çoluk çocuk gittiğimizde 7 milyonu buluyor. Geçen yıl 3 milyon aldık" (Hatice, 55).

"Yöğmiyelerimizi çavuşumuz iş bittikten sonra topluca bize ödenir. O yılki ücretler neyse çavuşlar arasında belirlenip veriliyo.Günlük mü? Günlük 75 lira, topluca bu sene sonunda elimize 3.500 lira galıyo. Geçen sene 3 bin felan aldık çok bişey dağaşmedi yavrum" (Songül, 53).

"Geçen yıl 1 milyar 750 milyon para gazandım. O zamanlar yövmiye 50 milyondu şimdi 80" (Bahar, 57).

Mevsimlik tarım işinde kadın işçilerin tamamı aldıkları ücretler konusunda memnun olmadıklarını belirtmişlerdir. Özellikle pandemi sürecinde artan piyasa fiyatları alım gücünü daha da azaltmaktadır. Kadınların ücret artışı isteseler bile söz sahibi değillerdir. Görüşülen mevsimlik tarım işinde kadın işçilerin örgütlenme veya dernekleşmenin bilincinde olmadığı görülmektedir. İçinde bulundukları örgütsüzlük ya da dernekleşmemek durumu, mevsimlik tarım işçiliğini bir yaşam şekli olarak görerek kadın işçilerin bu çalışma koşullarına razı gelmelerine ve işveren-çavuş karşısında sessiz kalmalarına sebep olduğu söylenebilmektedir. Kadın işçiler bu konu hakkında düşüncelerini şu şekilde aktarmışlardır:

"İşe başlamadan soruyok giderken. Ne kadar yöğmiyemiz diye. Aldığımız yöğmiyeler dükkan ihtiyaçlarımızı karşılamıyo herşey ataş pahası" (Çiçek, 42).

"Yöğmiyelerimizi işveren elçiye verir. Elçide iş bittikten sonra çalışana, bizlere verir. Elçi o seneki ücret neyse işe göre belirler söyler. Bizim söz hakkımız yoktur. Kabul edersen çalışırsın, etmezsen evinde oturursun" (Reyhan, 42).

"Genel olarak çiftçi dedikleri, yani toplanıyorlar ona göre Maraş bölgesi, yani bölgeye göre yövmiye belirleniyor. Çavuş aracılığıyla ödeniyor. O yövmiyeleri yazıyor iş bitim zamanı çavuş kendi eliyle teslim ediyo. Çavuşun sözü geçiyor. Yani orda ağa sorumluluğu aldığı için o ne derse biz onu yamak zorundayız. Niye o kadar derine eniyon yani. Borçlusun borçlu olduğun için çalışıyorsun" (Papatya, 45).

"Ne gadar para gazanıcım. Gettiğim günler oluyo. Getmediğim günler oluyo. Tabi hastalığım, yorgunluğum oluyo, işim çıkıyo. Getmediğim günler 2.500 milyar bir evin geliri var. Bir ev bu gadar geliri netsin. Un torbası çıkmış 100 milyon, bulgur torbası çıkmış 150 milyon. Napsın bir şekerin torbası olmuş 350 milyon olmuş nasıl alıcın?" (Bahar, 57).

"İş vereni tanımıyoruz ki. Hiç görmedim kendisini sözleşmedi yapılmıyor. Kadın çavuşla gidiyok işe. Elçimiz hesaplayıp ödüyor yövmiyemizi bize. Ücretler nasıl belirleniyo bilmem. Elçi ne derse odur. Yılda toplam mı? 6-7 bin alıyom. Geçen yıl 5 bin aldım" (Demet, 52).

5. Sonuç

Bu araştırma kapsamında Kahramanmaraş ili Çağlayancerit ilçesinde günübirlik mevsimlik tarım işçiliği yapan kadınlar değerlendirilirken; sosyal güvenlik ve kayıt dışı istihdam, ücretler, çalışma şartları ve yaşam koşulları ortaya konularak günümüzdeki günübirlik mevsimlik tarım işçiliğinin karşılaştığı sorunların önemine dikkat çekilmiştir.

Mevsimlik tarım işçiliği yılın belli aylarında ve günlük çalışma süreleri üzerinden hesaplanarak yapılan bir iş alanıdır. Kahramanmaraş ve Gaziantep ilinde günübirlik mevsimlik tarım işi yapan kadınlar ile derinlemesine yapılan mülakat görüşmesi ve anket çalışmasından elde edilen verilere göre mevsimlik tarım işçiliği geçici, sürekliliği olamayan kayıtsız bir iş niteliğindedir. Günübirlik mevsimlik tarım işinde çalışan kadınlar, gezici mevsimlik tarım işi yapan kadınlara göre ailesiyle birlikte yılın belli ayları içerisinde göç etmemektedirler. Bu kadın işçiler çevre illerdeki tarla-bahçelere günübirlik gitmekte, iş bittikten sonra daimî yaşadıkları kendi evlerine dönmektedirler. Bu sebeple barınmadan kaynaklı sorunları bulunmamaktadır.

Mevsimlik tarım sektöründe, işverenler-işçiler arasındaki bağlantı çavuş (elçi) tarafından sağlanmaktadır. Mevsimlik tarım işçileri çavuşa bağlı olmaktadırlar. İşveren çalışan işçilerin ücretlerini vermekten ve tarlada düzeni sağlamaktan başka herhangi bir sorumluluğu bulunmamaktadır. Mevsimlik tarım işinde kadın işçiler zor şartlar altında düşük ücrete çalıştırılmaktadırlar. Bu durum işçilerin emeklerini karşılamamakta ve değersizleştirmektedir. Kadın işçiler bu konuda işverenden hak talepte bulunamamakta, verilen ücret ve çalışma koşullarına razı gelmektedirler.

Mevsimlik tarım işinde işçilerin sosyal güvenlikleri bulunmamaktadır. Bu durum mevsimlik tarım işçilerinin riskli çalışma ve yaşam koşulları altında çalıştığını göstermektedir. Mevsimlik tarım işinde kadın işçilerin sağlıkları ve iş güvenliği risk altında bulunmakta, iş esnasında herhangi bir koruyucu kullanmıyor ve iş kazası riskiyle karşılaşmaktadırlar. Çalışma süreleri uzun ve dinlenme molaları yetersiz bulunmaktadır. Yemek ve su ihtiyaçlarını kendi evlerinden getirmektedirler.

Kahramanmaraş'ın, ilçe ve köy kesiminde yaşayan kadın işçilerin tarım sektörü dışında istihdam edebileceği iş alanı çoğunlukla bulunmamaktadır. Kahramanmaraş ili kesiminde genellikle ücretsiz aile işçisi olarak sosyal güvencesi olmadan çalışmaktadırlar. Bu durum ev içi işler ile tarımsal işlerin önemli derecede birbirine karışmış olduğunu gösterir ve kadının üstlendiği tüm bu sorumluluklar yasal olarak iş sayılmamakta, emeği görünmez kıldığı düşünülmektedir. Bundan dolayı, aile içi işler ile tarımsal işler, asgari ücret baz alınarak belirli bir ücret karşılığında güvenceli hale getirilebilir. Emekli olabilmek için SGK primlerini yüksek bulan kırsal kesimde yaşayan kadın işçilere yönelik prim miktarları düşürülebilmelidir. Sosyal güvence hakkında çalışan işçiler bilgilendirilebilir.

Kaynakça

Aydoğdu, M. H. (2019). Tarım Sektöründe Çalışan Kadınların İşe Bakışları ve Memnuniyetleri Üzerine Bir Araştırma. *Harran Tarım ve Gıda Bilimleri Dergisi.* 4, 380-390.

Bakırcı, M. (2010). *Türkiye Tarım Coğrafyası.* İstanbul: AUZEF Kitap.

Bulut, E. (2013). *Mevsimlik Tarım İşçilerinin Yaşam ve Çalışma Koşullarına İlişkin Bir Saha Araştırması: Kocaeli Örneği.* (Yayımlanmamış Yüksek Lisans Tezi, Sakarya Üniversitesi, Sosyal Bilimler Enstitüsü, Sakarya).

Candan, M. (2007). *Kayıt Dışı İstihdam, Yabancı Kaçak İşçi İstihdamı ve Toplumumuz Üzerindeki Sosyo-Ekonomik Etkileri.* (Uzmanlık Tezi, T.C. Çalışma ve Sosyal Güvenlik Bakanlığı Türkiye İş Kurumu Genel Müdürlüğü, Ankara).

Candan, E., & Özalp Günal, S. (2013). Tarımda Kadın Emeği. *Tarım Ekonomisi Dergisi.* 1, 93-101.

Doğan, Z., Arslan, S., & Berkman, A. N. (2015). Türkiye'de Tarım Sektörünün İktisadi Gelişimi ve Sorunları: Tarihsel Bir Bakış. *Niğde Üniversitesi İktisadi ve İdari Bilimler Fakültesi Dergisi.* 1, 29-41.

FAO (2016). Tarımsal ve Kırsal Geçimin Ulusal Cinsiyet Profili Türkiye Ülke Toplumsal Cinsiyet Değerlendirmesi Serisi. Birleşmiş Milletler Gıda ve Tarım Örgütü: Ankara.

Görücü, İ., & Akbıyık, N. (2010). Türkiye'de Mevsimlik Tarım İşçiliği: Sorunları ve Çözüm Önerileri. *Hikmet Yurdu Düşünce-Yorum Sosyal Bilimler Araştırma Dergisi.* 5, 189-219.

Gürler, A.Z. (2008). *Tarım Ekonomisi.* (1). Ankara: Nobel Yayınları.

ILO (2020). Virüs Mü? Yoksulluk Mu? Korona Virüs Salgınının Mevsimlik Gezici Tarım İşçileri ve Onların Çocukları ile Bitkisel Üretime Olası Etkisi Hızlı Bir Değerlendirme. Ankara: KA.

İlhan, Ö. F., Artar, F. & Bal, N. (2014), *Tarım Sektöründe Kayıt Dışı İstihdam: Niğde İli* (Tr71/14/TD/026). Niğde: Ahiler Kalkınma Ajansı.

Kalkınma Atölyesi (2020). Covid_19 Salgınında Dünyada ve Türkiye'de Mevsimlik Gezici ve Göçmen Tarım İşçilerine ve onların Çocuklarına İlişkin Gelişmeler İzleme ve Belgeleme Çalışması. Ankara.

KEİG (2015). Kadın Emeği ve İstihdamına İlişkin Bilgi Notları. KEİG Platformu: İstanbul.

Kekil, V. (2022). *Mevsimlik Tarım İşinde Kadın Emeği: Kahramanmaraş ve Gaziantep Örnekleri.* (Mardin Artuklu Üniversitesi, Sosyal Bilimler Enstitüsü, İktisat Anabilim Dalı, Mardin).

KSGM (2008). *Toplumsal Cinsiyet Eşitliği Ulusal Eylem Planı 2008-2013.* ASPB Kadının Statüsü Genel Müdürlüğü: Ankara.

Olhan, E. (2011). *Türkiye'de Kırsal İstihdamın Yapısı.* FAO Türkiye Temsilciliği: MDGIF.

Peker, A. E., & Kubar, Y. (2012). Türkiye'de Kırsal Kesimde Kadın İstihdamına Genel Bir Bakış. *Afyon Kocatepe Üniversitesi İ.İ.B.F. Dergisi.* 2,173-188.

The World Bank (2014). *Gezici Mevsimlik Tarım İşinde Çalışan Kadınların Çalışma ve Yaşam Koşullarının İrdelenmesi.* The World Bank IBDR-IDA. https://documents1.worldbank.org/curated/en/577571479488978309/pdf/110377-WP-P146215-PUBLIC-Turkish-kezban-celik-R.pdf

Türkiye Büyük Millet Meclisi (2015). Mevsimlik Tarım İşçilerinin Sorunlarını Araştırmak Amacı İle Kurulan Meclis Araştırması Komisyon Raporu. TBMM: 716.

TÜİK. (2021). Hanehalkı İşgücü İstatistikleri, https://data.tuik.gov.tr./ Bulten/ Indexs?p= Isgucu-Istatistikleri-Ekim-2021-374991

Yiğit, B. (2018). Gezici Mevsimlik Tarım İşçileri İle Yerel Mevsimlik Tarım İşçilerinin Durumlarının Karşılaştırılmalı Analizi: Isparta İli Örneği. (Süleyman Demirel Üniversitesi, Sosyal Bilimler Enstitüsü, Çalışma Ekonomisi ve Endüstri İlişkileri Ana Bilim Dalı, Isparta).

WEF. (2020). *Dünya Ekonomik Formu.* http://www3.weforum.org/WEF_GGGR_2020.pdf

4857 sayılı Kanunun ilk hali 10/06/2003 tarih ve 25134 resmi gazete ve 4857 sayılı İş Kanunu. http://www.mevzuat.gov.tr/MevzuatMetin/1.5.4857-20030522.pdf

UNDERSTANDING VIOLENCE AGAINST WOMEN: POSSIBLE ECONOMIC CAUSES

KADINA YÖNELİK ŞİDDETİ ANLAMAK: OLASI EKONOMİK NEDENLER

İsmail Hakkı İşcan[1]

Öz

Kadın yönelik şiddet, eğitim, kültür ve ekonomik gelişmişlik düzeyi farklılığı gözetmeksizin dünyanın her yerinde gerçekleşen dünyanın en yaygın insan hakları ihlalidir. İstatistikler, şiddetin gelişmiş ekonomilere sahip ülkelerde de önemli bir orana sahip olduğunu ve hatta önlenemeyerek artarak devam ettiğini göstermektedir. Bu tür bir hak ihlalinin önlenmesi, kişi, aile ve toplum sağlığı ve geleceği açısından son derece önemlidir. Kadına yönelik şiddet, birçok farklı disiplini ilgilendiren farklı faktörlerden kaynaklanıyor olabilir. Şiddet, ekonomik eşitsizliklerden iklim değişikliği gibi insan, çevre ve sağlık odaklı yaşanan olağanüstü kriz dönemlerine kadar geniş bir yelpazede incelenmelidir. Bu çalışma kadına yönelik şiddeti, olası ekonomik nedenlerini tespit ederek anlama ve önlem konusunda politika yapıcılarına yol gösterici açıklamalarda bulunma gayretindedir. Kadına yönelik şiddetin ekonomik nedenleri, bireysel düzeyde ekonomik bağımlılık ve özellikle istihdam imkanlarından uzak kalmakla ilgilidir. Kadınların eğitimine yatırım yapmak, istihdam fırsatlarını artırmak ve ekonomik şiddete karşı koruyucu mekanizmalar oluşturmak, kadına yönelik şiddetin önlenmesinde önemli adımlar olacaktır. Bu konuda yapılacak politik müdahaleler, kadınların ekonomik güçlenmesini sağlamak ve eşitsizlikleri azaltmak üzerine odaklanması gerektiği gibi bu tür müdahale ve politikaların toplumsal hazmedişini de göz ardı etmeyen ve hatta kolaylaştıran bir özelliğe sahip olması gerekir.

Anahtar Kelimeler: Şiddet; kadın; ekonomi.

---

[1] Prof. Dr., Bilecik Şeyh Edebali Üniversitesi, İktisadi ve İdari Bilimler Fakültesi, İktisat Bölümü, ismailhakki.iscan@bilecik.edu.tr, ORCID: 0000-0003-2786-4928

Abstract

Violence against women is the most widespread human rights violation that occurs all over the world, regardless of educational, cultural and economic development levels. Statistics show that violence has a significant proportion even in countries with developed economies and that it cannot be prevented and continues to increase. Prevention is very important for the health and future of individuals, families and communities. Violence against women can be caused by a variety of factors involving many different disciplines. Violence should be examined in a wide range of contexts, from economic inequalities to extreme human, environmental and health crises such as climate change. This study attempts to understand violence against women by identifying its possible economic causes and to provide guidance to policy makers on prevention. Economic causes of violence against women are related to economic dependency and lack of employment opportunities. Investing in women's education, increasing employment opportunities and creating protective mechanisms against economic violence are important steps in preventing violence against women. Policy interventions should focus on ensuring women's economic empowerment and reducing inequalities. At the same time, these interventions and policies should not ignore and even facilitate social absorption.

Keywords: Economy; Women; Violence

1. Giriş

Kadına yönelik şiddet konusunda alanda yapılan akademik çalışmalar, kadına yönelik şiddetin nedenlerini anlamak ve şiddetin önlenmesi konusunda alınacak tedbirler açısından önemli bir değer taşımaktadır. Bununla birlikte konu hakkında özellikle duygusal içerikle bütünleşen çalışmalar, "önyargı" ve "klasikleşen paralellikler" sergileyebilir. Örneğin, şiddetin sadece kadınlara yönelik olduğunu veya kadına yönelik şiddetin ekonomik gelişmemişlikle ve/veya eğitim düzeyinin düşüklüğü ile paralel olduğunu öne sürmek gibi. Bu tür karşı durulması zor önermeler, tarih, ülke ve toplumsal farklılık kısıtlarına göre kısmen doğruluk taşısa da bizi şiddetin temel nedenlerini tespit etmek, anlamak ve önlemek konusunda yetersiz bırakabilir. Çok daha kötüsü bu durum şiddetin önüne geçme çabalarına yönelik alınacak kararlar konusunda da olması gerekenlerden bizi uzaklaştırabilir. Zira ulusal ve uluslararası duyarlılığın son derece hassaslaştığı günümüz şartlarında hala şiddetin önüne geçilebilmiş değildir.

Hâkim bakış, kadına yönelik şiddetin nedenleri arasında gösterilen birçok faktörün, kadınların ekonomik ve/veya hukuki bağımsızlıklarını kazanarak güç elde etmeleri ile kalkacağı ve sorunun ancak bu şekilde çözümleneceği düşüncesinde ısrarcıdır. Keza yine bu doğrultuda uluslararası düzeyde geliştirilen örneğin "cinsiyet eşitliği" gibi küresel ölçekte kavram/sloganlarla da şiddetin son bulacağı umulmakta veya hedeflenmektedir.

Ancak şiddetin hala ve artarak devam ediyor olması, şiddetin önlenmesi adına bu tür girişimlerin getireceği "sosyal etkileşim" ve "toplumsal kabullenişin" hem hukuki ve hem de sosyolojik yapıyla pekiştirilmesi gerektiğinin çok daha önemli olduğunu ortaya koymaktadır. Böylesi ülke veya aynı ülke içerisinde bölgesel farklılıklar gözetilmeksizin varılan ulusal/uluslararası ve tekdüze çözümlemeler, devam eden şiddete dair rakamların varlığı dikkate alındığında soruna, farklı bakış açılarına ihtiyaç duyulduğunu göstermektedir. Bu doğrultuda, belki de bu tür klasikleşen bakıştan farklılaşmayı zorlamak, alan çalışmalarının en önemli çabası olmalıdır.

Bu çalışma şiddetin ekonomik nedenlerinin tespiti çabasına yöneliktir. Bu çaba doğrultusunda çeşitli uluslararası örgütlerden ve alanda yapılan çalışmalardan elde edilen nicel veriler değerlendirilecektir. Çalışmanın ilk bölümünde küresel nüfus istatistikleri, kadına yönelik rakamlarla değerlendirilmekte, izleyen bölümde kadına yönelik şiddetin olası ekonomik nedenleri konusunda açıklayıcılığı bulunan işgücü piyasasında kadın istatistikleri ve bu istatistiklere dayalı değerlendirmeler yer almaktadır. Kadına yönelik şiddet kavramının ve şiddetin ölçümlemesinde kullanılan endekslerin tanımlandığı ve değerlendirildiği üçüncü bölümde aynı zamanda kadına yönelik şiddeti hedef alan ve önlenmesi konusunda çalışmalarda bulunan önde gelen uluslararası kuruluşlar ele alınmış ve nihayet sonuç bölümde kadına yönelik şiddetin olası ekonomik nedenler konusunda elde edilen veriler ışığında değerlendirmelerde bulunulmuştur.

2. Dünya Nüfus İstatistikleri ve Kadın

Birleşmiş Milletler (BM) tahminlerine göre (UN, 2022; UN, 2024a) 1950'de tahmini 2,5 milyar olan küresel insan nüfusu, 1999 yılında 6 milyara, 2011 yılında 7 milyara ve 2022 yılında ise 8,0 milyara ulaştığı tahmin edilmektedir. Buna göre dünya nüfusuna 2010'dan bu yana 1 milyar, 1998'den bu yana ise 2 milyar insan eklendiği dünya nüfusunda önümüzdeki 30 yıl içinde ise yaklaşık 2 milyar insan artışı beklenmektedir. BM tahminlerine göre 2050 yılında dünya nüfusunun 9,7 milyara 2080'ler de ise 10,4 milyara ulaşacağı tahmin edilmektedir. Küresel nüfustaki artış, sağlık alanında yaşanan iyileşmelerle doğurganlık yaşına kadar hayatta kalan insan sayısının ve insan ömrünün kademeli olarak artması, artan kentleşme ve hızlanan göçten kaynaklanmış olabileceği tahmin edilebilir.

Diğer taraftan BM tahminleri dikkate alındığında küresel nüfusun genel büyüme hızının yavaşladığı görülmekle birlikte doğurganlık düzeyi açısından en yüksek olan ülkelerin kişi başına düşen gelirin en düşük olduğu ülkeler olma eğiliminde olduğu dikkat çekicidir. Buna göre küresel nüfus artışı zamanla, çoğu Sahra Altı Afrika'da bulunan dünyanın en fakir ülkeleri arasında giderek daha fazla yoğunlaştığı görülmektedir. BM dünya nüfus tahminlerine göre ülkelerin toplam doğurganlık hızları incelendiğinde, 2022 yılında (Toplam doğurganlık hızı dünya ortalaması 2,31 çocuk) en yüksek toplam doğurganlık hızına sahip olan ülkenin 6,75 çocuk ile Nijer olduğu, bu ülkeyi 6,22 çocuk ile Çad'ın ve 6,20 çocuk ile Somali'nin izlediği görülmektedir (UN, 2022; UN, 2024b).

Şekil 1. Cinsiyete Göre Küresel Nüfus (2000 – 2022 / Milyar)

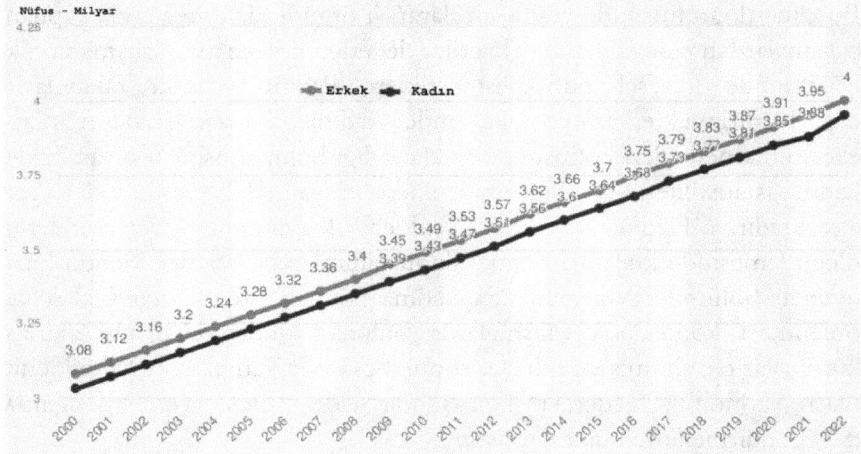

Kaynak: Statista, 2024a.

Küresel ölçekte dünya nüfusu içerisinde erkek nüfusu kadın nüfusundan biraz daha fazla olmakla birlikte cinsiyet oranı ülkeden ülkeye değişebilmektedir. Şekil 1'de görüldüğü gibi 2000-2022 yılları arasındaki 22 yıl boyunca, gezegende yaşayan erkeklerin sayısı sürekli olarak kadınlardan daha fazla olmuştur. 2022 yılında dünya üzerinde yaşayan

7.95 milyar insanın dört milyarı erkek, 3.95 milyarı ise kadındı (Statista, 2024a). Cinsiyet dağılımında doğumdaki cinsiyet oranı, yaşam beklentisi ve göç gibi farklı faktörler rol oynamaktadır. Kadınların erkeklere kıyasla daha yüksek bir genel yaşam beklentisine sahip olduğu ve bunun da daha yaşlı yaş gruplarındaki cinsiyet oranlarının kadınlar lehine daha yüksek bir oran anlamına geldiği görülmektedir. BM dünya nüfus tahminlerine göre 2022 yılı için doğuşta beklenen yaşam süresinin dünya genelinde 71,7 yıl, erkekler için 69,1 yıl ve kadınlar için ise 74,4 yıl olduğu görülmektedir. 2019 yılı için kadın ve erkek doğuşta beklenen yaşam süreleri sırasıyla 73,8 ve 68,4 yıl olarak gerçekleşmiştir (TUİK, 2024; UN, 2022).

Dünya Bankası'ndan Bjerde ve Gill (20024)'e göre kadınların dünya nüfusunun yarısını oluşturmasına karşın karar alma pozisyonlarında yeterince yer almamaları ülke ekonomilerinin dayanıklılığını azaltmaktadır. Çalışma, istihdamda cinsiyet farkının kapatılmasının uzun vadede kişi başına düşen gayri safi yurt içi hasılayı, ülkeler genelinde ortalama %20'ye yakın arttırabileceği tahmininde bulunmaktadır.

3. İş Gücü ve Kadın

OECD'nin yaptığı çalışmaya (OECD, 2024b) göre üye ülkelerde doğurganlık oranlarında, kadınların daha geç yaşlarda veya hiç çocuk sahibi olmaması ve gençlerin karşılaştığı çeşitli zorluklar nedeniyle 1960 yılından bu yana uzun vadeli düşüş yaşanmaktadır. 2022 yılına gelindiğinde, doğurganlık oranı OECD'de ortalaması kadın başına sadece 1,5 çocuk olarak gerçekleşmiş, İtalya ve İspanya'da bu oran kadın başına 1,2 çocuk iken 2023 yılında tahmini kadın başına 0,7 çocukla Kore en düşük seviyede kalan ülke olmuştur.

OECD rapora göre kadın doğum oranlarında yaşanan azalma, çocuk sahibi olma konusundaki kişisel tercihler, ekonomik ve finansal güvenlik, çocuk yetiştirmenin maliyeti, sosyal normlar, kişisel ve tıbbi koşullar, işgücü piyasası koşulları ve aile politikası ortamı gibi çok çeşitli faktörlere bağlıdır (OECD, 2024b).

Kadın doğum oranlarında yaşanan azalmaya yönelik bu tespitler kadına yönelik cinsiyet eşitsizliği ve dolayısıyla kadına yönelik şiddet açısından önemlidir. Zira OECD raporuna göre doğurganlık oranlarında yaşanan azalış, toplumların, toplulukların ve ailelerin yüzünü değiştirecek ve potansiyel olarak ekonomik büyüme ve refah üzerinde önemli bir etkiye sahip olacaktır.

Doğurganlık oranlarındaki azalışı bir tehdit olarak gören toplumlar için bu oranın yükseltilmesinde rapor, toplumsal cinsiyet eşitliğine daha fazla vurgu yapan politikalarla kadınların iş ve aile hayatını birleştirebilecekleri ve ekonomik hayata eşit bir şekilde katılabilecekleri şartların oluşturulmasını bir gereklilik olarak değerlendirmektedir. Zira bu sayede daha iyi ekonomik sonuçların elde edilmesi, doğurganlık oranlarında daha yüksek seviyelere gelinmesi ile başarılabilecektir.

Ouedraogo ve Stenzel (2021)'in yapmış oldukları araştırmada elde ettikleri sonuçlara göre kadına yönelik şiddetteki %1 puanlık artışın, %9 daha düşük ekonomik faaliyet düzeyiyle ilişkili olduğunu göstermiştir. Araştırmaya göre kadına yönelik şiddetin ekonominin genel sağlığı üzerinde hem kısa hem de uzun vadede çok boyutlu etkisi söz konusudur. Kısa vadede, şiddete-istismara uğrayan kadınların daha az saat çalışması ve çalışırken daha az üretken olmaları muhtemeldir. Uzun vadede, yüksek düzeyde aile içi şiddet, işgücündeki kadın sayısını azaltabilmekte, kadınların beceri ve eğitim kazanmasını en aza indirebilmekte ve daha fazla kamu kaynağının sağlık ve adli hizmetlere kanalize edilmesi nedeniyle genel olarak daha az kamu yatırımı ile sonuçlanabilmektedir. Ouedraogo ve Stenzel (2021), kadınlara ve kız çocuklarına yönelik daha yüksek düzeydeki şiddetin, esas olarak kadın istihdamındaki önemli düşüşten kaynaklanan, düşük ekonomik faaliyetle ilişkili olduğunu ortaya koymaktadır. Kadınların maruz kaldığı fiziksel, psikolojik ve duygusal şiddet, onların bir işi başarmalarını veya sürdürmelerini zorlaştırmaktadır.

Dolayısıyla kadına yönelik şiddetin ekonomik nedenlerini anlamak için istihdama dayalı veriler önemlidir. İstihdam gibi sosyo-ekonomik stres faktörleri ve gıda güvensizliği ve aile ilişkileri gibi dış stres faktörleri ile birlikte yalnızca şiddet deneyimleri veya güvenlik duyguları üzerinde değil, aynı zamanda genel olarak kadınların refahı üzerinde de önemli bir etkiye sahiptir (UN Women, 2021).

Dünya Bankasına göre dünyadaki tüm erkeklerin yaklaşık %80'i işgücüne katılım sağlayabilirken bazı bölgelerde bu sayı kadınlar için çok daha olumsuzdur. Örneğin Güney Asya'da 4 kadından 1'i, Orta Doğu ve Kuzey Afrika'da ise her 5 kadından sadece 1'i iş gücüne katılım sağlayabilmektedir.

Şekil 2. İşgücüne Katılım Oranı Erkek (15-64 Yaş Arası Erkek Nüfusunun Yüzdesi Olarak) Dünya – 1991 - 2022

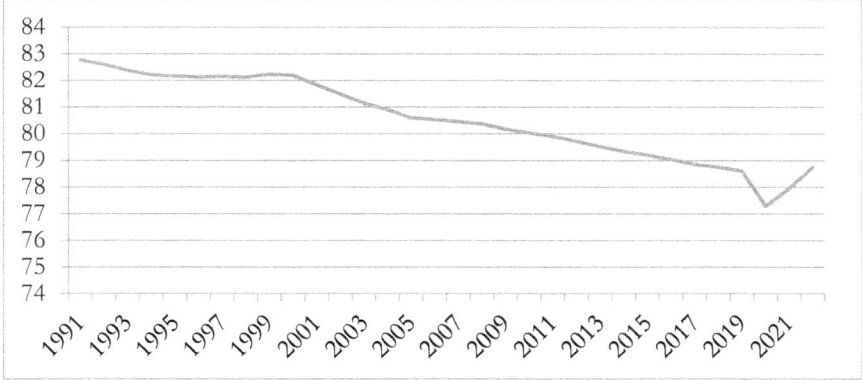

Kaynak: WB, 2024a

Dünya Bankası istatistiklerinden, dünyada en az 65 ülkede kadınların genellikle daha yüksek ücretler sunan (ulaştırma, imalat, inşaat, su, enerji ve madencilik sektörlerindeki) kazançlı mesleklerden men edildiği, kadınların erkeklerle aynı işleri üstlenmelerine izin verilmesi durumunda dahi genellikle ciddi bir ücret farkıyla karşılaştıkları, 93 ülkede eşit değerdeki işler için kadınlara daha az ücret ödenmesinin yasal olarak kabul edildiği görülmektedir (Bjerde ve Gill , 20024; WB, 2023: 27). İş gücü piyasası ile ilgili olarak BM'nin tespiti ise daha çarpıcıdır. Zira BM'ye göre işgücü piyasasındaki kadınlar ortalama olarak dünya çapında erkeklerden % 20 daha az kazanmaktadır. BM, 2024 yılı itibarıyla tüm ulusal parlamenterlerin yalnızca % 26,8'inin kadınlardan oluştuğunu, bu oranın 1995'teki %11,3'e göre yavaş bir artışla gerçekleştiği tespitini yapmaktadır (UN, 2024c). [2]

Diğer taraftan Dünya Bankası tarafından yapılan Kadınlar, İş Dünyası ve Hukuk Endeksi puanlamasına göre Sahraaltı Afrika bölgesi ilk kez Doğu Asya ve Pasifik'in önüne geçmiştir. 2022 yılında, tüm reformların

---

[2] Konuyla ilgili olarak "The Economist" dergisinde 27 Temmuz ve 1 Ağustos 2017 tarihlerinde yayınlanan (The Economist, 2017a; The Economist, 2017b) makaleler oldukça ilginçtir. Her iki makalede yapılan değerlendirmeler, İngiltere'nin kamu yayın kuruluşu BBC'nin yılda en az 195.000 dolar kazanan çalışanlarının isimlerini yayınlamasıyla, özelde BBC'de ama genelde Britanya'da erkekler ve kadınlar arasındaki ücret farklılığının ne denli kadınlar aleyhine olduğunu ortaya koyması açısından önemlidir. Zira isimlerin yayınlanmasıyla BBC'nin kadın çalışanlarının erkek meslektaşlarından çok daha az kazandıkları anlaşılmıştır. BBC personelinin yarısından biraz fazlası erkek iken listelenen 96 yüksek gelirlinin üçte ikisi erkek çalışanlardır. The Economist'te yayımlanan makalelerde yer verilen ve danışmanlık şirketi Korn Ferry tarafından dünya çapında 8,7 milyon çalışan için toplanan verilere göre Britanya'da ortalama bir kadının maaşı ortalama bir erkeğin maaşından %29 daha düşüktür. Derginin yaptığı değerlendirmede asıl sorunun, eşit iş için eşitsiz ücret değil kadınları daha düşük ücretli kuruluşlarda daha düşük seviyeli işlerde çalışmaya iten unsurlar olduğu ifade edilmektedir.

yarısından fazlası Afrika kıtasında uygulanmış bazı ülkeler krediye erişimde ayrımcılığın yasaklanması, aile içi şiddetin azaltılması veya kadınların krediye erişimini kolaylaştırmak gibi reformları uygulamaya koymayı başarmıştır. Doğu Asya ve Pasifik bölgesindeki ülkeler de önemli reformlar gerçekleştirerek, kadınlara eşit ücret verilmesini zorunlu kılan ve cinsel tacizi yasaklayan yasalar çıkarmışlardır (Bjerde ve Gill , 20024).

BM ve Dünya Bankası grupları gibi çeşitli uluslararası örgütlerin dünya nüfus istatistikleri ile ilgili kadına yönelik yayımladıkları veriler gerekli olmakla birlikte kuşkusuz kadına yönelik şiddet konusunda çok daha duyarlı ve yaygın istatistiksel verilerin elde edilmesi gerekir.

Uzun yıllar boyunca BM, küresel çapta toplumsal cinsiyet eşitliğini teşvik etme çabalarına yönelik önemli zorlukların üstesinden gelebilmek amacıyla 2 Temmuz 2010'da BM Genel Kurulu, BM Cinsiyet Eşitliği ve Kadının Güçlendirilmesi Birimi veya diğer adıyla "BM Kadınları Birimi"ni (UN Women) kurdu. BM bunu yaparak, BM Üye Devletleri Örgütün toplumsal cinsiyet eşitliği ve kadınların güçlendirilmesine ilişkin hedeflerini hızlandırma konusunda önemli ve tarihi bir adım atmış oldu (UN Women, 2024b). Aynı zamanda BM oluşturduğu bu yapı ile bu konuda kurulu bulunan dünyadaki dört kurum ve ofisi[3] de birleştirmiş oldu (UN, 2024c).

Konu hakkında BM'nin kurumsal yapısı içerisinde oluşturduğu Kadın Birimi'ne göre 2030 yılına kadar toplumsal cinsiyet eşitliğinin sağlanmasını amaçlayan tarihi bir küresel sözleşme niteliğindeki *"Sürdürülebilir Kalkınma Hedefleri"* (SDG)[4] için daha fazla ve daha iyi toplumsal cinsiyet verilerine ihtiyaç vardır. Aksi takdirde BM, SDG'lerin uygulanmasının yeterince izlenemeyeceği uyarısında bulunmaktadır. Birim bu konudaki zorluğu üç nedene bağlamaktadır (UN Women, 2024a);

1. Birçok ülkede cinsiyet istatistiklerinin üretiminin, istatistik

---

[3] Bu dört kurum şu şekildedir: BM Kadın Kalkınma Fonu (UNIFEM), Kadının İlerlemesi Bölümü (DAW), Toplumsal Cinsiyet Sorunları ve Kadının ilerlemesi Özel Danışmanı Ofisi (OSAGI) ve BM Kadının İlerlemesi için Uluslararası Araştırma ve Eğitim Enstitüsü (INSTRAW).
[4] SDG içerisinde yer alan pek çok hedef özellikle kadınların eşitliğini ve güçlendirilmesini hem amaç olarak ve hem de çözümün bir parçası olarak görmektedir. Hedefler içerisinde yer alan 5. Madde: *"Cinsiyet eşitliği sağlamak ve tüm kadınları ve kız çocuklarını güçlendirmek"* hedefi ile küresel ölçekte kadın haklarının güvence altın alınması için ülkelerin iç hukuklarında bu yönde değişiklik yapmalarını amaçlamaktadır. SDG-5, diğer şeylerin yanı sıra, kamusal ve özel alanlarda kadınlara ve kız çocuklarına yönelik her türlü ayrımcılığı, şiddeti ve her türlü zararlı uygulamayı sona erdirerek toplumsal cinsiyet eşitliğine ulaşmayı amaçlamaktadır. Nitekim 2014 yılına kadar 143 ülke Anayasalarında kadın ve erkek eşitliğini garanti eden hukuki değişiklikleri gerçekleştirmişken 52 ülkenin bu yönde bir adım atmadığı anlaşılmaktadır (UN, 2024c).

yasalarında ve politikalarında belirtilmemesi ve ulusal bütçelerinde yeterince finansman sağlanmaması,

2. Kadına yönelik şiddet dâhil olmak üzere kadının yer aldığı birçok alanda (sağlık, siyaset, ekonomi ve eğitim gibi) kadın aleyhine var olan dengesizliğin ölçülmesinde ve dolaysıyla toplumsal cinsiyet istatistiklerinin üretimini sınırlandıran teknik ve mali zorluklar dolayısıyla yaşanan yetersizlikler,

3. Verilerin mevcut olduğu durumlarda dahi verilerin erişilebilir hale getirilmiyor veya kullanıcı dostu formatlarda paylaşılmıyor olması.

4. Şiddete Yönelik Kavram, Ölçüt ve Kurumlar

4.1. Kadına Yönelik Şiddet Kavramı, Türleri ve İstatistikleri

BM, 20 Aralık 1993 tarih ve 48/104 sayılı kararıyla ilan ettiği, "Kadına Yönelik *Şiddetin Ortadan Kaldırılmasına İlişkin Bildirge"de kadına yönelik şiddeti "kadınlara fiziksel, cinsel veya zihinsel zarar veya acı veren veya verebilecek olan, bu tür eylemlerle tehdit etme, zorlama veya keyfi olarak haklarından mahrum bırakma dahil olmak üzere, cinsiyete dayalı her türlü şiddet eylemi"* olarak tanımlamaktadır (UN, 1993). Kadınların eşitliklerini, saygınlıklarını, öz değerlerini ve temel özgürlüklerden yararlanma haklarını inkar eden en yaygın insan hakları ihlallerinden biri olan kadına yönelik şiddet, her ülkede vardır ve kültür, sınıf, eğitim, gelir, etnik köken ve yaş sınırları farklılıklarına göre de her kesimi kapsamaktadır (UNICEF, 2000).

Kadına yönelik şiddet, ekonomik ve/veya insani gelişmişlik düzeylerine bakılmaksızın dünyanın her yerinde ve her gün sürekli gerçekleşen ve dünyanın en yaygın insan hakları ihlallerinden biridir. Kişi ve dolayısıyla toplum sağlığı adına etkisinin büyüklüğü ve yıkıcılığı tartışmasızdır. Ayrıca BM'nin yaptığı çalışma ve tespitlere göre salgınlar, çatışmalar ve iklim değişikliği gibi insan, çevre ve sağlık odaklı yaşanan olağanüstü kriz dönemlerinin yarattığı koşullar, kadına yönelik şiddeti daha da yoğunlaştırmakta, mevcut zorlukları daha da kötüleştirmekte ve yeni tür tehditlerin ortaya çıkmasına neden olmaktadır UN Women, 2024c).

Kadın yönelik şiddet konusunda küresel ölçekte bilgiye erişim konusunda daha güçlü ve bir o kadar da duyarlı bir yapı oluşturan BM'nin kadına yönelik şiddet tanımlaması ve çeşitlendirmesi önemlidir. 1993 yılı BM kararıyla küresel ölçekte tanımı yapılan şiddetin türleri konusunda da ortak bir politika oluşturulması adına küresel ölçekte bir etkiye sahip olan BM'nin şiddetin türleri konusundaki farklılaştırması çok daha anlamlı olacaktır. BM, kadına yönelik şiddetin türleri konusundaki gruplaması şu şeklidedir (UN Women, 2024c);

Yakın partner şiddeti: Yakın veya eski partner tarafından fiziksel saldırganlık, cinsel zorlama, psikolojik istismar ve kontrol edici davranışlar dahil olmak üzere fiziksel, cinsel veya psikolojik zarara neden olan davranışları ifade eder. BM'ye göre bu, küresel olarak kadınların yaşadığı en yaygın şiddet biçimlerinden biridir.

Cinsel şiddet: Bir kimseye empoze edilen her türlü zararlı veya istenmeyen cinsel davranıştır.

Kadın cinayetleri: Bir kadının veya bir kız çocuğunun, kadın veya kız çocuğu olduğu için kasten öldürülmesidir. Dolayısıyla bu tür bir şiddetin cinsiyete dayalı motivasyon nedeni kalıplaşmış toplumsal cinsiyet rolleri, kadınlara ve kız çocuklarına yönelik ayrımcılıktan, toplumda kadınlar ve erkekler arasındaki eşitsiz güç ilişkilerine kadar değişebilmektedir.

İnsan kaçakçılığı: İnsan ticareti yapan ve onları kâr amacıyla sömüren küresel bir suç olarak tanımlanan insan kaçakçılığının bir çok şekli olmakla birlikte her yaştan ve her kökenden erkek, kadın ve çocuk bu suçun mağduru olabilmektedir. Ancak BM'ye göre bu suçta kadınlar birincil hedeftir ve kız çocukları çoğunlukla cinsel sömürü için insan ticaretine maruz kalmaktadır.

FGM (Female genital mutilation): Tıbbi olmayan nedenlerle kadın dış genital organlarının kısmen veya tamamen çıkarılmasını veya kadın genital organlarının diğer yaralanmalarını içeren tüm prosedürleri ifade eder. BM'ye göre bu işlem ortaya çıktığı her toplumda, kökleri derinlere inen toplumsal cinsiyet eşitsizliğinin bir ifadesidir. Kadınlar üzerindeki bu uygulama uygulandığı her biçimde, kadınların sağlık, güvenlik ve onur hakları da dahil olmak üzere temel insan haklarının ihlali olarak değerlendirilmektedir. İlk olarak 1997 yılında DSÖ, UNICEF ve UNFPA tarafından yayınlanan ortak bir bildiri ile şiddet olarak sınıflandırılmıştır (WHO, 1997).

Çocuk yaşta, erken ve zorla evlilikler: Çocuk hakları ihlali olarak değerlendirilen bu durum, erken ve sık gebelikler, daha yüksek anne hastalığı ve ölümü riskleri, aile konularında sınırlı karar verme ve eğitimi bırakma dahil olmak üzere çocukların (büyük oranda da kızların) yaşamları üzerinde çeşitli zararlı etkileri olduğu yaygın olarak kabul edilmektedir.

Dünya Sağlık Örgütüne (DSÖ) göre 2018 yılında 15 yaş veya üzeri ortalama 736 milyon kadın (yaklaşık her 3 kadından 1'i) yaşamları boyunca en az bir kez (fiziksel ve/veya cinsel) şiddet türlerinden birine veya her ikisine birden maruz kalmıştır. Bu tahminler, DSÖ'nün 2013 yılında yayımladığı ve 2010 yılı tahminlerine çok yakındır. Bu durum, şiddetin dünya genelinde kadınların yaşamlarında yaygın olmaya devam ettiğini göstermektedir (WHO, 2021: XVI).

Şiddetin çoğu yakın partner şiddeti olarak tahmin edilen DSÖ'nün verilerine göre dünya çapında 15-49 yaş arası ilişki yaşayan kadınların neredeyse üçte biri (%27) birlikte oldukları partner tarafından hayatlarında en az bir defa tür fiziksel ve/veya cinsel şiddete maruz kaldıklarını bildirmektedirler (Şekil 3).

Şekil 3. Yakın Partner Şiddetinin Bölgesel Yaygınlık Tahminleri - 2018

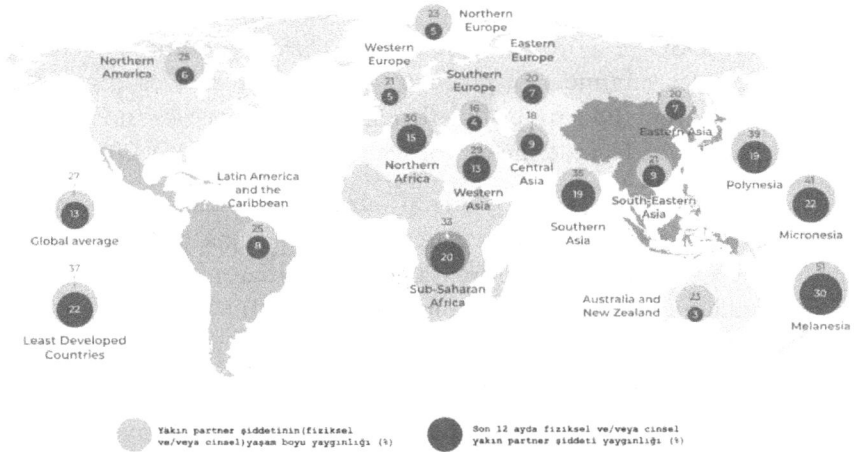

Kaynak: WHO, 2021: XIII.

DSÖ'nün tahminlerine göre (WHO, 2021: XIII) 15-49 yaş arası evlenmiş/birlikte olmuş kadınlar arasında fiziksel ve/veya cinsel eş şiddetin yaşam boyu yaygınlığı %37 ile en yüksek olduğu bölge "En Az Gelişmiş Ülkeler" arasındadır. Güney Asya (%35) ve Sahra Altı Afrika (%33) bölgeleri bu yaş aralığında yaşam boyu eş şiddeti yaygınlık oranlarının en yüksek olduğu bölgelerdir (Şekil 3).

"Yüksek Gelirli Ülkelerde" bu oran %22, Avrupa'nın dört alt bölgesi ise %16-23 arası değerlere sahiptir (Batı Avrupa %21, Doğu Avrupa %20,

Kuzey Avrupa %23 Doğu Avrupa %20). Kuzey Amerika bölgesi oranı %25, Asya coğrafyasında ise %18-35 arası değerlere sahiptir (Orta Asya %18, Doğu Asya %20, Güneydoğu Asya %21). Avustralya ve Yeni Zelanda'nın ise %23'lük değerlere sahip olduğu görülmektedir (Şekil 3).

DSÖ verilerine göre dünya çapında kadın cinayetlerinin %38'i birlikte olduğu erkekler tarafından işlenmektedir. Yakın partner şiddetine ek olarak, dünya genelinde kadınların %6'sı partneri dışında biri tarafından cinsel saldırıya uğradığını bildirmektedir. Verilere göre yakın partner ve cinsel şiddet, çoğunlukla erkekler tarafından kadınlara karşı uygulanmaktadır (WHO, 2024).

Diğer taraftan COVID-19 salgını sırasında uygulanan karantinalar ve bunun sosyal ve ekonomik etkileri, kadınların istismarcı partnerlere ve bilinen risk faktörlerine maruz kalma oranını artırırken, hizmetlere erişimlerini de kısıtlamıştır. *"Shadow Pandemic – gölge salgın"* olarak adlandırılan (Ouedraogo ve Stenzel, 2021) bu durum, küresel sağlık krizinin yol açtığı tecrit ve toplumsal çalkantıların ortasında kadınlara yönelik fiziksel, cinsel ve duygusal istismarda artışın yaşandığını ifade etmektedir. DSÖ'ye göre bu gibi insani krizler ve yerinden edilme durumları, eşler tarafından uygulanan şiddetin yanı sıra eş dışı cinsel şiddet gibi mevcut şiddeti de şiddetlendirebilir ve aynı zamanda kadına yönelik yeni şiddet biçimlerine de yol açabilmektedir (WHO, 2024).

BM'nin 13 ülke ve 16.000'nin üzerindeki kadın katılımcıyla gerçekleştirdiği çalışmada Pandemiden bu yana kadına yönelik şiddetin arttığı ortaya konmaktadır. Çalışmaya göre araştırmaya katılan kadınların %45'i kendilerinin veya tanıdıkları bir kadının COVID-19'dan bu yana bir tür kadına yönelik şiddet yaşamış olduğunu, %65'i yaşamları boyunca şiddeti deneyimlediklerini bildirmiştir (UN Women, 2021: 5).

DSÖ tarafından yapılan araştırma ve analizlere göre toplumsal cinsiyet eşitsizliği ve kadına yönelik şiddetin kabul edilebilirliğine ilişkin toplumsal normlar, kadına yönelik şiddetin temel nedeni olarak değerlendirilmektedir.

Ülkesel bazda Ekonomik İşbirliği ve Kalkınma Örgütü (OECD)'nin belirlediği istatistiklere göre "hayatlarında en az bir kez birlikte olduğu partnerinden fiziksel ve/veya cinsel şiddete maruz kalan kadınların yüzdesel oranının" OECD ülkeleri içerisinde en yüksek olan ülke Kanada (%44,1)'dır. İkinci sırada Türkiye'nin (%32) yer aldığı sıralamada Amerika Birleşik Devletleri (ABD) %26 ile beşinci, Birleşik Krallık %24 ile yedinci sırada yer almaktadır (Şekil 4). Dünyanın en büyük ekonomik güçlerinden

ABD'de her dört kadından birisinin ömürlerinde en az bir kere erkeklerin fiziksel ve/veya cinsel şiddetine maruz kalması dikkat çekicidir.

Kanada Birleşik Krallık ve ABD gibi gelişmiş ülkeler yanında birçok Avrupa ülkesinde kadına şiddet oranının yüksek olması dikkat çekicidir. Buna göre Letonya ve Danimarka'da kadına şiddet oranı sırasıyla %25 ve %23'tür. Bu oran Avustralya, Finlandiya ve Yeni Zelenda da %23'tür. G20 ülkeleri içerisinde ise dördüncü sırada yer alan Türkiye'nin üzerinde %35 ile Hindistan, %43 ile Suudi Arabistan yer almaktadır.

Şekil 4. OECD Ülkelerinde Kadına Yönelik Şiddet – 2023 (%)

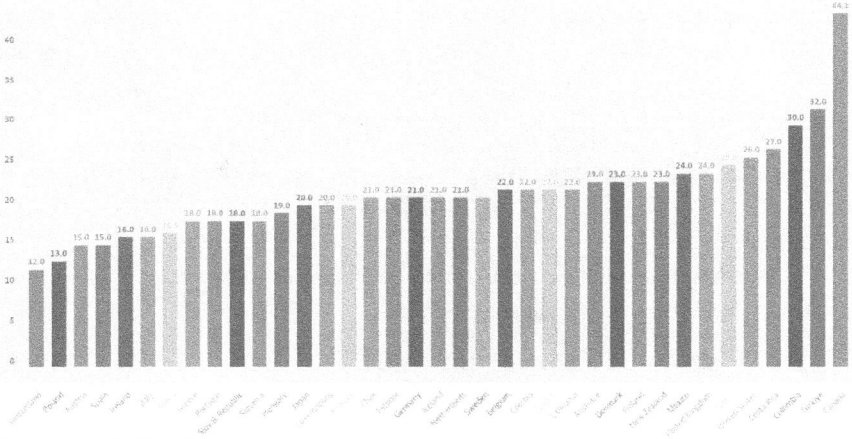

Kaynak: OECD, (2024a)

OECD rakamlarına göre bu yüzdelik oranının dünya genelinde en yüksek gerçekleştiği ve kadına yönelik şiddetin en yüksek olduğu ilk üç ülke, Yemen (%67), Fiji (%52) ve Papua Yeni Gine (%51)'dir. Oranların en düşük olduğu ilk üç ülke ise Moritanya (%8.8), Ermenistan (%10) ve Gürcistan (%10)'dır (OECD, 2024a).

4.2. Şiddetin Ölçümlenebilirliğini Sağlayan Ölçüt Çalışmaları

4.2.1. Cinsiyet Eşitsizliği Ölçeği (GII)

Cinsiyet Eşitsizliği Endeksi (GII), makul kalitede verilerin izin verdiği ölçüde çok sayıda ülke için cinsiyete dayalı dezavantajı üç boyutta (Sağlık, Güçlendirme ve İşgücü Piyasası) yansıtmaktadır.

Şekil 5. Cinsiyet Eşitsizliği Endeksi Boyutları ve Alt Göstergeleri

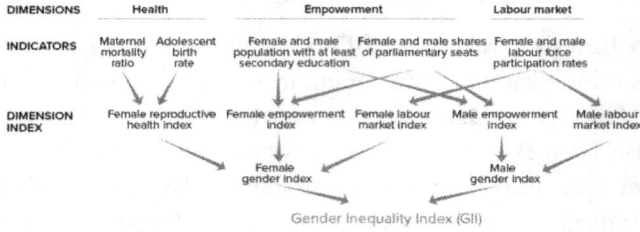

Kaynak: UNDP, 2024.

Endeks, bu boyutlarda kadın ve erkek başarıları arasındaki eşitsizlik nedeniyle potansiyel insani gelişmedeki kaybı göstermeye çabalamaktadır. Endeks katsayısı, kadın ve erkeklerin eşit düzeyde performans gösterdiği 0'dan, ölçülen tüm boyutlarda bir cinsiyetin mümkün olduğu kadar kötü performans gösterdiği 1'e kadar değişir (UNDP, 2024).

Kadınlar dünyanın her yerinde erkeklerle aynı haklara ve statüye sahip olmadıkları BM ve Dünya Bankasının çeşitli istatistikleri ile anlaşılmaktadır. Eşit haklara yönelik genel bir eğilimin olduğu da reddedilemez. Ancak gelişmiş ülke ekonomilerinde dahi bu yönde alınması gereken çok yol olduğu aşikâr.

UNDP'nin yayımladığı ve "İnsani Gelişme Endeksi – HDI" içinde sıraladığı 193 ülkeden 33 ülke verisinin bulunmadığı toplam 166 ülkenin "Toplumsal Cinsiyet Eşitliği Endeksi - GII" 2022 yılı rakamlarına göre HDI sıralamasında üst sıralarda yer alan Avrupa ülkeleri cinsiyet eşitliği açısından ilk üç sırada yer almaktadır. Bunlar ve endeks değerleri sırasıyla Danimarka (0,009), Norveç (0,012) ve İsviçre (0018)'dir. Bu ülkeleri İsveç (0,023) takip etmektedir. Diğer taraftan en düşük değere ve dolayısıyla en yüksek cinsiyet eşitsizliğinin yaşandığı ülkeler ve endeks değerleri ise Yemen (0,820), Somali (0,674) ve Çad (0,671)'dır. Bu ülkeleri Afganistan (0,665) ve Liberya (0,656) izlemektedir. Aynı zamanda bu ülkeler HDI sıralamasında da en alt düzeyde yer alan ülkelerdir. Türkiye ise cinsiyet eşitliğinin sağlandığı ülkeler sıralamasında 0,259 endeks değeri ile 63. sırada (HDI sıralamasında 45. sırada) yer almaktadır.

AB, cinsiyet eşitsizliği konusunda yayımladığı endeksle de konu hakkında Birlik dahilindeki ülkelerdeki gelişmeleri yakından takip etmektedir. Konu hakkında "Avrupa Cinsiyet Eşitliği Enstitüsü" tarafından yayımlanan "Cinsiyet Eşitliği Endeksi", BM tarafından yayımlanan GII ile de uyum göstermektedir. Endeks, AB ve Üye Devletlere 1'den 100'e kadar bir puan vermekte, 100 puan, bir ülkenin kadın ve erkek arasında tam eşitliğe ulaştığı anlamına gelmektedir. Endekse göre AB, 2022'den bu yana 1,6 puanlık bir büyüme göstererek ilk kez 70 puanın üzerine çıkmıştır. 2023 yılı endeks değerlerine göre AB ülke ortalamasının 70,2, en güçlü cinsiyet eşitliğinin sağlandığı AB ülkeleri İsveç (82,2), Hollanda (77,9) ve Danimarka (77,8)'dır (EIGE, 2024).

Diğer taraftan bu verilerle kadınların erkeklerle aynı yasal haklara sahip olduğu ülkeler veya genel olarak en eşit toplumlar olarak kabul edilen ülkelerde diğer veriler açısından önemli farklılıklar ve sorunlar olduğu anlaşılmaktadır. Örneğin Danimarka, BM'nin Toplumsal Cinsiyet Eşitsizliği Endeksi'ne göre dünyadaki cinsiyet eşitliği açısından en eşit ülke olarak kabul edilirken, istihdam verilerinde kadınların erkeklerden daha az ücret aldığını gösteren verilere sahiptir (Statista, 2024b).

İşgücü piyasası ile ilgili olarak Avrupa Birliği verileri de önemlidir. UNDP'nin GII endeksinde ön sırada bulunan AB ülkeleri, Eurostat verilerine göre cinsiyete göre ücret farklılığında (erkeklerin ve kadınların elde ettiği ücret farklılığının erkeklerin elde ettiği ücretlere oranı) İsviçre (%18), Avusturya (%18), Almanya (%18), Finlandiya (%16) ve Norveç'te (%14) kadınlar, erkeklere göre daha az ücret elde etmektedir (EU, 2024b).

4.2.2. Kadınlar, İş Dünyası ve Hukuk Endeksi

Çıkarılan yasalar ile kadın haklarına ilişkin fiili sonuçlar arasındaki farkın daha iyi anlaşılması için Dünya Bankası yeni bir strateji geliştirerek yasalar ile sonuçlar arasındaki farkın nasıl daraltılacağına dair kanıt oluşturmak için yeni bir dizi gösterge geliştirmektedir. Bu projeye göre oluşturulan *"Kadınlar, İş Dünyası ve Hukuk Endeksi"*, 190 ülke ekonomisini kapsayan ve kadınların ekonomik fırsatlarını etkileyen yasaları ölçen bir dizi yıllık çalışma doğrultusunda en son dokuzuncu versiyonu yayınlamıştır.

Endeks, kadınların ekonomik katılımına yönelik ortamın üç kriter üzerinden ölçülmesine yönelik olarak, "Yasal çerçeve" başlığı altında hukuksal açıdan yapılan düzenlemelerin, "destekleyici çerçeveler" başlığı altında yasaların uygulanmasına yönelik politika mekanizmaların, "uzman görüşleri" başlığı altında da uzmanların kadınların kazanımları hakkında elde edilen sonuçlara yönelik algılarının ölçülmesine yönelik yapılandırılmış göstergeler sunmaktadır (WB, 2023; 2; WB, 2024b).

Şekil 6. Kadın, İş Dünyası Ve Hukuk Göstergeleri

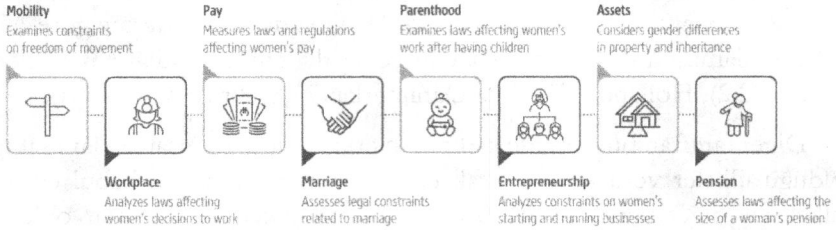

Kaynak: WB, 2023: 2.

Endekste yer alan göstergeler, hareket özgürlüğü üzerindeki kısıtlamaların incelendiği *"Mobility-Hareketlilik"*, kadınların ücretlerini etkileyen yasa ve yönetmeliklerin ölçüldüğü *"Pay – Ödeme"*, kadınların çocuk sahibi olduktan sonra çalışmalarını etkileyen yasaların incelendiği *"Parenthood – Ebeveynlik"*, mülkiyet ve mirasta cinsiyet farklılıklarını dikkate alan *"Assets – Varlıklar"*, kadınların çalışma kararlarını etkileyen yasaların analiz edildiği *"Workplace – İşyeri"*, evlilikle ilgili yasal kısıtlamaların değerlendirildiği *"Marriage – Evlilik"*, kadınların iş kurması ve yürütmesi önündeki engellerin analiz edildiği *"Entrepreneurship – Girişimcilik"* ve kurumları etkileyen yasaların değerlendirildiği ve bir kadının emekli maaşının büyüklüğünün incelendiği *"Pension – Emeklilik"* göstergeleridir. Göstergeler, cinsiyet eşitliği ile kadın istihdamı ve girişimciliği arasındaki kritik ilişkiye dair kanıt oluşturmayı amaçlamaktadır (WB, 2023; 2).

4.2.3. Küresel Cinsiyet Uçurumu Endeksi

Endeks ilk olarak Dünya Ekonomik Forumu (WEF) tarafından 2006 yılında, cinsiyet eşitliğine yönelik ilerlemeyi ölçmek ve ülkelerin dört boyuttaki cinsiyet farklılıklarını karşılaştırmak amacıyla ortaya atılmıştır. Bu dört boyut; ekonomik katılım ve fırsatlar, eğitim durumu, sağlık ve hayatta kalma ve siyasi liderlik alt başlıklarıdır

WEF tarafından yayınlanan endekse ait raporlamanın amacı, endeks kapsamındaki alt başlıklarda zaman içinde ilerlemenin değerlendirilmesi için tutarlı bir yıllık ölçüt sunmaktır. . Bu şekilde raporda yer alan analiz, mevcut verilere dayanarak ekonomik, eğitimsel, sağlık ve politik sonuçlarda kadınlar ve erkekler arasındaki cinsiyet eşitsizliğini değerlendirmeye odaklanmıştır. 2006'da tanıtılan metodolojiyi kullanan endeks ve analiz, ülkeler ve bölgeler arasında kadınlar ve erkekler arasındaki eşitliği kıyaslamaya odaklanmaktadır. Buna göre her gösterge için cinsiyet eşitliğine doğru ilerleme düzeyi (eşitlik puanı), her göstergenin kadınlar için değerinin erkekler için değerine oranı olarak hesaplanır. 1'lik düzeyindeki bir eşitlik puanı tam eşitliği gösterir. Cinsiyet farkı ise tam eşitliğe olan uzaklığı ifade etmektedir.

2023 yılında yayımlanan rapor ülkeyi kapsamaktadır. Raporda yer verilen sonuçlara göre küresel ölçekteki önceki yıla göre cinsiyet farkını daraltma yönündeki ilerleme daha yaygınlaşmıştır. Rapora göre henüz hiçbir ülke tam cinsiyet eşitliğine ulaşamamış olsa da ilk dokuz ülke (İzlanda, Norveç, Finlandiya, Yeni Zelanda, İsveç, Almanya, Nikaragua, Namibya ve Litvanya) cinsiyet eşitsizliğini en aza indiren ülkeler olarak cinsiyetler arasındaki farkın en az %80'ini kapatmış durumdadırlar. İzlanda, üst üste 14 yıldır (%91,2) zirvede yer alırken, cinsiyet uçurumunun %90'ından fazlasını kapatan tek ülke olmaya devam etmektedir. Küresel ilk beşi, üçü diğer İskandinav ülkesi olmak üzere - Norveç (%87,9, 2.), Finlandiya (%86,3, 3.) ve İsveç (%81,5, 5.) - ve Doğu Asya ve Pasifik'ten de bir ülke - Yeni Zelanda (%85,6, 4.) tarafından tamamlanmaktadır. Diğer taraftan 2023 yılında, Avrupa'dan Almanya (%81,5) 10. sıradan 6. sıraya yükselmiş, Litvanya (%80,0) ilk 10 ekonomiye geri dönüş gerçekleştirmiş ve 9. sıraya yerleşmiştir. Yine 2023 yılı analizlerine göre Belçika (%79,6) ilk kez 10. sıradan ilk 10'a katılan ülke konumundadır. Latin Amerika'dan bir ülke (Nikaragua, %81,1) ve Sahra Altı Afrika'dan bir ülke (Namibya, %80,2) bu yılın ilk 10'unu tamamlayarak sırasıyla 7. ve 8. sıraları almışlardır. 2023'te ilk 10'dan düşen iki ülke ise İrlanda (%79,5, 11., 9. sıradan düşmüş) ve Ruanda (%79,4, 12., 2022'de 6. sıradan düşmüş) olmuşlardır (WEF, 2023: 11).

WEF Küresel Cinsiyet Uçurum Endeksi, küresel ölçekte cinsiyetler arası farklılığın boyut ve gidişatını değerlendirirken yapmış olduğu sıralamada, farklılığın en az olduğu ilk on ülke sıralamasında Nikaragua ve Namibya gibi ekonomik gelişmişlik ve refah düzeyi açısında zayıf ülkelerin yer alması, yine 2023 yılında 12. Sıraya düşmesine rağmen 2022 yılında ilk onda yer alan (6. sırada) Ruanda'nın yine gelişmiş ülke statüsünden son derece uzak ülkeler oluşları, cinsiyet farklılığına dayalı anlayışın ve uygulamaların ekonomik gelişmişlikle çok sıkı bir ilişkisinin kurulamayacağını gösteren işaretler olarak değerlendirilebileceğini göstermektedir.

4.3. Şiddete Yönelik Uluslararası Kurumsal Oluşumlar

BM kurulduktan sonraki ilk yılında, *Kadının Statüsü Komisyonunu* kurarak toplumsal cinsiyet eşitliğine ve kadın haklarının sağlanmasına yönelik temel bir küresel politika oluşturmayı amaçlamıştır. Bu amaca dönük Komisyonun ilk başarısı cinsiyet eşitliğinin 10 Aralık 1948'de BM Genel Kurulu tarafından kabul edilen İnsan Hakları Evrensel Bildirgesi ile uluslararası insan hakları hukukunun bir parçası haline getirilmiş olmasıdır. Buna yönelik Bildirgede şu ifadeler yer almaktadır; *"Bütün insanlar özgür doğar ve onur ve haklar bakımından eşittir"* ve *" herkes, ırk, renk, cinsiyet, dil, din, ... doğum veya diğer statüler gibi hiçbir ayrım gözetilmeksizin bu Bildirgede belirtilen tüm hak ve özgürlüklere sahiptir."* Ayrıca 1979 yılında Genel Kurul, genellikle Uluslararası Kadın Hakları Bildirgesi olarak tanımlanan Kadınlara Karşı Her Türlü Ayrımcılığın Önlenmesi Sözleşmesi'ni (CEDAW) kabul etmiştir. Sözleşme, toplumsal cinsiyet rollerini ve aile ilişkilerini şekillendiren etkili güçler olarak kültür ve geleneği hedef almaktadır (UN, 2024c).

BM 1975 yılından bu yana çeşitli zamanlarda kadına yönelik hakların sağlanması ve eşitsizliklerin giderilmesi adına gerçekleştirdiği Dünya Kadın Konferanslarının en önemlisi, 1985 yılında düzenlenen konferanstır. Zira BM Konferansı, cinsiyet eşitliği hareketinin küresel bir tanınma sağladığı bir konferans olmak yanında "küresel feminizmin doğuşu" olarak da nitelendirmiştir.

Diğer taraftan AB de SDG'lerin gösterge seti olarak ölçümleme yapacağı birçok istatistik çalışması yapmaktadır. Bu konuda AB *"Toplumsal Cinsiyet Eşitliği Stratejisi"* ile toplumsal cinsiyet eşitliğine sahip bir Avrupa'ya doğru 2025 yılına kadar önemli ilerleme kaydedilmesine yönelik politika hedeflerini ve eylemlerini ortaya koymaktadır. Bu stratejinin temel hedefleri arasında; cinsiyete dayalı şiddeti sona erdirmek, işgücü piyasasındaki cinsiyet uçurumunun kapatılması, ekonominin farklı sektörleri arasında eşit katılımın sağlanması ve karar alma süreçlerinde ve politikada cinsiyet dengesinin sağlanması gibi hususlar yer almaktadır (EU, 2024a).

Cinsiyet eşitsizliği ile ilgili endeks/istatistikler, birçok nedenle ortaya çıkabilen şiddetin temel kaynağının kadın ve erkek arasındaki güç eşitsizliği olarak değerlendirilmesi ile büyük öneme sahip olmaktadır.

Uluslararası Çalışma Örgütü (ILO)'nun da cinsiyet eşitsizliğine yönelik bulguları raporlarına yansımaktadır. Buna göre ILO tarafından geliştirilen yeni bir gösterge, kadınların istihdama erişiminin, çalışma koşullarının ve işgücü gelir açığının son yirmi yılda neredeyse hiç iyileşmediğini ortaya koymaktadır. ILO'nun bulgularına göre yüksek gelirli ve üst-orta gelirli ülkelerde kadınların göreceli işgücü geliri, erkeklerin kazandığı dolar başına sırasıyla 58 ve 56 sente ulaşmaktadır. İşgücü gelirindeki cinsiyet eşitsizliği elbette düşük ve alt-orta gelirli ülkelerde çok daha kötü seviyededir. Bu grup ülkelerde kadınlar dolar başına sırasıyla 33 sent ve 29 sent kazanmaktadır. İşgücü gelirlerindeki bu çarpıcı eşitsizlik, hem kadınların daha düşük istihdam seviyesinden hem de istihdam edildiklerinde ortalama kazançlarının daha düşük olmasından kaynaklanmaktadır (ILO, 2024; ILO, 2023).

5. Sonuç

Kadına yönelik şiddeti anlamak, tespit ve önlemek adına, öncelikle ülke ekonomilerinin dünya nüfusunun yarısını oluşturan kadınların ekonomik güçlerini israf etmeye tahammülü yoktur. Ancak bunun için kadınlara yönelik ekonomik fırsatları geliştirmek ve bu süreçte ekonomileri güçlendirmek için yasal düzenlemeler yapmak yanında bunları uygulamak da çok önemlidir. Başarılı sonuçlar elde ederek şiddetin önlenmesi amacıyla yasal ve kurumsal reformlarla gerçekleştirilecek ekonomik reformların, tamamlayıcı politikalarla ve etkili hükümet kurumlarıyla toplumsal hazmının gerçekleştirilmesi gerekir.

Gelişmiş ülkelerde, cinsiyet eşitliği endeksinde üst sıralarda yer almasına rağmen gerek istihdam edilenler arasındaki kadın aleyhine durum ile ve gerekse kadına yönelik şiddette aynı ülkelerin beklenmeyecek ölçüde üst sıralaması, sorunun ekonomik unsurlar yanında ve çok daha fazla uygulamaya yönelik sorunlar olduğu sonucunu bize göstermektedir.

Kadına yönelik şiddetin ekonomik nedenleri, bireysel düzeyde oluşan ekonomik bağımlılık ve işsizlikten, toplumsal düzeyde ekonomik eşitsizlikler ve kriz dönemlerine kadar geniş bir yelpazede ele alınabilir. Kadınların eğitimine yatırım yapmak, istihdam fırsatlarını artırmak ve ekonomik şiddete karşı koruyucu mekanizmalar oluşturmak, kadına yönelik şiddetin önlenmesinde önemli adımlar olacaktır.

Bu konuda yapılacak politik müdahaleler ise kadınların ekonomik güçlenmesini sağlamak ve eşitsizlikleri azaltmak üzerine odaklanmalıdır. Aynı zamanda bu müdahaleler uygulayıcılar tarafından toplumsal normların dikkate alındığı bir yöntemle uygulanmalıdır.

Zira kadına yönelik verilen ekonomik, sosyal ve siyasi hakların toplumsal kazanımının sağlanmasında sosyal norm ve kabullenişlerin önemli bir rolü söz konusudur. Buna göre hükümetlerin bu yöndeki yasal oluşum çabalarının ötesinde, kitle iletişim araçlarını kullanarak kadın ve erkekleri hedef alan eğitim programlarını kullanarak yeni stratejileri hayata geçirmeleri gerekiyor. Örneğin birçok ülkede aile içi şiddet özel bir mesele olarak görülmekte ve bu alandaki yasa reformu çabaları, ulusal veya kültürel kimliğin savunucusu olduklarını iddia edenlerin muhalefetiyle karşılaşabilmektedir. Dolayısıyla gerek işgücü piyasasında ve gerekse toplumun her kesiminde cinsiyet eşitliğini sağlamak için bu girişimlerin, sosyal normların esnetilerek toplumsal hazmedişini sağlayacak uygulamalarla gerçekleştirilmesi gerekir.

Kısaca kadına yönelik şiddetin temelinde, şiddetin nedenleri olarak gösterilen kadınlara yönelik verilemeyen ekonomik kazanımlar/haklar dolayısıyla yaşanan eşitsizlikler kadar bu eşitsizliklerin giderilmesi adına yapılan uygulamaların toplumsal normlar karşısında etkisiz ve yetersiz kaldığı belirtilmelidir.

Şiddetin nedenlerini anlamak adına, kadına yönelik eşitsizliğin düzeltilmesi için yapılan tek taraflı iyileştirmeler, hatta bazen cinsler arasında eşitlik olsa dahi pozitif ayrımcılık olarak nitelenen uygulamalar, toplum sağlığı açısında diğer cinsin ihmal edilmesi ile sonuçlanıyor olabilir. Bu tür bir sonucun yaşanmaması adına kadına yönelik şiddetin ekonomik unsurlarının tespiti önemli olmakla birlikte bundan ötesine giden ve cesur uygulamalara ihtiyaç çok daha fazladır. Bu uygulamaların, eşitsizliği gidermek adına karşı cinse verilen haklara karşı, erkeği ikna edecek, toplumsal norm ve kurallara esneklik kazandıracak toplumsal kabullenişi sağlaması gerekir.

Kaynakça

Bjerde, A., & Gill, I. (2024, May 29). *It's Time To Mobilize The Economic Power Of Women.* https://blogs.worldbank.org/en/voices/its-time-mobilize-economic-power-women

EIGE. (2024, May 21). *Gender Equality Index.* European Institute for Gender Equality, https://eige.europa.eu/gender-equality-index/2023/EU

EU. (2024a, May 21). *Gender Equality Strategy.* https://commission.europa.eu/strategy-and-policy/policies/justice-and-fundamental-rights/gender-equality/gender-equality-strategy_en

EU. (2024b). Database. Retrieved June 21, 2024 from https://ec.europa.eu/eurostat/web/main/data/database

ILO. (2023). New data shine light on gender gaps in the labour market. Retrieved May 21, 2024 from https://www.ilo.org/publications/new-data-shine-light-gender-gaps-labour-market

ILO. (2024). Employment-Related Gender Gaps Greater Than Previously Thought, ILO Report Finds. Retrieved May 21, 2024 from https://www.ilo.org/resource/news/employment-related-gender-gaps-greater-previously-thought-ilo-report-finds

OECD. (2024a). OECD Data, Violence Against Women, (indicator). doi: 10.1787/f1eb4876-

en. Retieved May 25, 2024 from https://data.oecd.org/inequality/violence-against-women.htm

OECD. (2024b). Society at a Glance 2024:OECD Social Indicators. OECD Publishing, Paris. https://doi.org/10.1787/918d8db3-en

Ouedraogo, R., & Stenzel, D. (2021, November 24). *How Domestic Violence is a Threat to Economic Development.* https://www.imf.org/en/Blogs/Articles/2021/11/24/how-domestic-violence-is-a-threat-to-economic-development

Statista. (2024a). Global Population From 2000 to 2022, By Gender. Retrieved May 12, 2024 from https://www.statista.com/statistics/1328107/global-population-gender

Statista. (2024b). Global status of women - Statistics & Facts. Retrieved May 19, 2024 from https://www.statista.com/topics/1269/women/#topicOverview

The Economist. (2017a, July 27). *The wage gap between men and women varies depending on job types.* The Economist. https://www.economist.com/business/2017/07/27/the-wage-gap-between-men-and-women-varies-depending-on-job-types

The Economist. (2017b, August 1). *Are women paid less than men for the same work? The Economist.* https://www.economist.com/graphic-detail/2017/08/01/are-women-paid-less-than-men-for-the-same-work

TUİK. (2024). Dünya nüfus günü. Retrieved May 11, 2024 from https://data.tuik.gov.tr/Bulten/Index?p=Dunya-Nufus-Gunu-2023-49688

UN. (1993). Declaration on the Elimination of Violence against Women. Retrieved May 21, 2024 from https://www.un.org/en/genocideprevention/documents/atrocity-crimes/Doc.21_declaration%20elimination%20vaw.pdf

UN. (2022). World Population Prospects 2022.Retrieved May 11, 2024 from https://www.un.org/development/desa/pd/sites/www.un.org.development.desa.pd/files/wpp2022_summary_of_results.pdf

UN. (2024a). Population. Retrieved May 11, 2024 from https://www.un.org/en/global-issues/population

UN. (2024b). World Population Dashboard. Retrieved May 11, 2024 from https://www.unfpa.org/data/world-population-dashboard

UN. (2024c). Gender Equality. Retrieved May 18, 2024 from https://www.un.org/en/global-issues/gender-equality

UN Women. (2021). Measuring The Shadow Pandemic: Violence Against Women During Covid-19. Retrieved July 25, 2024 from https://data.unwomen.org/publications/vaw-rga

UN Women. (2024a). Women Count. Retrieved May 15, 2024 from https://data.unwomen.org/women-count

UN Women. (2024b). About UN Women. Retrieved May 14, 2024 from https://www.unwomen.org/en/about-us/about-un-women

UN Women. (2024c). Types of violence against women and girls. Retrieved May 15, 2024 from https://www.unwomen.org/en/what-we-do/ending-violence-against-women/faqs/types-of-violence

UNDP. (2024). Gender Inequality Index (GII). Retrieved May 19, 2024 from https://hdr.undp.org/data-center/thematic-composite-indices/gender-inequality-index#/indicies/GII

UNICEF. (2000). *Domestic Violence Against Women And Girls.* United Nations Chilldren Fund Innocenti Research Center Florence, Italy

WB. (2023). *Women, Business and The Law 2023.* International Bank for Reconstruction and Development / The World Bank. Washington, DC.

WB. (2024a). Data. World Bank. Retrieved May 15, 2024 from https://data.worldbank.org/indicator/SL.TLF.ACTI.MA.ZS?end=2022&locations=1W&start=1991&view=chart, 17.05.2024.

WB. (2024b). Measuring the Legal Environment in Practice. Retrieved May 18, 2024 from https://wbl.worldbank.org/en/implementation

WEF. (2023). *Global Gender Gap Report 2023*. World Economic Forum. Cologny/Geneva, Switzerland. http://reports.weforum.org/globalgender-gap-report-2023

WHO. (1997). Female genital mutilation. World Health Organization. Retrieved June 10, 2024 from https://iris.who.int/bitstream/handle/10665/41903/9241561866.pdf

WHO. (2021). *Violence Against Women Prevalence Estimates-2018*. World Health Organization. Switzerland.

WHO. (2024). *Violence Against Women*. World Health Organization. Retrieved May 22, 2024 from https://www.who.int/news-room/fact-sheets/detail/violence-against-women

NEW APPROACH TO WOMEN'S EMPLOYMENT: PURPLE SETTLEMENTS

KADINLARIN GÜÇLEN(DİRİL)MESİNDE YENİ YAKLAŞIM: MOR YERLEŞKELER

Nuran H. Belet[1]

Öz

6 Şubat 2023 tarihinde Türkiye'nin 11 ilinde meydana gelen deprem, ciddi can ve mal kayıplarına neden olmuş ve depremle birlikte toplumsal kırılganlıkları bir kez daha gündeme getirmiştir. Birleşmiş Milletler tarafından yapılan ihtiyaç analizleri ve deprem bölgesinde çalışan kadın sivil toplum kuruluşlarının gözlemleri, kadınlar ve kız çocuklarının temel hizmetlere erişimde büyük zorluklar yaşadıklarını ortaya koymuştur. Hamile ve emziren anneler, bekar kadınlar, engelli ve yaşlı kadınlar gibi özel gereksinimlere sahip olanlar, acil ihtiyaçlara ve hizmetlere ulaşmakta daha fazla sıkıntı yaşamışlardır. Bu dezavantajlı grupların yaşadığı zorluklar, kırsal ve ulaşımı zor bölgelerde daha da belirgin hale gelmiştir. 6 Şubat Depremi sonrası, Aile ve Sosyal Hizmetler Bakanlığı'nın destek hizmetlerinin yanı sıra, kadın sivil toplum örgütleri de deprem bölgesine önemli katkılarda bulunmuştur. Çadır ve konteyner kentlerde düzenlenen iş atölyeleri, kadınların hayatlarını yeniden inşa etmeleri, ekonomik olarak güçlenmeleri ve yıkımın olumsuz etkilerinden kurtulmaları için önemli çok sayıda destek mekanizması sunmuşlardır. Bu çalışmada, Türkiye Kadın Dernekleri Federasyonu'nun (TKDF) 6 Şubat depremler sonrasında bölgede ve bölgeden göç alan illerde hayata geçirdiği "Mor Yerleşkeler" adlı destek mekanizması ele alınacaktır. Mor Yerleşkelerin, kadınların güçlendirilmesine yönelik kuruluş amaçları, sundukları hizmetler ve bu hizmetlerin hangi mekanizmalarla sürdürülebilir hale getirilmeye çalışıldığı incelenecektir. Son olarak, Mor Yerleşkelerin yaygınlaştırılabilir bir model olup olmadığı farklı açılardan değerlendirilecektir.

---

[1] Dr, Öğr. Üyesi, Ankara Hacı Bayram Üniversitesi, İktisat Bölümü, nuran.belet@hbv.edu.tr. ORCID: 0000-0003-0394-6339

Anahtar Kelimeler: Afet; cinsiyet eşitsizliği; kadın güçlenmesi; mor yerleşke

Abstract

The earthquake that occurred on 6 February 2023 in 11 provinces of Turkey resulted in a significant loss of life and property, thereby once again emphasising the issue of societal vulnerabilities in the aftermath of natural disasters. A series of needs assessments conducted by the United Nations, in conjunction with observations from women's civil society organizations operating in the affected regions, have revealed that women and girls are confronted with significant obstacles in accessing essential services. Those who were pregnant or nursing, single, elderly or disabled encountered particular difficulties in obtaining the assistance and services they required with urgency. These challenges were particularly evident in rural and remote areas. In the aftermath of the earthquake, the Ministry of Family and Social Services provided invaluable assistance, but it was not the only organization to offer support. Women's civil society organizations also played a significant role in providing aid to the affected regions.

This study examines the "Purple Settlements" initiative, a support mechanism implemented by the Federation of Women's Associations of Turkey (TKDF) following the 6 February earthquakes, both in the affected areas and in cities receiving displaced populations. This study will examine the founding objectives of the Purple Settlements initiative, the services it provides to empower women, and the mechanisms through which these services are made sustainable. Finally, it will evaluate the potential for the Purple Settlements to be adopted as a scalable model from various perspectives.

Keywords: Disaster; gender inequality; women empowerment; purple settlements

1. Giriş

Değişen yaşam koşulları, hızlı ve istikrarsız ekonomik ve siyasal gelişmeler ülkelerin bölgesel coğrafyalarını etkileyebilmektedir. Ancak günümüzde sonuçları yoğun olarak tartışılan iklim krizi ve doğal afetleri daha da önemli hale gelmektedir. Dolayısıyla afetlerle olan mücadele bir anlamda da mevcut risklerle birlikte yeni risklerin oluşmasını önlenmesine yönelik olmaktadır (UNDRR, 2021). Doğal afetlerin öngörülmelerindeki teknik zorluklar, bu afetlere karşı hazırlıklı olunmasını gerekli ve zorunlu hale getirmektedir. Doğal afetlere karşı yapılacak mücadelenin insan toplulukları, yaşam alanları, doğal kaynakların ve üretim sistemlerinin çevresel faktörlerini de dikkate alarak tasarlanması amaçlanmalıdır. İçinde bulunulan sosyal normlar ve kalıp yargılarımız söz konusu afetlerden etkilenen grupların etkilenme derecelerini ve/veya oluşan zararların önlenebilirliğini ve kırılganlıkları yönetebilme yetilerini etkileyerek yapılacak müdahalelerin başarı süreçlerini direncini etkileyebilmektedir.

Sürdürülebilir Kalkınma Amaçlarından 11 Numaralı Amaç doğrultusunda *"Sürdürülebilir Şehirler ve Topluluklar* "kapsamında ana hedefler sıralanmıştır. Özellikle, yerleşim alanlarının kapsayıcı güvenli, dayanıklı*(dirençli)* ve sürdürülebilirliklerinin esas alınarak; kırılgan durumda olan grupların öncelikli olarak da kadınların, çocukların, engellilerin ve yaşlıların özel önem ve önlemlerle korunmasına dikkat çekilmiştir. Bunun sağlanabilmesine yönelik olarak; sürdürülebilir şehir ve sistemlerin kurulması ve erişilebilirlik için afetleri de kapsayarak, afetlerden kaynaklanan ölümleri ve etkilenenlerin önemli ölçüde azaltılmasına yönelik çabalar belirtilmiştir (Strateji ve Bütçe Başkanlığı, 2024). Sürdürülebilir Kalkınma amaçlarından 5 Numaralı Amaç *"Toplumsal Cinsiyet Eşitliği",* 13 Numaralı amaç ile *"İklim Eylemi"* hedefleri ortaya konulurken, Sürdürülebilir Kalkınma Hedefleri ve Toplumsal Cinsiyet ve Kalkınma yaklaşımı bütüncül olarak ele alınarak, kalkınmanın ana odağında toplumsal cinsiyet ile olan ilişkisi vurgulanmaktadır (Anderson, 1994). Ayrıca, afetler, iklim değişikliği kaynaklı krizler ve afetlerin etkilerinin azaltılması, afetlere karşı hazırlıklı olunması ve yeniden toparlanma süreçlerinin yürütülmesinde cinsiyet odaklı merceklerin kullanılması sonuç olarak toplumsal cinsiyet rollerinin kadınlar üzerinde meydana getirdiği sorunları görünür kılınmaya çalışılmıştır (Erbaydar vd., 2019).

Afetlerin öngörülebilirlikleri ve önlenebilirlikleri bağlamında temel dayanak noktasının dirençlilik olduğu özellikle belirtilmektedir (UNISDR, 2015). Dolayısıyla afet yönetim sistemlerinin esasında bütün planlama süreçlerinde farklılıkları ve eşitsizlikleri özellikle de bütün planların toplumsal cinsiyet duyarlılığına sahip olarak toplumsal cinsiyet merceğini kullanmaları gerekmektedir. UNISDR (2015a)'te genel olarak afet yönetiminin temel prensiplerini kapsamına alırken, özellikle devletlerin afettin yarattığı risklerin önlenmesi ve bu durumlara karşın dirençliliğin oluşturulmasına yönelik bütün düzenlemelerin başka etki alanlarının olacağı da belirtilmiştir. Özellikle dirençliliğin arttırılması başta sürdürülebilir kalkınmanın sağlanarak yoksulluğun önlenmesi kapsamında da ele alınması gerektiği belirtilmektedir. Afet yönetimi bağlamı korunarak dirençlilik şu şekilde tanımlanmıştır: Herhangi bir nedenle tehlikelere maruz kalmış bir yapının, sistemin içinde yer alan topluluk veya toplumun kendi işlevselliği içinde temel yapı işlevlerini bütüncüllük içinde koruma, onarma ve maruz kalınan tehlikenin etkileri karşısında tam zamanında ve etkin bir biçimde direnme, çaba içinde olma, uyum geliştirme ve iyileşme becerisi olarak görülmektedir (UCLG-MEWA, 2015). Afet yönetimi her ne kadar oluşabilecek zarar azaltma, hazırlıklı olma halini ifade etse de aynı zamanda yeniden yapılanma ve müdahale evrelerinde yapılan bütün planlamaların toplumsal cinsiyet bakımından yeniden gözden geçirilmesi ve buna duyarlığının geliştirilmesi afet zamanlarında hayati derece de etkili olabilmektedir.

Afetlerin ve acil müdahale durumlarının her ne kadar gerçekleştiği yerlerde yaşayan topluluklar üzerinde herhangi bir ayrım gözetmeden ve ani olarak gerçekleşmesine rağmen, var olan koşullar, eşitsizlikler ve farklılıklar, sosyo-ekonomik koşullar ve kültürel yapılar nedeniyle benzer mevcut sistemler ve topluluklarda özellikle kırılgan gruplar üzerinde daha yıkıcı ve olumsuz etkiler yaratabilmektedir (Ünür, 2021). Bu ise uzun dönemde, eşitsizlikleri yerleştirici ve özellikle kadılar ve çocuklar için daha kötü şartları kalıcı hale getirebilmektedir. Bu nedenle kırılgan gruplar olarak tanımlanan kadınların afet risklerinden daha fazla zarar görmemeleri için toplumsal cinsiyete duyarlı planların ve eylemlerin geliştirilmesi gerekmektedir (UNISDR, 2015a; UNDP, 2022; UNISDR, UNDP ve IUCN, 2009). Afet nedeniyle yaşanılan kayıpların azaltılması ve mevcut koşulların getirdiği olumsuzlukların kırılganlıkları daha fazla arttırmaması için afet yönetişimi ve planlama süreçlerinde toplumsal cinsiyet rolleri ve mevcut kaynaklara erişim sorunsalının dikkate alınması önemli olmaktadır. Afetlerin toplumsal cinsiyete duyarlı olarak ele alınması aynı zamanda afet ve acil durumlarda aniden gündeme gelen ve ihtiyaç duyulan insani yardımların bütüncül olarak ele alınması gerekmektedir. İnsani yardımların kadın politikaları, toplumsal cinsiyet eşitliğinin ana akımlaştırılması ve kadınların güçlen(diril)mesi başlıklarını kapsayacak şekilde insani yardım toplumsal cinsiyet standartlarının oluşturulmasını da ifade etmektedir (Ayla ve Caniklioğlu, 2016).

2. Afetler ve Toplumsal Cinsiyet

Afetler, riskler ve dayanıklılık bağlamında temelde oluşan zararların ve kayıpların dikkate alınarak yönetilmeye çalışıldığı kriz durumlarını ifade etmektedir (UNISDR, 2015). Afet, toplumun tamamı veya belli kesimleri için fiziksel, ekonomik ve sosyal kayıplar doğuran, normal hayatı ve insan faaliyetlerini durduran veya kesintiye uğratan, etkilenen toplumun baş etme kapasitesinin yeterli olmadığı doğa, teknoloji veya insan kaynaklı olaylardır. Afet bir olayın kendisi değil, doğurduğu sonuç olmaktadır (AFAD, 2014). Afetler aynı zamanda çok disiplinli bir eşgüdüm gerektiren olaylardır. Bu nedenle ortak amaç doğrultusunda oluşturulan "Afet Yönetimi" afet sürecinde ve sonrasında yapılması gereken faaliyetlerin koordine edilmesi, yönetilmesi olarak adlandırılmasına rağmen taşıması gereken özellikleri şu şekilde özetlemek de mümkündür (UNISDR, 2015): 1. Afet öncesinde toplumun en az zarar ve fiziksel kayıplarla kurtulabilmesi için gerekli teknik, idari ve yasal önlemleri olay olmadan önce almak, 2. Önlem alınamadığı durumlarda ise en iyi müdahale çalışmalarının yapılmasını sağlamak, 3. Zarar azaltma çalışmalarını kalkınmanın her aşamasına dâhil etmek, 4. Toplumun her kesiminin en az zararla kurtulabilmesi için gerekli bilgi ve eğitimi vermek, şekilde sıralanabilir. Yine Sendai Afet Riski Azaltma çerçevesi, Hyogo Eylem Planı, devletler tarafından afetlerle ilgili dört öncelikli müdahale alanını belirtmektedir: 1. Afet riskini azaltmak, 2. Afet riskinin yönetilmesi için afet risk yönetişimini güçlendirmek, 3. Dirençlilik için afet risk azaltımına yatırım yapmak, 4. Etkin müdahale için afete hazırlık çalışmalarını geliştirmek ve iyileştirmek, rehabilitasyon ve yeniden inşa safhalarında "Öncekinden Daha İyisini İnşa Etmek" tir.

Ancak afetin etkileri cinsiyetten bağımsız değildir. Kadınlar afetlere karşı daha kırılgan ve savunmasıdırlar. Bireylerin biyolojik cinsiyet farklılıkları, belirlenen ya da dayatılan toplumsal roller ve statüler, afetlerde ya da doğa olaylarının getirdiği kriz durumlarında daha da fazla zarar görebilmelerine neden olmaktadır. Kadınların toplumsal cinsiyet rolleri temelinde daha da zarar görmelerine neden olan başlıca sorunları sıralayacak olursak; genel olarak üreme sağlığı sorunları ve hijyen, beslenme yetersizlikleri ve sağlık hizmetlerine erişim sorunu, aile içi şiddet ve taciz ile gelişen psikolojik travmalar belirtilmektedir (Ciampi vd., 2020). Toplumun kadın ve erkeğe yüklediği farklı sorumluluklar ve kalıp yargılar (toplumsal cinsiyet) ve bunun getirdiği sosyal sorunlar, kırılganlığa etki eden başat nedenlerdendir. Toplumsal cinsiyete dayalı eşitsizlikler, hak temelli kadın politikalarının olmaması ve toplumsal cinsiyet normlarının haricinde yasalar ve yönetim mekanizmaları içinde toplumsal cinsiyet eşitliğinin ana akımlaştırılamaması, bireylerin özellikle kadınların yoğun olarak fırsat eşitsizliğine ve ayrımcılığa maruz kalması, afetlerin bireyler özellikle de kadınlar için karmaşık hale gelmesine ve etkilerinin daha da artmasına neden olmaktadır.

Mevcut cinsiyet eşitsizliklerinin kadınlar aleyhine yarattığı sosyo-ekonomik bağımlılığın artması, kadınları yaşamsal alanlarda yüksek risk grubuna düşürmektedir. Bu bakımdan, özellikle de afetlerde kadınları kurban, mağdur ve riskli gruplardan kabul eden yaygın bir anlayışın da benimsenmesine neden olmaktadır (Okay ve İlkkaracan, 2018: 3). Dolayısıyla yaşanan afetler hangi nedenle olursa olsunlar sonuçları bakımından; yaşandığı coğrafyaya, kişilerin sosyo-ekonomik durumlarına ve cinsiyetlerine göre de değişiklik göstermektedir. Yaşanan olay özü itibarıyla aynı olsa da toplumların ve kişilerin sahip olduğu özellikler, baş edebilme kapasiteleri, zarar görebilirlikleri ekseninde etkisini hissettirebilmekte ve farklı kesimlerce farklı şekillerde deneyimlenebilmektedir (Asian Development Bank, 2014).

Cinsiyetlere göre afetlerin toplulukları ve bireyleri nasıl etkilediğine dair 20 yıllık verilerin dikkate alınarak yapılan çalışmanın sonuçlarına göre; kadınların sosyo-ekonomik statülerinin görece düşük olduğu toplumlarda doğal afetlerin hem afet sırasında hem de sonrasında erkeklerden daha fazla genç kadınların öldüğü, doğal afetlerin etkilerinin yarattığı yıkım dışında kadınların fırsat eşitsizlikleri, düşük sosyo-ekonomik statüleri ve yoksunluklarının neden olduğu afetlere karşı savunmasızlık durumlarının etkili olduğunu gösterilmiştir. Yine bu çalışmanın sonuçlarına göre; kadınların afetler karşısındaki kırılganlığının artmasında çok çeşitli kanallar bulunmaktadır. Bunları özetleyecek olursak; toplumun mevcut sosyal ağları, vatandaşlık durumu, sosyal güvenlik, dil, din, medeni durum, demografik özellikler, gelir ve istihdam eksikliği, mülkiyet yapısı gibi birçok neden kırılganlık üzerinde daha da etki olmaktadır (Okay ve İlkkaracan, 2018). Örneğin sosyal normlar ve kadınların üreme rolleri nedeniyle hamile kadınlar, küçük çocukları olan kadınlar, çocuklu bekar anneler hareket kısıtlılıkları ve temel sağlık alt yapısının ciddi zarar görmesi nedeniyle daha fazla risk altında kalmalarına neden olmaktadır. Ayrıca, kadınlar arasında düşük yapma ve anne bebek ölümlerinin daha fazla görüldüğü grupları göstermektedir (Asian Development Bank, 2014).

Yaşamı tehdit eden tehlikeli durumlar kırılgan topluluklarda afete dönüşmektedir. Afet koşulları sonuçta kırılgan grupları ve kişileri bu olaylara karşı koyma ve korunma kapasitelerini yetersiz, baş etme çabalarında başarısızlıklar ve iyileşme sürecini ise uzun ve eksik kalınan yapıya dönüştür. Dolayısıyla kırılgan grupların afet yönetim süreci aynı zamanda adalet ve hak temelli mücadele hem yoksulluk hem de fiziki ve psikolojik yaralarla mücadele yöntemi olarak görülmektedir. Afetlerin kırılgan gruplardaki ilk etkisi, karşılaşılan tehlikenin yoğunluğunu ve öngörülemezliğinin etkisiyle mevcuttaki kırılganlık, yoksulluk, yoksunluk ve eşitsizlik durumu zaten kırılgan durumda bireyle ve haneler üzerinde artan hayati kayıplara, yaralanmalara, toplu yer değiştirmelere ve ekonomik krizlere yol açan afetlere karşı savunmasız halde bırakmaktadır (Ciampi vd., 2020).

Kadınların günlük yaşamlarında maruz kaldıkları kalıp yargılar, toplumsal cinsiyete bağlı iş bölümü ve yaşadıkları ekonomik eşitsizlikler afetlerde onları daha dezavantajlı konuma getirerek, fiziksel, sosyal ve ekonomik olarak zarar görebilirlik neden olmaktadır. Afetlerde eşlerinin kaybıyla birlikte erkeklerin, toplumsal cinsiyet rolleri ve sosyal statüleri nedeniyle gerek temel yaşam becerileri gerekse hane içi bakım yükünün çoğunlukla kadınlarda olması nedeniyle erkeklerin de zarar görebilir ya da zarar verebilir konuma gelmelerine neden olabilmektedir (Sarı Kandemir, 2023). Benzer durumda; kadınların ve kız çocuklarının afetin etkilerinden kurtulma ya da hayatta kalabilme becerileri toplumsal cinsiyete dayandırılan roller nedeniyle engellenmektedir (Demirci ve Avcu, 2021). Kız çocuklarına özellikle çocukluk dönemlerinde erkek çocuklarına öğretilen yüzme ve/veya tırmanma gibi hayat becerileri öğretilmediği için afet sırasında oluşan durumlarda hayatta kalma becerisini maalesef kız çocukları ve kadınlar göstermekte yetersiz kalabilmektedirler. Bu sosyal normlar aynı zamanda kadınların erkeklerin iznine bağlı olarak hane dışına çıkma, acil durum eğitimleri vb. bilgilere ulaşmada kısıtlar yaşamaları ve afet sırasında bulundukları yerlerden nasıl çıkabilecekleri, kaçabilecekleri konusunda da sınırlanmalarına neden olabilmektedir (Asian Development Bank, 2014).

Erkekler ve kadınlar, aynı evde yaşıyor olsalar bile felaketten yukarıda ayrıntılarıyla anlatılan normlar ve eşitsizlikler nedeniyle farklı şekillerde etkilenirler. Bu eşitsizlik afet riski yönetimi planlamasında ve yönetiminde ciddi zorluklar doğurmaktadır. Özellikle afetlere maruz kalan bireyler hakkında toplumun ortak yargıları onların belirgin olarak görülmesini ve müdahale edilmesini zorlaştırır. Çünkü bu bireyler hane halkı içinde fırsat eşitliğinin en alt sıralarında olan, yoksunlukları ve fırsat eşitliği olmayan kırılgan gruptadırlar. Bu grup çoğunlukla kadın ve kız çocukları olmaktadır. Bu nedenle toplumsal cinsiyet temelli afet ve dayanıklılık yaklaşımları, kullandığımız mercekler, aslında doğal afetlerin etkilerinin farklılaştırılmış sonuçlarını neyin yönlendirdiğini daha iyi anlamamızı da kolaylaştırmaktadır (Erman vd., 2021). Cinsiyetleştirilen afet yönetimi; afetlerden etkilenen, afetlere hazırlanan ve afetlerle başa çıkabilen olguların değerlendirildiği raporlar ve hikâyeler bizlere bu felaketlerin sürekli olarak daha kötü durumdaki kurbanlarının, kadınlar ve kız çocukları olduğunu göstermektedir (Asian Development Bank, 2014). Afet riski ve dirençliliğim toplumsal cinsiyet dinamikleriyle ele alındığında, afetlerin yaygın olarak cinsiyet eşitsizliğini yansıttığını ve sonuçlarıyla da bu eşitsizlikleri ve sosyal normları güçlendirdiğini görmekteyiz Bunun nedeni, afetin etkilerini yönlendiren koşulların toplumun cinsiyet dinamiklerinden etkilenmesidir. Küresel bir çalışma, kadınların afetlerden kaynaklanan ölüm oranlarının, kadınların sosyo-ekonomik statüsünün görece daha düşük olduğu ülkelerdeki erkeklerle ilişkili olarak daha yüksek olma eğiliminde olduğunu ortaya koymaktadır (Erman vd., 2021). Afetlerde kadınlar ve kız çocukları daha fazla sayıda ölmektedir. Özellikle, kadınların düşük sosyal statüye ve sınırlı kaynaklara erişime sahip olduğu ülkelerde, kadınlar ve erkekler arasındaki ölüm farkı daha belirgin olmuştur (Dalaman, 2024: 139). Ayrıca kayıpların cinsiyet duyarlı veri olarak tutulmaması da bu sayıları maalesef görünmez hale getirmektedir.

Afet sonrası yeniden yapılandırma sürecinde öncelikli olarak barınma ihtiyacı gibi gözükse de doğal olayları felakete dönüştüren ekonomik, politik ve sosyal eşitsizliklere ve kayıplar daha da öne çıkmaktadır. Afet yönetişiminin şeffaflık, hesap verebilirlik, katılımcı ve çoğulcu bütüncül esaslarla ele alınması, çözüm odaklı olması gerekmektedir. Başta yönetişimin esas aktörleri olmak üzere, devlet, yerel yönetimler, sivil toplum örgütleri, kadınlar ve toplumun her katmanından dezavantajlı grupları dahil ederek; ihtiyaçlarını, kaygılarını, önceliklerini gözetecek ve onları güçlendirerek zarar görürlüklerini en aza indirecek kapsayıcı, eşitlikçi, hak bazlı ve insan onuruna yakışan, afet adaletinin gözetildiği bir yeniden yapılandırma süreç tasarlanmalıdır (UNISDR, 2015).

Afet adaleti; insanların ve toplulukların çoğulcu ve katılımcı temsilini sağlayacak, saygı duyacak şekilde tasarlandığında öncekinden daha iyisini inşa etmek "yeniden" mümkün olacak yapıyı temsil etmektedir. Burada gözetilmesi gereken katılım eşitliği (i) gelir ve mülkiyet gibi malların, herkesin ekonomik bağımsızlığı ve özerkliğini güvence altına alınmasını sağlayacak şekilde yeniden dağıtılmasını, (ii) Kurumlarda, bilgi sistemlerinde ve hayatın her alanında herkes için eşit saygı ve tanınmayı imkan kılması (iii) Herkesin katılımını teşvik eden, siyasi müzakere ve karar verme prosedürlerinin varlığı, (iv) Herkesi içeren ve hiçbir grubu karar alma süreçlerinden dışlamayan kapsayıcı bir demokratikleşme anlayışını gerektirir. Özetle, afet adaleti için kaynakların dağılımında ve afet yönetiminde hesap verebilirlik, toplumun farklı seslerinin temsiline ve farklı bilgi formlarının tanınmasına ihtiyaç vardır (Shrestha vd., 2019: 209). Bu bağlamda kadınların kimliklerinin tanınması afet adaletine erişimleri için hayati önemdedir (Aktaran: Sarı Karademir, 2023: 18).

2.1. Afetlerin Çoklu Etkileri ve Kesişimsel Alanlar

1970'lerin başında, ikinci dalga akademik feminizm kadınların kadın kimlikleri ile deneyimledikleri sorunlara odaklanırken yeni bir tartışmanın da gündeme gelmesine yol açtı. Bahsedilen ve deneyimlenen hangi kadınların deneyimleri idi.? Kesişimsellik çerçevesinin kökenlerini de oluşturan bu yaklaşım o dönemde feminist çalışmaların çoğunun orta sınıf, eğitimli, beyaz kadınlarla ilgili konumunu kapsadığı, toplumsal cinsiyetin diğer önemli konuları olan sosyal kimlikler ve ırk tartışmalarının geride kaldığı daha yoğun konuşulmaya başlanıldı. Kesişimsellik bağlamı zamanla, toplumsal cinsiyetin sosyal kimliğin diğer boyutlarıyla kesişimlerinin teorinin başlangıç noktası olduğunun kabul edilmesine dayandırıldı (Shields, 2008). Kesişimsellik yaklaşımı bu çerçevede kadın çalışmalarında farklı disiplin ve başlıklarda çalışanların, kadınların ırk, din, dil, renk ve cinsiyetlerinin yanında ev içi, işyeri vb. alanlarda yaşamış oldukları farklı ayrımcılıkların bir aradalığı üzerine odaklanmaktadır. Kadınların eş zamanlı olarak yaşadıkları ayrımcılıkların ve farklılıkların göz önünde tutulduğu, bunların önlenmesine yönelik farklı yaklaşımların geliştirilmesinde başat yaklaşım haline geldi. Kadın çalışmalarının temel öznesi olan kadınların mücadele yöntemleri ve dayanışma biçimlerinde geniş koalisyon ve ittifakların oluşturulmasına zemin hazırlaması bakımından kesişimsellik yaklaşımı stratejik öneme sahiptir (Avcil, 2020).

Afetler ve ortaya çıkan sonuçları bize afet durumunun çok çeşitli tehlikeleri kapsadığını göstermektedir. Afetlerin bu çoklu nedenleri ve etkilerine göre de maruz kalan topluluk bireyleri de çok çeşitli özellikler ve kesişimsellikler göstermektedir. Çalışmamızın konusunu oluşturan kadınlar da çok farklı özellikler gösteren bir grubu göstermektedir. Ayrıca, toplumsal cinsiyet sadece kadınlarla ilgili değil, erkekler ve kadınlar arasındaki ilişkilerle yani kesişimsel bir sorunsalı da ifade etmektedir. Özellikle afetler, Covid 19 salgını gibi kriz durumları bu kesişimselliği daha da belirginleştirerek, toplumsal cinsiyet eşitliği odaklı feminist perspektiften bir plan ihtiyacını elzem kılmaktadır (Oluşturulacak bu planların temel bileşenleri; daha eşitlikçi ve sürdürülebilir bir gelecek için sürdürülebilir, çevre ve iklim değişikliklerini ve bozulmalarını dikkate alan, kırılganlıklara duyarlı bakım ekonomisini gözeten çevre konusundaki iddialı ve sosyo ekonomik yapıları dönüştürücü, siyasi stratejiler ve özgün finansman politikalarını içeren başat politikalar ve bunun gerçekleşmesi vizyonuna sahip uluslararası, ulusal ve yerel düzeydeki aktörler olmalıdır (UN Women, 2021). Afetlerde kadınların cinsiyet rollerinden kaynaklanan sorunları ortak özelliklerine göre tanımladığımızda aşağıdaki başlık öne çıkmaktadır[2] (Ayla ve Caniklioğlu, 2016):

1. Kadınların yetiştirilme tarzları, becerileri ve cesaretleri gibi toplumsal cinsiyet rolünden doğrudan etkilenen özellikler afetlerden doğrudan etkilenmelerine neden olmaktadır. Örneğin, kadınların kendini ve çocuklarını güvenli bir yere götürme kararını kendi başlarına verme becerisini daha az edinmeleri, bir afette evi terk etmeden önce ev dışında kabul görecek bir kıyafet giymeye kendilerini mecbur hissetmeleri gibi basit nedenler gibi görülebilen roller, afetlerden etkilenmede önemli farklılıklar gösterebilmektedir. Örneğin, Hint Okyanusu'ndaki tsunaminin etkilediği bazı köylerde, kadın ölümlerinin erkek ölümlerinin birkaç katı olmasına neden olarak kadınların ağaca tırmanma, yüzme bilme gibi becerilerden yoksun olmaları gösterilmiştir. Türkiye'de yaşanan Marmara depreminde (1999) kadınların anlattıklarından evden çıkmadan giyinmeye çalıştıklarını, gecelikle çıkma konusunda çekindiklerini ifade etmişlerdir. Türkiye'de 6 Şubat depremi sonrasında kayıpların rastlandığı haneler "enkazlarda kadınların cansız bedenlerini çocuk odalarında bulduklarını, önce çocukları kurtarmaya yöneldikleri görülmüştür." (Bianet, 2023)

2. Doğal afetler cinsiyet açısından nötrdür; ancak erkekler, kadınlar, erkek çocuklar ve kız çocukları, toplumsal cinsiyete bağlı olarak doğal tehlikelere karşı farklı düzeylerde mağduriyet ve kırılganlıkla karşı karşıyadır. Özetle, toplumsal ilişkiler ve ayrımcılık. Bu durum, kişilerin eğitim, sağlık ve mülkiyet ilişkileri üzerindeki farklılıklar yanında istihdam, ücretler, verdikleri hizmetler, işsizlik, varlık kayıpları gibi birçok ekonomik sonuçlarını da farklılaştırmaktadır. Çocuk

---

[2] Ayrıntılar için bkz. https://www.sivildusun.net/mavi-kalem-afet-acil-durumlarda-kadin-calistayindan-notlar/.

yaşta evlilik, çocuk işçiliği, toplumsal cinsiyete dayalı şiddet, gibi birçok olumsuzlukta kadınlar üzerinden daha da ağır sonuçlara neden olmaktadır. Daha az gelişmiş ülkelerde, afetler nedeniyle daha fazla kadın ölme eğilimindedir. Çünkü, bu ülkelerde erkekler riskli ve kurtarma mesleklerinde daha fazla temsil edilmektedirler. Dolayısıyla kadınlar afete hazırlık, bilgiye erişim, kamuya açık barınaklara ve hizmetlere erişim gibi hareketlilikleri sınırlı olmaktadır. İnsani yardım dağıtımlarında, koordinasyon, veri toplama ve ihtiyaç belirlemede kadınların görev almaları gerekmektedir (Erman vd., 2021).

3. Hamilelik gibi durumlar, kadınların hareketlerini kısıtlayarak afetler esnasında hızlı hareket etmelerini engelleyebilmektedir. Regli, emzirme dönemi gibi daha hassas bir bakım gerektiren durumlarda kadınların sağlık ve kişisel hijyen ihtiyaçlarını artırmaktadır. Hamilelik ve emzirme dönemi ayrıca kadınların beslenme açısından da özenli bir bakıma ihtiyaç duydukları dönemlerdir.

4. Afet sonrasında temiz suya erişim uygun tuvaletlerin olmaması, adet dönemlerinde gerekli hijyeni sağlayamamak, ortak yerlerde tuvalet ve banyoların oluşu, gece tuvalet kullanımını zorlaştıran aydınlatma sorunları.

5. Cinsiyete duyarlı mercekle bakılmadığında deri enfeksiyonlarından, CYBH (cinsel yolla bulaşan hastalıklar) ve genital enfeksiyona kadar sağlık sorunlara neden olmaktadır (Işık ve ark., 2012).

6. Kadınların ve kız çocuklarının barınma alanlarındaki güvenlikleri, şiddet ve tacize karşı önleyici ve şikâyet mekanizmalarının kurulması gerekmektedir. Ayrıca sığınma ve barınma mekanizmalarına kolay erişebilirlik işlemlerle öncelenmelidir.

Afetlerin risk unsuru olması ve önlenebilirliği bakımından her türlü düzenlemede toplumsal cinsiyet perspektifinin yer alması yaşamsal öneme sahiptir. Aksi halde ne risklerin afete dönüşmesi engellenebilecek ne de toplumsal kırılganlıklar ortadan kaldırılabilecektir (UNDRR, 2021). Bu nedenle, kadınların, kız çocuklarının, erkeklerin ve erkek çocuklarının farklılaşan gereksinimlerini, rollerini, sosyal normları ve deneyimlemeleri dikkate alan afet yönetimi sürecinin tüm aşamalarında toplumsal cinsiyetin ana akımlaştırdığı uygulamaların getirilmesi hayati derecede önemli hale gelecektir (Önal ve Erbaydar, 2023).

İyi geliştirilmiş afet risk yönetimi politikaları ve müdahaleleri afet sonrasında cinsiyete dayalı farklılıkları azaltabilmek ve yapılacak müdahalelerden elde edilecek ortak faydanın, bütün kesim için faydalanabileceği, kapsayıcı ve bütüncül politika alanını da göstermektedir. Bu alan aynı zamanda afetin etkilerine maruz kalma, kırılganlık, hazırlıklı olmak ve başa çıkma kapasitesini temsil etmektedir. Bu faktörler aynı zamanda afet sonrasında cinsiyete dayalı olumsuzlukların ve eşitsizliklerin koşulları daha da ağırlaştırmasını önleyebilecek önemli faktörlerdir. Bu faktörler; i) Afette yaşanan kayıpların -örneğin ölüm oranlarında- cinsiyetler arası farkın tespit edilmesi ve yönlendirilmesi, etkili politikalar ve müdahaleler oluşturmak için geliştirilen bir araçtır, ii) STK'ların kadın gruplarının ve yerel toplulukların katılımı, afetlere hazırlık, erken uyarı ve önleyici yapıların yönlendirilmesinde kilit öneme sahiptir, iii) Afet risk yönetimi ve kamusal alanlarda kadın temsilinin artırılması, kadınların afetten zarara görme riskinin azaltılmasına yönelik mekanizmaların kurulması ve desteklenmesine yardımcı olarak topluluklara dayanıklılık kazandıracaktır, iv) Sosyal koruma ve içermenin yaygınlaştırılması afetlerin zarar verebilirliğinin planlamasını kolaylaştırabilecektir, v) Afet sonrası yeniden inşa sürecinde özellikle kadınların sürece dahil edilmeleri önceki mağduriyetlerinin hızlı koordine edilerek müdahale kapsamına alınmasını kolaylaştırabilecektir (Erman vd., 2021).

Bir toplumda beklenen cinsiyet rolleri ve sosyal normlar kadınların afet planlamasının ve yapılacak iyileştirmenin içinde kadınların katılımıyla yakından ilgili olmaktadır. Toplumsal cinsiyet dinamikleri, kadın ve erkeklerin, erkek ve kız çocuklarının afetlerden etkilenme biçimlerini etkilemektedir. Kadınları sürekli savunmasız olarak gösteren roller ve kabuller, mülkiyet kısıtları ve hane içi bakım yükleri, kadınların görmezden gelinmesi, kırılganlık ve dışlanma afet durumunda kadınların yaratacağı fırsatların engellenmesine neden olacaktır (Okay, İlkkaracan, 2018; Erman vd., 2021). Afet yönetiminin toplumsal cinsiyet merceğini dikkate alan afet planları hazırlanması ve mekanizmaların kurulması, kadınların kırılganlıkları üzerinden değil, olası risk ve tehlike durumunda öncekinden daha iyi bir sonuç elde edilebilinmesi için kapasitelerinin güçlendirilmesi, çoğulcu katılımlarının sağlanması ve daha eşitlikçi ve hak temelli afet yönetiminin sağlanmasının güvencesi olarak görülmektir (Asian Development Bank, 2014).

3. Afetlerde Kadınların Güçlen(diril)mesi ve Mor Yerleşkeler

Doğal afetlerin oluş nedenlerinden bağımsız olarak etkilenen grupların başında kadınlar ve kız çocukları önde gelmektedir. İnsan kaynaklı olsun olmasın, afetlerin yarattığı maddi ve manevi zararların çok farklı örneklerini dünya var olduğundan itibaren görmekteyiz. Afetlerin oluşumu ve gelişimi bizlere çok farklı mücadele yolları ve afet yönetim sistemlerinin geliştirilmesine yönelik önemli farkındalıklar getirmiştir. Ancak, özellikle giderek artan eşitsizlikler özellikle cinsiyet eşitsizliğini tetiklemekte, kadınların hem kamusal alanlarda hem de evi içi rollerinin giderek ağırlaştığını kadınlara yönelik hak ihlallerini arttığını görmekteyiz. Ayrıca, toplumsal cinsiyet merceğinden afetlere odaklı yapılan çalışmalar göstermektedir ki, kadın ve erkeklerin afetten etkilenme kapasiteleri yaşanılan ülke ya da bölgenin afeti öngörme ve afetten korunma biçimlerine göre farklılıklar göstermekle birlikte, kadınların içinde bulundukları toplumsal cinsiyet eşitsizliğine göre de etkilenme düzeyleri daha da artmaktadır (Ilgın ve Karagöl, 2022).

UN Women (BM Toplumsal Cinsiyet Eşitliği ve Kadının Güçlenmesi Birimi) "Kadını Güçlendirme İlkeleri," BM Kadın Ajansı ve BM Küresel İlkeler Sözleşmesi'nin ortak çalışmaları sonucu kadınların her düzeyde ve sektörde ekonomik yaşamda daha fazla yer almalarının kadın güçlen(diril)mesine yol açacağından hareketle temel ilkeleri açıklamışlardır. Bu ilkeler: (1) Cinsiyet eşitliği için üst düzey kurumsal liderlik oluşturulması, (2) Çalışma hayatında, kadınlara ve erkeklere insan hakları ve ayrımcılık yapılmaması ilkelerinin gözetilerek desteklenmesi, (3) Çalışan kadın ve erkeklere, sağlık, güvenlik imkânlarının ve refahlarının sağlanması, (4) Kadınlar için eğitim, mesleki eğitim ve kariyer gelişiminin desteklenmesine yönelik destek mekanizmalarının sağlanması (5) Kadınları güçlendiren; girişimlerin geliştirilmesi ve buna yönelik tedarik zincirleri ve pazarlama uygulamalarının benimsenmesi, (6) Eşitliğin geliştirilmesine yönelik toplumsal girişimler ve bunların desteklenmesinin sağlanması, (7) Cinsiyet eşitliğinin sağlanması için yapılanların ölçülmesi, izlenmesi, iyileştirilmesi ve buradan elde edilen bulguların kamuoyuna açık olacak şekilde raporlanması (Global Compact, 2017: 30-72).

Afet ve acil durumlarda kadın politikaları ve insani yardım standartları kadınların ve erkeklerin eşit statüye, koşullara ve sorumluluklara sahip olduklarını, kendi insan haklarını eksiksiz yaşayabilecekleri ve oluşabilecek bütün sonuçlarından eşit olarak faydalanabilecekleri gösteren bur durumu ifade etmektedir. Bu bütüncül hak temelli afet ve acil durum politikaları aynı zamanda; cinsiyet eşitliğinin gerek sosyal ilişkilerde gerekse kadınların ve erkeklerin kaynaklara eşit erişim ve kontrollerinin olduğunu, kurumların ve politikaların kapasite ve hesap verebilirlik açısından cinsiyet temelli acil durum müdahale standartlarının inşa edilebilirliğini de mümkün kılmaktadır (Ayla ve Caniklioğlu, 2016; Erman vd., 2021). Hazırlık, müdahale, toparlanma ve iyileşme olarak özetlenebilecek standartlar insani yardımların tasarlanması ve yürütülebilmesinde acil durum müdahalesinin hangi aşamalarında hangi asgari standarttın uygulanacağını da belirlemektedir[3] .

Afetlere karşı dayanıklılığın ve dirençliliğin artırılması birçok kesişimsel alanı etkilediği gibi bütüncül anlamda da sürdürülebilir kalkınma amaçlarına ulaşılmasına yönelik hem kadınlar hem de erkekler için kakı sağlayacaktır. Bu çabanın en önemli aktarım mekanizmaları; i) toplumsal cinsiyete dayanan roller, kaygılar, ön yargılar ve ihtiyaçların daha iyi anlaşılarak farkındalığın arttırılmasına katkı sağlayarak afet riskinin azaltılmasına, ii) özellikle toplumsal cinsiyete dayalı eşitsizliklerin azaltılmasına, iii) toplumsal cinsiyet başlıklarının ana akımlaştırılması çabasında kamu otoritelerinin kapasitesinin geliştirilmesine, iv) karar verici birimlerin ve kamu otoritelerinin toplumsal cinsiyet merceğiyle hareket edebilmelerinin teşvik edilmesi, afet riskini, önleyen, azaltan ve öngörebilecek mevzuatlarının ve politikaların harekete geçirilerek sürdürülebilir kalkınma amaçlarına uygun çok boyutlu bütüncül politikaların ve programların hazırlanması ve yönetişimin sağlanmasına katkı sağlayabilecek olmasıdır (UNISDR, UNDP & IUCN, 2009).

Toplumsal cinsiyet ve afetler, son 40 yıldır yoğun olarak tartışılmakla birlikte, Hyogo Çerçeve Eylem Planı (HÇEP)'nın Kobe, Japonya"da 18-22 Ocak 2005 tarihinde düzenlenen Dünya Afetlerin Azaltılması Konferansı sonrasında 2005-2015 Eylem Öncelikleri başlığı altında 13 (d) maddesinde, "Toplumsal cinsiyet perspektifinin tüm afet risk yönetimi politikalarına, plan ve karar alma süreçlerine yönelik risk değerlendirmesi, erken uyarı, enformasyon yönetimi, eğitim dahil olmak üzere entegre edilmesi" çağrısında bulunulmaktadır (Erbaydar vd., 2019). Kadınlar için afet ve acil durumları ele aldığımızda; kadınların doğrudan etkilenen grupta olmaları, yüksek enfeksiyon riski taşımaları, cinsel şiddet ve yoğun tacize maruz kalma riski, insan ticareti ve gebelik olarak belirttiğimiz beş neden temel zorluk alanlarını göstermektedir (Ayla ve Caniklioğlu, 2016). Yoksulluklar ve yoksunluk durumu bireylerin dirençliliğini olumsuz

---

[3] Standartların detayları için bkz. Ayla ve Caniklioğlu, (2016:14-16).

etkilerken, barınma ve yetersiz konut sorunu, yetersiz ve güvenli olmayan geçim koşulları, hane içi bakım yükü, çocuklu kadınlar, yaşlılık ve engellilik de bu olumsuzlukları pekiştiren etmenler arasında yer almaktadır (UNISDR, 2015a). Afet durumlarında toplulukların dayanıklılığını göz önüne aldığımızda güç mekanizmalarına eşit olmayan koşullarda maruz bırakılmak, kadın yoksullukları ve diğer bahsedilen etmeler, kadınları afetlerin etkilerine daha açık hale geldikleri görülmektedir (Asian Development Bank, 2014). Ancak kadınlar, aynı zamanda afet ve acil durumlarda önemli bir direnç gösteren, üstlendikleri sorumluluklarla çoğu zaman afetlere karşı hazırlıklı olma ve afetle mücadele durumlarında da büyük önem taşımaktadırlar (Erbaydar vd., 2019).

3.1. Afetler ve Kadınlar

Oxfam International yaşanan önemli afet ve acil durumlarda kadınların nasıl etkilendikleriyle ilgili araştırmasından toplanan bulgulara göre (Asian Development Bank, 2014; Ayla ve Caniklioğlu , 2016; Ciampi vd., 2020,); (i) 2004 yılındaki Asya Tsunamisi sonrasında Endonezya'nın birçok kasabasında ve Hindistan'ın çeşitli bölgelerinde kadınların ve kızların toplam ölümlerin %70'inden fazlasını oluşturduğu, (ii) 1991 yılında Bangladeş'te yaşanan hortum faciasında 140.000 kişinin %90'ı kadınlar olduğu, (iii) 141 Ülkeyi kapsayan araştırmada, afetler sırasında yoksul toplumlarda, cinsiyetinden dolayı ayrımcılık gören kadınların erkeklerin de hayatlarını kaybetmelerine rağmen daha erken yaşta hayatlarını kaybettikleri görülmüştür. iv) Toplumsal cinsiyet merceğinin kullanılmadığı afet planları ve yönetişim kadınların dezavantajlılık durumlarını, şiddet ve istismara uğramalarını, hane içi bakım yüklerini daha da arttırmaktadır, v) Kadınlar hamilelik, emzirme, küçük çocuk bakımı gibi durumlarda afetler sırasında temel sağlık alt yapısının çökmesinden dolayı ciddi zarar görmektedirler, vi) Kadınların afet sonrası iş yükleri; hanenin organizasyonu, ev işi yükü, gıda ve temel ev ihtiyaçlarının karşılanması işlerinin kadınlar tarafından yapılması kız çocuklarının da bu işlere yöneltilmesi nedeniyle okullarını bırakmalarına, işlerini kaybetmelerine ve ekonomik yönden gelir kayıpları yaşamaktadırlar.

Resim 1. Filipinler'de Ondoy Tayfunu sonrası sel nedeniyle

yerlerinden olan kadınlar, sel sırasında hanelerini yeniden kurmak için kuru alan bulma çabaları.

Kaynak: ADB Photo Library. Gerhard Jörén, 2010. Philippines. (Aktaran: Asian Development Bank, 2014:2).

Toplumsal cinsiyet ilişkilerinin afet deneyimini ve müdahalelerin nasıl şekillendireceğini sadece kadınların maruz kaldıkları olumsuzluklar ve ayrımcılığın desteklenmesi ile değil, kadınlar ve erkekler arasındaki güç dengesinin eşitlenmesi ve kadınların konumlarının güçlendirilmesi de önem taşımaktadır (Ciampi vd., 2020). Sosyal normlar ve sosyo-ekonomik farklılıklar, kadın ve erkekler arasında cinsiyete göre endişe, fayda ve güç dengeleri farklılıklar göstermektedir. Kadınların afetler öncesindeki kalıp yargılar ve roller, cinsiyete dayalı iş bölümü, ekonomik yoksulluk ve yoksunluklar afetlerin yıkıcı etkisiyle kadınları daha da dezavantajlı konuma düşürebilmektedir (Önal ve Erbaydar, 2023).

Afetlerin yukarıda bahsedilen yıkıcı ve dönüştürücü dinamiklerinin önemi faktörü maalesef temelde kaynak yetersizliği olarak belirtilmektedir. Afetlerin ekonomik hayatı sekteye uğratması, ticareti ve piyasaları olumsuz etkilemesi haneye gelir getiren işlerin erkekler tarafından yapılması nedeniyle, erkeklerin ölümlerinin sonrasında yeterince tecrübesi olmayan ve bu işlere dahil edilmeyen kadınları hayatın sürdürebilirliği ve varlıkların korunması anlamında da ağır bir yük altına koymaktadır (Ciampi vd., 2020). Afet sonrası erkek ölümleri aynı zamanda kadınları, kalan az miktardaki mülkü korumak durumunda kalan, evin geçimini sağlayan kişiler haline getirmektedir. Bu durum, yeni geçim kaynakları bulma ve geleneksel aile bakımı rolünü sürdürme konusunda kadınlara ek yükler getirmektedir. Belirtilen sistematik sorunlar ve afet süreçleri yeni bir afet yönetişim modeli ve bakış açısının da uygulamaya geçirilmesini zorunlu kılmıştır.

Kesişimsel eşitsizlikleri ve grupları dikkate alan ve farklılaşan ihtiyaç ve yenilikçi mekanizmaları içine alan bu sistem, bütünleşik afet yönetimi sistemidir. Bütünleşik afet yönetim sistemi; afet öncesi, sırası ve sonrası aşamalarını içermek üzere gerekli önlemlerin ve çalışmaların planlanması, yönlendirilmesi, koordine edilmesi, desteklenmesi ve etkin olarak uygulanabilmesini sağlayan çok yönlü, farklı disiplinleri içeren, çok taraflı, dinamik ve karmaşık bir afet yönetim sürecidir (AFAD, 2014). Toplumların afetler karşısında dirençli hale getirilmesi, sürdürülebilir kalkınma hedeflerine küresel düzeyde erişilebilmesi için elzemdir. Afetler özelinde dirençlilik, toplumun temel tüm yapılarının korunmasını, yenilenmesini ve tehlikelerin soğurulmasını sağlayarak kalkınmanın sürdürülmesi ve iyileşme kabiliyeti anlamına gelmektedir (UNISDR, 2021; Önal ve Erbaydar, 2023). Bütünleşik afet yönetimi, afetlerin ülke ekonomilerinde kalkınma deneyimleriyle de yakından ilişkilidir. Afetlerin yoksullaştıran ve/veya ekonomik kalkınmayı tetikleyen çok sayıda çalışma da literatürde yer almaktadır (Tiryakioğlu, 2016).

Yıkıcı afetler sonrasında özellikle kadınların cinsiyetlerinden dolayı gördükleri ayrımcılık, maruz kaldıkları yoksunluklar hak temelli afet yönetimi bütüncül afet yönetimi yaklaşımı ile toplumsal cinsiyetin anaakımlaştırılarak güçlendirildiği yaklaşımlar, kadınların güçlenmesi, kadın ve erkekler arasındaki güç dengelenmesinin sağlanmasına yönelik afet adaletinin de gözetildiği çok farklı çalışmalar yapılmıştır. Bunlardan bazıları (Erbaydar vd., 2019; Ciampi vd., 2020; Ünar ve Erbaydar, 2023; Altıparmak ve Birel, 2024): 2004 yılında Hint Okyanusu Tsunamisinde Oxfam ve NANBAN Vakfı "Uygulayıcılar için Toplumsal Cinsiyete Duyarlı Afet Yönetimi Araç Seti" ile yerel hükümet dışında STK ile toplumsal cinsiyete duyarlı yardım dağıtımı, kadın liderliği, çocuk işçiliği ve kız çocuklarının korunmasına odaklı, partnerlerini kaybeden kadınların ihtiyaçlarını içeren, sosyal normal dışındaki rollerin desteklendiği erkeklerin şiddet ve alkol sorununa odaklanan, kadınların mülkiyet ve konut sorunlarını öncelleyen çalışma yapılmıştır. Oxfam Pakistan'da yaşanan sel ve baskın sonrasında "Sürdürülebilir Geçim ve ARA" programı ile afette sürdürülebilir geçim kaynakları üzerine devam eden programda özellikle afetler sonrası kadınların hijyen ve özel ihtiyaçlarının karşılanmasına yönelik acil sığınaklar kurulması ve toplum temelli risk unsurlarının azaltılması için erken uyarı bilgi sistemlerinin kurulması amaçlanmıştır. Bu amaçla, bu sistemin en kırılgan grupta yer alan kadınları da destekleyecek şekilde çalışabilmesi için kadınlara kablosuz telefon dağıtımı ve kadınlar ve erkekler için ayrı ayrı toplum temelli örgütlerin yardım faaliyetlerini organize etmek için komiteler kurulması bu çalışmalar arasında yer almaktadır.

3.2. Mor Yerleşkeler[4]

6 Şubat 2023'te Türkiye'de saat 04.17'de meydana gelen Kahramanmaraş merkezli 7,7 büyüklüğündeki depremin ardından saat 13.24'te 7,6 büyüklüğünde ikinci deprem gerçekleşti. Bu depremlerin merkezinin Kahramanmaraş olmasına rağmen deprem, Hatay, Osmaniye, Adıyaman, Diyarbakır, Şanlıurfa, Gaziantep, Kilis, Adana, Malatya ve Elâzığ'da olmak üzere 11 ilde 110.000 km2 büyüklüğünde bir bölgeyi etkilemiştir. Toplamda 53 bin 537'i aşkın insanın ölümüne, 107 bin 213 kişinin de yaralandığını 3,3 milyon insanın (bölge nüfusunun yüzde 20'den fazlasının) yerinden olmasına, 313.000 binanın yıkılmasına yol açarak yıkıcı depremlerin arasında gösterilmektedir (BBC, 2024).

Depremin gerçekleştiği 11 ilin toplam 14 milyon nüfusunun yarısı kadınlardan oluşuyordu. Birleşmiş Milletler tarafından yapılan bir araştırmaya göre; bölgedeki çocuk erken yaşta ve zorla evlilik oranları ise diğer bölgelere oranla daha yüksektir. 11 ildeki 3.5 milyon ailenin yüzde 8'i, kadının geçimini sağladığı ve en az bir çocuğun yaşadığı hanelerden meydana gelmektedir.

Bölgede yaşanan Kahramanmaraş depremlerinde depremin ilk günlerinde, deprem bölgesinde 214 bin 325 gebe kadının olduğu, 23 bin 814 gebe kadının ise son bir ay içinde doğum yapmasının beklendiği belirtilmiştir (EŞİK, 2023; Akt. Önal ve Erbaydar, 2023). Depremde vefat eden kişilerin cinsiyete göre ayrıştırılmış veri seti olmadığı için kayıpların cinsiyete göre dağılımı tam olarak bilinmemektedir (Önal ve Erbaydar, 2023). Afetlerde yaşanan kayıpların cinsiyete duyarlı olarak ayrıştırılmaması ihtiyaçlama, yardımların dağıtımı ve bütüncül politikaların uygulanmasını zorlaştıran etmenlerin başında gelmektedir.

Türkiye'nin ulusal afet mevzuatının t toplumsal cinsiyet açısından değerlendirmesinin yapıldığı çalışmada (Erbaydar vd., 2019) çalışmada toplam 17 adet ulusal afet mevzuatımızın arasında iki mevzuatta toplumsal cinsiyet ifadesine yer verilmiştir. Bunlardan birisi, 2011 yılında hazırlandığı belirtilen *"Ulusal Deprem Stratejisi ve Eylem Planı-2023"* adlı

---

[4] Çalışmanın konusunu oluşturan Mor Yerleşkeler projesi ile ilgili teknik bilgiler, Mor Yerleşkelerin içerik ve uygulama dokümanı olmadığı için yazarın ulaşabildiği kaynaklar ve ilgili tarafların; TKDF, ana sponsorların, bağışçıların ve destek hizmetleri veren kurum ve/veya kişilerin sosyal medya hesapları ve haber portallarından derlenen harabelerle oluşturulmuştur.

metnin içinde afetlerle baş edebilme kapasitesinin artırılması ve zarar görebilirliğin azaltılmasında toplumsal cinsiyetin önemli bir etken olduğu ibaresine yer verilmiştir. Diğeri ise, 2015 yılı *"Geçici Barınma Merkezlerinin Kurulması, Yönetimi ve İşletilmesi Hakkında Yönerge"*'de ise, kadınlara yönelik düzenlemelere ve öncelikler belirtilerek yönerge içine konulmuştur. Bu çalışmada genel olarak incelenen afet mevzuatının ya nötr olduğu ya da büyük oranda toplumsal cinsiyet körü olan bir mevzuat bütünü olduğu ortaya konulmuştur (Erbaydar vd., 2019). 6 Şubat 2023 Depreminin hemen arkasından depremin etkilerine yönelik çok sayıda saha çalışması yapılarak, büyük ölçekli ve uzun dönem etkileri aratılmıştır. Bunlardan IPSOS tarafından Türkiye'de ilk kez yapılan "Krize Karşı Güçlü Durmak: Afet Zamanlarında Kadınların Deneyimi" araştırmasının katılımcılarının %84'ü afet ve kaos dönemlerinde kadınların daha fazla etkilendiğini düşünürken, özellikle bu sonucun nedeni olarak da toplumsal cinsiyet eşitsizliği, cinsiyetler arasındaki sosyal statü farkları, sağlık sorunları, ekonomik güçsüzlük ve cinsiyete dayalı şiddet gösterilmiştir (Hürriyet, 2024).

"Krize Karşı Güçlü Durmak: Afet Zamanlarında Kadınların Deneyimi" araştırması **Ipsos Anti Kriz Monitörü araştırma künyesi ile** 18 yaş üstü İBBS 1 düzeyinde Türkiye nüfusu temsil eden 800 birey ile 1-3 MART 2023 tarihleri arasında online anket yöntemiyle (CAWI) yapılmıştır. Çalışmanın bulguları aşağıda yer almaktadır (IPSOS, 2023): **1.** Toplumun yarısı afet ve kaos dönemlerinde cinsiyete göre olumsuz etkilenmenin farklılaştığı görüşünde ve bu kişiler kadınların bu dönemlerde daha da olumsuz etkilendiğini düşünüyor. **2.** Afet dönemlerinde kadınların özellikle fiziksel açıdan daha çok zorlandığı görüşü hâkim olsa da her 4 kişiden 1'i kadınların hem ekonomik hem de sosyal açıdan da zorlandığına inandığını belirtirken % 75 maddi zorluk olarak ilk sırada belirtilmiştir. **3.** Katılımcıların fiziksel açıdan hamilelik ve biyolojik farklılıklar belirtilirken, sosyal açıdan maruz kaldıkları belirtirken % 56 ile Hamilelik ilk sırada, sosyal açıdan ise sosyal normlara uyma zorunluluğu kültürü ile insan kaçakçılığı, taciz ve tecavüz gibi şiddet olaylarına dikkat çekilmiştir. **4.** Her 3 kişiden 2'si ülkemizin kaos dönemlerinde cinsiyete göre risklere hazırlıklı olmadığımız görüşünde. **5.** Kadınların afet dönemlerinde daha az zarar görmesi için en sorumlu kurumun %34 ile bakanlıklar olduğu düşünülüyor. Ancak aynı oranda bir katılımcı grubu, belediyeler, STK'lar, dini kuruluşlar vb. hepsinin sorumluluk alması gerektiğini belirtmişlerdir.

6 Şubat sonrasında bölgede yapılan çalışmalar ve sivil toplum

örgütlerinin oluşturduğu inisiyatifler sürecin ve yeniden inşanın zaman alabileceği gerçeğinden hareketle bazı proje ve programları uygulamaya konulması çalışmalarını başlatmışlardır.

Resim 2. Mor Yerleşkelerin Kapsadığı İller.

Kaynak: TKDF verilerinden yazar tarafından oluşturuldu.

Mor Yerleşkeler de Türkiye Kadın Dernekleri Federasyonu[5] başkanı Canan Güllü[6] ile uzun yıllar cinsiyet eşitliği ve kadın hakları konusunda farklı projelere öncülük eden Boyner Grup yönetim kurulu üyesi Ümit Boyner öncülüğünde hayata geçirilerek bu sürece sayısız gönüllü uzman da destek vermektedir (SKD Türkiye, 2023). Öncelikli olarak "Mor Yerleşke" projesi ile deprem bölgesindeki kadınlar ve çocukların koşullarını iyileştirerek ve en temel ihtiyaçlarını sağlayarak psikososyal açıdan güvenli alanlar yaratılması amaçlanmıştır (Fonzip, 2024).

Mor Yerleşkeler toplumsal cinsiyet temelli afetlerle mücadele politikalarının kadınların desteklenmesi ve güçlenmesi için, 6 Şubat 2023 tarihinde Türkiye'de yaşanan deprem felaketi sonrasında Türkiye Kadın Dernekleri Federasyonu'nun hayata geçirdiği Mor Yerleşke; depremden etkilenen kadınlar, çocuklar, engelliler ve yaşlıların koşullarını iyileştirerek ve en temel ihtiyaçlarını sağlayarak psikososyal açıdan yaratılan güvenli alanların, yerleşkelerin genel adıdır.

---

[5] Türkiye Kadın Dernekleri Federasyonu çalışmaları için bkz. https://tkdf.org.tr/bizden-haberler/mor-yerleske-konteynerleri-icin-calismalar-suruyor
[6] Canan Güllü'nün projenin detaylarının yer aldığı söyleşisi için bkz. https://iktisatvetoplum.com/fark-yaratanlar-canan-gullu/ .

Resim 3. Mor Yerleşkelerin Mekânsal Durumları

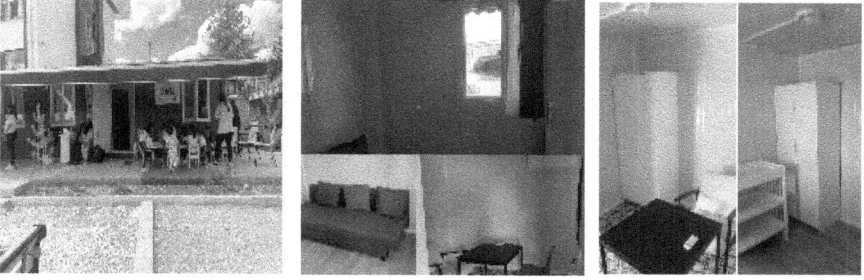

Kaynak: TKDF'den yazar tarafından oluşturuldu.

Mor yerleşkeler daha önceki bölümlerde bahsedilen; kadınların afetlerden etkilenme ve afet sırasında ve sonrasında toplumsal cinsiyet eşitliliklerin yarattığı yüksek mağduriyet riskleri, sosyal yaşamın ve sosyo-ekonomik koşulların zorunlu olarak yeni yaşam koşulları oluşturmasından dolayı ortaya çıkan güvenli alan ihtiyacından uygulamaya geçirilmiştir (Fonzip, 2024). Aynı zamanda Mor Yerleşkeler ile kadınlara güvenli bir alan sunulurken; iyileşmeleri için kritik önem taşıyan sosyalleşme ve sosyal ağlarını yeniden inşa etme ihtiyacına yanıt verilmesi amaçlanmaktadır (Haberler, 2024). Mor Yerleşke, deprem bölgesinde yaşayan kadınlar, çocuklar, yaşlılar ve engelli bireyler için tasarlanmış bir dizi destek mekanizmasının ve hizmetlerin sağlanması amacıyla düşünülmüş yerleşke alanlarıdır. Ancak buna ilaveten, hayatın doğal akışında kadınların cinsiyet ayrımcılığına karşı, toplumsal cinsiyet merceği olmadan tasarlanmış şehirler ve kamusal alanlar nedeniyle erişemedikleri sağlık önlemleri, emzirme odaları, çocuklar için aktivite alanları ve psikolojik danışmanlık hizmetlerinin de bu yerleşkelerde verilmesi planlanmaktadır. Projenin ana hedefi, temel ihtiyaçların karşılanmasının yanı sıra, psikososyal açıdan güvenli alanlar oluşturarak depremden etkilenen bireylerin koşullarını iyileştirmektir.

Tablo 1. Mor Yerleşke Program Paydaşları

PROGRAMIN ANA SPONSORLARI	DESTEK VEREN KURULUŞLAR	
-Boyner Grup	-Eczacıbaşı Holding	
-Shell	-BAYER	
-Odeabank	-Pegasus	Maddi destek için www.fonzip.com
-Doğan Vakfı	-La Lorraine Bakery Group	Diğer destek modelleri için Türkiye Kadın Dernekleri Federasyonu ile irtibata geçmek için
-Vuslat Vakfı	-Tez-Koop Sendikası	
-ILO	-Penti	0549 417 26 05
-UNFPA		
-UNDP		
-İrlanda Büyükelçiliği		
-Turkish Philantrophy Fund		
-Bridge to Türkiye Fund		
* Liste yeni sponsorluklar ve destek veren kuruluşların katılmasıyla güncellenmektedir.		

Kaynak: TKDF'den yazar tarafından oluşturuldu.

Mor Yerleşkeler, Resim 3'te görüldüğü gibi depremin yaşandığı illerde ve deprem bölgesinden göç alan iller olmak üzere toplam 9 ilde kurulan toplam 30 adet olmak üzere güvenli yerleşkelerdir. Bu yerleşkelerde olan güvenli alan olarak ku

rulan konteyner binalar bölgede en az 12-18 ay kalması planlanmaktadır. Programın ana bağışçıları ve destek veren kuruluşların (Tablo 1) katkılarıyla yürütülen bu projede öncelikle kadınalar ve çocuklar için hem psikolojik hem de sosyal açıdan güvenli alanlar yaratılması amaçlanmıştır.

Mor Yerleşkelerin içinde; bir psikolog, bir sosyal hizmet uzmanı, bir çocuk koruma uzmanının sürekli olarak görev almakta olup, yerleşkenin içinde emzirme odaları, çocuklar için aktivite alanları, çocuklar ve yetişkinler için psikolojik danışmanlık, hijyen malzemelerine erişim ve daha birçok destek sunulmaktadır. Aynı zamanda, farklı alanda doktorlar ve uzmanlar da gönüllülük esasıyla projeye destek vermektedirler. Mor Yerleşkelerin mevcut konteyner yerleşkesi içindeki alanlarda; çocuklar ve kadınlar için iki ayrı bölüm, kadınlar için hijyen malzemeleri ve emzirme odaları, çocuklar için sağlıklı gelişim ve ruh sağlığı üzerine merkezler, psikolojik danışmanlık ve farklı alanlarda uzman gönüllü desteği, çocuklar için aktivite alanları bulunmaktadır. Bütün unsurlarıyla oluşturulan Mor Yerleşkeler; depremin etkilediği yerlerde fiziki mekanlar içinde koşulları iyileştirmeyi, psikososyal açıdan güvenli alanlar yaratmayı, kadınlar için şiddetten, arınmış alanlar yaratmayı ve uzun süreli yanlarında olmayı ve psikososyal destek sağlamayı hedeflenmektedir (Resim 2).

Yapılan planlamalarla deprem bölgesindeki konteyner kentlerin yakınında belirlenen 14 farklı noktada kurulan Mor Yerleşke merkezleri başta kadın ve çocuklar olmak üzere depremin hedeflenen profildeki desteğe muhtaç insanlara 18-24 ay süresince destek verecek olup, Mor Yerleşke'lerin sayısının, gelecek desteklerle birlikte daha da arttırılması planlanmaktadır (Hürriyet, 2024). Mor Yerleşkeler 6 Şubat depreminin olduğu illerde faaliyetlerine devam etmekle birlikte Türkiye Kadın Dernekleri Federasyonu (TKDF) öncülüğünde, Türkiye Eğitim Gönüllüleri Vakfı (TEGV) ve Toplum Gönüllüleri Vakfı (TOG) ile sadece Hatay ve Malatya'da kurulan altı Mor Yerleşke'de Haziran 2023'ten depremin oluğu Şubat ayına kadar düzenlenen bin 767 farklı etkinlik veya özel seans ile 10 binden fazla kadın ve çocuğa destek sağlamıştır (Haberler, 2024).

Mor Yerleşkeler; Türkiye'de üzerinden 18 ay geçen 6 Şubat Depreminin olmasıyla sahada duyulan büyük ölçekli ihtiyaçlar nedeniyle TKDF'nın öncülüğünde STK'ların, bağışçılar ve gönüllerin birlikte yarattığı ve organize edilen projelerdendir. Ancak Mor Yerleşkeleri odağa getiren ve biricikli hale getiren neden; felaketinin ardından kadınların fiziksel, ekonomik ve sosyal olarak nasıl etkilendiğini ortaya çıkarmasıdır. Mor Yerleşke, afet sonrasının ekonomik, fiziksel ve duygusal yükünün yanı sıra çocukların bakım yükünü taşıyan kadınların hayatlarını yeniden inşa etme sürecinde önemli bir destek getirmektedir. Rakamların değişiklik göstermesine rağmen Mor Yerleşkeler 9 ilde 30 merkezle 28 binden fazla kadın ve çocuğa ulaşmıştır (SES, 2023).

Afetlerle mücadelenin önemli unsurlarından birisi olan yeniden inşa sürecinde artan kırılganlıkların önlenmesi, yeni eşitsizliklerin ve ayrımcılıkların oluşmaması açısında doğrudan toplumsal cinsiyet odaklı afetlerle mücadelede önemli bir politika aracı olması beklenen Mor Yerleşkelerin herhangi bir yasal mevzuat ve/veya afet yönetmeliğinin ilgili yapısal düzenlemeleriyle bağlantısı bulunmamaktadır. Zaten bu oluşumun ortaya çıkma nedeni de böyle bir mekanizmanın olmamasıdır. Mor Yerleşkeler ana destekleyici sponsorlar ve destek hizmeti veren firmalarla TKDF'nın yaptığı protokollerin esaslarına göre çalışmaktadır. İlk uygulama olması ve hala sürdürüldüğü için geleceğinin nasıl bir süreç ile nereye evrileceği gözlemlere ve izlemelere göre belirlenecektir. Bu nedenle Mor yerleşkelerin kadınların güçlenme prensiplerini afet ve acil durumlarda toplumların afet direncini güçlendirmede kadınların güçlenmesini önemli bir noktaya getirebilecek araçlarından birisi olmaktadır. Mor yerleşkeler, uygulama olarak geliştirilmesi ve kanun yapıcıların ve karar vericilerin desteklemesi için bütüncül afet yönetiminin iyi örnekler arasında yerini alacaktır.

4. Sonuç

Doğal tehlikeler ve afetlerin etkileri küresel olarak benzerlikler göstermekle birlikte bu etkiler cinsiyetten bağımsız değildir. Toplumsal cinsiyet rollerinin eşitsiz dağılımı, kaynaklara erişim ve yetkinlikler anlamında toplumlarda cinsiyetler farklılıklar ve ayrımcılığa yol açmaktadır. Afetlerin bu kırılgan ve eşitliksizci yapıları daha da bozması afetler sonrasında kadınları, kız çocuklarını, sosyo-ekonomik farklılıklara göre daha kötü yaşam koşullarına itmektedir. Bu nedenlerle toplumsal cinsiyete duyarlı afet yönetişim planlarının yapılması gerekmektedir. Mor Yerleşkeler, Türkiye'nin 11 ilinde etkisini gösteren merkez üssü Kahramanmaraş olan deprem sonrasında TKDF'nin başlattığı kadınlar ve çocuklar için güvenli alanlar yaratılması projesidir. Depremler sonrasında, kadınların toplumlarda görülen toplumsal cinsiyet eşitsizlikleri ve artan bakım yükleri nedeniyle afet durumlarında maruz kaldıkları riskleri azaltmak ve dirençliliklerini artırmaya yönelik örnek uygulamalardan birisidir. Bütüncül destek unsurlarını dikkate alarak; eşitliksizci yapıların ve ayrımcılığın yarattığı cinsiyete dayalı afet riskleri ve zararlarını elimine etmeyi amaçlayan bu yerleşkeler, kadınları güçlendirerek toplumları dayanıklı hale getirmeyi amaçlamaktadır.

Mor Yerleşkelerin bünyesinde verilen destek hizmetler ve yardımlar, toplulukların alt yapılarının güçlendirilmesi esasına göre tasarlanmıştır. 6 Şubat Depremi sonrası uygulamaya geçirilen Mor Yerleşkeler'in bu anlamda kadın odaklı afet yönetiminde etkili araç olabileceği görülmektedir. Bütün bu süreçlerin sonunda Mor Yerleşke'nin ilgili taraflarla, ana sponsor kuruluşlar, destek hizmeti veren kuruluşlar, STK'lar ve gönüllüler ile yapılan protokollerle kurulmakta olup, toplam 9 ilde 30 adet Mor Yerleşke hali hazırda faaliyette bulunmaktadır. Yarattığı etki ve karşıladığı ihtiyaçlılık dikkate alındığında Mor Yerleşkeler'in depremle mücadele, önleme, iyileşme ve yeniden inşa aşamalarında deprem yönetmeliklerini de gözetecek şekilde kamu yöneticileri ve resmi planlarda ilgili toplumsal cinsiyet odaklı deprem planlarına derc ettirilmesi kamu yararı açısından faydalı olacaktır. Ancak, ulusal deprem mevzuatımızda toplumsal cinsiyet odaklılık ile ilgili sadece iki adet mevzuatta atıf bulunduğu dikkate alınır ise toplumsal cinsiyet odaklı afet yönetimi mekanizmaları ve yönetmeliklerinin gözden geçirilmesi elzem hale gelmektedir. Depremin yaşandığı iller ve bu illerden yoğun göç alan illeri kapsayacak şeklide kurulan Mor Yerleşkeler, deprem felaketinin sonrasından itibaren hizmet vermeye devam etmektedir. Bu nedenle; kapsamlı etki analizlerinin yapılması ve mevcut hizmet verme süreçleri ile daha sonrasında değişen koşullara göre, iyileştirip geliştirilmesi gereken alanları da dikkate alarak sürdürülebilirliklerinin değerlendirilmesi yararlı olacaktır. Yapılacak etki analizleri sonrasında, kurulacak olan yerleşkelerin hangi hizmetler kapsamında, hangi paydaşlarla ve kırılgan ya da dezavantajlı grupları kapsayacağının da dikkate alarak kapsamının değerlendirilmesi gerekecektir. Türkiye de 6 Şubat Depremleri sonrasında kamu otoritelerinin ve devletin afet yönetimi içinde yer alan mekanizmalar dışında, kadınlar için güvenli bölgelerin oluşturulmasını sivil toplum örgütleri ve buna destek veren kurumlar ve gönüllüler oluşturulması önemli bir mekanizmanın da çalışmasına yol açmıştır. Kadınların güvenli alan ve hizmetlere erişmelerinin sağlanması bağlamında organize edilen Mor Yerleşkeler'in bütüncül afet yönetim sistemleri içinde toplumsal cinsiyete duyarlı afet yönetimi içinde etkili bir model olduğu için önemli bir uygulama olmuştur. Mor Yerleşkeler'in sivil toplum ve gönüllülük üzerinden oluşturulması, ilgili paydaşlarla Mor Yerleşke Oluşturma ve Uygulama kılavuzlarının hazırlanması ve deprem sonrasında nasıl devam edileceği ya da uygulama dışına çıkarılacağına yönelik sistemsel yönetmeliklerin ve kılavuzların hazırlanması gerekmektedir. Bunun sağlanması aynı zamanda Avrupa İnsan Hakları Sözleşmesi'nin 2. Maddesinde belirtilen yaşam hakkının afet koşullarında gerekli olan bütüncül afet yönetiminin toplumsal cinsiyete duyarlı mevzuat ve yönetmeliklerinin oluşturulmasında cinsiyete duyarlı afet yönetimi kapsamında kadınların ve çocukların güvenli alanlara alınarak güçlendirilmesinin mevzuatsal koşulları da hazırlanmış olacaktır. Mor Yerleşkeler, iyi bir afet risk yönetiminin, politika veya proje tasarımı hakkında karar vermeden önce kamu yöneticileri ve uygulayıcılara cinsiyet dinamiklerinin göz önünde bulundurulması gerektiğini gösteren, takip edilmesi gereken iyi örnekler arasında yerini alacaktır.

Mor Yerleşkeler, afetlerden sonra kadınların daha fazla dezavantajlı ve kırılgan koşullara terk edilmesi yerine, yeniden inşa ve iyileşme sürecinde kadınlar, kız çocukları ve çocuklar için önemli güçlendirme mekanizmalarının yaratılmasına ve toplumların güçlenmesine de yol açmaktadır. Geliştirilebilecek içerikleri, hizmetlerin tasarlanması ve kesintisiz kaynak desteğinin sağlanması Mor Yerleşkelerin ihtiyaç halinde sürdürülebilirliğe yönelik mekanizmalar bakımında yeniden ele alınması ve değerlendirilmesine ihtiyaç duyulmaktadır. Mor Yerleşkeler, 6 Şubat Depremi sonrasında faaliyetlerine devam ederek, başta kadınlar ve çocuklar olmak üzere kadınların güçlenmesi ve toplumun güçlenmesi sürecine önemli bir katkı sunmaktadır.

Sonuç olarak, toplumsal cinsiyet eşitliği her alanda oluşabilecek olumsuzlukları azaltabilme gücü sahip önemli bir politika aracıdır. Toplumsal cinsiyet eşitliğinin anaakımlaştırılması afetlerin yaratacağı eşitsizlikle karşı artan kırılganlıkları ve afetlerin gerek kısa dönemli yoksunlukları gerekse uzun dönemli toplumsal kırılmalara neden olabilecek olumsuz etkilerini de önemli oranlarda azaltacaktır.

Kaynakça

AFAD. (2014). AFAD Açıklamali Afet Yönetimi Terimleri Sözlüğü. *Ankara Üniversitesi Açık Ders Malzemeleri.* Erişim Tarihi: 23.07.2023: https://acikders.ankara.edu.tr/ pluginfile. php/163233/mod_resource/content/1/AFET%20Y%C3%96NET%C4%B0M%C4 %B0%20TER%C4%B0MLER%C4%B0%20S%C3%96ZL%C3%9C%C4%9E%C3 %9C.pdf

Altıparmak, B. İ. ve Birel, E. (2024). 6 Şubat 2023 Depremi Sonrasında Sosyal Yaşamın Toplumsal Cinsiyet Bağlamında Değerlendirilmesi: Nurdağı Örneği, *Hacettepe Üniversitesi Edebiyat Fakültesi Dergisi*, Haziran/June, *41*(1), 113-134. Doi:10.32600/huefd.1304991.

Anderson, M. B. (1994). Understanding the disaster-development continuum: gender analysis is the essential tool. *Gender & development*, *2*(1), 7-10.

Asian Development Bank (ABD). (2014). Gender Tip Sheet: Gender-Inclusive Disaster Risk Management. *Asian Development Bank.* Erişim Tarihi: 14.09.2023: https://www.adb.org/sites/default/files/institutional-document/34130/files/gender-inclusive-disaster-risk-management-0.pdf

Avcil, C. (2020). Kesişimsellik: Feminizmde kapsam genişlemesine doğru. *Şarkiyat*, *12*(4), 1290-1312.

Ayla, F.ve Caniklioğlu, S. M. (2016). Afet ve Acil Durumlarda Kadın Çalıştayı Sonuç Kitabı, *Mavi Kalem Sosyal Yardımlaşma ve Dayanışma Derneği.* Erişim Tarihi: 12.06.2022: https://mavikalem.org/wp-content/uploads/aad.pdf

BBC. (2024, 11 Ekim). 6 soruda 6 Şubat depremleri. *BBC News Türkiye.* Erişim Tarihi: 12.03.2024: https://www.bbc.com/turkce/articles/cnen1eep0e1o

Bianet. (2023, 20 Şubat). Mühendis Ozan: Kadınların cansız bedenlerini çocuk odalarında bulduk. Bianet. Erişim Tarihi: 12.09.2023: https://bianet.org/haber/muhendis-ozan-kadinlarin-cansiz-bedenlerini-cocuk-odalarinda-bulduk-274504

Ciampi, M. C., Gell, C. F., Lasap, L., ve Turvill, E. (2020). *Toplumsal cinsiyet ve afet risk azaltma.* (G. Yalçın, E. İnal, N. Paksoy Erbaydar ve E. Kaya, Çev.). Paradigma Akademi..

Dalaman, Z. B. (2024). Toplumsal Cinsiyet ve İklim Değişikliği: Kentsel Alanlardaki Farklı Etkilerin İncelenmes. Z. B. Dalaman & F. Tozan (Eds.), *Cities and Society in the context of Disasters and Migration* içinde (ss. 134-159). Transnational Press London.

Demirci, K., Avcu, T. (2021). Afet Süreçlerinde Kadın Bireylerin Yaşadığı Sorunlar ve Çözüm Önerileri: İzmir İli Örneği, *Batman Üniversitesi Yaşam Bilimleri Dergisi*, Cilt 11, Sayı 1, 86-105.

Erbaydar, P., N., İnal, E. ve Kaya, E. (2019). *Afet Mevzuatının Toplumsal Cinsiyet Açısından İncelenmesi.* Paradigma Akademi Yayıncılık, Çanakkale.

Erman, A., De Vries Robbe, S. A., Thies, S. F., Kabir, K., & Maruo, M. (2021). *Gender dimensions of disaster risk and resilience: Existing evidence.* Washington: The World Bank.

EŞİK. (2023). Toplumsal Cinsiyet Eşitliği Bakış Açısından Geleceğe Notlar. *Eşitlik için Kadın Platformu.* Erişim Tarihi: 23.06.2024: https://esik.org.tr/s/2547/i/ESIK_ Deprem Raporu_TCE_BakisAcisindan_GelecegeNotlar.pdf

Fonzip. (2024). Mor Yerleşkeler Umut Olmaya Devam ediyor. *Türkiye Kadın Dernekleri Federasyonu.* Erişim Tarihi: 01.02.2024: https://fonzip.com/tkdf/kampanya/mor-yerleske

Global Compact. (2017). Kadının Güçlenmesi Prensipleri (WEPs) Uygulama Rehberi, UN Women Avrupa ve Orta Asya Bölge Ofisi. *Global Compact Network Türkiye.* Erişim Tarihi: 12.02.2023: https://www.globalcompactturkiye.org/kadinin-guclenmesi-prensipleri-weps-uygulama-rehberi/

Haberler. (2024, 04 Şubat). TKDF, TEGV ve TOG'un Mor Yerleşke Projesi ile Kadınlara ve Çocuklara Destek. Haberler. Erişim Tarihi: 12.04.2024: https://www.haberler.com/guncel/tkdf-tegv-ve-tog-un-mor-yerleske-projesi-ile-kadinlara-ve-cocuklara-destek-16813669-haberi/#google_vignette.

Hürriyet. (2024, 06 Haziran). Depremden etkilenen kadın ve çocuklara destek… Mor Yerleşke hep birlikte iyileşmek için hayata geçiyor! *Hürriyet.* Erişim Tarihi: 08.08.2024: https://www.hurriyet.com.tr/advertorial/depremden-etkilenen-kadin-ve-cocuklara-destek-mor-yerleske-hep-birlikte-iyilesmek-icin-hayata-geciyor-42228540

Ilgın, H. Ö. & Karagül, D. (2022). Afet Süreçlerinde Kadınlara Yönelik Toplumsal Cinsiyet Eşitsizliğinde Sivil Toplum Kuruluşu Çalışanlarının Deneyimleri: Çanakkale İli Örneği. *Journal of Emerging Economies and Policy,* 7(2), 85-103.

IPSOS. (2023, 20 Mart). Afet Döneminde Kadın Olmak. *IPSOS.* Erişim Tarihi: 12.07.2024: https://www.ipsos.com/tr-tr/afet-doneminde-kadin-olmak

Işık, Ö., Aydınlıoğlu, H. M., Koç, S., Gündoğdu, O., Korkmaz, G., & Ay, A. (2012). Afet yönetimi ve afet odaklı sağlık hizmetleri. *Okmeydanı Tıp Dergisi,* 28(2), 82-123.

Önal, E. İ., ve Erbaydar, N.P. (2023). Toplumsal Cinsiyete Duyarlı Afet Yönetimine Neden İhtiyaç Vardır? KOÇKAM. Erişim Tarihi: 18.04.2024: https://kockam.ku.edu.tr/en/toplumsal-cinsiyete-duyarli-afet-yonetimine-ihtiyac-vardir-ebru-inal-onal-nuket-paksoy-erbaydar/

Okay, N., ve İlkkaracan, İ. (2018). Toplumsal cinsiyete duyarlı afet risk yönetimi. *Resilience,* 2(1), 1-12. Doi: 10.32569/resilience.431075

Sarı Karademir, B. (2023). Afet Sarmalında Kadınlar: Bakım Emeği Yükü ve Efet Yönetimi İçin Mor Küçülme (Purple Degrowth). *İktisat ve Toplum,* 149: 23-46.

SES. (2024). TKDF ve Boyner Grup: 'Mor Yerleşke' Projesiyle 28 Bin Kadın ve Çocuğa Destek. *SES Eşitlik, Adalet, Kadın Platformu.* Erişim Tarihi: 14.04.2024: https://esitlikadaletkadin.org/tkdf-ve-boyner-gruptan-mor-yerleske-projesi-28-binden-fazla-kadin-ve-cocuga-destek-sagladi/

Shields, S. A. (2008). Gender: An intersectionality perspective. *Sex roles, 59,* 301-311. Doi: 10.1007/s11199-008-9501-8

SKD Türkiye. (2023). Mor Yerleşkeler depremzede kadın ve çocukları iyileştirecek. *SKD Türkiye.* Erişim Tarihi. 12.04.2024: https://www.skdturkiye.org/esit-adimlar/guncel/mor-yerleskeler-depremzede-kadin-ve-cocuklari-iyilestirecek

Strateji ve Bütçe Başkanlığı. (2014). Şehirleri ve insan yerleşimlerini kapsayıcı, güvenli, dayanıklı ve sürdürülebilir kılmak. *T.C. Cumhurbaşkanlığı Strateji ve Bütçe Başkanlığı.* Erişim Tarihi: 14.06.2024: http://www.surdurulebilirkalkinma.gov.tr/amaclari/sehirleri-ve-yerlesim-yerlerini-kapsayici-guvenli-dayanikli-ve-surdurulebilir-hale-getirmek

Tiryakioğlu, M. (2016). *Afetlerle Kalkınma: Tecrübe, Politikalar ve Beklentiler,* (Ed.), Efil Yayınevi, Ankara.

UCLG-MEWA. (2015). Sendai Afet Risk Azaltma Çerçevesi (2015-2030). *UCLG-MEWA.*

Erişim Tarihi: 18.05.2023): https://uclg-mewa.org/ uploads/file/ 748e86 d91a e 4409 e9188794ddb6c004d/Sendai_TR.pdf

UN Women. (2021). Beyond Covid-19: A feminist Plan for Sustainability and Social Justice.. *United Nations Women*. Erişim Tarihi: 15.02.2024: https://www.unwomen.org/en/digital-library/publications/2021/09/beyond-covid-19-a-feminist-plan-for-sustainability-and-social-justice

UNDRR (2021). UNDRR Strategic Framework 2022-2025. *United Nations Office for Disaster Risk Reduction (UNDRR)*. Erişim Tarihi: 22.11.2023: https://www.undrr.org/ publication/undrr-strategic-framework-2022-2025

UNFPA. (t. y.). Gender Equality: Situation in Türkiye. *The United Nations Population Fund*, Erişim Tarihi: 19.10.2023: https://turkiye.unfpa.org/en/gender-equality.

UNISDR, UNDP & IUCN. (2009). Making Disaster Risk Reduction Gender-Sensitive Policy and Practical Guidelines. Geneva, Switzerland, June 2009. *UN Office for Disaster Risk Reduction, United Nations Development Programme, International Union for Conservation of Nature.* Erişim Tarihi:14.03.2023: https://www.unisdr.org/2022/dipecholac.net/docs/files/62-makingdisasterriskreductiongendersensitive.pdf

UNISDR. (2015). Hyogo Framework for Action 2005-2015: Building the Resilience of Nations and Communities to Disasters. *UN Office for Disaster Risk Reduction*. Erişim Tarihi: 10.04.2024: https://www.unisdr.org/2005/wcdr/intergover/official-doc/L-docs/ Hyogo-framework-for-action-english.pdf

UNISDR. (2015a). Disaster Risk Reduction and Resilience in the 2030 Agenda for Sustainable Development. *UN Office for Disaster Risk Reduction*. Erişim Tarihi: 10.04.2024: https://www.preventionweb.net/files/46052_disasterriskreductioninthe2030agend.pdf. Erişim Tarihi: 10.04.2024.

Ünür, E. (2021). "Afet Yönetiminde Toplumsal Cinsiyet Eşitsizliği: Doğal Afetlerde Cinsiyete Dayalı Zarar Görebilirlik Farkı." *İstanbul Aydın Üniversitesi Sosyal Bilimler Dergisi 13*(2): 351-381

OCCUPATIONAL BURNOUT; A QUALITATIVE RESEARCH ON WOMEN ACADEMICS

MESLEKİ TÜKENMİŞLİK; KADIN AKADEMİSYENLER ÜZERİNE NİTEL BİR ARAŞTIRMA

Mehmet Dinç[1], Elmas Gezer [2] ve Sibel Nalbant[3]

Öz

Bu çalışmada, kadın akademisyenlerin çalışma hayatında yaşadıkları sorunların/zorlukların mesleki anlamda tükenmişliklerini nasıl etkilediğine ilişkin deneyimlerini incelemek amaçlanmıştır. Çalışmada fenomenolojik desen yöntemi kullanılarak nitel bir araştırma yapılmıştır. Araştırmanın örneklemini Türkiye'de devlet üniversitesinde görevli 6 kadın akademisyen oluşturmaktadır. Yarı yapılandırılmış bireysel mülakat yöntemi kullanılmış ve katılımcılara alan uzmanı üç akademisyen tarafından oluşturulan 13 adet açık uçlu soru yöneltildi. Görüşmelerden elde edilen veriler tematik analiz yöntemi ile analiz edildi. Araştırmada kadın akademisyenlerin mesleki tükenmişliklerini açıklamaya yönelik beş ana tema oluşturuldu. Bu temalardan "yaşanan zorluklar" konulu tema; kadın akademisyenlerin ön yargılar ve erişim sorunları ile karşı karşıya olduğuna işaret etmektedir. İkinci tema olan "tükenmişliğe neden olan etmenler" temada; toplumsal cinsiyet rolleri, iş yükü, göz ardı edilme, hayat pahalılığı konularında sorunlar olduğu ortaya konulmuştur. Üçüncü tema olan "olumlu ve mutlu olmayı kolaylaştırıcı etmenler" temasında; kadın akademisyenlerin çalışma ortamlarının iyileştirilmesi, ekonomik iyileştirmeler, iş yükünün hafifletilmesi ve idareci/yöneticilerin olumlu tutumlarına yönelik görüşler elde edilmiştir. Dördüncü tema olan "çalışan kadın olmak" temasında çalışan kadın olmanın avantajları ve dezavantajlarına yönelik görüşler elde edilmiştir. "Tavsiyeler" olarak adlandırılan beşinci temada ise; ev ile işi ayrı tutmak ve motivasyonu yüksek tutmak konularında görüşlere ulaşılmıştır. Akademisyen sayısının

[1] Antrenör, Antalya Gençlik ve Spor İl Müdürlüğü, Gazipaşa Gençlik ve Spor İlçe Müdürlüğü, dinc.alku@gmail.com, ORCID: 0000-0002-6093-2155
[2] Yüksek Lisans Öğrencisi, Alanya Alaaddin Keykubat Üniversitesi, İşletme Anabilim Dalı, elmas.gezer@hotmail.com, ORCID: 0009-0007-5700-7237
[3] Doçent, Alanya Alaaddin Keykubat Üniversitesi, Spor Bilimleri Fakültesi, sibel.nalbant@alanya.edu.tr, ORCID: 0000-0002-9930-376X

az olduğu, kadın ile erkek akademisyen sayısının eşit olmadığı ve çalışma şartlarının iyi olmadığı ortamlarda mesleki tükenmişliğin daha fazla olduğu görülmektedir. Ayrıca toplumsal kadın rolü, ekonomik sebepler ve unvana bağlı iş yükü de mesleki tükenmişliğe sebep olmaktadır. Çalışma ortamlarının uygun hale getirilmesi, iş yükünün hafifletilmesi, iş yerinde eşitlikçi yaklaşımla, adil çalışma şartları oluşturulması ve çalışma ortamlarındaki kadın-erkek sayısının eşitlenmesi mesleki tükenmişlik karşısında etkili çözümler olarak önerilebilir.

Anahtar kelimeler: Kadın; akademisyen; mesleki tükenmişlik

Abstract

This study aimed to examine the experiences of female academics regarding how the problems/challenges they experience in their working lives affect their occupational burnout. In the study, a qualitative research was conducted using the phenomenological pattern method. The sample of the research consists of 6 female academics working at a state university in Turkey. Semi-structured individual interview method was used and 13 open-ended questions were asked to the participants, created by three academics who are experts in the field. The data obtained from the interviews were analyzed using the thematic analysis method. In the research, five main themes were obtained to explain the occupational burnout of female academics. Among these themes, the theme is "difficulties experienced"; It points out that female academics face prejudices and access problems. In the second theme, "factors that cause burnout"; It has been revealed that there are problems regarding gender roles, workload, being ignored, and the cost of living. In the third theme, "factors that facilitate being positive and happy"; Opinions were obtained regarding improving the working environments of female academics, economic improvements, alleviating the workload, and positive attitudes of administrators/managers. In the fourth theme, "being a working woman", opinions were obtained about the advantages and disadvantages of being a working woman. In the fifth theme called "Recommendations"; Opinions were reached on keeping home and work separate and keeping motivation high. It is seen that occupational burnout is higher in environments where the number of academics is low, the number of female and male academics is not equal and working conditions are not good. In addition, the social role of women, economic reasons and workload related to the title also cause occupational burnout. Making the working environment suitable, lightening the workload, creating fair working conditions with an egalitarian approach in the workplace and equalizing the number of women and men in the working environment can be recommended as effective solutions against occupational burnout.

Keywords: Woman; academician; occupational burnout

1. Giriş

Tükenmişlik, günümüz çalışanlarında oldukça sık görülen ve çalışan bireyleri yetersizlik hissine sürükleyen bir olgudur. Tükenmişlik konusunda literatürde pek çok tanım bulunmasına karşın Maslach ve Jackson' nın "bireyin işinden dolayı yoğun duygusal isteklere maruz kalması ve devamlı olarak diğer bireylere karşı olumsuz davranışlar sergilemesi "tanımı yaygın olarak kabul gören tanımdır (Ardıç ve Polatcı, 2008). Bu tanıma göre tükenmişlik kavramının "duygusal tükenme, duyarsızlaşma ve düşük bireysel başarı hissi" olmak üzere üç farklı boyutu söz konudur. Bu çalışmanın konusu olan ve "Mesleki Tükenmişlik" kavramı ile yakından ilişkili olan boyut, bireysel başarı hissi boyutudur. Bireysel başarı hissi boyutu; kişinin diğer bireylere hizmet verirken kendisini yetersiz hissetmesi neticesinde kendini olumsuz bir biçimde değerlendirmesi olarak tanımlanır (Çapri, Gündüz ve Gökçakan, 2011). Tükenmişlik tanımı konusunda dikkat çeken bir diğer tanım ise iş hayatında görülen süregelen stresin yol açtığı tükenme durumudur (Brenninkmeijer ve VanYperen 2003).

Bu tanımlardan yola çıkarak mesleki tükenmişlik kavramının iş hayatı üzerine etkileri olduğundan söz edilebilir. Tükenmişlik yaşayan bireylerin çalıştıkları ortamda iletişim kurdukları kişilere karşı olumsuz tavırlar sergiledikleri gözlenir (Clark ve Corcoran, 1986). Kişilerle iletişimleri bozulur ve izin almaksızın ya da hastalık gibi gerekçeler belirterek işe gelmek istemezler. Neticede de kaliteli hizmet veremez, etkili ve verimli çalışamazlar (Deniz-Kan, 2008).

İş hayatında nitelikli iş gücünün sağlanabilmesi açısından "insan gücü" önemli bir unsurdur. Burada söz edilen insan gücü ile kadın ve erkek çalışanlar ifade edilmektedir. Bu tanımla karşımıza; "İş Hayatı"; "Kadın"; "Erkek" olmak üzere üzerinde önemle durulması gereken üç önemli kavram çıkmıştır.

"İş Hayatı"; "Kadın"; "Erkek" kavramları bir arada ele alındığında, toplumun cinsiyete özgü kalıp yargılarından etkilenen ayrıca bir toplumun gelişmişliğinin göstergesi olması açısından büyük önem arz eden kavramlar olduğuna dikkat çekmek gerekir. Evrensel düzeyde "toplumsal cinsiyet eşitsizliği" en çok ayrımcılığın yapıldığı konudur. Ayrımcılığın nedeni ise toplumun kadına ve erkeğe karşı olan algısı ile açıklanmaktadır.

Literatürde kadınların tarih boyunca üretime katıldığından ve ülke ekonomilerine olumlu yönde katkıları olduğundan söz edilir. Ancak kadınlar, ataerkillik üzerine toplumda inşa edilen düzen sonucunda baskı görmekte ve işgücüne katılımda sorunlarla karşılaşmaktadır. Çoğu toplumlarda kadın ve erkek olmak doğuştan getirilen bir özellik olmaktan ziyade toplum tarafından inşa edilen bir kurgu olarak ele alınmakta ve bunun bir sonucu olarak kadınlar birçok alanda olduğu gibi iş sahasına da güçlükle katılmakta ve kendilerine alan açmak için çok fazla çaba göstermek zorunda kalmaktadırlar.

Yıllardır çözülemeyen bir sorun olarak devam eden ancak günümüzde geçmişe kıyasla daha nitelikli çalışma ortamına kavuşan kadın çalışanlar, işgücü piyasalarındaki bu konumları için büyük çaba sarf etmişlerdir.

Kadın akademisyenlerin işgücü piyasasına katılımının önündeki bariyerler ve mesleki tükenmişlik halen pek çok araştırmacının ilgi odağı olarak dinamiğini koruyan güncel bir konudur. Yapılan literatür incelemesinde ulusal alanda çoğunlukla öğretim elemanlarının mesleki tükenmişlikleri üzerine çalışmalar yapıldığı, kadın akademisyenler ile ilgili yapılan çalışmaların sınırlı olduğu ve kadın akademisyenler üzerine yapılan çalışmaların ;kadın akademisyenlerin üniversite yönetimlerinde temsilinin yetersizliği, akademisyen olarak karşılaşılan sorunlar ve toplumsal cinsiyet algısı odaklı olduğu belirlenmiştir (Budak ve Sürgevil, 2005; Özkanlı, 2007; Çavuş ve diğ., 2007; Ardıç ve Polatçı, 2008; Deliorman ve diğ., 2008; Günlük Seven, 2009; Gezer ve diğ., 2009; Güneş ve diğ., 2009; Tetik, 2011; İraz ve Ganiyusufoğlu, 2011; Derinbay, 2012; Ergöl ve diğ., 2012; Poyraz, 2013; Konakay, 2013; Kutanis ve Karakiraz, 2013; Ünnü ve diğ., 2014; Kahraman ve diğ., 2014; Öztan ve Doğan, 2015; Demir ve diğ., 2015; Suğur ve Cangöz, 2016; Özdemir ve diğ., 2016; Yenilmez, 2016; Orhan ve Komşu, 2016; Yücebalkan ve Karasakal, 2016; Şentürk, 2016; Şentürk ve diğ., 2017; Okray, 2018; Sart ve diğ., 2018; Orhan ve Doğru, 2018; Yalçın, 2018; Altınoluk, 2018; Umuzdaş ve Kal, 2018; Başerer ve Başerer, 2019; Sevindik ve Önay, 2019; Öztürk, 2019; Ehtiyar ve diğ., 2019; Güler ve Veysikarani, 2019).

Akademisyenlerin yaşadıkları tükenmişlik durumlarına ilişkin ulusal alanda yazılan tezler de bulunmaktadır (Çağlıyan, 2007; Çakıcı, 2010; Arasan, 2010; Ganiyusufoğlu, 2011; Dinibütün, 2013; İçel, 2013;

Demirtaş, 2014; Can, 2015; Yılmaz, 2015; Kalafat, 2017; Alızada, 2017; Al, 2018; Arıkan, 2018; Beğiş, 2019; Palice, 2020).

Kadın akademisyenler üzerine yapılan çalışmalar incelendiğinde, araştırmacıların "kadınlık" ve "akademisyenlik" kimliklerinin kadın akademisyenlere yüklediği sorumluluklardan kaynaklı ortaya çıkan sorunlar ve bu sorunların çözümüne yönelik önerileri olduğu belirlenmiştir. Yapılan araştırmalar ve çalışmaların neticesinde kadınların akademisyenlik konulu işgücü piyasalarında halen farklı düzeylerde birçok sorun yaşadıklarını göstermektedir. Yaşanan sorunların temelinde cinsiyete dayalı mesleki ayrımcılık ve toplumsal rollerden kaynaklanan sebeplerin olduğu görülmektedir. Bununla birlikte iş gücü piyasasında çalışanların karşılaştıkları önyargı ve cinsiyet ayrımlarının hem kadınlar hem de erkekler için çalıştıkları yerlerde önemli sorunlara yol açtığı bildirilmektedir. Bireylerin, toplum tarafından inşa edilen bir kurgu ile cinsiyetlerinin ele alındığı bir toplumda, mesleki tükenmişliğe neden olan "iş hayatı ayrımcılığı"na maruz kalmaları beklenen bir sonuçtur. Bu durum yaşantılarının büyük çoğunluğunu iş ortamında geçiren bireyler için son derece tüketici olabilmektedir (Akkoç ve Tunç, 2015).

Mesleki tükenmişlik konusunda 2002 yılından günümüze kadar toplam 236 adet tez çalışmasının yapıldığı, Kadın akademisyen konusunda ise toplamda 36 adet tez çalışmanın yapıldığı belirlenmiştir.

Kadının kamusal alana ve akademiye girmesinin ardından bir kadın olarak, hem eril bir kurum olan bilimin içinde kadının yer edinmesi, hem de toplumun yüklediği kadınlık rollerinin neticesinde mesleki bağlamda akademide yaşadıkları bariyerler ve çözüm önerilerinin ortaya konmasına yönelik çalışmalar oldukça önemlidir.

İnsanların yaşamlarının büyük çoğunluğunu geçirdikleri mesleki ortamlarının tükenmişlik açısından incelenmesinin önemlidir. Kadın akademisyenlerin mesleki tükenmişlik düzeylerinde mevcut duruma ilişkin görüşlerin belirlenmesi kadının akademide çalışma verimliliğine yönelik tedbirlerin geliştirilmesinde etkili olacaktır. Ayrıca çalışmadan elde edilecek görüşler, kadın akademisyenlerin mesleklerindeki olumsuzluklardan dolayı yaşadıkları sorunlar/zorlukların geliştirilmesine yönelik eğitim politikalarının oluşturulmasına da bilgi kaynağı oluşturacağı düşünülmektedir.

Bu bilgiler ışığında araştırmanın amacı; kadın akademisyenlerin çalışma hayatında yaşadıkları sorunların/zorlukların mesleki anlamda tükenmişliklerini nasıl etkilediğine ilişkin deneyimlerini ortaya koymak olarak belirlenmiştir. Çalışmanın araştırma grubu Türkiye' deki devlet üniversitesinde görev yapan kadın akademisyenlerden oluşmaktadır.

Araştırmanın amacı, kadın akademisyenlerin çalışma hayatında yaşadıkları sorunların/zorlukların mesleki anlamda tükenmişliklerini nasıl etkilediğine ilişkin deneyimlerini incelemektir. Tükenmişlik ve kadın konusu araştırmacıların ilgi odağı olması ile birlikte, alan yazında kadın akademisyenlerin mesleki tükenmişliklerini nitel araştırma yöntemi ile inceleyen bir çalışmaya rastlanmamıştır. Kadın akademisyenlerin mesleki tükenmişlik düzeylerinde mevcut duruma ilişkin görüşlerin belirlenmesi kadının akademide çalışma verimliliğine yönelik tedbirlerin geliştirilmesinde etkili olacaktır. Ayrıca çalışmandan elde edilecek görüşler, kadın akademisyenlerin mesleklerindeki olumsuzluklardan dolayı yaşadıkları sorunlar/zorlukların geliştirilmesine yönelik eğitim politikalarının oluşturulmasına da bilgi kaynağı oluşturacağı düşünülmektedir.

Yukarıda belirtilen genel amaçlar çerçevesinde oluşturulan araştırma problemi:

Kadın akademisyenlerin çalışma hayatında yaşadıkları sorunlar/zorluklar mesleki anlamda tükenmişliklerini etkilemekte midir?

2. Yöntem

Araştırmanın evrenini kamu üniversitelerinde çalışan kadın akademisyenler oluşturmaktadır. Araştırmanın örneklemi ise bir kamu üniversitesi mensubu 6 kadın akademisyenden oluşmaktadır.

Bu çalışma, nitel bir yaklaşım olarak fenomenoloji deseni çerçevesinde tasarlanmıştır. Fenomenoloji, yaşanılan deneyimlere, tecrübelere dayanır. Nitel araştırma, "gözlem, görüşme ve doküman analizi gibi nitel veri toplama yöntemlerinin kullanıldığı, algıların ve olayların doğal ortamda gerçekçi ve bütüncül bir biçimde ortaya konmasına yönelik nitel bir sürecin izlendiği araştırma"dır (Yıldırım vd., 2011: 39). Nitel araştırma yöntemi çalışmanın yapıldığı çevreyi anlamaya ve araştırmaya önem verir. Nitel araştırma yönteminde temel olarak "doğal ortama duyarlık, araştırmacının katılımcı rolü, bütüncül yaklaşım, algıların ortaya konması, araştırma deseninde esneklik, tümevarımcı analiz ve nitel veri" (Yıldırım vd., 2011: 41) temel unsurlar olarak kabul edilmektedir.

2.1. Verilerin Toplanması

Bu çalışmada katılımcıların kendilerini en rahat hissedecekleri ortamda görüşlerini almak amacıyla kendilerine ait olan işyeri ofisi ortamında görüşmeler gerçekleştirilmiştir. Bunun yanı sıra, akademisyenler ile görüşme yapılırken yalnızca soru soran bir araştırmacı olmak yerine görüşmecinin katılımcılarla aynı duygu ve düşünce ortamında bulunulması amaçlanmış ve aktif rol oynanmıştır. Ayrıca, çalışmada bütünlük sağlanması için katılımcıya birbiriyle ilişkili sorular art arda sorulmuş, böylece olgular arasındaki ilişkisellik yakalanmaya çalışılmıştır. Saha çalışması 2023 Mayıs ayında gerçekleştirilmiştir. Katılımcıların tümüne araştırmanın konusu ve kapsamı hakkında bilgi verilmiş ve katılımcılara çalışmaya katılımda gönüllü olup olmadıkları sorulmuştur. Ayrıca katılımcılara çalışma kapsamında edinilen bilgilerin başka herhangi bir amaç için kullanılmayacağı ve bilgilerin üçüncü kişilerle paylaşılmayacağı bilgisi verilmiştir. Çalışma alan uzmanı üç akademisyen görüşü ile oluşturulan "yarı yapılandırılmış görüşme (mülakat)" yöntemi ile gerçekleştirilmiş ve gönüllü katılımcılara 13 adet açık uçlu soru yöneltilmiştir. Çalışmada tüm sorulara verilen cevaplar ses kayıt cihazı ile kayıt altına alınmış ve sonrasında çözümlemesi yapılmıştır.

2.2. Verilerin Analizi

Bu çalışmada yarı yapılandırılmış mülakat yöntemi kullanılmış ve yapılan verilerin analiz edilmesi amacıyla da betimleme analiz yöntemi kullanılmıştır. Tüm katılımcılar etik kurallar gereği gerçek isimleri yerine K1, K2, K3, K4, K5, K6 şeklinde kodlanarak, transkripsiyon bu kodlarla gerçekleştirilmiştir. Betimsel analizde transkripti yapılan bireysel görüşmeler, bağlamsal anlamda üst temalar ve alt temalara ayrılarak analiz edilmiştir. Diğer bir deyişle, görüşme transkriptlerinde araştırılan olgu ile ilgili geçen söz konusu tema ve alt temalar belirlenmiştir. Çalışmada kadın akademisyenlerin mesleki yaşamda karşılaştıkları sorunların/zorlukların mesleki anlamda tükenmişliklerini nasıl etkilediğine yönelik olan sorulara verdikleri yanıtlardan sık sık doğrudan alıntılar yapılmış böylelikle verinin özgünlüğü korunmaya çalışılmıştır.

3. Bulgular

3.1. Yaşanan Zorluklar (Ana Tema 1)

3.1.1. Önyargılar (Alt Tema-1)

Kadınların toplum içerisinde cinsiyetlerinden dolayı ön yargıyla karşılaştıklarına yönelik katılımcıların ifadeleri aşağıda belirtilmiştir.

K1…Çünkü önyargılarla karşılaşıyorlar yani hani kadın olduğu için bazı şeylerin becerilemeyeceğini, yapılamayacağını düşünen çok erkek var mesela işte kadın yöneticilerle ilgili çok enteresan ifadelerde kullanan erkekler var şeyi duydum mesela işte bir yerin bir dekanı kadın bekar 40 küsür yaşında hiç evlenmemiş çocuğu falan da yok e zaten bu böyle kocasızlıktan bizimle uğraşıyor dediklerini çok duydum bu çok ayıp bir şey. Ya da işte kadınların regl olmasıyla ilgili böyle bir ön yargı var o da şöyle işte bir gün siz mesela mutsuz gelirseniz işte sininiz bozuk olursa hemen böyle a regl oldun herhâlde gibi mesela bir şey var. O da mesela çok yanlış bir şey. Yani bir insan sadece regl olduğunda bir şeye sinirlenemez sadece regl olduğunda yani ne kadar sizin duygunuz varsa bizim de o kadar duygumuz var yani kadınların her türlü hal ve hareketlerini farklı algılayan bir yapı var ülke genelinde yani bu nedenle bunlarla ilgili şuan yapmış olduğumuz gibi daha çok çalışma yapılması gerekiyor bunlarla ilgili daha çok çalıştay yapılması gerekiyor ve bu çalıştayların on tane kadının toplayarak yapılmaması gerekiyor oraya yüz tane erkeğin getirilerek yapılması gerekiyor. Çünkü onlara anlatmamız gerekiyor. Siz bunu yanlış yapıyorsunuz diye. Yaptığımız her şeyi biliyoruz doğru yapıyoruz diye hani yanlışta yapabiliriz o da ayrı ama bize karşı önyargıları kırmak için bu tür çalışmaların erkeklerle de yapılması gerekiyor. Onlara anlatmak lazım…

K5……. Yani zaten ülkemizde kadının adı yok kadının sözü yok o zaman akademide de kadının adı yok kadının sözü yok çoğu yerde yani yine bu sorunun cevabına dönüp de kadın rektörlerin kadın profesörlerin kadın akademisyenlerin sayılarına baktığımızda zaten çok net olarak görebiliyoruz. Tabi ki adil bir ortam yok.

3.1.2. Erişim Sorunu (Alt Tema-2)

Kadın akademisyenlerin iş ortamında erişim yönünden veya materyal eksikliğinden dolayı sorun yaşamaları verimliliklerini düşürmektedir. Katılımcılar bu durumu aşağıdaki gibi ifade etmektedir.

K5...ben burada daha üretken olurum çünkü dün daha yaşadım burada elektrik kesilince evden çalıştaya girdim çalıştay şurada online açıkken.... Bunun üzerine uzaktan eğitimin eklenmiş olması, uzaktan eğitimin uygulamalı bilimler için verimli bir uygulamanın olmadığı gerçeği bunların hepsi tabi stres veriyor ama...

K6... ben dersimle ilgili bir materyal temini sağlayamıyorsam destek alamıyorsam bu tabi ki benim verimliliğimi düşürecek belki işte tükenmişlik noktasında soru işaretleri oluşturacak ...

3.2. Tükenmişliğe Neden Olan Etmenler (Ana Tema 2)

Kadın akademisyenler, toplumun kadına verdiği roller sebebiyle evde hem anne hem eş, hem de ev kadını rollerini üstlenmeleri sebebiyle hem de iş ortamında çalışan bir kadın akademisyen rollerini üstlenmeleri, işte iş yüklerinin fazlalığı, üstelik bir de hayat pahalılığının da eklenmesiyle tükenmişlik yaşayabilmektedirler. Bununla ilgili katılımcıların görüşlerini şu şekilde belirtebiliriz.

3.2.1. Toplumsal Cinsiyet Rolleri (Evli Olmak------Çocuk Sahibi Olmak) (Alt Tema-1)

K2.... Şimdi ben bekarım ama evli bir kız kardeşim var ama kadın olmak gerçekten işte hem iş hayatında hem ev hayatında çünkü dışarda da bir hayatınız var sizi bekleyen görevleriniz var... Kendim için bekar olduğum için benim ev hayatım da beni bekleyen olmadığı için evde o yönden rahatım ama mesela arkadaşımızın çocuğunun olması gerçekten yorgun geliyor onu fark ediyorum....

K3...... Çok çok büyük fark var bence kadınlar hem toplumun verdiği roller çok fazla kadın hem evi yönetecek hem işi yönetecek hem çocuğa bakacak hem kocasına toplum bu rolleri verdi ve artık eve gittiğimde hem bütün günün stresi bir de çocuk olduğu zaman gerçekten kendini çok tükenmiş hissediyorsun. Erkekler öyle değil işten geldiği an rahatlar. Gerçekten erkekle kadın arasında çok ciddi fark var....

3.2.2. İş Yükü (Biriminde Yetersiz Personel-----Plansız Ekstra İşler----Gün İçinde Yoğun Olma) (Alt Tema-2)

Akademisyenler az sayıda akademisyenin olmasından dolayı iş yüklerinin fazla olduğunu, işi yetiştirememe kaygısı yaşadıklarını belirtmişlerdir. Bununla ilgili ifadeleri şu şekildedir;

K3.... Yani gerçekten bizim araştırma görevlisi olarak da yorucu bir ortamımız var burası da küçük üniversite olduğu için çok az akademik personel var gerçekten çok yoruluyoruz çok artık hani bazı işlerde çok yapmak istemiyoruz kendimi de hani o kadar çok mutlu hissetmiyorum çünkü sürekli bir iş yetiştirme telaşı sürekli bir anksiyete durumu işlerin yetişmeyecek olması uygulamalara çıkmamız gerekiyor öğrencilerle birebir uygulamalı ders olduğu için birebir uygulamalı laboratuvar dersi yapmamız gerekiyor hemşirelik olduğu için bu nedenle kendimi çok böyle hani koşar gibi hissediyorum iş yetişmeyecek diye anksiyete duyuyorum.....

K4...... Şöyle benim ders yüküm fazla olduğu için bazen bu stres çok fazla olabiliyor. Yani özellikle işte 30 saat ders verdiğim dönemler oluyordu 32 -34 saat ki bu da çok fazla ders yükü demek yani ders yükü dolayısıyla stresi de beraberinde getiriyor...

3.2.3. Göz Ardı Edilme (Alt Tema-3)

Araştırma görevlisi kadrosunda bulunan kadın akademisyenler fikirlerinin önemsenmediğini şu sözlerle ifade etmektedirler;

K2...... Düşünmüyorum. Odamızı bile seçemiyoruz. Mesela doktorasını bitirmek üzere olan bir araştırma görevlisiyim ama odamı değiştirmeyi talep ettiğim zaman sen araştırma görevlisisin orada oturacaksın denilirken yeni gelen araştırma görevlisi bir öğretim üyesinin yanına verilebiliyor yüksek lisans yapan hem de. İkincisi toplantı yapıldığı zaman sadece piyon olduğumuzu düşünüyorum baştaki kişinin dediklerine itiraz etsek de zaten dediğini yaptırmak için bu biraz da şeye benziyor olumsuzlukları verip içinden en olumsuzu da gösterip ben sana zaten iyi şartlar sağlıyorum demekle aynı şey yani iki brokoli mi yemek istiyorsun 5 brokolimi yemek istiyorsun her halükârda ben brokoli yiyorum. Yapılan toplantılarda öyle her hâlükârda biz bir kişinin dediği şeyleri dayatma usulüyle kabul ediyoruz. Bizim bir fikrimize önerimize kesinlikle bakılmadığını düşünüyorum.

K3...... Biz çok görüşlerimizi ifade ediyoruz ama dinlemiyorlar hani mesela bizim akademik gelişimimiz çok desteklenmiyor sadece sanki kurumun işi yapmak için sanki şey memurmuşuz gibi sadece kurumun öğrenci işlerini yapıyoruz sanki öğrenci işleriymişiz gibi her sıkıntıda öğrenciler de bize geliyor, yöneticiler de bize geliyor bu defa bizim iş yükümüz gerçekten bizim iş yükümüz çok artıyor bizi dinlemiyorlar kesinlikle araştırma görevlisi olduğumuz için çünkü hani titremiz düşük öyle çok söz sahibi değiliz tabi ki fikirlerimizi soruyorlar hani siz ne düşünüyorsunuz ama bence biraz ayıp olmasın diye soruyorlar gibi. İş yükü dağılımımızda tabi ki çok adil iş yükü dağılımı yok bize daha çok iş yükü düşüyor...

3.2.4. Hayat Pahalılığı (Alt Tema-4)

Kadın akademisyenlerin ekonomik anlamda destek görememeleri bilimsel çalışma yapma konusunda motivasyonlarını düşürmektedir. Bu konudaki görüşleri şunlardır;

K5.... Aynı zamanda ekonomik durumlar. Mesela ben göreve ilk başladığımda bir kongreye giderken araştırma görevliliğinde bir kongreye gittiğimde üniversitem beni destekliyordu konaklaması katılım ücreti üniversite adına destekliyordu. Giderek hani o basamaklarda araştırma görevliliğinden profesörlüğe gelen bu basamaklarda destekler giderek azaldı. Üniversite destek vermiyor ama bir taraftan da bizim araştırma yapmamızı bekliyor. E ekonomik durum ortada bu dolayısıyla bu sıkıntıdan dolayı da aslında bilimsel anlamda çalışmalar üretmekte sorun yaşıyoruz....

..... Çünkü günümüzün gerçeği ekonomik koşullar. hepimiz bunun için tırmalıyoruz resmen dönüp bakıyorum benim gibi doktorasını bitirip o dönemde beden eğitimi öğretmenliğinde kalan arkadaşlarım benden daha yüksek maaş alıyorlar haftada üç gün gidiyorlar ve derslerine giriyorlar öğrencilerin hayatlarına dokunuyorlar yine benim sevdiğim işler olan toplumsal duyarlılığa ilişkin işler yapıyorlar yani kendi üretkenliklerini ortaya koyuyorlar benden doktoraları bittiği için daha yüksek maaş alıyorlar ama ben burada bunca iş yükünün içerisinde bunca işi yapıyorum onlardan düşük maaş alıyorum bu gerçekten çok acı hem zaman hem emek olarak çok daha fazla emek veriyorum karşılığını alamıyorum...

3.3. Olumlu ve Mutlu Olmayı Kolaylaştırıcı Etmenler (Ana Tema 3)

İş ortamında çalışma koşullarının iyileştirilmesi halinde işte verimliliğin ve motivasyonun artacağına dair şu ifadelere yer verilmiştir;

3.3.1. Çalışma Ortamlarının İyileştirilmesi (Alt Tema-1)

K1.... Yani ne kadar adil olunursa ne kadar insanlar birbirlerine güzel sözlerle destek olursa o kadar da işyerindeki motivasyonunuz artar. Bunlar pozitif korelasyonludur diyebilirim.

K3.... ... ya da çalışmak için tek oda verilmesi ya da yazıcı yoktu mesela önceden hani biz çok söyledikten çünkü yazıcımızın olmayışı bizim için çok büyük sıkıntı her an bir çıktı almak zorunda kalıyoruz bu defa çıktı alamadığımız zaman işlerimiz çok sarpa sarıyor yani erteleniyor bu defa biz de işimizi yapamamış oluyoruz. Bir sonraki güne kalıyor bir sonraki gün daha çok iş oluyor onun için hani ortam iyi olması gerekiyor. Özellikle de bir de çalışma yapmamızı desteklemeleri gerekiyor bizim.

3.3.2. Ekonomik İyileştirmeler (Alt Tema-2)

Kadın akademisyenlerin bilimsel anlamda motivasyonun ve çalışmaların artabilmesi, bilime zaman ayırabilmeleri için ekonomik koşulların iyileştirilmesi gerektiğine dair şu görüşe yer verilmiştir;

K5.... Bizim ben ve benim yaş jenerasyonu çocuk olmanın zor olduğu dönemde çocuk olmuşuz kadın olmanın zor olduğu dönemde de kadın olmuşuz. Şimdi neden bunu söyledim. Kendi çocukluğuma baktığımda 4 kardeşiz biz. Hepimiz birbirinin kıyafetleri ile büyüdü herkes birbirinin içe katlanan defterleriyle açılan yarım kalemleriyle büyüdü ama mutluyduk gerçekten çocukluğumla ilgili hiç travmam yok mutluyduk. Şimdi o dönemde annelerimiz hepimizi evden okula gönderdikten sonra akşama yemek pişiriyordu çocuklarının eşyalarının yıkanmasını düşünüyordu ama onlar da mutluydu geziyordu tozuyordu ben hatırlıyorum şimdi dönüp bakıyorum ben iki rolü de yapmak zorundayım. Yani ben çamaşırı da düşünmek zorundayım bulaşığı da düşünmek zorundayım yemeği de pişirmek zorundayım ama eve para getiriyorum aynı zamanda. Yani ekonomik özgürlüğümü de sağlıyorum bu denge hani kadın olmanın zor olduğu dönem dediğim bu dönem çünkü geçmiş dönemde çalışan kadınlar evlerine kadın alabiliyorlardı. Böyle bir sirkülasyon vardı. Ama şu an da ...... şartlarında 15-20 bin kirada oturuyoruz aylık da bana bir gün gelecek temizlikçi 1000 ile 1500 arası para istiyor ben annemin konforuna sahip değilim bu kadar üretmeme rağmen...

...Az önce aslında dediğiniz gibi pek çoğunu söyledik daha spesifik bir şey soruyorsunuz siz yine ben şu cümlenin altında yattığını düşünüyorum kadın olmanın zor olduğu dönemde kadın olduk ya bu ekonomi başta çok etkiliyor ilk değişken ekonomi diyebilirim. Hem benim şu an da evimde bir kadın olsa temizliğim yapılıyor olsa yemeğim yapılıyor olsa ben burada daha üretken olurum çünkü dün daha yaşadım burada elektrik kesilince evden çalıştaya girdim çalıştay şurada online açıkken ben bir yandan yemek yapmaya çalışıyordum yani ben aslında çalıştayımı oturup kahvemi içerek dinlemeyi isterdim. Dinlemek istiyorum yani ekonomik koşullar bizim kadın akademisyenlerin tükenmişliğini bence son derece etkiliyordur. Beni çok etkiliyor….

3.3.3. İş Yükünün Hafifletilmesi (Alt Tema-3)

Akademik personel sayısının az olması sebebiyle mevcut personele fazla iş düşmektedir. Bu durum akademisyenlerin stres ve kaygı yaşamalarına, bazen iletişimde sorunlara neden olabilmektedir. Bu konudaki görüşler şu şekildedir;

K5…. Evet biraz önce söylediğim gibi sorularda domino taşı gibi gidiyor kesinlikle öyle oldukça stres verici iş yükünün bu kadar fazla olması ayrı, iş yükü dağılımının olmaması taleplerimize rağmen kadro sayısında artışın olmaması e bunların hepsi stres kaynağı, bunun üzerine uzaktan eğitimin eklenmiş olması, uzaktan eğitimin uygulamalı bilimler için verimli bir uygulamanın olmadığı gerçeği bunların hepsi tabi stres veriyor ama …. iş yükümün fazla olması. Bu üretkenliğimiz de etkiliyor sosyalliğimizi de etkiliyor. İnsan ilişkilerini de etkiliyor Pek çok şeyi olumsuz etkiliyor bunları söyleyebilirim.

K6…. Çünkü etik davranışlar adil iş yükü dağılımı konusunda kurumumuzun içinde bulunduğu bir süreçte ders yükümüzün özellikle fazla olması sebebiyle biz de zaman zaman problem yaşayabiliyoruz bu problemler belki bizim buradaki nasıl söyleyeyim zaman zaman stres altında kalmamıza zaman zaman yeni başlayacağımız işlerle ilgili kaygılanmamıza yeni dönem başlangıçlarında özellikle kaygı yaşamamıza sebep olabiliyor. Yani adil iş yükü dağılımı aslında yapılmak isteniyor fakat yeterli öğretim üyesi sayısı olmadığı için iş yükü dağılımında maalesef fazla iş yükünün altındayız…

3.3.4. İdareci/ Yöneticilerin Olumlu Tutumları (Alt Tema-4)

Birimlerdeki idareci/yöneticilerin olumlu tutumlarına yönelik görüşler şu şekildedir;

K1…. Şimdi tabi bunlar farklı durumlar yani iş yüküyle ilgili her toplantı yaptığımızda mesela ben hani eğer iş yüküyle ilgili adaletsiz bir durum olursa bunu dillendirmek gerektiğini düşünüyorum o nedenle de genelde dillendiriyorum böyle durumları. Ve beni dinliyorlar yani bir haksızlık olduğunu düşündüğümü dile getirdiğimde düşünüp evet var gerçekten bir hata yapmışız ya da hayır yok sen yanlış düşünüyorsun şu sebeple yanlış düşünüyorsun diye benimle iletişim kuruyorlar müfredat değişim önerisi ile ilgili de aslında yani birkaç önerim olmuştu…. Sonra ifade ettiğimde zaten her şey çözülüyor dediğim gibi buradaki iş arkadaşlarım da yöneticilerim de zaten makul insanlar oldukları için bir şey ifade edildiğinde anlayabiliyorlar. O nedenle sadece iletişim benim mutlu olmamı engeller burada.

K5... Benim gördüğüm bölümler bazında bu toplantılar yapılıyor zaman zaman her yerde olabilecek sorunlar yaşansa da bölümlerin kendi içerisindeki görüşleri ortak şekilde alıyorlar zaten bunu bölüm kurul kararlarında da görüyoruz oy birliği ile alındı diye. Görüşler alınıyor evet...

3.4. Çalışan Kadın Olmak (Ana Tema 4)

Çalışan kadın olmanın avantajlarından bazıları ekonomik özgürlüklerini almaları ve kendilerini güçlü hissetmeleri olarak belirtilmiştir. Bu konudaki katılımcı görüşleri şu şekildedir;

3.4.1. Avantajları (Ekonomik Özgürlük---- Sosyal Hayata Katılım----Üretken Olma Hissi) (Alt Tema-1)

K1...... Ev kadını eve mahkûm çalıştığınız için bir kere kendi ayaklarınız üzerinde durabiliyorsunuz daha özgürsünüz. İstediğinizi yapma kabiliyetine sahipsiniz evli çocuklu olsan bile çalışmış olmak hani bir şeyleri istemiyorsan evliliğinde giden sorunları olumsuzluklar varsa hayır diyebilme cevabı veriyor sana bir kere. Kendi hayatını yönetebilme durumu söz konusu oluyor. Ama çalışmıyor olsan herhâlde bir erkeğe bağımlı olsan bunların hiçbirini yapamazsın çünkü otorite, söz sahibi söz hakkı olan tek kişi o zaman eve parayı getiren kişi oluyor erkek oluyor...... Ya kadın olmak bence güçlü bir durum ben kendimi düşündüğüm zaman düşünsenize o kadar görev sorumluluk yükün altında ve bunu mükemmel bir şekilde başarıyorsunuz yönetebiliyorsunuz erkek sadece işe gidip para kazanıyor sen hem para kazanıyorsun hem evini çekip düzen hem çocuk evlat yetiştiriyorsun bir de değil birkaç tane hayatınızı veriyorsun onlara yani bu kadar şeyin altında ben kadın deyince aklıma güç geliyor. Güçlü duruş geliyor...

K6......Çalışan kadın olmanın avantajları bir kere kişinin kendine özgüvenini sağlıyor kişinin kendini gerçekleştirmesini sağlıyor kendinin farkındalığını yaş ilerlese bile hala ortaya koymasını sağlıyor. Size belki de dediğim gibi başlarda da söyledim hayattaki enerjinizin aslında yüksek olmasının en önemli gerekçelerinden bir tanesi çalışan kadın olmak ben gurur duyuyorum çalışmamla. İşim benim en büyük şansım...

3.4.2. Dezavantajları (Toplumsal Roller (Evli Çocuklu) ------ Aileye ve Kendine Vakit Ayıramama) (Alt Tema-2)

Çalışan kadın olmanın avantajlarının yanı sıra dezavantajları da bulunmaktadır. Toplumun kadına yüklemiş olduğu roller nedeniyle özellikle evli ve çocuklu çalışan bir kadının kendisine, ailesine ve işe zaman ayırmada zorlandığı belirtilmektedir. Bu konuda katılımcı görüşlerine aşağıda yer verilmiştir;

K3.... Akademisyenlik aslında kadınlar için güzel ama işte evli olduğun zaman ya da çocuk olduğu zaman işte kadın olmanın bu defa dezavantajı ortaya çıkıyor dediğim gibi. Çünkü şey eve gidiyorsun evin yükü, çocuk bakımı, eş, toplumun yüklediği görevler var, onun için böyle bir dezavantajı var hepsi sana bakıyor yemeği sana bakıyor bulaşığı sana bakıyor hepsi yani oradaki bu defa onu yapmasan sadece buradaki işlerine odaklanırsan akşam bazen ben bilgisayarımla çok ilgilenirim bu defa her şey kalıyor çamaşır kalıyor bulaşık kalıyor bu defa bir sonraki güne daha büyük bir stres ortaya çıkıyor ister istemez. Bu durumda tükeniyorum yani ben de tükenmişlik var yani.

K6......Dezavantajları konusunda da tabi ki eğer evde sizin yükünüzü paylaşacağınız bir arkadaşınız yoksa, eşiniz, ev arkadaşınız veya ailenin diğer bireyleri çocuklarınız burada tabi ki evdeki sorumluluklar konusunda gecikme işte burada zamanı yönetememe gibi problemlere sebep olabilir. Ya kadın olmak çalışan bir kadın olmak hem güzel hem de zor...

3.5. Tavsiyeler (Ana Tema 5)

Kadın akademisyenlerde eve ve işe ayrılan zamanı birbirinden ayırabilmek pek mümkün görülmemektedir. Bu ayrım yapılabildiği takdir de yaşanan stres, kaygı düzeyinin azalacağı belirtilmektedir. Bu konudaki görüşler şu şekildedir;

3.5.1. Ev ile İşi Ayrı Tutmak (Alt Tema-1)

K2....Şimdi şey olabilir mesela evde de işin olmaması burada ki işin eve taşınmaması aile hayatı varsa arkadaşımı görüyorum ben akşam iş verildiği zaman stres oluyor çocuğunun olduğunu söylüyor haklı olarak mesela o onu ayrı bir strese sokuyor ve hata oluyor verilen işte hata payı yüksek oluyor yaptığı işlerde o engellenebilir öneri olarak planlama yapılabilir iş yükü azaltılabilir eşit dağıtılabilir motivasyon olsun bilimsel üretimi olsun belki kendimize mesela kendime ait 1 gün olabilir hani bilimsel üretim için o gün kendime ait olsa çok güzel olur.

K4...İşlerimizi yetiştirebilmek için evde de bir kere iş yapmamız gerekiyor mesela değilse kesinlikle zaten yetiştiremeyebiliyoruz mesela uzaktan öğretim zamanında dersleri yüklemek vs. gibi ama işte ev işleri vs bunu her zaman çok da mümkün kılmıyor açıkçası...

3.5.2. Motivasyonu Yüksek Tutmak (Alt Tema-2)

İş ortamında verimli ve mutlu çalışabilmek için motivasyonun yüksek tutulması gerekmektedir. Bunun sağlanabilmesi için özellikle eşit sayıda kadın ve erkeğin çalışabilmesi gerektiği belirtilmektedir. Bu konudaki katılımcı görüşleri şu şekildedir;

K4.... Ya aslında dediğim gibi bir kere eşitsizlik olmaması lazım kadın erkek eşit koşullarda çalışabilmemiz lazım bence olumlu iklimi yaratabilmek için. Yine galiba kurumsal anlamda da yöneticilerimizin çok daha adil olması gerekiyor. Ne kadar adil olurlarsa o kadar motivasyon sağlayabiliriz. İşte iş yükü dağılım konusunda yine bir eşitlik olması motivasyonumuzu artıracak diyebilirim...

K6.....Yani kadın akademisyenler aslında motivasyonel iklim konusunda uygun çalışma iklim konusunda neler yapıldığı ben nasıl iş verimliliğini yükseltirim diye düşünüyorum bir eğer çalışma ortamınızda kurumunuzda çalışan kadın sayısı erkek sayısıyla eşit olmalı diye düşünüyorum yani tabi ki erkekler sizi anlama noktasında empati kurma noktasında yeterli olabiliyor ama kadınların bir kurumda kadın erkek dengesinin eşit olması ve ya sizi anlayabilecek kadınların olması herhalde birazcık daha motivasyonumu artırır diye düşünüyorum kendi kurumumuz açısından yola çıktığımızda erkeklerin kadınlara oranla daha fazla sayısal nitelikte nicel nitelikte sayıları fazla...

4. Tartışma ve Sonuç

Bu araştırmada kadın akademisyenlerin yeni kurulmuş sayılabilecek bir üniversitede görev yapmaları sebebiyle, akademisyen sayısının az olması neticesinde iş yüklerinin çok fazla olduğu görülmektedir. Kadın akademisyen sayısının erkek akademisyen sayısına oranla daha az olması kadın akademisyenleri bazen kendilerinin yeterince anlaşılamadığı düşüncesine götürmektedir. Akademide kadın ve erkek sayılarında eşitliğin sağlanması buna çözüm olarak önerilmektedir. Toplumun kadınlara yüklediği roller gereği kadın hem anne hem eş hem ev kadını hem de iş ortamında çalışan bir kadın olduğundan bu rol fazlalıkları tükenmişliğe sebebiyet verebilmekte ve kadın akademisyenlerin iş ortamındaki verimliliğini etkileyebilmektedir. Ayrıca, ekonomik anlamda yeterli bir ücretin alınamaması, bilimsel çalışmalar için yeterli ödeneğin ayrılamaması, iş yerindeki materyal eksiklikleri, iş ortamındaki fiziki koşulların yetersizliği de motivasyonu ve verimliliği düşürebilmektedir. Bu çalışmada araştırma görevlisi unvanında bulunan kadın akademisyenlerin çoğunluğunun unvanları sebebiyle düşüncelerinin çok dikkate alınmadıkları, bilimsel araştırma yapacak imkân ve zamanların kendilerine verilmediği ve iş yüklerinin fazlalığı sebebiyle hem araştırma görevlisi akademisyenlerin hem de diğer unvandaki akademisyenlerin mesleki anlamda çalışmalarına yeterince zamanı ayıramadıkları görülmektedir. Bilimsel çalışmalarını iş bitiminden sonra evde yapmaya çalıştıklarını belirtmişlerdir. Araştırma görevlisi kadrosunda bulunan akademisyenlerin haftada 1 (bir) günün kendilerine bilimsel araştırma yapabilmek için verilmesini talep ettikleri görülmektedir. Kadınların rollerinin fazlalığı sebebiyle kadınlara bazı durumlarda pozitif ayrımcılığın yapılması, çalışma saatlerinde esnekliğin sağlanması bazı kadın akademisyenler tarafından dile getirilmiştir. Birim yöneticileri tarafından eşitlikçi yaklaşım ve adil bir iş ortamının sağlanması ile konuyla ilgili sorunların giderilebileceği düşünülmektedir.

Kaynakça

Akkoç, İ., & Tunç, H. (2015). Örgüt Çalişanlarinin Tükenmişlik Düzeylerinin Araştirilmasi: Balikesir İl Milli Eğitim Müdürlüğü Örneği. *Balıkesir Üniversitesi Sosyal Bilimler Enstitüsü Dergisi, 18*(34), 1-21.

Al, S. (2018). *Akademisyenlerin İş Doyumu ile Tükenmişlik Düzeyleri Arasındaki İlişki ve Bir Araştırma*, Yayınlanmamış Yüksek Lisans Tezi, Beykent Üniversitesi, Sosyal Bilimler Enstitüsü, Ankara.

Alızada, S.K. (2017). *Akademik Personelin Tükenmişlik Açısından Değerlendirilmesi ve İş Doyumuna Yönelik Bir Araştırma*, Yayınlanmamış Yüksek Lisans Tezi, İstanbul Aydın Üniversitesi, Sosyal Bilimler Enstitüsü, İstanbul.

Altınoluk, D. (2018). Kadın Olmak Mı, Akademisyen Olmak Mı? İşte Bütün Mesele Bu. *Fe Dergi, 10*(1), 57-66.

Arasan Acar, B. N. (2010). *Akademisyenlerde Yaşam Doyumu İş Doyumu ve Mesleki Tükenmişlik Düzeylerinin Belirlenmesine Yönelik Bir Araştırma*, Yayınlanmamış Yüksek Lisans Tezi, Uşak Üniversitesi, Sosyal Bilimler Enstitüsü, Uşak.

Ardıç, K., & Polatcı, S. (2008). Tükenmişlik sendromu akademisyenler üzerinde bir uygulama (GOÜ Örneği). *Gazi Üniversitesi İktisadi ve İdari Bilimler Fakültesi Dergisi, 10*(2), 69-96.

Arıkan, G. (2018). *Akademisyenlerin Akademik Tükenmişlik ve Mesleki Motivasyon Düzeyleri Arasındaki İlişkinin İncelenmesi*, Yayınlanmamış Yüksek Lisans Tezi, Beykent Üniversitesi, Sosyal Bilimler Enstitüsü, Ankara.

Başerer, D., & Başerer, Z. (2019). Akademisyenlerin Tükenmişlik ve Öz Yeterlik Düzeyleri. *Türk Eğitim Bilimleri Dergisi, 17*(1), 1-19.

Beğiş, G.B. (2019). *Tükenmişlik Sendromu ve İş Yaşam Kalitesi Arasındaki İlişki: Akademisyenler Üzerine Bir Uygulama*, Yayınlanmamış Yüksek Lisans Tezi, Balıkesir Üniversitesi, Sosyal

Bilimler Enstitüsü, Balıkesir.

Brenninkmeijer, V., & VanYperen, N. (2003). How to conduct research on burnout: advantages and disadvantages of a unidimensional approach in burnout research. *Occupational and environmental medicine, 60*(suppl 1), i16-i20.

Budak, G., & Sürgevil, O. (2005). Tükenmişlik ve tükenmişliği etkileyen örgütsel faktörlerin analizine ilişkin akademik personel üzerinde bir uygulama. *Dokuz Eylül Üniversitesi İktisadi İdari Bilimler Fakültesi Dergisi, 20*(2), 95-108.

Can, A. (2015). *Akademik Personelin Tükenmişlik Düzeylerinin İncelenmesi Kırklareli Üniversitesi Örneği,* Yayınlanmamış Yüksek lisans Tezi, Kırklareli Üniversitesi, Sosyal Bilimler Enstitüsü, Kırklareli.

Clark, S. M., & Corcoran, M. (1986). Perspectives on the professional socialization of women faculty: A case of accumulative disadvantage?. *The Journal of Higher Education, 57*(1), 20-43.

Çağlıyan, Y. (2007). Tükenmişlik Sendromu ve İş Doyumuna Etkisi (Devlet ve Vakıf Üniversitelerindeki Akademisyenlere Yönelik Alan Araştırması), Yayınlanmamış Yüksek Lisans Tezi, Kocaeli Üniversitesi, Sosyal Bilimler Enstitüsü, Kocaeli.

Çakıcı, Z. (2010). *Esenlik ve Akademik Tükenmişlik İlişkisi: İstanbul'daki Vakıf üniversiteleri Üzerine Bir Araştırma,* Yayınlanmamış Yüksek Lisans Tezi, Marmara Üniversitesi, Sosyal Bilimler Enstitüsü, İstanbul.

Çapri, B., Gündüz, B., & Gökçakan, Z. (2011). Maslach Tükenmişlik Envanteri-Öğrenci Formu'nun (Mte-Öf) Türkçe'ye Uyarlaması: Geçerlik ve Güvenirlik Çalışması. *Cukurova University Faculty of Education Journal, 40*(1).

Çavuş, M. F., Gök, T., & Kurtay, F. (2007). Tükenmişlik: Meslek Yüksekokulu Akademik Personeli Üzerine Bir Araştırma. *Journal of the Cukurova University Institute Of Social Sciences,* 16(2).

Deliorman, R., Yıldız, S., İlknur, B. O. Z., & Yiğit, İ. (2008). Akademik Personelin Tükenmişlik Düzeyi: Marmara Üniversitesi Örneği. *Marmara Üniversitesi İktisadi ve İdari Bilimler Dergisi,* 25(2), 465-497.

Demir, R., Türkmen, E., & Doğan, A. (2015). Akademisyenlerin tükenmişlik düzeylerinin demografik değişkenler açısından incelenmesi. *International Journal of Social Sciences and Education Research,* 1(4), 986-1008.

Demirtaş, Ç. (2014). *Akademik Personelin Tükenmişlik Düzeyi (Türkiye-Malta Çalışma Grubu Örneği),* Yayınlanmamış Yüksek Lisans Tezi, Abant İzzet Baysal Üniversitesi, Eğitim Bilimleri Enstitüsü, Bolu.

Deniz Kan, Ü. (2008). Bir Grup Okul Öncesi Öğretmeninde Tükenmişlik Durumunun İncelenmesi. *Kastamonu Eğitim Dergisi,* c.16, S.2, ss431-438.

Derinbay, D. (2012). Öğretim Elemanlarının İş Doyumları ile Mesleki Tükenmişliklerinin İncelenmesi (Pamukkale Üniversitesi Örneği). *Education Sciences,* 7(3), 910-929.

Dinibütün, S.R. (2013). *Örgüt İkliminin Tükenmişlik Üzerine Etkisini Belirlemeye Yönelik Devlet ve Vakıf Üniversitelerinde Bir Araştırma,* Yayınlanmamış Doktora Tezi, Marmara Üniversitesi, Sosyal Bilimler Enstitüsü, İstanbul.

Ehtiyar, R., & Baser, G. (2019). University education and creativity: An assessment from students' perspective. *Eurasian Journal of Educational Research,* 19(80), 113-132.

Ergöl, Ş., Gülten, K., Eroğlu, K., & Taşkin, L. (2012). Türkiye'de kadın araştırma görevlilerinin ev ve iş yaşamlarında karşılaştıkları güçlükler. *Yükseköğretim ve Bilim Dergisi,* (1), 43-49.

Ganiyusufoğlu, A. (2011). *Örgütlerde Mesleki Tükenmişlik ve Selçuk Üniversitesi Örneği,* Yayınlanmış Yüksek Lisans Tezi, Selçuk Üniversitesi, Sosyal Bilimler Enstitüsü, Konya.

Gezer, E., Yenel, F., & Şahan, H. (2009). Öğretim Elemanlarının Tükenmişlik Düzeyleri ile Sosyodemografik Değişkenleri Arasındaki İlişki. *Journal of International Social Research,* 1(6).

Gunluk Senesen, G. (2009). Glass ceiling in academic administration in Turkey: 1990s versus 2000s. *Tertiary Education and Management, 15,* 305-322.

Güler, E. Ö., & Veysikarani, D. (2019). Tükenmişlik ve İş Doyumunun Akademisyenler

Üzerindeki Etkisinin İstatistiksel Olarak İncelenmesi. *Atatürk Üniversitesi İktisadi ve İdari Bilimler Dergisi*, 33(3), 829-848.

Güneş, İ., Bayraktaroğlu, S., & Kutanis, R. Ö. (2009). Çalışanların Örgütsel Bağlılık ve Tükenmişlik Düzeyleri Arasındaki İlişki: Bir Devlet Üniversitesi Örneği. *Süleyman Demirel Üniversitesi İktisadi ve İdari Bilimler Fakültesi Dergisi*, 14(3), 481-497.

İçel, S. (2013). *Akademisyenlerin Duygusal Zekâ Düzeyleri ile Mesleki Tükenmişlik Arasındaki İlişkinin İncelenmesi*, Yayınlanmamış Yüksek Lisans Tezi, Atatürk Üniversitesi, Sağlık Bilimleri Enstitüsü, Erzurum.

Kahraman, B., Ozansoy, N., Akıllı, H., Kekillioğlu, A., Özcan, A., & Kahraman, L. (2014). Nevşehir Hacı Bektaş Veli Üniversitesi toplumsal cinsiyet algı araştırması. *Turkish Studies*, 9(2), ss. 11–31

Kalafat Süslü, Ş. (2017). Üniversitelerdeki İngilizce Okutmanlarının Örgütsel İklim Algıları ile Mesleki Tükenmişlik Düzeyleri Arasındaki İlişki, Yayınlanmamış Doktora Tezi, Hacettepe Üniversitesi, Eğitim Bilimleri Enstitüsü, Ankara.

Konakay, G. (2013). Akademisyenlerde duygusal zekâ faktörlerinin tükenmişlik faktörleri ile ilişkisine yönelik bir araştırma: Kocaeli Üniversitesi örneği. *Dokuz Eylül Üniversitesi Sosyal Bilimler Enstitüsü Dergisi*, 15(1), 121-144.

Kutanis, R., & Karakiraz, A. (2013). Akademisyenlerde Tükenmişliğin Kopenhag Tükenmişlik Envanteri (Cbı) ile Ölçülmesi: Bir devlet üniversitesi örneği. İşletme Bilimi Dergisi, 1(2), 13-30.

Okray, Z. (2018). Akademisyenlerin Tükenmişlik Düzeyleri: Sistematik Bir Derleme. *Uluslararası Bilimsel Araştırmalar Dergisi* (IBAD), 3(1), 163-180.

Orhan, U., & Doğru, G. M. (2024). Türkiye'de Devlet Üniversitelerinde Çalışan Akademisyenlerde Tükenmişliğin İncelenmesi: Nitel İçerik Analizi. *The Journal of Academic Social Science Studies*, 7(71), 427-441.

Orhan, U., & Komşu, U. C. (2016). Akademisyenlerde özyeterlik algılarının ve tükenmişlik düzeylerinin, öğrenmeye yönelik tutuma ve iş tatminine etkisi. *Anadolu Üniversitesi Sosyal Bilimler Dergisi*, 16(3), 1-18.

Özdemir, S., Alkan, A., & Erdem, R. (2016). İş yaşamında yalnızlık ile mesleki tükenmişlik arasındaki ilişki: akademisyenler üzerine bir araştırma. *Süleyman Demirel Üniversitesi Sosyal Bilimler Enstitüsü Dergisi*, 61(4), 83-102.

Özkanlı, Ö. (2007). The situation of academic women in Turkey. *Egitim ve Bilim*, 32(144), 59.

Öztan, E., & Doğan, S. N. (2015). Akademinin cinsiyeti: Yıldız Teknik Üniversitesi örneği üzerinden üniversite ve toplumsal cinsiyet. Çalışma ve Toplum, 3(46), 191-222.

Öztürk, A. (2019). Akademisyenlerin Algıladıkları Mobbing ve Mesleki Tükenmişlik Düzeylerinin Çeşitli Değişkenlere Göre İncelenmesi. *Ibad Sosyal Bilimler Dergisi*, 314-325.

Palice, M.V. (2020). Akademisyenlerin Tükenmişlik Düzeylerinin Örgütsel Bağlılık ve Demografik Değişkenler Açısından İncelenmesi: Biruni Üniversitesi Örneği, Yayınlanmamış Yüksek Lisans Tezi, Biruni Üniversitesi, Lisansüstü Eğitim Enstitüsü, İstanbul.

Poyraz, B. (2013). Akademi Kadınların Cenneti mi? Ankara Üniversitesi Örneği. *Ankara Üniversitesi Sosyal Bilimler Dergisi*, 4(2), 1-18.

Sart, G., Sezgin, F. H., & Demir, N. (2018). Mobbingin Mesleki Tükenmişlik Algısı Üzerine Etkileri: Kadın Akademisyenler Örneği. *Beykoz Akademi Dergisi*, 6(1), 118-135.

Sevindik, O., & Önay, M. S. (2019). Akademisyenlerin Tükenmişlik Düzeylerinin Çeşitli Değişkenler Açısından Değerlendirilmesi (Grafik Tasarım Alanı Örneği). *Social Sciences*, 14(3), 1077-1094.

Suğur, S., & Cangöz, İ. (2016). Üniversite Yönetiminde Kadınların Eksik Temsili Üzerine Toplumsal Cinsiyet İlişkilerinin Rolü. *Amme İdaresi Dergisi*, 49(3).

Şentürk, B., Ünnü, N. A. A., & Kesken, J. (2017). İş Yaşamında Toplumsal Cinsiyetin Etkisi: Türkiye Üniversiteleri Örneği. *Uluslararası İktisadi ve İdari İncelemeler Dergisi*, 879-892.

Şentürk, Z. (2016). *Öğretmen adaylarının tükenmişlik düzeylerinin incelenmesi*, Ahi Evren Üniversitesi Fen Bilimleri Enstitüsü Yüksek Lisan tezi.

Tetik, S. (2011). Öğretim Elemanlarının Tükenmişlik Düzeylerinin Belirlenmesi: Salihli Meslek Yüksekokulu Örneği. *Uluslararası Yönetim İktisat ve İşletme Dergisi*, 7(13), 339-350.

Umuzdaş, S., & Kal, F. K. (2018). Konservatuvarlarda görev yapan akademisyenlerin tükenmişlik düzeyleri. *Rast Müzikoloji Dergisi*, 6(1), 1832-1842.

Ünnü, N. A. A., Baybars, M., & Kesken, J. (2014). Türkiye'de kadınların üniversiteler bağlamında yetki ve karar verme mekanizmalarına katılımı. *Dumlupınar Üniversitesi Sosyal Bilimler Dergisi*, (42), 121-134.

Yalçın, E. (2018). Tükenmişlik Sendromu: Akademik Personel Üzerinde Bir İnceleme. *Econder International Academic Journal*, 2(2), 215-237.

Yenilmez, M. İ. (2016). Womenin Academia in Turkey: Challengesand Opportunities. *Journal of Administrative Sciences*, 14(28), ss. 289- 311.

Yıldırım, Y., & Taşmektepligil, M. Y. (2011). Beden eğitimi ve spor yüksekokullarındaki görevli akademisyen personelin örgütsel stres ve tükenmişlik düzeyleri arasındaki ilişkinin incelenmesi. *Spormetre Beden Eğitimi ve Spor Bilimleri Dergisi*, 9(4), 131-140.

Yılmaz, M. (2015). Afyon Kocatepe Üniversitesi Akademik Personelinin Mesleki Tükenmişlik İş Doyumu ve İşle Bütünleşme Düzeyinin Farklı Değişkenlere Göre İncelenmesi, Yayınlanmamış Tıpta Uzmanlı Tezi, Afyon Kocatepe Üniversitesi, Tıp Fakültesi, Afyonkarahisar.

Yücebalkan, B., & Karasakal, N. (2016). Akademisyenlerde Duygusal Emek ile Tükenmişlik Düzeyi Arasındaki İlişkiye Yönelik Bir Araştırma: Kocaeli Üniversitesi Örneği. *Uluslararası Bilimsel Araştırmalar Dergisi (IBAD)*, 1(2), 187-200.

GENDER INEQUALITY IN THE CONSTRUCTION INDUSTRY; WOMEN ARCHITECTS

İNŞAAT SEKTÖRÜNDE CİNSİYET EŞİTSİZLİĞİ; KADIN MİMARLAR

Merve Tutkun[1] ve Murat Tutkun[2]

Öz

Kadınlar, geçmişten günümüze toplum içerisinde çeşitli roller ve sorumluluklar üstlenmişlerdir. Gelenekler, kültürel normlar, ekonomik yapı ve sosyal çevrenin etkisi altında değişen ve çeşitlenen bu roller, zaman zaman kadınların daha aktif olduğu eylem alanlarının ön plana çıkmasını sağlarken, zaman zaman kadınlara yönelik ayrımcılık ve fırsat eşitsizliğini, buna bağlı olarak da eylem alanlarından ayrıştırılmayı beraberinde getirmiştir. Kadın ve erkeğin ayrı değerlendirildiği bu anlayış, özellikle meslek ediniminde ve iş hayatında belirgin bir ayrıştırmayı da beraberinde taşımış, belirli sektörler kadınların rol üstlenemeyeceği alanlar olarak toplumsal olarak kabul görmüştür. Bu çerçevede erkeklerin ağırlıklı görev aldığı bir iş kolu olarak genel kabul gören inşaat sektörü, çalışma kapsamında değerlendirilmiştir.

İnşaat sektörü bünyesinde nitelikli eğitim gerektiren meslekler olarak ön plana çıkan mühendislik ve mimarlık hizmetleri, bir iş kolu olarak, kadınların görev alanları, potansiyellerini kullanma olanakları ve sektör içerisinde yaşadıkları zorluklar bağlamında çalışma kapsamında incelenmiştir. Kadınların toplumsal rollerine yönelik geleneksel inanç sisteminin de etkisi ile, ağırlıklı olarak erkeklerin görev aldığı bir iş kolu olarak toplumsal çerçevede genel kabul gören inşaat sektörü içerisinde, mimarlık meslek örgütünün %47 gibi yüksek bir oranla kadınlardan oluşması, iş hayatında kadın potansiyelinin incelenebilmesi bağlamında önemli bir örnek alan olarak ön plana çıkmaktadır. Bu bağlamda mimarlık meslek örgütü içerisinde görev alan ve faaliyet gösteren kadınların gerek eğitim dönemlerinde gerekse iş hayatında büro çalışmaları ve şantiye /

[1] Arş. Gör. Merve Tutkun, Karadeniz Teknik Üniversitesi, Mimarlık Bölümü, mervetutkun@ktu.edu.tr ORCID: 0000-0003-2599-3427
[2] Doç. Dr. Murat Tutkun, Karadeniz Teknik Üniversitesi, Mimarlık Bölümü, m_tutkun@ktu.edu.tr ORCID: 0000-0001-8638-1008

saha çalışmalarında yaşadıkları zorluklar, toplumsal cinsiyet eşitliği / eşitsizliği bağlamında teorik ve kavramsal değerlendirmelerin yanında, anket çalışmasına dayalı istatistiki veriler kapsamında analitik olarak da değerlendirilmektedir.

Anahtar Kelimeler: Mimarlık; Kadın; Cinsiyet Eşitsizliği

Abstract

Women have undertaken various roles and responsibilities in society from past to present. While these roles, which change and diversify under the influence of traditions, cultural norms, economic structure and social environment, sometimes bring to the fore areas of action where women are more active, they sometimes bring about discrimination and inequality of opportunities against women, and therefore their separation from action areas. This understanding, in which men and women are evaluated separately, has brought about a significant separation, especially in professional acquisition and business life, and certain sectors have been socially accepted as areas where women cannot take on a role. In this context, the construction sector, which is generally accepted as a business line in which men predominantly work, was evaluated within the scope of the study.

Engineering and architectural services, which stand out as professions that require qualified education within the construction sector, were examined within the scope of the study in the context of women's duties as a business line, their opportunities to use their potential and the difficulties they experience in the sector. In this context, the difficulties experienced by women who work within the architectural professional organization in office work and also in construction site / field work, both during their education periods and in business life, have been analyzed analytically within the scope of statistical data based on survey studies, as well as theoretical and conceptual evaluations in the context of gender equality / inequality.

Keywords: Architecture; Women; Gender Inequality

1. Giriş

Kadınlar, tarih boyunca toplum içinde çeşitli roller ve sorumluluklar üstlenmişlerdir. Gelenekler, kültürel normlar, ekonomik yapılar ve sosyal çevrelerin etkisiyle bu roller zamanla değişmiş ve çeşitlenmiştir. Bu değişimler, kimi zaman kadınların daha aktif rol oynadığı alanların öne çıkmasına neden olurken kimi zaman ayrımcılık ve fırsat eşitsizliği yaratmakta ve kadınların bu alanlardan dışlanmasına yol açmaktadır. Kadın ve erkeğin farklı biçimlerde değerlendirildiği bu yaklaşım, özellikle meslek edinimi ve iş hayatında belirgin bir ayrımcılığa yol açmakta; bazı sektörler kadınlar için uygun olmayan alanlar olarak toplumsal olarak kabul edilmektedir. İnşaat sektörü içerisinde yer alan Mimarlık mesleği de şantiye ve büro ortamı ile bu değerlendirme içerisinde görülebilir.

Hasol'a (2020) göre; "Mimarlık dünyanın en eski mesleklerinden biridir. İnsanlar sürekli olarak mimarî çevrelerde yaşarlar: ev, okul, sokak, mahalle, parklar, kentler vd.. Bunların tümü mimarî mekânlardır, ne var ki insanlar çoğu kez, mimarî mekânlarda yaşadıklarının farkında bile değildir.. Mimarlık, soyut bir bireşim (sentez) dir. Bileşenleri, MÖ 1. yüzyıldan bu yana en basit tanımıyla 'işlevsellik, dayanıklılık, estetik' olarak kabul edilir.". Mimarlık, binaların, yapıların ve diğer yapılı çevrelerin tasarımı, inşaatı, işlevselliği, güvenliği, estetiği ve sürdürülebilirliğini konu almaktadır. Frank Lloyd Wright'a göre de "mimarlık biçim haline gelmiş yaşamdır." Dünyanın en eski mesleği olarak kabul edilen mimarlık inşaat sektörünün de ayrılmaz bir parçasıdır. İnşaat sektörü, tüm dünya ülkelerinde yer alan en büyük sektörlerden biri olup, diğer sektörlerin de itici gücü olarak kabul edilmektedir.

İnşaat sektörü çok sayıda aktörün farklı ve değişken organizasyon yapısında bir arada gerçekleştirdiği karmaşık bir üretim sürecinin ürünüdür (Çivici, 2020). İnşaat sektörü içerisinde proje müdürleri, şantiye şefleri / yöneticileri, inşaat mühendisleri, mimarlar, teknisyenler, inşaat işçileri gibi pek çok meslek profesyoneli üretimde aktif olarak rol almaktadır (Lingard vd., 2010). İnşaat sektöründe çalışan kadın mimarların sayısı her geçen gün artarken, yaptıkları işlerin kapsamı ve sorumluluk alanları da günden güne genişlemektedir. Artık kadınlar bu sektörde tasarımdan uygulamaya, üretimden satışa kadar birçok alanda görev yapmaktadırlar. Dolayısıyla erkek egemen bir sektör olarak görülen inşaat sektöründe sorumluluğu ve sayısı artan kadın mimarların yaşadığı zorluklar da artmaktadır. Özellikle saha çalışmalarında ve şantiye ortamında bu zorluklar kendini daha da göstermektedir. İnşaat sektöründe şantiye ve ofis çalışmaları birbirini tamamlayan ve ayrı tutulmaması gereken çalışma ortamlarıdır. Kimi zaman şantiyede yaşanan farklı bir durumdan dolayı anlık müdahale ve çözüm gerektiren durumlar yaşanabilir. Ofis ortamında masa başında yapılan işlerin şantiyede görülmesi daha doğrudur. Mesleki gelişim açısından da hem masa başında hem de sahada bulunmak gerekmektedir. Ayrıca saha çalışmalarının hem kadınlara hem de erkeklere aynı derecede öğretici olduğu, dayanıklılık ve teknik bilgiyi arttırdığı söylenebilir. Saha çalışmalarının dinamizminin daha yüksek olması, monotonluktan uzak olması ve inşaat sektörünün sürekli yenilenmesi gibi girdiler, şantiye ortamının tercih edilmesine neden olabilecek iken cinsiyet ayrımcılığı yüzünden kadınların bu alana yeteri kadar yönelmemesine sebep olduğu söylenebilir.

Bowen ve arkadaşları (2014)'na göre, mimarlar, diğer profesyonellere kıyasla daha fazla stres altındadır. Sang ve arkadaşları (2007) ise, bu sektör içerisinde kadın çalışanların sağlıklarını ve refah düzeylerini olumsuz etkileyen cinsiyete ilişkin stres faktörlerinin var olduğunu, buna bağlı olarak fiziksel sorunlar yaşadıklarını, erkek meslektaşlarına göre daha yüksek düzeyde iş-yaşam çatışması ile yüzleştiklerini savunmaktadır. Yapılan araştırmalara göre, (Bowen vd., 2014, Sang vd., (2007)) inşaat sektöründe kadın mimarların en çok zorlandıkları evrelerden birisinin işe alınma süreci olduğu, cinsiyet ayrımcılığına maruz kaldıkları, zayıf kariyer fırsatları ve maaş - ücret dengesizliği ile karşılaştıkları görülmektedir. Literatürde yapılan incelemelerde, Lingard vd., (2010), Bowen, vd., (2014), Sang vd., (2007), kadın mimarların ağırlıklı olarak ofis temelli çalışma ortamlarını tercih ettiklerini ifade etmektedir (Akt: Çivici, 2020).

Aydın (2021), yaptığı çalışmada kadın mimarların sektörde karşılaştıkları kariyer engellerini; ücret eşitsizlikleri, esnek olmayan çalışma saatleri, inşaat sektörünün erkek egemen yapısı, cinsiyetçi tutumlar, aile-kariyer dengesini kuramama ve cam tavanlar olarak sıralamaktadır. Burada cam tavan kavramı, sadece cinsiyetten dolayı, kadınların üst düzey yönetici ve idari kadrolara yükselmelerine yönelik önlerine konulan, görünmeyen tavanlar olarak ifade edilmektedir. Kobal ve Ay (2021) mimar ve inşaat mühendislerinin cam tavan algılarının erillik-dişillik kültür boyutu açısından belirlenmesi kapsamında yaptıkları çalışmalarında, kadınların 1970 yıllarından beri işgücüne katılım oranının artmasına rağmen (Dimovski vd., 2010), üst yönetim kademelerindeki oranının düşük kaldığını belirtmektedirler (Linehan, 2002; Dreher, 2003; Weyer, 2006). Kadın yöneticilerin yüksek eğitim düzeyine ve kariyerlerinde ilerleme isteklerine rağmen erkek meslektaşlarının bu konuda onlardan daha fazla yer aldığını belirterek, bu durumun sebeplerinden birinin de cam tavan olduğunu ifade etmişlerdir (Dimovski vd., 2010; akt: Kobal ve Ay (2021)). Kobal ve Ay (2021) yaptıkları çalışmanın analizleri sonucunda mimarların ve inşaat mühendislerinin cam tavan algılarının oluşmasına engel teşkil eden 3 faktör bulmuşlardır. Bu faktörlerden olan toplumsal (stereotipler ve mesleki ayrım) ve bireysel engeller (çoklu rol üstlenme) boyutlarının kadınlarda erkeklere göre daha yüksek; örgütsel engeller (örgütsel kültür ve politikalar, informal ağları kullanmama) boyutunun ise erkeklerde kadınlara göre daha yüksek olduğu tespit edilmiştir.

Kadın mimarların sektörde süreklilik sağlayamamasını kadın profesyonellerin sektördeki koşullarına dayandığını ifade eden Doğruöz ve Akıner (2020) bu koşulları; İşe alınma koşulları, düşük ve adaletsiz ücretlendirme, annelik ve çocuk bakımı, cinsiyetçi tavırlar ve taraf tutma, yaratıcılığı engelleyen tavırlar, erkek-baskın ortam ve çalışma kültürü, çalışma saatleri, esnek olmayan çalışma biçimleri ve kayıt-dışı çalışma olarak gruplamaktadırlar.

Vural (2017), yazısında kadın mimarlar konusunun son yıllarda gündemde olmasının, dengeyi geri getirmeye yardım etse de mimarlık mesleğinin sorunlarını çözmeye yetmediğini vurgulamaktadır. Yapılan anketlerin, seminerlerin ve konulan yeni kuralların mimari büroların, iş ve yaşam dengesine bakış açısını değiştiremediğini, mimarların eşitlik ilkeleri ve yaşamsal sürdürebilirliğe odaklanmalarını sağlayamadığını ifade etmektedir.

Demir (2023), yaptığı çalışmada kadın mimarların hayata geçirdikleri projelerin çeşitliği, uluslararası statüde yakaladıkları başarıyla yeterliliklerini kanıtlamış, erkek meslektaşlarından bir farkları olmadığını gösterdiklerini tespit etmektedir. Kadınların meslek hayatında anne ve eş olma süreçlerine rağmen meslek hayatında faal oluşları, önyargılara rağmen pes etmemeleri ve arka planda kalmayı reddetmeleri başarılarının tesadüf eseri değil, azim ve çalışmanın eseri olduğunu gösterdiğini de çalışmasında ifade etmektedir.

Her ne kadar toplumsal kanı erkeklerin inşaat sektöründe egemen olduğunu gösterse de kadınların bu sektörde daha olumlu yaklaşımlar sunduğu da söylenebilir. Bazı durumlarda detaylara fazlaca yoğunlaşmak, daha titiz çalışmak, aynı anda birden fazla konuya odaklanmak, organizasyon süreçlerini yönetmek, estetik özelliklerin artması açısından tasarım sürecinin daha başarılı bir şekilde ilerlemesi gibi girdiler, kadınların avantajları arasında sayılabilir. Özellikle konut sektöründe kadınların bir de kullanıcı olarak konuya dahil olmaları sebebi ile sonuç ürünlerin daha da başarılı olması beklenebilir.

Türk Mühendis ve Mimar Odaları Birliği (TMMOB) tarafından yayınlanan verilere göre, 2024 yılında TMMOB'a bağlı 24 meslek odasında mühendis ve mimar sayısının toplam 677 bin 242 kişi olduğu bilinmektedir. Bu rakamın 163.029'u kadın mühendis, mimar ve plancılardan oluşmakta olup, bu da %24'lük bir orana karşılık gelmektedir. Bu bağlamda, mühendislik disiplininin erkeklerin ağırlıklı olduğu bir meslek alanı olduğu dikkat çekmektedir. Kadınların mühendislik alanındaki sayısı her geçen gün artsa da temsiliyet bakımından hâlâ istenilen seviyeye ulaşamadıkları görülmektedir. Bu düşük temsiliyetin yalnızca inşaat sektörüyle sınırlı kalmayıp, çalışma hayatının birçok alanında ve farklı sektörlerde de kendini gösterdiği söylenebilir. Mimarlık özelinde bakıldığında Türk Mühendis ve Mimar Odaları Birliğine kayıtlı üyelerin %5.6'sının kadın mimarlar tarafından temsil edildiği görülürken, birliğe bağlı tüm kadın üyeler arasında da kadın mimarların oranının %23.3 olduğu görülmektedir.

Tablo 1. TMMOB'a bağlı meslek odaları ve odalara bağlı kadın ve erkek üye sayıları (URL-1)

ODALAR	KADIN	ERKEK	TOPLAM
Bilgisayar Mühendisleri Odası	1.947	5.548	7.495
Çevre Mühendisleri Odası	6.292	6.749	13.041
Elektrik Mühendisleri Odası	9.962	68.096	78.058
Fizik Mühendisleri Odası	543	1.432	1.975
Gemi Mühendisleri Odası	220	3.900	4.120
Gemi Makineleri İşletme Mühendisleri Odası	62	1.588	1.650
Gıda Mühendisleri Odası	16.701	8.378	25.079
Harita ve Kadastro Mühendisleri Odası	4.174	16.540	20.714
İçmimarlar Odası	5.138	3.531	8.669
İnşaat Mühendisleri Odası	19.893	133.911	153.804
Jeofizik Mühendisleri Odası	1.416	3.909	5.325
Jeoloji Mühendisleri Odası	4.731	14.027	18.758
Kimya Mühendisleri Odası	9.662	13.339	23.001
Maden Mühendisleri Odası	2.611	17.016	19.627
Makina Mühendisleri Odası	13.428	114.334	127.762
Metalurji ve Malzeme Mühendisleri Odası	743	4.485	5.228
Meteoroloji Mühendisleri Odası	273	498	771
Mimarlar Odası	38.012	42.777	80.789
Orman Mühendisleri Odası	4.293	14.691	18.984
Petrol Mühendisleri Odası	176	1.320	1.496
Peyzaj Mimarları Odası	4.626	2.279	6.905
Şehir Plancıları Odası	4.137	2.959	7.096
Tekstil Mühendisleri Odası	966	1.410	2.376
Ziraat Mühendisleri Odası	13.023	31.496	44.519
TOPLAM	163.029	514.213	677.242

Kaynak: URL-1

Bu meslek odaları içerisinde, kadın üye sayısı en fazla olan meslek odasının ise Mimarlar Odası olduğu yine TMMOB verilerinde ifade edilmektedir. Mimarlar Odası'na bağlı mimar sayısı 2024 yılı verilerine göre 80 bin 789 kişiye ulaşmıştır. Bu üyeler içerisinden 38 bin 12 kişinin kadın, 42 bin 777 kişinin ise erkek olduğu bilinmektedir. Kadınların toplumsal rollerine yönelik geleneksel inanç sisteminin de etkisi ile, ağırlıklı olarak erkeklerin görev aldığı bir iş kolu olarak toplumsal çerçevede genel kabul gören inşaat sektörü içerisinde, mimarlık meslek örgütünün %47 gibi yüksek bir oranla kadınlardan oluşması, iş hayatında kadın potansiyelinin incelenebilmesi bağlamında önemli bir örnek alan olarak ön plana çıkmaktadır.

2.Yapılan Çalışmalar ve Bulgular

İnşaat sektörü bünyesinde nitelikli eğitim gerektiren meslekler olarak ön plana çıkan mühendislik ve mimarlık hizmetleri bir iş kolu olarak, kadınların görev alanları, potansiyellerini kullanma olanakları ve sektör içerisinde yaşadıkları zorluklar bağlamında çalışma kapsamında incelenmiştir. Bu bağlamda mimarlık meslek örgütü içerisinde görev alan ve faaliyet gösteren kadınların gerek eğitim dönemlerinde gerekse iş hayatında büro çalışmaları ve şantiye / saha çalışmalarında yaşadıkları zorluklar, toplumsal cinsiyet eşitliği / eşitsizliği bağlamında anket çalışması ile sorgulanmıştır. Bu kapsamda 23 sorudan oluşan 177 adet anket çalışması tamamlanarak sonuçları değerlendirmeye alınmıştır. Anket soruları ve verilen cevaplar Tablo 2'de gösterilmiştir.

Ankete katılanların %67,8'i (120 kişi) özel sektör, %32,2'si (57 kişi) ise kamu sektörü çalışanıdır. Katılımcıların %83,6'sı (143 kişi) ofiste çalışırken %16,4'ü (28 kişi) şantiyede çalışmaktadır. Katılımcıların mesleki deneyimlerine bakıldığında %44,1'i (78 kişi)10 yıl üzeri, %39'u (69 kişi) 1-5 yıl, %16,9'u (30 kişi) ise 5-10 yıl arasındadır.

Mimarlık mesleğini seçtiğinizde çevrenizden cinsiyet ayrımcılığı içerikli eleştiri aldınız mı sorusuna %60,5 (107 kişi) oranında hayır %39,5 (70 kişi) oranında evet cevabı alınmıştır. Mesleki eğitimlerde ve iş ortamında, kadın çalışanlar erkek meslektaşlarına kıyasla daha az değer ve fırsat görüyorlar mı sorusuna %51,1 (90 kişi) oranında evet yanıtı, %29,5 (52 kişi) oranında hayır yanıtı ve %19,3 (34 kişi) oranında emin değilim yanıtı verilmiştir. Eğitim döneminizde kadın erkek ayrımcılığına maruz kaldınız mı sorusuna katılımcıların %84,7'si (149 kişi) hayır %15,3'ü (27 kişi) evet cevabını vermiştir. Şantiye stajı döneminizde kadın erkek ayrımcılığına maruz kaldınız mı sorusuna %52,5 (93 kişi) oranında evet %47,5 (84 kişi) oranında hayır cevabı alınmıştır. Büro stajı döneminizde kadın erkek ayrımcılığına maruz kaldınız mı sorusuna verilen cevaplar ise %87 (154 kişi) oranında hayır, %13 (23 kişi) oranında evettir. Şantiye stajına giderken cinsiyet temelli kaygılarınız oldu mu sorusuna % 72,2 (127 kişi) oranında evet, %27,8 (49 kişi) oranında hayır cevabı alınmıştır.

İş ortamında cinsel ayrımcılık yaşadığınızı düşünüyor musunuz sorusuna katılımcılar %47,5 (84 kişi) oranında hayır, %36,7 (65 kişi) oranında evet cevabını vermiştir. Sizce inşaat sektöründe kadın çalışanlar şantiye ortamında işe kabul aşamasında, erkek adaylara oranla daha az kabul görme durumu ile karşılaşmakta mıdır sorusuna %83 (146 kişi) oranında evet cevabı verilmiştir. İnşaat sektöründe kadın çalışanlar büro ortamında işe kabul aşamasında, erkek adaylara oranla daha az kabul görme durumu ile karşılaşmakta mıdır sorusuna ise %55,4 (98 kişi) oranında hayır, %24.9 (44 kişi) oranında emin değilim cevabı verilmiştir. Kadınlar işyerlerinde kadın oldukları için terfi problemi yaşamakta mıdır sorusuna katılımcıların %44,9'u (79 kişi) evet, %27,8'i (49 kişi) emin değilim yanıtını vermiştir. Sizce kadınlar aynı işi yapıyor olmasına rağmen erkek çalışanlarla aynı maaşı almakta mıdır sorusuna %37,3 (66 kişi) oranında evet, %33,9 (60 kişi) oranında hayır cevabı verilmiştir. İnşaat sektöründe yer alan aktörler, sektör içerisinde kadın otoritesini kabul ediyor mu sorusuna katılımcıların %58,9'u (103 kişi) hayır, %27,4'ü (48 kişi) emin değilim cevabını vermiştir. İnşaat sektöründe kadın çalışanlar büro ortamında cinsel ya da sözlü tacize maruz kalmakta mıdır sorusuna %35,2 (62 kişi) oranında hayır, %34,1 (60 kişi) oranında evet, %30,7 (54 kişi) oranında emin değilim cevabı verilmiştir. İnşaat sektöründe kadın çalışanlar şantiye ortamında cinsel ya da sözlü tacize maruz kalmakta mıdır sorusuna ise %51,1 (90 kişi) evet, %24,4 (43 kişi) hayır yine aynı oranda da emin değilim yanıtı verilmiştir. Çalışan kadınlara karşı işyerindeki erkeklerin genel tutumu olumlu mudur sorusuna katılımcıların %52'si (91 kişi) evet, %33,1'i (58 kişi) emin değilim cevabını vermiştir.

Sizce kadın istihdamına yönelik devletin teşvik edici uygulamaları var mıdır sorusuna %65,3 (115 kişi) oranında hayır, %20,5 (36 kişi) oranında emin değilim yanıtı verilmiştir. Geçiminizi sağlamaya yetecek ölçüde para kazanabiliyor musunuz sorusuna katılımcıların %54,5'i (96 kişi) hayır yanıtını vermiştir. Katılımcılar önümüzdeki 5 yıl içerisinde kadınlar açısından daha adil ve daha iyi bir çalışma ortamı oluşacağına inanıyor musunuz sorusuna %49,2 (87 kişi) oranında hayır yanıtını verirken %26,6 (47 kişi) oranında evet yanıtını vermiştir. Mimarlık mesleğini başka bir kadın adaya tavsiye eder misiniz sorusuna ise katılımcıların %52'si evet, %31.6'sı hayır ve %16,4'ü emin değilim cevabını vermiştir.

Tablo 2. Anket soruları ve cevapları

Çalıştığınız sektör?

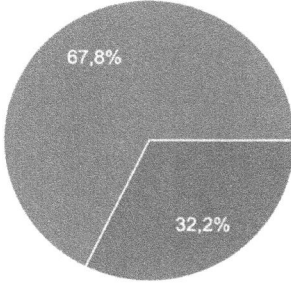

● Kamu
● Özel

Mesleki deneyiminiz?

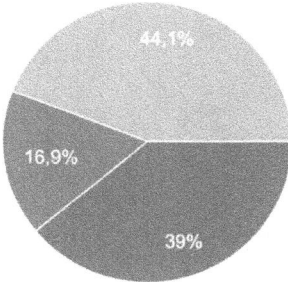

● 1-5 yıl
● 5-10 yıl
● 10 yıl ve üstü

Çalıştığınız iş alanı?

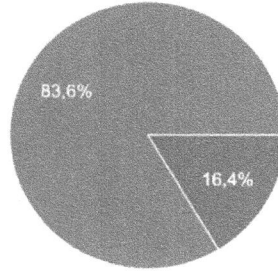

● Şantiye
● Ofis

Mimarlık mesleğini seçtiğinizde çevrenizden cinsiyet ayrımcılığı içerikli eleştiri aldınız mı?

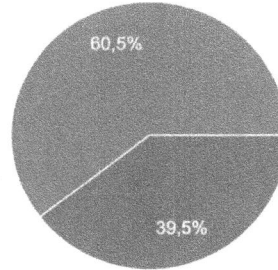

● Evet
● Hayır

Mesleki eğitimlerde ve iş ortamında, kadın çalışanlar erkek meslektaşlarına kıyasla daha az değer ve fırsat görüyorlar mı?

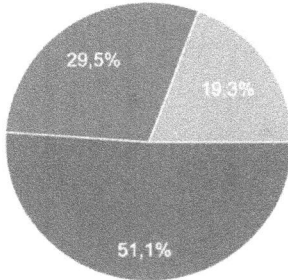

● Evet
● Hayır
● Emin Değilim

Eğitim döneminizde kadın erkek ayrımcılığına maruz kaldınız mı?

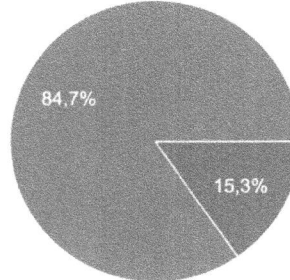

● Evet
● Hayır

Şantiye stajı döneminizde kadın erkek
ayrımcılığına maruz kaldınız mı?

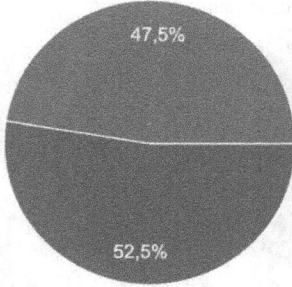

47,5%

52,5%

● Evet
● Hayır

Büro stajı döneminizde kadın erkek
ayrımcılığına maruz kaldınız mı?

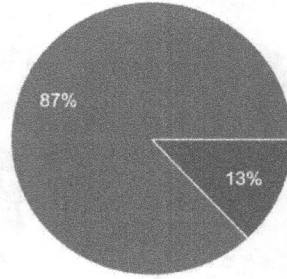

87%

13%

● Evet
● Hayır

Şantiye stajına giderken cinsiyet temelli
kaygılarınız oldu mu?

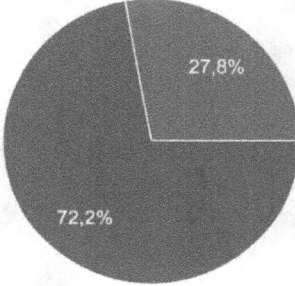

27,8%

72,2%

● Evet
● Hayır

İş ortamında cinsel ayrımcılık yaşadığınızı
düşünüyor musunuz?

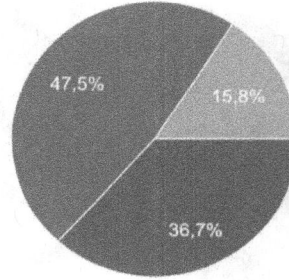

47,5%

15,8%

36,7%

● Evet
● Hayır
● Emin Değilim

Sizce inşaat sektöründe kadın çalışanlar
şantiye ortamında işe kabul aşamasında,
erkek adaylara oranla daha az kabul
görme durumu ile karşılaşmakta mıdır?

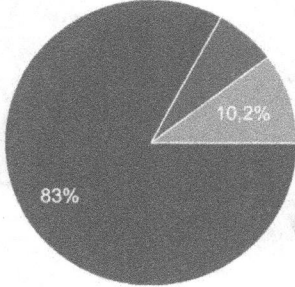

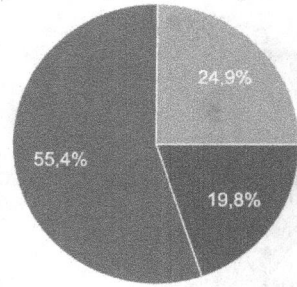

10,2%

83%

● Evet
● Hayır
● Emin Değilim

Sizce inşaat sektöründe kadın çalışanlar
büro ortamında işe kabul aşamasında, erkek
adaylara oranla daha az kabul görme
durumu ile karşılaşmakta mıdır?

24,9%

55,4%

19,8%

● Evet
● Hayır
● Emin Değilim

Sizce kadınlar işyerlerinde kadın oldukları için terfi problemi yaşamakta mıdır?

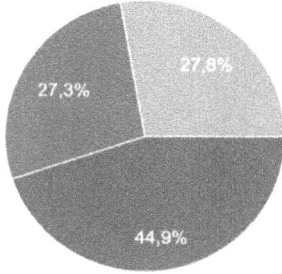

● Evet
● Hayır
● Emin Değilim

Sizce kadınlar aynı işi yapıyor olmasına rağmen erkek çalışanlarla aynı maaşı almakta mıdır?

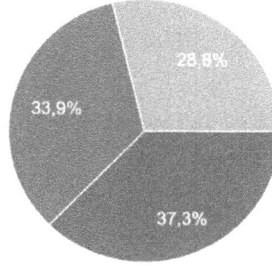

● Evet
● Hayır
● Emin Değilim

Geçiminizi sağlamaya yetecek ölçüde para kazanabiliyor musunuz?

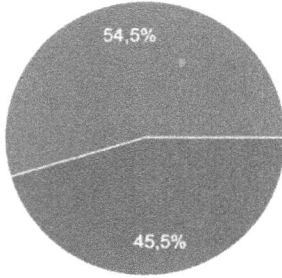

● Evet
● Hayır

Sizce inşaat sektöründe yer alan aktörler, sektör içerisinde kadın otoritesini kabul ediyor mu?

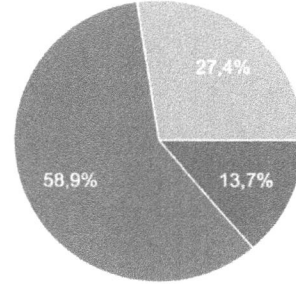

● Evet
● Hayır
● Emin Değilim

İnşaat sektöründe kadın çalışanlar büro ortamında cinsel ya da sözlü tacize maruz kalmakta mıdır?

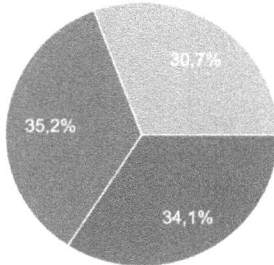

● Evet
● Hayır
● Emin Değilim

İnşaat sektöründe kadın çalışanlar şantiye ortamında cinsel ya da sözlü tacize maruz kalmakta mıdır?

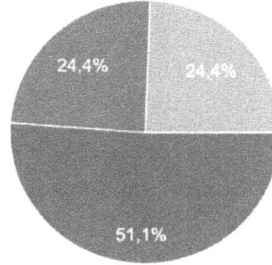

● Evet
● Hayır
● Emin Değilim

439

Çalışan kadınlara karşı işyerindeki erkeklerin genel tutumu olumlu mudur?

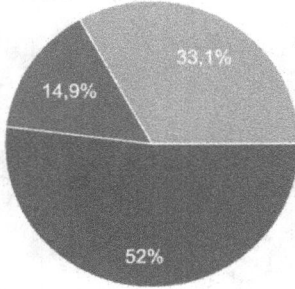

33,1%

14,9%

52%

● Evet
● Hayır
○ Emin Değilim

Sizce kadın istihdamına yönelik devletin teşvik edici uygulamaları var mıdır?

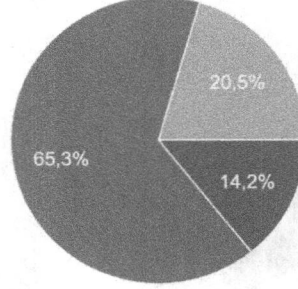

20,5%

65,3%

14,2%

● Evet
● Hayır
○ Emin Değilim

Önümüzdeki 5 yıl içerisinde kadınlar açısından daha adil ve daha iyi bir çalışma ortamı oluşacağına inanıyor musunuz?

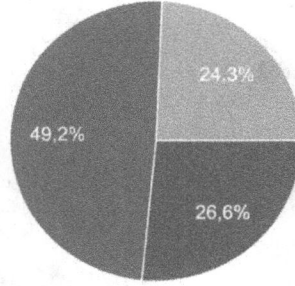

24,3%

49,2%

26,6%

● Evet
● Hayır
○ Emin Değilim

Mimarlık mesleğini başka bir kadın adaya tavsiye eder misiniz?

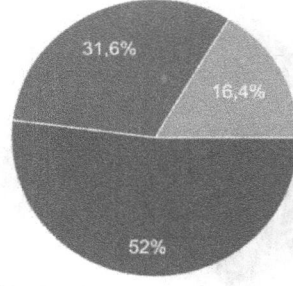

31,6%

16,4%

52%

● Evet
● Hayır
○ Emin Değilim

Mimarlık mesleğinde cinsiyet ayrımcılığına yönelik söylemek istedikleriniz var mı açık uçlu sorusuna verilen cevaplar ise şu şekilde sıralanmaktadır:

- Şantiyede kadın olduğum için saldırıya uğradım, erkek olsam başıma böyle olay gelmezdi.

- Çizimini yaptığım binanın şantiye aşamasında şantiyeye bir süre sonra gelmemem istendi ve sebep olarak da ustaların kadın mimar ile çalışmak istemediği söylendi.

- Kadın olmam sebebi ile mobbinge uğradım.

- Kadın olduğum için daha az maaş teklifi verildi.

- Eşit olarak görülseydik eşit maaş verilirdi.

- Küçümsenme, şantiye ortamında dalga geçilme gibi olaylara maruz kalmak.

- Alt kadrolarda çalışan erkeklerin üst kadroda çalışan kadınların otoritesini kabul etmemesinden kaynaklandığını düşünüyorum.

- Cinsiyet ayrımcılığının nedenini, yetkili ve teknik uzmanlar altında çalışanların nerdeyse tamamının eğitimli olmaması ve Türkiye'de süregelen rahatsız edici erkek egemenliğinden kaynaklandığını düşünüyorum.

- Cinsiyet ayrımcılığı sektörün her alanında az çok olmaktadır, ancak mimar olarak bir kadının piyasada ikna kabiliyeti daha güçlü olmasına rağmen, toplum tarafından erkek bir mimarla çalışmak daha kabul görmektedir.

- Erkek isen mimarlığa 1-0 önde başlamışsın demektir.

- Erkek egemen bir sistemin içerisinde işinizde çok iyi olsanız bile, erkek meslektaşınıza oranla ne yazık ki daha çok çabalamanız gerekmektedir.

- Duygusal yönümüzün baskın olduğunu söyleyen erkeklerden oluşan bir işçi ve işveren kesimi ile çalışıyoruz. Mimarlık bir kadın mesleği denerek mesleğime başladım fakat aslında kadınlara uygun bir meslek bile değilmiş. Usta kesimi, işverenler, patronlar genel olarak kadının duygusallığını bitirmeye çalışılan bir ortam.

- Şantiyede çalışmayı her zaman çok istedim ve bunun için de çabalıyorum, ancak hem işe alım süreci hem de iş hayatıyla ilgili kaygılarım var. Şantiye hayallerim için zamanında «gitme şantiyeye erkeğe dönüşürsün, dönüşmek zorunda kalırsın» gibi yorumlar almıştım.

- Erkek işverenlerin kadınların daha çalışkan, azimli ve disiplinli olduğuna inandığı ancak kıdem ve kariyer ilerlemesi söz konusu olduğunda, evli olmayan bir kadının evleneceğini, çocuğu olmayanın çocuk yapacağını varsayarak sadece iş yükünü çalışanlarına yükleyen bir ortam var mimarlık mesleğinde. Ne yazık ki, bu tür bir davranış sadece erkek işverenlerden gelmiyor, kadın işverenler de benzeri eğilimler

441

sergileyebiliyor.

- Mimarlığın hakkını verdiğinizde teknik yönden eleştirilirsiniz, tekniğe ve uygulamaya önem verdiğinizle estetik olmamakla eleştirilirsiniz. Mimarsanız ve bir de kadınsanız ne yaparsanız yapın yaranamazsınız.

- Sektörde iş görüşmesinde erkeklere sorulmayan evlilik düşünüyor musun? Özel sektör iş başvurularında erkek adaylara yakın zamanda evlilik ve/veya çocuk planlaması sorulmazken kadın adaylara bu soru yöneltilebilmektedir.

- Kadının toplumdaki üzerine yapışmış sorumlulukları nedeniyle meslek hayatında işlerinin çok kolay olmadığını düşünüyorum maalesef. Çalışma saatleri olarak kadınlar meslekte çok zorlanıyorlar. Şantiye şartları kadınlar için ağır ve yıpratıcı, büroda ise nerdeyse ofiste 12 saat+hafta sonu çalışma durumu isteniyor. Hem anne hem mimar olmak bu açıdan çok zor.

- Baskın bir birey olduğumdan dolayı ayrımcılık gibi baskılara maruz kalmıyorum. Ancak bu tarz baskılara maruz kalan çok meslektaşım var. Meslek hayatımda da oldukça zorlanıyorum. Bazen erkek meslektaşlarımdan iş anlaşmalarında destek istiyorum. Ruhsal değişimlerimiz de bizi etkiliyor. Bazı günler çok güçlü hissederken bazı günler müteahhitlerle başa çıkamadığım durumlar oluyor. Sonuç olarak zor bir meslek grubu. Okuması da çalışma hayatı da zor ve yıpratıcı, asla önermiyorum.

- Kadın yükseliyorsa ya da bir şeyi başarıyorsa bunu kendi emeğiyle yaptığı düşünülmüyor.

- İş yerindeki cinsiyetçi ayrım, tutum ve davranışlar çalışan olarak dışlanmış hissetmemize neden olabiliyor. Aynı zamanda yeni mezun mimar bir kadın olarak destek eksikliği yaşayabiliyorum. Genelde üstüm olan kadın mimarlar dışında rehberlik edilmiyor ve önemsenmiyor.

- Her alanda olduğu gibi mimarlık mesleğini yapmada da erkek üstünlüğü daha fazla.

- Cinsiyet ayrımcılığının yanı sıra yöneticilerin kadınlar içinde de gruplaştırması vardır. Örneğin evli olan ya da çocuğu olan yaşça büyük kadınlar her zaman daha saygın olmaktadır.

Fakat erkekler için evli olmasının ya da çocuğunun olmasının bir önemi yoktur. Bu durum Türkiye'nin toplumsal kültürüyle ilgili olduğu için her meslekte olabileceğini düşünüyorum fakat inşaat sektöründe bu daha baskındır.

- Pes etmek yok, kendim de yapı denetimciyim ve şantiyelere bakan kadın çalışanlar var, erkek yok. Erkekler öyle ya da böyle anlayacak ki kadının sesi çıkmadığı toplum gerilemeye mahkumdur. Biz onlardan korkmuyoruz erkekler kadınlardan korksun.

- Ofis ortamında bu durum problem teşkil etmese de şantiye ortamında bazı problemler yaşanabileceğini düşünüyorum.

- Ofis alanında kadınlar erkeklere göre piyasa bazında daha olumlu görülüyor. Çünkü müteahhitler ve mal sahipleri kadınların projelendirme ve tasarım konusunda daha iyi olduklarını düşünüyorlar. Ancak kesinlikle durum şantiyede çok farklı. Burada tamamen kas gücü ve erkek egemenliği ön planda. Belediye bazında bakıldığında iş cinsiyet haricinde sosyal beceri ve çevrenin önemli rol oynadığına şahitlik ettim.

- Mimaride estetik kaygısı arandığı sürece kadınlar mimarinin başyapıtlarında yer almalı, fikir sanat ve zanaat olarak kadın elinin ayrıcalıklı olduğunu düşünüyorum. Ne yazık ki ataerkil toplum bunu göz ardı ediyor. Şantiye, ofis ve saha çalışmalarında erkeğin olduğu her alanda eşitlik sağlanarak kadın gücü arka plana atılmamalı.

- Kadınların her ne meslek alanı olursa olsun erkeklerle eşitliğe değil kadının sorumlulukları (kadınsal durumlar, çocuk ve ekstra mecburi sorumluluklar vs.) göz önünde bulundurularak daha adil ve teşvik edici pozitif desteklere ihtiyacı olduğu kanısındayım.

- Sadece mimarlık değil birçok meslek alanında kadınlar için gerekli ve uygun ortam ve koşullar sağlanmamaktadır. Çocuklu annelerin iş saat süreleri üzerine yeni bir düzenleme getirilmelidir.

- Çalıma saati esnekliği ile özel sektör, tatilleri bile çok görürken evli ve çocuklu bir kadını daha az sömürebiliriz korkusu ile iş ortamında ötekileştirme ve istememe gibi durumlar olabiliyor. İnşaat ortamında daha da sıkıntılar ortaya çıkıyor. Eğer iş veren cinsiyet ayrımı yaparsa işçiler de o yoldan gidebiliyor. Bir de herhangi bir şantiyede WC bulmak bile bir kadın için sıkıntı, işin böyle bir boyutu da var.

- Kadınların erkeklere göre daha duygusal olmasından kaynaklı yönetim konusunda geri planda kalındığı düşünülüyor fakat fırsat tanınmazsa kimse kendisini gösteremez.

- Erkek egemen bir dünyada kadınların seslerini duyurması her zaman her yerde hep zor olacak. Çünkü erkeklerin kadınlara yönelik düşünceleri değişmediği sürece hiçbir şey değişmeyecek.

- Cinsiyet ayrımcılığı sadece şantiye ortamında olabiliyor. Bunun nedeni, muhatap olduğumuz iş dalları çalışanlarına karşı güvenliğimizi sağlamak adına olduğunu düşünüyorum. Şantiyede her kültür, eğitim düzeyi ve toplum yapısından insan yer almakta. Ben kendimi rahat hissetmediğim için şantiyede görev alma taraftarı değilim. Usta ve çıraklara karşı erkek meslektaşlarımızın daha rahat otorite sağladığını düşünüyorum. Yaşadığımız toplumun ahlak seviyesine bakılırsa da bir kadının şantiye ortamında yalnız kalmaması kendi güvenliğini sağlamak adına daha faydalı olacaktır.

- Sektörde bu konuda bilinçli yöneticiler olursa ve mesleğimizin tasarım ve bu bağlamda üretmek olduğu düşünülürse kadın ya da erkek fark etmediği anlaşılır.

- Kadın erkek demeden işini düzgün ve saygı göstererek yapmanın mesleğe yönelik bakış açılarını kaldıracağını düşünüyorum.

- Meslekte ayrımcılığın başlangıçta şantiyede işe alma sürecinde olabileceği ancak sonrasında cinsiyetten daha çok hakimiyetin, bilginin baskın olduğunu düşünüyorum.

- Özgüvenli olduktan sonra cinsiyet ayrımı yaşamazsınız çünkü müsaade etmezsiniz...Cinsiyet ayrımcılığı sadece mimarlık alanıyla ilgili değil maalesef her alanda var ve bu durumun maalesef eğitim düzeyiyle de ilgisi yok.

- Negatif bir ayrımcılık olduğunu düşünmüyorum aksine kadın olarak bu sektörde sözümüzün daha geçerli olduğuna inanıyorum. Zira şantiyelerde %99 erkeklerle çalışmamıza rağmen kadınlar şantiyelerde daha çok dikkate alınır.

- Günümüzde kadın mimarlara pozitif ayrımcılık olduğunu düşünüyorum.

3. Sonuç

Kadınların iş dünyasındaki yeri geçmişten günümüze kadar tartışma konusu olmuştur. Dünyanın birçok yerinde erkek egemen sistemin sonucu olarak erkekler evin geçimini sağlayacak şekilde çalışma hayatından sorumlu tutulurken kadınlar geleneksel ev hayatı içindeki işlerden sorumlu tutulmuştur. Kadınların ev işleri ve bakım emeğiyle ilişkilendirildiği, erkeklerin ise güç ve mücadeleyle özdeşleştirildiği bu toplumsal anlayıştan dolayı, kadınların iş hayatında çoğunlukla erkeklerin gerisinde kaldığı düşünülmektedir. Değişen ve dönüşen toplumsal yapı ile beraber zaman içerisinde kadın artık çalışma hayatında daha aktif rol almaya başlamıştır. Bununla birlikte kadın hem geleneksel ev işlerini hem de aktif olarak yer aldığı çalışma hayatını birlikte yürütebildiğini göstermiştir. Ancak zaman ne kadar değişse toplumsal yapı ne kadar dönüşse de kadınlara yüklenen anlamlar, beklenen ve arzu edilen eşitlik seviyesine henüz ulaşmamıştır. Kadınların daha duygusal, uyumlu ve şefkatli; erkeklerin ise güçlü, agresif ve hırslı olduğu düşüncesi, cinsiyete dayalı bir önyargıdır. Bu önyargılar, kadınların kariyerlerinde ilerlemesini zorlaştırdığı gibi yönetici ve idareci pozisyonlarına gelmelerine de engel teşkil etmektedir. Bu sebeplerden dolayı gruplaşma yapılarak bazı meslekler kadın meslekleri bazı meslekler erkek meslekleri olarak sınıflandırılmaktadır. Ağırlıklı olarak erkek egemen bir iş kolu olarak görülen inşaat sektörünün de bu ayırıma uğradığı söylenebilir.

Yapılan anket çalışmasının değerlendirmelerine göre; eğitim döneminde cinsiyete yönelik bir ayrımcılık göze çarpmaz iken, eğitimin bir parçası olan staj döneminde, meslek adayı kadınların bu eşitsizlik ile mesleki bağlamda yüzleştikleri dikkat çekmektedir. Kadın adaylar, büro stajı döneminde belirgin bir ayrımcılık yaşamadıklarını ancak görece daha az taciz durumu ile karşı karşıya kaldıklarını ifade etmektedir. Şantiye stajında ise bu durumun belirgin bir oranda arttığı hem cinsiyete bağlı ayrımcılığın hem de fiziksel ve sözel tacizlerin bariz bir biçimde kendini gösterdiği görülmektedir. İş başvuruları döneminde yine kadın adayların özellikle evlilik ve çocuk gibi özel hayatlarına ilişkin kararlarının sorgulandığı dikkat çekmektedir. İş hayatında, büro ortamında çalışan kadın mimarların, büro stajında olduğu gibi olumsuz durumlarla karşılaşma oranlarının, şantiye ortamında görev yapan kadın mimarlara göre daha düşük olduğu görülmektedir. İş hayatına yönelik olarak, kadın mimarların otoritelerinin, belirgin bir biçimde kabul görmediği; kariyer adımlarında da yine ikinci planda bırakıldıkları yapılan değerlendirmelerden anlaşılmaktadır. Kadın mimarların iş hayatında kendilerini kanıtlamak için daha fazla çaba sarf etmek zorunda kaldıklarını, cinsiyet ayrımcılığı nedeniyle baskı ve mobbinge maruz kaldıklarını, fırsat eşitsizlikleri yaşadıklarını, aynı işi yapmalarına rağmen erkek meslektaşlarına göre aynı ücreti alamadıklarını ve terfi sorunlarıyla karşılaştıklarını belirtmektedirler. İş hayatında kadınların duygusal yönlerinin baskın olduğunun vurgusunun yapılmasının ve özel hayata yönelik erkeklere sorulmayan soruların sorulmasının cinsiyetçi bir tutum olarak değerlendirildiği ve bu durumun rahatsız edici olduğu yapılan değerlendirmelerde dikkat çekmektedir. Bu sorunların yanında şantiye ortamında kadın tuvaletinin olmaması da yine kadın mimarların yaşadığı sorunlardan biri olarak vurgulanmaktadır. Yapılan iş karşısında alınan ücretlerin ve devletin kadın istihdamına yönelik teşvik edici uygulamalarının yetersiz kaldığı da yapılan değerlendirmelerde görülmektedir. Bu olumsuzluklara rağmen kadınların pozitif yönde bir ayrımcılıkla karşı karşıya kaldığını belirten katılımcılar da bulunmaktadır. Pozitif ayrımcılık burada kadın çalışanların sözlerinin daha dikkate alınır olması, tasarım, estetik ve yaratıcılık yönünden erkeklere oranla daha başarılı işler çıkarma potansiyellerinin olması kapsamda değerlendirilmektedir.

Değerlendirmelere göre inşaat sektöründe çalışan kadın mimarların ilerleyen süreçlerde de bu cinsiyet ayrımcılığına maruz kalma durumunun değişeceğine dair bir umut taşımadıkları görülmektedir. Ancak ilginç bir biçimde tüm bu olumsuzluklara rağmen, kadın mimarlar büyük bir oranda mesleklerini yeni kadın adaylara tavsiye etmektedir. Bu durum da kadın mimarların, iş hayatında yaşadıkları olumsuzluklara rağmen, mesleklerini benimsediklerini göstermektedir.

Sonuç olarak; İnşaat sektöründe yüksek bir oranda kadın mimarlar kariyerleri boyunca farklı dönemlerde farklı cinsiyetçi tutumlara ne yazık ki maruz kalmaktadır. Bu sorunları ortadan kaldırmak için girilecek olan bireysel çabalar da çözüm için yetersiz kalacaktır. Çünkü bu tür problemler ancak toplum olarak ortak hareketlerle aşılabilir. Dolayısıyla bunun için toplumda kadına yüklenen anlam, bakış açısı ve toplumsal değer yargıları tekrar düşünülmelidir. İnşaat sektörü özelinde de kadınların sektördeki yerleşik algıları yıkabilmesi ve kadın mimarların erkek mimarlarla eşit fırsatlara sahip olabilmesi için gerekli farkındalığın artırılması gerekmektedir. Kadınların inşaat sektöründe var olabilmek ve güvenceli bir iş yaşamına kavuşarak ayrımcılığa uğramadan çalışması için kadın ve meslek örgütlerinde örgütlenerek tüm bu olumsuz koşulları ortadan kaldırmak için mücadele etmesi ve bu konuda kararlı olması gerekmektedir. Ayrıca, ayrımcılığın önüne geçmek adına alınacak önlemlerin kalıcı olması ve sürekliliğinin sağlanması, mesleki kuruluşlar ve meslek örgütleri tarafından bu önlemlerin denetlenmesi ile mümkün olacaktır.

Kaynaklar

Aydın, M. (2021). Kadın mimarların kariyer engellerinin incelenmesi (Doctoral dissertation, Bursa Uludag University (Turkey)).

Bowen, P., Govender, R. ve Edwards, P. (2014). Structural equation modeling of occupational stress in the construction industry. Journal of Construction Engineering and Management, 140 (9), 1-15.

Çivici, T. (2020). Organizasyonel Stres Kaynakları Ve İş-Yaşam Dengesinin Kadın Mimarlar Özelinde İncelenmesi. Turkish Online Journal of Design Art and Communication, 10(3), 311-320.

Demir, E. (2023). Bursa'da Kadın Mimar Olmak: Serbest Mimarlık Pratiğinde Kadın Mimarların Yeri (Master's thesis, Bursa Uludag University (Turkey)).

Dimovski, V., Skerlavaj, M., & Man, M. M. K. (2010). Comparative analysis of mid-level women managers perception of the existence of glass ceiling in Singaporean and Malaysian organizations. International Business & Economics Research Journal (IBER), 9(8).

Dreher, G. F. (2003). Breaking the glass ceiling: The effects of sex ratios and work-life programs on female leadership at the top. Human relations, 56(5), 541-562.

Doğruöz, C. B., & Akıner, İ. (2020). Uluslararası İnşaat Sektöründe Kadın Çalışanlara Yönelik Yapılan Araştırma Sonuçlarının Kültürel Bağlamda Analizi Ve Değerlendirilmesi. Aegean.

Hasol, D., (2020). Mimarlık Denince, Yem Yayınevi, İstanbul.

Kobal, H. Y., & Ay, İ. (2021). Türkiye'de İnşaat Sektöründe Çalışan Mimar ve İnşaat Mühendislerinin Cam Tavan Algılarının Erillik/Dişillik Kültür Boyutu Açısından Belirlenmesi. Avrupa Bilim ve Teknoloji Dergisi, (27), 95-102.

Linehan, M. (2002). Senior female international managers: Empirical evidence from Western Europe. International Journal of Human Resource Management, 13(5), 802-814.

Lingard, H., Francis, V. ve Turner, M. (2010). The rhythms of project life: A longitudinal analysis of work hours and work–life experiences in construction. Construction Management and Economics, 28(10), 1085-1098.

Sang, K.J.C., Dainty, A.R.J. ve Ison, S.G. (2007). Gender: A risk factor for occupational stress in the architectural profession?. Construction Management and Economics, 25(12), 1305-1317.

URL-1 https://thesantiye.com/2024-yili-muhendis-ve-mimar-sayilari/#google_vignette, 30.04.2024.

Weyer, B. (2006). Do multi-source feedback instruments support the existence of a glass ceiling for women leaders?. Women in Management Review, 21(6), 441-457.

V.

WOMEN'S HEALTH: REPRODUCTIVE HEALTH, MIDWIFERY, AND EVIDENCE-BASED PRACTICES

KADIN SAĞLIĞI: ÜREME SAĞLIĞI, EBELİK VE KANITA DAYALI UYGULAMALAR

DETERMINATION OF DISTRESS LEVELS IN PREGNANT PEOPLE WHO APPLY TO THE EMERGENCY OBSTETRIC CLINIC: SIRNAK SAMPLE

ACİL OBSTETRİK KLİNİĞE BAŞVURAN GEBELERDE DİSTRES DÜZEYLERİN BELİRLENMESİ: ŞIRNAK ÖRNEĞİ

İbrahim Uzan[1] ve Sevda Kaarakaş[2]

Öz

Bu araştırmada acil obstetrik kliniğine başvuran gebelerde distres düzeylerinin belirlemek amacıyla yapılmıştır. Araştırma evrenini Mayıs-2023 ve Temmuz-2023 tarihleri arasında Güneydoğu Anadolu bölgesinde bir devlet hastanesinin gebe acil servisine gelen gebe kadınlar tarafından oluşturulmuştur. Çalışmanın örneklem büyüklüğü evren sayısı bilinen örneklem hesabında, %5 yanılgı düzeyi, %95 güven aralığında prevelans olarak örneklem sayısı hesaplanmıştır ve 300 gebe örnekleme dâhil edilmiştir. Tanıtıcı Bilgi Formu ve Tilburg Gebelikte Distres Ölçeği (TGDÖ) gebelerde kullanılmıştır. Çalışmamızda eğitim durumu ile TGDÖ toplam ve olumsuz duygulanım alt boyut puan ortalamaları arasındaki farkın istatistiksel olarak anlamlı düzeyde olduğu bulundu. Önceki gebeliğinde sorun yaşayan kadınların TGDÖ puan ortalamasının yaşamayanlara göre daha yüksek olduğu belirlendi. Sonuç olarak çalışma da gebeliğin acil obstetrik ve distresin yüksek düzeyde ilişkili olduğu saptanmıştır. Gebelerin eş desteği artıkça gebelikteki endişe ve kaygı duyguların azaldığı tespit edildi. Gelir düzeyi yüksek olan gebelerin distres puanları düşük olduğu belirlendi. Gebelik döneminde kadınların sadece fizyolojik yönden değil psikolojik yönden de değerlendirilmesi hem anne hem de fetüs/bebek sağlığının korunmasında önemli yer tutmaktadır.

Anahtar kelimeler: Acil obstetrik; gebe; distres

---

[1] İbrahim Uzan, Şırnak Devlet Hastanesi Hemşire, uzan737372@gmail.com, ORCID: 0009-0003-6296-7671
[2] Dr. Öğr. Üyesi, Gümüşhane Üniversitesi, Sağlık Bilimleri Fakültesi Hemşirelik Bölümü, Sağlık Bilimleri Fakültesi Hemşirelik Bölüm, ORCID: 0000-0003-4617-8798

Abstract

This study was conducted to determine the distress levels of pregnant women who applied to the emergency obstetrics clinic. The research population was created by pregnant women who came to the pregnant emergency department of a public hospital in the Southeastern Anatolia region between May-2023 and July-2023. In calculating the sample size of the study with a known sample size, the number of samples was calculated as prevalence with a 5% error level and a 95% confidence interval, and 300 pregnant women were included in the sample. Introductory Information Form and Tilburg Pregnancy Distress Scale (TGDS) were used in pregnant women. In our study, it was found that the difference between educational status and TGDS total and negative affect subscale score averages was statistically significant. It was determined that the average TGDS score of women who had problems in their previous pregnancies was higher than those who did not. As a result, the study found that pregnancy, emergency obstetrics and distress were highly associated. It was determined that as pregnant women's spousal support increased, their feelings of anxiety and anxiety during pregnancy decreased. It was determined that pregnant women with high income levels had low distress scores. Evaluating women not only physiologically but also psychologically during pregnancy has an important place in protecting the health of both the mother and the fetus/baby.

Keywords: Pregnant; emergency obstetric; distress

1. Giriş

Acil obstetrik bakım doğum, doğum öncesi ve doğum sonrası kadınlarda gebelik dönemde meydana gelen acil durumları kapsayan bir hizmettir. Bu hizmet, çocuk ve annenin hayatını tehdit eden ve acil müdahale gerektiren durumları içerir. Hem annenin hem de çocuğun refahını tehdit edebilecek çeşitli obstetrik acil durumlar vardır (King ve Scrutton, 2011). Obstetrik acil durumlar, özellikle ulaşım olanaklarının eksikliği, yoksulluktan kaynaklanan mali kısıtlamalar, cehalet, yetersiz sağlık altyapısı ve yetersiz kan bankası olanaklarının olduğu gelişmekte olan ülkelerde dünya çapında anne ölümlerinin önde gelen nedenlerindendir. Obstetrik acil durumların çoğu iyi tanımlanmış ve geniş çapta kabul görmüş yönetim stratejilerine sahip olsa da raporlar anne ölüm oranı, obstetrik acil durumların yaygın ve standart altı bakımını vurgulamaya devam ediyor ve muhtemelen ölüm raporlarına katkıda bulunuyor (Catherin vd., 2014). Son dönemde anne ölüm oranlarının azalmasında eğitim önemli bir faktörü edinmekte ve dünyada önemli bir anne ölümlerinde azalma gözlenmektedir (Graham vd., 2016). Obstetrik acil durum protokolleri anne ölümlerini azaltmaya yönelik stratejilerdir. Obstetrik acil durum protokollerinin temel unsurları, gebelik, doğum ve doğum sonrası dönemde etkili müdahaleler yapmak için vasıflı personelin mevcudiyeti, temel ilaç ve malzemelerin mevcudiyeti ve hasta sevklerini içerir. Elverişli bir ortamda çalışan yetenekli sağlık profesyonelleri mevcut olmalı ve her gebelik döneminde hazırlıklı olmalı ve doğuma katılabilmeli haftanın yedi günü, günün 24 saati ulaşılabilir olmalıdır (Bhandari ve Dangal, 2014). Gebelik süreci çok zorlu bir süreç olarak kabul görmekte bu süreç gebe ve fetüs için doğum sürecinde veya doğum sonunda oluşan komplikasyonlara acil müdahale gerektiren durumlar olarak karşılamaktayız (Noblot vd., 2015). Bu nedenle anne adaylarınında psikolojik, fizyolojik ve sosyal değişimlerle distres faktörlerinin artmasına neden olmaktadır. Doğum korkusu yaşayan gebe kadınlar lohusalık döneminde travma sonrası oluşan annelerde bebeğin anne bağlanması, annenin bebeği emzirmede sıkıntı çekmesi yada annede oluşan psikolojik sıkıntılar etken gösterebilmektedir (Guszkowska, 2014). Doğum korkusunun depresyon, stres ve anksiyete gibi ruhsal bozukluklar ile ilişki içinde olduğu bildirilmektedir (Rouhe vd., 2011). Doğum korkusu gebelik döneminde anne ve fetüs kötü sonuçlar doğurabilmektedir. Bu sonuçlar gebelik döneminde annede oluşan komplikasyonlar annenin mental sağlığını, ruh halini olumsuz etkileye bilmekte ve erken doğum olma olasılığını yükseltebilmektedir. Bu nedenle annenin gebelik döneminde korku ve stres gibi etmenler anne bebek etkileşimi etkileyebilmekte. (Aksoy, 2015). Doğum korkusu gebe kadınlar için psikolojik olarak dağınıktır. Anne adaylarının doğum ile ilgili olarak güvensizlik, endişe, yoğun korku gibi duygu yaşamasına neden olabilir. Yoğun anksiyete duyguları doğum eyleminin seyrini olumsuz etkileyebilir. Doğum eyleminin süresinin uzaması ile karşı karşıya kalma olasılığı yüksek bir sorundur. Doğum korkusu yaşayan kadınlar, hipertansiyon, acil sezaryen ve erken doğum gibi risk oranın yüksek olması yenidoğanda davranışsal ve duygu durumunda sıkıntılar gözlenebilmektedir (Mazúchová vd., 2017; Adams vd., 2012; Klabbers vd., 2010). Gebelerde doğum korkusu anne adaylarını doğum tercihlerini sezaryen doğumdan kullanmasını yöneltebilmektedir (Beigi vd., 2010). Hemşire ve ebeler gebelik sürecinde anne adaylarının takiplerinde, stres ve depresyon düzeylerinde azaltmaya, gebelik hakkında eğitim verilmesine gebelik dönemine uyum sağlamada gibi birçok etkende fayda sağlayacağını kanıtlanmıştır (Yeşilçiçek Çalık ve

Aktaş, 2011; Ortarık vd., 2012; Atasever ve Çelik, 2018) Türkiye'de literatür incelendiğinde çok az sayıda çalışmalar yapılmakla beraber gebeliğe ilişkin acil obstetrik ve distres ile ilgili konu başlıkları çok az araştırma yapılmıştır. Kadınlarda gebeliğe ilişkin stres faktörlerinin farkına varması doğum korkusunun önlenmede önemli bir yer edinmektedir. Distres faktörü anneyi doğum esnasında negatif sonuçlarla karşılaştığında hazırda bulunan acil obstetrik ekibinin erken müdahalesi anne ve bebeğin hayati fonksiyonlarında önemli rol oynamaktadır. Bu çalışma acil obstetrik kliniğine başvuran gebelerde distres düzeylerinin belirlemek amacıyla yapılmıştır.

2. Gereç ve Yöntem

Bu araştırma acil obstetrik kliniğine başvuran gebelerde distres düzeylerinin belirlemek amacıyla yapılmıştır. Araştırma evrenini Mayıs-2023 ve Temmuz-2023 tarihleri arasında Güneydoğu Anadolu bölgesinde bir devlet hastanesinin gebe acil servisine gelen gebe kadınlar tarafından oluşturulmuştur. Çalışmanın örneklem büyüklüğü evren sayısı bilinen örneklem hesabında, %5 yanılgı düzeyi, %95 güven aralığında prevelans olarak örneklem sayısı hesaplanmıştır ve 300 gebe örnekleme dâhil edilmiştir. Tanıtıcı Bilgi Formu ve Tilburg Gebelikte Distres Ölçeği (TGDÖ) gebelerde kullanılmıştır. Veriler SPPS 21 paket programında analiz edildi. Tanımlayıcı istatistikler sayı, mimimum, maksimum, yüzde, ortalama, standart sapma olarak verildi. Veriler shapiro wilk normallik testi ile değerlendirilerek normal dağılıma uyup uymadığı saptandı. Normal dağılan verilerin analizinde Independent Sample T testi ve One Way ANOVA, normal dağılmayan verilerin analizinde Kruskal Wallis testi kullanıldı. Veriler toplanmadan önce gebelerden Bilgilendirilmiş Gönüllü Olur Formu alınmıştır. Verilerin toplanmasında Kişisel Bilgi Formu Tilburg Gebelikte Distres Ölçeği (TGDÖ) kullanılmıştır. Poppurceleanue ve ark (2011) tarafından distresin etkenlerinin belirlemek amacıyla geliştirilmiştir. Ölçeğin Türkiye'deki güvenirlilik ve geçerliliğini Çapık ve Pasinlioğlu tarafından 2015 yılında yapılmıştır. Ölçekte toplam 16 madde bulunmakta. Ölçekteki maddeler (çok sık=0 puan, oldukça sık=1 puan, ara sıra=2 puan, nadiren veya hiç=3 puan) 4 lü likert sistemi şeklinde uygulanmakta. Ölçekte "Olumsuz Duygulanım" ve "Eş Katılımı "olmak üzere iki alt boyut bulunulmaktadır. Olumsuz duygulanım alt boyutta 11 madde bulunmakta ve bu maddeler 3,5,6,7,9,10,11,12,13,14 ve 16 ters puan kodlanarak oluşturmaktadır. Bu maddelerden alınacak en yüksek 33 ve en düşük puan ise 0 dır. Eş katılım alt boyut ise 5 maddeden oluşmakta bu maddeler 1,2,4,8 ve 15. oluşturmaktadır. Bu maddelerden alınacak en yüksek puan 15 ve en düşük puan ise 0 dır. Ölçek 12 ve üzeri gebelik haftasında olan kadınlara yapılmaktadır. Ölçekte alınan toplam puan 28 ve üzeri olduğunda gebelerin distres risk altında oldukları söylenmektedir. Ölçeğin güvenirlik ve geçerlilik çalışmasında Cronbach Alfa puanı 0.83 olarak bulunmuştur (Çapık ve Pasinlioğlu 2015). Yapılan çalışmada Alfa puanı 0.768 olarak bulunmuştur. Araştırma İstanbul Arel Üniversitesi Etik Kurulu tarafından onaylanmıştır (03.05.2023/E-52857132-050.06.04-270163). Araştırmanın ilgili hastanelerde gerçekleştirilmesi için Şırnak İl Sağlık Müdürlüğü'nden gerekli izinler alınmıştır. Ölçeklerin uygulanması için yazarlara mail atılarak izin alınmıştır.

3. Bulgular

Kadınların yaş ortalaması 28.11±5.6 (min.17-max.44) yıl olup, %39,7'si lise mezunu, %87.0'ı çalışmayan evlilik yılı ortalaması 6.33±5,8 yıl, çocuk sayısı ortalaması 1.48±1,9 yıldır. Kadınların %72,0'ının gebeliği planlı, %71,7'sinin gebeliğe ilişkin duyguları olumlu, %63'ü ayda bir doktor kontrolüne gitmekte, %76,7'si önceki gebeliğinde sorun yaşamamakta, %73,7'si önceki gebeliklerinde gebelik kayıp yaşamamış, %78,7'sinin önceki doğum şekli normal doğum, %15,7'si önceki doğumunda kanama problemi yaşamıştır. Yaş, evlilik yılı, çocuk sayısı ve TGDÖ arasında, olumsuz duygulanım alt boyutu ile evlilik yılı arasında, eş katılım alt boyutu ile evlilik yaşı arasında anlamlı bir ilişki bulunamadı (p<0.05). Evlilik yaşı ile TGDÖ arasında düşük düzeyde negatif yönde, olumsuz duygulanım alt boyutu ile yaş evlilik yaşı, çocuk sayısı arasında düşük düzeyde negatif yönde, eş katılımı ile yaş, evlilik yılı arasında pozitif yönde zayıf düzeyde, eş katılımı alt boyutu ile çocuk sayısı arasında pozitif yönde orta düzeyde anlamlı bir ilişki saptandı (p<0.05, p<0.001).

Tablo 1. Yaş, evlilik yaşı, evlilik yılı, çocuk sayısı ve TGDÖ toplam ve alt boyut puan ortalamalarının karşılaştırılması

	TGDÖ	Olumsuz duygulanım alt boyutu	Eş katılımı alt boyutu
Yaş	r=-0.028 p=0.614	**r=-0.164 p=0.004**	r=0.216 p=0.000
Evlilik yaşı	**r=-0.131 p=0.024**	**r=-0.127 p=0.028**	r=-0.054 p=0.347
Evlilik yılı	r=0.050 p=0.389	r=-0.064 p=0.269	**r=0.20 p=0.000**
Çocuk sayısı	r=0.026 p=0.650	**r=-0.141 p=0.014**	r=0.300 p=0.000

r=Spearman Korelasyon Katsayısı

Gebelik kaybı yaşayan kadınların TGDÖ toplam puan ortalaması ile eş katılımı alt boyutu puan ortalamasının gebelik kaybı yaşamayan kadınlara göre daha yüksek olduğu belirlendi (p<0.001). Gebelik kaybı yaşanma durumu ile olumsuz duygulanım alt boyutu puan ortalamalarının istatistiksel olarak benzer olduğu belirlendi (p>0.05). Önceki doğumlarda yaşanılan problem türü ile TGDÖ toplam ve tüm alt boyut puan ortalamaları arasındaki farkın istatistiksel olarak anlamlı düzeyde olduğu bulundu (p<0.1). Preeklempsi-eklempsi yaşayanların, diğer seçeneğini belirten kadınlara göre TGDÖ toplam puan ortalamasının, preeklempsi-eklempsi yaşayan kadınların kanama ve diğer seçeneğini belirten kadınlara göre olumsuz duygulanım alt boyutu puan ortalamasının, kanama ve preeklemsi-eklempsi yaşayan kadınların diğer seçeneğini belirten kadınlara göre eş katılım alt boyutu puan ortalamasının daha yüksek olduğu belirlendi (p<0.1). (Tablo 2). Kadınların acil obstetrik ve distres hakkında bilgi sahibi olma durumlarına göre TGDÖ toplam ve alt boyut puan ortalamalarının karşılaştırılması verildi. Acil obstetrik hakkında bilgi sahibi olma durumu ve distres hakkında bilgi sahibi olma durumu ile TGDÖ toplam ve tüm alt boyut puan ortalamaları arasındaki fark istatistiksel olarak anlamsız olarak bulundu (p>0.0).

Tablo 2. Katılımcıların bazı obstetrik ilişkin özelliklerinin göre TGDÖ toplam ve alt boyut puan ortalamalarının karşılaştırılması

	Ort.±SS (Min.-Max.)		
	TGDÖ	Olumsuz duygulanım alt boyutu	Eş katılımı alt boyutu
Gebeliğin planlanma durumu			
Planlanan	19.60±5.31 (6-34)	16.07±5.15 (4-31)	3.52±3.10 (0-14)
Planlanmayan	22.90±6.64 (8-37)	16.44±6.24 (3-30)	6.46±3.02 (0-14)
Test/p*	t=-4.076, p=0.000	t=-0.478, p=0.633	t=-7.407, p=0.000
Gebeliğe ilişkin yaşanılan duygu			
Olumlu (a)	19.26±5.37 (6-34)	15.73±5.49 (4-31)	3.53±3.12 (0-13)
Olumsuz (b)	25.45±6.79 (8-37)	17.95±6.20 (3-28)	7.50±3.09 (3-14)
Kararsız (c)	23.01±5.53 (10-34)	17.01±4.88 (6-28)	6.00±2.85 (1-11)
Test/p**	t=21.264, p=0.000 b=c>a	t=2.707, p=0.068	t=29.043,p=0.000 b=c>a
Gebelikte doktor kontrolü sıklığı			
Hiç gitmeyen	24.00±8.48 (18-30)	17.00±2.82 (15-19)	7.00±5.65 (3-11)
Haftada bir giden	20.85±6.21 (7-34)	17.14±6.42 (4-30)	3.71±2.57 (0-10)
Ayda bir giden	20.23±5.56 (6-37)	15.93±5.28 (4-31)	4.29±3.24 (0-14)
Hekim isteğiyle giden	21.02±6.54 (7-35)	16.31±5.54 (3-28)	4.71±3.83 (0-14)

	Ort.±SS (Min.-Max.)		
	TGDÖ	**Olumsuz duygulanım alt boyutu**	**Eş katılımı alt boyutu**
Test/p**	t=0.600, p=0.616	t=0.513, p=0.674	t=1.150, p=0.329
Önceki gebelikte sorun yaşama durumu			
Yaşayan	22.17±6.64 (8-35)	17.14±5.81 (3-30)	5.02±3.23 (0-14)
Yaşamayan	20.02±5.56 (6-37)	15.88±5.34 (4-31)	4.14±3.36 (0-14)
Test/p*	t=2.452, p=0.016	t=1.693, p=0.092	t=1.945, p=0.053
Gebelik kaybı yaşanma durumu			
Yaşayan	21.86±6.20 (10-35)	16.43±5.62 (4-30)	5.43±3.18 (0-11)
Yaşamayan	20.04±5.72 (6-37)	16.08±5.42 (3-31)	3.96±3.32 (0-14)
Test/p*	t=2.361, p=0.019	t=0.480, p=0.632	t=3.399, p=0001
Önceki doğum şekli			
Normal doğum	20.41±5.65 (6-35)	16.02±5.52 (3-31)	4.39±3.38 (0-14)
Sezaryen doğum	20.92±6.61 (7-37)	16.75±5.27 (4-28)	4.17±3.22 (0-13)
Test/p*	t=-0.604, p=0.546	t=-0.945, p=0.345	t=0.479, p=0.632
Önceki doğumlarda yaşanılan problem			
Kanama (a)	21.46±6.71 (8-35)	16.04±6.50 (3-28)	5.42±3.23 (0-13)
Preeklampsi-eklampsi (b)	25.27±7.72 (9-35)	18.45±7.13 (5-28)	6.81±3.54 (0-14)
Diğer (c)	20.12±5.53 (6-37)	16.09±5.16 (4-31)	4.02±3.28 (0-14)
Test/p**	t=4.838, p=0.009 b>c	t=0.992, p=0.372 b>a=c	t=6.774, p=0.001 a>c, b>c

* Student t testi, **One Way Anova.

4. Tartışma

Kadınların TGDÖ puan ortalaması 20.52±5.89, TGDÖ olumsuz duygulanım alt boyut puan ortalaması 16.17±5.47, TGDÖ eş katılımı alt boyut puan ortalaması 4.35±3,34 olduğu tespit edildi. Bilgin (2022) İstanbul' da yaptığı çalışmada tilburg gebelik distres ölçek puan 17.73±9,51 bulmuştur. Ölçek puanında 77 olumsuz duygu ve en yüksek alt boyut puanı 12.04±6.56 olduğu tespit edilmiştir. Gebelikte eş katılım puanı ise 5.23±3,83 hesaplanmıştır. Gebelerin ölçekte aldıkları 48 puan en yüksek değerdir. Ölçeğin kesme noktasındaki puan ise 28 olduğunu ve bu ölçekteki kesme noktasındaki 28 ve üstündeki değerlerin distres geçirdiği belirtmektedir. Yapılan çalışmada ölçek puanı ve kesme alt boyut puanlarının kesme noktasından küçük bir sayı takabil ettiği belirtilmektedir. Çalışma ölçekteki kesme noktasına göre hesaplandığında gebeleri %83.3 distres belirtisinin gözlenmediği tespit edilmiştir. (Bilgin, 2022). Çapık vd. (2015) yılında yaptıkları bir çalışmada gebelik döneminde anne adaylarının distres seviyelerini görmek için yaptıkları çalışmada aldıkların yanıtlardan tilburg ölçek puanın 18.86±7.37 hesaplanmıştır. Gebelerin alt boyut puanı 13.64±6.40 ve eşin katılım alt boyut puanı 5.22±3,47 tespit edilmiştir. Ölçekteki kesme noktası göre gebelerin distres %11.9 yaşadığı tespit edilmiştir. (Çapık vd., 2015). Dündar vd. (2019) yılında gebelerle yaptıkları araştırmada gebelerin obstetrik komplikasyonların distres üstünde yaptıkları araştırıma sonuçlarında gebelerin verdikleri yanıtlarda tilburg ölçek puanı 13.48±8.60 hesaplanmıştır. Ölçekteki alt boyut puanları incelendiğinde eşin katılım alt boyut puanı 2.78±3,33 ve olumsuz duygulanım puanı ise 10.70±6,90 aldıkları hesaplanmıştır. Ölçek kesme noktasındaki puana göre %9.6 gebe distres yaşadığı tespit edilmiştir (Dündar vd., 2019). Küçükkelepçe vd. (2022) yılında yaptığı bir çalışmada pirimar gebelerde distres ve lohusalık döneminde depresyon görülmesi ilişkili araştırmasında tilburg ölçek puanın 16.23±8.42 hesaplanmıştır. Gebelerin alt boyut puanları ortalamaları incelendiğinde eşin katılım puanı 3,22±3,56 ve olumsuz duygulanım puanı 13.01±6.63 olarak bulunmuştur. Ölçek kesme noktasındaki puan baz alarak %9.7 gebe distres yaşadığı tespit edilmiştir (Küçükkelepçe vd., 2022). Çiltaş ve Tuncer'in (2019) yılında yaptıkları araştırmada çalışmaya katılan gebelerin tilburg ölçek puanı çalışmada gebelerin 23.66±7.48 hesaplanmıştır. Gebelerin alt boyut puan ortalamaları incelendiğinde ise eşin katılım puanı 3.10±3.49 ve olumsuz duygulanım puanı ise 19.66±6.68 olarak bulunmuştur. Ölçekteki kesme noktası puan hesaplamasına göre %33 gebenin distres yaşadığı tespit edilmiştir. (Çiltaş ve Tuncer, 2019). Bacacı ve Apay (2018) yılında yaptığı bir araştırmada gebelerin beden imajı ve distres arasındaki algı araştırmak için yapılan çalışmada anket sonuçlarında gebelerin verdikleri yanıtlarda tilburg ölçek puanı 20.02±6.28 bulunmuştur. Gebelerin alt boyut puan ortalamaları inceleme yapıldığında eşin katılım puanı 6.20±2.77 ve olumsuz duygulanım puanı ise 13.81±5.69 tespit edilmiştir. Çalışmaya katılan gebelerin ölçekteki kesme puanına göre değerlendirme yapıldığında %13.1 gebenin distres yaşadığı tespit edilmiştir (Bacacı ve Apay, 2018).

5. Sonuç ve Öneriler

Sonuç olarak çalışma da gebeliğin acil obstetrik ve distresin yüksek düzeyde ilişkili olduğu saptanmıştır. Gebelerin eş desteği artıkça gebelikteki endişe ve kaygı duygularının azaldığı tespit edildi. Gelir düzeyi yüksek olan gebelerin distres puanları düşük olduğu belirlendi. Gebelik döneminde kadınların sadece fizyolojik yönden değil psikolojik yönden de değerlendirilmesi hem anne hem de fetüs/bebek sağlığının korunmasında önemli yer tutmaktadır.

Kaynakça

Adams, S. S., Eberhard-Gran, M., & Eskild, A. (2012). Fear of childbirth and duration of labour: a study of 2206 women with intended vaginal delivery. *BJOG: An International Journal of Obstetrics & Gynaecology, 119*(10), 1238-1246.

Aksoy, A. N. (2015). Doğum korkusu: Literatür değerlendirmesi. *ODÜ Tıp Dergisi, 2*(3).

Atasever, İ., & Çelik, A. S. (2018). Prenatal stresin ana-çocuk sağlığı üzerine etkisi. *Anadolu Hemşirelik ve Sağlık Bilimleri Dergisi, 21*(1), 60-68.

Bacacı, H., & Apay, S. E. (2018). Gebelerde beden imajı algısı ve distres arasındaki ilişki. *Düzce Üniversitesi Sağlık Bilimleri Enstitüsü Dergisi, 8*(2), 76-82.

Beigi, N. M. A., Broumandfar, K., Bahadoran, P., & Abedi, H. A. (2010). Women's experience of pain during childbirth. *Iranian journal of nursing and midwifery research, 15*(2), 77.

Bhandari, T. R., & Dangal, G. (2014). Emergency obstetric care: Strategy for reducing maternal mortality in developing countries. *NJOG,* Jan-Jun; 17 (1):8-16

Bilgin, M. (2022). *Gebelerin distresle baş etmelerinde eş desteğinin etkisinin incelenmesi* (Master's thesis, İstanbul Sabahattin Zaim Üniversitesi).

Çapık, A., & Pasinlioğlu, T. (2015). Validity and reliability study of the T ilburg P regnancy D istress S cale into T urkish. *Journal of psychiatric and mental health nursing, 22*(4), 260-269.

Çapık, A., Apay, S. E., & Sakar, T. (2015). Gebelerde distres düzeyinin belirlenmesi. *Anadolu Hemşirelik ve Sağlık Bilimleri Dergisi, 18*(3).

Catherin, N., Anushila, S. R., & Goud, B. R. (2014). Obstetric emergencies presenting to a rural community maternity hospital, Southern Karnataka, India. *Int J Curr Res Aca Rev, 2*(9), 264-9.

Çiltaş, N. Y., & Tuncer, S. K. (2019). Gebelikte DistresinTanımlanması: Erzincan Örneği. *Mehmet Akif Ersoy Üniversitesi Sağlık Bilimleri Enstitüsü Dergisi, 7*(1), 15-24.

Dündar, T., Özsoy, S., Aksu, H., & Toptaş, B. (2019). Obstetrik özelliklerin gebelikte distres üzerine etkisi. *Anadolu Hemşirelik ve Sağlık Bilimleri Dergisi, 22*(1), 17-24.

Graham, W., Woodd, S., Byass, P., Filippi, V., Gon, G., Virgo, S., ... & Singh, S. (2016). Diversity and divergence: the dynamic burden of poor maternal health. *The Lancet, 388*(10056), 2164-2175.

Guszkowska, M. (2014). The effect of exercise and childbirth classes on fear of childbirth and locus of labor pain control. *Anxiety, Stress & Coping, 27*(2), 176-189.

King, S., & Scrutton, M. (2011). Obstetric emergencies. *Anaesthesia & Intensive Care Medicine, 12*(3), 102-107.

Klabbers, G. A., Wijma, K., Paarlberg, K. M., Emons, W. H., & Vingerhoets, A. J. (2014). Treatment of severe fear of childbirth with haptotherapy: design of a multicenter randomized controlled trial. *BMC complementary and alternative medicine, 14*, 1-10.

Küçükkelepçe, D. Ş., Damsarsan, S., & Gölbaşı, Z. (2022). Sağlık bilimleri fakültesi öğrencilerinin dismenore ile baş etmede kullandığı geleneksel ve tamamlayıcı tıp uygulamalarının belirlenmesi. *Mersin Üniversitesi Tıp Fakültesi Lokman Hekim Tıp Tarihi ve Folklorik Tıp Dergisi, 12*(2), 375-381. Doi: 10.31020/mutftd.1073195.

Mazúchová, L., Škodová, Z., Kelčíková, S., & Rabárová, A. (2017). Factors associated with childbirth-related fear among Slovak women. *Central European Journal of Nursing and Midwifery, 8*(4), 742-748.

Noblot, E., Raia-Barjat, T., Lajeunesse, C., Trombert, B., Weiss, S., Colombié, M., & Chauleur, C. (2015). Training program for the management of two obstetric emergencies within a French perinatal care network. *European Journal of Obstetrics & Gynecology and Reproductive Biology, 189*, 101-105.

Ortaarık, E., Tekgöz, İ., Ak, M., Kaya, E. (2012). İkinci Trimestir Gebelerde Depresyon ve Anksiyete Bozukluğu ile İlişkili Faktörlerin Değerlendirilmesi. *Annals of Health Sciences Research, 1*(1), 16-20.

Rouhe, H., Salmela-Aro, K., Gissler, M., Halmesmäki, E., & Saisto, T. (2011). Mental health problems common in women with fear of childbirth. *BJOG: An International Journal of Obstetrics & Gynaecology, 118*(9), 1104-1111.

Yeşilçiçek Çalık, K., & Aktaş, S. (2011). Gebelikte Depresyon: Sıklık, Risk Faktörleri ve Tedavisi. *Current Approaches in Psychiatry/Psikiyatride Guncel Yaklasimlar,* 3(1).

FACTORS AFFECTING WOMEN'S HEALTH AND THE ROLE OF MIDWIVES

KADIN SAĞLIĞINI ETKİLEYEN FAKTÖRLER VE EBELERİN ROLÜ

Maryam Azarnia[1] ve Ayşegül Dönmez[2]

Öz

Kadın sağlığı, biyolojik, sosyal ve çevresel etmenlerin karmaşık etkileşimiyle şekillenen önemli bir alandır. Bu faktörlerin anlaşılması, kadınların yaşam boyu refahını belirleyip toplumsal refahı doğrudan etkilemektedir. Kadın sağlığı, hayatın çeşitli evrelerini kapsayan çok yönlü bir süreçtir ve toplumun diğer kesimlerine göre sağlık hizmetinde öncelikli bir konumda bulunmaktadır. Literatürde, kadın sağlığının belirleyicileri, küresel ölçekte kadınların refahını şekillendiren çeşitli faktörler, cinsel sağlık üreme sağlığı, cinsiyet eşitliği ve sağlık hizmet sunumunun önemi açıklanmıştır. Ayrıca, kadın sağlığını etkileyen eğitim, göç, istihdam ve şiddet gibi sosyal faktörlerin de önemi belirtilmektedir. Bu durum, özellikle Türkiye gibi kadınların toplam nüfusun yarısını oluşturduğu gelişmekte olan ülkelerde daha da önemli hale gelmektedir. Kadın sağlığı, yaşamın çeşitli evrelerini kapsayan bir süreçtir ve sağlık hizmetlerinde toplumun diğer kesimlerine göre öncelikli bir konudur. Kadın sağlığını etkileyen faktörler arasında, biyolojik belirleyiciler, sosyo-ekonomik durum, kültür ve sağlık hizmet sunumuna erişim arasındaki karmaşık ilişki sayılmaktadır. Gebelik, doğum ve doğum sonrası süreçler sağlıklı olsa bile sağlık açısından risk oluşturabildiğinden kadın sağlığına öncelik verilmelidir. Doğurganlığın planlaması ve gebelikten korunma yöntemlerine erişim, kadın sağlığında doğurganlıkla ilgili sorunların önlenmesinde önemli girişimlerdir. Yetişkinlik döneminde fiziksel ve ruhsal sağlık, çocukların gelişme sürecinin sağlıklı ilerlemesi için çok önemlidir ve sadece kadın sağlığını değil, aynı zamanda annelerin, çocukların ve toplumun refahını da ilgilendirmektedir. Literatüre dayalı

---

[1] Ebe, İzmir Tınaztepe Üniversitesi, Sağlık Bilimleri Fakültesi, Ebelik Bölümü, Buca, İzmir, maryam.azarnia.1990@gmail.com ORCID: 0009-0007-0364-9912

[2] Dr. Öğr. Üyesi , İzmir Tınaztepe Üniversitesi, Sağlık Bilimleri Fakültesi, Ebelik Bölümü, Buca, İzmir, aysegul.donmez@tinaztepe.edu.tr, ORCID: 0000-0003-4930-0760

olarak hazırlanan bu derlemenin amacı, kadın sağlığını etkileyen faktörlerin sağlık ve toplumsal boyutlarını vurgulayarak ebelerin kadın sağlığı alanındaki rolü ile ilgili bilgilerin paylaşılmasıdır. Kadın sağlığını etkileyen faktörlerin farklı boyutlarda incelenmesi, toplum sağlığını etkileyen ve kadınları daha sağlıklı ve nitelikli yaşamlar için güçlendirecek kanıta dayalı müdahalelere ve politikalara katkıda bulunabilir.

Anahtar kelimeler: Kadın sağlığı; sağlık faktörler; sosyal faktörler; üreme sağlığı; ebelik

Abstract

Women's health is an important field shaped by the complex interaction of biological, social, and environmental factors. Understanding these factors determines women's lifelong well-being and directly influences societal welfare. Women's health is a multifaceted process that encompasses various stages of life and holds a prioritized position in healthcare compared to other segments of society. Determinants of women's health, as described in the literature, include various factors shaping women's well-being on a global scale, such as sexual and reproductive health, gender equality, and the importance of healthcare delivery. Additionally, the significance of social factors like education, migration, employment, and violence in influencing women's health is emphasized. This becomes even more crucial in developing countries like Turkey, where women constitute half of the total population. Women's health spans various stages of life and is a priority issue in healthcare compared to other segments of society. Among the factors influencing women's health, there is a complex relationship between biological determinants, socio-economic status, culture, and access to healthcare delivery. Even though pregnancy, childbirth, and postpartum processes can pose health risks despite being healthy, priority should be given to women's health. Access to family planning and contraception methods are important initiatives in preventing fertility-related issues in women's health. Physical and mental health during adulthood are crucial for the healthy progression of children's growth and development and concern not only women's health but also the well-being of mothers, children, and society as a whole. This review, based on literature, aims to share information regarding the role of midwives in women's health by emphasizing the health and social dimensions of factors affecting women's health. Examining the various dimensions of factors influencing women's health can contribute to evidence-based interventions and policies that affect public health and empower women for healthier, higher-quality lives.

Keywords: Woman health; health factors; social factors; reproductive health; midwife

1. Giriş

Kadın sağlığı, çeşitli biyolojik, sosyal ve çevresel faktörleri kapsayan çok yönlü ve dinamik bir alandır. Bu unsurların karmaşık etkileşimi, yaşam süresi boyunca kadınların refahını önemli ölçüde etkilemektedir. Kadınların sağlığı, toplumların ve ulusların genel refahına doğrudan katkıda bulunduğundan, kadın sağlığının öneminin belirlenmesi bireysel kaygıların ötesine geçerek daha geniş toplumsal sonuçlara yol açmaktadır (Langer vd., 2015).

Kadın sağlığını etkileyen faktörleri araştırırken biyolojik belirleyicilerin yanı sıra sosyo-ekonomik koşullar, kültürel etkiler ve sağlık hizmetlerine erişim arasındaki karmaşık ilişkiyi de göz önünde bulundurmak zorunludur. Üreme sağlığından ruhsal esenliğe, sosyo-ekonomik eşitsizliklerden kültürel normların etkisine kadar etkili olan tüm faktörlerin açığa çıkarılması, kadınların sağlık sonuçlarını iyileştirmeye yönelik kapsamlı stratejiler geliştirilmesi bakımından önemlidir (WHO, 2023d).

Kadın sağlığı, yaşamın tüm evrelerini kapsayan bir süreçtir ve sağlık alanında toplumun diğer kesimlerine göre daha öncelikli bir konudur. Bu konuda yapılan çalışmalarda gebelik, doğum ve doğum sonrası süreçler, hiçbir riskli durum olmasa bile kadın sağlığının ön planda tutulmasının başlıca nedenleri olarak açıklanmaktadır (Taşkın, 2019).

Yetişkinlik dönemindeki fiziksel ve ruhsal sağlık, büyüme ve gelişme sürecinin sağlıklı bir şekilde ilerlemesi için çok önemlidir ve yalnızca kadınların sağlığını değil, aynı zamanda çocukların ve toplumun refahını da ilgilendirmektedir (Cetişli, 2021).

Literatüre dayalı olarak hazırlanan bu derlemenin amacı, kadın sağlığını etkileyen faktörlerin sağlık ve toplumsal boyutlarını vurgulayarak ebelerin kadın sağlığı alanındaki rolü ile ilgili bilgilerin paylaşılmasıdır. Makalede, kadın sağlığını etkileyen faktörler sağlık ve sosyal faktörler olmak üzere iki ana başlık altında incelenmiştir. Her bir ana başlık içinde, başlıca faktörler ayrıntılı olarak incelenmiştir.

2. Sağlık Faktörleri

2.1. Doğurganlık

Doğurganlık, bir kadının biyolojik özelliğinden kaynaklı olarak sahip olduğu üreme kapasitesini ifade etmektedir. Bu kapasite, bir kadının hayatındaki belirli dönemlerde maksimum seviyeye ulaşır ve çeşitli faktörlerin etkisi altında zamanla değişebilmektedir. Kadının doğurganlık dönemi boyunca sağlıklı ve düzenli bir üreme sistemine sahip olması, başarılı bir gebelik sürecinin başlangıcını oluşturmaktadır. Bu bağlamda, doğurganlığın anlaşılması ve yönetilmesi, bireysel sağlık ve toplumsal refah açısından büyük önem taşımaktadır. Literatürde kadın sağlığını etkileyen faktörler doğurganlıkla ilgili olanlar ve olmayanlar şeklinde iki başlıkta açıklamıştır (Vander ve Wyns, 2018).

Kocagür'de kapsamlı bir çalışmada doğurganlıkla ilgili kadın sağlığını etkileyen faktörler; erken yaşta gebelik (<18 yaş), ileri yaşta gebelik (>35 yaş), sık gebelikler (iki yıldan az aralıklarla), çok sayıda doğumlar (>4); Doğurganlıkla ilgili olmayan faktörler: Biyolojik-fizyolojik özellikler (menarş, menopoz), genel sağlık durumu (demir eksikliği, kronik hipertansiyon, diabetes mellitus), psikososyal faktörler (sosyal statü, eğitim, şiddet), şeklinde iki farklı grup olarak sınıflandırılabilir. (Sünbül ve Hazar, 2020).

Türkiye'nin farklı bölgelerine göre kadın sağlığını etkileyen özet göstergeler Tablo 1'de verilmiştir. Toplam doğurganlık hızı, kadın başına ortalama 2.3 çocuk olarak belirlenmiştir. Buna göre kırsal alanlarda toplam doğurganlık hızı, kadın başına 2,8'iken kentsel alanlarda ise 2,2 olarak tanımlanmıştır. Kırsal bölgelerde, 20-24 yaş grubundaki kadınlarda yüksek doğurganlık hızı gözlemlenirken, kentsel ve kırsal alanlarda en yüksek yaşa özel doğurganlık hızı 25-29 yaş grubundadır. 15-44 yaş aralığındaki her 1.000 kadın için doğurganlık hızı 77'iken, doğum hızı ise 1.000 kişi başına 17'dir. Araştırmanın yapıldığı tarihte 15-49 yaş arasındaki kadınların yaklaşık %4'ü gebedir ve 40-49 yaş grubundaki kadınların ortalama canlı doğum sayısı 2,7 olarak belirlenmiştir (TNSA, 2018).

Tablo 1. Türkiye'nin farklı bölgelerine göre kadın sağlığını etkileyen özet göstergeler.

| Göstergeler | Toplam | Yerleşim bölgesi | | Alan | | | | |
		İl	İlçe	Batı	Güney	Orta	Kuzey	Doğu
Temel Demografik göstergeler								
Doğurganlık								
15-49 yaş arası kadın başına doğum								
Toplam doğurganlık oranı	2,3	2,2	2,8	2,0	2,8	2,1	1,6	3,2
Toplam istenen doğurganlık oranı	2,0	2,0	2,3	1,8	2,5	1,8	1,4	2,6
Toplumsal cinsiyet eşitliği								
Evlilik								
15 ile 18 yaşından önce evli olduğunu veya birlikte yaşadığını beyan eden 20-24 yaş arası kadınların oranı								
a) 15 yaşından önce	2,0	NA	NA	NA	NA	NA	NA	NA
b) 18 yaşından önce	14,7	NA	NA	NA	NA	NA	NA	NA
Üreme sağlığı								
Yüksek riskli doğurganlık								
15-19 yaş arası çocuk doğuran ergenler	3,5	3,5	3,6	2,4	6,6	3,5	2,6	4,0
15-19 yaş arası 1.000 kadın başına ergen doğurganlık oranı	30,0	NA	NA	NA	NA	NA	NA	NA

Kaynak: (TNSA, 2018)

2.2. Beslenme Etkisi

Anne sütü, bebeklerin ilk altı ayında ihtiyaç duydukları tüm besinleri içermektedir. Bu dönemde, bebeklere sadece anne sütü verilmesi, yani başka herhangi bir gıda ya da sıvı ile beslenmemeleri önerilmektedir. Böylece, ishal ve solunum yolu enfeksiyonları gibi hastalıkları önlerken, optimal büyüme ve gelişme için gerekli olan tüm besin maddelerini ve sıvıyı sağlamaktadır. Bu süre zarfında ek gıdaların verilmesi, anne sütü üretiminin azalmasına yol açabilmektedir, çünkü süt üretimi ve salınımı, emzirme sıklığı ve yoğunluğuna bağlıdır. Temel özellikler açısından, erkek çocuklarda ortanca emzirme süresi 18 ay iken, kız çocuklarda bu süre 16,2 aydır. Ayrıca, kırsal alanlarda ortanca emzirme süresi 17,7 ay ile kentsel alanlardaki 16,4 aya göre biraz daha uzundur (TNSA, 2018).

Kadınların sağlığı ve beslenme ile ilgili problemler, çocukları vasıtasıyla gelecek kuşaklara aktarılmaktadır. Sağlıklı bir yaşam sürdürebilmek için beslenme alışkanlıkları büyük önem taşımaktadır. Beslenme, hayat döngüsü boyunca sağlığı ve büyümeyi destekleyen kritik bir faktör olup gebelik döneminde de her yaşam dönemi gibi dengeli ve yeterli beslenmeye özen göstermek gerektirmektedir (Yılmaz ve İpek, 2021).

Kadınların yaşam boyunca benzersiz fizyolojik ve hormonal özelliklerinin beslenme ihtiyaçlarını nasıl etkilendiğini öğrenmek önemli bir konu olup bilimsel uzmanlara göre, farklı yaşam evrelerinde kadınların beslenme ihtiyaçlarını ele almayı vurgulamaktadır. Var olan politikaların, optimal beslenmeyi teşvik etmek yerine, kalori odaklı yaklaşımlara öncelik vermesi, uzmanları endişelendirmektedir. Bu endişeleri gidermek ve kadınları yaşamları boyunca daha iyi desteklemek için, besleyici gıdalara erişim ve bilgiye ulaşım sağlamak önemli olup mevcut sosyal ve çevresel sorunları ele almak önerilmektedir (Feskens vd., 2022).

Kadınlar, düşük besin alımı ve gıda eşitsizliği neden ile kronik enerji eksikliği ve malnütrisyon riski altında kalabilmektedirler. Bu durum, üretkenliği azaltabilip hastalığı arttırabilmektedir. TNSA'da 15-49 yaş ölçütleri hesaplarına göre, 140-150 santimetre arasında olan kadınlar, olumsuz doğum riski taşıyan bir grup olarak değerlendirilmekte olup kötü beslenmeyi tanımlayan bir sınırdır (TNSA, 2018).

Menopoz döneminde, hormonal değişiklikler ile beraber, vücutta fizyolojik ve psikolojik belirtiler ortaya çıkıp, kardiyovasküler ve osteoporoz gibi kronik rahatsızlıklar ortaya çıkabilmektedir. Bunlardan en önemli sebeplerinde, dikkatsiz beslenmek sonucunda, obezite ve diyabet sorunlardır. Bu sorunu kaldırmak için, çeşitli tıbbi uygulamalar, alternatif tedavi yöntemleri ve özellikle beslenme tedavisi önerilmekte olup menopozun etkilerini azaltmak ve yaşam kalitesini artırmak amaçlamaktadır. Literatürde, menopoz döneminden sonra kadınlara önerilen beslenme düzenleri; meyveler, yeşillik, tam tahıllar ve kalsiyumu içeren, kalorisi, yağı ve kafeini düşük olan beslenme modellerini kapsamaktadır. Bu beslenme tavsiyeler, menopoz dönemine ait potansiyel sorunları azaltabilmektedir (Akdağ vd., 2022).

2.3. Aile Planlaması

Aile Planlaması (AP), istenmeyen gebelikleri önleyen, çocuk sahibi olma sürelerini düzenleyen ve toplum sağlığına katkı sağlayan bir uygulamadır. AP yöntemleri, aşırı doğurganlığı kontrol ederek kadın ve çocuk sağlığını koruyarak bireylerin AP hizmetlerine erişimi ve bilgi edinmeleri, gebelik önleme kararlarını etkilemektedir. Türkiye'de 1965'ten bu yana yasal olan AP hizmetleri, bilinçli karar alma ve doğurganlık kontrolüne destek sunmaktadır. 1983 yılında 2827 sayılı Nüfus Planlama Kanunu'nda önemli değişiklikler yapılmıştır. Bu değişikliklere göre, 10 haftalık gebeliklere kadar kürtaj serbest hale gelmiş ve cerrahi sterilizasyon işlemleri yapılabilir duruma getirilmiştir. Ancak, güvenilir AP yöntemlerinin yanı sıra düşük güvenilirliğe sahip geleneksel yöntemlerin kullanımı hala yaygın olup istenmeyen gebeliklere ve ihtiyaç duyulan hizmetlere ulaşamama sorunlarına neden olabilmektedir (Gavas ve İnal, 2019).

Literatürde tüm kadınların %97'sinin ve evli kadınların %99'unun en az bir doğum kontrol yöntemini bildiği açıklanmıştır. Ancak buna rağmen, şu anda evli kadınların %70'i herhangi bir aile planlaması yöntemi kullanmaktadır. Bu yöntemler arasında en yaygın olanlar; geri çekme, kondom, rahim içi araç (RİA) ve kadınlarda cerrahi sterilizasyondur. Gebeliği önleyici yöntem kullanım oranı 2013 - 2018 yılları arasında %74'ten %70'e düşmüştür ve bu düşüşte RİA kullanımındaki azalmanın etkisi belirgindir. Modern yöntemlerin genellikle kamu kurumlarından temin edildiği ve kullanıcıların %60'ının aile planlaması ihtiyaçlarını bu yöntemlerle karşıladığı bildirilmiştir. Ancak, evli kadınların %12'si karşılanmamış aile planlaması ihtiyacı içerisindedir ve en yaygın bırakma nedenleri arasında gebelik istemi ve yöntem kullanımı sırasında gebeliğin oluşmasıdır (TNSA, 2018).

DSÖ, ergen kızlar için gebelikle ilgili sağlık risklerini önlemede AP ve doğum aralıklarının önemini, kadınları güçlendirmenin, eğitim fırsatlarını genişletmenin ve sürdürülebilir nüfus büyümesi ile ekonomik kalkınmaya katkıda bulunmanın sağlık dışı avantajlarını vurgulamaktadır. AP isteyen kadın sayısında ve modern yöntemlerin benimsenmesinde 2020-2022 yılları arasında önemli bir artış olduğu belirtilmektedir. Küresel olarak, 2022'de aile planlaması ihtiyaçlarını modern yöntemlerle karşılayan kadınların oranı %77,5'e ulaşmış olup, bu durum üreme sağlığı hedeflerine yönelik olumlu bir ilerlemeyi göstermektedir (WHO, 2023b).

2.4. Cinsel Yolla Aktarılan Enfeksiyon - CYAE

Cinsel yolla aktarılan enfeksiyonlar (CYAE), çeşitli enfeksiyonlara neden olan korunmasız cinsel temasla bulaşan hastalık olup ciddi sağlık sorunlarına ve ölüme yol açabilmektedir. Danışmanlık hizmetleri, CYAE'den korunmanın yanı sıra hastalıkların tanı ve tedavisini de amaçlamaktadır. Bu hizmetler, risk gruplarını analiz etme, bilgi sunma, tanı konulan bireyleri uygun sağlık merkezlerine sevk etme ve ruhsal destek verme içermekte olup sağlık çalışanlarının CYAE konusunda eğitimli olması, bu hizmetlerin etkili olmasını sağlamaktadır (Doğan, 2017).

Cinsel temas, 30'dan fazla farklı bakteri, virüs ve parazitin bulaşmasına neden olabilmekte olup, vajinal, anal ve oral seks gibi çeşitli cinsel aktiviteleri içermektedir. Ayrıca, bazı CYAE'lar gebelik, doğum ve emzirme sırasında anneden çocuğa geçebilmektedir. CYAE'ye neden olan etkenlerin çoğu, syphilis, gonore, klamidya ve trikomoniyaz dahil olmak üzere dört tanesi günümüzde tedavi edilebilmektedir. Geriye kalan dört tanesi ise tedavisi olmayan viral enfeksiyonlardır: hepatit B, Herpes Simpleks Virüsü (HSV), İnsan İmmün Yetmezlik Virüsü (HIV) ve Human Papilloma Virüsü (HPV) (WHO, 2023c).

Cinsiyet ayrımcılığının CYAE üzerindeki etkileri, özellikle seks işçiliği yapan ve bekar ve evli kadınların CYAE riski altında olma durumlarının incelendiği bir çalışmada; HIV'in yayılmasında toplumsal cinsiyet eşitsizliğinin önemli bir faktör olduğu belirtilmiş olup heteroseksüel ilişkilerde kadınların HIV enfeksiyonu riskinin erkeklere göre daha yüksek olduğu açıklanmıştır. Çalışmada, Türkiye'de CYAE ve HIV'in başlıca bulaşma yönteminin korunmasız heteroseksüel ilişkiler olduğuna vurgu yapılarak, kayıt dışı seks işçilerinin en yüksek risk altında olduğu belirtilmiş ve bu durumun sağlık izleminin eksikliği ile kondom kullanımının ihmal edilmesiyle bağlantılı olduğu ifade edilmiştir. Ayrıca, cinsel saldırıya uğrayan kadınların CYAE bulaşma riskini artırdığı vurgulanarak, CYAE'ye karşı alınmayan önlemlerin ektopik gebelik, servikal kanser, kronik pelvik ağrı, infertilite, yenidoğan pnömonisi, göz ve merkezi sinir sistemi enfeksiyonu gibi ciddi sağlık sorunlarına neden olabileceği vurgulanmıştır (Eryılmaz, 2020).

2.5. Üreme Sistemi Kanseri

DSÖ'ye göre rahim ağzı kanserin yaygınlığı, dünya genelinde kadın kanserleri arasında dördüncü sırada yer almaktadır. Vakaların ve ölümlerin çoğu, özellikle Afrika'nın Sahra altı bölgeleri, Orta Amerika ve Güneydoğu Asya'da olmak üzere düşük ve orta gelirli ülkelerde meydana gelmektedir. Aşıya, tarama ve tedavi hizmetlerine erişimdeki eşitsizlikler ile HIV yaygınlığı gibi faktörler ve sosyoekonomik etmenler, bölgesel farklılıklara katkıda bulunmaktadır. HIV'li kadınlar altı kat daha yüksek risk altında olup vakaların yaklaşık %5'i HIV ile ilişkilidir. Rahim ağzı kanseri ağırlıklı olarak daha genç kadınları etkiler ve kanser nedeniyle annelerini kaybeden çocukların %20'si bu kaybı rahim ağzı kanseri nedeniyle yaşamaktalar (WHO, 2023a).

Rahim ağzı kanseri taramasının kadınlar arasında yaygınlaştırılmasını amaçlayan çeşitli müdahalelerin etkinliğinin incelendiği bir Cochrane çalışmasında; rahim ağzı kanseri, önemli bir küresel sağlık sorunu olup tarama programları erken teşhis ve önlemede önemli bir rol oynadığı açıklanmıştır. Çalışma, katılımcılar, eğitim materyalleri, danışmanlık ve sağlık görevlilerinin katılımı gibi müdahaleleri değerlendirerek tarama katılımı üzerindeki etkilerini belirleyerek, katılımcılar davetiyelerin ve eğitim müdahalelerinin, özellikle gelişmiş ülkelerde tarama katılımını artırabileceğini öne sürmektedir. Ancak, dezavantajlı kesimler arasında rahim ağzı tarama oranlarını artırmak için etkili stratejilerin uygulanmasının önemi vurgulanmaktadır (Staley vd., 2021).

Jinekolojik kanser vakalarının giderek artan bir eğilim gösterdiği ve bu hastalığın hastalar ve aileleri üzerinde ciddi psiko-sosyal etkilere yol açtığı belirtilmektedir. Bu nedenle, jinekolojik kanserlerin önlenmesi, erken teşhisi ve tedavisi büyük önem taşımaktadır. Sağlık profesyonellerinin, hastaların ve ailelerinin psiko-sosyal ihtiyaçlarını anlayarak tedavi sürecinde uygun müdahaleleri planlamaları gerekmektedir. Jinekolojik kanserlerin yönetiminde psiko-onkolojik bir yaklaşım benimsenmeli ve multidisipliner bir ekip işbirliği ile hastaların yaşam kalitesi optimize edilmelidir. Hemşireler, ebeler, kadın doğum hekimleri, onkologlar, psikiyatristler ve psikologlar gibi sağlık profesyonelleri, jinekolojik kanser hastalarına bu alanda uzmanlık gerektiren bakımı sunup hastalıkla ilgili farkındalığı artırmak için çalışmalıdır (Balkan ve Oskay, 2023).

3. Sosyal Faktörler

3.1. Toplumsal Cinsel ve Kadın Sağlığı

Toplumsal cinsiyet rolleri, kadınların sağlığını etkileyen unsurlar arasında yer alıp kadınların eğitim, istihdam, gelir gibi alanlarda karşılaştığı eşitsizlikler ve toplumsal baskı, olumsuz yönde etkilemektedir. Özellikle üreme sağlığı hizmetlerindeki cinsiyet ayrımcılığı ve kadınların hayatları boyunca karşılaştığı çeşitli risk faktörleri ele alınması gerekmektedir (Eryılmaz, 2020).

Toplumsal cinsel, motivasyonun ayrıntılı bir anlayışına olan ihtiyaç olarak tartışılmakta olup ulusal bir araştırmada, cinsel bağlam ve fiziksel temas ölçümlerinin dahil edildiğinde, geleneksel ölçümlerin ötesinde çeşitli yönleri keşfetmeyi ve cinsel zevk ve sağlık ile ilişkilendiği konusunda içgörüler sunmaktadır. Ayrıca, fiziksel temasın stres belirteçleri ve ilişki kalitesi ile ilişkisinin incelenmiş olup bulguların kadınların sağlık ve refahını anlamak ve sağlamak konusunda çok önemli bir rol olduğunu vurgulamaktalar (Silverstein vd., 2014).

Şekil 1. Toplumsal cinsiyet eşitsizliğinin, kadınları ve toplum sağlığı üzerindeki etkisi

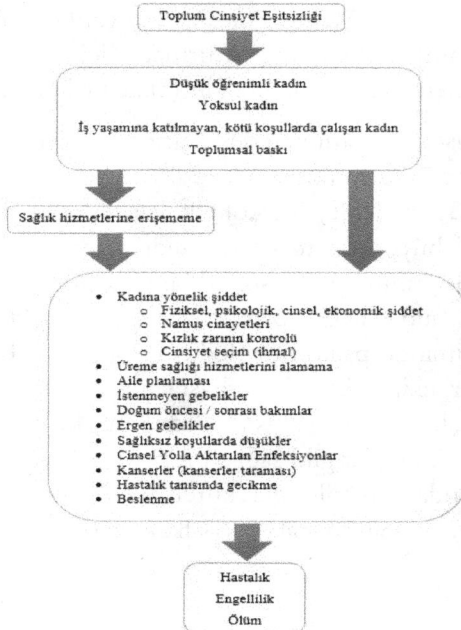

Toplumsal cinsiyet eşitsizliğin, kadınların ve sonuçta toplum sağlığın üzerindeki etkisi Şekil 1'de verilmiştir. Buna göre; toplumsal cinsiyet eşitsizliğinden kaynaklı çıkabilecek sorunların ve akabinde sadece kadınları değil, toplumu da etkileyebilecek faktörler olduğu görülmektedir. Bu sorunları gidermek ve daha sağlıklı toplum oluşturmak için kadınların sağlık ihtiyaçlarının öncelikli olarak ele alınması için ayrıcalıklı önlemlere ihtiyaç vardır. Sağlık profesyonellerinin insan hakları ve toplumsal cinsiyet eşitliği perspektifini benimseyerek politikalarını ve uygulamalarını gözden geçirmesi gerekmektedir. Kadın sağlığında modern bir yaklaşım, sağlık uzmanları tarafından her yaş grubunu ve etkileyen faktörleri kapsayan kapsamlı hizmet sunulmasını, toplumsal cinsiyet temelli eğitimlerin verilmesini, sektörler arası işbirliğinin yapılmasını ve danışmanlık hizmetinin sağlanmasını gerektirmektedir (Eryılmaz, 2020).

3.2. Çalışma Hayatı

Geleneksel çalışma piyasaları, kadın emeğini değersizleştirerek işverenlere esnek bir işgücü sağlama imkanı sunmaktadır. Pazar ekonomisinin ilerlemesi, iş eşitliği ve insan odaklı boyutu ihmal edip küresel rekabetin yükselmesi, kadınların çalışma koşullarını daha resmi olmayan bir forma dönüştürmektedir. Serbest piyasa ekonomisi yasal eğilimleri kendi avantajına kullanmış ve sosyo-kültürel ideoloji, açıkça işçi haklarını koruyan bir düzenleme olarak sunmaktadır. Sosyal güvenlik yasaları, aile ve iş hayatı arasında önemli bir denge sağlamaktadır. Ancak, ataerkil değerler nedeniyle kadınların daha fazla aile sorumluluğu olduğundan, kadın çalışanlar istismara uğramaktadır (Yılmaz, 2018).

İşçi sağlığı ve güvenliği konusunda, ilk olarak 18. yüzyıldaki kapitalizm çağında, çalışma koşulları özellikle kadınlar ve çocuklar için düzenlenen yasalarla ele alınmıştır. Uluslararası Çalışma Örgütü (ILO)'nün yönergeleri, kadınların zorlu ve riskli işlerde çalışmasını engelleyen tedbirler içermektedir. Dünyanın her yönünde gelişmiş olmasına rağmen, kadın işçilerin sağlığıyla ilgili olarak toplumsal cinsiyet kavramının tam olarak anlaşılmadığı gözlemlenmektedir. Bundan dolayı, kadın işçilerin sağlığıyla ilgili olarak, sadece işyerindeki tehlikeler değil, aynı zamanda kadının iş hayatındaki eşitsizlikler ve iş ortamlarının erkek egemenliği gibi temel konular da dikkate alınması gerekmektedir (Etiler, 2015).

Literatürde, Türkiye'deki 15-49 yaş arası kadınların sadece %28'i gelir getiren bir işte çalışmakta olduğu, bunlardan da %37 oranla en yüksek çalışan yaş grubu 40-44 yaş arasındaki kadınların olduğu bildirilmiştir.

Medeni durumlarına göre incelendiğinde; boşanmış veya eşi vefat etmiş kadınların istihdam oranı, bekar veya halen evli olanlara göre daha yüksek olduğu, çocuk sayısı arttıkça, çalışan kadınların azaldığı, çocuğu olmayan kadınların %27'sinin hala çalışırken, 5 veya daha fazla çocuğu olan kadınların sadece %18'inin çalışmaya devam ettiği açıklanmıştır. Kadınların çalışma durumu bölgeler arasında da farklılıklar göstermektedir. En yüksek istihdam oranı Kuzey ve Batı bölgelerinde %35 iken, en düşük oran Doğu bölgesinde %17 olduğu belirtilmiştir. Eğitim durumlarına göre ise; lise mezunu olan ve hanehalkı refah düzeyi en düşük (%37) ve en yüksek (%41) gruplarda yer alan kadınların, ekonomik olarak diğer kadınlara kıyasla daha aktif oldukları belirlenmiştir (TNSA, 2018).

Türkiye'de kadınlara yönelik çalışma hayatındaki hukuki düzenlemeler ele alınmakta olup ana konular; annelik izni, işveren uygulamaları, yasal değişiklikler ve diğer haklar olarak belirlenmiştir. Annelik izni, Türkiye'de 5510 sayılı yasa ve 657 sayılı Kanun tarafından düzenlenmiştir ve çalışan kadınlara doğum sonrası dinlenme ve bakım imkanı sağlamaktadır. Ancak, bazı işverenler tarafından bu hakların sağlanmasında eksiklikler ya da aksaklıklar sonucunda da kadınların mağduriyet yaşamasına neden olabildiği bildirilmiştir. Yasal değişiklikler, 2015 tarihli İş Sağlığı ve Güvenliği Kanunu'nda ve 2016 tarihli Gelir Vergisi Kanunu'nda yapılan düzenlemelerle şekillenmiştir. Devlet memurları için mazeret izni, eşinin doğum yapması durumunda babalık izni kullanma gibi diğer haklar da bulunmaktadır. Bu düzenlemelerin temel amacı, kadınların iş ve aile yaşamları arasındaki dengeyi korumak ve çalışma hayatlarını desteklemektir (Yılmaz, 2018).

3.3. Şiddet ve Kadın Sağlığı

DSÖ'ye göre, dünya genelinde her üç kadından biri şiddetin herhangi bir türüne maruz kalmakta ve 15-24 yaş grup arasında, her dört kadından biri ise partneri tarafından fiziksel veya cinsel şiddete uğramaktadır. Erkeklerin kadınlara şiddet uygulamaları geçmişten günümüze kadar azalmadığı ve en çok 15-24 yaş grubunda olduğu bildirilmiştir. Kadına yönelik şiddet, dünya genelinde farklı tür ve yoğunluklarda ortaya çıkan yaygın bir sorun olup sadece kadınları değil, çocukları, aileleri ve toplumu da etkilemektedir. Düşük ve orta gelirli ülkelerdeki kadınların %37'si partneri tarafından fiziksel veya cinsel şiddete maruz kalmakta olup bazı ülkelerde bu oran her iki kadından birisi olarak rapor edilmiştir. Dünya çapında Okyanusya, Güney Asya ve Sahra-altı Afrika bölgelerinde 15-49 yaş grubundaki kadınların %33-51'i partner şiddetine maruz kalmaktadır (WHO, 2021a).

Şiddetin yaygın risk faktörleri arasında; düşük eğitim düzeyi, çocuk istismarı öyküsü, aile içi şiddete maruz kalma, antisosyal kişilik bozukluğu, alkol kullanımı, toplumsal normların erkekleri ağırlıklı olarak tercih etmesi, kadınların istihdama sınırlı erişimi ve genel cinsiyet eşitsizliği bulunmaktadır. Ev içi partner şiddetine davranışlar arasında geçmişte şiddete maruz kalma, evlilikte uyumsuzluk, partnerler arasında iletişim zorlukları ve erkeklerin kontrolü elde etme davranışları yer almaktadır. Cinsel şiddetin uygulanması, aile şerefi ve cinsel hijyen inançları, erkek cinsel hakları ideolojileri ve zayıf yasal yaptırımlarla ilişkilidir. Cinsiyet eşitsizliği ve kadına yönelik şiddetin kabul edilebilirliğine dair toplumsal normlarda benimsenmesi şiddetin temel nedenleri arasında bulunmaktadır (WHO, 2021b).

Türkiye'de 2018 yılında 18-65 yaş arasındaki toplam 218 kadınların gönüllü katıldığı, şiddet uygulama faktörleri hakkında yapılan bir araştırmaya katılan kadınların %45,4'ünün ilçede yaşamakta ve %89'unun evli olup çoğunluğunun ilk veya orta okul mezunu, gelir düzeylerinin giderlere eşit olduğu, %41,7'sinin bir ya da iki çocuğa sahip ve %59,3'ünün yaşamlarının belirli bir döneminde şiddete maruz kalmış oldukları bildirilmiştir. Çalışmada şiddetin nedenleri arasında anlayışsızlık, aile içi sıkıntılar ve psikolojik faktörlerin öne çıktığı belirtilmiştir. Ayrıca aile içi şiddetin tutumlarını etkileyen faktörler arasında kadının yaşı, yaşadığı yer, aile yapısı, eşinin eğitim ve meslek durumu ile çocuk sayısının belirgin bir rol oynadığı, gebelikte şiddete maruz kalan kadınların %13.6'sının sağlık sorunları yaşadığı ve bu durumun cinsel problemler, sağlık hizmetlerine ulaşamama ve çocukların etkilenmesiyle ilişkili olduğu açıklanmıştır. Çalışma sonuçları, aile içi şiddetin yaygınlığına dair önemli bir bilgi sunmakta olup bu konuda farkındalığı artırmak, önleyici tedbirler almak ve destek hizmetlerini güçlendirmek açısından önemli ipuçları sağlamaktadır (Özcan ve Uzun, 2023).

3.4. Eğitim ve Kadın Sağlığı

Eğitim, herkes için temel bir insan hakkıdır ve kız çocukları için ayrıca evlenme yaşını geciktirme ve çocuklarının sağlık ve beslenme durumunu iyileştirme gibi ek faydalar sağlamaktadır. Araştırmalar, ilkokul eğitimi almış annelerin çocuklarında gelişme geriliği riskinin daha düşük olduğunu ve anneleri lise eğitimi almış olan çocuklarda sonuçların daha da iyi olduğunu göstermektedir, ancak bu faydaların arkasındaki mekanizmalar tam olarak anlaşılmamıştır. DSÖ raporlarında ilköğretim mezunu annelerin çocuklarında gelişme geriliği riskinin önemli ölçüde azaldığını, ortaöğretim mezunu annelerin çocuklarında ise bu riskin daha da az olduğu açıklanmıştır (WHO, n.d.).

Nepal'de, 15 yaş üstünde ve toplam 1.011 anne ile yapılan bir araştırmada kadınların eğitimi ile evdeki refah düzeyi, hijyen uygulamaları, çocuk büyümesi ve diyet çeşitliliğindeki iyileştirmeler arasında güçlü bir bağlantı kurulduğunu ve eğitimli kadınların etkili bir rol oynadığı bildirilmiştir. Eğitimli kadınların, olumlu çocuk bakım, çalışma ve ev yönetiminde karar alma dinamiklerinde refah düzeyine etkili olduğu vurgulanmaktadır (Miller vd., 2017).

Kadınların eğitim düzeyi ve meme kanseri riski arasındaki ilişkinin incelendiği bir araştırma sonucunda orta ve yüksek eğitim düzeyi olan kadınların, daha az riskte oldukları görülmüş olup özellikle yaşlı kadınlar için hedeflenmiş önleme ve taramaların önemli olduğu vurgulanmıştır (Jiang vd., 2023).

3.5. Göç ve Kadın Sağlığı

Mülteciler ve göçmenlerin, kendi ülkelerindeki geçmiş deneyimlerinden, göç sırasında gerçekleştirdikleri yolculuktan, ev sahibi ülkeye giriş ve entegrasyonu düzenleyen politikalardan, yaşam ve çalışma koşullarından etkilenerek çeşitli fiziksel ve psikolojik sağlık gereksinimleri ortaya çıkmaktadır. Bu karşılaşmalar, mülteci ve göçmenlerin hem kronik hem de bulaşıcı hastalıklara karşı duyarlılıklarını artırmaktadır. En önemli mülteci akınına uğrayan (2021 yılı) ülkeler sırasıyla Suriye, Venezuela, Afganistan, Güney Sudan ve Myanmar olmuştur. Buna karşılık, en fazla sayıda yerinden edilmiş bireye sığınak sağlayan ülkeler arasında birinci sırada Türkiye yer almaktadır (WHO, 2022).

Göç edenlerin sağlık hizmetlerine ulaşma zorlukları, ekonomik sıkıntılar, beslenme sorunları ve sosyal dayanışma eksiklikleri gibi faktörler, göçün insan sağlığına olan etkilerini belirginleştirmektedir. Özellikle kadınlar, aile ortamında şiddet, psikolojik problemler ve toplumsal izolasyon gibi sorunlarla karşılaşmaktadırlar. Göç eden kadınlar için, sağlık, psikoloji ve sosyal hizmet müdahaleleriyle adaptasyon sürecini hızlandırma ve sosyal değişimlerine yardımcı olmanın önemli olduğu vurgulanmaktadır. Kontrolsüz göçün toplumsal yapılara zarar vermesini önlemek için iyi planlayıp sürdürülebilir programların gerekliliği önerilmektedir. Bunun doğrultusunda kadınların göç sürecinde yaşadığı sorunların çözümü için sağlık, eğitim, dil eğitimi ve sosyoekonomik desteklerin iyileştirilmeleri önemli olarak belirtilmektedir (Arabacı vd., 2016).

DSÖ göçmen kadınları destekleyen politikalar arasında çok sektörlü stratejiler, gelişmiş hizmet destekleri, sosyal koruma ve insan ticaretine karşı yasal önlemlerin uygulanması çağrıları yer almaktadır. Öncelikler arasında çalışma koşullarının iyileştirilmesi, istismarın cezalandırılması ve ulusal göç anketlerinin yapılması yer almaktadır. Tavsiyelerde ikili anlaşmalar, mevcut tedbirlerin daha iyi uygulanması ve politikalar arasında tutarlılık ihtiyacı vurgulanmaktadır. "Tüm Politikalarda Sağlık" başlığında, yaklaşımı tanıtılmakta ve göçmen kadınların hakları ve sağlıkta eşitlik konularının ele alınması için tüm hükümet ve tüm toplumun işbirliği yapması teşvik edilmektedir (WHO, 2017).

4. Ebelerin Rolü

Ebeler, kadın sağlığını etkileyen birçok faktörde önemli bir rol oynamaktadırlar. Gebelik ve doğurganlık dönemlerinde kadınların sağlığını izleyerek, sağlıklı beslenme alışkanlıklarının teşvik edilmesi konusunda eğitim vermektedirler. Aile planlaması hizmetleri sunarak, kadınların istenmeyen gebeliklerden korunmasına ve üreme sağlığı hakkında bilinçlenmelerine yardımcı olmaktadırlar. Cinsel yolla aktarılan enfeksiyonların önlenmesi ve tedavisi konusunda danışmanlık sağlayarak, kadınların cinsel sağlıklarını korumalarına katkıda bulunmaktadırlar. Üreme sistemi kanserlerinin erken teşhisi ve tedavisi için gerekli taramaların yapılmasını sağlarlar, böylece kadınların bu tür ciddi sağlık sorunlarından korunmalarına yardımcı olmaktadırlar (Balkan ve Oskay, 2023; Yılmaz ve İpek, 2021; Eryılmaz, 2020; Gavas ve İnal, 2019).

Sağlık profesyonellerinin insan haklarına ve toplumsal cinsiyet eşitliğine odaklanarak çalışmaları sağlıklı bir toplum oluşmasında kritik rol oynamaktadır. Ebelerin kadınlara ulaşması ile, toplumsal cinsiyet eğitimlerine ve işbirliğine odaklanarak kadın sağlığının geliştirilmesine katkıda bulunmaktadırlar. Ebelerin, her zaman kadınların üreme sistemi ve sağlığı hakkında en güncel bilgilere hakim olup anlaşılır bir dil kullanılarak topluma ve kadınlara destek olması gerekmektedir. Birinci basamak sağlık hizmetlerinde çalışan ebelerin, kadınlara yapacakları eğitimlerin, kız çocuklarını olumlu yönde etkileyebilmeleri ve adölesan dönem kızları bilgilendirme ve etkili kontraseptif danışmanlık sağlaması, sağlık sorunlarının önlenmesine yardımcı olmaları gerekmektedir (Eryılmaz, 2020; Hacıvelioğlu ve Demirci, 2022).

Araştırmalar, ebelerin kadın sağlığı üzerindeki rollerinin olumlu sonuçlar sağladığını göstermektedir. Ebeler, gebelik sürecinden başlayarak doğum ve doğum sonrası dönemde kadınlara kapsamlı bakım sunarlar. Bu bakımın sonucunda doğal doğum oranlarının artması, anne ve bebek sağlığının iyileşmesi, doğum sırasında ağrı kesici veya anestezi kullanımının azalması ve epizyotomi gibi cerrahi müdahalelerin azalması gibi önemli gelişmeler görülmektedir. Ayrıca, ebeler tarafından sağlanan doğum yönetimi sayesinde sezaryen oranlarının azaldığı gözlemlenmiştir. Bu nedenlerle, kadınlara antenatal eğitim ve danışmanlık sağlanması, genel sağlıklarının iyileştirilmesi ve doğum süreçlerinin daha etkin yönetilmesi için ebelik hizmetlerinin yaygınlaştırılması ve desteklenmesi gerekmektedir (Beji vd., 2021).

Ebeler, toplumda örnek bireylerdir ve özellikle kadınların sağlık sorunlarının azaltılması ve önlenmesinde önemli bir rol üstlenmekte olup üreme sağlığı sorunlarının önlenmesi ve azaltılması konusunda sağlık ekibinde aktif rol almaktadırlar. Ebeler, kadınların sağlığını korumak, iyileştirmek ve hastalıkları engellemek için ömür boyu sürekli sağlık hizmeti sağlamaktadırlar. Bunun yanı sıra, ebe ve hemşireler toplumsal cinsiyet eşitliğini teşvik etmek ve farkındalığı artırmak için hayati bir rol oynamaktadırlar. Bu çerçevede, ebelerin ana hedefi, bireylerin, ailelerin ve toplumun sağlık gereksinimlerinde eğitim ve danışmanlık sağlamaktır. (Sökmen, 2022).

Toplumsal cinsel ve kadın sağlığı konularında da aktif rol oynayan ebeler, çalışma hayatı, şiddet, eğitim ve göç gibi kadın sağlığını etkileyen sosyoekonomik faktörlerde destek sağlamalıdırlar. Kadınların iş hayatında karşılaştıkları sağlık risklerini azaltmak için gerekli bilgileri ve destek hizmetlerini sunmaktadırlar. Şiddet mağduru kadınlara yönelik psikolojik ve fiziksel destek sağlayarak, onların iyileşme süreçlerine katkıda bulunmaktadırlar. Eğitim ve kadın sağlığı alanında, kadınların sağlık konularında bilinçlenmesi ve eğitim alması için programlar düzenlemektedirler. Göçmen kadınların sağlık hizmetlerine erişimini kolaylaştırarak, dil ve kültürel bariyerlerin aşılmasına yardımcı olmaktadırlar. Bu kapsamlı yaklaşımlarıyla ebeler, kadınların her aşamada sağlıklı bir yaşam sürdürmeleri için vazgeçilmez bir rol oynamaktadırlar (Özcan ve Uzun, 2023; Jiang vd., 2023; Yılmaz, 2018; Arabacı vd., 2016).

5. Sonuç

Sonuç olarak, kadın sağlığının çok yönlü birçok faktörden etkilendiği ve bunların biyolojik hususlardan daha fazlasını içerdiği görülmektedir.

Kadın sağlığının sosyal, ekonomik, kültürel ve çevresel gibi çeşitli belirleyicilerin karmaşık etkileşimi birçok araştırmada vurgulanmıştır. Sağlık hizmetlerine erişimden üreme haklarına, sosyoekonomik eşitsizliklerden toplumsal cinsiyet normlarının yaygın etkilerine kadar bu faktörler, dünya genelinde kadınların refahını şekillendiren birçok faktöre işaret etmektedir.

Kadın sağlığını çeşitli faktörlere göre sıraladığımızda, olumlu değişimi teşvik etmenin bütüncül ve kesişimsel bir yaklaşım gerektirdiği açıkça ortaya çıkmaktadır. Kadınları eğitim yoluyla güçlendirmek, sağlık hizmetlerine eşit erişimi teşvik etmek, toplumsal cinsiyete dayalı engelleri ortadan kaldırmak ve sistematik eşitsizlikleri ele almak, kadınların kapsayıcı refahını sağlamaya yönelik temel adımlardır.

Ayrıca, farklı demografik kadın gruplarının, özellikle de ötekileştirilmiş topluluklardan gelen kadınların karşılaştığı benzersiz sağlık sorunlarının tanınması önemlidir. Müdahale ve politikaların bu farklılıkları dikkate alacak şekilde uyarlanması sağlıkta eşitliğin sağlanması açısından hayati önem taşımaktadır. Mevcut eşitsizliklerin tanınması, yalnızca bir durumu kabul etmek anlamına gelmez. Aynı zamanda bu eşitsizlikleri devam ettiren yapıları ortadan kaldırmak için aktif olarak çalışmayı gerektirmektedir.

İleriye dönük olarak, savunuculuk, eğitim ve politika reformuna yönelik kolektif bir taahhüt esastır. Toplumun refahının ayrılmaz bir parçası olarak kadın sağlığına öncelik veren bir ortamın yaratılması, daha sağlıklı ve daha eşitlikçi bir geleceğin yolunu açmaktadır. Sonuç olarak, kadın sağlığının güçlendirilmesi sadece bireyin ötesine geçip genel olarak toplumların iyileştirilmesine yönelik kolektif bir yatırım olarak görülmektedir.

Bu çalışma, kadın sağlığını etkileyen faktörleri kapsamlı bir şekilde ele alarak, toplumsal cinsiyet eşitliğinin sağlanması ve kadınların sağlık hizmetlerine erişiminin artırılması için gereken adımları tartışmaktadır. Kadın sağlığı, sadece biyolojik değil, aynı zamanda sosyal, ekonomik ve kültürel faktörlerin de etkisi altındadır. Bu nedenle, kadın sağlığını iyileştirmek için bütüncül ve kesişimsel yaklaşımların benimsenmesi gerektiği vurgulanmıştır. Eğitim, sağlık hizmetlerine erişim ve toplumsal cinsiyet eşitliğinin sağlanması, kadınların genel refahını artırmak için temel stratejiler olarak öne çıkmaktadır.

Kaynakça

Akdağ, S., Kaner, G., & Çağla, A. Y. E. R. (2022). Menopoz Döneminde Beslenmenin Yönetimi. *İzmir Kâtip Çelebi Üniversitesi Sağlık Bilimleri Fakültesi Dergisi*, 7(1), 191-197.

Arabacı, Z., Hasgül, E., & Serpen, A. S. (2016). Türkiye'de Kadın Göçmenlik Ve Göçün Kadın Sağlığı Üzerine Etkisi. *Journal of Social Policy Studies/Sosyal Politika Çalismalari Dergisi*, (36).

Balkan, E., & Oskay, Ü. (2023). Jinekolojik Kanser Hastası Ve Ailesinin Psiko-Sosyal Bakımında Sağlık Profesyonelinin Rolü. *Bandırma Onyedi Eylül Üniversitesi Sağlık Bilimleri ve Araştırmaları Dergisi*, 5(1), 74-83.

Beji, N. K., Gizem, K. A. Y. A., & Savaşer, S. (2021). Ülkemizde Kadın Sağlığının Öncelikli Sorunları. *Ordu Üniversitesi Hemşirelik Çalışmaları Dergisi*, 4(1), 105-112.

Cetişli, N. E. (2021). Kadın Sağlığı Sorunları ve Bilimsel Araştırma Alanları. *İzmir Katip Çelebi Üniversitesi Sağlık Bilimleri Fakültesi Dergisi*, 6(2), 3-6.

Doğan, S. (2017). Cinsel Yolla Bulaşan Hastalıklar Konusunda Danışmanlık Vermek. *Klinik Tıp Aile Hekimliği*, 9(2), 32-36.

Eryılmaz, S. (2020). Toplumsal Cinsiyet Rolü ve Kadın Sağlığı. *Kırşehir Ahi Evran Üniversitesi Sağlık Bilimleri Dergisi*, 1(1), 5-13.

Etiler, N. (2015). Kadın Çalışanların Sağlığına Nereden Bakmalı?. *TTB Mesleki Sağlık ve Güvenlik Dergisi*, 15(56), 2-5.

Feskens, E. J., Bailey, R., Bhutta, Z., Biesalski, H. K., Eicher-Miller, H., Krämer, K., ... & Griffiths, J. C. (2022). Women's health: optimal nutrition throughout the lifecycle. *European journal of nutrition*, 61(Suppl 1), 1-23.

Gavas, E., & İnal, S. (2019). Türkiye'de kadınların aile planlaması yöntemleri kullanma durumları ve tutumları: Sistematik derleme. *Sağlık ve Yaşam Bilimleri Dergisi*, 1(2), 37-43.

Hacıvelioğlu, D., & Demirci, H. (2022). Birinci Basamak Sağlık Hizmetlerinde Çalışan Ebelerin Kadın Sağlığının Korunması ve Geliştirilmesine Yönelik Sağlık Eğitimi Etkinlikleri. *Sağlık ve Toplum Dergisi*, 32(2), 49-60.

Jiang, R., Wang, X., Sun, Z., Wu, S., Chen, S., & Cai, H. (2023). Association of education level with the risk of female breast cancer: a prospective cohort study. *BMC Women's Health*, 23(1), 1-6.

Langer, A., Meleis, A., Knaul, F. M., Atun, R., Aran, M., Arreola-Ornelas, H., ... & Frenk, J. (2015). Women and health: the key for sustainable development. *The Lancet*, 386(9999), 1165-1210.

Miller, L. C., Joshi, N., Lohani, M., Rogers, B., Mahato, S., Ghosh, S., & Webb, P. (2017). Women's education level amplifies the effects of a livelihoods-based intervention on household wealth, child diet, and child growth in rural Nepal. *International journal for equity in health*, 16(1), 1-17.

Özcan, H., & Uzun, S. (2023). Aile İçi Şiddetin Kadın Sağlığı Üzerindeki Etkileri. *Adnan Menderes Üniversitesi Sağlık Bilimleri Fakültesi Dergisi*, 7(1), 25-37.

Silverstein, M., Hayward, M. D., & Wallace, R. B. (2014). The National Social Life, Health, and Aging Project, Wave 2. *Journal of Gerontology:Social Sciences*, 69B (8)

Sökmen, R. (2022). Toplumsal Cinsiyet Rollerinin Kadın Sağlığına Etkisi Ve Ebelerin Rolü. *World Women Studies Journal*, 7(1), 123-127.

Staley, H., Shiraz, A., Shreeve, N., Bryant, A., Martin-Hirsch, P. P., & Gajjar, K. (2021). Interventions targeted at women to encourage the uptake of cervical screening. *Cochrane Database of Systematic Reviews*, (9).

Sünbül, A., & Hazar, H. U. (2020). Kadın sağlığını etkileyen faktörler: Kocagür örneği. *Kadın Sağlığı Hemşireliği Dergisi*, 6(2), 58-70.

Taşkın, L. (2019). *Doğum ve kadın sağlığı hemşireliği*. Akademisyen Kitabevi.

TNSA. (2018). Türkiye Nüfus ve Sağlık Araştırması, *Sektörler Arası Çocuk Kurulu*. Erişim

Adresi: http://www.sck.gov.tr/wp-content/uploads/2020/08/TNSA2018_ana_Rapor.pdf

Vander Borght, M., & Wyns, C. (2018). Fertility and infertility: Definition and epidemiology. *Clinical biochemistry*, 62, 2-10.

WHO. (2017). Women on the move: migration, care work and health, *World Health Organization*. Erişim Adresi: https://iris.who.int/bitstream/handle/ 10665/259463/ 9789241513142-eng.pdf?sequence=1

WHO. (2021a). Devastatingly prevasive: 1 in 3 women globally experience violance, *World Health Organization*. Erişim Adresi: https://www.who.int/news/item/09-03-2021-devastatingly-pervasive-1-in-3-women-globally-experience-violence

WHO. (2021b). Violence against women, *World Health Organization*. Erişim Adresi: https://www.who.int/news-room/fact-sheets/detail/violence-against-women

WHO. (2022). Refugee and Migration Health, *World Health Organization*. Erişim Adresi: https://www.who.int/news-room/fact-sheets/detail/refugee-and-migrant-health

WHO. (2023a). Cervical cancer, *World Health Organization*. Erişim Adresi: https://www.who.int/news-room/fact-sheets/detail/cervical-cancer

WHO. (2023b). Family planning/contraception methods, *World Health Organization*. Erişim Adresi: https://www.who.int/news-room/fact-sheets/detail/family-planning-contraception

WHO. (2023c). Sexually transmitted infections, *World Health Organization*. Erişim Adresi: https://www.who.int/news-room/fact-sheets/detail/sexually-transmitted-infections-(stis)

WHO. (2023d). Women's health, *World Health Organization*. Erişim Adresi: https://www.who.int/health-topics/women-s-health/

WHO. (n.d.). Female Education Level, *World Health Organization*. Erişim Tarihi: 05.02.2024: https://www.who.int/data/nutrition/nlis/info/female-education-levels

Yılmaz, H. K., & İpek, K. D. (2021). Probiyotikler ve Kadın Sağlığı Üzerine Etkileri. *Avrupa Bilim ve Teknoloji Dergisi*, (23), 518-523

Yılmaz, S. (2018). Türkiye'de Kadınların Çalışma Hayatındaki Yeri ve Sosyal Güvenlik Hukuku Düzenlemeleri. *Sosyal Çalışma Dergisi*, 2(2), 63-80.

EVIDENCE-BASED PRACTICES IN PRENATAL TESTING

PRENATAL TESTLERDE KANITA DAYALI UYGULAMALAR

Maryam Azarnia[1] ve Çiler Yeygel[2]

Öz

Prenatal testlerde kanıta dayalı uygulamaların kullanılması, rutin gebelik takibinde, fetal değerlendirmede kanıta dayalı yaklaşımları içermekte olup gebelik dönemi boyunca kapsamlı bir değerlendirme sağlamaktadır. Bu sebeple, prenatal testlerde kanıta dayalı uygulamaların kullanımı, optimal maternal ve fetal sonuçların sağlanması için hayati öneme sahiptir. Bu çalışma, prenatal testlerde kanıta dayalı gelişmelerin önemli katkılarını vurgulamayı amaçlamaktadır. Ayrıca, prenatal testlerde kanıta dayalı uygulamaların kapsamlı bir genel bakışını sunmayı ve optimal maternal ve fetal sonuçların sağlanmasındaki kritik rolünü vurgulamaktadır. Ultrason muayeneleri, amniyosentez ve koryonik villus örnekleme gibi kanıta dayalı müdahalelerin entegrasyonunu analiz ederek, antenatal bakımın kalitesini ve etkinliğini artırmak gerekmektedir. Prenatal dönemde erken potansiyel sorunların tespitine katkıda bulunmak amacıyla fetal gelişim hakkında doğru ve bilimsel temellere dayalı bilgiler sunmak için ultrason gibi teknikler de dahil olmak üzere fetal değerlendirme yöntemleri değerlendirilmelidir. Kapsamlı maternal değerlendirme yapmak ve maternal sağlığı izlemek için kanıta dayalı uygulamaların kullanılması gebelik refahına destek sağlayacaktır. Prenatal testlerde kanıta dayalı uygulamaların kullanılmasına yönelik zorlukların ve engellerin olduğu görülmektedir. Çalışma, optimal maternal ve fetal sonuçların sağlanmasında prenatal testlerde kanıta dayalı gelişmelerin kritik rolünü vurgulamakta ve bunların rutin bakımda benimsenmesini savunmaktadır. Prenatal testlerin dikkate değer sonuçları arasında, yüksek kaliteli kanıtlar, ikinci trimester amniyosentezinin 15. gebelik haftası veya

[1] MSc. Midwife, Izmir Tınaztepe University, Faculty of Health Sciences, Midwifery Department, Buca, Izmir, maryam.azarnia.1990@gmail.com, ORCID: 0009-0007-0364-9912
[2] Assistant Professor, Izmir Tınaztepe University, Faculty of Health Sciences, Midwifery Department, Buca, Izmir, ciler.yeygel@tinaztepe.edu.tr, ORCID: 0000-0002-9061-3817

sonrasından itibaren test için ilk tercih edilen prosedür olduğunu desteklemektedir. Gebeliğin 15. haftasından önce bir test gerekli olduğunda, düşük kaliteli ila orta kaliteli kanıtlar, ilgilenilen sonuca bağlı olarak transabdominal koryon villus örneklemesinin ilk tercih prosedür olarak kabul edilebileceğini ileri sürmektedir. Bu kapsamda prenatal testlerde kanıta dayalı girişimlerin uygulanmasındaki zorlukları ve engelleri kaldırmak için bu konuda daha fazla araştırma yapılması önemli olacaktır.

Anahtar kelimeler: Prenatal test; güvenli gebelik; gebelik izlemleri; kanıt temelli ebelik bakım

Abstract

The use of evidence-based practices in prenatal testing encompasses evidence-based approaches in routine pregnancy monitoring and fetal assessment, providing comprehensive evaluation throughout pregnancy. Therefore, the utilization of evidence-based practices in prenatal testing is crucial for achieving optimal maternal and fetal outcomes. This study aims to highlight the significant contributions of evidence-based developments in prenatal testing. Additionally, it seeks to provide a comprehensive overview of evidence-based practices in prenatal testing and emphasize their critical role in ensuring optimal maternal and fetal outcomes. Integration of evidence-based interventions such as ultrasound examinations, amniocentesis, and chorionic villus sampling should be analyzed to enhance the quality and effectiveness of antenatal care. Evaluation methods for fetal assessment, including techniques such as ultrasound, should be considered to contribute to the early detection of potential issues during the prenatal period based on accurate and scientifically grounded information about fetal development. Utilizing evidence-based practices for comprehensive maternal assessment and monitoring maternal health will support pregnancy well-being. Challenges and barriers to the use of evidence-based practices in prenatal testing are evident. This study underscores the critical role of evidence-based developments in prenatal testing for achieving optimal maternal and fetal outcomes and advocates for their adoption in routine care. Among the notable findings of prenatal testing, high-quality evidence supports second-trimester amniocentesis as the preferred procedure for testing from the 15th week of pregnancy onwards. When a test is necessary before the 15th week of pregnancy, low to moderate quality evidence suggests that depending on the outcome of interest, transabdominal chorionic villus sampling could be considered as the preferred procedure. Therefore, further research is essential to address the challenges and barriers to the implementation of evidence-based interventions in prenatal testing.

Keywords: Prenatal test; safe pregnancy; pregnancy follow-ups; evidence-based midwifery care

1. Giriş

Prenatal test uygulamaları, son yıllarda sağlık alanındaki teknolojinin gelişmesiyle çeşitli seçenekler sunan maternal ve fetal sağlık açısından önemli olmaktadır. Bu alanda özellikle amniyosentez ve Koryon Villus Örnekleme (CVS) gibi invaziv yöntemler, son yıllarda non-invaziv prosedürleri içermekte olup bilim ve teknolojiyle birlikte gelişim göstermektedir. Geçmişe dayanan transabdominal amniyosentez raporları, genetik teşhislerde, riskli gebeliklerde 1970'lerde daha yaygın olarak kullanıldığını göstermektedir. CVS, 1968'de ilk kez tanımlanmış ve 1980'de ultrason rehberliği ile güvenliği artan, bu yöntemin rutin prenatal tanıda kullanılması geniş bir kabul görmektedir (Bringman, 2014; Van Schendel vd., 2017; Pös vd., 2019).

Günümüzde non-invaziv tarama yöntemlerinin yaygınlaşmasıyla, CVS ve amniyosentez gibi invaziv tanı testlerinin fetal anöploidi tespitindeki kullanımının azalmasına neden olmuştur. Bu tanı testleri, fetusun maruz kalabileceği minimal risk ve düşük risk seviyeleri bildirilmektedir (Kimelman vd., 2018). Genellikle gebeliğin 10 ile 13'üncü haftaları arasında uygulanan CVS, plasentanın villus dokusunun erken bir aşamada test edilmesine olanak tanıyıp amniyosentez ile karşılaştırıldığında daha kısa bir sonuç süresine sahip olmaktadır. Güncel veriler, CVS'nin uygulanmasına bağlı gebelik kaybında bir azalma eğilimini göstermektedir (Brezina vd., 2016; Akolekar vd., 2015).

Gebeliğin 15 ile 20'inci haftaları arasında yapılan amniyosentez, genellikle güvenli ve tanısal olarak doğruluk oranı yüksektir. Endikasyonları arasında ileri anne yaşı (35 ve üzere), genetik öykü, anormal tarama sonuçları ve fetal anomaliler bulunmaktadır (Kimelman ve Pavone, 2021).

Anne yaşı ve kromozomal anormallik riskine bakılmaksızın tüm riskli gebeliklerde hem tarama hem de tanısal test seçenekleri sunmaktadır. Kanıta dayalı, klinik açıdan gerekli olan bu testlere erişim geciktirilmemeli ve tüm riskli gebelik kategorisinde yer alan kadınlar için ön izin gereklilikleri gibi engeller olmadan sağlanmasını bildirmektedir (ACOG, 2020).

Amerikan Obstetri ve Jinekoloji Derneği (ACOG)'e göre prenatal genetik tanı testleri, fetüste genetik bozuklukların kesin teşhisi için yapılmaktadır. Başlangıçta Down sendromuna odaklanmış olan bu testler, artık geniş bir genetik bozukluk aralığını tespit edebilmektedir. Kesin tanı için genellikle amniyosentez veya CVS gerekse de, bazı durumlarda ultrasonografi gibi görüntüleme yöntemleri de kullanılabilmektedir. Testler tüm anormallikleri belirleyemez ve bireysel riskler ile tercihler göz önünde bulundurulmalıdır. Prenatal genetik testler, bilinçli gebelik yönetimi kararları için gerekli bilgiyi sağlayıp birçok fayda sunduğu bildirilmiştir. (ACOG, 2016).

Dünya Sağlık Örgütü (DSÖ)'nün en son tahminlerine göre, 2020 yılında küresel maternal mortalite oranı (MMR), her 100.000 canlı doğumda 223 ölüm olarak kaydedilmiştir. Bu, 2000 yılından bu yana %34'lük bir azalmayı temsil etmektedir, ancak son yıllarda ilerlemede duraklama yaşanmaktadır. 2020 yılında küresel neonatal mortalite oranı (NMR), 1.000 canlı doğumda 17 ölüm olarak raporlanmıştır ki bu da yılda yaklaşık 2.4 milyon yenidoğan ölümünü ifade etmektedir. Bu istatistikler, küresel ölçekte neonatal mortalite oranlarında önemli azalmaların sağlanmasında devam eden zorlukları vurgulamaktadır. DSÖ, bu ölümlerin azaltılmasında, güvenli gebelik ve doğum için ebelik hizmetlerinin anahtar rol oynadığını belirtmektedir (WHO, 2020a; 2020b).

Prenatal testlerde kanıta dayalı yöntemlerin kullanılması, gebelik sürecinde rutin takibin bir parçası olarak, fetal değerlendirmede bilimsel temelli yaklaşımları içermekte ve gebelik dönemi boyunca detaylı bir değerlendirme sunmaktadır. Bu nedenle, prenatal testlerde kanıta dayalı uygulamaların benimsenmesi, en iyi maternal ve fetal sonuçların elde edilmesi açısından büyük önem taşımaktadır. Bu çalışma, prenatal testlerdeki kanıta dayalı gelişmelerin önemli katkılarını vurgulamayı amaçlamaktadır.

2. Rutin Gebelik Takibi

Birleşmiş Milletler Çocuklara Yardım Fonu (UNICEF)'in en son raporuna göre, dünya genelinde antenatal bakım alan kadın oranının %81 olduğunu ortaya koymaktadır. Bu durumda dünya genelindeki gebelerin önemli bir kısmının en az bir doğum öncesi bakım ziyaretine katıldığını göstermektedir. Bununla birlikte, bölgesel farklılıklar devam ettiğini; Doğu Asya ve Pasifik gibi bölgelerde antenatal bakım alan kadınların sıklığı daha fazlayken (yaklaşık %92), Sahra Altı Afrika gibi bölgelerde bu oranın azaldığını (%56) raporlamaktadır. Mevcut tahminler, dünya genelinde gebelerin yaklaşık %60-70'inin önerilen dört kez doğum öncesi bakım ziyaretini aldığını göstermekte olup bu durumun kapsamlı doğum öncesi bakım alma konusunda var olan bir zorluğu vurgulanmaktadır (UNICEF, 2024).

Dowswell ve arkadaşlarının yaptığı bir araştırmada, yüksek gelirli ve düşük gelirli yedi farklı ülkede toplam 60.000'den fazla kadının gebelik öncesi bakım aldığını bildirmişlerdir. Bu çalışmada yüksek gelirli ülkelerde gebeler genellikle 8 ile 12 kez izlenirken, düşük ve orta gelirli ülkelerde bu izlem sayısının 5'ten az olduğu tespit etmişlerdir. Ayrıca, araştırmada, geleneksel gebelik öncesi bakımın uygulandığı durumlarla, alternatif bir bakım modeli arasında karşılaştırma yapılmıştır. Yüksek gelirli ülkelerde ve bütüncül bakım alındığı durumlarda, perinatal ölümlerde belirgin bir azalma olduğu rapor edilmiştir. Düşük ve orta gelirli ülkelerde ise, geleneksel bakım alan kadınlarda perinatal ölümlerin önemli ölçüde daha yüksek olduğu ve gebelik izlem sayılarının az olduğu ülkelerdeki kadınların bakım memnuniyet oranlarının daha düşük olduğunu saptamışlardır (Dowswell vd., 2015).

Türkiye'de, Sağlık Bakanlığı tarafından belirlenen 'güvenli annelik' programı çerçevesinde, risk içermeyen gebeliklerde en az dört kez gebelik izlemini içeren muayene yapılması önerilmektedir. İlk izlem; gebeliğin ilk 14 haftasında veya 14. haftaya kadar yapılmalı ve gebeye 30 dakika zaman ayrılması, ikinci izlem; gebeliğin 18 ile 24. haftaları arasında gerçekleştirilmeli ve gebeye 20 dakika zaman ayrılması, üçüncü izlem; hamileliğin 28 ile 32. haftalarında yapılmalı ve gebeye 20 dakika zaman ayrılması ve dördüncü izlem; gebeliğin 36-38'inci haftalarında ve gebeye 20 dakika zaman ayrılması önerilmektedir. Gebeliklerde maternal ve fetal sağlığın durumlarına göre izlemlerin zamanı ve sayısı planlanabilmektedir (TCSB, 2018).

3. Fetal ve Maternal Değerlendirme

Gebelik sürecinde fetüsün uygun değerlendirilmesi ve fetal anomalilerin erken tespiti, dünya genelinde sağlık otoriteleri tarafından önemli bir öncelik olarak kabul edilmektedir. DSÖ, erken gebelik döneminde fetal görüntülemenin gerektiği durumlar için öneride bulunurken, maternal ve perinatal sonuçların iyileştirilmesi amacıyla rutin antenatal kardiyotokografi ve doppler ultrason muayenelerini önermemektedir (WHO, 2022). Sağlık Bakanlığı'nın doğum öncesi bakım yönetimi rehberine göre, gebeliğin belirli dönemlerinde ultrasonografi, maternal serum AFP testi ve kombine test gibi tarama yöntemleri önerilmekte olup, bu sayede fetal anomalilerin ve kromozomal anoploidilerin erken tespiti hedeflenmektedir. Bu takip ve testlerle gebelik sürecinde doğru ve etkili bir yönetim sağlayarak hem anne hem de bebek sağlığını olumlu yönde etkilemeyi amaçlamaktadır (TCSB, 2018; Sezgin ve Kartal, 2021).

Gebelikteki plasenta işlev bozukluğu, birinci ve ikinci trimesterde bulunabilip fark edilebilmektedir. Fetal anöploidilere ilişkin özellikle Down sendromu belirteçleri (PAPP-A ve FB-hCG) ve diğer plasenta belirteçleri bakılmaktadır. Bu belirteçlerin fetal gelişme geriliği (FGR), preterm doğum, preeklampsi ve ölü doğum gibi olumsuz sonuçları belirlemedeki rolü incelenmektedir. Ayrıca, AFP, toplam hCG, uE3 ve inhibin A gibi birinci ve ikinci trimester tarama testlerinin, özellikle plasenta ile ilişkili gebelik komplikasyonlarını öngörmektedir (Gaccioli vd., 2018).

Gebelik sırasında magnezyum takviyesinin etkisi, annelerin, yenidoğanların/bebeklerin ve uzun dönemde çocuklar üzerindeki sonuçları değerlendirilmek önemli bir rol oynamaktadır. Bu konuda 9.090 kadını içeren bir sistematik çalışmada; oral magnezyum takviyesini plasebo veya hiç tedavi almayan gruplarla karşılaştırarak, magnezyum takviyesi ile kontrol grupları arasında perinatal mortalite, gestasyonel yaşa göre düşük doğum ağırlıklı bebeklerin oranı veya pre-eklampsi açısından anlamlı farklılıklar ortaya koymuşlardır. Bu çalışmada önemli bir şekilde, magnezyum takviyesi, beş dakikada yedi altında Apgar skoruna sahip bebeklerin sayısında azalma, mekonyumlu amniyon mayi vakalarında azalma, geç fetal kalp yavaşlamalarında azalma ve hafif hipoksik-iskemik ensefalopati vakalarında azalma ile ilişkilendirildiğini kanıtlamışlardır. Ayrıca, magnezyum alan kadınların gebelik sırasında hastaneye yatma ihtimali daha düşük olduğunu bildirilmişlerdir (Makrides vd., 2014).

Gestasyonel Diyabetes Mellitüs (GDM), anne ve fetüs sağlığı için risk oluşturan, etkili bir yönetimi gerektiren bir durumdur. Cochran veri tabandan incelenen bir araştırma, fetal görüntülemenin maternal kan glukoz konsantrasyonuna eklenmesinin GDM yönetimini geliştirip geliştirmediğini değerlendirilmiştir. Üç çalışma (524 kadın), fetal biyometri kullanarak fetal makrosomi belirtilerini tespit edilmiştir.

Maternal sonuçlar üzerindeki etkisi (sezaryen doğum, hipertansif bozukluklar) pek bir fark göstermemiştir. Sınırlı kanıtlar, neonatal hipoglisemi ve diğer sonuçlar üzerinde pek bir etkisi olmadığını göstermektedir. Bu çalışmada, fetal biyometrinin maternal kan glukoz konsantrasyonuyla birlikte GDM yönetiminde kullanılmasını destekleyecek veya reddedecek yeterli kanıt bulunmadığını ve perinatal sonuçlarla ilişkili daha fazla araştırmaya ihtiyaç duyduklarını bildirmişlerdir (Rao vd., 2019).

4. Ultrason Takibi

Gebelik döneminde ultrason, tarama ve tanı amacıyla kullanılmaktadır. Bu yöntem ile kromozomal anomalilerin riskini belirlerken, tanısal, majör yapısal anomalilerin tespitini hedeflemektedir. İkinci trimester taraması, düşük ve yüksek riskli gebeliklerde fetal anatominin değerlendirilmesi için standart olarak uygulanmaktadır (Tutuş, 2021).

Bricker ve arkadaşlarının ultrason yapılan ile yapılmayanlar kadınları incelemek için, 27.024 gebenin 24. haftadan sonra düzenli ultrason kullanımının etkisini değerlendirmiştir. Bu araştırmada yapılan karşılaştırmada, antenatal, obstetrik ve neonatal tedaviler bakımından iki grup arasında belirgin bir fark olmadığı gözlemlenmiştir. Rutin ultrason taraması uygulanan kadınlarla kontrol grubundaki kadınlar kıyaslandığında, rutin ultrason taraması yapılan grupta sezaryen oranlarının daha yüksek olduğu tespit edilmiştir (Bricker vd., 2015). Whitworth ve arkadaşlarının 37.505 gebeyi dahil ettikleri bir çalışmada, gebeliğin başlangıç dönemlerinde fetal değerlendirmesini amaçlamışlardır. Rutin ultrason uygulamalarının gerçekleştirildiği kadınlar arasında, çoğul gebeliklerin tespitinde hata oranını azaltıcı bir etken olarak nitelendirmişlerdir. Gebeliğin ilerleyen dönemlerinde yapılan rutin ultrason taramaları ile doğum indüksiyonunun kullanımının azaltılması arasında bir bağlantı olduğu saptamışlardır (Whitworth, 2015).

Ultrasonografi taramaları, gebelik öncesi bakımda temel bir rol oynayarak gestasyonel yaş, fetal sağlık ve potansiyel komplikasyonlar hakkında kritik bilgiler sunmaktadır. Birinci trimester ultrason taramalarının, gebelik dönemindeki endişelerini azaltacağını (Withworth, 2015), ancak belirgin bir etkisi olduğuna dair kanıt bulunmamaktadır (Ergün, 2017; Buijtendijk, 2024). İkinci trimester ultrason taramalarının, post-term gebeliklerde doğum indüksiyonu riskini azaltabilir, fetal anomalilerin 24'üncü haftasından önce tespit edilmesini arttırabilmektedir. Ancak kanıtlar, bildirilen diğer anne ve yenidoğan sonuçlarının üzerinde çok az veya hiç etkisi olmayabileceği ortaya koymaktadır (WHO, n.d; Moncrieff vd., 2021).

5. AFP - NTD Ölçümü

Alfa-fetoprotein (AFP), fetal yolk kesesi ve karaciğer tarafından salgılanan bir glikoproteindir. Gebelikte, artan AFP seviyeleri ikinci trimesterde yapılan serum taramaları, normal ve anormal sonuçları ayırt etmek için optimize edilmektedir. Fetal membran defektleri, AFP'nin amniyonik sıvıya sızmasına neden olarak maternal serumde artışa yol açıp tarama zamanı boyunca haftada yaklaşık %15 artmaktadır (Erol vd., 2020).

Nöral Tüp Defekt (NTD), merkezi sinir sistemini ve vertebral kolonu etkileyen yaygın konjenital anomalilerdir. Kardiyak malformasyonlardan sonra en sık görülen ikinci konjenital sorundur. Sonuçları lezyonun ciddiyetine göre değişmektedir. Folik asit takviyesi birincil önleme sağlayıp erişilebilir prenatal tarama ve fetal cerrahi sonuçlarını iyileştirmektedir (ACOG, 2017).

Maternal serum AFP değerlendirmesi, NTD için etkili bir tarama testi olup tüm gebelerin yaptırması önerilmektedir. Maternal kanda yüksek AFP seviyeleri olan gebeler için, NTD riski taraması için özel bir ultrason taramasına ihtiyaç duyulmaktadır. ACOG'un antenatal bakım rehberine göre; önceki gebeliğinde NTD tanısı almış yüksek riskli kadınların günde 4 mg folik asit kullanmalarını önermektedir. Eğer gebelik sırasında NTD tespit edilirse, yenidoğanın olası komplikasyonlarıyla ilgili detaylı bir değerlendirme için özel yenidoğan uzmanlarına ve tam tesis bir merkeze yönlendirilmesi tavsiye edilir. NTD'li bir bebek için, gelecekteki klinik çalışmalarda ideal folik asit dozu henüz tam olarak belirlenmemiştir. Ancak, ACOG, kadınların günde 400 μg folik asit kullanmaları gerektiğini önermektedir (Randel, 2019; ACOG, 2017).

Kraliyet Kadın Doğum Uzmanları ve Jinekologlar Koleji (RCOG) kılavuzuna göre, risk faktörü bulunmayan gebelerin gebelik öncesi dönemden itibaren, 13. haftaya kadar, günde 400 mikrogram folik asit alması önerilirken, yüksek riskli gebelerin ise günde 5 miligram folik asit almalarını önermektedir. RCOG kılavuzuna göre, önceki gebeliklerinde NTD öyküsü olanlar, ailelerinde NTD vakası bulunanlar, BKİ'si 30 ve üzerinde olanlar, orak hücre anemisi veya talasemi geçmişi olanlar, epilepsi ilaçları kullananlar, diyabet ve çölyak hastaları, yüksek riskli gebelerin grubunda yer almaktadırlar (Ho vd., 2016; RCOG, 2022).

Kanada Kadın Doğum Uzmanları ve Jinekologlar Derneği (SCOG) gebelik kılavuzuna göre, düşük riskli gruptaki gebeler ve ailelerinde doğuştan gelen bir folik asit eksikliği bulunmayanlar için, gebeliğin 2 ile 3 ay öncesinden başlayarak doğum sonrası 4 ile 6 haftaya kadar günde 0,4 miligram folik asit kullanmaları önerilmektedir. Orta riskli gruptaki gebelerde ise, ailelerinde NTD vakası bulunanlar için, hamileliğin 3 ay öncesinden doğum sonrası 4 ile 6 haftaya kadar veya emzirme dönemi boyunca günde 1 miligram folik asit kullanımları tavsiye edilmektedir. Daha önceki gebeliklerinde NTD vakası olan yüksek riskli gebeler için ise, gebeliğin 3 ay öncesinden doğum sonrası 4 ile 6 haftaya kadar veya emzirme dönemi boyunca günde 4 miligram folik asit kullanmaları önerilmektedir (Wilson vd., 2015, SCOG, 2024).

DSÖ ,SCOG, RCOG, ACOG ve T.C. Sağlık Bakanlığı'nın gebelikte folik asit kullanımıyla ilişkin önerileri Tablo 1'de gösterilmektedir. Ebeler, gebelik öncesi periyottan itibaren kadınlara folik asidin önemini aktarmalı, riskli gruptaki kadınları tanımlayarak gebelik öncesi periyottan itibaren doktorla birlikte değerlendirmeli ve kadınlara bu alanda eğitim ve danışmanlık hizmeti vermeleri gerekmektedir.

Tablo 1. DSÖ ,SCOG, RCOG, ACOG ve T.C. Sağlık Bakanlığı'nın gebelikte folik asit kullanımıyla ilgili tavsiyeler

Rehber	Normal gebelik		Orta risk	Riskli gebelik
ACOG	Günlük	0,4 miligram	NTD riski bulunan kişiler ayrı bir özenle incelenmelidir.	Günlük 4 miligram
RCOG	Günlük	0,4 miligram	-	Günlük 4 miligram
SCOG	Günlük	0,4 miligram	Günlük 1 miligram	Günlük 5 miligram
DSÖ	Gebelerin, anemi, doğum sonrası sepsisi, düşük doğum ağırlığı ve erken doğumları önlemek amacıyla, günlük olarak 30 ile 60 mg elementel demir ve 400 mikrogram (0,4 mg) folik asit içeren ağız yoluyla alınan demir ve folik asit takviyesi kullanmaları tavsiye edilmektedir. (WHO, 2024).			
T.C Sağlık Bakanlığı	Gebelik planlayan tüm kadınlar gebe kalmadan en az 1 ay önce günde 400-800 mikrogram. Nöral tüp defekti riski yüksek olan gruplarda gebeliğin üç ay öncesinden başlayarak günde yüksek dozda (4 mg) folik asit alınması önerilmektedir ve bu uygulamanın gebeliğin 12. haftasına kadar sürdürülmesi tavsiye edilmektedir (TCSB, 2018).			

Kaynak: Kurtoğlu ve Yılmaz, 2018

6. Amniyosentez (AC) ve Koryon Villus Örneklemesi (CVS)

İkinci trimester AC, amniyotik boşluğun içerisinden amniyotik sıvı örneği alma işleminden oluşmaktadır. CVS yönteminde ise plasenta dokusundan bir örnek alınmaktadır; bu iğne transabdominal veya transservikal olarak kullanılabilmektedir. Tarama ve tanısal yüksek riskli gebeleri belirlemede ve gebeliğin erken dönemde sonlandırılmasında önemli rol oynamaktadır (Alfirevic vd., 2017).

Gebelik döneminde, genetik test amaçlı fetal numune almak için AC veya CVS önerilmektedir ve AC 15'inci gebelik haftasından sonra gerçekleştirilmektedir. AC ve CVS yapıldığında, gebelik kayıp oranı yaklaşık 300'de 1 ile 1000'de 1 arasında değişmektedir. AC endikasyonları, 35 yaş üstü anneler, genetik bozukluğu geçmişine sahip bireyler, daha önce anormal bir bebeği olan anneler, ultrasonda anormallik gösteren fetüsleri içeren durumlar ve non-invaziv prenatal testi (NIPT) pozitif çıkan bireylere önerilmektedir (Gündüz vd., 2021).

Cochrane veri tabanında, ilk (15 haftadan önce) ve ikinci trimesterlerde (15 haftadan sonra) AC arasındaki farkı ve ikinci trimesterde transservikal CVS ve AC komplikasyonlarını karşılaştırmayı amaçlayan bir araştırmada, 33,555 kadını içeren 16 randomize kontrollü çalışmayı incelemişlerdir.

Bu çalışmada erken AC, ikinci trimester AC'e göre daha fazla risk içermekte olup, gebelik kaybı ve spontan düşüklerle özellikle deformite veya kulak anomalileriyle ilişkili olduğunu belirtmişlerdir. Transservikal CVS, genellikle ikinci trimester AC ile karşılaştırıldığında artan spontan düşük riski nedeniyle toplam gebelik kaybı riskini artırabileceğini bildirmişlerdir. Bu çalışmada, yüksek kaliteli kanıtlar, 15 haftadan sonra yapılan testler için ikinci trimester AC'yi önerirken, 15 haftadan önce bir test gerektiğinde transabdominal CVS düşünülebilecek bir seçenek olarak değerlendirilmesi önermişlerdir (Alfirevic vd., 2017).

Kim ve arkadaşlarının çalışmasında, ikiz gebeliklerde belirli durumlarda invaziv prenatal tanı testlerinden CVS ve AC karşılaştırmışlardır. Bu çalışmada ilk trimesterde uygulanan CVS ile ikinci trimesterde uygulanan AC arasındaki prosedürle ilişkili fetal kayıpları ve obstetrik sonuçları değerlendirmeyi hedeflenmişlerdir. Sonuç olarak, çift yumurta ikiz gebeliklerde CVS ve AC uygulamalarının genel fetal kayıp oranı ve prosedürle ilişkili fetal kayıp oranı arasında istatistiksel bir anlamlılık bulunmamaktadır (Kim vd., 2019).

7. Sonuç

Gebelik sürecinde kanıta dayalı uygulamaların takip edilmesi ve kullanılması, anne ve bebeğin sağlığının korunması için son derece önemlidir. Gebelik takibi, prenatal testler ve bakımlarda kanıt temelli yaklaşımların oluşturulması ve uygulamaya geçirilmesi maternal ve fetal sağlığın korunması ve geliştirilmesine katkı sağlayacaktır. Kanıta dayalı uygulamaların artmasıyla birlikte, ebenin antenatal bakımda kaliteli ve sürekli hizmet sunabilmesi için kanıta dayalı çalışmaların önemi artmaktadır. Bu bağlamda, ebelerin kanıta dayalı uygulamaları benimsemesi, eğitim programlarında bu konunun özellikle vurgulanması, gebelik sürecinde kanıta dayalı yaklaşımın eğitim yoluyla desteklenmesi, doğum öncesi gebelik takiplerinin nitelikli ebe liderliğinde yürütülmesi ve ebelerin aktif katılımını sağlamak adına gerekli istihdamın yapılması önerilmektedir. Ayrıca, sosyal, kültürel, ekonomik ve mesleki engellerin ülke politikalarıyla ele alınarak, kanıta dayalı ebelik bakımının önündeki engellerin giderilmesi için idari ve yasal düzenlemelerin yapılması gerekmektedir.

Kaynakça

ACOG. (2016). Practice bulletin no. 162: prenatal diagnostic testing for genetic disorders. Obstet Gynecol, *American College of Obstetricians and Gynecologists*, 127(5), 108-22.

ACOG. (2017). Neural Tube Defects. *American College of Obstetricians and Gynecologists*. Erişim Adresi: https://www.acog.org/clinical/clinical-guidance/practice-bulletin/articles/2017/12/neural-tube-defects.

ACOG. (2020). Non-Invasive Prenatal Testing: An Advocacy Tool Kit for Obstetric Health Care Professionals and Patients. *American College of Obstetricians and Gynecologists*. Erişim Adresi: https://www.acog.org/advocacy/policy-priorities/non-invasive-prenatal-testing

Akolekar, R., Beta, J., Picciarelli, G., Ogilvie, C., & D'Antonio, F. (2015). Procedure-related risk of miscarriage following amniocentesis and chorionic villus sampling: a systematic review and meta-analysis. *Ultrasound in Obstetrics & Gynecology, 45*(1), 16-26.

Alfirevic, Z., Navaratnam, K., & Mujezinovic, F. (2017). Amniocentesis and chorionic villus sampling for prenatal diagnosis. *Cochrane Database of Systematic Reviews*, (9).

Brezina, P. R., Kutteh, W. H., Bailey, A. P., & Ke, R. W. (2016). Preimplantation genetic screening (PGS) is an excellent tool, but not perfect: a guide to counseling patients considering PGS. *Fertility and sterility*, 105(1), 49-50.

Bricker, L., Medley, N., & Pratt, J. J. (2015). Routine ultrasound in late pregnancy (after 24 weeks' gestation). *Cochrane database of systematic reviews*, (6).

Bringman, J. J. (2014). Invasive prenatal genetic testing: A Catholic healthcare provider's perspective. *The Linacre Quarterly*, 81(4), 302-313.

Buijtendijk, M. F., Bet, B. B., Leeflang, M. M., Shah, H., Reuvekamp, T., Goring, T., ... & de Bakker, B. S. (2024). Diagnostic accuracy of ultrasound screening for fetal structural abnormalities during the first and second trimester of pregnancy in low-risk and unselected populations. *Cochrane Database of Systematic Reviews*, (5).

Dowswell, T., Carroli, G., Duley, L., Gates, S., Gülmezoglu, A. M., Khan-Neelofur, D., & Piaggio, G. (2015). Alternative versus standard packages of antenatal care for low-risk pregnancy. *Cochrane database of systematic reviews*, (7).

Ergün, E. (2017). Birinci Trimester Ultrasonografi İncelemesi. *Türk Radyoloji Seminerleri, 5*, 185-201.

Erol, S. A., Şule, Ö. Z. E. L., Cengaver, N., Kırbaş, A., & Ustun, Y. (2020). Güncel Obstetride Alfa-Fetoprotein Hastane Tecrübelerimiz ve Literatürün Gözden Geçirilmesi. Jinekoloji.*Obstetrik ve Neonatoloji Tıp Dergisi*, 17(1), 275-279.

Gaccioli, F., Aye, I. L., Sovio, U., Charnock-Jones, D. S., & Smith, G. C. (2018). Screening for fetal growth restriction using fetal biometry combined with maternal biomarkers. *American journal of obstetrics and gynecology*, 218(2), S725-S737.

Gündüz, R., Tunç, S. Y., Buğday, R., Oral, D., Tekeş, S., & Yalınkaya, A. (2021). İkinci trimester amniyosentez olgularının değerlendirilmesi: Tersiyer bir merkezin 10 yıllık deneyimi. *Perinatal Journal/Perinatoloji Dergisi*, 29(1).

Ho, A., Flynn, A. C., & Pasupathy, D. (2016). Nutrition in pregnancy. Obstetrics, *Gynaecology & Reproductive Medicine*, 26(9), 259-264.

Kim, M. S., Moon, M. J., Kang, S., Jung, S. H., Chang, S. W., Ki, H. J., ... & Ahn, E. (2019). Obstetrical outcomes of amniocentesis or chorionic villus sampling in dichorionic twin pregnancies. *Journal of Korean Medical Science*, 34(18).

Kimelman, D., & Pavone, M. E. (2021). Non-invasive prenatal testing in the context of IVF and PGT-A. *Best Practice & Research Clinical Obstetrics & Gynaecology*, 70, 51-62.

Kimelman, D., Confino, R., Confino, E., Shulman, L. P., Zhang, J. X., & Pavone, M. E. (2018). Do patients who achieve pregnancy using IVF-PGS do the recommended genetic diagnostic testing in pregnancy? *Journal of assisted reproduction and genetics*, 35, 1881-1885.

Kurtoğlu, z. B., & Yilmaz, T. (2018). Gebelik Döneminde Kanıta Dayalı Uygulamalar ve Ebelik Yaklaşımı. Turkiye Klinikleri. *Journal of Health Sciences*, 3(3), 220-241.

Makrides, M., Crosby, D. D., Shepherd, E., & Crowther, C. A. (2014). Magnesium supplementation in pregnancy. *Cochrane Database of Systematic Reviews*, (4).

Moncrieff, G., Finlayson, K., Cordey, S., McCrimmon, R., Harris, C., Barreix, M., ... & Downe, S. (2021). First and second trimester ultrasound in pregnancy: A systematic review and metasynthesis of the views and experiences of pregnant women, partners, and health workers. *PLoS One*, 16(12), e0261096.

Pös, O., Budiš, J., & Szemes, T. (2019). Recent trends in prenatal genetic screening and testing. *F1000Research*, 8.

Randel, A. (2019). Interpregnancy care: Guidelines from ACOG and SMFM. *American family physician*, 100(2), 121-123.

Rao, U., de Vries, B., Ross, G. P., & Gordon, A. (2019). Fetal biometry for guiding the medical management of women with gestational diabetes mellitus for improving maternal and perinatal health. *Cochrane Database of Systematic Reviews*, (9).

RCOG. (2022). Healthy eating and vitamin supplements in pregnancy". *Royal College of Obstetricians and Gyaecologists* Erişim Tarihi: 27.06.2024: https://www.rcog.org.uk/media/lcfn54fw/healthy-eating-vitamin-supplements-pregnancy-large-print-patient-information.pdf

SCOG. (2024). Healthy Pregnancy: Folic Acid. *Society of Obstetricians and Gynaecologists of Canada*. Erişim Tarihi: 28.06.2024: https://www.pregnancyinfo.ca/your-pregnancy/healthy-pregnancy/folic-acid/

Sezgin, D., & Kartal, Y. A. (2021). Gebelik döneminde kanıta dayalı yaklaşımların güncel rehberler doğrultusunda incelenmesi. *Ankara Sağlık Bilimleri Dergisi*, 10(1), 92-107.

T.C. Sağlık Bakanlığı, Halk Sağlığı Kurumu. (2018). Doğum Öncesi Bakım Yönetim Rehberi, Erişim Adresi: https://hsgm.saglik.gov.tr/depo/Yayinlarimiz/Rehberler/dogum_oncesi_bakim_08-01-2019_1.pdf

Tutuş, Ş. (2021). Kayseri Şehir Hastanesine 2019 yılında obstetrik ultrasonografi için başvuran gebelerde saptanan anomali sıklığı ve dağılımı: Retrospektif analiz. *Perinatal Journal/Perinatoloji Dergisi*, 29(1).

UNICEF. (2024). Antenatal care. Erişim Adresi: https://data.unicef.org/topic/maternalhealth/antenatal-care/

Van Schendel, R. V., Van El, C. G., Pajkrt, E., Henneman, L., & Cornel, M. C. (2017). Implementing non-invasive prenatal testing for aneuploidy in a national healthcare system: global challenges and national solutions. *BMC health services research*, 17(1), 1-10.

Whitworth, M., Bricker, L., & Mullan, C. (2015). Ultrasound for fetal assessment in early pregnancy. *Cochrane database of systematic reviews*, (7).

WHO. (2020a). Maternal Mortality. *World Health Organization*. Erişim Adresi: https://www.who.int/europe/news-room/fact-sheets/item/maternal-mortality.

WHO. (2020b). Newborn Mortality. *World Health Organization*. Erişim Adresi: https://www.who.int/news-room/fact-sheets/detail/levels-and-trends-in-child-mortality-report-2021.

WHO. (2022). Maternal and fetal assessment update: imaging ultrasound before 24 weeks of pregnancy. *World Health Organization*. Erişim Adresi: https://iris.who.int/bitstream/handle/10665/352620/9789240046009-eng.pdf?sequence=1

WHO. (2024). Antenatal iron supplementation. *World Health Organization*. Erişim Tarihi: 24.01.2024: https://www.who.int/data/nutrition/nlis/info/antenatal-iron-supplementation

WHO. (n.d.). WHO antenatal care recommendations for a positive pregnancy experience: Maternal and fetal assessment update: imaging ultrasound before 24 weeks of pregnancy, *World Health Organization*. Erişim Tarihi: 02.02.2024: https://www.ncbi.nlm.nih.gov/books/NBK579610/

Wilson, R. D., Audibert, F., Brock, J. A., Carroll, J., Cartier, L., Gagnon, A., ... & Van den Hof, M. (2015). Pre-conception folic acid and multivitamin supplementation for the primary and secondary prevention of neural tube defects and other folic acid-sensitive congenital anomalies. *Journal of Obstetrics and Gynaecology Canada*, 37(6), 534-549.

EVIDENCE-BASED PRACTICES IN FAMILY PLANNING

AİLE PLANLAMASI UYGULAMASINDA KANITA DAYALI UYGULAMALAR

Selin Koç[1] ve Çiler Yeyğel [2]

Öz

Aile Planlaması, ailelere istedikleri sayıda çocuğa, istedikleri zaman ve uygun aralıklarla sahip olma imkânı tanıyan bir yaklaşımdır. Aile planlamasının amacı, bireylerin çocuk sahibi olma zamanını, sayısını ve aralıklarını seçme özgürlüğünü tanımak ve sağlıklı bir toplum oluşturmaktır. Aile planlaması yöntemlerinde kanıta dayalı uygulamalar, aile planlaması yöntemlerinin etkinliği, güvenilirliği ve güvenliği hakkında kapsamlı bir değerlendirmeyi ortaya koymaktadır. Aile planlaması uygulamalarında yapılan kontrollü klinik denemeler ve meta-analizler, bu yöntemlerin etkinliği üzerine kanıt temelli bilgiler sunmaktadır. Ayrıca, aile planlaması uygulamalarında kanıta dayalı yaklaşımların kullanılmasıyla; toplumda sağlık hizmetlerine erişiminde eşitlik sağlayacaktır. Bu kapsamda, aile planlaması uygulamalarındaki etkinliğini arttırmak amacıyla bu konudaki klinik rehberler, kanıt temelli bakım standartları ve yaklaşımlar incelenerek bu derleme oluşturulmuştur. Bu çalışmayla aile planlaması uygulamalarındaki kanıta dayalı gelişmelerin sağlık profesyonelleri, politika yapıcıları ve genel toplum için sağladığı önemli katkıları öne çıkarmak amaçlanmaktadır.

Anahtar kelimeler: Aile planlaması; kontraseptif yöntemler; kanıt

Abstract

Family Planning is a strategy to help individuals manage the process of starting their own families and having children. The aim of family planning is to recognize the freedom of individuals to choose the time, number and spacing of their childbearing and to create a healthy society.

[1] Ebe, İzmir Tınaztepe Üniversitesi, Lisansüstü Eğitim Enstitüsü, Ebelik Yüksek Lisans Bölümü, selin.balkukoc@gmail.com, ORCID: 0009-0000-7462-4498

[2] Dr. Öğr. Üyesi, İzmir Tınaztepe Üniversitesi Ebelik Bölümü, ciler.yeygel@tinaztepe.edu.tr, ORCID: 0000-0002-9061-3817

Evidence-based practices in family planning methods provide a comprehensive assessment of the effectiveness, reliability and safety of family planning methods. Controlled clinical trials and meta-analyses of family planning practices provide evidence-based information on the effectiveness of these methods. Furthermore, the use of evidence-based approaches in family planning practices will ensure equality of access to health services in the community. In this context, this review was created by examining clinical guidelines, standards of care and evidence-based approaches to increase the effectiveness of family planning practices. This study aims to highlight the important contributions of evidence-based developments in family planning practices for health professionals, policy makers and the general public.

Keywords: Family planning; evidence; contraceptive methods

1. Giriş

Aile Planlaması (AP), ailelere istedikleri kadar çocuğa, istedikleri vakit ve uygun aralıklarla sahip olma imkânı tanıyan bir yaklaşımdır. Aileler, bu şekilde çocuklarını daha iyi bakma ve yetiştirme şansına sahip olabilirler (Yayman ve Yayman, 2011: 3). AP uygulaması, istenmeyen gebelikleri önlemek, doğumlar arasındaki süreyi düzenleme, istedikleri vakitte ve sayıda çocuğa sahip olma ve çocuk sahibi olmayan çiftlere çocuk sahibi olma imkânı veren çok çeşitli bir uygulamalardır. Bu uygulamalar çiftlerin kendi üreme sağlıklarını yönetmelerine, ailelerini planlamalarına ve yaşam tarzlarına uygun doğru kararlar almalarına yardımcı olur. Anne ve bebek sağlığını olumsuz etkileyen aşırı doğurganlığı önleyerek, kadın ve çocuk sağlığının yanı sıra toplumun sağlığının korunması ve geliştirilmesine AP yöntemleri önemli katkılar sağlamaktadır (Gavas ve İnal, 2019: 37). UNFPA'nın 2021 Dünya Nüfus Raporunda, her bireyin kendi vücudu üzerinde söz sahibi olma ve bedeniyle ilgili karar alma hakkına yönelik farkındalığı artırmak ve bu kavramların daha geniş çapta anlaşılması amaçlanmıştır (UNFPA, 2021). Cinsel sağlık ve üreme sağlığı alanında faaliyet gösteren bu kurum, nitelikli doğum kontrol yöntemleri ve bu konuda veri toplama çalışmalarını devam ettirerek, ulusal sağlık sistemlerini güçlendirmeyi ve planlı ebeveynlik politikalarını desteklemeyi amaçlamaktadır. Bu çabalar, toplumsal cinsiyet eşitliği, bireylerin güçlenmesi ve yoksulluğun azaltılmasına yönelik mücadeleyi desteklemektedir (Habte vd., 2022: 18).

Aile planlaması hizmetlerindeki yıllara göre elde edilen kazanımlara rağmen, birçok çiftin etkili yöntem kullanmamasının temel nedenleri arasında yöntemlerle ilgili yetersiz bilgi, ulaşım zorlukları, sağlık profesyonellerinin eğitim eksiklikleri, sınırlı seçenekler ve sağlık riskleri ile ilgili endişeler yer almaktadır (Riley vd., 2020: 73). Sağlık profesyonellerinin aile planlaması uygulamalarında çiftlere rehberlik etmesi gerekmektedir. Bu sebeple bu alanda önemli rolleri olan ebelerin aile planlaması uygulamalarında kanıt çalışmalarını takip etmesi ve uygulamalarda kullanması önemli olacaktır (Dişli ve Kaydırak, 2021: 143). Genel anlamda, sağlık alanında kanıt, bir uygulamanın geçmiş ve bilimsel değerlendirmesine dayanan bilgi temelini ifade etmektedir (Kara ve Şahin, 2022: 93). Kanıta dayalı sağlık yaklaşımı, en son bilimsel bilgilerin araştırılması, klinik uzmanlıkla değerlendirilmesi ve hasta tercihleri gözetilerek bakım uygulamalarına bütünsel bir entegrasyonu içeren kapsamlı bir strateji sunmaktadır (Can ve Akyüz Özdemir, 2023: 245). Aile planlaması uygulamasında kanıt temelli yaklaşımda, ebelerin görev, yetki ve sorumlulukları, bireylerle etkili iletişim kurma, doğru bilgi sağlama, uygun yöntem seçimine rehberlik etme gibi kilit rolleri içermektedir (Mevzuat, 1983: 3).

Bu kapsamda, aile planlaması uygulamalarındaki etkinliğini arttırmak amacıyla klinik rehberler, kanıt temelli bakım standartları ve yaklaşımlar incelenerek bu derleme oluşturulmuştur.

2. Aile Planlaması İle İlgili İstatistikler

Türkiye Nüfus ve Sağlık Araştırması (TNSA) 2018 raporuna göre; aile planlaması, Türkiye'de kadınların büyük çoğunluğu tarafından bilinmekte ve kullanılmaktadır. Kadınların %97'si aile planlaması yöntemlerinden en az bir modern yöntem bilmekte olup, bunlar arasında hap, tüplerin bağlanması, Rahim İçi Araç (RİA) ve kondom en yaygın olarak bilinenler arasındadır. Modern gebeliği önleyici yöntem kullanımı, bölgelere, yerleşim yerlerine ve eğitim düzeyine göre değişiklik göstermektedir. Örneğin, kentsel kesimde yaşayan kadınların oranı %50 iken, kırsal kesimde bu oran %45'tir. Eğitim düzeyi arttıkça modern yöntem kullanım oranı da yükselmektedir. TNSA 2018 raporunda; özel sektör %36 ile gebeliği önleyici modern yöntemlerin temininde önemli bir rol oynarken, devlet hastaneleri ve aile hekimlikleri gibi kamu kurumları bu teminin %52'sini karşılamaktadır (TNSA, 2018: 84). Ayrıca, karşılanmamış aile planlaması ihtiyacı, Türkiye genelinde halen evli kadınların %12'sinde görülmektedir. Bu ihtiyaç, kadınların eğitim düzeyi, yaş aralığı ve refah düzeyine göre farklılık göstermektedir. Özellikle Doğu bölgesinde ve 20-24 yaş aralığındaki kadınlar arasında karşılanmamış aile planlaması ihtiyacı daha yüksektir (TNSA, 2018: 74). Türkiye'nin aile planlaması politikaları tarihsel bir süreçten geçmiş ve 1965'te kabul edilen ilk nüfus planlaması yasası 557 nolu yasa ile başlamıştır. Bu yasa, gebeliği önleyici yöntemlerin tanıtılmasını ve kullanımını destekleyerek nüfus artış hızını kontrol etmeyi amaçlamıştır (TBMM. 1965). Dünya çapında 2021 yılında cinsel ilişkiye giren kadınlar (15-49 yaş) yaklaşık 1,9 milyarı bulunmaktadır. Bu kadınların 1,1 milyarı aile planlaması hizmetlerine ihtiyaç duymaktadır. Bunların 874 milyonu modern doğum kontrol yöntemleri mevcutken, 164 milyonu kadının doğum kontrol ihtiyacı karşılanmıyor. Ayrıca evli veya birlikte yaşayan kadınların %65'i herhangi bir doğum kontrol yöntemini kullanmakta olup, modern yöntem kullanımı %58,7'dir. Bu veriler, doğum kontrolünün kadınların sağlık haklarını ve yaşam tercihlerini güçlendirdiğini göstermektedir (WHO, 2023).

3. Aile Planlaması Yöntemlerinin Sınıflandırılması

Kadınlara yönelik yöntemler, modern aile planlaması yöntemleri ve geleneksel aile planlaması yöntemleridir. Erkeklere yönelik yöntemler de geri dönüşümlü yöntemler, geri dönüşümsüz yöntemlerdir. Kadına ait yöntemler; RİA, kadın kondomu, tüplerin bağlanması, spermisit, diyafram, hormonal yöntemler; doğum kontrol hapı, cilt altına uygulanan implantlar ve enjeksiyonlar (aylık / üç aylık) oluşmaktadır. Erkeğe ait yöntemler; kondom, geri çekme, vazektomi olarak sınıflandırılabilir (Abukar Aweis, 2023).

3.1. Rahim İçi Araç (RİA)

Kadınların gebelikten korunmalarını sağlayan, uzun süre korunma isteyen, sterilizasyon istemeyen, emziren, kürtaj geçirmiş kadınlar için uygun bakırlı ve hormonlu çeşitleri olan T şeklindeki araçlardır. Sağlık kuruluşunda uygulanması gerekir. Bazı yan etkileri vardır. Uygulama ve çıkarma işlemi bazı kadınlarda ağrılı olabilir (SBHG, 2019: 89). Panichyawat ve arkadaşlarının (2020) üreme çağındaki 124 kadına RİA uygulaması sırasında ağrı değerlendirmesinin yapıldığı bir çalışmada; %10 lidokain spreyin Cu-RİA yerleştirme sırasındaki ağrıyı azaltmada etkili bir lokal anestezi yöntemi olduğu saptanmıştır (Panichyawat vd., 2021: 159). Averbach vd. (2023) çalışmasında, doğum sonrası erken RİA yerleştirme (doğum sonrası 2 ila 4 hafta) ile standart aralıkta yerleştirme (doğum sonrası 6 ila 8 hafta) karşılaştırarak dışarı atılma oranlarını belirlemeyi hedeflemişlerdir. Randomize olan bu çalışmada 404 kadın 6 ay boyunca takip edilmiştir. RİA'nın doğum sonrası erken dönemde yerleştirilmesinin, standart yerleştirme zamanıyla karşılaştırıldığında, tam atılma riski açısından noninferior (kabul edilebilir sınırlar içinde) olduğunu göstermektedir. Ancak, kısmi atılma oranlarının farklılık gösterdiği belirtilmektedir sonucuna varmışlardır (Averbach vd., 2023: 910).

3.2. Kadın Bariyer Yöntemler

Seviksi kapatarak gebeliği önleyen vajinal bariyer olarak kullanılan doğum kontrol yöntemleridir. Bunlar, kadın kondomu, diyafram, servikal kap, spermisid çeşitleridir (Ercan, 2019: 15). Gallo ve arkadaşlarının (2002), doğum kontrolü için servikal kapak ve diyafram konulu randomize kontrollü çalışmasında (RKÇ); Prentif başlığını ve FemCapı, diyaframla karşılaştırılmıştır. Bu çalışmada Prentif başlığı, gebeliği önlemede diyaframla benzer etkinliğe sahip olduğunu, FemCapın ise etkili olmadığı ancak her iki servikal kabın da tıbben güvenli göründüğü sonucuna varılmıştır (Gallo vd., 2002). Wang ve arkadaşlarının (2014) 20-49 yaşlarındaki cinsel açıdan aktif 290 kadını dâhil ettikleri randomize araştırmasında, Çin'deki kadın kondomu bilgi düzeyini/kullanımını ve Phoenurse kadın kondomu (PFC) ile ikinci nesil Femidom kadın kondomunu (FC2) karşılaştırmışlardır. Bu çalışmadaki katılımcıların kadın kondomunu anlama ve kullanma düzeyi düşük olduğu, PFC'nin başarısızlık oranlarının FC2'ye göre daha yüksek olduğu belirlenmiştir. Bu çalışmada en yaygın başarısızlık biçimi kayma olarak saptanmıştır (Wang vd., 2014: 152).

3.3. Kombine Oral Kontraseptifler (KOK)

Kombine oral kontraseptif, kadınlarda ovulasyonu baskılayarak gebeliği önleyen hem progestin hem östrojen hormonlarını içeren haplardır (UNFPA, 2022). Her gün aynı saatte düzenli alındığında bu haplar %91 etkilidir. Sadece istenmeyen gebelikleri değil aynı zamanda çeşitli kanserleri ve hastalık semptomlarını da önlemek için kullanılmaktadır (UNFPA, 2022). Forslund ve arkadaşlarının (2023) polikistik over sendromu (PKOS) tedavisinde farklı türde oral kontraseptif hapların (COCP'ler) karşılaştırıldığı bir sistemik inceleme ve meta-analiz çalışmasında, antiandrojen içeren COCP rejimleri, geleneksel COCP'lere kıyasla hiperandrojenizmi azaltmada daha etkili olduğunu bildirmişlerdir. Ancak, antiandrojen içeren bir COCP olan Ethinylestradiol/Cyproterone Acetate (EE/CPA), venöz tromboembolizmin (VTE) riskini artırması nedeniyle birinci basamak tedavi olarak önerilmemesi gerektiği ve yeni nesil progestinlerin teorik avantajları bulunsa da, PKOS'lu kadınlarda klinik sonuçlara dair daha kapsamlı kanıtların gerektiği sonucunu ortaya koymuşlardır (Forslund vd., 2023: 1). Farquhar ve arkadaşlarının (2017) yardımcı üreme teknikleri uygulanan kadınlara yönelik ovaryan stimülasyon protokolleri için oral kontraseptif hap, progestogen veya östrojen ön tedavisinin incelenmesi için yapmış oldukları bir çalışmada; gonadotropin salgılayan hormon (GnRH) agonisti veya antagonisti döngülerinde uygulanan 29 rastgele kontrollü çalışma (4701 kadın) incelenmiştir. Bu çalışmanın sonucu olarak ovaryan stimülasyonu gören kadınlarda, COCP ön tedavisi, canlı doğum veya devam eden gebelik oranlarını azalttığını bildirmişlerdir. Ayrıca bu çalışmada progesteronlar veya östrojenlerle yapılan ön tedavi ve diğer stimülasyon protokolleriyle yapılan COCP ön tedavisinin etkilerini belirlemek için yeterli kanıt bulunmadığını ve progesteron ön tedavisi, agonisti sikluslarda over kisti riskini azaltabilirken, antagonist sikluslarda COCP'nin gebelik kaybı riskini azaltabilmesi dışında advers olaylara dair net sonuçlar elde edilemediğini belirtmişlerdir (Farquhar,2017: 5). Warhurst ve arkadaşları (2018) çalışmasında, migren tedavisinde yalnızca progestin içeren kontraseptiflerin etkinliğini değerlendirmeyi amaçlamaktadır. Bu araştırmanın bulgularına göre, yalnızca progestin içeren hapın migren ataklarını ve migrenli gün sayısını anlamlı bir şekilde azalttığı görülmüştür. Ayrıca bu çalışmada baş ağrısına bağlı yaşam kalitesinin arttığı ve analjezik kullanımının azaldığı belirtilmiş olup daha fazla randomize çalışmaya ihtiyaç olduğu vurgulanmıştır (Warhurst, 2018: 754). Bateson ve arkadaşlarının (2016) meta-analiz çalışmasında; kombine oral kontraseptif (KOK) kullanan kadınlarda venöz tromboembolizm (VTE) riskini değerlendirmeyi amaçlamışlardır. Bu çalışmada progestin seçimine bağlı olarak KOK'larda VTE riskindeki farkın genelde küçük olduğunu ve bu faktörün her kadın için doğru KOK'u seçerken tek başına düşünülmemesi gerektiğini bildirmişlerdir (Bateson, 2016: 59).

3.4. Enjeksiyon

Ayda bir veya üç ayda bir yapılan iğneler, hormon içerikleri çok ufak miktarlarda kana karışır ve over hücresindeki oluşumu engelleyerek, serviks te bulunan salgıları koyulaştırır ve sperm geçişini engelleyerek gebeliği önlemektedir (TCSB, 2010). Mack ve arkadaşları (2019) kısa süreli hormonal kontrasepsiyon yöntemlerine uyumu ve bunların devamlılığını artırmaya yönelik stratejilerin etkinliğini belirlemek amacıyla

6242 kadını içeren 10 RKÇ derlemiş ve kontraseptif stratejilere dair kanıtların düşük olduğunu saptamışlardır. Bu araştırmada, nitelikli danışmanlık ve hatırlatmaların enjekte edilen ve oral kontraseptifler gibi daha kısa süreli hormonal kontraseptif yöntemlerin sürdürülmesiyle ilişkilendirilebileceğini bildirmişlerdir (Mack vd., 2019: 4). Nabhan ve arkadaşları (2021) çalışmasında, deri altı enjektabl kontraseptif olan medroksiprogesteron asetatın (DMPA-SC) bireyin kendine uygulamasıyla sağlık hizmeti sağlayıcısı tarafından yapılması karşılaştırılarak; kontraseptif kullanımın devamını artırma etkinliğini ve güvenliğini değerlendirilmiştir. Bu çalışmada kendi kendine enjeksiyonun, sağlayıcı tarafından yapılan enjeksiyona göre kontraseptif kullanım devamını artırdığını ve bu konuda orta derecede güvenilir kanıtlar olduğunu ortaya koymuştur. Özellikle genç kadınlar ve düşük-orta gelirli ülkelerde yaşayan kadınlar arasında, kendi kendine enjeksiyonun daha etkili olduğunu göstermektedir sonucuna varılmıştır (Nabhan vd., 2021: 359).

3.5. Kondom

Kondom, erkek bariyer yöntem olarak kullanılan lâteks, poliüretan veya işlenmiş kollajen dokulardan üretilen kılıflardır. Çeşitli araştırmalara göre, kondom kullanımının geniş bir yaygınlık gösterdiği ve insanların çoğunun hayatlarının belirli bir döneminde kondom kullandığı rapor edilmiştir (Başer vd., 2020: 159). Kondomla ilgili cinsel yolla aktarılan enfeksiyonları kontrol altına almak için farkındalık düzeyini yükseltmek için kampanyalar düzenlenmektedir (Tanrıverdi ve Demirezen, 2021: 115). Beckham ve arkadaşlarının (2021) Tanzanya'daki kadın seks işçilerinin aile planlaması kullanımının ve toplumu güçlendiren bir HIV önleme programına katılımlarının doğum kontrol yöntemlerini kullanmaya olan ilişkisini araştırmışlardır. Bu çalışmada; toplumun güçlendirilmesine dayalı müdahalelerin ve tutarlı kondom kullanımının iyileştirilmesinin, HIV enfeksiyonunu azaltmada ve istenmeyen gebelikleri önlemede etkili olduğu bildirmişlerdir. Ayrıca bu çalışmada modern aile planlaması kullanımının özendirilmesi ve toplulukların ihtiyaçlarına hizmet eden en iyi uygulamaları test etmek ve geliştirmek, aile planlamasının seks işçileri ve diğer dışlanmış gruplara yönelik özel müdahalelere entegrasyonuna daha fazla dikkat edilmesi gerektiğini belirtmişlerdir (Beckham vd., 2021: 1357).

3.6. Cerrahi Sterilizasyon

Cerrahi sterilizasyonun tüpligasyon ve vazektomi olarak iki çeşidi vardır. Tüpligasyon, fallop tüplerinin kapatılması yoluyla spermin yumurtaya ulaşmasını ve döllenmesini önlemek amacıyla gerçekleştirilen bir prosedürdür. Bu işlem lokal ya da genel anestezi altında uygulanabilir geri dönüşü olmayan bir yöntemdir (Çayan, 2019: 38). Dünya Sağlık Örgütü (DSÖ)'ne göre, Dünya genelinde tüm yöntemler içerisinde en yaygın kullanılan doğum kontrol yöntemi kadın sterilizasyonudur (%23) ve bu oranın küresel kullanımındaki yüksek payın büyük bir kısmı, Hindistan'da yoğun olarak kullanılmasından kaynaklanmaktadır. Hindistan'ın hesaplamaya dahil edilmediği durumda, kadın sterilizasyonu dünya genelinde kullanılan yöntemler arasında dördüncü sırada yer aldığı ve toplam kullanımda %15'i oluşturmaktadır (WHO, t.y.). Werawatakul ve arkadaşları (2019) doğum sonrası mini-laparotomi (PPTL) tüp ligasyonu sırasında intraoperatif ağrının giderilmesine yönelik girişimleri ve bunlarla ilişkili olumsuz etkileri değerlendirmek amacıyla toplamda 230 doğum sonrası kadının yer aldığı üç RKÇ incelemişlerdir. Bu çalışmada, doğum sonrası mini-laparotomi tüp ligasyonu sırasında intra peritoneal lidokainin ağrıyı kontrol etmede belirsiz olduğunu ve morfin enjeksiyonu ve lidokain kombinasyonu ile yalnızca lidokain alan kadınlar arasında intraperitoneal ağrıda belirgin bir fark gözlemlenmediğini bildirmişlerdir (Werawatakul vd., 2019).

Vazektomi, testislerdeki spermi, üretraya taşıyan kanalların kesilmesi veya kanalın kapalı hale getirilmesi olarak bilinen oldukça etkili ve ekonomik bir kontrasepsiyon yöntemidir (Başer vd., 2020: 159). Xu ve arkadaşları (2021) vazektomi ile prostat kanseri riski arasındaki ilişkiyi inceledikleri meta-analiz çalışmasında, prostat kanseri riski ile vazektomi arasında anlamlı bir ilişki olduğu sonucuna varılmıştır (Xu vd., 2021: 962). Lu ve arkadaşları (2014) neştersiz vazektomi (NSV), intravas cihazı (IVD) ile karşılaştırarak, erkek sterilizasyonu etkinliğini ve güvenliğini değerlendirmişlerdir. Bu çalışmada, IVD'nin uzun vadeli olumsuz olay riskinin düşük olduğunu ve NSV tekniğiyle benzer şekilde etkili bir erkek sterilizasyon yöntemi olduğunu göstermektedir (Lu vd., 2014: 432).

3.7. İmplantlar

İmplantlar kolun üst iç bölgesine yerleştirilen, 3 yıl süreyle yüksek doğum kontrolü sağlayan, over gelişimini ve uterus içine sperm girişini engellediği, ayrıca gebeliğin yerleşmesini önlediği bir cerrahi yöntemdir (Seyrek, 2021: 184). Tefera ve arkadaşlarının (2022) Etiyopyalı kadınlar arasında Implanon'u bırakmanın yaygınlığı ve ilişkili faktörleri incelediği sistematik bir inceleme ve meta-analiz çalışmasında, hizmet sunumundan memnuniyetsizlik, danışmanlık alınmaması, takip yapılmaması ve yan etkilerin varlığının bırakılma üzerinde belirleyici faktörler olduğu tespit edilmiştir. Bu çalışmada program yöneticileri ve hizmet sağlayıcıları, müşteri memnuniyetini artırmak için kanıta dayalı danışmanlık yaklaşımları benimsemeli ve yan etkilerle başa çıkma konusunda donanımlı olmalıdır sonucuna varılmıştır (Tefera vd., 2022: 1).

3.8. Acil Kontrasepsiyon Yöntemleri

Dünya Sağlık Örgütü'ne göre, korunmasız cinsel ilişki sonrasında veya doğum kontrolünün başarısız olduğu durumlarda, gebeliği önlemek amacıyla hap veya Rahim İçi Aracı (RİA) kullanma imkânı bulunmaktadır. Bu süreç, beş günlük bir zaman aralığını kapsayan acil kontrasepsiyon yöntemi olarak adlandırılmaktadır (WHO, t.y.). Korunmasız cinsel ilişkiden sonra 72 saat içerisinde alındığında %58 den fazla etkili olur. Acil kontraseptifler, oral kontraseptiflerle benzerlik gösterse de, içerdikleri hormonların dozu çok daha yüksek olduğu için asla düzenli bir kontraseptif yöntem olarak kullanılamazlar. UNFPA tarafından, 2021'de 1.8 milyon acil kontraseptif hap tedarik edilmiştir (UNFPA, 2022). Shen ve arkadaşlarının (2019) acil kontrasepsiyona yönelik müdahalelerin incelenmesi için yapılan çalışma korunmasız ilişki sonrası hangi Acil Kontrasepsiyon (AK) yönteminin gebeliği önlemede en etkili, güvenli ve uygun olduğunu belirlemişlerdir. Bu inceleme 60.479 kadın üzerinde yapılmış ve 115 araştırma dâhil edilmiştir. Bu çalışmanın sonuçları, Levonorgest kullanıcılarının Yuzpe kullanıcılarına göre daha az yan etkiye olduğunu ve beklenen tarihten önce regl dönüşü olasılıklarının daha yüksek olduğunu göstermiştir. Ulipristal Asetat (UPA) kullanıcılarının beklenen tarihten önce adet dönüşü olasılığının muhtemelen daha yüksek olduğu belirlenmiştir. Adet gecikmesinin muhtemelen mifepristonun ana olumsuz etkisi olduğu ve doza bağlı olduğu gözlemlenmiştir. Cu-RİA'nın, acil kontrasepsiyonlara göre daha yüksek karın ağrısı riskiyle ilişkili olabileceği sonucuna varılmıştır (Shen, 2019: 1). Cameron ve arkadaşları (2020) tarafından Birleşik Krallık'taki eczanelerde levonorgestrel acil kontrasepsiyon alan kadınlar arasında yapılan küme-randomize bir çapraz geçişli çalışmaya toplam 636 kadın dâhil edilmiştir. Bu çalışmadan elde edilen sonuç, acil kontrasepsiyon sonrası kadınları cinsel sağlık kliniklerine davet etmenin ve sadece progestojen içeren hapın serbest eczanelerden sağlanmasının, daha sonra etkili kontrasepsiyon kullanımında klinik olarak anlamlı bir artışa neden olduğunu saptanmıştır (Cameron vd., 2020: 396). Delaney ve arkadaşlarının (2023) çalışmasında, tahliye sürecindeki cezaevi erkekleri için, Cinsel Yolla Bulaşan Enfeksiyonlar (CYBE) ve tahliye sonrasında istenmeyen partner gebeliği riskleri yüksek olan gruplar için tedavilerin geliştirilmesi ve test edilmesi amaçlanmıştır. Bu çalışmada motivasyonel görüşme (MI) cinsel riskli davranışlar için uygun bir müdahale olarak belirlenmiştir. MI müdahalesinin ön etkililiği de eğitimsel kontrol grubuyla karşılaştırılmış ve otuz iki erkek başlangıçta değerlendirilerek 90 dakikalık bir seansa dahil edilmiştir. Değerlendirme tahliyeden 2 ay sonra gerçekleşmiştir. Bu çalışmadan çıkan sonuç, MI sonrası katılımcılar tedaviye olumlu yanıt verdiği, sıradan partnerlerle daha yüksek oranlarda kondom kullandıklarını, partnerlerinin daha yüksek oranda hormonal kontraseptif kullandığını ve biraz daha yüksek oranda gebeliğe karşı korunan cinsel ilişki bildirmişlerdir. Ayrıca MI yapılanlarda aile planlaması bilgisinde de artışlar tespit edilmiştir (Delaney, 2023: 538).

3.9. Geleneksel Yöntemler

Geleneksel AP yöntemleri, çiftlerin doğurganlık döngüsünü bilerek gebeliği planlamak veya önlemek için birlikte belirli kuralları uyguladıkları bir yöntemdir. Geri çekme, emzirme, servikal mukus, ovulasyon, bazal vücut ısısı, servikal palpasyon, semptotermal ve takvim yöntemlerini içerir (Küçük Gürbüz, 2019: 18). ACOG' a göre; doğurganlık farkındalığı, bir kadının adet döngüsündeki doğurgan zamanı tanıma ve bilmeyi ifade eder. Bu bilinç, gebeliği önlemek amacıyla doğurganlık döneminde cinsel ilişkiden kaçınma veya bariyer bir doğum kontrol yöntemi kullanma gerekliliği doğurabilir. Doğurganlık bilinci mükemmel kullanıldığında, gebeliği önleme başarısı yüksektir (100 kadından 1-5'i). Ancak rutin kullanımda, yöntemi ortalama bir şekilde kullananlarda gebelik oranları artar (100 kadından 12-24'ü) (ACOG, t.y.). Wijden ve Manion (2015) yaptığı bir çalışmada, aile planlamasında Laktasyonel Amenore (LAM) yöntemini ele almışlar ve LAM'ın, tamamen emziren, amenoreik kalan kadınlarda gebelik ve menstruasyon yaşam tablolarını kullanarak kontraseptif bir yöntem olarak etkinliğini değerlendirmeyi amaçlamışlardır. Çalışmanın analizi için yaşam tablosu menstruasyon oranları ile yaşam tablosu gebelik oranları kullanılmış ve LAM kullanımı ve destekleme durumuyla herhangi bir yöntem kullanmama durumu arasında belirgin bir yaşam tablosu gebelik oranı farkı bulunmamıştır. Ancak, LAM'ın laktasyonel amenoreyi uzatıp uzatmadığı belirsizdir olarak açıklanmıştır (Van der Wijden ve Manion, 2015: 1). Çakmak ve arkadaşları (2021) 15-49 yaş arasındaki cinsel yönden aktif ve geri çekme yöntemini kullanmış olan 200 kadın üzerinde yapmış oldukları çalışmada; kadınların geri çekme yöntemini eşleri tarafından tercih edilmesi nedeniyle seçmekte ve yöntemin olumsuz yönleri sebebiyle sonlandırdıkları tespit edilmiştir (Çakmak vd., 2021: 1). Kadınların kendi menstrüel sikluslarını takip ederek fertil günleri belirleyip cinsel davranışlarını buna göre düzenlemeleri fertilite bilincini oluşturmaktadır. Fertilite Bilincine Dayalı Metodlar'ın (FBDM) kullanımının düşük olmasının temel nedenleri arasında bilgi eksikliği, yetersizlik ve kullanım zorluğu bulunmaktadır. Bilgi eksikliği, FBDM'ların ticari getirisinin olmaması, kullanıcıların etkinlik konusundaki endişeleri ve danışmanlık için gereken uzun sürelerden kaynaklanabilir. Sağlık çalışanlarının sınırlı bilgi vermesi ve hastaların konu hakkında yeterince bilgi sahibi olmaması kullanım güçlüğüne sebep olur. FBDM kullanımını artırmak için daha etkili tanıtım ve kullanım kolaylığı sağlanması önemlidir (Özçelik, 2016: 45).

4. Afet ve Pandemi Döneminde Aile Planlaması

Üreme sağlığı hizmetlerinin, Afet veya pandemi döneminden önce planlanmadığı veya yapılmış olan planların uygulamaya konulmadığında bireylerin ihtiyaçları etkin bir şekilde karşılanamaz. Bu zorlu dönemlerde bireylerin hizmete ulaşamaması; plansız gebelik, gebelikle ilgili hastalıklar, anne ölümü ve diğer sağlık sorunları bakımından yüksek riski vardır. Riley ve arkadaşlarının (2020) bir çalışmasına göre pandemi salgının olduğu ülkelerde, aile planlaması hizmeti almak için sağlık kurumlarına kontraseptif kullanımı başvurularında ciddi düşüşler yaşandığı bildirilmektedir. Bu süreçte aile planlaması hizmetleri, kontraseptif kullanımı ve doğum öncesi bakımın salgından önceki duruma dönmesi için ancak altı ay ile iki yıl gerekmektedir (Riley vd., 2020: 73). UNFPA raporunda, COVID-19 pandemi döneminde altı aylık bir karantina süresinin sonucunda ekstra yedi milyon istenmeyen gebelik vakasına yol açabileceği, her üç aylık karantina dönemi için ek olarak 2 milyon kadının modern gebelik önleyici yöntemlere erişiminin engellenceği ve erken yaştaki gebeliklerin artacağına dair bir projeksiyon yayınlanmıştır. Bu koşullarda, dünya genelinde 47 milyondan fazla kadının karşılanmamış AP ihtiyacı olacağı öngörülmüştür (UNFPA, 2020).

5. Sonuç

Aile planlamasında kanıta dayalı yaklaşım, aile planlamasıyla ilgili kararları, politikaları ve uygulamaları bilgilendirmek için titiz araştırmalardan elde edilen bilimsel kanıtların kullanılmasını içerir. Bu yaklaşım, aile planlaması programlarının ve müdahalelerinin geliştirilmesine ve uygulanmasına rehberlik etmek için yüksek kaliteli araştırma çalışmalarına, sistematik incelemelere ve diğer kanıt türlerine dayanır.

Aile planlaması uygulamalarında sağlık profesyonelleri, bilimsel araştırmalara dayanarak, bireylerin ihtiyaçlarına uygun, güvenilir ve etkili sağlık hizmetleri sunma sorumluluğunu taşırlar. Bunu gerçekleştirmek için güncel tıbbi bilgi ve kanıtlara dayalı olarak, aile planlaması yöntemleri hakkında doğru ve güvenilir danışmanlık yaparlar. Aynı zamanda, bireylerin sağlık geçmişini değerlendirir ve kişisel tercihlerini anlayarak, duyarlı bir iletişim kurmasını sağlar. Ayrıca çiftlerin ve bireylerin karar alma süreçlerine etkin bir şekilde katılımını desteklerler. Bu şekilde, kanıta dayalı uygulamalarla sağlık profesyonelleri, bireylerin cinsel ve üreme sağlığını güçlendirme, istenmeyen gebelikleri önleme ve toplum sağlığını iyileştirme konusunda önemli bir rol oynarlar. Aile planlamasına ilişkin kanıtlar, bireysel sağlığın ötesine uzanan çok sayıda olumlu sonucu desteklemektedir. Daha geniş sosyal ve ekonomik kalkınma hedeflerine katkıda bulunurken kadınların, çocukların ve toplulukların refahını arttırmada çok önemli bir rol oynar. Bu olumlu sonuçların elde edilebilmesi için kanıta dayalı aile planlaması uygulamalarının hayata geçirilmesi ve bu konuda daha çok çalışmaların yapılması önerilebilir.

Kaynakça

Abukar Aweis, S. (2023). *Türkiye'de yaşayan 15-49 yaş arası Somalili kadınların aile planlaması yöntemlerini kullanma ve bu yöntemlere ilişkin plan ve tutumları.* Yüksek lisans tezi. Karabük Üniversitesi. http://acikerisim.karabuk.edu.tr:8080/xmlui/handle/123456789/2697

ACOG. (n.d.). Fertility awareness-based methods of family planning. *American College of Obstetricians and Gynecologists.* Erişim Adresi: https://www.acog.org/womens-health/faqs/fertility-awareness-based-methods-of-family-planning

Averbach, S., Kully, G., Hinz, E., Dey, A., Berkley, H., Hildebrand, M., Vaida, F., Haider, S., & Hofler, L. G. (2023). Early vs interval postpartum intrauterine device placement: A randomized clinical trial. *JAMA, 329*(11), 910–917. Doi: 10.1001/jama.2023.1936

Başer, D. A., Aksoy, H., Fidancı, İ., Dağcıoğlu, K., Cankurtaran, M., Arslan, T. K., & Yağlı, Z. N. (2020). Genç erişkin erkeklerin kontrasepsiyon yöntemleri kullanım durumları ve etki eden faktörlerin değerlendirilmesi. *The Journal of Turkish Family Physician, 11*(4), 159-170.

Bateson, D., Butcher, B. E., Donovan, C., Farrell, L., Kovacs, G., Mezzini, T., Raynes-Greenow, C., Pecoraro, G., Read, C., & Baber, R. (2016). Risk of venous thromboembolism in women taking the combined oral contraceptive: A systematic review and meta-analysis. *Australian Family Physician, 45*(1), 59–64.

Beckham, S. W., Stockton, M., Galai, N., Davis, W., Mwambo, J., Likindikoki, S., & Kerrigan, D. (2021). Family planning use and correlates among female sex workers in a community empowerment HIV prevention intervention in Iringa, Tanzania: A case for tailored programming. *BMC Public Health, 21*(1), 1377. Doi: 10.1186/s12889-021-11426-z

Cameron, S. T., Glasier, A., McDaid, L., Radley, A., Baraitser, P., Stephenson, J., Gilson, R., Battison, C., Cowle, K., Forrest, M., Goulao, B., Johnstone, A., Morelli, A., Patterson, S., McDonald, A., Vadiveloo, T., & Norrie, J. (2020). Use of effective contraception following provision of the progestogen-only pill for women presenting to community pharmacies for emergency contraception (Bridge-It): A pragmatic cluster-randomised crossover trial. *The Lancet, 396*(10262), 1585–1594. Doi: 10.1016/S0140-6736(20)31785-2

Can, G., & Akyüz Özdemir, F. (2023). Hemşirelikte kanıta dayalı bakım ve araştırma süreci. *Sağlık Bilimleri Üniversitesi Hemşirelik Dergisi, 5*(3), 245-252. Doi: 10.48071/sbuhemsirelik.1296623

Çakmak, V., Uysal Keme, Z., Ünal, İ., & Öztürk Can, H. (2021). Etkili aile planlaması yöntemi kullanmak üzere aile planlaması kliniğine başvuran kadınların geri çekme yöntemini kullanma ve bırakma nedenleri. *Forbes Journal of Medicine, 2*(1).

Çayan, A. (2019). *15-49 yaş evli kadınların aile planlaması yöntemlerine ilişkin tutumlarının kullandıkları kontraseptif yöntemler ile ilişkisi* (Yüksek lisans tezi). Aydın Üniversitesi.

Delaney, D. J., Stein, L. A. R., Bassett, S. S., & Clarke, J. G. (2023). Motivational interviewing for family planning and reducing risky sexual behavior among incarcerated men nearing release: A randomized controlled pilot study. *Psychological Services, 20*(3), 538–552. Doi: 10.1037/ser0000552

Dişli, D., & Kaydırak, M. M. (2021). Kanıt temelli yaklaşım perspektifinde postpartum bakımın optimizasyonu. *İzmir Kâtip Çelebi Üniversitesi Sağlık Bilimleri Fakültesi Dergisi, 6*(2), 143-151.

Ercan, E. P. (2019). *Yetişkin üreme çağındaki kadınların kullandıkları aile planlaması yöntemlerinden memnuniyeti ve etkileyen faktörlerin değerlendirilmesi* (Tıpta uzmanlık tezi). T.C. Sağlık Bilimleri Üniversitesi Haseki Sağlık Uygulama ve Araştırma Merkezi.

Farquhar, C., Rombauts, L., Kremer, J. A., Lethaby, A., & Ayeleke, R. O. (2017). Oral contraceptive pill, progestogen or estrogen pretreatment for ovarian stimulation protocols for women undergoing assisted reproductive techniques. *The Cochrane Database of Systematic Reviews, 5*(5), CD006109. Doi: 10.1002/14651858.CD006109.pub3

Forslund, M., Melin, J., Alesi, S., Piltonen, T., Romualdi, D., Tay, C. T., Witchel, S., Pena, A., Mousa, A., & Teede, H. (2023). Different kinds of oral contraceptive pills in polycystic ovary syndrome: A systematic review and meta-analysis. *European Journal of Endocrinology, 189*(1), S1–S16. Doi: 10.1093/ejendo/lvad082

Gallo, M. F., Grimes, D. A., & Schulz, K. F. (2002). Cervical cap versus diaphragm for contraception. *The Cochrane Database of Systematic Reviews, 2002*(4), CD003551. Doi: 10.1002/14651858.CD003551

Gavas, E., & İnal, S. (2019). Türkiye'de kadınların aile planlaması yöntemleri kullanma durumları ve tutumları: Sistematik derleme. *Sağlık ve Yaşam Bilimleri Dergisi, 1*(2), 37-43.

Habte, A., Tamene, A., Woldeyohannes, D., Bogale, B., Ermias, D., Endale, F., Gizachew, A., Wondimu, M., & Sulamo, D. (2022). The prevalence of Implanon discontinuation and associated factors among Ethiopian women: A systematic review and meta-analysis. *Women's Health, 18*, 1745505722110922. Doi: 10.1177/1745505722110922

Kara, N. O., & Şahin, D. (2022). Kanıta dayalı sağlık politikaları. *Kamu Yönetimi ve Politikaları Dergisi, 3*(3), 93-118.

Küçük Gürbüz, T. (2019). *Dokuz Eylül Üniversitesi 10 Nolu Gaziemir Eğitim ASM'de kayıtlı 15-49 yaş arası evli kadınların aile planlaması konusundaki tutumlarının doğurganlık düzeyleri ile ilişkisi* (Yüksek lisans tezi). İzmir.

Lu, W. H., Liang, X. W., Gu, Y. Q., Wu, W. X., Bo, L. W., Zheng, T. G., & Chen, Z. W. (2014). A randomized, controlled, multicenter contraceptive efficacy clinical trial of the

Intravas device, a nonocclusive surgical male sterilization. *Asian Journal of Andrology, 16*(3), 432–436. Doi: 10.4103/1008-682X.122860

Mack, N., Crawford, T. J., Guise, J. M., Chen, M., Grey, T. W., Feldblum, P. J., Stockton, L. L., & Gallo, M. F. (2019). Strategies to improve adherence and continuation of shorter-term hormonal methods of contraception. *The Cochrane Database of Systematic Reviews, 4*(4), CD004317. Doi: 10.1002/14651858.CD004317.pub5

Mevzuat. (1983). 507 sayılı Nüfus Planlaması Hizmetlerini Yürütecek Personelin Eğitimi, Görev, Yetki ve Sorumlulukları Hakkında Yönetmelik. 6. Bölüm - Madde-19. Ankara. *T.C. Cumhurbaşkanlığı Mevzuat Bilgi Sistemi.* Erişim Adresi: https://www.mevzuat.gov.tr/mevzuat?MevzuatNo=4933&MevzuatTur=7&MevzuatTertip=5

Nabhan, A., Elshafeey, F., Mehrain, L. M., Kabra, R., & Elshabrawy, A. (2021). Self-administered subcutaneous medroxyprogesterone acetate for improving contraceptive outcomes: A systematic review and meta-analysis. *BMC Women's Health, 21*(1), 359. Doi: 10.1186/s12905-021-01495-y

Özçelik, E. (2016). Natural family planning methods. *The Journal of Turkish Family Physician, 7*(3), 45-53.

Panichyawat, N., Mongkornthong, T., Wongwananuruk, T., & Sirimai, K. (2021). 10% lidocaine spray for pain control during intrauterine device insertion: A randomised, double-blind, placebo-controlled trial. *BMJ Sexual & Reproductive Health, 47*(3), 159–165. Doi: 10.1136/bmjsrh-2020-200670

Riley, T., Sully, E., Ahmed, Z., & Biddlecom, A. (2020). Estimates of the potential impact of the COVID-19 pandemic on sexual and reproductive health in low- and middle-income countries. *International Perspectives on Sexual and Reproductive Health, 46*, 73–76. Doi: 10.1363/46e9020

SBHG. (2019). İzleme ve değerlendirme rehberi. *T.C. Sağlık Bakanlığı Halk Sağlığı Genel Müdürlüğü.* Ankara. Erişim Adresi: https://hsgm.saglik.gov.tr/depo/Yayinlarimiz/Rehberler/izleme_ve_degerlendirme_egitim_rehberi.pdf

Seyrek, S. G., Çakıroğlu, M. M., & İncekara, N. (2021). Aile planlaması ve kontraseptif metotlar. *Turkey Health Literacy Journal, 2*(3), 184-190.

Shen, J., Che, Y., Showell, E., Chen, K., & Cheng, L. (2017). Interventions for emergency contraception. *The Cochrane Database of Systematic Reviews, 8*(8), CD001324. Doi: 10.1002/14651858.CD001324.pub5

Tanrıverdi, F. Ş., & Demirezen, E. (2021). Üreme sağlığında erkek kontrasepsiyonu boyutu. *Haliç Üniversitesi Sağlık Bilimleri Dergisi, 4*(2), 115-122.

TBMM. (1965). Nüfus Planlaması Hakkında Kanun No. 557. *Türkiye Büyük Millet Meclisi Ankara.* Erişim Adresi: https://www5.tbmm.gov.tr/tutanaklar/ KANUNLAR_KARARLAR/kanuntbmmc048/kanuntbmmc048/kanuntbmmc04800557.pdf

TCSB. (2010). Aile planlaması eğitimi eğitim için resimli rehber. *T.C. Sağlık Bakanlığı Ana Çocuk Sağlığı ve Aile Planlaması Genel Müdürlüğü.* Erişim Adresi: https://ekutuphane.saglik.gov.tr/Yayin/433

Tefera, Z., Assefaw, M., Ayalew, S., Gashaw, W., Abate, M., Temesgen, K., Abebaw, N., & Yalew, M. (2022). Factors associated with Implanon discontinuation among women of reproductive age in Ethiopia: A systematic review and meta-analysis. *International Journal of Reproductive Medicine, 2022*, 9576080. Doi: 10.1155/2022/9576080

TNSA. (2018). Türkiye Nüfus ve Sağlık Araştırması. *Hacettepe Üniversitesi Nüfus Etütleri Enstitüsü.* Erişim Adresi: https://www.sck.gov.tr/wp-content/uploads/2020/08/TNSA2018_ana_Rapor.pdf

UNFPA. (2020). Impact of the COVID-19 pandemic on family planning and ending gender-based violence, female genital mutilation and child. *Birleşmiş Milletler Nüfus Fonu.* Erişim Adresi: https://www.unfpa.org/resources/impact-covid-19-pandemic-family-planning-and-ending-gender-based-violence-female-genital

UNFPA. (2021). 2021 UNFPA dünya nüfus raporu öne çıkanlar. *Birleşmiş Milletler Dünya Nüfus Fonu.* Erişim Tarihi: https://turkiye.unfpa.org/tr/publications/2021-unfpad%C3%BCnya-n%oC3%BCfus-raporu-%C3%B6ne-%C3%A7%C4%B1kanlar

UNFPA. (2022). Gebeliğin önlenmesi, bir tercih ve erişim meselesidir- Dünya Kontrasepsiyon Günü 2022. *Birleşmiş Milletler Nüfus Fonu.* Erişim Adresi: https://turkiye.unfpa.org/tr/dunya-kontrasepsiyon-gunu-2022

UNFPA. (n.d.). Dünya Kontrasepsiyon Günü 2022. *Birleşmiş Milletler Nüfus Fonu.* Erişim Adresi: https://turkiye.unfpa.org/tr/dunya-kontrasepsiyon-gunu-2022

Van der Wijden, C., & Manion, C. (2015). Lactational amenorrhoea method for family planning. *The Cochrane Database of Systematic Reviews, 2015*(10), CD001329. Doi: 10.1002/14651858.CD001329.pub2

Wang, X., Xi, M., Zhang, L., Jia, L., Wang, Y., & Cheng, Y. (2015). Awareness of female condoms and failures reported with two different types in China. *International Journal of Gynaecology and Obstetrics, 128*(2), 152–156. Doi: 10.1016/j.ijgo.2014.08.017

Warhurst, S., Rofe, C. J., Brew, B. J., Bateson, D., McGeechan, K., Merki-Feld, G. S., Garrick, R., & Tomlinson, S. E. (2018). Effectiveness of the progestin-only pill for migraine treatment in women: A systematic review and meta-analysis. *Cephalalgia: An International Journal of Headache, 38*(4), 754–764. Doi: 10.1177/0333102417710636

Werawatakul, Y., Sothornwit, J., Laopaiboon, M., Lumbiganon, P., & Kietpeerakool, C. (2019). Interventions for intra-operative pain relief during postpartum mini-laparotomy tubal ligation. *The Cochrane Database of Systematic Reviews, 2*(2), CD011807. Doi: 10.1002/14651858.CD011807.pub2

WHO. (2023, 05 Eylül). Family planning/contraception methods. *World Health Organization.* Erişim Adresi: https://www.who.int/news-room/fact-sheets/detail/family-planning

WHO. (n.d.). Family planning, contraception. *World Health Organization.* Erişim Adresi: https://www.who.int/health-topics/contraception#tab=tab_3

Xu, Y., Li, L., Yang, W., Zhang, K., Ma, K., Xie, H., Zhou, J., Cai, L., Gong, Y., Zhang, Z., & Gong, K. (2021). Association between vasectomy and risk of prostate cancer: A meta-analysis. *Prostate Cancer and Prostatic Diseases, 24*(4), 962–975. Doi: 10.1038/s41391-021-00368-7

Yayman, M., & Yayman, D. (2011). Ekonomik ve sosyal sorunların azaltılmasında aile planlamasının önemi ve Batman ili uygulaması (OECD ülkeleri ile Türkiye karşılaştırması). *Muğla Üniversitesi Sosyal Bilimler Enstitüsü Dergisi, (3).*

FEMALE POVERTY AND ITS EFFECTS ON PREGNANCY

KADIN YOKSULLUĞU VE GEBELİĞE ETKİLERİ

Sevilay Aydın[1], Melike Dişsiz[2] ve Dilek Bingöl[3]

Öz

Yoksulluk, yalnızca gelir ve fiziksel kaynak eksikliğini değil, aynı zamanda toplumsal dışlanmayı, mevcut kaynakların adaletsiz dağılımını ve güçsüzlüğü de kapsayan bir durumu ifade etmektedir. Kadınların erkeklere oranla yoksulluktan daha fazla etkilenmeleri, "kadın yoksulluğu" kavramının ortaya çıkmasına neden olmuştur. Yoksullukla mücadele eden kadınlar, sağlık hizmetlerine erişimde zorluklar, beslenme yetersizlikleri ve düşük eğitim düzeyi gibi olumsuz koşullar nedeniyle sağlık sorunları yaşamaktadır. Bu çalışmada, yoksulluğun gebelik üzerindeki etkilerini inceleyen araştırmalar gözden geçirilmiştir. Yoksulluk nedeniyle gebelik öncesi ve sürecinde yetersiz beslenme, annede anemi, erken doğum ve preeklampsi, bebekte ise intrauterin gelişim geriliği ve düşük doğum ağırlığı gibi sorunlara yol açmaktadır. Ayrıca, sağlık hizmetlerine erişim eksiklikleri, yetersiz bağışıklama, doğumun sağlıksız koşullarda gerçekleşmesi, yüksek sigara ve alkol kullanımı gibi faktörler hem maternal hem de fetal sağlığı olumsuz yönde etkilemektedir. Yoksul kadınlarda stres, düşük eğitim seviyeleri, işsizlik, sosyal destek eksikliği ve aile içi şiddet gibi etkenler perinatal depresyon riskini arttırmaktadır. Gebeliğin erken teşhis edilmesi, risklerin belirlenmesi, yeterli beslenmenin sağlanması, bağışıklamanın tamamlanması, folik asit ve demir takviyeleri ile aneminin önlenmesi, ruh sağlığının korunması ve sürdürülmesi, anne ve bebek ölümlerini azaltmak için kritik öneme sahiptir.

Anahtar kelimeler: Yoksulluk; sağlık; gebelik; hemşirelik

[1] MSc., Prof. Dr. Cemil Taşcıoğlu Şehir Hastanesi, Kadın Hastalıkları ve Doğum Kliniği, İstanbul, Türkiye., sevilaydin95@hotmail.com, ORCID: 0000-0001-7262-4769
[2] Doç. Dr., Sağlık Bilimleri Üniversitesi, Doğum ve Kadın Hastalıkları Hemşireliği Ana Bilim Dalı, İstanbul, Türkiye., melike.dissiz@sbu.edu.tr, ORCID: 0000-0002-2947-3915
[3] MSc., Sultanbeyli Devlet Hastanesi, Kadın Hastalıkları ve Doğum Kliniği, İstanbul, Türkiye., bngldilek.05@gmail.com, ORCID: 0000-0002-8515-0758

Abstract

Poverty refers to a situation that includes not only lack of income and physical resources, but also social exclusion, unjust distribution of available resources, and powerlessness. The fact that women are more affected by poverty than men has led to the emergence of the concept of "female poverty." Women struggling with poverty experience health problems due to adverse conditions such as difficulties in accessing health services, nutritional deficiencies, and low levels of education. This study reviews studies examining the effects of poverty on pregnancy. Poverty leads to problems such as inadequate nutrition before and during pregnancy, anemia, premature birth, and preeclampsia in the mother, and intrauterine growth retardation and low birth weight in the baby. In addition, factors such as lack of access to health services, inadequate immunization, unhealthy birth conditions, and high levels of smoking and alcohol use negatively affect both maternal and fetal health. Factors such as stress, low levels of education, unemployment, lack of social support, and domestic violence increase the risk of perinatal depression in poor women. Early diagnosis of pregnancy, determination of risks, provision of adequate nutrition, completion of immunization, prevention of anemia with folic acid and iron supplements, protection and maintenance of mental health are critical to reduce maternal and infant mortality.

Keywords: Poverty; health; pregnancy; nursing

1. Giriş

Tanımı ve sınırları toplumların gelişmişlik ve refah seviyelerine göre değişkenlik gösterebilen yoksulluk, her zaman gündemde olan bir problemdir (Kocabacak, 2014: 136). Yoksulluktan uzak bir hayat sürme temel insan haklarından biridir. Birleşmiş Milletler Genel Kurulu tarafından 1948 yılında kabul edilen İnsan Hakları Evrensel Beyannamesi'nde belirtildiği üzere her bireyin gıda, giyim, barınma, bakım ve gerekli sosyal hizmetler dahil olmak üzere sağlık ve esenlik için yeterli bir hayat standardına sahip olma hakkı vardır (UN, 1948). Yoksulluğun giderilmesi sürdürülebilir kalkınma için temel bir gereklilik olarak görülmektedir. 2030 yılına kadar gerçekleşmesi beklenen Sürdürülebilir Kalkınma Hedefleri arasında "yoksulluğa son" ve "açlığa son" hedefleri ilk sırada yer almaktadır. Yoksulluk, günümüzde dünyanın karşı karşıya olduğu en büyük zorluklardan biri olmayı sürdürmektedir (Kocabacak, 2014: 136).

Yoksulluk teriminin tanımındaki çeşitlilikler, yoksulluğun zaman, kültür, ekonomi gibi unsurlar ile ilişkili olarak farklı görünümlerde ve boyutlarda ortaya çıkıyor olması, aynı zamanda, sahip olunan ideolojiye bağlı olarak yoksulluğa yaklaşımlardaki farklılıktan kaynaklanmaktadır (Sen ve Anand, 1997: 6). En genel anlamı ile yoksulluk, ekonomik olarak geçim sağlayamamak olmakla beraber açlık, yetersiz ve dengesiz beslenme, sağlık hizmetlerinden yeterince faydalanamama, sağlığın bozulması, hastalık ve ölümlerin çoğalması, eğitim ve barınma ihtiyacının karşılanamaması, güvenli olmayan çevre koşulları, temiz suya ulaşım güçlüğü, sosyal ayrım ve toplumsal dışlanma olarak ifade edilebilmektedir. Bununla birlikte karar alma yoksunluğu ile ekonomik, sosyal ve kültürel yaşama hakkının yoksunluğunu da içermektedir (Bursa ve Şahin, 2020: 90).

2. Yoksulluk Türleri

2.1. Mutlak Yoksulluk

Toplumun ya da toplumun en küçük yapıtaşı olan bireylerin hayatlarını idame ettirebilmelerinde önemli yer tutan gıda, barınma, sağlık gibi ihtiyaçları karşılayabilmeleri için sahip olmaları gereken minimum gelir seviyesi, mutlak yoksulluk olarak tanımlanmaktadır. İçerisinde birçok problemi barındıran bu yoksulluk şekli doğrudan bireylerin yetersiz beslenmesiyle ilintilidir ve açlık durumunu belirtmektedir (Özsoy, 2022: 5). Dünya Bankası'nın ortaya koyduğu yoksulluk verileri yoksulluğu daha da somutlaştırmaktadır. Bu verilere göre şu anda 2,15 dolar olarak belirlenen uluslararası yoksulluk sınırı, dünyada aşırı yoksulluğun izlenmesinde standart ölçü olarak kullanılmaktadır. Bu standart, dünyanın en fakir ülkelerinde kullanılan ve günlük kalori ihtiyaçlarını karşılamaya yetecek kadar gıdanın karşılanması için gereken bütçeyi yansıtmaktadır. Günlük geliri 2,15 dolar olan bir birey "aşırı yoksul" olarak ifade edilmektedir (PIP, 2022).

2.2. Göreli Yoksulluk

Toplum içinde ortalama refah seviyesine ulaşamamış ve bundan dolayı toplumda sosyal açıdan kendilerine bir yer bulamamış ancak zorunlu gereksinimlerini karşılayabilen bireyler göreli yoksul kapsamına girmektedir. Bu yoksulluk türü toplumun yaşam standartları ve sosyoekonomik açıdan gelişmişlik düzeyi sonucunda ortaya çıkmıştır (Dumanlı, 1996: 7). Bu yaklaşıma göre, açlık sınırının üzerinde bir gelir elde etmesine rağmen normal yaşam standardının altında kalarak hayatını sürdüren bireyler göreli yoksul şeklinde anılmaktadır (Aksan, 2012: 12). Başka bir deyişle, gelirden tamamen yoksun olmayan ve az da olsa bir gelire sahip olan kesimi ifade etmektedir. Ancak bu bireyler yaşamını ortalama refah düzeyinin altında sürdürmektedir. Ayrıca göreli yoksulluk kapsamındaki bireyler; eğitim, sağlık gibi temel hizmetlerden yeterli oranda faydalanamayan gruplar olarak da tanımlanabilmektedir. Mutlak yoksullukta bireyin asgari refah seviyesi dikkate alınmakta olup göreli yoksullukta toplumun ortalama refah seviyesi dikkate alınmaktadır. Mutlak yoksulluk sınırı sabit iken göreli yoksulluk sınırının içinde bulunulan ülkede elde edilen ortalama gelir veya harcama düzeyine göre değişmesi, iki yoksulluk türü arasındaki en temel fark olarak ifade edilmektedir (Özsoy, 2022: 6).

2.3. Objektif Yoksulluk

Bireylerin yoksul olma sebepleri, bu sebeplerin ortadan kaldırılması ve yoksulluktan kurtulmaları için neler yapılması gerektiği üzerine normatif değerlendirme yapan yoksulluk yaklaşımına objektif diğer bir ifadeyle refah yaklaşımı denilmektedir (Aktan ve Vural, 2002: 6). Bu yaklaşımda yoksulluk somut kriterlere (kalori miktarı, gelir ve harcamalar gibi) göre değerlendirilmektedir. Yoksulluk sınırının belirlenmesinde uzmanlar tarafından saptanan gereksinimler dikkate alınmakta olup bireysel gereksinimler esas alınmamaktadır. Bireylerin kendileri için "neyin daha iyi olacağını bilemeyeceği, en iyi olanı tercih edemeyeceği" varsayımına dayanarak uzman görüşleri doğrultusunda belirlenen mal ve hizmet sepeti dikkate alınır ve yoksulluk sınırı bu sepetteki ürünlerin alınabilmesi için gerekli olan minimum düzeydeki maliyet şeklinde belirlenmektedir (İncedal, 2013: 23).

2.4. Subjektif Yoksulluk

Subjektif yoksulluk yaklaşımı, bireysel ihtiyaçları ve tüketim tercihlerini göz önünde bulundurmaktadır. Bu yaklaşım çerçevesinde, yoksulluk belirli standartlara bağlı olarak değil, bireylerin kendi seçimleri ve algıları doğrultusunda şekillenen bir kavram olarak ele alınmaktadır. Dolayısıyla, subjektif yoksulluğun belirlenmesi ve ölçülmesi oldukça zor bir hale bürünmektedir. Subjektif yoksulluk, bir bireyin kendisini yoksul olarak addetmesi, sahip olamadığı şeylerin, sahip olduklarından daha fazla olduğuna inanarak kendini yoksul olarak değerlendirmesi şeklinde tanımlanmaktadır (Demircan, 2021: 4).

2.5. Kronik Yoksulluk

Kronik yoksulluk, uzun zaman boyunca yoksulluk sınırının altında yaşamayı ifade eder ve bu durumdan kurtulma olasılığı oldukça azdır. Ayrıca, bu tür yoksulluk yaşayan bireyler, sosyal ve kültürel imkanlardan da sınırlı bir şekilde yararlanabilmektedir. Doğal afetler, kötü yönetim, ekonomik krizler ve çeşitli salgın hastalıklar gibi faktörler bir ülkede kronik yoksulluğun ortaya çıkmasına sebep olabilmektedir (Padır, 2020: 9).

2.6. İnsani Yoksulluk

İnsani yoksulluk terimi, ilk olarak Birleşmiş Milletler Kalkınma Programı'nın (UNDP) 1997 yılında yayımlanan İnsani Gelişme Raporu'nda tanımlanmıştır. Bu rapora göre, insani yoksulluk; sadece maddi kaynakların değil, aynı zamanda iş imkanları, eğitim ve sağlık gibi sosyal ve kültürel imkanların da eksikliği durumunu ifade etmektedir (Topgül, 2013: 281).

2.7. Kırsal Yoksulluk

Yoksulluk, genellikle ülkelerin kırsal bölgelerinde daha yaygındır. Kırsal bölgelerde yaşayanların temel tüketim malzemelerine, eğitim ve sağlık gibi kamu hizmetlerine erişiminin kısıtlı olması, kırsal yoksulluğun ortaya çıkmasına neden olmaktadır. Ayrıca, kırsal alanlara yönelik destekleyici politikaların eksikliği hem kırsal hem de kentsel yoksulluğa yol açan önemli bir faktördür. Kırsal yoksulluk, genellikle tarım, hayvancılık, ormancılık ve küçük ölçekli sanayi gibi geçim kaynaklarına bağlıdır ve bu durum, kırsal alanlardan kente göçü teşvik edebilmektedir (Aydın, 2016: 7).

2.8. Kentsel Yoksulluk

Kentsel yoksulluk, şehirlerde yaşayan nüfusun, çeşitli nedenlerden ötürü minimum yaşam standartlarını karşılayamaması durumudur (Yaşar ve Taşar, 2019: 127). Kırdan kente göç eden düşük eğitimli ve işsiz kesimler, kentsel yoksulluğu daha yoğun bir şekilde deneyimlemektedir. Bu bireyler genellikle okuryazar olmadıkları ve yoksulluktan çıkmak için gerekli kaynaklara sahip olmadıkları için, zamanlarının büyük bir kısmını gelir elde etme çabasıyla harcamak zorunda kalırlar. Bu durum bireylerde sosyal ve kültürel faaliyetlere katılım eksikliğine yol açmaktadır (Demircan, 2021: 5).

3. Kadın Yoksulluğu

Yoksulluk, tüm toplumu etkileyen bir sorun olmasına rağmen, genellikle kadınlar üzerinde daha fazla etkili bir olgu olarak ortaya çıkmaktadır. Kadın yoksulluğu, çok sayıda çalışma yapılmasına rağmen, özellikle 1970'lerden itibaren daha fazla dikkat çekmiştir. Bu konu, literatürde çoğunlukla "yoksulluğun kadınlaşması" (*the feminization of poverty*) terimiyle ifade edilmektedir. Diane Pearce, bu terimi ilk kez 1978 yılında kullanmış ve Amerika Birleşik Devletleri'ndeki çalışmasında kadınların işgücüne katılım oranlarının her yıl arttığını, ancak buna rağmen kadınların daha fazla yoksullaştığını ortaya koymuştur. Pearce, yoksul kadın sayısının oransal olarak yoksul erkeklerden daha fazla olduğunu belirtmiştir. Özellikle tek ebeveynli ve hane reisi kadınlardan oluşan hanelerin daha derin yoksulluk içinde olduğunu vurgulamıştır. Bu bulgular, kadınlara yönelik yoksullukla mücadele politikalarına öncelik verilmesi gerektiği düşüncesini yaygınlaştırmıştır (Topgül, 2013: 289). Ayrıca, 1995 yılında Pekin'de düzenlenen 4. Dünya Kadın Konferansı'nda "yoksulluğun kadınlaşması" terimi kabul edilerek bu kavramın literatüre entegre edilmesi sağlanmıştır (Uçar, 2011: 23).

Gelir dağılımı, bölgesel gelir farkları, işgücü, cinsiyet ve eğitim gibi demografik unsurlar ile yoksulluk arasındaki ilişki incelendiğinde, yoksul toplulukların önemli bir kısmını kadınların oluşturduğu görülmektedir. Kadınların toplumsal yaşamda, özellikle eğitim ve iş hayatında geri planda kalmaları, gelir dağılımında en yoksul grup olarak yer almalarına yol açmaktadır (Yılmaztürk, 2016: 777).

Kadın yoksulluğu, tıpkı genel yoksulluk gibi, çok boyutlu bir kavramdır ve bu nedenle tanımlanmasında zorluklar yaşanmaktadır. Kadın yoksulluğunun başlıca özellikleri şunlardır (Ekinci Hamamcı ve Anık, 2021: 67):

- "Kadınlar, erkeklere kıyasla yoksulluğu daha derin ve sürekli bir şekilde deneyimlemektedir."

- "Kadın hane reislerinin bulunduğu haneler, daha yüksek yoksulluk riski taşır ve bu grup en yoksul kesimler arasında yer alır."

- "Kadınların yoksullukla mücadelesi, erkeklere göre daha zorlu olup, daha fazla engelle karşılaşılmaktadır."

- "Kadın hane reislerinin bulunduğu hanelerde yoksulluk, genellikle gelecek kuşaklara da aktarılmaktadır."

3.1. Kadın Yoksulluğunun Nedenleri

Kadınların yoksullaşmasının arkasında çeşitli etkenler bulunmaktadır. Bu etkenler; toplumsal cinsiyet eşitsizliği, istihdamda yaşanan güçlükler, kadının aile içindeki statüsü, eğitim seviyesi, kaynak dağılımında eşitsizlik, sosyal dışlanma, hukuki düzenlemelerde yetersizlik ve gönüllü sosyal yardımların yetersizliğidir (Anık, 2019: 16; Yılmaztürk, 2016: 782).

3.1.1. Toplumsal Cinsiyet

Cinsiyet eşitliği, bireylerin cinsiyetlerinden bağımsız olarak eşit haklara sahip olmalarını öngörmektedir. Ancak cinsiyet farklılıkları nedeniyle, bireylerin sosyal, ekonomik ve medeni haklarından mahrum bırakılması, cinsiyet eşitsizliğini oluşturmaktadır. Cinsiyet eşitsizliğine en fazla maruz kalanların kadınlar olduğu belirlenmiştir (Anık, 2019: 16). Toplumsal cinsiyet algısı, biyolojik farklılıkların ötesinde, toplumun bu farklılıklara yüklediği değerler ve biçtiği rollerle şekillenmektedir (Balkan, 2017: 28). Toplumsal cinsiyet kavramı, Oakley tarafından biyolojik cinsiyet kavramına karşı olarak geliştirilmiştir. Biyolojik cinsiyet, bireylerin doğuştan sahip olduğu kadın veya erkek kimliğini ifade ederken, toplumsal cinsiyet sosyal ve kültürel normlarla yüklenen kimliklerdir. Toplumsal cinsiyet, çocukların kıyafetlerinden oyuncaklarına kadar birçok alanda belirleyici rol oynamaktadır. Kız çocuklarının genellikle bebeklerle, erkek çocuklarının ise arabalarla oynaması toplumsal cinsiyetin bir ifadesi olarak gösterilebilir (Demircan, 2021: 18).

Cinsiyete dayalı iş bölümü, kadınlar ile erkekler arasındaki farklılıkları ortaya koymaktadır. Erkekler evin geçimini sağlamakla yükümlü görülürken, kadınlara evde kalıp iyi bir anne ve eş olma görevi yüklenmektedir. Cinsiyete dayalı iş ve meslek tanımları, erkeklerin kamusal alanda çalışmasını, kadınların ise özel alanda vakit geçirmesini öngörmektedir. Bu anlayış, kadınları eğitim, istihdam ve kariyer gibi alanlarda dezavantajlı kılarak yoksulluğa neden olmaktadır (Ekinci Hamamcı ve Anık, 2021: 68). Kadınlar, genellikle ev işlerine öncelik verirken, eşlerinin gelirinin yetersiz olduğu durumlarda iş yaşamına katılmak zorunda kalmaktadır (Balkan, 2017: 29). Ataerkil toplum yapısında yetişen kadınlar, eşlerinin vefatı veya boşanma durumlarında yoksulluk sorunları ile karşı karşıya kalmaktadır (Demircan, 2021: 25).

3.1.2. Kadın İstihdamı

Kadınlar, işgücü piyasasına erkeklere kıyasla daha az iştirak etmektedir.

Ayrıca, kadınların işsizlik oranı erkeklerden daha yüksektir. Türkiye İstatistik Kurumu'nun 2022'nin son çeyreğinde yayımladığı verilere göre, işgücüne katılım oranı %53,9 olarak tespit edilmiştir. Erkeklerde bu oran %71,9 iken, kadınlarda %36,2'dir. Kadınlarda işsizlik oranı %13,6 iken, erkeklerde bu oran %8,5 olarak gerçekleşmiştir. Kadınların düşük işgücü katılımı, istihdamın sağladığı fırsatları yeterince değerlendirememe ve erkeklere bağımlı hale gelme durumlarına yol açmaktadır (Şener, 2012: 55). Kadınların işgücüne katılımının düşük olmasının birçok nedeni vardır. Toplumun kadına yüklediği roller, ev işleri, çocuk, hasta veya yaşlı bakımına dair sorumluluklar, kadınların iş hayatına katılmalarını zorlaştırmaktadır. İş dünyasında bulunan kadınlar ise, görev değişiklikleri ve terfi süreçlerinde erkeklere göre daha dezavantajlı durumdadır. Aynı işlerin yapılmasına rağmen, kadınların daha düşük maaş aldığı ve kariyer ilerlemesinde erkeklere göre daha büyük zorluklarla karşılaştığı görülmektedir. Kadınlar, genellikle daha düşük vasıflı işlerde, mevsimlik tarım işlerinde, ücretsiz aile işçisi olarak veya sosyal güvencesiz ve kayıt dışı istihdam altında çalışmaktadır (Göktaş, 2019: 26-27).

3.1.3. Kadının Aile İçindeki Statüsü

Hane içindeki kadınlar ve erkekler, kendilerine biçilen değerler açısından eşit durumlarda değildir. Kadınların yaşadığı eşitsizlik durumu, genellikle ilk olarak aile içi ilişkilerde belirgin bir şekilde ortaya çıkmaktadır (Topgül, 2013: 292). Geleneksel ataerkil aile yapısına sahip toplumlarda kadınlar, pek çok hak ve fırsattan mahrum kalmakta ve bu durum eşitsizlik olarak kendini göstermektedir. Çocukluktan itibaren, kız çocukları ev işlerinde anneye yardımcı olma rolüyle büyütülmekte ve bu görev adeta onların asli sorumluluğu olarak görülmektedir. Bu bağlamda, aynı sorumluluklar erkek çocuklar için söz konusu olmamakta ve bu durum kız çocuklarını dezavantajlı bir pozisyona düşürmektedir. Erken yaşlardan itibaren bu tür bir yaklaşım ve eğitimle yetiştirilen çocuklar, erişkinlik dönemlerinde de bu belirlenen roller ve görevleri içselleştirirler. Kadınlardan yemek pişirme, temizlik yapma ve çocuk bakımına dair çeşitli görevleri yerine getirmeleri beklenmektedir (Balkan, 2017: 31). Çocukluk döneminde bu şekilde ikinci planda bırakılan kadınlar, kendilerine yüklenen bu sosyal rollerle başa çıkmak için ya iş hayatına atılamamakta ya da çalışmaya başlamadan önce ailelerinin iznini almak zorunda kalmaktadır (Topgül, 2013: 292).

3.1.4. Eğitim

Kadınları yoksulluğa iten faktörler arasında eğitim eksikliği en öncelikli nedenlerden biridir. Kadınların erkeklerle karşılaştırıldığında daha düşük eğitim seviyelerine sahip olmaları veya eğitim alma fırsatlarını kaçırmaları, onların ayrımcılığa uğradığını göstermektedir. Eğitimde yaşanan bu ayrımcılık, yoksul ailelerde genellikle kadınların aleyhine çalışmakta, erkek çocuklarına eğitim konusunda öncelik verilmektedir (Topçuoğlu ve Aksan, 2014: 160). Eğitim konusunda yaşanan bu ayrımcılık, farklı şekillerde kendini gösterse de neredeyse tüm ülkelerde karşılaşılan bir durumdur. Eğitimlerine devam etmeyen kadınlar genellikle erken yaşta evlenmekte ve iş gücüne katılımda bulunamamaktadır. Bu durum ise onların yoksulluk durumunu pekiştirmektedir. Türkiye'ye ait veriler, eğitim eksikliğinin yoksulluk açısından büyük bir risk taşıdığını ortaya koymaktadır (Yusufoğlu, 2017: 106).

Türkiye İstatistik Kurumu'nun 2022 yılı verilerine göre, okuma yazma bilmeyen bireylerin yoksulluk oranı %27,7 ile en yüksek seviyede bulunurken, yükseköğretim mezunlarının yoksulluk oranı ise %2,6 ile en düşük seviyede kalmıştır. Bu durum, eğitim seviyesinin artmasıyla birlikte yoksulluk riskinin azaldığını net bir şekilde göstermektedir. Aileler, maddi imkânsızlıklar ve geleneksel değerler nedeniyle genellikle kız çocuklarını eğitimden mahrum bırakırken, erkek çocuklarına eğitime yönlendirmektedir (Göktaş, 2019: 24). Kadınların eğitim haklarından yeterince yararlanamaması, kadın yoksulluğunun artmasına ve kalıcı hale gelmesine neden olmaktadır. Nitelikli eğitimden mahrum kalan kadınlar, çoğunlukla sigortasız, düşük ücretli işlerde veya aile işletmelerinde ücretsiz olarak çalışmaktadır (Topgül, 2013: 292).

Eğitime erişimde karşılaşılan engeller, çeşitli nedenlerden kaynaklanabilmektedir. Kentlerde eğitim masrafları, yani ulaşım, yemek, kırtasiye gibi giderler, eğitime erişimi kısıtlayan önemli faktörlerden biridir. Maddi durumu yetersiz olan kent aileleri, çocuklarını okula göndermemeyi tercih edebilmektedir. Kırsalda yaşayan kız çocukları, genellikle gelecekte iyi bir yatırım olarak görülmemekte ve eğitim almalarına gerek duyulmamaktadır. Bu çocukların eğitimi, çoğunlukla ileride elde edecekleri gelirin başkaları tarafından kullanılacağı düşüncesiyle önemsenmemekte ve erkek çocuklarının yaşlılık döneminde bakımını üstleneceği kabul edilmektedir (Topgül, 2013: 293). Ayrıca, kırsaldaki kız çocuklarına ev ve tarla işlerinde veya çocuk bakımında sorumluluklar verilmekte, bazıları ise erken yaşlarda evlendirilmekte veya benzeri durumlarla karşılaşmaktadır. Özellikle Doğu ve Güneydoğu Bölgeleri'nde kız çocuklarının okullaşma oranının düşük olduğu gözlemlenmiştir. Bu sorunu çözmek amacıyla, MEB ve UNICEF iş birliğiyle 2003 yılının haziran ayında başlatılan "Kız Çocuklarının Okullaşmasına Destek Kampanyası" ile ilköğretim çağındaki kız çocuklarının okullaşma oranında önemli bir artış sağlanmıştır (UNICEF, 2024).

3.1.5. Kaynak Dağılımında Eşitsizlik

Kadınların kamusal hizmetlere, özellikle de eğitim ve sağlık gibi hizmetlere erişimleri erkeklerle eşit seviyede değildir. Önceki Medeni Kanun döneminde, kadınların işgücü piyasasına katılmak için eşlerinden izin alması gerektiği belirtilmiştir. Bu durum, erkekler için geçerli olmamış ve erkekler herhangi bir izin almadan iş hayatına atılabilmiştir. Ancak, Yeni Medeni Kanun ile bu düzenleme kaldırılmıştır. Medeni Kanun, kız ve erkek çocukların miras hakkını eşit şekilde tanısa da ataerkil toplum yapısına sahip ailelerde genellikle kız çocuklarına mirastan ya hiç pay verilmemekte ya da erkek çocuklara nazaran daha az pay verilmektedir. Eğitim konusunda da benzer bir eşitsizlik söz konusu olup, erkek çocuklarına sağlanan eğitim olanakları genellikle kız çocuklarına yeterince veya hiç sağlanmamaktadır. Erkek çocuklarının daha fazla eğitim alabilmesi için, kız çocuklarının eğitim masrafları azaltılmakta veya kız çocuklarının fazla eğitim almasına gerek olmadığı düşüncesiyle eğitim hayatları erken yaşta sonlandırılmaktadır. Çocuk sahibi olan çalışan kadınlar, işyerlerinde çocuklarının bakımıyla ilgili uygun bir yer bulamadıkları için genellikle iş hayatı ile çocuk bakımı arasında zorunlu bir seçim yapmak durumunda kalmaktadır. Çalışma hayatını tercih eden kadınlar, çocuklarını kreşe göndermek zorunda kalmakta ve bu da aile bütçesinde ek masraflara yol açmaktadır (Balkan, 2017: 33).

3.1.6. Hukuki Düzenlemelerde Yetersizlik

Kamunun sunmakla yükümlü olduğu çeşitli hizmetlerde meydana gelen yetersizlikler, kadınları ciddi şekilde olumsuz etkileyebilmektedir. Bu durum, özellikle çocuk, hasta, engelli veya yaşlı bakımını üstlenen kadınlar için daha da belirgin hale gelmektedir. Bu bakım ihtiyaçlarını karşılamak için bakım evlerinin, bakım ücretlerinin ve benzeri destekleyici hizmetlerin sağlanması büyük bir önem taşımaktadır. Zira, bakıma muhtaç olan bireylerle ilgilenen kişilerin büyük bir kısmı kadınlardan oluşmakta ve bakım hizmetlerini sağlayan kurumların veya kuruluşların eksikliği ya da yetersizliği, bu bakımı üstlenen kadınların profesyonel iş yaşamına geçiş yapmasını zorlaştırmaktadır. Özellikle çocuk sahibi olan kadınların çalışma hayatına katılabilmeleri için, çocuklarının bakımını üstlenecek bir kişiye veya uygun bir eğitim kurumuna ihtiyaç duymaları söz konusudur. Devletlerin, bakıma muhtaç bireylere yönelik sosyal hizmet modellerini geliştirmesi ve gerekli yasal düzenlemeleri yapması halinde, kadınların üzerindeki bu ağır yük hafifleyecek ve kadınlar çalışma hayatına katılma şansını elde edeceklerdir (Balkan, 2017: 34).

Ancak, işe alım süreçlerinde veya maaş ödemelerinde kadınlara ve erkeklere eşit bir yaklaşım benimsemeyen bazı işverenler mevcuttur. Ayrıca, kadınların evlenmesi, çocuk sahibi olması gibi kişisel durumlar nedeniyle kadın çalışanları tercih etmeyen işverenler de bulunmaktadır. Bu tür ayrımcı yaklaşımlar, kadınların iş gücüne katılımını zorlaştırmakta ve toplumsal cinsiyet eşitsizliğini derinleştirmektedir. Kadınlara karşı ayrımcı tutum sergileyen işverenlere yönelik yetersiz hukuki düzenlemeler mevcutsa, bu durumda kadınlar daha da savunmasız ve korumasız bir durumda kalmaktadır. Kamusal alanda kadınların varlığını destekleyen ve teşvik eden yasal düzenlemelerin bulunması, kadınların birey olarak toplumsal yaşamda yer almaları açısından son derece önemlidir. Aynı şekilde, kadınlara siyasi alanda yer alma hakkının tanınması ve kadınların yönetim süreçlerinde söz sahibi olmaları, kadınların yaşamlarını kolaylaştıracak yasal düzenlemelerin yapılmasında etkili bir rol oynamaktadır. Kadınların yaşadığı sorunları en iyi şekilde anlayabilecek olan kişiler yine kadınlardır. Kadınları karşılaşabilecekleri her türlü eşitsizlik ve ayrımcılıktan koruyacak yasal düzenlemeleri yapmak, devletlerin temel sorumlulukları arasında yer almaktadır. Çoğu ülke, hukuki düzenlemelerini kadın ve erkek arasındaki eşitlik temelinde oluşturmuş olsa da pratikte bu eşitliğe her zaman uyulmadığı gözlemlenmektedir. Hukuksal düzenlemeleri kabul etmeyen bazı gruplar, kendi geleneksel normlarına göre hareket etmeye devam ederek, kadınları toplumsal yaşamdan dışlamakta ve ayrımcılığı sürdürmektedir (Açıkgöz, 2010: 55).

3.1.7. Sosyal Dışlanma

Sosyal dışlanma, bireylerin toplum hayatından büyük ölçüde uzaklaşmalarına yol açacak biçimde hem maddi hem de manevi anlamda yoksulluk içinde olmalarını ifade etmektedir. Bu durum, kişilerin haklarını ve çıkarlarını koruyabilmeleri için gerekli olan sosyal desteklerden yoksun kalmalarını da kapsar. Bir başka deyişle, sosyal dışlanma, insanların temel eğitimden mahrum kalmaları, ayrımcılık nedeniyle toplumsal yaşamın dışında bırakılmaları ve sosyal yaşama istedikleri gibi entegre olamamaları durumunu içermektedir. Sosyal dışlanma, bireylerin toplumsal hayattan kopmalarına ve toplumsal yaşama etkin bir şekilde katılamamalarına neden olur. Yoksulluk ve sosyal dışlanma, birbirini etkileyen ve destekleyen iki kavram olarak karşımıza çıkar. Yoksulluk, sosyal dışlanmaya neden olabilen bir etken olup, aynı zamanda sosyal dışlanma da yoksulluğu derinleştirebilir. Geliri olmayan bireyler, toplumun geri kalanının erişim sağladığı kaynaklara ulaşamamakta ve bu nedenle sosyal dışlanma riski taşımaktadırlar (Özsoy, 2022: 25).

Sosyal dışlanma yaşayan bireyler, eğitim ve öğretim fırsatlarına erişimde zorluk yaşamakta ve işgücü piyasasına dahil olma konusunda çeşitli engellerle karşılaşmaktadırlar. Ayrıca, sosyal bağlantılar kurma ve bu bağlantıları sürdürme konusunda da ciddi güçlüklerle karşılaşmaktadırlar (Demirci, 2019: 27). Türkiye bağlamında değerlendirildiğinde, kadınların erkeklere kıyasla istihdam alanında daha fazla dezavantaj yaşadığı görülmektedir. Çalışan kadınlar, genellikle düşük ücretlerle karşılaşmakta, uzun vadeli iş fırsatlarına ulaşmada güçlük çekmekte ve üst düzey yönetici pozisyonlarında nadiren temsil edilmektedirler. İş dünyasında, kadınlar genellikle "kadın işi" olarak tanımlanan ve daha fazla emek gerektiren sektörlerde iş bulabilmektedirler. Bu durum, erkeklerin daha çok teknik bilgi ve uzmanlık gerektiren profesyonel alanlarda istihdam edilmesine neden olmaktadır. Kadın ve erkekler arasındaki bu iş rolü ayrımı, sosyal dışlanmanın daha da belirginleşmesine ve toplumsal eşitsizliklerin sürmesine yol açmaktadır (Balkan, 2017: 35-36).

3.1.8. Gönüllü Sosyal Yardımlarda Yetersizlik

Toplumun yoksul kesimlerinin güçlendirilmesi ve yaşam standartlarının iyileştirilmesi hususunda sosyal yardımlar kritik bir rol oynamaktadır. Bu yardımlar, yoksullukla mücadele politikalarının bir parçası olarak uygulanan sosyal yardım mekanizmalarının etkin bir şekilde işlemesini gerektirmektedir. Sosyal yardım sisteminin verimli bir şekilde çalışması, yoksullukla başa çıkma çabalarının başarısını doğrudan etkilemektedir. Bununla birlikte, yeterli örgütsel yapıya sahip olmayan hayır kuruluşları, gerçek ihtiyaç sahiplerini doğru bir şekilde tespit etme konusunda çeşitli güçlüklerle karşılaşabilmektedir. Sosyal yardım kaynaklarının doğru yerlere yönlendirilmemesi, yoksulluğun azaltılması amacıyla yapılan bu yardımların etkili olmasını engeller ve kaynakların boşa harcanmasına yol açmaktadır. Bu nedenle, kurumsal kapasitesi gelişmiş ve profesyonel olarak organize olmuş hayır kurumları tarafından yapılan gönüllü sosyal yardımlar, yoksullukla mücadelede önemli bir etki sağlamakta ve aynı zamanda mevcut kaynakların daha verimli bir şekilde kullanılmasına yardımcı olmaktadır (Balkan, 2017: 36-37).

4. Kadın Yoksulluğu ve Sağlık

Yoksulluk ve sağlık kavramları, birbirini etkileyen ve birbirinin içine geçmiş iki önemli unsurdur. Bu iki kavram genellikle kısır bir döngü oluşturarak birbirini sürekli olarak etkilemektedir. Özellikle yoksul kadınlar, maddi yetersizlikler nedeniyle sağlık hizmetlerine erişim, barınma koşullarını sağlama, hijyen standartlarını oluşturma ve güvenliklerini sürdürme konularında sıkıntılar yaşamaktadır. Tüm bunlar sağlığın bozulmasına neden olabilmektedir. Yoksul kadınlar, hastalıklardan korunma yöntemlerine başvurmanın ötesinde, hastalandıklarında sağlık hizmetlerine ulaşmada zorluklar yaşamakta ve bu durum hastalıkların kronikleşmesine yol açmaktadır. Kronik hastalıkları olan yoksul kadınlar, düzenli tedavi görme konusunda ciddi engellerle karşılaşmakta ve tedavi masraflarını karşılamakta zorlanmaktadırlar. Bu sıkıntılar, onları tekrar yoksulluk döngüsüne sokarak yaşam standartlarını daha da düşürmektedir (Kocabacak, 2014: 141).

Yoksul kadınların sağlık bakım hizmetlerine erişiminde maddi yetersizlikler büyük bir engel teşkil etmektedir. Sosyal yardım programları gibi "yeşil kart" uygulamaları aracılığıyla sağlık hizmetlerinden yararlanan bireyler bile tedavinin sürekliliğini sağlayamamaktadırlar. Maddi sıkıntılar nedeniyle gerekli ilaçları temin etmekte zorluk çeken bu kadınlar, tedavi süreçlerini tamamlayamadıkları için sağlık sorunlarıyla daha fazla mücadele etmek zorunda kalmaktadır (Bursa ve Şahin, 2020: 94). Ayrıca, yoksul kadınların gebelik dönemlerinde düzenli doktor kontrollerine gitmemeleri ve bebeklerinin sağlık kontrollerini aksatmaları sıkça karşılaşılan bir durumdur. Bu kadınların sağlık algısı, yoksul olmayan kadınlara kıyasla daha olumsuz bir durumda bulunmuştur. Yaş ilerledikçe sağlık algısının düştüğü görülürken, yoksul kadınlar arasında kendi kendine meme muayenesi ve mamografi yaptırma oranlarının düşük olduğu, meme kanseri korkusunun yüksek olduğu tespit edilmiştir. Gelir durumu ve eğitim seviyesinin artmasıyla birlikte pap smear testi yaptırma oranlarının ve bu konudaki farkındalığın arttığı belirtilmiştir. Yoksul kadınların meme ve serviks kanseri erken tanı yöntemlerine yönelik algıladıkları engeller arasında bilgi eksiklikleri, kişisel tutumlar ve inançlar, sağlık hizmetlerinin sunumundaki eksiklikler ve kültürel faktörlerin yer aldığı saptanmıştır (Bursa ve Şahin, 2020: 94).

Araştırmalar, yoksul kadınların ruh sağlığının da olumsuz şekilde etkilendiğini ortaya koymuştur. Yoksulluğun getirdiği zorluklar; aile içi şiddet, maddi sıkıntılar, barınma ve hijyen sorunları, sosyal izolasyon, damgalanma, çocukların temel ihtiyaçlarının karşılanamaması ve dışlanma gibi faktörler, bireylerin baş etme mekanizmalarını bozmakta ve ruhsal sağlıklarını korumalarını zorlaştırmaktadır. Yoksul kadınların çoğu, etkili baş etme stratejileri ve yeterli sosyal destek sistemlerinden yoksundur. Ayrıca, psikolojik ve sosyal destek alma konusunda çekinceleri olduğu ve bu desteklere başvurmaktan kaçındıkları gözlemlenmiştir. Yaş ilerledikçe ve eğitim düzeyi düştükçe, birçok kadın yoksulluğu kader olarak kabul etmekte ve buna teslim olmaktadır. Yoksul kadınlarda en önemli baş etme yöntemlerinden birinin inançlar olduğu belirlenmiş, düşük eğitim seviyesine sahip ve meslek sahibi olmayan kadınların baş etme stratejilerinin daha çok dini öğelere bağlı olduğu saptanmıştır (Bursa ve Şahin, 2020: 94).

5. Kadın Yoksulluğunun Gebeliğe Etkileri

Yoksulluk, bireylerin sağlık durumunu ciddi şekilde etkileyen bir faktördür ve bu etki özellikle kadınlar ve çocuklar üzerinde yoğunlaşmaktadır (Şener ve Başer, 2019: 8). Kadınların yaşamlarının her aşamasında karşılaştıkları yoksulluk, çeşitli sağlık sorunlarına yol açmaktadır. Örneğin, kız çocukları yoksulluk nedeniyle malnütrisyon, bağışıklık sisteminin zayıflığı, sağlık hizmetlerine ve eğitim imkanlarına erişim eksiklikleri gibi problemlerle karşılaşmaktadırlar. Yaşlılık döneminde ise bu durum, yalnızlık, osteoporoz ve sosyal güvencenin olmaması nedeniyle sağlık hizmetlerine erişimde yaşanan zorluklar gibi sağlık sorunlarını beraberinde getirmektedir (Yakıt ve Coşkun, 2013: 30). Ayrıca, yoksul kadınlar ve çocuklar arasında beslenme eksiklikleri, özellikle protein, iyot, demir, A vitamini ve çinko gibi önemli besin öğelerinin yetersizliğine neden olmaktadır (Öskan Fırat ve Güngör Satılmış, 2022: 671).

Reprodüktif çağdaki kadınlar arasında anne ölümleri, başlıca ölüm nedenlerinden biridir ve bu oran oldukça yüksektir. Düşük gelirli ülkelerde, anne ölüm oranları 150 ile 1.000 (100.000 canlı doğumda) arasında değişirken, ölü doğum ve yenidoğan ölüm oranları ise 20 ile 40 (1.000 doğumda) arasında görülmektedir. Küresel düzeyde, anne ve yenidoğan ölümlerinin %99'u düşük ve orta gelirli ülkelerde gerçekleştiği belirlenmiştir (Ngoma ve Mayimbo, 2017: 443). Yoksul ve gelişmiş ülkeler arasındaki preeklampsi oranlarındaki farklılıkta beslenme yetersizliği önemli bir etken olarak öne çıkmaktadır. Araştırmalar, magnezyum ve kalsiyum alımındaki eksikliklerin preeklampsi riski ile güçlü bir şekilde ilişkili olduğunu ortaya koymuştur (de Araújo vd., 2020: 3). Yoksul bölgelerde demir eksikliği, beslenme yetersizlikleri, sıtma ve HIV gibi sağlık sorunları anemi riskini artırmaktadır. Aneminin prevalansları incelendiğinde, Sahra Altı Afrika'da aneminin en yüksek seviyede olduğu görülmektedir. Anemi, gebelik sırasında preterm doğum, düşük doğum ağırlıklı bebeklerin doğması ve neonatal ölümler gibi ciddi sağlık sorunlarına yol açabilmektedir (Öskan Fırat ve Güngör Satılmış, 2022: 672).

Düşük gelirli ülkelerde bağışıklama hizmetlerinin eksikliği, doğumların uygun sağlık koşulları sağlanmadan ve alanında uzman olmayan sağlık profesyonelleri tarafından yapılması maternal neonatal tetanoz gibi ciddi sağlık problemlerine neden olmaktadır. Ayrıca, bu bölgelerde yaşayan bireylerin yaşadığı stres, sigara, alkol ve madde kullanımında artışa yol açmaktadır. Sahra Altı Afrika'da gebelik sırasında yüksek miktarda alkol tüketiminin yaygın olduğu gözlemlenmiştir. Bunun yanında, yapılan çalışmalarda sosyoekonomik düzeyi düşük olan kadınlarda, perinatal depresyon riskinin daha yüksek olduğu gösterilmiştir (Öskan Fırat ve Güngör Satılmış, 2022: 672).

6. Yoksul Gebelerde Hemşirelik Yaklaşımı

Kadınlar, yoksulluğun sağlık üzerindeki etkilerini çok daha derin bir şekilde yaşamaktadır. Bu nedenle, hemşirelerin yoksul kadınların sağlık bakımında ve sağlıklarının korunması ile iyileştirilmesinde büyük bir rolü ve sorumluluğu bulunmaktadır. Hemşireler, yoksulluğun neden olduğu sağlık sorunlarını tanımlama yeteneğine sahip olmalı ve bu sorunların ortaya çıkmasında etkili olan faktörlerin bilincinde olmalıdır. Ayrıca, sağlık hizmetlerine erişim konusunda bireylere destek sunmalı, baş etme becerilerini geliştirmelerine, yaşamlarını sürdürebilmelerine ve mevcut kaynaklarını etkin bir şekilde kullanabilmelerine yardımcı olmalıdır. Hemşireler, bireyler ve aileler adına savunuculuk yapmalı ve kadınlara uygun kaynakların kullanımında rehberlik etmelidir. Multidisipliner bir yaklaşım benimseyerek kendi sorumluluklarını eksiksiz yerine getirmeli, kadın sağlığının korunması ve geliştirilmesi için beslenme, gebelik, genital hijyen ve infeksiyonların önlenmesi gibi konularda eğitim ve danışmanlık hizmeti sunarak olumlu sağlık alışkanlıklarının oluşmasına katkıda bulunmalıdır (Yılmazel vd., 2024: 62).

Anne ölümlerini azaltmak amacıyla düşük ve orta gelirli ülkelerce çeşitli stratejiler uygulanmaktadır. Bu stratejiler arasında doğum eylemi sırasında işinin ehli sağlık profesyonellerinin bulunması, acil obstetrik hizmetlere hızlı erişim ve kaliteli yenidoğan bakımının sağlanması öne çıkmaktadır. Hemşireler hem kentsel hem de kırsal bölgelerde yoksul gebelerle sık sık karşılaşmaktadır. Bu nedenle, gebelere beslenme, demir ve folik asit alımının önemi, doğum öncesi bakımın gerekliliği, tarama testleri, aile planlaması ve emzirme konularında eğitim verilmesi hususunda hemşirelerin önemi büyüktür. Ayrıca, gebelerin sağlık kuruluşlarına erişimini engelleyen durumlar değerlendirilmelidir. Sosyal destek ihtiyaçları olan kadınlar, gerekiyorsa yetkili kurumlara yönlendirilmelidir (örneğin; yerel yönetimler, sosyal hizmetler, sosyal yardımlaşma dernekleri, şiddet önleme ve izleme merkezleri, kadın sığınma evleri vb.). Kırsal bölgelerde yaşayan gebelerin sağlık hizmetlerine erişiminin zor olduğu ve bu nedenle daha fazla risk altında oldukları göz önünde bulundurulmalıdır. Bu bölgelerde yaşayan gebelere yeterli doğum öncesi bakım ve eğitim sağlandığından emin olunmalıdır. Her randevuda kan basıncı ölçülmeli, idrarda protein varlığı kontrol edilmelidir. Hemogram ve biyokimya parametreleri mutlaka değerlendirilmelidir. Gebelere, tehlike belirtileri (örneğin; baş ağrısı, epigastrik ağrı, görme bozukluğu, kanama, şiddetli karın ağrısı, tek taraflı bacak ağrısı, kızarıklık vb.) hakkında anlaşılır bir şekilde bilgi verilmelidir. Yoksul gebelerde obstetrik riskler daha yüksek olduğu için sezaryen doğum oranları artış göstermektedir. Kırsal bölgede doğumun üst basamak sağlık kuruluşunda yapılmasına karar verildiğinde, gebenin sevk işlemleri hızla başlatılmalı ve ulaşım koşulları gözden geçirilmelidir. Doğum eyleminin uygun koşullarda gerçekleştirilmesi, sağlıklı bir anne ve sağlıklı bir yenidoğanla sonuçlanması sağlanmalıdır (Ngoma ve Mayimbo, 2017: 443). Doğum sonrası bakım süreci göz ardı edilmemeli ve sağlık hizmetleri bu dönemde de etkin bir biçimde sunulmalıdır (Öskan Fırat ve Güngör Satılmış, 2022: 673).

7. Sonuç

Yoksul kadınlarda, düşük sosyoekonomik düzeyden kaynaklanan pek çok etken maternal ve fetal risklerin artmasına yol açmaktadır. Bu etkenler arasında yetersiz beslenme, doğum öncesi bakım hizmetlerine geç ulaşma veya hiç ulaşamama, doğumun sağlıksız koşullarda gerçekleşmesi, sigara ve alkol kullanımı, emosyonel stres, aile içi şiddet, ayrımcılık ve dışlanma gibi durumlar bulunmaktadır. Gebeliğin erken dönemde teşhis edilip, yeterli antenatal bakım sağlanması, risklerin erken tespiti, uygun beslenmenin sağlanması, bağışıklamanın tamamlanması, folik asit ve demir takviyesi ile aneminin önlenmesi, ruh sağlığının değerlendirilmesi ve gerekli psikolojik desteklerin sunulması, anne ve bebek ölümlerinin azaltılmasına yönelik hedefler arasında yer almalıdır. Hemşirelerin, yoksulluğun gebe kadınların sağlığı üzerindeki etkileri hakkında bilgi sahibi olmaları ve sağlık hizmetlerinin yoksul bireylere ulaştırılması konusunda aktif rol oynamaları büyük önem taşımaktadır.

Kaynaklar

Açıkgöz, R. (2010). Kadın yoksulluğu üzerine bir inceleme. *Yardım ve Dayanışma Dergisi,* 1(2), 45-60.

Aksan, G. (2012). Yoksulluk ve yoksulluk kültürünün toplumsal görünümleri. *Selçuk Üniversitesi Sosyal Bilimler Enstitüsü Dergisi* (27), 9-19.

Aksan, G., & Alptekin, D. (2010). Uluslararası yoksullukla mücadele stratejileri sempozyumu: deneyimler ve yeni fikirler. Mahmut Kardaş (Ed). *Yoksulluk ve Kadın: Teorik ve Uygulamalı Bir Çalışma.* (ss. 421-434). İstanbul: Sosyal Yardımlaşma ve Dayanışma Genel Müdürlüğü.

Aktan, C. C., & Vural İ. Y. (2002). Yoksulluk: terminoloji, temel kavramlar ve ölçüm yöntemleri. Coşkun Can Aktan (Ed). *Yoksullukla Mücadele Stratejileri.* (ss. 1- 32). Ankara: Hak-İş Konfederasyonu Yayınları.

Anık, K. (2019). *Kadınların yoksullukla mücadelesi: Sosyal yardımlaşma kurumlarının rolü* [Yüksek lisans tezi, Erzurum Teknik Üniversitesi Sosyal Bilimler Enstitüsü]. Yükseköğretim Kurulu Ulusal Tez Merkezi. https://tez.yok.gov.tr/UlusalTezMerkezi/ TezGoster? key=vjszP7PzV0HebcjFEvDfwKsxVlKRFyfMXz9jvaYDj_Lsmi6wsILmxYX4nM4H0 d00.

Aydın, E. (2016). Yoksullukla mücadelede sosyal yardımlaşma ve dayanışma vakıflarının etkileri: Bartın ili sosyal yardımlaşma ve dayanışma vakfı üzerine inceleme [Yüksek lisans tezi, Bartın Üniversitesi Sosyal Bilimler Enstitüsü]. Yükseköğretim Kurulu Ulusal Tez Merkezi. https://tez.yok.gov.tr/UlusalTezMerkezi/TezGoster?key=OykDDeWBWTL9-Wm52sZBrFIEpB1j1rV1UTAPc_iNMmxHd9nrcFxT-nHxuv9AOIib.

Balkan, N. (2017). *Kadın yoksulluğu ve yoksulluğun kadınlaşması: Kırklareli ilinde alan araştırması* [Yüksek lisans tezi, Kırklareli Üniversitesi Sosyal Bilimler Enstitüsü, Kırklareli].

Bursa, A.G., & Şahin, N. (2020). Yoksulluğun kadın sağlığına etkisi: Lisansüstü tezlere yönelik bir sistematik derleme. *Sağlık Bilimleri Üniversitesi Hemşirelik Dergisi,* 2(2), 89-98.

de Araújo, C. A. L., de Sousa Oliveira, L., de Gusmão, I. M. B., Guimarães, A., Ribeiro, M., & Alves, J. G. B. (2020). Magnesium supplementation and preeclampsia in low-income pregnant women–a randomized double-blind clinical trial. *BMC pregnancy and childbirth, 20,* 1-6.

Demircan, E. İ. (2021). *Kadın yoksulluğunu önleme sosyal yardımlaşma ve dayanışma vakıflarının faaliyetleri: Adapazarı örneği* [Yüksek lisans tezi, Yalova Üniversitesi Lisansüstü Eğitim Enstitüsü, Yalova].

Demirci, A. (2019). Yoksullukla mücadele kapsamında Türkiye'deki sosyal yardım uygulamaları: Ardahan sosyal yardımlaşma ve dayanışma vakfı örneği [Yüksek lisans tezi, Ardahan Üniversitesi Sosyal Bilimler Enstitüsü, Ardahan].

Dumanlı, R. (1996). *Yoksulluk ve Türkiye'deki boyutları*. Ankara: Hayat Yayıncılık.

Ekinci Hamamcı, E.D., & Anık, K. (2021). Erzurum'da kadın yoksulluğu ve sosyoekonomik yansımaları. *Business and Economics Research Journal*, 12 (1), 65-88.

Göktaş, S. (2019). *Kadın yoksulluğu üzerine bir alan araştırması: Kars örneği* [Yüksek lisans tezi, Kafkas Üniversitesi Sosyal Bilimler Enstitüsü, Kars]. Yükseköğretim Kurulu Ulusal Tez Merkezi. https://tez.yok.gov.tr/UlusalTezMerkezi/TezGoster?key=T1mWGp9MngYYkCSgiJvt VlyTTNqS2uznmzZL5ZnMYFCEv7oYIA2BysLkRYmXZxQ9.

İncedal, S. (2013). *Türkiye'de yoksulluğun boyutları: Mücadele politikaları ve müdahale araçları* [Uzmanlık tezi, Aile ve Sosyal Politikalar Bakanlığı Sosyal Yardımlar Genel Müdürlüğü, Ankara].

Kocabacak, S. (2014). Kadın yoksulluğu ve kadın sağlığı üzerine yansımaları. *Sosyal Güvence*, 0(6), 135-161.

Ngoma, C., & Mayimbo, S. (2017). The negative impact of poverty on the health of women and child. *Annals of Medical and Health Sciences Research*, 7(6), 442-446.

Özkan Fırat, B., & Güngör Satılmış, İ. (2022). Perinatolojide özel gruplar ve hemşirelik bakımı. *İzmir Demokrasi Üniversitesi Sağlık Bilimleri Dergisi*, 5(3), 664-680.

Özsoy, E. (2022). *Gündelik yaşam pratikleri üzerinden kadın yoksulluğu: Kayseri örneği* [Yüksek lisans tezi, Erciyes Üniversitesi Sosyal Bilimler Enstitüsü, Kayseri]. Yükseköğretim Kurulu Ulusal Tez Merkezi. https://tez.yok.gov.tr/UlusalTezMerkezi/ TezGoster?key= kIrIdtdJ31bRgjb6fHvMUQ5k1am5H3qzQjV7n0OWZ7nSRx6E9Jo1bxinMkDhozLO.

Padır, A. B. (2020). *Yoksulluk sorunu ve İstanbul'da yaşayan bireylerin yoksulluk algısı üzerine bir uygulama* [Yüksek lisans tezi, Yıldız Teknik Üniversitesi Sosyal Bilimler Enstitüsü, İstanbul].

PIP. (2022). Did you know 712 million people lived below the $2.15 per day poverty line in 2022. *The World Bank Poverty and Inequality Platform*. Erişim Tarihi: 21.05.2024: https://pip.worldbank.org/home

Sen, A., & Anand, S. (1997). Concepts of human development and poverty: A multidimensional perspective. In *Poverty and human development: Human development papers 1997* (pp. 1-20). United Nations Development Programme.

Şener, Ü. (2012). Kadın yoksulluğu. *Mülkiye Dergisi*, 36(4), 51-67.

Şener, Y., & Başer, M. (2019). Küreselleşme ve yoksulluğun kadın sağlığı üzerine etkileri. *Erciyes Üniversitesi Sağlık Bilimleri Fakültesi Dergisi*, 6(2), 6-10.

Topçuoğlu, A., & Aksan, G. (2014). Türkiye'de yoksullukla mücadele, sosyal yardımlar ve kadınlar. Abdullah Topçuoğlu (Ed). *Yoksulluk ve Kadın*. (ss. 129-162). İstanbul: Ayrıntı Yayınları.

Topgül, S. (2013). Türkiye'de yoksulluk ve yoksulluğun kadınlaşması. *C.Ü. İktisadi ve İdari Bilimler Dergisi*, 14(1), 277-296.

Uçar, C. (2011). *Kadın yoksulluğuyla mücadelede sosyal politika araçları ve etkinlikleri* [Uzmanlık tezi, Başbakanlık Kadının Statüsü Genel Müdürlüğü, Ankara].

UN. (1948). Universal declaration of human rights. *United Nations*. Erişim Tarihi: 01.06.2024: https://www.un.org/en/about-us/universal-declaration-of-human-rights

UNICEF. (2024). Haydi kızlar okula kız çocuklarının okullaşmasına destek kampanyası. *Birleşmiş Milletler Çocuklara Yardım Fonu*. Erişim Tarihi: 01.06.2024: https://www.unicef.org/turkiye/media/2431/file/TURmedia_%20Haydi%20Kizlar%20 20Okula%20Brosur.pdf%20.pdf.

Yakıt, E., & Coşkun, A. (2013). Yoksulluk, kadın yoksulluğu ve hemşirenin rolü. *Hemşirelikte Eğitim ve Araştırma Dergisi*, 10(2), 30-37.

Yaşar, S., & Taşar, M. O. (2019). Kavramsal olarak yoksulluk ve Türkiye'de yoksullukla mücadele politikalarının etkileri. *Sosyal Ekonomik Araştırmalar Dergisi*, 19(38), 118-144.

Yılmazel, G., Altay, B., & Keleş, E. (2024). Risk yaklaşımı ile yoksulluk ve hemşirelik. *Hitit*

Sağlık Dergisi, 2, 55-64.

Yılmaztürk, A. (2016). Türkiye'de kadın yoksulluğu, nedenleri ve mücadele yöntemleri. *Balıkesir Üniversitesi Sosyal Bilimler Enstitüsü Dergisi,* 36(1), 769-796.

Yusufoğlu, Ö. Ş. (2017). Kadın yoksulluğu olgusuna sosyolojik bir yaklaşım: Elâzığ örneği. *Fırat Üniversitesi İİBF Uluslararası İktisadi ve İdari Bilimler Dergisi,* 1(2), 99-126.

THE IMPORTANCE OF GENITAL TRACT INFECTIONS IN WOMEN'S HEALTH AND THE ROLE OF MIDWIVES

GENİTAL YOL ENFEKSİYONLARIN KADIN SAĞLIĞINDA ÖNEMİ VE EBELERİN ROLÜ

Selin Koç[1] ve Ayşegül Dönmez[2]

Öz

Genital sistem enfeksiyonları dünya çapında sık görülmekte olup özellikle düşük ve orta gelir seviyesindeki ülkelerde ciddi bir sorun olarak ortaya çıkmaktadır. Bu enfeksiyonlar hamilelik sırasında özellikle kadınlarla bebekleri etkilemekte ve olumsuz sağlık sonuçlarına neden olabilmektedir. Toplum tabanlı yapılan tarama testleri sayesinde, erken teşhis ve tedavi hayati önem taşımaktadır. Ancak birçok kadın bu hizmetlere erişememekte ya da sınırlı erişim sağlayabilmektedir. Kaynakların düşük olduğu ortamlarda, zayıf sağlık sistemleri ve sınırlı ulaşım, genital enfeksiyonların yaygınlığının ve şiddetinin artmasına neden olmaktadır. Sağlık hizmetlerine erişim kolaylığı, eğitimin desteklenmesi ve farkındalığın artırılması bu artışların önlenmesinde büyük önem taşımaktadır. Son yıllarda yüksek kaliteli tanılama testlerinin mevcudiyeti ve kişinin kendi kendine topladığı vajinal numunelerdeki son gelişmeler umut verici çözümler sunmaktadır. Sendromik yaklaşımlar yerine daha spesifik ve etkili tanı yöntemlerine geçilmesi sonucunda bireylerin iyilik haline önemli katkı sağlanmaktadır. Enfeksiyonların anneden çocuğa bulaşmasını önlemek anne ve çocuk sağlığı açısından önemlidir. Bu gelişmelerin ulusal ve uluslararası kılavuzlarda yer alarak klinik uygulamalarda benimsenmesi, kadınların üreme sağlığının genel olarak iyileştirilmesine katkıda bulunabilir. Bu nedenle, etkili kaynak tahsisi ve uygulamayı sağlamak için küresel sağlık topluluğu, hükümetler ve sivil toplum kuruluşları arasında işbirliği gerektirmektedir.

Anahtar kelimeler: Genital yol enfeksiyonları; cinsel yolla aktarılan

---

[1] Ebe, İzmir Tınaztepe Üniversitesi, Lisansüstü Eğitim Enstitüsü, Ebelik Yüksek Lisans Bölümü, selin.balkukoc@gmail.com, ORCID: 0009-0000-7462-4498
[2] Dr. Öğr. Üyesi, İzmir Tınaztepe Üniversitesi Ebelik Bölümü, aysegul.donmez@tinaztepe.edu.tr, ORCID: 0000-0003-4930-0760

enfeksiyonlar; ebelik

Abstract

Genital tract infections are spreading worldwide and pose significant health risks, particularly in low- and middle-income countries. These infections affect the health of women and babies during pregnancy and can lead to adverse outcomes. Early detection and treatment through community-based screening tests is vital, but many women do not have access to these services or have limited access, and in low-resource settings, weak health systems and limited transportation contribute to increased prevalence and severity of genital infections. Ease of access to health services, promoting education and raising awareness are crucial to preventing these increases. In recent years, the availability of high quality diagnostic tests and recent advances in self-collected vaginal specimens offer promising solutions. The shift from syndromic approaches to more specific and effective diagnostic methods is contributing significantly to the well-being of individuals. Preventing mother-to-child transmission of infections is important for maternal and child health, and adoption of these advances in national and international guidelines and clinical practice can contribute to the overall improvement of women's reproductive health. It therefore requires collaboration between the global health community, governments and non-governmental organizations to ensure effective resource allocation and implementation.

Keywords: Genital tract infections; sexually transmitted infections; midwifery

1. Giriş

Genital bölgedeki sağlık sorunlarının çoğu, bakteri, virüs veya mantar gibi mikroorganizmaların neden olduğu enfeksiyonlardan kaynaklanmaktadır (Akça, 2021: 1). Çok eşlilik, perine ve el hijyeninin yetersiz olması, bazı sistemsel hastalıklar, sık gebelik ve kürtaj gibi bazı faktörler nedeniyle üreme sistemine mikroorganizmaların yerleşmesi sonucu genital bölgede ortaya çıkan enfeksiyonlar, kadınlarda en sık görülen sağlık sorunlarından biridir. Hem erkeklerde hem de kadınlarda üreme organlarını ve ilgili yapıları etkileyen enfeksiyonlar tedavi edilmezse çeşitli semptomlara ve komplikasyonlara neden olmaktadır (Aynacı, 2022: 97).

Literatür incelemesinde genital enfeksiyonların önemi, kadınların cinsel yaşamlarını, aile hayatlarını, üreme yeteneklerini ve zihinsel sağlıklarını da olumsuz etkileyerek yaşam kalitelerini azalttığı belirtilmiştir. Bu nedenle, kadınlarda genital enfeksiyonlara yol açan risk faktörlerinin tanınması ve ortadan kaldırılması, kadın sağlığı için büyük önem taşımaktadır (Çuvadar, 2019: 33; Demirağ, 2019: 49; Şen, 2020: 96). Başka bir çalışmada da, genital enfeksiyonlar, basit önlemlerle önlenebilen veya uygun şekilde tedavi edilebilen ancak çoğu zaman utanma, çekinme, önemsememe veya eğitim eksikliği nedeniyle sorun olmaya devam eden bir hastalık grubunu oluşturduğu; bu nedenle, sağlık tesislerinde kullanılabilecek basit teşhis yöntemleriyle kolayca tanı konulabilmekte ve topluma medya aracılığıyla bu enfeksiyonlardan korunma konusunda bilgi verilmesi gerektiği açıklanmıştır (Rahman, 2020: 469). Literatüre dayalı olarak hazırlanan bu makalede genital enfeksiyonların kadın sağlığında önemi ve ebelerin rolü ile ilgili bilgilerin paylaşılması hedeflenmiştir. Makalede en yaygın genital ve cinsel yolla aktarılan enfeksiyonlar (CYAE) şeklinde iki ana başlık altında incelenmiştir.

2. Vajinal Enfeksiyonlar (Vajinitler)

Vajinal enfeksiyonlar, vajinanın vücudun dış bölgesine açık olması nedeniyle, cinsel ilişki, alerjenler, pedler gibi faktörlere bağlı olarak sıkça görülen enfeksiyon türlerindendir. Genellikle akıntı ile belirginleştiğinden dolayı enfektif olup olmadığını ayırt etmek büyük önem arz etmektedir. Normal akıntı berrak veya sarı-beyaz olup kokusuzdur; ancak, enfekte akıntı yeşilimsi veya koyu sarı renkte, kaşıntılı ve kötü kokulu olabilir. Bu durum genellikle ilişki sırasında ağrı veya yanma ile birlikte görülür. Laktobasillerin azalması, antibiyotik kullanımı ve vajinal duşlar gibi faktörler vajinal mikropları azaltarak enfeksiyon riskini artırabilir (Akbulut ve Daşıkan, 2023; Şen, 2023). Vajinal enfeksiyonlarla çeşitli şekillerde karşılaşılabilmektedir:

Kandida Vajiniti (Mantar Enfeksiyonu), genellikle antibiyotik kullanımı, hamilelik, diyabet gibi durumlar ve vajinal duş alışkanlığı olanlarda sıkça karşılaşılan bir durumdur. Bu enfeksiyon genellikle kaşıntılı bir akıntıya sebep olur ve peynir kesiği şeklinde görülebilir (Doğan ve Kızılırmak, 2020: 8).

Bakteriyel Vajinit, Gardnerella vajinalis mikrobunun neden olduğu kötü kokulu bir enfeksiyondur ve cinsel birliktelik sonrası koku artmaktadır (Kaplan, 2020: 407).

Trikomonas Vajiniti, acı veren, kokulu ve yeşil akıntıya neden olan parazitik bir vajinit türüdür, eş tedavisi gerekebilmektedir (Altunbaş, 2020: 641).

Vulvitis, Vulva, genital bölgeyi enfeksiyonlara karşı koruyan ilk savunma bölgesidir ve terleme, menstruasyon, hormonal değişiklikler nedeniyle nem artışı, patojen birikimine ve vulvitise yol açabilir. Vulvitisin belirtileri arasında kaşıntı, yanma, ağrı ve vulvada kabuklanma bulunur ve tedavi için tahriş edici faktörlerin ortadan kaldırılması, oturma banyoları ve östrojen içeren kremler kullanılabilir (Abd El-Menim,vd., 2018: 254).

Servisit, genellikle üst genital sistem enfeksiyonlarından kaynaklanan bir serviks iltihabıdır. Servisit semptomları arasında pürülan ve mukoid akıntı, servikal kanama ve alt karın ağrısı bulunurken, olguların %70-80'i asemptomatiktir ve cinsel açıdan aktif genç kadınlarda daha sık görülür. Tanı, belirtiler ve kültür, pap smear testi ile kolposkopi eşliğinde biyopsi ile konur; tedavi antibiyotiklerle yapılır (Miranda vd., 2021: 54).

2. Bartolin Apsesi

Bartolin bezleri, vajina duvarının arka tarafında, bulbokavernöz kasların yanında bulunan bir çift bezdir. Kadın üreme sisteminin önemli bir parçası olarak görev yapmaktadırlar ve cinsel ilişki sırasında vajina ve vulvayı salgılarla kayganlaştırmaktadırlar. Bartolin bezinin tıkanması durumunda salgılar birikir ve kist oluşumuna neden olabilir, enfekte olursa Bartolin apsesi gelişebilmektedir. Apseler, kistlere kıyasla yaklaşık üç kat daha sık görülmektedir. Kistler genellikle belirti göstermezken, apseler ağrı, cinsel ilişki sırasında rahatsızlık, yürüme zorluğu gibi sorunlara neden olabilirler. Apse tedavisi drenaj, marsupiyalizasyon, bezin tamamen çıkarılması, Word katater uygulaması ve kaviteye gümüş nitrat uygulamasını içermektedir (Çetin ve Polat, 2019: 98; Serdar, 2018: 289). Çetin B. ve arkadaşlarının (2019) çalışmasında 2011-2018 yılları arasında Bartolin apsesi nedeniyle marsupiyalizasyon yapılan 230 hastanın dosyaları retrospektif olarak incelendiğinde; Bartolin apsesinin daha önce cerrahi girişim geçirmiş, genç yaşta olan ve cinsel aktif bireylerde daha sık görüldüğü sonucuna varılmıştır (Çetin vd., 2019: 1).

3. Pelvik Enflamatuar Hastalık

Pelvik inflamatuar hastalık (PID), rahim, yumurtalıklar, tüpler ve bu yapıların çevresindeki yumuşak dokuların enfeksiyonlarına işaret etmektedir. Genellikle cinsel yolla aktarılan birçok mikrobun karıştığı enfeksiyonlardır (Sıbıç ve Aydın Doğan, 2022: 104). American College of

Obstetricians and Gynecologists (ACOG) tarafından belirtilen PID risk faktörleri, cinsel yolla aktarılan enfeksiyonlara (CYAE) maruz kalma, özellikle klamidya ve gonore, 15-25 yaş arası kadınlarda, çok sayıda cinsel partner, kontraseptif yöntemlerin kullanılmaması, Rahim İçi Araç (RIA) kullanımı, düşük sosyoekonomik durum, siyah ırk, vajinal duş yapılması, daha önce PID geçirme öyküsü, başkalarıyla cinsel ilişki yaşama, sigara kullanımı ve madde bağımlılığını içermektedir (ACOG, t.y.; Cimilli Şenocak, 2019: 431).

4. Endometrit

Endometrit, rahimin iç zarının (endometriyum) iltihaplanması olarak tanımlanır. Bu durum ateş, alt karın ağrısı, akıntı veya anormal vajinal kanama gibi semptomlara sebep olabilir. Doğum sonrası sıklıkla karşılaşılan bir enfeksiyon nedenidir ve pelvik inflamatuar hastalığın bir parçası olarak kabul edilmiştir. Endometrit, kronik ve akut formlarda ortaya çıkabilir.

Kronik endometrit genellikle menopoz sonrasında daha sık görülür ve belirtiler hasta tarafından fark edilmeyebilir. Kasıklarda hafif ağrı, huzursuzluk veya menstrüel sikluslarda ara kanama gibi durumlar görülebilir. Nadiren infertiliteye neden olabilir ancak genellikle hasta şikâyetleri olmadan hekim kontrolünde tespit edilir. Genellikle endometrial biyopsiyle tanı konulur ve uygun antibiyotik tedavisi başlatılır.

Akut endometrit ise çoğunlukla düşük, doğum veya rahim içi ile ilgili operasyon sonrasında ağrı, aşırı hassasiyet ve ateş en belirgin semptomdur. Tüplerin iltihabı da eşlik edebilir. Teşhis genellikle klinik muayene ile konur ve tedavi parenteral yollarla (damar içi veya kas içi) uygulanan çeşitli antibiyotikleri gerektirebilir (Margulies vd., 2021: 556; Sayan vd., 2018: 96).

5.Toksik Şok Sendromu

Menstrüel dönemde vajinal tamponu devamlı kullanan kadınlarda nadir görülen ancak ciddi bir durum olan toksik şok sendromu, uzun süreli tampon kullanımıyla ilişkilidir. Vajende biriken kan, bakterilerin çoğalması için uygun bir ortam oluşturabilir, özellikle Staphylococcus aureus gibi bakterilerin aşırı çoğalması toksin salgılamalarına neden olabilir. Bu durum ani yükselen ateş, ishal, bulantı, kusma, vücutta artan ağrılar ve bayılma gibi belirtilerle kendini gösterir. Toksik şok sendromunun tedavisi yoğun bakım koşullarında yapılmalıdır. Bu tür sorunlardan korunmak için tamponların mümkün olduğunca az tercih edilmesi, gün içinde sık sık değiştirilmesi, aynı tamponun uzun süre içerde tutulmaması, yerleştirmeden önce ellerin sabunla yıkanması ve gece tampon kullanımının mümkünse azaltılması önerilir (Yıldırım, 2018: 90; Hansen vd., 2020: 1).

6. Cinsel Yolla Aktarılan Enfeksiyonlar (CYAE)

Cinsel aktivite yoluyla aktarılan patojenlerin sebep olduğu hastalıklar, çeşitli lezyonlarla seyredebilen, akut ya da kronik nitelikte, infertilite, düşük ve hatta ölüme neden olabilen sağlık sorunlarını içermektedir. Bu enfeksiyonlardan bazıları döküntü ve ülserle seyretmekle birlikte, diğerleri akıntı veya her iki klinik tabloyu içerebilir (Doğan, 2017: 32; WHO, t.y.). Dünya Sağlık Örgütü (DSÖ) raporuna göre, dünya genelinde gün başı bir milyondan fazla CYAE tespit edilmekte olup, çoğu asemptomatik seyretmektedir. Tedavi edilebilir dört CYAE'den biri olan klamidya, gonore, frengi ve trikomoniyaz, yılda 374 milyon yeni enfeksiyonla karşı karşıya kalmaktadır. 15-49 yaş arası 500 milyondan fazla kişinin genital herpes ile enfekte olduğu tahmin edilmektedir. HPV enfeksiyonu ise her yıl 311.000'den daha çok rahim ağzı kanseri ölümüyle ilişkilendirilmektedir. 2016'da yaklaşık bir milyon hamile kadının sifilizle enfekte olduğu düşünülmektedir, bu da 350.000'den fazla olumsuz doğum sonucu doğurmaktadır. CYAE'ler, damgalanma, infertilite, kanserler ve hamilelik komplikasyonları ile cinsel ve üreme sağlığına doğrudan etki eder; ayrıca, ilaç direnci küresel CYAE yükünü azaltma konusunda ciddi bir tehdittir (WHO, t.y.).

7. Genital Herpes

Genital uçuğa neden olan Herpes Simpleks Virüsü (HSV), doğrudan temas yoluyla bulaşabildiğinden, genital uçuk tespit edilen bireylerde diğer cinsel yolla aktarılan enfeksiyonlar da değerlendirilmelidir. Semptomlar arasında ağrılı yaralar veya kabarcıklar bulunur ve ilk salgın sırasında grip benzeri semptomlar görülebilir. Ataklar arasında belirtiler olmadığı dönemlerde yapılacak kan testleri genital herpesin varlığını tespit etmede yardımcı olmaktadır. Günümüzde tamamen iyileşmeyi sağlayan bir yöntem bulunmasa da ilaç tedavileri belirtileri yönetmeye yardımcı olabilmektedir (James vd., 2020: 315; Awasthi ve Friedman, 2020: 56). Genital herpes, Human Immunodeficiency Virüs (HIV) bulaşma riskini artıran önemli bir faktördür ve yılda 14.000 bebeği etkileyen neonatal

536

herpesin önemli bir nedenidir. Öngörülen HIV vakalarının %30-40 oranında artması beklenirken, herpes simpleks virüsü tip 2 (HSV-2) üzerinde etkili bir aşının, bu artışı önlemede kritik bir rol oynayabileceği tahmin edilmektedir (Egan vd., 2020: 138).

8. Genital Siğiller (Kondilom) ve HPV

Human Papilloma Virüsüne (HPV) bağlı ortaya çıkan siğiller, kadınlarda vulva ve vajinal bölgede ortaya çıkmaktadır. HPV'nin bazı tipleri ise rahim ağzı kanserine neden olmaktadır. Tedavi seçenekleri arasında kremler, yakma, dondurma ve cerrahi çıkartma bulunmaktadır; ancak tedavide nüks etme olasılığı mevcuttur (Cilli ve Kadığlu, 2021). Siğiller genellikle büyük ölçüde cinsel temasla bulaşsa da, küçük bir oran toplum geçişli olarak tanımlanan eşya kaynaklı geçişler de (örneğin, epilasyon aleti gibi) olmaktadır. Kondom kullanımı, dış genital bölgeyi siğillerden korumada etkili değildir (Cilli, 2022:300; Serin, 2020:283). HPV için Amerikan Gıda ve İlaç Merkezi (FDA) tarafından onaylanmış üç farklı aşı bulunmaktadır: İki bileşenli Aşı (HPV Tip-16 ve 18), Dört bileşenli aşı (HPV Tip-6, 11, 16 ve 18), ve Dokuz bileşenli Aşı (HPV Tip-6, 11, 16, 18, 31, 33, 45, 52 ve 58). İkili aşı, rahim ağzı kanserine karşı etkili olup genital siğilleri önlememektedir. Dörtlü aşı, rahim ağzı kanseri ve genital siğillere karşı koruma sağlar. Dokuzlu aşının kapsamı ise dokuz farklı HPV türüne karşı koruma sunar ve 9-45 yaş aralığındaki kadın ve erkekler için uygundur (FDA, t.y.). Dokuzlu aşı, rahim ağzı, vulvar, vajinal ve anal kanserlerin önlenmesinde etkilidir ve ayrıca genital siğilleri önlemek için onaylanmıştır (Böyük ve Bilgin, 2023:1). ABD Hastalık Kontrol ve Korunma Merkezleri (Centers for Disease Control and Prevention, CDC)'nin önerilerine göre, HPV aşısı 11 veya 12 yaşındaki tüm çocuklara (erkek ve kız çocukları dahil) uygulanmalıdır, hatta 9 yaşından itibaren başlanabilir. 9-14 (14 yaş dahil) yaş arası 2 doz HPV aşısı tavsiye edilir. 15-26 (26 yaş dahil) yaş arası ise 3 doz HPV aşısı önerilmektedir. Bu erken aşılanma, cinsel aktivite öncesinde bağışıklığı güçlendirmenin önemli olduğu düşüncesiyle desteklenmektedir. Ayrıca, henüz aşılanmamış olan 26 yaşına kadar olan herkese HPV aşısı önerilmektedir. Ancak, 27 ila 45 yaşları arasındaki bazı yetişkinlerin HPV aşısını düşünmeleri durumunda, bu bireylerin sağlık uzmanları ile görüşmeleri önemlidir. Bu yaş aralığındaki aşı, genellikle daha az fayda sağlar, çünkü çoğu cinsel açıdan aktif yetişkin HPV'ye maruz kalmış olabilir. Ancak, bireyin sağlık durumu ve risk faktörleri değerlendirildikten sonra aşılama kararı alınabilir. Bu nedenle, HPV aşısı konusunda karar verirken sağlık uzmanlarından alınan önerilere dikkat etmek önemlidir (CDC, t.y.). Ülkemizde HPV aşılarının ücretsiz yapılması ve aşı takvimine eklenmesi yönünde çalışmalar devam etmektedir (CİSÜ, t.y.). Çevik ve Coşkun (2021) tarafından yapılan bir çalışmada HPV enfeksiyonuna güncel yaklaşım ve ebenin rolü çeşitli veri tabanlarından araştırmalar yapılarak incelenmiş ve ebelerin, HPV enfeksiyonu hakkında toplum bilincini artırmak için eğitimler ve yoğun bilimsel çalışmalar yapılması gerektiği vurgulanmıştır (Çevik ve Coşkun, 2021: 215).

9. Klamidya Enfeksiyonu

Klamidya enfeksiyonu, cinsel temas yoluyla bulaşan önemli bir hastalıktır ve sıkça karşılaşılmaktadır. Bu enfeksiyonlar genellikle kokusuz ve sarımsı akıntı veya lekelenme şeklinde kanamalarla belirti vermektedirler. Cinsel ilişki sırasında ağrıya sebep olabilir veya hiç belirti göstermeden ilerleyerek, tüplerde tıkanıklıklara yol açarak gebeliğin oluşmasını zorlaştırabilirler. Ayrıca, gebelerde erken doğum riskini artırabilmektedir. Tanı, klinik bulgulara ve mikrobiyolojik incelemelere dayanmaktadır. Tedavi edilmemiş klamidya, HIV'e yakalanma veya bulaştırma riskini artırabilmektedir (HSGM, 2020; Felek, 2020:149).

10. Sifiliz (Frengi, Lues)

Treponema pallidum isimli bir mikroorganizmanın neden olduğu cinsel yolla bulaşan bir sistemik enfeksiyöz hastalıktır. Erken tedavi edildiğinde tamamen iyileşme mümkün olabilir, ancak tedavi uygulanmazsa ciddi ve hayati tehlike arz eden komplikasyonlara ve iç organların etkilenmesine yol açabilir (Karadağ ve Akdeniz, 2014: 40; Karaosmanoğlu vd., 2019: 69). Sifiliz, ağrısız bir yara olarak genital organlarda, rektumda veya ağızda başlayabilen bir enfeksiyondur. İlk aşama, temastan 9-30 gün sonra yara şeklinde ortaya çıkmakta, ikinci aşama, temastan 4-10 hafta sonra döküntü ile seyretmekte ve üçüncü aşamada ise temastan 3-15 yıl sonra iç organları etkileyebilmektedir (Gezegen, 2023: 590).

Dünya Sağlık Örgütü'nün 2020 verilerine göre, frengi ile enfekte yetişkin sayısı 7,1 milyon olarak raporlanmıştır (WHO, t.y.). 2016'da konjenital sifilizle doğan bebek sayısı ise 661,000'dir. Frengi, doğru ve düzenli kondom kullanımı gibi güvenli cinsel uygulamalarla önlenebilir. Frengi hastalarının çoğunda belirgin semptom görülmeyebilir, ancak küçük belirtiler fark edilebilir. Enfeksiyonun laboratuvar testleriyle tespiti ve pozitif vakaların tedavisi, bulaşmayı ve konjenital sifiliz dahil olumsuz gebelik sonuçlarını önleyebilir. Hızlı testlerle yapılan tarama, hemen tedaviye başlanmasına imkan tanımaktadır. Enfekte bireylerin partnerlerinin de test edilip tedavi edilmesi, enfeksiyonun yeniden bulaşmasını ve ileri bulaşmayı engellemek açısından önemlidir. DSÖ, HIV, frengi ve hepatit B'nin anneden çocuğa bulaşmasını ortadan kaldırmak için çalışmaktadır. Ocak 2023 itibariyle, 16 ülke ve bölgenin çocuğa frengi geçişini ortadan kaldırdığı DSÖ tarafından doğrulanmıştır. Dünya genelinde sifiliz vakalarında yaşanan artış, Cinsel Yolla Aktarılan Enfeksiyonlara (CYAE) dair endişe verici bir tabloyu ortaya koymaktadır. DSÖ' nün verilerine göre, her yıl 374 milyon yeni vaka görülmekte olup bunların içinde tedavi edilebilir dört enfeksiyondan biri olan klamidya, gonore, sifiliz ve trikomoniyaz yer almaktadır (WHO, t.y.; Çan ve Bakar, 2022: 272). Türkiye'de ise Sağlık Bakanlığı'nın raporlarına göre en fazla sifiliz vakası tespit edilmiştir. Sifiliz vakaları 2012'de 281 olan vaka sayısı, 2022'de 3533'e yükselmiştir (HSGM, t.y.).

11. Gonore

Neisseria Gonorrhoeae'nin sebep olduğu gonore, cinsel yolla aktarılan enfeksiyonlar arasında ikinci en sık rapor edilenidir. Özellikle 25 yaş altındakiler ve yüksek riskli cinsel davranışlara sahip bireyler bu enfeksiyonla daha sık karşılaşabilmektedir. Enfeksiyon genellikle farinks, üretra, rektum, serviks ve konjunktivanın mukoz membranlarını etkilemektedir. Erkeklerde üretrite yol açabilirken, kadınlarda servisite neden olabilir. Erkeklerde genellikle semptom görülebilmektedir, bunlar arasında dizüri ve penil akıntı sıkça görülür. Kadınların %95'i asemptomatiktir; semptom görülen kadınlarda ise klinik genellikle vajinit veya hafif ve akut sistit benzeri olabilmektedir (Kacmaz, 2019: 105; Rice, 2017: 665). DSÖ' nün verilerine göre, 2020'de bel soğukluğu (N. gonorrhoeae) enfeksiyonları 15-49 yaş arası yetişkinlerde 82.4 milyona ulaştığı; antibiyotik direncinin tedaviyi zorlaştırarak ciddi bir küresel tehdit oluşturduğu açıklanmaktadır (WHO, t.y.).

10. Viral Hepatitler

Hepatite yol açabilen birçok viral etken bulunmasına rağmen, viral hepatit terimi genellikle görülme sıklıkları ve klinik tablolarının önemi nedeniyle öne çıkan hepatotrop virüsleri ifade eder (Gürel ve Gürel, 2023: 149; Ecin vd., 2017: 44). CYAE arasında yer alan viral hepatitler, özellikle hepatit B (HBV) ile hepatit C (HCV) bu gruba dahil olan iki önemli enfeksiyonlardır. Hepatit B (HBV); kan, vajinal sıvılar, semen, anal sekresyonlar ve anne-bebek teması yoluyla bulaşabilir. Bu nedenle cinsel temas, HBV'nin yayılmasında önemli bir rol oynar. Aşı ve kondom kullanımı korunma yolu olarak gösterilebilir (CDC, t.y.;). ABD Hastalık Kontrol ve Önleme Merkezleri (CDC)' e göre; herkesin yaşamı boyunca hepatit B enfeksiyonuna yakalanma riski olabilir, özellikle bazı grupların maruz kalma olasılıkları daha yüksektir, bu nedenle doğumdan itibaren herkesin HBV aşısını yaptırması gerekmektedir (CDC, t.y.; KLİMİK Derneği, 2022a). Hepatit C (HCV); kan yoluyla bulaşma eğilimindedir, ancak cinsel yolla da bulaşabilir. Özellikle kan içeren cinsel aktivitelerde bulaşma riski artar. Kondom kullanımı ve kan temasını önleme korunma yöntemi olarak gösterilebilir (CDC, t.y.).

Dünya genelinde 354 milyon HBV veya HBC enfeksiyonu bulunan kişilerin çoğu test ve tedaviye ulaşamamaktadır. DSÖ'nün araştırmasına göre, aşılama, teşhis testleri, ilaçlar ve eğitim kampanyaları ile 2030'a kadar düşük ve orta gelirli ülkelerde 4.5 milyon erken ölüm önlenebilir. DSÖ'nün küresel hepatit stratejisi, 2016-2030 arasında yeni enfeksiyonları %90, ölümleri %65 oranında azaltmayı hedeflemektedir (WHO, t.y.). Türkiye'de ise Hepatit B'nin toplumda görülme sıklığı yaklaşık %4, Hepatit C için ise bu rakam %0,5-1 arasında değişmektedir. Bu verilere göre, ülkemizde toplamda yaklaşık %5 civarında insanın hepatit hastalıkları ile mücadele ettiği söylenebilir (Gökengin, 2018: 4).

12. İnsan Bağışıklık Yetmezliği Virüsü (Human Immunodeficiency Virus- HIV) Ve Kazanılmış Bağışıklık Yetersizliği Sendromu (Acoquired Immune Deficiency Syndrome- AIDS)

İnsan Bağışıklık Yetmezliği Virüsü (HIV) enfeksiyonu, bağışıklık sistemi hücrelerine yapışarak genetik yapılarını bozan ve zamanla bu hücreleri yok eden bir virüsün neden olduğu bir enfeksiyon olarak tanımlanır (Pozitif Yaşam Derneği, t.y.). HIV, bir retrovirüs türüdür ve bağışıklık sistemini hedef alarak vücutta enfeksiyona neden olur. HIV enfeksiyonu, genellikle cinsel temas, kan yoluyla bulaşma, anneden bebeğe geçiş gibi yollarla yayılır. HIV enfeksiyonu genellikle belirti vermez ya da az da olsa hafif semptomlarla başlar. Ancak, uzun vadede bağışıklık sistemini etkiler ve tedavi edilmezse, ilerleyen aşamalarda Edinilmiş Bağışıklık Yetersizliği Sendromu (AIDS) gelişebilir. AIDS, vücudun birçok enfeksiyona ve kansere karşı savunmasız hale geldiği ciddi bir durumdur. Şu anda HIV enfeksiyonunun tedavisi için antiretroviral ilaçlar bulunmaktadır. Bu ilaçlar, virüsün çoğalmasını önleyerek bağışıklık sisteminin güçlenmesine katkıda bulunur. Erken teşhis, tedavi ve uygun önlemlerle HIV enfeksiyonunun ilerlemesi önlenerek hastanın yaşam süresi ve yaşam kalitesi artırılabilir (Sutherland, 2018: 751; HSGM, 2019).

AIDS, "Kazanılmış Bağışıklık Yetmezliği Sendromu" anlamında olup, tek başına bir hastalık veya enfeksiyon olmayıp HIV tedavi edilmediğinde, bağışıklık sistemi zarar görmekte ve vücuda giren enfeksiyonlar çeşitli hastalık tablolarına yol açmaktadır. Bu aşamada ortaya çıkan hastalıkların toplamına AIDS denir. Ancak uygun ve düzenli tedavi ile AIDS kontrol altına alınabilir (De Cock vd., 2021: 1551; HSGM, 2019).

Birleşmiş Milletler HIV ve AIDS Ortak Programı (UNAIDS)'nda, küresel olarak 2022'de 1,3 milyon yeni HIV vakası tespit edilmiştir, dünya genelinde 39 milyon insan HIV ile yaşarken 630 bin kişi AIDS'e bağlı hastalıklardan kaynaklı yaşamını yitirmiştir (UNAIDS, 2022; WHO, t.y.). Türkiye'de 1985'ten 08 Kasım 2023'e kadar doğrulama testi pozitif olarak tespit edilen 39,437 HIV-pozitif kişi ve 2,295 AIDS olgusu mevcuttur. Vakalar çoğunluğu erkek ve 25-29, 30-34 yaş aralığında yoğunlaşmıştır. Bulaşma yolları içinde cinsel yolla aktarma oranı %95,6, damar içi madde kullanımı %2 ve anneden bebeğe geçiş %1,2 olarak belirlenmiştir. 2023 yılının ilk 11 ayında 1677 yeni HIV pozitif kişi ve 51 AIDS vakası tespit edilmiştir (UNAIDS, 2022; KLİMİK Derneği, 2022).

Türkiye HIV/AIDS Platformu'nun bir yayını olan Hastalık Kontrol ve Önleme Merkezi (CDC), HIV ile ilgili Temas Öncesi (PrEP) ve Temas Sonrası (PEP) Profilaksi hakkında rehberlik sunan bir kılavuza sahiptir. Bu kılavuzlar, cinsel yolla bulaşma riski yüksek bireyler, HIV pozitif partneri olan kişiler veya enjeksiyon kullanarak uyuşturucu alanlar gibi belirli risk grupları için öneriler içermektedir. Profilaksi uygulamadan önce ve sonra alınması gereken ilaçlar, dozajlar, süreçler ve olası yan etkiler gibi konularda detaylı bilgiler içermektedir (KLİMİK Derneği, 2022).

13. Şankroid (Yumuşak Şankr)

Şankroid, Hemofilus ducreyi'nin neden olduğu, genellikle cinsel yolla bulaşan bir enfeksiyondur ve ilişki öncesi genital bölgede mikroabrazyonların olmasıyla bulaşır. Yumuşak şankr (ulcus molle) olarak da bilinir. Bu hastalık, multipl ağrılı yüzeyel genital ülserler ve süpüratif rejyonel lenfadenopati ile karakterizedir ve özellikle Afrika, Asya, Latin Amerika ve Karayipler'deki düşük sosyoekonomik düzeydeki insanlarda yaygındır. Genital ülseri olan kişilerde HIV ko-enfeksiyonu riski daha yüksek olup, son 10-20 yılda güneydoğu Asya ve Afrika'da şankroid insidansında ciddi bir düşüş gözlenmiştir (Gürel ve Gürel, 2023: 73).

14. CYAE'lerin Önlenmesi

Kondom, HIV dahil cinsel yolla aktarılan enfeksiyonlara (CYAE) karşı etkili bir koruma yöntemi sunmaktadır. Ancak kondom, genital ülserlere neden olan CYAE'lere karşı tam koruma sağlayamamaktadır. Tüm cinsel ilişkide (vajinal/anal) Kondom kullanılması önerilmektedir. Ayrıca, hepatit B ve HPV gibi 2 viral CYAE için güvenli ve etkili aşılar bulunmaktadır. HPV aşısı, dünya genelinde birçok ülkede rutin aşılama programlarının bir parçası olarak uygulanmaktadır. Genital herpes ve HIV'e karşı aşı geliştirme çalışmaları devam etmektedir ve bazı aşı adayları erken klinik aşamalardadır. Menenjit aşısının bel soğukluğuna karşı çapraz koruma sağladığına dair kanıtlar bulunmaktadır. Diğer CYAE'leri önlemeye yönelik aşılar için ise daha fazla araştırmaya ihtiyaç vardır. Ayrıca, CYAE'lerin maruziyet öncesi ve sonrası profilaksisi ile ilgili çalışmalar devam etmektedir (WHO, t.y.). CDC önlem ve tedavi süreci için, **Temas Öncesi Profilaksi (PrEP);** HIV bulaşmasını önleyen bir ilaçtır. Düzenli kullanıldığında cinsel yolla aktarılan ve enjeksiyonla uyuşturucu kullanımı kaynaklı HIV riskini azaltır. PrEP sadece HIV'e karşı koruma sağlar, diğer cinsel yolla aktarılan enfeksiyonlardan korunmak için kondom kullanımı devam etmelidir (Çınar ve Birengel, 2018: 1; Elliott vd., 2019: 1). **Temas Sonrası Profilaksi (PEP);** PEP, riskli temastan sonra HIV'in serokonversiyonunu engellemeyi amaçlar. Olası temasın ardından en geç 72 saat içinde başlanmalıdır (CDC, t.y.).

Farkındalık Eğitimleri kapsamında, Dünya genelinde CYAE'lerin önlenmesi için UNFPA, WHO ve CDC gibi kuruluşlar eğitim programları düzenler ve bilgilendirici materyaller sağlamaktadırlar. Türkiye'de ise Sağlık Bakanlığı, Aile ve Sosyal Hizmetler Bakanlığı, üniversiteler, (Sivil Toplum Kuruluşları (STK) ve medya tarafından çeşitli eğitim ve bilinçlendirme faaliyetleri yürütülmektedir. Eğitimler CYAE'lerin belirtileri, bulaşma yolları ve korunma yöntemleri üzerine odaklanarak, kondom kullanımı gibi pratik bilgiler içermektedir. Akran eğitimi ve interaktif yöntemlerle gençlerin katılımı teşvik edilerek, sağlık hizmetlerine erişim ve önemi vurgulanmaktadır.

14.1. CYAE İçin Öneriler ve Tedavi Kılavuzları

ABD (Amerika Birleşik Devletleri) Hastalık Kontrol ve Önleme Merkezleri (US-CDC), güncellenen CYAE kılavuzu, klamidya, gonore, genital herpes simpleks virüsü ve sifiliz tanıları için kullanılan test yöntemlerini ve gebelikte sifiliz testi için genişletilmiş risk faktörlerini içermektedir. DSÖ'ye göre, her gün dünya genelinde bir milyondan fazla CYAE bildirilmekte ve ABD'de CYAE vakaları art arda altı yıl boyunca yükselmektedir (WHO, 2016). CDC'nin yayımladığı bir raporda, 2015-2019 arasında sifiliz vakalarında %74 artış, konjenital sifilizde %279 artış ve klamidya ile gonore vakalarında belirgin artış göstermektedir (Özdoğan, 2021). Uzmanlar, güncellenen kılavuzların CYAE dalgasını kontrol altına almak ve durdurmaya yardımcı olabileceğini ummaktadır (WHO, 2016).

Tedavi kılavuzunda CYAE'ın önlenmesi ve kontrolü için beş ana strateji benimsenmektedir. İlk olarak, risk altındaki bireylerin cinsel davranışlardaki değişikliklere yönelik eğitim alması ve önerilen önleme hizmetlerini kullanması, CYAE'lerden kaçınmada kritik bir role sahiptir. Bu strateji, doğru risk değerlendirmesi, eğitim ve danışmanlık ile desteklenmektedir. İkinci strateji ise, aşıyla önlenebilmesidir. CYAE'lere karşı temas öncesi aşılama yöntemini içermektedir. Üçüncü strateji, asemptomatik enfekte bireylerin ve CYAE ile ilişkili semptomları olan kişilerin belirlenmesini kapsamaktadır. Dördüncü strateji, enfekte kişilerin etkin bir şekilde teşhis edilmesini, tedavi edilmesini, danışmanlık almasını ve takip edilmesini içermektedir. Son olarak, beşinci strateji, CYAE ile enfekte kişilerin seks partnerlerinin değerlendirilmesini, tedavi edilmesini ve danışmanlık almalarını hedeflemektedir. Bu stratejiler, CYAE'lerin yayılmasını önlemek ve kontrol etmek amacıyla bireyleri korumaya yönelik kapsamlı bir yaklaşım sunmaktadır (FSRH, 2020:1).

Dünya Sağlık Örgütü (DSÖ), misyonu kapsamında ülkeleri belirli konularda desteklemektedir. Bu destekler arasında ulusal stratejik planlar ve yönergelerin geliştirilmesi, bireylerin CYAE tartışmasını teşvik ederek daha güvenli cinsel uygulamalara yönlendirilmesi ve tedavi aramasına olanak tanıyan bir ortamın oluşturulması bulunmaktadır. Ayrıca, birincil önlemenin kapsamının genişletilmesi, CYAE hizmetlerinin temel sağlık hizmetlerine entegrasyonunun artırılması, insan odaklı kaliteli CYAE bakımının erişilebilirliğini artırmak, bakım noktası testlerinin benimsenmesini kolaylaştırmak ve etkili sağlık müdahalelerinin geliştirilmesi ve yaygınlaştırılması gibi konularda destek sağlamaktadır

(TAPV, 2021).

15. Salgın Ve Afet Durumlarında Genital Yol Enfeksiyonları

Afet ve salgın hastalık durumları, genellikle sağlık hizmetlerinin zorlandığı, yaşam koşullarının kötüleştiği ve toplulukların daha savunmasız hale geldiği durumlardır. Bu tür durumlar, genital yol enfeksiyonları ile ilgi zorlukları beraberinde getirmektedir. Bu zorlayıcı durumlarda, cinsel sağlık hizmetleri, acil durum yanıtlarının ayrılmaz bir parçası olmalıdır. Sağlık hizmeti sağlayıcıları, insani yardım kuruluşları ve toplum liderleri arasındaki koordinasyon, genital yol enfeksiyonlarının etkisini azaltmak için kapsamlı ve entegre bir yaklaşımın temelini oluşturmaktadır (Kınıklı ve Cesur, 2020: 15).

COVID-19 sürecinde Birleşik Krallık'ta yapılan bir araştırmada, karantinada olan katılımcıların %66'sının cinsel sağlık ve üreme sağlığı (CSÜS) hizmetlerine erişimde zorluk yaşadığı ya da hizmetin askıya alındığı bildirilmiştir (CİSÜ, 2022).

Dünya Sağlık Örgütü, COVID-19 tedavisinde denenmiş olan ilaçların bazıları, HIV tedavisinde kullanılan anti retroviral ilaçlar olduğunu açıklamıştır. Bu sebeple, pandemi sürecinde çoğu ülkede HIV tedavisi için anti retroviral ilaç tedarik etmede problemler yaşanmıştır (WHO, 2019). COVID-19 pandemisi sırasında üreme sağlığı sistemleri, sağlık hizmetlerinin yeniden yapılandırılması ve kaynakların yeniden dağıtılması gibi nedenlerle önemli zorluklarla karşılaşılmıştır. Hastanelerin COVID-19 odaklı olması, rutin üreme sağlığı hizmetlerinin kısıtlanmasına ve bazı durumlarda ertelenmesine yol açmıştır. Ayrıca, ilaç temini ve dağıtımında da sorunlar yaşanarak; lojistik zorluklar ve tedarik zincirinde aksamalar nedeniyle bazı ilaçların erişiminde sıkıntılar yaşanmıştır. Bu süreçte, tele-tıp gibi uzaktan sağlık hizmetleri önem kazanmakla birlikte dijital altyapının eksikliği bazı bölgelerde erişimde eşitsizliklere yol açmıştır (Babaoğlu, 2021: 369).

Literatürde, pandemi öncesinde ülkemizde CSÜS hizmetlerinde gerek bölgeler arası gerekse de konular arasında farklılıklar bildirilmiştir. Gebelik izlemleri, infertilite tedavisi gibi alanlarda iyi bir profil sergilenirken, aile planlaması hizmetleri, CYAE'lere yönelik önleyici ve tedavi edici hizmetler ve isteyerek gebeliklerin sona erdirilmesi gibi alanlarda eksiklikler bulunduğu açıklanmıştır. Bu kapsamda, pandemi veya diğer afet durumlarının CSÜS alanındaki öncelikli gruplar üzerindeki sağlık sonuçlarına yönelik; düzenli kayıtların tutulması, bilimsel analizlerle desteklenen verilerin kullanılması ve elde edilen bilgiler doğrultusunda koruyucu, önleyici tedbirlerin geliştirilmesi önerilmektedir (Demir ve Taşpınar, 2021: 104).

16. Genital Yol Enfeksiyonlarında Ebelerin Rolü

Genital yol enfeksiyonları, kadınlarda en sık karşılaşılan jinekolojik sorunlar arasında yer alır. Kadınların üreme sağlığını iyileştirmek ve genital sistem enfeksiyonlarından korunmak adına doğru hijyen davranışlarını kazandırmada en etkili rolü, sağlık profesyonelleri arasında ebeler üstlenmektedirler (Çuvadar, 2019: 33). Genital yol enfeksiyonlarını tespiti ve tedavisi için farklı tarama ve test yöntemleri kullanılmaktadır. Kullanılacak tarama yöntemlerinin şekli, kişinin cinsel geçmişi, semptomları ve risk faktörleri gibi faktörlere bağlı olarak değişebilir.

Ebeler, kadınların genital sağlığını değerlendirebilirler. Rahim duvarında gelişen kas ve bağ dokusundan oluşan büyümeleri veya yumurtalık kistleri gibi anormallikleri kontrol etmek için pelvik muayeneleri içerebilen rutin jinekolojik muayeneler yapabilirler. Servikal anormallikleri veya kanser öncesi durumlara işaret edebilecek değişiklikleri taramak için Pap smear yapabilir. Rutin kontroller sırasında bakteriyel vajinozis veya maya enfeksiyonları gibi yaygın vajinal enfeksiyonları değerlendirebilir ve ele alabilir. Bir kadının genital yol enfeksiyonları hakkında endişeleri varsa, uygun test ve rehberlik için bir sağlık kuruluşuna başvurması için yönlendirmeleri yaparlar. Genital yol enfeksiyonlarının yaygın olduğu bu ülkede, kanıta dayalı güncel alternatif ve tamamlayıcı tedavilerin etkisi önemlidir. Literatür kurallarına uygun olarak ebelerin yönlendirmeleriyle de uygulanabilen genital hijyen, probiyotik/yoğurt kullanımı, bitkisel tedaviler ve mikrobiyota çalışmaları gibi yöntemler, sağlıklı sonuçlar sağlamaktadır (Akbulut ve Daşıkan, 2021). Doğru genital hijyen davranışlarını öğretmek, bilinçlendirme çalışmaları düzenlemek ve kadınları bu konuda eğitmek, ebelerin sağlık hizmetlerindeki rolünü güçlendirebilir. Özellikle sağlık personeli ile daha sık temas halinde olan kadınlar, genital hijyen konusunda doğru bilgiye daha kolay erişebilir ve sağlık sorunlarına erken müdahale edebilirler. Sonuç olarak, ebelerin genital yol enfeksiyonları konusunda bilgilendirme ve eğitim çalışmalarıyla kadınların sağlıklı genital hijyen davranışlarını kazanmalarına destek olmaları, toplum sağlığı açısından önemli bir adım olacaktır. Bu sayede, kadınların yaşam kalitesi artabilir ve üreme sağlığı sorunlarıyla mücadelede etkili bir rol oynanabilir (Akça, 2021). Ayrıca ebelerin, güncel rehberleri takip edebilecekleri eğitim olanakları ve bu alanda bilgi üretebilmeleri için uygun koşullar sağlanarak çok merkezli çalışmalar yapılmasına olanak sağlanmalıdır.

Sonuç

Genital yol enfeksiyonlarının zamanında teşhis edilip tedavi edilmesi, cinsel sağlık eğitimi ve koruyucu önlemlerin alınması önemlidir. Ebeler, özellikle kadınların düzenli sağlık kontrolüne gitmelerini teşvik ederek ve cinsel eğitim programlarıyla toplumu bilgilendirerek bu konuda önleyici bir rol oynayabilirler. Ebeler temel ilk yardım hizmetlerinde görev almanın yanı sıra gebelik, doğum ve doğum sonu döneme, kişisel hijyene doğru ve güvenilir danışmanlık verebilmeye yönelik rollerini sürdürmeli ve hizmetlerin kesintiye uğramaması için gerekli tedbirleri almalıdır.

Kaynakça

ACOG. (t.y.). Pelvic inflammatory disease (PID). *American College of Obstetricians and Gynaecologists.* Erişim Adresi: https://www.acog.org/en/womens-health/faqs/pelvic-inflammatory-disease

Akbulut, N., & Daşıkan, Z. (2023). Vajinal enfeksiyonların kadınların günlük yaşamına etkisi ve alternatif tedavi yaklaşımları. *Jinekoloji-Obstetrik & Neonatoloji Tıp Dergisi, 20*(4).

Akça, D., & Türk, R. (2021). Kadınların genital hijyene ilişkin davranışlarının belirlenmesi. *Kafkas Journal of Medical Sciences, 11*(1), 1-9.

Altınbaş, R. (2020). Vajinal enfeksiyonlara yaklaşım (bakteriyel, fungal, paraziter). In *Temel Kadın Hastalıkları ve Doğum Bilgisi Kitabı* (Bölüm 65). Eskişehir: Eskişehir Yayınları.

Awasthi, S., & Friedman, H. M. (2022). An mRNA vaccine to prevent genital herpes. *Translational Research: The Journal of Laboratory and Clinical Medicine, 242*, 56–65. Doi: 10.1016/j.trsl.2021.12.006

Aynacı, G. (2022). Kadın hastalıkları ve doğumda kavramsal çerçeve. Efe Akademi Yayınları.

Babaoğlu, A. (2021). Küresel pandemi dönemleri ve uygulanan sağlık kampanyaları. In *İletişim Bilimleri Bakış Açısıyla Küresel Afet Covid-19 Pandemisi* (pp. 369). Akademisyen Kitabevi.

Böyük, M., & Bilgin, N. Ç. (2023). HPV enfeksiyonuna güncel bir bakış: Nedenleri, etkileri ve korunma. *Abant Sağlık Bilimleri ve Teknolojileri Dergisi, 3*(1), 1-9.

CDC. (t.y.). Genital HPV enfeksiyonu – Temel bilgi notu. *Centers for Disease Control and Prevention.* Erişim Adresi: https://www.cdc.gov/std/hpv/stdfact-hpv.htm

CDC. (t.y.a.). Hepatit B aşısı. *ABD Hastalık Kontrol ve Önleme Merkezi.* Erişim Adresi: https://www.cdc.gov/vaccines/vpd/hepb/index.html

Cilli, M. (2022). HPV ve erkek cinsel sağlığı. *Androloji Bülteni, 24*(4), 298-312.

Cilli, M., & Kadıoğlu, A. (2021). *Genital siğil klavuzu.* Türk Üroloji Derneği. https://www.uroturk.org.tr/urolojiData/Books/825/genital-sigil-kilavuzu.pdf

Cimilli Şenocak, G. N. (2019). Pelvik inflamatuar hastalık. In *Karın Ağrılarına Multidisipliner Yaklaşım* (pp. 431-443). Ankara: Akademisyen Kitabevi.

CİSÜ. (2022). Pandemi 2022. *Cinsel Sağlık Üreme Sağlığı Platformu.* Erişim adresi: https://cisuplatform.org.tr/wp-content/uploads/2020/11/Pandemi-Oncesi-ve-Sirasinda-Turkiyede-CSUS-Hizmetleri-Izleme-Raporu-9.pdf

CİSÜ. (t.y.). Türkiye'de HPV taraması ve aşısı. *Cinsel Sağlık Üreme Sağlığı Platformu.* Erişim adresi: https://cisuplatform.org.tr/bedenin-hakki-4-turkiyede-hpvye-bagli-kanser-turleri-artiyor/

Çan, G., & Bakar, C. (2022). Halk sağlığı öğrencileri için dersler: Bir grafiğin düşündürdükleri, sifiliz örneği. *Turkish Journal of Public Health, 20*(2), 272-275.

Çetin, B., Aydogan Mathyk, B., Arslan, H., & Polat, İ. (2019). Evaluation of 230 cases of Bartholin gland marsupialisation. *İstanbul Kanuni Sultan Süleyman Tıp Dergisi.* Doi: 10.5222/iksstd.2019.40427

Çetin, H., & Polat, İ. (2019). Bartolin bezi marsupiyalizasyonu yapılan iki yüz otuz olgunun incelenmesi. *İKSSTD, 11*(2), 98-101. Doi: 10.5222/iksstd.2019.40427

Çevik, E., & Coşkun, A. (2021). HPV enfeksiyonuna güncel yaklaşım ve ebenin rolü. *Kadın Sağlığı Hemşireliği Dergisi, 7*(3), 215-229.

Çınar, G., & Birengel, M. (2018). Pre-exposure prophylaxis against human immunodeficiency virus. *Flora İnfeksiyon Hastalıkları ve Klinik Mikrobiyoloji Dergisi, 23*(1).

Çuvadar, A. (2019). Genital sistem enfeksiyonlarının önlenmesi ve ebelik. *Sağlık Profesyonelleri Araştırma Dergisi, 1*(1), 33-37.

De Cock, K. M., Jaffe, H. W., & Curran, J. W. (2021). Reflections on 40 years of AIDS. *Emerging Infectious Diseases, 27*(6), 1553–1560. Doi: 10.3201/eid2706.210284

Demir, R., & Taşpınar, A. (2021). Pandemi döneminde ana çocuk sağlığı hizmetlerinin geliştirilmesinde ebenin rolü. *Türk Kadın Sağlığı ve Neonatoloji Dergisi, 3*(4), 104-110.

Demirağ, H., Hintistan, S., Cin, A., & Tuncay, B. (2019). Sağlık hizmetleri meslek yüksekokulu öğrencilerinin genital hijyen davranışlarının incelenmesi. *Bozok Tıp Dergisi, 9*(1), 42-50.

Doğan, B., & Kızılırmak, A. (2020). Üniversite öğrencilerinin anormal vajinal akıntı durumları ve genital hijyen davranışlarının belirlenmesi (Master's thesis, Nevşehir Hacı Bektaş Veli Üniversitesi).

Doğan, S. (2017). Cinsel yolla bulaşan hastalıklar konusunda danışmanlık vermek. *Klinik Tıp Aile Hekimliği, 9*(2), 32-36.

Ecin, S. M., İnkaya, A. Ç., & Yıldız, A. N. (2017). Çalışma hayatı ve viral hepatitler. *TTB Mesleki Sağlık ve Güvenlik Dergisi, 17*(64), 44-48.

Egan, K., Hook, L. M., LaTourette, P., Desmond, A., Awasthi, S., & Friedman, H. M. (2020). Vaccines to prevent genital herpes. *Translational Research: The Journal of Laboratory and Clinical Medicine, 220*, 138–152. Doi: 10.1016/j.trsl.2020.03.004

Elliott, T., Sanders, E. J., Doherty, M., Ndung'u, T., Cohen, M., Patel, P., ... & Fidler, S. (2019). Maruziyet öncesi profilaksi (PrEP), maruziyet sonrası profilaksi (PEP), test ve başlangıç ve akut HIV enfeksiyonu bağlamında HIV tanısı ve yönetiminin zorlukları: kapsam belirleme incelemesi. *Afrika Üreme ve Jinekolojik Endoskopi Dergisi, 22*(12).

FDA. (t.y.). HPV (human papillomavirus). *Food and Drug Administration (Amerikan Gıda ve İlaç İdaresi).* Erişim Adresi: https://www.fda.gov/consumers/womens-health-topics/hpv-human-papillomavirus

Felek, R. (2020). İnfertil kadınlarda Chlamydia trachomatis seroprevalansı ve güncel durumun irdelenmesi. *Pamukkale Medical Journal, 13*(1), 149-154.

FSRH. (t.y.). COVID-19 Rolling Members Survey: Interim Results 07 May 2020. *Faculty of Sexual and Reproductive Healthcare.* Erişim Adresi: https://www.fsrh.org/news/fsrh-covid-19-members-survey-interim-results-07-may-2020

Gökengin, D. (2018). Türkiye'de HIV infeksiyonu: Hedefe ne kadar yakınız?. *Klimik Dergisi, 31*(1), 4-10.

Hansen, N. S., Leth, S., & Nielsen, L. T. (2020). *Ugeskrift for laeger, 182*(20), V11190673.

HSGM. (2019). *Türkiye HIV/AIDS kontrol programı (2019-2024).* T. C. Sağlık Bakanlığı Halk Sağlığı Genel Müdürlüğü. Erişim Adresi: https://hsgm.saglik.gov.tr/depo/birimler/bulasici-hastaliklar-ve-erken-uyari-db/Dokumanlar/Programlar/HIV_AIDS_Kontrol_Programi.pdf

HSGM. (2022). Klamidya. *T.C. Sağlık Bakanlığı Halk Sağlığı Genel Müdürlüğü.* Erişim Adresi: https://hsgm.saglik.gov.tr/tr/hastaliklar/klamidya

HSGM. (2024). Sifiliz. *T.C. Sağlık Bakanlığı Halk Sağlığı Genel Müdürlüğü.* Erişim Adresi:

https://hsgm.saglik.gov.tr/depo/birimler/bulasici-hastaliklar-ve-erken-uyari-db/Dokumanlar/Istatistikler/sifiliz_istatistikleri.pdf

James, C., Harfouche, M., Welton, N. J., Turner, K. M., Abu-Raddad, L. J., Gottlieb, S. L., & Looker, K. J. (2020). Herpes simplex virus: Global infection prevalence and incidence estimates, 2016. *Bulletin of the World Health Organization, 98*(5), 315–329. Doi: 10.2471/BLT.19.237149

Kacmaz, B. (2019). Gonokokkal enfeksiyonlar ve tedavisi. *Anadolu Güncel Tıp Dergisi, 1*(4), 105-109.

Kaplan, S. (2020). Bakteriyel vajinozis riski ve kontrasepsiyon. *Jinekoloji-Obstetrik ve Neonatoloji Tıp Dergisi, 17*(3), 407-411.

Karadağ, A. S., & Akdeniz, N. (2014). Sifiliz. In *Derme ve Zührevi Hastalıklar* (pp. 40-55). İstanbul Medeniyet Üniversitesi Tıp Fakültesi, İstanbul: Turkiye Klinikleri J Dermatol-Special Topics, 7(1).

Karaosmanoğlu, N., İmren Baskovski, İ. G., Karaaslan, E., Kıratlı, E., & Ekşioğlu, H. M. (2019). Dermatoloji kliniklerinde karşılaşılan HPV enfeksiyonları. *Derma Journal of Clinical Dermatology and Venereology, 3*(1), 1-12.

Kınıklı, S., & Cesur, S. (2020). Afetlerde enfeksiyon kontrol önlemleri. *Uluslararası Modern Sağlık Bilimleri Dergisi, 1*(1), 15-23.

KLİMİK Derneği. (2022). 28 Temmuz 2022 Dünya Hepatit Günü. *Türk Klinik Mikrobiyoloji ve İnfeksiyon Hastalıkları Derneği.* Erişim Adresi: https://www.klimik.org.tr/calisma-gruplari/viral-hepatit-calisma-grubu/dunya-hepatit-gunu/28-temmuz-2022-dunya-hepatit-gunu/

KLİMİK Derneği. (2022a). Hastalık Kontrol ve Önleme Merkezi (CDC), Temas Öncesi – sonrası Profilaksi Kılavuzu (Türkiye HIV/AIDS Platformu'nun bir yayınıdır). *Türk Klinik Mikrobiyoloji ve İnfeksiyon Hastalıkları Derneği.* Erişim Adresi: https://Www.Klimik. Org. Tr/Wp-Content/Uploads/2022/08/Temas.O%CC%88ncesi.Profilaksi.Kilavuzu_26. 07.2022.Pdf

Margulies, S. L., Dhingra, I., Flores, V., Hecht, J. L., Fadare, O., Pal, L., & Parkash, V. (2021). The diagnostic criteria for chronic endometritis: A survey of pathologists. *International Journal of Gynecological Pathology: Official Journal of the International Society of Gynecological Pathologists, 40*(6), 556–562. Doi: 10.1097/PGP.0000000000000737

Miranda, A. E., Silveira, M. F. D., Pinto, V. M., Alves, G. C., & Carvalho, N. S. D. (2021). Brazilian protocol for sexually transmitted infections, 2020: Infections that cause cervicitis. *Revista da Sociedade Brasileira de Medicina Tropical, 54.* Doi: 10.1590/0037-8682-0320-2021

Özdoğan, M. (2021). En iyi 10 klinik çalışma. *Dr. Özdoğan Web Sitesi.* Erişim Adresi: https://www.drozdogan.com/en-iyi-10-klinik-calisma-2021

Pozitif Yaşam Derneği. (t.y.). *Cinsel yolla bulaşan enfeksiyonlar (CYBE).* Erişim Adresi: https://www.pozitifyasam.org/multeci_destek/cinsel-yolla-bulasan-enfeksiyonlar-cybe/

Rahman, S., & Ozan, A. T. (2020). Vajinal akıntı şikâyeti olan kadınlarda sık görülen genital yol enfeksiyonlarının incelenmesi. *Celal Bayar Üniversitesi Sağlık Bilimleri Enstitüsü Dergisi, 7*(4), 469-475.

Rice, P. A., Shafer, W. M., Ram, S., & Jerse, A. E. (2017). Neisseria gonorrhoeae: Drug resistance, mouse models, and vaccine development. *Annual Review of Microbiology, 71*, 665–686. Doi: 10.1146/annurev-micro-090916-093530

Sayan, C. D., Özkan, Z. S., Yeral, M. İ., Erdoğan, F., & İslambay, Z. (2018). Yeni seksüel aktif kadında dev hidrosalpenks. *Kırıkkale Üniversitesi Tıp Fakültesi Dergisi, 20*(1), 92-96.

Serdar, Z. A., Aktaş, N. D., Aksu, A. E. K., Yaşar, Ş., & Sayharman, S. E. (2018). Recurrent vulvar edema related to Bartholin abscess in pregnancy. *Türkiye Klinikleri. Tıp Bilimleri Dergisi, 38*(3), 289-292.

Serin, S., Denizli, R., Sakin, Ö., & Pirimoğlu, Z. M. (2020). Genital siğili olan kadınlarda servikal HPV ve servikal smear sonuçlarının karşılaştırılması. *SDÜ Tıp Fakültesi Dergisi, 27*(3), 283-287.

Sıbıç, D., & Aydın Doğan, R. (2022). Pelvik inflamatuar hastalık ve ebelik yaklaşımı. *Kadın Sağlığı Hemşireliği Dergisi, 8*(2), 104-111.

Sutherland, E. J., & Brew, B. J. (2018). Human immunodeficiency virus and the nervous system. *Neurologic Clinics, 36*(4), 751–765. Doi: 10.1016/j.ncl.2018.07.002

Şen, F. (2023). Vajinal Enfeksiyon Tedavisinde Kullanılan Probiyotikler ve Klinik Kanıt Düzeyleri. *Sağlık Bilimleri Alanında Uluslararası Araştırmalar-V,* 117.

Şen, S., & Güneri, S. E. (2020). Öğrenci hemşirelerin genital hijyen uygulamaları ve farkındalıkları. *Celal Bayar Üniversitesi Sağlık Bilimleri Enstitüsü Dergisi, 7*(2), 96-101.

TAPV. (2021). Pandemi dönemlerinde cinsel sağlık ve üreme sağlığı (CSÜS) hizmetleri: Toplum temelli hizmetler için rehber. *Türkiye Aile Sağlığı ve Planlaması Vakfı.* Erişim Adresi: https://www.tapv.org.tr/wp-content/uploads/2021/07/CISU_Rehber_Tasarimi_Dijital.pdf

UNAIDS. (2023). Birleşmiş Milletler HIV/AIDS Ortak Programı. Erişim Adresi: https://www.unaids.org/en

WHO. (2016). Global health sector strategy on sexually transmitted infections, 2016–2021. *World Health Organization.*

WHO. (2023a). Sifiliz. *World Health Organization.* Erişim Adresi: https://www.who.int/news-room/fact-sheets/detail/syphilis

WHO. (2023b). Gonorrhoea. *World Health Organization.* Erişim Adresi: https://www.who.int/news-room/fact-sheets/detail/gonorrhoea-(neisseria-gonorrhoeae-infection)

WHO. (2023c). Global incidence and prevalence of selected curable sexually transmitted infections. *World Health Organization.* Erişim Adresi: https://www.who.int/news-room/fact-sheets/detail/sexually-transmitted-infections-(stis)?gclid=CjwKCAiAq4KuBhA6EiwArMAw1G6-7mw5UqWz7SomCNcsUAGFNeTrKPOuVMrHPPxnMoHxq4jwHnwAJhoCCqwQAvD_BwE

WHO. (2023d). Hepatitis. *World Health Organization.* Erişim Adresi: https://www.who.int/health-topics/hepatitis#tab=tab_1

WHO. (2023e). Sexually transmitted infections. *World Health Organization.* Erişim Adresi: https://www.who.int/data/gho/data/themes/theme-details/GHO/sexually-transmitted-infections

WHO. (2024). Coronavirus disease (COVID-19) pandemic. *World Health Organization.* Erişim Adresi: https://www.who.int/emergencies/diseases/novel-coronavirus-2019

Yıldırım, F. (2018). Ölümcül toplum kökenli enfeksiyonlar: Toksik şok sendromu, post splenektomi enfeksiyonu, menenşoksemi. *Türkiye Klinikleri J Intensive Care-Special Topics, 4*(1), 90-96.

MIGRATION AND ITS EFFECTS ON WOMEN'S REPRODUCTIVE HEALTH

GÖÇ VE KADIN ÜREME SAĞLIĞINA ETKİLERİ

Dilek Bingöl[1], Melike Dişsiz [2] ve Sevilay Aydın [3]

Öz

Giriş: Göç, günümüzde bireyleri ve toplumu sosyal, kültürel ve psikolojik olarak etkileyen uluslararası bir sorun olarak karşımıza çıkmaktadır. Göç, tüm bireyler için travmatik olsa da bu süreçten en çok etkilenen riskli gruplar arasında yer alan kadınlar toplumsal cinsiyet eşitsizliğine bağlı olarak da daha fazla etkilenmektedir. Göçün kadın üreme sağlığı üzerine birçok olumsuz etkisi vardır. Bu çalışma, göçün kadın üreme sağlığı üzerindeki etkilerini açıklamak amacıyla hazırlanmıştır.

Yöntem: Savaşlar, afetler ve farklı sebeplerden kaynaklı bulundukları yerden göç eden kadınlar yeni yaşam alanına uyum sağlama, kültürel çevredeki değişiklikler ve sosyal destek eksikliği gibi sebeplerden dolayı göçün en büyük olumsuz etkilerinden biri olan sağlık hizmetinden yararlanma konusunda sorunlar yaşamaktadırlar. Bu çalışmada, göçün kadın üreme sağlığına etkilerini inceleyen araştırmalar değerlendirilmiştir.

Bulgular: Dünya genelinde yaşanan savaş, afet ve göçlerin, kadınların genel sağlık sorunlarını arttırdığı bilinen bir gerçektir. Göçmen kadınlarda en çok karşılaşılan sağlık sorunları arasında bulaşıcı hastalıklar, vajinal enfeksiyonlar, aile planlaması hizmetlerinden yararlanamama, kendiliğinden meydana gelen düşükler, çok sayıda ve kısa aralıklarla meydana gelen gebelikler, kamu kuruluşunda yapılan doğum sayısının az, ev ortamında yapılan doğumların fazla olması, düzensiz menstrual kanamaları yer almaktadır. Göçün, kadınların günlük hayatları ve sağlıkları üzerindeki etkilerine bakıldığında genellikle sağlıklarını ve yaşam kalitesini

[1] MSc, Sultanbeyli Devlet Hastanesi, Doğum ve Kadın Hastalıkları Kliniği, İstanbul, Türkiye. bngldilek.05@gmail.com, ORCID: 0000-0002-8515-0758
[2] bDoç. Dr., Sağlık Bilimleri Üniversitesi, Doğum ve Kadın Hastalıkları Hemşireliği Ana Bilim Dalı, İstanbul, Türkiye. melike.dissiz@sbu.edu.tr, ORCID: 0000-0002-2947-3915
[3] MSc, Prof. Dr. Cemil Taşcıoğlu Şehir Hastanesi, Çocuk Acil Kliniği, İstanbul, Türkiye. sevilaydin95@hotmail.com, ORCID: 0000-0001-7262-4769

olumsuz etkilediği söylenebilir.

Sonuç: Göçmen kadınların sağlıklarının korunması ve geliştirilmesinde hemşirelerin önemli sorumlulukları bulunmaktadır. Hemşireler, göçmenlerin riskli gruplar olduklarını kabul etmeli, hizmet verdiği kadının ekonomik durumu, aile yapısı, geleneksel uygulamaları, inancı, iletişim yöntemleri, aile içi ve toplumdaki rolleri ve kültürel değerleri hakkında bilgi sahibi olup göçmenlerin sağlık hizmetlerine ulaşmalarına yardımcı olmalıdırlar. Bu bilgiler doğrultusunda göçmen kadınları yargılamadan ve sorgulamadan bireyselleştirilmiş transkültürel hemşirelik bakım yaklaşımı sunulmalıdır.

Anahtar kelimeler: Göç; kadın; hemşire

Abstract

Introduction: Migration is an international problem that affects individuals and society socially, culturally and psychologically. Although migration is traumatic for all individuals, women, who are among the most affected risk groups by this process, are also affected more due to gender inequality. Migration has many negative effects on women's reproductive health. This study was prepared to explain the effects of migration on women's reproductive health.

Method: Women who migrate due to wars, disasters and other reasons experience problems in terms of adapting to the new living space, changes in the cultural environment and lack of social support, which is one of the biggest negative effects of migration, in terms of benefiting from health services. In this study, studies examining the effects of migration on women's reproductive health were evaluated.

Findings: It is a known fact that wars, disasters and migrations experienced worldwide increase women's general health problems. The most common health problems encountered by immigrant women include infectious diseases, vaginal infections, inability to benefit from family planning services, spontaneous abortions, multiple pregnancies at short intervals, fewer births in public institutions, more births at home, and irregular menstrual bleeding. When we look at the effects of migration on women's daily lives and health, it can be said that it generally negatively affects their health and quality of life.

Conclusion: Nurses have important responsibilities in protecting and improving the health of immigrant women. Nurses should accept that immigrants are at-risk groups, and should be knowledgeable about the economic status, family structure, traditional practices, beliefs, communication methods, roles in the family and society, and cultural values of the women they serve, and should help immigrants access health services. In line with this information, an individualized transcultural nursing care approach should be offered to immigrant women without judging or questioning them.

Key words: Migration; women; nurse

1. Giriş

İnsanoğlu nüfus artışı, yoksulluk, doğal afet ve savaş vb. sebeplerden dolayı tarihinin ilk zamanlarından beri göç etmek durumunda kalmaktadır. Göç, günümüzde bireyleri ve toplumu sosyal, kültürel ve psikolojik olarak etkileyen uluslararası bir sorun olarak karşımıza çıkmaktadır (Acar ve Aksu, 2023; Arslan, 2023). Uluslararası Göç Örgütünün (IOM) Dünya Göç Raporuna göre; 2020 itibarıyla dünya genelinde 281 milyon göçmen bulunmaktadır. Bir önceki yıla göre %3,5 artış gösteren göçmen nüfusunun 135 milyonunu kadınlar ve 146 milyonunu ise erkekler oluşturmaktadır (IOM, 2022). Göç, tüm bireyler için travmatik olsa da bu süreçten en çok etkilenen riskli gruplar arasında yer alan kadınlar toplumsal cinsiyet eşitsizliğine bağlı olarak daha fazla etkilenmektedir. Kadınlar, göçün en büyük olumsuz etkilerinden biri olan sağlık hizmetinden yararlanma konusunda kültürel çevredeki değişiklikler, yeni ortama uyum sağlama ve sosyal destek eksikliği nedeniyle sorunlar yaşamaktadırlar (Yağmur ve Aytekin, 2018; Karanfiloğlu, 2019; Özlem ve Gökler, 2021; Arslan, 2023).

Menstrual siklus, gebelik, doğum ve menopoz gibi birçok değişim ve gelişim yaşadığı bu dönemlerde kadınlar hastalık veya ölüm gibi durumlarla daha çok karşılaştığı için nitelikli sağlık bakımına gereksinim daha çok duymaktadırlar. Göçlerle birlikte travma yaşayan kadınların yaşadıkları problemlerin başında üreme sağlığı sorunları gelmektedir (Yağmur ve Aytekin, 2018; İlkin vd., 2024). Göçten kaynaklı yer değiştirme, üreme sağlığı hizmetlerinin sürdürülebilirliğini olumsuz etkilemektedir. Göçmen kadınlarda en çok karşılaşılan sağlık sorunları arasında CYBE (cinsel yolla bulaşan enfeksiyonlar), istismar, erken evlilikler, adölesan gebelik, doğum öncesi, doğum ve doğum sonrası bakım almada eksiklik, doğum komplikasyonları, düşük doğum ağırlıklı bebek, preterm doğum gibi birçok yer almaktadır. Göçün, kadınların günlük yaşamları ve sağlık gereksinimleri üzerindeki etkilerine bakıldığında genellikle sağlık ve yaşam kalitesini olumsuz yönde etkilediği söylenebilmektedir (Acar ve Aksu, 2023; İlkin vd., 2024).

Hemşirelerin bireylerin yaşadıkları sağlık sorunlarına bütüncül bakım sağlayabilmeleri için hizmet vereceği riskli grupları iyi tanımlaması gerekmektedir. Bu derlemede, göçün kadın üreme sağlığına olan etkileri ve çözüm önerileri güncel bir bakış açısı ile ele alınmıştır.

2. Göç

Uluslararası göç kavramı, göç edenlerin farklı coğrafyalardan göç etmeleri ve göç sebeplerinin değişkenliği bakımından incelenerek göçü yalnızca bir yer değiştirme olayı haricinde göçün dinamiklerini bütünsel olarak ele almayı gerektirmektedir (Kümbetoğlu, 2018). İnsanlığın var oluşundan bu zamana kadar yer değişimi hareketlerinin varlığı bilinmekte ve bu hareketlerin ortaya çıktığı tarihsel süreç boyunca devamlı olarak niteliksel farklılıklar olduğu görülmektedir. Bu göç hareketlerin başlangıcı ve nedenlerine bakıldığında; insanların temel fiziksel gereksinimleri, coğrafi koşulların değişimi, toprak genişletmek amaçlı savaşlar vb. nedenler ortaya çıkmışken zamanla bu nedenler varlığını korumuş olsa da aynı zamanda dini, siyasi, kültürel, küreselleşme ve sanayileşme gibi nedenler de ortaya çıkmaktadır (Akıncı vd., 2015).

Göçün, uluslararası düzeyde 21. yüzyılın en çok gündem olma ve konuşulan mesele haline geldiği görülmektedir. IOM'nin 2020 yılında web sitesinde yayınlanan verilere göz atıldığında Dünya'daki uluslararası göçmen sayısının 281 milyon olduğu görülmüştür. Bunun %3,6'lık oranını ise küresel göçmenlerin oluşturduğu açıklanmıştır. Sosyal ve kültürel çeşitlilik nedeniyle önümüzdeki zamanlarda bu göçmen sayılarını daha da artması beklenmektedir (Arrebola vd., 2020).

Ayrıca, uzun vadeli eğilimlerle (demografik değişim, ekonomik gelişme, iletişim teknolojisindeki ilerlemeler ve ulaşım erişimi gibi) ve akut olaylarla (şiddetli istikrarsızlık, ekonomik kriz veya çatışma gibi) yakından ilişkili olduğu için uluslararası göçmenlerin sayısı ve oranının kesin olarak tahmin edilmesinin zor olduğu belirtilmektedir (UNHCR, 2022).

Göç kavramı, geniş bir kavram olmakla birlikte göç eden insanlar için farklı ancak aynı anlama gelen kelimeler kullanılmıştır. Bu kavramlar; mülteci (ırkı, dini, tabiiyeti, belirli bir sosyal gruba mensubiyeti veya siyasi görüşleri nedeniyle zulme uğramaktan korktuğu için menşe ülkesinin dışında ikamet eden kişi), göçmen, iltica arayan (herhangi bir nedenle menşe ülkesini terk edip başka bir ülkede barınma ve korunma başvurusunda bulunan kişi), ülke içinde yerinden edilmiş kişi, (siyasi, sosyal, çevresel vb. olumsuz koşullar nedeniyle evini/bölgesini terk etmek zorunda kalan ancak sınır tanımayan kişi) vb. olmakla birlikte bu terimler içinde yer aldıkları göç sürecinin türüne ve nedenlerine göre değişmektedir (Arlı, 2023).

Göçmenlerin, ülkelerine dönme durumlarında tekrar tehlike altına girme olasılıkları yüksektir. Göçmenler, baskı, şiddet gibi olumsuz durumlardan kaçtıkları için, taşındıkları ülkedeki statüleri ne olursa olsun tüm insan haklarının korunmasına ve saygı gösterilmesine hakları olduğunu anlamak önemlidir. Tüm göçmenler hükümetler tarafından, sömürüden ve zorla çalıştırmadan, ırkçı ve yabancı düşmanı şiddetten korunmalı, meşru bir sebep olmaksızın gözaltına alınmamalı veya ülkelerine geri dönmeye zorlanmamalıdır (Arlı, 2023).

Türkiye, savaşlar, çatışmalar, ekonomik yoksunluklar, insan hakları ihlalleri gibi "itici faktörler"in birçok ülkede önlenip "çekici faktörler"in ön plana çıkarıldığı takdirde düzensiz göçlere sürdürülebilir bir çözümün sağlanabileceği görüşündedir. Bu hedef ülkelerin, çatışmalardan etkilenen bölgelerdeki anlaşmazlıkların barışçıl çözümünü teşvik etmesi, barış süreçlerini desteklemesi ve ülkelerde insani yardım ve kalkınma yatırımlarını hızlandırması bu süreçte büyük önem taşımaktadır (UNHCR, 2022). Türkiye, tutarlı ve kapsamlı bir göç politikalarının yanı sıra göçmenlere insan haklarına dayalı, hedef ülkelere girmeleri ve orada kalmaları için yasal bağlantılar sunmanın ve entegrasyon önlemlerinin çok önemli olduğuna inanmaktadır (Arlı, 2023).

3.3. Göç Çeşitleri

Göç etmek, toplulukların veya insanların kendi özgür iradeleri ile yaptığı bir tercih olabileceği gibi, istemleri dışında ortaya çıkan olaylar sonucunda da meydana gelmektedir. Göç, ülke sınırlarını geçme durumuna göre; dış ve iç göç, göç edilen ülkede kalma durumuna göre; geçici ve kalıcı göç, göçün yoğunluğu ve göç edenlerin sayısına göre; kitlesel ve bireysel göç, bireyin isteğine bağlı yapılan göçler ise; gönüllü ve zorunlu göç olarak sınıflandırılmaktadır (Selçuk, 2023).

3.1. Gönüllü ve Zorunlu Göç

Gönüllü göç, bireylerin göç etme kararını kendi özgür iradeleriyle almalarıdır. Göçe karar vermeden önce bireyler sosyal ve ekonomik imkânlara sahip olmasına rağmen bu imkanların daha iyisini istemektedir. Bununla birlikte bireylerin farklı kültürlerle temasının sağlayacağı kazanımlar, farklı macera arayışları ve keşfetme istekleri de gönüllü göçün nedenleri arasında sayılabilmektedir (Kara ve Nazik, 2018).

Bireyin, tamamen mecburi durumlardan kaynaklanan ve sonucunda göç etme kararına sürüklenmesi zorunlu göç olarak adlandırılır. Bu durumlar; iç savaşlar, dini ve siyasi, insan hakları ihlalleri, salgın hastalıklar, yoksulluk, açlık, kıtlık, doğal afetler ve etnik baskılar vb. sebeplerden dolayı bireyler yasa dışı ya da hukuka uygun olmayan yollarla yaşadıkları ülkeyi terk etmeleridir. Zorunlu göç sonrasında ise bireyler göç edilen ülkede süresiz kalabildikleri gibi kendi ülkelerine sonradan geri dönebilmektedirler (Özçürümez ve İçduygu, 2020). Ancak bireylerin göç ettikleri ülkede kabul görmeyip sınır dışı edilme ihtimali de bulunmaktadır (Selçuk, 2023).

3.2. Düzenli ve Düzensiz Göç

Düzensiz göç kavramı; bir ülkeye yasadışı giriş yapmak, yasadışı şekilde kalmak ya da yasal yollarla giriş yapıp tanımlanan yasal süre içerisinde ülkeden çıkmama anlamına gelmektedir. Ayrıca, bireyin göç edilen ülkeye giriş durumundan daha çok çalışma ve oturma gibi yasal olarak izin gerektiren durumlarda çıkan sorunları ifade eden bir kavramdır. Sadece yasal olmayan yollarla ülkeye girmiş olan göçmenleri kapsadığı gibi fiili olarak ülkede yaşayan diğer göçmenleri de kapsamaktadır (Atasü Topcuoğlu, 2018). Düzensiz göç kavramı ise; bireylerin yasal yollarla hedef ülkeye girerek vize, çalışma izni ve ikamet izni alabildiği durumlar için kullanılan kavramdır (IOM, 2009).

3.3. Bireysel ve Kitlesel Göç

Göç kararının ve göç eyleminin bireysel bir tercih olarak alınma ve gerçekleştirilmesi bireysel göç olarak ifade edilir. Gönüllü göçün de nedenleri arasında sayılan macera arayışı, farklı kültürlerle temas etme arzusu, keşif arayışı ve mevcut konumundan memnun olmama hali bu türlü göçün sebepleri arasında sayılabilmektedir (Erdoğan ve Kaya, 2015). Bireysel göç sonucu göçmenler gittiği ülke ya da şehir ile sosyal, ekonomik ve kültürel düzeyde bir bağ kurarak kitlesel göçleri de tetikleyebilirler. Bu ilişkiler sonucunda bireysel göçler daha fazla artabilmektedir. Göç hareketleriyle birlikte 1989 yılında Türkiye'ye gelen Bulgaristan Türklerinin sayısının artmaya başlamasıyla birlikte 1991 yılının ikinci yarısından itibaren göçmenlerin Türkiye Cumhuriyeti vatandaşlığına alınma süreci bireysel göçlerin kitlesel göçlere neden olmasının bir örneğidir (Aydemir ve Şahin, 2018).

3.4. İç ve Dış Göç

İç göç; bireyin kendi ülke sınırları içerisinde göç etmesi veya yer değiştirme durumu olarak tanımlanırken, dış göç; bireyin bulunduğu ülkenin sınırları dışına çıkarak başka bir ülkeye göç etmesi veya yer değiştirme durumu olarak tanımlamaktadır. Her iki göçün nedenleri bireylerin ihtiyaçlarına göre farklılık gösterebilmektedir.

İç ve dış göçlere neden olan faktörler üç başlık altında sıralanabilir (Güreşçi, 2016):

a. Bireyin göç kararı alma sürecindeki davranışları,

b. Göçe neden olan itici etmenlerin çekici etmenlerden daha çok olması,

c. Ekonomik durumu hesaplaması yapıldığında göç sonrası elde edilecek kazancın daha fazla olması şeklinde sıralanabilir.

3.5. Geçici ve Kalıcı Göç

Geçici göç; bireylerin belli süreler içinde daha çok ticari, turistik ve eğitim vb. nedenlerden kaynaklı yapılan yer değiştirmeler ve sonrasında yaşadığı bölgeye geri dönerek devamlılığı olmayan göç olarak ifade edilir. Kalınacak sürenin önceden belirlenmiş olduğu mevsimlik göç gibi yer değiştirme hareketleri de geçici göç olarak adlandırılmaktadır (Gülerce ve Demir, 2022).

Kalıcı göç; bireysel, siyasi, sosyal ve ekonomik sebepler ile göç edilen yere yerleşme kararının önceden kararlaştırıldığı göçlerdir. Göçmenler, göç ettikleri ülkelerde amaçlarına ulaşabildiklerinde dönüş fikrinden uzaklaşabilmektedirler. Kalıcı olarak göç eden bireyler yerleştikleri bölgedeki düzene ayak uydurmaya çalışırlar. Göç edilen ülkenin sosyo-ekonomik koşulları ve ulusal politikaları göçün geçici ya da kalıcı olma durumunu etkilemektedir (Sezik, 2017; Gülerce ve Demir, 2022). Örneğin, Almanya'nın mavi yakalı personel ihtiyacı ülkemizde 1960'lı yıllarda büyük karşılık görmüş ve temeli ekonomiye dayanan bir dış göç yaşanmasına yol açmıştır. Almanya'ya göçen Türk göçmenlerin öncelikli ilk amaçları para biriktirip ekonomik anlamda doyum ile geri dönme olma fikrindeyken sonraları düşüncelerini değiştirmiş ve kalıcı olarak göç etmişlerdir (Sezik, 2017).

4. Göç ve Sağlık

Dünya Sağlık Örgütü (DSÖ) sağlığı "sadece hastalık ve sakatlığın olmayışı değil, fiziksel, sosyal ve zihinsel yönden tam bir iyilik halidir" şeklinde tanımlamaktadır (WHO, 2003). Her birey için sağlık; fiziksel, sosyal ve zihinsel iyi olma durumu olarak kabul edilmesine rağmen, iyilik halinin göreceli olması sonucunda sağlığın bu tanımı ile ilgili birçok tartışmalar ortaya çıkmıştır. İyilik hali; zamana ve bireye göre farklılıklar göstermekte olup bireylerin sağlığı algılama durumları, yaşam şekilleri ve sosyal çevreleri toplumdan topluma sağlığın tanımını değiştirmektedir. Tüm toplumlarda görülebilen göç bireyin fiziksel çevresindeki istemli veya zorunlu, geçici veya kalıcı bir değişim olması bakımından bireyin sağlığını çeşitli faktörler açısından etkilemektedir. Göçün yol açtığı üreme sağlığı sorunları, yetersiz beslenme, ekonomik sorunlar, hizmete ulaşamama, travma, bulaşıcı hastalıklar, stres ve anksiyete gibi psikolojik sorunlar, göç edilen yere veya kültüre uyum sorunları, iletişim sorunları ve sosyal dışlanma gibi problemler bireylerin sağlık bakımından iyilik hallerini etkileyen temel faktörlerdir. Bu yüzden göçmenler için sağlığın tanımı "hizmetlere rahat ulaşabilmesi, günlük yaşam aktivitelerini tek başına yerine getirebilmesi, göç edilen yere ve kültüre uyumun sağlanması, yaşadığı çevrede huzurlu hissetmesi, kendi inançlarına göre yaşayabilmesi, sosyal işlevselliğin sağlanması ve fiziksel bir kaybının olmaması olarak ifade edilebilir. Ayrıca her ülkenin kendi kültürünün temeline özgü bir sağlık algısının olduğunu unutmamak gerekir (Arabacı vd., 2016).

Evrensel bir sorun haline gelen göç toplumu fiziksel, sosyal, ekonomik ve kültürel olarak etkilemesinin yanında bireylerin genel sağlığını ve sağlık değişkenlerini de olumlu ve olumsuz yönde etkilemektedir. Sağlık hizmetlerinden daha fazla yararlanma, çocuk ölüm hızlarının düşmesi ve sonucunda sağlık göstergelerinin yükselmesi vb. durumlar göçün sağlık üzerindeki olumlu etkileri arasındadır. Göç edilen ülkenin sağlık hizmet sunumu yaşanılan göçe cevap verecek kapasitede değilse bireylerin sağlığı olumsuz yönde etkilenmektedir (Çevik, 2016; Luquel vd., 2018). Örneğin, Suriye'den ülkemize zorunlu göç ile gelen göçmenler ülkede sağlık hizmeti sunumuna yönelik sorunları da beraberinde getirmişlerdir. Göç edilen ülkede sağlık kuruluşlarında ki sağlık insan gücünün yetersiz kalmasından kaynaklı artan nüfus ile birlikte sağlık hizmetlerinde sorunlar artmıştır. Koruyucu sağlık hizmet sunumunda aksamalar olmuş ve bu durumdan daha çok kadınlar ve çocuklar etkilenmiştir (Çevik, 2016).

Göçmenlerde genel olarak, üreme sağlığı sorunları (istenmeyen gebelikler, karşılanamayan aile planlaması ihtiyacı vb.) fekal-oral yolla bulaşan hastalıklar (salmonella, çocuk felci, Hepatit A vb.), dehidratasyon, beslenme bozuklukları, su ile bulaşan hastalıklar (dizanteri, kolera, sıtma vb.), hava yolu ile bulaşan hastalıklar (menenjit, influenza, kızamık vb.), besin zehirlenmeleri ve parazit enfeksiyonları görülmektedir (Korkmaz, 2016). Ulusal tarama programlarının yetersiz kalması sonucunda hipertansiyon, diyabet gibi kronik hastalıklarda ve kanser oranlarında artış, gebelerde doğum öncesi bakımın yetersiz alınması sonucu ise anne ve bebek ölüm oranlarında artış, D vitamini yetersizliği, psikolojik problemler, büyüme ve gelişme gerilikleri, alkol ve madde bağımlılığı gibi birçok sağlık sorunu ortaya çıkmaktadır (Benage vd., 2015; Assi vd., 2019). Göçmen kadınların maruz kaldığı çoklu baskılar, zorluklarla baş etmek zorunda olmaları, farklı bir kültürde yaşamanın getirdiği zorluklar, mesleki sorunlar, işsizlik ve ailenin ihtiyaçlarının karşılanması beklentisinin getirdiği zorluklar sağlıklarını son derece olumsuz etkilemektedir. Ayrıca hem göçmen hem de kadın oldukları için göçmen kadınlar cinsel taciz, fuhuşa zorlanma, tecavüz ve şiddete de maruz kalabilmektedirler. Bu durum kadınları aynı zamanda istenmeyen gebelikler, sağlıksız düşük ve doğumlar, CYBE ve HIV enfeksiyonu açısından riskli hale getirmektedir. Enfeksiyon hastalıklarının sosyo-ekonomik belirleyicilerinin incelendiği bir araştırmada; enfeksiyon hastalıklarının çoğunluğunun düşük sosyo-ekonomik düzeyde ve göçmenlerde görüldüğü tespit edilmiştir (Arlı, 2023). Bu göç süreci tüm bireyler için (yetişkin, kadın, çocuk, genç, erkek) olumsuz bir deneyim olma riskini taşımakla beraber her birey farklı düzey ve yönlerde de olsa bu göç etme durumundan olumlu veya olumsuz etkilenmektedir (Arabacı vd., 2016).

Farklı kültürel özelliklere sahip topluluklar göçler sonucunda bir araya gelebilmekte bireylerin sağlık davranışları da o bölgedeki kültürün etkisi ile değişebilmektedir. Bu nedenle toplumdan topluma bireylerin sağlığı algılama biçimleri farklılıklar gösterebilmektedir. Özellikle göç eden grupların yaşam biçimi, sosyal çevresi ve kültürel farklılıkları sağlık ve hastalık algılarında da değişikliğe yol açmaktadır. Her toplumun kendi kültür bünyesine özgü sağlık algısı bulunmaktadır (Arabacı vd., 2016). Bundan dolayı birinci basamak sağlık hizmeti kuruluşlarında çalışan hemşirelerin göçmen kadınlara kaliteli bir sağlık bakım hizmeti sunabilmeleri için, göçmenlerin özelliklerini çok iyi tanıyabilmesi, bireylerle etkili ve anlaşılabilir bir iletişim kurarak hemşirelik bakım kalitesini artırabilmesi gerekmektedir (Meydanlıoğlu, 2019).

5. Göçün Kadın Yaşamı Üzerine Etkileri

Eğitim durumu: Göçmenlerin eğitimini devam ettirmeye en büyük engellerden biri göç edilen bölgenin dilini bilmeme faktörüdür. Bundan dolayı göç sonucunda bireylerin eğitimi yarım kalabilmektedir (Dalaman, 2022: 545). Ülkemizde ki Suriyeli kadın göçmenlerin eğitim özellikleri bakıldığında ayrıca kadınların %16.1'inin ilkokulu bıraktığı, %33.0'ının ilkokuldan mezun olduğu, %6.8'inin üniversite mezunu olduğu, %5'inin lisansüstü eğitimlerini tamamladığı ve %18.4'ünün hiç eğitim almadığı saptanmıştır (Balcılar, 2016).

Sosyal hayat: Farklı kültürlere ve geçmişe sahip olan insanların din, dil, gelenek ve kültürleri ile beraber yaşamlarını devam ettirmek için göç edilen bölgede bir arada kalmak zorunda olmaları sonucunda, kültürel uyum ve sosyal çevreye uyum sorunları meydana gelmektedir (Aksoy, 2012). Göçmenlerin bu uyum süreci din, medeni durum, sosyal mesafe, sosyal kimlik, yaş, eğitim ve göç edilen bölgede kalış süresi gibi birçok faktörden etkilenmektedir. Göçmen erkeklerin kadınlara göre ve bekar bireylerin ise evli bireylere göre bu sürece daha hızlı uyum sağladıkları saptanmıştır. Göç eden kadınların erkelere göre yaşadıkları uyum sorunlarında en önemli etkenin dil problemi olduğu ayrıca sosyal ayrımcılık, sosyal mesafe, din ve gelenek gibi farklılıkları da kadınların bölgeye uyum sağlamalarını zorlaştırmaktadır (Taşçı-Duran vd., 2012; Saygın ve Hasta, 2018).

İş hayatı: Göçmen kadınların işgücü alanındaki durumları bakıldığında, kadınların daha çok tekstil mağazalarında satış personeli, ev ve bakım işlerinde, garsonluk gibi hizmet alanında, imalat atölyelerinde ucuz işçiler olarak, turizm sektöründe veya seks işçiliği gibi toplumsal cinsiyet rol eşitsizliğine dayalı işlerde yasal olmayan şekilde çalıştıkları görülmektedir (Coşkun, 2017). Göçmen kadınlar, erkeklere göre daha çok hizmet alanında ve az ücretli işlerde, daha düşük statüde, çeşitli istismarlara maruz kaldıkları ve hastalık açısından riskli işlerde çalışmaktadırlar (Baş vd., 2017). Kadınların hem göçmen olmaları hem de cinsiyetlerinden kaynaklı haksızlığa uğradıkları ve iş hayatında da dezavantajlı duruma düştükleri belirtilmektedir (Demirdizen, 2013).

Evlilik ve aile ilişkileri: Göçmen nüfusunun büyük kısmını eşlerinden ayrılmış kadınlar, çocuklar ve genç yaştaki bekar bireyler oluşturmaktadır. Bu göçmenler ile ilgili en önemli toplumsal sorunlardan biridir. Bu durum göç edilen bölgedeki yerli halk içerisinde çok eşlilik yaşanmasına, bu konu ile ilgili endişelerin, aile içi çatışmaların, boşanma vakaları ve ahlaksal kaygıların artmasına neden olmaktadır (Kurtuldu ve Şahin, 2018). Türkiye'de yapılan bir çalışmada, göçmenlerin %6'sının kuma evliliği şeklinde evlilik gerçekleştiği bildirilmiştir (KAMER, 2017). Göç etmek bireylerin ailelerinin parçalanması ve sosyal bağlantılarının azalmasına sebep olmaktadır (Kurtuldu ve Şahin, 2018).

6. Göçmen Kadınların Üreme Sağlığı Sorunları

Toplumun büyük bir çoğunluğu kadınlar ve çocuklardan oluşmaktadır. Göç, zorunlu veya isteğe bağlı olarak yapılmış olsa bile kadının sağlık durumu, eğitim durumu, iş hayatı, evlilik ve aile ilişkisini olumsuz etkilemektedir (Kurtuldu ve Şahin, 2018). Göçmen kadınların; dil ve iletişim sorunu, şiddet ve istismar durumları, bulaşıcı hastalık durumları, hijyenik olmayan kalabalık ortamlarda barınma, kronik rahatsızlık, sağlık hizmetlerine ulaşımda yetersizlik, yetersiz sosyo-ekonomik durumlarının olması, travmatik olaylara bağlı ortaya çıkan psikolojik sıkıntılar vb. faktörler kadınların sağlık açısından riskli grupta yer almalarına neden olmaktadır (İlkin vd., 2024).

Üreme sağlığı; aile planlaması, gebelik, doğum kontrolü CYBE, kanser (meme, serviks vb.) ve menopoz süreçlerinin bulunduğu bir sağlık alanını içermektedir (Migrant Clinicians Network, 2023). Kadınların göçten kaynaklı yaşadığı üreme sağlığı sorunları aşağıdaki gibi sınıflandırılabilir (Yağmur ve Aytekin, 2018; Acar ve Aksu, 2023; Arslan, 2023; İlkin vd., 2024).

• Gebelik ve doğumla ilgili sorunlar (adölesan evlilik ve gebelik, sağlıksız düşük ve doğumlar, yüksek doğurganlık)

• Kadına şiddet ve istismar

• Cinsel yolla bulaşan enfeksiyonlar (CYBE)

• Travmatik durumlara (cinsel istismar, tecavüz, şiddet ve yoksulluk) bağlı yaşanan psikolojik problemler

• Postpartum dönemde fiziksel ve mental sağlık sorunları

• Üreme sağlığı hizmetlerine ulaşamamaya veya sürdürülebilir olmamasına bağlı tanı ve tedavi ile erken önlenebilecek jinekolojik kanser prevalansının artması vb.'dir.

6.1. Gebelik ve Doğum

Anne ve bebek sağlığının sürdürülmesi ve korunması için önemli bir süreç olan gebelik sırasında yaşanan yoğun stres anne ve bebek sağlığının bozulmasına neden olmaktadır (Wang vd., 2017). Göçmen kadınların aile planlaması ve doğum kontrolü, doğum öncesi, doğum ve doğum sonrası bakım, istenmeyen gebelik ve düşük, vitamin ve mineral eksiklikleri, doğum komplikasyonları vb. üreme sağlığı konularında yetersiz bilgiye sahip oldukları görülmektedir (Rogers ve Earnest, 2014; Ackerson ve Zielinski, 2017). Göçmen kadınların evlilik yaşının düşük doğurganlık oranlarının ise yüksek olduğu görülmektedir. Türkiye Nüfus ve Sağlık Araştırmaları'na (TNSA) göre Suriyeli göçmen kadınların ortalama evlenme yaşının 19,3 olduğu ve adölesan dönemdeki kadınların %39'unun ilk çocuklarına gebe ya da çocuk sahibi olduğu belirtilmektedir. Hacettepe Üniversitesi Kadın Sorunları Uygulama ve Araştırma Merkezi'nin araştırma raporuna göre ise Suriyeli göçmen kadınların %50'sinden fazlasının evlenme yaşının 18 yaşından küçük olduğu görülmektedir (TNSA, 2018; TÜİK, 2019). Göçmen kadınlarda, kontrasepsiyon olarak uzun etkili korunma yöntemleri kullanma oranının düşük olduğu, acil kontrasepsiyon ve tüpligasyon yöntemlerine ilişkin bilgilerinin ise yetersiz olduğu tespit edilmiştir (Salisbury vd., 2016). Doğurganlık çağındaki göçmen kadınlar gebelik ve doğum sürecinde sağlık ile ilgili riskli durumlar ile daha fazla karşı karşıya kalırken, sağlık hizmetlerine de bu dönemlerde daha fazla ihtiyaç duyarlar. Sağlık hizmetine bu süreçlerde erişemeyen göçmen kadınlar gebelik ve doğum ile ilgili birçok komplikasyon (sağlıksız düşük ve doğum, düşük doğum ağırlıklı bebek, preterm doğum vb.) ile karşılaşabilmektedir (Yağmur ve Aytekin, 2018). Literatürde göçmen kadınların bu sorunları yaşadığını gösteren birçok çalışma bulguları bulunmaktadır. Göçmen kadınların DÖB alma, hastanelerde doğum yapma, doğum sonu bakım ve üreme sağlığı hizmetlerini kullanma oranlarının düşük olduğu saptanmıştır (Islam ve Gangnon, 2016). Baş ve arkadaşlarının (2015) göçmen kadınlar üzerine yaptıkları çalışmada; ortalama evlenme yaşının 15-16 yaş aralığında olduğu, ilk gebelik yaşının 18 yaş olduğu, kadınların doğum öncesi bakım ve doğum sonu bakım hizmeti alma, aile planlaması hizmetlerinden yararlanma oranlarının ise düşük olduğu tespit edilmiştir. Gümüş ve arkadaşlarının (2017) çalışmasında ise, göçmen kadınların adölesan çağında evlenme durumunun ve aile planlaması yöntemlerini kullanma oranlarının düşük olmasının bu kadınlarda doğurganlık oranlarının yüksek olmasına ve uygun olmayan koşullarda doğum ve düşüklerin yaşanmasına neden olabileceği saptanmıştır. TNSA raporunda, Suriyeli göçmen kadınların %93'ünün DÖB aldığı ve bu oranın eğitim düzeyine göre değiştiği, doğumlarının %93'ünün kamuda,

%5'inin ev ortamında gerçekleştiği, kadınların doğum sonrası 41 gün içinde bakım alma oranının %89 olduğu belirtilmektedir (TNSA, 2018). TÜİK raporunda ise, Suriyeli kadınların doğumlarının çoğunluğunu kamu kuruluşlarında ve sağlık personeli tarafından gerçekleştirdikleri bildirilmektedir (TÜİK, 2019). Bu sonuçlar, kadınların Göçmen Sağlığı Merkezlerine başvurmaları durumunda bebekleri ve kendilerinin sağlığı açısından sağlık hizmetlerine önemli oranda ulaşabildiklerini görülmektedir.

6.2. Cinsel Yolla Bulaşan Enfeksiyonlar (CYBE)

Göçmen kadınlarda; korunmasız cinsel ilişki yaşama, çok eşlilik, isteyerek ve uygun olmayan koşullarda düşüklerin yaşanması, üreme sağlığı hizmetlerinin yetersizliği ya da ulaşamama gibi nedenlerden kaynaklı CYBE'ye yakalanma riski artmaktadır. Bu risklere karşı savunmasız olmaları üreme sağlığı ile karşılaşılan diğer bir önemli sorundur (Öngen ve Kırca, 2020; İlkin vd., 2024). Beslenme yetersizlikleri sonucu anemik olma, mineral ve vitamin eksikleri görülmekte, karbonhidrat ağırlıklı besin tüketilmesinden dolayı obezite, diyabet ve kalp damar hastalıklar vb. kronik hastalıklar ortaya çıkmaktadır. Bu süreçlerde sağlık hizmetine ulaşamayan, takip ve tedavisi yapılamayan göçmen kadınlar arasında bulaşıcı hastalıkların yayılmasına ve bulaşıcılığını sürdürdüğünde ise salgın riskinin artmasına neden olmaktadır (Gümüş, 2015). Göçmenlerin dini inançlarından kaynaklı bazı sağlık taramalarını (DNA, HIV vb.) yaptırma oranlarının düşük olması ve erken teşhislerin gecikmesinden kaynaklı kadınların bazı CYBE'ye karşı (gonore, klamidya, sifiliz, HIV, HPV vb.) risk altında olduğu bilinmekte; bu hastalıklar kadınların ve bebeklerin hem genel sağlığını hem de üreme sağlığını olumsuz yönde etkilemektedir (Öngen ve Kırca, 2020). Literatürde göçmen kadınların üreme sağlığıyla ilgili yapılan çalışma sonuçlarına bakıldığında; %53,3'ünün genital enfeksiyon sorunu (Reese vd., 2014), %60'ının vajinal akıntı şikâyeti (Gümüş vd., 2017) yaşadığı tespit edilmiştir. Ayrıca, göçmen kadınların çok eşlilik hayatının olmasının da HIV/AIDS, gonore vb. CYBE görülme oranını arttırdığı, tanı ve tedavi sürecini geciktirdiği tespit edilmiştir (AFAD, 2014).

6.3. Cinsel Taciz-Tecavüz, Şiddet ve Ruh Sağlığı

Göçmen kadınların ruh sağlığını etkileyen sorunların en başında toplumsal cinsiyetten kaynaklı uygulanan kadına yönelik şiddet rol almaktadır (Özvarış, 2017). Kadınlar göç durumunda, herhangi bir tehlike ile karşılaşıldığında terk edildiklerini, karşılaşacakları şiddetten korktuklarını, güvenlik görevlileri, kaçakçılar ve diğer göçmenler tarafından tecavüz, istismar ve cinsel saldırı tehdidiyle karşı karşıya kaldıklarını belirtmişlerdir (Freedman, 2016; Yağmur ve Aytekin, 2018; MCN, 2023; İlkin, 2024). Ayrıca güvenlik açısından yetersiz, kalabalık ya da barınma olanaklarının eksikliği gibi durumlar kadınlar açısından güvenli olmayan ortamın ortaya çıkmasına yol açmaktadır (Arslan, 2023). Özvarış ve arkadaşlarının (2019) çalışma sonucunda; kadınların yaşamlarının herhangi bir bölümünde eşleri tarafından fiziksel, duygusal ve cinsel şiddete maruz kaldıkları ancak şiddetten dolayı kurumsal başvuru yapan kadınların oranı ise (%7) olarak çok düşük olduğu görülmektedir.

Göç süreci boyunca kadınlar yoksulluk, istismar ve kötü yaşam koşulları gibi yaşanan birçok olumsuzluk karşısında kısa ve uzun süreli psikolojik sorunlarla karşı karşıya kalabilmektedirler (Hacıhasanoğlu ve Yıldırım, 2018; Yağmur ve Aytekin, 2018). Göçmen kadınların ruh sağlığı durumları sosyal, kültürel ve sağlık sistemi kapsamında incelenmelidir. Göç kavramı, ruh sağlığının belirleyicisi olarak bu belirleyicilerden etkilenebileceği gibi aynı zamanda onları da etkileyebilir (Delara, 2016). Kadınların erkeklere kıyasla daha fazla psikolojik sıkıntı yaşadığı, özellikle zorunlu olarak göçe maruz bırakılmış kadınlarda posttravmatik stres bozukluğu, depresyon ve anksiyete vb. sorunların görülme prevelansının daha yaygın olduğu tespit edilmiştir (Hacıhasanoğlu ve Yıldırım, 2018; Yağmur ve Aytekin, 2018; İlkin vd., 2024). Göç sonrasında kadınların ve erkeklerin yaşadıkları travmalar ve sorunlara verdikleri tepkiler birbirinden farklılık gösterir. Bu da farklı psikolojik sorunların çıkmasına, hastalıklara karşı farklı seyirler göstermesine ve farklı psikososyal müdahalelere gereksinim duymalarına neden olur (Başterzi, 2017). Kaliforniya'da yapılan bir araştırmada göçmen kadınların 1/3'inin travma yaşadığı, yarısından fazlasının şiddet gördüğü ve sağlık hizmeti almada en büyük engelin dil sorunu olduğu saptanmıştır (Sudhinaraset vd., 2019). Göçmen kadınlarda menopoz yaşının diğer kadınlara kıyasla anlamlı olarak daha düşük bulunmuştur (Balic vd., 2014). Göç eden kadınların travmatik durumlar sonrası yaşadığı stres, korku ve şok gibi psikolojik faktörler menstrual düzensizliklere yol açabilmektedir (Kurtuldu ve Şahin, 2018). Savaş sonrası kadınlarda menstrual siklus düzensizlik oranının %10-35 arasında değiştiği ve savaşa maruz kalma süresi ile ilişkili olduğu tespit edilmiştir (Hannoun vd., 2007). Göç öncesi, sırası ve sonrasında kadınların yaşadıkları olumsuz travmatik durumlar psikolojik sağlık sorunlarını arttırabilmektedir. Bu nedenle, göç sırası ve sonrasındaki dönemde kadınlara yönelik afet ve travma yaklaşımları ve psikososyal müdahaleler planlanıp uygulanmalıdır (Başterzi, 2017).

6.4. Üreme Sağlığı Hizmetlerine Erişim

Göçmen kadınlar genellikle dil engelinden kaynaklı iletişim sorunu, yoksulluk ve sağlık güvencesinin yokluğu nedeniyle sağlık hizmetlerine erişim konusunda sorunlar yaşamaktadır (Arabacı vd., 2016; İlkin vd., 2024). Göçmen kadınların toplum içindeki statüsü, ataerkil toplumda yaşaması, kültürel ve dini inançları gibi durumlar cinsel ve üreme sağlığı konularında eğitim almalarını engellemektedir. Aynı zamanda göç edilen bölgedeki sağlık hizmetlerinin yetersizliği ve göçmenlere yönelik sağlık politikalarının eksikliği de bu hizmetlerin erişimine engel olmaktadır (Arabacı vd., 2016). Yapılan bir çalışmada; göçmen kadınların DÖB alma, hastanede doğum, doğum sonrası bakım ve vitamin desteği sunulması gibi üreme sağlığı hizmetlerinden daha az yararlandıkları bildirilmiştir (Islam ve Gagnon, 2016). Göçmen kadınların en sık yaşadıkları sağlık problemlerinin başında; plansız gebelikler, doğuma ilişkin sorunlar ve anemik olma durumu gelmektedir. Gebelik, doğum ve doğum sonu dönemde yaşadıkları sağlık problemleri; adölesan gebelik, sağlıksız ve güvenli olmayan ortamlarda yapılan düşük ve doğumlar, doğurganlığın fazla olması, doğum öncesi, doğum ve doğum sonrası bakım almada yetersizlik, doğum komplikasyonları, düşük doğum ağırlıklı bebek ve aile planlaması hizmetlerinden yeteri kadar yararlanama gibi sıralanabilir (Acar ve Aksu, 2023). Türkiye'de Suriyeli göçmen kadınlarla yapılan çalışmada, doğumların %26'sının preterm doğum olduğu ve yenidoğanların %50'sinin yoğun bakım servisine yatışının yapıldığı saptanmıştır (Büyüktiryaki vd., 2015). Göçmen kadınların sağlığını iyileştiren koruyucu hizmetlerden yararlanma gibi sağlık arama davranışını geliştirmek için farkındalık ve bilinçlendirme çalışmaları yapılması önerilmektedir (Yağmur ve Aytekin, 2018).

Sonuç

Göçün kadınlar üzerindeki etkilerinin birçok değişkeni olmakla birlikte sağlıkları üzerindeki etkileri son yıllarda özellikle savaşlar, afetler vb. nedenlerle tartışılan yeni bir alandır. Göç edilen bölgede sağlık hizmetlerine ulaşamama, yoksulluk nedeniyle yaşanan yetersiz beslenme, sosyal işlevselliğin kaybı, sosyal destek eksikliği, sosyal güvence eksikliği ve farklılıklardan kaynaklı yaşanan ortama uyum sorunlarından kaynaklı kadınların biyolojik, fiziksel ve sosyal sorunlardan psikolojik sorunlara kadar sağlıkları olumsuz yönde etkilenmektedir. Göçmen kadınlarda üreme sağlığı hizmetlerinin yeterince karşılanamaması anne, çocuk ve toplum sağlığı açısından olumsuz sonuçlara neden olmaktadır. Temel insani gereksinimlerinin karşılanması her birey için gereklidir. Göçmen kadınların barınma ve yaşam ortamlarının düzenlenmesi, beslenme ve sağlık gereksinimlerinin iyileştirilmesi, üreme sağlığının korunması ve geliştirilmesinde hemşirelere önemli sorumluluklar düşmektedir. Hemşireler, göçmen kadınların riskli gruplar olduklarını bilmeli, hizmet verdiği kadının ekonomik durumu, aile yapısı, geleneksel uygulamaları, inancı, iletişim yöntemleri, aile içi ve toplumdaki cinsiyet rolleri ve kültürel değerleri hakkında bilgi sahibi olup göçmenlerin sağlık hizmetlerine ulaşmalarına kolaylık sağlamalıdırlar. Bu bilgiler doğrultusunda göçmen kadınlara yargılamadan ve sorgulamadan bireyselleştirilmiş transkültürel hemşirelik bakım yaklaşımı uygulanmalıdır.

Kaynakça

Acar B., & Aksu H. (2023). Sürdürülebilir Sağlıklı Toplumlar: Göç ve Kadın Üreme Sağlığı. Ankara Nobel Tıp Kitabevleri.

Ackerson, K., & Zielinski, R. (2017). Factors Influencing Use of Family Planning in Women Living in Crisis Affected Areas of Sub-Saharan Africa: *A Review of the Literature. Midwifery*, 54, 35-60.

AFAD. (2014). Türkiye'deki Suriyeli Kadınlar. *Başbakanlık Afet ve Acil Durum Yönetimi Başkanlığı*. Erişim Tarihi: : 18.03.2017. https://www.afad.gov.tr/Dokuman/TR/80.

Akıncı, B., Nergiz, A., & Gedik, E. (2015). Uyum Süreci Üzerine Bir Değerlendirme: Göç ve Toplumsal Kabul. *Göç Araştırmaları Dergisi*, 58-83.

Arabacı Z, Hasgül E, Serpen AS (2016). Türkiye'de kadın göçmenlik ve göçün kadın sağlığı üzerine etkisi. *Sosyal Politikaları Çalışma Dergisi* 36: 129-144.

Arlı, A.S. (2023). Aile Sağlığı Merkezine Başvuran Göçmen Kadınlarda Ruhsal Belirtilerin İncelenmesi. Yüksek Lisans Tezi. Üsküdar Üniversitesi.

Arrebola-Moreno, M., Petrova, D., Garrido, D., Ramírez-Hernández, J. A., Catena, A., & Garcia-Retamero, R. (2020). Psychosocial markers of pre-hospital decision delay and psychological distress in acute coronary syndrome patients. *British Journal of Health Psychology, 25*(2), 305-323.

Arslan, N. (2023). Göçmen Kadınların Sağlık Sorunları Üzerine Genel Bir Değerlendirme. *Biga İktisadi ve İdari Bilimler Fakültesi Dergisi*, 4(2), 104-114.

Assi R, Özger İlhan S, İlhan MN (2019). Health needs and access to health care: the case of syrian refugees in Turkey. *Public Health*, 172: 146-152.

Atasü Topcuoğlu, R. (2018). Düzensiz Göç: Küreselleşmede Kısıtlanan İnsan Hareketliliği. S. G. Ihlamur Öner, & N. A. Şirin Öner içinde, *Küreselleşme Çağında Göç: Kavramlar, Tartışmalar*. İstanbul: İletişim Yayınları.

Aydemir S, Şahin MC (2018). Zorunlu-kitlesel göç olgusuna sosyolojik bir yaklaşım: Türkiye'deki suriyeli sığınmacılar örneği. *Dini Araştırmalar* 21(53): 121-148.

Bahar-Özvarış, Ş., Yüksel-Kaptanoğlu, İ., Konşuk-Ünlü, H., & Erdost, T. (2019). Kadın Sağlığı Danışma Merkezlerine Başvuran Suriyeli Kadınların Üreme Sağlığı ve Toplumsal Cinsiyet Temelli Şiddet Hizmetlerine İlişkin İhtiyaçlarının Belirlenmesi Araştırma Raporu.

Ankara: Merdiven Yayınları.

Balcılar M. (2016). Türkiye'deki Suriyeli mültecilerin sağlık durumu araştırması Türkiye'de yaşayan suriyeli mültecilerde bulaşıcı olmayan hastalık risk faktörleri sıklığı, AFAD, T.C. Sağlık Bakanlığı, World Health Organisation.

Balic, D., Rizvanovic, M., Cizek-Sajko, M., & Balic, A. (2014). Age at Natural Menopause in Refugee and Domicile Women Who Lived in Tuzla Canton in Bosnia and Herzegovina During and After the War. *Menopau*se, 21(7), 721-725.

Baş M, Molu B, Gör A, Tuna H, Baş İ. (2017). Göç eden ailelerin sosyo-kültürel ve ekonomik değişiminin kadın ve çocuk yaşamına etkisi. *İnsan ve Toplum Bilimleri Araştırmaları Dergisi,* 6(3), 1680-1693.

Baş, D., Arkant, C., Muqat, A., Arafa, M., Sipahi, T., & Eskiocak, M. (2015). Edirne'deki Suriyeli sığınmacıların durumu. *18. Ulusal Halk Sağlığı Kongresi (Kongre Kitabı).* Konya. 214-215. Erişim adresi: https://www.halksagligiokulu.org/Kitap/ DownloadEBook/ 4fcd77 40-f600-4103-b6b3-94be72538010.

Başterzi, A.D. (2017). Mülteci, Sığınmacı ve Göçmen Kadınların Ruh Sağlığı. *Psikiyatride Güncel Yaklaşımlar,* 9(4), 379-387.

Benage M, Greenough PG, Vinck P, Omeira N, Pham (2015). An assessment of antenatal care among syrian refugees in lebanon. *Conflict and Health.* 9: 2-11.

Büyüktiryaki, M., Canpolat, E., Dizdar, E.A., Okur, N., & Şimşek, G.K. (2015). Neonatal Outcomes of Syrian Refugees Delivered in a Tertiary Hospital in Ankara, Turkey. *Conflict and Health,* 9, 38-49.

Çağlar T (2018). Göç çalışmaları için kavramsal bir çerçeve. *Toros Üniversitesi İİSBF Sosyal Bilimler Dergisi* 5(8): 26-49.

Çevik SA (2016). Suriye'den Türkiye'ye göçün etkileri. *Gümüşhane Üniversitesi Sağlık Bilimleri Dergisi,* 5(2): 80-83.

Coşkun E. (2017). Türkiye'de Kağıtsız Göçmen Kadınlar ve Sosyal Hizmetler. *Çalışma ve Toplum Dergisi,* 54(3), 1299-1315.

Dalaman, Z. B. (2022). Türkiye'de Suriyeli Kadın Üniversite Öğrencilerinin Oluşturduğu Yeni Kadın Kimliği. *İçtimaiyat, 6 (Göç ve Mültecilik Özel Sayısı),* 531-555.

Delara, M. (2016). Social determinants of immigrant women's mental health. *Advances in Public Health, 2016*(1), 9730162.

Demirdizen D. (2013). Türkiye'de Ev Hizmetlerinde Çalışan Göçmen Kadınlar: Yeni Düzenlemelerle Yarı Köle Emeğine Doğru mu?. *Çalışma ve Toplum,* 38(3), 325-346.

Erdoğan M. M, ve Kaya, A. (2015). *Türkiye'nin Göç Tarihi: 14. Yüzyıldan 21. Yüzyıla Türkiye'ye Göçler.* İstanbul Bilgi Üniversitesi Yayınları, İstanbul; Sayfa: 4.

Freedman, J. (2016). Sexual and Gender-Based Violence Against Refugee Women: A Hidden Aspect of the Refugee" Crisis". *Reproductive Health Matters,* 24(47), 18-26.

Gülerce, H., & Demir, E. (2021). Zorunlu göç sürecinde sosyal ağlar; Şanlıurfa'daki Suriyeli sığınmacılar. In *Journal of Social Policy Conferences* (No. 81, pp. 185-211). Istanbul University.

Gümüs, G., Kaya, A., Yılmaz, S. G., Özdemir, S., Başıbüyük, M., & Coşkun, A. M. (2017). Suriyeli Mülteci Kadınların Üreme Sağlığı Sorunları [Syrian Refugee Women's Reproductive Health İssues]. *Journal of Women's Health Nursing,* 3, 1-17.

Güreşçi, E. (2016). Ortak ve Farklı Yönleriyle İç ve Dış Göçler. *Uluslararası Sosyal Araştırmalar Dergisi,* 9(43), 1058-1064.

Hacıhasanoğlu, A.R., & Yıldırım, A. (2018). Göçün Sosyal ve Ruhsal Etkileri ve Hemşirelik. Aydın Avci İ, Editör. *Göç ve Göçmen Sağlığı.* 1. Baskı. Ankara, Türkiye Klinikleri, 2018:10-20.

Hannoun, A.B., Nassar, A.H., Usta, I.M., & Musa, A.M. (2007). Effect of War on The Menstrual Cycle. *Obstetrics and Gynecology,* 109 (4), 929-32.

İlkin, E., Dikmen, R., Şahin, S., & Arıöz, A. (2024). Göç ve İklim Değişikliğinin Kadın Sağlığına Etkisi. *Türkiye Sağlık Araştırmaları Dergisi,* 5(1), 11-20.

IOM. (2022). World Migration Report. *Uluslararası Göç Örgütü.* Erişim Tarihi: 14.06.2024: https://worldmigrationreport.iom.int/wmr-2022-interactive/

Islam, M. M., & Gagnon, A.J. (2016). Use of Reproductive Health Care Services Among Urban Migrant Women in Bangladesh. *BMC Women's Health*, 16, 15.

KAMER. (2017). Sığınmacı Kadınlar Beş İl Raporu. *Kadın Merkezi Vakfı.* Erişim Tarihi: 28.04.2018: http://www.kamer.org.tr/menuis/kamer_vakfi_s iginmaci_kadinlar_5_il_raporu.pdf

Kara, P., & Nazik, E. (2018). Göçün kadın ve çocuk sağlığına etkisi. *Gümüşhane Üniversitesi Sağlık Bilimleri Dergisi*, 7(2), 58-69.

Karanfiloğlu, M. (2019). Savaş, Kadın, Çocuk ve Göç Üzerine: Suriye Örneği. *Muhakeme Dergisi*, 2 (1), 99-124.

Korkmaz AÇ (2016). Mültecilerin ve sığınmacıların sağlık sorunlarına hemşirelik yaklaşımları. *Middle East Journal of Refugee Studies*, 1(2): 75-89.

Kümbetoğlu, B. (2018). Göç Çalışmalarında "Nasıl" Sorusu. S. G. Ihlamur-Öner, & N. A. Şirin Öner içinde, *Küreselleşme Çağında Göç* (ss. 49-85). İstanbul: İletişim Yayınları.

Kurtuldu, K., & Şahin, E. (2018). Göçün Kadın Yaşamı ve Sağlığı Üzerine Etkileri. *Ordu Üniversitesi Hemşirelik Çalışmaları Dergisi*, 1(1), 37-46.

Luque, J. S., Soulen, G., Davila, C. B., & Cartmell, K. (2018). Access to health care for uninsured Latina immigrants in South Carolina. *BMC health services research*, *18*, 1-12..

MCN. (2023). Migrant Women and Reproductive Health Issues. *Migrant Clinicians Network.* Erişim adresi: https://www.migrantclinician.org/womens-health.html.

Meydanlıoğlu, A. (2019). Kültürogram kullanılarak bir ailenin kültüre duyarlı hemşirelik girişimlerinin planlanması: Olgu sunumu. *Hacettepe Üniversitesi Hemşirelik Fakültesi Dergis,i* 6(2): 132-140.

Miller, K. E., & Rasmussen, A. (2010). Mental health and armed conflict: the importance of distinguishing between war exposure and other sources of adversity: a response to Neuner. *Soc Sci Med*, *71*(8), 1385-1389.

Öngen, M., & Kırca, N. (2020). Mülteci ve Göçmen Kadınlarda Kadın Sağlığı Sorunları. *Atatürk Üniversitesi Kadın Araştırmaları Dergisi*, 2(2), 55-69.

Özçürümez, S., & İçduygu A. (2020). *Zorunlu Göç Deneyimi ve Toplumsal Bütünleşme: Kavramlar, Modeller ve Uygulamalar ile Türkiye*. Birinci baskı. İstanbul Bilgi Üniversitesi Yayınları, İstanbul.

Özlem, A., & Gökler, M.E. (2021). Göçmen Kadınlarda Üreme Sağlığı. *Medical Research Reports*, 4(3), 57-64.

Özvarış, Ş. B. (2017). Göç ve Kadın Sağlığı, *EMO Kadın Bülteni*, Erişim adresi: https://www.emo.org.tr/ekler/67f89c8238f038d_ek.pdf?dergi=1117.

Rogers, C., & Earnest, J. (2014). A Cross-Generational Study of Contraception and Reproductive Health Among Sudanese and Eritrean Women in Brisbane. Australia Health Care for Women International, 35, 334–356.

Salisbury, P., Hall, L., Kulkus, S., Paw, M. K., Tun, N. W., Min, A. M., ... & McGready, R. (2016). Family planning knowledge, attitudes and practices in refugee and migrant pregnant and post-partum women on the Thailand-Myanmar border—a mixed methods study. *Reproductive health*, *13*, 1-13.

Saygın, S., & Hasta, D. (2018). Göç, kültürleşme ve uyum. *Psikiyatride Güncel Yaklaşımlar*, *10*(3), 302-323.

Selçuk, E. (2023). Göçmen Kadınlara (Ahıska Türkleri) Sağlık Sorumluluğu, Aile Planlaması Bilgi ve Tutumlarına Yönelik Verilen Hemşirelik Girişimlerinin Değerlendirilmesi. Doktora Tezi. Karadeniz Teknik Üniversitesi.

Sezik, M. (2017). Yurt dışı zorunlu göçlerin türkiye kentleri üzerindeki etkileri. *Kahramanmaraş Sütçü İmam Üniversitesi İktisadi ve İdari Bilimler Fakültesi Dergisi*, 7(2): 139-156.

Sudhinaraset, M., Cabanting, N., & Ramos, M. (2019). The health profile of newly-arrived refugee women and girls and the role of region of origin: using a population-based dataset in California between 2013 and 2017. *International journal for equity in health*, *18*, 1-11.

Taşçı-Duran, E., & Okçay, H. (2012). Etnik iletişim kadın sağlığını nasıl etkiliyor?, *SDÜ Fen Edebiyat Fakültesi Sosyal Bilimler Dergisi*. 25, 251-257.

TNSA. (2018). Türkiye Nüfus ve Sağlık Araştırması. Hacettepe Üniversitesi Nüfus Etütleri Enstitüsü,. *T.C. Cumhurbaşkanlığı Strateji ve Bütçe Başkanlığı* ve TÜBİTAK, Ankara, Türkiye.

UNHCR. (2022). Türkiye Bilgi Notu. *Birleşmiş Milletler Mülteciler Yüksek Komiserliği*. Erişim adresi: https://www.unhcr.org/tr/wpcontent/uploads/sites/14/2022/03/Bi-annual-fact-sheet-2022-02-TurkeyENG-Final-210322_TR_PI.pdf

Wang, R., An, C., Wang, J., Wang, Y., Song, M., Li, N., ... & Wang, X. (2017). Earthquake experience at different trimesters during pregnancy is associated with leukocyte telomere length and long-term health in adulthood. *Frontiers in psychiatry*, *8*, 208.

WHO. (2003). International migration, health and human rights. *World Health Organization*. Erişim Tarihi: 30.03.2016: http://www.ohchr.org/Documents/Issues/Migration/WHO_IOM_UNOHCHRPublication.pdf

Yağmur, Y., & Aytekin, S. (2018). Mülteci Kadınların Üreme Sağlığı Sorunları ve Çözüm Önerileri. *Dokuz Eylül Üniversitesi Hemşirelik Fakültesi Elektronik Dergisi*, 11(1), 56-60.

THE ROLE OF MIDWIVES IN ADDRESSING HEALTH ISSUES ENCOUNTERED AT DIFFERENT STAGES OF WOMEN'S LIVES

KADIN HAYATININ EVRELERİNE GÖRE KARŞILAŞILAN SAĞLIK SORUNLARINDA EBELERİN ROLÜ

Suna Aras Çelik[1] ve Ayşegül Dönmez[2]

Öz

Kadın sağlığı, kadınların fiziksel, sosyal ve psikolojik olarak tam bir iyilik halinde olmalarını ifade etmektedir. Kadınların sadece fiziksel sağlıklarını değil, aynı zamanda sosyal ilişkilerini, duygusal ve zihinsel durumlarını da içermektedir. Kadın sağlığı, prekonsepsiyonel dönemde başlayarak kadının yaşamı boyunca devam eden bir süreçtir. Bu durum, kadın sağlığının yaşam boyu birçok faktörden etkilenen ve şekillenen bir süreç olduğunu açıklamakta olup, bu nedenle kadın sağlığına yönelik bakım ve desteğin yaşamın her evresinde devam etmesinin önemini belirtmektedir. Literatürde kadın sağlığının toplumun diğer kesimlerine göre farklı özellikler gösterdiği belirtilmektedir. Kadın sağlığının toplum sağlığı üzerinde önemli bir etkisi olması nedeniyle özel bir öneme sahiptir. Kadın sağlığını etkileyen biyolojik özellikler, özellikle gebelik, büyüme ve gelişme süreci gibi faktörlerin kadınların sağlık riskleri taşıdığı dönemleri ve sağlık hizmetlerine olan ihtiyaçlarını arttırdığına dikkat çekmektedir. Bu durum, kadın sağlığının korunması ve iyileştirilmesi için özenli bir sağlık hizmeti gerekliliğini vurgulamaktadır. Kadın sağlığında, doğurganlık çağı olarak bilinen 15-49 yaş grubunda, gebelik, doğum ve doğum sonrası dönem özel bakım gerektirmesi nedeniyle önemlidir ve bu dönemler, kadının sağlığını doğrudan etkileyen kritik zamanlardır. Kadın sağlığı, çocuk ve aile sağlığı açısından oldukça önemli kabul edilen bir konudur. Kadının aynı zamanda cinsiyet rolü gereği eş ve/veya bir anne görevi de ortaya çıkmaktadır. Bu sebeple kadın sağlığı aile sağlığı açısından da önemli bir konudur. Çünkü aile sağlığı aile fertlerinin tümünü

[1] Student, İzmir Tınaztepe Üniversitesi, Ebelik Bölümü, suna.arascelik@gmail.com , ORCID: 0000-0003-4930-0760

[2] Dr.Öğr. Üyesi, İzmir Tınaztepe Üniversitesi, Ebelik Bölümü aysegul.donmez@tinaztepe.edu.tr , ORCID: 0009-0005-4832-886X

kapsayarak eksiksiz ve en iyi şekilde sağlıklı olmaları anlamına gelmektedir. Bu kapsamda aile fertlerinden herhangi birinin sağlığının bozulması özellikle annenin sağlığının bozulması aile içi dinamiğini olumsuz bir şekilde etkileyeceği anlamına gelmektedir. Literatüre dayalı olarak hazırlanan bu makalede kadın hayatının evrelerine göre karşılaşılan sağlık sorunlarında ebelerin rolü ile ilgili bilgilerin paylaşılması hedeflenmiştir.

Anahtar kelimeler: Kadın; hayat; sağlık

Abstract

Women may encounter health issues throughout different stages of their lives, which can adversely affect their well-being. Understanding the health problems women face at various life stages and the role of midwives in these processes is important. Providing a comprehensive perspective on women's health, emphasizing that health is not just the absence of disease but also a state of complete physical, mental, and social well-being, elucidates the need to evaluate women's health in these three dimensions. By providing a detailed explanation of how women's health is affected during different stages of life, particularly during pregnancy, childbirth, and menopause, it underscores the increased health needs of women during these specific periods. Examining how health issues during these periods impact women's lives, the narrative focuses on how women's access to health services and their needs can be addressed. Highlighting the diversity of factors influencing women's health, the narrative not only mentions fertility-related factors but also social, economic, and cultural factors such as education, participation in the workforce, migration, and violence. While explaining the impact of these factors on women's health, it particularly emphasizes various risks women face throughout their lives and underscores the need for shaping societal and health policies to reduce these risks. Focusing on the importance of midwives in women's health, the narrative underscores the critical role these healthcare professionals play in providing health services to women. It mentions the effective role midwives play in providing services such as pre-pregnancy counseling, managing the childbirth process, postpartum care, as well as providing health education and support to women. Emphasizing the role of midwives from a gender equality perspective, it highlights their significant role in reducing women's health problems and underscores the importance of education and awareness campaigns in this regard. The aim of the study is to discuss coping strategies for dealing with challenges by providing a comprehensive perspective on women's health. This study was conducted using a review method. Existing articles, book chapters, reports, and other sources focusing on women's health were reviewed. Researchers examined the health problems, risk factors, prevention and treatment methods women encounter at different life stages, and the role of midwives in this process. During this process, existing information was compiled, synthesized, and analyzed. In conclusion, the review emphasizes the importance of women's health and highlights the critical role of midwives in this field. It underscores the need to develop health policies and services focused on women's health to effectively address the health problems women face throughout their lives. In this context, it emphasizes the importance of increasing women's access to health services and supporting women's health from a gender equality perspective, highlighting the necessity of taking steps in this direction.

Keywords: Woman; life; health

1. Giriş

Kadın sağlığı, kadınların bedensel, sosyal ve psikolojik açılardan tam bir iyilik hali içinde olmalarını ifade etmektedir. Kadınların yalnız fiziksel sağlıkları ile birlikte sosyal ilişkilerini, duygusal ve zihinsel durumlarını da içermektedir (Kızılkaya Beji vd., 2021). Kadın sağlığı birçok faktörün etkisi altında olup değerlendirmek için her bir parametrenin etkilerinin ayrıntılı bir şekilde araştırılması gerekmektedir (Gavas ve İnal, 2019). Genital enfeksiyonlar, kadın hayatının farklı evrelerinde karşılaşılan önemli sağlık sorunlarından biridir. Bu enfeksiyonlar genellikle basit yöntemlerle önlenebilen veya uygun tedavi yaklaşımlarıyla başarılı bir şekilde tedavi edilebilen bir hastalık grubunu oluşturmaktadır. Yapılan araştırmalara göre, kadınların %42,0'ında genital enfeksiyon tespit edilmiştir (Rahman ve Ozan, 2020). Her yıl Amerika Birleşik Devletleri'nde 10 milyondan fazla birey, genital yoldan enfeksiyon teşhisi alarak tedavi görmektedir (Yeşilçicek Çalık vd., 2019). Türkiye'de gerçekleştirilen bölgesel çalışmalarda, genital enfeksiyonların (%52-92) ve vajinal enfeksiyonlara neden olabilecek riskli hijyen alışkanlıklarının yaygın olduğu belirtilmiştir (Akça ve Türk, 2021). Bu bağlamda, kadınlara sağlıklı genital hijyen davranışları kazandırılması için ebe tarafından etkili eğitim programlarının planlanması ve uygulanması büyük önem taşımaktadır (Sünbül, 2019).

Literatürde, kadın sağlığının diğer toplumsal kesimlere kıyasla özgün özelliklere sahip olduğu ve genel toplum sağlığı üzerinde belirgin bir etkisi bulunduğu ifade edilmektedir. Kadın sağlığını etkileyen biyolojik faktörler, özellikle gebelik, büyüme ve gelişme sürecine bağlı unsurlar olup kadınların özellikle sağlık riski taşıdığı bu dönemlerde sağlık hizmetlerine olan ihtiyaçları artmaktadır. Bu durum, kadın sağlığının korunması ve iyileştirilmesi için özenli bir sağlık hizmeti gerekliliğini vurgulamaktadır (Toker ve Çıtak, 2021).

15-49 yaş aralığı, özellikle doğurganlık çağı olarak tanımlandığı için, gebelik, doğum ve doğum sonrası dönemler özel bakım gerektiren kritik zamanlar olarak kabul edilmektedir. Bu dönemler, kadının sağlığını doğrudan etkileyen önemli zaman dilimleridir (Toker ve Çıtak, 2021). Kadın sağlığı, çocuk ve aile sağlığı açısından büyük önem taşıyan bir konudur. Kadın, cinsiyet rolü gereği genellikle eş ve/veya anne rollerini üstlenmektedir. Bu nedenle kadın sağlığı, aile sağlığı açısından da kritik bir role sahiptir. Aile sağlığı, aile üyelerinin tümünün sağlıklı olması ve eksiksiz bir şekilde desteklenmesi anlamına gelmektedir. Aile üyelerinden herhangi birinin sağlığının bozulması, özellikle annenin sağlığının etkilenmesi, aile içi dinamikleri olumsuz bir şekilde etkileyebilmektedir. Bu nedenle kadın sağlığının korunması ve iyileştirilmesi, aile sağlığının temel bir unsuru olarak ön plana çıkmaktadır (Santur ve Özşahin, 2021; İlçioğlu vd., 2017). Bu bağlamda, literatüre dayalı olarak hazırlanan bu makalede kadın hayatının evrelerine göre karşılaşılan sağlık sorunlarında ebelerin rolü ile ilgili bilgilerin paylaşılması hedeflenmiştir.

2. Kadın Yaşamının Evrelerine Göre Kadın Sağlığı, Üreme Sağlığı Sorunları

İnsan ömrü uzun bir süreçtir ve farklı evrelere ayrılarak incelenmektedir. Bu evreler, bireyin yaşamındaki belirli dönemleri temsil eder ve genellikle fiziksel, duygusal ve sosyal gelişimde farklılıkları göstermektedir. Kadınların yaşam dönemlerine göre en sık karşılaşılan cinsel sağlık ve üreme sağlığı problemleri aşağıda açıklanmıştır.

2.1. Çocukluk Dönemi (0-9 Yaş)

Kesin sınırları olmamakla birlikte genellikle 0-9 yaş arası çocukluk dönemi olarak kabul edilmektedir. Cinsiyet farklılığının sağlık üzerine etkisi, bireyler henüz doğar doğmaz yani bebeklik ve çocukluk çağından itibaren başlamaktadır (Akın, 2003). Çocukluk döneminde yaşanan bazı sağlık sorunları şunlardır; cinsiyet seçimi, kadın sünneti, hormonal dengesizlikler sonucu erken menarş, ailenin erkek çocuğunu önemsemesinden dolayı kız çocuklarının sağlık durumlarının ihmal edilmesi, kız çocuklarında, daha az emzirilme, bağışıklamada yetersizlik, enfeksiyonlar (pnömoni, diyare gibi), özellikle 2-5 yaşlarında kız çocuklarında, erkek çocuklara göre morbidite ve mortalite hızının daha fazla olması, cinsel istismar, ensest ilişki, çocuk pornografisi gibi taciz olarak kabul edilen durumlar (Kızılkaya Beji vd., 2021).

2.1.1. Cinsiyet Seçimi

Cinsiyet seçimi genellikle kişisel tercihlere veya aile dinamiklerine dayalı bir uygulama olarak gerçekleşmektedir. Ancak tıbbi olmayan nedenlerle yapıldığında, toplumsal, kültürel ve etik konuları da içeren önemli bir konu haline gelebilmektedir (Nadir, 2022). Cinsiyet seçimi çeşitli sonuçlara yol açabilmekte ve bu sonuçlar bazen hak ihlallerine neden olabilmektedir. Özellikle dişi fetüslerin kürtaj ile belirlenmesi, kız çocuk haklarının göz ardı edilmesi ve kız çocukların sağlık hizmetine ulaşmasında yetersizlik ve benzeri durumlar, cinsiyet seçiminin potansiyel olumsuz etkilerini içermektedir. Dünya Sağlık Örgütü, Sürdürülebilir Kalkınma Hedefleri (SKH) arasında cinsiyet eşitliğini temin etmek ve tüm kadınlar ve kız çocuklarını güçlendirmeyi hedeflemektedir (WHO, 2024a).

2.1.2. Genital Mutilasyon (Kadın Sünneti)

DSÖ ve Birleşmiş Milletler (BM) açıkladığı tanımlama bu uygulamanın, "tıbbi olmayan nedenlerden dolayı kadın genital organlarının kısmen veya tamamen çıkarılması" olarak tanımlanmaktadır (WHO 2024b). Dünya Sağlık Asamblesi 2008 yılında, kadın sünneti olarak bilinen FGM (Female Genital Mutilation) uygulamalarının ortadan kaldırılmasına yönelik bir karar kabul etmiştir (WHO 2024c). DSÖ, kadın sünnetinin kadınların ve kızların insan haklarının ihlal edildiği, sağlık bakımından bir faydasının olmadığı ve çeşitli sosyal, kültürel nedenlerle gerçekleştirilen bir uygulama olduğunu belirtmektedir. Kadın sünnetinin cinsel organ bütünlüğünü bozduğu, sağlık riskleri taşıdığı ve insan hakları açısından kabul edilemez olduğu genel görüşü yansıtmaktadır. Kadın sünneti uygulaması dört başlık altında sınıflanmıştır (WHO 2024a).

Tip 1: Klitorisin bir kısmının veya tamamının ve/veya klitoris üzerindeki derinin çıkarıldığı klitoridektomi durumudur.

Tip 2: Klitoris ve labia minörün bir kısmının veya tamamının, labia majör ile birlikte veya tek başlarına çıkarılması durumudur.

Tip 3: Vajinal açıklığın klitorisin çıkarılması ile birlikte veya tek başına labia minör ve/veya labia majörün kesilmesi ve eklenmesiyle daraltılması durumudur.

Tip 4: Sınıflandırılmayan: Delme, klitorisi ve/veya labia minörü kesme veya bu bölgelere piercing takma, klitoris ve/veya labia minörü genişletme, klitorisi veya klitoris çevresindeki dokuyu dağlama gibi, kadın genital mutilasyon tanımı içine alınabilecek diğer tüm prosedürleri kapsamaktadır (WHO 2024a).

2.1.3. Yetersiz Emzirme

Yetersiz beslenmenin dünya genelinde bir yılda 2,7 milyon çocuk ölümüne yani bütün çocuk ölümlerinin %45'ine sebep olduğu tahmin edilmektedir (WHO, 2020a). Türkiye'de ise 6 aydan küçük çocukların sadece anne sütüyle beslenme oranı 2018 verilerine göre %41 olarak kaydedilmiştir. Ancak, yalnız anne sütü ile beslenen çocuklarda oran 4-5 aylık çocuklarda %14'e düşmektedir. Erkek çocuklarda ortanca emzirme süresi 18 ay iken kız çocuklarda 16,2 ay olarak hesaplanmıştır (TNSA, 2018). TNSA 2013 verilerine göre, bebeklerin ilk 4-5 ayında yalnızca anne sütü ile beslenme oranı %9,5 TNSA 2018 verilerinde ise bu oranın %14,4'e yükseldiği tespit edilmiştir (TNSA, 2018). Ayrıca, Pakistan, Mısır, Hindistan ve ülkemizde yapılan çalışmalarda, kız çocuklarının erkek çocuklarına göre ortalama 2-3 ay daha erken sütten kesildiği görülmüştür. Kız çocuklarının yeterince emzirilmemesinin nedenleri arasında toplumsal cinsiyet eşitsizliğinin kadınlar aleyhine olması, kız çocuklarının ekonomik bir yük olarak görülmesi, erkek çocuklarının ise ekonomik bir güvence olarak algılanması ve ataerkil toplumlarda erkek çocuklarının soyun devamı açısından ailenin geleceği olarak kabul edilmesi bulunmaktadır (Koyun vd., 2011).

2.1.4. Çocuk İstismarı

DSÖ, çocuk istismarını, çocuğun sağlığına, fiziksel ve psikososyal gelişimine zarar veren, yetişkin veya toplum tarafından uygulanan her türlü fiziksel, duygusal ve cinsel kötü muamele olarak tanımlamaktadır. Dünya genelinde çocuk istismarı ve ihmali ortak bir sorun olarak kabul edilmektedir (WHO, 2022). Türkiye'de gerçekleştirilen araştırmalara göre:

- Her dört çocuktan biri istismara maruz kalmaktadır.

- Kız çocuklarında bu oran, erkek çocuklara göre iki kat daha fazladır.

- Engelli çocuklar, istismar riski açısından 2-3 kat daha fazla risk altındadır.

- Çocuk tecavüzlerinin yalnızca %5'i gün yüzüne çıkarken, %95'i gizli kalmaktadır.

- İstismarcıların %66'sı çocuğun tanıdığı kişiler, örneğin akraba veya komşu gibi kişilerdir.

- İstismarcıların %9'u çocukla aynı evde yaşamaktadır (Koruncuk, 2018)

2.2. Ergenlik Dönemi (10-19 Yaş) (Puberte- Adölesan)

Ergenlik, yaşamın çocukluk ile yetişkinlik arasındaki evresidir, genellikle 10-19 yaş arasını kapsamaktadır. Bu dönem, insan gelişiminin özel bir aşamasıdır ve sağlığın temellerinin atılması için önemlidir. 10-14 yaş grubundaki çocuklar için sağlık açısından başlıca riskler, su, hijyen ve sanitasyonla ilişkilidir. 15-19 yaş grubundakiler için ise riskler daha çok alkol kullanımı ve güvensiz cinsel davranışlar gibi alışkanlıklarla ilgilidir. Yetersiz beslenme, düşük fiziksel aktivite ve cinsel istismar gibi çocukluk ve ergenlik döneminde yaşanan zorluklar, bireylerin sağlığını ve gelişimini olumsuz etkileyebilmektedir Büyük yaştaki ergen kızlar, yakın partner şiddetinden orantısız bir şekilde etkilenmektedir. Hamilelik komplikasyonları ve güvensiz düşükler, 15-19 yaş grubundaki kızlar arasında başlıca ölüm nedenleridir (WHO 2024d). Ergenler, zarardan korunmaya ve bağımsız kararlar alabilmek için desteklenmeye ihtiyaç duymaktadırlar. Kendi sağlık ve refahlarına katkıda bulunmada önemli bir rol oynamaktadırlar. DSÖ, 13. Genel Çalışma Programı çerçevesinde, ergenlerle birlikte çalışarak ergen sağlığını iyileştirmeye yönelik çalışmalar yürütmektedirler (Susilo vd., 2021). Adölesan dönemde kızlarda menarşın başlamasının arkasından en sık karşılaşılan sorunlar; erken evlilikler, istenmeyen gebelikler ve düşükler, bekaret denetimi, küretaj, gebelik, doğum ve bu süreçlere bağlı gelişebilecek komplikasyonlar görülebilmektedir.

2.2.1. Menarş

Menstrüasyon, kız çocuklarında genellikle 9-16 yaşları arasında görülen ilk âdet kanamasıdır ve üreme dönemine girişin bir işareti olarak kabul edilmektedir. Bu dönem, genellikle 2-8 gün süren ve her ay düzenli olarak (21-35 gün aralıklarla) tekrarlanan kanamaları içerir. Menstrüasyon, vücudun sağlıklı olduğunu gösteren bir gösterge olarak kabul edilmektedir (Toker ve Çıtak, 2021). DSÖ, menstrüasyonu bir hijyen sorunu değil, bir sağlık sorunu olarak kabul etmeyi ve adet sağlığına erişimi artırmayı hedeflemektedir. Bu hedefler, menstrüasyon sağlığının bilgi, eğitim, hijyen ürünlerine erişim ve destekleyici bir ortam sağlayarak iyileştirilmesini amaçlamaktadır. Ayrıca, bu faaliyetlerin sektörel çalışma planlarına ve bütçelerine entegre edilmesi ve performanslarının ölçülmesi DSÖ'nün öncelikleri arasında yer almaktadır (Gezer Tuğrul, Y. 2018).

2.2.2. Erken Evlilikler

Türk Medeni Kanunu'nun 4721 sayılı kararı ile evlilik yaşının 18 olduğunu ve Çocuk Hakları Sözleşmesi'ne göre 18 yaşına kadar olan bireylerin "çocuk" olarak kabul edildiğini vurgulayarak, ergen evlilikleri ve gebeliklerinin sağlık açısından önemli sorunlar doğurabileceğini dikkat çekmektedir (TMK, 2001). Erken yaşta evliliklerin genellikle geleneksel ve ataerkil kültürler tarafından üretilen, özellikle kız çocukları ve kadınları olumsuz yönde etkileyen ve toplumların gelişimini engelleyen önemli bir küresel sorun olduğunu ifade etmektedir (UNICEF, 2022). Erken yaşta evliliğin yaygın olduğu toplumlarda kız çocuklarının ekonomik bir yük olarak algılandığını ve bu yükten kurtulmanın en makul yolunun evlilik olarak görüldüğünü belirtilmektedir (TİK, 2022). Dünyada başlık parası geleneğinin sosyokültürel farklılıklara rağmen hala devam ettiği belirtilmektedir (WHO, 2018a). Aynı zamanda kontraseptif yöntemlere erişim eksikliğinin, istenmeyen gebeliğe maruz kalma, cinsel yolla bulaşan hastalıklara yakalanma ve serviks kanseri riski açısından adolesan dönemdeki kadınları daha büyük bir risk altında bıraktığını ifade edilmektedir.

2.2.3. Bekaret Denetimi

Bekâret testi, bir kadının vajinal ilişkiye girip girmediğini belirlemek amacıyla yapılan bir muayenedir (Şimşek 2011). Ancak bu uygulama, mağdurun insan haklarını ihlal etmekte ve fiziksel, psikolojik ve sosyal sağlığına zarar verebilecek acil ve uzun vadeli sonuçlara yol açmaktadır. Bekâret denetimi, birçok geleneksel toplumda var olan bir uygulamadır (WHO, 2018b). Cinsel eşitsizlik, cinsel sağlık ve beden özerkliği haklarına aykırı olarak değerlendirilmektedir (Toker ve Çıtak, 2021).

2.3. Erken Yetişkinlik Dönemi (15-49 Yaş)

Ergenlik döneminin bitmesi ile birlikte bireyin, erişkinlik dönemine başlar. Kadınların cinsel yönden olgunluğa eriştiği dönem, genellikle "cinsel olgunluk dönemi" olarak adlandırılmaktadır (Şimşek, 2011). Cinsel sağlığın devamlılığı ve sağlanabilmesi için bütün insanların cinsel haklarının korunması, yerine getirilmesi ve saygı görmesi oldukça önemlidir (İlçioğlu vd., 2017; Gezer Tuğrul, Y. 2018). Kadınların üreme çağında, özellikle üreme sistemi ile ilgili sağlık sorunlarına odaklanıldığında, doğurganlık ve üreme sağlığı sorunları ön plana çıkmaktadır. Bu dönemdeki kadınlar adet düzensizlikleri vb. gibi üreme sistemi hastalıklarıyla karşılaşabilmektedirler. Bu sorunlar, kadınların genel sağlığını etkileyebilmekte ve hastalanma, ölüm hızlarında artışa neden olabilmektedir (İlçioğlu vd., 2017; TNSA, 2018). Bu dönemde en sık karşılaşılan sorunlar; Cinsel yolla aktarılan enfeksiyonlar, kanserler, infertilite, gebelik, doğum ve doğum sonu kanama gibi sağlık sorunları yaşayabilmektedir. (Erbil, 2017).

2.3.1. Cinsel Yolla Aktarılan Enfeksiyonlar (CYAE)

Cinsel Yolla Aktarılan Enfeksiyonlar (CYAE), toplum sağlığı bakımından önemli bir sorun olmak ile birlikte çeşitli sağlık sorunlarına neden olmaktadır. CYAE'lar arasında Human Papilloma virüs (HPV) enfeksiyonu ve Herpes Simpleks tip 2 enfeksiyonu gibi virüsler yer almaktadır. Bu hastalıklar, cinsel yolla bulaşan enfeksiyonlar arasında sık görülmektedir. CYAE'lar cinsel temas yoluyla bulaştıkları için cinsel olarak aktif olan herkes potansiyel olarak bu enfeksiyonlara maruz kalmaktadır. Türkiye'de CYAE'larla mücadele kapsamında önlemler alınmakta ve farkındalık artırılmaya çalışılmaktadır. Korunma yöntemleri, düzenli sağlık kontrolleri ve cinsel eğitim gibi önlemlerle CYAE'lerin yayılması ve etkileri sınırlanmaya çalışılmaktadır (WHO, 2023).

2.3.3. İnfertilite

İnfertilite, *American Society for Reproductive Medicine Practice Committee* tarafından "korunmasız cinsel ilişkiye rağmen en az bir yıl içerisinde gebelik elde edilememesi" şeklinde tanımı yapılmıştır. Bu durum, çiftin bir yıl boyunca düzenli cinsel ilişkisi olmasına rağmen gebelik olmaması ifade eder (Şimşek 2011). İnfertilite sadece bir fizyolojik sorun olmanın ötesinde, aynı zamanda bir sağlık sorunu olarak kabul edilmektedir. Çiftin hayatını tehdit etmese de tıbbi ve psikososyal sorunları beraberinde getirerek yaşam kalitesini olumsuz etkileyebilen bir deneyimdir. Ayrıca, bu durumun kültürel ve dini yönleriyle de ilişkilendirilerek çiftin bu deneyimi yaşadığı ifade edilmektedir (WHO, 2023). İnfertil kadınlar, erkeklere göre izolasyon duygusu çok daha yoğun yaşadığı belirtilmektedir. İzolasyon duygularında eşler ve diğer kişiler arasında artış olduğu gözlemlenmektedir (Şimşek 2011). İnfertilite hem kadın hem de erkek kaynaklı sebeplerle yaşansa da çocuk doğurmaya yönelik güçlü kültürel normlara sahip ve cinsiyet eşitsizliğinin yüksek olduğu toplumlarda tıbbi tanıya bakılmaksızın genellikle kadınların bu durumdan sorumlu olduğu düşünülmektedir (Dierickx vd., 2018). Çin'de "çocuksuzluğun çoğunlukla kadının suçu olduğu" inancı vardır (Li vd., 2017). Afrika'da infertil kadınların erkeklerden daha fazla suçlandıkları görülmektedir. Çünkü infertilitenin kadınlara ait nedenlerden dolayı yaşandığı algısı mevcuttur (Naab vd., 2019). Türkiye'de annelik hâlâ kadının statüsünün merkezinde görülmekte ve çocuğu olmayan bir kadın, meyvesi olmayan bir ağaca benzetilmektedir (Yılmaz ve Kavak, 2019).

2.3.4. Meme Kanseri

Küresel bir sağlık sorunu olan meme kanseri kadınlarda en sık görülen kanser türüdür Dünya genelinde 2022 yılında meme kanserinden yaklaşık 670.000 ölüm olduğunu tahmin edilmektedir. Bu kanser türü, dünyanın her yerinde ergenlik döneminden sonraki her yaş grubundaki kadınlarda görülebilmekle birlikte, ilerleyen yaşlarda artan oranlarda ortaya çıkmaktadır (WHO 2024e). Meme kanseri, kadınlarda en sık tanı konulan kanserlerden biridir ve ölüme neden olan kanserler arasında ikinci sıradadır. Meme kanseri tedavisi sırasında kullanılan cerrahi müdahaleler, radyoterapi, kemoterapi ve hormon tedavisi gibi yöntemler, kadının beden imajını, benlik saygısını ve cinsel yaşamını olumsuz etkileyebilmektedir. Meme kanseriyle mücadele süreci hem fiziksel hem de psikolojik olarak zorlayıcı olmaktadır. Tanı alındığında, birey ve ailesi gelecekle ilgili belirsizliklerle başa çıkmaya çalışırken, öfke duygusu sıkça ortaya çıkabilmektedir. DSÖ Küresel Meme Kanseri Girişimi'nin amacı, 2020 ile 2040 yılları arasında küresel meme kanseri ölümlerini yılda %2,5 azaltarak dünya genelinde 2,5 milyon meme kanseri ölümünü engellemektir. Bu hedefe ulaşmak için üç temel strateji belirlenmiştir: sağlığın teşvik edilmesi ve geliştirilmesiyle erken teşhisin sağlanması, zamanında teşhis ve kapsamlı meme kanseri yönetimi benimsenmektedir. Bu stratejilerle 2030'a kadar meme kanseri ölümlerinin %25'i, 2040'a kadar ise %40'ı 70 yaş altı kadınlarda azaltılmayı hedeflenmektedir (WHO 2024e).

2.4. Menopoz ve Yaşlılık Dönemi

DSÖ menopozu genellikle 45-55 yaşları arasında meydana gelen ve kadının üreme fonksiyonlarının sona erdiği dönem olarak ifade etmektedir. Bu dönemde kadınların âdet kanaması kalıcı olarak sonlanmaktadır (Sünbül ve Hazar, 2020, THSK, 2018). Menopoz, yumurtalıkların fonksiyonlarının yavaş yavaş azalması ve sonunda durması sonucu ortaya çıkmaktadır. Bu süreçte, kadının vücudu östrojen ve progesteron gibi hormonları üretmekteki azalma nedeniyle bir dizi değişiklikle karşılaşmaktadır. Menopoz sürecindeki değişiklikler arasında sıcak basmalar, gece terlemeleri, cilt değişiklikleri, kemik yoğunluğunda azalma ve duygu durum değişiklikleri bulunmaktadır. Türk kadınlarında yapılan çalışmalar, menopoz başlama yaşının genellikle 46-48 arasında olduğunu göstermektedir (Sünbül ve Hazar, 2020). Menopoz dönemi ve sonrasındaki değişiklikler, birçok kadının yaşam kalitesini etkileyebilmektedir. Yapılan bir derleme çalışmasında, menopoz ve eşinden şiddet görme oranlarının %31 eşit bir oranlara sahip olduğu belirtilmiştir (Toker ve Çıtak, 2021).

2.4.1. Yaşlılık (Senium) Dönemi

İnsan hayatının son evresi olarak tanımlanan yaşlılıkta bireylerin algılama, yargılama, bellek, üretkenlik, yaratıcılık gibi özelliklerle biyolojik, fizyolojik, psikolojik, sosyokültürel, ekonomik ve toplumsal yeteneklerinde azalmalar gözlenmektedir (Çunkuş, Yiğitoğlu ve Akbaş, 2019). Türkiye İstatistik Kurumu (TÜİK)'nun verilerine göre ülkemizde yaşlı nüfusun %47,2'sini erkekler ve %55,8'ini kadınlar oluşturmaktadır. Ayrıca Türkiye'de doğumda beklenen yaşam süresinin ortalaması atmakta olup, erkekler için 75,6 yıl, kadınlar için 81,0 yıl olduğu belirlenmiştir (TÜİK, 2020). Küresel yaşlı nüfusunun artması toplumsal sorunları beraberinde getirmektedir. Bu sorunların en yaygın olanları; yoksulluk, düşük gelir, yaşam standartlarının yükseltilememesi, tek başına yaşayan yaşlı nüfusundaki artış, sosyal güvenlik politikalarındaki yetersizlikler, uygunsuz konut koşulları, yaşlılıkta ortaya çıkan hastalıklar, aile bakımındaki azalmalar ve yaşlılığa yönelik olumsuz düşünceler şeklinde sıralanabilir (Pehlivan ve Vatansever, 2019). Dünya genelinde yaşam süresinin uzamış olmasına bağlı olarak kadınlar ömürlerinin üçte birinden fazlasını yaşlılık döneminde geçirmektedir. Kadınlar bu dönemde hem bireysel hem de toplumsal sorunlarla karşı karşıya kalabilmektedir (Aktaş vd., 2013). Cinsiyete bağlı olan kadın sağlığı sorunları en çok menopoz ve yaşlılık döneminde ihmal edilmektedir. Çünkü kadınların bu dönemde yaşadıkları sağlık sorunları cinsiyet veya üreme sorunları ile ilişkilendirilmez (Başar, 2017).

3. Kadın Sağlığını Etkileyen Doğurganlık ile İlgili Faktörler

Kadının sağlığını etkileyen ve sağlık hizmeti almayı gerektiren doğurganlık ile ilgili faktörler; 19 yaş ve altındaki erken yaş gebelikler, 40 yaş ve üzerindeki ileri yaş gebelikler, iki yıldan az aralıklarla olan sık gebelikler, dört ve daha fazla sayıda olan çok doğum, ilk evlenme yaşı, planlanmamış gebelik, gebeliği önleyici yöntem kullanımı, prekonsepsiyonel, gebelik, doğum ve doğum sonrası bakım, sezaryen olarak gruplanabilir (İlçioğlu vd., 2017). Anne ölüm oranı, toplam doğurganlık hızı, isteğe bağlı düşük oranı gibi sağlık belirteçleri, sadece kadınların sağlık durumu hakkında bilgi vermekle kalmaz, aynı zamanda toplumun genel gelişmişlik düzeyini de yansıtır. Bu nedenle, kadın sağlığı göstergeleri, bir toplumun sağlık sistemini ifade eder (TNSA, 2018). Postpartum kanama gebeliğe bağlı gelişen en önemli komplikasyonlardan olup aynı zamanda maternal ölüm nedenleri arasında da yer almaktadır.

3.1. Postpartum Kanama

Doğum sonrası kanama (Postpartum Kanama- PPK), dünya genelinde anne ölümlerine neden olan önlenebilir bir obstetrik acil durumdur. Zamanında tanı, doğru müdahale, yeterli kaynak ve hastanın uygun tepkisi, doğum sonrası kanamanın sebep olduğu anne sağlığı sorunlarını ve ölümlerini önlemede kritik bir rol oynar (Escobar vd., 2022). Postpartum kanamanın etkisini azaltmak için, doğum öncesi dönemde anemi tedavi edilir, rutin epizyotomi uygulanmaz ve annenin vital bulguları izlenir (Bhau ve Koul 2008). Postpartum kanama risk faktörlerine karşı ebelerin ve hekimlerin farkındalığının artırılması, annelerin gebelik, doğum ve doğum sonrası dönemlerde titizlikle değerlendirilmesi, riskli gebeliklerin daha yakından izlenmesi ve bu gebelerin doğumlarını acil müdahale imkanlarına sahip bir sağlık kuruluşunda, yetkin sağlık personeli eşliğinde gerçekleştirmeleri konusunda eğitim verilmesi önerilmektedir (Durmaz ve Kömürcü 2008). Doğum sonrası kanama, anne ölümlerinin önde gelen nedenlerinden biridir (Şimşek 2011). Doğumda üçüncü evrenin aktif yönetimi, postpartum kanamanın önlenmesinde büyük bir önlem olarak kabul edilmektedir (HSGM, 2021; Yılmaz ve Şahin, 2020). Postpartum kanama ile ilişki olarak anne ölümlerini engellemede önemli kriterler şunlardır; Primer önleme, erken teşhis ve sekonder önleme içerir. Primer önleme kapsamında aneminin erken tespiti ve tedavisi, riskli gebeliklerin hastanede sonlandırılması, doğumun üçüncü evresinin aktif yönetimi ve uterotoniği içermektedir (Koyun vd., 2011).

Riskli durumların etkili bir şekilde yönetilmesi, anne sağlığının korunması ve anne ölümlerinin azaltılması açısından önemli bir gelişmeyi yansıtmaktadır. 2008 yılı TNSA verilerinde %84,5 belirlenen doğum sonu bakım oranı 2017 yılı verilerinde %99,5 olarak artış gösterdiği belirlenmiştir (Kızılkaya Beji vd., 2021).

3.2. İstenmeyen Gebelikler ve İsteyerek Düşükler

Gebeliğin istenmemesi ve sağlıksız düşüklerin olması, kadın sağlığı alanında önemli konulardır (Şenoğlu vd., 2019). Dünya genelindeki önemli bir kadın sağlığı meselesini temsil eden istenmeyen gebelikler ve bu gebeliklere bağlı olarak gerçekleşen isteyerek yapılan düşükler, küresel anlamda dikkate değer bir sorun olarak kabul edilmektedir. Özellikle gelişmekte olan ülkelerde, güvenli olmayan kürtajların sayısı tahminen yirmi beş milyonu aşmaktadır (Telli, 2023). Kürtaj hakkına ulaşamayan kadınlar, genellikle güvenli olmayan kürtaj yöntemlerine başvurma durumunda kalmaktadırlar (TNSA, 2018). Kadınlar için güvenli olmayan kürtaj yöntemlerine başvurmanın hayatlarını tehlikeye atabileceği ve uzun vadeli sağlık sorunlarına yol açabilmektedir. Her yıl anne ölümlerinin %4,7-13,2si güvenli olmayan kürtajlardan kaynaklandığı ifade edilmektedir. Evli kadınların en az %15'inin bir kez isteyerek düşük yaptığı belirlenmiştir. TNSA (1993) verilerine göre, 100 gebelikte gerçekleşen isteyerek düşük sayısı 18 iken, TNSA (2018) verilerinde bu sayı 6'ya düşmüştür. Ancak, 2008-2013 arasındaki dönemde bir artış gözlenmiştir (Şenoğlu vd., 2019; Telli, 2023). Ülkemizde gebeliğin sonlandırılması amacıyla gerçekleştirilen kürtajlarda yasal sınır, "son adet tarihinden itibaren 10 hafta" olarak belirlenmiştir (TCK, 1983).

4. Kadın Sağlığını Etkileyen Diğer Faktörler

4.1. Kadının Statüsü

Kadınların toplumdaki statüleri yaşam kalitesi ile ilişkilidir. Yaşam kalitesi düşük olan kadınların genellikle toplumdaki statüleri de düşüktür. Kadın sağlığını iyileştirmek için tıbbi müdahaleler ile birlikte toplumda var olan olumsuz cinsiyet davranışları ve toplumsal normlar da göz önüne alınmaktadır (TNSA, 2018). Türkiye'de toplumun çeşitli kesimlerinde kadının erkeğe kıyasla hala ikinci sınıf insan olarak nitelendirildiği bilinmektedir. Bu sorun ülkenin gelişmiş yörelerinden az gelişmiş yörelerine gidildikçe daha da belirginleşmektedir. (Aktaş, 2017)

4.2. Çalışma Hayatına Katılım

Kadınların, cinsiyetleri nedeni ile toplumlar tarafından üstlerine yüklenen rolleri onların bazı temel haklardan yeterince yararlanamamalarına yol açabilmektedir. Sadece kadın olma sebebi ile yararlanamadıkları bu hakların en önemlilerinden biri eğitim, yetersiz eğitimin beraberinde de çalışma hayatı yer almaktadır (Özvarış 2011). Eğitim olanaklarından erkeklere oranla daha az yararlanmaları kadınların çalışma hayatının dışında kalmasına ve çalışanların çoğunluğunun ise gelir getirmeyen "aile işçisi" olarak tanımlanan ücret dışı şekilde çalıştığı bilinmektedir. Ülkemize bakıldığında 2016 yılında kayıt dışı olarak ücretsiz aile işçisi konumunda tarımsal faaliyetlerle uğraşanların %22'sini erkekler oluştururken; %78'ini kadınlar oluşturmaktadır (ÖİKR, 2018). Kadınların çalışma hayatına katılımı, ekonomik bağımsızlıklarını güçlendirirken, toplumsal alanda daha etkin olmalarına da imkân tanımaktadır. 2018 TNSA raporlarına bakıldığında çalışma oranları devlet memurunda %11'den %15'e artış gözlemlenirken ücretsiz aile işçisi çalışma oranı %19'dan %12'ye düşüş olduğu belirtilmiştir (TNSA, 2018).

4.3. Eğitim

Eğitim temel insan hakkı olarak tanımlanmasına rağmen günümüzde halen eğitim eşitsizliği kadınların aleyhine olmaya devam etmektedir. Kadınların eğitim fırsatlarından erkeklere oranla daha az yararlanmaları onları sosyal statü, gelir seviyesi, iş gücüne katılım, istihdam ve sosyal güvence gibi konularda dezavantajlı konuma getirmektedir. Şüphesiz bu etkiler başta üreme sağlığı olmak üzere kadının sağlığı üzerinde olumsuz etki etmektedir (Yılmaz Sezer 2021). Eğitim, bireylerin güçlenmesi ve toplumsal değişimin temel aracıdır. Eğitim, kadınların işgücüne katılımını artırmakta, ekonomik bağımsızlıklarını güçlendirmekte ve liderlik rollerine yükselmelerine olanak sağlamaktadır. TNSA 2013 ve 2018 yılları aralığındaki raporlar incelendiğinde, okula hiç gitmemiş/ilkokul mezunu olmayanlar oranında azalma olduğu belirtilmiştir. Kadınlar için %28'den (2013 TNSA) %25'e (2018 TNSA) 2013- 2018 yılları aralığındaki raporlarda, lise mezunu ve üzeri eğitime sahip kadınların oranında artış olduğu belirtilmiştir (kadınların %21'den %26'ya). Kadınlar arasında ortanca eğitim zamanı minimal bir artış belirterek 4,7'den 4,8'e, yükselmiştir. 6-13 yaş arası kız çocuklarının %95'i aynı yaş aralığındaki erkek çocuklarının ilkokul veya ortaokula devam etme oranı %94 olarak hesaplanmıştır. Lise düzeyinde 14-17 yaş arası kız çocuklar arasında %77, 14-17 yaş arası erkek çocuklarda %78 düşmektedir (TNSA, 2018).

4.4. Göç

Dünya genelinde, uluslararası göçün neredeyse yarısını kadınlar oluşturmaktadır (%47,9). Göçmen kadınlar, bu süreçte gebelik, istenmeyen gebelikler, doğumda ve doğumdan sonraki dönemde üreme sağlığını tehdit eden sorunlar ile karşılaşabilmektedirler (Mülteciler, 2024; UNHCR, 2024). Türkiye'de, Mülteciler Derneği (2024) verilerine göre, 1.651.627 göçmen kadın bulunmaktadır. Türkiye'deki göçmenlerin %46,1'ini ise Suriye göçmenleri oluşturmaktadır (Mülteciler, 2024). Türkiye'de yaşayan Suriye'den göç edenlerin 820.495'i üreme çağındaki kadınlar ve genç kızlardan oluşmaktadır. Suriyeli çocuklardan 10 yaşından küçük olanların sayısı ise 1 milyon 31 bin 226 kişi olarak belirlenmiştir (%28,7) (TNSA, 2018). Ülkemizde doğan Suriyeli bebek sayısının yaklaşık 450 bin olduğunu belirlenmiştir (ASPB, 2015). TNSA 2018 raporlarına göre, ülkemize Suriye'den göç eden bir kadının ortalama çocuk sayısı 5.3 olduğunu belirlenmiştir (TNSA, 2018).

4.5 Şiddet

Kadına yönelik şiddet, küresel bir sorun olup sadece bireyleri değil, aynı zamanda aileleri ve toplumları da etkileyen yaygın bir sorundur (Gezer Tuğrul, Y. 2018, Kapan ve Yanıkkerem, 2016). Kadına yönelik şiddet, cinsiyeti nedeniyle ev içinde ve dışında kadına uygulanan sistematik şiddet davranışlarıdır. Bu şiddetin ardında, erkeklerin toplumun her alanında görülen egemenlikleri ve kadın ile erkek arasındaki eşitsizlikler yatar. Erkeklerin kadınlara şiddet uygulamasının nedeni: güç göstermek, öfke boşaltmak, kadınları kontrol etmek ya da cezalandırmaktır. Fiziksel, cinsel, psikolojik, ekonomik, dijital şiddet biçimlerinin tümü bu amaca yöneliktir. Şiddete maruz kalmak, kadının korku, çaresizlik ve güvensizlik içinde yaşamasına neden olur (Mor Çatı 2024). Ülkemizde kadına yönelik şiddet vakalarıyla ilgili yapılan araştırmalara göre, evli kadınların %26-57'sinin fiziksel veya cinsel şiddete maruz kaldığı belirtilmektedir (Aydın vd., 2016).

5. Ebelerin Rolü

Çağdaş bir perspektife göre, kadın sağlığı prekonsepsiyonel dönemden başlayarak yaşamın her aşamasında en üst düzeyde hizmete erişimi hedeflemektedir. Ancak sosyal, kültürel ve ekonomik, etmenler, kadınları çoğu zaman erkeklerle olan ilişkilerinde daha güçsüz konuma getirmektedir. Kadınların bu güçsüzlük durumu isteksiz cinsel ilişkiler, istenmeyen gebelikler, cinsel yolla aktarılan enfeksiyonlar ve şiddete karşı korunma güçlüğü yaşamasına sebep olmaktadır (Söyler ve Çakmak, 2020). Ebelik mesleği, toplumla sürekli etkileşim içinde olan bireylerdir. Kendi yaşam biçimleri ve bireye yaklaşımlarıyla toplum içinde olumlu rol modelleri temsil ederler. Kadınların maruz kaldığı sağlık sorunlarının azaltılıp ve engellenmesinde cinsiyetleri dolayısıyla ebeler, önemli bir göreve sahiptirler. Ebelerin sağlık ekibindeki pozisyonu, kadınların üreme sağlığı sorunlarının engellenmesinde ve azaltılmasında belirleyici bir faktördür. Ebeler, kadınlara yaşam dönemleri boyunca sürekli olarak sağlık hizmeti sunarak, sağlıklarını korumak, geliştirmek ve hastalıkları önlemek için çaba göstermektedirler. Ayrıca, ebelik mesleğinde toplumsal cinsiyet rollerine eşit bir bakış açısına sahip olmak, bu mesleğin güçlenmesine ve kadınların eşitlik ilkesine sahip olmalarına katkı sağlamaktadır (Resmî Gazete 2014). Ebe ve hemşireler, kadın sağlığını geliştirmek adına çeşitli roller üstlenmektedirler. Bu görevler arasında gebelik öncesi danışmanlık, gebelik öncesi ve gebelikte aşılar, düzenli egzersiz yapma, sağlıklı beslenme, madde kullanımını önleme, gebelik öncesi ve gebelikte teratojenlerden uzak durma, kanserlerde erken teşhis ve tarama programları gibi uygulamalar yer almaktadır. Ayrıca, akut hastalık döneminde bakım sağlama, tedaviyi uygulama ve gebelik komplikasyonları olduğunda kadına bakım verme gibi uygulamalarda ebelerin görevleri içerisinde bulunmaktadır. Sağlığı yeniden kazanılmasından sonra komplikasyon gelişimini veya hastalığın tekrarını önleme konularında ebeler ve hemşireler büyük bir görev üstlenmektedirler (Resmî Gazete 2014).

Ebe, hizmet talep eden kadına yönlendireceği sorularla potansiyel risk faktörlerini tanımlayabilir ve bu temelde sağlık eğitimi verebilmektedir (Toker ve Çıtak, 2021). Ebelerin görev yetkilerinde; cinsel sağlık ve üreme sağlığı alanında programın hazırlanması ve yürütülmesi, gebelik izlemi ve riskli teşkil eden olguların belirlenmesi, doğum eylemini yönetme, doğumdan sonraki süreçte annenin bakım ve takipleri; 15-49 yaş aralığındaki kadın izlemeleri, emzirme danışmanlığı ve aile planlaması hizmetleri bulunmaktadır (WHO, 2020b). DSÖ, ebelerin ve hemşirelerin eşit ve kaliteli sağlık hizmetlerini sunmada önemli bir görev aldıkları belirtmektedir. Halk sağlığı için sağlık profesyonellerinin gerekli beceri ve uzmanlığa sahip olduğu vurgulanmıştır. Ayrıca, ebe ve hemşire liderliğindeki birinci basamak sağlık hizmetlerinin artışının, hastaneye kabul oranlarını azaltabileceği, hastanede daha kısa süreli yatışı destekleyebileceği ve ucuz maliyetler sağlayabileceği ifade edilmektedir (WHO, 2020a). DSÖ, sağlığı evrensel olarak iyileştirmede hemşirelik ve ebeliğin önemine dikkat çekerek, 2020'yi "Hemşire ve Ebe Yılı" ilan etmiştir. Ebeler, genellikle insanların karşılaştığı ilk sağlık profesyonelleri olarak, yerel topluluğun bir parçası olarak ihtiyaçlara yönelik etkili müdahalelerde bulunma fırsatına sahiptirler (WHO, 2020b).

6. Sonuç ve Öneriler

Kadın hayatının farklı evrelerinde karşılaşılan sağlık sorunlarına yönelik olarak ebelerin rolü büyük önem taşımaktadır. Ebeler, her bir evrede kadınların sağlıklarını korumak, geliştirmek ve hastalıkları önlemek için kritik bir rol oynamaktadırlar. Ergenlik döneminde, ebeler genç kızlara cinsel sağlık eğitimi vererek sağlıklı bir üreme sistemi geliştirmelerine yardımcı olabilmektedirler. Üreme çağında, doğum kontrol yöntemleri hakkında bilgilendirme yaparak istenmeyen gebelik riskini azaltabilmektedirler. Hamilelik sürecinde ebeler, gebeleri düzenli takip edip prenatal bakım sağlayarak sağlıklı bir gebelik ve doğum sürecine katkıda bulunmaktadırlar. Doğum sürecinde ise ebeler, annenin rahat ve güvenli bir ortamda doğum yapmasını sağlamak adına doğum sürecini yönetmektedirler. Postpartum dönemde ise annenin fiziksel ve duygusal iyileşmesine destek olmaktadırlar. Menopoz döneminde kadınlara hormonal değişiklikler ve yaşla ilgili sağlık konularında rehberlik etmektedirler. Sonuç olarak, ebelerin kadın sağlığındaki rolleri çok yönlüdür ve yaşamın farklı evrelerinde kadınların sağlık ihtiyaçlarını karşılamada kilit bir role sahiptirler. Ebelerin bu evrelerde kadınlara sağlık eğitimi, danışmanlık ve bakım hizmetleri sunmaları, kadınların sağlıklı bir yaşam sürmelerine katkıda bulunabilmektedirler. Bu noktada, ebelik mesleğinin toplumda daha fazla tanıtılması ve desteklenmesi önemli bir faktördür. Ayrıca, cinsiyet eşitliği ve kadın sağlığı konularında toplumsal farkındalığın artırılması, ebelerin daha etkili bir şekilde görevlerini yerine getirmelerine yardımcı olabilmektedir.

Kaynakça

Akça, D., & Türk, R. (2021). Kadınların Genital Hijyene İlişkin Davranışlarının Belirlenmesi. *Kafkas Journal of Medical Sciences*, 11(1), 1-9.

Akın, A. (2003), Hacettepe Üniversitesi Kadın Sorunları Araştırma ve Uygulama Merkezi. *Toplumsal Cinsiyet Kadın ve Sağlık*. Hacettepe Üniversitesi Yayınları

Aktaş, D., Şahin, E., & Terzioğlu, F. (2013). Kadın Sağlığı Açısından Yaşlılık ve Yaşam Kalitesi. *Anadolu Hemşirelik ve Sağlık Bilimleri Dergisi*, 16(1), 65-71. https://search.trdizin.gov.tr/yayin/detay/155115/.

Aktaş, P. A. M. (2007). Türkiye'de Kadın Sağlığını Etkileyen Sosyo-Ekonomik Faktörler ve Yoksulluk. *Sosyal Politika Çalışmaları Dergisi*, 12(12). https://doi.org/10.21560/spcd.70435

ASPB. (2014). Kadına Karşı Şiddetle Mücadele Alanında Çalışan Personele Yönelik El Kitabı. *T.C. Aile ve Sosyal Politikalar Bakanlığı Kadının Statüsü Genel Müdürlüğü*. Erişim

Adresi:http://kadininstatusu.aile.gov.tr/data/542a8e0b369dc31550b3ac30/Kad%C4% B1na%20Y%C3%B6nelik %20Siddetle%20Mucadele%20Kitap%201.pdf

Aydin, M., Bekar, E. Ö., Gören, Ş. Y., & Sungur, M. A. (2016). Hemşirelik öğrencilerinin toplumsal cinsiyet rollerine ilişkin tutumlari. *Bolu Abant İzzet Baysal Üniversitesi Sosyal Bilimler Enstitüsü Dergisi, 16*(1), 223-242.

Başar, F. (2017). Toplumsal Cinsiyet Eşitsizliği: Kadın sağlığına etkisi. *Acıbadem Üniversitesi Sağlık Bilimleri Dergisi*, (3), 131-137.

Bhau, U., & Koul, I. (2008). Recent advances in the management of postpartum hemorrhage. *JK science, 10*(4), 163-165.

Çakır, B., & Çevik, C. (2021). Küreselleşme, göç ve kadın sağlığı. *Humanistic Perspective, 3*(1), 225-243.

Çunkuş, N., Yiğitoğlu, G.T., & Akbaş, E. (2019). Yaşlılık ve Toplumsal Dışlanma. *Geriatrik Bilimler Dergisi, 2*(2), 58-67.

Dierickx, S., Rahbari, L., Longman, C., Jaiteh, F., & Coene, G. (2018). 'I am always crying on the inside': a qualitative study on the implications of infertility on women's lives in urban Gambia. *Reproductive health, 15*, 1-11.

Durmaz, A., & Kömürcü, N. (2018). Postpartum Kanamada Risk Belirleme, Önleme ve Yönetim: Kanıta Dayalı Uygulamalar. *Sağlık Bilimleri ve Meslekleri Dergisi, 5*(3), 494-502. Doi: 10.17681/hsp.385553

Erbil, N. (2017). Cinsel Olgunluk Dönemi Cinsel Sağlık ve Üreme Sağlığı, *Türkiye Klinikleri J Obstet Womens Health Dis Nurs*, Special Topics, 3(3):177-84

Escobar, M. F., Nassar, A. H., Theron, G., Barnea, E. R., Nicholson, W., Ramasauskaite, D., ... & Wright, A. (2022). FIGO recommendations on the management of postpartum hemorrhage 2022. *International Journal of Gynecology & Obstetrics, 157*, 3-50. Doi: 10.1002/ijgo.14116.

Gavas, E., & İnal, S. (2019). Türkiye'de kadınların aile planlaması yöntemleri kullanma durumları ve tutumları: Sistematik derleme. *Sağlık ve Yaşam Bilimleri Dergisi, 1*(2), 37-43.

Gezer Tuğrul, Y. (2018). Erken Yaşta Evlendirilen Kadınların Evlilik Süreçleri, Deneyimleri ve Sonraki Yaşamları Üzerine Nitel Bir Çalışma. *Sosyoloji Notları, 2*(1), 2-38.

HSGM. (2021). Türkiye Anne Ölümleri Raporu (2015-2019). *T.C. Sağlık Bakanlığı Halk Sağlığı Genel Müdürlüğü*. Erişim Adresi: https://hsgm.saglik.gov.tr/depo/ Yayinlarimiz/ Raporlar/Turkiye_Anne_Olumleri_Raporu_2015-2019.pdf

İlçioğlu, K., Keser, N., & Çınar, N. (2017). Ülkemizde kadın sağlığı ve etkileyen faktörler Women's Health and Affecting Factors in Turkey. *Journal of Human Rhythm, 3*(3), 112-119.

Kapan, M., & Yanıkkerem, E. (2016). Kırsal ve kentsel alanda yaşayan gebelerin depresyon, yalnızlık ve şiddete maruz kalma durumları. *TAF Preventive Medicine Bulletin, 15*(5).

Kızılkaya Beji, N., Kaya, G., & Savaşer, S. (2021). Ülkemizde Kadın Sağlığının Öncelikli Sorunları. *Ordu Üniversitesi Hemşirelik Çalışmaları Dergisi*, 4(1), 105-112. Doi: 10.38108/ouhcd.830833

Kızılkaya, B. N., & Meram, H. (2019). Kadın Sağlığına Genel Bakış. Kızılkaya Beji N, Editör. *Hemşirelere ve Ebelere Yönelik Kadın Sağlığı ve Hastalıkları*. Nobel Tıp Kitabevi, 3. Baskı. İstanbul

Kol, E., & Topgül, S. (2021). Sosyal Hizmet Alanında Kadına Yönelik Aile İçi Şiddette Tidal Model Önerisi. *Süleyman Demirel Üniversitesi İktisadi ve İdari Bilimler Fakültesi Dergisi, 26*(4), 435-444.

Koruncuk. (2018), Çocuk İstismarını Tanıma ve Önleme Yöntemleri. *Koruncuk Vakfı*. Erişim Adresi: https://koruncuk.org/files/istismar-egitim-semineri-brosuru-koruncuk.pdf

Koyun, A., Taşkın, L., & Terzioğlu, F. (2011). Yaşam dönemlerine göre kadın sağlığı ve ruhsal işlevler: Hemşirelik yaklaşımlarının değerlendirilmesi. *Psikiyatride Güncel Yaklaşımlar, 3*(1), 67-99.

Li, H., Lei, J., Xu, F., Yan, C., Guimerans, M., Xing, H., Sun, Y. & Zhang, D. (2017). A study of sociocultural factors on depression in Chinese infertile women from Hunan Province. *Journal of Psychosomatic Obstetrics & Gynecology, 38*(1), 12-20.

Mor Çatı (2024). Kadına Karşı Şiddet Nedir? *Mor Çatı Kadın Sığınma Vakfı.* Erişim Adresi: https://morcati.org.tr/kadina-yonelik-siddet-nedir/

Mülteciler. (2024). Türkiye'deki Suriyeli Sayısı. *Mülteciler Derneği.* Erişim Adresi: https://multeciler.org.tr/turkiyedeki-suriyeli-sayisi/ 01.04.2024

Naab, F., Lawali, Y., & Donkor, E. S. (2019). "My mother in-law forced my husband to divorce me": Experiences of women with infertility in Zamfara State of Nigeria. *PloS one, 14*(12).

Nadir, İ. (2022). Kadın Genital Mutilasyonu. *Suç ve Ceza Dergisi*, 15 (1), 75- 109.

ÖİKR. (2018). Kadının Kalkınmadaki Rolü, Ankara. *Özel İhtisas Kalkınma Raporu.* Erişim Adresi: https://www.sbb.gov.tr/wp-content/uploads/2020/04/ KadininKalkinmadaki RoluOzelIhtisasKomisyonuRaporu.pdf

Özvarış, Ş. B. (2011). Psikososyal faktörler ve kadın sağlığı: Gizli tehlike. İçinde, Tokgözoğlu L. Ve Özer N. (Eds.), *Türk Kardiyoloji Derneği, 2. Ulusal Kadın Kalp Sağlığı Sempozyumu Ankara,* 29-39

Pehlivan, S., & Vatansever, N. (2019). Hemşirelerin Yaşlıya Tutumları ve Etkileyen Faktörler. *Uludağ Üniversitesi Tıp Fakültesi Dergisi*, 45(1), 47-53. Doi: 10.32708/uutfd.468622

Rahman, S., & Ozan, A. T. (2020). Vajinal akıntı şikâyeti olan kadınlarda sık görülen genital yol enfeksiyonlarının incelenmesi. *Celal Bayar Üniversitesi Sağlık Bilimleri Enstitüsü Dergisi, 7*(4), 469-475. Doi: 10.34087/cbusbed.742223

Resmî Gazete. (2014). Sağlık Meslek Mensupları ile Sağlık Hizmetlerinde Çalışan Diğer Meslek Mensuplarının İş ve Görev Tanımlarına Dair Yönetmelik https://www.mevzuat.gov.tr/mevzuat?MevzuatNo=19696&MevzuatTur=7&Mevzuat Tertip=5

Santur, S. G., & Özşahin, Z. (2021). Kadın hayatının evrelerinde uyku ve ebelik yaklaşımı. *The Journal of Turkish Family Physician, 12*(4), 207-216. Doi: 10.15511/tjtfp.21.00494.

Söyler S., & Çavmak Ş. (2020). Temel Sağlık Hizmetleri Bağlamında Sağlık Eğitimi ve Bağımlılıkla Mücadele, İKSAD Yayınevi, Ankara, 2020, s:25-39.

Susilo, S., Istiawati, N. F., Aliman, M., & Alghani, M. Z. (2021). Investigation of early marriage: A phenomenology study in the Society of Bawean Island, Indonesia. *Journal of Population and Social Studies [JPSS], 29,* 544-562.. Doi: 10.25133/JPSSv292021.034.

Sünbül A. (2019). *Kadın Sağlığını Etkileyen Faktörler: Kocagür Örneği,* A. M. Üniversitesi Sağlık Bilimleri Enstitüsü, Yüksek Lisans Tezi.

Sünbül, A., & Hazar, H. U. (2020). Kadın Sağlığını Etkileyen Faktörler: Kocagür Örneği. *Kadın Sağlığı Hemşireliği Dergisi, 6*(2), 58-70.

Şenoğlu, A., Çoban, A., & Karaçam, Z. (2019). İstenmeyen gebelikler ve isteyerek yapılan düşüklerin değerlendirilmesi. *Arşiv kaynak tarama dergisi, 28*(4), 300-305.

Şimşek, H. (2011). Toplumsal cinsiyet eşitsizliğinin kadın üreme sağlığına etkisi: Türkiye örneği. *Dokuz Eylül Üniversitesi Tıp Fakültesi Dergisi, 25*(2), 119-126.

TCK. (1983). Nüfus Planlaması Hakkında Kanun, Sayı:18059. *T.C. Resmi Gazete Türk Ceza Kanunu.* Erişim Adresi: https://www.mevzuat.gov.tr/mevzuat? MevzuatNo=2827& MevzuatTur=1&MevzuatTertip=5

Telli, E. (2023). Postpartum Kanama. *Osmangazi Tıp Dergisi;*45(4):629-38.

THSK. (2018). Epidemiyoloji Sağlık Ölçütleri. *Türkiye Halk Sağlığı Kurumu.* Erişim Adresi: http://www.thsk.gov.tr/dosya/birimler/ah_izleme_deger_db/dokumanlar/Halk_sagli gi_mudurleri_verimlilik_degerlendirmesi/Epidem iyoloji-saglik_olcutleri.pdf

TİK. (2022). Türkiye Aile Yapısı Araştırması. *Türkiye İstatistik Kurumu.* Erişim Adresi: https://data.tuik.gov.tr/Bulten/Index?p=Turkiye-Aile-Yapisi-Arastirmasi-2021-45813,

TMK. (2001). Kanın Numarası 4721, Sayı 24607, Türk Medeni Kanunu. Erişim Tarihi: 08.12.2021:https://www.mevzuat.gov.tr/mevzuat?MevzuatNo=4721&MevzuatTur=1

&MevzuatTertip=5

TNSA. (2018). Hacettepe Üniversitesi Nüfus Etütleri Enstitüsü. 2018 Türkiye Nüfus ve Sağlık Araştırması. Hacettepe Üniversitesi Nüfus Etütleri Enstitüsü, *T.C. Cumhurbaşkanlığı Strateji ve Bütçe Başkanlığı ve TÜBİTAK,* Ankara, Türkiye.

Toker, S., & Çıtak, G. (2021). Türkiye'de Üreme Çağındaki Kadınların Güncel Sağlık Göstergeleri. *TOGÜ Sağlık Bilimleri Dergisi, 1*(2), 72-84.

TÜİK. (2020). Tablolar. *Türkiye İstatistik Kurumu.* Erişim Adresi: https://data.tuik.gov.tr/Bulten/Index?p=Hayat-Tablolari-2017-2019-33711.

UNHCR. (2024). Türkiye'deki Mülteciler ve Sığınmacılar. *Birleşmiş Milletler Mülteci Örgütü* Erişim Tarihi: 01.04.2024: https://www.unhcr.org/tr/turkiyedeki-multeciler-ve-siginmacilar

UNICEF. (2022). Child Marriage. *The United Nations Children's Fund,* Erişim Tarihi: 10.02.2024: https://data.unicef.org/topic/child-protection/child-marriage/

WHO. (2018a). Home/Publications/Overview/Eliminating Virginity Testing-An İnteragency Statement 2018 *World Health Organization.* Erişim Adresi: https://www.who.int/publications/i/item/WHO-RHR-18.15

WHO. (2018b). Home/News/United Nations Agencies Call For Ban On Virginity Testing 2018. *World Health Organization.* Erişim Adresi: https://www.who.int/news/item/17-10-2018-united-nations-agencies-call-for-ban-on-virginity-testing

WHO. (2020a). Child Maltreatment. *World Health Organization.* Erişim Adresi: https://www.who.int/news-room/fact-sheets/detail/child-maltreatment.

WHO. (2020b). 2020 Key Dates for Nursşng and Midwifery Discussions. *World Health Organization.* Erişim Adresi: https://www.who.int/news-room/detail/20-02-2020-key-dates-for-nursingand-midwifery-discussions-in-may-2020

WHO. (2022). World Health Organization Home/News/Who Statement On Menstrual Health And Rights. 2022. *World Health Organization.* Erişim Adresi: https://www.who.int/news/item/22-06-2022-who-statement-on-menstrual-health-and-rights

WHO. (2023). Home/Newsrom/Fact Sheets/Detail/Breast Cancer 2023. *World Health Organization.* Erişim Adresi: https://www.who.int/news-room/fact-sheets/detail/breast-cancer

WHO. (2024a). World Health Organization Home/Newsroom/Fact Sheets/Detail/Female Genital Mutilation 2024. *World Health Organization.* Erişim Adresi: https://www.who.int/news-room/fact-sheets/detail/female-genital-mutilation

WHO. (2024b). World Health Organization Home/Health topics/Gender.2024. *World Health Organization.* Erişim Adresi: https://www.who.int/health-topics/gender # tab=tab_2

WHO. (2024c). World Health Organization Home/Newsroom/Fact Sheets/Detail/ 2023 Infant And Young Child Feeding. *World Health Organization.* Erişim Adresi: https://www.who.int/news-room/fact-sheets/detail/infant-and-young-child-feeding

WHO. (2024d). World Health Organization Home/Health Topics/Adolescent Health. *World Health Organization.* Erişim Adresi: https://www.who.int/health-topics/adolescent-health/#tab=tab_2

WHO. (2024e). World Health Organization Home/Newsroom/Fact sheets/Detail/Breast Cancer. *World Health Organization.* Erişim Adresi: https://www.who.int/news-room/fact-sheets/detail/breast-cancer#:~:text=In%202020%2C%20there%20were%202.3,and%20685%20000%20deaths%20globally

Yılmaz Sezer, N. (2021). Eğitim Eşitsizliği ve Kadın Sağlığına Yansımaları. İçinde A. Şentürk Erenel (Ed.) *Kadın Sağlığını Etkileyen Sosyal Faktörler.* 1. Baskı. Ankara: Türkiye Klinikleri; 8-17.

Yılmaz, B., & Şahin, N. (2020). İnfertilite stresi ile bireysel baş etme yöntemleri: Bir sistematik derleme. *Celal Bayar Üniversitesi Sağlık Bilimleri Enstitüsü Dergisi*, 7(1), 84-85. Doi: 10.34087/cbusbed.583933

Yilmaz, E., & Kavak, F. (2019). The effect of stigma on depression levels of Turkish women with infertility. *Perspectives in psychiatric care*, 55(3), 378-382.

VI.

WOMEN, POLITICS, AND MEDIA: REPRESENTATION, PARTICIPATION, AND SOCIAL PERCEPTION

KADIN, SİYASET VE MEDYA: TEMSİL, KATILIM VE TOPLUMSAL ALGI

WOMEN IN POLITICAL LIFE: A STUDY ON GENDER QUOTA APPLICATIONS

SİYASAL HAYATTA KADINLAR: CİNSİYET KOTASI UYGULAMALARI ÜZERİNE BİR ARAŞTIRMA*

Merve Özdemir[1]

Öz

En genel tanımıyla siyasal katılım, yönetilenlerin devletin karar ve uygulamalarını etkileme gücü olarak tarif edilir. Ülkelerdeki siyasal katılım; cinsiyet, eğitim, yaş, kültür gibi çeşitli değişkenlere bağlıdır. Siyasal katılım, direk olarak oy verme davranışı ile ilişkilendirilememektedir. Vatandaşların siyasi ve yönetimsel konularda tartışmalara katılması, siyasete ilişkin temel bilgilere sahip olması, medyadan edindiği bilgilere objektif yaklaşabilmesi gibi çeşitli özellikleri içerisinde barındırmaktadır. Dünyanın birçok ülkesinde olduğu gibi Türkiye'de de kadınların siyasal katılımı erkeklere göre daha düşük bir orana sahiptir. Bu açıdan bakıldığında kadının siyasette temsilinin erkeklere göre sayıca az olması demokrasi sorunu olarak görülmektedir. Bu durumu yaratan en önemli unsurlardan biri ise kadının siyasette şekilsel bir temsil ile bulunuyor olmasıdır. Bunu engellemek için partiler kota faaliyetleri uygulayarak siyasette cinsiyet eşitliği yaratabilir, kadınların buluşmalarda öncü olmasını sağlayabilir ve partilerin medya kampanyalarında erkekler kadar kadınları da görünür kılması sağlanabilir. Bu amaçla yapılacak olan kota uygulamaları, kadınların siyasal alanda daha fazla yer almasını sağlayacaktır. Bu çalışmanın araştırma kısmında kota uygulamaları incelenerek Avrupa'daki kadın temsil oranlarına yer verilecektir. Ayrıca çalışmanın yöntem kısmında Avrupa'daki kadın temsil oranları ve kota uygulamaları değerlendirilerek cinsiyet eşitliği açısından incelenecektir. Çalışmada nitel yöntem içerisinde yer alan betimsel analiz tekniği kullanılacaktır. Betimsel analiz tekniğinde çalışılmak istenen konu

---

* Bu çalışma 23-25 Mayıs 2024 tarihlerinde Uluslararası Küresel Dünyada Kadın Kongresi IV: Eşitlik için Mücadele kongresinde sözlü olarak sunulan "Kadınların Siyasal Katılımı ve Avrupa'daki Kota Uygulamaları" (Women's political participation and quota practices in Europe) başlıklı bildirinin genişletilmesi ile oluşturulmuştur.
[1] Doç Dr., Yozgat Bozok Üniversitesi, Halkla İlişkiler ve Reklamcılık Bölümü, merve.ozdemir@bozok.edu.tr, ORCID: 0000-0001-9169-3807

hakkındaki genel eğilimlerin neler olduğu ortaya konulur. Bu amaçla çalışmada Avrupa ülkelerinin bazı ülkelere göre kota uygulamalarında önde olduğu görülse de tam olarak siyasette kadın-erkek eşitliğini sağlayamadığı görülmektedir.

Anahtar Kelimeler: Siyasal Katılım; Partiler; Kota Uygulamaları; Kadın Temsili, Medya

Abstract

In its most general definition, political participation is defined as the power of the governed to influence the decisions and practices of the state. Political participation in countries; It depends on various variables such as gender, education, profession, age, culture and family. Political participation cannot be directly associated with voting behavior. Various features such as citizens participating in discussions on political and administrative issues, having basic knowledge about politics, and being able to objectively approach the information they obtain from the media are important for political participation. It is seen that certain debates regarding gender equality continue since ancient Greece and continue today. Although there is a difference in terms of gender equality compared to the past, it is seen that this issue is not fully achieved in many areas today. One of these areas is the issue of taking part in politics. It is observed that especially women's participation in the political field is lower than men. As in many countries of the world, women's political participation in Turkey has a lower rate than men. From this perspective, the fact that women's representation in politics is less in number than men brings about discussions on the democracy problem. One of the most important factors that create this situation is that women have a formal representation in politics. To prevent this, parties can create gender equality in politics by implementing quota activities, ensure that women are pioneers in meetings, and ensure that parties make women as visible as men in media campaigns. Quota practices to be implemented for this purpose will make it easier for women to gain more space in the political arena and for women to have a say in management. In this study, the concept of quota application will be explained and the practices of the parties in this sense will be included. In addition, in the method part of the study, female representation rates and quota practices in Europe will be evaluated and examined in terms of gender equality. For this purpose, although it is seen in the study that European countries are ahead in quota applications compared to some countries, it is seen that they cannot fully ensure equality between men and women in politics.

Keywords: Political Participation; Parties; Quota Applications; Women's Representation; Media

1. Siyasal Katılım

Demokrasi, siyasal katılım sayesinde halkın seçim yaparak iktidarların uygulamalarında karar verici olmayı sağlamaktadır. Demokratik sistemlerde vatandaşların siyaset üzerindeki etkinliklerde söz sahibi olması siyasal katılım sayesinde gerçekleşir. Dolayısıyla siyasal katılım eyleme dönük bir yapıya işaret etmektedir (Atabey and Hasta, 2018: 486).

Siyasal katılımın tarihçesinde dört büyük devrimin etkili olduğu görülmektedir. İngiliz, Amerikan, Fransız, Rus devrimleri ve II. Dünya Savaşı'nın bitmesiyle gerçekleşen siyasal uyanış siyasal katılımın gelişimini sağlamıştır. İngiliz Devrimiyle parlamento katılımın bir aracı olarak belirlenmiş, Amerika'da ise insanların doğuştan özgür olduğu fikri kabul edilerek, bunu tanımayan devletlere karşı ayaklanmanın hak mücadelesi olduğu savunulmuştur. Fransız Devriminde ise halkın kamu görevlilerinden hesap sorabileceği ilkesi benimsenmiştir. 1917 Rus Devrimi ise sınıfların bir an önce ortadan kaldırılıp devletin halkın içinde erimesi gerektiğini ortaya koymuştur. II. Dünya Savaşı'ndan sonra kabul edilen İnsan Hakları Evrensel Bildirgesi en yüce değer olarak benimsenerek toplumlarda bir bilinçlenme yaratmıştır. 1990'larda devletlerin eski gücünün sarsılması, siyasal katılmanın önünü açmıştır (Eroğul, 2020: 227-228).

Kapani'ye (2007: 144) göre siyasal katılma, oy vermenin ötesinde basit bir meraktan yoğun bir eyleme uzanan süreci kapsar. Dolayısıyla bir toplumdaki kişilerin eşit oranda siyasal katılım gösterdiği ifade edilememektedir. Siyasal katılma dört önemli süreci kapsamaktadır. Bunlar; ilgi, önemseme, bilgi ve eylemdir. İlgi, siyasal olayları takip etmeyi; önemseme, siyasal olaylara önem ve değer vermeyi; bilgi, olaylar ve sorunlar hakkında bilgi sahibi olmayı; eylem ise siyasal olaylara karşı eylem içerisinde bulunmayı ifade etmektedir.

Belirtilen dört hususta birbiriyle yoğun ilişki içindedir. Siyasal katılım derecesi farklı şekillerde gerçekleşebilir. Sadece gazete, radyo, televizyon gibi kitle iletişim araçlarından bilgi edinen, sessizce mitinglere katılan, siyasi haberlerin tüketicisi konumundaki kitleler, "seyirci faaliyeti" kategorisinde yer alır. Siyasal konulara karşı gazetelerde yazı yazan, radyoda yayın yapan, mitinglerde grupları etkilemeye çalışan, siyasi liderlerle bir araya gelip onlara etki etme eyleminde bulunan kitleler ise "açıkça vaziyet alarak" hareket etmektedir. Son olarak siyasal katılımda aktif rol oynayan ve her aşamayı takip eden bireyler ise "olayların içine karışarak eylemde bulunmaktadır" (Kapani, 2007: 145).

Siyasal katılım birçok faktörün bir araya gelmesiyle sağlanır. Yaş, cinsiyet, eğitim, meslek, coğrafi konum, kitle iletişim araçlarının kullanım şekli gibi birçok faktör siyasal katılım düzeyini etkilemektedir. Siyasal katılım şemsiye kavram niteliği taşır. Dolayısıyla bireysel olmanın yanı sıra kolektif bir forma da sahiptir. Bu açıdan bakıldığında siyasal katılımı etkileyen faktörler arasında aşağıdaki unsurlar bulunmaktadır (Huntington ve Nelson, 1976: 15):

Sınıf (Class): Belirli bir statü, gelir ve meslek grubuna mensup bireyleri ifade eder

Toplumsal Grup (Communal Group): Benzer ırk, dil, din ve etnisiteye bağlı grupları ifade eder.

Komşuluk (Neighborhood): Aynı coğrafyada yaşayan insanların kurduğu yakınlığı ifade eder.

Parti (Party): Yürütme ve yasama organlarının kontrolünü kazanmaya veya sürdürmeye çalışan aynı resmi organizasyonla özdeşleşen bireyleri ifade eder.

Klikler (Faction): Birbirleriyle sürekli veya yoğun kişisel etkileşimle birleşen; statü, zenginlik ve belli bir nüfuza sahip bireyler arasında karşılıklı fayda alışverişini içeren kişileri ifade eder.

Şerif'in 1954 yılında yapmış olduğu "Robbers Cave" (Hırsızların Mağarası), adlı deneyi gruplar arası farklılıkların, ırk ve ulusların ortaklaşmasını grubun çıkarları veya diğer gruplarla çatışma bağlamında örneklendirmektedir (Batmaz, 2006: 35-36). Dolayısıyla siyasal katılımda belirtilen klikler grubunun çıkarları, ortak fayda gözetmesi ve kolektif bir eylemde bulunması siyasal katılımın sadece bireysel bir eylem olmadığına da işaret eder.

Siyasal katılımı etkileyen en önemli unsurlardan biri de cinsiyettir. Bu açıdan bakıldığında erkeklerin siyasal katılımının kadınlara göre daha yüksek olduğu görülmektedir. Tarihsel açıdan bakıldığında ev ile ilgili alanın kadına ait olması, politikanın ise erkeğe ayrılan bir alan olarak kamusal alanı şekillendirmesi günümüzde hala aynı etkilerin tamamen değişmediğini göstermektedir. Kadınların demokratik sistemde erkeğe oranla pasif siyasal katılım göstermesi, siyasal katılımlarının oy vermeyle ilişkilendirilmesi cinsiyetler arasındaki katılımın farklılığına işaret etmektedir (Gül ve Altındal, 2015). Baykal'a (1970) göre siyaset bir erkek işi olarak algılanmaktadır. Kadınların meslek sahibi olması ve ekonomik açıdan özgürleşmesine rağmen siyasal alanda tam olarak yer bulamadığı görülmektedir. Kamusal alanın bir temsilci olarak erkek, siyaset alanını da domine eden kişiler olarak karşımıza çıkmaktadır. Bunun yanı sıra oy verme grup baskısının sonucunda da gerçekleşebilmektedir. Kadınların oy kullanması tamamen kendi tercihleri sonucunda gerçekleşmemektedir. Baykal'ın (1970) belirttiği bir araştırmada kadınların oy verme oranının eşleriyle paralel gittiği görülmüştür. Eşlerin oy benzerliği Hollanda'da %92, Norveç'te %88.9, Fransa'da ise %89 olarak ortaya çıkmıştır. Bu sonuçlar kadınların eşleri tarafından etkiye açık olduğunu göstermektedir. Yapılan bu açıklamalar siyasal katılımda geçmişten günümüze dek cinsiyetlerarası farkın siyasal alanda yüksek olduğunu göstermektedir. Bu durumun temelinde ise toplumsal cinsiyet olgusunun olduğu ifade edilebilmektedir. Cinsiyetlere yüklenen roller ve sorumluluklar birçok meslek gurubunda olduğu gibi siyasal alanda da kendini göstermektedir.

2. Cinsiyet Kotası

Siyasal alanda cinsiyet kotası, partilerin karar alma mekanizmalarında, belediye meclislerinde ve parlamentodaki temsilciler arasında kadın ve erkek sayısının eşit oranda sağlanmasına vurgu yapmaktadır. Günümüzde siyasi alanda erkeklerin kadınlara oranla sayıca fazla olması cinsiyet kotası kavramını gündeme getirmektedir (Beşli, 2005). Kota uygulamaları sayesinde kadının katılım seviyesi artabilmektedir.

Siyasal katılımı ifade etmek için kullanılan cinsiyet kotası, siyasi partilerin seçimlerde gösterecekleri her iki cinsiyetinde alt sınırını oluşturmaktadır. Bu açıdan bakıldığında her cinsiyetten belirlenecek kişi sayısının diğer bir cinsiyetin alanını işgal etmemesi kotanın önemine vurgu yapar. Cinsiyet kotasına dair yasal düzenlemelerin bulunmadığı ülkelerde, partiler kendi iç tüzüklerinden buna dair maddelere yer vermektedir (Aldemir and Budak, 2018: 45).

Kadınlara yönelik yapılan kota uygulamaları temelde beş madde de ele alınabilir (Sitembölükbaşı, 2007):

Sabit Kota: Seçim yoluyla oluşturulan karar organlarında eksik temsil edildiği düşünülen cinsiyete yönelik belli bir oranda sandalye tahsis etme işlemidir. Sabit kota anayasa, yasa veya partinin iç tüzüğüyle düzenlenebilmektedir. Buradaki amaç temsil eşitliğine önem vermektir.

Oranlı Kota: Partilerin kendi iç seçim mekanizmalarında uyguladıkları bu sistem, her bir cinsiyetten katılan sayısının toplam üye oranına göre seçimi yapılan organda temsil edilmesini güvence altına alır. Dolayısıyla partiler değişik illerde değişik kota uygulaması yapabilmektedir.

Boş Koltuk Kotası: Bazı sebeplerle kadınlara ayrılan koltukların kadınlar tarafından boş kalması ve erkeklerin boş koltukları doldurmasını engellemek amacıyla uygulanan sistemdir. Kadınlar tarafından doldurulamayan koltukların boş kalması sağlanır.

Derece Sıralamalı Kota veya Aday Listesi Kotası: Sabit kota sistemine benzeyen bu sistem sadece kadınların belli bir oranda yer almasını belirtmemekte aynı zamanda listelerde de cinsiyetin dengeli bir şekilde dağılmasına işaret etmektedir. Örneğin her iki adaydan birinin farklı bir cinste olması bu sistemi tarif etmektedir.

Seçim Çevresi Kotası: Seçim çevresinde birden fazla temsilci bulunan yerlerde her parti her seçim çevresinden kota ile seçilecek kadın adayları belirler. Bu sisteme göre her seçim çevresinden en az bir kadının seçilmesi garantilenmektedir.

Yapılan bir araştırmaya göre dünya genelinde devlet kademelerinde kadınların yeterince temsil edilmediği ortaya konulmuştur. Bakanlıkların dörtte birinden az şekilde kadın bulunduğu ifade edilirken özellikle enerji, savunma ve ekonomi bakanlıklarında erkeklerin hegemonik olduğu görülmektedir. Demokrasinin hakkıyla gerçekleşmesi için siyasette cinsiyet eşitliğinin sağlanması ve kadınlarında devlet kademelerinde bulunması önem arz etmektedir. Kadın liderlere yönelik devam eden şiddet, hakaret ve tehdit söylemleri kadınların seslerinin duyurulmasını engelleyen sebepler arasında yer alır. Düşük oranlarda yer alan kadınların çalıştığı bakanlıkların ise genellikle çevre (%32), kamu yönetimi (%30) ve eğitim (%30) gibi alanlarda olduğu görülmektedir. Buna karşın erkeklerin ise ekonomi, savunma, adalet ve içişleri gibi bakanlıklarda egemen olduğu görülür (BM, 2023).

Dünyada bazı ülkeler demokrasi ve ekonomik refah açısından cinslerin toplumun karar alma mekanizmasında eşit olarak katılması için önemli adımlar atsa da bazı ülkelerde henüz bunun gerçekleşmediği görülmektedir. Ocak 2023'ten itibaren dünyada en yüksek kadın temsil oranlarının ülkelere göre şu şekilde dağıldığı görülmektedir (Sancar,

2023:25).

Tablo 1. Dünyadaki Kadın Temsil Oranlarının En Fazla Olduğu Ülkeler

Ülke	Kadın Temsil Oranları
Ruanda	61,3
Küba	53,4
Nikaragua	51.7
Meksika	50
Yeni Zelanda	50
Birleşik Arap Emirlikleri	50
İzlanda	47.6
Andorra	46.6
Güney Afrika	44.4

Kaynak: (Sancar, 2023: 25).

Yukarıdaki tabloda Ruanda'nın birinci sırada yer almasının sebebi 1994 yılında yaşanan iç savaşta 800.000 kişinin katledilmesi ve nüfusun yüzde 70'ini kadınların oluşturuyor olmasıdır. Dünyanın demokratik olarak nitelendirilen ülkesi ABD'nin ise kadın vekil oranında yüzde 20 seviyelerinde olduğu görülmektedir (Euronews, 2015). 2020 yılındaki bir habere göre ise ABD'de kadın vekil oranının yüzde 33'lere çıktığı ifade edilmektedir (Euronews, 2023).

Dünya ülkeleri arasında Türkiye yüzde 14.39 oranında kadın vekile sahiptir. Kadınların kamudaki oranı artsa da kamunun üst kademelerindeki sayıda ciddi bir düşüklük olduğu tespit edilmiştir. Bunun yanı sıra kadınların siyasal karar alma süreçlerine katılımının erkeklere oranla oldukça düşük olduğu görülmektedir. Devletin merkez teşkilatında yer alan kadın çalışan oranı müsteşarlıkta % 0, müsteşar yardımcılığında % 2.5, valilerde %0, vali yardımcılarında %0.9, genel müdür % 3.9, genel müdür yardımcılarında %6.6, daire başkanlarında %14.1, müdürlerde % 16, müdür yardımcılarında % 27.3'dür. Bunun yanı sıra kadınların meslek hayatında da erkeklere oranla daha az katılım gösterdiği ifade edilebilmektedir (Sancar, 2008: 174). Yapılan araştırmalara göre Türkiye'de 2021 yılında erkeklerin istihdama katılım oranı yüzde 62.8 iken, kadınların yüzde 28 olarak kaydedilmiştir (Bloomberg, 2023). Çalışma hayatının önemli kavramlarından olan iş ve işçi sendikalarında ise durumun pek değişmediği görülmektedir. Kadınlar, sendika yönetiminde hiç yer almamakla birlikte sendikal haklarını da çok düşük seviyede kullanmaktadır (Sancar, 2008: 175).

Temsili kurumlardaki cinsiyet eşitsizliğinin önüne geçmek için bir çözüm niteliği taşıyan kota uygulamaları, siyasal karar alma süreçlerinde kadınlarında söz hakkı sahibi olmasını sağlamaktadır. 2010 yılında yapılan anayasa değişikliğinde devletin cinsiyet eşitliğini uygulamak amacıyla "alınacak önlemler eşitlik ilkesine aykırı olarak yorumlanamaz" ibaresi kota uygulamalarının önünü açmıştır (Akman, 2023: 1108). Kadınların siyaset alanında merkezi bir rol oynaması, istihdam alanında da daha aktif bir şekilde yer edinmesini sağlayacaktır.

Siyasal katılım oranlarına bakıldığında cinsiyet eşitliği açısından 2023 verilerine göre 186 ülke arasından Türkiye 132. sırada yer almaktadır. Türkiye'de kota uygulayan partilere bakıldığında Halkların Demokratik Partisi aday listelerinde yüzde 50 cinsiyet kotası uygulayarak kadın vekil oranını 49 seviyesine çıkarmıştır. Adalet ve Kalkınma Partisi cinsiyet kotası uygulamadığı halde yüzde 18.7 oranla en çok kadın vekil çıkaran parti olmuştur. Cumhuriyet Halk Partisi ise tüzüğünde yüzde 33 oranında cinsiyet kotası uygulamasına rağmen seçilen kadın vekil oranı yüzde 17 seviyelerindedir. İyi Parti ise tüzüğünde yüzde 25 cinsiyet kotası uygulamasına rağmen sadece 6 kadın vekil çıkarmış ve yüzde 13.7 oranına ulaşmıştır (Sancar, 2023: 29-30).

Yapılan araştırmalar kadınların toplumsal alanı inşa eden birçok alanda erkeklere göre geri planda kaldığını göstermektedir. Toplumsal cinsiyete dayalı eşitsizlikler cinslerin toplumsal kararlara katılımını engellemekle birlikte kaynak ve fırsatlara erişim noktasında da dengesizlik yaratmaktadır. Antik Yunan'dan itibaren kadının özel alan içerisinde bulunduğu söylemi günümüzde de devam eder niteliktedir. Geçmişe göre birtakım iyileştirmeler olsa dahi kadının ev içi emek alanına sıkışması ve emeğin bu şekilde ucuzlaştırılması hem kimlik inşasından hem de potansiyelin değerlendirilmesi açısından olumsuz bir duruma işaret etmektedir. Erkeğin karar alma mekanizmalarında kadına oranla daha fazla katılımda bulunması kamusal alan tartışmalarının devam etmesine sebep olmaktadır. Cinsler arası farklılıklar, siyasetin hala erkeklerin egemenliğinde devam ettiğini göstermektedir. Günümüzde cinsiyet rollerinin belirlenmesinde ve alanların egemenliğinin inşa edilmesinde kültürün ve medyanın da önemli bir yer olduğunu ifade etmek mümkündür. Medya, cinsiyet rollerinin oluşmasında, kültürel olarak aktarılmasında inanç, tutum ve davranışları etkilemede büyük bir güce sahiptir. Medyadaki mesajlar doğrudan ve bilinçaltı yöntemine dayanarak aktarıldığı için cinsiyet rollerinin normalleşmesini, zihinlerde kalıplaşmasını ve içselleştirilmesini de sağlamaktadır (Çelebi, 2022). Bu açıdan bakıldığında medya, cinsiyet rollerinin hangi alanlarda hangi cinsiyetin rol alması gerektiğiyle ilgili yönlendirmede bulunmaktadır. 32

kişiyle yapılan bir araştırmada özellikle dizi, reklam ve filmlerin cinsiyet eşitliğini sağlamada olumsuz bir etkiye sahip olduğu gösterilmiştir. (Çelebi, 2022: 822).

3. Medya Temsillerinde Kadın ve Erkek

Toplumun sosyalleşme ve uyum mekanizması görevini gören medya, kadının ve erkeğin temsil biçimlerinde belirleyici bir etkiye sahiptir. Medya da yer alan cinsiyet temsilleri çocuklar, yetişkinler ve yaşlılar için örnek teşkil etmektedir (Erdoğan, 2011: 17). Marshall'a (1999) göre temsil; imgelerin veya metinlerin temsil ettiği orijinal kaynakların esas anlamını göstermekten ziyade onları yeniden kurmacaya uğratan bir düzeni ifade eder. Medyada sunulan tüm imgeler hedef kitleye yönelik tasarlanmakta ve farklı anlamlarla yüklenmektedir. İmgenin ne anlama geldiğini anlamak, karşılık geldiği esas anlamı çözmek için sorgulamak ve eleştirmek önem arz eder.

Medyadaki cinsiyet temsilleri üzerine yapılan araştırmalarda kadınların erkeklere oranla medyada daha az temsil edildiği ortaya konulmuştur. Yine yapılan çalışmada medya da kadınların kız çocuğu, anne, kız arkadaş, sekreter, hemşire ya da cinsel obje olarak sunulduğu görülmektedir. 1980'li yıllara gelindiğinde ise medyada kadın ve erkeğin daha dengeli ve eşit bir şekilde temsil edildiği görülmektedir. Bu dönemde rasyonel, güçlü ve bağımsız kadın imgesi medyada yer almaktadır. 1990'larda ise hem aile hem iş yaşamını dengelemiş bir "süper kadın" imgesi yaratılmıştır. Süper kadın imgesi resmedilen profilleri gerçekleştiremeyen kadınlarda ise bir özgüven problemi yaratılmaktadır. Dolayısıyla yaratılan imgeler aynı zamanda hegemonik bir temsili de beraberinde getirir (Erdoğan, 2011: 20).

Günümüzde ise hala kadının mağduriyet, cinsellik ve çaresizlik halleriyle özdeşleştirildiği görülmektedir. Siyasal alanda ise kadınların erkeklere göre daha az temsil edilmesinin sebeplerinden biri olarak da medya ön plana çıkmaktadır. Medya ekonomik, siyasi ve kültürel açıdan toplumu etkiler. Bu anlamda kadınların medyada temsil şekilleri, konumlanışları ve toplumsal rolleri kamuoyuna bir mesaj vermekte ve kamuoyunun algısını şekillendirmektedir. 2020 yılında yapılan bir araştırmaya göre medyada kadın siyasilerin en çok şiddet kelimesiyle haberlerde yer aldığı ortaya konulmuştur. Toplumdaki şiddet kültürünün gün geçtikçe tırmanması kadınların bu kavramla ele alınmasını gündeme getirmektedir (Büyükkırcalı, 2023, 4-5). Erkek siyasiler medyada daha çok başarıları, deneyimleri ve rasyonel oluşlarıyla ele alınırken kadın adaylar aile yapısı, fiziksel görüntüsü ve duygularıyla ele alınmaktadır. Bu bağlamda Tansu Çiller "beyaz takım elbise ve fularları", Hillary Clinton "saç stili" ve Angela Markel ise "sade ve şatafattan uzak takım elbiseleri" haberlerde yer almıştır. Medyada liderlik söylemlerinin ise yüksek oranda erkekle özdeşleştirildiği görülmüştür (Çağlar, 2013: 16).

Medyanın yapmış olduğu çerçeveler seçmenin önceliklerini belirlemektedir. En çok bahsedilen konular seçmenin zihninde yer etmekte ve eylemlerini şekillendirmektedir. Erkekler kadar kadınlardında medyada görünür olması ve eşit söylemlerle ele alınmaları siyaset alanında cinsiyetlere arası dengeleri eşitlemeye destek olacaktır.

4. Avrupa'daki Siyasi Kota Uygulamaları

Avrupa Birliği içerisinde yer alan ülkeler son yirmi yılda parlamentoda cinsiyet dengesini sağlamak amacıyla çeşitli adımlar atmaktadır. Her cinsiyet için yüzde kırk kota koymayı hedefleyen tasarı, kota uygulamalarının gündeme gelmesini beraberinde getirmiştir. Mevcut Avrupa komisyonunda cinsiyet eşitliği gösterilmesine rağmen Avrupa Parlamentosu üyeleri arasında cinsiyet farklılıklarının sayıca fazla olduğu görülmektedir. Ulusal düzeyde bakıldığında kadınların parlamentonun yalnıza üçte birini oluşturduğu görülmüştür. Bunun yanı sıra AB genelinde bölgesel ve yerel belediye düzeyinde kadınların beş meclisten yalnızca birine liderlik ettiği görülmektedir (Eige, 2020).

2019 yılında Avrupa'da erkeklerin parlamentoda yüzde 67.8 oranında temsil edildiği bilinirken, kadınlar ise bu oranın 32.2'sini oluşturmaktadır. Belçika ve Fransa meclisteki kadın kota oranını yüzde 50 seviyelerine, İrlanda ise yüzde 30'a çıkarmayı hedeflemektedir. Bugüne kadar Avrupa'da yapılan kota çalışmalarında sadece Portekiz ve İspanya'nın hedeflediği seviyeye ulaştığı görülmektedir. Bu açıdan bakıldığında Portekiz kadın kota oranını yüzde 33, İspanya ise 40 oranına çıkarmıştır (Eige, 2020). Kadınların Avrupa'daki istihdam oranlarına bakıldığında ise yüzde 67.4 olduğu görülmektedir (Euronews, 2020). Fransa ise şirketlerin yönetim kurullarında cinsiyet eşitliğini sağlayan ülke olarak bilinmektedir (Eige, 2020). Fransa'da büyük firmaların yönetim kurullarındaki kadın oranı %41.2, İsveç %36.9, İtalya % 32.3, Finlandiya %30.1, Almanya %29.5 olarak karşımıza çıkmaktadır. Avrupa'nın genel ortalamasına bakıldığında ise yönetici pozisyonlarındaki kadın çalışan oranının %23.9 olduğu görülmektedir. Ayrıca şirketlerin kadın çalışan oranlarını açıklaması gerekirken Avrupa'da birçok firmanın bunu yapmadığı görülmektedir. Şirketler cinsiyetler arası çalışanlar açısından ayrımcılık yapsa dahi herhangi bir cezaya çarptırılmamaktadır. Yapılan bu analiz sonuçlarına göre yönetim kurullarında hala erkek egemenliğinin devam ettiğini ifade etmek mümkündür. Devletlerin cinsiyetler arası oranların eşitlenmesine dair yaptırımlar ve önleyici uygulamalar devreye sokması önem arz etmektedir (DW, 2018).

Tablo 2. AB'de Siyasi Konumdaki Kadınlara Genel Bakış

Siyasi Pozisyonlarda Kadınlar (2013)	Kuzey Avrupa	Batı Avrupa	Doğu Avrupa	Güney Avrupa
Bakanlık Pozisyonları	%35	%35	%16	%24
Ulusal Parlamento Üyeleri	%30	%31	%18	%24
Bölgesel Meclis Üyeleri	%23	%27	%23	%17
Ulusal Başbakan Bakanlar	%25	%17	%0	%13
Parti Liderleri	%11	%19	%3	%16

Kuzey Avrupa Ülkeleri: Danimarka, Estonya, Finlandiya, İrlanda, Litvanya, İsveç, İngiltere

Batı Avrupa Ülkeleri: Avusturya, Belçika, Fransa, Almanya, Lüksemburg, Hollanda

Doğu Avrupa Ülkeleri: Bulgaristan, Çek Cumhuriyeti, Macaristan, Polonya, Romanya, Slovakya

Güney Avrupa: Hırvatistan, Yunanistan, Kıbrıs, İtalya, Malta, Portekiz, İspanya, Slovenya

Kaynak: (Linder, 2015)

2015 yılında yapılmış bir araştırmaya göre Avrupa ülkeleri arasında günümüzde de ciddi bir farklılığın olduğu görülmektedir. Parquota araştırma firmasının verilerine göre Avrupa'daki siyasi partilere parti içinde cinsiyet kotası tartışması olup olmadığı sorulduğunda sol partilerin %47'si "evet çok tartışıldı" yanıtını verirken, %38'i "evet ama pek tartışılmadı", %15'i ise "tartışma yok" yanıtını vermiştir. Sağ partilerde ise cinsiyet kotasına yönelik tartışmaların çok az olduğu gözlemlenmiştir. Yüzde 14 "çok tartışılıyor" yanıtını verirken , yüzde 36 "evet ama fazla değil" ve yüzde 50'si ise cinsiyet kotaları konusunda hiç tartışma yapılmadığını ifade etmiştir (Dahlerup and Freidenvall, 2018: 40).

Cinsiyet kotasının sadece Avrupa'da değil diğer birçok ülkede de eşit dağılmadığı görülmektedir. Bu açıdan bakıldığında bazı ülkelerin parlamentolarında yer alan kadın oranı yıllara göre aşağıdaki gibi değişiklik göstermektedir (Free Network, 2020):

Table 3. Ulusal Parlamentolarda Kadınların Payı

	2000	2010	2019
Armenia	3.1	9.2	24.2
Belarus		31.8	34.6
Estonia	17.8	22.8	29.7
Georgia	7.2	6.5	14.8
Lithuania	10.6	19.1	21.3
Latvia	17.0	20.0	30.0
Moldova	7.9	18.8	25.7
Poland	13.0	20.0	29.1
Russia	7.7	14.0	15.8
Sweden	42.7	45.0	47.3
Ukranie	7.8	8.0	20.5

Kaynak: (Free Network, 2020)

Dünyadaki farklı coğrafi alanların dağılımına bakıldığında Kuzey Avrupa ülkelerin %41.6, Avrupa-OSCE ülkelerinde % 18.6 şeklindedir. Avrupa'da kadınların temsil oranlarına bakıldığında 1979 yılında %16.8 seviyelerinde olan katılımın 2004 yılında %30.3'e çıktığı görülmektedir (Sancar, 2008). Fakat günümüzde hala bu oranların Avrupa'da eşitlenemediği görülmektedir. Birleşmiş Milletler Kadın Biriminin yapmış olduğu 2023 raporuna göre dünya genelinde parlamentoda temsil edilen kadın oranı geçmişe oranla artsa da hala toplumsal cinsiyet eşitliğinin sağlanamadığı görülmektedir. Demokrasinin sağlanabilmesi için kadınlarında eşit oranda karar alma mekanizmalarına katılması önem arz etmektedir (BM, 2023).

6. Sonuç

Demokrasinin uygulandığı ülkelerde siyasal katılım önemli bir değere sahiptir. Bu katılım cinsiyetler arası eşitliğin sağlanması ile demokrasinin gelişimine katkıda bulunabilecektir. Antik Yunan'dan itibaren kamusal alanın erkeğin alanı olarak belirlenmesi, kadının alanının ise özel alan olarak ayrılması günümüzdeki demokrasi sisteminde birtakım farklılıklar olması gerektiğini ortaya koymaktadır. Toplumsal cinsiyet eşitliğinin hem siyasal karar alma süreçlerinde hem de istihdam ve sendikalaşma alanlarında dengelenmesi ülkelerin gelişimine katkıda bulunacaktır.

Siyasal süreçlere katılımın alandaki rollerin belirlenmesinde önemli bir etkiye sahip olduğu açıkça görülmektedir. Kadınların ekonomik, siyasi, sosyal birçok alanda hakkıyla temsil edilmesi, erkeklerin birçok alanda baskın olmasının da önüne geçebilmektedir. Toplumsal cinsiyet eşitliğini siyasal alanda uygulamayı hedefleyen ülkelerin kota uygulamaları adı altında hem erkeklere hem de kadınlara eşit oranda katılım imkanı sağlamaya çalıştıkları görülmektedir. Geçmişe oranla kadınların dünya genelinde parlamentolarda temsil oranlarının yükseldiği görülse de hala tam anlamıyla cinsiyetler arası eşitliğin sağlandığını ifade etmek oldukça güçtür. Avrupa ülkeleri arasında özellikle İskandinav ülkelerinin kadın kota uygulamalarında hedefledikleri orana eriştikleri görülmektedir. Bunun yanı sıra kadınların iş hayatında yönetici pozisyonunda da erkeklerle eşit oranda olmaları gerektiğine dair çeşitli adımların Avrupa'da atıldığı görülmektedir. Bu amaçla kadınların hem siyasi hem ekonomik alanda desteklenmesi için mentor yetiştirme programlarına katılmaları, ücretsiz kreş imkanından faydalanmaları gibi çeşitli uygulamalar kadınların ilerlemesini kolaylaştıracak faaliyetlerin bazılarını oluşturmaktadır (Ozlale, 2021).

Toplumsal cinsiyet eşitliğinin sağlanması amacıyla kota uygulamalarının cinsiyetlerarası bölüştürülmesi bu çalışmada vurgulanması istenen temel temadır. Kadınların siyasal alanda daha da bilinçlendirilmesi, bunun bir devlet politikası olarak uygulanması, siyasal bilgi olarak erkeklere bağımlı olmamalarının temel adımını oluşturmaktadır. Kadınların sivil veya siyasi ortamlarda erkeklerle iş birliğinin artırılması ve ortak projeler geliştirilmesi bu noktada önem taşımaktadır. Siyasi partilerin kendi tüzüklerinde bu konuda hassas davranıp eşitliği sağlamaya yönelik adımlar atması ve bakanlıklarda erkek egemenliğini baz alan uygulamalar yerine eşitlikçi dağıtımın gözetilmesi yine bu konuda atılacak adımlar arasında yer almaktadır.

Toplumsal cinsiyet eşitliğinin kitlesel olarak yaygınlaştırılmasının en önemli aracı ise medyadır. Medyanın tek bir cinsiyete ağırlık vermemesi, cinsiyetler hakkında olumsuz çerçeveleme yapmaması, siyasal konuları erkeklerin alanı şeklinde sunmaması ve daha çok bilinçlendirmeye yönelik içerikler sunması toplumsal algının şekillenmesinde önemli bir role sahip olacağını göstermektedir. Bu çalışma hem toplumdaki bireylerin hem siyasilerin hem de medya uygulayıcılarının toplumsal cinsiyet eşitliğinin sağlanmasında belirleyici bir role sahip olduğunu ortaya koymaktadır. Bu alanda yapılacak çalışmalara da yön vermesi hedeflenmektedir.

Kaynakça

Akman, C. A. (2023). Siyasete feminist bir müdahale: Erkeklerin dünyasında cinsiyet kotalarının kurumsal açmazlarına yeniden bakmak ve dönüşümcü etki için paritenin aciliyeti. *Mülkiye Dergisi*, 1107-1122.

Aldemir, C., & Budak, C. (2018). Cam tavanı kırmak: Parlamentoda cinsiyet kotası. *Eğitim Bilim Toplum Dergisi*, 16 (61), 37-64.

Atabey, G., & Hasta, D. (2018). Siyasal Katılım, Siyasal Yeterlik ve Toplumsal Cinsiyet. *Nesne*

Dergisi, 6 (13), 484-516.

Batmaz, V. (2006). *Otoriteryen kişilik*. İstanbul: Salyangoz Yayınları.

Baykal, D. (1970). *Siyasal katılma bir davranış incelemesi*. Ankara: Ankara Üniversitesi Siyasal Bilgiler Fakültesi Yayınları.

Beşli, G. M. (2015). Siyasi Partilerde Cinsiyet Kotası, Uygulanışı Ve Kadının Siyasi Katılımı Türkiye'de Eşitlik Politikaları ve Feminizm. Lisans Tezi. Hacettepe Üniversitesi Sosyal Bilimler Enstitüsü.

Bloomberg. (2023). Kadınlar İstihdamda Eşitliğin Çok Uzağında. *Bloomberg*, Erişim Adresi: https://www.bloomberght.com/kadinlar-istihdamda-esitligin-cok-uzaginda-2326378 adresinden alındı

BM. (2023). *BM*. Erişim Adresi: https://turkiye.un.org/tr/224322-un-women-ipu-%E2%80%9Csiyasette-kad%C4%B1n-2023%E2%80%9D-haritas%C4%B1na-g%C3%B6re-kad%C4%B1nlar%C4%B1n-siyasete-kat%C4%B1l%C4%B1m%C4%B1-e%C5%9Fitlikten adresinden alındı

Büyükkırcalı, E. (2023). Türk Kadın Siyasetçilerin Medyada Temsili: 2020 Yılında Yayınlanan Haberler Üzerine Bir İnceleme. *Atatürk Üniversitesi Kadın Araştırmaları Dergisi*, *5*(1), 1-9.

Çaglar, N. (2013). Yerel Medyada Kadin Adaylar. *Süleyman Demirel Üniversitesi Vizyoner Dergisi*, *4*(8).

Çelebi, E. (2022). Medyanın toplumsal cinsiyet rolleri üzerinde etkisi, *Elektronik Sosyal Bilimler Dergisi*, 21 (82), 822-829.

Dahlerup, D., & Freidenvall, L. (2011). Electoral gender quota systems and their implementation in Europe. European Parliament.

DW, (2018). Avrupa'da Cinsiyet Kotası İşe Yarıyor Mu?. *Deutche Welle*, Erişim Adresi: https://www.dw.com/tr/cinsiyet-kotas%C4%B1-uygulamas%C4%B1-i%C5%9Fe-yar%C4%B1yor-mu/a-42883845, 8 Nisan 2024.

Eige. (2020, 05 02). Countries With Legislated Quotas Could Achieve Gender Balance İn Parliaments By 2026, Those Without May Take Close To Twenty Years. *The European Institute for Gender Equality (EIGE)*, Erişim Adresi: https://eige.europa.eu/newsroom/news/countries-legislated-quotas-could-achieve-gender-balance-parliaments-2026-those-without-may-take-close-twenty-years

Eige. (2020, 07 01). Quotas To Remedy Gender İnequality Can Bring Big Change İn Politics And Business. *The European Institute for Gender Equality (EIGE)*, Erişim Adresi: https://eige.europa.eu/newsroom/news/quotas-remedy-gender-inequality-can-bring-big-change-politics-and-business adresinden alındı

Erdoğan, M. (2011). *Medyada cinsiyete dayalı ayrımcılıkla mücadelede medya izleme grupları*. Ankara: T.C. Başbakanlık Kadının Statüsü Genel Müdürlüğü.

Eroğul, C. (2020). Siyasal katılım. G. Atılgan, & E. Aytekin içinde, *Siyaset Bilimi* (s. 227-237). Ankara: Yordam Kitap.

Euronews, (2015). Dünya'da en çok hangi ülke parlamentosunda kadın milletvekili var?. *Euronews*, Erişim Adresi: https://tr.euronews.com/2015/03/22/ulke-ulke-kadin-parlamenter-sayisi#:~:text=%C4%B0kinci%20s%C4%B1rada %20y%C3%BCzde%2050%20ile,y%C3%BCzde%2020%20ile%2072.%20s%C4%B1rada, 10.05.24

Euronews, (2023). Siyasette kadın: Türkiye kadın bakan oranında 42 ülke içinde son sırada. *Euronews*, Erişim Adresi: https://tr.euronews.com/2023/08/22/siyasette-kadin-turkiye-kadin-bakan-oraninda-42-ulke-icinde-son-sirada, 10.05.24

Euronews. (2020, 03 08). Avrupa'da Kadın-Erkek İstihdam Oranı Arasındaki Fark Açık Ara En Fazla Türkiye'de. *Euronews*. Erişim Adresi: https://tr.euronews.com/ 2020/03/08/ avrupada-kadin-erkek-istihdam-orani-arasindaki-fark-acik-ara-en-fazla-turkiye-de adresinden alındı

Gül, S. S., & Altındal, Y. (2015). Türkiye siyasetinin eril anatomisi: 2015 seçimlerini kota uygulamaları üzerinden yeniden düşünmek. *Toplum ve Demokrasi*, 51-71.

Huntington, S. P., & Nelson, J., M. (1976). *No easy choice political participation in developing countries.* Cambridge: Harvard University Press.

Kapani, M. (2007). *Politika bilimine giriş.* Ankara: Bilgi Yayınevi.

Linder, M. (2015). Female Representation in Politics and the Effect of Quotas. *CESifo DICE Report*, 13(4), 68-70.

Marshall, G. (1999). *Sosyoloji sözlüğü.* Ankara: Bilim ve Sanat Yayınları.

Network, F. (2020). Quota or not Quota? On Increasing Women's Representation in Politics. *Free Network.* Erişim Adresi: https://freepolicybriefs.org/2020/05/04/women-representation-in-politics/ adresinden alındı

Ozlale, Umit. (2021). Kadın İstihdamını Arttırmak İçin Ne Yapabiliriz? Erişim Adresi: https://umit-ozlale.medium.com/kad%C4%B1n-i%CC%87stihdam%C4%B1n%C4%B1-artt%C4%B1rmak-i%CC%87%C3%A7in-ne-yapabiliriz-e913e3d188bd adresinden alındı.

Sancar, S. (2008). Türkiye"de Kadınların Siyasal Kararlara Eşit Katılımı. *Toplum ve Demokrasi*, 2(4), 173-184.

Sancar, S. (2023). *Siyasetin cinsiyeti*, Metis Yayınları.

Sitembölükbaşı, Ş. (2007). Kadınların siyasal hayata etkin katılımının bir aracı olarak seçimlerde kota uygulamaları. *Süleyman Demirel Üniversitesi İktisadi ve İdari Bilimler Fakültesi*, (12), 13-36.

GENDERED DISINFORMATION TOWARDS WOMEN'S HEALTH: ANTI-HPV VACCINE ON SOCIAL MEDIA

KADIN SAĞLIĞINA YÖNELİK CİNSİYETÇİ DEZENFORMASYON: SOSYAL MEDYADA HPV AŞISI KARŞITLIĞI

Aslıhan Ardıç Çobaner[1]

Öz

Kadınları susturmak için kullanılan stratejilerden birisi de "cinsiyete dayalı dezenformasyon"dur. Literatürde cinsiyetçi dezenformasyon veya cinselleştirilmiş dezenformasyon, cinsiyetçi ve ırksal anlatılar kullanılarak kadınlara karşı yanlış veya yanıltıcı bilgilerin koordineli şekilde yayılmasına dayanan çevrimiçi dezenformasyon olarak tanımlanmaktadır. Bu bir tür "dijital kadın düşmanlığı" (digital misogyny) olarak, sosyal medyada düşüncelerini açıkça dile getiren kadınları susturmayı ve onları kamusal alana katılmaktan caydırmayı amaçlamaktadır. Bu çalışma, Instagram fenomeni Ecem Taşer'in (@ecemtaser) kendisinin ve eşinin HPV aşısı yaptırdığını duyurduğu paylaşımına kadın sağlığına yönelik bir tehdit ve cinsiyetçi dezenformasyon örneği olarak yapılan yorumları incelemeyi amaçlamaktadır. Ecem Taşer'in HPV aşısı paylaşımına yaptığı kullanıcı yorumları ve bu yorumlara yapılan yorumlar tematik analiz yoluyla analiz edilmiştir. Bir örnek olaydan yola çıkarak bu çalışma, cinsiyetçi dezenformasyonun kadınların yaşamları üzerindeki etkilerini anlamayı amaçlamaktadır.

Anahtar kelimeler: Cinsiyetçi dezenformasyon; dijital kadın düşmanlığı; HPV aşıları; sosyal medya; Instagram

Abstract

One of the strategies used to silence women is "gendered disinformation". In the literature, sexist disinformation or sexualized disinformation is defined as online disinformation based on the

[1] Prof. Dr., Mersin Üniversitesi, Gazetecilik Bölümü, acobaner@mersin.edu.tr, ORCID: 0000-0002-8634-8336

coordinated dissemination of false or misleading information against women using gendered and racialized narratives. As a form of "digital misogyny", it aims to silence women who openly voice their opinions on social media and discourage them from participating in the public sphere. This study aims to examine the comments on Instagram influencer Ecem Taşer's (@ecemtaser) post in which she and her husband announced that both she and her husband had received the HPV vaccine as a threat to women's health and an example of sexist disinformation. User comments on Ecem Taşer's post on HPV vaccination and the comments on these comments were analyzed through thematic analysis. Based on a case study, this study aims to understand the effects of sexist disinformation on women's lives.

Keywords: Gendered disinformation; digital misogyny; HPV vaccines; social media, Instagram

1. Giriş

İnternete erişimin artması ile birlikte mobil iletişim araçları ve sosyal medyanın yaygın kullanımı toplumsal cinsiyete dayalı şiddetin yeni bir biçimi olan dijital şiddeti karşımıza çıkarmıştır. Toplumsal cinsiyete dayalı dijital şiddetin, toplumsal cinsiyet kalıp yargılarını içerdiği ve çevrimdışı ortamlarda yaşanan eşitsizlik ve cinsiyetçiliği çevrimiçi alanlara taşıdığı görülmektedir. Kadınlar; eğitimi, yaşı, etnik kökeni, cinsel yönelimi veya ilişki durumu nedeniyle çeşitli dijital şiddet içeren davranışlara maruz kalma riskiyle karşı karşıya kalabilmektedir. Hem yabancı devlet hem de devlet dışı aktörler, kadınları susturmak, çevrimiçi siyasi söylemi caydırmak ve cinsiyete ve demokrasilerde kadınların rolüne yönelik algıları şekillendirmek için stratejik olarak cinsiyete dayalı dezenformasyonu kullanmaktadır (U.S. Department of State Global Engagement Center, 2023).

Toplumsal cinsiyete dijital şiddet diğer toplumsal cinsiyete dayalı şiddet şekillerinde olduğu gibi, mevcut yapısal eşitsizliklerden ve ayrımcılıktan kaynaklanmakta ve kadınları ve kız çocuklarını daha fazla etkilemektedir. Bununla birlikte kadınların maruz kaldığı dijital şiddetin tam olarak kavramlaştırılmadığı ve sınırlarının tam olarak tanımlanmadığı görülmektedir. Konu ile ilgili çalışmalar artması ve tanımlamaların feminist bir perspektifle değerlendirilmesi çok önemlidir. Dijital ortamlarda daha göz önünde olan kadınlar, dijital şiddete daha fazla maruz bırakılmaktadır. Siyasetçi, gazeteci, sanatçı, yazar, akademisyen ve/veya aktivist olan kadınlar dönem dönem açık hedef haline gelebilmektedir. Birleşmiş Milletler "Toplumsal Cinsiyete Dayalı Şiddet ve Çevrimiçi İstismar" raporu da çevrimiçi veya çevrimdışı ortamlarda öne çıkan kadınların, çevrimiçi alanda daha fazla şiddet ve suistimale maruz kaldıklarını göstermektedir (UN Women, 2015; IMS, 2023).

Dezenformasyonun günümüzde bireyler, toplumlar ve devletler için önemli bir tehdit olduğu kabul edilmektedir. Cinsiyetçi dezenformasyonu da, teknik olarak farklı olsa da kamusal alanda öne çıkan, sesini çıkaran ve tanınmış kadınları hedef alması bakımından benzerlik gösterdiği için toplumsal cinsiyete dayalı dijital şiddetin bir biçimi olarak tanımlamak mümkündür. Günümüzde toplumların bilgi alma özgürlüğünü tehdit eden dezenformasyondan farklı olarak cinsiyetçi dezenformasyonu, kadınları, kız çocuklarını ve farklı cinsel yönelimleri olan veya toplumda ve medyada görüşlerini ifade eden gazeteci, politikacı, aktivist ve savunucular gibi bireyleri etkileyen olumsuz bir durumu ifade etmektedir. Öyle ki bu durum, zaman zaman demokratik ilkeleri, kurumları ve insan haklarını hedef alan kamuoyu tartışmalarını alevlendirmek ve dijital alanlarda aktif olan kadınların sesini susturmak için yaygın olarak kullanılan bir taktik olarak görülebilir (Vogt, Deelen & Young, 2023:4). Cinsiyetçi dezenformasyon anlatıları, toplumsal cinsiyet eşitliği hakkında mitler yaratarak, kadınları nesneleştiren, küçümseyen; ve/veya kadınların sosyal yaşamda ya da dijital medyada ön plana çıkmasını "geleneksel aile değerlerine" karşıt olarak konumlandırarak toplumsal cinsiyet normlarını manüpüle etmektedir (Wilson Center, 2021).

Bu çalışma Instagram fenomeni Ecem Taşer'in (@ecemtaser) kendisinin ve eşinin HPV aşısı yaptırdığını duyurduğu paylaşımına kadın sağlığına yönelik bir tehdit ve cinsiyetçi dezenformasyon örneği olarak yapılan yorumları incelemeyi amaçlamıştır. Ecem Taşer'in HPV aşısı paylaşımına yaptığı kullanıcı yorumları ve bu yorumlara yapılan yorumlar tematik analiz yoluyla analiz edilmiştir. Bir örnek olaydan yola çıkarak bu çalışma, cinsiyetçi dezenformasyonun kadınların yaşamları üzerindeki etkilerini anlamayı amaçlamaktadır.

2. Kadınlara Yönelik Dijital Şiddet Nedir?

Toplumsal cinsiyete dayalı yaşadıkları eşitsizliklerden dolayı kadınlar toplumsal yaşamda şiddetin birçok farklı biçimine maruz kalmaktadır. Kadınlara yönelik şiddet, Kadınlara Karşı Her Türlü Ayrımcılığın Önlenmesi Sözleşmesi (CEDAW) başta olmak üzere birçok uluslararası ve ulusal sözleşme tarafından kadınlara karşı ayrımcılık ve bir insan hakları ihlali olarak tanımlanmaktadır. Dijital dünyada da (çevrimiçi hayat) kadınlar şiddetin farklı formları ile karşılaşmakta ve bu durum kadınların güvenlik ve refahını tehdit etmektedir. Bu nedenle dijital şiddet "çevrimdışı" dünyada yaşanan şiddetten ayrı düşünülemeyeceği gibi, aynı zamanda çevrimdışında yaşanan şiddetin (ev içi şiddet, kadına yönelik şiddet) bir devamı olmakta ve aynı eşitsizliklerden beslenmektedir (Şener, vd., 2022). Ayrıca çevrimiçi alanda yaşanan şiddetin çevrimdışı şiddeti basitçe yansıtmak yerine artırabileceği ve güçlendirebileceği de unutulmamalıdır. Örneğin, kadın politikacıları hedef alan çevrimiçi dezenformasyon kampanyaları, Covid-19'un yayılmasını engelleme eylemlerine misilleme olarak bir ABD valisini kaçırma planı gibi, çevrimdışı şiddeti daha büyük bir büyüklük ve koordinasyonla meşrulaştırabilir. Bir çevrimiçi kampanya, yalnızca aylar sonra gelebilecek bir çevrimdışı kampanyanın sinyalini verebilir veya zeminini hazırlayabilir veya çevrimiçi bir kampanya çevrimdışı bir kampanyadan daha uzun sürebilir (EU Disinfo Lab, 2021).

Günümüzde dijital şiddetin henüz ortak bir tanımı bulunmadığı ve yeterli veriye sahip olunmadığı (UN Women, 2020:1) görülmekle birlikte; bu alandaki terminoloji her gün daha da zenginleşmektedir. Örneğin Avrupa Konseyi dijital şiddeti altı ayrı alt başlıkta ele almaktadır; siber taciz, siber suç, bilgi ve iletişim teknolojileri kullanımıyla gerçekleşen gizliliğin ihlali, nefret söylemi, doğrudan tehditler ve fiziksel şiddetle tehdit, çocuklara yönelik çevrimiçi cinsel istismar ve taciz (EU, 2018:6). Bu kategoriler, ortaya çıkan yeni dijital şiddet biçimleriyle genişlemekte ve çevrimiçi nefret söylemi, intikam pornosu, gizlilik ihlali, çevrimiçi tehditler, yapay zeka tarafından yaratılan sahte porno videoları (deepfake porn), etek altı görüntü çekme (upskirting), kimlik hırsızlığı gibi yeni kategoriler eklenmektedir (UN Women, 2020:1) Dijital şiddetin kavramsallaştırılmasında bazı zorluklar olmakla birlikte, Fascendini & Fialová (2011) "Dijital Mekanlardan Sesler: Kadınlara Yönelik Teknolojik Şiddet" çalışmasında kadınlara yönelik dijital şiddetin tanımlayıcı beş özelliğini şu şekilde sıralamaktadır:

• Anonimlik; taciz uygulayan fail, şiddete maruz bırakılan tarafından tanınmayabilir.

• Eylem mesafesi; istismar fiziksel temas olmadan ve herhangi bir uzaklıktaki yerden yapılabilir.

• Otomasyon; teknoloji aracılığı ile yapılan taciz eylemleri daha az zaman ve emek gerektirir.

• Ulaşılabilirlik; birçok teknolojinin çeşitliliği ve ekonomik olarak uygunluğu, kadınları failler tarafından kolaylıkla erişilebilir hale getirir.

• Yayılma ve süreklilik; internet ortamında çoğaltılan metinler ve fotoğraflar, sınırsız olarak yayılır veya uzun süre ortamda kalır.

Toplumsal cinsiyet ile ilişkili olarak, kadınlar dijital şiddet davranışlarıyla daha sık karşılaşmakta ve şiddetten daha olumsuz etkilenmektedir (TBİD, 2021: 8). Her tür eğitim, yaş, etnik köken, cinsel yönelimi veya ilişki durumundan kadınlar dijital şiddeti kurbanı olabilmektedir. Birleşmiş Milletler'in 2015'te yayınladığı *Kadınlara ve Kız Çocuklarına Yönelik Siber Şiddet - Dünya Geneli Acil Eylem Çağrısı* başlıklı rapor da dünyada kadınların dijital şiddete maruz kalma ihtimalinin erkeklere oranla 27 kat daha fazla olduğunu ve toplumsal cinsiyete dayalı şiddetin çevrimiçi alanlarda da mevcut olduğunu vurgulamaktadır (UN, 2015). Yine BM'nin *Toplumsal Cinsiyete Dayalı Şiddet ve Çevrimiçi İstismar* raporu (UN Women, 2020), çevrimiçi veya çevrimdışı ortamlarda öne çıkan kadınların, çevrimiçi alanda daha fazla şiddete uğradığını; özellikle kadın gazetecilerin ve siyasetçilerin, teknoloji endüstrisinde aktif olan kadınların, sanatçı, yazar gibi tanınmış kadınların, akademisyenler ve feminist kadınların da dönem dönem açık hedef haline geldiğine dikkati çekmektedir.

Türkiye'de dijital şiddetin boyutuna yönelik olarak bir birkaç araştırmadan söz edilebilir. Bunlardan ilki 2021 yılında Toplumsal Bilgi ve İletişim Derneği ve KONDA'nın beraber yürüttüğü *Türkiye'de Dijital Şiddet Araştırması*'dır. Bu araştırmanın sonuçlarına göre cinsiyet farketmeksizin Türkiye'de her beş kişiden birinin dijital şiddete uğradığı görülmektedir. Dijital şiddet en çok gençler ve kadınlar maruz kalmaktadır. Gençler en çok fiziksel görünümleri, yaşları, cinsiyeti, siyasi görüşleri ve fiziksel görünümleri nedeniyle dijital şiddete maruz kaldıklarını ifade etmişlerdir. Kadınlar ise cinsiyetlerinden (% 52) ve fiziksel görünümlerinden (% 21) ötürü dijital şiddete uğradıklarını dile getirmişlerdir. Dijital şiddet eylemlerinin en çok gerçekleştiği platformlar Instagram (% 53), Facebook (% 35) ve Twitter (% 19) iken; dijital platformlarda en çok tanımadıkları kimseler ve troller tarafından şiddete maruz bırakıldıklarını ifade etmişlerdir (TBİD, 2021).

Kadınların insan haklarını ihlal eden, kazanımlarını tehdit eden ve kadına yönelik ayrımcılığın bir biçimi olarak şiddetin yeni bir formu olarak dijital şiddetin de, kadınlara verdiği zararın ortaya konulması önemlidir. Dijital şiddetin çeşitli formlarının ortaya konulması ve bu şiddet ile mücadele konusunda kadınların güçlendirilmesi önemlidir. Dijital ortamlarda kadınları susturmak için kullanılan en son stratejilerden birisi olarak cinsiyetçi dezenformasyonu konuşmak bu nedenle önemlidir.

3. Cinsiyete Dayalı / Cinsiyetçi Dezenformasyon Nedir?

Günümüz bilgi ekosisteminde özellikle çevrimiçi dezenformasyonun yayılım hızı ve etkisi, dezenformasyon yayan aktörlerin (bağımsız veya profesyonel troller, botlar, siborglar, sahte haber siteleri, komplo teorisyenleri, partizan medya, siyasetçiler ve yabancı hükümetler gibi) çeşitlenmesine bağlı olarak artmıştır (Erdoğan vd., 2022:13). Bir insana, bir gruba, bir örgüte ya da bir devlete zarar vermek için kasıtlı olarak yanlış bir bilgiyi yaymak anlamına gelen dezenformasyon, ulus devletlere, politikacılara ve azınlıklara karşı kullanılmasının yanı sıra, kamusal yaşamdaki kadınlara karşı da sistematik olarak kullanılmaktadır. Cinsiyete dayalı dezenformasyon, dünya çapında insan haklarını tehdit eden, kimlik temelli bir dezenformasyon biçimi olarak (Judson, 2021). Kadınların dijital hayatta karşı karşıya kaldığı saldırılardan birisi de cinsiyete dayalı/cinselleştirilmiş dezenformasyondur.

Cinsiyetçi dezenformasyonu ya da dezenformasyonu cinsiyetleştiren özellikleri Vogt, Deelen & Young (2023: 9), şu şekilde tespit etmektedir:

1. Toplumsal cinsiyet kalıpları ve rolleri veya toplumsal cinsiyet konularındaki sosyal normlar dezenformasyon kampanyasının bir parçası oluyor mu?

2. Bu dezenformasyon kampanyasının amacı nedir? Kadınlar üzerinde erkeklere kıyasla bir etki yaratması (örn. kadın siyasetçileri susturmak gibi) amaçlanıyor mu?

3. Erkeklere kıyasla kadınları hedef alan farklı iletişim teknikleri neler? Belirli bir toplumsal cinsiyet meselesine ilişkin tartışmayı kutuplaştırmak için hangi iletişim teknikleri (örn. kadın politikacıların cinselleştirilmiş görüntüleri veya tartışmalı konularda tarafları kutuplaştırmak için kullanılan botlar) kullanılmaktadır?

4. Bir etki elde etmek için niyet ve teknikler nasıl bir araya getirilmektedir? Bu etki kadınlar ve erkekler için nasıl farklılaşmaktadır (örn. demokratik kurumlara desteği aşındırmak ve kadınları siyasi hayata katılmaktan vazgeçirmek gibi)?

Cinsiyetçi dezenformasyonu, teknik olarak farklı olsa da kamusal alanda öne çıkan, sesini çıkaran ve tanınmış kadınları hedef alması bakımından benzerlik gösterdiği için dijital şiddetin bir biçimi olarak tanımlayabiliriz. Cinsiyete dayalı dezenformasyon, kadınlara (özellikle siyasi liderlere, gazetecilere ve tanınmış kişilere) saldıran ve saldırıyı kadın kimliklerine dayandıran yanlış veya yanıltıcı bilgilerin yayılması olarak tanımlanabilir. Örneğin son ABD başkanlık seçimlerinde olduğu gibi kadın adayların erkek meslektaşlarına göre daha fazla saldırıya uğradığı, dünyanın pek çok yerinde kadın siyasetçileri itibarsızlaştırmaya yönelik olarak deepfake içerikler üretildiği, Telegram gibi çeşitli mesajlaşma uygulamalarına pornografik videolar üreten botların kullanıldığı görülmüştür (Wilson Center, 2021). Bu tür tacizler bir tür "misogyny" yani kadın düşmanlığı ile ilerlemekte (Boberg, 2021; Di Meco, 2023), sosyal medyada seslerini yükselten kadınları susturmak amacıyla kasıtlı olarak uygulanmakta ve sıklıkla hem cinsiyete hem de ırka dayalı anlatılar kullanarak farklı ırklardan kadınlara yönelik tehdidi içermektedir. Bu sadece medyadaki kadınların değil, aynı zamanda kadın insan hakları savunucularının, kadın politikacıların, kadın girişimcilerin ve sosyal medyayı kişisel veya mesleki nedenlerle kullanan sayısız kadının da başına gelmektedir (Boberg, 2021).

Ulusal Demokrasi Enstitüsü (NDI), 2020 raporunda, devlet destekli çevrimiçi cinsiyete dayalı dezenformasyonu, siyasi, sosyal veya ekonomik hedefler için anlatıları silahlandırarak hedeflerine cinsiyetlerine göre saldıran veya onları zayıflatan çevrimiçi faaliyetler olarak tanımlamaktadır. Bu bağlamda cinsiyetçi dezenformasyon, toplumsal cinsiyete dayalı çevrimiçi şiddeti de içeren, hatta fiziksel şiddete de yol açabilen, mevcut literatürde toplumun önemli bir parçasını oluşturan bir kesimi dışlama motivasyonu taşıması nedeniyle demokratik süreçleri de zayıflatan bir durum olarak da tanımlanabilir (Meco & Wilfore, 2021).

Çevrimiçi dezenformasyon ile cinsiyete dayalı/ cinsiyetçi dezenformasyon arasındaki bağı fark etmek sanıldığı kadar kolay olmayabilir. Cinsiyete dayalı dezenformasyonun incelenmesinde karşılaşılan ilk zorluk tanımlanması ile ilgilidir. Cinsiyetçi dezenformasyonu içeren ancak farklı odak alanlarına sahip çeşitli tanımlar mevcuttur. Lucina Di Meco (2023), cinsiyete dayalı dezenformasyonu, kadın düşmanlığı ve toplumsal klişelerden yararlanarak, "kadın siyasi liderlere, gazetecilere ve kadın kamu figürlerine karşı aldatıcı veya yanlış bilgi ve görsellerin yayılması" olarak tanımlamakta ve bu anlatıların kadınları *"güvenilmez, zekasız, duygusal/ öfkeli/ çılgın veya cinselleştirilmiş"* olarak çerçevelediğini vurgulamaktadır.

Tüm bu tanımlamaların ortak noktası, kamusal yaşamın bazı boyutlarında yer alan kadınların hedef alınmasıdır. Katılımcılar, cinsiyete dayalı dezenformasyonun coğrafi veya politik ortama göre çok farklı sonuçlara yol açabileceği endişesini dile getirdiler. Aslında, toplumsal cinsiyete dayalı çevrimiçi tacizi içeren, hatta fiziksel şiddete yol açabilen cinsiyetçi dezenformasyon, mevcut literatürde yalnızca ulusal güvenliğe yönelik bir tehdit olarak değil, toplumun önemli bir parçasını oluşturan bir kesimi dışlama motivasyonu taşıması nedeniyle demokratik süreçlerin zayıflaması olarak da tanımlanmıştır.

Cinsiyetçi dezenformasyon, kadınların toplum içinde "düşman" ya da "kurban" olarak olumsuz biçimde tasvir edilişini sürekli kılan cinsiyetçi ya da kadın düşmanı anlatıları kullanır. Özellikle kadın politikacıları, gazetecileri veya kamuya mal olmuş figürleri hedefleyen bu tür dezenformasyon kampanyalarının amacı, bu kadınların güvenilirliklerini sorgulamak, izleyicilerini kutuplaştırmak ve onları iktidar konumlarından uzaklaştırmaktır.

Özellikle kadın politikacıları, gazetecileri veya kamuya mal olmuş kadınları hedefleyen bu tür dezenformasyon kampanyaları, bu kadınların güvenilirliklerini sorgulamak, izleyicilerini kutuplaştırmak ve onları iktidar konumlarından uzaklaştırmanın yanında genel anlamda feminist hareketi baltalamayı da amaçlamaktadır. Covid-19 sürecinde toplumda öne çıkan kadınlara yönelik yanlış veya yanıltıcı bilgi ve görüntülerin sıklıkla yayıldığı görülmüştür. Örneğin, İspanya'da 8 Mart Dünya Kadınlar Günü gösterileri ve katılan siyasetçi ve kadınlar Covid-19 pandemisinin yayılmasının nedeni olarak gösterilmiştir (Sessa, 2020). 8 Mart yürüyüşü virüsün yayılmasını artırdığına dair uydurma kanıtlar arasında, Eşitlik Bakanı Irene Montero'nun, Covid-19 testi pozitif çıktıktan sonra olayla ilgili tweetleri sildiği yönündeki yanlış iddialar yer almıştır. Kadınların kendi sorunlarını dile getirme meselesi bu şekilde farklı mecralara çekilerek belirsizleştirilmiştir. Kadınlar salgının sorumlusu olarak gösterilirken, çelişkili kadın düşmanı anlatılar da kadınları aşırı derecede bu krizin çaresiz kurbanları olarak çerçevelenmiştir (Khan & Khan, 2022).

Ancak son yıllarda cinsiyete dayalı dijital şiddetin bir yeni formu olarak cinsiyete dayalı/ cinsiyetçi dezenformasyon üzerine daha fazla çalışma yapılmıştır. Wilson Center (2021), sosyal medya platformlarında kamusal hayatta kadınlara karşı yürütülen cinsiyetçi ve cinselleştirilmiş dezenformasyon kampanyalarını incelediklerinde, çevrimiçi cinsiyetçi dezenformasyonun üç tanımlayıcı özelliğini tespit etmişlerdir. Bunlar yanlışlık, kötü niyet ve koordinasyon. Bu özellikler etrafında cinsiyetçi dezenformasyonu şu şekilde örnekleyebiliriz: 1) Sahte ya da üzerinde oynanmış cinsel imge paylaşımı, 2) Kadının karakterini aşağılayan eş güdümlü taciz, 3) Cinsiyet eşitliği savunucularının karikatürize edilmesi ve şeytanlaştırılması (Judson, 2021).

3.1. İkinci Bölüm Birinci Alt Başlık

Cinsiyetçi dezenformasyonun da içinde olduğu dijital şiddet, kadınların güvenliğini zedelemekte, sivil ve sosyal yaşamdaki katılımını, eğitim ve istihdama erişimini de olumsuz şekilde etkilemektedir (Harris, 2020). IREX (2023: 9) bir anlatının cinsiyetçi dezenformasyon olarak nitelendirilebilmesi için bazı sorular sormaktadır. Buna göre öncelikle bir cinsiyetçi dezenformasyon kampanyasının amacının ne olduğuna (örn. kadınları üzerinde erkeklere kıyasla olumsuz bir etki yaratma gibi); toplumsal cinsiyet kalıplarını ve rollerini dezenformasyon kampanyasının bir parçası olarak kullanılıp kullanılmadığına; ne tür iletişim taktikleri kullandığına (örn. Kadın politikacıların cinselleştirilmiş görüntülerinin kullanılması, her iki cinsiyet arasında kutuplaştırmayı arttırıcı bot ve sahte hesapların kullanılması gibi) bakılmalıdır.

Cinsiyetçi dezenformasyonun bir başka etkisi de demokratik kurumların etkinliğini, eşitliğini ve temsil kabiliyetini zayıflatarak kadınların demokratik yaşama katılımını engellemesidir. Çevrimiçi ortamda cinsiyete dayalı olumsuz kalıp yargılar kadınların toplumdaki ve kamusal alandaki rolüne yönelik kadın düşmanı tutumları güçlendirmektedir (Judson, 2021). Cinsiyetçi dezenformasyon herkese karşı bir silah olarak kullanılabilir ama genellikle kamusal yaşamda kadınlara karşı kullanılmaktadır. Bu durumun kadınlar üzerin etkisi çok büyük olabilir ve kadınları profesyonel ve kişisel yaşamını olumsuz etkileyerek sosyal medyada var olma özgürlüğünden mahrum edebilir.

Ellen Judson'un da vurguladığı gibi cinsiyetçi dezenformasyon hedefine koyduğu bireyleri orantısız şekilde etkilemektedir. Bu etkiler kasıtlı yanlış bilgiler (dezenformasyon) ve cinsiyete dayalı yanlış bilgilendirme (mezenformasyon) şeklinde politika, ekonomi, sağlık ve toplumsal rolleri kapsamaktadır. Cinsiyete dayalı dezenformasyonun kadınların sağlığına etkileri yaşamlarını tehdit edebilir. Yaygın sağlık yanlış bilgilendirme konuları arasında aşılar, hormonlar, hormon replasman tedavisi (HRT), adet, doğurganlık ve gebelik, doğum etkileri, kürtaj, cinsel yolla bulaşan enfeksiyonlar, diyet ve yakın partner şiddeti gibi konular yer almaktadır (Sheerman, 2022). Bu çalışmanın da konu aldığı insan papilloma virüsü (HPV) aşısı kadın sağlığında, kadın kanserlerine karşı sahip olduğumuz iki aşıdan biridir. Aşılar hakkında yanlış bilgilendirme ve kasıtlı yanlış bilgi olan hakkında yanlış bilgi aşı tereddüdünü artırmakta ve kadınları ölümcül hastalıklara yakalanma riskiyle karşı karşıya bırakmaktadır (Ross, 2024).

4. Instagram'da HPV karşıtlığı Üzerinden Kadın Sağlığına Yönelik Cinsiyetçi Dezenformasyon

Bu çalışma, Instagram fenomeni Ecem Taşer'in (@ecemtaser) kendisinin ve eşinin HPV aşısı yaptırdığını duyurduğu paylaşımına yapılan yorumları kadın haklarına ve kadın sağlığına yönelik bir tehdit oluşturabilmesi riski bağlamında bir "cinsiyete dayalı/cinsiyetçi dezenformasyon" örneği olarak incelemeyi amaçlamaktadır. Ecem Taşer'in HPV aşısı paylaşımına yaptığı kullanıcı yorumları ve bu yorumlara yapılan yorumlar tematik analiz yoluyla analiz edilmiştir. Bir örnek olaydan yola çıkarak bu çalışma, cinsiyetçi dezenformasyonun kadınların yaşamları ve sağlıkları üzerindeki etkilerini anlamayı ve tartışmayı amaçlamaktadır.

Instagram fenomeni ve içerik üreticisi Ecem Taşer, genç ve evli bir kadın olarak "life style" denilen gündelik yaşam konularında içerik üretmekte ve zaman zaman çeşitli ürünleri kendi Instagram hesabından paylaşmaktadır. Bu çalışmaya konu olan olaylar ise bir olarak bir yıl önce eşi (Ali) olmadan kız arkadaşları ile Fas'a tatile gitmesi ve döndükten sonra eşi ile HPV aşısı yaptırması sonrasında yaşanmıştır. Ecem Taşer'in ele alınan 16 Aralık 2023 tarihli ilk paylaşımına ait ekran görüntüsü Görsel 1'de yer almaktadır. Bu paylaşımda Ecem Taşer kendisinin ve eşinin neden birlikte HPV aşısı yaptırmaya karar verdiğini şu sözlerle anlatmıştır:

" Cinsel hayatımız aktif olsun ya da olmasın herkesi ilgilendiren ve ciddi anlamda bence tehlike saçan bir şey bu HPV . Ve biz bugün Hpv aşısı yaptırmaya karar verdik . Bu 9'lu koruyucu aşı da ülkeye yeni gelmiş . En çok etkili olduğu yaş aralığı da 9-26 yapmış ama kadınlar 50 yaşına kadar yaptırırlarsa baya etkili oluyormuş . Erkeklerin de mutlaka yaptırması gereken bir aşı . Sürtünme yoluyla da bulaşabildiği için baya riskli . Diyelim ki genital bölgenizde tahriş var işte o zaman cinsel birliktelik olmasa da kolaylıkla bulaşabiliyor . Ben bu virüsten korunmak için aldığım önlemi belki diğer insanlara da bir faydası olur diye anlatmak istedim . Herkes sakin olsun hajsjsjjs"

Görsel 1. Ecem Taşer'in HPV ile ilgili İlk Videosuna ait Ekran Görüntüsü

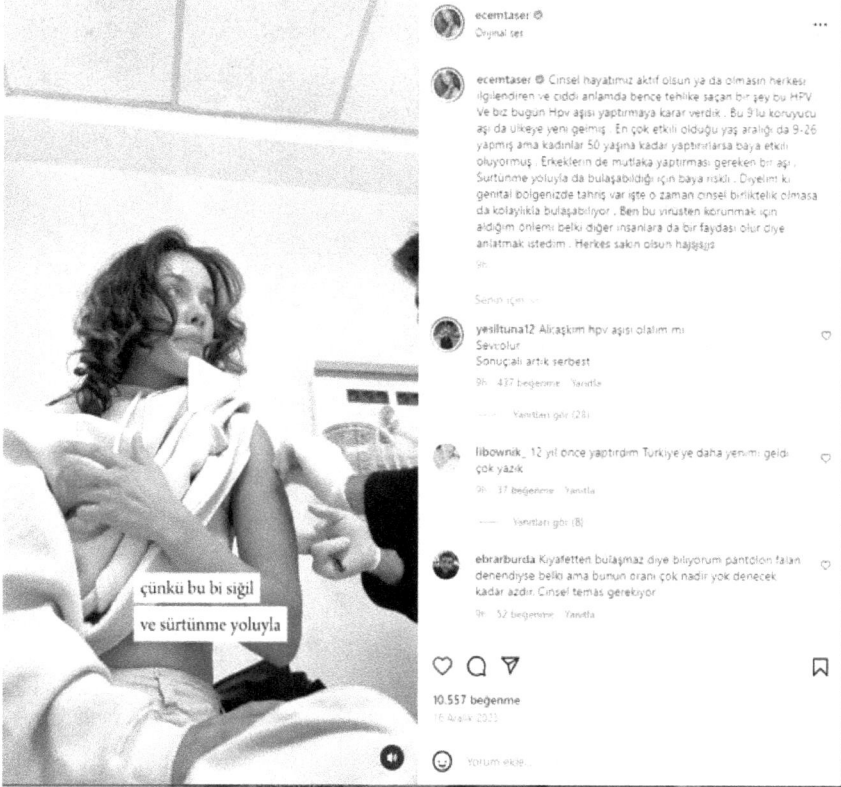

Bu çalışma Ecem Taşer'in bu paylaşımın ardından yapılan yorumlar ile birlikte bir *"Cinsiyetçi dezenformasyon"* örneği olarak; HPV aşısı etrafında gerçekleşen bir dezenformasyonun beraberinde kadınların sağlığını da etkileyebilecek bir dijital şiddete nasıl dönüştüğünü anlamayı amaçlamıştır. Veriler 21 Şubat-27 Şubat 2024 tarihleri arasında toplanmış, öncelikle @ecemtaser'in kendisine yapılan tüm yorumlar ile bu yorumlara yapılan çeşitli yorumlara incelenmiştir. Tüm paylaşımların ekran görüntüsü alınarak kaydedilmiştir.

4.1. Çalışmanın Bulguları

Ecem Taşer'in ilk paylaşımına 11 yorum yapılmış ve her bir yoruma da birçok yorum ile karşılık verilmiştir. Bu aşamada öncelikle ilk yorum ve ardından bu yoruma yapılan yorumlar incelecek ve ardından genel bir değerlendirme yapılacaktır.

Tablo 1. Ecem Taşer'in İlk Paylaşımına Yapılan 11 Yorum

No	Yorum İçeriği	Cinsiyet	Beğeni& Yanıt
1.Yorum	Ali;aşkım hpv aşısı olalım mı Sevi; olur Sonuç; ali artık serbest	Erkek	500 beğenme 29 yanıt
2.Yorum	Aşı bedeli mahkemeye yansımıştı ve kesinleşen karar neticesinde artık HPV aşısı olduktan sonra yaptığınız ödemeyi devletten geri alabiliyorsunuz. Daha önce olduysanız da iade alabiliyorsunuz.	Kadın	484 beğenme 27 yanıt
3.Yorum	Kıyafetten bulaşmaz diye biliyorum pantolon falan denendiyse belki ama bunun oranı çok nadir yok denecek kadar azdır. Cinsel temas gerekiyor	Kadın	59 beğenme 28 yanıt
4.Yorum	Almanya'da yaşıyorum, ben de buradan bilgi vereyim. Belli bir yaşa kadar çocuklara ücretsiz yapılıyor, ben de kızımla gidip bu aralar yaptırıcam bu aşıyo. Oğlum da 12 yaşına falan geldiğinde yaptırtırım. Benim sanırım 160€ gibi bir mebla ödemem gerekiyor.	Kadın	36 beğenme 15 yanıt
5.Yorum	Ali kardeşim üzülüyorum sana.	Erkek	1.703 beğenme 32 yanıt
6.Yorum	1. HPV sadece cinsel yolla bulaşır 2. Ağda vb ile bulaşmaz 3. Geçmiş ilişkileri korumaz iyileştirmez sadece geleceğe dair yapılır. 4. Çiftler birbirine güvenmiyorsa yapılır	Kadın	217 beğenme 2 yanıt
7.Yorum	Kocamsız Fas tatili dönüşünde bennn diyelim o zaman	Erkek	290 beğenme 2 yanıt
8.Yorum	Olum kısacası swinger partilerine gidiyoruz desen anlardık zaten ?»	Erkek	694 beğenme 24 yanıt
9.Yorum	Bu hergun vurduruyor bence o yüzden yaptırmış ahahahah korunmak için yazık o adamıda madam etmişler	Erkek	114 beğenme 10 yanıt
10.Yorum	Zahahahah kocasini aldatmis, bir de bahane bulmus.	Erkek	453 beğenme 5 yanıt
11.Yorum	Ama belli bir yaştan sonra yapılmasının koruyuculuğu yok demişti doktor bana, Siz aşı oldunuz ama koruyuculuğu olmayacak diye biliyorum ben doğrusu nedir bilginiz var mı bu konuda? @ecemtaser	Erkek	3 beğenme 3 yanıt

Ecem Taşer'in eşi ile birlikte HPV aşısı yaptıracağına yönelik bildiriminin özellikle erkek kullanıcılar tarafından cinsiyetçi yorumlar almıştır. Bu yorumlar HPV aşısının tıbbi gerekliliğinden ziyade, Ecem Taşer'in hayat tarzını ve özgürlük anlayışını hedef alan, ataerkil söylemlere yaslanmaktadır (Bkz. Tablo 1). Bu yorumlardan birisi olan (örn. 1. Yorum) 500 beğenme 29 yanıt almasına rağmen, bu yoruma diğer kullanıcılar tarafından verilen yanıtların konuyu doğru bağlama çekme ve HPV'nin önemli bir sağlık sorunu olduğunu anlatma çabası içinde olduğu görülmektedir. Vogt, Deelen & Young, (2023:9)'in bir dezenformasyonun cinsiyetçi dezenformasyon olarak kabul edilmesi için belirlediği kriterler bağlamında düşünüldüğünde Ecem Taşer'in eşi ile birlikte HPV aşısı yaptırması sonrasında yapılan bazı yorumlarda toplumsal cinsiyet rollerine yönelik olarak *"Ali kardeşim üzülüyorum sana"*; *"Kocamsız Fas tatili dönüşünde benn diyelim o zaman"*; *"Olum kısacası swinger partilerine gidiyoruz desen anlardık zaten ?"*; *"Zahahahah kocasini aldatmis, bir de bahane bulmuş"*; *"Bu hergun vurduruyor bence o yüzden yaptırmış ahahahah korunmak için yazık o adamıda madam etmişler"* ifadelerinde de görüleceği gibi toplumsal cinsiyet konularındaki sosyal normlar dezenformasyon kampanyasının bir parçası haline getirilmiştir. Böylece sosyal medyada içerik üreten bir kadının düşüncelerini ifade etmesi engellenerek susturulması amaçlanmıştır.

6. Sonuç

Teknolojiyi toplumsallaşma sürecinin bir parçası olarak kabul ettiğimizde, dijital araçları da toplumsal cinsiyet ilişkilerinden bağımsız düşünemeyiz. Teknolojinin tasarımından, erişilebilirliğine ve gündelik yaşam pratiklerine eklemlenmesine yani kullanımına kadar birçok alanda teknolojinin cinsiyetlendirilmiş olduğundan söz edilebilir. Bunun yanında dijital teknolojiler ve yeni medya toplumsal cinsiyet ilişkilerini yeniden tanımlayan ve kadınların kendilerini ifade edeceği yeni bir alandır. Dijital medya ve sosyal medya, kendini ifade olanağı bulamayan kişi ve topluluklara örn. kadınlara, hiçbir yerde bulamadıkları kendilerini ifade etme olanağını tanıdığı için uzun bir süre olumlu karşılandı. Dijital teknolojilerin gücünü vurgulayanlardan biri olan Donna Haraway'e göre (2006) dijital teknolojilerin ortaya çıkışı ile kadınlar biyolojik cinsiyetleri ve kendilerine verilen toplumsal cinsiyet rolleri dışında hareket etme şansı yakalamışlardır. Ne var ki, sonraki çalışmalar bu platformların toplumsal cinsiyet ilişkilerini dönüştürmede tek başına yeterli olmadığını ve yeni eşitsizlikler ürettiğini ortaya koymuştur. Kadınların çevrimdışı alanlarda ataerkil bir pratik olarak susturuluşunun örnekleri çevrimiçi alanda da giderek daha fazla görülmeye başlandı. Öyle ki kadınların çevrimdışı alanlarda ataerkil bir pratik olarak susturuluşunun örnekleri çevrimiçi alanda da giderek daha fazla görülmeye başlamıştır. Öyle ki dijital mecraların hem kadınların seslerini duyurma hem de cinsiyetçi taciz ve tehdit işlevi görmesi nedeniyle kadınlar için iki ucu keskin bir bıçak olarak nitelendirilmesine yol açmıştır (Di Meco, 2019: 4).

Literatürde cinsiyetçi dezenformasyon üzerine yapılan araştırmalar, esas olarak bu cinsiyetçi saldırıların hedefi haline gelen kamuoyuna mal olmuş güçlü kadın figürlere odaklanmaktadır. Oysa kamuoyunun gözü önünde olmayan kadınlar da çevrimiçinde yayılan cinsiyetçi anlatılardan etkilenmektedir. Bu nedenle, cinsiyetçi dezenformasyonun kapsamını kadınlara ve azınlık grupları da kapsayacak şekilde genişletmek gerekmektedir (Khan & Khan, 2022). Bu anlamda cinsiyetçi dezenformasyon ile mücadelede yapılacak olanları üç aşamada şöyle sıralayabiliriz (Judson, 2021):

Önleme: Cinsiyetçi dezenformasyonun başlamasını önlemek, Dayanıklılık oluşturmak; Proaktif süreçler.

Azaltma: Cinsiyetçi dezenformasyonun yayılmasını azaltmak; Sorumlularla mücadele; Erken uyarı sistemleri

Yanıt: Yerleşik cinsiyetçi dezenformasyona yanıt vermek; Hedeftekileri desteklemek; Yinemeli yanıtlar.

Ecem Taşer'in karşılaştığı cinsiyetçi dezenformasyonu yukarıda yer verilen üç başlıkta (önleme, azaltma ve yanıt bağlamlarında) değerlendirmek önemlidir. Her üç aşamada da hükümet, uluslararası kurumlar, dijital platformlar, medya ve sivil toplumun sorumlulukları bulunmaktadır. Bu bağlamda Ecem Taşer'in 10 Şubat 2024 tarihinde yayınlanan HPV ile ilgili ikinci videosu, karşılaştığı dijital şiddet ve cinsiyetçi dezenformasyona bir yanıt olarak değerlendirilmelidir (Bkz. Görsel 2).

Görsel 2. Ecem Taşer'in HPV ile ilgili İkinci Videosuna ait Ekran Görüntüsü

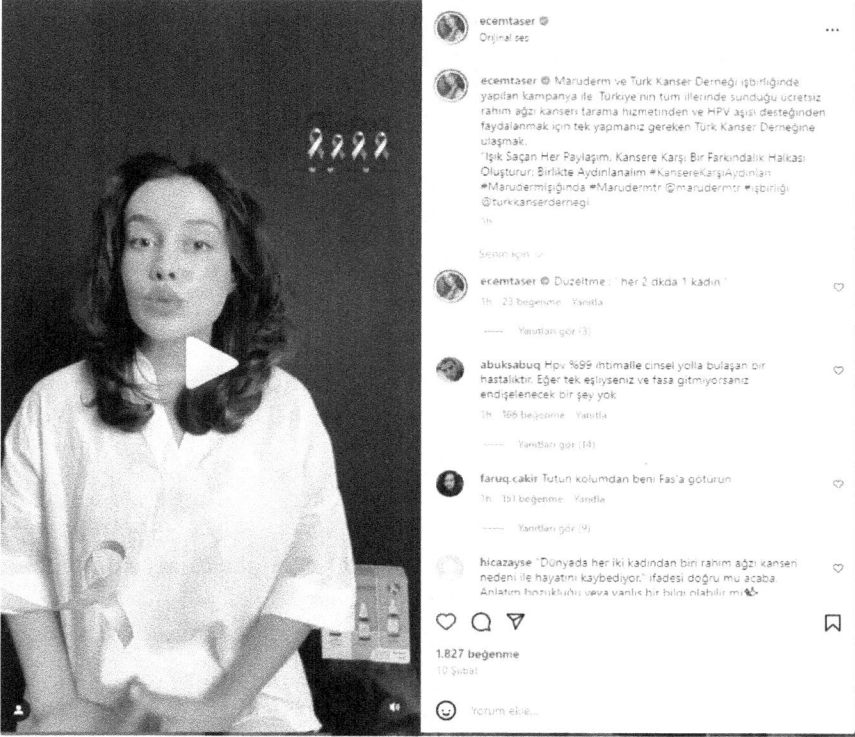

Maruderm ve Türk Kanser Derneği işbirliğinde yapılan kampanya ile, Türkiye'nin tüm illerinde sunduğu ücretsiz rahim ağzı kanseri tarama hizmetinden ve HPV aşısı desteğinden faydalanmak için tek yapmanız gereken Türk Kanser Derneğine ulaşmak. "Işık Saçan Her Paylaşım, Kansere Karşı Bir Farkındalık Halkası Oluşturur: Birlikte Aydınlanalım #KansereKarşıAydınlan #MarudermIşığında #Maruderm tr @marudermtr #işbirliği @turkkanserdernegi

Ecem Taşer bu videoda Maruderm ve Türk Kanser Derneği işbirliğinde yapılan bir kampanyayı duyurmaktadır. Bu kampanyada Türkiye'nin tüm illerinde ücretsiz rahim ağzı kanseri tarama kampanyası ve HPV desteğinde yer verilmektedir. Bir sivil toplum örgütü olan Türk Kanser Vakfı'nın bu işbirliği aynı zamanda, Ecem Taşer'in birkaç ay önce uğradığı cinsiyetçi dezenformasyona yönelik bir yanıt niteliği taşımaktadır. Ancak çok daha boyutlu bir sorun olan cinsiyetçi dezenformasyon ile mücadelede hükümet, sivil toplum, medya ve dijital platformların üzerine düşen sorumluluklar bulunmaktadır. Burada bu sorumlulukları tekrar hatırlatmakta fayda vardır (Vogt, Deelen & Young, 2023: 11-18):

1. Cinsiyetçi dezenformasyonu anlamak için daha fazla araştırma ve veriye ihtiyaç vardır. Hükümetler, Uluslararası kuruluşlar ve sivil toplum örgütleri yerel, ulusal, bölgesel ve küresel düzeyde veri toplanmasını desteklemelidir. Veriler cinsiyet, ırk, etnik köken, yaş, engellilik, cinsel yönelim ve toplumsal cinsiyet kimliğine göre ayrıştırılmalıdır.

2. Cinsiyete dayalı dezenformasyonu ele almak için ortak ilkeler oluşturulmalı, cinsiyetçi dezenformasyonun etkileri konusunda toplumda farkındalık yaratılmalıdır.

3. Cinsiyetçi dezenformasyon ile mücadele için kampanyalar, eğitim programları düzenlemeli; cinsiyetçi dezenformasyon ile karşı karşıya kalanları destekleyecek politika, araçlar ve mevzuat geliştirilmelidir.

4. Cinsiyetçi dezenformasyonun yayıldığı ortamlar olarak sosyal medya ve dijital platformların paydaşlar olarak sürece dahil edilmesi önemlidir. Sivil toplum örgütleri, hükümet aktörleri, kadın hakları örgütleri ve bireysel kullanıcıların dezenformasyonu bildirebileceği mekanizmalar geliştirilmelidir.

5. Teknoloji şirketleri ve sosyal medya platformları cinsiyetçi dezenformasyonun önlenmesi için temel standartlar geliştirmeli; daha geniş kitlelere ulaşabilmek için sosyal medya platformları aracılığı ile farkındalık yaratılmalıdır. Kullanıcılara yönelik dijital medya ve bilgi okuryazarlığı eğitimleri yapılmalıdır.

6. Cinsiyete dayalı dezenformasyon ve diğer çevrimiçi saldırılara maruz kalan kadınlar için raporlama mekanizmaları geliştirilmeli, hükümetler dezenformasyon üreten ve yayan faillerin cezalandırılması için gerekli yasa düzenlemeleri kurmalıdır.

Cinsiyete dayalı dijital şiddet ve dezenformasyon ile mücadelede akademinin ve araştırmacıların da üzerine düşenler vardır. Öncelikle cinsiyete dayalı dezenformasyonun boyutuna ve etkilerine ilişkin veri tabanını güçlendirmek için daha fazla veri ve kanıt toplamalıdır. Cinsiyete dayalı dezenformasyon ve etkileri konusunda toplumsal farkındalığı arttırmak için sektörler arası işbirliğinin bir parçası olmalıdır (Vogt,

Deelen & Young, 2023: 18). Bu çalışma Türkiye'de henüz boyutu ve etkileri tam olarak tartışılmamış bir kou olan cinsiyetçi/cinsiyete dayalı dezenformasyon konusuna yönelik bilgi birikimine katkı sağlamayı amaçlamış olup; hem konunun hükümetler, uluslararası kuruluşlar, sivil tolum ve medya boyutlarında gündem olabilmesi için çok daha fazla akademik çalışmaya ihtiyaç bulunmaktadır.

Kaynakça

Boberg, E. (2021). Digital misogyny: Why gendered disinformation undermines democracy. *Media Support.* Erişim Tarihi: 10.05.2024: https://www.mediasupport.org/ blogpost/ digital-misogyny-why-gendered-disinformation-undermines-democracy/

Di Meco, L. (2023). Moneting Misogyny: Gendered Disinformation and the Undermining of Women's Rights and Democracy Globally. *She Persisted.* Erişim Tarihi: 12.05.2024: https://she-persisted.org/wp-content/uploads/2023/02/ShePersisted_MonetizingMisogyny.pdf.

Di Meco, L. (November 5, 2019). #SHEPERSISTED Women, politics & power in the new media World, Erişim Tarihi: 12.03.2024: https://iknowpolitics.org/ en/learn/ knowledge-resources/shepersisted-women-politics-power-new-media-world

Di Meco, L. & Wilfore, K. (2021). "Gendered disinformation is a national security problem", Erişim Tarihi: 12.03.2024: https://www.brookings.edu/techstream/gendered-disinformation-is-a-natio....

Erdoğan, E., Uyan-Semerci, P, Eyolcu-Kafalı, B., ve Çaytaş, Ş. (2022). *İnfodemi ve Bilgi Düzensizlikleri Kavramlar, Nedenler ve Çözümler.* Bilgi Üniversitesi Yayınları.

EU DisinfoLab. (2021). Gender-Based Disinformation: Advancing Our Understanding and Response. Erişim Tarihi: 02.08.2024: https://www.disinfo.eu/publications/gender-based-disinformationadvancing- our-understanding-and-response/

EU (2018). Mapping study on cyberviolence, Erişim Tarihi: 10.03.2024: https://rm.coe.int/t-cy-2017-10-cbg-study-provi- sional/16808c4914

Fascendini, F., & Fialová, K. (2011). Voices from digital spaces: Technology related violence against women, Erişim Tarihi: 12.03.2024: https://www.comminit.com/ la/content/ voices-digital-spaces-technology-related-violence-against-women

IMS (International Media Support). (2023). Online gendered disinformation and sexist hate speech, Erişim Tarihi: 12.03.2024: https://www.mediasupport.org/wp-content/ uploads/2023/03/IMS-Onlinegendereddisinformation_final.pdf 12.03.2024.

Voght, K., Deelen, E., & Young, J. (2023). Addressing Gendered Disinformation: Review of Current Recommendations and the Case for Broadening Responses", Erişim Tarihi: 12.03.2024: https://www.irex.org/sites/default/files/node/resource/Addressing%20Gendered%20Disinformation%20Review%20and%20Analysis.pdf

Haraway, D. (2006), *Siborg Manifestosu*, (O. Akınhay, Çev.), Agora Kitaplığı: İstanbul.

Harris, B. A. (2020). "Technology and violence against women". *The Emerald Handbook of Feminism, Criminology and Social Change* içinde (ss. 317-336). Bingley: Emerald Publishing

Khan, S. & Khan, A. (Haziran, 16, 2022). Dezenformasyon Ortamında Toplumsal Cinsiyetin Yeri". *Boell.* Erişim Tarihi: 12.03.2024: https://tr.boell.org/tr/2022/06/16/ dezenformasyon-ortaminda-toplumsal-cinsiyetin-yeri

Judson, E. (Temmuz 9, 2021). Cinsiyetçi dezenformasyon: liberal demokrasilerin bu tehditle mücadele etmesi için 6 neden, *Boell.* Erişim Tarihi: 11.03.2024: https://tr.boell.org/tr/ 2021/07/09/cinsiyetci-dezenformasyon-liberal-demokrasilerin-bu-tehditle-mucadeleetmesi-icin-6

Ross, K. (March 6, 2024). Commentary: Combatting misinformation in women's health, Canadian Medical Association (CMA). Erişim Tarihi: 11.07.2024: https://www.cma.ca/about-us/what-we-do/press-room/commentary-combatting-misinformation-womens-health.

Sessa, M. (2020). Misogyny and Misinformation: An Analysis of Gendered Disinformation Tactics during the COVID-19 Pandemic, *EU Disinfo Lab*. Erişim Tarihi: 10 Nisan 2024 tarihinde şu adresten erişilmiştir: https://www.disinfo.eu/publications/misogyny-and-misinformation%3A-an-analysis-of-gendered-disinformation-tactics-during-the-covid-19-pandemic

Sherman, J. (March 8, 2022). What is gendered health misinformation and why is it an equity problem worth fighting?, *Meedan*. Erişim Tarihi: 16 Temmuz 2024 tarihinde şu adresten erişilmiştir: https://meedan.com/post/what-is-gendered-health-misinformation-and-why-is-it-an-equity-problem-worth.

Şener, G. vd. (2022). Cinsiyetçi Dijital Şiddetle Mücadele Rehberi. *Alternatif Bilişim*. Erişim Tarihi: 12.03.2024: https://ekitap.alternatifbilisim.org/pdf/cinsiyetci-dijital-siddetle-mucadele-rehberi.pdf

U.S. Department of State Global Engagement Center. (2023). Gendered Disinformation: Tactics, Themes, and Trends by Foreign Malign Actors, US Department of State. Erişim Tarihi: 15.05.2024: https://www.state.gov/gendered-disinformation-tactics-themes-and-trendsby- foreign-malign-actors/

UN Women. (2020). Toplumsal Cinsiyete Dayalı Siber Şiddet Rehberi, *UN Women*. Erişim Tarihi: 10.03.2024: https://atesbocekleri.info/assets/img/kilavuz.pdf

UN. (2015). Cyber Violence Against Women and Girls: A World- Wide Wake-Up Call. *UN Women*. Erişim Tarihi: 10.03.2024: http://www.unwomen. org/-/media/headquarters/attachments/sections/library/

Wilson Center. (2021). Malign Creativity: How Gender, Sex, and Lies are Weaponized Against Women Online, *Wilson Center*. Erişim Tarihi: 10 Mart 2024: https://www.wilsoncenter.org/publication/malign-creativity-how-gender-sex-and-lies-are-weaponized-againstwomen-online

TBİD. (2021). Türkiye'de Dijital Şiddet Araştırması, *Toplumsal Bilgi ve İletişim Derneği*. Erişim Tarihi: 10.03.2024: https://turkiye.unfpa.org/sites/default/files/pub-pdf/digital_violence_report.pdf

PUBLIC SERVICE ANNOUNCEMENT ON THE THEME OF DİSCRİMİNATİON AGAINST WOMEN: A CROSS-CULTURAL APPROACH

KADINA YÖNELİK AYRIMCILIK TEMALI KAMU SPOTU: KÜLTÜRLERARASI BİR YAKLAŞIM

Ömer Aydınoğlu[1] ve Fikriye Çelik[2]

Öz

Kadın - erkek eşitsizliği modern toplumlarda öne çıkan bir ayrımcılık biçimidir. Bu ayrımcılık biçimine yol açan yaklaşım erkek egemen toplum yapısının kadına yüklediği rolle ilgilidir. Ataerkil toplum cinsel obje olarak ikincil konuma yerleştirdiği kadına meta değeri yüklemektedir. Bu anlam kimi zaman toplumsalda değişim yaratma amacındaki kamu spotlarında da görünür olmaktadır. Bilindiği gibi kamu spotu mevcut davranışı değiştirme ve/veya yeni davranış biçimi kazandırmada önemli rolü bulunan bir iletişim aracıdır. Bu işlev doğrultusunda Türkiye ve Ukrayna'da yayımlanan kadına yönelik ayrımcılık konulu kamu spotları mercek altına alınmıştır. İncelenen kamu spotlarında öne çıkan ayrımcılık temasının hangi cinsiyet üzerinden görünürlük kazandığını ortaya koymak araştırmanın amacını oluşturmaktadır. Kadına yönelik ayrımcılık temasına özgü toplumsal ve kültürel bakış açısını iki farklı ülkenin kamu spotları üzerinden değerlendirmek çalışmanın özgün değerine işaret etmektedir. Türkiye ve Ukrayna'dan amaçlı örneklem yöntemiyle seçilen kadına yönelik ayrımcılık temalı iki kamu spotunun örneklemi oluşturduğu çalışmada göstergebilimsel analize başvurulmuştur. İncelenen kamu spotlarının mesaj üretiminde hem görsel hem dilsel gösterge farklılıklarına rastlanmış; mizah, korku, cinsellik, şiddet, müzik gibi çekicilik unsurları kullanımının kültüre bağlı egemen toplumsal bakış açısından kaynaklandığı anlaşılmıştır. Araştırma sonucunda Türkiye'de yayımlanan kamu spotlarında kadına yönelik ayrımcılık teması erkeğin kadın karşısındaki üstünlüğü üzerinden işlenirken Ukrayna'da yayımlanan kamu

[1] Doç. Dr., Sivas Cumhuriyet Üniversitesi, Yeni Medya ve İletişim Bölümü, oaydinlioglu@cumhuriyet.edu.tr, ORCID: 0000-0001-6718-4850
[2] Doç. Dr., Sivas Cumhuriyet Üniversitesi, Gazetecilik Bölümü, fcelik@cumhuriyet.edu.tr, ORCID: 0000-0003-1633-0357

spotlarının aynı temayı kadın karşısında dezavantajlı ve yetersiz bir erkek temsiliyle ele aldığı görülmüştür. Çalışma bir yandan cinsiyet rollerinin belirlenmesinde öne çıkan unsur olan kültürün diğer taraftan kamu spotu gibi doğrudan davranış biçimini hedefleyen medya içeriklerinin de önemli belirleyeni olduğunu göstermiştir.

Anahtar Kelimeler: Reklam araştırmaları; kamu spotu; kadına yönelik ayrımcılık; göstergebilim

Abstract

Inequality between man and woman is a prominent form of discrimination in modern societies. This form of discrimination is related to the role attributed to women by male-dominated societies. Patriarchal society attributes a commodity value to women as sexual objects. This meaning is visible in public service announcements aiming to create social change. As known, PSAs are an important communication tool to change existing behaviour and/or create new behavioural patterns. Therefore, PSAs on discrimination against women broadcast in Turkey and Ukraine were analysed. The aim is to reveal through which gender the theme of discrimination gains visibility. Evaluating the social and cultural perspective specific to the theme of discrimination through the PSAs of two different countries points to the unique value of the study. Two PSAs on the theme of discrimination, selected from Turkey and Ukraine by purposive sampling method, were analysed through semiotics. Both visual and linguistic indicator differences were found in the message production of the examined PSAs; it was understood that the use of appealing elements such as humour, fear, sexuality, violence and music stemmed from the dominant social perspective depending on the culture. As a result of the research, it is observed that while the PSAs in Turkey were addressed through the superiority of men over women, PSAs broadcasted in Ukraine addressed the same theme through the representation of a disadvantaged and inadequate man against women. The study shows that culture, is also an important determinant of media content targeting behavioural patterns such as PSAs.

Keywords: Advertising research; public service announcement; discrimination against women; semiotics

1. Giriş

Kamu spotu mevcut davranışı değiştirme ve/veya yeni davranış biçimi kazandırma rolü bulunan bir iletişim aracıdır. Kapsamına dahil ettiği toplumsal sorunlar hakkında toplumda farkındalık yaratma potansiyeli bulunan söz konusu medyatik içerik bu yönüyle dikkate değer bulunmaktadır. Bir reklam türü olan öte taraftan bir ürünü veya hizmeti pazarlama amacı taşımayan kamu spotları zorunlu yayınlar olarak da adlandırılmaktadır. Ticari reklamlar ikna pratiğini çok çeşitli strateji ve taktik kullanarak işleve koymaya çalışırken, kamu spotları bu noktada kısıtlı imkanlara sahiptir. Kamu Spotları Yönergesi'de (2011) "kamu spotları, ancak toplumu ilgilendiren ve yayınlanmasında kamu yararı bulunan olay ve gelişmelere ilişkin konularda hazırlanır. Başvuru yapan kuruluşlar hazırladıkları spotlarda belirtilen konu dışında sadece kendi faaliyetlerinin tanıtımını yapamaz" ibaresi yer almaktadır. Reklam çekicilikleri olan cinsellik, korku, mizah, şiddet gibi öğeler ve ünlü kullanımı gibi stratejiler kamu spotlarında ikna unsuru olarak kullanılabilmektedir. Diğer taraftan toplumsal, ekonomik ve kültürel yapıda görülen değişiklikler reklam mesajını ve diğer öğeleri etkilemektedir. İlgili çalışma Türkiye'de ve Ukrayna'da yayımlanan kadına yönelik ayrımcılık temalı kamu spotlarını kültür perspektifinden mercek altına almayı amaçlamaktadır.

Asya ve Avrupa kıtalarının kesişiminde yer alan Türkiye ataerkil bir sisteme ve eril bir toplum yapısına sahiptir. Söz konusu yapı erkeği kamusal alanın merkezine yerleştirirken, kadını özel alanın dar sınırlarına hapsetmektedir. Diğer bir ifadeyle kadın evsel mekanlar olan mutfak, banyo, market, mağaza gibi mekanlar ile ilişkilendirilmektedir. Erkek ise kamusal alanı sembolize eden işyeri, ofis gibi veya erilliği sembolize eden spor salonları, kışla ve benzeri mekanlar ile ilişkilendirilmektedir. Kadının edilgen, zayıf ve doğurgan doğası reklam senaryolarında olağan bir durum olarak resmedilirken erkeğin rekabetçi, güçlü ve azimli doğası yüceltilir. Böylece toplumsal yaşamın her alanında vücut bulan kadına yönelik ayrımcılık medya ve kitle iletişim araçları vasıtasıyla kitlelere aktarılır. Türk kadınının toplum içindeki konumu ve rolü her geçen gün gelişim kaydetse de erkek karşısındaki eşitsiz durumu devam edegelmektedir. Dünya genelinde 146 ülkenin yer aldığı Küresel Cinsiyet Eşitsizliği Endeksi 2024 sonuçlarına göre Türkiye 127. Sıradadır. Ukrayna ise bir Avrupa ülkesidir ve yukarıda adı geçen araştırma sonuçlarına göre 63. sıradadır (Global Gender Gap, 2024). Bahse konu sıralama, Ukrayna'da da kadın-erkek eşitsizliğinin var olduğunu göstermektedir. Ortalama olarak Ukraynalı kadınlar erkeklerden daha yüksek eğitim seviyesine sahip olmasına rağmen kadınlar düşük ücretli mesleklerde çalışmaktadır ve erkeklerin maaşlarının yaklaşık %70'ini kazanmaktadır. Ayrıca kural olarak, Ukrayna'da 40 yaşını geçmiş bir kadının iş bulması çok zordur, kadınlar erkeklerden daha sık işten çıkarılmakta ve genellikle işyerinde cinsel tacize uğramaktadır. Bu nedenle Ukraynalı kadınlar, ekonominin kayıt dışı sektöründe, sözleşmeye dayalı olmayan işlerde yoğun olarak temsil edilmektedir (Helbig vd., 2009). Bu bağlamda her iki ülke de çalışmanın ana temasını oluşturan kadına yönelik ayrımcılık olgusunun görünüm kazandığı ülkelerdir ve çalışma için uygun örneklemlerdir. Toplumsal ve kültürel normları iki farklı ülkenin kamu spotlarını değerlendirmeye alan çalışmada göstergebilimsel analize başvurulmuştur. Türkiye ve Ukrayna'da yayımlanan kamu spotları arasından yalnız kadına yönelik ayrımcılık temasına sahip içerikler dikkate alınmıştır. Amaçlı örneklem yöntemiyle seçilen iki kamu spotu çalışmanın örneklemini oluşturmaktadır.

2. Kamu Spotu: Tanımı ve Amaçları

Başta sağlık, eğitim, çevre gibi toplumsal meseleler ile ilgili mesajları kitlelere iletmenin yaygın bir yolu kamu spotu içeren iletişim kampanyalarıdır (Noar vd., 2010: 22). Dolayısıyla kamu spotları, medya etkileri ile ikna edici mesaj araştırmalarında yaygın bir çalışma alanını oluşturmaktadır (Baker vd., 2019: 15) ve bu çalışmalarda insanların başkalarının medya mesajlarından nasıl etkilendiğine dair algıları ve bu algıların insanların kendi tepkilerini nasıl etkilediği araştırılmaktadır (Paek vd., 2012: 150).

Reklamın amacı bir ürün veya hizmet hakkında bilgi vererek tüketiciyi söz konusu ürünü ve hizmeti satın almaya ikna etmektir. Marka iletişim araçları arasında popüler bir kullanıma sahip olan reklam, tanıtma, bilgilendirme ve hatırlatmanın yanı sıra kültürel mirasın aktarımı, toplumda dikkat çekilmesi gereken bir konu hakkında bilinç oluşturarak davranış geliştirme gibi işlevler de gösterir. Ticari bir reklam hedeflediği kitleyi içerdiği reklam mesajı ve stratejiler aracılığıyla ikna etmeyi amaçlar. Nihai amaç tanıtımı yapılan ürünün veya hizmetin satın alınmasıdır. Kar odaklı bakış açısı reklamın en yaygın özelliğidir. Öte yandan kamu spotu tipik bir ticari reklamın nitelik ve amaçlarından ayrılır.

Kamu spotu sadece toplumu ilgilendiren ve yayınlanmasında kamu yararı bulunan olay ve gelişmelere ilişkin konularda film veya ses şeklinde hazırlanan ve hiçbir şekilde 45 saniyeyi, alt bant şeklinde ise 10 saniyeyi geçmeyen içerikler (Kamu Spotları Yönergesi, 2011) şeklinde tanımlanmaktadır. Tipik bir kamu spotunun amacı, insanların inançlarını, duygularını ve niyetlerini etkileyerek hedef kitlenin belirli davranışlarda bulunmaya yönelik tutumunu etkilemektir (Ahn vd., 2019: 148). Bator ve Cialdini (2000) kamu spotlarının mesajları geniş kitlelere etkili bir şekilde yayma kabiliyetleri nedeniyle prososyal davranışların teşvik edilmesi konusunda avantajlı olduklarını belirtir. İnternete erişimin yaygınlaştığı ve sosyal medya platformlarına olan üyeliklerin artış gösterdiği günümüzde kamu spotları, geleneksel televizyon yayın süresinin zaman veya parasal kısıtlamaları olmadan milyarlarca insana ulaştırılmaktadır (Krajewski vd., 2017: 18).

Zorunlu yayın olarak gösterime giren kamu spotunun başarılı olması aşağıdaki nitelikleri taşıması ile yakından ilişkilidir. Yüksek kaynak güvenilirliğine sahip kişileri göstermek, "gerçekçi" durumları tasvir etmek ve bir soruna açık alternatifler sunmak (Noir vd., 2010:23). Ayrıca kamu spotu hedef kitle üyelerinin dikkatini hemen çekebilmeli ve bu izleyicileri mesajın geri kalanına katılmaları için motive edebilmelidir (Palmgreen vd., 1991: 218). Söz konusu motivasyonun sağlanmasında toplumun iyi tanınması ve onlara hitap eden stratejilerin kullanılması son derece önemlidir.

Freimuth vd. (1990: 775) 127 AIDS temalı kamu spotunun analizi sürecinde kampanya planlamacılarının karşılaştığı iki anahtar konuya odaklanmışlardır: Hedef kitleyi seçmek ve uyarlamak ile bilginin dağıtımıyla birlikte davranış değişikliğini teşvik etmek. Kamu spotları bilgilendirici ve öğretici içeriklerdir. İlgili oldukları konu ile ilgili mevcut davranışın değiştirilmesi ve istendik davranışın kazandırılması yönünde mesajlar içerirler. Söz konusu mesajlar hedef kitlenin daha kolay benimsemesi adına rasyonel veya duygusal çekicilikler ile güçlendirilir. Ne tür bir çekiciliğin kullanılacağı kamu spotunun konusuna göre değişebileceği gibi ülke ve toplum yapısına göre de değişiklik gösterebilmektedir. Örneğin Türkiye'de yayınlanan sigarayı bıraktırma temalı kamu spotlarında yoğun bir biçimde duygusal çekicilik öğelerinin kullanıldığı görülür ki duygusal çekicilikler daha fazla hatırlama sağlar ve özellikle düşük katılımlı izleyiciler arasında bir konu hakkında daha fazla bilgi edinme arzusu uyandırır (Flora & Maibach, 1990'dan akt. Paek vd., 2011:535), Amerika'da yayınlanan AIDS temalı kamu spotlarında duygusal çekicilikten ziyade rasyonel çekicilik içeren mesajların kullanıldığı ve izleyicinin daha fazla bilgi edinmeye teşvik edildiği görülmüştür (Freimuth vd., 1990:775). Rasyonel çekicilikler, bilgileri mantıklı ve anlaşılır bir şekilde sunarak insanları onaylanan ürünlerin veya konuların faydaları hakkında bilgilendirirken, duygusal çekicilikler öte yandan ikna edilebilirliği artırmak için mesaj unsurlarına yönelik duygusal tepkileri kullanma girişiminde bulunur (Perse vd., 1996: 175).

3. Toplumsal Yaşam, Kadın ve Ayrımcılık

Ayrımcılık, modern toplumlarda yaygın görülen toplumsal bir sorundur. Kapitalizmin yükselişi sınıflı ve parçalı toplum yapılarının çoğalmasına ve toplumda eşitsizlik olgusuna görünürlük kazandırarak ayrımcılığın yaygınlaşmasına sebebiyet vermiştir. Tanım itibariyle ayrımcılık, ırk, cinsiyet, yaş veya cinsel yönelim gibi özelliklere dayalı olarak kişilere ve gruplara yönelik haksız veya önyargılı muameledir (American Pyschological Association, 2019). Ayrımcılık, insanların sadece belirli bir gruba ya da kategoriye ait oldukları ya da öyle algılandıkları için benzer durumdaki diğer insanlara göre daha az elverişli muamele gördükleri durumlarda ortaya çıkar. İnsanlar yaşları, engel durumları, etnik kökenleri, siyasi inançları, ırkları, dinleri, cinsiyetleri veya toplumsal cinsiyetleri, cinsel yönelimleri, dilleri, kültürleri nedeniyle ve aynı anda birden fazla temelde olmak üzere birçok temelde ayrımcılığa maruz kalabilmektedir (Council of Europe, 2024). Doğrudan ve dolaylı ayrımcılık olmak üzere iki pratikten bahsedilmektedir. Doğrudan ayrımcılık, bir kişi veya gruba karşı ayrımcılık yapma niyetiyle ortaya çıkar; örneğin bir emlak şirketinin göçmenlere daire vermemesi gibi. Dolaylı ayrımcılık, görünüşte tarafsız olan bir hüküm, kriter veya uygulamanın fiilen belirli bir grubun temsilcilerini diğerlerine kıyasla dezavantajlı duruma düşürmesi halinde ortaya çıkar. Örneğin bir mağazanın başörtülü kadınları işe almaması gibi (Council of Europe, 2024). Bugün doğrudan veya dolaylı ayrımcılık pratikleri iç içe geçerek modern hayatın belirsiz ancak sürekli bir parçası halini almıştır.

Ayrımcılık olgusu cinsiyet konusunda açığa çıkarken özellikle ataerkil toplumlarda kadına yönelik ayrımcılık ön plana çıkmaktadır. Türkiye eril yapının hakim olduğu ve ataerkil sistemin toplumun her alanında vücut bulduğu bir ülkedir. Dolayısıyla gerek kamusal gerek özel alanda kadına yönelik bakış hala istendik düzeye erişim sağlayabilmiş değildir. Küresel Cinsiyet Eşitsizliği Raporuna göre dünya genelinde ilk 10 ülke şöyledir: İzlanda (0.935), Finlandiya (0.875), Norveç (0.875), Yeni Zelanda (0.835), İsveç (0.816), Nikaragua (0.811), Almanya (0.810), Namibya (0.805), İrlanda (0.802) ve İspanya (0.797)'dır. İlk 10 ülke sıralaması bu şekildeyken Türkiye 146 ülke arasından 0.645 ile 127. sıradadır (Global

Gender Gap, 2024). Sonuçlara bakıldığında dünya üzerindeki hiçbir ülkenin tam anlamıyla küresel kadın erkek eşitliğini sağlayamadığı görülmektedir. Türkiye'nin kadının toplum içerisindeki konumu ve yeri konusunda daha somut ve etkili adımlar atması gerektiği görülmektedir.

Kadının toplum içerisinde erkek karşısında karşılaştığı ayrımcılık farklı alanlarda farklı derecelerde boy göstermektedir. Bu alanlar arasında ev içi roller ve görevler kadar kamusal alandaki cinsiyet rolleri ve görevleri de yer almaktadır. Cam tavan, Cambridge Sözlüğü'nde (1) Genellikle işteki konumunuzu iyileştirmek için daha ileri gidemeyeceğiniz bir nokta, (2) Amerikan Sözlüğü'nde bir kişinin, özellikle de bir kadının, bir şirket veya organizasyonda üst düzey bir pozisyona yükselmesini engelleyen, resmi olmayan ancak anlaşılan bir sınır, (3) İş İngilizcesinde ise bir kişinin çalıştığı kurumda daha önemli bir pozisyona gelmesini engelleyen şey olarak tanımlanmaktadır (Cambridge Dictionary, t.y.). İş dünyasında kadının üst düzey pozisyonlara gelmesinin önüne çekilen görünmeyen engeller olarak tanımlanan cam tavan konusunda Türkiye olumsuz bir istatistiğe sahiptir. Cam Tavan Endeksinin 2019 verilerine bakıldığında Türkiye'de (Toplumsal Cinsiyet Eşitliği Gündem Raporu-1 Cam Tavan, 2019):

1. Kadınlar erkeklerden %2,5 daha az yüksek öğretime erişim imkanı elde etmektedir (29 ülke arasında 26. Sırada),

2. Kadınlar iş gücüne erkeklerden %40,6 daha az bir oranda katılım sağlamaktadır (29. Sırada),

3. Kadınlar erkeklerden %4,6 daha az ücret almaktadır (5. Sırada),

4. Yönetici pozisyonlardaki kadınların oranı %15'dir (27. Sırada),

5. Yönetim kurulunda yer alan kadın oranı %15,3'dür (23. Sırada),

Kadın ve erkek nüfusun okuryazarlık düzeyi konusunda durum, kadının kamusal alanda maruz kaldığı duruma kıyasla daha iyidir. 2008-2022 yılları arasında kadınlarda okuma yazma bilen oranı %86,9'dan %95,9'a, erkeklerde ise bu oran %96,7'den %99,3'e yükselmiştir (Ulusal Eğitim İstatistikleri, 2022). Yukarıdaki istatistiklere bakarak kadının eğitim-öğretim alma hakkına erişim konusunda ayrımcılığın büyük oranda giderildiği görülmektedir.

Siyaset alanında da diğer alanlarda olduğu gibi eril egemen yapı ön plandadır. Kadının siyasi alanda temsil etme ve edilme hakkı geçmiş yıllara kıyasla gelişim kaydetmiş olsa da istenen düzeyin gerisindedir. Birleşmiş Milletler'in Siyasette Kadın 2023 Araştırmasına göre dünya genelinde kadın milletvekillerinin, 2021'deki oranı %25.5'ten 2023'te %26.5'e yükselirken, 2021'de %20.9 olan parlamentodaki kadın meclis başkanları oranının %22.7'ye ulaştığı görülmektedir. 1 Ocak 2023 itibarıyla ülkelerin %11.3'ünde devlet başkanı kadınlar varken, %9.8'inde hükümet başkanı kadın bulunmaktadır (Birleşmiş Milletler Türkiye, 2023). Kamusal alanın önemli bir parçasını teşkil eden siyasette kadının katılımı ülkelerin gelişmişlik katsayısına büyük katkı sağlamaktadır.

4. Ayrımcılık Temalı Kamu Spotları

Kadına yönelik ayrımcılık, kamu spotlarında önde gelen bir temadır ve toplumda kadının toplum içerisindeki konumunu ve rolünü gözler önüne sererek toplumun kadına yönelik tutumunda ve davranış biçimlerinde gelişme amaçlanmaktadır. Öte yandan bu tutum ve davranış değişikliği kısa sürede ve basitçe gerçekleşmemektedir. Kamu spotunda yer alan mesajın inşası ve etkili olma derecesi çeşitli öğeler aracılığıyla gerçekleşmektedir. Tercih edilen öğeler ise toplumun etnik, sosyal ve kültürel yapısı doğrultusunda değişiklik göstermektedir. Myrick (1999: 48) kültür temelli iletişim ihtiyacının kamu spotu bir önleme aracı olarak kullanıldığında özel bir zorluk olarak ortaya çıktığını belirtmektedir. Bu durumun gelişmesinin nedeni her toplumun kendine özgü yapısından kaynaklanmaktadır. Dolayısıyla kamu spotları içinde bulunulan ve hedeflediği toplumun karakteristik özelliklerini odağına alarak hazırlanmaktadır. Hem Türkiye hem Ukrayna ataerkil sistemin hakim olduğu eril toplum yapısına sahiptir. Bu doğrultuda kadın ile erkek arasında eşitsizlik bağlamında büyük bir boşluk oluşmaktadır. Ukrayna'da kadının 40 yaşından sonra iş bulamaması, erkeklere kıyasla daha sık işten çıkarılmaları ve genel olarak işyerinde tacize uğramaları (Helbig vd., 2009) kamu spotlarında kadına yönelik ayrımcılık temasının işlenmesine olanak tanımaktadır. Öte yandan Türkiye de kadına yönelik ayrımcılığın ve şiddetin yoğun görüldüğü bir diğer ülkedir. Doğu toplumlarında görülen erkeğin kadından üstün olduğu inancı ve kadının bir meta olarak değerlendirilmesi toplumda kadın erkek eşitliği konusunda kapanmayan bir boşluk yaratmaktadır. Bu soruna dikkat çekmek ve kadına yönelik eşitsiz tutumu ve muameleyi ortadan kaldırmak amacıyla bir kitle iletişim aracı olan kamu spotlarına başvurulmaktadır.

Biçim ve format bağlamında belirli koşulları taşıması gereken kamu spotları verilecek mesaj ve gerçekleştirilecek amaç kapsamında küresel bir benzerlik gösterebilmektedir. Hangi ülkeye ait ve hedef kitleye sahip olursa olsun kamu spotları toplumda istendik tutum ve davranışın kazandırılmasını hedeflemektedir. Ukrayna'da kamu yayıncısı olan Suspilne, iki televizyon kanalı, üç radyo istasyonu, 24 bölgesel televizyon ve radyo istasyonu, dijital bir platform ve hatta bir korodan oluşmaktadır. Esas olarak devlet bütçesinden finanse edilen kuruluş yaklaşık 4.000 kişiye istihdam sağlamaktadır. Ayrıca, Rusya'nın Ukrayna'yı işgali sırasında faaliyet göstermeye devam etmekte ve ülke vatandaşlarına savaşla ilgili önemli haberler sunarak dezenformasyona karşı koymaktadır (USAID, 2022). Türkiye'de ise kamu spotları Radyo ve Televizyon Üst Kurulu'na teklif edilmekte ve denetlenmektedir. Kamu spotları, ancak toplumu ilgilendiren ve yayınlanmasında kamu yararı bulunan olay ve gelişmelere ilişkin konularda hazırlanır. Başvuru yapan kuruluşlar hazırladıkları spotlarda belirtilen konu dışında sadece kendi faaliyetlerinin tanıtımını yapamaz (Kamu Spotları Yönergesi, 2011). RTÜK'e farklı kuruluşlar farklı temalarda kamu spotları iletebilmektedir. Değerlendirme sonrası yayına uygunluğu olumlu görülen spotlar izleyiciyle buluşturulmaktadır. RTÜK'ün resmi internet sitesinde 2023 yılında kadına şiddet temalı, 2 kamu spotunun kabul edildiği görülmektedir.

5. Metodoloji

5.1. Amaç ve Önem

Kadın, tarihin başlangıcından bu yana toplumsal cinsiyet rollerine ve davranış kalıplarına maruz bırakılmıştır. Kadının erkek karşısındaki ikincil konumu ilkel kabilelerde görüntülenirken modern kadın toplumda çeşitli hak ve özgürlükler edinmiş görünse de dünyanın birçok yerinde ayrımcılığa uğramaktadır. Kamusal alandaki iş bölümünden, özel alandaki gündelik yaşam pratiklerine kadar pek çok alanda kadın geri plana itilmektedir. Güzelliği ve cazibesi ise kadını diğer bir toplumsal sorun olan bedenin metalaştırılması (seks objesi) sorununa götürmektedir. Kadına yönelik ayrımcılığın çeşitli biçim ve boyutta vücut bulduğu Türkiye ve Ukrayna'da yayımlanan kamu spotlarında nasıl işlendiğini, hangi cinsiyet üzerinden görünürlük kazandığını ortaya koymak araştırmanın amacını oluşturmaktadır. Bu temaya yerleşik toplumsal ve kültürel normları iki farklı ülkenin kamu spotları üzerinden değerlendirmek çalışmanın özgün değerine işaret etmektedir.

5.2. Örneklem ve Kısıtlılık

Çalışma kapsamında her iki ülkeye ait kamu spotları arasından yalnız kadına yönelik ayrımcılık temasına sahip içerikler dikkate alınırken amaçlı örneklem yöntemiyle seçilen iki kamu spotu örneklemi oluşturmuştur. Söz konusu içeriklerin üretildiği ülkeler kadına yönelik ayrımcılığın çeşitli formlarda görünürlük kazandığı ülkelerdir. Toplumsal Cinsiyet Eşitsizliği 2024 araştırma raporu dünya genelinde 146 ülke arasında Ukrayna'nın 63., Türkiye'nin ise 127. olduğunu belgelemektedir (Global Gender Gap, 2024). Bu sonuçlar kadının erkek karşısındaki toplumsal cinsiyet sorununa her iki ülke çapında örnek oluşturmaktadır. Örnekleme dahil edilen kamu spotlarına video paylaşım platformu YouTube üzerinden ulaşılmıştır.

5.3. Yöntem

Çalışma kapsamında çözümlenmek üzere seçilen kamu spotları göstergebilimsel öğeler açısından son derece zengindir. Dolayısıyla bu nitel araştırmanın örneklemine göstergebilimsel analiz uygulanmıştır. Göstergebilim, bir işareti hem bir temsili hem de temsil edilen bir nesneyi içeren bir şey olarak ifade eder (Mick & Oswald, 2006: 364). Göstergebilim aynı zamanda toplumsal süreçlerin anlam üretimi ve tüketimine aracılık etme biçimlerine de açıklama getirmeye çalışır. Göstergebilim ilk etapta 'gösterge', 'gösterge-sistemi', 'gösteren' ve 'gösterilen' gibi kavramları kullanır (Carson vd., 2005:165). Göstergebilim çalışmalarının öncüsü kabul edilen Ferdinand De Saussure'ün yaklaşımı izleğinde bahse konu reklamlar analiz edilmiştir. Analiz sürecinde spotlardan elde edilen göstergeler önce tablo üzerinde gösterilmiş ardından göstergeler doğrultusunda çeşitli boyutlar oluşturularak yorumlamaya geçilmiştir.

5.4. Bulgular ve Analiz

Kamu Spotunun Künyesi

Adı: Bir Girişimcinin 6 Şeytanı

Yönetmeni: Serhiy Pudich (Odesa)

Yayın Yılı: 2017

Süresi: 1 dakika 25 saniye

Erişim Linki: https://www.youtube.com/watch?v=u1tuyCBbwFw.

Tablo 1. 'Bir Girişimcinin 6 Şeytanı' Göstergeler Tablosu

Gösterge	Gösteren	Gösterilen
Beden Dili	İş görüşmesi için bekleyen kadınların beden dili	Normalleştirme
İnsan	İnsan kaynakları görevlisi erkeğin iş görüşmesine gelen erkeği küçümseyici bakışları	Normalleştirme
Dilsel	We are looking for a woman at the age of 25. With a bra size not less than C. (Biz müdür pozisyonu için 25 yaşında bir kadın arıyoruz. Sütyen ölçüsü C'den küçük olmayan.)	Kadın bedeninin metalaştırılması/Cinsel obje olarak idealize edilen kadın
Beden Dili	İK görevlisi erkeğin iş görüşmesine gelen erkeğe kapıyı işaret etmesi	Cinsiyet Ayrımcılığı/Erkeğe yönelik dışlama
Ses	Sakin bir fon müziğin gerilim müziğine dönüşmesi	Başkaldırı, değişime yönelik işaret
Nesne	İş görüşmesine gelen erkeğin üzerinde beliren dini kıyafet	Dinin korku unsuru olarak kullanımı
Dilsel	In the beginning was the word! (Başlangıçta söz vardı!)	Dini referans, İncile atıfta bulunma, kutsallık
Dilsel	The word was that no one is above the law. Labor code of Ukraine. (Bahse konu söz "kimsenin yasaların üstünde olmamasıdır". Ukrayna İş Kanunu).	Ukrayna İşkanununda cinsiyet ayrımcılığına yönelik maddenin kutsanması
Görsel	İş görüşmesine gelen erkeğin incilden bir ayeti okur gibi söylediği cümlelerin odada sebep olduğu kaos, yıkım	Cezalandırma, Günah çıkarma
Dilsel	İK görevlisi tarafından yüksek sesle söylenen İş Kanunundaki 6 madde (Yaş, cinsiyet, medeni hal, cinsel yönelim, memleket, ırk)	Cinsiyet eşitliğinin olumlanması, Ayrımcılığı ortadan kaldıracak kutsal kelimeler
Görsel	(Şeytan çıkarma seansı sonrası) karanlık ve kaostan çıkarak aydınlığa ve sükunete kavuşan oda	İş dünyasındaki cinsiyet ayrımcılığının ortadan kalkması

İncelenen kamu spotunda toplam 12 adet gösterge tespit edilmiştir. Elde edilen göstergelerin 2'si beden dili, 5'i dilsel, 2'si görsel, 1'i insan, 1'i nesne ve 1'i ses'tir. Çözümlenen göstergelerin ifade ettiği anlamdan hareketle bulgular 5 başlık altında toplanmış ve yorumlanmıştır.

5.4.1. Normalleştirme/Meşrulaştırma

Reklam filminde iş görüşmesi için bekleyen kadınların beden dilinden (yüz ifadeleri ve baş hareketleri) erkek adayın başvurusunun boşuna olduğu ve işe alınma şansının olmadığı hissettirilmektedir. Aynı anlam erkek adayın odaya girdiğinde erkek insan kaynakları görevlisinin kendisine aşağılayıcı bakışları ile de sağlanmaktadır. Gerek kadın adayların beden dili gerek İK görevlisinin erkek adaya küçümseyici bakışları kadına yönelik toplumsal bakış açısını ele vermektedir. Helbig vd. (2009) Ukrayna'da karşılaşılan kadına yönelik ayrımcılık sorunlarının başında düşük ücret, işten çıkarma ve cinsel istismar olduğundan bahsetmektedir. Mevcut yaklaşım hem kadın adaylar hem de erkek insan kaynakları görevlisi tarafından normal bir durum olarak karşılanmaktadır. Söz konusu görüntü ülkedeki eril sistemin kadına olan bakış açısını izler kitleye yansıtmaktadır. Kadın özgürlüğü veya başarısı ile kamusal alanda varlık göstermemekte aksine bedeni ve cinselliği ile var olmaktadır. Erkek ise kadını özne birey olarak değil vücut ölçüleri ekseninde erotik nesne olarak değerlendirmektedir.

5.4.2. Cinsel Obje Olarak İdealize Edilen Kadın

Catharine MacKinnon cinsel nesneleştirmeyi, kadının varlığına cinsel olarak kullanılacak şekilde toplumsal bir anlam yüklenmesi olarak tanımlamaktadır (akt. Jütten, 2016:28). Erkek İK görevlisinin eleman alınacak pozisyon için ölçütün sütyen bedeni olduğunu belirtmesi ve erkek adaya başıyla kapıyı işaret etmesi bu bağlamda önemli bir göstergedir. Kadına yönelik cinsel nesne muamelesi doğrudan dilsel bir gösterge ile izleyiciye sunulmaktadır. Erkek ise niteliği ne olursa olsun değerlendirmeye alınmamakta ve doğrudan ayrımcılığa uğramaktadır. Söz konusu ayrımcılık kadının erkek karşısındaki üstün niteliklerinden kaynaklanmamakta, tamamen bedeni üzerinden gerçekleştirilmektedir.

5.4.3. Erkeğe Yönelik Ayrımcılık

Eril egemen toplumlarda erkek bir diğer erkeği birtakım eril cinsel kodlar taşımadığı veya eril davranışlar sergilemediği gerekçesiyle dışlayabilmektedir. Bu açıdan, kamu spotu filminde erkeğin erkek karşısındaki tahakkümü ve ayrımcı yaklaşımı da vurgulanmaktadır. Erkek hemcinsine yönelik aşağılayıcı ve ayrıştırıcı bir tutum içerisindedir. Erkek bir diğer erkek tarafından kadına özgü özellikleri taşımadığı gerekçesiyle dışlanmakta ve aşağılanmaktadır.

5.4.4. Dinin Korku Unsuru Olarak Kullanılması

Filmde kadına yönelik ataerkil bakış açısı şeytanileştirilmekte ve sembolik olarak dini müdahale gerektiren bir vaka olarak gösterilmektedir. Erkek İK görevlisi iş başvurusuna gelen erkek aday karşısında şeytana dönüşmekte dini bir karaktere bürünen erkek aday ise elindeki Ukrayna İş Kanunu'nu kutsal bir metin gibi okuyarak dini bir ayin gerçekleştirmektedir. Şeytana dönüşen erkek İK görevlisi ataerkil sistemi temsil ederken, şeytanın kovulması (ataerkil bakışın sona ermesi) ise İş Kanunundan 6 temel maddenin okunması (uygulanması) ile mümkün görünmektedir.

5.4.5. Cezalandırma

Erkeğin kadın karşısındaki ayrıştırıcı ve küçümseyici bakış açısı filmde lanetlenmekte ve kaosa sebebiyet vermektedir. Söz konusu lanetten kaçınmak ve düzenin sağlanması ise İş Kanunu'nda yer alan 6 maddenin dikkate alınmasıyla mümkün olmaktadır. Reklam filminin sonunda ekrana gelen 'İşverenler Ukrayna Kanunlarını bilirler ve ondan korkarlar' dilsel göstergesi işverenlere üstü kapalı bir uyarı olarak sunulmaktadır.

Kamu Spotunun Künyesi

Adı: Çalışma Hayatında Kadın (TÜSİAD)

Yayın Yılı: 2011

Süresi: 45 saniye

Reklamın Erişim Linki:
https://www.youtube.com/watch?v=dd_zprwUXow

Tablo 2. 'Çalışma Hayatında Kadın' Göstergeler Tablosu

Gösterge	Gösteren	Gösterilen
Nesne	Ütü	Kadına yüklenen ev kadını stereotiplemesi, Egemen toplumsal cinsiyet rolleri
Dilsel	"Türkiye Dünyanın En Büyük 16. Ekonomisi" ifadesinin ütüyle silinip Kadınların Ekonomiye Katılımında 134 Ülke İçerisinde Sondan Dördüncü açıklamasının ekrana gelmesi	Kadın istihdamına gösterilen ayrımcı yaklaşım, cinsiyete yönelik eşitsiz işgücü dağılımı
Dilsel	Çünkü Ayla okulunu bitiremeden evlendi.	Kadın erkek eşitsizliği, Eğitim hakkının ihlali
Nesne	Gelinlik	Kısıtlanma, Esaret
Dilsel	Nuray'ın çalışmasına izin verilmedi.	Ayrımcılık, ekonomik esaret, erkeğe bağımlılık
İnsan	Parmaklıklı pencere arkasında dışarıya bakan genç kadın	Kadına biçilen hapis hayatı
Dilsel	Sinem İşinden ayrıldı. Çocuğuna bakacak kimse yoktu.	Toplumsal cinsiyet bağlamında kadına yüklenen rol, annelik
İnsan	Kucağında ağlayan çocukla görünen kadın	Kadına yüklenen annelik rolünün zorlukları
Görsel	Bu Gücün Açığa Çıkması İçin Sadece Kadınların Değil, İş Dünyasının, Devletin ve Erkeklerin de Adım Atması Şart.	Kadının Birey Olarak Tanınması yönünde toplu çağrı
Dilsel	Tek kanatla geleceğe uçamayız.	Kadın erkek eşitliği vurgusu

Değerlendirmeye alınan kamu spotunda toplam 10 adet gösterge bulgulanmıştır. Elde edilen göstergelerin 5'i dilsel, 2'si nesne, 2'si insan ve 1'i görsel göstergedir. Çözümlenen göstergelerin ifade ettiği anlam etrafında bulgular 4 başlık altında toplanmış, ardından başlıklar yorumlanmıştır.

5.4.6. Normalleştirme/Meşrulaştırma

Reklam filminde ütü yapan kadın elinin görülmesi erkek egemen bakış açısını ve kadına yüklenen toplumsal cinsiyet rolünü sembolize etmektedir. Ütü yapmak kadının sorumluluğunda olan bir roldür ve ev kadını stereotiplemesine uygun bir davranıştır. Sembolik şiddetin bir örneği olan ev işleri gündelik yaşamda kadına mal edilmekte, medya içerikleri ise bu davranışı pekiştirmektedir. Öte yandan ev dışında kalan iş bölümü ve gündelik yaşam pratikleri erkeğin sorumluluğu olarak aktarılmaktadır.

5.4.7. Kadına Yönelik Ayrımcılık

Kamu spotunda söz konusu yılın (2011) iş yaşamında kadın istihdamına yönelik eşitsiz işgücü dağılımı istatistiki veriler ile sunulmaktadır. İşyerinde Kadın 2024 Araştırmasına göre ise kadınların işgücüne katılım oranı dünya genelinde 2011 yılında %66.3, 2021 yılında %70.8, 2022 yılında ise %72.1 olarak bulgulanmıştır. Kadın ile erkek arasındaki saatlik çalışma ücreti farkı ise 2011yılında %16.5, 2021'de %13.2 ve 2022 yılında ise %13.5 olarak ölçülmüştür (Woman in Work 2024, 2024). Türkiye'de kadının işgücüne katılım oranı ise 2022 yılında %35.1 olarak ölçülürken, erkeklerin işgücüne katılım oranı %71.4 olarak ölçülmüştür. Yükseköğretim mezunu kadınların işgücüne katılım oranı ise %68.8 olarak ölçülmüştür. **Cinsiyetler arası ücret veya kazanç farkı ise kadınların aleyhinde sonuçlanmış, yükseköğretim mezunu kadınların erkekler ile arasındaki ücret farkı %17.1 olarak bulgulanmıştır** (TÜİK, 2024). Kadın ile erkek aynı işi yapsa bile eşit ücretlendirme yapılmadığı kamu spotunda vurgulanmaktadır.

5.4.8. Kadının Haklarının İhlali

Reklam filminde kadının gerek toplumsal gerek iş yaşamında çeşitli haklardan (eğitim, evlenme, istihdam vb.) mahrum edildiği dile getirilmektedir. Küçük yaşta eğitim hakkının elinden alınması ve rızası dışında evlendirilmesi, çalışan kadının ise çocuk sahibi olduktan sonra iş hayatını terk ederek tamamen ev hayatına hapsedilmesi gibi konular Türkiye'de kadının karşılaştığı sorunlar arasında yer almaktadır. Bu tür muamele ve eşitsizliklere maruz kalması kadının erkeğin gerisinde kalmasına sebep olmaktadır.

5.4.9. Kadın-Erkek Eşitliği Çağrısı

Kadının birey olarak tanınması, toplumsal ve iş yaşamına dahil olması için iş dünyasının ve devletin ciddi adımlar atmasının gerekliliğine vurgu yapılmaktadır. En önemlisi erkeğin kadına yönelik eşitlikçi ve ayrımcılıktan uzak bir yaklaşım içerisinde olmasının öneminden bahsedilmektedir. Kadın-erkek eşitliğinin gelişme ve büyümenin önemli bir koşulu olduğu unutulmamalıdır.

Sonuç

Toplumsal sorunlara dikkat çekmek ve toplumu belirli konularda bilgilendirmek amacıyla üretilen iletişim araçlarının başında kamu spotunun geldiği bilinmektedir. Bu gerçekten hareketle hiçbir dönemsel süreçte gündemden düşmeyen bir toplumsal sorun olarak kadına ayrımcılık başlığını dikkate almanın kayda değer bulgulara ulaştıracağı düşüncesi çalışmanın ortaya koyduğu sonuçla doğrulanmıştır.

Çalışma kapsamında değerlendirmeye alınan iki ülkeye ait reklam çözümlemesinde toplam 22 gösterge elde edilmiştir. İncelemede kadına yönelik farkındalık amacıyla yayımlanan kamu spotlarında işlenen tema aynı olmasına rağmen kültürel ve toplumsal farklılıkların reklamda yer alan göstergelere yansıdığı gözlenmiştir. Göstergeler her iki ülkenin toplumsal ve kültürel yapısı çerçevesinde incelendiğinde; kadına yönelik erkek egemen yaklaşımın iki ülke toplumunda da çeşitli göstergeler aracılığıyla normalleştirildiği/meşrulaştırıldığı sonucuna ulaşılmıştır. Ukrayna örneğinde kadına yönelik ayrımcılık erkeğin aşağılanması üzerinden işlenirken Türkiye örneğinde kadına yönelik ayrımcılığın doğrudan erkek kaynaklı olduğunun altını çizmek gerekmektedir. Ukrayna örneğinde erkek egemen bakış açısının şeytanlaştırıldığı, bunun da dini referanslı göstergeler yardımıyla yapıldığı ve İş Kanunu'nda yer alan bir maddeye kutsallık atfedildiği görülmüştür. Bunun yanı sıra Ukrayna örneğinde işyerindeki cinsiyetçi ayrımcılık kadının cinsel obje olarak idealize edilmesinden kaynaklı görünürken Türkiye örneğinde kadına yönelik ayrımcılığın birden fazla gerekçeye (eğitim hakkının ihlali, erken evlilik, eşitsiz kadın işgücü dağılımı gibi) dayandırıldığı tespit edilmiştir. Ayrıca Ukrayna örneğinde erkeğin erkek üzerindeki tahakkümü ve ayrıştırıcı yaklaşımı da önemli bir vurgu olarak karşımıza çıkarken Türkiye örneğinde erkeğin erkek üzerindeki tahakkümüne yönelik herhangi bir göndermeye rastlanmamıştır.

Çalışmada analizi yapılan iki kamu spotunda aynı soruna farklı çözüm önerileri sunulduğunu bulgulamak da önemli bir veridir. Buna göre Ukrayna örneğinde kadına yönelik ayrımcılığın çözümü için İş Kanunu'ndaki 6 öğeyi (yaş, cinsiyet, medeni hal, cinsel yönelim, memleket, ırk) içeren 'kimse yasaların üstünde değildir' maddesine riayet etmek öne sürülürken; Türkiye örneğinde söz konusu sorunun çözümünü özel sektörde, devlette ve erkeklerde olduğu arama gerekliliği öne çıkmaktadır. Özet olarak Ukrayna örneği kadına yönelik ayrımcılıkta kanunların üstünlüğüne vurgu yaparken Türkiye örneği erkek olanın kadın olanı bir birey olarak tanımasına/kabul etmesine duyulan ihtiyaca işaret edilmektedir.

Kamu spotları Radyo ve Televizyon Üst Kurulu'na kamu kuruluşlarınca önerilebildiği gibi özel işletmeler tarafından da önerilebilmektedir. Ülke çapındaki toplumsal sorunlara yönelik kitlelerin bilinçlenmesi ve sorunun çözümüne katkı sağlaması adına kamu spotları kritik iletişim araçlarıdır. Bu doğrultuda kuruluşlarca özellikle belirli konularda RTÜK'e kamu spotu tekliflerinin götürülmesi önem arz etmektedir.

Kaynakça

Ahn, H. Y., Paek, H. J., & Tinkham, S. (2019). The role of source characteristics and message appeals in public service advertising (PSA) messages: An application of fishbein's expectancy-value model and the match-up hypothesis for anti-binge-drinking campaigns targeting college students. *Journal of Current Issues & Research in Advertising, 40*(2), 147-170. Doi: 10.1080/10641734.2018.1503112.

American Psychology Association (2019). Discrimination: What it is and How to cope, *APA*. Erişim Adresi: https://www.apa.org/topics/racism-bias-discrimination/types-stress.

Baker, K., Fei, Q. & Shuhua, Z. (2019). Narrative Styles and Narratology Formats in PSAs. Assessing the Effects on Arousal, Attention, and Memory, *Online Journal of Communication and Media Technologies, 9*(4). 1-18. Doi: 10.29333/ojcmt/5948.

Bator, R. J. & Cialdini, R. (2000). The Application of Persuasion Theory to the Development Of Effective Proenvironmental Public Service Announcements, *Journal of Social Issues, 56(3), 527–541.*

Birleşmiş Milletler Türkiye (2023). Siyasette Kadınlar, *UN Türkiye*. Erişim Adresi: https://turkiye.un.org/tr/224322-un-women-ipu-"siyasette-kadın-2023"-haritasına-göre-kadınların-siyasete-katılımı-eşitlikten.

Carson, T., Pearson, M., Johnston, I., Mangat, J. Tupper, J & Warburton, T. (2005). Semiotic Approaches to Image-based Research, In B. Somekh & C. Lewin (eds.). *Research Methods In The Social Sciences,* London: Sage Publications.

Council of Europe (2024). Discrimination and Intolerance, *CoE*. Erişim Adresi: https://www.coe.int/en/web/compass/discrimination-and-intolerance.

Freimuth, V. S., Hammond, S. L., Edgar, T. & monahan, J. L. (1990). Teaching Those at Risk Content Analytic Study of AIDS PSAs, *Communication Research*, 17(6), 775-791. Doi: 10.1177/009365029001700604.

Cambridge Dictionnary. (t.y.). Glass Ceiling, *Cambridge Dictionary*. Erişim Adresi: https://dictionary.cambridge.org/dictionary/english/glass-ceiling

Helbig, A., Ritz-Buranbaeva, O., & Mladineo, V. (2008). *Culture and customs of Ukraine*. Bloomsbury Publishing USA.

Jütten, T. (2016). Sexual Objectification, *Ethics*, 127, 27-49.

Krajewski, J. M. T., Schumacher, A. C. & Dalrymple, K. E. (2017). Just Turn on the Faucet: A Content Analysis of PSAs About the Global Water Crisis on YouTube, *Environmental Communication*, 1-21. Doi: 10.1080/17524032.2017.1373137.

Medium (2022). Ukraine's Public Service Broadcaster: Journalism as Public Good, *Medium*. Erişim Adresi: https://medium.com/usaid-2030/ukraines-public-service-broadcaster-journalism-as-public-good-6bd81fe629c3.

Mick, D. G. & Oswald, L. R. (2006). The Semiotic Paradigm on Meaning in the Marketplace, İçinde R. W. Belk (ed.), *Handbook of Qualitative Research Methods in Marketing*, (ss. 31-45), Cheltenham: Edward Elgar Publishing Limited.

Myrick, R. (1999) Making Women Visible through Health Communication: Representations of Gender in AIDS PSAs, *Women's Studies in Communication*, 22:1, 45-65. Doi: 10.1080/07491409.1999.10162561

Noar, S. M., Palmgreen, P., Zimmerman, R. S., Lustria, M. L. A. & Lu, H. (2010). Assessing the Relationship Between Perceived Message Sensation Value and Perceived Message Effectiveness: Analysis of PSAs From an Effective Campaign, *Communication Studies*, 61(1), 21–45. Doi: 10.1080/10510970903396477.

Paek, H., Hove, T., Kim, M., Jeong, H. J. & Dillard, J. P. (2011). Mechanisms of Child Abuse Public Service Announcement Effectiveness: Roles of Emotional Response and

Perceived Effectiveness, *Health Communication*, 26(6), 534-545. Doi: 10.1080/1041 023 6. 2011.558334.

Paek, H., Hove, T., Kim, M., Jeong, H. J. & Dillard, J. P. (2012). When Distant Others Matter More: Perceived Effectiveness for Self and Other in the Child Abuse PSA Context, *Media Psychology*, 15:148–174. Doi: 10.1080/15213269.2011.653002.

Palmgreen, P., Donohew, L., Pugzles Lorch, E., Rogus, M., Helm, D. & Grant, N. (1991) Sensation Seeking, Message Sensation Value, and Drug Use as Mediators of PSA Effectiveness, Health Communication, 3:4, 217-227. Doi:10.1207/s15327027hc0304_4

Perse, E. M., Nathanson, A. I. & McLeod, D. M. (1996) Effects of Spokesperson Sex, Public Service Announcement Appeal, and Involvement on Evaluations of Safe-Sex PSAs, *Health Communication*, 8(2), 171-189. Doi: 10.1207/s15327027hc0802_4

PwC Türkiye (2024). Woman in Work 2024, Unmasking inequalities: Delving deeper into the gender pay gap, *PwC Türkiye*. Erişim Adresi: https://www.pwc.com.tr/tr/ Hizmetlerimiz/insan-yonetimi-ve-organizasyon-danismanligi/2024/pdf/calisma-hayatinda-kadinlar-endeksi-2024.pdf

Radyo ve Televizyon Üst Kurulu (2011). Kamu Spotları Yönergesi, *RTÜK*. Erişim Adresi: https://www.rtuk.gov.tr/kamu-spotlari-yonergesi/3795.

Turkonfed (2019). Toplumsal Cinsiyet Eşitliği Gündem Raporu-1 Cam Tavan, *TURKONFED*. Erişim Adresi: https://www.turkonfed.org/ Files/ContentFile/ turkonfed-toplumsal-cinsiyet-esitligi-gundem-raporu_cam-tavan.pdf.

Türkiye İstatistik Kurumu (2022). Ulusal Eğitim İstatistikleri, *TÜİK*. Erişim Adresi: https://data.tuik.gov.tr/Bulten/Index?p=National-Education-Statistics-2022-49756#:~:text=Okuma%20yazma%20bilen%20oran%C4%B1%20%97,99%2C3'e%2 0y%C3%BCkseldi.

U.S Agency for Information Department (2022). Ukraine's Public Service Broadcaster: Journalism as Public Good, *Medium*. Erişim Adresi: https://medium.com/usaid-2030/ukraines-public-service-broadcaster-journalism-as-public-good-6bd81fe629c3.

World Economic Forum, (2024). Global Gender Gap Insight Report, *WEF*. Erişim Adresi: https://www3.weforum.org/docs/WEF_GGGR_2024.pdf.

THE ADVENTURE OF WOMEN'S RIGHT TO SURNAME IN TURKEY: THIS IS NOT A HAPPY ENDING YET

KADININ SOYADI HAKKININ TÜRKİYE'DEKİ SERÜVENİ: BU HENÜZ MUTLU SON DEĞİL

Seda Özkan[1]

Öz

Türk Medeni Kanunu'nun (TMK) kadının soyadını düzenleyen 187'nci maddesi, 22/02/2023 tarihli Anayasa Mahkemesi (AYM) kararıyla iptal edilmiştir. AYM'nin 22/02/2023 tarihli iptal kararına kadar kadının soyadı hakkı bakımından önemli yargısal aşamalar geçilmiştir. İnsan Hakları Avrupa Mahkemesi (İHAM), Ünal Tekeli v. Türkiye kararında kadının soyadı hakkının ihlal edildiğine hükmetmiş ve bu karar bir dönüm noktası olmuştur. Bu kararda İHAM, kadının soyadını düzenleyen maddenin İHAS'ın 8'inci maddesiyle güvencelenen özel hayata saygı hakkını ve buna bağlı olarak İHAS'ın 14'üncü maddesi kapsamındaki ayrımcılık yasağını ihlal ettiğini ortaya koymaktadır. Bu karar, 23/09/2012 tarihi itibarıyla AYM'nin önüne gelen anayasa şikâyetleri bakımından da yol gösterici olmuştur. Bununla birlikte, kadınların soyadı hakkına yönelik ihlal henüz ortadan kaldırılmamıştır. Çünkü Kanun'un 187. maddesinin iptali, ihlalin kaynağını ortadan kaldırmış olsa da dokuz aylık sürenin dolmasına rağmen henüz bir düzenleme yapılmamış olması, yasama organı eliyle kadının soyadı hakkına yönelik yeni bir ihlal biçimi yaratmaktadır.

Anahtar kelimeler: Türk Medeni Kanunu; kadının soyadı hakkı; ayrımcılık yasağı; özel hayata saygı hakkı; CEDAW

Abstract

Article 187 of the Turkish Civil Code, which regulates the surname of women, annulment by the decision of the Constitutional Court dated 22/02/2023. Until the annulment decision of the Constitutional Court

[1] Dr., Trakya Üniversitesi İktisadi ve İdari Bilimler Fakültesi, Siyaset Bilimi ve Kamu Yönetimi Bölümü, Hukuk Bilimleri Anabilim Dalı, sedaozkan@trakya.edu.tr, ORCID: 0000-0002-7157-7881.

dated 22/02/2023, important judicial steps were passed regarding the woman's right to surname. The ECtHR, in decision of Ünal Tekeli v. Türkiye, ruled that the woman's right to surname was violated, and this decision became a turning point. In this decision, the ECtHR reveals that the article regulating the surname of the woman violates the right to respect for private life guaranteed by Article 8 of the ECHR and, accordingly, the prohibition of discrimination under Article 14 of the ECHR. This decision has also been a guide in terms of constitutional complaints brought before the Constitutional Court as of 23/09/2012. However, the violation of the women's right to surname has not yet been eliminated. Because, although the annulment of Article 187 of the Law has eliminated the source of the violation, the fact that there is no regulation yet despite the nine-month period has expired, creating a new form of violation against the women's right to surname by the legislature.

Keywords: Turkish Civil Code; women's right to surname; prohibition of discrimination; right to respect for private life; CEDAW

1. Giriş

17/02/1926 tarihli ve 743 sayılı Türk Kanunu Medenisi[2] kadının soyadı hakkına ilişkin olarak 153'üncü maddesinin ilk hâlinde, evlenen kadının kocasının soyadını alacağını düzenlemiştir[3]. Bu madde, 14/05/1997 tarihli ve 4248 sayılı Kanun'la değiştirilerek evlenen kadının kocasının soyadı önünde önceki soyadını da kullanabilmesi sağlanmıştır[4]. Evlenen kadının önceki soyadını bırakmak zorunda kalmasını önleyen bu düzenleme, 153'üncü maddenin ilk hâline nispeten kadının soyadı lehine şüphesiz bir ilerleme olmuşsa da eşler arasındaki eşitsizliği ortadan kaldırmamıştır. Çünkü evlenen kadının kocasının soyadını taşımak zorunda bırakılması devam etmiştir. Soyadı hakkı bakımından eşler arasında süren bu eşitsizlik, 22/11/2001 tarihli ve 4721 sayılı Türk

---

[2] Mehazı İsviçre Medeni Kanunu olan Türk Kanunu Medenisi, 17/02/1926 tarihinde Türkiye Büyük Millet Meclisi tarafından kabul edilmiş, 04/04/1926 tarihli Resmî Gazete'de yayımlanmış ve 04/10/1926 tarihinde Borçlar Kanunu'yla birlikte yürürlüğe girmiştir. Bkz. Türk Medeni Kanunu Tasarısı ile Türk Kanunu Medenisinde Değişiklik Yapılması Hakkında Kanun Tasarısı ve Ankara Milletvekili Yücel Seçkiner'in, Ankara Milletvekili Esvet Özdoğu ve Dört Arkadaşının Aynı Kanunda Değişiklik Yapılması Hakkında Kanun Teklifleri ve Adalet Komisyonu Raporu (1/611, 1/425, 2/361, 2/680); Dönem: 21, Yasama Yılı: 3, S. Sayısı: 723.

[3] Madde 153/1 - Karı, kocasının aile ismini taşır.

[4] Madde 153/1 - (Değişik birinci fıkra: 14/05/1997 - 4248/1 md.) Kadın, evlenmekle kocasının soyadını alır; ancak evlendirme memuruna veya daha sonra nüfus idaresine yapacağı yazılı başvuru ile kocasının soyadı önünde önceki soyadını da kullanabilir. Daha önce iki soyadı kullanan kadın, bu haktan sadece bir soyadı için yararlanabilir.

Medeni Kanunu'nun (TMK)[5], yürürlüğe girmesiyle[6] de sona ermemiştir. TMK'nin *"Kadının soyadı"* kenar başlıklı 187'nci maddesiyle, önceki Kanun'un 153'üncü maddesindeki hüküm korunarak alınmıştır[7].

Evlenen kadının, kocasının soyadını taşımaksızın evlenmeden önceki soyadını kullanma talebi, yasamanın yanı sıra yargının da gündemine girmiştir. Bu süreçte yalnız ulusal hukukta ilk derece mahkemeleri, Yargıtay ve AYM değil uluslararası hukukta İHAM da dâhil olmak üzere yargı organlarınca birbiriyle uyuşan veya ayrışan kararlar verilmiştir. Nihayet TMK'nin 187'nci maddesinin Anayasa'ya aykırılığının tespitiyle[8] anılan hüküm AYM tarafından iptal edilmiştir.

Her ne kadar bu iptal kararı kadının soyadı hakkı lehine bir düzenlemenin önünü açmışsa da tanınan süre içerisinde gerekli düzenlemenin yasama organınca yapılmamış olması, kadının soyadı hakkının Türkiye'deki serüveninin henüz mutlu sonla sonuçlanmadığını göstermektedir. Bu çalışmada, AYM'nin iptal kararına kadarki serüvenin aşamaları ve iptal kararı sonrasında yasama organının harekete geçmemesinin yol açtığı durum ortaya konulacaktır.

2. Ulusal ve Uluslararası Hukukta Kadının Soyadı Hakkına İlişkin Hükümler

Kadının soyadı hakkına ilişkin hükümler hem ulusal hukukta hem uluslararası hukukta mevcut olup bunlar ulusal hukukta yasa ve Anayasa; uluslararası hukukta ise sözleşme metinlerinde düzenlenmiştir.

Ulusal hukukta kadının soyadını doğrudan düzenleyen hüküm TMK'nin mülga 187'nci maddesidir. TMK'de *"Kadının soyadı"* kenar başlığıyla düzenlenen bu madde, erkeğin değil kadının soyadının belirlenebilmeye açık kılındığını imlemektedir. Oysa TMK'ye bakıldığında -kadının soyadı dışında birkaç madde daha hariç tutulursa[9]- maddelerin lafzında ya eşler/eşlerden biri denildiği[10] ya da kadın ve erkek için

---

[5] Yayımlandığı Resmî Gazete: 08/12/2001 - 24607.

[6] Yürürlük Tarihi: 01/01/2002.

[7] Madde 187 - Kadın, evlenmekle kocasının soyadını alır; ancak evlendirme memuruna veya daha sonra nüfus idaresine yapacağı yazılı başvuruyla kocasının soyadı önünde önceki soyadını da kullanabilir. Daha önce iki soyadı kullanan kadın, bu haktan sadece bir soyadı için yararlanabilir.

[8] Esas Sayısı: 2022/155, Karar Sayısı: 2023/38, Karar Tarihi: 22/02/2023.

[9] TMK'nin, evliliği sona eren kadının yeniden evlenmeden önceki bekleme süresini düzenleyen 132'nci maddesi; bekleme süresine uymamayı düzenleyen 154'üncü maddesi ve boşanan kadının kişisel durumunu düzenleyen 173'üncü maddesi bu kapsamdadır.

[10] TMK'nin, evlilik birliğinde temsil yetkisini düzenleyen 188'inci maddesi; evlilik birliğinin temsilindeki sorumluluğu düzenleyen 189'uncu maddesi; yasal mal rejimini düzenleyen 202'nci maddesi bu kapsamdaki maddelerden bazılarıdır.

öngörülen durumun eşit şartlarda düzenlendiği[11] görülecektir. Demek oluyor ki yasa koyucu, evlenen erkeğin soyadının belirlenebilmesi veya eşlerin ortak bir soyadını belirlemesi yerine kadının soyadının belirlenebilmesini tercih etmiştir. Buna bağlı olarak da evlenen kadının soyadında gerçekleşen değişikliğin boşanmayla birlikte eski durumuna döneceği anlaşılmaktadır. Nitekim TMK'nin *"Boşanan kadının kişisel durumu"* kenar başlıklı 173'üncü maddesine bakıldığında kadının, boşanmanın sonucu olarak evlenmeden önceki soyadını yeniden alacağı; eğer koşullar oluşmuşsa boşandığı eşinin soyadını taşıyabilmesine izin verileceği; ancak koşullar değişmişse boşandığı eşin bu iznin kaldırılmasını isteyebileceği görülmektedir. Demek oluyor ki kadının soyadı, medeni hâle bağlı olarak değişirken erkeğin soyadı bundan etkilenmemektedir. Daha açık bir anlatımla, evlenen kadına kocasının soyadını taşıması; boşanan kadına kocasının soyadını bırakması kaçınılmaz kılınmıştır.

Oysa Anayasa'nın "Kanun önünde eşitlik" kenar başlıklı 10'uncu maddesinde "Kadınlar ve erkekler eşit haklara sahiptir. Devlet, bu eşitliğin yaşama geçmesini sağlamakla yükümlüdür." denilerek kadına ve erkeğe eşit haklar tanınmasının anayasal güvencesi oluşturulmuştur. Devletin, kadın ve erkeğin haklar bakımından eşitliğini yaşama geçirmemesi, yükümlülüğünü yerine getirmemesi sonucunu doğuracaktır.

Kadının soyadı hakkı, Anayasa'nın yalnız 10'uncu maddesiyle ilişkilendirilebilir değildir. Anayasa'nın *"Cumhuriyetin nitelikleri"* kenar başlıklı 2'nci maddesi, insan haklarına saygılı bir hukuk devletini öngördüğünden kadına ve erkeğe eşit haklar tanınması, bunun bir gereği olarak belirmektedir. Nitekim evlenen kadının, kocasının soyadını taşımaksızın evlenmeden önceki soyadını kullanmasında somutlaşan hak, kadının insan haklarının bir görünümünü oluşturmaktadır. Buna koşut olarak, Anayasa'nın *"Temel hak ve hürriyetlerin niteliği"* kenar başlıklı 12'nci maddesinin 1'inci fıkrasındaki *"Herkes, kişiliğine bağlı, dokunulmaz, devredilmez, vazgeçilmez temel hak ve hürriyetlere sahiptir."* hükmü, bir insan hakkı olan soyadı hakkını güvencelemektedir.

Ayrıca soyadı, kişiliğin tanıtımının önemli bir unsuru olması yönüyle de kişinin ilişkilerinde başat rolü üstlenmektedir. Bu bağlamda kadının soyadı hakkı, Anayasa'nın *"Kişinin dokunulmazlığı, maddi ve manevi varlığı"* kenar başlıklı 17'nci ve *"Özel hayatın gizliliği"* kenar başlıklı 20'nci maddesiyle de güvencelenmektedir. Bu maddeler kapsamında soyadı

---

[11] TMK'nin, evlenme ehliyetinde yaş koşulunu düzenleyen 124'üncü maddesi; evlenme için başvurulacak makamı düzenleyen 134'üncü maddesi ve evlenme başvurusunda istenilen belgeleri düzenleyen 136'ncı maddesi bu kapsamdadır.

hakkı, kişinin manevi varlığının ve özel hayatının ayrılmaz bir parçasıdır. 17'nci maddenin 1'inci fıkrasında *"Herkes, yaşama, maddi ve manevi varlığını koruma ve geliştirme hakkına sahiptir."* denilerek kişinin soyadının da dâhil olduğu manevi varlığın korunmasının ve geliştirilmesinin herkese hak olarak tanındığı ifade edilmektedir. 20'nci maddenin 1'inci fıkrasında ise *"Herkes, özel hayatına ve aile hayatına saygı gösterilmesini isteme hakkına sahiptir."* denilerek kişinin soyadının da dâhil olduğu özel hayata ve aile hayatına saygı gösterilmesini talep etmenin herkese hak olarak tanındığı ifade edilmektedir. Nitekim evlenen kadının, kocasının soyadını taşımaksızın evlenmeden önceki soyadını kullanması, kişinin kendini gerçekleştirmesi amacıyla manevi varlığını koruyup geliştirmesi bakımından 17'nci maddeyle; özel hayatın gereği olarak evlenmeyle soyadını değiştirmek zorunda bırakılmaması ve aile hayatının gereği olarak kadının soyadının da aile soyadı olabilmesi bakımından 20'nci maddeyle ilişkilidir.

Ayrıca Anayasa'nın *"Ailenin korunması ve çocuk hakları"* kenar başlıklı 41'inci maddesinin 1'inci fıkrasındaki *"Aile, Türk toplumunun temelidir ve eşler arasında eşitliğe dayanır."*[12] hükmü de evlenen kadın ve erkek tarafından kurulan aile hayatının eşler arasındaki eşitliğe dayanılarak sürdürülmesini sağlayan anayasal güvence olmaktadır.

Anayasa'da yukarıda sayılan maddelerin dışında *"Milletlerarası andlaşmaları uygun bulma"* kenar başlıklı 90'ıncı madde, insan haklarına ilişkin uluslararası düzenlemeleri ulusal hukuka dâhil ettiğinden önem taşımaktadır. 90'ıncı maddenin son fıkrasında *"Usulüne göre yürürlüğe konulmuş temel hak ve özgürlüklere ilişkin milletlerarası andlaşmalarla kanunların aynı konuda farklı hükümler içermesi nedeniyle çıkabilecek uyuşmazlıklarda milletlerarası andlaşma hükümleri esas alınır."*[13] denilerek öngörülen çatışma kuralı gereğince kadının soyadı hakkını güvenceleyen uluslararası insan hakları sözleşmelerinin yasalardan üstün kılınması sağlanmıştır. Başka bir deyişle, kadının soyadı hakkına dönük yasa ve sözleşme hükmü birbiriyle çatışıyorsa yasa hükmü uygulanabilirliğini sözleşme hükmü karşısında yitirirken sözleşme hükmü uygulanabilirlik kazanmaktadır. Bu bağlamda TMK'nin 187'nci maddesinin, Türkiye'nin taraf olduğu insan hakları sözleşmelerinin kadının soyadına dönük güvence hükümleriyle çatışarak uygulanabilirliğini yitirmesi söz konusu olmaktadır.

Ulusal hukukta yer alan hükümlerin yanı sıra İnsan Hakları Avrupa Sözleşmesi'nin (İHAS) özel hayata ve aile hayatına saygı hakkını

---

[12] 03/10/2001 tarihli ve 4709 sayılı Kanun'un 17'nci maddesiyle bu fıkranın sonuna *"ve eşler arasında eşitliğe dayanır"* ibaresi eklenmiştir.
[13] Ek cümle: 07/05/2004-5170/7 md.

düzenleyen 8'inci[14] ve ayrımcılık yasağını[15] düzenleyen 14'üncü[16] maddesi ile İHAS'a Ek 7 No.lu Protokolün eşler arası eşitliği düzenleyen 5'inci[17] maddesi; Kadınlara Karşı Her Türlü Ayrımcılığın Önlenmesi Sözleşmesinin (CEDAW) kadın erkek eşitliğine dayanılarak evlilik ve aile ilişkilerinde ayrımcılığı önlemek amacıyla Taraf Devletlerin gerekli önlemleri almasını öngören ve kadınlara sağlayacağı hakları düzenleyen 16'ncı[18] maddesi; Medeni ve Siyasi Haklara İlişkin Uluslararası Sözleşmenin eşlerin eşit hak ve sorumluluklara sahip olmalarını sağlamak amacıyla Taraf Devletlerin gerekli tedbirleri almasını öngören 23'üncü[19] maddesi uluslararası hukukta kadının soyadı hakkını güvenceleyen[20] hükümlerdir (Kafkasyalı, 2023: 150-173). Bu hükümler karşısında

---

[14] Madde 8 - Herkes özel ve aile hayatına, konutuna ve yazışmasına saygı gösterilmesi hakkına sahiptir.

Bu hakkın kullanılmasına bir kamu makamının müdahalesi, ancak müdahalenin yasayla öngörülmüş ve demokratik bir toplumda ulusal güvenlik, kamu güvenliği, ülkenin ekonomik refahı, düzenin korunması, suç işlenmesinin önlenmesi, sağlığın veya ahlakın veya başkalarının hak ve özgürlüklerinin korunması için gerekli bir tedbir olması durumunda söz konusu olabilir.

[15] Genel ayrımcılık yasağını düzenleyen İHAS'a Ek 12 No.lu Protokol, Türkiye tarafından henüz onaylanmamıştır.

[16] Madde 14 - Bu Sözleşme'de tanınan hak ve özgürlüklerden yararlanma, cinsiyet, ırk, renk, dil, din, siyasal veya diğer kanaatler, ulusal veya toplumsal köken, ulusal bir azınlığa aidiyet, servet, doğum başta olmak üzere herhangi başka bir duruma dayalı hiçbir ayrımcılık gözetilmeksizin sağlanmalıdır.

[17] Madde 5 - Eşler evlilikte, evlilik süresince ve evliliğin sona ermesi durumunda, kendi aralarında ve çocukları ile ilişkilerinde medeni haklar ve sorumluluklardan eşit şekilde yararlanırlar. Bu madde devletlerin çocuklar yararına gereken tedbirleri almasını engellemez.

[18] Madde 16 - 1. Taraf Devletler kadınlara karşı evlilik ve aile ilişkileri konusunda ayrımı önlemek için gerekli bütün önlemleri alacaklar ve özellikle kadın-erkek eşitliği ilkesine dayanarak kadınlara aşağıdaki hakları sağlayacaklardır:

a) Evlenmede erkeklerle eşit hak;

b) Özgür olarak eş seçme ve serbest ve tam rıza ile evlenme hakkı;

c) Evlilik süresince ve evliliğin son bulmasında ayrı hak ve sorumluluklar;

d) Medeni durumlarına bakılmaksızın, çocuklarla ilgili konularda ana ve babanın eşit hak ve sorumlulukları tanınacak, ancak her durumda çocukların çıkarları en ön planda gözetilecektir;

e) Çocuk sayısına ve çocukların ne zaman dünyaya geleceklerine serbestçe ve sorumlulukla karar vermede ve bu hakları kullanabilmeleri için bilgi, eğitim ve diğer vasıtalardan yararlanmada eşit haklar;

f) Her durumda çocukların çıkarı en üst düzeyde tutularak ulusal yasalarda mevcut veli, vasi, kayyum olma ve evlat edinme veya benzeri müesseselerde eşit hak ve sorumluluklar;

g) Aile adı, meslek ve iş seçimi dahil her iki eş (kadın-erkek) için, eşit kişisel haklar;

h) Ücret karşılığı olmaksızın veya bir bedel mukabilinde malın mülkiyeti, kazanımı, işletmesi, idaresi, yararlanılması ve elden çıkarılmasında her iki eşe de eşit haklar.

2. Çocuğun erken yaşta nişanlanması veya evlenmesi hiçbir şekilde yasal sayılmayacak ve evlenme asgari yaşının belirlenmesi ve evlenmelerin resmi sicile kaydının mecburi olması için, yasama dahil gerekli tüm önlemler alınacaktır.

[19] Madde 23 - 1. Aile, toplumun doğal ve temel birimidir ve toplum ve devlet tarafından korunma hakkına sahiptir.

2. Evlenebilecek yaşta bulunan erkeklerle kadınlara, evlenme ve bir aile kurma hakkı tanınacaktır.

3. Evlenmek niyetinde olan eşlerin tam ve özgür rızası olmaksızın hiçbir evlilik bağı kurulamaz.

4. Bu Sözleşme'ye Taraf Devletler, eşlerin evlenirken, evlilik süresince ve evliliğin sona ermesinde eşit hak ve sorumluluklara sahip olmalarını sağlamak için gerekli tedbirleri alacaklardır. Evlilik sona erdiğinde, çocuklar için gerekli olan koruyucu hükümler öngörülmesi sağlanacaktır.

[20] İnsan Hakları Evrensel Bildirisi'nin (İHEB) Başlangıç kısmında "erkeklerle kadınların hak eşitliğine olan inançlarını bir kere daha belirtmiş" ifadesine ve 2'nci maddesinin 1'inci fıkrasında "Herkes, (...) ayrım gözetilmeksizin bu Bildiride ilan olunan tüm haklardan ve özgürlüklerden yararlanabilir." ifadesine yer verilmişse de İHEB, tavsiye niteliğinde bir metin olduğundan hukuken bağlayıcı değildir.

TMK'nin 187'nci maddesinin kadının soyadı hakkı aleyhine bir hüküm öngörmüş olmasına istinaden ortaya çıkacak uyuşmazlıkta, Anayasa'nın 90'ıncı maddesinin son fıkrası uyarınca anılan sözleşmelerin ilgili hükümlerinin esas alınması gerekmektedir.

3. Ulusal ve Uluslararası Hukukta Kadının Soyadı Hakkına İlişkin Mahkeme Kararları

Kadının soyadı hakkına ilişkin mahkeme kararları hem ulusal hukukta hem uluslararası hukukta mevcut olup bunlar ulusal hukukta ilk derece mahkemeleri ve temyiz mahkemesi tarafından verilen adli yargı kararları ile AYM tarafından verilen norm denetimi ve anayasa şikâyeti kararları; uluslararası hukukta İHAM tarafından verilen bireysel başvuru kararlarıdır (Tahmazoğlu Üzeltürk, 2014: 11-36; Duymaz, 2014: 37-52; Oruç, 2016: 451-465; Havutcu ve Kalkancı, 2020: 135-180; Suna, 2021: 33-70; Işıklar Ülgen, 2023: 1-47).

Bu kararlar, evlenen kadının kocasının soyadını taşımak zorunda bırakılmasına istinaden eşler arasındaki eşitsizliğin mahkemeler önüne taşınmasıyla kadının soyadı hakkına ilişkin ulusal ve uluslararası hukuktaki içtihadı oluşturmuştur.

Evlenen kadının kocasının soyadı önünde önceki soyadını kullanabilmesi, 14/05/1997 tarihli ve 4248 sayılı Kanun'la sağlanmışsa da bu gelişme eşler arasındaki eşitsizliği gidermediğinden 743 sayılı Türk Kanunu Medenisi'nin 153'üncü maddesinin 1'inci fıkrasının Anayasa'ya aykırılığı ileri sürülmüştür[21]. Evlenerek kocasının soyadını alan kadının evlenmeden önceki soyadını aile soyadı olarak kullanmak için açtığı davada, Anayasa'ya aykırılık savı ciddi bulunduğundan Ankara 4'üncü Asliye Hukuk Mahkemesince itiraz yoluna başvurulmuş ve anılan hükmün Anayasa'nın 12'nci ve 17'nci maddelerine[22] aykırılığı ileri sürülerek iptali istenmiştir.

AYM'nin somut norm denetimine konu olan bu hükmün, Anayasa'ya aykırılığının incelenmesi sonucunda Anayasa'nın 10'uncu, 12'nci ve 17'nci maddelerine[23] aykırı olmadığına kanaat getirilmiştir. AYM bu kanaate

---

[21] Esas Sayısı: 1997/61, Karar Sayısı: 1998/59, Karar Tarihi: 29/09/1998.

[22] İtiraz başvurunda dayanılan Anayasa maddeleridir.

[23] AYM, Anayasa'ya aykırılık savını incelerken itiraz başvurusunda dayanılan Anayasa maddeleriyle sınırlı olmadığından, Türk Kanunu Medenisi'nin 153'üncü maddesinin 1'inci fıkrasının -ilgili görülen Anayasa maddesi olarak- Anayasa'nın 10'uncu maddesine aykırı olup olmadığını da incelemiştir. AYM'nin bu yetkisi, inceleme sırasında yürürlükte olan 10/11/1983 tarihli ve 2949 sayılı Anayasa Mahkemesinin Kuruluşu ve Yargılama Usulleri Hakkında Kanun'un *"Gerekçe ile Bağlı Olmama"* kenar başlıklı 29'uncu

varırken, aile soyadının kuşaktan kuşağa doğumla geçerek aile birliğinin devamlılığını sağladığını ve yasa koyucunun aile birliğinin sağlanması için eşlerden birine öncelik tanıdığını; aile soyadının kocadan geçmesinin tercih edilmesinde kamu yararının, kamu düzeninin ve kimi zorunlulukların bulunduğunu dikkate almaktadır.

AYM, kadının evlenmekle kocasının soyadını almasının cinsiyet temelinde bir ayrımcılık yarattığı savını yerinde görmemekte ve kişilerin haklı gerekçelerle değişik kurallara bağlı tutulabilmesine istinaden aile soyadı olarak kocanın soyadına öncelik verilmesinin eşitlik ilkesine aykırılık oluşturmadığını belirtmektedir. Karşı oy gerekçesinde ise, eşitlik ilkesinin, farklı cinslerin eşit haklara sahip olmasını güvencelemesine istinaden cinsiyetine bakılmaksızın kadın ve erkeğin aynı hukuksal statüye bağlı tutulmasının gerektiği ve dolayısıyla hak ve özgürlükler ile sorumluluklar bakımından kadın ve erkek arasında tam bir eşitlik sağlanmasının zorunlu olduğu vurgulanmakta; CEDAW'a ve İHAM içtihadına atıfla Türk Kanunu Medenisi'nin 153'üncü maddesinin 1'inci fıkrasının Anayasa'nın 10'uncu maddesinin yanı sıra 13'üncü ve 17'nci maddelerine de aykırı olduğu belirtilmektedir[24].

AYM, Türk Kanunu Medenisi'nin 153'üncü maddesinin 1'inci fıkrasının Anayasa'ya aykırı olmadığını temellendirirken anlaşılmaz ve belirsiz sayılabilecek nitelikteki gerekçelere yönelmiştir. Yasa koyucunun eşlerden birine öncelik tanıdığını kabul eden AYM, öncelik tanımada kocanın tercih edilmesini kamu yararı, kamu düzeni ve kimi zorunluluklar şeklindeki yetersiz dayanaklara bağlamıştır.

AYM'nin yukarıda anılan kararı verdiği sırada, kadının soyadına dönük eşler arası eşitsizliğin İHAM önüne götürüldüğü *Ünal Tekeli v. Türkiye*[25] başvurusu henüz sonuçlanmamıştır[26]. Bu başvurunun Türkiye aleyhine

---

maddesinin *"Anayasa Mahkemesi, kanunların, kanun hükmünde kararnamelerin ve Türkiye Büyük Millet Meclisi İçtüzüğünün Anayasaya aykırılığı hususunda ilgililer tarafından ileri sürülen gerekçelere dayanmaya mecbur değildir. Anayasa Mahkemesi, talep bağlı kalmak kaydıyla başka gerekçe ile de Anayasaya aykırılık kararı verebilir."* şeklindeki 1'inci fıkrasından gelmektedir. Günümüzde -yukarıda anılan hüküm yerine- 30/03/2011 tarihli ve 6216 sayılı Anayasa Mahkemesinin Kuruluşu ve Yargılama Usulleri Hakkında Kanun'un *"Dosya üzerinden inceleme ve gerekçeyle bağlı olmama"* kenar başlıklı 43'üncü maddesinin *"Mahkemenin, kanunların, Cumhurbaşkanlığı kararnamelerinin ve Türkiye Büyük Millet Meclisi İçtüzüğünün Anayasaya aykırılığı hususunda ileri sürülen gerekçelere dayanma zorunluluğu yoktur. Mahkeme, talep bağlı kalmak şartıyla başka gerekçeyle de Anayasaya aykırılık kararı verebilir."* şeklindeki 3'üncü fıkrası yürürlüktedir.

[24] Üyelerden Yalçın Acargün, Mustafa Bumin ve Fulya Kantarcıoğlu karşı oy kullanmıştır.

[25] *Ünal Tekeli v. Türkiye*, B. No: 29865/96, 16/11/2004.

[26] 1997/61 esas sayılı itiraz yoluyla başvuru gerçekleştirildiğinde, 17/02/1926 tarihli ve 743 sayılı Türk Kanunu Medenisi yürürlükte olup bu Kanun'un Anayasa'ya aykırılığı ileri sürülen 153'üncü maddesi, 14/05/1997 tarihli ve 4248 sayılı Kanun'la değiştirilmiş ve evlenen kadına, kocasının soyadıyla birlikte evlenmeden önceki soyadını da kullanabilme hakkı tanınmıştı. *Ünal Tekeli v. Türkiye* başvurusu ise

sonuçlanması, AYM'nin Anayasa'ya aykırı bulmadığı ilgili hükümden kaynaklanan eşitsizliğin, İHAS'ta güvencelenen ayrımcılık yasağını ihlal ettiğinin yanı sıra Anayasa'da güvencelenen eşitlik ilkesine de aykırılık oluşturduğunu ortaya koymuştur. *Ünal Tekeli v. Türkiye* başvurusu, kadının soyadı hakkı bakımından kilometre taşıdır. Çünkü bu başvuruyla TMK'nin 187'nci maddesinden kaynaklanan eşitsizliğin İHAS'ı ihlal ettiği somutlaştırılmıştır. İHAM'a göre; yalnız erkeğin değil kadının soyadının veya eşlerin belirlediği ortak soyadının tercih edilmesiyle de aile birliği yansıtılabilecek ve eşler ortak soyadı kullanmasa dahi aile birliği korunduğundan kamu yararı olumsuz şekilde etkilenmeyecektir. İHAM, evlenen kadının kocasının soyadı taşımak zorunda bırakılmasının nesnel ve makul bir gerekçesi bulunmadığını vurgulayarak İHAS'ın özel hayata ve aile hayatına saygı hakkını güvenceleyen 8'inci maddesiyle ilişik olarak ayrımcılık yasağını düzenleyen 14'üncü maddesinin ihlal edildiğine karar vermiştir[27].

Ünal Tekeli v. Türkiye başvurusu üzerine İHAM'ın verdiği ihlal kararından sonra evlenen kadının kocasının soyadını almaksızın evlenmeden önceki soyadını kullanma talebiyle açılan davalarda, Anayasa'ya aykırılık savı ciddi bulunduğundan Fatih 2'nci Aile Mahkemesi, Ankara 8'inci Aile Mahkemesi ve Kadıköy 1'inci Aile Mahkemesi tarafından itiraz yoluna başvurulmuş ve TMK'nin 187'nci maddesinin Anayasa'nın 2'nci, 10'uncu, 12'nci, 17'nci, 41'inci ve 90'ıncı maddelerine aykırılığı ileri sürülerek iptali istenmiştir[28].

AYM'nin somut norm denetimine konu olan bu hükmün, Anayasa'ya aykırılığının incelenmesi sonucunda Anayasa'nın 2'nci, 10'uncu, 12'nci, 17'nci ve 41'inci maddelerine aykırı olmadığına kanaat getirilmiştir[29]. AYM, aynı hukuksal durumda bulunmadıklarına istinaden kadın ve erkek arasında eşitlik olamayacağından hareketle eşlere farklı muamele edilmesini eşitlik ilkesine aykırı görmemiştir. AYM'ye göre; kadının evlenmekle kocasının soyadını alması, aile birliğinin korunması ve nüfus kayıtlarının düzgün tutulması amacıyla kamu yararı ve kamu düzeni bakımından gereklilik arz etmektedir. Ayrıca AYM, evlenen kadına kocasının soyadı önünde evlenmeden önceki soyadını kullanabilme hakkı

20/12/1995 tarihinde gerçekleştirilmiş olup başvuru hakkındaki inceleme sürerken 153'üncü maddenin değişik hâli yürürlüğe girmişti. Başvuru hakkındaki inceleme sonlanmadan önce 22/11/2001 tarihli ve 4721 sayılı Türk Medeni Kanunu yürürlüğe girmişse de kadının soyadını düzenleyen 187'nci maddeyle, 153'üncü maddedeki hükmün aynısı korunmuştu.

[27] Ünal Tekeli v. Türkiye, § 63-69.

[28] Esas Sayısı: 2009/85, Karar Sayısı: 2011/49, Karar Tarihi: 10/03/2011.

[29] İtiraz konusu hükmün Anayasa'nın 90'ıncı maddesiyle ilgisi görülmemiştir.

tanınmasını, adil dengenin sağlanması olarak yorumlamaktadır.

AYM'nin çıkarımları İHAM'ın vardığı sonucun uzağına düşmektedir. AYM'nin aksine İHAM, *Ünal Tekeli v. Türkiye* başvurusunda, kadına dönük soyadı dayatmasının, aile birliğinin korunması ve kamu yararının sağlanması bakımından belirleyici nitelikte olmadığını ve nüfus kayıtlarının düzgün tutulmasında yaşanacak olası sorunların, bireylerin seçimlerine (aile adının seçimi kastedilerek) koşut onurlu bir yaşam sürdürmeleri açısından toplumun tahammül gösterebileceği bir rahatsızlık olduğunu tespit etmiştir[30]. Bunula birlikte AYM, somut norm denetimini gerçekleştirirken ilgili Anayasa maddeleri bakımından yerinde değerlendirmelerde bulunmamış ve hatta Anayasa'nın 90'ıncı maddesinin iptali istenilen hükümle ilgili olmadığını ileri sürmüştür. Oysa Anayasa'nın 90'ıncı maddesinin son fıkrası uyarınca uluslararası insan hakları sözleşmelerinin esas alınmasını gerektirecek bir uyuşmazlık durumu söz konusudur. Bu bağlamda AYM'nin ilgili insan hakları sözleşmelerini dikkate alması beklenmiştir ancak AYM, ne Anayasa'nın 90'ıncı maddesinin son fıkrasında düzenlenen çatışma hükmünü ne de Türkiye aleyhine sonuçlanan *Ünal Tekeli v. Türkiye* başvurusunu dikkate almayı yeğlemiştir. Karşı oy gerekçelerinde ise, insan hakları sözleşmelerine ve *Ünal Tekeli v. Türkiye* başvurusundaki tespitlere koşut değerlendirmelerde bulunulduğu görülmektedir[31].

AYM'nin bu kararının ardından Yargıtay 2'nci Hukuk Dairesi, evlenen kadının kocasının soyadını almaksızın evlenmeden önceki soyadını kullanması talebiyle önüne gelen davada, AYM'nin yukarıda anılan kararına atıfta bulunarak TMK'nin 187'nci maddesi değişmediği müddetçe İHAM içtihadının uygulanmasının mümkün olamayacağı yönünde yerinde olmayan bir yaklaşım benimsemiştir (Erbek Odabaşı, 2017: 91-95).

Anayasa şikâyetinin hukuk düzenine girmesiyle birlikte kadının soyadı hakkına ilişkin olarak *Ünal Tekeli v. Türkiye* başvurusundan sonraki kilometre taşı *Sevim Akat Eşki*[32] başvurusu olmuştur. Bu başvuruda, TMK'nin 187'nci maddesinden kaynaklanan uygulamaya istinaden özel hayata ve aile hayatına saygı gösterilmemesi dolayısıyla Anayasa'nın 2'nci, 10'uncu, 12'nci, 17'nci, 20'nci, 41'inci ve 90'ıncı maddelerinde

---

[30] *Ünal Tekeli v. Türkiye*, § 63-69.
[31] Üyelerden Osman Alifeyyaz Paksüt, Fulya Kantarcıoğlu, Fettah Oto, Serdar Özgüldür, Serruh Kaleli, Zehra Ayla Perktaş, Recep Kömürcü ve Engin Yıldırım karşı oy kullanmıştır.
[32] *Sevim Akat Eşki*, B. No: 2013/2187, 19/12/2013.

güvencelenen hakların ihlal edildiği iddia edilmiştir[33]. AYM, bu başvuruyu incelerken İHAM içtihadıyla örtüşen bir değerlendirmede bulunarak Anayasa'nın 17'nci maddesinin ihlal edildiğine karar vermiştir[34]. AYM'ye göre; somut olay bakımından Anayasa'nın 90'ıncı maddesinin son fıkrası uyarınca uluslararası insan hakları sözleşmelerinin esas alınması gerekmekte olup bu sözleşmelerde düzenlenen kadının soyadı hakkına dönük güvenceler karşısında TMK'nin 187'nci maddesinin uygulanabilirliği kalmamıştır[35].

Anayasa şikâyetinin sonuçları yalnız başvurucuyla sınırlı kaldığından AYM'nin bu kararı, her ne kadar ilgili hüküm üzerinde sonuç doğurmamışsa da TMK'nin 187'nci maddesi yerine uluslararası insan hakları sözleşmelerinin ilgili hükümlerinin uygulanması gerektiği gerekçesiyle Yargıtay Hukuk Genel Kurulunun ilgili ilk derece mahkemesinin direnme kararını onaması üzerine[36], Yargıtay 2'nci Hukuk Dairesinin, içtihadını değiştirerek ilk derece mahkemelerinin kadınların soyadı hakkı lehine verdiği kararları bozmaktan vazgeçip onamaya başlamasını sağlamıştır (Erbek Odabaşı, 2017: 98-101).

Her ne kadar yasama organı kadının soyadı hakkına dönük bu gelişmelere kayıtsız kalarak TMK'nin 187'nci maddesinin yeniden düzenlenmesi yoluna gitmemişse de bu içtihat değişikliğiyle birlikte evlenen kadının, ilgili ilk derece mahkemesine başvurarak kocasının soyadını almaksızın evlenmeden önceki soyadını kullanma olanağı doğmuştur. Bununla birlikte, evlenen kadının bu olanağı mahkemeye başvurmakla kullanabiliyor olması, soyadı hakkı yönünden eşler arasında hak temelli bir eşitliğin sağlanamamış olduğunu ortadan kaldırmamaktadır.

4. Soyadı Hakkına Dönük Eşler Arası Eşitsizliğin Kaldırılması

Soyadı hakkına dönük eşler arası eşitsizliği ortadan kaldıran, AYM'nin 22/02/2023 tarihli iptal kararı[37] olmuştur (Baş ve Baş, 2024: 493-526; Güler Özer, 2023: 523-556). Evlenmeden önceki soyadının kullanılmasına izin verilmesi talebiyle açılan davada, Anayasa'ya aykırılık savı ciddi bulunduğundan İstanbul 8'inci Aile Mahkemesince itiraz yoluna başvurulmuş ve TMK'nin 187'nci maddesinin Anayasa'nın 2'nci,

---

[33] Sevim Akat Eşki, § 16.
[34] Sevim Akat Eşki, § 49.
[35] Sevim Akat Eşki, § 45.
[36] Esas Sayısı: 2014/889, Karar Sayısı: 2015/2011, Karar Tarihi: 30/09/2015.
[37] Esas Sayısı: 2022/155, Karar Sayısı: 2023/38, Karar Tarihi: 22/02/2023.

10'uncu, 17'nci, 20'nci, 90'ıncı ve 153'üncü maddelerine aykırılığı ileri sürülerek iptali istenmiştir. Nihayet AYM, uluslararası insan hakları sözleşmelerinin ilgili hükümlerini, İHAM içtihadını ve anayasa şikâyetlerine istinaden verdiği kararlardan oluşan içtihadını da dikkate alarak somut norm denetimine konu olan TMK'nin 187'nci maddesinin Anayasa'nın 10'uncu maddesinde güvencelenen eşitlik ilkesine aykırı olduğuna ve ilgili maddenin iptaline karar vermiştir. Karşı oy gerekçelerinde ise, AYM'nin terk ettiği içtihadında kullandığı gerekçelere atıfta bulunulduğu görülmektedir[38].

AYM, TMK'nin 187'nci maddesinin Anayasa'ya aykırı bulunarak iptal edilmesinden doğan boşluğun kamu yararını ihlal edecek nitelikte olmasına istinaden iptal hükmünün, kararın Resmî Gazete'de yayımlanmasından başlayarak dokuz ay sonra yürürlüğe girmesini hükme bağlamıştır[39]. Bu doğrultuda ortaya çıkan sonuç, yasa koyucunun dokuz aylık süre içerisinde kadının soyadına ilişkin TMK'nin 187'nci maddesini yeniden düzenlenmekle yükümlü olduğudur. Bu yükümlülüğe karşın yasa koyucu, dokuz aylık süre içerisinde ilgili madde yeniden düzenlenmemiştir. Bu sürenin bitiminde yasa koyucu -kamuoyunda sekizinci yargı paketi olarak bilinen- 7499 sayılı Ceza Muhakemesi Kanunu ile Bazı Kanunlarda Değişiklik Yapılmasına Dair Kanun[40] kapsamında TMK'de bazı değişiklikler gerçekleştirmesine karşın ilgili maddenin yeniden düzenlenmesine ilişkin yükümlülüğünü yadsımıştır. Kısa bir süre sonra -kamuoyunda dokuzuncu yargı paketi olarak bilinen- Bazı Kanunlarda Değişiklik Yapılmasına Dair Kanun Teklifi[41] kapsamında AYM'nin iptal ettiği madde yeniden düzenlenmeye çalışılmıştır. Anılan kanun teklifinde getirilen maddenin, AYM'nin iptal ettiği maddeden farksız olması, demek oluyor ki kadının soyadı hakkının AYM kararına karşın yasa koyucu eliyle ortadan kaldırılabilme olasılığının bulunması karşısında parlamenter ve toplumsal muhalefetin mücadelesi sonuç vermiş ve kadının soyadını düzenleyecek olan madde Adalet Komisyonundaki görüşmeden sonra Genel Kurul'a sevk edilmemiştir.

Her ne kadar AYM'nin iptal ettiği maddeden farksız bir maddenin Genel Kurul'a sevk edilmemesi olumlu bir gelişmeyse de oluşan düzenleme boşluğunun henüz giderilmemiş olması uygulamada bazı

---

[38] Üyelerden Kadir Özkaya, Muammer Topal, Yıldız Seferinoğlu, Selahaddin Menteş, İrfan Fidan ve Muhterem İnce karşı oy kullanmıştır.

[39] AYM'nin iptal kararı, 28/04/2023 tarihli Resmî Gazete'de yayımlanmıştır.

[40] Kabul Tarihi: 02/03/2024, Kabul Edildiği Birleşim: 28'inci Dönem/2'nci Yasama Yılı/67'nci Birleşim, Cumhurbaşkanlığına Gidiş Tarihi: 02/03/2024, Cumhurbaşkanlığından Geliş Tarihi: 11/03/2024, Yayımlandığı Resmî Gazete: 12/03/2024 - 32487.

[41] Dönemi ve Yasama Yılı: 28/2, Esas Numarası: 2/2258, Başkanlığa Geliş Tarihi: 03/07/2024.

sorunlara zemin hazırlayabilecektir. Çünkü TMK'nin 187'nci maddesinin iptal edilmesi kadının soyadı hakkına dönük ihlalin kaynağını ortadan kaldırmış; ancak dokuz aylık süre içerisinde ve hatta bu süre dolmasına karşın yasa koyucu AYM'nin iptal kararına koşut şekilde gereken düzenlemeyi yapmadığından kadının soyadı hakkına dönük yeni bir ihlal biçimi yaratılmıştır.

TMK'nin 187'nci maddesinin yeniden düzenlenmesine kadar geçecek sürede ilgili maddenin iptal edilmeden önceki hâlinin yeniden geçerli kılınamaz olduğu tartışmasız olmakla birlikte iptal edilen maddenin, AYM'nin iptal kararına dayanarak kocasının soyadını almaksızın evlenmeden önceki soyadını kullanmayı talep eden kadınlara uygulamada dayatılıp dayatılmadığı hususu gölgede kalmaktadır.

İptal edilen maddenin uygulamada dayatılması olasılığında kadının soyadı hakkına dönük ihlalin devam edecek olduğu aşikârdır. Anayasa'nın, İHAS'ın, CEDAW'ın, Medeni ve Siyasi Haklara İlişkin Uluslararası Sözleşme'nin ilgili hükümleri ile AYM ve İHAM içtihadı doğrultusunda yalnız kadının soyadını düzenleyen maddenin değil eşler arası eşitsizliğin giderilmediği tüm TMK ve ilgili kanun maddelerinin de yasa koyucu tarafından ivedilikle ve bütünlüklü olarak ele alınması, süreğen ihlallerin sonlandırılmasını sağlayacaktır.

5. Sonuç

Nüfus kaydındaki değişiklikler kadını, bekârlık hanesinden alıp koca hanesine, koca hanesinden alıp bekârlık hanesine taşıyarak bireyden ziyade bir meta biçiminde imlemektedir.

Kadın, evlenmekle ve boşanmakla yalnız soyadının değil nüfus kütüğünün de değiştirilmesiyle karşı karşıya kalmaktadır. 25/04/2006 tarihli ve 5490 sayılı Nüfus Hizmetleri Kanunu'nun *"Evlenmenin bildirilmesi ve tescili"* kenar başlıklı 23'üncü maddesinin 2'nci fıkrası gereğince evlenen kadının nüfus kütüğü eşinin nüfus kütüğüne taşınırken boşanmanın gerçekleşmesi üzerine bu durum eski hâline dönmektedir[42]. Bu da kadının kaç kez evlenme ve boşanma yaşayacağına göre hem soyadında hem de nüfus kütüğünde o kadar değişiklik gerçekleştirileceği anlamına gelmektedir.

TMK'nin *"Kadın için bekleme süresi"* kenar başlıklı 132'nci maddesi

---

[42] Madde 23/2 - Evlenen kadının kaydı kocasının hanesine taşınır. Kocası ölen kadın yeniden evlenmedikçe ölen kocasının aile kütüğünde kalır. Ancak dilerse babasının kütüğüne dönebilir.

gereğince boşanan kadın, yeniden evlenmek için bekleme süresine[43] tabi tutulmakta yahut bunu bertaraf edebilmek için tıbben ispatlama zorunluluğuna maruz bırakılmaktadır[44].

Kadın, her ne kadar AYM'nin iptal kararına istinaden kocasının soyadını almaksızın evlenmeden önceki soyadını kullanma hakkı kazanmışsa da aile soyadı kocadan geldiği için TMK'nin *"Soyadı"* kenar başlıklı 321'inci maddesi gereğince, evlilik birliği sürerken çocuğuna[45] kendi soyadını verememektedir (Çelt, 2023: 1065-1095; Şahin, 2024: 1-38).

Oysa bunlar, her ne kadar resmî belgelerde karışıklığın önlenmesi amacıyla uygulamada yarar sağlayan düzenlemeler olarak gösterilse de yasa koyucu bu düzenlemelerin devamlılığını korumak isterken dahi cinsiyet eşitliği aleyhine hüküm oluşturmamakla yükümlüdür. Bu düzenlemeler Anayasa'nın ve taraf olunan uluslararası insan hakları sözleşmelerinin güvenceye aldığı eşitlik ilkesine/ayrımcılık yasağına, kişinin maddi ve manevi varlığını koruma ve geliştirme hakkına, özel hayata ve aile hayatına saygı hakkına aykırılık oluşturmaktadır. İlgili düzenlemelerin cinsiyet eşitliğini bozmayacak şekilde yeniden ele alınması zorunludur[46].

Kaynakça

Baş, S., Baş, S., (2024). Anayasa Mahkemesi'nin TMK m. 187 Hükmüne İlişkin İptal Kararından Sonra Evlenen Kadının Soyadı. *KHM*, 4(2), 493-526.

Çelt, D. Ö., (2023). TMK m. 187'nin İptali Kararının Çocuğun Soyadına Olası Etkileri ve Olması Gereken Hukuk Bağlamında Bir Öneri. *Akdeniz Üniversitesi Hukuk Fakültesi Dergisi*, 13(2), 1065-1095.

Duymaz, E. (2014). Anayasa Mahkemesi'nin Soyadına İlişkin Kararları Üzerine Düşünceler. *Anayasa Hukuku Dergisi*, 3(5) 37-52.

Erbek Odabaşı, Ö., (2017). Anayasa Mahkemesi ve Yargıtay Kararları Çerçevesinde Evli

---

[43] Madde 132 - Evlilik sona ermişse, kadın, evliliğin sona ermesinden başlayarak üçyüz gün geçmedikçe evlenemez.
Doğurmakla süre biter.
Kadının önceki evliliğinden gebe olmadığının anlaşılması veya evliliği sona eren eşlerin yeniden birbiriyle evlenmek istemeleri hâllerinde mahkeme bu süreyi kaldırır.

[44] TMK'nin 132'nci maddesi, İHAM'ın tespit ettiği üzere İHAS'ın 8'inci maddesinde güvencelenen özel hayata saygı hakkını ve 12'nci maddesinde güvencelenen evlenme hakkına ilişik olarak 14'üncü maddesinde güvencelenen ayrımcılık yasağını ihlal etmektedir. Bkz. *Nurcan Bayraktar v. Türkiye*, B. No: 27094/20, 27/06/2023.

[45] Madde 321 - Çocuk, ana ve baba evli ise ailenin; (…) soyadını taşır. Ancak, ana önceki evliliğinden dolayı çifte soyadı taşıyorsa çocuk onun bekârlık soyadını taşır.
AYM'nin 02/07/2009 tarihli kararıyla, bu maddenin birinci cümlesinde yer alan *"… evli değilse ananın …"* ibaresi iptal edilmiştir (Esas Sayısı: 2005/114, Karar Sayısı: 2009/105).

[46] TMK'nin *"Dava hakkı"* kenar başlıklı 286'ncı maddesinin *"Koca, soybağının reddi davasını açarak babalık karinesini çürütebilir. Bu dava ana ve çocuğa karşı açılır."* şeklindeki 1'inci fıkrası, soybağının reddi davasını açma hakkını anneye tanımadığından AYM'nin 26/07/2023 tarihli kararıyla iptal edilmiştir (Esas Sayısı: 2023/37, Karar Sayısı: 2023/140).

Kadının Soyadı. *Dokuz Eylül Üniversitesi Hukuk Fakültesi Dergisi*, 19(1), 43-109.

Güler Özer, Z., (2023). Anayasa Mahkemesinin TMK m. 187'nin İptaline İlişkin Kararının Analizi ve Düzenleme Önerisi. *Türkiye Adalet Akademisi Dergisi*, 14(55), 523-556.

Havutcu, A., Kalkancı, Y., (2020). Anayasa Mahkemesi Bireysel Başvuru Kararları Işığında Kadının Soyadı. *İstanbul Aydın Üniversitesi Hukuk Fakültesi Dergisi*, 6(2), 135-180.

Işıklar Ülgen, İ., (2023). Evlendikten Sonra Kadınların Münhasıran Kendi Soyadlarını Kullanması. *Türkiye Barolar Birliği Dergisi*, 168, 1-47.

Kafkasyalı, E. G., (2023). CEDAW'dan İstanbul Sözleşmesine Kadın Hakları ve Türk İç Hukukuna Etkileri. *Giresun Üniversitesi İktisadi ve İdari Bilimler Dergisi*, 9(1), 150-173.

Oruç, M. (2016). Evli Kadının Münhasıran Bekârlık Soyadını Kullanabilmesi. *Türkiye Adalet Akademisi Dergisi*, 7(27), 451-465.

Suna, İ. D., (2021). Kadının Soyadı. *Konya Barosu Dergisi*, 1, 33-70.

Şahin, M., (2024). Anayasa Mahkemesi'nin İptal Kararı Ardından Türk Hukukunda Evli Kadının ve Çocuğun Soyadı. *Türkiye Barolar Birliği Dergisi*, 170, 1-38.

Tahmazoğlu Üzeltürk, S., (2014). Ad ve Soyada İlişkin Kararlar Bireyin Kimlik Hakkı. *Anayasa Hukuku Dergisi*, 3(5), 11-36.

AYM Kararları:

Esas Sayısı: 1997/61, Karar Sayısı: 1998/59, Karar Tarihi: 29/09/1998.

Esas Sayısı: 2005/114, Karar Sayısı: 2009/105, Karar Tarihi: 02/07/2009.

Esas Sayısı: 2009/85, Karar Sayısı: 2011/49, Karar Tarihi: 10/03/2011.

Esas Sayısı: 2022/155, Karar Sayısı: 2023/38, Karar Tarihi: 22/02/2023.

Esas Sayısı: 2023/37, Karar Sayısı: 2023/140, Karar Tarihi: 26/07/2023.

Sevim Akat Eşki, B. No: 2013/2187, 19/12/2013.

İHAM Kararları:

Nurcan Bayraktar v. Türkiye, B. No: 27094/20, 27/06/2023.

Ünal Tekeli v. Türkiye, B. No: 29865/96, 16/11/2004.

Yargıtay Hukuk Genel Kurulu Kararı:

Esas Sayısı: 2014/889, Karar Sayısı: 2015/2011, Karar Tarihi: 30/09/2015.

REPRESENTATION OF A PEASANT WOMAN IN PARLIAMENT: THE POLITICAL LIFE AND INFLUENCE OF HATI ÇIRPAN (SATI KADIN), ONE OF TURKEY'S FIRST FEMALE DEPUTIES

PARLAMENTODA BİR KÖYLÜ KADININ TEMSİLİ: TÜRKİYE CUMHURİYETİ'NİN İLK KADIN MİLLETVEKİLLERİNDEN HATI ÇIRPAN (SATI KADIN)'IN SİYASİ YAŞAMI VE ETKİLERİ

Ceren Avcil[1]

Öz

Bu çalışma, Türkiye Cumhuriyeti'nin ilk kadın milletvekillerinden biri olan Hatı Çırpan (Satı Kadın)'ın hayatını ve siyasi kariyerini incelemektedir. Araştırma, Çırpan'ın yaşamına dair yayınlanmış akademik makaleler, kitaplar, tezler ve arşiv belgelerinden yararlanılarak gerçekleştirilmiştir. Satı Hanım'ın siyasi yaşamı, Cumhuriyet döneminde kadınların siyasal katılımının gelişimi açısından önemli bir örnek teşkil etmektedir. Çalışmada, Satı Hanım'ın köylü kökenli ilk kadın milletvekili olma özelliğine vurgu yapılmaktadır. Bu durum, Türkiye'de kadına yönelik geleneksel bakış açısının değişimi sürecinde önemli bir dönüm noktası olarak değerlendirilmektedir. Araştırma, Satı Hanım'ın siyasi kariyerinin yanı sıra, onun toplumsal cinsiyet rolleri ve kırsal kalkınma konularındaki görüşlerini de ele almaktadır. Cumhuriyet'in ilanıyla birlikte kadınların siyasal hayata katılımlarına yönelik gerçekleştirilen reformlar detaylı bir şekilde incelenmektedir. Bu bağlamda, kadınların kamusal alana katılmasının teşvik edilmesi, seçme ve seçilme hakkının verilmesi, eğitim olanaklarının artırılması gibi önemli adımlar ele alınmaktadır. Ancak, çalışma aynı zamanda günümüzde kadınların siyasi temsil oranının hala istenilen düzeyde olmadığına dikkat çekmektedir. Araştırma, kadınların siyasi katılımını etkileyen ekonomik, sosyal, kültürel ve siyasal faktörleri kapsamlı bir şekilde analiz etmektedir. Bu doğrultuda, kadınların tam ve eşit katılımının sağlanmasına yönelik politika ve stratejilerin yeniden gözden geçirilmesi gerektiği vurgulanmaktadır.

[1] Doç. Dr., Ağrı İbrahim Çeçen Üniversitesi, İktisadi ve İdari Bilimler Fakültesi, Halkla İlişkiler ve Reklamcılık Bölümü, cavcil@agri.edu.tr, ORCID: 0000-0002-6301-515X

Çalışma, kadının statüsünün güçlendirilmesi için alınması gereken önlemleri de tartışmaktadır. Sonuç olarak, bu araştırma Satı Çırpan'ın hayatı ve siyasi kariyeri üzerinden Türkiye'de kadınların siyasal katılımının tarihsel gelişimini incelemekte ve günümüzdeki durumu değerlendirmektedir. Çalışma, kadınların siyasi temsilinin artırılması için öneriler sunarak literatüre katkı sağlamayı amaçlamaktadır.

Anahtar Kelimeler: Satı Çırpan; kadın milletvekilleri; Türkiye Cumhuriyeti; siyasal katılım; toplumsal cinsiyet; kadın hakları

Abstract

This study examines the life and political career of Hatı Çırpan (Satı Kadın), one of the first female members of parliament in the Republic of Türkiye. The research utilizes published academic articles, books, theses, and archival documents pertaining to Çırpan's life. Satı Hanım's political journey serves as a significant example of the development of women's political participation during the Republican era. The study emphasizes Çırpan's unique position as the first female parliamentarian of rural origin, which is considered a crucial turning point in the process of changing traditional perspectives on women in Turkish Republic. In addition to her political career, the research also explores Çırpan's views on gender roles and rural development. The study provides a detailed examination of the reforms implemented following the proclamation of the Republic to facilitate women's participation in political life. In this context, important steps such as encouraging women's participation in the public sphere, granting suffrage, and increasing educational opportunities are discussed. However, the study also draws attention to the fact that the current rate of women's political representation is still not at the desired level. The research comprehensively analyzes the economic, social, cultural, and political factors affecting women's political participation. Consequently, it emphasizes the need to reassess policies and strategies aimed at ensuring women's full and equal participation. The study also discusses measures that should be taken to strengthen the status of women. In conclusion, this research examines the historical development of women's political participation in Turkey through the life and political career of Satı Çırpan and evaluates the current situation. The study aims to contribute to the literature by offering recommendations for increasing women's political representation.

Keywords: Satı Çırpan; women MPs; Republic of Türkiye; political participation; gender; women's rights

1. Giriş

Türkiye'de Cumhuriyeti'nin ilan edilmesi ile birlikte toplumda ekonomik, siyasal, kültürel ve sosyal alanlarda değişim ve dönüşüm sürecinin ivme kazandığı görülmektedir. Toplumun topkeyün bir kalkınma sürecine girmesi, söz konusu alanlarda yasal düzenlemelerin yapılmasını da zorunlu hale getirmiştir.

Kadınların ekonomik, sosyal ve siyasal hayata katılımlarına dair Cumhuriyet ile birlikte büyük ve anlamlı atılımların gerçekleştirildiği görülmektedir. Keza günümüz kadın haklarını, kadınların statüsünü anlamak için Cumhuriyet dönemine doğru giderek dönemin getirilerine ve yeniliklerine bakmak zaruri olmaktadır. Kadınların özellikle siyasal hayata katılımlarına dair gerçekleştirilen yasal düzenlemeler, dönemin koşulları ve dünyada geçerli olan uygulamalar göz önünde bulundurulduğunda oldukça ilerici bir özellik taşımaktadır. 1930 yılında yürürlüğe konulan kanun ile kadınlar yerel seçimlerde, 1934 yılında ise genel seçimlerde seçme ve seçilme haklarına kavuşmuşlardır. Söz konusu kanunlar ile kadınların konumu "tebaadan yurttaşa geçiş, karşıt cinsle eşit statüye ulaşma" şeklinde kavramsallaştırılmıştır (Gökçimen, 2008: 5).

Cumhuriyet'in ilan edildiği dönemin koşullarına bakıldığında yeni bir toplum inşası ve bunun sürdürülebilirliğinin sağlanmasına yönelik reformlar ön plana çıkmaktadır. Toplumun inşasının tüm kesimleri kapsayacak şekilde modern biçimde yapılması elzemdi. Bu noktada kadınların toplumun birer etkin öznesi olarak konumlanabilmesi, yapılacak reform hareketlerinin kadının kamusal alandaki varlığını görünür kılacaktı. Nitekim, Cumhuriyet ile birlikte kadınlar, "sivil kadın örgütlerinin mücadeleleri sayesinde Türk kadını hak ettiği statü ve siyasal hakları elde etmiştir. Türk kadını kamusal alanda daha çok yer almaya ve siyasal alana dâhil olmaya sonunda da Meclise girmeyi başarmıştır" (Arslanel, 2021: 197).

Kadının siyaset başta olmak üzere kamusal alanda cereyan eden olayların, gerçekliklerin dışında kalması, toplumda kapsayıcı bir temsiliyetin olmaması sonucuna götürmektedir. Özel alan-kamusal alan ikileminin yarattığı tezatlık, kadının ikincil konumunu derinleştirmiştir. Bu durum kadın-erkek arasında cinsiyete dayalı işbölümü çerçevesinde belirli rollerin cinslere tahsis edilmesini gündeme getirmektedir. Sancar (2008: 173) bu durumu şu şekilde özetlemektedir:

"Bu gerçeklik insanları kadınlar ve erkekler olarak sahip olacakları haklar, yükümlülükler ve özgürlükler açısından farklılaştırır ve erkek egemenliği"ne dayalı bir cinsiyet düzenine ortam sağlar. Bu nedenle, kadınlar ailede bakım, yetiştirme, beslenme gibi işleri yaparken bu işler, kamusal dünyanın temel ilkeleri olan emek-hak-karşılık bağlamında değil, sevgi-minnet-fedakârlık bağlamında ele alınır. Erkek emeği ise kamusal ilişkiler içinde; piyasada işçi, devlet karşısında vatandaş, toplum karşısında insan olarak tanımlanır; hak ve özgürlüklerin sahibi olarak siyasal örgütlenme, toplu pazarlık yapma, ücret ve sosyal güvenlik haklarını talep etme, boş zamanlarında eğlenme, gereksinmelerine göre kamu hizmeti talep etme gibi kamusal/siyasal ilişkilerin içinde konumlanabilir".

Savaş döneminde gerek cephede gerekse cephe arkasında fedakarlık yapan kadınların savaş bittikten sonra kamusal alan-özel alan ikilemindeki konumunun ne olacağı önemliydi. Zira kamusal alana tekabül eden savaşta etkin olan kadın, savaş sonrasına evine dönerek özel alana mı sıkıştırılacaktı? Cumhuriyet sonrası kadınlara kamusallık katan reformlar bu ikilemde kadının yerini tayin etmiştir. Seçme ve seçilme hakkı ile birlikte kadın kamusal alana karışarak toplumsal ve siyasal bir aktör konumuna gelmiştir.

Bu çalışmada, Türkiye'nin ilk kadın milletvekillerinden biri olan Satı Hanım'ın yaşamına yer verilmiştir. Çalışmada ikincil kaynaklar kullanılarak siyasal katılım kavramına, Satı Hanım'ın yaşam öyküsüne ve siyasal hayatına yer verilmiştir. Çalışmanın önemli bulgusu, Türkiye'de erken dönem Cumhuriyet ile başlayan ve kadınların özel alan dışında da var olabilmelerini başlatan reformlara rağmen kadınların siyasetteki konumlarının istenilen düzeyde olmadığı ve kadınların eksik temsilinin olduğu şeklindedir.

2. Kadınlar ve Siyasal Katılım

Katılım kavramı, sosyal bilimler alanında oldukça yaygın kullanılan, bununla birlikte yöntem ve araçsallaştırılması hususunda üzerinde farklı görüşlerin dile getirildiği bir kavramdır (Milbrath, 1981: 197; Salisbury, 1975: 326). En genel haliyle siyasal katılım, "bireylerin, hükümette bulunanları seçtiği ve faaliyette bulundukları çalışmaları ilk elden ya da dolaylı bir şekilde denetlemek için kalkıştıkları eylemlerdir" (Candan ve Tosun, 2019: 2587). Başka bir tanım ise siyasal katılımın, yurttaşların siyaseti etkileyen faaliyetleri şeklindedir (van Deth, 2021: 1). Siyasal katılım araştırmaları, son birkaç on yılda önemli gelişmeler göstermiştir (Fisher, 2012: 12; Henn ve Weinstein, 2006: 517). Birden çok disiplin, bu alana ilişkin anlayışın genişletmeye katkıda bulunmuştur, ancak bu çok disiplinli girdi nedeniyle, siyasi katılım terimini oluşturan temel varsayımların ve tanımların ne olduğu daha az net hale gelmiştir (Weiss, 2020: 2).

Kadınların toplumsal hayatta yer alıp almamaları, geleneksel olarak süre gelen toplumsal cinsiyet rolleri ile ilgili bir konudur. Nitekim cinsiyet ve toplumsal cinsiyet kavramları kadınların yaşamlarını şekillendiren iki önemli kavram olarak karşımıza çıkmaktadır. Genel olarak cinsiyet, kadın ve erkek arasındaki biyolojik farklılıklara işaret ederken toplumsal cinsiyet kadın ve erkek arasında oluşturulan sosyal ve kültürel rollere tekabül etmektedir. Nihai olarak toplumsal cinsiyet kadın-erkek arasındaki eşitsiz konuma işaret etmektedir. Kadının tarihsel süreçte erkek karşısındaki ikincil konumu, kadının ekonomik, sosyal ve siyasal hayatın dışına itilerek özel alan ile özdeşleştirilmesini normal hale getirmiştir. "Böylece, kendi yaşamları ile ilgili sorunların siyaset dışı olduğu iddiasna karşı onları savunmasız, deneyimsiz ve dilsiz bırakır. Bu işbölümünün toplumsal kurum ve zihniyet tarzlarına zemin oluşturması, kadınların siyasal süreçlerden dışlanmasını 'doğal' bir olgu haline getirir ve sorgulama dışı bırakır" (TÜSİAD, 2000: 204). Bu durum, hem kadınların kendi farklılıklarını hem de kadınlar arası farklılık ve sorunların görünmez kılınmasının yolunu açmıştır.

Kadınların siyasal hayata katılımı yukarıda ifade edilen tanımlardan yola çıkıldığında siyasal hayatı doğrudan veya dolaylı olarak etkileme gücünü ve biçimini gündeme getirmektedir. Bu noktada geleneksel toplumsal cinsiyetçi bakış açısının kadınların siyasal katılımını etkileyen önemli bir faktör olduğu söylenebilir. Kadınların özel alan-kamusal alan ayrımı çerçevesinde özel alan ile özdeşleştirilmesi, kadının siyasetin cereyan ettiği kamusal alandan dışlanması sonucunu doğurmaktadır. Dolayısıyla kadının ev bakmı, çocuk bakımı vb. işlerden özel alan kapsamında birincil dereceden sorumlu tutulması ile kadınlar siyasetin aktif birer öznesi konumuna gelememektedirler. Nitekim Çakır (2019: 223), kadınların Türkiye'de mecliste sayılarının az olmasının nedenlerini şu şekilde açıklamaktadır: Türkiye'de kadınlar, erkekler ile eşit şekilde konumlandırılmamaktadırlar. Burada dinin, geleneklerin ve kültürün ağırlıklı bir etkinliği söz konusudur. Erkeklerin hakim olduğu kamusal alan, kadını cinsiyetçi işbölümünün getirmiş olduğu yük ve yükümlülüklerden dolayı kadını buradan dışlamaktadır. Dolayısıyla siyasal temsile sadece sayı veya oran şeklinde bakmak da yanlış kanılara yol açabilecektir. Karabetyan'ın (2023: 572) ifade ettiği gibi bu sorun yalnızca yasal ve politik reformlar ile değil, aynı zamanda sosyal ve kültürel değişim ve dönüşüm ile çözülebilecektir. Eşitlik temelinde bir toplumun inşası, kadınların da eşit katılımı ile mümkün olabilecektir. Bu değişim ve dönüşüm, toplumsal cinsiyet eşitliğini sağlamak için de hayati önem sahiptir. Kuşkusuz Türkiye'de kadınların siyasal hayata katılımı ve temsili, ülkenin içinde bulunduğu konjonktürden bağımsız değildir. Kadın haklarının dönemsel olarak ilerlemesi, dönemsel olarak duraklama noktasına gelmesi, ekonomik, sosyal, siyasal ve kültürel çevrenin koşullarına göre değişkenlik göstermektedir.

3. Cumhuriyet Dönemi ve Kadınların Siyasal Katılımı

29 Ekim 1923'te Cumhuriyet'in ilan edilmesiyle birlikte kadınlar toplumsal, ekonomik ve siyasal alanlarda konumunu güçlendirecek reformlar gerçekleştirilmiştir. Ancak öncesinde bu dönemde kadının durumuna bakmakta fayda vardır. Bu dönemde, "İstanbul'da aydın Türk kadını düşman istilasını protesto eden mitinglerde söz sahibi olmuş ve aktif bir rol oynamıştır. İstanbul Üniversitesi'nde kız öğrencilerin erkeklerle beraber okuyabileceğinin kararı alınmıştır. I. Dünya Savaşı'nda bir takım zorunluluklar nedeniyle iş hayatına atılan kadınların sayısı artmıştır. Hayır kuruluşlarında ve Kızılay teşkilatında aktif çalışmışlardır. Anadolu'nun diğer büyük ve küçük şehirlerinde kız okulları ve kadın öğretmen sayısı artmıştır. Bağımsızlık Savaşı'nda doğrudan vatan müdafasına iştirak etmişlerdir. Öğretim gören kızların çeşitli mesleklerde yetişme gayretleri ve uğraşmaları söz konusudur" (Gökçimen, 2008: 19). Dolayısıyla genç Türkiye Cumhuriyeti'nin gerçekleştirdiği kadın devriminin aslında Osmanlı kadınlarının 50 yıllık aktivizminin bir sonucu olduğunu iddia etmek yanlış olmayacaktır (Tekeli, 2010: 120).

Türkiye'de kadınların siyasal hayata katılımları, yukarıda ifade edilen toplumsal cinsiyet rollerinden bağımsız değildir. Yeni kurulmuş olan Cumhuriyet'in karşı karşıya kalmış olduğu en önemli konulardan birisi de demokratikleşme hamleleridir. Bu minvalde kadınların siyasette yer almaları bu demokratikleşme hamlelerinin önemli bir adımını içermektedir. Nitekim kadınlara 1930 yılında yerel seçimlerede seçme ve seçilme, 1934 yılında ise genel seçimlerde seçme ve seçilme hakkı tanınmıştır. Dönemin ulusal ve uluslararası koşulları düşünüldüğünde Türkiye'de bu yıllarda kadınlara seçme ve seçilme hakkının tanınması oldukça ilerici bir gelişmedir. Nitekim Batı ülkeleri ile kıyaslandığında Fransa'da 1944, İtalya'da 1945, Kanada'da 1948, İslam ülkelerinde Mısır'da 1956, Pakistan'da 1956, Libya'da 1963 yıllarında kadınlara seçme ve seçilme hakkının verildiği görülmektedir (Güneş Ayata, 1998: 237). Ancak günümüze baktığımızda hala kadınların gerek yerel seçimlerde gerekse genel seçimlerde temsiliyetinin henüz istenilen seviyede olmadığı da görülmektedir. Keza 2023 yılında yapılan genel seçimlerde kadın milletvekili sayısı 119'a yükselerek % 19,8'lik oranı yakalamıştır (YSK, 2023). Dolayısıyla 2023 yılında dahi kadın milletvekili sayısının erkeklere nazaran çok az olması, yüz yıllık Cumhuriyet tarihine rağmen kadınların siyasetteki konumları, rolleri ve etkinliği hala oldukça tartışmalı konular arasında yer almaktadır.

1935 yılında yapılan seçimlerde parlamentoya 18 kadın milletvekili olarak girebilmiştir. Toplam 399 milletvekilinin olduğu mecliste kadın milletvekili oranı, 18 sayı ile toplam milletvekilleri içinde % 4,5'luk orana sahiptir (Arat, 1998: 252; Dalaman, 2024: 29; TÜİK, 2021). "Kadınlara siyasal hakların tanınması, siyasal modernizasyonun doğal bir sonucuydu. Bu sürecin tamamlanmış olmasıyla, siyasal haklar bağlamında, kadın ve erkek eşit hale getirilmişti. Böylece "Ulus Egemenliği" kavramı, bütün halkı kapsayacak şekilde siyasal katılımın alanı, doğal sınırlarına ulaştırılmış ve demokrasinin temel göstergelerinden biri olan seçme ve seçilme eşitliği sağlanmış oluyordu" (Yüceer, 2008: 145). Kadınlar 5 Aralık 1934 tarihli Kanun ile milletvekili seçme ve seçilme hakkını elde etmiş ve bu gelişmeyi oldukça memnuniyetle karşılamışlar, 6 Aralık'ta ise bazı Ankaralı kadınlar Mustafa Kemal Atatürk ve diğer büyüklere teşekkür etmek için Halkevi'nde bir toplantı düzenlemiş ve sonrasında Meclise giderek memnuniyetlerini belirtmişlerdir (Sezer, 1998: 895).

Tablo 1. 1935-1939 Yılları Arasında Görev Yapan Kadın Milletvekilleri

Adı-Soyadı	İli	Adı-Soyadı	İli
Mebrure Gönenç	Afyonkarahisar	Fakihe Öymen	İstanbul
Hatı (Satı) Çırpan	Ankara	Benal Arıman	İzmir
Türkan Örs Baştuğ	Antalya	Ferruh Güpgüp	Kayseri
Sabiha Gökçül Erbay	Balıkesir	Bahire Bediz Morova Aydilek	Konya
Şekibe İnsel	Bursa	Mihri Bektaş	Malatya
Hatice Özgener	Çankırı	Meliha Ulaş	Samsun
Huriye Öniz Baha	Diyarbakır	Esma Nayman	Seyhan
Fatma Memik	Edirne	Sabiha Görkey	Sivas
Nakiye Elgün	Erzurum	Seniha Hızal	Trabzon

Kaynak: TBMM, 2024

4. Hatı Çırpan (Satı Kadın) Hayatı

Satı Hanım'ın siyasal hayatı, yeni kurulan genç Cumhuriyet ile birlikte kadının siyasal hayata katılımı noktasında bir mihenk taşı niteliğindedir. Gerek eğitim seviyesi gerekse yaptığı meslek bakımından ön planda olmayan Satı Hanım, meclise giren ilk milletvekili olması bakımından geleneksel kadın figürünün dışında bir örnek teşkil etmektedir.

Atatürk'ün her fırsatta kadına verdiği önem demeçlerine de yansımıştır. Bu minvalde Atatürk'ün Konya'da kadınlar ile gerçekleştirdiği konuşmada aşağıdaki değerlendirmeleri yapmıştır (Atatürk'ün Söylev ve Demeçler I-III, 2006: 317):

"Hanımlar, Efendiler;

Bu son senelerin inkılâp hayatında, hummalı fedakârlıklarla mahmul mücadele hayatında, milleti ölümden kurtararak halâsa ve istiklâle götüren azmü faaliyet hayatında her ferdi milletin mesaisi, gayreti, himmeti, fedakârlığı sebkeylemiştir. Bu meyanda en ziyade tebcil ile yad ve daima şükran ile tekrar edilmek lâzım gelen bir himmet vardır ki, o da Anadolu kadınının ibraz etmiş olduğu çok ulvî, çok yüksek, çok kıymetli fedakârlıktır. Dünyanın hiçbir yerinde, hiçbir milletinde, Anadolu köylü kadınının fevkinde kadın mesaisi zikretmek imkânı yoktur ve dünyada hiçbir milletin kadını "Ben Anadolu kadınından daha fazla çalıştım, milletimi halâsa ve zafere götürmekte Anadolu kadınından daha fazla çalıştım, milletimi halâsa ve zafere götürmekte Anadolu kadını kadar himmet gösterdim" diyemez.

Hanımlar ve Efendiler;

Kadınlarımız haddi zatında hayatı içtimaiyede erkeklerimizle her vakit yanyana yaşadılar. Bugün değil, eskiden beri, uzun zamanlardan beri, kadınlarımız erkeklerle başbaşa, hayatı cidalde, hayatı ziraatte, hayatı maişette, erkeklerimizden yarım hatve geri kalmıyarak yürüdüler. Belki erkeklerimiz memleketi istilâ eden düşmana karşı süngüleriyle, düşmanın süngülerine göğüslerini germekle düşman karşısında ispatı vücut ettiler. Fakat erkeklerimizin teşkil ettiği ordunun hayat menbalarını kadınlarımız işletmiştir. Memleketin esbabı mevcudiyetini hazırlıyan kadınlarımız olmuş ve kadınlarımız olmaktadır. Kimse inkâr edemez ki, bu harpte ve ondan evvelki harplerde milletin kabiliyeti hayatiyesini tutan hep kadınlarımızdır. Çift süren, tarlayı eken, ormandan odunu, keresteyi getiren, mahsulâtı pazara götürerek paraya kalbeden, aile ocaklarının dumanını tüttüren, bütün bunlarla beraber, sırtıyle, kağnısıyle, kucağındaki yavrusiyle, yağmur demeyip, kış demeyip, sıcak demeyip cephenin mühimmatını taşıyan hep onlar, hep o ulvî, o fedakâr, o ilâhî Anadolu kadınları olmuştur. Binaenaleyh hepimiz bu büyük ruhlu ve büyük duygulu kadınlarımızı şükran ve minnetle ebediyen taziz ve takdis edelim".

Hatı Çırpan (Satı Kadın), 1890'da Ankara'nın Kızılcahamam ilçesinde doğmuştur. Çırpan, Millet Mektebine giderek okuma-yazma öğrenmiş, çiftçilikle uğraşmıştır. 1934'te Kazan Köyü'nün muhtarlığını babasından devralmıştır. Evli olan Çırpan, Atatürk ile tanışmasının ardından V. dönem seçimlerinde Atatürk tarafından kendi listesinden milletvekili adayı olarak gösterilmiştir. Ankara Milletvekili olarak Cumhuriyet Halk Partisi (CHP)'den seçilen Çırpan, Ziraat Komisyonu üyeliği yapmıştır (Gökçimen, 2008: 25).

Foto 1. Hatı Çırpan (Satı Çırpanoğlu), Türkiye Büyük Millet Meclisi Albümü 2010.

Satı Hanım, Kara Mehmet Efendi ile Emine Hanım'ın kızıdır. Köyde yetişen Satı Hanım İbrahim Çırpanoğlu ile evlenmiştir. Bu evlilikten Lütfiye, Remzi, Emet, Ahmet ve Bediha adlı beş çocuğu olmuştur. Satı Hanım ile eşi İbrahim Efendi Balkan Savaşı'na katılmıştır. Bu savaşta siperin üzerine çökmesi sonucu yaralanmıştır. Milli Mücadele'ye de katılan Satı Hanım bu savaş sırasında da yara almıştır. Satı Hanım eşinin ölümünden sonra eşinin bıraktığı boşluğu doldurmaya çalışmış ve evinin geçimini, çocuklarının bakımını üstlenmiştir. Millet Mekteplerine gidip okuma yazma öğrenen Satı Hanım, 1934 yılında babasından köy muhtarlığını devralmıştır (Altunok vd., 2018: 29).

4.1. Hatı Çırpan (Satı Kadın)'ın Siyasal Hayatı

Türkiye'de 1933 yılında 2349 sayılı Kanun yürürlüğe girmiş ve kadınların da köy ihtiyar heyetlerine ve muhtarlığa seçme ve seçilme hakkı tanınmıştır. Bundan dolayı Satı Hanım, 1934 yılında muhtar adayı olmuş ve seçimi kazanarak muhtar olmuştur (Kazan Belediye Başkanlığı, 2015: 83).

Foto 2. Hatı Çırpan Meclis Kürsüsünde Yemin Ederken (1 Mart 1935), Atatürk Ansiklopedisi, 2024.

Satı Hanım, Atatürk tarafından seçilen ilk köylü kadın milletvekilidir (Yaşar, 2011: 68). Satı Hanım'ın siyasete girmesi esasında Atatürk'ün ziyaretleri döneminde gerçekleşen karşılaşma ile başlamıştır. Atatürk'ün Kızılcahamam'a gelmesi esnasında Atatürk ile tanışan Satı Hanım, büyük bir cesaret ile Atatürk'e ayran ikramında bulunmuş ve bu şekilde Atatürk'ün de dikkatini çekmiştir. Nahiye Müdürü'nün Satı Hanım'ı Atatürk'e köyün muhtarı olarak tanıtmıştır.

8 Şubat 1935 tarihli seçim tutanağı ile 1 Mart 1935'te Türkiye Büyük Millet Meclisi'ne katılan Satı Hanım'ın tutanağı 7 Mart 1935'te onaylanmıştır (Yaşar, 2011: 69; Altunok vd., 2018: 30).

Foto 3. Satı Hanım'ın Milletvekilliği Tutanağı, Kazan Belediye Başkanlığı, 2015

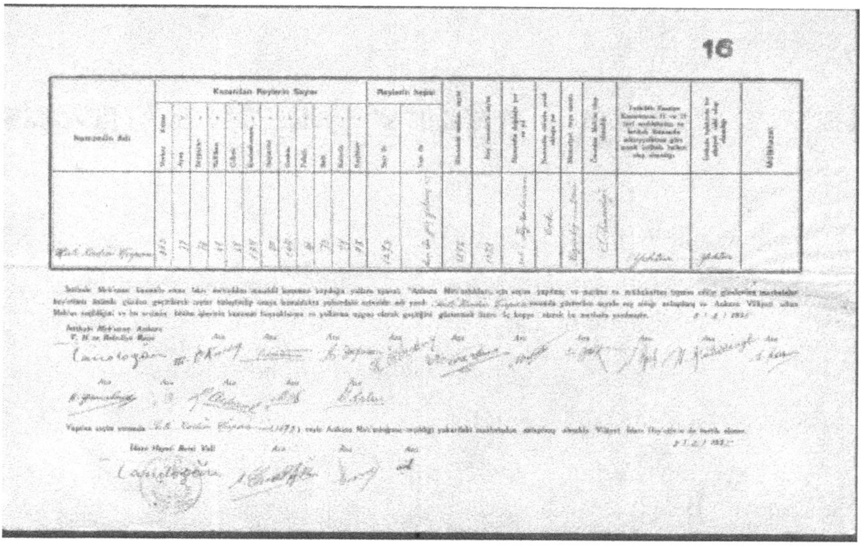

Vekilliği boyunca Ziraat Encümeni üyeliği yapan Satı Hanım, Ankara'da mütevazı bir yaşam sürmüştür. İki katlı bir köy evi tutmuş, ailesi ile birlikte burada oturmuştur. Kendi anlatımıyla "sabah 20 kişilik eve kumanda" etmiş, saat iki, üç oldu mu Meclis'e, oradan da Ziraat Encümeni'ne gitmiş ve akşama kadar orada çalışmıştır. Satı Kadının boş vakti olmamıştır. Bir yandan Meclis'teki görevini sürdürürken diğer yandan da köyünden gelenlerle ilgilenmiştir.

Satı Hanım'ın Atatürk ile karşılaşması ve milletvekilliğine dair anıları şu şekildedir (Adıgüzel, 2006: 191-192):

"Atatürk Kızılcahamam'a gelecek diye bir haber aldım. Hemen köyü bir güzel temizlettim. Evleri neyi acele acele badana neyi ettirdim. Atı çektim bindim. Bizim köye yarım saat mesafede Bitik nahiyesine vardım. Ahali toplandık. Ata'nın gelmesini beklemeye durakaldık. Durduktan kelli kamyonlar geçti. Atatürk geldi. Geldikten kelli eline vardım. Şarpıdanak öptüm. Ata'nın yanında duradurdum. O bana bahtı, ben O'na bahtım…Yanından hiç ayrılamıyordum. Köylüler ayran yapmışlar varıp Ata'ya veremiyorlar! Cesaret edemiyorlar. Vardım bardakları kucaklayıp Ata'ya ayran sundum. Atam bir bana bir Bucak Müdürü Bey'ine baktı. Müdür Ata'ya:

-Kazan Köyü'nün muhtarı, dedi.

Atam:

-Muhtar mısın? diye sordu.

-Muhtarım, dedim.

-Hoşnut musun? dedi.

-Hoşnutum, köylüye hizmet ediyom, dedim.

-Adın ne? dedi.

-Karamehmet Kızı Satı, dedim.

Ata ile konumam bu oldu. Gözleri, bakışları amanın insanı büyüleye yazdı. Düşmanlarını da bu bakışlarla kahretmiştir diye düşündüm..

6 ay sonra bir makine(otomobil) evimizin önünde durdu. Bekçi:

-Seni Nahiye'den istolar Satı Bacı, dedi.

Saat gecenin birini çoktan geçmiti. Efendim de evde yoktu. Yabandaydı. Bekçiye:

-Gündüze kıran mı girdi de beni bu saatte Nayiye'ye isteyolar? dedim. Bekçi:

-Seni Bölük Gumandanı isteyo, dedi.

Ayağma mestlerimi çektim. Elime bir değnek aldım. Bir yanıma bekçiyi öbür yanıma komşulardan birini alarak Nahiye'ye vaadmı. Bölük Gumandanınn gapusunda da makine duravardı. Gumandan: -Biz seni köy muhtarlarının başına ireis yapacağız, dedi.

-İyi ya, olurum, dedim.

Başım açık, başım örtük iresimlerimi aldılar. Ben saylav olacağımı neyi bilmiyordum. Bundan on gün sonra Ankara'da İsmet Paşa Kız Enstitüsü'ne götürdüler. Gozel gozel buluzlar, elcikler, çoraplar, fotinler giydirdiler. Beni şık bir Ankara gozeli yaptılar! Allahıma yemin ederim ki bir saat içinde Ankara gozeli oluverdim!

Sonra bir gün yemin ettim Büyük Meclis'te..Millet için, vatan için yemin ettim. Köylüler için çok çalıştım. Uyuklayan saylavları hep iteledim! Uyardım!.Millet size burada uyuyasınız diye para vermiyo dedim. Kadınlarımızın dertlerini anlattım kürsüden...İşsiz kocaların durumlarını, okuyamayan bebelerimizi anlattım..Ne konuştumsa, nasıl öğrendiğini bilemem, Atatürk hepsiyle ilgilendi…"

Foto 4. Satı Hanım'ın Milletvekilliği Haberi, 5 Şubat 1935, Ulus Gazetesi

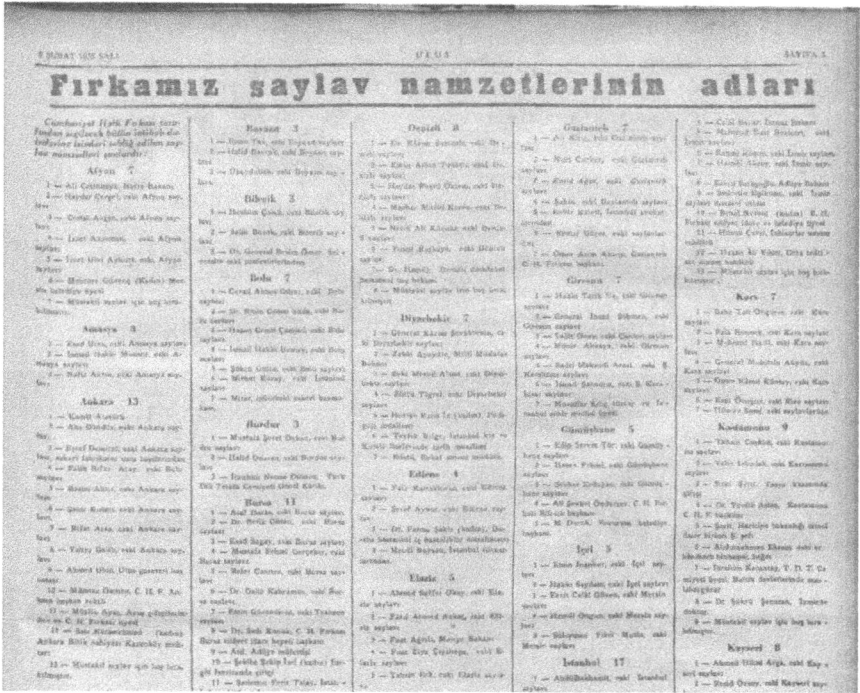

Milletvekili olduğunda 45 yaşında olan Satı Çırpan'ı özel kılan önemli bir husus, meclisteki ilk köylü kadın vekil olmasıydı (Arslantunalı, 2024). Satı Hanım çeşitli vesileler ile verdiği demeçlerde boşanmaya karşı olduğunu ve bu süreçlerden en fazla çocukların zarar gördüğünü belirtmiştir. Bekar kadınlara evlenmeleri tavsiyesinde bulunan Satı Hanım, Atatürk'e asker yetiştirilmesi gerektiğini vurgular (Kazan Belediye Başkanlığı, 2015: 104).

Satı Hanım, 1939 yılına kadar bulunduğu Meclis'te Ziraat Komisyonu'nda çalışmıştır. Meclis dışında günlük hayatında eski kıyafetlerini giymeye ve başörtüsünü takmaya devam etmiştir. Satı Hanım, sade bir evde oturmuş ve 1939 yılında yeniden aday gösterilmeyince köyüne geri dönmüştür (Oğur, 2015). Satı Hanım, 19.03.1956 yılında vefat edene kadar köyünde yaşamıştır. Vefat ettikten sonra adı Ankara'nın bazı yerlerinde müze, cami, ilkokul ve liseye verilmiştir.

Foto 5. Satı Hanım Müze Evi, Kahramankazan Belediyesi, 2024

Mezarı Ankara'nın Kahramankazan ilçesinde olan Satı Çırpan'ın köyündeki evi restore edilmiştir ve günümüzde müze olarak kullanılmaktadır. Bu müzede kendisine ait olan eşya ve kıyafetler, tarihi birçok fotoğraf ve tablo ile sergilenmekte ve müzenin yakınlarında bulunan mezarı da ziyaretçilere açık bir biçimde hizmet vermektedir.

5. Sonuç

Türkiye'de kadınların siyasal yaşamda yer almaları, 19. yüzyıldan itibaren Osmanlı'da başlayan reform hareketlerinin bir uzantısı neticesinde Cumhuriyet ile birlikte somut bir nitelik kazanmıştır. Kadınların seçme ve seçilme hakkını kazanması ile siyasi temsil mekanizmasına kadının da dahil edilmesi süreci hız kazanmış ve günümüze kadar etkinliğini önemli derecede hissettiren bir süreci devam ettirmiştir. Geleneksel olarak kadının özel alan ile özdeşleştirilmesine karşılık siyasal alanda da varlık göstermesi neticesinde kadının kamusal alanda var olması mümkün olabilmiştir.

Türkiye'nin ilk köylü kadın milletvekili kimliği ile ön plana çıkan Satı Hanım, dönemin koşulları göz önünde bulundurulduğunda önemli bir siyasi figür olarak karşımıza çıkmaktadır. Siyasal katılımı etkileyen sosyo-ekonomik, siyasal, kültürel ve politik etmenler dönemin koşulları çerçevesinde değerlendirildiğinde oldukça zorlu bir tablo ortaya çıkmaktadır. Okuma yazma oranlarının düşük olması, mesleki anlamda uzmanlaşmanın olmaması ve belki de en önemlisi politik ve psikolojik çevrenin kadını etkin bir siyasal aktör veya özne konumunda görmemesi, kadının politik alanda yer almasını zorlaştırmıştır. Ancak köylü niteliği olan Satı Hanım, yukarıda bahsedilen olumsuz tabloya rağmen muhtar ve milletvekili kimliği ile öncü kadın konumuna ulaşmıştır. Çiftçi olan Satı Hanım, mesleğinden edindiği deneyim ile siyasi kimliğini biraraya getirerek örnek kadın modelini yaratmıştır.

Yeni kurulan Cumhuriyet Türkiyesi'nde kadının modern ve Batılı anlamda çağdaşlaşmasına yönelik atılan adımlara rağmen günümüzde kadın temsili hala istenilen düzeyde değildir. Siyasal katılımı etkileyen önemli bir faktör olan kadına yönelik bakış açısı kadını ikincilleştiren pratikleri barındırmaktadır. Sadece meclisteki temsil değil, aynı zamanda sivil toplum, platform vb. alanlarda kadın temsili sorunlu görünmektedir. Kadının bu alanlardan dışlanması, siyasal katılımın etkin olma ve demokratik olma ilkeleri ile ters düşmektedir. Dolayısıyla Cumhuriyet ile kazanılan hakların toplumun katılımcı demokrasi anlayışını pekiştirecek biçimde dönüşmesini sağlayacak yeni mekanizma veya uygulamaların hayata geçirilmesi elzemdir. Bunların başında da kadının etkin aktör olarak tam temsiliyetini sağlamak gelmektedir. Bunun dışında kamu kesimi, özel sektör ve sivil toplum kuruluşlarında kadınların eksik temsiliyetini önleyecek kriter, kota vb. uygulamaların hayata geçirilmesi olacaktır.

Kaynakça

Adıgüzel, M.B. (2006). Türk *havacılığında iz bırakanlar*. Türk Hava Kurumu Kültür Yayınları.

Altunok, H., Işık, M. A., Gedikkaya, F. G. (2018). Siyasette ilk kadın parlamenterler dönemi (8 mart dünya kadınlar günü özel yayını),.Yasama Derneği.

Arat, Y. (1998). "Türkiye'de Kadın Milletvekillerinin Değişen Siyasal Rolleri, 1934–1980". (Ed. A. Berktay Hacımirzaoğlu), içinde *75 yılda kadınlar ve erkekler*, İstanbul: Tarih Vakfı Yayınları, 249-266.

Arslanel, M. N. (2021). Türkiye Cumhuriyeti'nin ilk yıllarında kadınların siyasal hayata katılımı. Enderun, 5(2), 196-208.

Arslantunalı, E. (2024). *Türk Kadını Mecliste: Satı Çırpan'ın Hikayesi*, https://medyaveiletisim. kulup.tau.edu.tr/turkkadinimeclistesaticirpan, (25.09.2024).

Atatürk Ansiklopedisi (24.09.2024). *Hatı (Satı) Çırpan (Oğlu) (1890-1956)*, https://ataturkansiklopedisi.gov.tr/bilgi/hati-sati-cirpan-oglu-1890 1956/?pdf=3614.

Atatürk Araştırma Merkezi (2006). *Atatürk'ün söylev ve demeçler I-III*. Divan Yayıncılık.

Çakır, S. (2019). *Erkek kulübünde siyaset*. Sel Yayıncılık.

Candan, H. & Tosun, A. (2019). Gençliğin siyasal katılıma ilişkin algısı: Üniversite öğrencileri örneği. Journal of Social and Humanities Sciences Research. 6(42): 2586-2599.

Dalaman, Z. B. (2024). Women's Political Participation in Türkiye: A Century of Progress and Ongoing Challenges. *Journal of Sustainable Equity and Social Research, 1*(Special Issue on Women). Doi:10.5281/zenodo.13910484

Fisher, D. R. (2012). Youth political participation: Bridging activism and electoral politics. Annual Review of Sociology, 38, 119-137.

Gökçimen, S. (2008). Ülkemizde kadınların siyasal hayata katılım mücadelesi. Yasama Dergisi, (10), 5-59.

Güneş-Ayata, A. (1998). "Laiklik, Güç ve Katılım Üçgeninde Türkiye'de Kadın ve Siyaset". *75 yılda kadınlar ve erkekler*, 237-248.

Henn, M., & Weinstein, M. (2006). Young people and political (in) activism: Why don't young people vote?. Policy & Politics, 34(3), 517-534.

Karabetyan, L. (2023). Cumhuriyet'ten günümüze siyasi yönetimde kadının değerlendirilmesi. Gaziantep University Journal of Social Sciences, 22 (Cumhuriyet'in 100. Yılı), 563-578.

Kazan Belediye Başkanlığı (2015). *Türk kadını ve Satı Kadın*. Kazan Belediye Başkanlığı Kültür Yayınları.

Milbrath, L. W. (1981). "Political Participation". In *the handbook of political behavior*, Volume 4 (pp. 197-240). Boston, MA: Springer US.

Oğur, Y. (2015). Cumhuriyet'in acıklı Sindirella hikâyesi… https://serbestiyet.com/yazarlar/cumhuriyetin-acikli-sindirella-hikayesi-33374/, (20.09.2024).

Salisbury, R. H. (1975). Research on political participation. American Journal of Political Science, 323-341.

Sancar, S. (2008). Türkiye'de kadınların siyasal kararlara eşit katılımı. Toplum ve Demokrasi Dergisi, 2(4), 173-184.

Sezer, A. (1998). Türkiye'deki ilk kadın milletvekilleri ve meclisteki çalışmaları. Atatürk Araştırma Merkezi Dergisi, 14(42), 889-905.

TBMM (2010). Türkiye Büyük Millet Meclisi albümü (1920-2010).

TBMM (2024). *Milletvekilleri*, https://www.tbmm.gov.tr/Kutuphane/MazbataAramaSonuc, (11.09.2024).

Tekeli, S. (2010). The Turkish women's movement: A brief history of success. Quaderns de la Mediterania, 14, 119-123.

TÜİK (2021). *Adalet ve Seçim İstatistikleri*, https://data.tuik.gov.tr/Kategori/ GetKategori?p= Adalet-ve-Secim-110, (15.09.2024).

TÜSİAD (2000). *Eğitim, çalışma yaşamı ve siyaset*. Yayın No: TÜSİAD, 2000-12, İstanbul: TÜSİAD Yayınları,

Ulus Gazetesi, 5 Şubat 1935, https://www.gastearsivi.com/gazete/ulus/1935-02-05/3, (17.09.2024).

Van Deth, J. W. (2021). What Is Political Participation? https://doi.org/10.1093/ acrefore/ 9780190228637.013.68

Weiss, J. (2020). What is youth political participation? Literature review on youth political participation and political attitudes. Frontiers in Political Science, 2, 1.

Yaşar, S. (2011). Türkiye'nin ilk köylü kadın milletvekili Satı Çırpanoğlu. Türk-İslam

Medeniyeti Akademik Araştırmalar Dergisi, Yıl 6, Sayı 11, 67-75.

YSK (2023). *14 Mayıs 2023 Cumhurbaşkanı ve 28. Dönem Milletvekili Genel Seçimleri Seçim İstatistikleri Bülteni,* https://www.ysk.gov.tr/doc/dosyalar/docs/14Mayis2023CBSecimIstatistik.pdf (15.09.2024).

Yüceer, S. (2008). Demokrasi yolunda önemli bir aşama: Türk kadınına siyasal haklarının tanınması. Uludağ Üniversitesi Fen-Edebiyat Fakültesi Sosyal Bilimler Dergisi, 9(14), 131-151.